广东统计年鉴

GUANGDONG STATISTICAL YEARBOOK

2019

（总第35期 No.35）

广 东 省 统 计 局
国家统计局广东调查总队 编

Compiled by

Statistics Bureau of Guangdong Province
Guangdong Survey Office of National Bureau of Statistics

中国统计出版社
China Statistics Press

图书在版编目（CIP）数据

广东统计年鉴. 2019 : 汉英对照 / 广东省统计局, 国家统计局广东调查总队编. -- 北京 : 中国统计出版社, 2019.8
ISBN 978-7-5037-8874-1

Ⅰ. ①广…
Ⅱ. ①广… ②国…
Ⅲ. ①统计资料－广东－2019－年鉴－汉、英
Ⅳ. ①C832.65-54

中国版本图书馆 CIP 数据核字(2019)第 160034 号

广东统计年鉴-2019

作　　者/ 广东省统计局　国家统计局广东调查总队
责任编辑/ 钟钰
责任校对/ 彭惜君　彭黄磊　马彦君　国剑敏
装帧设计/ 广州九禾教育信息咨询有限公司
出版发行/ 中国统计出版社有限公司
地　　址/ 北京市丰台区西三环南路甲 6 号
邮政编码/ 100073
电　　话/ 邮购（010）63376909　书店（010）68783171
网　　址/ http://www.zgtjcbs.com
印　　刷/ 广州星河印刷有限公司
经　　销/ 新华书店
开　　本/ 890mm×1240mm　1/16
字　　数/ 1500 千字
印　　张/ 45.25
版　　别/ 2019 年 8 月第 1 版
版　　次/ 2019 年 8 月第 1 次印刷
定　　价/ 460.00 元　Price:460.00(RMB)

本书附同版本 CD-ROM 一张，光盘内容以书面文字为准。
如有印装差错，由本社发行部调换。

2019

编者说明

一、《广东统计年鉴－2019》(下简称《年鉴》)系统收录了全省及各市、县（区）2018年经济、社会各方面的统计数据，以及1978年以来各个主要时期全省主要统计数据，是一部全面反映广东国民经济和社会发展情况的资料性年刊。

二、本《年鉴》正文内容分为22个篇章，即：1. 综合；2. 国民经济核算；3. 人口；4. 就业和工资；5. 固定资产投资；6. 对外经济；7. 能源、资源和环境；8. 财政、银行和保险；9. 价格；10. 人民生活；11. 农业；12. 工业；13. 建筑业；14. 规模以上服务业；15. 运输和邮电；16.批发零售业；17. 住宿餐饮业和旅游；18. 教育和科技；19.文化和体育；20. 卫生、社会福利、社会保障和其他；21. 区域经济主要指标；22. 县（市、区）主要经济指标。同时，附录有4个篇章：1. 全国31个省(市)主要统计指标；2. 中国香港特别行政区和中国澳门特别行政区主要统计资料；3. 中国台湾省主要统计指标；4. 部分国家和地区主要统计资料。为方便读者使用，各篇章前设有《简要说明》，对本篇章的主要内容、资料来源、统计范围、统计方法以及历史变动情况予以简要概述，篇末附有《主要统计指标解释》。

三、本《年鉴》资料主要来自政府各级统计局、国家统计局调查总队的各种定期统计报表和抽样调查资料；部分资料来自中央部属单位和省直有关部门。附录资料根据国家统计局有关资料整理。

四、本年鉴涉及珠江三角洲、东翼、西翼和山区的具体划分为：

珠江三角洲包括：广州、深圳、珠海、佛山、江门、东莞、中山、惠州和肇庆。

东翼指汕头、汕尾、潮州和揭阳。

西翼指湛江、茂名和阳江。

山区指韶关、河源、梅州、清远和云浮。

五、资料中所使用的度量衡单位，除灌溉、播种面积照顾我国使用习惯继续用“亩”为单位外，其余均采用国际统一标准计量单位。

六、本年鉴中涉及到的历史数据，均以最新出版的本年鉴数据为准;本年鉴中部分数据合计数或相对数由于单位取舍不同而产生的计算误差，均未做机械调整。

七、本《年鉴》统计表中的符号使用说明：

“…”表示数据不足本表最小单位数；

“#”表示其中主要项；

“空格”表示该项统计指标数据不详或无该项数据；

“①”表示本表下有注解。

八、与2018年版《广东统计年鉴》相比较，本《年鉴》在内容上主要做了如下修订：“综合”增加粤港澳大湾区主要经济社会指标数据表；“核算”增加反映新经济发展情况的数据；“人口”增加历次人口普查人口基本情况数据表；“进出口”外商直接投资数据2018年起采用商务部反馈的按人民币计价的数据；“资源和环境”将水资源相关指标数据单列，调整了环境保护相关表表式；根据新的部门报表制度对个别专业内容及相关统计指标进行了调整。

九、由于第四次全国经济普查数据尚未发布，本年鉴与经济普查有关的专业如核算、工业、固定资产投资、建筑业、规模以上服务业、批发零售业和住宿餐饮业等2018年数据均采用年快报数，部分数据由于只有年报数据故暂时无法提供，上述专业2018年年报数据将在2020年出版的统计年鉴反映。

本《年鉴》在整理编辑过程中，得到省直有关部门和单位的大力支持，在此表示感谢！

EDITOR'S NOTES

Ⅰ. Guangdong Statistical Yearbook 2019 (hereinafter referred to as the Yearbook) is an annual statistical publication, which reflects comprehensively the economic and social development of Guangdong Province. It covers data for 2018 and key statistical data in some historically important years since 1978 at the provincial level and the local levels of city, county and district.

Ⅱ. The Yearbook contains twenty-two chapters: 1. General Survey; 2. National Accounts; 3. Population; 4. Employment and Wages; 5. Investment in Fixed Assets; 6. Foreign Trade and Economic Cooperation ; 7. Energy, Resources and Environment ; 8. Government Finance, Banking and Insurance; 9. Prices; 10. People's Living Conditions; 11. Agriculture; 12. Industry; 13. Service Enterprises Above Designated Size; 14.Construction; 15. Transport, Postal and Telecommunication Services; 16. Wholesale , Retail Trades and Tourism; 17. Hotels, Catering Services and Tourism; 18. Education, Science and Technology; 19 Culture and Sports. 20.Public Health, Social Welfare, Social Insurance and Others; 21. Main Economic Indicators of Economic Regions; 22. Main Economic Indicators of Counties (County-level Cities) and Districts. Meanwhile, four chapters are listed as appendices: 1. Main Statistical Indicators of 31 Provinces and Municipalities; 2. Main Statistics of Hong Kong and Macao Special Administrative Regions; 3. Main Statistical Indicators of Taiwan Province; 4. Main Statistics of Some Countries and Territories. To facilitate readers, the Brief Introduction at the beginning of each chapter provides a summary of the main contents of the chapter, data sources, statistical scope, statistical methods and historical changes. At the end of each chapter, Explanatory Notes on Main Statistical Indicators are included.

Ⅲ. The data in the Yearbook are mainly obtained from regular statistical reports and sample surveys conducted by the statistical bureaus of all levels of government and the Survey Office of the National Bureau of Statistics in Guangdong. Some data are collected from the departments of the central government and the provincial government. Data in the appendices are compiled from statistical publications published by the National Bureau of Statistics and other sources.

Ⅳ. The pearl river delta, east wing, west wing and mountainous areas in the Yearbook are divided as following: The pearl river delta include Guangzhou, Shenzhen, Zhuhai, Foshan, Jiangmen, Dongguan, Zhongshan, Huizhou and Zhaoqing.

The east wing includes Shantou, Shanwei, Chaozhou and Jieyang.

The west wing includes Zhanjiang, Maoming and Yangjiang.

The mountainous areas include Shaoguan, Heyuan, Meizhou, Qingyuan and Yunfu.

Ⅴ. The units of measurement used in the Yearbook are internationally standard measurement units, except that the unit of cultivated land and sown areas uses "mu" with regard to the Chinese tradition.

Ⅵ. Please refer to the newly published version of the Yearbook for updated historical data.Statistical discrepancies on totals and relative figures due to rounding are not adjusted in the Yearbook.

Ⅶ. Notations used in the Yearbook:

" … " indicates that the figure is not large enough to be measured with the smallest unit in the table;

" # " indicates a major breakdown of the total;

" blank space " indicates that the data are unknown or are not available;

" ① " indicates footnotes at the end of the table.

Ⅷ. In comparison with Guangdong Statistical Yearbook 2018, following revisions have been made in this new version in terms of the statistical contents and in editing: Of the chapter of " General Survey" , table of main economic and social indicators of Guangdong-Hong Kong-Marco Greater Bay Area is added. Of the chapter of " National Economic Account" , data about the development of new economy are added. Of the chapter of " Population" , table of basic statistics on National Population Censuses are added. Of the chapter of " Resources and Environment" , figures of water resource are listed separately, relevant table frames are adjusted. Of the chapter of " Foreign trade and Economic Cooperation" , data of direct investment in RMB that are approved by Ministry of Commerce are adopted. According to the new departmental reporting system, some professional contents and indicators have been adjusted.

Ⅸ.Because the result of the Fourth National Economic Census have not yet been released, data of 2018 in this Yearbook related to the census such as national account, industry, investment, construction, service above designated size, wholesale and retail sale and catering adopt the result of flash annual report. Some data that only could be collected with annual report are not offered for the present. The data based on the annual report of these industries will be reflected in the Yearbook 2020.

Acknowledgements: our gratitude goes to relevant departments and units under the provincial government, from which we have received tremendous support when compiling the Yearbook.

《广东统计年鉴—2019》编委会和编辑出版人员

Guangdong Statistical Yearbook – 2019
EDITORIAL BOARD AND STAFF

目　　录

CONTENTS

一、综合
General Survey

二、国民经济核算
National Economic Accounts

三、人口

Population

五、固定资产投资

Investment in Fixed Assets

六、对外经济

Foreign Economy

九、价格
Price

十、人民生活
People's Living Conditions

十一、农业
Agriculture

十二、工业
Industry

十四、规模以上服务业

Service Enterprises Above Designated Size

十五、运输和邮电

Transportation,Postal and Telecommunication Services

十七、住宿餐饮业和旅游
Hotels, Catering Services and Tourism

十八、教育和科技
Education and Technology

二十、卫生、社会福利、社会保障和其他
Public Health, Social Welfare, Social Insurance and Others

二十一、区域主要经济指标

Major Economic Regions

二十二、县（市、区）主要经济指标
Counties and Districts Under City Administration

附录
Appendix

一、综合

GENERAL SURVEY

一　综合

简要说明

一、本篇资料反映广东行政区划、国民经济和社会发展综合资料，并收录了基本单位统计情况。

二、本篇资料分别由省民政厅、省统计局各专业处、综合处、政法处、普查中心和国家统计局广东调查总队整理提供。

三、综合统计资料是根据广东省统计局各专业统计年报资料以及国家统计局、广东省有关部门提供的统计资料加工整理而成。

四、基本单位资料中的产业活动单位按“在地”原则，国民经济行业分类标准（GB/T 4754-2011)汇总。

1 General Survey

Brief Introduction

Ⅰ.The summary data in this chapter reflect the divisions of administrative areas, summary data on the national economy and social development, and related indications on.

Ⅱ.The data are prepared and provided by the Civil Affairs Department of Guangdong Province., the Division of Professional Statistics, the Division of Comprehensive Statistics, the Division of Law, the Census Center of Statistics Bureau of Guangdong Province, and the Survey Office in Guangdong of National Bureau of Statistics respectively.

Ⅲ.The summary data are processed and prepared on the basis of the annual reports of various specialized fields provided by Statistics Bureau of Guangdong Province and the statistics provided by the National Bureau of Statistics and some related departments of Guangdong Province.

Ⅳ. The data on “Units of Industrial Establishments” of the basic industrial units are prepared on the principle of location and the standard of Industrial Classification of the National Economy(GB/T 4754-2011).

1-1 行政区划（2018年）

Divisions of Administrative Areas (2018)

单位：个 (unit)

市 别	City	地级市 Number of Cities at Prefecture Level	县级市 Number of Cities at County Level	县 Number of Counties	自治县 Number of Autonomous Counties	市辖区 Number of Districts under the Jurisdiction of Cities	市辖镇 Number of Towns under the Jurisdiction of Cities	乡 Number of Townships	#民族乡 Ethnic Townships	街道 Number of Street Communities
全省合计	**Provincial Total**	**21**	**20**	**34**	**3**	**65**	**1123**	**11**	**7**	**467**
广 州	Guangzhou	1				11	34			136
深 圳	Shenzhen	1				9				74
珠 海	Zhuhai	1				3	15			9
汕 头	Shantou	1		1		6	32			37
佛 山	Foshan	1				5	21			11
韶 关	Shaoguan	1	2	4	1	3	93	1	1	10
河 源	Heyuan	1		5		1	94	1	1	6
梅 州	Meizhou	1	1	5		2	104			6
惠 州	Huizhou	1		3		2	48	1	1	22
汕 尾	Shanwei	1	1	2		1	44			10
东 莞	Dongguan	1					28			4
中 山	Zhongshan	1					18			6
江 门	Jiangmen	1	4			3	61			12
阳 江	Yangjiang	1	1	1		2	38			10
湛 江	Zhanjiang	1	3	2		4	82	2		37
茂 名	Maoming	1	3			2	86			23
肇 庆	Zhaoqing	1	1	4		3	91	1	1	12
清 远	Qingyuan	1	2	2	2	2	77	3	3	5
潮 州	Chaozhou	1		1		2	41			9
揭 阳	Jieyang	1	1	2		2	61	2		20
云 浮	Yunfu	1	1	2		2	55			8

注：本行政区划截止2018年底。

Note: The divisions of administrative areas reflect the status at the end of 2018.

1-2 国民经济和社会发展总量与速度指标

指　　标	Item	1978	1990	2000
人口与就业	**Population and Employment**			
人口　（万人）	**Population　(10000 persons)**			
年末户籍总人口	Population with Residence Registration at the Year-end	5064.15	6246.32	7498.54
年末常住人口	Permanent Population at the Year-end	5064.15	6347.19	8650.03
男性人口	Male	2586.68	3249.76	4402.87
女性人口	Female	2477.47	3097.43	4247.16
城镇人口	Urban Population		2335.77	4757.52
乡村人口	Rural Population		4011.42	3892.51
就业　（万人）	**Employment　(10000 persons)**			
年末就业人员人数	Employed Persons at the Year-end	2275.95	3118.10	3989.32
城镇登记失业人数	Number of Registered Unemployed Persons in Urban Areas			
宏观经济	**Macro Economy**			
国民经济核算　（亿元）	**National Accounting　(100 million yuan)**			
地区生产总值	Gross Domestic Product	185.85	1559.03	10810.21
第一产业	Primary Industry	55.31	384.59	986.32
第二产业	Secondary Industry	86.62	615.86	5055.71
第三产业	Tertiary Industry	43.92	558.58	4768.18
人均地区生产总值　（元）	Per Capita Gross Domestic Product　(yuan)	370	2484	12817
支出法地区生产总值　（亿元）	Gross Domestic Product by Expenditure Approach (100 million yuan)	194.14	1541.99	10810.21
最终消费支出	Final Consumption Expenditures	130.02	938.48	5717.11
居民消费	Household Consumption Expenditures	111.46	807.84	4474.11
政府消费	Government Consumption Expenditures	18.56	130.64	1243.00
资本形成总额	Gross Capital Formation	54.79	502.90	3917.11
固定资本形成总额	Gross Fixed Capital Formation	37.93	336.61	3160.12
存货增加	Changes in Inventories	16.86	166.29	756.99
货物和服务净流出	Net Exports of Goods and Services	9.33	100.61	1175.99
固定资产投资　（亿元）	**Investment in Fixed Assets　(100 million yuan)**			
固定资产投资总额	Investment in Fixed Assets	27.23	381.47	3233.70
#房地产开发	Real Estate Development		32.70	858.61
施工房屋建筑面积　（万平方米）	Floor Space of Buildings under Construction　(10 000 sq.m)			23520.91
竣工房屋建筑面积　（万平方米）	Floor Space of Buildings Completed　(10 000 sq.m)			13492.94
消费　（亿元）	**Domestic Trade　(100 million yuan)**			
社会消费品零售总额	Total Retail Sales of Consumer Goods	79.86	667.36	4379.81
对外贸易　（亿美元）	**Foreign Trade　(USD 100 million)**			
货物进出口总额	Total Exports and Imports		418.98	1701.06
出口额	Exports		222.21	919.19
进口额	Imports		196.77	781.87
利用外资	**Foreign Capital Utilized**			
实际利用外商直接投资（亿美元）	Foreign Direct Investment Actually Utilized　(USD 100 million)		14.60	122.37
实际利用外商直接投资　（亿元）	Foreign Direct Investment Actually Utilized　(RMB 100 million)			
财政　（亿元）	**Government Finance　(100 million yuan)**			
地方一般公共预算收入	Local Public Budgetary Revenue	41.82	131.02	910.56
地方一般公共预算支出	Local Public Budgetary Expenditure	28.70	150.69	1069.86
价格指数　（上年=100）	**Price Indices　(preceding year=100)**			
商品零售价格指数	Retail Price Index	100.4	95.6	99.9
居民消费价格指数	Consumer Price Index		97.5	101.4
工业生产者出厂价格指数	Producer Price Index for Manufactured Goods			103.4
固定资产投资价格指数	Investment in Fixed Assets Price Indices			
能源生产与消费　（万吨标准煤）	**Production and Consumption of Energy　(10000 tons of SCE)**			
能源生产总量	Total Energy Production		1006.24	3711.69
能源消费总量	Total Energy Consumption		4044.28	9447.70

Principal Aggregate Indicators on National Economic and Social Development and Growth Rates

2010	2017	2018	速度指标(%) Indices and Growth Rates (%)								
			指数(2018为以下各年) Index (2018 as percentage of the following years)					平均增长速度 Average Annual Growth Rate			
			1978	1990	2000	2010	2017	1979–2018	1991–2018	2001–2018	2011–2018
8521.55	9316.91	9502.12	187.6	152.1	126.7	111.5	102.0	1.6	1.5	1.3	1.4
10440.94	11169.00	11346.00	224.0	178.8	131.2	108.7	101.6	2.0	2.1	1.5	1.0
5444.95	5862.61	5920.34	228.9	182.2	134.5	108.7	101.0	2.1	2.2	1.7	1.1
4995.99	5306.39	5425.66	219.0	175.2	127.7	108.6	102.2	2.0	2.0	1.4	1.0
6908.77	7801.55	8021.62		343.4	168.6	116.1	102.8		4.5	2.9	1.9
3532.17	3367.45	3324.38		82.9	85.4	94.1	98.7		-0.7	-0.9	-0.8
5870.48	6340.79	6508.95	286.0	208.7	163.2	110.9	102.7	2.7	2.7	2.8	1.3
39.23	37.13	36.55				93.2	98.4				-0.9
46544.63	89705.23	97277.77	10938.3	2594.5	626.7	186.0	106.8	12.5	12.3	10.7	8.1
2254.49	3611.44	3831.44	718.0	290.2	193.2	132.1	104.2	5.1	3.9	3.7	3.5
23296.73	38008.06	40695.15	21343.0	4190.7	699.2	176.3	105.9	14.3	14.3	11.4	7.3
20993.41	48085.73	52751.18	14548.5	2465.4	635.9	201.8	107.8	13.3	12.1	10.8	9.2
45252	80932	86412	4883.9	1446.2	469.5	169.9	105.1	10.2	10.0	9.0	6.9
46544.63	89705.23										
22501.78	45128.95										
17702.35	34097.05										
4799.43	11031.90										
18226.60	39657.52										
17035.10	38390.85										
1191.50	1266.67										
5816.25	4918.76										
16113.19	37477.96						110.7	20.1	18.2	15.2	12.8
3659.69	12075.69	14412.19		44074.0	1678.5	393.8	119.3		24.3	17.0	18.7
57221.79	92203.09	98106.51			417.1	171.4	106.4			8.3	7.0
20420.60	14680.63	10729.28			79.5	52.5	73.1			-1.3	-7.7
17458.44	38200.07	39501.12	49463.0	5919.0	901.9	226.3	108.8	16.8	15.7	13.0	10.7
7848.96	10066.80	10851.03		2589.9	637.9	138.2	107.8		12.3	10.8	4.1
4531.91	6228.73	6470.46		2911.9	703.9	142.8	103.9		12.8	11.5	4.6
3317.05	3838.06	4380.57		2226.2	560.3	132.1	114.1		11.7	10.0	3.5
202.61	229.07										
		1450.88					104.9				
4517.04	11320.35	12105.26	28946.1	9239.2	1329.4	268.0	107.9	15.2	17.5	15.5	13.1
5421.54	15037.48	15729.26	54805.8	10438.2	1470.2	290.1	104.6	17.1	18.1	16.1	14.2
103.3	101.6	102.1									
103.1	101.5	102.2									
103.2	103.3	101.8									
103.0	105.3	102.5									
4858.07	7037.37	7079.05		703.6	190.7	145.7	100.6		7.2	3.7	4.8
25445.22	32341.66	33330.30		824.1	352.8	131.0	103.1		7.8	7.3	3.4

1–2 续表 1

指　　标		Item		1978	1990	2000
产业		**Industry**				
农业		**Agriculture**				
农林牧渔业总产值	(亿元)	Gross Output Value of Farming, Forestry, Animal Husbandry and Fishery	(100 million yuan)	85.94	600.71	1701.18
主要农产品产量	(万吨)	Output of Major Farm Products	(10000 tons)			
粮食		Grain		1509.51	1896.29	1822.33
油料		Oil-bearing Crops		36.04	58.93	78.78
糖蔗		Sugarcane		835.42	2093.46	1137.59
茶叶		Tea		0.92	2.59	4.21
水果		Fruits		29.40	328.58	643.52
肉类		Meat		48.45	202.45	324.48
水产品		Aquatic Products		65.50	207.66	593.19
工业		**Industry**				
主要工业产品产量		Output of Major Industrial Products				
布	(亿米)	Cloth	(100 million m)	2.27	4.59	16.99
机制纸及纸板	(万吨)	Machine-made Paper and Paperboard	(10000 tons)	27.47	104.13	260.30
成品糖	(万吨)	Sugar	(10000 tons)	96.15	184.50	91.30
家用电冰箱	(万台)	Household Refrigerators	(10000 sets)		105.75	320.70
家用洗衣机	(万台)	Household Washing Machines	(10000 sets)		143.01	244.18
彩色电视机	(万台)	Color Television Sets	(10000 sets)		262.37	1531.53
照相机	(万架)	Cameras	(10000 sets)		99.30	3545.88
原油	(万吨)	Crude Oil	(10000 tons)	10.22	49.05	1393.17
发电量	(亿千瓦时)	Electricity	(100 million kwh)	92.32	343.98	1292.69
粗钢	(万吨)	Raw Steel	(10000 tons)	35.84	116.96	286.99
钢材	(万吨)	Steel Products	(10000 tons)	43.67	133.74	406.28
水泥	(万吨)	Cement	(10000 tons)	369.08	2070.91	5872.00
汽车	(万辆)	Motor Vehicles	(10000 units)			3.94
规模以上工业企业主要指标		Main Indicators of Industrial Enterprises above Designated Size				
工业增加值	(亿元)	Value-added of Industry	(101 million yuan)			3422.60
资产总计	(亿元)	Total Assets	(100 million yuan)			14370.57
主营业务收入	(亿元)	Main Business Revenue	(100 million yuan)		1287.91	12380.65
利税总额	(亿元)	Pre-tax Profits	(100 million yuan)	32.91	121.50	1042.77
建筑业		**Construction**				
建筑业企业年末就业人员	(万人)	Number of Employed Persons in Construction Enterprises at the Year-end	(10000 persons)	14.78	67.22	141.46
建筑业总产值(当年价)	(亿元)	Gross Output Value (at current prices)	(100 million yuan)	5.47	113.40	944.61
交通运输业		**Transportation**				
客运量	(万人)	Passenger Traffic	(10000 persons)	15906	78046	164791
铁路		Railways		2410	4467	12165
公路		Highways		10897	70681	148945
水运		Waterways		2546	2428	2363
民航		Civil Aviation		53	470	1318
货运量	(万吨)	Freight Traffic	(10000 tons)	15204	85809	119216
铁路		Railways		3206	4803	15172
公路		Highways		3967	63709	75365
水运		Waterways		7887	16198	25696
民航		Civil Aviation		1	8	31
管道		Pipelines		143	1091	2952
港口货物吞吐量	(万吨)	Volume of Freight Handled at Ports	(10000 tons)	7133	11904	31649

1-2 1 continued

2010	2017	2018	速度指标(%) Indices and Growth Rates (%)								
			指数(2018为以下各年) Index (2018 as Percentage of the Following Years)					平均增长速度 Average Annual Growth Rate			
			1978	1990	2000	2010	2017	1979–2018	1991–2018	2001–2018	2011–2018
3697.18	5969.87	6318.12	761.2	332.5	195.5	129.7	104.2	5.2	4.4	3.8	3.3
1249.15	1208.56	1193.49	79.1	62.9	65.5	95.5	98.8	-0.6	-1.6	-2.3	-0.6
83.34	101.28	106.25	294.8	180.3	134.9	127.5	104.9	2.7	2.1	1.7	3.1
1064.09	1144.14	1207.97	144.6	57.7	106.2	113.5	105.6	0.9	-1.9	0.3	1.6
5.38	9.29	9.99	1085.6	385.6	237.2	185.5	107.5	6.1	4.9	4.9	8.0
1049.21	1421.23	1547.81	5264.7	471.1	240.5	147.5	108.9	10.4	5.7	5.0	5.0
454.86	444.08	449.90	928.6	222.2	138.7	98.9	101.3	5.7	2.9	1.8	-0.1
729.03	833.54	842.44	1286.2	405.7	142.0	115.6	101.1	6.6	5.1	2.0	1.8
28.27	27.01	25.55	1125.6	556.6	150.4	90.4	100.6	6.2	6.3	2.3	-1.3
1434.68	2177.74	2028.88	7385.8	1948.4	779.4	141.4	96.5	11.4	11.2	12.1	4.4
91.66	82.27	263.29	273.8	142.7	288.4	287.2	133.2	2.6	1.3	6.1	14.1
1457.76	1556.37	1628.45		1539.9	507.8	111.7	104.8		10.3	9.4	1.4
467.83	749.62	677.42		473.7	277.4	144.8	92.3		5.7	5.8	4.7
4494.78	8399.88	10758.27		4100.4	702.5	239.4	112.3		14.2	11.4	11.5
3798.93	656.59	653.79		658.4	18.4	17.2	70.1		7.0	-9.0	-19.7
1287.15	1435.20	1393.50	13635.0	2841.0	100.0	108.3	97.1	13.1	12.7	…	1.0
3101.28	4407.30	4369.60	4733.1	1270.3	338.0	140.9	99.1	10.1	9.5	7.0	4.4
1239.34	2890.71	2763.24	7709.9	2362.6	962.8	223.0	102.9	11.5	12.0	13.4	10.5
2918.89	4213.69	4503.26	10312.0	3367.2	1108.4	154.3	105.0	12.3	13.4	14.3	5.6
11536.67	15752.98	16319.85	4421.8	788.1	277.9	141.5	105.6	9.9	7.7	5.8	4.4
156.29	321.06	323.27			8204.8	206.8	100.0			27.7	9.5
20338.34	31349.47	32305.16			1110.4	187.4	106.3			14.3	8.2
62626.90	115201.19	124284.19			857.5	206.2	108.6			12.7	9.5
84114.85	133924.37	135616.08			1227.6	197.0	107.9			14.9	8.8
9418.42	13769.27	12850.30			1556.8	199.6	100.9			16.5	9.0
196.32	289.97	280.87	1900.4	417.8	198.6	143.1	96.9	7.6	5.2	3.9	4.6
4742.09	11571.33	13714.37	250719.7	12093.8	1451.9	289.2	118.5	21.6	18.7	16.0	14.2
467049	148549	154682	967.4	720.1	348.9	186.0	103.9	5.8	7.3	7.2	8.1
14956	28476	33745	1500.9	831.8	439.8	257.2	118.5	7.0	7.9	8.6	12.5
442224	105919	105249	1126.8	688.3	326.6	172.1	99.4	6.2	7.1	6.8	7.0
2241	2733	2775	32.8	149.0	153.1	133.6	101.5	-2.7	1.4	2.4	3.7
7628	11420	12913	23817.1	2677.1	954.7	165.0	110.2	14.7	12.5	13.4	6.5
205034	400601	424996	1526.4	652.6	497.0	206.0	106.1	7.1	6.9	9.3	9.5
12170	7254	7617	318.2	186.6	103.8	88.6	105.0	2.9	2.3	0.2	-1.5
142389	288904	304743	1364.9	735.4	621.7	212.8	105.5	6.8	7.4	10.7	9.9
43092	94871	102352	953.1	651.8	410.9	225.3	107.9	5.8	6.9	8.2	10.7
116	166	226	18195.5	2208.2	569.9	152.7	106.5	13.9	11.7	10.2	5.4
7267	9407	10058	6751.2	884.9	327.0	138.4	106.9	11.1	8.1	6.8	4.1
122258	198015	211037	2958.6	1772.8	666.8	172.6	106.6	8.8	10.8	11.1	7.1

1-2 续表 2

指　　标	Item	1978	1990	2000
邮电通信业	**Postal and Telecommunication Services**			
邮电业务总量 (亿元)	Total Business Volume (100 million yuan)	0.90	26.30	757.22
函件 (亿件)	Number of Letters Delivered (100 million pieces)	2.32	5.50	10.66
报刊累计数 (亿份)	Accumulated Number of Newspapers and Magazines Distributed (100 million copies)		11.63	10.78
本地电话用户 (万户)	Number of Subscribers of Local Telephones (10000 accounts)		113.00	1414.94
移动电话用户 (万户)	Number of Subscribers of Mobile Telephones (10000 accounts)		1.11	1357.26
互联网宽带接入用户 (万户)	Broadband Subscribers of Internet (10000 accounts)			216.41
国际旅游	**International Tourism**			
国际旅游外汇收入 (亿美元)	Foreign Exchange Earnings from International Tourism (USD 100 million)		7.17	41.12
金融保险	**Banking and Insurance**			
金融机构存款余额 (亿元)	Deposits of Financial Institutions (100 million yuan)			19083.64
金融机构贷款余额 (亿元)	Loans in in Financial Institutions (100 million yuan)			13227.62
保费收入 (亿元)	Premium Income (100 million yuan)		18.05	191.88
教育、科技、文化	**Education, Science and Technology and Culture**			
教育	**Education**			
专任教师数 (万人)	Full-time Teachers (10000 persons)			
普通高等学校	Institutions of Higher Education	0.90	1.57	2.04
中等学校	Secondary Schools	15.93	16.33	27.24
小学	Primary Schools	26.09	27.73	36.41
在校学生数 (万人)	Students Enrollment (10000 persons)			
普通高等学校	Institutions of Higher Education	3.07	9.59	29.95
中等学校	Secondary Schools	316.96	284.52	541.72
小学	Primary Schools	743.02	747.29	929.93
财政教育支出 (亿元)	Government Expenditures on Education (100 million yuan)		21.34	144.39
科技	**Science and Technology**			
研究与试验发展(R&D)活动人员 (万人)	Number of R&D Personnel (10000 persons)			
研究与试验发展(R&D)经费内部支出 (亿元)	Internal Expenditure on R&D (100 million yuan)			
研究与试验发展(R&D)活动课题(项目)数 (个)	Number of R&D Programs/Projects (item)			
文化	**Culture**			
出版数量	Number of Publications			
图书 (亿册)	Number of Books Published (100 million copies)	1.72	2.81	2.70
杂志 (万册)	Number of Magazines Issued (10000 copies)	1519	11325	26299
报纸 (亿份)	Number of Newspapers Issued (100 million copies)	3.19	13.81	34.63

1-2 2 continued

2010	2017	2018	速度指标(%) Indices and Growth Rates (%)								
			指数(2018为以下各年) Indices (2018 as Percentage of the Following Years)					平均增长速度 Average Annual Growth Rate			
			1978	1990	2000	2010	2017	1979–2018	1991–2018	2001–2018	2011–2018
4832.94	6107.19	11010.28	4816085.6	245117.1	8513.5	1059.7	180.3	30.9	32.1	28.0	34.3
7.62	6.66	5.29	227.6	96.2	49.6	69.4	79.4	2.1	-0.1	-3.8	-4.5
8.79	7.91	7.52		64.7	69.8	85.6	95.1		-1.5	-2.0	-1.9
3169.14	2406.09	2211.42		1957.0	156.3	69.8	91.9		11.2	2.5	-4.4
9710.09	14798.85	16823.26		1515608.8	1239.5	173.3	113.7		41.0	15.0	7.1
1523.22	3288.15	3667.65			1694.8	240.8	111.5			17.0	11.6
124.32	196.63	205.12		2860.8	498.8	165.0	104.3				
82019.40	194535.75	208051.16			1090.2	253.7	106.9			14.2	12.3
51799.30	126031.95	145169.39			1097.5	280.3	115.2			14.2	13.7
1421.68	4304.60	4663.89		25838.7	2430.6	328.1	108.3		21.9	19.4	16.0
7.86	10.44	10.82	1202.2	689.2	530.4	137.7	103.6	6.4	7.1	9.7	4.1
45.48	49.91	50.33	315.9	308.2	184.8	110.7	100.8	2.9	4.1	3.5	1.3
43.07	50.78	53.03	203.3	191.2	145.6	123.1	104.4	1.8	2.3	2.1	2.6
142.66	192.58	196.32	6394.8	2047.1	655.5	137.6	101.9	11.0	11.4	11.0	4.1
939.39	700.14	697.18	220.0	245.0	128.7	74.2	99.6	2.0	3.3	1.4	-3.7
848.55	941.96	988.37	133.0	132.3	106.3	116.5	104.9	0.7	1.0	0.3	1.9
921.48	2575.52	2792.90		13087.6	1934.3	303.1	108.4		19.0	17.9	14.9
44.66	87.99	102.31				229.1	116.3				10.9
808.75	2343.63										
72747	170214	184118				253.1	108.2				12.3
2.31	3.02	3.53	205.0	125.5	130.6	152.6	116.7	1.8	0.8	1.5	5.4
21201	11428	10753	707.9	94.9	40.9	50.7	94.1	5.0	-0.2	-4.8	-8.1
45.59	27.47	22.12	693.4	160.2	63.9	48.5	80.5	5.0	1.7	-2.5	-8.6

1-2 续表 3

指 标	Item	1978	1990	2000
家庭、生活、环境	**Family, People's Livelihood and Environment**			
家庭	**Family**			
城镇常住居民平均每户家庭人口 (人)	Average Permanent Household Size in Urban Areas (person)	4.8	3.9	3.6
农村常住居民平均每户家庭人口 (人)	Average Permanent Household Size in Rural Areas (person)	6.0	5.7	5.2
婚姻	**Marriages and Divorces**			
结婚登记总数 (万对)	Registered Number of Marriages (10000 couples)		50.66	56.21
离婚数 (万对)	Number of Divorces (10000 couples)		2.58	4.75
居住	**Residence**			
城镇常住居民人均住房建筑面积(平方米)	Per Capita Floor Space of Urban Permanent Residents (sq.m)	5.5	15.8	24.6
农村常住居民人均住房建筑面积(平方米)	Per Capita Floor Space of Rural Permanent Residents (sq.m)	8.7	17.4	22.4
生活	**People's Livelihood**			
全省常住居民人均可支配收入 (元)	Per Capita Disposable Income of Permanent Residents (yuan)			
城镇常住居民人均可支配收入 (元)	Per Capita Disposable Income of Urban Permanent Residents(yuan)	412.1	2303.2	9761.6
农村常住居民人均可支配收入 (元)	Per Capita Disposable Income of Rural Permanent Residents(yuan)	193.3	1043.0	3654.5
人民币住户存款 (亿元)	Savings Deposits by Househoulds in Renminbi (100 million yuan)	17.56	752.16	8667.29
工资	**Wages**			
城镇单位就业人员工资总额 (亿元)	Earnings of Employed Persons in Urban Areas (100 million yuan)	30.59	223.29	1057.57
城镇单位就业人员平均工资 (元)	Average Earnings of Employed Persons in Urban Areas (yuan)	615	2929	13859
卫生	**Health Care**			
医院、卫生院 (个)	Number of Hospitals (unit)	1968	1885	2426
执业(助理)医师 (万人)	Number of Doctors (10000 persons)	4.79	8.11	11.12
医院、卫生院床位数 (万张)	Number of Hospital Beds (10000 units)	8.41	11.41	15.72
环境、灾害	**Environment and Disaster**			
废水中化学需氧量排放量 (万吨)	Volume of COD Discharged from Waste Water (10000 tuns)			95.10
废气中二氧化硫排放总量 (万吨)	Total Volume of Industrial Sulfur Dioxide Emission (1000 tuns)			90.5
火灾发生数 (起)	Number of Fire Disasters (time)		1725	8622
火灾损失 (万元)	Fire Loss (10000 yuan)		9102	10065
交通事故发生数 (起)	Number of Traffic Accidents (time)		25909	66072
交通事故损失 (万元)	Loss of Traffic Accidents (10000 yuan)		5044	27526

注：1. 2006-2009年年末常住人口根据2010年第六次全国人口普查快速汇总数据进行平滑调整。
2. 2003年起，职工改为单位从业人员，2000年数据作了相应调整。
3. 农业、工业总产值绝对数按当年价格计算，增长速度按可比价计算。
4. 工业指标统计范围为规模以上工业企业(即年主营业务收入500万元以上的法人工业企业，2000-2006年为全部国有工业企业及年主营业务收入500万元以上的非国有工业企业，2011年起，调整为年主营业务收入2000万元及以上的法人工业企业)。
5. 2000年起，粮食产量为抽样调查数据。
6. 1994年起，财政收入按税改新口径统计(即不含中央返还部分)。
7. 邮电业务总量2000年以前按1990年不变价计算，2000年至2010年按2000年不变价计算,2011年起按2010年不变价计算。
8. 1986年以前中等学校不含成人中专数据。
9. 城镇居民人均住房建筑面积1995、2000年为使用面积，2005年以后为建筑面积。
10.2011年起，固定资产投资项目统计起点由50万元提高至500万元，且不包含农村农户投资；2010年以前为全社会固定资产投资。
11.2015年起，地方公共财政预算收入和地方公共财政预算支出统一更名为地方一般公共预算收入和地方一般公共预算支出。
12.2013年起，居民人均可支配收入为城乡一体化住户收支与生活状况调查数据，与此前分城镇和农村住户调查的统计口径不可比，2013年以前农村居民收入为纯收入。
13.2018年外商直接投资使用商务部反馈人民币数据。

1-2 3 continued

2010	2017	2018	速度指标(%) Indices and Growth Rates (%)								
			指数(2018为以下各年) Index (2017 as Percentage of the Following Years)					平均增长速度 Average Annual Growth Rate			
			1978	1990	2000	2010	2017	1979–2018	1991–2018	2001–2018	2011–2018
3.2	2.9	3.2	65.6	82.5	89.0	98.9	110.7	-1.0	-0.7	-0.6	-0.1
5.0	3.7	3.5	57.7	61.1	67.1	69.8	94.6	-1.4	-1.7	-2.2	-4.4
85.71	75.81	71.38		140.9	127.0	83.3	94.2		1.2	1.3	-2.3
12.70	22.03	22.88		886.9	481.7	180.1	103.8		8.1	9.1	7.6
34.1	33.1	34.5	630.5	218.7	140.2	101.1	104.2	4.7	2.8	1.9	0.1
29.2	45.3	47.1	539.8	271.0	210.2	161.2	104.1	4.3	3.6	4.2	6.2
	33003.3	35809.9									
23897.8	40975.1	44341.0	10759.0	1925.2	454.2	185.5	108.2	12.4	11.1	8.8	8.0
7890.3	15779.7	17167.7	8883.7	1645.9	469.8	217.6	108.8	11.9	10.5	9.0	10.2
36318.66	61890.08	69231.95	394259.4	9204.4	798.8	190.6	111.9	23.0	17.5	12.2	8.4
4484.29	15511.55	17717.16	57918.1	7934.6	1675.3	395.1	114.2	17.2	16.9	17.0	18.7
40432	79183	88636	14412.4	3026.2	639.6	219.2	111.9	13.2	13.0	10.9	10.3
2444	2666	2745	139.5	145.6	113.1	112.3	103.0	0.8	1.4	0.7	1.5
16.85	25.89	27.74	579.1	342.0	249.5	164.6	107.2	4.5	4.5	5.2	6.4
27.71	49.21	47.75	567.8	418.5	303.8	172.3	97.0	4.4	5.2	6.4	7.0
85.84	100.09										
105.5	27.7										
6065	16501	13064		757.3	151.5	215.4	79.2		7.5	2.3	10.1
17500	28017	27172		298.5	270.0	155.3	97.0		4.0	5.7	5.7
30480	24138	24293		93.8	36.8	79.7	100.6		-0.2	-5.4	-2.8
8051	10553	7977		158.1	29.0	99.1	75.6		1.7	-6.6	-0.1

Notes: a) Figures of permanent population at the year-end from 2006 to 2009 have been adjusted in accordance with the flash sums of the 6th National Population Cencus in 2010.

b)The number of staff and workers has been recoded as employed persons in units since 2003.The data of 2000 have been adjusted accordingly

c)Figures in value terms on gross output value of agriculture and industry are calculated at current prices , whereas their growth rates are calculated at constant prices.

d)The statistical coverage of the industrial indicators refers to the industrial enterprises above designated size, i.e.legal person industrial enterprises with annual main business revenue over 5 million yuan.The industrial indicators from 2000 to 2006 covered all state-owned industrial enterprises and non-state-owned industrial enterprises with annual main business revenue over 5 million yuan. Since 2011, it refers to legal person industrial enterprises with annual principal business revenue of over 20 million yuan.

e) Figures of output of grain have been obtained from sample surveys since 2000.

f) Figures of government revenues since 1994 are calculated according to new standards stipulated in the tax reform (excluding revenues refunded by the central government).

g)The total business volume of postal and telecommunication services are at 1990 constant prices before 2000 and at 2000 constant prices from 2000 to 2010,and at 2010 constant price since 2010.

h) Before 1986, the figures of secondary schools excluded those of specialized secondary schools for adults.

i) The per capital floor space of urban residents of 1995 and 2000 are useable area, and that since 2005 are building area.

j) Since 2011, the cut-off point of investment statistics is changed from a minimum of 500,000 yuan to a minimum of 5,000,000 yuan, and the data do not include the investment made by rural households. Data before 2010 refer to total investment in fixed assets.

k) From 2015, the name of local government budgetary revenue and local government budgetary expenditure have been changed to local public budgetary revenue and local public budgetary expenditure.

l) The NBS started and integrated households income and expenditure survey in 2013,including both urban and rural households. The coverage methodology and definitions used in the survey are different from those used for the separate urban and rural household surveys prior ot 2013

J) Data of foreign direct investment in RMB that are approved by Ministry of Commerce are adopted in 2018.

1-3 国民经济和社会发展结构指标

Composition Indicators of National Economic and Social Development

单位：%　　(%)

指　标	Item	2000	2010	2015	2017	2018
人口与就业	**Population and Employment**					
人口	**Population**					
城乡结构(常住人口)	Urban and Rural Composition(by permanent population)					
城镇	Urban	55.0	66.2	68.7	69.9	70.7
乡村	Rural	45.0	33.8	31.3	30.2	29.3
性别结构(户籍人口)	Sexual Composition(by residential population)					
男	Male	51.6	51.5	51.5	51.4	51.3
女	Female	48.4	48.5	48.5	48.6	48.7
就业	**Employment**					
产业结构	Industrial Structure					
第一产业	Primary Industry	40.0	24.4	22.1	21.4	20.7
第二产业	Secondary Industry	27.9	42.4	41.0	40.1	39.3
第三产业	Tertiary Industry	32.1	33.2	36.9	38.5	40.0
按登记注册类型分组	Grouped by Status of Registration					
国有单位	State-owned Units	11.8	6.7	6.3	6.1	5.8
集体单位	Collective-owned Units	59.4	31.6	25.3	24.5	23.6
股份合作单位	Share-holding Cooperative Units	0.3	0.4	0.4	0.4	0.3
联营单位	Joint Ownership Units	0.2	0.3	0.1	0.1	0.1
有限责任公司	Limited Liability Corporations	1.0	5.2	9.5	10.2	10.2
股份有限公司	Share-holding Corporations Ltd.	0.7	1.5	2.7	3.0	3.2
外商投资单位	Units with Foreign Investment	1.1	4.9	5.5	4.8	4.6
港澳台商投资单位	Units with Investment from Hong Kong，Macao and Taiwan	2.6	12.5	9.9	9.6	8.7
私营企业	Private Enterprises	5.5	17.7	20.8	21.6	23.6
个体经济	Individual Economy	7.7	17.8	18.1	18.4	18.6
宏观经济	**Macro Economy**					
国民经济核算	**National Accounts**					
地区生产总值产业结构	Industrial Structure of Gross Domestic Product					
第一产业	Primary Industry	9.1	4.8	4.3	4.0	4.0
第二产业	Secondary Industry	46.8	50.1	45.5	42.4	41.8
第三产业	Tertiary Industry	44.1	45.1	50.2	53.6	54.2
支出法地区生产总值结构	Domestic Expenditure Structure					
最终消费	Final Consumption	52.9	48.3	50.4	50.3	
居民消费	Household Consumption	41.4	38.0	38.5	38.0	
农村居民	Rural Households	28.9	33.2	32.3	32.0	
城镇居民	Urban Households	12.5	4.9	6.2	6.0	
政府消费	Government Consumption	11.5	10.3	11.9	12.3	
资本形成总额	Gross Capital Formation	36.2	39.2	42.8	44.2	
固定资本形成总额	Gross Fixed Capital Formation	29.2	36.6	41.3	42.8	
存货增加	Changes in Inventories	7.0	2.6	1.5	1.4	
净流出	Net Exports	10.9	12.5	6.9	5.5	
固定资产投资	**Investment**					
按登记注册类型分	Grouped by Status of Registration					
内资	Domestic-funded	82.8	85.4	88.4	89.1	89.4
国有	State-owned	37.7	32.0	21.2	19.6	21.6
集体	Collective-owned	12.2	4.6	4.3	2.6	1.9
股份合作	Cooperative	0.6	0.3	0.4	0.1	0.3
联营	Joint ownership	1.5	0.1	…	0.1	0.1
其他有限责任公司	Limited Liability	11.3	21.1	30.7	35.5	37.8
股份有限公司	Share-holding	4.7	5.4	4.2	3.0	3.6
私营	Private	6.4	13.7	22.6	23.2	21.0
个体	Induvidual	7.7	5.6	1.1	0.9	0.5
其他	Others	0.7	2.6	3.9	4.1	2.6
港澳台商投资	Investment from Hong Kong, Macao & Taiwan	12.9	9.2	6.9	6.5	5.5
外商投资	Foreign investment	4.3	5.4	4.7	4.4	5.1

1−3 续表 1 continued

单位：% (%)

指 标	Item	2000	2010	2015	2017	2018
资金来源结构	Structure of Sources of Funds					
国家预算资金	State Budgetary Appropriation	1.7	2.2	4.9	5.7	6.8
国内贷款	Domestic Loans	17.2	16.8	12.5	16.1	20.2
利用外资	Foreign Investment	10.5	3.3	0.6	0.6	0.4
自筹投资	Fundraising	42.9	56.6	57.9	51.3	38.2
其他投资	Others	27.7	21.1	24.2	26.2	34.4
对外贸易(美元)	**Foreign Trade (USD)**					
出口按贸易方式分	Exports by Customs Regime					
一般贸易	Ordinary Trade	19.0	32.9	42.9	45.7	47.7
加工贸易	Processing Trade	78.1	60.8	43.7	38.3	38.6
其他	Others	2.9	6.3	13.4	16.0	13.7
进口按贸易方式分	Imports by Customs Regime					
一般贸易	Ordinary Trade	26.7	36.0	40.9	46.7	46.2
加工贸易	Processing Trade	63.1	51.4	41.9	35.1	33.7
其他	Others	10.2	12.6	17.2	18.2	20.2
国内贸易	**Domestic Trade**					
社会消费品零售总额结构	Structure of Total Retail Sales of Consumer Goods					
城镇	Urban Areas	75.1	85.3	87.6	87.5	87.4
乡村	Rural Areas	24.9	14.7	12.4	12.5	12.6
能源生产与消费	**Production and Consumption of Energy**					
能源生产总量结构	Structure of Total Energy Production					
原煤	Coal	8.0				
原油	Crude Oil	53.6	37.8	32.8	31.6	28.1
电力	Electricity	27.1	40.7	48.5	51.5	19.3
天然气	Natural Gas	11.3	21.5	18.7	16.9	52.6
一次能源消费总量结构	Structure of Total Primary Energy Consumption					
原煤	Coal	52.2	45.2	42.3	39.5	37.2
原油	Crude Oil	35.0	29.0	27.3	25.9	28.1
电力	Electricity	12.6	20.1	24.0	26.2	8.3
天然气	Natural Gas	0.2	5.7	6.4	8.4	26.4
其他	Others					
农业	**Agriculture**					
农林牧渔业产值结构	Structure of Gross Output Value of Farming, Forestry, Animal Husbandry and Fishery					
农业	Farming	47.5	45.1	47.0	48.4	48.9
林业	Forestry	3.5	4.9	5.8	6.0	6.2
牧业	Animal Husbandry	26.5	26.5	22.6	20.1	18.8
渔业	Fishery	22.5	19.9	20.8	21.4	21.9
农林牧渔服务业	Services for Farming, Forestry, Animal Husbandry and Fishery	...	3.6	3.9	4.1	4.3
工业(规模以上)	**Industry(aboved designated size)**					
按轻重工业分	Grouped by Light and Heavy Industry					
轻工业	Light Industry	52.9	38.3	38.2	35.2	31.8
重工业	Heavy Industry	47.1	61.7	61.8	64.8	68.2
按经济类型分	Grouped by Ownership					
国有工业	State-owned Industry	11.6	5.4	0.5	0.6	0.7
集体工业	Collective-owned Industry	9.6	0.9	0.4	0.2	0.1
股份合作工业	Share-holding Cooperative Industry	0.9	0.2	0.1	0.1	0.1
股份制工业	Share-holding Industry	14.3	35.7	53.8	59.4	61.0
外商投资工业	Industry with Foreign Investment	20.2	25.4	20.8	17.8	17.0
港澳台商投资工业	Industry with Investment from Hong Kong, Macao and Taiwan	38.0	27.6	22.3	20.3	19.9
按企业规模分	Grouped by Size of Enterprise					
大型企业	Large	36.2	33.0	44.4	46.9	51.3
中型企业	Medium-sized	11.4	33.3	26.6	23.8	22.6
小微型企业	Small and Micro	52.3	33.7	29.0	29.3	26.1

注：2018年起资金来源中不含5000万元以下项目。
Note：Source of funds exclude projects below 50 million yuan since 2018.

1-3 续表 2 continued

单位：% (%)

指 标	Item	2000	2010	2015	2017	2018
建筑业	**Construction**					
按登记注册类型分	Grouped by Status of Registration					
内资	Domestic-funded	97.6	96.5	97.4	97.7	98.0
国有	State-owned	38.8	20.3	9.8	7.9	6.0
集体	Collective-owned	33.2	6.2	4.5	3.8	3.6
股份合作	Cooperative	0.8	0.3	0.1	0.1	0.1
联营	Joint ownership	1.2	0.4	0.1	0.1	...
有限责任公司	Limited Liability	13.9	42.0	53.7	54.5	54.6
股份有限公司	Share-holding	5.2	7.3	9.7	10.7	11.5
私营	Private	4.4	18.6	19.6	20.6	22.2
其他	Others	...	1.0	...	...	...
港澳台商投资	Investment from Hong Kong, Macao & Taiwan	1.6	1.5	0.8	0.9	0.9
外商投资	Foreign investment	0.8	2.0	1.7	1.4	1.1
交通运输和旅游	**Transportation and Tourism**					
客运量结构	Structure of Passenger Traffic					
铁路	Railways	7.4	3.2	12.8	19.2	21.8
公路	Highways	90.4	94.6	81.0	71.3	68.0
水运	Waterways	1.4	0.5	1.3	1.8	1.8
民用航空	Civil Aviation	0.8	1.6	4.8	7.7	8.3
货运量结构	Structure of Freight Traffic					
铁路	Railways	12.7	5.9	2.7	1.8	1.8
公路	Highways	63.2	69.4	74.4	72.1	71.7
水运	Waterways	21.6	21.0	20.7	23.7	24.1
民用航空	Civil Aviation	...	0.1	...	0.0	0.1
管道输油(气)	Pipelines	2.5	3.5	2.2	2.3	2.4
接待过夜旅游者人数	Composition of Tourists Staying Overnight					
入境旅游者	Overseas Visitor Arrivals Inbound Tourists	15.6	14.8	9.5	8.2	7.6
国内旅游者	Domestic Tourists	84.4	85.2	90.5	91.8	92.4
教育与科技	**Education and Technology**					
教育	**Education**					
在校学生结构	Structure of Enrolled Students					
大学生	Colleges and Universities	2.1	8.4	11.5	11.5	10.4
中学生	Regular Secondary Schools	32.4	41.7	34.7	32.5	37.0
小学生	Primary Schools	65.5	49.9	53.8	56.1	52.5
专任教师结构	Structure of Full-time Teachers					
大学	Colleges and Universities	3.3	8.7	10.0	10.0	9.5
中学	Secondary Schools	37.3	43.5	42.9	41.3	44.1
小学	Primary Schools	59.4	47.8	47.1	48.7	46.4

1-3 续表 3 continued

单位：% (%)

指 标	Item	2000	2010	2015	2017	2018
科技	**Science and Technology**					
研究与试验发展(R&D)经费内部支出机构	Structure of Internal Expenditure on R&D					
科学研究与技术开发机构	Scientific Research and Technological Development Institutions		2.6	3.6	0.9	0.7
全日制普通高等学校	Full-time Regular Institutions of Higher Education		3.5	3.5	5.9	6.1
工业企业	Industrial Enterprises		87.0	84.6	85.9	85.3
其他	Others		6.8	8.4	7.4	7.9
研究与试验发展(R&D)经费内部支出	R&D Expenditure Internal Expernditure					
#基础研究	Basic Research		2.1	3.0	4.7	
应用研究	Applied Research		4.6	9.2	9.2	
试验发展	Experimental Development		93.3	87.8	86.1	
生活、卫生、环境	**People's Livelihood，Health Care and Environment**					
生活	**People's Livelihood**					
城镇常住居民消费结构	Composition of Consumption Expenditure of Urban Resident					
食品烟酒	Food,Tobacco and Liquor	38.6	36.5	33.2	32.2	31.6
衣着	Clothing	4.6	6.7	5.7	5.3	4.6
居住	Living	13.7	10.4	22.3	23.5	26.3
生活用品及服务	Daily Necessities and Services	7.5	6.5	5.9	5.9	5.6
交通通信	Transportation and Telecommunication	13.4	18.5	15.2	14.2	13.3
教育文化娱乐	Education,Culture and Entertainment	11.5	12.9	10.4	10.9	10.8
医疗保健	Health Service	4.3	5.0	4.3	5.0	5.1
其他用品和服务	Other Necessities and Services	6.4	3.5	3.0	3.0	2.7
农村常住居民消费结构	Composition of Consumption Expenditure of Rural Resident					
食品烟酒	Food,Tobacco and Liquor	49.8	47.7	40.6	40.2	36.6
衣着	Clothing	3.9	3.9	3.3	3.5	3.4
居住	Living	14.3	17.9	22.5	22.0	21.8
生活用品及服务	Daily Necessities and Services	4.7	4.3	5.9	5.5	5.3
交通通信	Transportation and Telecommunication	7.8	11.6	10.5	10.8	12.5
教育文化娱乐	Education,Culture and Entertainment	11.8	5.9	8.6	9.0	9.6
医疗保健	Health Service	3.9	5.6	6.5	6.9	8.9
其他用品和服务	Other Necessities and Services	3.8	3.1	2.2	2.1	2.0
卫生	**Health Care**					
卫生技术人员结构	Structure of Medical Technical Personnel					
#执业(助理)医生	Doctors	42.0	37.7	36.4	36.5	36.6
注册护士	Nurses	31.4	37.1	41.3	43.4	44.2
床位结构	Structure of Hospital Beds					
#医院	Hospitals	71.4	74.7	79.2	80.0	80.5
事故、灾害	**Cash and Disaster**					
火灾事故损失额结构	Structure of Fire Losses Converted into Cash					
特大或重大	Extraordinarily Serious Fires					
较大	Serious Fires		0.2	0.8	0.05	0.2
一般	Ordinary Fires		99.8	99.2	99.95	99.8
交通事故损失额结构	Structure of Losses from Traffic Accidents Converted into Cash					
机动车道	Roads for Motored Vehicles		81.5	83.9	89.0	88.4
非机动车道	Roads for Nonmotored Vehicles		1.4	1.4	0.8	1.4
混合道	Mixed Roads		12.8	11.8	7.7	11.9
其他道	Others		4.3	3.0	2.7	5.4

注：1. 由于数据计算进位的原因，部分结构总和不等于100。
2. 2014年起工业污染源治理投资结构进行了调整，治理其他包括绿化和生态环保投资。

Note: a) Owing to the rounding-off of figures, some totals in this table are not equal to 100.
b) The investment structure of treatment of industrial pollution sources in 2007 has been modified. Treatment of others include greening and inverstment in environmental protection.

1-4 国民经济和社会发展比例和效益指标

Indicators on National Economic and Social Development

指　　标	Item	2000	2015	2017	2018
人口与就业	**Population and Employment**				
总抚养比 (%)	Gross Dependency Ratio (%)	43.31	34.87	34.84	34.77
少儿抚养比 (%)	Children Dependency Ratio (%)	34.64	23.43	23.21	23.15
老年抚养比 (%)	Old Dependency Ratio (%)	8.67	11.44	11.62	11.62
城镇登记失业率 (%)	Registered Unemployment Rate in Urban Areas (%)	2.50	2.45	2.47	2.41
国民经济核算	**National Accounts**				
人均地区生产总值 (元)	Per Capita GDP (yuan)	12817	68490	80932	86412
人均地区生产总值 (美元)	Per Capita GDP (USD)	1548	10996	11987	13058
服务业增加值占地区生产总值比重 (%)	Proportion of Service Industry Value-added in GDP(%)	44.1	50.2	53.6	54.2
生产性服务业增加值占地区生产总值比重 (%)	Proportion of M anufacture-related service Industry Value-added in GDP (%)		26.5	27.5	
全社会劳动生产率 (万元/人)	Gross labour productivity (million yuan/person)	2.78	11.91	14.22	15.14
人民生活	**People's Living Conditions**				
全体常住居民恩格尔系数 (%)	Engel coefficient for all permanent residents (%)		34.5	33.5	32.6
城镇常住居民恩格尔系数 (%)	Engel coefficient of permanent urban residents (%)	38.6	33.2	32.2	31.6
农村常住居民恩格尔系数 (%)	Engel coefficient of permanent rural residents (%)	49.8	40.6	40.2	36.6
城乡收入比 (农村居民收入为1)	Urban and Rural Income ratio (Rural Income as 1)	2.7	2.6	2.6	2.6
财政	**Government Finance**				
一般公共预算收入与地区生产总值之比(%)	Propotion of Government Revenue to GDP (%)	8.4	12.7	12.6	12.4
一般公共预算支出与地区生产总值之比(%)	Propotion of Government Expenditure to GDP (%)	9.9	17.4	16.8	16.2
能源	**Energy**				
能源生产弹性系数	Elasticity Ratio of Energy Production	0.50	2.84		0.09
电力生产弹性系数	Elasticity Ratio of Electricity Production	1.63	0.06	0.85	0.51
能源消费弹性系数	Elasticity Ratio of Energy Consumption	0.71	0.24	0.47	0.47
电力消费弹性系数	Elasticity Ratio of Electricity Consumption	1.99	0.18	0.83	0.90
能源加工转换总效率 (%)	Total Effficiency of Energy Conversion (%)	66.63	69.01	68.27	70.73
资源环境	**Resources and Environment**				
万元地区生产总值用水量 (立方米)	Water Use Per 10000 Yuan GDP (cu.m)		61	48	43
万元工业增加值用水量 (立方米)	Water Use Per 10000 Yuan of Industrial Added Value (cu.m)		37	30	26
环境污染治理投资与地区生产总值之比(%)	Proportion of Total Investment in the Treatment of Environmental Pollution to GDP (%)		0.08	0.10	
固定资产投资	**Investment in Fixed Assets**				
固定资产交付使用率 (%)	Rate of Projects of Rixed Assets Completed and Put into Use (%)	87.1	61.5	50.5	
项目建成投产率 (%)	Rate of Projects Completed and Put into Use (%)	49.3	70.8	70.8	53.2
房地产开发企业房屋建筑面积竣工率 (%)	Rate of Floor Space of Buildings Completed (%)	31.9	10.4	11.3	9.5
对外贸易 (按美元计价)	**Foreign Trade (calculated by USD)**				
进出口总额相当于地区生产总值比重 (%)	Proportion of Total Value of Imports & Exports to GDP (%)		86.0	76.0	73.8
高新技术产品出口额占出口总额的比重(%)	Proportion of High and New-tech Products to Total Exports (%)	18.5	36.1	21.4	21.5
一般贸易进出口总额占进出口总额的比重 (%)	Proportion of Ordinary Trade to Total Value of Imports and Exports (%)	22.5	42.2	46.1	47.1
加工贸易进出口总额占进出口总额的比重 (%)	Proportion of Processing Trade to Total Value of Imports and Exports (%)	71.2	43.1	37.1	36.6

1-4 续表 continued

指标	Item	2000	2015	2017	2018
农业	**Agriculture**				
每公顷播种面积农产品产量（公斤）	Output of Farm Crops per Hectare of Sown Area (kg)				
粮食	Grain	5879	5524	5570	5548
糖料	Sugar Crops	70380	77619	79421	81868
油料	Oil-bearing Crops	2295	2963	3052	3116
工业	**Industry**				
高技术制造业增加值占规模以上工业比重 (%)	Ratio of Value Added of Advanced Manufacturing Industry to the Industry above designated sized (%)		25.6	30.3	31.5
先进制造业增加值占规模以上工业比重 (%)	Ratio of Value Added of High-tech Industry to the Industry above designated sized (%)		47.9	55.0	56.4
总资产贡献率 (%)	Ratio of Total Assets to Industrial Output Value (%)	8.86	13.58	12.45	11.56
资产负债率 (%)	Assets-Liability Ratio (%)	57.56	57.38	56.13	56.17
成本费用利润率 (%)	Ratio of Profits to Industrial Costs (%)	4.82	6.85	7.00	6.54
产品销售率 (%)	Proportion of Products Sold (%)	97.40	97.11	98.00	97.56
每百元主营业务收入中的成本（元）	Cost per Every 100 Yuan Revenue in Principal Businesses(yuan)		84.2	83.8	82.5
建筑业	**Construction**				
建筑业劳动生产率 （元／人）（按增加值计算）	Overall Labor Productivity (yuan/person) (in terms of value-added per employee)	39831	103972	97732	109833
交通运输业	**Transport**				
铁路网密度 （公里／万平方公里）	Railway Density (km/10000sq.km)	108.07	214.75	239.68	257.65
公路网密度 （公里／万平方公里）	Highway Density (km/10000sq.km)	5710	12021	12219	12115
邮电通信业	**Postal and Telecommunication Services**				
电话普及率(含移动电话)(部/百人)	Popularization Rate of Telephone (set/100 persons)	39.5	164.2	154.0	167.8
移动电话普及率 （部/百人）	Popularization Rate of Mobile Telephone (set/100 persons)	15.7	138.4	132.5	148.3
金融业	**Financial Intermediation**				
金融机构存款与地区生产总值之比 (%)	Porportion of Deposits of Financial Institutions to GDP (%)	176.5	217.1	216.9	213.9
金融机构贷款与地区生产总值之比 (%)	Porportion of Loans of Financial Institutions to GDP (%)	122.4	129.5	140.5	149.2
金融机构年末人民币贷、存款余额比例 (%)	Porportion of Loans to Deposits of Financial Institutions in RMB at the year-end (%)	69.7	58.1	64.4	69.7
科技	**Science and Technology**				
研究与试验发展经费内部支出相当于地区生产总值之比 (%)	Porportion of R&D Expenditure to GDP (%)	0.99	2.43	2.61	
每万人口发明专利拥有量 （件／万人）	Number of patents per 10 000 persons (patents/10 000 persons)		12.80	18.96	21.90
教育	**Education**				
学龄儿童入学率 (%)	Percentage of School-age Children Enrolled (%)	99.70	99.98	99.99	99.97
小学毕业生升学率 (%)	Percentage of Graduates of Primary School Entering Junior Secondary School (%)	96.15	95.85	96.04	96.18
高中毛入学率 (%)	Gross Enrollment Rate of Senior Secondary Schools (%) Senior Secondary Schools (%)	38.70	95.70	96.48	96.70
高等教育毛入学率 (%)	Gross Enrollment Rate of High Education (%)	11.35	33.00	38.71	42.43
卫生	**Public Health**				
每千人口执业(助理)医师数 （人）	Number of Licensed(Assistant) Doctors per 10000 Population (person)	1.29	2.11	2.32	2.44
每千人口医疗卫生机构床位数（张）	Number of Beds of Hospitals and Health Centers per 1000 Population (bed)	1.94	4.02	4.41	4.56
医院病床使用率 (%)	Beds Utilization Rate of Medical Organizations (%)		83.5	84.0	83.0
城市市政建设	**Municipal Works**				
人均公园绿地面积 （平方米）	Per Capita Public Green Area (Sq.m)		17.40	18.24	

1-5 国民经济和社会发展主要指标占全国比重

Percentage of National Total of Main Indicators of Economic and Social Development of Guangdong

指标	Item	2017 广东 Guang-dong	2017 全国 National Total	2017 广东占全国(%) As Percentage of National Total	2018 广东 Guang-dong	2018 全国 National Total	2018 广东占全国(%) As Percentage of National Total
人口	**Population**						
年末常住人口数 (万人)	Permanent Population at the Year-end (10000 persons)	11169	139008	8.0	11346	139538	8.1
土地面积 (万平方公里)	**Land Area (10000 sp.km)**	**17.97**	**960**	**1.9**	**17.97**	**960**	**1.9**
国内(地区)生产总值(亿元)	**Gross Domestic Product (100 million yuan)**	**89705.23**	**820754.3**	**10.6**	**97277.77**	**900309.5**	**10.6**
第一产业	Primary Industry	3611.44	62099.5	5.8	3931.44	64734.0	5.9
第二产业	Secondary Industry	38008.06	332742.7	10.7	40695.15	366000.9	10.8
第三产业	Tertiary Industry	48085.73	425912.1	11.2	52751.18	469574.6	11.1
人均国内(地区)生产总值 (元)	**Per Capita Gross Domestic Product (yuan)**	**80932**	**59201**		**86412**	**64644**	
主要工农业产品产量	**Output of Major Farm Products and Industrial Products**						
粮食 (万吨)	Grain (10000 tons)	1208.56	66161.0	1.8	1193.49	65789.0	1.8
油料 (万吨)	Oil-bearing Crops (10000 tons)	101.28	3475.2	2.9	106.25	3433.4	3.1
肉类 (万吨)	Meat (10000 tons)	444.08	8654.4	5.1	449.90	8624.6	5.2
水产品 (万吨)	Aquatic Products (10000 tons)	833.54	6445.3	12.9	842.44	6457.7	13.0
水果 (万吨)	Fruits (10000 tons)	1538.70	25241.9	6.1	1669.20	25688.4	6.5
茶叶 (万吨)	Tea (10000 tons)	9.29	246.0	3.8	9.99	261.0	3.8
农用化肥 (万吨)	Chemical Fertilizer (10000 tons)	77.06	6184.3	1.2	24.16	5424.4	0.4
发电量 (亿千瓦时)	Electricity (100 million kwh)	4407.20	66044.5	6.7	4369.60	71117.7	6.1
水泥 (亿吨)	Cement (100 million tons)	1.58	23.4	6.7	1.63	22.1	7.4
布 (亿米)	Cloth (100 million m)	27.01	691.1	3.9	25.55	657.3	3.9
机制纸及纸板 (万吨)	Machine-made Paper and Paperboard (10000 tons)	2177.74	12542.0	17.4	2028.88	11660.6	17.4
成品钢材 (万吨)	Steel (10000 tons)	4213.69	104642.1	4.0	4503.26	110551.7	4.1
成品糖 (万吨)	Sugar (10000 tons)	82.27	1472.0	5.6	263.29	1524.1	17.3
平板玻璃 (万重量箱)	Flat Glass (10000 wt.cases)	9146.24	83765.8	10.9	10595.77	86863.5	12.2
家用电冰箱 (万台)	Household Refrigerators (10000 units)	1556.37	8314.5	18.7	1628.45	7993.2	20.4
家用洗衣机 (万台)	Household Washing Machines (10000 units)	749.62	7500.9	10.0	677.42	7150.7	9.5
彩电电视机 (万台)	Color Television Sets (10000 sets)	8399.88	15932.6	52.7	10758.27	18834.8	57.1
家用房间空气调节器 (万台)	Room Air Conditioners (10000 sets)	5374.97	17861.5	30.1	6187.43	20486.0	30.2
汽车 (万辆)	Vehicles	321.06	2901.8	11.1	323.27	2781.9	11.6
微型计算机设备 (万台)	Microcomputers (10000 units)	4338.56	30678.4	14.1	5248.95	30700.2	17.1
固定资产投资	**Investment in Fixed Assets**						
房地产开发投资	Real Estate Development (100 million yuan)	12075.69	109798.5	11.0	14412.19	120263.5	12.0

1-5 续表 continued

指标	Item	2017 广东 Guangdong	2017 全国 National Total	2017 广东占全国(%) As Percentage of National Total	2018 广东 Guangdong	2018 全国 National Total	2018 广东占全国(%) As Percentage of National Total
运输、邮电	**Transport, Postal and Telecommunication Services**						
货物周转量 (亿吨公里)	Freight Traffic (100 million ton-kilometers)	28192.23	197373	14.3	28644.77	204686	14.0
旅客周转量 (亿人公里)	Passenger Traffic (100 million personkilometers)	4140.29	32813	12.6	4501.97	34218	13.2
港口货物吞吐量 (万吨)	Volume of Freight Handled at Major Coastal Ports (10000 tons)	198015	1400700	14.1	211037	1435100	14.1
邮电业务总量 (亿元)	Total Business Volume of Postal and Telecommunication Services (100 million yuan)	6107.19	37320	16.4	11010.28	77901	14.7
财政金融	**Government Finance and Banking**						
地方一般公共预算收入 (亿元)	Local Public Budgetary Revenue (100 million yuan)	11320.35	91469.4	12.4	12105.26	97904.5	12.4
地方一般公共预算支出 (亿元)	Local Public Budgetary Expenditure (100 million yuan)	15037.48	173228.3	8.7	15729.26	188198.3	8.4
人民币住户存款 (亿元)	Savings Deposits by Residents in Renminbi (100 million yuan)	61890.08	643768.0	9.6	69231.95	716038.0	9.7
外经旅游	**Foreign Trade and International Tourism**						
出口总额 (亿元)	Total Exports (RMB 100 million)	42192.86	153309.4	27.5	42744.06	164176.7	26.0
进口总额 (亿元)	Total Imports (RMB 100 million)	25976.00	124789.8	20.8	28901.67	140873.7	20.5
实际外商直接投资 (亿美元)	Foreign Direct Investment (USD 100 million)	229.07	1310.4	17.5			
实际外商直接投资 (亿元)	Foreign Direct Investment (RMB 100 million)				1450.88	8856.1	16.4
国际旅游外汇收入 (亿美元)	Total Foreign Exchange Earnings from International Tourism (USD 100 million)	196.63	1234.2	15.9	205.12	1271.0	16.1
国内贸易和物价	**Domestic Trade and Prices**						
社会消费品零售总额 (亿元)	Total Amount of Retail Sales of Consumer Goods (100 million yuan)	38200.07	366261.6	10.4	39501.12	380986.9	10.4
居民消费价格指数	General Consumer Price Index	101.5	101.6		102.2	102.1	
商品零售价格指数	General Retail Price Index	101.6	101.1		102.1	101.9	
人民生活	**People's Livelihood**						
城镇单位就业人员工资总额 (亿元)	Earnings of Urban Employed Persons (100 million yuan)	15511.55	129889.1	11.9	17717.16	141692.2	12.5
全体常住居民人均可支配收入 (元)	Per Capita Disposable Incom Permanent Households (yuan)	33003.29	25973.8		35809.90	28228.0	
城镇常住居民人均可支配收入 (元)	Per Capita Disposable Income of Permanent Urban Households (yuan)	40975.14	36396.2		44340.97	39250.8	
农村常住居民人均可支配收入 (元)	Per Capita Net Income of Permanent Rural Households (yuan)	15779.74	13432.4		17167.74	14617.0	
教育、科技、卫生	**Education, Science and Technology and Health Care**						
普通本专科学校在校学生数 (万人)	Students Enrolled in Colleges and Universities (10000 persons)	192.58	2753.6	7.0	196.32	2831.0	6.9
研究与试验发展(R&D)经费内部支出 (亿元)	Internal Expenditure on R&D (100 million yuan)	2343.63	17500	13.4			
医疗卫生机构床位数 (万张)	Number of Hospital Beds (10000 units)	49.21	794.0	6.2	51.70	840.4	6.2
专业卫生技术人员 (万人)	Number of Medical Technical Personnel (10000 persons)	70.99	898.8	7.9	75.78	951.9	8.0

注：1.本表水果产量含瓜果产量。
2.全国2018年数为快报数并来自中国统计摘要。
3.2018年，广东实际外商直接投资使用商务部反馈人民币数据。

Note: a) Data of output of fruits in this table incluede melons.
b) The 2018 data of the whole nation are based on flash reports and from China Statistical Abstract.
c)Data of foreign direct investment of Guangdong in RMB that are approved by Ministry of Commerce are adopted in 2018.

1-6 各部门机构数

Grassroots Units in Various Sectors

部门	Sector	2010	2015	2017	2018
农村基层组织 （个）	**Rural Grassroots Units (unit)**				
镇政府	Town Governments	1134	1128	1124	1123
乡政府	Township Governments	11	11	11	11
村民委员会	Villagers' Committees	22140	19632	19785	19793
工业企业 （个）	**Industrial Enterprises (unit)**	**250853**	**379804**	**505550**	
规模以上工业	Industrial Enterprises above Designated Size	53418	42134	47224	47477
#国有工业	State-owned	567	200	140	165
集体工业	Collective-owned	872	212	160	160
建筑业企业 （个）	**Construction Enterprises (unit)**	**20195**	**36124**	**63398**	
#国有企业	State-owned	648	482	472	
批发零售和住宿餐饮企业法人单位数 （万个）	**Number of Corporate Units in Wholesale and Retail Trades, Accommodations and Catering Services (10000 units)**	**22.18**	**41.58**	**63.99**	
医疗卫生机构数 （个）	**Health Care (unit)**	**16541**	**21189**	49926	51527
#医院、卫生院	Hospitals and Health Centers	2444	2539	2666	2745
提供住宿的社会服务机构	Social Welfare Institutions	2514	1588	1734	1711
教育事业	**Education**				
普通高等学校 （所）	Regular Institutions of Higher Education (unit)	131	143	151	153
中等学校 （所）	Secondary Schools (unit)	5146	5078	5187	5233
#普通中学	Regular Secondary Schools	4334	4434	4566	4627
小学 （万所）	Primary Schools (10000 units)	1.68	1.01	1.03	1.03
幼儿园 （所）	Kindergartens (unit)	11161	16368	18048	189563
艺术表演团体 （个）	Art Performance Troupes (unit)	133	72	74	74
文化事业 （个）	Cultural Institutions (unit)	2384	2275	2289	2304
文物事业 （个）	Cultural Relic Establishments (unit)	208	260	264	262
广播电视 （座）	**Radio and Television (unit)**				
广播电台	Radio Stations	22	22	22	22
电视台	Television Stations	24	24	24	24
县、市广播电视台	Radio and Television Stations in Counties and County-level Cities	79	79	79	79
研究机构数 （个）	**Number of R&D Institutions (units)**	**4452**	**8164**	**23318**	**25484**
科学研究与技术开发机构	Scientific Research and Technological Development Institutions	186	189	199	182
全日制普通高等学校	Full-time Regular Institutions of Higher Education	450	850	1369	159
工业企业	Industrial Enterprises	3309	6553	20030	21740
其他	Others	507	572	1720	2013

1−7 法人和产业活动单位数
Number of Corporate Units and Industrial Establishments

单位：个 (unit)

项 目	Item	2016		2017	
		法人单位数 Corporate Units	产业单位数 Industrial Establishments	法人单位数 Corporate Units	产业单位数 Industrial Establishments
总 计	**Total**	**1671255**	**1890136**	**1955088**	**2206419**
按行业分	By Sector				
农、林、牧、渔业	Farming,Forestry,Anima lHusbandry and Fishery	42163	43690	47531	49133
采矿业	Mining	4096	4301	4116	4339
制造业	Manufacture	440630	448291	490284	498834
电力、燃气及水的生产和供应业	Production and Supply of Electric Power, Gas and Water	10819	13694	11150	14088
建筑业	Construction	47290	54246	63398	73151
批发和零售业	Wholesale and Retail Trades	495492	559646	607193	679281
交通运输、仓储和邮政业	Transport, Storage and Postal Services	41597	54377	49663	64235
住宿和餐饮业	Hotels and Catering Services	28393	35768	32729	40888
信息传输、软件和信息技术服务业	Information Transmission, Computer Services and Software	47640	55112	63782	73459
金融业	Finance	11234	32819	12751	38800
房地产业	Real Estate	60511	73918	70369	86389
租赁和商务服务业	Leasing and Business Services	187062	203367	221659	243155
科学研究和技术服务业	Scientific Research, Technical Services	63521	69152	75646	83801
水利、环境和公共设施管理业	Management of Water Conservancy, Environment and Public Facilities	7983	9271	8942	10411
居民服务、修理和其他服务业	Services to Households,Repair and Other Services	27018	30168	32250	35964
教育	Education	42387	51688	45293	54706
卫生和社会工作	Health and Social Service	11847	24572	12472	25207
文化、体育和娱乐业	Culture, Sports and Entertainment	21645	24591	25782	29013
公共管理、社会保障和社会组织	Public Administration,Social Security and Social Organizations	79927	101465	80078	101565
按注册类型分	By Status of Registration				
内资	Domestic-funded	1608963	1811244	1889179	2118990
国有	State-owned	65937	116313	65911	116290
集体	Collective-owned	30819	45401	30983	45665
股份合作企业	Share-holding Cooperative Enterprises	8759	13284	8569	13143
联营企业	Joint-operation Enterprises	5387	6849	5097	6574
有限责任公司	Limited Liability Corporations	425356	461405	441258	484222
股份有限公司	Share-holding Corporations Ltd.	18451	35738	19450	39635
私营企业	Private Enterprises	870459	925934	1122317	1193626
其他	Other	183795	206320	195594	219835
港、澳、台商投资企业	Enterprises with Investment from Hong Kong,Macao and Taiwan	43370	51610	46465	56906
合资经营企业(港或澳、台资)	Joint Ventures	5102	6969	5321	7441
合作经营企业(港或澳、台资)	Cooperative Enterprises	1828	2231	2007	2433
港、澳、台商独资经营企业	Sole Investment Enterprises	34092	39476	36750	43921
港、澳、台商投资股份有限公司	Share-holding Corporations Ltd.	1051	1444	1067	1536
其他港、澳、台商投资	Other Enterprises	1297	1490	1320	1575
外商投资企业	Enterprises with Foreign Investment	18922	27282	19444	30523
中外合资经营企业	Sino-foreign Joint Ventures	3401	5658	3519	6002
中外合作经营企业	Sino-foreign Cooperative Enterprises	714	1081	718	1103
外资企业	Foreign-funded Enterprises	12005	17067	12677	19681
外商投资股份有限公司	Share-holding Corporations Ltd.	1657	2059	1363	2236
其他外商投资	Other Enterprises	1145	1417	1167	1501

注：产业单位数包含法人单位数。
Note:The number of the industrial establishments include the number of the coporate units.

1-8 各市法人和产业活动单位数

Number of Corporate Units and Industrial Establishments by City

单位：个 (unit)

市别	City	2016 法人单位数 Corporate Units	2016 产业单位数 Industrial Establishments	2017 法人单位数 Corporate Units	2017 产业单位数 Industrial Establishments
总计	**Total**	**1671255**	**1890136**	**1955088**	**2206419**
广州	Guangzhou	309786	345347	338264	387483
深圳	Shenzhen	317980	354981	442146	492577
珠海	Zhuhai	65727	72788	75007	82889
汕头	Shantou	47089	53874	49345	56137
佛山	Foshan	164406	179133	181642	196540
韶关	Shaoguan	25296	32663	26505	33936
河源	Heyuan	24438	30859	25657	32056
梅州	Meizhou	34315	44759	38552	49282
惠州	Huizhou	71888	83106	95068	107883
汕尾	Shanwei	10527	12685	11159	13389
东莞	Dongguan	210871	226892	243583	259526
中山	Zhongshan	93845	103078	104610	114203
江门	Jiangmen	60516	66845	70530	77705
阳江	Yangjiang	23180	28476	25333	31110
湛江	Zhanjiang	50295	61000	58120	69315
茂名	Maoming	39897	45516	41342	46985
肇庆	Zhaoqing	31520	39070	32846	40385
清远	Qingyuan	28852	37879	30935	40108
潮州	Chaozhou	20756	22813	21894	24046
揭阳	Jieyang	23201	26834	25115	28753
云浮	Yunfu	16870	21538	17435	22111
按经济区域分	By Region				
珠三角	Pearl River Delta	1326539	1471240	1583696	1759191
东翼	Eastern Region	101573	116206	107513	122325
西翼	Western Region	113372	134992	124795	147410
山区	Mountainous Region	129771	167698	139084	177493

1-9 按行业和登记注册类型分组的法人单位数（2017年）

Number of Corporate Units by Sector and by Status of Registration (2017)

单位：个 (unit)

项 目	Item	总计 Total	内资 Domestic-funded	国有 State-owned	集体 Collective-owned	股份合作企业 Share-holding Cooperative Enterprises
总 计	**Total**	**1955088**	**1889179**	**65911**	**30983**	**8569**
农、林、牧、渔业	Farming,Forestry,Anima lHusbandry and Fishery	47531	46974	822	715	97
采矿业	Mining	4116	4066	41	83	39
制造业	Manufacture	490284	453081	990	2642	1737
电力、燃气及水的生产和供应业	Production and Supply of Electric Power, Gas and Water	11150	10842	546	1235	125
建筑业	Construction	63398	62990	472	716	176
批发和零售业	Wholesale and Retail Trades	607193	595105	3025	4688	2695
交通运输、仓储和邮政业	Transport, Storage and Postal Services	49663	48051	1160	541	208
住宿和餐饮业	Hotels and Catering Services	32729	31458	429	354	338
信息传输、软件和信息技术服务业	Information Transmission, Computer Services and Software	63782	61799	415	76	145
金融业	Finance	12751	12105	311	76	173
房地产业	Real Estate	70369	67680	1228	2406	786
租赁和商务服务业	Leasing and Business Services	221659	217461	3137	11424	1096
科学研究和技术服务业	Scientific Research, Technical Services	75646	73741	3507	632	236
水利、环境和公共设施管理业	Management of Water Conservancy, Environment and Public Facilities	8942	8812	2252	282	27
居民服务、修理和其他服务业	Services to Households,Repair and Other Services	32250	31901	511	410	328
教育	Education	45293	45186	16045	1517	139
卫生和社会工作	Health and Social Service	12472	12424	3897	1083	45
文化、体育和娱乐业	Culture, Sports and Entertainment	25782	25478	1919	266	153
公共管理、社会保障和社会组织	Public Administration,Social Security and Social Organizations	80078	80025	25204	1837	26

1-9 续表 1 continued

单位：个 (unit)

项 目	Item	联营企业 Joint-operation Enterprises	有限责任公司 Limited Liability Corporations	股份有限公司 Share-holding Corporations Ltd.	私营企业 Private Enterprises	其他 Other
总 计	**Total**	**5097**	**441258**	**19450**	**1122317**	**195594**
农、林、牧、渔业	Farming,Forestry,Anima lHusbandry and Fishery	118	4036	318	11428	29440
采矿业	Mining	17	795	93	2685	313
制造业	Manufacture	1090	122613	4944	303721	15344
电力、燃气及水的生产和供应业	Production and Supply of Electric Power, Gas and Water	116	1744	170	6089	817
建筑业	Construction	127	17368	681	41735	1715
批发和零售业	Wholesale and Retail Trades	1649	154867	5148	398139	24894
交通运输、仓储和邮政业	Transport, Storage and Postal Services	167	12257	585	31404	1729
住宿和餐饮业	Hotels and Catering Services	69	6217	349	22265	1437
信息传输、软件和信息技术服务业	Information Transmission, Computer Services and Software	140	15799	927	42483	1814
金融业	Finance	41	2884	1333	6788	499
房地产业	Real Estate	226	21931	1128	37466	2509
租赁和商务服务业	Leasing and Business Services	628	44939	2018	119819	34400
科学研究和技术服务业	Scientific Research, Technical Services	169	20580	852	43970	3795
水利、环境和公共设施管理业	Management of Water Conservancy, Environment and Public Facilities	29	1971	96	3497	658
居民服务、修理和其他服务业	Services to Households,Repair and Other Services	116	5976	289	21747	2524
教育	Education	134	1988	200	10518	14645
卫生和社会工作	Health and Social Service	59	526	40	2546	4228
文化、体育和娱乐业	Culture, Sports and Entertainment	88	4581	252	15639	2580
公共管理、社会保障和社会组织	Public Administration,Social Security and Social Organizations	114	186	27	378	52253

1-9 续表 2 continued

单位：个 (unit)

项　目	Item	港、澳、台商投资企业 Enterprises with Investment from Hong Kong, Macao and Taiwan	合资经营企业(港或澳、台资) Joint Ventures	合作经营企业(港或澳、台资) Cooperative Enterprises	港、澳、台商独资经营企业 Sole Investment Enterprises	港、澳、台商投资股份有限公司 Shareholding Corporations Ltd.	其他港、澳、台商投资 Other Enterprises
总　计	**Total**	**46465**	**5321**	**2007**	**36750**	**1067**	**1320**
农、林、牧、渔业	Farming,Forestry,Anima lHusbandry and Fishery	476	60	19	332	43	22
采矿业	Mining	35	8	4	23		
制造业	Manufacture	27649	2962	930	22849	515	393
电力、燃气及水的生产和供应业	Production and Supply of Electric Power,Gas and Water	190	94	13	76	4	3
建筑业	Construction	340	59	28	205	9	39
批发和零售业	Wholesale and Retail Trades	7841	624	116	6533	238	330
交通运输、仓储和邮政业	Transport, Storage and Postal Services	1112	170	304	571	27	40
住宿和餐饮业	Hotels and Catering Services	733	150	66	476	27	14
信息传输、软件和信息技术服务业	Information Transmission, Computer Services and Software	1295	123	40	1040	43	49
金融业	Finance	329	95	3	211	8	12
房地产业	Real Estate	2034	398	309	1241	40	46
租赁和商务服务业	Leasing and Business Services	2608	315	67	1948	65	213
科学研究和技术服务业	Scientific Research, Technical Services	1224	126	40	908	30	120
水利、环境和公共设施管理业	Management of Water Conservancy, Environment and Public Facilities	87	20	10	48	6	3
居民服务、修理和其他服务业	Services to Households,Repair and Other Services	204	28	15	140	5	16
教育	Education	58	9	7	35	1	6
卫生和社会工作	Health and Social Service	32	12	1	16		3
文化、体育和娱乐业	Culture, Sports and Entertainment	197	65	33	84	5	10
公共管理、社会保障和社会组织	Public Administration,Social Security and Social Organizations	21	3	2	14	1	1

1-9 续表 3 continued

单位：个 (unit)

项　目	Item	外商投资企业 Enterprises with Foreign Investment	中外合资经营企业 Sino-foreign Joint Ventures	中外合作经营企业 Sino-foreign Cooperative Enterprises	外资企业 Foreign-funded Enterprises	外商投资股份有限公司 Share-holding Corporations Ltd.	其他外商投资 Other Enter-prises
总　计	**Total**	**19444**	**3519**	**718**	**12677**	**1363**	**1167**
农、林、牧、渔业	Farming,Forestry,Anima lHusbandry and Fishery	81	18	6	36	10	11
采矿业	Mining	15	5	3	4	1	2
制造业	Manufacture	9554	1783	299	6825	347	300
电力、燃气及水的生产和供应业	Production and Supply of Electric Power,Gas and Water	118	53	14	32	7	12
建筑业	Construction	68	16	5	31	6	10
批发和零售业	Wholesale and Retail Trades	4247	538	49	2844	479	337
交通运输、仓储和邮政业	Transport, Storage and Postal Services	500	140	122	173	40	25
住宿和餐饮业	Hotels and Catering Services	538	92	34	252	132	28
信息传输、软件和信息技术服务业	Information Transmission, Computer Services and Software	688	126	6	466	46	44
金融业	Finance	317	117	4	116	64	16
房地产业	Real Estate	655	158	83	313	60	41
租赁和商务服务业	Leasing and Business Services	1590	221	29	986	114	240
科学研究和技术服务业	Scientific Research, Technical Services	681	168	19	428	27	39
水利、环境和公共设施管理业	Management of Water Conservancy, Environment and Public Facilities	43	6	15	19		3
居民服务、修理和其他服务业	Services to Households,Repair and Other Services	145	27	10	82	7	19
教育	Education	49	7	6	14	5	17
卫生和社会工作	Health and Social Service	16	9		3		4
文化、体育和娱乐业	Culture, Sports and Entertainment	107	29	14	36	17	11
公共管理、社会保障和社会组织	Public Administration,Social Security and Social Organizations	32	6		17	1	8

1–10 各市按机构类型分法人单位数（2017年）
Number of Corporate Units by Type by City (2017)

单位：个 (unit)

市 别	city	法人单位 Corporate Units	企业 Enterprises	事业单位 Institutions	机关 Government Agencies	社会团体 Social Organizations	民办非企业 Non-enterprise Units Run by l NGO	其他组织机构 Other Organizations
总 计	**Total**	**1955088**	**1752018**	**46420**	**12147**	**24332**	**21804**	**98367**
广 州	Guangzhou	338264	313799	5427	1120	3347	2897	11674
深 圳	Shenzhen	442146	433028	1816	584	2346	2753	1619
珠 海	Zhuhai	75007	70944	987	420	870	836	950
汕 头	Shantou	49345	41148	2236	560	1347	1165	2889
佛 山	Foshan	181642	170170	1969	456	1537	1761	5749
韶 关	Shaoguan	26505	16235	1894	770	3657	614	3335
河 源	Heyuan	25657	17792	2238	533	477	611	4006
梅 州	Meizhou	38552	28814	2290	769	898	651	5130
惠 州	Huizhou	95068	79669	2281	589	843	1089	10597
汕 尾	Shanwei	11159	7095	1471	474	304	276	1539
东 莞	Dongguan	243583	234200	1710	395	857	2093	4328
中 山	Zhongshan	104610	99123	981	179	523	1325	2479
江 门	Jiangmen	70530	59524	2072	649	1808	920	5557
阳 江	Yangjiang	25333	20554	1460	432	525	492	1870
湛 江	Zhanjiang	58120	37525	4059	873	615	982	14066
茂 名	Maoming	41342	29028	4056	658	1413	754	5433
肇 庆	Zhaoqing	32846	22748	2255	734	784	686	5639
清 远	Qingyuan	30935	22682	1650	652	764	665	4522
潮 州	Chaozhou	21894	17149	1758	307	478	423	1779
揭 阳	Jieyang	25115	18050	2319	548	457	517	3224
云 浮	Yunfu	17435	12741	1491	445	482	294	1982
按经济区域分	By Region							
珠 三 角	Pearl River Delta	1583696	1483205	19498	5126	12915	14360	48592
东 翼	Eastern Region	107513	83442	7784	1889	2586	2381	9431
西 翼	Western Region	124795	87107	9575	1963	2553	2228	21369
山 区	Mountainous Region	139084	98264	9563	3169	6278	2835	18975

1−11 各市按行业分法人单位数（2017年）
Number of Corporate Units by Sector by City (2017)

单位：个 (unit)

市别	city	总计 Total	农、林、牧、渔业 Farming, Forestry, Animal Husbandry and Fishery	采矿业 Mining	制造业 Manufacture	电力、燃气及水的生产和供应业 Production and Supply of Electric Power, Gas and Water
全省	**Provincial Total**	**1955088**	**47531**	**4116**	**490284**	**11150**
广州	Guangzhou	338264	1786	39	51115	372
深圳	Shenzhen	442146	252	34	90814	221
珠海	Zhuhai	75007	594	17	8307	89
汕头	Shantou	49345	999	54	14755	132
佛山	Foshan	181642	1015	34	62170	267
韶关	Shaoguan	26505	2348	308	2470	1227
河源	Heyuan	25657	3563	467	2788	870
梅州	Meizhou	38552	5995	538	4370	1601
惠州	Huizhou	95068	2756	211	20162	476
汕尾	Shanwei	11159	1001	23	1737	246
东莞	Dongguan	243583	417	20	111270	325
中山	Zhongshan	104610	867	8	48114	129
江门	Jiangmen	70530	1915	141	23692	333
阳江	Yangjiang	25333	1647	203	5240	544
湛江	Zhanjiang	58120	12184	243	6366	259
茂名	Maoming	41342	1105	509	5446	799
肇庆	Zhaoqing	32846	1633	392	6235	777
清远	Qingyuan	30935	4653	663	3671	1526
潮州	Chaozhou	21894	1269	30	9651	269
揭阳	Jieyang	25115	785	46	8027	277
云浮	Yunfu	17435	747	136	3884	411
按经济区域分	By Region					
珠三角	Pearl River Delta	1583696	11235	896	421879	2989
东翼	Eastern Region	107513	4054	153	34170	924
西翼	Western Region	124795	14936	955	17052	1602
山区	Mountainous Region	139084	17306	2112	17183	5635

1-11 续表 1 continued

单位：个 (unit)

市 别	city	建筑业 Construction	批发和零售业 Wholesale and Retail Trades	交通运输、仓储和邮政业 Transport, Storage and Postal Services	住宿和餐饮业 Hotels and Catering Services	信息传输、软件和信息技术服务业 Information Transmission, Computer Services and Software
全 省	**Provincial Total**	**63398**	**607193**	**49663**	**32729**	**63782**
广 州	Guangzhou	11870	113081	10849	7498	18102
深 圳	Shenzhen	7980	186756	15504	5681	23485
珠 海	Zhuhai	5171	25185	1920	1686	3913
汕 头	Shantou	1083	13649	1424	915	1131
佛 山	Foshan	4147	60535	3734	3363	3238
韶 关	Shaoguan	643	5311	482	512	336
河 源	Heyuan	1118	4995	409	469	432
梅 州	Meizhou	2044	8315	620	586	848
惠 州	Huizhou	7137	22287	1649	1629	2071
汕 尾	Shanwei	317	1938	218	326	171
东 莞	Dongguan	8618	67093	4583	3037	3253
中 山	Zhongshan	4276	23635	1779	2118	1747
江 门	Jiangmen	2327	15954	1335	1162	1138
阳 江	Yangjiang	942	6376	492	552	519
湛 江	Zhanjiang	1661	14480	1398	977	1042
茂 名	Maoming	1013	12470	735	580	599
肇 庆	Zhaoqing	1011	6192	670	457	523
清 远	Qingyuan	904	5909	756	355	516
潮 州	Chaozhou	314	3125	385	311	234
揭 阳	Jieyang	409	5615	375	294	254
云 浮	Yunfu	413	4292	346	221	230
按经济区域分	By Region					
珠 三 角	Pearl River Delta	52537	520718	42023	26631	57470
东 翼	Eastern Region	2123	24327	2402	1846	1790
西 翼	Western Region	3616	33326	2625	2109	2160
山 区	Mountainous Region	5122	28822	2613	2143	2362

1-11 续表 2 continued

单位：个 (unit)

市别	city	金融业 Finance	房地产业 Real Estate	租赁和商务服务业 Leasing and Business Services	科学研究和技术服务业 Scientific Research, Technical Services and Geological Prospecting	水利、环境和公共设施管理业 Management of Water Conservancy, Environment and Public Facilities
全　省	**Provincial Total**	**12751**	**70369**	**221659**	**75646**	**8942**
广　州	Guangzhou	2008	15882	51888	23620	1320
深　圳	Shenzhen	5131	10333	53535	19371	833
珠　海	Zhuhai	805	3876	11344	4467	385
汕　头	Shantou	380	1399	3641	1063	247
佛　山	Foshan	616	5600	16560	7375	779
韶　关	Shaoguan	160	984	2096	681	306
河　源	Heyuan	229	1202	1785	729	259
梅　州	Meizhou	197	1166	3177	801	449
惠　州	Huizhou	430	8315	16388	1911	631
汕　尾	Shanwei	81	444	646	195	122
东　莞	Dongguan	605	5575	20443	5366	652
中　山	Zhongshan	277	3322	9050	1549	300
江　门	Jiangmen	444	2875	8106	1858	581
阳　江	Yangjiang	114	1247	2114	815	217
湛　江	Zhanjiang	306	1978	5095	1648	337
茂　名	Maoming	214	1261	5319	1064	311
肇　庆	Zhaoqing	191	1664	3604	936	371
清　远	Qingyuan	149	1888	2959	911	361
潮　州	Chaozhou	118	303	896	422	171
揭　阳	Jieyang	183	395	1800	333	143
云　浮	Yunfu	113	660	1213	531	167
按经济区域分	By Region					
珠三角	Pearl River Delta	10507	57442	190918	66453	5852
东　翼	Eastern Region	762	2541	6983	2013	683
西　翼	Western Region	634	4486	12528	3527	865
山　区	Mountainous Region	848	5900	11230	3653	1542

1－11 续表 3 continued

单位：个 (unit)

市 别	city	居民服务、修理和其他服务业 Services to Households and Other Services	教育 Education	卫生和社会工作 Health Care, Social Security and Social Welfare	文化、体育和娱乐业 Culture, Sports and Recreation	公共管理、社会保障和社会组织 Public Administration and Social Organizations
全 省	**Provincial Total**	**32250**	**45293**	**12472**	**25782**	**80078**
广 州	Guangzhou	6368	5457	2031	6001	8977
深 圳	Shenzhen	7317	5321	1237	3812	4529
珠 海	Zhuhai	1648	1323	569	1736	1972
汕 头	Shantou	992	2301	486	791	3903
佛 山	Foshan	3082	2649	902	2034	3542
韶 关	Shaoguan	334	1029	426	440	6412
河 源	Heyuan	388	1754	334	388	3478
梅 州	Meizhou	467	1177	696	585	4920
惠 州	Huizhou	1480	2176	495	1196	3668
汕 尾	Shanwei	140	1101	161	240	2052
东 莞	Dongguan	3452	2624	1070	2583	2597
中 山	Zhongshan	2442	1902	459	1317	1319
江 门	Jiangmen	897	1629	547	859	4737
阳 江	Yangjiang	424	1157	230	360	2140
湛 江	Zhanjiang	815	3523	643	954	4211
茂 名	Maoming	490	3239	752	549	4887
肇 庆	Zhaoqing	408	1533	380	489	5380
清 远	Qingyuan	394	1251	333	511	3225
潮 州	Chaozhou	234	1210	215	400	2337
揭 阳	Jieyang	236	2074	261	275	3333
云 浮	Yunfu	242	863	245	262	2459
按经济区域分	By Region					
珠 三 角	Pearl River Delta	27094	24614	7690	20027	36721
东 翼	Eastern Region	1602	6686	1123	1706	11625
西 翼	Western Region	1729	7919	1625	1863	11238
山 区	Mountainous Region	1825	6074	2034	2186	20494

1-12 各市按注册类型分法人单位数（2017年）

Number of Corporate Units by Status of Registration by City (2017)

单位：个 (unit)

市别	city	总计 Total	内资 Domestic-funded	国有 State-owned	集体 Collective-owned	股份合作企业 Share-holding Cooperative Enterprises
全省	**Provincial Total**	**1955088**	**1889179**	**65911**	**30983**	**8569**
广州	Guangzhou	338264	326899	8553	8307	2806
深圳	Shenzhen	442146	425495	2890	434	1622
珠海	Zhuhai	75007	71101	1875	888	223
汕头	Shantou	49345	48488	3767	1910	687
佛山	Foshan	181642	177612	2052	2066	761
韶关	Shaoguan	26505	26036	3199	1442	146
河源	Heyuan	25657	25010	3125	462	99
梅州	Meizhou	38552	37548	3366	656	233
惠州	Huizhou	95068	90795	3476	1497	154
汕尾	Shanwei	11159	10883	2203	429	64
东莞	Dongguan	243583	230794	1799	2440	660
中山	Zhongshan	104610	101517	899	2207	101
江门	Jiangmen	70530	67763	2712	1849	173
阳江	Yangjiang	25333	24984	2094	308	15
湛江	Zhanjiang	58120	57744	5574	1355	101
茂名	Maoming	41342	40946	5122	1562	244
肇庆	Zhaoqing	32846	31972	3342	985	101
清远	Qingyuan	30935	30257	2460	486	142
潮州	Chaozhou	21894	21407	2231	574	152
揭阳	Jieyang	25115	24740	3074	628	44
云浮	Yunfu	17435	17188	2098	498	41
按经济区域分	By Region					
珠三角	Pearl River Delta	1583696	1523948	27598	20673	6601
东翼	Eastern Region	107513	105518	11275	3541	947
西翼	Western Region	124795	123674	12790	3225	360
山区	Mountainous Region	139084	136039	14248	3544	661

1－12 续表 1 continued

单位：个 (unit)

市 别	city	联营企业 Joint-operation Enterprises	有限责任公司 Limited Liability Corporations	股份有限公司 Share-holding Corporations Ltd.	私营企业 Private Enterprises	其他 Other
全 省	**Provincial Total**	**5097**	**441258**	**19450**	**1122317**	**195594**
广 州	Guangzhou	629	53289	3088	231432	18795
深 圳	Shenzhen	1707	48608	3988	346375	19871
珠 海	Zhuhai	181	45566	645	16693	5030
汕 头	Shantou	153	15416	853	18639	7063
佛 山	Foshan	377	60240	1742	96865	13509
韶 关	Shaoguan	90	6421	392	6975	7371
河 源	Heyuan	89	5810	674	7419	7332
梅 州	Meizhou	131	5967	602	16901	9692
惠 州	Huizhou	161	13897	657	57399	13554
汕 尾	Shanwei	47	1227	181	4267	2465
东 莞	Dongguan	289	95907	2530	113054	14115
中 山	Zhongshan	174	26691	300	66863	4282
江 门	Jiangmen	225	15641	757	34260	12146
阳 江	Yangjiang	29	2910	144	15446	4038
湛 江	Zhanjiang	211	3578	413	29537	16975
茂 名	Maoming	173	11269	692	10867	11017
肇 庆	Zhaoqing	157	8104	439	10565	8279
清 远	Qingyuan	105	7368	560	12074	7062
潮 州	Chaozhou	50	2964	273	11233	3930
揭 阳	Jieyang	74	5842	331	9044	5703
云 浮	Yunfu	45	4543	189	6409	3365
按经济区域分	By Region					
珠 三 角	Pearl River Delta	3900	367943	14146	973506	109581
东 翼	Eastern Region	324	25449	1638	43183	19161
西 翼	Western Region	413	17757	1249	55850	32030
山 区	Mountainous Region	460	30109	2417	49778	34822

1-12 续表 2 continued

单位：个 (unit)

市别	city	港、澳、台商投资企业 Enterprises with Investment from Hong Kong, Macao and Taiwan	合资经营企业(港或澳、台资) Joint Ventures	合作经营企业(港或澳、台资) Cooperative Enterprises	港、澳、台商独资经营企业 Sole Investment Enterprises	港、澳、台商投资股份有限公司 Share-holding Corporations Ltd.	其他港、澳、台商投资 Other Enterprises
全　省	**Provincial Total**	**46465**	**5321**	**2007**	**36750**	**1067**	**1320**
广　州	Guangzhou	7018	924	470	4862	178	584
深　圳	Shenzhen	12262	1177	198	10525	179	183
珠　海	Zhuhai	2925	395	231	2144	98	57
汕　头	Shantou	599	109	65	396	17	12
佛　山	Foshan	2457	729	82	1571	46	29
韶　关	Shaoguan	378	53	29	252	28	16
河　源	Heyuan	537	50	11	356	78	42
梅　州	Meizhou	891	93	48	721	22	7
惠　州	Huizhou	3440	312	137	2898	63	30
汕　尾	Shanwei	235	26	14	183	11	1
东　莞	Dongguan	8860	437	221	7778	201	223
中　山	Zhongshan	2084	233	31	1768	32	20
江　门	Jiangmen	2062	348	83	1528	50	53
阳　江	Yangjiang	258	52	51	145	8	2
湛　江	Zhanjiang	195	54	43	89	2	7
茂　名	Maoming	320	57	19	218	10	16
肇　庆	Zhaoqing	624	107	35	450	21	11
清　远	Qingyuan	522	52	46	411	8	5
潮　州	Chaozhou	350	53	137	137	8	15
揭　阳	Jieyang	253	31	41	176	3	2
云　浮	Yunfu	195	29	15	142	4	5
按经济区域分	By Region						
珠三角	Pearl River Delta	41732	4662	1488	33524	868	1190
东　翼	Eastern Region	1437	219	257	892	39	30
西　翼	Western Region	773	163	113	452	20	25
山　区	Mountainous Region	2523	277	149	1882	140	75

1-12 续表 3 continued

单位：个 (unit)

市 别	city	外商投资企业 Enterprises with Foreign Investment	中外合资经营企业 Sino-foreign Joint Ventures	中外合作经营企业 Sino-foreign Cooperative Enterprises	外资企业 Foreign-funded Enterprises	外商投资股份有限公司 Share-holding Corporations Ltd.	其他外商投资 Other Enterprises
全 省	**Provincial Total**	**19444**	**3519**	**718**	**12677**	**1363**	**1167**
广 州	Guangzhou	4347	949	161	2791	240	206
深 圳	Shenzhen	4389	791	76	2934	115	473
珠 海	Zhuhai	981	204	38	639	61	39
汕 头	Shantou	258	66	34	117	32	9
佛 山	Foshan	1573	405	59	835	215	59
韶 关	Shaoguan	91	25	11	35	14	6
河 源	Heyuan	110	13	12	48	24	13
梅 州	Meizhou	113	34	19	38	15	7
惠 州	Huizhou	833	129	34	583	63	24
汕 尾	Shanwei	41	8	4	20	4	5
东 莞	Dongguan	3929	339	62	2983	376	169
中 山	Zhongshan	1009	164	14	710	73	48
江 门	Jiangmen	705	147	30	436	55	37
阳 江	Yangjiang	91	15	9	58	4	5
湛 江	Zhanjiang	181	45	6	119	3	8
茂 名	Maoming	76	28	4	24	9	11
肇 庆	Zhaoqing	250	63	17	142	8	20
清 远	Qingyuan	156	30	36	67	14	9
潮 州	Chaozhou	137	20	57	38	16	6
揭 阳	Jieyang	122	27	28	37	18	12
云 浮	Yunfu	52	17	7	23	4	1
按经济区域分	By Region						
珠 三 角	Pearl River Delta	18016	3191	491	12053	1206	1075
东 翼	Eastern Region	558	121	123	212	70	32
西 翼	Western Region	348	88	19	201	16	24
山 区	Mountainous Region	522	119	85	211	71	36

1-13 民营经济主要指标

Main Indicators on Private Economy

指 标	Indicator	2002	2010	2016	2017	2018	2018比2017增长(%) Growth Rate in 2018 over 2017 (%)
单位个数 （万个）	**Number of Units (10000 units)**	**210.39**	**438.66**	**872.54**	**999.82**	**1120.12**	**12.0**
#私营	Private	25.86	94.82	317.17	381.58	447.07	17.2
个体	Individual	175.31	334.63	541.17	600.96	649.36	8.1
就业人数 （万人）	**Number of Employed Persons (10000 persons)**	**1002.45**	**2616.21**	**3364.50**	**3462.86**	**3619.15**	**4.5**
#私营	Private	422.35	953.44	1329.49	1375.65	1524.46	10.8
个体	Individual	430.82	978.41	1152.13	1167.33	1212.00	3.8
地区生产总值（亿元）	**Gross Domestic Product (100 million yuan)**	**5265.20**	**22865.32**	**43059.44**	**48142.76**	**52611.59**	**7.3**
第一产业	Primary Industry	438.48	2184.07	3350.66	3450.97	3759.20	4.2
第二产业	Secondary Industry	2129.35	10075.26	17674.12	19718.83	21726.76	8.8
工业	Industry	1857.07	9169.01	16264.14	18062.86	19691.18	8.4
建筑业	Construction	272.28	906.24	1443.32	1690.30	2070.62	13.0
第三产业	Tertiary Industry	2697.36	10605.99	22034.66	24972.95	27125.63	6.4
批发零售贸易业	Wholesale and Retail Trades	1054.80	3245.98	6138.28	6435.47	6695.07	0.9
交通运输仓储和邮政业	Transport, Storage and Postal Services	287.09	852.11	1746.21	1998.56	2344.05	16.1
住宿和餐饮业	Hotels and Catering Services	280.41	914.44	1338.78	1413.37	1465.41	0.7
金融业	Finance	36.25	629.51	1816.17	1996.97	2136.43	6.8
房地产业	Real Estate	552.50	1954.45	4221.81	5169.07	5368.53	1.8
其他服务业	Other Services	486.30	3009.51	6653.71	7831.86	8969.59	12.2
固定资产投资（亿元）	**Investment in Fixed Assets (100 million yuan)**	**1501.71**	**7325.07**	**20504.39**	**23158.46**		**8.9**
进出口总额（亿美元）	**Total Value of Imports and Exports (USD 100 million)**	**85.61**	**1688.86**	**4144.70**	**4641.78**	**5304.39**	**14.2**
出口总额	Exports	41.48	1002.44	2644.23	2930.05	3166.18	8.0
进口总额	Imports	44.13	686.42	1500.47	1711.73	2138.21	24.9
运输邮电业	**Transportation, Postal and Telecommunication Services**						
营业收入 （亿元）	Business Revenue (100 million yuan)	122.10	313.78	680.30	824.06	973.86	18.2
批发零售业 （亿元）	**Wholesale and Retail Trades(100 million yuan)**						
批发零售业销售额	Sales Value of Wholesale and Retail Trades	8821.17	30264.58	93806.985	103394.52	110743.04	7.1
批发零售业零售额	Retail Value of Wholesale and Retail Trades	3455.13	12098.52	25483.163	28162.82	30022.85	6.6
税金 （亿元）	**Taxes (100 million yuan)**	**535.71**	**4163.26**	**9455.09**	**11263.89**	**13435.99**	**19.3**
#私营	Private	141.72	763.64	1563.02	2195.1	3571.41	
个体	Individual	139.46	418.47	826.35	950.35	1014.03	6.7

注：1.民营经济统计范围调整为集体企业、股份合作企业、集体联营企业、其他联营企业、私营企业、其他企业、个体工商户，以及国有与集体联营企业、其他有限责任公司、股份有限公司、“三资”企业中的集体控股、私人控股、其他控股部分。
2.2010年就业人数、固定资产投资数据根据统计口径变化作了相应调整。
3.2016-2017年地区生产总值数据按照国家统计局新的核算制度修正。

Note: a)The statistical coverage of private economy in this table refers to collective enterprises,private enterprises,share-holding cooperative enterprises other joint-operation enterprises, other corporations and individual economy.
b)The numbers of employed persons and investment in fixed assets in 2010 have been adjusted in accordance with change of statistical system data are not comparable to the previous years.
c)Data of Gross Domestic Product of year 2016 and 2017 are revised according to the new Accounting Methodology.

1-14 全省商品、服务类电子商务交易情况
E-commerce Transactions in Commodities and Services of Guangdong

单位：亿元 (100 million yuan)

指标	Item	2018	2018比2017年增长(%) Growth Rate in 2018 over 2017(%)
广东商品、服务类电子商务交易额	E-commerce transactions in commodities and services of Guangdong	48884.76	14.8
按交易平台分	According to the Transaction Platform		
广东在本地平台实现的电子商务交易额	E-commerce Transaction Volume of Guangdong on the Local Platform	23435.15	8.3
广东在省外平台实现的电子商务交易额	E-commerce Transaction Volume of Guangdong not on the Local Platform	25449.61	21.5
按交易对象分	According to the Transaction Object		
B2B+B2G	B2B+B2G	26025.38	8.7
B2C+C2C	B2C+C2C	22859.38	22.5
按交易内容分	According to the Transaction Content		
商品	Commodity	40147.91	14.5
服务	Service	8736.86	16.0

注：1.统计范围：辖区内规模以上工业、有资质的建筑业、限额以上批发和零售业、限额以上住宿和餐饮业、房地产开发经营业、规模以上服务业法人单位拥有的商品、服务类电子商务交易平台，辖区内规模以下法人单位拥有的且电子商务年交易额1000万元以上的商品、服务类电子商务交易平台。
2.电子商务交易额=在本地平台实现的电子商务交易额+在省外平台实现的电子商务交易额。
3.2016年起国家统计局仅反馈商品、服务类电子商务交易分地区数据，合约类电子商务交易数据不分地区反馈。

Note: a)Statistical scope: within the jurisdiction of the industrial enterprises above Designated Size, qualified construction enterprises, the enterprises above designated size in wholesale and retail industry, enterprises above designated size of hotels and catering services,real estate enterprises, the services enterprises above designated size have e-commerce trading platform,within the jurisdiction of the enterprises below the designated size have e-commerce trading platform with e-commerce transaction volume of more than 10 million yuan.
b)E-commerce transaction volume=E-commerce transaction volume of Guangdong on the local platform+E-commerce transaction volume not on the local platform.
c)since 2016, the National Bureau of statistics only feedback the data of commodity and service e-commerce transactions regard of region, but the data of contract e-commerce transaction data regardless of region.

1-15 粤港澳大湾区主要经济指标（2018）

Main Indicators of Guangdong-Hong Kong-Macao Greater Bay Area (2018)

地区	Region	土地面积（平方公里）Land Area of Hong Kong (sq.m)	地区生产总值 Gross Domestic Product 绝对值（亿元）Absolute (100 million yuan)	绝对值（亿美元）Absolute (USD 100 million)	指数（上年=100）Index (preceding year =100)	人均地区生产总值 Per Capita GDP 绝对值（元）Absolute (100 million yuan)	绝对值（美元）Absolute (USD)	指数（上年=100）Index (preceding year =100)
广州	Guangzhou	7249.27	22859.35	3454	106.2	155491	23497	103.1
深圳	Shenzhen	1997.47	24221.98	3660	107.6	189568	28647	103.2
珠海	Zhuhai	1736.46	2914.74	440	108.0	159428	24092	101.6
佛山	Foshan	3797.72	9935.88	1501	106.3	127691	19296	103.2
惠州	Huizhou	11347.39	4103.05	620	106.0	85418	12908	105.4
东莞	Dongguan	2460.08	8278.59	1251	107.4	98939	14951	106.6
中山	Zhongshan	1783.67	3632.70	549	105.9	110585	16711	104.6
江门	Jiangmen	9506.92	2900.41	438	107.8	63328	9570	107.2
肇庆	Zhaoqing	14891.23	2201.80	333	106.6	53267	8050	105.8
香港特别行政区	Hong Kong Special Administrative Region	1106.7	28453②	3630	103.0	381870②	48721	102.2
澳门特别行政区	Macau Special Administrative Region	30.8	4403.16③	545	104.7	666893③	82609	102.9

1-15 续表 continued

地区	Region	年末人口（万人）Population at the Year-end (10000 persons)	从业人员（万人）Labour Force (10000 persons)	港口集装箱吞吐量(万标准集装箱) Container Throughput (10000 TEUs)	进出口总额（亿美元）Total Exports and Imports (USD 100 million)	出口总额（亿美元）Total Exports (USD 100 million)	进口总额（亿美元）Total Imports (USD 100 million)
广州	Guangzhou	1490.44	896.54	2192.21	1485.05	848.50	636.55
深圳	Shenzhen	1302.66	1050.25	2573.59	4539.23	2463.36	2075.86
珠海	Zhuhai	189.11	115.97	230.77	493.53	286.51	207.01
佛山	Foshan	790.57	440.91	399.49	697.66	535.60	162.06
惠州	Huizhou	483.00	290.33	43.42	505.58	334.62	170.96
东莞	Dongguan	839.22	667.17	355.95	2033.49	1204.42	829.06
中山	Zhongshan	331.00	212.99	145.09	355.09	273.22	81.87
江门	Jiangmen	459.82	247.13	151.37	223.19	170.35	52.84
肇庆	Zhaoqing	415.17	225.30	75.05	59.04	35.99	23.05
香港特别行政区	Hong Kong Special Administrative Region	748.25	397.9		11327.74	5304.38	6022.96
澳门特别行政区	Macau Special Administrative Region	66.74	39.2	13.86	126.71	15.10	111.61

注：本表香港、澳门统计数据来自香港政府统计处、澳门统计暨普查局。香港特别行政区和澳门特别行政区地区生产总值为“本地生产总值”，从业人员为“劳动人口”。澳门特别行政区集装箱吞吐量为载货集装箱吞吐量，其余为集装箱总吞吐量。本表汇率按照100港币=84.43人民币元，100澳门元=81.83人民币元，100美元=661.74人民币元计算。①香港为陆地面积。②为港币元。③为澳门元。

Note: Data in this chart regarding Hong Kong and Macau come from the Hong Kong Census and Statistics Department, and the Macau Statistics and Census Service.The regional GDP of the Hong Kong Special Administrative Region and the Macau Special Administrative Region are labeled as “Regional GDP.” The working population of both regions are labelled as “Workforce.” The container throughput of the Macau Special Administrative Region is the cargo containing container throughput; the other container throughput data is total container throughput. This chart is calculated using currency conversion rates of 100 HKD = 84.43 RMB, 100 MOP = 81.83 RMB, and 100 USD = 661.74 RMB. ① Hong Kong land area. ② Hong Kong Dollars. ③ Macanese Pataca.

主要统计指标解释

行政区划 指国家对行政区域的划分。根据有关法规规定，我国的行政区域划分如下:(1)全国分为省、自治区、直辖市;(2)省、自治区分为自治州、县、自治县、市;(3)自治州分为县、自治县、市;(4)县、自治县分为乡、民族乡、镇;(5)直辖市和较大的市分为区、县;(6)国家在必要时设立的特别行政区。

发展速度 用以反映社会经济发展程度的相对指标，根据两个不同时期发展水平的对比而得。由于比较的标准时期不同，发展速度可分为定期发展速度和环比发展速度两种。

增长速度 发展速度－1（或100％）就是增长速度。即增长速度＝发展速度－1（或100％）。

平均每年增长速度 我国计算平均增长速度有两种方法，一种是习惯上经常使用的“水平法”，又称几何平均法，是以间隔最后一年的水平同基期水平对比来计算平均每年增长（或下降）的速度；另一种是“累计法”又称代数平均法或方程法，是以间隔年内各年水平的总和同基期水平对比来计算平均每年增长（或下降）的速度。具体计算方法，可参照中国财经出版社出版的《平均增长速度查对表》。

在一般正常情况下，两种方法计算的平均每年增长速度比较接近，但在经济发展不平衡出现大起大落时，两种方法计算的结果差别较大。

本《年鉴》内所列的平均每年增长速度都是用水平法计算的。从某年到某年平均增长速度的年份，均不包基期年在内。如1981－2010年平均每年增长速度，是以1980年为基期，2010年为报告期，年份从1981年算起，共30年。

当年价格 是报告期的实际价格，如工厂的出厂价格、农产品的收购价格、商品的零售价格等。按当年价格计算，是指一些以货币表现的物量指标，如工业总产值、国内生产总值等，按照当年的实际价格来计算总量。按当年价格计算的价值指标，在不同年份之间进行对比时，因为包含有各年间价格变动的因素，不能确切地反映实物量的增减变动。因此，在计算增长速度时都使用按可比价格计算的数字。

国民经济行业分类 自2017年统计年报和2018年定期统计报表开始使用新的《国民经济行业分类》（GB/T 4754-2017）。该分类是由国家统计局组织修订，国家质量监督检验检疫总局和中国国家标准化管理委员会于2017年6月30日发布。这次修订是在2011年分类标准的基础上，参照联合国《所有经济活动的国际标准产业分类》（2006年，修订第四版，简称ISIC/Rev.4）进行的。修订后的《国民经济行业分类》（GB/T 4754-2017）共有门类20个，大类97个，中类473个，小类1382个。

企业(单位)登记注册类型 是以在工商行政管理机关登记注册的各类企业为划分对象，以工商行政管理部门对企业登记注册的类型为依据，将企业登记注册类型分为内资企业、港澳台商投资企业和外商投资企业三大类。内资企业包括国有企业、集体企业、股份合作企业、联营企业、有限责任公司、股份有限公司、私营企业和其他企业；港澳台商投资企业和外商投资企业分别包括合资经营企业、合作经营企业、独资经营企业和股份有限公司等。对不在工商行政管理部门进行登记注册的行政机关、事业单位和社会团体，主要按其经费来源和管理方式进行划分。

国有企业 指企业全部资产归国家所有，并按《中华人民共和国企业法人登记管理条例》规定登记注册的非公司制的经济组织。不包括有限责任公司中的国有独资公司。

集体企业 指企业资产归集体所有，并按《中华人民共和国企业法人登记管理条例》规定登记注册的经济组织。

股份合作企业 指以合作制为基础，由企业职工共同出资入股，吸收一定比例的社会资产投资组建，实行自主经营，自负盈亏，共同劳动，民主管理，按劳分配与按股分红相结合的一种集体经济组织。

联营企业 指两个及两个以上相同或不同所有制性质的企业法人或事业单位法人，按自愿、平等、互利的原则，共同投资组成的经济组织。联营企业包括国有联营企业、集体联营企业、国有与集体联营企业和其他联营企业。

有限责任公司 指根据《中华人民共和国公司登记管理条例》规定登记注册，由两个以上、五十个以下的股东共同出资，每个股东以其所认缴的出资额对公司承担有限责任，公司以其全部资产对其债务承担责任的经济组织。有限责任公司包括国有独资公司以及其他有限责任公司。

股份有限公司 指根据《中华人民共和国公司登记管理条例》规定登记注册，其全部注册资本由等额股份构成并通过发行股票筹集资本，股东以其认购的股份对公司承担有限责任，公司以其全部资产对其债务承担责任的经济组织。

私营企业 指由自然人投资设立或由自然人控股，以雇佣劳动为基础的营利性经济组织。包括按照《公司法》、《合伙企业法》、《私营企业暂行条例》规定登记注册的私营有限责任公司、私营股份有限公司、私营合伙企业和私营独资企业。

其他企业 指上述企业之外的其他内资经济组织。

合资经营企业（港或澳、台资） 指港澳台地区投资者与内地企业依照《中华人民共和国中外合资经营企业法》及有关法律的规定，按合同规定的比例投资设立、分享利润和分担风险的企业。

合作经营企业（港或澳、台资） 指港澳台地区投资者与内地企业依照《中华人民共和国中外合作经营企业法》及有关法律的规定，依照合作合同的约定进行投资或提供条件设立、分配利润和分担风险的企业。

港澳台商独资经营企业 指依照《中华人民共和国外资企业法》及有关法律的规定，在内地由港澳台地区投资者全额投资设立的企业。

港澳台商投资股份有限公司 指根据国家有关规定，经原外经贸部依法批准设立，其中港、澳、台商的股本占公司注册资本的比例达 25%以上的股份有限公司。凡其中港、澳、台商的股本占公司注册资本的比例小于 25%的，属于内资企业中的股份有限公司。

其他港澳台商投资企业 指在中国境内参照《外国企业或个人在中国境内设立合伙企业管理办法》和《外商投资合伙企业登记管理规定》，依法设立的港、澳、台商投资合伙企业等。

中外合资经营企业 指外国企业或外国人与中国内地企业依照《中华人民共和国中外合资经营企业法》及有关法律的规定，按合同规定的比例投资设立、分享利润和分担风险的企业。

中外合作经营企业 指外国企业或外国人与中国内地企业依照《中华人民共和国中外合作经营企业法》及有关法律的规定，依照合作合同的约定进行投资或提供条件设立、分配利润和分担风险的企业。

外资企业 指依照《中华人民共和国外资企业法》及有关法律的规定，在中国内地由外国投资者全额投资设立的企业。

外商投资股份有限公司 指根据国家有关规定，经原外经贸部依法批准设立，其中外资的股本占公司注册资本的比例达 25% 以上的股份有限公司。凡其中外资股本占公司注册资本的比例小于 25%的，属于内资企业中的股份有限公司。

其他外商投资企业 指在中国境内依照《外国企业或个人在中国境内设立合伙企业管理办法》和《外商投资合伙企业登记管理规定》，依法设立的外商投资合伙企业等。

行政机关、事业单位和社会团体 参照企业登记注册类型，主要按其经费来源和管理方式划分。具体规定如下：

⑴行政机关：包括国家机关和政党机关，原则上均列为“国有”。但有特殊规定的，如供销社等，则列为“集体”。

⑵事业单位：包括经国家机构编制部门和有关业务主管部门批准成立的各类事业单位，不包括实行企业化管理的事业单位。事业单位的划分办法如下：

①由国家财政预算拨款或列入财政预算外资金管理以及经费主要来源于国有主管部门或国有上级单位的事业单位，列为“国有”。

②经费主要来源于集体单位的事业单位，列为“集体”。

③公民个人(或个人合伙)开办的事业单位，列为“私营”。

④上述以外的其他事业单位，如果其经费来源不明确，按管理方式进行归类。

⑶社会团体：包括经民政部门批准成立以及未纳入社会团体管理条例范围的工会、妇联等各类社会团体。社会团体的划分办法如下：

①未纳入民政部社会团体管理条例范围的工会、妇联、共青团、青联、工商联、科协、侨联等社会团体，国家拨款设立的基金会或基金管理组织以及经费主要来源于国有业务主管部门或国有上级单位的社会团体，列为“国有”。

②经费主要来源于集体单位的社会团体，列为“集体”。

③公民个人(或个人合伙)开办的社会团体，划为“私营”。

④上述以外的其他社会团体，如果其经费来源不明确，改按管理方式进行归类。

电子商务交易平台 指在电子商务活动中为交易双方或多方提供交易撮合及相关服务的信息网络系统总合。

Explanatory Notes on Main Statistical Indicators

Divisions of Administrative Areas refer to the divisions of administrative areas by the state. Relevant laws of the People' s Republic of China stipulate the following principles for the divisions of administrative areas: 1)The whole country is divided into provinces, autonomous regions and municipalities directly under the central government; 2) Provinces and autonomous regions are divided into autonomous prefectures, counties, autonomous counties and cities; 3) Autonomous prefectures are divided into counties, autonomous counties and cities; 4) Counties and autonomous counties are divided into townships, ethnic townships and towns, 5) Municipalities under the central government and large cities are divided into districts and counties; 6) The state will, when necessary, establish special administrative regions.

Development Rate is a relative indicator of the degree of social and economic development calculated through the comparison of two different periods in the degree of development. Development rate can take the form of either fixed-base development rate or chain base development rate.

Growth Rate is equal to development rate minus one (or 100%), i.e. growth rate = development rate －1 (or 100%)

Average Annual Growth Rate Two methods for calculating average annual growth rate are applied in China, one is the more commonly-used “level approach” or the method of calculating geometric average, which is derived by comparing the level of the last year of the interval to that of the base year; the other is called “accumulative approach” or algebraic average or equation method, which is derived by comparing the summation of the actual figure of each year in the interval to the figure in the base year. The detailed calculating methods can be found by reference to the Check Table of Average Growth Rate published by China Financial Publishing House.

Under normal conditions the results calculated by the two methods are fairly close, but they differed sharply when uneven economic development occurred with striking fluctuations in growth.

The average annual growth rates listed in this statistical yearbook are calculated by level approach. The base years are not included when the years are listed for average annual growth rates. For instance, the average annual growth rate of 30 years since 1981 is listed as average annual growth rate of 1981-2010, among which 1980 is the base year and 2010 is the reference year.

Current Price refers to the actual price in the reference period, such as ex-factory price, purchasing price of agricultural products, retail price of commodities, etc. Total values of some quantum indicators in value terms at current prices, such as gross industrial output value and gross domestic product, are calculated in accordance with actual prices of the current year. When comparing indicators of value over time at current prices, they cannot accurately reflect the changes in real term due to price fluctuations of each year. That is why growth rates are calculated at constant prices.

Industrial Classification of the National Economy The new Industrial Classification of the National Economy (GB/T 4754-2017) is introduced starting from the compilation of 2017 annual statistics and 2018 regular statistics. The revision, based on the 2011 classification, was organized by the National Bureau of Statistics taking into consideration of the International Standards of the Industrial Classification of All Economic Activities (2006，Revised Fourth Edition，ISIC/Rev.4) of the United Nations. The new Classification was promulgated by the National Administration of Quality Supervision, Inspection and Quarantine and the Standardization Administration of the People's Republic of China on June 30, 2017. The revised version of the Industrial Classification of the National Economy (GB/T 4754-2017) is composed of 20 sections, 97divisions, 473 groups and 1382 classes.

Registration Status of Enterprises (Units) Enterprises are classified into 3 categories, namely domestic-funded enterprises, enterprises with investment from Hong Kong, Macao and Taiwan, and enterprises with foreign investment, according to the registration status of an enterprise in industrial and commercial administration agencies. Domestic-funded enterprises include State-owned enterprises, collective-owned enterprises, cooperative enterprises, joint ownership enterprises, limited liability corporations, share-holding corporations Ltd., private enterprises and other enterprises. Included in the enterprises with investment from Hong Kong, Macao and Taiwan and enterprises with foreign investment are joint-venture enterprises, cooperative enterprises, sole investment enterprises and share-holding corporations Ltd. For government agencies, institutions and social organizations which are not registered in industrial and commercial administration agencies, they are classified mainly by their sources of funding and manner of management.

State-owned Enterprises refer to non-corporation economic units where the entire assets are owned by the State and which have been registered in accordance with the Regulation of the People’s Republic of China on the Management of Registration of Corporate Enterprises. Not included from this category are solely State-funded corporations in the limited liability corporations.

Collective-owned Enterprises refer to economic units where the assets are owned collectively and which have been registered in accordance with the Regulation of the People’s Republic of China on the Management of Registration of Corporate Enterprises.

Cooperative Enterprises refer to a form of collective economic units (enterprises) where capitals come mainly from employees as their shares, with certain proportion of capital from the outside, where production is organized on the basis of independent operation, independent accounting for profits and losses, joint work, democratic management, and a distribution system that integrates remuneration according to work with dividend according to capital share.

Joint Ownership Enterprises refer to economic units established by two or more corporate enterprises or corporate institutions of the same or different ownership, through joint investment on the basis of voluntary participation, equality, and mutual benefits. They include State joint ownership enterprises; collective joint ownership enterprises; joint State-collective enterprises; and other joint ownership enterprises.

Limited Liability Corporations refer to economic units established with investment from 2-50 investors and registered in accordance with the Regulation of the People's Republic of China on the Management of Registration of Corporations, each investor bearing limited liability to the corporation depending on its share of investment, and the corporation bearing liability to its debt to the maximum of its total assets. Limited liability corporations include solely State-funded limited liability corporations and other limited liability corporations.

Share-holding Corporations Ltd. refer to economic units registered in accordance with the Regulation of the People's Republic of China on the Management of Registration of Corporations, with total registered capital divided into equal shares and raised through issuing stocks. Each investor bears limited liability to the corporation depending on the holding of shares, and the corporation bears liability to its debt to the maximum of its total assets.

Private Enterprises refer to profit-making economic units invested and established by natural persons, or controlled by natural persons using employed labour. Included in this category are private limited liability corporations, private share-holding corporations Ltd., private partnership enterprises and private-funded enterprises registered in accordance with the Company Law, the Law on Partnership Business and Interim Regulations on Private Enterprises.

Other Domestic-funded Enterprises refer to domestic-funded economic units other than those mentioned above.

Joint Venture Enterprises(Funds are from Hong Kong, Macao or Taiwan.) are enterprises established by investors from Hong Kong, Macao and Taiwan with enterprises in the mainland of China in accordance with the Law of the People's Republic of China on Sino-foreign Equity Joint Ventures and other relevant laws, where the establishment of the investment and the sharing of profits and risks are stipulated under joint venture contracts.

Cooperative Enterprises(Funds are from Hong Kong, Macao or Taiwan.) established by investors from Hong Kong, Macao and Taiwan with enterprises in the mainland of China in accordance with the Law of the People's Republic of China on Sino-foreign Contractual Joint Venture and other relevant laws, where the investment or provision of facilities and the sharing of profits and risks are stipulated under cooperative contracts.

Enterprises with Sole (exclusive) Investment from Hong Kong, Macao and Taiwan refer to enterprises established in the mainland of China with exclusive investment from investors from Hong Kong, Macao and Taiwan in accordance with the Law of the People's Republic of China on Wholly Foreign-owned Enterprises and other relevant laws.

Share-holding Corporations Ltd. with Investment from Hong Kong, Macao and Taiwan refer to share-holding corporations Ltd. established with the approval from the former Ministry of Foreign Trade and Economic Relations in line with relevant State regulations, where the share of investment from Hong Kong, Macao or Taiwan businessmen exceeds 25% of the total registered capital of the corporation. In case the share of investment from Hong Kong, Macao or Taiwan is less than 25% of the total registered capital, the enterprise is to be classified as domestic-funded share-holding corporation Ltd.

Other Enterprises with Funds From Hong Kong, Macao and Taiwan refer to partnership enterprises with investments from Hong Kong, Macao and Taiwan established within the territory of China in accordance with Administrative Measures on the Establishment of Partnership Enterprises in China by Foreign Enterprises or Foreign Individuals and Regulations for the Administration of the Registration of Foreign-invested Partnership Enterprises.

Joint Venture Enterprises with Foreign Investment refer to enterprises jointly established by foreign enterprises or foreigners with enterprises in the mainland of China in accordance with the Law of the People's Republic of China on Sino-foreign Equity Joint Venturesand other relevant laws, where the sharing of investment, profits and risks is stipulated under contract.

Cooperative Enterprises with Foreign Investment refer to enterprises jointly established by foreign enterprises or foreigners with enterprises in the mainland of China in accordance with the Law of the People's

Republic of China on Sino-foreign Contractual Joint Ventureand other relevant laws, where the investment or provision of facilities and the sharing of profits and risks are stipulated under cooperative contracts.

Enterprises with Sole (exclusive) Foreign Investment refer to enterprises established in the mainland of China with exclusive investment from foreign investors in accordance with the Law of the People's Republic of China on Wholly Foreign-owned Enterprises and other relevant laws.

Share-holding Corporations Ltd. with Foreign Investment refer to share-holding corporations Ltd. established with the approval from the former Ministry of Foreign Trade and Economic Relations in line with relevant State regulations, where the share of investment from foreign investors exceeds 25% of the total registered capital of the corporation. In case the share of foreign investment is less than 25% of the total registered capital, the enterprise is to be classified as domestic-funded share-holding corporation Ltd.

Other Enterprises with Foreign Funds refer to partnership enterprises established within the territory of China in accordance with Administrative Measures on the Establishment of Partnership Enterprises in China by Foreign Enterprises or Foreign Individuals and Regulations for the Administration of the Registration of Foreign-invested Partnership Enterprises.

Government Agencies, Institutions and Social Organizations are classified into the following categories by source of funds and manner of management taking reference of the registration status of enterprises:

(1) Government agencies: include State and party agencies, classified in principle as State-owned. There are exceptions, such as supply and marketing cooperatives which are classified as collective-owned.

(2) Institutions: include institutions of various types established with the approval by organization and staffing departments of the government, but exclude institutions where enterprise management system is introduced. Institutions are further classified as follows:

(a) Institutions for which their main budgets are from government budget appropriations or extra-budget funds, or allocated from the budget of their competent government agencies. Such institutions are classified as state-owned.

(b) Institutions for which their budget mainly come from collective units. Such institutions are classified as collective-owned.

(c) Social institutions established by individual or a group of citizens, which are classified as private.

(d) Institutions other than those mentioned above for which their sources of budget are not clear. Such institutions are classified by the manner of management.

(3) Social organizations: include social organizations established with the approval from the Ministry of Civil Affairs, and organizations that are not covered by social organization management regulations such as trade unions, women's federations etc.. Social organizations are further classified as follows:

(a) Social organizations that are not covered by social organization management regulations of the Ministry of Civil Affairs such as trade unions, women federations, communist youth leagues, youth associations, industrial and commerce associations, scientist associations, overseas Chinese associations, etc., foundations and fund management organizations established with funds from the state, and social organizations whose funds mainly come from the budget of their competent government agencies. Such institutions are classified as State-owned.

(b) Social organizations for which their budget mainly come from collective units. Such institutions are classified as collective-owned.

(c) Social organizations established by individual or a group of citizens, which are classified as private.

(d) Social organizations other than those mentioned above for which their sources of budget are not clear. Such organizations are classified by the manner of management.

E-commerce Trading Platform refers to the total information network system which provide the dealmaking and related service for the transaction parties in e-commerce activities.

二、国民经济核算

NATIONAL ECONOMIC ACCOUNTS

二 国民经济核算

简要说明

一、本篇资料反映广东国民经济核算情况。

二、国民经济核算资料主要包括地区生产总值及其有关资料。地区生产总值是根据不同产业部门、不同支出构成的特点和资料来源情况而采用不同方法计算的。

三、本年鉴公布的国民经济核算资料 2018 年为初步核算数，以往年份为最终核实数。如果在开展全国经济普查，发现对地区生产总值数据有较大影响的新的基础资料，或核算方法及分类标准发生变化后，也要对年度地区生产总值历史数据进行修订。1996 年，根据第一次第三产业普查结果，对 1992 年以前全省生产总值的历史数据作了修订；2005 年，根据全国第一次经济普查结果，对 1993-2004 年的全省生产总值历史数据作了修订；2008 年，根据全国第二次经济普查结果，对 2005-2008 年全省生产总值进行了修订。2013 年，根据全国第三次经济普查结果，对 2009-2013 年全省生产总值进行了修订。本年鉴数据是修订后的数据。

四、国民经济核算数据绝对数按当年价格计算，速度和指数按不变价格计算。

五、分市的国民经济核算数据由各市统计局提供，由于采取分级核算，各市数据相加不等于全省总计。

六、本篇资料由广东省统计局国民经济核算处整理提供。

2 National Economic Accounts

Brief Introduction

Ⅰ. The data in this chapter reflect the national accounts of Guangdong Province.

Ⅱ. The data on national accounts mainly include gross domestic product (GDP) and related data. Data on GDP are calculated with various approaches in accordance with the features of various industrial sectors, various expenditure structures and the data resources.

Ⅲ. The national economic accounting data of 2018 are preliminary accounting numbers in this yearbook , and the data of previous years are the final verification numbers. During the national economic census, it is necessary to revise the historcal data of annual gross domestic product (GDP) after the discovery of new basic data which have a great impact on the regional GDP data, or changes in accountingrnethods anel classification standards..In 1996, the GDP figures of years prior to 1992 were adjusted in accordance with the result of the first tertiary industry census. In 2005, the GDP figures from 1993 to 2004 were adjusted in accordance with the result of the first national economic census. GDP data from 2005 to 2008 were adjusted in accordance with the result of the second national economic census in 2008. GDP data from 2009 to 2013 were adjusted in accordance with the result of the third national economic census in 2013. Data published in this yearbook are adjusted data.

Ⅳ. The data on national accounts are calculated at current prices, and the growth rates and the index are calculated at constant prices.

Ⅴ. The data on national accounts by city are provided by the statistical bureaus of various cities. The sum of the city data is not equal to the provincial total due to the decentralized accounting approach.

Ⅵ. The data in this chapter are prepared and provided by the Division of National Accounts of Statistics Bureau of Guangdong Province.

2-1 国民经济核算主要指标

Main Indicators of Gross Domestic Product

指　标	Item	2000	2016	2017	2018
地区生产总值 (亿元)	Gross Domestic Product (100 million yuan)	10810.21	80666.72	89705.23	97277.77
第一产业	Primary Industry	986.32	3500.49	3611.44	3831.44
第二产业	Secondary Industry	5055.71	35109.66	38008.06	40695.15
第三产业	Tertiary Industry	4768.18	42056.57	48085.73	52751.18
地区生产总值指数 (上年=100)	Indices of Gross Domestic Product (preceding year=100)	111.7	107.5	107.5	106.8
第一产业	Primary Industry	102.3	103.1	103.6	104.2
第二产业	Secondary Industry	112.3	106.1	106.5	105.9
第三产业	Tertiary Industry	113.4	109.2	108.7	107.8
地区生产总值构成 (%)	Composition of Grosss Domestic Product (%)	100.0	100.0	100.0	100.0
第一产业	Primary Industry	9.1	4.4	4.0	4.0
第二产业	Secondary Industry	46.8	43.5	42.4	41.8
第三产业	Tertiary Industry	44.1	52.1	53.6	54.2
地区生产总值贡献率 (%)	Share of the Contribution of the Three Strata of Industry (%)	100.0	100.0	100.0	100.0
第一产业	Primary Industry	1.9	1.8	2.0	2.5
第二产业	Secondary Industry	60.2	36.8	39.0	38.6
第三产业	Tertiary Industry	37.9	61.4	59.1	58.9
地区生产总值拉动率 (%)	Contribution of the Three Strata of Industry to Gross Domestic Product Growth (%)	11.7	7.5	7.5	6.8
第一产业	Primary Industry	0.2	0.1	0.1	0.2
第二产业	Secondary Industry	7.1	2.8	2.9	2.6
第三产业	Tertiary Industry	4.4	4.6	4.5	4.0
人均地区生产总值 (元)	Per Capita Gross Gross Domestic Product Product (yuan)	12817	73844	80932	86412
人均地区生产总值指数 (上年=100)	Indices of Per Capita Gross Domestic Product (preceding year=100)	107.3	106.2	106.0	105.1
支出法地区生产总值 (亿元)	Gross Domestic Product by Expenditure Approach (100 million yuan)	10810.21	80666.72	89705.23	
最终消费支出	Final Consumption Expenditures	5717.11	40885.91	45128.95	
资本形成总额	Gross Capital Formation	3917.11	34647.09	39657.52	
货物和服务净流出	Net Exports of Goods and Services	1175.99	5133.72	4918.76	
支出法地区生产总值构成 (%)	Composition of Gross Domestic Product by Expenditure Approach (%)	100.0	100.0	100.0	
最终消费支出	Final Consumption Expenditures	52.9	50.7	50.3	
资本形成总额	Gross Capital Formation	36.2	43.0	44.2	
货物和服务净流出	Net Exports of Goods and Services	10.9	6.4	5.5	
支出法地区生产总值贡献率 (%)	Share of the Contribution of Gross Domestic Product by Expenditure Approach (%)	100.0	100.0	100.0	
最终消费支出	Final Consumption Expenditures	33.0	49.6	48.6	
资本形成总额	Gross Capital Formation	27.3	48.8	44.9	
货物和服务净流出	Net Exports of Goods and Services	39.7	1.6	6.5	
生产性服务业增加值 (亿元)	Value-added of Productive Service Industry (100 million yuan)		21719.60	24665.14	
新经济增加值 (亿元)	Value-added of New Economy (100 million yuan)				24800.22
占地区生产总值比重 (%)	Percentage of Value-added of New Economy in Gross Domestic Product				25.5

2-2 地区生产总值
Gross Domestic Product

单位：亿元 (100 million yuan)

年份 Year	地区生产总值 Gross Domestic Product	第一产业 Primary Industry	第二产业 Secondary Industry	第三产业 Tertiary Industry	#工业 Industry	#建筑业 Construction	#批发和零售业 Wholesale and Retail Trades	#交通运输、仓储和邮政业 Transport, Storage, and Post	#金融业 Financial Interme-diation	#房地产业 Real Estate
1978	185.85	55.31	86.62	43.92	76.12	10.49	19.39	10.05	4.53	1.42
1979	209.34	66.62	91.65	51.06	82.36	9.29	23.52	11.26	4.74	1.62
1980	249.65	82.97	102.53	64.14	89.87	12.66	29.53	13.72	6.10	2.13
1981	290.36	94.30	120.34	75.71	103.60	16.74	33.57	16.71	6.76	2.79
1982	339.92	118.17	135.37	86.39	113.13	22.24	38.07	18.34	7.98	3.39
1983	368.75	121.24	152.27	95.24	125.82	26.45	41.42	19.47	8.94	4.09
1984	458.74	145.25	187.55	125.93	154.33	33.22	54.41	25.68	11.76	5.09
1985	577.38	171.87	229.82	175.69	185.81	44.01	79.86	35.91	12.74	6.16
1986	667.53	188.37	255.88	223.28	208.46	47.42	89.78	40.18	20.84	11.69
1987	846.69	232.14	330.35	284.20	273.77	56.58	104.17	53.20	34.25	16.44
1988	1155.37	306.50	460.17	388.70	386.35	73.82	145.89	65.22	46.80	22.84
1989	1381.39	351.73	554.13	475.53	464.06	90.07	136.65	79.02	72.70	41.36
1990	1559.03	384.59	615.86	558.58	523.42	92.45	152.90	101.61	82.46	42.87
1991	1893.30	416.00	782.67	694.63	675.55	107.12	185.77	138.54	94.83	54.09
1992	2447.54	465.83	1100.32	881.39	899.28	201.04	236.59	174.28	122.79	81.74
1993	3469.28	558.70	1704.88	1205.70	1386.83	318.05	340.49	233.15	149.29	126.25
1994	4619.02	692.25	2253.25	1673.52	1865.44	387.80	486.46	336.95	199.84	171.11
1995	5940.34	864.49	2906.27	2169.58	2454.87	451.40	647.77	433.10	229.27	230.75
1996	6848.23	935.24	3318.51	2594.48	2853.85	464.66	798.55	505.91	264.86	283.92
1997	7792.97	978.32	3719.69	3094.96	3250.72	468.97	944.61	642.37	302.87	342.54
1998	8555.33	994.55	4087.41	3473.37	3584.54	502.87	1073.36	705.98	306.39	419.76
1999	9289.64	1009.01	4391.33	3889.30	3864.77	526.56	1174.76	766.84	331.10	505.74
2000	10810.21	986.32	5055.71	4768.18	4518.65	537.06	1371.49	938.90	443.69	626.10
2001	12126.59	988.84	5577.91	5559.84	5012.16	565.75	1543.83	1114.31	450.81	696.41
2002	13601.89	1015.08	6224.73	6362.08	5628.70	596.03	1761.27	1206.35	454.65	808.16
2003	15959.25	1072.91	7687.81	7198.53	6980.97	706.84	2009.33	1263.54	534.28	955.66
2004	19005.61	1248.59	9398.61	8358.41	8602.59	796.02	1989.53	859.88	602.68	1103.75
2005	22723.29	1428.27	11497.85	9797.17	10630.06	867.79	2250.66	1032.06	661.81	1430.37
2006	26800.32	1532.17	13655.80	11612.35	12703.78	952.02	2606.79	1208.94	899.91	1722.07
2007	32063.91	1705.69	16252.47	14105.75	15190.14	1062.33	2912.30	1418.66	1705.08	2029.77
2008	37138.85	1969.46	18813.11	16356.28	17615.09	1198.02	3476.44	1634.54	1972.40	2057.45
2009	39923.24	1996.38	19718.72	18208.14	18386.25	1332.47	3953.35	1581.72	2335.08	2453.64
2010	46544.63	2254.49	23296.73	20993.41	21740.56	1556.17	4760.11	1793.89	2780.73	2775.38
2011	53908.59	2614.59	26733.70	24560.30	24931.69	1802.01	5881.51	2036.47	3119.08	3253.27
2012	57924.76	2778.48	27981.32	27164.96	26086.03	1895.29	6622.92	2286.37	3469.67	3544.67
2013	63357.92	2876.42	29837.46	30644.04	27735.26	2165.29	7323.55	2451.52	4122.81	4207.46
2014	68777.25	3038.71	32357.19	33381.35	30079.24	2345.38	7778.82	2741.77	4447.43	4486.92
2015	73876.37	3189.76	33642.00	37044.61	31290.75	2441.85	7625.98	2929.90	5757.08	5117.95
2016	80666.72	3500.49	35109.66	42056.57	32650.89	2551.82	8382.48	3209.72	6127.05	6229.50
2017	89705.23	3611.44	38008.06	48085.73	35291.83	2818.82	8976.59	3580.94	6853.01	7635.96
2018	97277.77	3831.44	40695.15	52751.18	37588.13	3216.28	9672.23	3855.78	7296.98	8022.41

注：1．2004年及以前年份第一产业不包括农林牧渔服务业，交通运输仓储和邮政业包括电信业，但不包括城市公共交通业，批发与零售业包括餐饮业（以下相关表同）。

2．2013年起，三次产业分类依据国家统计局2012年制定的《三次产业划分规定》执行(以下相关表同)。

Notes: a)In 2004 and prior to it, the primary industry did not include service activities for farming, forestry, animal husbandry and fishery;transport, storage,and postal services included telecommunication services,but excluded urban public transport;and wholesale and retail trades included catering services. The same applies to the following tables.

b)Since 2013, the Three Industries.' classification are divided according to "the Deputy of the three Industries Classification" which was developed by NBS in 2012(the same applis to the following table).

2-3 地区生产总值指数

Indices of Gross Domestic Product

上年=100 (preceding year=100)

年份 Year	地区生产总值 Gross Domestic Product	第一产业 Primary Industry	第二产业 Secondary Industry	第三产业 Tertiary Industry	#工业 Industry	#建筑业 Construction	#批发和零售业 Wholesale and Retail Trades	#交通运输、仓储和邮政业 Transport, Storage, and Post	#金融业 Financial Intermediation	#房地产业 Real Estate
1978	101.0	104.3	97.1	101.2						
1979	108.5	106.1	104.3	117.6	107.6	89.5	123.1	112.7	103.1	115.2
1980	116.6	112.7	116.9	122.1	113.2	136.6	119.6	119.5	126.4	136.0
1981	109.0	105.1	112.9	110.0	110.8	122.0	106.8	107.5	106.4	129.5
1982	112.0	111.9	111.5	112.5	108.1	124.9	108.0	117.4	110.0	121.0
1983	107.3	103.6	110.1	108.9	109.6	111.6	106.9	105.0	110.0	117.9
1984	115.6	112.5	118.8	115.7	120.5	113.0	116.6	105.7	116.8	109.3
1985	118.0	106.2	120.7	128.7	120.9	120.1	127.6	123.1	130.0	148.3
1986	112.7	105.6	108.1	124.7	108.8	105.4	117.9	120.9	130.2	161.1
1987	119.6	109.6	127.5	120.6	131.6	112.1	116.5	122.2	140.3	132.2
1988	115.8	106.6	124.9	113.7	128.0	111.4	108.3	121.8	115.0	127.6
1989	107.2	107.2	108.6	105.7	110.8	97.1	80.1	118.2	133.0	141.4
1990	111.6	107.3	112.7	113.4	114.4	102.7	112.2	106.8	117.3	97.6
1991	117.7	105.4	123.6	119.4	123.0	127.5	119.6	128.3	107.2	114.3
1992	122.1	105.6	133.4	119.0	130.8	149.8	119.4	120.9	121.2	146.2
1993	123.0	102.5	136.3	116.7	139.8	117.0	122.0	124.9	102.5	129.0
1994	119.7	103.1	125.7	118.4	127.2	116.2	119.4	127.6	107.4	127.4
1995	115.7	105.4	118.9	114.7	119.8	112.8	115.9	117.3	101.8	122.1
1996	111.3	104.9	112.7	111.5	114.1	102.6	114.2	109.4	107.5	115.8
1997	111.2	104.7	112.9	110.7	114.5	100.0	113.6	109.1	109.6	111.6
1998	110.9	103.8	112.5	110.4	113.0	107.6	115.0	106.7	103.1	110.6
1999	110.3	103.9	110.8	111.3	111.1	107.5	110.4	105.7	110.8	119.3
2000	111.7	102.3	112.3	113.4	113.6	99.2	109.4	117.3	122.7	115.4
2001	110.5	102.2	110.7	112.0	111.3	106.1	111.6	113.9	101.7	108.7
2002	112.4	104.3	113.7	112.5	114.8	103.5	113.3	106.3	100.6	111.9
2003	114.8	102.2	120.2	111.3	120.9	113.1	111.6	106.1	110.6	115.3
2004	114.7	104.1	118.6	112.0	120.1	102.9	109.8	113.9	106.9	108.2
2005	114.2	104.9	115.3	114.2	116.0	106.6	111.1	118.8	107.7	121.2
2006	114.9	104.2	117.2	113.7	117.9	108.9	113.0	116.3	124.7	112.8
2007	115.0	103.2	117.3	113.7	118.1	107.5	108.0	111.0	141.8	113.1
2008	110.5	103.9	111.6	109.8	112.4	100.5	112.6	108.3	109.0	93.5
2009	109.9	105.1	109.1	111.5	108.6	115.7	117.0	105.5	117.9	120.5
2010	112.5	104.5	114.6	110.8	114.7	111.9	114.9	111.4	113.4	104.4
2011	110.2	104.4	110.5	110.4	110.7	107.2	113.8	112.0	105.6	105.5
2012	108.3	103.9	107.3	109.8	107.6	103.2	110.1	112.8	110.0	108.6
2013	108.5	102.4	107.6	110.0	107.9	103.9	110.2	108.7	115.7	113.0
2014	107.8	103.3	107.9	108.0	108.0	106.2	107.2	110.8	108.3	102.6
2015	108.0	103.4	106.9	109.5	107.0	105.8	106.6	105.5	119.0	109.1
2016	107.5	103.1	106.1	109.2	106.2	104.1	107.0	109.5	106.3	110.2
2017	107.5	103.6	106.5	108.7	106.8	102.9	105.4	109.5	108.8	107.2
2018	106.8	104.2	105.9	107.8	105.9	105.3	104.5	107.5	106.3	103.3

2-4 地区生产总值指数

Indices of Gross Domestic Product

1978年=100 (1978=100)

年份 Year	地区生产总值 Gross Domestic Product	第一产业 Primary Industry	第二产业 Secondary Industry	第三产业 Tertiary Industry	#工业 Industry	#建筑业 Construction	#批发和零售业 Wholesale and Retail Trades	#交通运输、仓储和邮政业 Transport, Storage, and Post	#金融业 Financial Interme-diation	#房地产业 Real Estate
1978	100.0	100.0	100.0	100.0	100.0	100.0	100.0	100.0	100.0	100.0
1979	108.5	106.1	104.3	117.6	107.6	89.5	123.1	112.7	103.1	115.2
1980	126.5	119.6	121.9	143.5	121.8	122.2	147.3	134.6	130.4	156.6
1981	137.9	125.8	137.6	157.8	135.0	149.1	157.2	144.8	138.6	202.8
1982	154.4	140.8	153.4	177.5	145.9	186.4	169.7	170.0	152.6	245.3
1983	165.6	145.9	168.8	193.3	159.9	208.0	181.5	178.6	167.8	289.1
1984	191.4	164.1	200.6	223.7	192.7	235.1	211.7	188.8	196.0	316.0
1985	225.7	174.2	242.1	287.9	233.0	282.4	270.1	232.5	254.7	468.8
1986	254.5	184.0	261.6	359.0	253.4	297.5	318.5	281.0	331.7	755.1
1987	304.5	201.7	333.4	433.0	333.4	333.5	370.9	343.4	465.3	998.5
1988	352.6	215.0	416.5	492.6	426.7	371.4	401.6	418.2	535.1	1273.9
1989	377.9	230.6	452.1	520.5	472.8	360.6	321.8	494.3	711.7	1801.5
1990	421.6	247.4	509.3	590.1	540.9	370.4	361.1	527.8	834.5	1758.4
1991	496.1	260.9	629.7	704.6	665.4	472.2	431.9	677.2	894.5	2009.4
1992	605.8	275.4	840.2	838.6	870.4	707.4	515.7	818.6	1084.5	2938.0
1993	745.1	282.4	1145.2	979.1	1217.2	827.9	629.1	1022.1	1111.4	3788.9
1994	891.9	291.2	1439.6	1159.6	1547.9	962.4	751.2	1304.3	1193.3	4828.9
1995	1031.9	306.9	1712.2	1330.2	1854.5	1085.2	870.7	1529.5	1214.2	5898.4
1996	1149.0	321.9	1929.8	1483.4	2115.1	1113.5	994.7	1673.6	1305.2	6832.4
1997	1278.1	336.9	2179.7	1642.1	2421.6	1113.7	1129.7	1826.4	1429.8	7621.6
1998	1416.9	349.6	2452.0	1813.2	2736.4	1198.7	1299.0	1948.7	1474.6	8430.9
1999	1562.5	363.3	2717.2	2018.3	3041.5	1288.3	1434.7	2060.5	1634.4	10060.9
2000	1745.5	371.7	3052.5	2288.0	3455.1	1278.5	1570.1	2416.6	2004.6	11611.0
2001	1929.3	379.9	3380.5	2563.0	3845.5	1356.4	1751.8	2753.6	2039.4	12625.6
2002	2167.9	396.3	3843.3	2883.6	4416.4	1404.0	1984.9	2927.1	2052.4	14124.2
2003	2488.8	405.1	4618.8	3209.5	5339.4	1587.9	2215.3	3105.8	2269.9	16289.3
2004	2855.3	421.7	5478.9	3595.0	6413.9	1633.8	2433.5	3538.7	2427.3	17628.9
2005	3259.9	442.5	6315.8	4106.9	7439.2	1741.3	2704.2	4203.0	2614.1	21371.9
2006	3744.8	461.0	7401.0	4670.7	8767.5	1897.0	3055.7	4887.6	3260.9	24097.3
2007	4306.0	476.0	8682.2	5312.5	10350.1	2039.3	3301.6	5423.5	4625.2	27255.8
2008	4756.8	494.6	9690.5	5835.1	11631.1	2049.7	3718.0	5876.3	5043.4	25489.1
2009	5227.2	520.0	10567.5	6506.1	12636.1	2372.1	4349.6	6197.1	5945.2	30719.0
2010	5881.1	543.7	12106.1	7210.6	14497.9	2654.5	4997.5	6905.9	6740.3	32078.2
2011	6479.0	567.4	13378.0	7961.2	16055.1	2846.2	5689.6	7737.5	7120.9	33856.2
2012	7015.2	589.5	14355.9	8740.8	17274.3	2937.7	6265.6	8729.7	7829.9	36759.4
2013	7610.9	603.8	15452.3	9613.2	18638.6	3051.3	6904.9	9486.0	9057.2	41539.8
2014	8202.6	623.8	16678.2	10381.8	20137.6	3240.3	7401.6	10514.6	9809.3	42639.1
2015	8858.7	644.9	17835.7	11367.8	21555.2	3428.1	7888.3	11097.3	11677.3	46534.6
2016	9524.2	665.0	18917.6	12414.2	22895.1	3568.3	8441.8	12154.2	12417.8	51279.7
2017	10242.7	689.1	20155.2	13500.0	24459.0	3670.0	8898.4	13305.5	13510.4	54984.2
2018	10938.3	718.0	21343.0	14548.5	25911.9	3863.0	9300.9	14305.7	14364.1	56790.7

2-5 地区生产总值产业构成

Composition of Gross Domestic Product

单位：%　　(%)

年份 Year	地区生产总值 Gross Domestic Product	第一产业 Primary Industry	第二产业 Secondary Industry	第三产业 Tertiary Industry	#工 业 Industry
1978	100.0	29.8	46.6	23.6	41.0
1979	100.0	31.8	43.8	24.4	39.3
1980	100.0	33.2	41.1	25.7	36.0
1981	100.0	32.5	41.4	26.1	35.7
1982	100.0	34.8	39.8	25.4	33.3
1983	100.0	32.9	41.3	25.8	34.1
1984	100.0	31.7	40.9	27.4	33.6
1985	100.0	29.8	39.8	30.4	32.2
1986	100.0	28.2	38.3	33.5	31.2
1987	100.0	27.4	39.0	33.6	32.3
1988	100.0	26.5	39.8	33.7	33.4
1989	100.0	25.5	40.1	34.4	33.6
1990	100.0	24.7	39.5	35.8	33.6
1991	100.0	22.0	41.3	36.7	35.7
1992	100.0	19.0	45.0	36.0	36.7
1993	100.0	16.1	49.1	34.8	40.0
1994	100.0	15.0	48.8	36.2	40.4
1995	100.0	14.6	48.9	36.5	41.3
1996	100.0	13.6	48.5	37.9	41.7
1997	100.0	12.6	47.7	39.7	41.7
1998	100.0	11.6	47.8	40.6	41.9
1999	100.0	10.8	47.3	41.9	41.6
2000	100.0	9.1	46.8	44.1	41.8
2001	100.0	8.2	46.0	45.8	41.3
2002	100.0	7.4	45.8	46.8	41.4
2003	100.0	6.7	48.2	45.1	43.7
2004	100.0	6.6	49.4	44.0	45.3
2005	100.0	6.3	50.6	43.1	46.8
2006	100.0	5.7	51.0	43.3	47.4
2007	100.0	5.3	50.7	44.0	47.4
2008	100.0	5.3	50.7	44.0	47.4
2009	100.0	5.0	49.4	45.6	46.1
2010	100.0	4.8	50.1	45.1	46.7
2011	100.0	4.8	49.6	45.6	46.2
2012	100.0	4.8	48.3	46.9	45.0
2013	100.0	4.5	47.1	48.4	43.8
2014	100.0	4.4	47.1	48.5	43.7
2015	100.0	4.3	45.5	50.2	42.4
2016	100.0	4.4	43.5	52.1	40.5
2017	100.0	4.0	42.4	53.6	39.3
2018	100.0	4.0	41.8	54.2	38.6

2-6　三次产业贡献率

Contribution Rates the Three Strata of Industry

单位：%　　(%)

年份 Year	地区生产总值 Gross Domestic Product	第一产业 Primary Industry	第二产业 Secondary Industry	第三产业 Tertiary Industry	#工　业 Industry
1979	100.0	30.0	16.6	53.4	24.2
1980	100.0	31.0	32.1	36.9	21.0
1981	100.0	22.4	45.4	32.2	31.0
1982	100.0	37.8	31.5	30.7	17.8
1983	100.0	18.7	45.1	36.2	33.4
1984	100.0	29.2	40.5	30.3	34.1
1985	100.0	12.2	39.8	48.0	31.4
1986	100.0	14.1	22.3	63.6	19.1
1987	100.0	14.7	47.3	38.0	42.9
1988	100.0	11.4	56.8	31.8	52.0
1989	100.0	25.5	46.2	28.3	48.8
1990	100.0	16.0	43.1	40.9	41.7
1991	100.0	7.5	53.1	39.4	44.8
1992	100.0	5.5	63.1	31.4	50.1
1993	100.0	2.1	72.0	25.9	66.8
1994	100.0	2.5	65.9	31.6	60.4
1995	100.0	4.7	64.0	31.3	58.7
1996	100.0	5.3	61.1	33.6	59.6
1997	100.0	4.8	63.6	31.6	63.6
1998	100.0	3.8	64.5	31.7	60.8
1999	100.0	3.9	59.9	36.2	56.2
2000	100.0	1.9	60.2	37.9	60.6
2001	100.0	1.9	47.7	50.4	44.9
2002	100.0	2.9	51.9	45.2	50.5
2003	100.0	1.2	64.6	34.2	60.8
2004	100.0	2.0	62.8	35.3	61.9
2005	100.0	2.2	55.3	42.4	53.5
2006	100.0	1.8	58.4	39.8	56.1
2007	100.0	1.2	59.6	39.1	57.8
2008	100.0	1.9	58.4	39.7	58.2
2009	100.0	2.5	48.7	48.8	43.8
2010	100.0	1.7	61.5	36.9	58.4
2011	100.0	2.1	51.7	46.2	49.4
2012	100.0	2.2	44.3	53.5	43.1
2013	100.0	1.2	44.7	54.1	43.4
2014	100.0	1.7	50.3	48.0	48.0
2015	100.0	1.6	42.8	55.5	40.9
2016	100.0	1.8	36.8	61.4	35.0
2017	100.0	2.0	39.0	59.1	37.9
2018	100.0	2.5	38.6	58.9	36.4

注：三次产业贡献率指各产业增加值增量与GDP增量之比。

Notes: Contribution rate of the Three Lndustries refers to the proportion of the increment of every industrial value added to the increment of GDP.

2-7 三次产业对地区生产总值增长的拉动

Contribution of the Three Strata of Industry to GDP Growth

单位：百分点 (percentage points)

年份 Year	地区生产总值 Gross Domestic Product	第一产业 Primary Industry	第二产业 Secondary Industry	第三产业 Tertiary Industry	#工 业 Industry
1979	8.5	2.6	1.4	4.5	2.0
1980	16.6	5.2	5.3	6.1	3.5
1981	9.0	2.0	4.1	2.9	2.8
1982	12.0	4.5	3.8	3.7	2.1
1983	7.3	1.4	3.3	2.6	2.4
1984	15.6	4.6	6.3	4.7	5.3
1985	18.0	2.2	7.2	8.6	5.6
1986	12.7	1.8	2.8	8.1	2.4
1987	19.6	2.9	9.3	7.4	8.4
1988	15.8	1.8	9.0	5.0	8.2
1989	7.2	1.8	3.3	2.1	3.5
1990	11.6	1.9	5.0	4.7	4.8
1991	17.7	1.3	9.4	7.0	7.9
1992	22.1	1.2	14.0	6.9	11.1
1993	23.0	0.5	16.5	6.0	15.3
1994	19.7	0.5	13.0	6.2	11.9
1995	15.7	0.7	10.0	4.9	9.2
1996	11.3	0.6	6.9	3.8	6.8
1997	11.2	0.5	7.2	3.5	7.1
1998	10.9	0.4	7.0	3.4	6.6
1999	10.3	0.4	6.2	3.7	5.8
2000	11.7	0.2	7.1	4.4	7.1
2001	10.5	0.2	5.0	5.3	4.7
2002	12.4	0.4	6.4	5.6	6.2
2003	14.8	0.2	9.6	5.1	9.0
2004	14.7	0.3	9.2	5.2	9.1
2005	14.2	0.3	7.8	6.0	7.6
2006	14.9	0.3	8.7	5.9	8.4
2007	15.0	0.2	8.9	5.9	8.7
2008	10.5	0.2	6.1	4.2	6.1
2009	9.9	0.2	4.8	4.8	4.3
2010	12.5	0.2	7.7	4.6	7.3
2011	10.2	0.2	5.3	4.7	5.0
2012	8.3	0.2	3.7	4.4	3.6
2013	8.5	0.1	3.8	4.6	3.7
2014	7.8	0.1	3.9	3.7	3.7
2015	8.0	0.1	3.4	4.4	3.3
2016	7.5	0.1	2.8	4.6	2.6
2017	7.5	0.1	2.9	4.5	2.9
2018	6.8	0.2	2.6	4.0	2.5

注：三次产业拉动指GDP增长速度与各产业贡献率之乘积。
Notes: The Three Industries pulling rate is the growth rate of GDP multiplying industrial contribution rate.

2-8 地区生产总值项目结构

Components of Gross Domestic Product

单位：亿元 (100 million yuan)

年份 Year	地区生产总值 Gross Domestic Product	劳动者报酬 Compens-ation of Employees	生产税净额 Net Taxes on Production	固定资产折旧 Depreciation of Fixed Assets	营业盈余 Operating Surplus	构成(地区生产总值=100) Composition(GDP=100) 劳动者报酬 Compens-ation of Employees	生产税净额 Net Taxes on Production	固定资产折旧 Depreciation of Fixed Assets	营业盈余 Operating Surplus
1978	185.85	112.58	25.13	21.07	27.07	60.6	13.5	11.3	14.6
1979	209.34	126.64	28.07	23.67	30.96	60.5	13.4	11.3	14.8
1980	249.65	151.09	32.62	28.25	37.69	60.5	13.1	11.3	15.1
1981	290.36	175.16	38.66	33.28	43.26	60.3	13.3	11.5	14.9
1982	339.92	207.09	43.58	38.11	51.14	60.9	12.8	11.2	15.0
1983	368.75	222.02	48.33	41.82	56.58	60.2	13.1	11.3	15.3
1984	458.74	274.33	59.74	52.06	72.61	59.8	13.0	11.3	15.8
1985	577.38	343.38	74.24	65.66	94.10	59.5	12.9	11.4	16.3
1986	667.53	393.11	84.86	77.99	111.57	58.9	12.7	11.7	16.7
1987	846.69	486.39	108.63	99.73	151.94	57.4	12.8	11.8	17.9
1988	1155.37	662.14	149.93	135.89	207.41	57.3	13.0	11.8	18.0
1989	1381.39	769.17	176.84	169.99	265.39	55.7	12.8	12.3	19.2
1990	1559.03	864.69	197.92	192.05	304.37	55.5	12.7	12.3	19.5
1991	1893.30	1031.46	248.47	240.20	373.17	54.5	13.1	12.7	19.7
1992	2447.54	1287.81	352.00	328.48	479.25	52.6	14.4	13.4	19.6
1993	3469.28	1822.72	478.22	450.06	718.29	52.5	13.8	13.0	20.7
1994	4619.02	2451.06	630.43	635.37	902.15	53.1	13.6	13.8	19.5
1995	5940.34	3077.86	827.17	907.53	1127.78	51.8	13.9	15.3	19.0
1996	6848.23	3584.34	985.78	1082.01	1196.10	52.3	14.4	15.8	17.5
1997	7792.97	4053.33	1111.15	1217.75	1410.74	52.0	14.3	15.6	18.1
1998	8555.33	4858.94	1268.93	1380.21	1047.25	56.8	14.8	16.1	12.2
1999	9289.64	5109.07	1375.14	1609.72	1195.71	55.0	14.8	17.3	12.9
2000	10810.21	5600.63	1759.12	1884.83	1565.63	51.8	16.3	17.4	14.5
2001	12126.59	6104.83	1939.52	2027.83	2054.41	50.3	16.0	16.7	16.9
2002	13601.89	7116.01	1988.13	2207.47	2290.28	52.3	14.6	16.2	16.8
2003	15959.25	7941.03	2303.35	2523.76	3191.11	49.8	14.4	15.8	20.0
2004	19005.61	9016.48	2659.30	2907.85	4421.98	47.4	14.0	15.3	23.3
2005	22723.29	10618.90	3177.03	3697.93	5229.43	46.7	14.0	16.3	23.0
2006	26800.32	12075.99	4038.50	4371.93	6313.90	45.1	15.1	16.3	23.6
2007	32063.91	14222.96	4947.40	4865.88	8027.67	44.4	15.4	15.2	25.0
2008	37138.85	16654.79	5796.13	5387.75	9300.18	44.8	15.6	14.5	25.0
2009	39923.24	17880.58	5996.57	5702.10	10343.99	44.8	15.0	14.3	25.9
2010	46544.63	20440.39	6769.63	6318.81	13015.80	43.9	14.5	13.6	28.0
2011	53908.59	24282.29	8453.19	7201.71	13971.40	45.0	15.7	13.4	25.9
2012	57924.76	27227.32	8860.93	7805.73	14030.78	47.0	15.3	13.5	24.2
2013	63357.92	29712.08	9623.38	8274.16	15748.30	46.9	15.2	13.1	24.9
2014	68777.25	32237.37	10669.94	9555.15	16314.79	46.9	15.5	13.9	23.7
2015	73876.37	35624.52	10204.88	10377.28	17669.69	48.2	13.8	14.0	23.9
2016	80666.72	38928.21	10977.35	11220.03	19541.13	48.3	13.6	13.9	24.2
2017	89705.23	43620.15	12130.58	11989.32	21965.18	48.6	13.5	13.4	24.5

2-9 各行业收入法增加值构成项目（2017年）

Components of Value Added by Sector by Expenditure Approach (2017)

单位：亿元 (100 million yuan)

行　业	Sector	地区生产总值 Gross Domestic Product	劳动者报酬 Conpensation of Employees	生产税净额 Net Taxes on Production	固定资产折旧 Depreciation of Fixed Assets	营业盈余 Operating Surplus
地区生产总值	**Gross Domestic Product**	89705.23	43620.15	12130.58	11989.32	21965.18
农、林、牧、渔业	Farming, Forestry, Animal Husbandry and Fishery	3712.71	3675.35	1.38	35.98	
工业	Industry	35291.83	15354.47	5469.06	5074.85	9393.45
建筑业	Construction	2818.82	1637.93	447.35	124.73	608.81
批发和零售业	Wholesale and Retail Trade	8976.59	4343.10	2422.17	246.32	1965.00
交通运输、仓储和邮政业	Transport, Storage and Postal Services	3580.94	1822.78	252.00	871.87	634.29
住宿和餐饮业	Accommodation and Catering Services	1646.85	1190.57	119.60	165.99	170.69
信息传输、软件和信息技术服务业	Information Transmission, Software and Information Technology Services	3817.23	1374.36	317.65	534.19	1591.03
金融业	Finance	6853.01	1891.76	786.37	92.92	4081.96
房地产业	Real Estate	7635.96	1134.41	1610.24	2879.99	2011.32
租赁和商务服务业	Leasing and Business Services	3351.15	1803.34	353.57	719.18	475.06
科学研究和技术服务业	Research and Technical Services	1506.19	841.20	134.81	171.25	358.93
水利、环境和公共设施管理业	Water Conservancy, Environment and Public Facilities Management	605.14	242.56	42.56	211.48	108.54
居民服务、修理和其他服务业	Resident Services, Kepairing and Other Services	1525.00	1270.50	67.24	54.65	132.61
教育	Education	3009.02	2511.89	27.06	333.19	136.88
卫生和社会工作	Health Care and Social Work	1885.32	1464.30	21.57	128.00	271.45
文化、体育和娱乐业	Culture, Sports and Recreation	438.25	264.48	45.14	104.28	24.35
公共管理、社会保障和社会组织	Public Administration, Soual Security and Social Organizations	3051.22	2797.15	12.81	240.45	0.81
第一产业	Primary Industry	3611.44	3575.06	1.38	35.00	
第二产业	Secondary Industry	38008.06	16931.99	5909.54	5189.53	9977.00
第三产业	Tertiary Industry	48085.73	23113.10	6219.66	6764.79	11988.18

2-10 支出法地区生产总值
Gross Domestic Product by Expenditure Approach

年份 Year	支出法地区生产总值(亿元) Gross Domestic Product by Expenditure Approach (100 million yuan)	最终消费支出 Final Consumption Expenditure	资本形成总额 Gross Capital Formation	货物和服务净流出 Net Exports of Goods and Services	最终消费率(消费率)(%) Final Consumption Rate (Consumption Rate)(%)	资本形成率(投资率)(%) Capital Formation Rate (Investment Rate)(%)
1978	194.14	130.02	54.79	9.33	67.0	28.2
1979	215.43	147.11	55.86	12.46	68.3	25.9
1980	259.32	180.93	71.37	7.02	69.8	27.5
1981	305.22	201.43	96.74	7.05	66.0	31.7
1982	349.13	233.21	112.35	3.57	66.8	32.2
1983	367.36	252.07	113.49	1.80	68.6	30.9
1984	446.06	288.26	150.07	7.72	64.6	33.6
1985	568.98	347.18	238.58	-16.78	61.0	41.9
1986	650.99	415.91	256.75	-21.67	63.9	39.4
1987	815.05	516.02	312.33	-13.29	63.3	38.3
1988	1129.64	667.03	462.07	0.54	59.0	40.9
1989	1348.54	857.33	472.75	18.46	63.6	35.1
1990	1541.99	938.48	502.90	100.61	60.9	32.6
1991	1847.99	1081.39	610.18	156.42	58.5	33.0
1992	2440.58	1359.08	987.96	93.54	55.7	40.5
1993	3465.31	1852.06	1554.46	58.79	53.4	44.9
1994	4618.25	2598.57	1930.86	88.82	56.3	41.8
1995	5940.34	3363.65	2401.80	174.89	56.6	40.4
1996	6848.23	3859.84	2795.64	192.75	56.4	40.8
1997	7792.97	4245.89	2992.18	554.90	54.5	38.4
1998	8555.33	4583.10	3354.63	617.60	53.6	39.2
1999	9289.64	5085.11	3548.75	655.78	54.7	38.2
2000	10810.21	5717.11	3917.11	1175.99	52.9	36.2
2001	12126.59	6259.29	4476.48	1390.82	51.6	36.9
2002	13601.89	7290.47	4858.53	1452.89	53.6	35.7
2003	15959.25	8647.86	6022.16	1289.23	54.2	37.7
2004	19005.61	10167.48	7350.24	1487.89	53.5	38.7
2005	22723.29	11457.36	8399.25	2866.68	50.4	37.0
2006	26800.32	12643.78	9512.26	4644.28	47.2	35.5
2007	32063.91	14853.52	10967.58	6242.81	46.3	34.2
2008	37138.85	17215.48	12590.33	7333.04	46.4	33.9
2009	39923.24	19196.56	15378.86	5347.82	48.1	38.5
2010	46544.63	22501.78	18226.60	5816.25	48.3	39.2
2011	53908.59	26102.28	21689.12	6117.19	48.4	40.2
2012	57924.76	29283.03	23698.87	4942.86	50.6	40.9
2013	63357.92	30449.07	27019.94	5888.91	48.1	42.6
2014	68777.25	33921.86	29850.09	5005.30	49.3	43.4
2015	73876.37	37198.29	31602.03	5076.05	50.4	42.8
2016	80666.72	40885.91	34647.09	5133.72	50.7	43.0
2017	89705.23	45128.95	39657.52	4918.76	50.3	44.2

注：2013年起，国家统计局推行城乡住户调查一体化改革，支出法地区生产总值数据与以前年份不可比(以下相关表同)。

Notes: The data of gross domestic product by expenditure approach are not comparable to the previous years. due to the integrated household reform conducted by the NBS(the same applied to the related table) since 2013.

2-11 资本形成总额及构成

Gross Capital Formation and Its Composition

年份 Year	资本形成总额 (亿元) Gross Capital Formation (100 million yuan)			比重(资本形成总额=100) Proportion (gross capital formation=100)	
		固定资本形成总额 Gross Fixed Capital Formation	存货变动 Change in Inventories	固定资本形成总额 Gross Fixed Capital Formation	存货变动 Change in Inventories
1978	54.79	37.93	16.86	69.2	30.8
1979	55.86	41.81	14.05	74.8	25.2
1980	71.37	57.15	14.23	80.1	19.9
1981	96.74	73.39	23.34	75.9	24.1
1982	112.35	94.64	17.71	84.2	15.8
1983	113.49	96.80	16.69	85.3	14.7
1984	150.07	133.04	17.03	88.7	11.3
1985	238.58	163.84	74.74	68.7	31.3
1986	256.75	182.15	74.59	70.9	29.1
1987	312.33	197.01	115.32	63.1	36.9
1988	462.07	286.00	176.07	61.9	38.1
1989	472.75	266.68	206.07	56.4	43.6
1990	502.90	336.61	166.29	66.9	33.1
1991	610.18	396.49	213.70	65.0	35.0
1992	987.96	683.66	304.30	69.2	30.8
1993	1554.46	1110.69	443.77	71.5	28.5
1994	1930.86	1375.09	555.76	71.2	28.8
1995	2401.80	1826.18	575.62	76.0	24.0
1996	2795.64	1932.16	863.48	69.1	30.9
1997	2992.18	2096.88	895.30	70.1	29.9
1998	3354.63	2497.33	857.30	74.4	25.6
1999	3548.75	2907.86	640.89	81.9	18.1
2000	3917.11	3160.12	756.99	80.7	19.3
2001	4476.48	3531.49	944.99	78.9	21.1
2002	4858.53	4119.36	739.17	84.8	15.2
2003	6022.16	5096.72	925.44	84.6	15.4
2004	7350.24	6093.41	1256.83	82.9	17.1
2005	8399.25	7577.75	821.50	90.2	9.8
2006	9512.26	8694.07	818.19	91.4	8.6
2007	10967.58	10230.11	737.47	93.3	6.7
2008	12590.33	11803.75	786.58	93.8	6.2
2009	15378.86	14452.53	926.33	94.0	6.0
2010	18226.60	17035.10	1191.50	93.5	6.5
2011	21689.12	20118.29	1570.83	92.8	7.2
2012	23698.87	22860.84	838.03	96.5	3.5
2013	27019.94	25966.92	1053.02	96.1	3.9
2014	29850.09	29021.09	829.00	97.2	2.8
2015	31602.03	30478.30	1123.73	96.4	3.6
2016	34647.09	33279.65	1367.44	96.1	3.9
2017	39657.52	38390.85	1266.67	96.8	3.2

2-12 最终消费及构成

Final Consumption Expenditure and Its Composition

年份 Year	最终消费支出(亿元) Final Consumption Expenditure (100 million yuan)	居民消费支出 Household Consumption	城镇居民 Urban Households	农村居民 Rural Households	政府消费支出 Government Consumption	比重 Proportion: 最终消费支出=100 Final Consumption Expenditure=100: 居民消费支出 Household Consumption	政府消费支出 Government Consumption	居民消费支出=100 Household Consumption=100: 城镇居民 Urban Households	农村居民 Rural Households
1978	130.02	111.46	40.12	71.34	18.56	85.7	14.3	36.0	64.0
1979	147.11	128.48	46.57	81.91	18.63	87.3	12.7	36.2	63.8
1980	180.93	156.51	60.55	95.95	24.42	86.5	13.5	38.7	61.3
1981	201.43	175.12	64.50	110.62	26.31	86.9	13.1	36.8	63.2
1982	233.21	202.70	74.76	127.93	30.51	86.9	13.1	36.9	63.1
1983	252.07	220.14	85.69	134.45	31.93	87.3	12.7	38.9	61.1
1984	288.26	250.92	105.87	145.05	37.34	87.0	13.0	42.2	57.8
1985	347.18	298.00	137.84	160.16	49.17	85.8	14.2	46.3	53.7
1986	415.91	349.52	164.49	185.03	66.39	84.0	16.0	47.1	52.9
1987	516.02	442.20	223.51	218.69	73.82	85.7	14.3	50.5	49.5
1988	667.03	566.25	283.39	282.86	100.77	84.9	15.1	50.0	50.0
1989	857.33	743.90	377.08	366.82	113.42	86.8	13.2	50.7	49.3
1990	938.48	807.84	406.22	401.62	130.64	86.1	13.9	50.3	49.7
1991	1081.39	923.37	511.00	412.36	158.02	85.4	14.6	55.3	44.7
1992	1359.08	1118.52	648.51	470.01	240.55	82.3	17.7	58.0	42.0
1993	1852.06	1574.61	957.16	617.45	277.45	85.0	15.0	60.8	39.2
1994	2598.57	2287.69	1442.66	845.03	310.88	88.0	12.0	63.1	36.9
1995	3363.65	2912.58	1890.75	1021.83	451.07	86.6	13.4	64.9	35.1
1996	3859.84	3343.00	2154.56	1188.44	516.84	86.6	13.4	64.4	35.6
1997	4245.89	3539.63	2317.15	1222.48	706.26	83.4	16.6	65.5	34.5
1998	4583.10	3781.21	2499.29	1281.92	801.89	82.5	17.5	66.1	33.9
1999	5085.11	4072.05	2774.14	1297.91	1013.06	80.1	19.9	68.1	31.9
2000	5717.11	4474.11	3125.44	1348.67	1243.00	78.3	21.7	69.9	30.1
2001	6259.29	4733.53	3318.28	1415.25	1525.76	75.6	24.4	70.1	29.9
2002	7290.47	5449.58	4025.54	1424.04	1840.89	74.7	25.3	73.9	26.1
2003	8647.86	6537.53	5273.69	1263.84	2110.33	75.6	24.4	80.7	19.3
2004	10167.48	7953.60	6729.38	1224.22	2213.88	78.2	21.8	84.6	15.4
2005	11457.36	8968.54	7560.24	1408.30	2488.82	78.3	21.7	84.3	15.7
2006	12643.78	9895.13	8470.02	1425.11	2748.65	78.3	21.7	85.6	14.4
2007	14853.52	11781.66	10229.41	1552.25	3071.86	79.3	20.7	86.8	13.2
2008	17215.48	13599.73	11812.60	1787.13	3615.75	79.0	21.0	86.9	13.1
2009	19196.56	15261.29	13233.01	2028.28	3935.27	79.5	20.5	86.7	13.3
2010	22501.78	17702.35	15438.42	2263.93	4799.43	78.7	21.3	87.2	12.8
2011	26102.28	20504.11	17735.53	2768.58	5598.17	78.6	21.4	86.5	13.5
2012	29283.03	23022.47	19898.98	3123.49	6260.56	78.6	21.4	86.4	13.6
2013	30449.07	23449.85	19691.73	3758.12	6999.22	77.0	23.0	84.0	16.0
2014	33921.86	26263.14	21913.85	4349.29	7658.72	77.4	22.6	83.4	16.6
2015	37198.29	28438.58	23884.12	4554.46	8759.71	76.5	23.5	84.0	16.0
2016	40885.91	31127.58	26113.94	5013.64	9758.33	76.1	23.9	83.9	16.1
2017	45128.95	34097.05	28712.16	5384.89	11031.90	75.6	24.4	84.2	15.8

2-13 三大需求对地区生产总值增长的贡献率和拉动

Contribution Share and Contribution of the Three Components of GDP to GDP Growth

年份 Year	最终消费支出 Final Consumption Expenditure		资本形成总额 Gross Capital Formation		货物和服务净流出 Net Exports of Goods and Services	
	贡献率(%) Contribution Share (%)	拉动(百分点) Contribution (percentage points)	贡献率(%) Contribution Rate (%)	拉动(百分点) Contribution (percentage points)	贡献率(%) Contribution Rate (%)	拉动(百分点) Contribution (percentage points)
1979	95.7	5.3	-13.8	-0.8	18.2	1.0
1980	71.3	13.0	33.5	6.1	-4.8	-0.9
1981	50.5	6.3	56.4	7.1	-6.9	-0.9
1982	72.7	8.3	40.6	4.6	-13.2	-1.5
1983	124.4	5.6	-12.9	-0.6	-11.5	-0.5
1984	56.5	8.5	42.2	6.3	1.3	0.2
1985	32.0	6.9	80.6	17.4	-12.6	-2.7
1986	83.6	8.8	15.5	1.6	0.8	0.1
1987	38.6	4.9	34.9	4.4	26.4	3.3
1988	-2.8	-0.3	60.1	7.4	42.8	5.2
1989	110.8	9.4	-35.6	-3.0	24.8	2.1
1990	60.9	7.2	9.5	1.1	29.6	3.5
1991	39.9	7.1	35.1	6.3	25.0	4.5
1992	56.0	12.4	65.2	14.5	-21.1	-4.7
1993	50.2	11.6	60.1	13.9	-10.3	-2.4
1994	53.8	10.4	36.1	7.0	10.1	1.9
1995	49.8	8.0	40.7	6.5	9.5	1.5
1996	45.0	5.1	52.3	5.9	2.7	0.3
1997	21.7	2.4	7.5	0.8	70.8	8.0
1998	39.5	4.3	44.1	4.8	16.4	1.8
1999	54.7	5.6	22.5	2.3	22.8	2.3
2000	33.0	3.9	27.3	3.2	39.7	4.7
2001	45.8	4.8	49.0	5.2	5.3	0.6
2002	68.0	8.4	23.3	2.9	8.7	1.1
2003	63.4	9.4	50.4	7.5	-13.8	-2.0
2004	50.4	7.4	37.4	5.5	12.2	1.8
2005	42.7	6.1	30.7	4.4	26.5	3.8
2006	31.2	4.6	29.3	4.4	39.5	5.9
2007	44.8	6.7	23.9	3.6	31.2	4.7
2008	45.4	4.8	35.2	3.7	19.4	2.0
2009	62.8	6.2	80.3	7.9	-43.1	-4.3
2010	52.7	6.6	47.0	5.9	0.3	0.0
2011	47.9	4.9	50.1	5.1	2.0	0.2
2012	52.7	4.4	45.1	3.7	2.2	0.2
2013	43.4	3.7	69.9	5.9	-13.3	-1.1
2014	49.4	3.8	50.2	3.9	0.3	0.0
2015	47.6	3.8	48.8	3.9	3.6	0.3
2016	49.6	3.7	48.8	3.7	1.6	0.1
2017	48.6	3.7	44.9	3.4	6.5	0.5

注：1．三大需求指支出法地区生产总值的三大构成项目，即最终消费支出、资本形成总额、货物和服务净流出；
2．贡献率指三大需求增量与地区支出法生产总值增量之比。
3．拉动指地区生产总值增长速度与三大需求贡献率的乘积。

Notes: a) Three major demands refer to three major components of gross domestic product by expenditure approach,i.e.final consumption expenditure, gross capital formation, and net exports of goods and services.
b) Contribution rate refers to the proportion of the increment of three major demands to the increment of gross domestic product by expenditure approach.
c) Pulling rate refers to the growth rate of gross regional product multiplying the contribution rates of three major demands.

2-14 人均地区生产总值及人均消费水平指数

Indices of Per Capita Gross Domestic Product and Consumption

年份 Year	人均地区生产总值 Per Capita Gross Domestic Product		人均消费水平 Per Capita Consumption					
			全体居民 Households		城镇居民 Urban Households		农村居民 Rural Households	
	绝对数（元） Absolute Figure (yuan)	指数（上年=100） Index (preceding year=100)	绝对数（元） Absolute Figure (yuan)	指数（上年=100） Index (preceding year=100)	绝对数（元） Absolute Figure (yuan)	指数（上年=100） Index (preceding year=100)	绝对数（元） Absolute Figure (yuan)	指数（上年=100） Index (preceding year=100)
1978	370		222		466		171	
1979	410	106.9	252	108.3	507	102.6	196	109.8
1980	481	114.8	302	114.9	620	112.7	228	114.1
1981	550	107.1	332	107.9	627	98.1	260	113.3
1982	633	110.0	377	110.3	696	108.3	298	110.4
1983	675	105.6	403	107.2	764	108.5	310	105.1
1984	827	113.8	453	110.3	878	109.7	334	107.8
1985	1026	116.2	529	105.7	1038	110.2	372	97.4
1986	1164	110.6	609	109.5	1146	108.4	430	106.3
1987	1443	117.0	754	106.4	1382	101.1	515	104.9
1988	1926	113.2	944	96.5	1716	93.2	651	100.5
1989	2251	104.8	1212	119.7	2188	115.0	831	123.1
1990	2484	109.1	1287	109.3	2263	104.7	896	112.9
1991	2941	114.7	1434	108.3	2712	114.8	906	100.2
1992	3699	118.8	1690	114.7	3210	115.7	1023	109.7
1993	5085	119.3	2308	120.5	4280	117.0	1347	117.6
1994	6530	115.5	3234	117.8	5870	115.7	1831	114.3
1995	8139	112.1	3991	110.1	7091	107.6	2206	108.4
1996	9157	108.7	4470	106.9	7660	102.3	2547	111.6
1997	10154	108.4	4612	97.9	7807	95.2	2597	99.6
1998	10850	107.9	4796	104.2	8054	102.2	2681	105.8
1999	11463	107.3	5025	104.5	8598	105.9	2661	100.8
2000	12817	107.3	5305	100.2	9189	100.2	2680	98.7
2001	13952	107.3	5445	101.9	9312	100.3	2759	103.0
2002	15478	111.1	6199	113.2	10358	110.2	2904	105.7
2003	17927	113.3	7342	117.0	11136	106.4	3032	103.4
2004	21032	113.0	8800	115.9	12409	107.9	3386	108.2
2005	24828	112.7	9799	110.0	13609	108.6	3915	113.2
2006	28762	112.8	10619	107.4	14695	106.9	4010	102.2
2007	33572	112.2	12336	112.9	16982	112.6	4401	105.0
2008	37988	107.9	13911	107.1	19101	107.1	4975	105.6
2009	39876	107.3	15243	110.9	20852	111.3	5533	106.9
2010	45252	109.5	17211	109.3	23159	107.5	6255	109.4
2011	51474	108.2	19578	107.9	25527	105.3	7854	114.2
2012	54908	107.5	21823	108.3	28269	107.9	8898	107.7
2013	59665	107.8	22083	106.4	27531	105.5	10841	108.0
2014	64374	107.1	24582	108.3	30216	106.9	12674	113.4
2015	68490	107.0	26365	106.8	32393	106.2	13344	107.5
2016	73844	106.2	28495	105.7	34667	104.9	14784	107.0
2017	80932	106.0	30762	105.2	37257	104.3	15943	107.6
2018	86412	105.1						

注：2006—2009年根据2010年全国人口普查快速汇总数据进行平滑调整，本表人均地区生产总值是人口平滑后的数据，以下相关表同。

Note: Figures of permanent population at the year-end from 2006 to 2009 have been adjusted in accordance with the flash sums of the 6th National Population Cescus in 2010. Per capita gross domestic product in this table are caculated with the adjustments of population. The same applied tc the following tables.

2-15 人均地区生产总值及人均消费水平指数

Indices of Per Capita Gross Domestic Product and Consumption

年份 Year	人均地区生产总值 Per Capita Gross Domestic Product		人均消费水平 Per Capita Consumption					
			全体居民 Households		城镇居民 Urban Households		农村居民 Rural Households	
	绝对数（元） Value (yuan)	指数（1978年=100） Index (1978=100)	绝对数（元） Level (yuan)	指数（1978年=100） Index (1978=100)	绝对数（元） Level (yuan)	指数（1978年=100） Index (1978=100)	绝对数（元） Level (yuan)	指数（1978年=100） Index (1978=100)
1978	370	100.0	222	100.0	466	100.0	171	100.0
1979	410	106.9	252	108.3	507	102.6	196	109.8
1980	481	122.6	302	124.4	620	115.6	228	125.2
1981	550	131.3	332	134.2	627	113.4	260	141.9
1982	633	144.4	377	148.1	696	122.8	298	156.7
1983	675	152.5	403	158.7	764	133.3	310	164.8
1984	827	173.5	453	175.0	878	146.3	334	177.6
1985	1026	201.6	529	184.9	1038	161.2	372	172.9
1986	1164	223.1	609	202.5	1146	174.7	430	183.7
1987	1443	260.9	754	215.6	1382	176.6	515	192.6
1988	1926	295.4	944	208.1	1716	164.6	651	193.6
1989	2251	309.6	1212	249.0	2188	189.3	831	238.2
1990	2484	337.7	1287	272.1	2263	198.2	896	269.0
1991	2941	387.5	1434	294.7	2712	227.5	906	269.5
1992	3699	460.3	1690	338.1	3210	263.2	1023	295.7
1993	5085	549.0	2308	407.5	4280	308.1	1347	347.8
1994	6530	633.9	3234	480.2	5870	356.5	1831	397.6
1995	8139	710.7	3991	528.9	7091	383.5	2206	430.8
1996	9157	772.3	4470	565.4	7660	392.3	2547	480.6
1997	10154	837.1	4612	553.4	7807	373.4	2597	478.6
1998	10850	903.2	4796	576.9	8054	381.6	2681	506.5
1999	11463	969.2	5025	602.6	8598	404.2	2661	510.6
2000	12817	1040.2	5305	603.5	9189	405.0	2680	503.8
2001	13952	1115.7	5445	615.2	9312	406.3	2759	519.0
2002	15478	1240.1	6199	696.1	10358	447.6	2904	548.8
2003	17927	1405.2	7342	814.5	11136	476.2	3032	567.2
2004	21032	1588.2	8800	944.4	12409	513.8	3386	613.6
2005	24828	1790.3	9799	1039.2	13609	557.8	3915	694.5
2006	28762	2020.1	10619	1116.5	14695	596.5	4010	709.8
2007	33572	2266.2	12336	1260.3	16982	671.5	4401	745.1
2008	37988	2445.7	13911	1350.1	19101	719.3	4975	787.1
2009	39876	2624.3	15243	1496.8	20852	800.5	5533	841.2
2010	45252	2874.1	17211	1636.4	23159	860.4	6255	920.5
2011	51474	3109.6	19578	1766.2	25527	905.7	7854	1050.7
2012	54908	3342.5	21823	1912.2	28269	977.3	8898	1131.9
2013	59665	3602.6	22083	2035.2	27531	1031.1	10841	1222.5
2014	64374	3859.1	24582	2205.0	30216	1102.6	12674	1385.9
2015	68490	4128.2	26365	2355.2	32393	1171.4	13344	1489.4
2016	73844	4382.4	28495	2488.4	34667	1228.3	14784	1593.9
2017	80932	4645.0	30762	2618.2	37257	1280.9	15943	1715.2
2018	86412	4883.9						

注：本表中绝对数按当年价格计算，指数按不变价格计算。

Note: Value and level in this table are calculated at current prices,while indices are calculated at constant prices.

2-16 各市地区生产总值

Gross Domestic Product by City

单位：亿元 (100 million yuan)

市别	City	2005	2006	2007	2008	2009	2010	2011
广州	Guangzhou	5187.85	6124.20	7202.95	8366.02	9240.58	10859.29	12562.12
深圳	Shenzhen	5035.77	5920.66	6925.23	7941.43	8485.82	10002.22	11807.23
珠海	Zhuhai	640.53	753.63	902.45	1006.62	1049.04	1225.88	1430.95
汕头	Shantou	637.68	720.33	832.33	954.65	1024.73	1135.10	1283.87
佛山	Foshan	2450.67	3020.83	3696.35	4419.04	4852.88	5685.36	6259.68
韶关	Shaoguan	337.03	404.60	480.43	557.89	579.84	642.98	751.16
河源	Heyuan	204.81	258.08	329.49	395.37	405.47	453.65	532.76
梅州	Meizhou	315.17	350.03	411.71	478.62	516.50	605.19	691.50
惠州	Huizhou	805.11	930.93	1121.71	1309.51	1421.45	1741.93	2116.10
汕尾	Shanwei	205.75	239.78	288.41	345.86	384.06	452.98	537.01
东莞	Dongguan	2188.19	2635.62	3169.26	3715.68	3811.01	4308.92	4815.32
中山	Zhongshan	894.59	1064.31	1283.88	1473.84	1587.55	1877.87	2226.56
江门	Jiangmen	801.70	943.79	1098.82	1272.33	1341.82	1581.52	1846.20
阳江	Yangjiang	294.55	345.78	403.61	478.28	521.60	630.90	760.54
湛江	Zhanjiang	682.67	808.50	928.48	1101.20	1160.74	1399.77	1713.42
茂名	Maoming	739.13	873.67	998.78	1181.24	1225.69	1477.93	1730.15
肇庆	Zhaoqing	435.95	507.04	621.25	762.64	866.46	1094.06	1337.38
清远	Qingyuan	323.60	431.11	557.86	653.56	718.46	875.49	1014.18
潮州	Chaozhou	283.44	321.83	374.87	439.85	482.28	561.87	651.70
揭阳	Jieyang	414.00	480.22	584.87	721.98	813.12	999.64	1216.49
云浮	Yunfu	202.46	230.97	274.81	322.26	341.08	396.01	472.95
按经济区域分	By Region							
珠三角	Pearl River Delta	18440.37	21901.00	26021.88	30267.12	32656.62	38377.06	44401.55
东翼	Eastern Region	1540.87	1762.16	2080.48	2462.34	2704.20	3149.59	3689.06
西翼	Western Region	1716.35	2027.94	2330.87	2760.72	2908.04	3508.60	4204.12
山区	Mountainous Region	1383.07	1674.79	2054.29	2407.70	2561.35	2973.33	3462.55

2-16 续表 continued

单位：亿元 (100 million yuan)

市 别	City	2012	2013	2014	2015	2016	2017	2018
广 州	Guangzhou	13697.91	15663.48	16896.62	18313.80	19782.19	21503.15	22859.35
深 圳	Shenzhen	13319.68	14979.45	16449.48	18014.07	20079.70	22490.06	24221.98
珠 海	Zhuhai	1536.74	1709.63	1901.42	2066.35	2267.02	2675.18	2914.74
汕 头	Shantou	1436.13	1579.27	1721.14	1872.60	2086.35	2350.97	2512.05
佛 山	Foshan	6677.17	7117.48	7561.37	8133.66	8757.72	9398.52	9935.88
韶 关	Shaoguan	861.78	947.94	1027.64	1066.63	1134.51	1245.26	1343.91
河 源	Heyuan	608.93	689.74	754.09	782.83	853.61	946.16	1006.00
梅 州	Meizhou	744.13	797.25	874.36	945.14	1027.18	1075.43	1110.21
惠 州	Huizhou	2407.01	2738.80	3035.25	3178.68	3453.14	3830.58	4103.05
汕 尾	Shanwei	607.70	670.60	715.74	760.70	826.50	850.91	920.32
东 莞	Dongguan	5095.96	5590.57	5968.38	6374.29	6937.08	7582.09	8278.59
中 山	Zhongshan	2482.58	2692.96	2865.19	3052.79	3248.68	3430.31	3632.70
江 门	Jiangmen	1899.14	2020.13	2104.80	2264.19	2444.09	2690.25	2900.41
阳 江	Yangjiang	880.25	1040.04	1156.96	1235.16	1255.98	1311.45	1350.31
湛 江	Zhanjiang	1865.54	2059.87	2245.35	2363.31	2560.69	2806.88	3008.39
茂 名	Maoming	1928.37	2184.02	2363.56	2462.76	2657.71	2904.07	3092.18
肇 庆	Zhaoqing	1477.78	1685.15	1857.61	1984.02	2100.64	2110.01	2201.80
清 远	Qingyuan	1040.38	1111.66	1205.11	1285.63	1397.28	1469.34	1565.19
潮 州	Chaozhou	710.90	787.90	853.64	912.60	979.44	1012.76	1067.28
揭 阳	Jieyang	1383.22	1592.91	1765.86	1871.30	1981.54	1987.89	2152.47
云 浮	Yunfu	522.87	597.07	650.09	696.44	759.67	803.56	849.13
按经济区域分	By Region							
珠 三 角	Pearl River Delta	48593.96	54197.64	58640.12	63381.85	69070.26	75710.14	81048.50
东 翼	Eastern Region	4137.95	4630.69	5056.38	5417.20	5873.83	6202.54	6652.12
西 翼	Western Region	4674.16	5283.94	5765.87	6061.23	6474.39	7022.40	7450.88
山 区	Mountainous Region	3778.10	4143.66	4511.29	4776.67	5172.26	5539.75	5874.45

注：2017年起，深圳市地区生产总值数据包含深汕合作区。
Notes: Since 2017, GDP of Shenshan Special Cooperation Zone is included in that of Shenzhen city.

2-17 各市地区生产总值指数

Indices of Gross Domestic Product by City

上年=100 (preceding year=100)

市别	City	2005	2006	2007	2008	2009	2010	2011
广州	Guangzhou	113.0	115.0	115.5	112.6	111.9	113.2	111.4
深圳	Shenzhen	115.3	116.7	114.8	112.3	111.3	112.2	110.0
珠海	Zhuhai	113.2	116.3	116.8	109.4	106.6	113.2	111.6
汕头	Shantou	111.3	111.5	113.0	110.6	109.0	110.5	110.2
佛山	Foshan	119.3	119.6	118.8	115.3	113.1	114.3	111.5
韶关	Shaoguan	110.1	115.3	114.9	112.2	109.7	112.8	110.7
河源	Heyuan	122.9	127.9	122.6	110.3	110.1	112.7	112.9
梅州	Meizhou	107.9	109.7	112.4	110.2	109.8	114.2	113.8
惠州	Huizhou	116.1	116.8	117.7	111.7	113.3	118.3	115.2
汕尾	Shanwei	116.0	115.7	118.5	115.9	115.0	117.0	114.1
东莞	Dongguan	119.5	119.3	118.3	114.0	105.7	110.4	108.1
中山	Zhongshan	121.1	117.3	116.8	111.1	110.4	114.2	113.4
江门	Jiangmen	112.6	115.2	115.0	110.8	109.7	114.5	113.2
阳江	Yangjiang	113.9	116.3	113.7	111.7	112.1	116.5	115.1
湛江	Zhanjiang	113.6	113.7	113.0	111.6	110.8	114.3	112.8
茂名	Maoming	114.1	113.9	113.0	109.8	110.4	114.1	110.9
肇庆	Zhaoqing	115.8	116.3	117.5	116.1	113.8	117.2	114.8
清远	Qingyuan	127.7	129.4	124.9	109.9	112.8	113.0	108.5
潮州	Chaozhou	111.5	112.4	114.5	112.2	112.3	114.1	113.2
揭阳	Jieyang	111.3	114.9	118.1	116.1	116.0	119.6	114.8
云浮	Yunfu	113.3	114.3	115.8	110.7	110.5	113.9	114.3
按经济区域分	By Region							
珠三角	Pearl River Delta	115.7	116.9	116.3	112.9	109.7	112.2	110.1
东翼	Eastern Region	112.0	113.1	115.4	113.2	111.4	114.2	111.8
西翼	Western Region	113.8	114.2	113.1	110.8	110.5	114.1	111.2
山区	Mountainous Region	115.7	119.1	118.3	110.7	110.3	113.1	110.3

2-17 续表 continued

上年=100 (preceding year=100)

市别	City	2012	2013	2014	2015	2016	2017	2018
广州	Guangzhou	110.4	111.7	108.6	108.4	108.2	107.0	106.2
深圳	Shenzhen	110.2	110.6	108.8	108.9	109.1	108.8	107.6
珠海	Zhuhai	107.6	110.8	110.4	110.0	108.3	110.8	108.0
汕头	Shantou	109.5	109.9	109.0	108.4	108.8	109.2	106.9
佛山	Foshan	108.2	109.8	108.3	108.3	108.1	108.3	106.3
韶关	Shaoguan	111.8	110.4	107.9	106.2	106.6	106.8	104.3
河源	Heyuan	111.8	112.1	108.5	106.1	106.6	105.1	106.3
梅州	Meizhou	110.0	111.1	108.5	108.6	107.5	106.8	102.4
惠州	Huizhou	112.8	113.8	109.9	109.2	108.1	107.6	106.0
汕尾	Shanwei	113.4	112.3	109.0	108.1	107.0	108.1	108.0
东莞	Dongguan	106.3	109.9	107.9	108.0	108.0	108.1	107.4
中山	Zhongshan	111.3	110.0	107.9	108.3	107.6	106.6	105.9
江门	Jiangmen	108.1	109.7	107.9	108.4	107.4	108.1	107.8
阳江	Yangjiang	112.9	115.4	110.6	108.4	106.7	106.2	104.1
湛江	Zhanjiang	109.6	112.0	110.0	108.5	107.6	106.8	106.0
茂名	Maoming	110.8	113.1	110.4	108.0	107.1	107.5	105.5
肇庆	Zhaoqing	111.1	111.5	110.0	108.2	105.1	105.2	106.6
清远	Qingyuan	105.2	108.2	107.8	108.1	107.8	104.2	104.0
潮州	Chaozhou	110.6	111.1	108.2	108.2	107.1	106.8	105.3
揭阳	Jieyang	111.3	114.6	110.7	108.1	106.3	105.0	105.3
云浮	Yunfu	113.1	113.5	110.4	108.5	108.0	105.3	103.9
按经济区域分	By Region							
珠三角	Pearl River Delta	108.2	109.3	107.8	108.6	108.3	107.9	106.9
东翼	Eastern Region	110.2	111.2	109.3	108.2	107.4	107.2	106.3
西翼	Western Region	110.1	111.9	110.0	108.3	107.2	107.0	105.4
山区	Mountainous Region	109.1	108.2	108.2	107.5	107.3	105.6	104.1

注：2009—2014年区域生产总值增速由广东省统计局统一调整核算，其它年份增速由分市汇总计算。
Note: The GDP growth rates of 2009-2014 are calculated by Statistics Bureau of Guangdong Province,and those of the previous years are calculated by each city.

2-18 各市第一产业增加值

Value-added of the Primary Industry by City

单位：亿元 (100 million yuan)

市　别	City	2000	2005	2010	2012	2013	2014	2015	2016	2017	2018
广　州	Guangzhou	94.37	130.22	181.31	200.27	196.13	200.81	206.52	216.03	220.45	223.44
深　圳	Shenzhen	15.57	9.74	6.84	6.82	6.35	5.76	7.21	8.28	19.57	22.09
珠　海	Zhuhai	15.27	22.69	32.48	39.46	42.21	44.36	48.30	45.15	48.82	50.09
汕　头	Shantou	39.38	44.52	63.66	78.43	81.96	87.55	91.39	100.35	103.39	110.45
佛　山	Foshan	61.74	75.76	102.87	124.88	122.74	126.19	127.29	135.21	133.65	144.45
韶　关	Shaoguan	44.01	55.47	88.76	111.14	117.09	123.04	131.73	143.75	148.59	156.00
河　源	Heyuan	30.36	42.42	59.62	76.71	80.67	86.75	93.34	99.13	102.46	107.74
梅　州	Meizhou	56.02	72.73	120.03	148.84	155.02	161.87	172.97	187.74	187.76	196.17
惠　州	Huizhou	62.23	75.10	100.88	121.55	130.11	136.54	146.13	164.21	166.57	175.98
汕　尾	Shanwei	46.71	46.12	75.44	95.41	99.36	105.24	112.97	123.41	124.42	134.03
东　莞	Dongguan	25.91	20.55	15.94	17.80	18.43	19.16	19.92	22.76	22.85	25.04
中　山	Zhongshan	23.51	30.71	48.80	58.62	59.98	61.54	59.56	60.93	55.64	61.59
江　门	Jiangmen	69.83	72.47	117.71	149.01	154.13	165.30	170.46	183.68	187.35	201.69
阳　江	Yangjiang	62.95	80.38	133.80	164.60	172.55	179.87	190.04	203.79	211.46	219.29
湛　江	Zhanjiang	105.06	160.50	284.52	373.93	385.50	408.18	429.39	465.86	491.17	533.61
茂　名	Maoming	125.91	167.04	277.84	350.20	363.61	372.75	398.05	449.63	470.23	495.32
肇　庆	Zhaoqing	91.75	120.72	191.11	240.16	253.94	270.41	288.50	317.67	326.62	347.86
清　远	Qingyuan	61.43	71.54	120.86	155.28	164.19	175.61	192.30	214.16	218.90	231.29
潮　州	Chaozhou	28.76	32.64	39.96	48.84	50.66	59.65	62.64	68.28	70.56	76.17
揭　阳	Jieyang	71.06	65.20	102.86	125.55	129.78	134.99	141.33	154.64	156.99	164.36
云　浮	Yunfu	54.81	63.42	93.89	113.44	116.49	123.18	129.44	135.09	142.65	154.79
按经济区域分	By Region										
珠三角	Pearl River Delta	460.17	557.96	797.94	958.57	984.03	1030.07	1073.87	1153.92	1181.53	1252.23
东　翼	Eastern Region	185.92	188.48	281.92	348.22	361.75	387.43	408.34	446.68	455.36	485.02
西　翼	Western Region	293.92	407.92	696.16	888.74	921.67	960.80	1017.49	1119.28	1172.86	1248.22
山　区	Mountainous Region	246.64	305.58	483.16	605.40	633.47	670.46	719.77	779.88	800.36	845.98

2-19 各市第二产业增加值

Value-added of the Secondary Industry by City

单位：亿元 (100 million yuan)

市 别	City	2000	2005	2010	2012	2013	2014	2015	2016	2017	2018
广 州	Guangzhou	1029.94	2067.00	4078.90	4828.67	5377.98	5725.53	5873.54	5912.94	6011.01	6234.07
深 圳	Shenzhen	1108.76	2709.69	4737.98	6055.91	6657.99	7224.25	7678.10	8310.65	9318.10	9961.95
珠 海	Zhuhai	176.30	344.14	676.60	798.67	869.76	966.30	1037.97	1114.54	1287.19	1433.82
汕 头	Shantou	217.39	328.07	603.02	742.94	831.85	910.67	969.52	1060.10	1182.68	1276.19
佛 山	Foshan	553.61	1494.20	3576.49	4167.27	4360.96	4727.69	4975.83	5279.33	5424.65	5614.00
韶 关	Shaoguan	75.71	143.51	249.00	337.12	365.57	383.44	367.91	386.22	420.98	450.28
河 源	Heyuan	20.99	80.46	218.35	281.40	321.36	349.05	344.97	349.45	376.52	385.61
梅 州	Meizhou	63.30	129.80	250.52	280.00	299.20	332.41	353.29	370.87	358.29	356.72
惠 州	Huizhou	255.26	456.79	1027.09	1392.31	1565.34	1733.99	1768.08	1885.11	2017.20	2161.58
汕 尾	Shanwei	37.31	83.10	203.22	286.44	319.00	336.53	352.38	373.00	383.59	406.58
东 莞	Dongguan	451.47	1232.14	2218.61	2496.68	2688.94	2874.10	3007.87	3268.30	3663.23	4027.21
中 山	Zhongshan	180.83	548.21	1101.28	1395.79	1514.54	1607.54	1680.96	1729.85	1724.97	1780.23
江 门	Jiangmen	235.11	425.57	882.34	979.51	1026.46	1044.73	1110.76	1178.13	1324.96	1408.15
阳 江	Yangjiang	47.03	110.83	266.86	394.24	491.39	566.65	569.03	526.48	484.50	463.91
湛 江	Zhanjiang	135.52	298.80	570.04	702.97	817.03	898.49	913.07	989.62	1058.97	1086.61
茂 名	Maoming	147.72	260.23	583.77	770.38	873.31	982.11	1008.33	1068.15	1131.24	1178.63
肇 庆	Zhaoqing	53.10	114.87	462.28	680.36	842.29	935.05	1002.89	1013.95	771.53	774.65
清 远	Qingyuan	40.72	127.21	399.15	421.22	441.19	497.38	489.04	511.94	501.15	542.87
潮 州	Chaozhou	86.52	151.68	311.49	392.24	424.74	470.46	488.00	507.13	505.55	518.43
揭 阳	Jieyang	141.91	202.13	576.29	848.93	1003.28	1105.44	1133.77	1126.76	1043.84	1123.04
云 浮	Yunfu	39.98	73.69	163.60	213.79	258.35	294.94	305.25	323.89	316.44	320.77
按经济区域分	By Region										
珠 三 角	Pearl River Delta	4044.38	9392.60	18761.56	22795.18	24904.27	26839.16	28135.99	29692.80	31542.82	33395.65
东 翼	Eastern Region	483.13	764.98	1694.02	2270.54	2578.87	2823.09	2943.66	3066.98	3115.66	3324.24
西 翼	Western Region	330.27	669.87	1420.67	1867.59	2181.74	2447.25	2490.43	2584.25	2674.70	2729.16
山 区	Mountainous Region	240.70	554.68	1280.62	1533.53	1685.67	1857.22	1860.46	1942.37	1973.38	2056.25

2-20 各市第三产业增加值

Value-added of the Tertiary Industry by City

单位：亿元 (100 million yuan)

市 别	City	2000	2005	2010	2012	2013	2014	2015	2016	2017	2018
广 州	Guangzhou	1381.27	2990.63	6599.09	8668.96	10089.37	10970.28	12233.74	13653.21	15271.69	16401.84
深 圳	Shenzhen	1094.87	2316.34	5257.40	7256.95	8315.11	9219.47	10328.76	11760.77	13152.39	14237.94
珠 海	Zhuhai	144.35	273.71	516.80	698.61	797.66	890.76	980.08	1107.32	1339.17	1430.83
汕 头	Shantou	193.39	265.10	468.43	614.77	665.47	722.92	811.69	925.90	1064.91	1125.41
佛 山	Foshan	435.03	880.70	2006.00	2385.02	2633.77	2707.50	3030.55	3343.18	3840.22	4177.43
韶 关	Shaoguan	73.00	138.05	305.23	413.52	465.27	521.16	567.00	604.54	675.69	737.64
河 源	Heyuan	35.87	81.93	175.68	250.82	287.70	318.29	344.51	405.03	467.18	512.66
梅 州	Meizhou	61.32	112.64	234.63	315.30	343.03	380.08	418.88	468.56	529.38	557.32
惠 州	Huizhou	121.70	273.22	613.96	893.15	1043.35	1164.73	1264.48	1403.82	1646.81	1765.50
汕 尾	Shanwei	44.48	76.53	174.32	225.86	252.24	273.97	295.35	330.09	342.89	379.71
东 莞	Dongguan	343.76	935.50	2074.36	2581.48	2883.20	3075.12	3346.51	3646.02	3896.01	4226.34
中 山	Zhongshan	141.09	315.67	727.80	1028.16	1118.44	1196.11	1312.27	1457.91	1649.71	1790.88
江 门	Jiangmen	199.72	303.66	581.47	770.61	839.54	894.77	982.97	1082.28	1177.94	1290.57
阳 江	Yangjiang	50.21	103.33	230.24	321.41	376.10	410.43	476.09	525.71	615.50	667.12
湛 江	Zhanjiang	133.24	223.37	545.21	788.64	857.34	938.69	1020.86	1105.21	1256.74	1388.16
茂 名	Maoming	143.73	311.87	616.31	807.79	947.09	1008.70	1056.38	1139.93	1302.60	1418.22
肇 庆	Zhaoqing	104.93	200.37	440.67	557.27	588.91	652.15	692.64	769.02	1011.86	1079.29
清 远	Qingyuan	55.77	124.85	355.48	463.89	506.28	532.12	604.29	671.18	749.29	791.04
潮 州	Chaozhou	62.59	99.12	210.42	269.82	312.50	323.53	361.96	404.03	436.66	472.67
揭 阳	Jieyang	98.11	146.66	320.49	408.74	459.85	525.43	596.20	700.14	787.07	865.06
云 浮	Yunfu	42.90	65.34	138.52	195.64	222.23	231.97	261.76	300.69	344.48	373.57
按经济区域分	By Region										
珠 三 角	Pearl River Delta	3966.73	8489.80	18817.56	24840.21	28309.35	30770.89	34171.99	38223.54	42985.80	46400.62
东 翼	Eastern Region	398.57	587.41	1173.65	1519.19	1690.07	1845.86	2065.20	2360.17	2631.53	2842.85
西 翼	Western Region	327.18	638.56	1391.77	1917.84	2180.54	2357.82	2553.32	2770.85	3174.84	3473.51
山 区	Mountainous Region	268.86	522.80	1209.54	1639.17	1824.52	1983.61	2196.43	2450.01	2766.01	2972.22

2-21 各市第一产业增加值指数

Indices of Value-added of the Primary Industry by City

上年=100 (preceding year=100)

市 别	City	2000	2005	2010	2012	2013	2014	2015	2016	2017	2018
广 州	Guangzhou	101.7	105.6	103.2	103.2	98.7	101.8	102.4	100.6	102.2	102.5
深 圳	Shenzhen	103.1	79.6	90.8	102.7	74.6	90.4	104.2	99.6	127.0	103.9
珠 海	Zhuhai	108.5	105.2	105.1	105.1	103.3	103.1	100.3	93.2	108.7	101.2
汕 头	Shantou	105.2	104.6	105.0	104.6	103.5	103.8	103.0	102.6	104.0	104.1
佛 山	Foshan	107.2	102.0	104.4	102.1	101.0	102.5	101.5	102.2	102.0	105.8
韶 关	Shaoguan	103.6	102.6	105.7	105.1	104.0	103.9	103.8	103.5	104.4	105.0
河 源	Heyuan	106.5	102.6	103.4	104.8	104.4	104.7	103.8	102.3	104.1	104.7
梅 州	Meizhou	102.8	103.0	106.6	105.0	103.2	102.8	103.4	102.9	102.8	104.9
惠 州	Huizhou	106.1	105.6	104.0	102.9	103.3	104.6	104.3	104.7	104.5	103.6
汕 尾	Shanwei	106.1	102.5	106.1	105.9	103.1	103.8	104.5	102.4	105.6	105.1
东 莞	Dongguan	99.8	102.3	101.4	99.9	100.1	103.1	102.6	106.0	102.1	107.4
中 山	Zhongshan	101.9	101.9	103.2	102.5	101.1	100.2	99.6	98.8	93.6	102.2
江 门	Jiangmen	104.9	100.9	104.9	104.2	102.7	103.1	103.2	103.2	102.6	104.1
阳 江	Yangjiang	106.4	95.5	105.9	103.8	104.5	102.8	103.9	101.1	102.3	103.2
湛 江	Zhanjiang	104.0	108.4	104.2	106.0	102.3	103.5	102.9	102.7	103.0	104.5
茂 名	Maoming	108.5	104.0	104.1	103.5	100.2	103.3	104.0	103.7	103.7	104.7
肇 庆	Zhaoqing	105.0	105.8	105.4	104.0	103.4	104.0	103.8	103.5	103.6	104.8
清 远	Qingyuan	102.7	104.0	106.7	106.1	104.2	104.4	104.4	104.0	104.7	104.6
潮 州	Chaozhou	101.0	102.1	104.5	105.0	102.8	105.2	102.9	103.6	105.3	105.1
揭 阳	Jieyang	104.0	102.9	105.0	104.4	101.3	103.7	103.6	103.9	104.0	104.0
云 浮	Yunfu	106.0	106.4	104.6	104.4	103.0	103.8	103.0	102.3	105.4	105.9
按经济区域分	By Region										
珠 三 角	Pearl River Delta	104.3	103.5	104.2	103.3	101.8	102.9	102.8	102.2	103.1	104.0
东 翼	Eastern Region	104.3	103.0	105.3	105.3	111.3	104.7	103.6	103.2	104.8	104.5
西 翼	Western Region	106.6	103.7	104.5	104.6	103.2	103.3	103.5	102.8	103.2	104.4
山 区	Mountainous Region	104.1	104.0	105.6	105.1	103.6	103.9	103.7	103.1	104.3	105.0

2–22 各市第二产业增加值指数

Indices of Value-added of the Secondary Industry by City

上年=100 (preceding year=100)

市别	City	2000	2005	2010	2012	2013	2014	2015	2016	2017	2018
广州	Guangzhou	111.9	113.0	113.0	108.5	111.3	107.5	106.8	105.5	104.6	105.4
深圳	Shenzhen	118.5	117.9	113.8	107.7	109.7	107.8	107.5	108.1	109.2	109.3
珠海	Zhuhai	114.7	116.9	118.2	103.3	111.9	112.1	110.1	107.8	110.9	112.6
汕头	Shantou	107.2	113.5	110.2	111.7	112.6	109.7	107.4	109.1	108.8	108.7
佛山	Foshan	112.4	125.2	115.1	109.3	110.7	109.0	107.2	107.2	108.2	106.1
韶关	Shaoguan	115.6	109.7	113.6	116.2	110.0	106.9	102.9	102.8	104.3	101.6
河源	Heyuan	113.1	145.6	114.4	114.6	114.9	110.4	104.3	103.8	100.6	107.2
梅州	Meizhou	109.2	108.0	118.4	112.5	115.8	110.7	108.6	107.2	104.4	101.5
惠州	Huizhou	113.1	117.4	124.2	114.5	121.7	111.7	109.8	108.1	102.5	106.0
汕尾	Shanwei	115.7	123.8	122.7	119.3	117.7	110.2	107.1	106.3	108.2	110.3
东莞	Dongguan	120.7	120.0	117.1	106.6	111.7	109.3	106.0	108.6	110.7	106.9
中山	Zhongshan	115.3	119.6	116.1	114.1	111.0	108.2	107.4	106.2	104.8	104.5
江门	Jiangmen	111.1	122.3	117.0	106.1	110.8	109.1	108.6	106.8	109.2	108.4
阳江	Yangjiang	111.7	125.2	121.6	117.8	122.9	115.6	110.4	105.3	104.3	102.9
湛江	Zhanjiang	106.2	111.4	117.0	109.7	112.5	115.3	109.9	107.0	107.6	105.2
茂名	Maoming	110.8	114.3	114.1	116.4	115.1	114.3	108.6	107.6	105.5	103.0
肇庆	Zhaoqing	114.2	120.6	131.0	118.7	119.2	111.6	109.6	103.8	102.3	107.0
清远	Qingyuan	104.6	162.1	111.1	103.7	109.2	112.4	106.3	107.1	99.6	106.5
潮州	Chaozhou	105.5	115.1	115.6	110.9	114.0	108.7	106.6	106.1	105.5	103.8
揭阳	Jieyang	104.9	114.3	126.3	115.1	118.2	111.0	107.1	102.4	102.8	104.4
云浮	Yunfu	105.2	128.3	120.5	115.7	121.8	114.2	106.9	107.3	99.0	100.3
按经济区域分	By Region										
珠三角	Pearl River Delta	114.6	118.3	114.2	106.8	107.6	107.6	107.5	107.1	107.4	107.2
东翼	Eastern Region	106.8	115.1	117.0	112.5	113.3	109.9	107.1	105.7	105.9	106.5
西翼	Western Region	109.2	114.8	115.9	112.6	114.0	114.5	109.5	106.9	106.0	103.8
山区	Mountainous Region	109.5	125.9	115.2	110.0	108.5	110.1	105.9	105.7	101.5	103.6

2–23 各市第三产业增加值指数

Indices of Value-added of the Tertiary Industry by City

上年=100　(preceding year=100)

市 别	City	2000	2005	2010	2012	2013	2014	2015	2016	2017	2018
广 州	Guangzhou	116.3	113.3	113.5	111.9	112.1	109.5	109.5	109.6	108.2	106.6
深 圳	Shenzhen	113.8	112.3	110.5	112.4	111.5	109.7	110.1	109.9	108.4	106.4
珠 海	Zhuhai	108.9	109.2	107.2	113.4	109.8	108.8	110.2	109.7	110.8	103.5
汕 头	Shantou	106.9	109.9	111.5	107.4	107.3	108.6	110.5	109.1	110.2	105.0
佛 山	Foshan	113.6	112.2	113.2	106.4	108.6	107.3	110.7	109.8	108.5	106.6
韶 关	Shaoguan	110.9	114.0	113.8	110.1	112.5	109.7	109.3	109.9	108.8	105.7
河 源	Heyuan	112.4	117.1	113.6	110.5	110.9	106.9	109.2	110.5	109.6	105.8
梅 州	Meizhou	112.6	110.9	113.2	109.7	109.4	108.2	110.6	109.7	110.3	102.1
惠 州	Huizhou	108.6	117.3	110.6	111.5	113.3	107.5	108.6	108.6	115.0	106.2
汕 尾	Shanwei	112.0	119.7	114.3	109.0	108.2	109.0	110.8	109.7	108.7	106.4
东 莞	Dongguan	120.0	119.4	103.7	106.1	108.0	106.3	110.3	107.6	105.7	107.9
中 山	Zhongshan	110.0	126.0	112.0	107.6	109.0	107.9	110.3	109.8	109.3	107.6
江 门	Jiangmen	110.2	104.0	111.9	112.2	109.4	106.9	108.9	108.7	107.9	107.7
阳 江	Yangjiang	111.1	120.5	116.9	111.6	111.0	106.8	107.4	110.7	109.9	105.7
湛 江	Zhanjiang	110.4	119.4	116.0	111.3	115.8	107.4	109.2	110.1	107.7	107.2
茂 名	Maoming	114.4	120.5	117.5	108.4	116.2	108.9	108.7	107.8	110.8	108.0
肇 庆	Zhaoqing	112.2	120.2	110.5	105.2	104.7	110.2	107.8	107.5	109.9	106.9
清 远	Qingyuan	120.0	118.2	117.6	106.4	109.2	104.1	111.2	109.7	107.6	101.9
潮 州	Chaozhou	107.8	109.6	114.0	111.0	108.1	107.9	111.5	109.0	108.8	107.3
揭 阳	Jieyang	107.2	112.0	113.0	105.7	110.8	112.0	111.3	114.4	109.0	107.1
云 浮	Yunfu	104.7	107.5	112.1	115.2	108.1	108.4	113.7	111.7	112.2	106.6
按经济区域分	By Region										
珠 三 角	Pearl River Delta	114.0	113.7	110.4	109.7	111.3	108.2	109.8	109.4	108.4	106.6
东 翼	Eastern Region	107.7	111.6	112.1	107.8	108.0	109.4	110.9	110.7	109.4	106.2
西 翼	Western Region	112.3	120.1	116.6	110.0	113.6	107.9	108.7	109.3	109.4	107.3
山 区	Mountainous Region	111.9	113.9	113.7	109.5	109.5	107.4	110.6	110.1	109.3	104.1

2-24 各市地区生产总值（2018年）
Gross Domestic Product by City (2018)

单位：亿元 (100 million yuan)

市 别	City	地区生产总值 Gross Domestic Product	第一产业 Primary Industry	第二产业 Secondary Industry	第三产业 Tertiary Industry	#农、林、牧、渔业 Farming, Forestry, Animal Husbandry and Fishery	#工 业 Industry
广 州	Guangzhou	22859.35	223.44	6234.07	16401.84	247.59	5621.73
深 圳	Shenzhen	24221.98	22.09	9961.95	14237.94	22.92	9254.00
珠 海	Zhuhai	2914.74	50.09	1433.82	1430.83	53.65	1257.48
汕 头	Shantou	2512.05	110.45	1276.19	1125.41	115.12	1143.00
佛 山	Foshan	9935.88	144.45	5614.00	4177.43	152.63	5403.14
韶 关	Shaoguan	1343.91	156.00	450.28	737.64	157.35	384.12
河 源	Heyuan	1006.00	107.74	385.61	512.66	108.89	331.50
梅 州	Meizhou	1110.21	196.17	356.72	557.32	198.96	277.89
惠 州	Huizhou	4103.05	175.98	2161.58	1765.50	177.82	2032.98
汕 尾	Shanwei	920.32	134.03	406.58	379.71	138.53	368.06
东 莞	Dongguan	8278.59	25.04	4027.21	4226.34	25.58	3910.91
中 山	Zhongshan	3632.70	61.59	1780.23	1790.88	62.59	1695.33
江 门	Jiangmen	2900.41	201.69	1408.15	1290.57	206.92	1329.89
阳 江	Yangjiang	1350.31	219.29	463.91	667.12	223.33	421.92
湛 江	Zhanjiang	3008.39	533.61	1086.61	1388.16	546.36	937.25
茂 名	Maoming	3092.18	495.32	1178.63	1418.22	505.53	1038.56
肇 庆	Zhaoqing	2201.80	347.86	774.65	1079.29	351.63	703.20
清 远	Qingyuan	1565.19	231.29	542.87	791.04	240.96	489.28
潮 州	Chaozhou	1067.28	76.17	518.43	472.67	79.08	477.07
揭 阳	Jieyang	2152.47	164.36	1123.04	865.06	169.77	1039.06
云 浮	Yunfu	849.13	154.79	320.77	373.57	158.29	272.93
按经济区域分	By Region						
珠三角	Pearl River Delta	81048.50	1252.23	33395.65	46400.62	1301.32	31208.66
东 翼	Eastern Region	6652.12	485.02	3324.24	2842.85	502.50	3027.19
西 翼	Western Region	7450.88	1248.22	2729.16	3473.51	1275.22	2397.72
山 区	Mountainous Region	5874.45	845.98	2056.25	2972.22	864.45	1755.71

2-24 续表 continued

单位：亿元 (100 million yuan)

市 别	City	#建筑业 Construction	#批发和零售业 Wholesale and Retail Trades	#交通运输、仓储和邮政业 Transport, Storage and Post	#住宿和餐饮业 Hotels and Catering Services	#金融业 Financial Interme-diation	#房地产业 Real Estate
广 州	Guangzhou	651.12	3294.76	1577.95	458.11	2079.46	1899.28
深 圳	Shenzhen	724.46	2508.70	733.26	419.48	3067.21	2080.42
珠 海	Zhuhai	188.15	277.85	62.37	61.16	210.05	168.22
汕 头	Shantou	134.14	359.16	82.09	50.02	98.98	136.13
佛 山	Foshan	213.18	685.24	429.26	78.54	439.22	811.00
韶 关	Shaoguan	67.11	142.71	101.82	36.48	59.24	74.37
河 源	Heyuan	54.35	106.39	30.41	30.43	53.80	97.43
梅 州	Meizhou	79.98	118.69	30.22	23.32	58.17	79.65
惠 州	Huizhou	129.65	415.42	89.72	95.92	216.18	348.17
汕 尾	Shanwei	39.90	73.91	31.57	11.21	33.90	72.22
东 莞	Dongguan	122.83	931.22	265.66	148.24	511.45	586.67
中 山	Zhongshan	85.73	348.04	79.09	40.49	209.85	266.02
江 门	Jiangmen	78.69	209.18	97.95	40.44	146.61	165.79
阳 江	Yangjiang	42.28	140.24	113.75	27.10	44.08	101.37
湛 江	Zhanjiang	157.71	261.88	165.98	47.03	96.20	179.63
茂 名	Maoming	141.24	315.13	93.00	34.03	82.15	222.53
肇 庆	Zhaoqing	72.77	208.86	107.35	63.63	84.32	140.54
清 远	Qingyuan	55.03	136.31	119.99	20.77	76.06	120.26
潮 州	Chaozhou	41.36	112.67	30.84	13.69	46.26	83.93
揭 阳	Jieyang	88.52	415.79	34.13	28.36	39.88	65.05
云 浮	Yunfu	48.08	66.56	40.60	10.57	39.76	47.43
按经济区域分	By Region						
珠 三 角	Pearl River Delta	2266.58	8879.26	3442.60	1406.01	6964.35	6466.11
东 翼	Eastern Region	303.92	961.53	178.63	103.28	219.02	357.33
西 翼	Western Region	341.23	717.26	372.73	108.16	222.42	503.53
山 区	Mountainous Region	304.55	570.65	323.04	121.57	287.03	419.14

2-25 各市地区生产总值指数（2018年）

Growth Indices of Gross Domestic Product by City (2018)

单位：%　　　　(%)

市别	City	地区生产总值 Gross Domestic Product	第一产业 Primary Industry	第二产业 Secondary Industry	第三产业 Tertiary Industry	#农、林、牧、渔业 Farming, Forestry, Animal Husbandry and Fishery	#工业 Industry
广州	Guangzhou	106.2	102.5	105.4	106.6	103.0	105.5
深圳	Shenzhen	107.6	103.9	109.3	106.4	104.1	109.0
珠海	Zhuhai	108.0	101.2	112.6	103.5	100.8	113.5
汕头	Shantou	106.9	104.1	108.7	105.0	104.8	108.3
佛山	Foshan	106.3	105.8	106.1	106.6	105.6	106.1
韶关	Shaoguan	104.3	105.0	101.6	105.7	105.0	101.7
河源	Heyuan	106.3	104.7	107.2	105.8	104.7	107.3
梅州	Meizhou	102.4	104.9	101.5	102.1	104.9	102.3
惠州	Huizhou	106.0	103.6	106.0	106.2	103.7	106.4
汕尾	Shanwei	108.0	105.1	110.3	106.4	105.2	109.9
东莞	Dongguan	107.4	107.4	106.9	107.9	107.2	106.7
中山	Zhongshan	105.9	102.2	104.5	107.6	102.2	104.6
江门	Jiangmen	107.8	104.1	108.4	107.7	104.3	108.7
阳江	Yangjiang	104.1	103.2	102.9	105.7	103.3	103.1
湛江	Zhanjiang	106.0	104.5	105.2	107.2	104.8	104.8
茂名	Maoming	105.5	104.7	103.0	108.0	104.9	102.4
肇庆	Zhaoqing	106.6	104.8	107.0	106.9	104.8	107.3
清远	Qingyuan	104.0	104.6	106.5	101.9	104.7	106.6
潮州	Chaozhou	105.3	105.1	103.8	107.3	105.3	103.4
揭阳	Jieyang	105.3	104.0	104.4	107.1	104.2	104.5
云浮	Yunfu	103.9	105.9	100.3	106.6	105.9	100.1
按经济区域分	By Region						
珠三角	Pearl River Delta	106.9	104.0	107.2	106.6	104.0	107.2
东翼	Eastern Region	106.3	104.5	106.5	106.2	104.8	106.3
西翼	Western Region	105.4	104.4	103.8	107.3	104.6	103.5
山区	Mountainous Region	104.1	105.0	103.6	104.1	105.0	103.9

2-25 续表 continued

单位：% (%)

市 别	City	#建筑业 Construction	#批发和零售业 Wholesale and Retail Trades	#交通运输、仓储和邮政业 Transport, Storage and Post	#住宿和餐饮业 Hotels and Catering Services	#金融业 Financial Interme-diation	#房地产业 Real Estate
广 州	Guangzhou	104.1	104.7	105.3	101.7	105.7	100.6
深 圳	Shenzhen	113.9	103.9	110.2	102.4	103.6	106.9
珠 海	Zhuhai	105.6	105.4	113.4	103.3	103.4	82.6
汕 头	Shantou	112.9	104.2	111.1	103.0	105.2	94.5
佛 山	Foshan	103.2	105.3	105.1	103.8	103.6	97.7
韶 关	Shaoguan	100.7	104.0	104.4	104.9	102.3	103.6
河 源	Heyuan	106.1	103.2	102.9	102.5	106.1	101.3
梅 州	Meizhou	97.7	105.1	104.1	101.7	105.6	99.9
惠 州	Huizhou	100.1	103.7	105.0	101.5	109.9	103.7
汕 尾	Shanwei	115.7	104.4	109.2	102.5	104.8	106.2
东 莞	Dongguan	111.9	104.4	101.8	103.3	106.9	98.8
中 山	Zhongshan	103.1	102.0	98.3	102.8	102.7	98.2
江 门	Jiangmen	101.5	101.7	96.1	104.7	104.1	97.1
阳 江	Yangjiang	99.7	104.5	103.9	101.4	105.9	97.9
湛 江	Zhanjiang	106.2	105.1	106.2	103.1	106.7	102.0
茂 名	Maoming	107.9	103.8	106.6	104.2	106.3	107.7
肇 庆	Zhaoqing	102.3	99.4	105.9	102.7	108.8	106.3
清 远	Qingyuan	105.6	102.9	104.0	103.7	104.6	94.6
潮 州	Chaozhou	109.8	104.2	113.2	101.6	101.6	104.6
揭 阳	Jieyang	102.9	104.1	115.5	95.8	103.5	107.6
云 浮	Yunfu	101.2	102.9	103.8	102.7	103.4	104.2
按经济区域分	By Region						
珠 三 角	Pearl River Delta	107.0	104.2	105.8	102.4	104.7	101.3
东 翼	Eastern Region	109.7	104.2	112.1	100.9	103.8	101.3
西 翼	Western Region	106.0	104.5	105.6	102.9	106.4	103.8
山 区	Mountainous Region	101.7	103.7	104.0	103.3	104.4	99.9

2-26 各市地区生产总值产业构成（2018年）
Composition of Gross Domestic Product by Industry by City (2018)

单位：%　　(%)

市别	City	地区生产总值 Gross Domestic Product	第一产业 Primary Industry	第二产业 Secondary Industry	第三产业 Tertiary Industry	#工业 Industry
广州	Guangzhou	100.0	1.0	27.3	71.7	24.6
深圳	Shenzhen	100.0	0.1	41.1	58.8	38.2
珠海	Zhuhai	100.0	1.7	49.2	49.1	43.1
汕头	Shantou	100.0	4.4	50.8	44.8	45.5
佛山	Foshan	100.0	1.5	56.5	42.0	54.4
韶关	Shaoguan	100.0	11.6	33.5	54.9	28.6
河源	Heyuan	100.0	10.7	38.3	51.0	33.0
梅州	Meizhou	100.0	17.7	32.1	50.2	25.0
惠州	Huizhou	100.0	4.3	52.7	43.0	49.5
汕尾	Shanwei	100.0	14.5	44.2	41.3	40.0
东莞	Dongguan	100.0	0.3	48.6	51.1	47.2
中山	Zhongshan	100.0	1.7	49.0	49.3	46.7
江门	Jiangmen	100.0	7.0	48.5	44.5	45.9
阳江	Yangjiang	100.0	16.2	34.4	49.4	31.2
湛江	Zhanjiang	100.0	17.7	36.1	46.2	31.2
茂名	Maoming	100.0	16.0	38.1	45.9	33.6
肇庆	Zhaoqing	100.0	15.8	35.2	49.0	31.9
清远	Qingyuan	100.0	14.8	34.7	50.5	31.3
潮州	Chaozhou	100.0	7.1	48.6	44.3	44.7
揭阳	Jieyang	100.0	7.6	52.2	40.2	48.3
云浮	Yunfu	100.0	18.2	37.8	44.0	32.1
按经济区域分	By Region					
珠三角	Pearl River Delta	100.0	1.5	41.2	57.3	38.5
东翼	Eastern Region	100.0	7.3	50.0	42.7	45.5
西翼	Western Region	100.0	16.8	36.6	46.6	32.2
山区	Mountainous Region	100.0	14.4	35.0	50.6	29.9

2-27 各市支出法地区生产总值（2017年）

Gross Domestic Product by Expenditure Approach by City (2017)

市别	City	支出法地区生产总值（亿元）Gross Domestic Product by Expenditure Approach (100 million yuan)	最终消费支出 Final Consumption Expenditure	资本形成总额 Gross Capital Formation	货物和服务净流出 Net Export of Goods and Services	最终消费率（消费率）(%) Final Consumption Rate (Consumption Rate) (%)	资本形成率（投资率）(%) Capital Formation Rate (Investment Rate) (%)
广　州	Guangzhou	21503.15	10989.04	8045.41	2468.70	51.1	37.4
深　圳	Shenzhen	22490.06	9262.78	7807.09	5420.19	41.2	34.7
珠　海	Zhuhai	2675.18	1065.86	2017.72	-408.40	39.8	75.4
汕　头	Shantou	2350.97	1410.72	889.12	51.14	60.0	37.8
佛　山	Foshan	9398.52	3843.88	3980.43	1574.21	40.9	42.4
韶　关	Shaoguan	1245.26	820.63	620.25	-195.62	65.9	49.8
河　源	Heyuan	946.16	694.70	821.81	-570.35	73.4	86.9
梅　州	Meizhou	1075.43	824.79	499.27	-248.64	76.7	46.4
惠　州	Huizhou	3830.58	1922.76	2016.46	-108.64	50.2	52.6
汕　尾	Shanwei	850.91	538.54	567.18	-254.81	63.3	66.7
东　莞	Dongguan	7582.09	4133.56	2718.75	729.79	54.5	35.9
中　山	Zhongshan	3430.31	1635.96	1395.23	399.12	47.7	40.7
江　门	Jiangmen	2690.25	1305.15	1291.56	93.53	48.5	48.0
阳　江	Yangjiang	1311.45	587.15	723.04	1.25	44.8	55.1
湛　江	Zhanjiang	2806.88	1759.22	1314.70	-267.04	62.7	46.8
茂　名	Maoming	2904.07	1336.36	1032.31	535.40	46.0	35.5
肇　庆	Zhaoqing	2110.01	1030.06	996.20	83.75	48.8	47.2
清　远	Qingyuan	1469.34	982.49	740.06	-253.22	66.9	50.4
潮　州	Chaozhou	1012.77	664.91	333.99	13.87	65.7	33.0
揭　阳	Jieyang	1987.89	1091.42	831.18	65.29	54.9	41.8
云　浮	Yunfu	803.56	529.51	493.53	-219.48	65.9	61.4
按经济区域分	By Region						
珠三角	Pearl River Delta	75710.14	35189.04	30268.87	10252.24	46.5	40.0
东　翼	Eastern Region	6202.54	3705.58	2621.47	-124.52	59.7	42.3
西　翼	Western Region	7022.40	3682.74	3070.05	269.62	52.4	43.7
山　区	Mountainous Region	5539.75	3852.13	3174.93	-1487.31	69.5	57.3

2-28 各市资本形成总额及构成（2017年）

Gross Capital Formation and Its Composition by City (2017)

市别	City	资本形成总额（亿元）Gross Capital Formation (100 million yuan)	固定资本形成总额 Gross Fixed Capital Formation	存货变动 Change in Inventories	比重（资本形成总额=100）Proportion (gross capital formation=100) 固定资本形成总额 Gross Fixed Capital Formation	存货变动 Change in Inventories
广州	Guangzhou	8045.41	7660.96	384.46	95.2	4.8
深圳	Shenzhen	7807.09	7549.33	257.76	96.7	3.3
珠海	Zhuhai	2017.72	1856.38	161.34	92.0	8.0
汕头	Shantou	889.12	836.89	52.23	94.1	5.9
佛山	Foshan	3980.43	3755.23	225.21	94.3	5.7
韶关	Shaoguan	620.25	601.91	18.34	97.0	3.0
河源	Heyuan	821.81	797.95	23.86	97.1	2.9
梅州	Meizhou	499.27	485.00	14.27	97.1	2.9
惠州	Huizhou	2016.46	1893.92	122.55	93.9	6.1
汕尾	Shanwei	567.18	556.03	11.15	98.0	2.0
东莞	Dongguan	2718.75	2392.03	326.72	88.0	12.0
中山	Zhongshan	1395.23	1316.45	78.78	94.4	5.6
江门	Jiangmen	1291.56	1174.71	116.85	91.0	9.0
阳江	Yangjiang	723.04	695.73	27.31	96.2	3.8
湛江	Zhanjiang	1314.70	1269.33	45.37	96.5	3.5
茂名	Maoming	1032.31	818.57	213.74	79.3	20.7
肇庆	Zhaoqing	996.20	936.44	59.77	94.0	6.0
清远	Qingyuan	740.06	724.59	15.47	97.9	2.1
潮州	Chaozhou	333.99	319.29	14.70	95.6	4.4
揭阳	Jieyang	831.18	755.23	75.95	90.9	9.1
云浮	Yunfu	493.53	497.74	-4.20	100.9	-0.9
按经济区域分	By Region					
珠三角	Pearl River Delta	30268.87	28535.45	1733.44	94.3	5.7
东翼	Eastern Region	2621.47	2467.44	154.03	94.1	5.9
西翼	Western Region	3070.05	2783.63	286.42	90.7	9.3
山区	Mountainous Region	3174.93	3107.19	67.74	97.9	2.1

2-29 各市最终消费及构成（2017年）

Final Consumption Expenditure and Its Composition by City (2017)

市别	City	最终消费（亿元）Final Consumption Expenditure (100 million yuan)	居民消费 Household Consumption	城镇居民 Urban Households	农村居民 Rural Households	政府消费 Government Consumption	比重 Proportion 最终消费=100 Final Consumption Expenditure=100 居民消费 Household Consumption	政府消费 Government Consumption	居民消费=100 Household Consumption=100 城镇居民 Urban Households	农村居民 Rural Households
广州	Guangzhou	10989.04	8169.57	7506.80	662.76	2819.47	74.3	25.7	91.9	8.1
深圳	Shenzhen	9262.78	7114.73	7108.08	6.65	2148.05	76.8	23.2	99.9	0.1
珠海	Zhuhai	1065.86	765.06	710.86	54.20	300.80	71.8	28.2	92.9	7.1
汕头	Shantou	1410.72	1188.60	1033.44	155.16	222.12	84.3	15.7	86.9	13.1
佛山	Foshan	3843.88	3005.37	2890.02	115.35	838.51	78.2	21.8	96.2	3.8
韶关	Shaoguan	820.63	572.62	425.99	146.63	248.00	69.8	30.2	74.4	25.6
河源	Heyuan	694.70	494.00	269.74	224.27	200.70	71.1	28.9	54.6	45.4
梅州	Meizhou	824.79	609.01	370.39	238.62	215.78	73.8	26.2	60.8	39.2
惠州	Huizhou	1922.76	1446.78	1158.97	287.81	475.98	75.2	24.8	80.1	19.9
汕尾	Shanwei	538.54	446.84	296.33	150.50	91.71	83.0	17.0	66.3	33.7
东莞	Dongguan	4133.56	3429.11	3102.16	326.95	704.44	83.0	17.0	90.5	9.5
中山	Zhongshan	1635.96	1403.86	1310.93	92.93	232.10	85.8	14.2	93.4	6.6
江门	Jiangmen	1305.15	1066.21	846.98	219.23	238.94	81.7	18.3	79.4	20.6
阳江	Yangjiang	587.15	424.13	273.95	150.18	163.03	72.2	27.8	64.6	35.4
湛江	Zhanjiang	1759.22	1398.18	814.27	583.91	361.04	79.5	20.5	58.2	41.8
茂名	Maoming	1336.36	982.12	640.94	341.18	354.24	73.5	26.5	65.3	34.7
肇庆	Zhaoqing	1030.06	738.56	478.58	259.97	291.50	71.7	28.3	64.8	35.2
清远	Qingyuan	982.49	776.12	529.19	246.93	206.37	79.0	21.0	68.2	31.8
潮州	Chaozhou	664.91	564.43	446.02	118.41	100.47	84.9	15.1	79.0	21.0
揭阳	Jieyang	1091.42	925.85	612.80	313.05	165.56	84.8	15.2	66.2	33.8
云浮	Yunfu	529.51	394.34	261.20	133.14	135.17	74.5	25.5	66.2	33.8
按经济区域分	By Region									
珠三角	Pearl River Delta	35189.04	27139.25	25113.39	2025.86	8049.79	77.1	22.9	92.5	7.5
东翼	Eastern Region	3705.58	3125.73	2388.60	737.12	579.86	84.4	15.6	76.4	23.6
西翼	Western Region	3682.74	2804.43	1729.16	1075.26	878.31	76.2	23.8	61.7	38.3
山区	Mountainous Region	3852.13	2846.11	1856.51	989.60	1006.02	73.9	26.1	65.2	34.8

2-30 各市人均地区生产总值

Per Capita Gross Domestic Product by City

单位：元 (yuan)

市别	City	2005	2006	2007	2008	2009	2010	2011
广　州	Guangzhou	54160	62930	70284	77165	80272	88361	98677
深　圳	Shenzhen	61844	69702	77660	85088	87066	98437	113316
珠　海	Zhuhai	45682	52690	61826	67432	68722	79002	91458
汕　头	Shantou	12919	14491	16540	18690	19767	21384	23746
佛　山	Foshan	42434	51018	59915	68667	72167	80794	86759
韶　关	Shaoguan	11608	13875	16583	19398	20283	22638	26448
河　源	Heyuan	7483	9222	11843	14109	14163	15564	17938
梅　州	Meizhou	7684	8485	9942	11515	12386	14372	16246
惠　州	Huizhou	21942	24556	28384	31881	33300	38917	45829
汕　尾	Shanwei	7419	8489	10051	11913	13131	15433	18222
东　莞	Dongguan	33363	39287	45189	50635	49601	53575	58440
中　山	Zhongshan	36800	42716	49046	53533	54887	61691	71079
江　门	Jiangmen	19546	22858	26262	29944	31021	35873	41412
阳　江	Yangjiang	12724	14829	17170	20246	22021	26303	31232
湛　江	Zhanjiang	10269	11937	13514	15964	16767	20085	24351
茂　名	Maoming	12743	14816	16742	19831	20753	25254	29553
肇　庆	Zhaoqing	11915	13646	16483	20098	22671	28198	33971
清　远	Qingyuan	9088	11947	15328	17853	19569	23724	27256
潮　州	Chaozhou	11256	12725	14682	17028	18461	21206	24336
揭　阳	Jieyang	7417	8552	10321	12626	14107	17126	20621
云　浮	Yunfu	8690	9857	11745	13791	14594	16862	19947
按经济区域分	By Region							
珠三角	Pearl River Delta	40691	47187	53841	60118	62202	69916	78846
东　翼	Eastern Region	9747	11031	12850	15042	16370	18814	21789
西　翼	Western Region	11626	13518	15348	18142	19135	23053	27431
山　区	Mountainous Region	8847	10606	13002	15208	16109	18578	21429

2-30 续表 continued

单位：元 (yuan)

市 别	City	2012	2013	2014	2015	2016	2017	2018
广 州	Guangzhou	107055	121584	129938	137793	143638	150678	155491
深 圳	Shenzhen	126765	141474	153677	162599	172453	183544	189568
珠 海	Zhuhai	97565	107765	118672	127227	137005	155502	159428
汕 头	Shantou	26435	28905	31285	33814	37486	42029	44672
佛 山	Foshan	92145	97784	103253	110054	117606	124324	127691
韶 关	Shaoguan	30139	32906	35426	36526	38539	41961	44971
河 源	Heyuan	20325	22810	24721	25513	27739	30659	32530
梅 州	Meizhou	17382	18538	20262	21817	23609	24623	25367
惠 州	Huizhou	51721	58434	64398	67046	72465	80205	85418
汕 尾	Shanwei	20517	22522	23887	25238	27285	28628	30825
东 莞	Dongguan	61593	67320	71651	76812	84007	91329	98939
中 山	Zhongshan	78846	85101	90007	95365	100897	105711	110585
江 门	Jiangmen	42447	44990	46727	50143	53932	59089	63328
阳 江	Yangjiang	35820	42025	46472	49301	49845	51720	52969
湛 江	Zhanjiang	26315	28857	31230	32702	35285	38508	41107
茂 名	Maoming	32546	36461	39192	40607	43555	47116	49406
肇 庆	Zhaoqing	37253	42106	46106	49016	51586	51464	53267
清 远	Qingyuan	27729	29420	31671	33595	36385	38135	40476
潮 州	Chaozhou	26409	29117	31428	34047	37054	38241	40219
揭 阳	Jieyang	23304	26658	29357	30945	32610	32642	35358
云 浮	Yunfu	21806	24647	26681	28397	30748	32232	33747
按经济区域分	By Region							
珠 三 角	Pearl River Delta	85793	95110	102173	108929	116351	124564	130182
东 翼	Eastern Region	24309	27044	29348	31350	33924	35844	38340
西 翼	Western Region	30211	33865	36702	38369	40773	43922	46203
山 区	Mountainous Region	23198	25257	27328	28775	31004	33039	34883

2-31 各市人均地区生产总值指数

Indices of Per Capita Gross Domestic Product by City

上年=100 (preceding year=100)

市别	City	2005	2006	2007	2008	2009	2010	2011
广州	Guangzhou	114.3	113.2	109.7	106.5	105.4	106.0	107.6
深圳	Shenzhen	111.8	111.9	109.4	107.3	106.6	107.7	107.3
珠海	Zhuhai	110.5	114.0	114.5	106.9	104.2	111.3	110.7
汕头	Shantou	110.4	110.7	111.6	109.0	107.4	107.9	108.2
佛山	Foshan	117.6	116.6	114.1	110.5	108.3	109.2	108.7
韶关	Shaoguan	108.7	114.8	115.6	113.0	110.4	113.5	110.7
河源	Heyuan	118.3	125.1	123.3	109.5	107.8	110.7	110.8
梅州	Meizhou	106.5	109.1	112.0	109.8	109.4	113.1	112.6
惠州	Huizhou	113.2	113.1	112.9	107.5	109.0	112.8	111.7
汕尾	Shanwei	113.3	113.6	116.7	114.5	114.1	116.6	113.7
东莞	Dongguan	119.5	116.6	113.1	109.0	100.9	105.4	105.6
中山	Zhongshan	120.7	114.5	111.2	105.6	105.1	108.5	110.2
江门	Jiangmen	112.1	114.5	113.5	109.1	107.8	112.4	112.0
阳江	Yangjiang	112.7	115.5	112.8	111.2	111.8	115.1	113.4
湛江	Zhanjiang	111.6	111.6	111.4	111.2	110.4	113.6	111.7
茂名	Maoming	111.9	112.1	111.7	109.9	111.3	115.1	110.8
肇庆	Zhaoqing	114.2	114.5	115.8	115.3	113.0	115.5	113.1
清远	Qingyuan	124.7	127.7	123.8	109.3	112.4	112.4	107.6
潮州	Chaozhou	110.8	111.9	113.4	110.9	111.0	112.5	112.0
揭阳	Jieyang	110.2	114.2	117.0	115.1	115.1	118.1	113.6
云浮	Yunfu	111.8	113.7	116.0	110.8	110.5	113.4	113.2
按经济区域分	By Region							
珠三角	Pearl River Delta	114.7	114.1	111.7	108.4	105.2	107.3	107.3
东翼	Eastern Region	110.7	112.0	113.9	111.9	110.1	112.5	110.4
西翼	Western Region	111.9	112.4	111.7	110.6	110.7	114.0	110.4
山区	Mountainous Region	113.4	117.9	118.2	110.4	109.8	112.4	109.3

2−31 续表 continued

上年=100 (preceding year=100)

市 别	City	2012	2013	2014	2015	2016	2017	2018
广 州	Guangzhou	109.9	110.9	107.6	106.1	104.4	103.2	103.1
深 圳	Shenzhen	109.2	109.8	107.6	105.2	103.8	103.9	103.2
珠 海	Zhuhai	106.9	110.0	109.3	108.5	106.3	106.6	101.6
汕 头	Shantou	109.0	109.3	108.2	107.7	108.2	108.6	106.3
佛 山	Foshan	107.7	109.4	107.7	107.3	107.3	106.6	103.2
韶 关	Shaoguan	111.1	109.6	107.2	105.5	105.8	105.9	103.6
河 源	Heyuan	110.8	111.1	107.5	105.5	106.3	104.8	106.0
梅 州	Meizhou	109.4	110.6	108.1	108.2	107.0	106.3	102.1
惠 州	Huizhou	112.0	113.0	109.3	108.5	107.6	107.4	105.4
汕 尾	Shanwei	112.8	111.7	108.3	107.4	106.5	107.6	107.5
东 莞	Dongguan	105.9	109.5	107.6	108.5	108.6	107.5	106.6
中 山	Zhongshan	110.8	109.5	107.3	107.7	107.0	105.8	104.6
江 门	Jiangmen	107.8	109.3	107.6	108.1	107.0	107.6	107.2
阳 江	Yangjiang	111.9	114.6	109.9	107.7	106.1	105.6	103.6
湛 江	Zhanjiang	108.8	111.2	109.2	108.0	107.1	106.4	105.6
茂 名	Maoming	109.4	111.9	109.6	107.4	106.4	106.4	103.9
肇 庆	Zhaoqing	110.2	110.5	109.3	107.7	104.4	104.5	105.8
清 远	Qingyuan	104.3	107.4	107.1	107.5	107.5	103.8	103.6
潮 州	Chaozhou	110.0	110.5	107.8	109.7	108.6	106.6	105.1
揭 阳	Jieyang	110.6	113.8	110.0	107.5	105.8	104.8	105.4
云 浮	Yunfu	111.8	112.4	109.7	107.8	107.2	104.3	102.9
按经济区域分	By Region							
珠 三 角	Pearl River Delta	107.5	108.7	107.1	107.1	106.1	105.4	104.3
东 翼	Eastern Region	109.5	109.9	108.5	107.9	107.2	107.3	106.0
西 翼	Western Region	109.0	111.0	109.3	107.7	106.6	106.3	104.5
山 区	Mountainous Region	108.2	107.4	107.5	106.9	106.8	105.0	103.6

注：2009—2014年区域人均生产总值增速由广东省统计局统一调整核算，其他年份增速由分市汇总计算。
Note: The growth rates of per capital GDP from 2009 to 2014 are calculated by Statistics Bureau of Guangdong Province, and those of the previous years are calculated by each city.

2-32 各市人均地区生产总值指数

Indices of Per Capita Gross Domestic Product by City

2000年=100 (2000=100)

市 别	City	2005	2006	2007	2008	2009	2010	2011
广 州	Guangzhou	194.3	219.9	241.2	256.8	270.5	286.8	308.5
深 圳	Shenzhen	175.2	196.1	214.5	230.1	245.3	264.2	283.5
珠 海	Zhuhai	162.6	185.4	212.2	227.0	236.6	263.4	291.6
汕 头	Shantou	130.9	144.9	161.7	176.2	189.3	204.2	220.9
佛 山	Foshan	193.2	225.3	257.1	284.1	307.6	335.9	365.2
韶 关	Shaoguan	155.9	179.0	206.9	233.9	258.2	293.0	324.4
河 源	Heyuan	179.4	224.4	276.7	302.9	326.6	361.5	400.6
梅 州	Meizhou	148.1	161.6	180.9	198.7	217.3	245.8	276.8
惠 州	Huizhou	157.0	177.6	200.5	215.5	234.9	265.0	296.0
汕 尾	Shanwei	157.8	179.3	209.3	239.6	273.4	318.8	362.4
东 莞	Dongguan	232.8	271.4	307.0	334.6	337.6	355.9	375.8
中 山	Zhongshan	230.7	264.1	293.7	310.2	326.0	353.7	389.8
江 门	Jiangmen	153.5	175.8	199.5	217.7	234.7	263.8	295.4
阳 江	Yangjiang	163.6	189.0	213.2	237.0	265.0	305.0	345.9
湛 江	Zhanjiang	153.2	170.9	190.4	211.8	233.8	265.6	296.6
茂 名	Maoming	159.2	178.4	199.3	219.1	243.8	280.6	310.9
肇 庆	Zhaoqing	160.7	184.0	213.0	245.6	277.5	320.6	362.6
清 远	Qingyuan	181.4	231.6	286.7	313.4	352.3	396.0	426.1
潮 州	Chaozhou	152.2	170.3	193.1	214.1	237.7	267.4	299.5
揭 阳	Jieyang	123.7	141.2	165.3	190.2	218.9	258.6	293.7
云 浮	Yunfu	139.7	158.8	184.2	204.1	225.5	255.8	289.5
按经济区域分	By Region							
珠 三 角	Pearl River Delta	188.2	214.7	239.9	259.9	273.3	293.4	314.7
东 翼	Eastern Region	135.2	151.4	172.3	192.9	212.3	238.9	263.9
西 翼	Western Region	157.4	177.0	197.8	218.8	242.1	275.9	304.7
山 区	Mountainous Region	158.5	186.9	220.9	243.9	267.8	301.0	328.9

2-32 续表 continued

2000年=100 (2000=100)

市 别	City	2012	2013	2014	2015	2016	2017	2018
广 州	Guangzhou	339.0	375.9	404.6	429.2	448.1	462.7	477.1
深 圳	Shenzhen	309.6	339.9	365.8	384.8	399.4	415.0	428.4
珠 海	Zhuhai	311.5	342.6	374.6	406.4	432.1	460.5	468.0
汕 头	Shantou	240.7	263.1	284.9	306.9	332.1	360.7	383.6
佛 山	Foshan	393.3	430.3	463.4	497.2	533.5	568.9	587.4
韶 关	Shaoguan	360.4	395.0	423.4	446.7	472.6	500.5	518.3
河 源	Heyuan	443.8	493.1	530.1	559.2	594.5	623.0	660.6
梅 州	Meizhou	302.8	334.9	362.0	391.7	419.1	445.7	455.3
惠 州	Huizhou	331.5	374.6	409.5	444.3	478.0	513.3	541.0
汕 尾	Shanwei	408.8	456.7	494.6	531.2	565.7	608.8	654.7
东 莞	Dongguan	398.0	435.8	468.9	508.7	552.5	593.9	633.0
中 山	Zhongshan	431.9	472.9	507.4	546.5	584.8	618.4	646.9
江 门	Jiangmen	318.5	348.1	374.5	404.9	433.2	466.3	499.7
阳 江	Yangjiang	387.1	443.6	487.5	525.0	557.1	588.1	609.1
湛 江	Zhanjiang	322.7	358.9	391.9	423.3	453.3	482.2	509.1
茂 名	Maoming	340.2	380.6	417.2	448.1	476.7	507.4	527.2
肇 庆	Zhaoqing	399.5	441.5	482.5	519.7	542.6	566.8	599.5
清 远	Qingyuan	444.4	477.3	511.1	549.5	590.7	613.4	635.3
潮 州	Chaozhou	329.4	364.0	392.4	430.5	467.5	498.4	523.8
揭 阳	Jieyang	324.9	369.7	406.7	437.2	462.5	484.7	510.4
云 浮	Yunfu	323.7	363.8	399.1	430.3	461.2	481.2	495.3
按经济区域分	By Region							
珠 三 角	Pearl River Delta	338.4	367.7	393.7	421.6	447.5	471.5	491.9
东 翼	Eastern Region	289.0	317.6	344.8	372.0	398.7	427.6	453.1
西 翼	Western Region	332.1	368.7	402.9	433.9	462.7	491.7	513.9
山 区	Mountainous Region	355.9	382.3	410.9	439.3	469.2	492.8	510.6

2-33 全省生产性服务业增加值

Value-added of Productive Service Industry

单位：亿元

分行业	By Sector	增加值 Value-added			指数(上年=100) Indices(Preceding Year=100)		
		2015	2016	2017	2015	2016	2017
合　计	**Total**	**19551.98**	**21719.60**	**24665.14**	**110.1**	**106.5**	**108.6**
研发设计与其他技术服务	R&D design and other technology Services	1052.63	1105.97	1391.62	116.9	103.9	106.1
货物运输、仓储和邮政快递服务	Freight transportation Services	2058.44	2162.35	2509.19	105.3	105.0	113.3
信息服务	Information Services	2289.07	2871.41	3821.01	109.8	119.4	121.2
金融服务	Finance Services	4556.38	4772.26	5170.49	124.5	95.9	105.4
节能与环保服务	Energy Conservation and Environment Protection Services	392.67	413.95	409.28	123.7	103.1	94.1
生产性租赁服务	Productive Leasing Services	136.78	155.55	179.32	112.0	106.5	112.3
商务服务	Business Services	2182.59	2487.18	2746.32	107.6	110.0	106.0
人力资源管理与培训服务	Human Resource Management and Training Services	767.23	913.06	1159.45	117.7	115.8	119.4
批发经纪代理服务	Wholesale Brekerage Agercy Services	3798.43	4225.13	4510.50	101.8	106.8	105.1
生产性支持服务	Productive Support Services	2317.75	2612.75	2767.96	106.6	111.1	104.1

注：考虑到可操作性，表中数据计算范围相对宽泛，生产性服务业所涉及的国民经济行业小类除货币银行服务外，其他全部计入生产性服务业。

Note: In consideration of operability, the data scope in this table are relatively broad. All of the small class of national economic industry classification relative to productive service industry are Included in the calculation excluding the industry of money and banking.

主要统计指标解释

国内（地区）生产总值 指按市场价格计算的一个国家（或地区）所有常住单位在一定时期内生产活动的最终成果。国内（地区）生产总值有三种计算方法，即生产法、收入法和支出法。三种方法分别从不同的方面反映国内生产总值及其构成。

三次产业 三次产业的划分是世界上较为常用的产业结构分类，但各国的划分不尽一致。根据《国民经济行业分类》（GB/T 4754—2011）和《三次产业划分规定》，我国的三产产业划分是：

第一产业是指农、林、牧、渔业（不含农、林、牧、渔服务业）。

第二产业是指采矿业（不含开采辅助活动），制造业（不含金属制品、机械和设备修理业），电力、热力、燃气及水生产和供应业，建筑业。

第三产业即服务业，是指除第一产业、第二产业以外的其他行业。

劳动者报酬 指劳动者从事生产活动所获得的全部报酬。包括劳动者获得的各种形式的工资、奖金和津贴，既有货币形式的，也有实物形式的，还包括劳动者所享受的公费医疗和医药卫生费、上下班交通补贴、单位支出的社会保险费、住房公积金等。

生产税净额 指生产税减生产补贴后的余额。生产税指政府对生产单位从事生产、销售和经营活动以及因从事生产活动使用某些生产要素（如固定资产、土地、劳动力）所征收的各种税、附加费和规费。生产补贴与生产税相反，指政府对生产单位的单方面转移支付，因此视为负生产税，包括政策性亏损补贴、价格补贴等。

固定资产折旧 指一定时期内为弥补固定资产损耗按照规定的固定资产折旧率提取的固定资产折旧，或按国民经济核算统一规定的折旧率虚拟计算的固定资产折旧。它反映了固定资产在当期生产中的转移价值。各类企业和企业化管理的事业单位的固定资产折旧是指实际计提的折旧费；不计提折旧的政府机关、非企业化管理的事业单位和居民住房的固定资产折旧是按照统一规定的折旧率和固定资产原值计算的虚拟折旧。原则上，固定资产折旧应按固定资产的重置价值计算，但是目前我国尚不具备对全社会固定资产进行重估价的基础，所以暂时还不能采用上述办法。

营业盈余 指常住单位创造的增加值扣除劳动者报酬、生产税净额和固定资产折旧后的余额。它相当于企业的营业利润加上生产税补贴，但要扣除从利润中开支的工资和福利等。

支出法国内（地区）生产总值 是从最终使用的角度反映一个国家（或地区）一定时期内生产活动最终成果的一种方法，包括最终消费支出、资本形成总额及货物和服务净出口三部分。计算公式为：

支出法国内（地区）生产总值=最终消费支出+资本形成总额+货物和服务净出口

最终消费支出 指常住单位为满足物质、文化和精神生活的需要，从本国经济领土和国外购买的货物和服务的支出。不包括非常住单位在本国经济领土内的消费支出。最终消费支出分为居民消费支出和政府消费支出。

居民消费支出 指常住住户在一定时期内对于货物和服务的全部最终消费支出。居民消费支出除了直接以货币形式购买的货物和服务的消费之外，还包括以其他方式获得的货物和服务的消费，即所谓的虚拟消费支出。居民虚拟消费支出包括如下几种类型：单位以实物报酬及实物转移的形式提供给劳动者的货物和服务；住户生产并由本住户消费发的货物和服务，其中的服务仅指住户的自有住房服务和付酬的家庭雇员提供的家庭和个人服务；金融机构提供的金融媒介服务等。

政府消费支出 指政府部门为全社会提供公共服务的消费支出和免费或以较低价格向住户提供的货物和服务的净支出。前者等于政府服务的产出价值减去政府单位所获得的经营收入后的价值，后者等于政府部门免费或以较低价格向住户提供的货物和服务的市场价值减去向住户收取的价值。

资本形成总额 指常住单位在一定时期内获得的减去处置的固定资产和存货的净额，包括固定资本形成总额和存货变动两部分。

固定资本形成总额 指生产者在一定时期内获得的固定资产减处置的固定资产的价值总额。固定资产是通过生产活动生产出来的，且其使用年限在一年以上、单位价值在规定标准以上的资产，不包括自然资产。可分为有形固定资本形成总额和无形固定资本形成总额。有形固定资本形成总额包括一定时期内完成的建筑工程、安装工程、设备工器具购置（减处置）价值，以及土地改良、新增役、种、奶、毛、娱乐用牲畜和新增经济林木价值。无形固定资本形成总额包括矿藏的勘探、计算机软件等获得减处置的价值。

存货变动 指常住单位存货实物量变动的市场价值，即期末价值减期初价值的差额，再扣除当期由于价格变动而产生的持有收益。存货增加可以是正值，也可以是负值；正值表示存货上升，负值表示存货下降。存货包括生产单位购进的原材料、燃料和储备物资等存货，以及生产单位生产的产成品、在制品和半成品等存货。

货物和服务净流出 指货物和服务流出减货物和服务流入的差额。流出包括常住单位向非常住单位出售或无偿转让的各种货物和服务的价值；流入包括常住单位从非常住单位购买或无偿得到的各种货物和服务价值。由于服务活动的提供与使用同时发生，一般把常住单位从非常住单位得到的服务作为流入，非常住单位从常住单位得到的服务作为流出。货物的流出和流入都按离岸价格计算。

生产性服务业 是指为生产活动提供的研发设计与其他技术服务、货物运输仓储和邮政快递服务、信息服务、金融服务、节能与环保服务、生产性租赁服务、商务服务、人力资源管理与培训服务、批发经纪代理服务、生产性支持服务。分类执行国家统计局《生产性服务业分类（2015）》标准。

新经济增加值占地区生产总值比重 是指新经济增加值占地区生产总值之比。新经济增加值是指一个国家（或地区）所有常住单位在一定时期内从事新产业、新业态、新商业模式经济生产活动的最终成果，是常住单位进行新产业、新业态、新商业模式经济生产活动的增加值之和。

Explanatory Notes on Main Statistical Indicators

Gross Domestic (Regional) Product refers to the final products at market prices produced by all resident units in a country (or a region) during a certain period of time. There are three calculation methods, i.e. production approach, income approach and expenditure approach. The three methods reflect gross domestic product and its composition from different aspects.

Three Strata of Industry Classification of economic activities into three strata of industry is a common practice in the world, although the grouping varies to some extent from country to country. In China, according to Industrial classification for National Economic Activities (GB/T 4754—2011) and Dividing Basis of Three Industries, economic activities are categorized into the following three strata of industry: Primary industry refers to agriculture, forestry, animal husbandry and fishery and services in support of these industries.

Secondary industry refers to mining and quarrying(not including support activities for mining), manufacturing(not including repair service of metal products, machinery and equipment), production and supply of electricity, heat, gas and water, and construction.

Tertiary industry refers to all other economic activities not included in the primary or secondary industries.

Compensation of Employees refers to the total payment of various forms to employees for the productive activities they are engaged in. It includes wages, bonuses and allowances, which the employees earn in cash or in kind. It also includes the free medical services provided to the employees and the medicine expenses, transport subsidies and social insurance, and housing fund paid by the employers.

Net Taxes on Production refers to the residual of the taxes on production minus the subsidies on production. The taxes on production refers to the various taxes, extra charges and fees levied on the production units on their production, sale and business activities as well as on some factors of production, such as fixed assets, land and labor force, used in the production activities they are engaged in. In contrast to the taxes on production, the subsidies on production refer to the unilateral transfer of part of the government' s revenue to the production units and are therefore regarded as negative taxes on production. They include subsidies on the loss due to implementation of government policies and price subsidies, etc.

Depreciation of Fixed Assets refers to the depreciation of fixed assets of a given period, drawn in accordance with the stipulated depreciation rate for the purpose of compensating the wear loss of the fixed assets or the depreciation of fixed assets calculated in a fictitious way in accordance with the stipulated unified depreciation rate in the national economic accounting system. It reflects the value of transfer of the fixed assets in the production of the current period. The depreciation of fixed assets in various enterprises and institutions managed as enterprises refers to the depreciation expenses actually drawn and calculated as part of the cost. In government agencies and institutions not managed as enterprises which do not draw the depreciation expenses, as well as for the houses of residents, the depreciation of fixed assets is the imputed depreciation, which is calculated in accordance with the stipulated unified depreciation rate and the original value of the fixed assets. In principle, the depreciation of fixed assets should be calculated on the basis of the repurchase value of the fixed assets. However, there is no actual condition to reevaluate all the fixed assets in China. Therefore, the above-mentioned methods are temporarily adopted at present.

Operating Surplus refers to the balance of the value-added created by the resident units deducting the laborers' remuneration, net taxes on production and the depreciation of fixed assets. It is equivalent to the business profit of the enterprises plus subsidies on production, but the wages and welfare expenses paid from the profits should be deducted.

Gross Domestic (Regional) Product Calculated by Expenditure Approach refers to the method of measuring the final results of production activities of a country (region) during a given period from the perspective of final uses. It includes final consumption expenditure, gross capital formation and net export of goods and services. The formula for computation is:

GDP by expenditure approach = final consumption expenditure + gross capital formation + net export of goods and services

Final Consumption Expenditure refers to the total expenditure of resident units for purchases of goods and services from both the domestic economic territory and abroad to meet the needs of material, cultural and spiritual life. It does not include the expenditure of non-resident units on consumption in the economic territory of the country. The final consumption expenditure is broken down into household consumption expenditure and government consumption expenditure.

Household Consumption Expenditure refers to the total expenditure of resident households on the final consumption of goods and services. In addition to the consumption of goods and services bought by the households directly with money, the household consumption expenditure also includes expenditure on goods and services obtained by the households in other ways, i.e. the so-called imputed consumption expenditure, which includes the following: (a) the goods and services provided to households by employers in the form of payment in kind and transfer in kind; (b) goods and services produced and consumed by the households themselves, in which the services refer to the owner-occupied housing and services offered by paid family employees; (c) financial intermediate services provided by financial institution.

Government Consumption Expenditure refers to the consumption expenditure spent for the provision of public services provided by the government to the whole country and the net expenditure on the goods and services provided by the government to households free of charge or at reduced prices. The former equals to the output value of the government services minus the value of operating income obtained by the government departments. The latter equals to the market value of the goods and services provided by the government free of charge or at reduced prices to the households minus the value received by the government from the households.

Gross Capital Formation refers to the fixed assets acquired less disposals and the net value of inventory, thus including gross fixed capital formation and changes in inventories.

Gross Fixed Capital Formation refers to the value of acquisitions less those disposals of fixed assets during a given period. Fixed assets are the assets produced through production activities with unit value above a specified amount and which could be used for over one year. Natural assets are not included. Gross fixed capital formation can be categorized into total tangible fixed capital formation and total intangible fixed capital formation. Total tangible fixed capital formation includes the value of the construction projects and installation projects completed and the equipment, apparatus and instruments purchased (less those disposed) as well as the value of land improved, the value of draught animals, breeding stock and animals for milk, for wool and for recreational purposes and the newly increased forest with economic value. Total intangible fixed capital formation includes the prospecting of minerals and the acquisition of computer software minus the disposal of them.

Changes in Inventories refers to the market value of the change in the physical volume of inventory of resident units during a given period, i.e. the difference between the values at the beginning and at the end of the period minus the gains due to the change in prices. The changes in inventories can have a positive or a negative value. A positive value indicates an increase in inventory while a negative value indicates a decrease in inventory. The inventory includes raw materials, fuels and reserve materials purchased by the production units as well as the inventory of finished products, semi-finished products and work-in-progress.

Net Export of Goods and Services refers to the exports of goods and services subtracting the imports of goods and services. Exports include the value of various goods and services sold or gratuitously transferred by resident units to non-resident units. Imports include the value of various goods and services purchased or gratuitously acquired resident units from non-resident units. Because the provision of services and the use of them happen simultaneously, the acquisition of services by resident units from abroad is usually treated as import while the acquisition of services by non-resident units in this country is usually treated as export. The exports and imports of goods are calculated at FOB.

Productive Service Industry refers to the production activities to provide R&D design and other technical services, transport, storage and postal services, information services, financial services, energy saving and environmental protection services, production of leasing services, business services, human resource management and training services, wholesale brokerage services, production support services. The classification implemented the Production Service Industry Classification (2015) developed by NBS.

Percentage of Value-added of New Economy in Gross Domestic Product refers to the percentage of value-added of new economy in GDP. The value -added of new economy refers to the final result of all resident units in a country (or a region) engaging in economic production activities of new industries, new forms of business and new business models during a certain period of time. It is the sum of the value-added of economy production activities of permanent units in new industries, new forms of business and new business models.

三、人口

POPULATION

三 人口

简要说明

一、本篇资料反映广东人口发展变化基本情况，主要内容包括：

1. 年末常住人口、性别比例、年龄比例、城镇人口比例以及人口出生率、人口死亡率和人口自然增长率。数据由广东省统计局根据人口普查、1%人口抽样调查或年度人口变动情况抽样调查推算所得。

2. 1990-2009年年末常住人口数、出生率、死亡率以及自然增长率，除人口普查和1%人口抽样调查年份直接推算外，其余年份数据均已按人口普查和1%人口抽样调查结果作平滑调整。

3. 户籍总人口、按性别分以及迁移人口等，数据来源于广东省公安厅人口统计年报。

二、本资料由广东省统计局人口和就业统计处整理提供。

3 Population

Brief Introduction

Ⅰ. The data in this chapter show the basic conditions of development and changes of population in Guangdong, including mainly:

（1）Permanent population at the year-end, proportion of population by sex, proportion of population by age, proportion of urban population, birth rate, death rate and natural growth rate of population. The data are estimated by Guangdong Provincial Bureau of Statistics on the basis of population censuses, the one percent sample survey on population，or annual sample surveys on population changes.

（2）Permanent population at the year-end, birth rate, death rate and natural growth rate of population from 1990 to 2009 result from smooth adjustment on population census and national one-percent sample survey on population with the exceptions of 1990 and 2000 data, which are direct estimates from the result of population censuses.

（3）The total population with residence registration, population by sex, by agricultural and non-agricultural population, and migrant population are obtained from the annual reports of population of Guangdong Provincial Department of Public Security.

Ⅱ. The date in this chapter are prepared and provided by the Division of Population and Employment Statistics of Statistics Bureau of Guangdong Province.

3-1 人口主要指标
Main Population Indicators

项　　目	Item	2000	2010	2015	2016	2017	2018
年末常住人口　（万人）	**Permanent Population at the Year-end (10000 persons)**	**8650.03**	**10440.94**	**10849.00**	**10999.00**	**11169.00**	**11346.00**
男性比例　(%)	Proportion of Male Population (%)	50.90	52.15	52.29	52.40	52.49	52.18
女性比例　(%)	Proportion of Female Population (%)	49.10	47.85	47.71	47.60	47.51	47.82
0-14岁人口比例　(%)	Proportion of Population Aged 0-14 (%)	24.17	16.90	17.37	17.23	17.21	17.18
15-64岁人口比例　(%)	Proportion of Population Aged 15-64 (%)	69.78	76.30	74.15	74.22	74.17	74.20
65岁及以上人口比例(%)	Proportion of Population Aged 65 And Over (%)	6.05	6.80	8.48	8.55	8.62	8.62
城镇人口比例　(%)	Proportion of Urban Population (%)	55.00	66.17	68.71	69.20	69.85	70.70
人口密度（人/平方公里）	Population Density (person/sq.km.)	486	581	604	612	621	631
户籍人口	**Population with Residence Registration**						
年末总户数　（万户）	Total Households at the Year-end (10000 households)	1901.91	2296.61	2415.90	2452.26	2468.29	2519.56
年末总人口　（万人）	Total Population at the Year-end(10000 persons)	7498.54	8521.55	9008.38	9164.90	9316.91	9502.12
性别比　(女=100)	Sex Ratio (female=100)	106.70	106.20	106.08	106.06	105.75	105.47
人口变动情况　（‰）	**Status of Population Changes (‰)**						
出生率	Birth Rate	12.91	11.18	11.12	11.85	13.68	12.79
死亡率	Death Rate	4.77	4.21	4.32	4.41	4.52	4.55
自然增长率	Natural Growth Rate	8.14	6.97	6.80	7.44	9.16	8.24
迁入率	Immigration Rate	16.59	12.07	8.34	9.72	14.40	17.02
迁出率	Emigration Rate	12.94	8.35	7.45	8.13	9.30	10.12
总迁移率	Total Migration Rate	29.53	20.42	15.79	17.84	23.70	27.14
净迁移率	Net Migration Rate	3.65	3.72	0.89	1.59	5.11	6.91
跨省净迁移率	Net Cross-Provincial Migration Rate	1.01	2.52	0.80	2.14	4.69	6.61

3-2 人口自然变动情况

Status of Natural Population Changes

单位：万人、‰ (10000 persons, ‰)

年 份 Year	常住人口 Permanent Population	出生 Birth		死亡 Death		自然增长 Natural Growth		人口密度 (人/平方公里) Population Density (person/sq.km.)
		出生人数 Number of Birth	出生率 Birth Rate	死亡人数 Number of Death	死亡率 Death Rate	自然增长人数 Number of Natural Growth	自然增长率 Rate of Natural Growth	
1978	5064.15	111.23	22.14	27.35	5.44	83.88	16.70	285
1980	5230.00	118.31	22.82	28.40	5.48	89.91	17.34	294
1982	5419.35	123.98	23.09	31.79	5.92	92.19	17.17	304
1983	5501.85	114.55	21.00	34.47	6.32	80.08	14.68	309
1984	5585.61	114.86	20.75	34.37	6.21	80.49	14.54	313
1985	5670.65	115.70	20.60	35.53	6.33	80.17	14.27	318
1986	5799.75	126.23	22.15	32.48	5.70	93.75	16.45	323
1987	5931.79	128.00	22.12	32.98	5.70	95.02	16.42	328
1988	6066.84	122.90	20.90	29.81	5.07	93.09	15.83	333
1989	6204.96	121.15	20.27	34.25	5.73	86.90	14.54	338
1990	6347.19	140.11	22.26	36.25	5.76	103.86	16.50	353
1991	6527.01	131.31	20.40	38.04	5.91	93.27	14.49	363
1992	6706.45	125.17	18.92	40.00	6.05	85.17	12.87	373
1993	6936.69	120.00	17.59	38.00	5.57	82.00	12.02	386
1994	7209.58	121.00	17.11	38.00	5.37	83.00	11.74	401
1995	7387.49	123.54	16.93	38.91	5.33	84.63	11.60	411
1996	7569.78	124.80	16.69	42.11	5.63	82.69	11.06	421
1997	7779.69	118.40	15.43	37.83	4.93	80.57	10.50	433
1998	7990.03	117.00	14.84	40.00	5.07	77.00	9.77	444
1999	8217.91	110.00	13.57	39.00	4.81	71.00	8.76	457
2000	8650.03	108.85	12.91	40.21	4.77	68.64	8.14	486
2001	8733.18	107.99	12.42	39.63	4.56	68.36	7.86	486
2002	8842.08	103.94	11.82	39.73	4.52	64.21	7.30	492
2003	8962.69	108.00	12.13	41.98	4.71	66.02	7.42	499
2004	9110.66	106.73	11.81	41.62	4.60	65.11	7.21	507
2005	9194.00	107.11	11.70	42.24	4.68	64.87	7.02	511
2006	9442.07	108.96	11.69	41.53	4.46	67.43	7.24	525
2007	9659.52	112.00	11.73	44.00	4.61	68.00	7.12	537
2008	9893.48	112.00	11.46	43.00	4.40	69.00	7.06	550
2009	10130.19	113.00	11.29	43.00	4.29	70.00	6.99	563
2010	10440.94	115.00	11.18	43.27	4.21	71.73	6.97	581
2011	10505.00	109.44	10.45	45.56	4.35	63.88	6.10	584
2012	10594.00	122.37	11.60	49.06	4.65	73.31	6.95	590
2013	10644.00	113.73	10.71	49.80	4.69	63.93	6.02	592
2014	10724.00	115.39	10.80	50.21	4.70	65.18	6.10	597
2015	10849.00	119.95	11.12	46.60	4.32	73.35	6.80	604
2016	10999.00	129.45	11.85	48.17	4.41	81.28	7.44	612
2017	11169.00	151.63	13.68	50.10	4.52	101.53	9.16	621
2018	11346.00	143.98	12.79	51.22	4.55	92.76	8.24	631

注：2006-2009年年末常住人口根据2010年第六次全国人口普查快速汇总数据进行平滑调整，出生率、死亡率、自然增长率也作了相应的调整。

Note: Figures of permanent population at the year-end from 2006 to 2009 have been adjusted in accordance with the flash sums of the 6th National Population Census in 2010. Figures of birth rate, death rate, natural growth rate have been adjusted accordingly.

3-3 常住人口构成

Composition of Permanent Population

单位：万人、%　　　　(10000 persons, %)

年 份 Year	按性别分 By Sex				按城乡分 By Residence			
	男 Male		女 Female		城镇 Urban		农村 Rural	
	人口数 Population	比重 Proportion	人口数 Population	比重 Proportion	人口数 Population	比重 Proportion	人口数 Population	比重 Proportion
1982	2774.17	51.19	2645.18	48.81	972.23	17.94	4447.12	82.06
1990	3249.76	51.20	3097.43	48.80	2335.77	36.80	4011.42	63.20
2000	4402.87	50.90	4247.16	49.10	4757.52	55.00	3892.51	45.00
2005	4655.84	50.64	4538.16	49.36	5578.92	60.68	3615.08	39.32
2006	4787.13	50.70	4654.94	49.30	5948.50	63.00	3493.57	37.00
2007	4926.36	51.00	4733.16	49.00	6099.02	63.14	3560.50	36.86
2008	5065.46	51.20	4828.02	48.80	6269.50	63.37	3623.98	36.63
2009	5166.40	51.00	4963.79	49.00	6422.54	63.40	3707.65	36.60
2010	5444.95	52.15	4995.99	47.85	6908.77	66.17	3532.17	33.83
2011	5557.15	52.90	4947.86	47.10	6985.83	66.50	3519.18	33.50
2012	5572.44	52.60	5021.56	47.40	7140.36	67.40	3453.64	32.60
2013	5545.52	52.10	5098.48	47.90	7212.37	67.76	3431.63	32.24
2014	5676.21	52.93	5047.79	47.07	7292.32	68.00	3431.68	32.00
2015	5672.94	52.29	5176.06	47.71	7454.35	68.71	3394.65	31.29
2016	5763.48	52.40	5235.52	47.60	7611.31	69.20	3387.69	30.80
2017	5862.61	52.49	5306.39	47.51	7801.55	69.85	3367.45	30.15
2018	5920.34	52.18	5425.66	47.82	8021.62	70.70	3324.38	29.30

注：2006—2009年年末常住人口根据2010年第六次全国人口普查快速汇总数据进行平滑调整。

Note：Figures of Permanent population at the year-end from 2006 to 2009 have been adjusted with flash sums from the 6th National Population Censu in 2010.

3-4 常住人口年龄结构和抚养比

Age Composition and Dependency Ratio of Permanent Population

单位：万人、%　　　　(10000 persons, %)

年份 Year	0—14岁 Aged 0-14		15—64岁 Aged 15-64		65岁及以上 Aged 65 and Over		少年儿童抚养比 Children Dependency Ratio	老年人口抚养比 Old Dependency Ratio	总抚养比 Gross Dependency Ratio
	人数 Population	比重 Proportion	人数 Population	比重 Proportion	人数 Population	比重 Proportion			
1982	1802.68	33.61	3267.68	60.93	292.83	5.46	55.16	8.96	64.12
1990	1879.73	29.92	4030.66	64.15	372.58	5.93	46.64	9.24	55.88
2000	2088.56	24.17	6029.96	69.78	523.65	6.05	34.64	8.67	43.31
2005	1960.16	21.32	6552.56	71.27	681.28	7.41	29.91	10.40	40.31
2006	1935.62	20.50	6807.73	72.10	698.71	7.40	28.43	10.26	38.70
2007	1941.56	20.10	6983.83	72.30	734.12	7.60	27.80	10.51	38.31
2008	1949.02	19.70	7162.88	72.40	781.58	7.90	27.21	10.91	38.12
2009	1955.13	19.30	7364.65	72.70	810.42	8.00	26.55	11.00	37.55
2010	1760.40	16.87	7963.03	76.33	708.62	6.79	22.15	8.91	31.06
2011	1775.00	16.90	8016.00	76.30	714.00	6.80	22.14	8.91	31.05
2012	1695.04	16.00	8157.38	77.00	741.58	7.00	20.78	9.09	29.87
2013	1558.28	14.64	8216.10	77.19	869.62	8.17	18.97	10.58	29.55
2014	1649.19	15.38	8187.91	76.35	886.90	8.27	20.14	10.83	30.97
2015	1884.67	17.37	8044.05	74.15	920.28	8.48	23.43	11.44	34.87
2016	1894.67	17.23	8164.05	74.22	940.28	8.55	23.21	11.52	34.72
2017	1922.48	17.21	8283.89	74.17	962.63	8.62	23.21	11.62	34.83
2018	1949.24	17.18	8418.73	74.20	978.03	8.62	23.15	11.62	34.77

注：1982、1990、2000、2010年常住人口年龄结构使用普查数据，因此合计数据与表3-2不一致。

Note: Age composition of permanent population for the years 1982, 1990, 2000 and 2010 are census year estimates.

3-5 年末户籍总人口

Total Population with Residence Registration at Year-end

单位：万人、% (10000 persons，%)

年份 Year	总人口 Total Population	按性别分 By Sex			
		男 Male		女 Female	
		人口数 Total Population	比例 Proportion	人口数 Total Population	比例 Proportion
1978	5064.15	2586.68	51.08	2477.47	48.92
1980	5227.67	2671.28	51.10	2556.39	48.90
1982	5415.35	2771.86	51.19	2643.49	48.81
1983	5494.12	2818.92	51.31	2675.20	48.69
1984	5576.62	2865.90	51.39	2710.72	48.61
1985	5655.60	2909.52	51.44	2746.08	48.56
1986	5740.70	2955.68	51.49	2785.02	48.51
1987	5832.15	3003.09	51.49	2829.06	48.51
1988	5928.31	3053.50	51.51	2874.81	48.49
1989	6024.98	3106.37	51.56	2918.61	48.44
1990	6246.32	3213.20	51.44	3033.12	48.56
1991	6348.95	3266.26	51.45	3082.69	48.55
1992	6463.17	3327.67	51.49	3135.50	48.51
1993	6581.60	3390.37	51.51	3191.23	48.49
1994	6691.46	3450.68	51.57	3240.78	48.43
1995	6788.74	3501.19	51.57	3287.55	48.43
1996	6896.77	3559.54	51.61	3337.23	48.39
1997	7013.73	3620.32	51.62	3393.41	48.38
1998	7115.65	3676.95	51.67	3438.70	48.33
1999	7298.88	3769.70	51.65	3529.18	48.35
2000	7498.54	3871.13	51.63	3627.41	48.37
2001	7565.33	3905.28	51.62	3660.05	48.38
2002	7649.29	3948.25	51.62	3701.04	48.38
2003	7723.42	3989.24	51.65	3734.18	48.35
2004	7804.75	4025.87	51.58	3778.88	48.42
2005	7899.64	4080.74	51.66	3818.90	48.34
2006	8048.71	4154.03	51.61	3894.68	48.39
2007	8156.05	4204.47	51.55	3951.58	48.45
2008	8267.09	4263.24	51.57	4003.85	48.43
2009	8365.98	4309.11	51.51	4056.87	48.49
2010	8521.55	4388.61	51.50	4132.94	48.50
2011	8637.19	4445.48	51.47	4191.71	48.53
2012	8635.89	4448.45	51.51	4187.44	48.49
2013	8759.46	4513.51	51.53	4245.95	48.47
2014	8886.88	4577.10	51.50	4309.78	48.50
2015	9008.38	4637.13	51.48	4371.25	48.52
2016	9164.90	4717.29	51.47	4447.61	48.53
2017	9316.91	4788.55	51.40	4528.36	48.60
2018	9502.12	4877.64	51.33	4624.48	48.67

3-6 户籍人口迁移变动情况

Status of Migrant Changes

单位：万人、‰ (10000 persons, ‰)

年份 Year	迁入 Immigration		迁出 Emigration		总迁移 Total Migration		净迁移 Net Migration	
	迁入人数 Number of Immigration	迁入率 Immigration Rate	迁出人数 Number of Emigration	迁出率 Emigration Rate	总迁人数 Total Number of Migration	总迁移率 Total Migration Rate	净迁移人数 Net Number of Migration	净迁移率 Net Migration Rate
1978	81.83	16.29	75.58	15.04	157.41	31.33	6.25	1.25
1980	91.45	17.64	82.09	15.83	173.54	33.47	9.36	1.81
1982	71.63	13.34	65.06	12.11	136.69	25.45	6.57	1.23
1983	66.26	12.14	59.35	10.88	125.61	23.02	6.91	1.26
1984	92.30	16.67	83.31	15.05	175.61	31.72	8.99	1.62
1985	100.10	17.82	84.90	15.12	185.00	32.94	15.20	2.70
1986	85.61	15.02	70.83	12.43	156.44	27.45	14.78	2.59
1987	92.89	16.05	73.26	12.66	166.15	28.71	19.63	3.39
1988	93.82	15.96	73.46	12.49	167.28	28.45	20.36	3.47
1989	95.26	15.94	73.87	12.36	169.13	28.30	21.39	3.58
1990	94.39	15.38	77.07	12.56	171.46	27.94	17.32	2.82
1991	97.23	15.44	83.74	13.30	180.97	28.74	13.49	2.14
1992	135.89	21.21	108.39	16.92	244.28	38.13	27.50	4.29
1993	158.20	24.25	128.06	19.63	286.26	43.88	30.14	4.62
1994	140.93	21.24	115.72	17.44	256.65	38.68	25.21	3.80
1995	108.09	16.04	89.74	13.31	197.83	29.35	18.35	2.73
1996	113.47	16.58	88.88	12.99	202.35	29.57	24.59	3.59
1997	130.94	18.83	98.90	14.22	229.84	33.05	32.04	4.61
1998	117.93	16.69	94.18	13.33	212.11	30.02	23.75	3.36
1999	107.68	14.94	89.13	12.37	196.81	27.31	18.55	2.57
2000	122.72	16.59	95.76	12.94	218.48	29.53	26.96	3.65
2001	109.88	14.59	92.34	12.26	202.22	26.85	17.54	2.33
2002	102.26	13.44	81.95	10.77	184.21	24.21	20.31	2.67
2003	105.27	13.70	83.22	10.83	188.49	24.53	22.05	2.87
2004	133.91	17.25	104.26	13.43	238.17	30.68	29.65	3.82
2005	107.21	13.65	70.45	8.97	177.66	22.62	36.76	4.68
2006	145.49	18.25	80.56	10.10	226.05	28.35	64.93	8.14
2007	119.95	14.80	71.67	8.85	191.62	23.65	48.28	5.96
2008	110.56	13.46	79.47	9.68	190.03	23.14	31.09	3.79
2009	96.80	11.64	64.93	7.81	161.73	19.45	31.87	3.83
2010	101.90	12.07	70.48	8.35	172.38	20.42	31.43	3.72
2011	94.47	11.01	65.37	7.62	159.84	18.63	29.10	3.39
2012	97.91	11.34	112.62	13.04	210.53	24.38	-14.70	-1.70
2013	97.86	11.25	77.72	8.94	175.58	20.19	20.14	2.32
2014	93.48	10.60	68.29	7.74	161.78	18.34	25.19	2.85
2015	74.65	8.34	66.67	7.45	141.32	15.79	7.98	0.89
2016	88.31	9.72	73.84	8.13	162.15	17.84	14.47	1.59
2017	133.09	14.40	85.91	9.30	219.00	23.70	47.18	5.11
2018	160.20	17.02	95.20	10.12	255.40	27.14	64.99	6.91

3-7 各市年末常住人口数
Permanent Population at Year-end by City

单位：万人 (10000 persons)

市 别	City	2000	2005	2010	2013	2014	2015	2016	2017	2018
全 省	**Provincial Total**	**8650.03**	**9194.00**	**10440.94**	**10644.00**	**10724.00**	**10849.00**	**10999.00**	**11169.00**	**11346.00**
广 州	Guangzhou	994.80	949.68	1270.96	1292.68	1308.05	1350.11	1404.35	1449.84	1490.44
深 圳	Shenzhen	701.24	827.75	1037.20	1062.89	1077.89	1137.87	1190.84	1252.83	1302.66
珠 海	Zhuhai	123.65	141.57	156.16	159.03	161.42	163.41	167.53	176.54	189.11
汕 头	Shantou	467.78	494.45	539.62	547.91	552.37	555.21	557.92	560.82	563.85
佛 山	Foshan	534.05	580.03	719.91	729.57	735.06	743.06	746.27	765.67	790.57
韶 关	Shaoguan	273.65	292.26	283.02	289.27	290.89	293.15	295.61	297.92	299.76
河 源	Heyuan	226.78	278.24	295.82	303.76	306.32	307.35	308.10	309.11	309.39
梅 州	Meizhou	380.52	411.84	424.46	430.70	432.33	434.08	436.08	437.43	437.88
惠 州	Huizhou	321.80	370.69	460.11	470.00	472.66	475.55	477.50	477.70	483.00
汕 尾	Shanwei	245.71	279.87	293.90	298.62	300.66	302.16	303.66	297.76	299.36
东 莞	Dongguan	644.84	656.07	822.48	831.66	834.31	825.41	826.14	834.25	839.22
中 山	Zhongshan	236.47	243.46	312.27	317.39	319.27	320.96	323.00	326.00	331.00
江 门	Jiangmen	395.24	410.29	445.08	449.76	451.14	451.95	454.40	456.17	459.82
阳 江	Yangjiang	217.20	232.14	242.53	247.96	249.95	251.12	252.84	254.29	255.56
湛 江	Zhanjiang	603.43	668.95	700.38	716.71	721.24	724.14	727.30	730.50	733.20
茂 名	Maoming	524.82	584.04	582.64	601.25	604.90	608.08	612.32	620.41	631.32
肇 庆	Zhaoqing	337.69	367.60	392.22	402.21	403.58	405.96	408.46	411.54	415.17
清 远	Qingyuan	314.98	359.37	370.38	379.11	381.91	383.45	384.60	386.00	387.40
潮 州	Chaozhou	240.44	252.01	267.21	271.21	272.04	264.05	264.60	265.08	265.66
揭 阳	Jieyang	524.61	559.69	588.30	599.47	603.54	605.89	609.40	608.60	608.94
云 浮	Yunfu	215.49	233.99	236.29	242.84	244.46	246.05	248.08	250.54	252.69
按经济区域分	By Region									
珠 三 角	Pearl River Delta	4289.78	4547.14	5616.39	5715.19	5763.38	5874.27	5998.49	6150.54	6300.99
东 翼	Eastern Region	1478.54	1586.02	1689.03	1717.21	1728.61	1727.31	1735.58	1732.26	1737.81
西 翼	Western Region	1345.45	1485.13	1525.55	1565.92	1576.09	1583.35	1592.46	1605.20	1620.08
山 区	Mountainous Region	1411.42	1575.7	1609.97	1645.68	1655.91	1664.07	1672.47	1681.00	1687.12

注：1.2000年全省数据含根据普查误差率推算的漏登人口。
2.2006—2009年年末常住人口根据2010年第六次全国人口普查快速汇总数据进行平滑调整。
3.2017年开始，深圳市包含深汕合作区人口数。

Note: 1. Data for the permanent population of 2000 has been adjusted to account for the unregistered population,per the Population Census Error Rate
2. Data for the permanent population from 2006 to 2009 have been adjusted with flash sums from the 6th National Population Census in 2010
3. Data for the 2017 permanent population of Shenzhen includes the permanent population of the Shenshan Special Cooperation Zon.

3-8 各市城镇人口占常住人口的比例

Proportion of Urban Population to Permanent Population by City

单位：% (%)

市别	City	2000	2005	2010	2013	2014	2015	2016	2017	2018
全　省	**Provincial Total**	**55.00**	**60.68**	**66.17**	**67.76**	**68.00**	**68.71**	**69.20**	**69.85**	**70.70**
广　州	Guangzhou	83.79	91.51	83.78	85.27	85.43	85.53	86.06	86.14	86.38
深　圳	Shenzhen	92.46	100.00	100.00	100.00	100.00	100.00	100.00	99.74	99.75
珠　海	Zhuhai	85.48	87.90	87.65	87.85	87.87	88.07	88.80	89.37	90.08
汕　头	Shantou	67.00	72.34	68.46	69.79	69.85	70.22	70.30	70.39	70.41
佛　山	Foshan	75.06	78.39	94.09	94.88	94.89	94.94	94.95	94.96	94.98
韶　关	Shaoguan	51.13	49.76	52.53	53.73	53.80	54.29	54.79	55.49	56.49
河　源	Heyuan	26.53	32.47	40.04	40.65	41.26	42.15	43.04	43.94	45.25
梅　州	Meizhou	37.21	41.63	43.01	46.00	46.90	47.79	48.59	49.49	50.49
惠　州	Huizhou	51.66	55.01	61.84	66.00	67.00	68.15	69.05	69.55	70.76
汕　尾	Shanwei	52.58	51.88	54.18	54.70	54.70	55.03	55.08	55.06	55.15
东　莞	Dongguan	60.04	73.02	88.46	88.75	88.81	88.82	89.14	89.86	91.02
中　山	Zhongshan	60.67	74.29	87.82	88.00	88.07	88.12	88.20	88.28	88.35
江　门	Jiangmen	47.08	56.78	62.30	64.10	64.20	64.84	65.06	65.81	66.50
阳　江	Yangjiang	41.92	44.09	46.81	48.80	49.05	49.91	50.81	51.61	52.61
湛　江	Zhanjiang	38.47	39.71	36.68	39.10	39.81	40.74	41.44	42.09	43.01
茂　名	Maoming	37.45	39.30	35.06	38.33	39.01	40.02	40.80	41.90	43.00
肇　庆	Zhaoqing	32.52	38.99	42.39	43.82	44.01	45.16	46.08	46.78	47.76
清　远	Qingyuan	32.60	38.46	47.54	48.00	48.30	49.07	50.00	50.70	52.00
潮　州	Chaozhou	43.41	53.62	62.75	63.15	63.41	63.80	64.00	64.50	65.30
揭　阳	Jieyang	37.91	41.15	47.31	50.03	50.53	50.89	51.00	51.08	51.18
云　浮	Yunfu	35.86	37.26	36.96	39.34	39.47	40.23	40.95	41.20	42.24
按经济区域分	By Region									
珠三角	Pearl River Delta	71.59	77.32	82.72	84.03	84.12	84.59	84.85	85.29	85.91
东　翼	Eastern Region	50.45	54.75	57.71	59.38	59.55	59.93	60.02	60.07	60.29
西　翼	Western Region	38.64	40.23	37.67	40.45	41.03	42.01	42.68	43.52	44.54
山　区	Mountainous Region	36.96	40.16	44.29	45.98	46.37	47.17	47.85	48.58	49.73

注：1．本表2000年、2005年数据按国家统计局1999年发布的《关于统计上划分城乡的规定(试行)》计算；2006年起数据按国家统计局2006年颁布的《关于统计上划分城乡的暂行规定》计算。
2．2006—2009年年末常住人口根据2010年第六次全国人口普查快速汇总数据进行平滑调整，城镇人口占常住人口比重也作相应调整。
3．2017年开始，深圳市包含深汕合作区人口数。

Note: 1. The 2000 and 2005 data in this table are calculated according to Interim Regulations on Statistical Classification of Urban and Rural Populationissued by National Bureau of Statistics in 1999. The 2006 data are calculated according to Provisional Regulations on Statistical Classification of Urban and Rural Population issued by National Bureau of Statistics in 2006.
2. Figures of permanent population at the year-end from 2006 to 2009 have been adjusted in accordance with the flash sums of the 6th National Population Cescus in 2010 and the proportion of urban population to permanent population is also adjusted.
3. In 2017,figures of permanent population of Shenzhen include the data of the Shenshan Special Cooperation Zone.

3–9　各市年末户籍人口数（2018年）
Total Population with Residence Registration at Year-end by City (2018)

单位：万人、%　　(10000 persons，%)

市　别	City	总人口 Total Population	按性别分 By Sex 男 Male 人口数 Total Population	比例 Proportion	女 Female 人口数 Total Population	比例 Proportion
全　省	**Provincial Total**	**9502.12**	**4877.64**	**51.33**	**4624.48**	**48.67**
广　州	Guangzhou	927.69	462.88	49.90	464.81	50.10
深　圳	Shenzhen	497.50	250.12	50.27	247.39	49.73
珠　海	Zhuhai	127.40	63.66	49.97	63.74	50.03
汕　头	Shantou	569.42	286.12	50.25	283.30	49.75
佛　山	Foshan	436.98	214.42	49.07	222.56	50.93
韶　关	Shaoguan	336.58	173.57	51.57	163.00	48.43
河　源	Heyuan	372.76	191.12	51.27	181.64	48.73
梅　州	Meizhou	548.29	282.59	51.54	265.71	48.46
惠　州	Huizhou	380.90	191.54	50.28	189.37	49.72
汕　尾	Shanwei	363.50	189.62	52.17	173.87	47.83
东　莞	Dongguan	231.59	115.34	49.80	116.25	50.20
中　山	Zhongshan	176.92	86.79	49.06	90.13	50.94
江　门	Jiangmen	398.91	200.66	50.30	198.25	49.70
阳　江	Yangjiang	299.88	159.09	53.05	140.79	46.95
湛　江	Zhanjiang	848.02	451.38	53.23	396.65	46.77
茂　名	Maoming	810.55	433.81	53.52	376.74	46.48
肇　庆	Zhaoqing	450.15	233.90	51.96	216.26	48.04
清　远	Qingyuan	442.95	229.72	51.86	213.23	48.14
潮　州	Chaozhou	275.79	139.82	50.70	135.97	49.30
揭　阳	Jieyang	705.43	363.10	51.47	342.33	48.53
云　浮	Yunfu	300.91	158.41	52.64	142.50	47.36
按经济区域分	By Region					
珠三角	Pearl River Delta	3628.04	1819.29	50.15	1808.75	49.85
东　翼	Eastern Region	1914.14	978.66	51.13	935.48	48.87
西　翼	Western Region	1958.45	1044.28	53.32	914.17	46.68
山　区	Mountainous Region	2001.49	1035.40	51.73	966.09	48.27

3-10 各市年末户籍迁移人口数（2018年）

Number of Migrant Population at the Year-end by City (2018)

单位：人 (person)

市别	City	迁入 Immigration		迁出 Emigration		净迁移 Net Migration	
		省内迁入 Within Guangdong	省外迁入 Outside Guangdong	迁往省内 Within Guangdong	迁往省外 Outside Guangdong	省内 Within Guangdong	省外 Outside Guangdong
全省	**Provincial Total**	**801078**	**800881**	**773469**	**178569**	**27609**	**622312**
广州	Guangzhou	111658	116435	23124	25711	88534	90724
深圳	Shenzhen	145664	296287	7679	24453	137985	271834
珠海	Zhuhai	36153	42263	5074	5838	31079	36425
汕头	Shantou	9252	6476	36626	5620	-27374	856
佛山	Foshan	70051	63617	8316	6520	61735	57097
韶关	Shaoguan	21196	7198	45183	6954	-23987	244
河源	Heyuan	10206	5143	47449	8917	-37243	-3774
梅州	Meizhou	17072	6692	87448	6696	-70376	-4
惠州	Huizhou	59744	58954	44660	7139	15084	51815
汕尾	Shanwei	9943	3401	37990	7295	-28047	-3894
东莞	Dongguan	69121	104541	4287	3827	64834	100714
中山	Zhongshan	19824	27081	2632	3004	17192	24077
江门	Jiangmen	48458	12452	55883	9934	-7425	2518
阳江	Yangjiang	3975	3078	16880	1732	-12905	1346
湛江	Zhanjiang	15216	7767	55642	12572	-40426	-4805
茂名	Maoming	38645	8115	71129	14555	-32484	-6440
肇庆	Zhaoqing	27145	8373	40231	5429	-13086	2944
清远	Qingyuan	35089	12382	36252	4941	-1163	7441
潮州	Chaozhou	3110	1971	18143	2716	-15033	-745
揭阳	Jieyang	38032	5401	107323	10631	-69291	-5230
云浮	Yunfu	11524	3254	21518	4085	-9994	-831
按经济区域分	By Region						
珠三角	Pearl River Delta	587818	730003	191886	91855	395932	638148
东翼	Eastern Region	60337	17249	200082	26262	-139745	-9013
西翼	Western Region	57836	18960	143651	28859	-85815	-9899
山区	Mountainous Region	95087	34669	237850	31593	-142763	3076

3-11 历次人口普查人口基本情况(1953-2010)

Basic Statistics on National Population Censuses (1953-2010)

项 目	Item	第一次 (1953年6月30日24时) 1st Census Midnight, June 30th, 1953	第二次 (1964年6月30日24时) 2nd Census Midnight, June 30th, 1964	第三次 (1982年7月1日零时) 3rd Census Midnight, July 1st, 1982	第四次 (1990年7月1日零时) 4th Census Midnight, July 1st,1990	第五次 (2000年11月1日零时) 5th Census Midnight, November 1st,2000	第六次 (2010年11月1日零时) 6th Census Midnight, November 1st,2010
一、总人口 (万人)	Total Population (10000 persons)	2978.31	3697.71	5363.19	6282.97	8642.17	10432.05
男性	Male	1493.07	1875.85	2740.54	3215.12	4402.32	5440.06
女性	Female	1485.24	1821.86	2622.65	3067.85	4239.85	4991.99
二、总户数 (万户)	Total Number of Households (10000 households)	754.42	843.09	1084.45	1364.60	2200.77	3222.28
家庭户	Family Households			1077.66	1343.61	1915.43	2863.07
集体户	Collective Households			6.79	20.99	285.34	359.21
#家庭户平均每户人数 (人/户)	Average Family Household Size (person/household)			4.79	4.42	3.69	3.11
三、年龄	Population by Age Group						
0-14岁 (万人)	0-14 (10 000 persons)		1534.81	1802.68	1879.73	2088.56	1760.40
15-64岁	15-64		2020.54	3267.68	4030.66	6029.96	7963.04
65岁及以上	65 and Above		142.36	292.83	372.58	523.65	708.60
四、民族 (万人)	Population by Ethnicity (10 000 persons)						
汉族	Han	2972.84	3688.86	5344.98	6247.44	8518.75	10225.32
各少数民族	Ethnic Minorities	5.47	8.85	18.21	35.53	123.42	206.73
五、城乡 (万人)	Population by Residence (10 000 persons)						
市、镇人数	Urban and Township Population	358.16	676.96	1034.13	2309.35	4752.56	6903.03
乡村人数	Rural Population	2620.15	3020.75	4329.06	3973.62	3889.61	3529.02
六、受教育程度(万人)	Population with Various Education Attainments (10 000 persons)						
大专以上	Junior College and Above		14.17	26.21	84.09	307.65	890.55
高中	Senior Secondary School		53.99	416.41	561.48	1113.09	1826.75
初中	Junior Secondary School		186.92	907.58	1447.82	3170.72	4407.60
小学	Primary School		1010.04	2220.41	2542.56	2864.37	2378.87
文盲、半文盲	Illiterate and Semi-literate Population		1115.52	864.50	818.17	332.21	208.77
七、婚姻 (万人)	Marital Status (10 000 persons)						
未婚	Never Married			1141.50	1319.27	2090.55	2726.95
有配偶	Maried			2114.67	2770.18	4128.16	5514.72
离婚	Divorce			18.75	19.31	34.69	70.16
丧偶	be widowed in middle age			285.59	294.48	300.20	359.83

注：1．"各少数民族"的人口数，含其他未识别的民族和外国人加入中国籍(入籍)的人口。
2．"市、镇人数"，历次人口普查的划分标准各有不同，其中第三次人口普查的市人口是指所有建制市的人口(不含市 辖县人口)；镇人口是指县辖镇的人口。第四次人口普查的市人口指设区的市所辖的区人口和不设区的市所辖的街 道人口；镇人口是指不设区的市所辖镇的居民委员会人口。第五次人口普查的市镇人口是按国家统计局1999年发布 的《关于统计上划分城乡的规定(试行)》划分。第六次人口普查的城市、镇、乡村是按国务院于2008年7月12日国函[2008]60号批复统计上划分城乡的规定划分。
3．"文盲、半文盲"的人口数，指15周岁及以上人口中的文盲、半文盲人数。

Note: a) Population of ethnic minorities also include the population of unidentified ethnic minorities and foreign immigrants who have joined Chinese nationalities.
b) The grouping of urban and population is different in each population census. In the 3rd census, urban population refers to the total population of all cities (excluding the population of counties), and the township population refers to the population of towns. In the 4th census, the urban population refers to the population of districts and streets under the administration of cities , and township population refers to the population of residents' committees of towns directly under the administration of cities. In the 5th census, the grouping is in accordance with the Interim Regulations on Statistical Classification of Urban and Rural Population issued by National Bureau of Statistics in 1999 . In the 6th census , the grouping is in accordance with the Written Reply on Statistical Classification of Urban and Rural Population by the State Council on July 12th AA2008.
c) Illiterate and Semi-literate Population refers to the population aged 15 and above.

主要统计指标解释

总人口 指一定时点、一定地区范围内有生命的个人的总和。按不同的统计范围可分为常住人口和户籍人口；统计时点通常为每年 12 月 31 日 24 时。

0-14 岁人口比例 （少年儿童人口系数或少年儿童人口比例） 指 0-14 岁的少年儿童人口与同期总人口之比，反映人口的年龄结构特征。通常以百分比表示。

15-64 岁人口比例 （成年人口系数或成年人口比例） 指 15-64 岁的成年人口与同期总人口之比，反映人口的年龄结构特征。通常以百分比表示。

65 岁及以上人口比例 （老年人口系数或老年人口比例） 指 65 岁及以上的老年人口与同期总人口之比，反映人口的老龄化程度。通常以百分比表示。

城镇人口比例 指城镇人口与同期总人口之比，反映该区域人口的城镇化水平。通常以百分比表示。

人口密度 指某一时点单位土地面积上居住的人口数。通常以每平方公里常住的人口数表示。

性别比 总人口（或分年龄人口）中男性人数与女性人数之比。通常以每 100 个女性人口相应有多少男性人口表示。

其计算公式为：性别比=男性人口数/女性人口数×100

出生率(也称粗出生率) 指某一人口在一定时期（通常为一年）内活产婴儿数与同期总人口的生存人口数（或同期平均总人口、年中人口数）之比。通常以千分比表示。

死亡率(也称粗死亡率) 指一定时期（通常为一年）内全部死亡人数与同期平均总人口之比，反映该时期人口的死亡强度。通常以千分比表示。

自然增长率 指一定时期（通常为一年）内人口自然增加数（出生人口减死亡人口）与同期平均总人口之比。通常以千分比表示。

迁入率（迁出率） 指一定时期（通常为一年）内迁入（迁出）人数与同期平均总人口之比。通常以千分比表示。

总迁移率 指一定时期（通常为一年）内人口迁移总量（迁入人口加迁出人口）与同期平均总人口之比。通常以千分比表示。

净迁移率 指一定时期（通常为一年）内人口迁入迁出相抵后（迁入人口减迁出人口）与同期平均总人口之比。通常以千分比表示。

跨省净迁移率 指一定时期（通常为一年）内省外迁入人口和迁往省外（含出国）人口之差与同期平均总人口之比。通常以千分比表示。

总抚养比 总抚养比也称总负担系数，是指人口总体中非劳动年龄人口数（0-14 岁人口+65 岁及以上人口）与劳动年龄人口数（15-64 岁人口）之比，通常用百分比表示。

少年儿童抚养比 少年儿童抚养比也称少年儿童抚养系数，是指某一人口中少年儿童人口数（0-14 岁人口）与劳动年龄人口数（15-64 岁人口）之比，通常用百分比表示。

老年人口抚养比 老年人口抚养比也称老年人口抚养系数，是指某一人口中老年人口数（65 岁及以上人口）与劳动年龄人口数（15-64 岁人口）之比，通常用百分比表示。

Explanatory Notes on Main Statistical Indicators

Total Population refers to the total number of people alive within a given area at a certain point of time. It can be divided into the permanent population and the population with residence registration according to different statistical coverage. The reference time of the statistics on total population is usually taken at midnight of December 31.

Proportion of Population Aged 0-14 (coefficient of child population or proportion of child population) refers to the proportion of population aged 0-14 in the total population during the same period of time. It is an indicator of age structure, usually expressed in percentage.

Proportion of Population Aged 15-64 (coefficient of adult population or proportion of adult population) refers to the proportion of population aged 15-64 in the total population during the same period of time. It is an indicator of age structure, usually expressed in percentage.

Proportion of Population Aged 65 and Over (coefficient of aged population or proportion of aged population) refers to the proportion of population aged 65 and over in the total population during the same period of time. It is an indicator of population ageing, usually expressed in percentage.

Proportion of Urban Population refers to the proportion of urban population in the total population during the same period of time. It is an indicator of population urbanization in a certain region, usually expressed in percentage.

Population Density refers to the number of people located in a given land area at a certain point of time, usually expressed in the number of permanent population per square kilometer.

Sex Ratio refers to the ratio of the male population to the female population among the total population (or population grouped by age), usually expressed in the number of males per 100 females.

The following formula is used:

Sex Ration = Number of Male Population / Number of Female Population ×100

Birth Rate (or Crude Birth Rate) refers to the ratio of live births to the total number of population alive (or average population, mid-year population) during a certain period of time (usually one year), expressed in ‰.

Death Rate (or Crude Death Rate) refers to the ratio of deaths to the average population during a certain period of time (usually one year), expressed in ‰. Death rate reflects the death intensity of the population during the same period of time.

Natural Growth Rate refers to the ratio of natural increase in population (number of births minus number of deaths) during a certain period of time (usually one year) to the average population of the same period, expressed in ‰.

Immigration Rate (Emigration Rate) refers to the ratio of the number of immigration (emigration) to the average population during a certain period of time (usually one year), expressed in ‰.

Total Migration Rate refers to the ratio of the total number of migration (number of immigration plus number of emigration) to the average population during a certain period of time (usually one year),expressed in ‰.

Net Migration Rate refers to the ratio of the net number of migration (number of immigration minus number of emigration) to the average population during a certain period of time (usually one year), expressed in ‰

Net Migration Rate across Province refers to the ratio of the number of immigration from outside the province minus the number of emigration to outside the province (including those going abroad) to the average population during a certain period of time (usually one year), expressed in ‰.

Gross Dependency Ratio also called gross dependency coefficient, refers to the ratio of the non-working-age population to the working-age population, expressed in %.

Children Dependency Ratio also called children dependency coefficient, refers to the ratio of the children population to the working-age population, expressed in %.

Old Dependency Ratio also called old dependency coefficient, refers to the ratio of the elderly population to the working-age population, expressed in %.

四、就业和工资

EMPLOYMENT AND WAGES

四　就业和工资

简要说明

一、本篇资料反映广东劳动就业与工资的基本情况。主要内容包括全社会就业人员数、城镇单位在岗职工人数、城镇私营企业和个体工商业就业人数、在岗职工工资总额、平均工资和城镇登记失业率等。

二、本篇资料由广东省统计局人口和就业处整理提供。

三、本篇资料主要根据国家统计调查制度搜集汇总，部分由省人力资源和社会保障厅提供并加工整理。

四、本篇资料中的城镇单位就业人员、在岗职工及其工资统计范围只包括城镇国有、集体及其他经济类型单位，不包括私营企业和个体劳动者。根据国家劳动统计报表制度的统一规定，从2013年年报起，将原属于乡镇企业且符合城镇非私营单位条件的“四上”企业（即规模以上工业企业、有资质的建筑业及全部房地产开发经营企业、限额以上批发和零售业、限额以上住宿和餐饮业、部分规模以上服务业企业）纳入城镇单位就业人员及工资统计的范围。本篇“城镇单位”均指“城镇非私营单位”。

五、1998年，劳动统计年报中对全部调查单位改按企业登记注册类型分组。即国有单位中不再包括国有联营和有限责任公司中的国有独资公司；城镇集体单位中不再包括集体联营和股份合作企业；其他单位则包括国有联营和有限责任公司中的国有独资公司，集体联营和股份合作企业。

4 Employment and Wages

Brief Introduction

Ⅰ. The data in this chapter show the basic conditions of labor employment and wages of Guangdong Province, mainly including the number of all employed persons, number of fully employed staff and workers in units in urban areas, number of the persons employed in urban private enterprises and self-employed persons in industry and commerce, total wages and average wage of fully employed staff and workers and registered urban unemployment rate, etc.

Ⅱ. The data in this chapter are prepared and provided by the Division of Population and Employment Statistics of Statistics Bureau of Guangdong Province.

Ⅲ. The data in this chapter are collected and tabulated mainly in accordance with the statistical survey scheme of the National Bureau of Statistics, part of which are processed and prepared from figures provided by Guangdong Provincial Department of Human Resources and Social Security.

Ⅳ. The statistical coverage of urban unit employed persons, fully employed staff and workers, staff and workers and wages in this chapter only includes state-owned units, collective-owned units and other types of ownership in urban areas, but excludes private enterprises and self-employed individuals. According to the The National Reporting Form System on Labour Wage Statistics, from the 2013 annual report.,the four enterprises original part of township enterprise and urban corporate unit excluding private units those are industrial enterprises above designated size,quality of the construction industry and real estate development enterprises,wholesale and retail trade enterprises above designated size, hotels and catering service enterprises above designated size and part of the service industry above designated size, are brought into the scope of statistics on employed person in urban areas and total wage bills. In this chapter, urban corporate units refers to urban corporate unit excluding private units.

Ⅴ. In annual labor reports since 1998, survey units are categorized by registration status. As a result, exclusively state-invested companies in state-owned joint ownership units and limited liability companies are no longer entered as state-owned units, and collective-owned joint ownership units and cooperative units are no longer entered as urban collective-owned units. These units excluded from the categories of state-owned joint ownership units and urban collective-owned units are now categorized as units of other types of ownership.

4-1 就业人员主要指标
Main Indicators of Employed Persons

指　　标	Item	2000	2010	2015	2016	2017	2018
就业人员人数　　（万人）	**Number of Employed Persons (10000 persons)**	**3989.32**	**5870.48**	**6219.31**	**6279.22**	**6340.79**	**6508.65**
第一产业	Primary Industry	1593.68	1435.17	1375.15	1365.43	1359.12	1348.93
第二产业	Secondary Industry	1114.86	2487.25	2546.57	2543.07	2541.82	2556.58
第三产业	Tertiary Industry	1280.78	1948.06	2297.58	2370.72	2439.85	2603.14
#城镇单位就业人员	Urban Employed Persons	759.21	1118.52	1948.04	1957.57	1963.10	1994.14
国有单位	State-owned Units	425.52	400.65	388.81	387.75	384.09	375.11
城镇集体单位	Urban Collective-owned Units	105.97	57.66	50.34	47.83	45.46	42.62
其他各种单位	Units of Other Types of Ownership	227.73	660.21	1508.89	1521.99	1533.56	1576.41
#城镇私营企业就业人员	Employed Persons in Urban Private Enterprises	161.73	896.69	1161.03	1178.64	1255.09	1412.64
#城镇个体就业人员	Self-employed Individuals in Urban Areas	278.40	429.99	751.05	756.92	770.97	800.73
城镇登记失业率　　(%)	Registered Unemployment Rate in Urban Area (%)	2.50	2.52	2.45	2.47	2.47	2.41
城镇单位就业人员工资总额（亿元）	**Earnings of Urban Employed Persons (100 million yuan)**	**1057.57**	**4484.29**	**12918.81**	**14156.81**	**15511.55**	**17717.16**
国有单位	State-owned Units	612.17	1951.16	2975.96	3314.72	3742.62	4158.23
城镇集体单位	Urban Collective-owned Units	93.04	129.01	227.71	234.59	249.68	245.33
其他各种单位	Units of Other Types of Ownership	352.37	2404.12	9715.14	10607.49	11519.25	13313.60
城镇单位就业人员平均工资（元）	**Average Labor Remuneration of Urban Employed Persons (yuan)**	**13859**	**40432**	**65788**	**72326**	**79183**	**88636**
国有单位	State-owned Units	14296	49027	76870	86159	98074	111464
城镇集体单位	Urban Collective-owned Units	8605	22453	45027	49357	55013	58514
其他各种单位	Units of Other Types of Ownership	15538	36779	63664	69552	75193	84057

注：2003年起城镇职工改为城镇就业人员，2000年的数据作了相应调整。2006–2010年就业人员人数，根据“全省第六次人口普查”资料作了相应调整。2014–2015年根据第三次经济普查结果对城镇个体就业人员数据进行推算。

Note: Since 2003, the urban staff and workers have been referred to as the urban employed persons. The figures in 2000 are adjusted correspondingly. Figures of "Number of Employed Persons" from 2006 to 2010 have been adjusted in accordance with the results of the 6th population census. The data on self-employed individuals from 2014 to 2015 have been adjusted in accordance with the result of the third national economic census.

4-2 就业人员年末人数

Number of Employed Persons at the Year-end

单位：万人 (10000 persons)

年份 Year	就业人员年末人数 Number of Employed Persons at the Year-end	#城镇单位就业人员 Urban Employed Persons	国有单位 State-owned Units	城镇集体单位 Urban Collective-owned Units	其他单位 Units of Other Types of Ownership	#城镇私营企业从业人员年末人数 Employed Persons in Urban Private Enterprises	#城镇个体就业人员年末人数 Self-employed Individuals in Urban Areas
1978	2275.95	515.85	369.04	146.81			
1979	2304.95	535.37	378.57	156.80			
1980	2367.78	563.62	400.19	163.43			
1981	2423.79	587.34	422.03	165.31			
1982	2521.38	608.12	443.43	164.69			
1983	2569.70	612.65	446.51	166.14			
1984	2637.49	631.77	429.65	197.89	4.23		
1985	2731.11	660.82	449.40	203.32	8.10		
1986	2811.92	686.20	465.59	208.85	11.76		
1987	2910.99	720.34	485.59	216.16	18.59		
1988	2994.72	747.67	503.20	216.96	27.51		
1989	3041.27	762.61	511.88	212.50	38.23		
1990	3118.10	785.49	528.13	207.62	49.74		
1991	3259.20	827.58	544.55	216.86	66.17	19.58	121.63
1992	3367.21	858.12	559.71	216.57	81.84	26.21	146.75
1993	3433.91	877.16	563.63	199.99	113.54	39.51	191.30
1994	3493.15	901.57	568.80	202.86	129.91	58.22	209.90
1995	3551.20	931.58	565.48	204.12	161.98	76.00	168.90
1996	3641.30	920.55	565.68	193.24	161.63	89.40	241.76
1997	3701.90	912.74	556.56	181.44	174.74	105.80	250.71
1998	3783.87	897.98	521.34	161.50	215.13	126.42	265.08
1999	3796.32	793.54	449.87	122.70	220.97	132.95	268.00
2000	3989.32	759.21	425.52	105.97	227.73	161.73	278.40
2001	4058.63	737.12	400.12	91.33	245.67	182.09	280.71
2002	4134.37	751.23	382.91	82.81	285.51	303.07	295.68
2003	4395.93	781.14	376.56	78.47	326.11	443.70	346.56
2004	4681.89	830.72	374.34	72.28	384.10	541.21	365.38
2005	5022.97	904.27	380.19	68.70	455.38	660.05	369.17
2006	5177.02	954.44	384.78	67.25	502.41	666.04	324.98
2007	5341.50	1001.46	381.00	65.49	554.97	733.14	371.53
2008	5471.72	1007.87	385.14	60.64	562.09	761.43	375.79
2009	5688.62	1055.03	389.17	58.33	607.53	834.06	433.40
2010	5870.48	1118.52	400.65	57.66	660.21	896.69	429.99
2011	5960.74	1238.22	423.88	62.83	751.51	899.46	433.18
2012	5965.95	1303.98	430.33	55.28	818.38	907.42	441.15
2013	6117.68	1966.98	402.75	58.52	1505.71	935.31	493.06
2014	6183.23	1973.28	396.20	56.69	1520.39	1112.98	734.53
2015	6219.31	1948.04	388.81	50.34	1508.89	1161.03	751.05
2016	6279.22	1957.57	387.75	47.83	1521.99	1178.64	756.92
2017	6340.79	1963.10	384.09	45.46	1533.56	1255.09	770.97
2018	6508.65	1994.14	375.11	42.62	1576.41	1412.64	800.73

注：2006—2010年就业人员人数，根据全省第六次人口普查资料作了相应调整。2014—2015年根据第三次经济普查结果对城镇个体就业人员数据进行推算。1993年及以前城镇单位就业人员为城镇单位职工人数。

Note: Figures of Number of Employed Persons from 2006 to 2010 have been adjusted in accordance with the results of the 6th population census. The data on self-employed individuals from 2014 to 2015 have been adjusted in accordance with the result of the third national economic census. Data of urban employed persons before 1993 are data of urban employed staff and workers.

4-3 按三次产业分就业人员年末人数

Number of Employed Persons at Year-end by Three strata of Industry

年 份 Year	就业人数 (万人) Total Employed Persons (10000 persons)	第一产业 Primary Industry	第二产业 Secondary Industry	第三产业 Tertiary Industry	构成 (%) Composition in Percentage(%) 第一产业 Primary Industry	第二产业 Secondary Industry	第三产业 Tertiary Industry
1978	2275.95	1677.01	312.94	286.00	73.7	13.7	12.6
1979	2304.95	1659.01	381.11	264.83	72.0	16.5	11.5
1980	2367.78	1673.57	404.80	289.41	70.7	17.1	12.2
1981	2423.79	1699.85	409.93	314.01	70.1	16.9	13.0
1982	2521.38	1723.46	447.18	350.74	68.4	17.7	13.9
1983	2569.70	1729.47	458.80	381.43	67.3	17.9	14.8
1984	2637.49	1679.46	498.09	459.94	63.7	18.9	17.4
1985	2731.11	1646.82	614.52	469.77	60.3	22.5	17.2
1986	2811.92	1624.15	637.76	550.01	57.8	22.6	19.6
1987	2910.99	1605.10	704.24	601.65	55.1	24.2	20.7
1988	2994.72	1607.11	743.91	643.70	53.7	24.8	21.5
1989	3041.27	1632.36	747.78	661.13	53.7	24.6	21.7
1990	3118.10	1651.71	848.37	618.02	53.0	27.2	19.8
1991	3259.20	1645.25	932.76	681.19	50.5	28.6	20.9
1992	3367.21	1594.32	1024.98	747.91	47.3	30.5	22.2
1993	3433.91	1512.88	1115.42	805.61	44.1	32.4	23.5
1994	3493.15	1478.37	1172.84	841.94	42.3	33.6	24.1
1995	3551.20	1473.60	1199.00	878.60	41.5	33.8	24.7
1996	3641.30	1481.40	1218.00	941.90	40.7	33.4	25.9
1997	3701.90	1511.38	1217.25	973.27	40.8	32.9	26.3
1998	3783.87	1554.33	1214.96	1014.58	41.1	32.1	26.8
1999	3796.32	1574.25	1181.58	1040.49	41.5	31.1	27.4
2000	3989.32	1593.68	1114.86	1280.78	40.0	27.9	32.1
2001	4058.63	1587.48	1131.96	1339.19	39.1	27.9	33.0
2002	4134.37	1572.92	1202.92	1358.53	38.0	29.1	32.9
2003	4395.93	1617.69	1557.19	1221.05	36.8	35.4	27.8
2004	4681.89	1622.50	1727.86	1331.53	34.7	36.9	28.4
2005	5022.97	1609.89	1916.16	1496.92	32.1	38.1	29.8
2006	5177.02	1562.17	2015.88	1598.97	30.2	38.9	30.9
2007	5341.50	1562.19	2102.28	1677.04	29.2	39.4	31.4
2008	5471.72	1526.66	2172.93	1772.13	27.9	39.7	32.4
2009	5688.62	1514.04	2292.05	1882.53	26.6	40.3	33.1
2010	5870.48	1435.17	2487.25	1948.06	24.4	42.4	33.2
2011	5960.74	1427.34	2526.48	2006.92	23.9	42.4	33.7
2012	5965.95	1418.38	2509.69	2037.88	23.8	42.0	34.2
2013	6117.68	1405.06	2563.50	2149.12	23.0	41.9	35.1
2014	6183.23	1382.41	2560.65	2240.16	22.4	41.4	36.2
2015	6219.31	1375.15	2546.57	2297.58	22.1	41.0	36.9
2016	6279.22	1365.43	2543.07	2370.72	21.7	40.5	37.8
2017	6340.79	1359.12	2541.82	2439.85	21.4	40.1	38.5
2018	6508.65	1348.93	2556.58	2603.14	20.7	39.3	40.0

4-4 按各种分组的就业人员年末人数

Number of Employed Persons at the Year-end by Grouping

单位：万人 (10000 persons)

项 目	Item	2005	2010	2016	2017	2018
就业人员总数	**Total Number of Employed Persons**	**5022.97**	**5870.48**	**6279.22**	**6340.79**	**6508.65**
按登记注册类型分组	Grouped by Status of Registration					
#国有单位	State-owned Units	380.19	392.84	391.26	388.59	380.72
集体单位	Collective-owned Units	2037.35	1856.34	1565.95	1550.34	1533.33
股份合作单位	Cooperative Units	20.19	25.51	22.59	23.30	20.72
联营单位	Joint Ownership	16.53	15.99	9.04	8.62	8.77
有限责任公司	Limited Liability Corporations	205.69	307.64	615.02	644.78	664.00
股份有限公司	Share-holding Corporations Ltd.	52.33	87.29	186.28	190.91	208.06
外商投资单位	Foreign Funded Units	216.68	289.61	311.61	307.15	296.64
港、澳、台商投资单位	Units Funded by Entrepreneurs from Hong Kong, Macao and Taiwan	602.72	732.06	615.29	605.95	565.73
私营企业	Private Enterprises	666.20	1039.69	1329.03	1369.37	1534.40
个体经济	Individuals	732.92	1044.11	1144.78	1166.02	1211.03
按国民经济行业分组	Grouped by Economic Sector					
农、林、牧、渔业	Farming, Forestry, Animal Husbandry and Fishery	1609.89	1435.17	1367.94	1361.61	1351.48
采矿业	Mining and Quarrying	15.92	12.48	13.65	13.36	13.07
制造业	Manufacture	1666.23	2214.67	2230.35	2220.03	2193.01
电力、热力、燃气及水生产和供应业	Production and Supply of Electric Power,Gas and Water	24.27	31.94	33.93	34.60	34.63
建筑业	Construction	209.74	228.17	269.41	277.99	318.79
批发和零售业	Wholesale and Retail Trade	562.18	763.92	844.28	851.25	870.08
交通运输、仓储和邮政业	Transport, Storage and Postal Services	117.65	160.53	186.80	192.31	195.86
住宿和餐饮业	Hotels and Catering Services	166.67	201.71	235.30	237.98	260.40
信息传输、软件和信息技术服务业	Information Transmission, Computer Services and Software	36.72	53.94	94.96	99.92	118.38
金融业	Finance	29.83	55.28	58.12	58.66	70.89
房地产业	Real Estate	44.31	69.58	108.28	130.22	141.47
租赁和商务服务业	Leasing and Business Services	61.11	90.21	164.31	171.64	197.19
科学研究和技术服务业	Scientific Research and Technical Services	16.35	26.41	58.35	62.95	79.48
水利、环境和公共设施管理业	Water Conservancy, Environment and Public Facilities Management	15.42	19.88	26.32	27.07	28.06
居民服务、修理和其他服务业	Household's Services,Repair and Other Services	179.84	159.15	175.17	178.93	189.64
教育	Education	113.18	131.55	161.31	164.68	176.74
卫生和社会工作	Health Care and Social Work	44.01	57.57	73.06	75.21	78.38
文化、体育和娱乐业	Culture, Sports and Recreation	17.03	25.63	29.95	30.86	36.93
公共管理、社会保障和社会组织	Public Administration and Social Security and Social Organizations	92.61	132.71	147.73	151.53	154.18

注：2006—2010年就业人员人数，根据"全省第六次普查"资料作了相应调整。
Note: Figures of "Number of Employed Persons" from 2006 to 2010 have been adjusted in accordance with the results of the 6th population census.

4-5 各市就业人员年末人数

Number of Employed Persons at the Year-end by City

单位：万人 (10000 persons)

市别	City	2010	2011	2012	2013	2014	2015	2016	2017	2018
全省	**Provincial Total**	**5870.48**	**5960.74**	**5965.95**	**6117.68**	**6183.23**	**6219.31**	**6279.22**	**6340.79**	**6508.65**
广州	Guangzhou	711.07	743.18	751.30	759.93	784.84	810.99	835.26	862.33	896.54
深圳	Shenzhen	758.14	764.54	771.20	899.20	899.66	906.14	926.38	943.29	1050.25
珠海	Zhuhai	103.02	104.09	104.93	106.32	108.79	108.92	109.55	112.37	115.97
汕头	Shantou	237.91	238.55	239.05	239.67	238.26	238.50	239.24	239.76	240.11
佛山	Foshan	443.46	445.13	437.25	437.29	438.09	438.41	438.81	435.51	440.91
韶关	Shaoguan	142.51	142.65	143.10	143.78	144.13	144.17	144.48	144.67	145.04
河源	Heyuan	133.15	135.47	136.59	135.19	134.63	136.52	138.42	141.02	141.38
梅州	Meizhou	208.07	209.48	211.00	211.93	213.01	213.52	214.34	216.55	215.63
惠州	Huizhou	260.14	267.94	270.04	277.27	280.62	281.51	285.57	289.10	290.33
汕尾	Shanwei	119.15	119.23	119.45	119.68	119.36	119.86	121.10	120.21	120.76
东莞	Dongguan	626.25	628.54	631.40	633.25	660.46	653.41	653.97	660.39	667.17
中山	Zhongshan	207.34	208.64	208.84	210.30	211.76	210.51	213.01	212.18	212.99
江门	Jiangmen	249.55	253.03	248.34	244.30	243.24	242.92	244.07	244.94	247.13
阳江	Yangjiang	131.34	137.87	131.98	128.97	128.35	128.79	129.02	129.22	129.16
湛江	Zhanjiang	319.78	329.13	331.64	336.37	340.76	340.85	343.75	344.51	343.76
茂名	Maoming	273.18	275.58	278.30	280.54	281.00	281.78	282.52	284.06	285.70
肇庆	Zhaoqing	213.05	215.13	215.55	216.22	217.79	218.44	220.31	221.31	225.30
清远	Qingyuan	196.07	197.49	197.68	200.14	203.98	210.67	205.75	205.42	208.81
潮州	Chaozhou	138.48	138.80	134.98	131.02	127.68	124.94	124.55	124.71	123.43
揭阳	Jieyang	270.26	273.55	271.94	273.64	274.16	275.07	274.97	274.94	273.25
云浮	Yunfu	128.57	132.73	131.41	132.66	132.67	133.37	134.15	134.31	135.03
按经济区域分	By Region									
珠三角	Pearl River Delta	3572.01	3630.21	3638.83	3784.09	3845.25	3871.26	3926.93	3981.41	4146.60
东翼	Eastern Region	765.79	770.13	765.42	764.01	759.46	758.37	759.87	759.62	757.54
西翼	Western Region	724.30	742.58	741.92	745.88	750.10	751.42	755.29	757.79	758.62
山区	Mountainous Region	808.37	817.81	819.78	823.70	828.42	838.26	837.13	841.96	845.89

注：2010年就业人员人数，根据“六普”资料作了相应调整。

Note: Figures of “ Number of Employed Persons ” of 2010 have been adjusted in accordance with the results of the 6th population census.

4-6 各市按三次产业分就业人员年末人数

Number of Employed Persons at the Year-end by Strata of Industry by City

单位：万人 (10000 persons)

市别	City	2017 合计 Total	2017 第一产业 Primary Industry	2017 第二产业 Secondary Industry	2017 第三产业 Tertiary Industry	2018 合计 Total	2018 第一产业 Primary Industry	2018 第二产业 Secondary Industry	2018 第三产业 Tertiary Industry
全　省	**Provincial Total**	**6340.79**	**1359.12**	**2541.82**	**2439.85**	**6508.65**	**1348.93**	**2556.58**	**2603.14**
广　州	Guangzhou	862.33	62.00	286.61	513.72	896.54	60.63	289.40	546.51
深　圳	Shenzhen	943.29	1.64	419.29	522.36	1050.25	1.63	444.75	603.87
珠　海	Zhuhai	112.37	6.16	54.79	51.41	115.97	5.99	55.74	54.23
汕　头	Shantou	239.76	62.28	108.48	69.00	240.11	61.80	107.93	70.37
佛　山	Foshan	435.51	21.37	247.04	167.10	440.91	19.63	248.08	173.20
韶　关	Shaoguan	144.67	59.02	31.86	53.79	145.04	58.81	31.40	54.84
河　源	Heyuan	141.02	70.74	27.78	42.50	141.38	70.80	27.08	43.50
梅　州	Meizhou	216.55	79.33	63.44	73.77	215.63	78.78	63.43	73.42
惠　州	Huizhou	289.10	49.02	143.97	96.11	290.33	48.31	144.55	97.47
汕　尾	Shanwei	120.21	50.59	34.23	35.38	120.76	50.89	33.90	35.97
东　莞	Dongguan	660.39	5.79	450.78	203.82	667.17	5.65	456.41	205.11
中　山	Zhongshan	212.18	9.98	138.11	64.09	212.99	9.52	134.90	68.57
江　门	Jiangmen	244.94	78.89	97.13	68.93	247.13	77.68	88.03	81.42
阳　江	Yangjiang	129.22	47.15	42.88	39.19	129.16	47.25	42.05	39.87
湛　江	Zhanjiang	344.51	205.12	52.35	87.04	343.76	203.18	48.66	91.92
茂　名	Maoming	284.06	139.92	63.62	80.52	285.70	138.05	64.82	82.83
肇　庆	Zhaoqing	221.31	106.63	57.03	57.65	225.30	105.26	57.08	62.97
清　远	Qingyuan	205.42	101.38	40.40	63.64	208.81	102.38	39.92	66.51
潮　州	Chaozhou	124.71	38.47	56.82	29.41	123.43	38.56	55.66	29.21
揭　阳	Jieyang	274.94	87.31	95.79	91.84	273.25	87.74	93.76	91.75
云　浮	Yunfu	134.31	76.31	29.42	28.59	135.03	76.38	29.02	29.62
按经济区域分	By Region								
珠三角	Pearl River Delta	3981.41	341.49	1894.75	1745.17	4146.60	334.30	1918.95	1893.34
东　翼	Eastern Region	759.62	238.66	295.32	225.64	757.54	238.99	291.25	227.30
西　翼	Western Region	757.79	392.20	158.84	206.75	758.62	388.48	155.53	214.61
山　区	Mountainous Region	841.96	386.78	192.90	262.29	845.89	387.15	190.85	267.89

4-7 城镇单位就业人员和在岗职工年末人数（2018年）

Number of Employed Persons and Fully Employed Staff and Workers in Urban Units at the Year-end (2018)

单位：万人 (10000 persons)

项 目	Item	就业人员 Employed Persons	国有单位 State-owned Units	城镇集体单位 Urban Collectiveowned Units	其他单位 Other Types of Ownership
合 计	**Total**	**1994.14**	**375.11**	**42.62**	**1576.41**
按企业、事业和机关分	Grouped by Enterprises,Institutions and Agencies				
企业	Enterprises	1666.22	63.80	37.09	1565.33
事业	Institutions	211.31	202.47	4.62	4.22
机关	Organ	107.65	107.51	0.03	0.10
民营非盈利组织	Private Non-profit Organizations	5.58	0.43	0.25	4.90
其他	Others	3.39	0.90	0.63	1.86
按国民经济行业分	Grouped by Economic Sector				
农、林、牧、渔业	Farming, Forestry, Animal Husbandry and Fishery	4.12	3.87	0.02	0.22
采矿业	Mining and Quarrying	2.18	0.40	0.01	1.77
制造业	Manufacture	882.48	3.06	5.56	873.86
电力、热力、燃气及水生产和供应业	Production and Supply of Electric Power, Gas and Water	27.96	5.93	0.76	21.27
建筑业	Construction	169.03	9.87	16.47	142.69
批发和零售业	Wholesale and Retail Trade	107.82	2.68	2.51	102.62
交通运输、仓储和邮政业	Transport, Storage and Postal Services	86.41	10.77	0.62	75.02
住宿和餐饮业	Hotels and Catering Services	40.66	1.68	0.90	38.08
信息传输、软件和信息技术服务业	Information Transmission, Computer Services and Software	60.78	2.39	0.09	58.30
金融业	Finance	61.30	8.72	3.48	49.10
房地产业	Real Estate	77.07	1.75	1.44	73.88
租赁和商务服务业	Leasing and Business Services	78.80	12.61	4.68	61.51
科学研究和技术服务业	Scientific Research and Technical Services	37.83	8.77	0.31	28.76
水利、环境和公共设施管理业	Water Conservancy, Environment and Public Facilities Management	18.63	10.21	0.85	7.57
居民服务、修理和其他服务业	Household's Services,Repair and Other Services	10.68	2.57	0.16	7.95
教育	Education	130.14	107.13	2.47	20.54
卫生和社会工作	Health Care and Social Work	67.88	58.28	2.15	7.44
文化、体育和娱乐业	Culture, Sports and Recreation	10.53	4.98	0.11	5.44
公共管理、社会保障和社会组织	Public Administration and Social Security and Social Organizations	119.85	119.45	0.02	0.38
按产业分	Grouped by Industry				
第一产业	Primary Industry	4.12	3.87	0.02	0.22
第二产业	Secondary Industry	1081.64	19.25	22.80	1039.59
第三产业	Tertiary Industry	908.38	351.99	19.79	536.59

4-7 续表 continued

单位：万人 (10000 persons)

项 目	Item	在岗职工 Fully Employed Staff and Workers	国有单位 State-owned Units	城镇集体单位 Urban Collecti-veowned Units	其他单位 Other Types of Ownership
合 计	**Total**	**1911.23**	**363.54**	**39.88**	**1507.82**
按企业、事业和机关分	Grouped by Enterprises,Institutions and Agencies				
企业	Enterprises	1592.46	60.67	34.57	1497.22
事业	Institutions	205.20	196.70	4.44	4.06
机关	Organ	104.99	104.86	0.03	0.10
民营非盈利组织	Private Non-profit Organizations	5.37	0.42	0.24	4.71
其他	Others	3.21	0.88	0.60	1.73
按国民经济行业分	Grouped by Economic Sector				
农、林、牧、渔业	Farming, Forestry, Animal Husbandry and Fishery	4.07	3.83	0.02	0.22
采矿业	Mining and Quarrying	2.12	0.40	0.01	1.72
制造业	Manufacture	874.19	2.95	5.47	865.76
电力、热力、燃气及水生产和供应业	Production and Supply of Electric Power, Gas and Water	27.79	5.88	0.75	21.16
建筑业	Construction	144.54	9.00	14.94	120.60
批发和零售业	Wholesale and Retail Trade	101.53	2.60	2.37	96.56
交通运输、仓储和邮政业	Transport, Storage and Postal Services	83.00	10.31	0.55	72.14
住宿和餐饮业	Hotels and Catering Services	36.03	1.61	0.86	33.56
信息传输、软件和信息技术服务业	Information Transmission, Computer Services and Software	59.50	2.28	0.09	57.13
金融业	Finance	45.23	7.85	3.45	33.93
房地产业	Real Estate	74.90	1.60	1.26	72.04
租赁和商务服务业	Leasing and Business Services	74.62	12.35	4.25	58.02
科学研究和技术服务业	Scientific Research and Technical Services	36.86	8.42	0.30	28.14
水利、环境和公共设施管理业	Water Conservancy, Environment and Public Facilities Management	17.75	9.64	0.73	7.39
居民服务、修理和其他服务业	Household's Services,Repair and Other Services	10.16	2.53	0.15	7.48
教育	Education	126.42	104.46	2.44	19.52
卫生和社会工作	Health Care and Social Work	66.12	56.70	2.11	7.31
文化、体育和娱乐业	Culture, Sports and Recreation	9.63	4.71	0.11	4.81
公共管理、社会保障和社会组织	Public Administration and Social Security and Social Organizations	116.77	116.42	0.02	0.34
按产业分	Grouped by Industry				
第一产业	Primary Industry	4.07	3.83	0.02	0.22
第二产业	Secondary Industry	1048.64	18.23	21.16	1009.24
第三产业	Tertiary Industry	858.52	341.47	18.69	498.36

4-8 各市城镇单位就业人员和在岗职工（2018年）

Number of Employed Persons and of Fully Employed Staff and Workers in Urban Units by City (2018)

单位：万人 (10000 persons)

市 别	City	就业人员 Employed Persons 合计 Total	国有单位 State-owned Units	城镇集体单位 Urban Collective-owned Units	其他单位 Other Types of Ownership	在岗职工 Fully Employed Staff and Workers 合计 Total	国有单位 State-owned Units	城镇集体单位 Urban Collective-owned Units	其他单位 Other Types of Ownership
年末人数	**Year-end Number**								
全 省	**Provincial Total**	**1994.14**	**375.11**	**42.62**	**1576.41**	**1911.23**	**363.54**	**39.88**	**1507.82**
广 州	Guangzhou	348.65	71.61	5.90	271.13	331.90	69.56	5.22	257.12
深 圳	Shenzhen	486.49	39.88	1.53	445.08	466.91	39.02	1.49	426.39
珠 海	Zhuhai	77.60	9.07	0.54	67.99	74.39	8.89	0.52	64.99
汕 头	Shantou	58.95	18.31	4.62	36.03	56.00	17.41	4.43	34.16
佛 山	Foshan	163.33	18.36	3.01	141.96	160.36	17.96	2.98	139.43
韶 关	Shaoguan	31.27	13.20	1.78	16.30	29.41	12.59	1.73	15.08
河 源	Heyuan	28.90	11.60	0.72	16.58	28.15	11.52	0.68	15.95
梅 州	Meizhou	30.05	16.05	1.18	12.83	28.16	15.68	1.12	11.36
惠 州	Huizhou	95.13	18.22	0.80	76.11	90.86	17.62	0.80	72.45
汕 尾	Shanwei	19.83	8.35	1.56	9.92	19.00	7.89	1.37	9.74
东 莞	Dongguan	242.42	15.52	4.26	222.64	237.21	15.15	4.12	217.95
中 山	Zhongshan	76.34	8.05	0.79	67.50	73.78	7.76	0.79	65.23
江 门	Jiangmen	64.32	12.66	1.90	49.77	59.25	11.70	1.70	45.85
阳 江	Yangjiang	20.08	10.45	1.95	7.68	18.98	10.24	1.81	6.93
湛 江	Zhanjiang	53.50	25.69	3.06	24.75	49.66	24.84	3.00	21.82
茂 名	Maoming	46.34	19.95	2.77	23.62	42.72	19.42	2.69	20.61
肇 庆	Zhaoqing	38.62	14.76	1.30	22.55	37.37	13.98	1.28	22.10
清 远	Qingyuan	35.28	12.64	0.38	22.26	33.31	12.39	0.29	20.63
潮 州	Chaozhou	17.92	7.47	1.59	8.85	16.70	7.15	1.03	8.52
揭 阳	Jieyang	30.44	14.47	2.52	13.46	29.68	14.11	2.39	13.18
云 浮	Yunfu	18.36	8.81	0.45	9.09	17.09	8.66	0.44	7.99
年平均人数	**Annual Aver-age Number**								
全 省	**Provincial Total**	**1998.87**	**373.06**	**41.93**	**1583.89**	**1918.45**	**361.48**	**39.18**	**1517.79**
广 州	Guangzhou	346.15	71.26	5.98	268.91	330.89	69.24	5.35	256.29
深 圳	Shenzhen	487.88	39.59	1.35	446.94	468.76	38.75	1.33	428.69
珠 海	Zhuhai	77.19	8.96	0.56	67.67	74.15	8.78	0.53	64.83
汕 头	Shantou	58.15	18.14	4.50	35.52	55.51	17.24	4.33	33.94
佛 山	Foshan	164.20	18.34	3.03	142.83	161.18	17.95	3.00	140.22
韶 关	Shaoguan	31.38	13.14	1.68	16.55	29.57	12.54	1.64	15.39
河 源	Heyuan	28.94	11.54	0.68	16.72	28.19	11.46	0.64	16.09
梅 州	Meizhou	29.91	15.95	1.10	12.86	28.03	15.59	1.04	11.40
惠 州	Huizhou	96.90	18.11	0.80	77.99	92.64	17.52	0.79	74.32
汕 尾	Shanwei	19.48	8.34	1.40	9.73	18.65	7.89	1.21	9.55
东 莞	Dongguan	250.94	15.47	4.38	231.09	245.26	15.10	4.23	225.92
中 山	Zhongshan	76.68	7.97	0.77	67.94	73.96	7.68	0.77	65.51
江 门	Jiangmen	62.86	12.55	1.78	48.53	58.53	11.60	1.61	45.32
阳 江	Yangjiang	19.69	10.39	1.81	7.48	18.68	10.19	1.66	6.82
湛 江	Zhanjiang	51.79	25.82	2.99	22.97	47.93	24.81	2.96	20.16
茂 名	Maoming	46.02	19.82	2.70	23.50	42.44	19.30	2.61	20.52
肇 庆	Zhaoqing	38.46	14.66	1.28	22.53	37.20	13.90	1.25	22.04
清 远	Qingyuan	34.97	12.51	0.38	22.07	33.04	12.27	0.29	20.48
潮 州	Chaozhou	18.19	7.45	1.85	8.90	16.83	7.12	1.14	8.56
揭 阳	Jieyang	30.50	14.39	2.48	13.63	29.72	14.03	2.37	13.32
云 浮	Yunfu	18.10	8.65	0.43	9.03	16.84	8.49	0.42	7.93

4-9 各市城镇单位各行业在岗职工年末人数（2018年）
Number of Fully Employed Staff and Workers in Urban Units at the Year-end by Sector and by City (2018)

单位：万人 (10000 persons)

市别	City	合计 Total	农、林、牧、渔业 Farming, Forestry, Animal Husbandry and Fishery	采矿业 Mining and Quarrying	制造业 Manufacture	电力、热力、燃气及水生产和供应业 Production and Supply of Electric Power,Gas and Water	建筑业 Construction	批发和零售业 Wholesale and Retail Trade
全省	**Provincial Total**	**1911.23**	**4.07**	**2.12**	**874.19**	**27.79**	**144.54**	**101.53**
广州	Guangzhou	331.90	0.13	0.00	73.60	3.45	25.86	28.04
深圳	Shenzhen	466.91	0.03	0.37	220.55	2.16	30.02	28.79
珠海	Zhuhai	74.39	0.65	0.03	36.41	0.45	4.65	3.28
汕头	Shantou	56.00	0.04	0.01	18.64	0.44	13.24	2.89
佛山	Foshan	160.36	0.01	0.01	106.40	1.26	4.56	7.52
韶关	Shaoguan	29.41	0.12	0.38	7.14	0.74	5.02	1.26
河源	Heyuan	28.15	0.07	0.04	11.38	0.31	1.69	0.73
梅州	Meizhou	28.16	0.02	0.09	5.58	1.04	3.69	1.06
惠州	Huizhou	90.86	0.08	…	60.98	0.94	1.66	2.32
汕尾	Shanwei	19.00	0.07	0.03	8.79	0.20	0.73	0.54
东莞	Dongguan	237.21	0.03	…	183.02	0.99	6.35	7.37
中山	Zhongshan	73.78			51.02	0.41	2.33	3.15
江门	Jiangmen	59.25	0.10	0.01	28.18	0.49	5.20	3.41
阳江	Yangjiang	18.98	0.41	0.01	2.22	0.47	3.61	0.90
湛江	Zhanjiang	49.66	1.40	0.62	6.21	0.75	12.03	2.42
茂名	Maoming	42.72	0.68	0.14	5.26	0.76	12.43	2.14
肇庆	Zhaoqing	37.37	0.05	0.13	15.43	1.01	1.79	1.81
清远	Qingyuan	33.31	0.03	0.03	11.83	0.62	3.69	1.08
潮州	Chaozhou	16.70	…	…	7.10	0.50	1.00	0.47
揭阳	Jieyang	29.68	0.13		9.36	0.60	3.48	1.64
云浮	Yunfu	17.09	0.03	0.22	4.60	0.39	1.52	0.72
按经济区域分	By Region							
珠三角	Pearl River Delta	1542.36	1.09	0.54	776.09	20.97	82.41	85.68
东翼	Eastern Region	121.38	0.24	0.05	43.88	1.74	18.45	5.54
西翼	Western Region	111.36	2.49	0.77	13.68	1.98	28.07	5.46
山区	Mountainous Region	136.13	0.26	0.76	40.53	3.10	15.62	4.85

4−9 续表 1 continued

单位：万人 (10000 persons)

市别	City	交通运输、仓储和邮政业 Transport, Storage and Postal Services	住宿和餐饮业 Hotels and Catering Services	信息传输、软件和信息技术服务业 Information Transmi-ssion, Computer Services and Software	金融业 Finance	房地产业 Real Estate	租赁和商务服务业 Leasing and Business Services	科学研究和技术服务业 Scientific Research and Technical Services
全　省	**Provincial Total**	**83.00**	**36.03**	**59.50**	**45.23**	**74.90**	**74.62**	**36.86**
广　州	Guangzhou	31.95	10.44	21.52	8.04	21.30	22.64	13.91
深　圳	Shenzhen	25.24	10.91	25.83	16.24	26.15	27.34	12.81
珠　海	Zhuhai	2.55	2.59	2.48	1.34	4.14	5.14	1.31
汕　头	Shantou	1.45	0.65	0.55	1.17	1.23	1.82	0.35
佛　山	Foshan	4.20	1.80	1.54	2.21	4.40	3.30	1.93
韶　关	Shaoguan	0.77	0.36	0.24	0.81	0.68	0.43	0.32
河　源	Heyuan	0.69	0.32	0.33	0.61	0.82	0.57	0.17
梅　州	Meizhou	0.72	0.20	0.43	0.86	0.34	0.28	0.35
惠　州	Huizhou	1.72	0.79	0.76	1.41	2.62	0.71	0.65
汕　尾	Shanwei	0.45	0.14	0.38	0.46	0.26	0.29	0.07
东　莞	Dongguan	3.14	2.64	1.14	2.65	3.38	6.23	1.82
中　山	Zhongshan	1.37	1.16	0.56	1.34	2.35	1.18	0.48
江　门	Jiangmen	1.61	0.89	0.59	1.58	1.69	1.70	0.59
阳　江	Yangjiang	0.66	0.25	0.31	0.63	0.46	0.27	0.19
湛　江	Zhanjiang	2.09	0.83	0.72	1.15	1.19	1.06	0.57
茂　名	Maoming	1.35	0.42	0.45	1.09	0.90	0.51	0.39
肇　庆	Zhaoqing	0.96	0.44	0.36	1.06	0.97	0.30	0.30
清　远	Qingyuan	0.81	0.61	0.41	0.83	1.06	0.35	0.29
潮　州	Chaozhou	0.31	0.11	0.23	0.52	0.26	0.13	0.15
揭　阳	Jieyang	0.63	0.27	0.47	0.77	0.38	0.22	0.12
云　浮	Yunfu	0.32	0.22	0.22	0.46	0.32	0.14	0.09
按经济区域分	By Region							
珠三角	Pearl River Delta	72.75	31.64	54.76	35.86	67.00	68.54	33.80
东　翼	Eastern Region	2.84	1.17	1.63	2.92	2.12	2.46	0.70
西　翼	Western Region	4.10	1.50	1.47	2.87	2.55	1.84	1.14
山　区	Mountainous Region	3.30	1.71	1.64	3.57	3.23	1.77	1.22

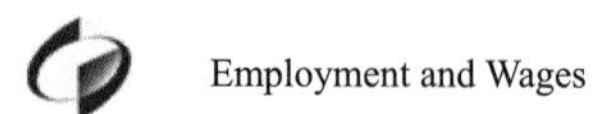

4-9 续表 2 continued

单位：万人 (10000 persons)

市别	City	水利、环境和公共设施管理业 Management of Water Conservancy, Environment and Public Facilities	居民服务、修理和其他服务业 Household's Services, Repair and Other Services	教育 Education	卫生和社会工作 Health and Social Service	文化、体育和娱乐业 Culture, Sports and Entertainment	公共管理、社会保障和社会组织 Public Management, Social Security and Social Organizations
全　省	**Provincial Total**	**17.75**	**10.16**	**126.42**	**66.12**	**9.63**	**116.77**
广　州	Guangzhou	6.85	2.82	26.15	13.05	2.98	19.19
深　圳	Shenzhen	1.49	2.49	12.10	7.08	2.26	15.05
珠　海	Zhuhai	0.70	0.34	2.71	1.73	0.31	3.59
汕　头	Shantou	0.36	0.06	6.19	2.56	0.33	4.02
佛　山	Foshan	1.36	0.56	7.41	4.74	0.60	6.54
韶　关	Shaoguan	0.46	0.29	3.29	2.34	0.18	4.59
河　源	Heyuan	0.24	0.33	3.84	1.49	0.16	4.33
梅　州	Meizhou	0.68	0.02	5.45	2.40	0.19	4.77
惠　州	Huizhou	0.56	0.13	5.30	3.07	0.35	6.83
汕　尾	Shanwei	0.17	0.20	2.78	1.05	0.09	2.30
东　莞	Dongguan	0.65	1.21	4.50	5.05	0.58	6.47
中　山	Zhongshan	0.36	0.14	3.15	2.05	0.21	2.55
江　门	Jiangmen	0.70	0.24	4.44	2.77	0.19	4.89
阳　江	Yangjiang	0.41	0.04	3.17	1.51	0.12	3.34
湛　江	Zhanjiang	0.84	0.67	8.26	3.66	0.27	4.94
茂　名	Maoming	0.44	0.04	7.64	2.87	0.18	5.05
肇　庆	Zhaoqing	0.49	0.29	4.55	2.65	0.18	4.59
清　远	Qingyuan	0.27	0.17	3.90	1.95	0.14	5.24
潮　州	Chaozhou	0.24	0.02	2.67	1.13	0.13	1.71
揭　阳	Jieyang	0.25	0.05	6.19	1.54	0.10	3.49
云　浮	Yunfu	0.23	0.05	2.73	1.43	0.08	3.31
按经济区域分	By Region						
珠三角	Pearl River Delta	13.17	8.21	70.31	42.19	7.66	69.68
东　翼	Eastern Region	1.02	0.33	17.83	6.28	0.64	11.53
西　翼	Western Region	1.68	0.74	19.07	8.04	0.57	13.33
山　区	Mountainous Region	1.88	0.87	19.22	9.61	0.76	22.23

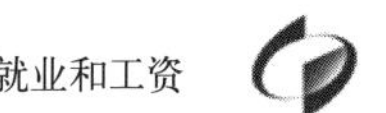

4-10 城镇单位女性就业人员年末人数（2018年）

Number of Females Employed in Urban Units at the Year-end (2018)

单位：万人 (10000 persons)

行业	Sector	合计 Total	国有单位 State-owned Units	城镇集体单位 Urban Collective-owned Units	其他单位 Other Types of Ownership
合计	**Total**	**812.49**	**169.52**	**14.63**	**628.34**
农、林、牧、渔业	Farming, Forestry, Animal Husbandry and Fishery	1.49	1.40	0.01	0.08
采矿业	Mining and Quarrying	0.42	0.08	0.00	0.34
制造业	Manufacture	377.65	0.84	3.19	373.62
电力、热力、燃气及水生产和供应业	Production and Supply of Electric Power, Gas and Water	6.57	1.60	0.21	4.76
建筑业	Construction	21.42	1.27	2.32	17.82
批发和零售业	Wholesale and Retail Trade	54.42	0.94	0.97	52.51
交通运输、仓储和邮政业	Transport, Storage and Postal Services	23.67	3.29	0.16	20.22
住宿和餐饮业	Hotels and Catering Services	21.95	0.85	0.54	20.57
信息传输、软件和信息技术服务业	Information Transmission, Computer Services and Software	23.11	0.79	0.03	22.29
金融业	Finance	32.13	4.03	1.47	26.63
房地产业	Real Estate	28.26	0.59	0.43	27.23
租赁和商务服务业	Leasing and Business Services	27.00	2.41	1.25	23.33
科学研究和技术服务业	Scientific Research and Technical Services	12.84	2.94	0.11	9.79
水利、环境和公共设施管理业	Management of Water Conservancy, Environment and Public Facilities	7.62	3.78	0.39	3.44
居民服务、修理和其他服务业	Household's Services,Repair and Other Services	5.29	1.28	0.05	3.96
教育	Education	79.44	63.75	2.00	13.70
卫生和社会工作	Health Care and Social Service	45.44	38.83	1.43	5.18
文化、体育和娱乐业	Culture, Sports and Entertainment	5.03	2.30	0.05	2.68
公共管理、社会保障和社会组织	Public Administration and Social Security and Social Organizations	38.73	38.54	0.01	0.17

4-11 城镇单位职工工资总额与年平均工资

Total Wages Bill and Average Wage of Staff and Workers in Urban Units

年份 Year	工资总额（亿元） Total Wages Bill (100 million yuan)				平均工资（元） Average Wage (yuan)			
	合计 Total	国有单位 State-owned Units	城镇集体单位 Urban Collective-owned Units	其他单位 Other Types of Ownership	合计 Total	国有单位 State-owned Units	城镇集体单位 Urban Collective-owned Units	其他单位 Other Types of Ownership
1978	30.59	22.67	7.92		615	638	558	
1979	35.56	26.37	9.19		685	718	605	
1980	42.83	32.00	10.83		789	828	691	
1981	49.40	37.01	12.39		873	912	774	
1982	56.69	43.03	13.66		961	1000	856	
1983	60.85	46.25	14.60		1021	1061	907	
1984	72.82	52.66	19.59	0.57	1187	1261	1017	1697
1985	88.91	63.42	23.85	1.64	1393	1458	1216	2209
1986	102.13	73.10	26.69	2.34	1541	1619	1330	2198
1987	121.10	84.99	31.99	4.12	1743	1805	1544	2469
1988	162.76	113.60	41.23	7.93	2250	2320	1979	3134
1989	200.39	139.38	47.74	13.27	2678	2763	2302	3641
1990	223.29	154.96	50.06	18.27	2929	3000	2508	3972
1991	268.19	179.81	60.15	28.23	3358	3383	2931	4558
1992	334.61	222.27	72.06	40.28	4027	4059	3510	5157
1993	455.33	300.91	83.79	70.63	5327	5431	4388	6435
1994	612.73	401.80	107.03	103.90	7117	7410	5565	8216
1995	734.14	458.86	124.32	150.96	8250	8540	6395	9546
1996	803.50	512.22	124.35	166.93	9127	9494	6799	10569
1997	858.35	539.95	120.36	198.04	9698	10032	6814	11635
1998	899.68	530.11	105.59	263.98	10233	10432	6671	12410
1999	970.70	567.54	101.72	301.44	11309	11579	7025	13492
2000	1038.38	604.59	91.81	341.98	13823	14387	8615	15240
2001	1146.11	663.85	82.67	399.59	15682	16779	9040	16392
2002	1306.32	737.63	80.26	488.43	17814	19696	9881	17597
2003	1515.58	841.02	83.52	591.05	19986	22944	10836	18782
2004	1771.05	942.39	84.73	743.94	22116	25979	11937	20267
2005	2085.64	1058.97	88.63	938.04	23959	28835	13240	21500
2006	2413.63	1165.88	94.91	1152.84	26186	31352	14520	23794
2007	2854.99	1343.92	104.01	1407.06	29443	36396	16328	26215
2008	3294.17	1520.88	110.28	1663.02	33110	40775	18461	29580
2009	3698.34	1687.96	114.71	1895.66	36355	44964	20347	32377
2010	4363.82	1913.19	125.99	2324.64	40358	49610	22470	36347
2011	5444.34	2235.58	149.68	3059.08	45152	54739	25679	41390
2012	6397.01	2508.29	165.71	3723.02	50577	60116	31219	46860
2013	10213.35	2434.53	196.96	7581.85	53611	63390	35812	51717
2014	11471.24	2667.14	221.64	8582.47	59827	69694	40850	57972
2015	12596.61	2927.11	220.22	9449.28	66296	78058	45436	63994
2016	13790.07	3255.53	223.74	10310.80	72848	87482	50159	69844
2017	15110.67	3684.67	238.28	11187.73	80020	99809	55813	75772
2018	17232.72	4096.16	234.67	12901.89	89826	113316	59896	85005

注：从2000年起统计口径为在岗职工。

Note: Since 2000, statistical coverage refers to the fully employed staff and workers.

4-12 各市城镇单位就业人员工资总额和在岗职工年平均工资（2018年）

Earnings of Employed Persons and Wages of Fully Employed Staff and Workers in Urban Units by City (2018)

市别	City	就业人员工资 Earnings of Employed Persons				在岗职工工资 Wages of Fully Employed Staff and Workers			
		合计 Total	国有单位 State-owned Units	城镇集体单位 Urban Collective-owned Units	其他单位 Other Types of Ownership	合计 Total	国有单位 State-owned Units	城镇集体单位 Urban Collective-owned Units	其他单位 Other Types of Ownership
总额(亿元)	**Total(100 million yuan)**								
全 省	**Provincial Total**	**17717.16**	**4158.23**	**245.33**	**13313.60**	**17232.72**	**4096.16**	**234.67**	**12901.89**
广 州	Guangzhou	3803.52	1043.97	34.60	2724.95	3700.59	1029.24	32.05	2639.31
深 圳	Shenzhen	5381.49	675.66	9.02	4696.80	5236.48	668.23	8.99	4559.25
珠 海	Zhuhai	665.53	112.17	5.96	547.40	645.30	111.12	5.82	528.36
汕 头	Shantou	396.03	159.39	17.36	219.28	382.45	154.47	16.51	211.48
佛 山	Foshan	1310.75	216.46	22.62	1071.67	1294.07	213.97	22.54	1057.56
韶 关	Shaoguan	229.66	122.76	9.13	97.77	223.34	120.58	8.96	93.80
河 源	Heyuan	196.26	98.99	3.53	93.74	194.32	98.75	3.30	92.27
梅 州	Meizhou	214.16	133.03	6.25	74.89	203.12	131.90	6.06	65.16
惠 州	Huizhou	742.83	190.92	4.30	547.60	719.18	187.62	4.27	527.29
汕 尾	Shanwei	122.80	56.25	6.07	60.49	119.91	54.83	5.70	59.38
东 莞	Dongguan	1746.79	209.60	38.93	1498.26	1715.25	205.92	38.35	1470.97
中 山	Zhongshan	567.68	104.96	4.82	457.91	550.87	103.32	4.81	442.74
江 门	Jiangmen	440.62	117.10	11.05	312.47	417.72	112.81	10.12	294.78
阳 江	Yangjiang	129.16	76.86	7.11	45.19	125.14	76.10	6.55	42.49
湛 江	Zhanjiang	358.66	191.16	17.61	149.90	336.06	187.08	17.55	131.43
茂 名	Maoming	302.25	153.35	15.87	133.03	287.90	151.95	15.52	120.43
肇 庆	Zhaoqing	271.12	136.02	8.56	126.54	265.79	133.02	8.49	124.28
清 远	Qingyuan	264.35	135.57	3.08	125.69	255.55	134.56	2.89	118.09
潮 州	Chaozhou	118.79	60.98	8.02	49.80	113.49	59.89	5.22	48.38
揭 阳	Jieyang	166.55	90.23	8.53	67.79	163.01	88.50	8.13	66.39
云 浮	Yunfu	127.13	72.81	2.91	51.41	122.12	72.29	2.84	47.00
平均工资(元)	**Average Wage (yuan)**								
全 省	**Provincial Total**	**88636**	**111464**	**58514**	**84057**	**89826**	**113316**	**59896**	**85005**
广 州	Guangzhou	109879	146502	57820	101333	111839	148640	59912	102980
深 圳	Shenzhen	110304	170676	66744	105089	111709	172466	67768	106353
珠 海	Zhuhai	86216	125148	107302	80887	87032	126494	110006	81497
汕 头	Shantou	68100	87872	38591	61741	68899	89604	38093	62316
佛 山	Foshan	79824	118017	74621	75030	80288	119179	75085	75420
韶 关	Shaoguan	73193	93399	54225	59075	75531	96136	54634	60962
河 源	Heyuan	67823	85798	52022	56061	68940	86159	51929	57347
梅 州	Meizhou	71599	83401	56896	58219	72469	84589	58439	57165
惠 州	Huizhou	76662	105418	53795	70219	77634	107064	53996	70946
汕 尾	Shanwei	63048	67402	43361	62147	64288	69482	47003	62191
东 莞	Dongguan	69610	135464	88963	64834	69937	136364	90588	65110
中 山	Zhongshan	74030	131694	62394	67398	74484	134521	62403	67587
江 门	Jiangmen	70095	93330	62090	64382	71371	97286	62912	65041
阳 江	Yangjiang	65611	73947	39321	60383	66999	74686	39359	62265
湛 江	Zhanjiang	69258	74028	58899	65245	70118	75396	59336	65203
茂 名	Maoming	65674	77368	58824	56598	67843	78722	59438	58681
肇 庆	Zhaoqing	70489	92783	67100	56173	71451	95682	67802	56376
清 远	Qingyuan	75594	108358	80148	56943	77341	109639	98541	57677
潮 州	Chaozhou	65301	81884	43421	55963	67431	84069	45653	56499
揭 阳	Jieyang	54599	62707	34314	49737	54855	63076	34330	49843
云 浮	Yunfu	70237	84224	67665	56962	72525	85143	67562	59277

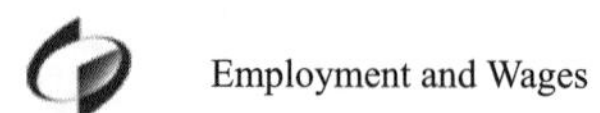

4-13 城镇单位就业人员工资总额（2018年）

Earnings of Employed Persons in Urban Units (2018)

单位：亿元 (100 million yuan)

项　目	Item	合计 Total	国有单位 State-owned Units	城镇集体单位 Urban Collectiveo-wned Units	其他单位 Other Types of Ownership
合　计	**Total**	**17717.16**	**4158.23**	**245.33**	**13313.60**
按企业、事业和机关分	Grouped by Enterprises, Institutions and Organ				
企业	Enterprises	14023.56	598.27	201.53	13223.76
事业	Institutions	2371.31	2285.07	38.99	47.25
机关	Organ	1264.37	1263.28	0.14	0.95
民营非盈利组织	Private Non-profit Organizations	34.45	3.75	0.99	29.71
其他	Others	23.48	7.86	3.69	11.93
按国民经济行业分	Grouped by Economic Sector				
农、林、牧、渔业	Farming, Forestry, Animal Husbandry and Fishery	18.35	16.89	0.11	1.35
采矿业	Mining and Quarrying	27.23	4.78	0.03	22.42
制造业	Manufacture	6698.10	25.51	29.76	6642.83
电力、热力、燃气及水生产和供应业	Production and Supply of Electric Power, Gas and Water	375.57	65.51	6.73	303.33
建筑业	Construction	1033.59	55.46	72.91	905.23
批发和零售业	Wholesale and Retail Trade	847.95	19.26	7.93	820.75
交通运输、仓储和邮政业	Transport, Storage and Postal Services	839.68	98.69	2.98	738.02
住宿和餐饮业	Hotels and Catering Services	196.41	10.74	2.10	183.58
信息传输、软件和信息技术服务业	Information Transmission, Computer Services and Software	933.71	27.07	1.57	905.06
金融业	Finance	995.40	145.38	42.13	807.90
房地产业	Real Estate	658.19	12.81	7.67	637.71
租赁和商务服务业	Leasing and Business Services	658.20	84.21	22.04	551.94
科学研究和技术服务业	Scientific Research and Technical Services	528.37	127.96	3.48	396.92
水利、环境和公共设施管理业	Management of Water Conservancy, Environment and Public Facilities	125.18	75.23	4.70	45.25
居民服务、修理和其他服务业	Household's Services,Repair and Other Services	60.33	19.18	0.78	40.37
教育	Education	1409.13	1218.91	17.57	172.65
卫生和社会工作	Health Care and Social Service	796.48	705.31	21.83	69.35
文化、体育和娱乐业	Culture, Sports and Entertainment	124.15	57.15	0.94	66.06
公共管理、社会保障和社会组织	Public Administration and Social Security and Social Organizations	1391.14	1388.18	0.08	2.88
按产业分	Grouped by Industry				
第一产业	Primary Industry	18.35	16.89	0.11	1.35
第二产业	Secondary Industry	8134.50	151.26	109.43	7873.81
第三产业	Tertiary Industry	9564.31	3990.08	135.79	5438.44

4-14 城镇单位在岗职工工资总额（2018年）

Total Wages Bill of Fully Employed Staff and Workers in Urban Units (2018)

单位：亿元 (100 million yuan)

项　　目	Item	合计 Total	国有单位 State-owned Units	城镇集体单位 Urban Collectiveo-wned Units	其他单位 Other Types of Ownership
合　计	**Total**	**17232.72**	**4096.16**	**234.67**	**12901.89**
按企业、事业和机关分	Grouped by Enterprises, Institutions and Organ				
企业	Enterprises	13584.61	578.14	192.13	12814.34
事业	Institutions	2339.16	2254.93	37.87	46.37
机关	Organ	1252.68	1251.62	0.14	0.92
民营非盈利组织	Private Non-profit Organizations	33.58	3.71	0.97	28.89
其他	Others	22.69	7.76	3.57	11.36
按国民经济行业分	Grouped by Economic Sector				
农、林、牧、渔业	Farming, Forestry, Animal Husbandry and Fishery	18.21	16.77	0.10	1.34
采矿业	Mining and Quarrying	26.79	4.78	0.03	21.99
制造业	Manufacture	6621.49	25.19	29.56	6566.73
电力、热力、燃气及水生产和供应业	Production and Supply of Electric Power, Gas and Water	374.55	65.38	6.69	302.47
建筑业	Construction	884.07	49.35	66.27	768.45
批发和零售业	Wholesale and Retail Trade	828.00	18.94	7.71	801.35
交通运输、仓储和邮政业	Transport, Storage and Postal Services	814.19	95.61	2.72	715.87
住宿和餐饮业	Hotels and Catering Services	188.25	10.38	2.08	175.79
信息传输、软件和信息技术服务业	Information Transmission, Computer Services and Software	923.92	26.59	1.57	895.76
金融业	Finance	915.37	139.35	41.98	734.04
房地产业	Real Estate	647.48	12.26	7.11	628.11
租赁和商务服务业	Leasing and Business Services	634.38	83.14	20.87	530.37
科学研究和技术服务业	Scientific Research and Technical Services	518.06	125.16	3.40	389.50
水利、环境和公共设施管理业	Management of Water Conservancy, Environment and Public Facilities	121.11	72.88	3.86	44.38
居民服务、修理和其他服务业	Household's Services,Repair and Other Services	58.14	19.03	0.70	38.41
教育	Education	1387.40	1204.76	17.43	165.21
卫生和社会工作	Health Care and Social Service	785.11	695.25	21.59	68.27
文化、体育和娱乐业	Culture, Sports and Entertainment	108.25	56.15	0.93	51.17
公共管理、社会保障和社会组织	Public Administration and Social Security and Social Organizations	1377.93	1375.17	0.08	2.67
按产业分	Grouped by Industry				
第一产业	Primary Industry	18.21	16.77	0.10	1.34
第二产业	Secondary Industry	7906.91	144.71	102.54	7659.65
第三产业	Tertiary Industry	9307.60	3934.68	132.03	5240.89

4-15 城镇单位就业人员年平均工资（2018年）

Average Earning of Employed Persons in Urban Units (2018)

单位：元 (yuan)

项　目	Item	合计 Total	国有单位 State-owned Units	城镇集体单位 Urban Collectiveo-wned Units	其他单位 Other Types of Ownership
合　计	**Total**	**88636**	**111464**	**58514**	**84057**
按企业、事业和机关分	Grouped by Enterprises, Institutions and Organ				
企业	Enterprises	83820	93946	55338	84070
事业	Institutions	112950	113595	84464	113365
机关	Organ	118102	118148	42590	93269
民营非盈利组织	Private Non-profit Organizations	62446	87092	39937	61407
其他	Others	71097	91282	60131	65258
按国民经济行业分	Grouped by Economic Sector				
农、林、牧、渔业	Farming, Forestry, Animal Husbandry and Fishery	44141	43228	44045	60011
采矿业	Mining and Quarrying	123138	118867	39297	124389
制造业	Manufacture	74030	83204	52376	74136
电力、热力、燃气及水生产和供应业	Production and Supply of Electric Power, Gas and Water	133553	111428	88036	141230
建筑业	Construction	64747	57652	45759	67512
批发和零售业	Wholesale and Retail Trade	78928	71672	31727	80273
交通运输、仓储和邮政业	Transport, Storage and Postal Services	97888	89417	47514	99575
住宿和餐饮业	Hotels and Catering Services	48828	63083	30845	48510
信息传输、软件和信息技术服务业	Information Transmission, Computer Services and Software	158044	112505	177318	159950
金融业	Finance	166402	166600	121239	169662
房地产业	Real Estate	86137	73067	53769	87081
租赁和商务服务业	Leasing and Business Services	84159	67461	47557	90348
科学研究和技术服务业	Scientific Research and Technical Services	141024	147120	110607	139497
水利、环境和公共设施管理业	Management of Water Conservancy, Environment and Public Facilities	67262	73661	54778	60017
居民服务、修理和其他服务业	Household's Services,Repair and Other Services	55885	74872	46287	50056
教育	Education	109022	114404	71071	85322
卫生和社会工作	Health Care and Social Service	118701	122484	101884	94043
文化、体育和娱乐业	Culture, Sports and Entertainment	116940	113925	83353	120384
公共管理、社会保障和社会组织	Public Administration and Social Security and Social Organizations	116738	116880	48311	75508
按产业分	Grouped by Industry				
第一产业	Primary Industry	44141	43228	44045	60011
第二产业	Secondary Industry	74305	79751	48882	74747
第三产业	Tertiary Industry	106274	113943	69583	102560

4-16 城镇单位在岗职工年平均工资（2018年）

Annual Average Wage of Fully Employed Staff and Workers in Urban Units (2018)

单位：元 (yuan)

项　目	Item	合计 Total	国有单位 State-owned Units	城镇集体单位 Urban Collectiveo-wned Units	其他单位 Other Types of Ownership
合　计	**Total**	**89826**	**113316**	**59896**	**85005**
按企业、事业和机关分	Grouped by Enterprises, Institutions and Organ				
企业	Enterprises	84821	95793	56686	85014
事业	Institutions	114680	115324	85487	115565
机关	Organ	119919	119965	42590	95429
民营非盈利组织	Private Non-profit Organizations	63009	88094	40098	61937
其他	Others	72634	91889	61259	66953
按国民经济行业分	Grouped by Economic Sector				
农、林、牧、渔业	Farming, Forestry, Animal Husbandry and Fishery	44270	43327	47522	60403
采矿业	Mining and Quarrying	124533	119225	39297	126066
制造业	Manufacture	73952	84952	52863	74048
电力、热力、燃气及水生产和供应业	Production and Supply of Electric Power, Gas and Water	134041	112087	88896	141627
建筑业	Construction	65045	57397	46200	68020
批发和零售业	Wholesale and Retail Trade	80796	72690	32669	82178
交通运输、仓储和邮政业	Transport, Storage and Postal Services	99112	90795	48832	100738
住宿和餐饮业	Hotels and Catering Services	52947	63906	31797	52828
信息传输、软件和信息技术服务业	Information Transmission, Computer Services and Software	159815	115683	177638	161617
金融业	Finance	203887	177114	121864	218574
房地产业	Real Estate	87214	76412	56462	87999
租赁和商务服务业	Leasing and Business Services	85192	68073	49150	91434
科学研究和技术服务业	Scientific Research and Technical Services	142073	149724	111406	140109
水利、环境和公共设施管理业	Water Conservancy, Environment and Public Facilities Management	68342	75528	52676	60460
居民服务、修理和其他服务业	Household's Services,Repair and Other Services	56759	75437	46196	50745
教育	Education	110409	115882	71407	85803
卫生和社会工作	Health Care and Social Work	120091	124077	102840	94253
文化、体育和娱乐业	Culture, Sports and Recreation	111093	118128	84487	104843
公共管理、社会保障和社会组织	Public Administration and Social Security and Social Organizations	118646	118769	52013	79316
按产业分	Grouped by Industry				
第一产业	Primary Industry	44270	43327	47522	60403
第二产业	Secondary Industry	74496	81305	49551	74882
第三产业	Tertiary Industry	109123	115790	71504	105948

4-17 各市年末城镇登记失业人数

Number of Registered Unemployed Persons in Urban Area at the Year-end by City

单位：人 (person)

市别	City	2005	2010	2015	2016	2017	2018
合计	**Total**	**344904**	**392274**	**369667**	**379866**	**371337**	**365500**
广州	Guangzhou	54162	76485	53090	53602	44013	34795
深圳	Shenzhen	26746	35302	41697	42583	41370	44551
珠海	Zhuhai	11453	12501	11095	11188	10972	11301
汕头	Shantou	17731	16127	14778	17816	18369	18875
佛山	Foshan	26062	19628	22389	22926	23127	24566
韶关	Shaoguan	18831	16928	13031	13098	13800	12938
河源	Heyuan	14096	13951	9504	9251	9135	9042
梅州	Meizhou	14510	14200	14013	14029	14062	12983
惠州	Huizhou	14001	15696	19705	21468	23125	22798
汕尾	Shanwei	9436	11314	12621	12856	13196	13358
东莞	Dongguan	4437	8655	12893	13822	13687	13378
中山	Zhongshan	6593	9246	9276	10672	10562	10887
江门	Jiangmen	19639	21380	24972	24839	24874	24822
阳江	Yangjiang	14608	15012	12506	12832	12930	12444
湛江	Zhanjiang	22835	23882	20885	21185	21434	21187
茂名	Maoming	22203	30504	27832	28164	27879	31275
肇庆	Zhaoqing	10668	11662	12543	12440	12248	11641
清远	Qingyuan	9796	14257	13621	13773	13894	13938
潮州	Chaozhou	8142	8362	8483	8555	8034	6346
揭阳	Jieyang	10350	11357	9008	8968	8845	8773
云浮	Yunfu	8605	5825	5725	5799	5781	5602
按经济区域分	By Region						
珠三角	Pearl River Delta	173761	210555	207660	213540	203978	198739
东翼	Eastern Region	45659	47160	44890	48195	48444	47352
西翼	Western Region	59646	69398	61223	62181	62243	64906
山区	Mountainous Region	65838	65161	55894	55950	56672	54503

主要统计指标解释

就业人员 指在16周岁及以上，从事一定社会劳动并取得劳动报酬或经营收入的人员。这一指标反映了一定时期内全部劳动力资源的实际利用情况，是研究我国基本国情国力的重要指标。

单位就业人员 指报告期末最后一日24时在本单位中工作，并取得工资或其他形式劳动报酬的人员数。该指标为时点指标，不包括最后一日当天及以前已经与单位解除劳动合同关系的人员，是在岗职工、劳务派遣人员及其他就业人员之和。就业人员不包括：

(1)离开本单位仍保留劳动关系，并定期领取生活费的人员；

(2)在本单位实习的各类在校学生；

(3)本单位因劳务外包而使用的人员。

城镇私营和个体就业人员 城镇私营就业人员指在工商管理部门注册登记，其经营地址设在县城关镇(含县城关镇)以上的私营企业就业人员，包括私营企业投资者和雇工。城镇个体就业人员指在工商管理部门注册登记，并持有城镇户口或在城镇长期居住，经批准从事个体工商经营的就业人员，包括个体经营者和在个体工商户劳动的家庭帮工和雇工。

在岗职工 指在本单位工作且与本单位签订劳动合同，并由单位支付各项工资和社会保险、住房公积金的人员，以及上述人员中由于学习、病伤、产假等原因暂未工作仍由单位支付工资的人员。在岗职工还包括：

(1)应订立劳动合同而未订立劳动合同人员(如使用的农村户籍人员)；

(2)处于试用期人员；

(3)编制外招用的人员；

(4)派往外单位工作，但工资仍由本单位发放的人员(如挂职锻炼、外派工作等情况)。

工资总额 指根据《关于工资总额组成的规定》(1990年1月1日国家统计局发布的一号令)进行修订，在报告期内(季度或年度)直接支付给本单位全部就业人员的劳动报酬总额。包括计时工资、计件工资、奖金、津贴和补贴、加班加点工资、特殊情况下支付的工资，是在岗职工工资总额、劳务派遣人员工资总额和其他就业人员工资总额之和。

工资总额是税前工资，包括单位从个人工资中直接为其代扣或代缴的房费、水费、电费、住房公积金和社会保险基金个人缴纳部分等。

工资总额不论是计入成本的还是不计入成本的，不论是以货币形式支付的还是以实物形式支付的，均应列入工资总额的计算范围。

平均工资 是指在报告期内单位发放工资的人均水平。计算公式为：

$$平均工资 = \frac{报告期工资总额}{报告期平均人数}$$

城镇登记失业人员 指有非农业户口，在一定的劳动年龄内(16周岁至退休年龄)，有劳动能力，无业而要求就业，并在当地劳动保障部门进行失业登记的人员。

Explanatory Notes on Main Statistical Indicators

Employed Persons refer to persons aged 16 and over who are engaged in gainful employment and thus receive remuneration payment or earn business income. This indicator reflects the actual utilization of total labour force during a certain period of time and is often used for the research on China's economic situation and national power.

Persons Employed in Various Units refer to the total number of employees who work at his unit and obtain wages or other forms of payment at the end of the reporting period. This indicator is a kind of time point index and it equals to the sum of the number of employed staff and workers, labor dispatch personnel and other employed persons. Employed persons do not include:

1)persons who have left their working units while keeping their labour contract (employment relation) unchanged and receiving regular alimony;

2) all kinds of enrolled students who do internship in various units;

3)persons employed due to labor outsourcing;

4)persons who dissolve labor contracts with their units on the last day of reporting period or before.

Persons Employed in Private Enterprises and Self-Employed Individuals in Urban Areas Persons employed in private enterprises refer to the persons employed in the private enterprises which have been registered at the departments of industrial and commercial administration for which the business operation are situated at a county town (i.e. a town where the county government is located), or at urban areas with administrative hierarchy higher than a county town. The self-employed individuals in urban areas refer to persons who hold the certificates of residence in urban areas or have resided in the urban areas for a long time and have been registered at the departments of industrial and commercial administration and approved to be engaged in individual industrial or commercial business, including self-employed persons as well as helpers and hired laborers who work in individual households.

Employed Staff and Workers refer to persons who signed labor contracts with working units and working units would pay wages, social insurance and housing funds for them. Persons who have their work posts but are temporarily absent from work for reasons of study or on sick, injury or maternal leave and still receive wages from their working units are also included. Employed staff and workers also include:

1)Persons who should have signed the labor contracts but not (like people with rural household registration);

2)Employees on probation;

3)Employees beyond the staffing quota;

4)Employees who are sent to other working units but still obtain wages from their original units (situations like on-the-job placement, expatriated assignment, etc.)

Total Wage Bill It is revised according to the "Provision of Composition of Total Wages" (Order No.1 by National Bureau of Statistics on January, 1st, ,1990), total wage bill refers to the total remuneration payment to all employed persons in various units during the reporting period (by quarter or by year), including hourly-paid wages, piece-rate wages, bonuses, allowance and subsidies, overtime wages and wages paid under special circumstances. It equals to the sum of total wages of employed staff and workers, dispatch labors and other employed persons.

Total wage bill is pre-tax wages, including the room charges, utility bills, housing funds and social insurance paid or withheld by employee's units.

Total wage bill, whether or not included in cost, whether or not paid in money or in kind, shall be included in the calculation of total wage.

Average Wage refers to the average per capita wage in money terms during a certain period of time for employed persons. It shows the general level of wage income of staff and worker during a certain period of time, one major indicator to reflect the wage level. It is calculated as follows:

$$\text{Average Wage} = \frac{\text{Total Wage Bill of Employed Persons at Reference Time}}{\text{Average Number of Persons Employed at Reference Time}}$$

Registered Unemployed Persons in Urban Areas refer to the persons with non-agricultural household registration at certain working ages (16 years old to retirement age), who are capable of working, unemployed and willing to work, and have been registered at the local employment service agencies to apply for a job.

五、固定资产投资

INVESTMENT IN FIXED ASSETS

五　固定资产投资

简要说明

一、本篇资料反映广东省固定资产投资的基本情况，主要包括：固定资产投资，房地产开发、国有单位固定资产投资情况以及各市固定资产投资的主要指标数据。

二、本篇资料由广东省统计局固定资产投资统计处整理提供。

三、固定资产投资统计的资料来源主要为全面统计报表。按照现行的固定资产投资统计报表制度，固定资产投资按登记注册类型可分为：国有、集体、股份合作、联营、其他有限责任公司、股份有限公司、私营、个体、其他、港澳台商投资、外商投资。

四、2011 年起，固定资产投资项目统计起点由 50 万元提高到 500 万元，且不包含农户投资；2010 年以前为全社会固定资产投资。

五、2011 年报起，原国家预算内资金改为国家预算资金。

六、2014 年定报起，固定资产投资取消城乡分组。

5　Investment in Fixed Assets

Brief Introduction

Ⅰ.The data in this chapter reflect the basic conditions of investment in fixed assets of Guangdong Province, mainly including investment in fixed assets in the whole province, investment in fixed assets in the real estate development, and main indicators on investment in fixed assets by city.

Ⅱ.The data in this chapter are prepared and provided by the Division of Investment and Construction Statistics of Statistics Bureau of Guangdong Province.

Ⅲ.The data sources for the statistics of investment in fixed assets mainly come from complete statistical report forms. According to the present regulations on the statistics of investment in fixed assets, the investment in fixed assets　is classified by the following status of registration: state-owned units, collective-owned units, Cooperative Units joint ownership units, other Limited liability units, share-holding corporations, units with funds from Hong Kong, Macao and Taiwan, foreign-funded units, private, self-employed individuals and others.

Ⅳ.Since 2011, the cut-off point of investment statistics is changed from a minimum of 500,000 yuan to a minimum of 5,000,000 yuan, and the data do not include the investment made by rural households. Data before 2010 refer to total investment in fixed assets.

Ⅴ.Since 2011, state budget is changed to state and local budget.

Ⅵ.Since 2014, investment by urban is canceled.

5-1 固定资产投资主要指标
Main Indicators of Investment in Fixed Assets

项　目	Item	2000	2010	2015	2016	2017	2018年比2017年增长(%) Growth Rate in 2018 over 2017
投资完成额　（亿元）	**Investment　(100 million yuan)**	**3233.70**	**16113.19**	**30031.20**	**33008.86**	**37477.96**	**10.7**
#房地产开发	Real Estate Development	858.61	3659.69	8538.47	10307.80	12075.69	19.3
按登记注册类型分	Grouped by Status of Registration						
内资	Domestic	2676.65	13759.62	26552.22	28971.90	33387.76	12.0
国有	State-owned	1219.19	5152.60	6363.86	6181.63	7341.39	13.9
集体	Collective-owned	393.23	735.49	1281.87	984.79	952.67	5.7
股份合作	Cooperative	19.43	49.91	108.25	70.28	54.21	147.7
联营	Joint	47.78	15.05	14.99	35.34	27.60	112.0
其他有限责任公司	Other Limited Liability	366.63	3393.58	9228.26	11394.03	13316.28	12.2
股份有限公司	Share-holding	153.58	869.46	1261.28	1017.75	1122.15	23.9
私营	Private	207.67	2212.44	6772.59	7700.36	8708.22	7.6
个体	Self-employed Individual	248.51	909.02	344.79	415.89	342.69	17.7
其他	Others	20.63	422.07	1176.33	1171.84	1522.55	8.1
港澳台商投资	Funds from Hong Kong, Macao and Taiwan	416.34	1489.78	2080.99	2470.68	2442.51	-15.1
外商投资	Foreign Funded	140.71	863.78	1398.00	1566.28	1647.69	29.5
按构成分	Grouped by Use of Funds						
建筑安装工程	Construction and Installation	2103.78	10396.22	20083.47	21463.77	23943.51	3.4
设备工具器具购置	Purchase of Equipments and Instruments	597.29	2966.13	5336.57	5806.33	6443.34	3.0
其他费用	Others	532.63	2750.84	4611.16	5738.75	7091.11	38.8
按三次产业分	Grouped by Three Strata of Industry						
第一产业	Primary Industry	23.40	181.83	420.38	445.11	395.19	-20.9
第二产业	Secondary Industry	768.82	5241.53	10184.51	11088.49	12128.94	0.6
第三产业	Tertiary Industry	2441.48	10689.83	19426.31	21475.25	24953.84	14.9
按财务拨贷款合计	**Grouped by Source of Funds**	**3396.79**	**18864.04**	**36352.25**	**39510.62**	**42444.60**	**10.3**
国家预算资金	State and Local Budget	56.80	411.16	1764.42	1911.77	2432.86	26.3
国内贷款	Domestic Loans	584.34	3171.76	4546.87	4993.53	6853.86	8.3
利用外资	Foreign Investment	357.05	630.48	204.11	263.73	259.69	-28.9
自筹资金	Self-raising Funds	1456.24	10668.57	21056.20	20769.67	21767.71	4.7
其他资金	Others	942.35	3982.07	8780.65	11571.92	11130.48	16.3
房屋建筑面积（万平方米）	**Floor Space of Buildings　(10000 sq.m)**						
施工面积	Floor Space under Construction	23520.91	57221.79	84133.98	84623.21	92203.09	98106.51
竣工面积	Floor Space Completed	13492.94	20420.60	15303.96	14042.25	14680.63	10729.28
#住宅	Residential Buildings	8888.66	12267.54	4998.12	5091.61	5954.07	5304.89
商品房屋销售面积（万平方米）	**Floor Space of Commercial Buildings (10000 sq.m)**	**2259.95**	**7321.76**	**11681.01**	**14611.60**	**15958.81**	**14336.31**
#住宅	Residential Buildings	2009.34	6552.81	10497.62	13021.97	13522.51	12075.10

注：1．2011年起固定资产投资项目统计起点由50万元提高至500万元，且不包含农村农户投资；2010年以前为全社会固定资产投资，下表同。

2．2011年报起，原国家预算内资金改为国家预算资金，下表同。

3．2018年起，资金来源指标不包含5000万元以下项目数据，增速为可比口径，下表同。

4．根据第三次全国农业普查统计执法检查和第四次全国经济普查单位清查，2018年固定资产投资增速按可比口径计算，下表同。

Note: a)Since 2011,the cut-off point of investment statistics is changed from a minimum of 500,000 yuan to a minimum of 5,000,000 yuan, and the data do not include the investment made by rural households. Data before 2010 refer to total investment in fixed assets. The same applies to all tables following.

b) Since 2011, state budget is changed to state and local budget.The same applies to all tables following.

c)Since 2018, sources of funds for investment do not include projects under 50 million yuan. The growth rate is caculated by comparable coverage, and the same applies to the following table.

d)According to comparable statistics The Third National Agricultural Census Law Enforcement Inspection, investigation of those censused during the Fourth National Economic Census, growth rate of investment in fixed assets in 2018 are calculated with comparable coverage. The same applies to the following tables.

5-2 固定资产投资增长速度

Growth Rate of Investment in Fixed Assets

单位：% (100 million yuan)

年份 Year	投资总额 Total Investment	#房地产开发 Real Estate Development	按产业分 Grouped by Three Strata of Industry 第一产业 Primary Industry	第二产业 Secondary Industry	第三产业 Tertiary Industry
1978					
1979	3.9		-40.4	74.9	-33.2
1980	35.3		…	33.3	54.1
1981	57.7		11.2	21.3	136.9
1982	40.3		10.7	33.9	50.0
1983	4.7		-13.1	1.3	9.2
1984	47.0		4.5	34.8	59.5
1985	41.6		33.2	91.4	9.4
1986	17.3		-8.4	48.0	-16.5
1987	15.9	62.9	-6.7	18.4	12.3
1988	40.9	34.8	12.6	42.8	38.2
1989	-1.8	119.3	5.7	-46.8	97.6
1990	9.8	-32.1	13.4	25.1	0.6
1991	25.4	52.1	61.0	9.1	36.5
1992	92.8	152.4	-17.8	56.8	117.5
1993	76.8	152.1	25.9	91.7	71.1
1994	31.4	27.7	12.7	36.3	29.2
1995	8.7	39.5	34.2	-4.6	15.2
1996	…	-6.2	36.0	-2.5	0.7
1997	-1.3	-0.1	-15.2	-9.3	2.1
1998	16.1	14.1	18.3	9.4	18.5
1999	13.5	17.8	8.2	11.1	14.3
2000	6.8	20.9	11.2	4.7	7.4
2001	9.4	13.2	-0.1	16.0	7.4
2002	12.3	14.7	3.0	36.5	4.1
2003	26.7	10.6	-39.6	12.2	33.7
2004	19.8	9.9	68.2	57.7	5.4
2005	18.9	17.4	17.3	33.2	10.9
2006	13.5	15.8	71.3	13.2	13.3
2007	18.0	36.6	42.1	8.2	24.4
2008	16.3	16.4	56.7	12.1	18.4
2009	19.6	1.0	18.9	13.2	23.1
2010	20.7	23.6	39.6	17.6	22.0
2011	17.6	31.4	53.9	17.8	17.0
2012	14.6	11.3	28.4	17.7	12.8
2013	18.2	21.2	29.1	13.4	20.5
2014	15.9	17.7	-1.2	16.8	15.9
2015	15.8	11.8	52.5	20.8	12.8
2016	10.0	20.7	5.9	8.9	10.5
2017	13.5	17.2	-11.2	9.4	16.2
2018	10.7	19.3	-20.9	0.6	14.9

注：1993年以前房地产开发投资主要是商品房建设投资。
Notes: Prior to 1993, investment in real estate development focused mainly on the construction of commercial buildings.

5-3 按资金来源和构成分固定资产投资增速及构成

Growth Rate and Percentage Investment in Fixed Assets by Source of Funds and Structure of Investment

单位：%　　　　　　　　　　　　　　　　　　　　　　　　　　　　　　　　　　　　%

年 份 Year	按财务拨贷款资金来源分 By Source of Funds				按构成分 By Structure of Investment		
	国家预算资金 State Budget Funds	国内贷款 Domestic Loans	利用外资 Foreign Investment	自筹和其他资金 Fundraising and Others	建筑安装工程 Construction and Installation	设备工具器具购置 Purchase of Equipment and Instruments	其他费用 Others
增长速度 Growth Rate							
1985	1.8	45.7	73.2	43.1			
1990	7.8	32.5	15.5	-1.7			
1995	30.3	12.1	-3.0	27.1	11.1	-6.9	24.5
1996	-16.5	-7.5	6.4	-4.1	-0.1	7.3	-9.2
1997	-3.4	-14.7	-3.4	2.0	0.3	-6.9	0.1
1998	113.9	39.8	-17.4	22.8	11.7	17.5	34.8
1999	31.0	32.7	-18.0	9.9	16.1	7.7	10.4
2000	-6.8	6.2	10.3	10.7	7.3	1.5	11.2
2001	2.3	1.4	1.1	11.7	9.0	16.9	2.1
2002	26.6	26.4	21.7	13.4	11.1	12.2	17.3
2003	22.6	26.9	29.5	31.5	25.6	24.8	33.5
2004	-19.8	19.0	15.3	21.7	18.2	27.6	16.7
2005	-4.5	20.7	19.9	17.7	19.5	27.7	5.6
2006	52.7	21.5	10.1	16.3	15.5	12.7	6.2
2007	70.0	5.8	13.7	27.5	16.6	10.2	37.3
2008	41.1	7.0	-20.8	9.4	17.3	14.4	15.1
2009	50.0	43.5	-12.5	30.5	23.3	9.0	18.4
2010	8.3	17.7	-7.6	20.8	18.1	20.2	32.0
2011	3.2	-10.0	-0.8	21.9	20.2	16.1	10.2
2012	142.9	15.1	4.4	12.7	16.1	11.4	12.3
2013	17.1	27.4	14.0	21.1	19.3	18.3	13.9
2014	28.9	8.5	-37.1	11.1	16.8	14.0	20.6
2015	24.4	4.5	-49.6	24.5	14.9	25.1	10.4
2016	8.4	9.8	29.2	8.4	6.9	8.8	24.5
2017	27.3	37.3	-1.5	1.7	11.6	11.0	23.6
2018	26.3	8.3	-28.9	9.9	3.4	3.0	38.8
构成 Percentage							
1985	8.1	24.8	10.3	56.8	74.9	17.7	7.4
1990	3.2	18.1	14.9	63.9	64.6	27.3	8.1
1995	1.1	15.0	18.5	65.4	64.8	20.0	15.2
1996	0.9	14.3	20.3	64.5	64.7	21.4	13.8
1997	0.9	12.3	19.9	66.9	65.8	20.2	14.0
1998	1.6	14.7	14.0	69.7	63.3	20.5	16.3
1999	2.0	17.7	10.4	69.9	64.7	19.4	15.8
2000	1.7	17.2	10.5	70.6	65.1	18.5	16.5
2001	1.6	16.1	9.8	72.6	64.9	19.8	15.4
2002	1.7	17.4	10.2	70.7	64.2	19.7	16.1
2003	1.6	17.0	10.1	71.3	63.6	19.4	16.9
2004	1.1	16.8	9.8	72.3	62.8	20.7	16.5
2005	0.9	17.2	9.9	72.1	63.1	22.2	14.7
2006	1.1	17.9	9.3	71.7	64.2	22.1	13.7
2007	1.6	15.4	8.6	74.4	63.4	20.6	15.9
2008	2.1	15.4	6.4	76.1	64.0	20.3	15.7
2009	2.4	16.9	4.3	76.4	65.9	18.5	15.6
2010	2.2	16.8	3.3	77.7	64.5	18.4	17.1
2011	2.1	14.4	2.9	80.6	65.4	17.9	16.6
2012	4.4	14.4	2.6	78.6	66.3	17.4	16.3
2013	4.3	15.0	2.5	78.2	66.9	17.4	15.7
2014	4.7	14.4	1.3	79.5	67.4	16.5	16.1
2015	4.9	12.5	0.6	82.1	66.9	17.8	15.4
2016	4.8	12.6	0.7	81.9	65.0	17.6	17.4
2017	5.7	16.1	0.6	77.5	63.9	17.2	18.9
2018	6.8	20.2	0.4	72.6	59.7	14.0	26.3

注：1986年及以后的资金来源为财务拨贷款数，各项相加不等于投资总额；从2012年定报开始，资金来源中的"国家预算内资金"改为"国家预算资金"，包括中央预算资金和地方预算资金，口径有所扩大；2018年资金来源不含5000万元以下项目

Note: Source of funds for investment since 1986 refers to financial appropriations, which do not add up to total investment.Since 2012,state budget is changed to state and local budget.Since 2018,sources of funds for Investment do not include projects under 50 million yuan.

5-4 按构成分固定资产投资增长速度

Growth Rate of Investment in Fixed Assets by Structure

单位：% (%)

项 目	Item	2017 Total	2017 项目投资 Project	2017 房地产开发 Real Estate Devel-opmewt	2018 Total	2018 项目投资 Project	2018 房地产开发 Real Estate Devel-opmewt
建设项目个数 （个）	**Number of Projects (unit)**	**14.5**	**14.5**		**5.2**	**5.2**	
其中：本年新开工	Newly-commenced Projects	7.1	7.1		-0.3	-0.3	
全部建成投产项目	Projects Completed and Put into Use	15.0	15.0		-11.4	-11.4	
计划总投资 （亿元）	**Total Planned Investment (100 million yuan)**	**20.5**	**21.9**	**18.8**	**19.0**	**16.8**	**21.7**
本年投资总额 （亿元）	**Total Investment in this year (100 million yuan)**	**13.5**	**11.9**	**17.2**	**10.7**	**5.6**	**19.3**
#住宅	Residential Buildings	15.2	-22.4	16.1	20.5	30.0	20.5
按隶属关系分	Investment by Jurisdiction of Management						
中央	Central Investment	12.1	11.2	19.0	23.2	16.8	65.8
地方	Local Invesement	13.6	11.9	17.1	10.0	4.5	18.4
按构成分	Grouped by Structure						
建筑安装工程	Construction and Installation	11.6	10.4	13.7	3.4	5.0	1.2
设备工具器具购置	Purchase of Equipment and Instruments	11.0	10.8	21.5	3.0	2.8	10.0
其他费用	Others	23.6	21.4	25.7	38.8	12.1	61.3
财务拨贷款合计 （亿元）	**Total Financial Appropriations (100 million yuan)**	**7.4**	**6.6**	**8.4**	**10.3**	**5.8**	**13.4**
国家预算资金	State and Local Budget	27.3	27.3		26.3	26.3	
国内贷款	Domestic Loans	37.3	13.8	59.6	8.3	15.8	3.7
利用外资	Foreign Investment	-1.5	-11.3	74.2	-28.9	-12.0	-74.8
自筹资金	Self-raising Funds	4.8	3.1	10.3	4.7	-4.5	17.8
其他资金	Others	-3.8	8.5	-5.4	16.3	25.5	15.5
新增固定资产 （亿元）	**Newly Increased Fixed Assets (100 million yuan)**	**12.5**	**13.9**	**6.4**	**0.9**	**1.3**	**0.3**
房屋建筑面积（万平方米）	**Floor Space of Buildings(10000 sq.m)**						
施工面积	Floor Space under Construction	9.0	-3.3	12.9	11.9	19.4	10.3
竣工面积	Floor Space Completed	4.5	-12.9	24.3	-10.6	-18.2	-7.1
#住宅	Residential Buildings	16.9	-46.6	21.2	-9.5	15.7	-9.8

注：施工项目个数不含房地产开发；2018年起住宅投资、新增固定资产不含5000万元以下项目，增速为可比口径，下表同。

Note: The total number projects under construction excludes the projects of real estate development.The growth rate is calculated by comparable coverage. The same applies to the following tables.

5-5 各市固定资产投资情况

Investment in Fixed Assets by City

单位：亿元 (100 million yuan)

市 别	City	2000	2005	2010	2012	2013	2014	2015	2016	2017	2018年比2017年增长(%) Growth Rate in 2018 over 2017
全省总计	**Provincial Total**	**3233.70**	**7164.11**	**16113.19**	**19307.53**	**22828.65**	**25928.09**	**30031.20**	**33008.86**	**37477.96**	**10.7**
广 州	Guangzhou	923.67	1514.01	3263.57	3758.39	4447.30	4889.50	5405.95	5703.59	5919.83	8.2
深 圳	Shenzhen	677.12	1182.32	1944.70	2314.43	2490.20	2717.42	3298.31	4078.16	5147.32	20.6
珠 海	Zhuhai	95.08	218.23	501.55	787.62	960.89	1135.05	1305.14	1389.75	1662.02	20.7
汕 头	Shantou	112.48	154.14	361.68	611.92	780.90	1002.73	1274.32	1579.53	2006.40	19.2
佛 山	Foshan	198.96	741.43	1719.63	2128.33	2375.60	2612.45	3035.52	3512.04	4265.79	5.6
韶 关	Shaoguan	56.82	139.75	433.73	548.48	664.52	746.74	701.67	702.09	692.82	6.5
河 源	Heyuan	26.54	111.10	242.74	278.59	342.73	453.29	564.14	652.29	778.47	7.5
梅 州	Meizhou	44.45	97.66	195.52	230.14	280.50	407.51	568.06	650.36	806.77	-1.5
惠 州	Huizhou	77.41	352.37	894.02	1208.68	1401.30	1606.71	1863.93	2039.71	2234.88	3.1
汕 尾	Shanwei	36.21	101.86	366.99	391.56	462.09	500.97	585.20	652.45	669.33	16.6
东 莞	Dongguan	102.89	592.20	1114.98	1180.35	1383.94	1427.11	1446.52	1557.46	1712.83	5.8
中 山	Zhongshan	109.95	320.92	660.37	893.43	962.93	903.66	1055.41	1149.01	1248.48	5.5
江 门	Jiangmen	104.34	228.87	631.77	850.41	1000.84	1111.65	1307.87	1517.77	1774.83	9.5
阳 江	Yangjiang	33.23	82.25	329.20	483.67	598.66	662.01	691.13	503.92	540.21	4.3
湛 江	Zhanjiang	68.94	168.00	526.57	572.28	795.58	1020.76	1313.69	1531.60	1641.53	12.8
茂 名	Maoming	73.57	147.72	244.54	427.37	660.53	850.55	1115.50	1262.76	1415.73	1.8
肇 庆	Zhaoqing	75.29	178.01	625.21	852.60	1007.78	1138.73	1330.03	1373.74	1497.55	10.0
清 远	Qingyuan	48.37	222.42	996.92	437.95	505.97	596.35	620.63	620.95	666.31	13.2
潮 州	Chaozhou	30.70	97.59	182.78	224.16	253.63	313.01	391.95	454.62	501.05	3.4
揭 阳	Jieyang	68.43	115.16	564.07	663.51	829.39	1093.80	1362.10	1485.54	1667.31	12.3
云 浮	Yunfu	32.98	103.44	312.66	463.66	623.38	738.09	794.15	591.51	628.50	10.8
按经济区域分	By Region										
珠 三 角	Pearl River Delta	2364.71	5328.37	11355.80	13974.24	16030.78	17542.28	20048.69	22321.24	25463.54	10.9
东 翼	Eastern Region	247.82	468.75	1475.51	1891.15	2326.01	2910.51	3613.56	4172.14	4844.08	15.3
西 翼	Western Region	175.74	397.97	1100.32	1483.32	2054.77	2533.33	3120.31	3298.27	3597.47	7.4
山 区	Mountainous Region	209.16	674.38	2181.56	1958.82	2417.10	2941.98	3248.64	3217.21	3572.87	7.0

注：2008年前全省总计中含不分区部分。

Note: Provincial total prior to 2008 includes investment unclassified by region.

5-6 各市按项目和房地产开发分固定资产投资增长速度
Growth Rate of Investment in Fixed Assets By Project and Real Estate Development and by City

单位：%　　　　(%)

市别	City	2017 投资 Total	2017 项目投资 Project	2017 房地产开发 Real Estate Development	2018 投资 Total	2018 项目投资 Project	2018 房地产开发 Real Estate Development
全省总计	**Provincial Total**	**13.5**	**11.9**	**17.2**	**10.7**	**5.6**	**19.3**
广州	Guangzhou	5.7	1.7	6.4	8.2	16.2	…
深圳	Shenzhen	23.8	25.4	21.6	20.6	18.4	23.6
珠海	Zhuhai	19.6	33.0	3.9	20.7	22.6	18.2
汕头	Shantou	27.0	29.2	17.8	19.2	18.0	24.0
佛山	Foshan	21.5	23.2	18.2	5.6	-17.3	38.9
韶关	Shaoguan	-1.3	-9.4	29.2	6.5	7.2	4.9
河源	Heyuan	19.3	16.4	27.4	7.5	12.2	-1.2
梅州	Meizhou	24.0	23.2	26.4	-1.5	-12.5	18.7
惠州	Huizhou	9.6	4.5	18.3	3.1	-5.1	11.3
汕尾	Shanwei	17.0	13.1	52.6	16.6	12.6	37.8
东莞	Dongguan	10.0	10.5	9.2	5.8	6.3	4.9
中山	Zhongshan	8.7	3.2	14.8	5.5	-3.4	11.7
江门	Jiangmen	16.9	13.8	27.4	9.5	2.2	27.6
阳江	Yangjiang	7.2	-1.8	42.9	4.3	8.4	-2.2
湛江	Zhanjiang	7.2	1.2	42.3	12.8	-4.4	56.3
茂名	Maoming	12.1	8.2	53.1	1.8	-18.0	84.2
肇庆	Zhaoqing	9.0	5.0	43.3	10.0	-1.7	67.3
清远	Qingyuan	7.3	-0.9	21.5	13.2	-7.8	42.4
潮州	Chaozhou	10.2	10.5	8.2	3.4	-2.6	34.2
揭阳	Jieyang	12.2	8.8	104.3	12.3	11.8	16.0
云浮	Yunfu	6.3	4.3	20.3	10.8	0.3	38.0
按经济区域分	By Region						
珠三角	Pearl River Delta	13.7	13.3	14.3	10.9	6.4	16.9
东翼	Eastern Region	18.4	16.8	30.4	15.3	13.1	25.6
西翼	Western Region	9.1	3.6	45.2	7.4	-8.2	50.3
山区	Mountainous Region	11.1	6.4	25.2	7.0	0.1	19.8

5-7 各市按登记注册类型分固定资产投资增长速度（2018年）

Growth Rate of Investment in Fixed Assets by Status of Registration and City (2018)

单位：% (%)

市别	City	总计 Total	内资 Domestic	港、澳、台商投资 Funds from Hong Kong Macao and Twaiwan	外商投资 Foreign Funded
全省总计	**Provincial Total**	**10.7**	**12.0**	**-15.1**	**29.5**
广州	Guangzhou	8.2	3.6	-19.9	77.3
深圳	Shenzhen	20.6	25.2	-22.6	30.3
珠海	Zhuhai	20.7	27.7	-10.0	-29.5
汕头	Shantou	19.2	18.7	87.2	-16.1
佛山	Foshan	5.6	10.0	-25.7	-14.1
韶关	Shaoguan	6.5	9.6	-25.8	-28.4
河源	Heyuan	7.5	7.4	0.2	40.7
梅州	Meizhou	-1.5	-0.6	-65.7	-9.5
惠州	Huizhou	3.1	3.5	-10.3	21.2
汕尾	Shanwei	16.6	19.9	-30.3	164.8
东莞	Dongguan	5.8	8.1	-3.9	-6.0
中山	Zhongshan	5.5	6.7	-5.8	1.7
江门	Jiangmen	9.5	8.6	20.3	8.0
阳江	Yangjiang	4.3	4.0	-19.2	177.1
湛江	Zhanjiang	12.8	10.7	-17.0	104.4
茂名	Maoming	1.8	2.3	-27.9	-39.7
肇庆	Zhaoqing	10.0	14.0	-34.7	-25.3
清远	Qingyuan	13.2	15.7	-19.1	-32.2
潮州	Chaozhou	3.4	4.4	-52.5	-22.9
揭阳	Jieyang	12.3	13.7	4.4	-57.7
云浮	Yunfu	10.8	9.8	24.7	91.9
按经济区域分	By Region				
珠三角	Pearl River Delta	10.9	12.4	-15.9	29.4
东翼	Eastern Region	15.3	16.0	4.6	-16.6
西翼	Western Region	7.4	6.3	-18.5	101.9
山区	Mountainous Region	7.0	8.2	-14.5	-10.7

注：内资含个体经济，下表同

Note: Domestic investment include individuals and the same applies to the following table.

5-8 各市按行业分固定资产投资增长速度（2018年）
Growth Rate of Investment in Fixed Assets by Sector and by City (2018)

单位：%　　　　(%)

市别	City	合计 Total	农、林、牧、渔业 Agriculture, Forestry, Animal Husbandry and Fishery	采矿业 Mining	制造业 Manufacturing	电力热力燃气及水的生产和供应业 Production and Supply of Electricity, Gas and Water	建筑业 Construction	批发和零售业 Wholesale and Retail Trades
全省总计	**Provincial Total**	**10.7**	**-10.4**	**30.5**	**-0.1**	**3.0**	**-18.0**	**-39.5**
广　州	Guangzhou	8.2	-60.4		65.6	15.0	-33.0	-61.8
深　圳	Shenzhen	20.6	-34.9		4.4	24.2		-39.7
珠　海	Zhuhai	20.7	126.5	2713.6	-11.7	41.6		-52.5
汕　头	Shantou	19.2	-8.8	-59.4	10.7	11.0	13.6	-3.5
佛　山	Foshan	5.6	-79.5		-14.9	23.6	-100.0	-30.3
韶　关	Shaoguan	6.5	-20.9	-34.8	15.4	-7.5		-53.9
河　源	Heyuan	7.5	1.0	-34.8	35.0	72.7		46.2
梅　州	Meizhou	-1.5	-35.9	13.6	-47.8	33.9		-71.2
惠　州	Huizhou	3.1	-26.5	-3.8	-14.8	-1.7		-39.1
汕　尾	Shanwei	16.6	-12.0		20.8	-23.4	-62.3	-17.4
东　莞	Dongguan	5.8	-91.5		-1.9	-28.7	-90.5	-35.4
中　山	Zhongshan	5.5	896.3		-14.4	8.9	-30.6	-38.5
江　门	Jiangmen	9.5	19.7	66.3	8.0	6.8		-84.1
阳　江	Yangjiang	4.3	-39.4	-25.5	23.6	6.3		-1.1
湛　江	Zhanjiang	12.8	22.8	6.0	-14.0	-13.5	192.3	-69.1
茂　名	Maoming	1.8	6.4	-48.7	-47.8	24.0	-5.3	-60.3
肇　庆	Zhaoqing	10.0	-46.3	-24.4	9.9	7.6	98.0	32.6
清　远	Qingyuan	13.2	-15.8	-13.4	-18.5	-27.1		-26.0
潮　州	Chaozhou	3.4	96.3	532.1	-10.6	-23.4		-26.3
揭　阳	Jieyang	12.3	9.3	-51.2	-19.0	2.4	89.8	-8.7
云　浮	Yunfu	10.8	-16.9	229.9	-27.5	20.2	-100.0	-72.4
按经济区域分	By Region							
珠三角	Pearl River Delta	10.9	-36.3	299.4	3.0	8.4	-24.2	-47.0
东　翼	Eastern Region	15.3	8.5	-16.1	1.7	-11.7	-6.2	-9.3
西　翼	Western Region	7.4	12.9	-2.7	-27.4	-0.5	19.8	-62.5
山　区	Mountainous Region	7.0	-14.8	-6.3	-4.5	5.0	-100.0	-49.1

5-8 续表 1 continued 1

单位：% (%)

市 别	City	交通运输、仓储和邮政业 Transport, Storage and Post	住宿和餐饮业 Hotels and Catering Services	信息传输、软件和信息技术服务业 Information Transmission, Software and Information Technology Services	金融业 Financial Intermediation	房地产业 Real Estate	租赁和商务服务业 Leasing and Business Services	科学研究和技术服务 Scientific Research, Technical Service
全省总计	**Provincial Total**	**-1.0**	**-3.3**	**-5.8**	**16.2**	**18.8**	**63.5**	**-10.3**
广 州	Guangzhou	4.6	-51.5	-29.6	4.3	1.9	-11.5	-21.9
深 圳	Shenzhen	14.1	312.9	39.7	19.8	22.6	60.8	-16.1
珠 海	Zhuhai	-15.4	106.0	0.3		13.3	281.1	16.6
汕 头	Shantou	23.2	54.2	1.2	57.8	25.0	46.4	-19.4
佛 山	Foshan	-38.1	-45.4	6.6	-100.0	36.6	8.6	-87.9
韶 关	Shaoguan	-3.6	-76.7	-12.9		2.8	85.8	-48.3
河 源	Heyuan	-8.8	209.7	69.4		-3.1	636.8	-55.4
梅 州	Meizhou	-2.3	-63.9	-34.3		11.2	55.8	1602.6
惠 州	Huizhou	12.1	-46.8	15.2		11.1	-92.4	695.3
汕 尾	Shanwei	72.5	-34.8	-40.2	-100.0	35.1	79.7	167.3
东 莞	Dongguan	10.6	225.7	48.5	29.9	5.8	71.8	-11.5
中 山	Zhongshan	22.3	-65.3	-6.0		9.5	109.3	-17.0
江 门	Jiangmen	-6.6	18.7	-33.8		23.1	-11.6	-52.3
阳 江	Yangjiang	-3.0	15.6	0.4		-2.2	-37.1	
湛 江	Zhanjiang	16.5	-46.4	-35.0	-100.0	53.6	85.2	-48.3
茂 名	Maoming	-13.4	-59.0	-32.1	-100.0	85.5	…	36.3
肇 庆	Zhaoqing	-24.5	-42.2	47.2	-37.3	61.4	155.2	23.0
清 远	Qingyuan	10.0	76.6	-24.9	-100.0	39.1	12.5	-46.6
潮 州	Chaozhou	-33.7	128.1	2.2	-100.0	32.5	518.1	-66.4
揭 阳	Jieyang	33.3	4.8	20.0		42.6	155.8	251.0
云 浮	Yunfu	51.5	-24.5	-14.7		35.9	84.8	-49.8
按经济区域分	By Region							
珠 三 角	Pearl River Delta	-2.3	6.5	-4.7	18.5	16.3	60.6	-12.4
东 翼	Eastern Region	5.8	19.1	-0.7	-0.5	31.0	106.1	9.7
西 翼	Western Region	0.6	-49.4	-28.7	-100.0	49.7	-17.9	-16.4
山 区	Mountainous Region	1.7	-22.3	-7.1	-100.0	16.0	117.8	25.6

5-8 续表 2 continued 2

单位：%

市　别	City	水利、环境和公共设施管理业 Management of Water Conservancy, Environment and Public Facilities	居民、修理服务和其他服务业 Household's Services, Repair and Other Services	教育 Education	卫生和社会工作 Health and Social Service	文化、体育和娱乐业 Culture, Sports and Entert-ainment	公共管理、社会保障和社会组织 Public Management, Social Security and Social Organization
全省总计	**Provincial Total**	**22.9**	**1.6**	**26.6**	**28.7**	**19.7**	**6.9**
广　州	Guangzhou	40.4	-70.9	49.5	-21.3	58.5	-31.7
深　圳	Shenzhen	28.1	-88.8	33.8	14.4	82.5	22.2
珠　海	Zhuhai	45.8	115.0	1.6	120.4	8.7	51.6
汕　头	Shantou	37.5	-5.8	67.6	147.0	0.8	375.7
佛　山	Foshan	-13.1	-84.0	26.3	-47.4	86.5	-40.5
韶　关	Shaoguan	52.5		19.4	280.2	-26.5	-42.2
河　源	Heyuan	-19.6	-69.8	-61.3	150.3	-23.0	-61.5
梅　州	Meizhou	3.2		-54.4	82.7	17.7	24.3
惠　州	Huizhou	-6.1	-37.0	9.2	-21.8	-17.2	66.0
汕　尾	Shanwei	43.1	242.3	-6.1	97.9	-8.4	7.9
东　莞	Dongguan	76.2	72.7	77.3	8.6	0.5	-51.5
中　山	Zhongshan	32.1	-36.5	-27.6	18.7	-32.0	8.6
江　门	Jiangmen	23.9	51.1	69.0	39.4	-52.1	-66.6
阳　江	Yangjiang	24.1	233.1	-4.9	248.7	130.6	-64.3
湛　江	Zhanjiang	27.9	245.1	-34.6	18.8	-30.0	-84.1
茂　名	Maoming	34.8	-76.8	46.1	92.2	22.5	-4.5
肇　庆	Zhaoqing	-6.4	71.6	8.7	68.3	-16.6	4.1
清　远	Qingyuan	-34.5	-100.0	350.8	7.5	-10.4	-25.5
潮　州	Chaozhou	21.1	-68.1	108.2	333.9	-42.0	95.6
揭　阳	Jieyang	83.3	411.1	-14.0	122.9	68.2	-19.6
云　浮	Yunfu	9.8	-100.0	104.3	63.6	9.0	330.6
按经济区域分	By Region						
珠三角	Pearl River Delta	20.0	-19.2	33.0	-0.1	29.9	11.2
东　翼	Eastern Region	47.2	40.2	24.1	138.5	22.2	54.0
西　翼	Western Region	30.9	-18.7	-8.5	50.8	-4.2	-46.4
山　区	Mountainous Region	2.5	-29.0	32.6	96.0	-9.2	-20.8

5-9 国有经济固定资产投资主要指标
Main Indicators of Investment in Fixed Assets of State-owned Economy

项目	Item	2000	2010	2014	2015	2016	2017	2018年比2017年增长(%) Growth Rate in 2018 over 2017
建设项目个数 (个)	**Number of Projects (unit)**							
施工项目	Projects under Construction	8934	8669	9219	9997	10267	11596	4.0
全部建成投产项目	Projects Completed and Put into Use	4070	4659	5220	5863	5360	5856	-15.7
投资总额 (亿元)	**Total Investment (100 million yuan)**	**1286.91**	**5152.60**	**5824.56**	**6363.86**	**6181.63**	**7341.39**	**13.9**
#住宅	Residential Buildings	185.38	171.36	181.56	184.86	126.35	154.17	38.4
按构成分	Grouped by Structure of Investment							
建筑安装工程	Construction and Installation	835.63	3558.70	4343.61	4747.02	4589.08	5429.88	12.3
设备工具器具购置	Purchase of Equipment and Instruments	222.31	741.84	700.78	777.93	643.88	583.75	9.7
其他费用	Others	228.97	852.06	780.16	838.91	948.67	1327.77	39.1
按建设性质分	Grouped by Type of Construction							
#新建	New Construction	635.88	3291.99	4283.19	4588.39	4833.83	6021.16	15.6
扩建	Expansion	280.76	684.71	644.90	865.39	634.87	525.23	-16.9
改建	Reconstruction	128.62	844.39	683.52	718.42	529.53	651.43	24.9
按资金来源分	Grouped by Source of Funds							
国家预算资金	State and Local Budget	48.77	366.85	1213.39	1591.75	1658.74	2129.71	5.3
国内贷款	Domestic Loans	275.53	1111.67	1048.29	906.61	1129.78	1382.33	7.0
利用外资	Foreign Investment	55.08	35.97	24.64	1.62	11.30	43.23	-10.5
自筹资金	Self-raising Funds	743.32	3303.88	3176.16	3576.48	2438.12	2558.56	-31.7
其他资金	Others	164.21	533.65	432.73	668.40	630.22	606.35	9.0
新增固定资产 (亿元)	**Newly Increased Fixed Assets (100 million yuan)**	**1022.34**	**3305.85**	**4551.30**	**3901.13**	**2530.71**	**3106.39**	**55.8**
房屋建筑面积(万平方米)	**Floor Space of Buildings (10000 sq.m)**							
施工面积	Floor Space under Construction	5010.21	5043.04	5946.25	5241.35	4098.01	4452.94	51.9
竣工面积	Floor Space Completed	2062.14	1261.43	1158.37	1078.40	842.23	542.67	5.4
#住宅	Residential Buildings	1024.44	231.48	226.66	139.32	145.18	101.36	93.4

注：1.建设项目个数、投资总额按建设性质分不含房地产开发部分。
2.本年新增固定资产、资金来源不含5000万元以下项目数据，增速为可比口径。

Note: a)Number of projects and total investment by type of construction exclude real estate development.
b)Sources of funds for investment do not include projects under 50 million yuan.

5-10 基础产业和基础设施完成投资情况
Completed Investment in Basic Industries and Infrastructure

单位：亿元 (100 million yuan)

年份 Year	基础产业 Basic Industries	基础设施 Infrastructure	电力、燃气及水的生产和供应业 Production and Supply of Electric Power, Gas and Water	交通运输和邮政业 Transport and Postal Services	信息传输、互联网和相关服务业 Information Transmission, Internet and Related Services	水利、环境和公共设施管理业 Management of Water Conservancy, Environment and Public Facilities
1990	139.95	132.62	24.73	46.77	28.75	32.37
1995	779.53	738.70	137.77	260.49	160.13	180.31
2000	1159.40	1098.68	204.91	387.43	238.16	268.18
2001	1187.24	1049.32	225.93	340.61	247.38	235.40
2002	1237.56	1127.94	300.13	348.87	242.34	236.60
2003	1655.29	1426.24	338.85	473.57	264.35	349.47
2004	2221.66	1858.46	548.32	627.93	267.91	414.30
2005	2612.47	2154.45	691.16	675.40	241.07	546.82
2006	2800.36	2392.07	714.76	820.49	218.37	638.45
2007	2989.95	2462.09	636.07	891.56	214.35	720.11
2008	3559.61	2935.03	749.57	1106.76	242.05	836.65
2009	5151.98	4488.32	1222.37	1664.65	278.46	1322.84
2010	5981.47	5394.68	1332.84	1908.64	239.17	1914.02
2011	5314.74	4544.10	934.31	1657.06	343.39	1609.34
2012	5642.85	4693.66	1063.32	1700.77	298.32	1631.25
2013	6578.24	5477.03	1133.46	2243.47	268.04	1832.06
2014	7392.42	5984.42	1099.42	2528.29	330.82	2025.89
2015	8558.98	6976.83	1206.47	2929.05	397.89	2443.42
2016	8904.91	7376.79	1294.06	2883.31	366.82	2832.61
2017	10506.02	9168.79	1653.88	3600.72	365.33	3548.85
2018年比2017年增长(%) Growth Rate in 2018 over 2017	7.5	8.2	3.0	-0.4	-5.6	22.9

5-11　按行业分固定资产投资主要指标增长速度(2018年)

Growth Rate of Main Indicators of Investment by Sector (2018)

单位：%　　　　(%)

行　业	Sector	投资额 Investment (100 million yuan)	施工项目个数 Number of Projects under Construction (unit)	全部建成投产项目个数 Number of Projects Completed and Put into Use (unit)	新增固定资产 Newly Increased Fixed Assets (100 million yuan)
全省总计	**Provincial Total**	**10.7**	**5.2**	**-11.4**	**0.9**
农、林、牧、渔业	**Farming, Forestry, Animal Husbandry and Fishery**	**-10.4**	**-11.9**	**-29.5**	**-9.5**
农业	Farming	-14.8	-7.6	-24.2	-51.9
林业	Forestry	-60.6	-54.9	-54.0	-100.0
畜牧业	Animal Husbandry	-18.6	-22.0	-31.9	17.7
渔业	Fishery	-13.1	-22.0	-30.8	69.7
农、林、牧、渔专业及辅助性活动	Service Activities for Farming, Forestry, Animal Husbandry and Fishery	41.6	16.6	-24.1	107.6
采矿业	**Mining**	**30.5**	**-7.4**	**-19.5**	**178.3**
煤炭开采和洗选业	Mining and Washing of Coal				
石油和天然气开采业	Extraction of Petroleum and Natural Gas	32.6	100.0		2713.6
黑色金属矿采选业	Mining and Dressing of Ferrous Metal Ores	122.1	-40.0	…	
有色金属矿采选业	Mining and Dressing of Non-Ferrous Metal Ores	-42.7	-33.3	-55.0	-68.2
非金属矿采选业	Mining and Dressing of Nonmetal Ores	6.8	-7.1	-15.9	-25.8
开采专业及辅助性活动	Auxiliary Minning Operations	7942.0	200.0	100.0	
其他采矿业	Mining of Other Ores	10585.7	200.0	200.0	
制造业	**Manufacture**	**-0.1**	**8.0**	**-7.1**	**-32.4**
农副食品加工业	Processing of Farm and Sideline Food	-21.5	-4.9	-14.2	-41.1
食品制造业	Manufacture of Food	-8.6	-1.9	-14.7	-23.5
酒、饮料和精制茶制造业	Manufacture of Wine, Beverage and Refined Tea	-24.3	-20.5	-27.5	7.8
烟草制品业	Tobacco Products	-5.3	-35.7	-60.0	-100.0
纺织业	Textile Industry	-3.3	1.8	-7.7	-50.7
纺织服装、服饰业	Manufacture of Textile Garments, Apparel	-2.9	1.4	-4.9	-70.8
皮革、毛皮、羽毛及其制品和制鞋业	Leather, Fur, Feather and Related Products, and Footwear	-26.8	-25.3	-35.5	-50.3
木材加工及木、竹、藤、棕、草制品业	Timber Processing, Bamboo, Cane, Palm Fiber & Straw Products	-28.1	-5.5	-9.0	-38.6
家具制造业	Manufacture of Furniture	-5.4	2.1	-11.6	-9.7
造纸和纸制品业	Papermaking and Paper Products	-21.4	3.2	-18.8	-62.8
印刷业和记录媒介复制业	Printing and Record Medium Reproduction	-17.3	1.9	-12.7	30.8
文教、工美、体育和娱乐用品制造业	Manufacture of Culture, Arts, Sports and Entertainment Articles	0.9	20.3	14.1	7.1
石油加工、炼焦和核燃料加工业	Petroleum Refining, Coking and Nuclear Fuel Processing	…	53.6	85.9	-88.9
化学原料和化学制品制造业	Manufacture of Raw Chemical Materials and Chemical Products	5.1	2.6	-12.1	-7.7
医药制造业	Manufacture of Medicines	3.6	6.6	-17.6	-16.4
化学纤维制造业	Manufacture of Chemical Fibers	0.6	64.7	28.6	-89.0
橡胶和塑料制品业	Manufacture of Rubber and Plastic Products	-11.9	6.3	-7.4	-3.5
非金属矿物制品业	Nonmetal Mineral Products	-13.8	7.2	-2.3	16.6
黑色金属冶炼及压延加工业	Smelting and Pressing of Ferrous Metals	8.9	15.7	17.5	-52.6
有色金属冶炼及压延加工业	Smelting and Pressing of Nonferrous Metals	-4.8	10.8	6.0	-16.9
金属制品业	Metal Products	0.8	10.2	-6.2	-9.4
通用设备制造业	Manufacture of General-purpose Machinery	19.7	21.8	5.3	30.0
专用设备制造业	Manufacture of Special-purpose Machinery	11.6	26.9	8.5	-15.7
汽车制造业	Manufacture of Automobile	-5.7	26.0	3.6	-33.4

注：施工项目个数不含房地产开发，本年新增固定资产不含5000万元以下项目。

Note: Projects under construction do not include real estate investment and newly increased fixed assets do not inclued project under 50 million.

5-11 续表 1 continued 1

行　业	Sector	投资额 Investment (100 million yuan)	施工项目个数 Number of Projects under Construction (unit)	全部建成投产项目个数 Number of Projects Completed and Put into Use (unit)	新增固定资产 Newly Increased Fixed Assets (100 million yuan)
铁路、船舶、航空航天和其他运输设备制造业	Manufacture of Railway, Slip, Aeronautics and Other Transport Equipment	-44.3	-13.9	-45.2	-61.7
电气机械及器材制造业	Manufacture of Electrical Machinery and Equipment	-14.2	0.8	-26.0	-37.8
计算机、通信和其他电子设备制造业	Manufacture of Computers, Communication Equipment and Other Electronic Equipment	27.3	23.1	0.2	-16.1
仪器仪表制造业	Manufacture of Instrments and Meters	-71.1	-48.1	-35.0	-83.4
其他制造业	Other Manufactures	35.5	-29.2	-46.1	267.1
废弃资源综合利用业	Comprehensive Utilization of Waste	-100.0	-100.0	-100.0	-100.0
金属制品、机械和设备修理业	Manufacture of Metal Products, Machinery and Equipment Maintenance	5.1	53.8	125.0	-100.0
电力、热力、燃气及水生产和供应业	**Production and Supply of Electric Power, Heat Power, Gas and Water**	**3.0**	**6.6**	**-1.2**	**116.7**
电力、热力生产和供应业	Production and Supply of Electric Power and Heat Power	2.8	0.6	5.2	122.8
燃气生产和供应业	Production and Supply of Gas	-9.5	9.8	…	106.8
水的生产和供应业	Production and Supply of Water	6.9	17.6	-11.9	75.5
建筑业	**Construction**	**-18.0**	**-20.8**	**8.1**	**-59.5**
房屋建筑业	Housing Construciton	87.2	30.0	116.7	-79.2
土木工程建筑业	Civil Engineering Construction	-27.1	-33.3	9.1	-50.9
建筑安装业	Construction and Installation	-44.9	-66.7	-83.3	
建筑装饰和其他建筑业	Architectural Decoration and Other Construction	-22.8	-12.5	…	
批发和零售业	**Wholesale and Retail Trades**	**-39.5**	**-39.2**	**-44.9**	**9.9**
批发业	Wholesale	-22.1	-33.4	-37.4	99.4
零售业	Retail Trade	-49.5	-42.6	-49.5	-28.6
交通运输、仓储和邮政业	**Transport, Storage and Postal Services**	**-1.0**	**-1.4**	**-28.3**	**43.1**
铁路运输业	Railway Transport	-0.9	9.4	-66.7	-21.5
道路运输业	Road Transport	2.0	5.7	-21.7	115.4
水上运输业	Waterway Transport	-23.4	-20.6	-41.5	-61.6
航空运输业	Air Transport	-1.5	-11.1	-45.5	-10.6
管道运输业	Pipeline Transport	264.3	-50.0	-75.0	
多式联运和运输代理业	Multimodal Transportation and Transport Agency Industry	-15.6	-38.0	-57.6	-72.3
装卸搬运和仓储业	Handling, handling and storage	-12.8	-14.6	-40.2	-30.4
邮政业	Postal Services	-36.8	-50.0	-70.0	-63.4
住宿和餐饮业	**Hotels and Catering Services**	**-3.3**	**-19.1**	**-28.4**	**-26.8**
住宿业	Hotels	1.6	-13.0	-29.4	-40.1
餐饮业	Catering Services	-21.4	-30.0	-27.0	261.0
信息传输、软件和信息技术服务业	**Information Transmission, Software and Information Technology Services**	**-5.8**	**9.5**	**-54.2**	**-4.9**
电信、广播电视和卫星传输服务	Telecommunications, Broadcasting Television and Satellite Transmission Services	-10.3	16.6	-65.8	-8.4
互联网和相关服务	Internet and Related Services	12.7	-39.4	-54.5	-38.7
软件和信息技术服务业	Software and Information Technology Services	-6.3	15.7	…	77.7
金融业	**Finance**	**16.2**	**-8.3**	**-41.2**	**657.2**
货币金融服务	Monetary and Financial Services	178.4	-12.5	-45.5	133.8

5-11 续表 2 continued 2

行业	Sector	投资额 Investment (100 million yuan)	施工项目个数 Number of Projects under Construction	全部建成投产项目个数 Number of Projects Completed and Put into Use	新增固定资产 Newly Increased Fixed Assets (100 million yuan)
资本市场服务	Capital Market Services	-54.8	-14.3	200.0	
保险业	Insurance	54.1	25.0	-100.0	
其他金融活动	Other Financial Activities	-54.3	…	-66.7	-100.0
房地产业	**Real Estate**	**18.8**	**0.1**	**-13.5**	**-0.9**
房地产业	Real Estate	18.8	0.1	-13.5	-0.9
租赁和商务服务业	**Leasing and Business Services**	**63.5**	**37.8**	**-6.8**	**23.5**
租赁业	Leasing	-61.2	-44.4	-45.8	59.5
商务服务业	Business Services	75.5	43.6	1.8	18.1
科学研究、技术服务业	**Scientific Research, Technological Services**	**-10.3**	**-2.9**	**-8.7**	**-49.5**
研究与试验发展	Research and Experimental Development	-22.6	-8.4	4.0	-0.7
专业技术服务业	Professional Technical Services	-35.5	-1.4	-17.3	-97.8
科技推广和应用服务业	Science and Technology Popularization and Application Services	27.1	1.1	…	-2.5
水利、环境和公共设施管理业	**Management of Water Conservancy, Environment and Public Facilities**	**22.9**	**11.6**	**-4.8**	**13.2**
水利管理业	Management of Water Conservancy	-18.9	-26.4	-47.4	-26.6
生态保护和环境治理业	Ecological Protection and Environmental Treatment	205.4	49.0	16.1	-10.0
公共设施管理业	Management of Public Facilities	22.5	16.7	2.2	18.1
土地管理业	Land Management	118.5	342.9	300.0	-100.0
居民服务、修理和其他服务业	**Households' service, Repair and Other Services**	**1.6**	**-17.2**	**-30.3**	**-46.3**
居民服务业	Services to Households	11.1	-15.5	-35.3	-46.3
机动车、电子产品和日用产品修理业	Motor Vehicle, Electronic Products and Consumer Products Repair	-31.5	-38.3	-34.1	
其他服务业	Other Services	67.0	37.5	…	
教育	**Education**	**26.6**	**9.9**	**-12.0**	**17.3**
教育	Education	26.6	9.9	-12.0	17.3
卫生和社会工作	**Health and Social Work**	**28.7**	**23.6**	**-2.8**	**-47.7**
卫生	Health	32.5	29.2	-3.2	-54.5
社会工作	Social Work	-5.8	-6.3		32.7
文化、体育和娱乐业	**Culture, Sports and Recreation**	**19.7**	**-0.2**	**-19.5**	**-57.2**
新闻出版业	Publication	128.6	-66.7	-100.0	-100.0
广播、电视、电影和影视录音制作业	Production of Radio, Television, Film and Video Recording	-21.7	-32.7	-42.9	-23.5
文化艺术业	Culture and Arts	5.6	-8.5	-37.4	-45.0
体育	Sports	23.6	2.2	-5.1	-80.9
娱乐业	Recreation	57.2	39.6	28.1	0.7
公共管理、社会保障和社会组织	**Public Administration, Social Security and Social Organizations**	**6.9**	**13.5**	**-11.3**	**-43.0**
中国共产党机关	Organs of Communist Party of China	579.4	300.0	600.0	
国家机构	Government Agencies	20.4	25.4	-0.8	-34.9
人民政协、民主党派	Chinese Peoples Political Consultative Conference, Democratic Parties				
社会保障	Social Security	269.0	33.3	50.0	
群众社团、社会团体和其他成员组织	Mass Organizations, Social Organizations and Other Member Organizations	-28.0	-5.9	-15.4	-100.0
基层群众自治组织	Self-governing Mass Organizations at the Grass-roots Level	-35.8	-25.4	-50.0	

5-12 各行业财务拨贷款资金来源主要指标增长速度(2018年)
Growth Rate of Main Indicators on Sources of Funds and Loans for Investment by Sector (2018)

单位：%　　(%)

项　目	Item	本年资金来源合计 Sources of Funds	国家预算资金 State and Local Budget	国内贷款 Domestic Loans	利用外资 Foreign Investment	自筹资金 Self-raising Fund	其他资金 Others
全省总计	**Provincial Total**	**10.3**	**26.3**	**8.3**	**-28.9**	**4.7**	**16.3**
农、林、牧、渔业	**Farming, Forestry, Animal Husbandry and Fishery**	**9.1**	**364.7**	**-75.1**		**-20.7**	**461.7**
农业	Farming	-20.2	178.9	2370.5		-34.7	67.3
林业	Forestry	-60.2				-72.7	
畜牧业	Animal Husbandry	-18.5		-94.8		-9.1	-16.7
渔业	Fishery	20.0	-100.0			13.8	314.1
农、林、牧、渔服务业	Service Activities for Farming, Forestry, Animal Husbandry and Fishery	300.5	480.8			40.8	
采矿业	**Mining**	**41.2**				**35.0**	**-100.0**
煤炭开采和洗选业	Mining and Washing of Coal						
石油和天然气开采业	Extraction of Petroleum and Natural Gas	29.7				29.7	
黑色金属矿采选业	Mining and Dressing of Ferrous Metal Ores						
有色金属矿采选业	Mining and Dressing of Non-Ferrous Metal Ores	-49.3				-48.5	-100.0
非金属矿采选业	Mining and Dressing of Nonmetal Ores	74.1				83.5	-100.0
开采辅助活动	Auxiliary Minning Operations	22460.4					-100.0
其他采矿业	Mining of Other Ores						
制造业	**Manufacture**	**-1.9**	**-13.0**	**34.7**	**-14.2**	**-3.5**	**-26.4**
农副食品加工业	Processing of Farm and Sideline Food	-25.6	-23.1	-33.6		-25.7	-23.3
食品制造业	Manufacture of Food	-17.0	-100.0	-81.1	4004.8	-18.1	-27.9
酒、饮料和精制茶制造业	Manufacture of Wine,Beverage and refined tea	-31.1		-58.3		-33.8	239.8
烟草制品业	Tobacco Products	-22.6				-22.6	
纺织业	Textile Industry	-47.0		9.1	-97.4	-43.9	-98.3
纺织服装、服饰业	Manufacture of Textile Garments, Apparel	-55.6		-62.6	-52.4	-57.0	87.9
皮革、毛皮、羽毛及其制品和制鞋业	Leather, Fur, Feather and Related Products, and Footwear	1.5		-6.1		-8.6	215.2
木材加工及木、竹、藤、棕、草制品业	Timber Processing, Bamboo, Cane, Palm Fiber & Straw Products	-58.8		-30.6		-59.7	-66.5
家具制造业	Manufacture of Furniture	-26.3		-85.3	289.6	-20.8	-64.7
造纸和纸制品业	Papermaking and Paper Products	-22.9		-52.2	-86.9	-4.2	-70.0
印刷业和记录媒介复制业	Printing and Record Medium Reproduction	-27.9		-74.8		-24.8	146.6
文教、工美、体育和娱乐用品制造业	Manufacture of Culture, Arts, Sports and Entertainment Articles	1.1		85.7	-59.4	-3.6	-6.4
石油加工、炼焦及核燃料加工业	Petroleum Refining, Coking and Nuclear Fuel Processing	6.8		157.4		-42.2	-84.1
化学原料及化学制品制造业	Manufacture of Raw Chemical Materials and Chemical Products	26.0		216.4	-13.7	7.7	65.0
医药制造业	Manufacture of Medicines	18.1	-88.8	13.8	-22.0	7.5	353.8
化学纤维制造业	Manufacture of Chemical Fibers	-46.2		1642.6		-35.9	-100.0
橡胶和塑料制品业	Manufacture of Rubber and Plastic Products	-28.8		-62.5	-93.6	-29.0	61.2
非金属矿物制品业	Nonmetal Mineral Products	-26.4	42.6	-31.3		-26.1	-32.3
黑色金属冶炼及压延加工业	Smelting and Pressing of Ferrous Metals	-6.4	-100.0	-51.0	-100.0	13.7	-91.0
有色金属冶炼及压延加工业	Smelting and Pressing of Nonferrous Metals	-39.1		-62.2	-100.0	-38.3	210.7
金属制品业	Metal Products	3.2		-15.9	-23.2	5.1	-1.0
通用设备制造业	Manufacture of General-purpose Machinery	43.9	-53.8	-48.8	-5.9	41.7	396.5
专用设备制造业	Manufacture of Special-purpose Machinery	31.8	-76.1	1.9	31.6	45.8	-66.0
汽车制造业	Manufacture of Automobile	15.9	-100.0	37.0	524.9	15.5	-30.8

5-12 续表 1 continued 1

单位：亿元 (100 million yuan)

项　目	Item	本年资金来源合计 Sources of Funds	国家预算内资金 State Budget	国内贷款 Domestic Loans	利用外资 Foreign Investment	自筹资金 Self-raising Fund	其他资金 Others
铁路、船舶、航空航天和其他运输设备制造业	Manufacture of Railway, Slip, Aeronautics and Other Transport Equipment	-44.0	5508.2	-54.6	49.6	-44.0	-66.0
电气机械及器材制造业	Manufacture of Electrical Machinery and Equipment	-15.2	467.5	-28.4	-45.3	-16.0	106.4
计算机、通信和其他电子设备制造业	Manufacture of Computers, Communication Equipment and Other Electronic Equipment	14.5	-58.6	158.1	-35.0	12.8	-61.5
仪器仪表制造业	Manufacture of Instrments and Meters	-34.7	43855.9	-80.2	-59.2	-14.2	
其他制造业	Other Manufactures	27.8		-100.0		60.1	-33.6
废弃资源综合利用业	Comprehensive Utilization of Waste	71.5	2087.5	348.3		38.5	-76.8
金属制品、机械和设备修理业	Manufacture of Metal Products, Machinery and Equipment Maintenance	-74.9	-26.0	-100.0		-72.0	
电力、热力、燃气及水生产和供应业	**Production and Supply of Electric Power, Heat Power, Gas and Water**	**-4.3**	**-13.4**	**-11.1**	**-67.6**	**1.9**	**-0.6**
电力、热力生产和供应业	Production and Supply of Electric Power and Heat Power	-5.6	9.8	-14.5	-72.6	4.9	-29.2
燃气生产和供应业	Production and Supply of Gas	-1.5	-93.1	-17.8		-4.5	51.3
水的生产和供应业	Production and Supply of Water	0.9	-12.3	63.5		-8.3	17.5
建筑业	**Construction**	**-28.5**		**-58.2**		**-27.0**	**93.9**
房屋建筑业	Housing Construciton	147.8				48.1	
土木工程建筑业	Civil Engineering Construction	-32.1		-86.3		-28.8	
建筑安装业	Construction and Installation	-83.8				-83.8	
建筑装饰和其他建筑业	Architectural Decoration and Other Construction						
批发和零售业	**Wholesale and Retail Trades**	**-49.1**	**-85.8**	**-78.4**	**-54.7**	**-40.8**	**-53.2**
批发业	Wholesale	-33.0	-100.0	-60.4		-27.4	-17.0
零售业	Retail Trade	-57.7	-73.2	-83.9	-75.2	-50.1	-53.7
交通运输、仓储和邮政业	**Transport, Storage and Postal Services**	**4.2**	**-1.8**	**22.0**	**1.4**	**-22.4**	**33.4**
铁路运输业	Railway Transport	11.7	46.6	18.7		-18.9	53.0
道路运输业	Road Transport	6.7	-3.4	35.5	-4.8	-38.6	41.2
水上运输业	Waterway Transport	-28.6	-32.6	-35.2		-21.0	-43.5
航空运输业	Air Transport	-2.4	-91.9	-13.8		52.9	
管道运输业	Pipeline Transport	233.4	-100.0				
多式联运和运输代理业	Multimodal Transportation and Transport Agency Industry	15.3	-88.9	80.1	-100.0	-0.2	-87.0
装卸搬运和仓储业	Handling, handling and storage	-2.1	-4.9	24.6	59.5	-12.6	35.6
邮政业	Postal Services	45.2				46.3	-100.0
住宿和餐饮业	**Hotels and Catering Services**	**4.5**		**-24.0**	**-54.7**	**10.8**	**6.6**
住宿业	Hotels	3.9		-26.2	-86.3	11.2	6.6
餐饮业	Catering Services	13.9			-16.9	4.6	
信息传输、软件和信息技术服务业	**Information Transmission, Software and Information Technology Services**	**-10.4**	**-38.4**	**26.9**	**-100.0**	**-10.8**	**-69.8**
电信、广播电视和卫星传输服务	Telecommunications, Broadcasting Television and Satellite Transmission Services	-25.1	-99.7			-28.1	623.6
互联网和相关服务	Internet and Related Services	18.7	-100.0	74.0		34.7	-83.2
软件和信息技术服务业	Software and Information Technology Services	-15.8	221.5	2.8	-100.0	-18.5	-88.3
金融业	**Finance**	**45.1**	**69.5**	**-100.0**		**49.0**	**-100.0**
货币金融服务	Monetary and Financial Services	170.4				173.7	-100.0

5-12 续表 2 continued 2

单位：亿元 (100 million yuan)

项　目	Item	本年资金来源合计 Sources of Funds	国家预算内资金 State Budget	国内货款 Domestic loans	利用外资 Foreign Inives-tment	自筹资金 Self-raising Fund	其他资金 Others
资本市场服务	Capital Market Services	-38.1	69.5	-100.0		-39.9	-100.0
保险业	Insurance	54.4				54.4	
其他金融活动	Other Financial Activities	-63.1				-63.1	
房地产业	**Real Estate**	**12.8**	**16.8**	**1.7**	**-73.8**	**17.1**	**15.6**
房地产业	Real Estate	12.8	16.8	1.7	-73.8	17.1	15.6
租赁和商务服务业	**Leasing and Business Services**	**46.4**	**-88.8**	**178.1**		**40.3**	**241.6**
租赁业	Leasing	-74.0				-76.3	1004.9
商务服务业	Business Services	63.4	-88.8	178.1		63.2	237.3
科学研究、技术服务业	**Scientific Research, Technological Services**	**-11.5**	**-57.8**	**120.5**	**3169.1**	**-28.2**	**83.7**
研究与试验发展	Research and Experimental Development	-31.5	-21.1	43.1		-40.2	-68.8
专业技术服务业	Professional Technical Services	-37.6	-70.7	613.1	-100.0	-55.7	673.2
科技推广和应用服务业	Science and Technology Popularization and Application Services	51.0	-77.2	213.1		15.3	2623.3
水利、环境和公共设施管理业	**Management of Water Conservancy, Environment and Public Facilities**	**28.3**	**62.6**	**52.0**	**650.1**	**-11.1**	**37.3**
水利管理业	Management of Water Conservancy	-17.4	-15.0	2.5	142.6	-17.4	-41.5
生态保护和环境治理业	Ecological Protection and Environmental Treatment	270.9	333.3	143.5		172.2	449.2
公共设施管理业	Management of Public Facilities	26.1	70.0	58.7		-17.2	38.8
土地管理业	Land Management	45.1				45.1	
居民服务、修理和其他服务业	**Households'service,Repair and Other Services**	**93.8**	**-22.1**		**786.7**	**-6.6**	**15275.2**
居民服务业	Services to Households	88.0	-35.6		786.7	-16.1	14311.5
机动车、电子产品和日用产品修理业	Motor Vehicle, Electronic Products and Consumer Products repair						
其他服务业	Other Services	68.4				31.2	
教育	**Education**	**41.6**	**71.2**	**-16.8**		**2.5**	**107.4**
教育	Education	41.6	71.2	-16.8		2.5	107.4
卫生和社会工作	**Health and Social Work**	**28.9**	**35.2**	**163.0**		**-11.8**	**163.3**
卫生	Health	34.1	36.8	150.8		-8.4	203.0
社会工作	Social Work	-24.5	11.0	405.7		-43.4	-62.5
文化、体育和娱乐业	**Culture, Sports and Recreation**	**10.8**	**83.6**	**-47.8**	**29.8**	**5.5**	**32.2**
新闻出版业	Publication	173.7				173.7	
广播、电视、电影和影视录音制作业	Production of Radio, Television, Film and Video Recording	-40.2	907.3	-57.5		-36.8	-72.9
文化艺术业	Culture and Arts	24.8	132.7	-75.5		-9.7	-20.3
体育	Sports	-31.5	-27.2	-85.4	7.2	-29.9	73.6
娱乐业	Recreation	60.2		636.1	1900.0	33.7	79.0
公共管理、社会保障和社会组织	**Public Administration, Social Security and Social Organizations**	**-19.3**	**60.3**	**-100.0**		**-83.2**	**36.6**
中国共产党机关	Organs of Communist Party of China						
国家机构	Government Agencies	-8.4	60.3	-100.0		-83.8	71.3
人民政协、民主党派	Chinese Peoples Political Consultative Conference, Democratic Parties						
社会保障	Social Security						
群众社团、社会团体和其他成员组织	Mass Organizations, Social Organizations and Other Member Organizations	-81.8				-82.6	-75.0
基层群众自治组织	Self-governing Mass Organizations at the Grass-roots Level						

5-13 各市财务拨贷款资金来源主要指标增长速度（2018年）

Growth Rate of Main Indicators on Sources of Funds and Loans for Investment by City (2018)

单位：% (%)

市别	City	本年资金来源合计 Sources of Funds	国家预算资金 State and Local Budget	国内贷款 Domestic Loans	利用外资 Foreign Investment	自筹资金 Self-raising Fund	其他资金 Others
全省总计	**Provincial Total**	**10.3**	**26.3**	**8.3**	**-28.9**	**4.7**	**16.3**
广州	Guangzhou	5.6	39.4	12.9	-13.4	-6.1	7.1
深圳	Shenzhen	17.7	27.3	-0.4	-32.7	21.8	29.0
珠海	Zhuhai	-3.1	120.9	-24.1	-21.0	-7.8	13.6
汕头	Shantou	26.5	-16.6	74.9	-69.0	16.0	34.8
佛山	Foshan	10.8	-22.1	-14.0	-54.6	29.5	4.4
韶关	Shaoguan	16.0	67.1	3.4	99.4	7.3	28.0
河源	Heyuan	22.2	26.9	21.8	-45.5	11.4	41.3
梅州	Meizhou	13.3	-4.3	38.3	130.4	-6.5	36.0
惠州	Huizhou	23.4	6.4	54.1	-82.5	-1.9	37.1
汕尾	Shanwei	31.9	245.6	72.0		7.6	67.6
东莞	Dongguan	1.4	45.8	-8.5	-19.5	-9.7	13.0
中山	Zhongshan	-5.3	-71.8	49.1	-67.9	-22.7	6.0
江门	Jiangmen	21.1	-19.5	35.3	67.4	41.0	-2.8
阳江	Yangjiang	6.5	62.8	-17.8	25005.9	1.3	20.3
湛江	Zhanjiang	26.5	38.8	52.2	353.4	18.7	20.1
茂名	Maoming	9.4	-8.1	18.7		13.3	5.1
肇庆	Zhaoqing	9.7	36.2	9.0	-100.0	-12.1	41.6
清远	Qingyuan	5.0	27.1	8.5	-61.5	-7.1	10.0
潮州	Chaozhou	-2.3	-37.5	1.4	-98.2	-9.6	30.3
揭阳	Jieyang	-25.7	-38.9	31.0	-73.3	-31.4	-16.2
云浮	Yunfu	38.6	83.6	76.7	8081.8	20.2	30.8
按经济区域分	By Region						
珠三角	Pearl River Delta	9.6	28.9	4.5	-33.3	5.5	15.1
东翼	Eastern Region	6.2	-9.0	51.6	-72.7	-6.3	25.5
西翼	Western Region	16.8	16.4	23.9	977.1	13.5	15.3
山区	Mountainous Region	14.9	31.7	20.3	-22.8	2.3	23.7

注：资金来源不含计划总投资5000万元以下项目

Notes: Sources of funds for investment do not include projects under 50 million yuan.

5-14 各市按构成和建设性质分固定资产投资增长速度（2018年）
Growth Rate of Investment in Fixed Assets in Urban Area by Composition of Funds, Type of Construction and City (2018)

单位：%　　　　(%)

市别	City	投资额 Total Investment	按构成分 By Composition of Funds			按建设性质分 By Type of Construction		
			建筑安装工程 Construction and Installion	设备、工具器具购置 Purchase of Equipment and Instruments	其他费用 Others	#新建 New Construction	#扩建 Expansion	#改建和技术改造 Recons-truction and Technological Transformation
全省总计	**Provincial Total**	**10.7**	**3.4**	**3.0**	**38.8**	**13.1**	**-20.1**	**25.5**
广　州	Guangzhou	8.2	-9.1	25.1	30.7	10.0	-31.9	10.9
深　圳	Shenzhen	20.6	10.6	10.5	45.1	20.3	-14.4	63.7
珠　海	Zhuhai	20.7	15.1	-10.9	40.6	22.0	-25.7	31.9
汕　头	Shantou	19.2	18.2	11.8	37.5	33.5	5.9	30.9
佛　山	Foshan	5.6	-5.4	-15.9	68.5	7.0	-54.1	32.3
韶　关	Shaoguan	6.5	5.1	-3.6	30.7	9.3	-36.7	17.4
河　源	Heyuan	7.5	14.8	-8.1	-18.5	7.2	-15.9	30.8
梅　州	Meizhou	-1.5	-11.9	-24.1	86.6	…	-71.2	-6.3
惠　州	Huizhou	3.1	-5.0	-8.5	78.1	6.8	-52.1	24.6
汕　尾	Shanwei	16.6	33.2	11.3	-36.1	-0.6	78.7	48.6
东　莞	Dongguan	5.8	5.7	-10.9	25.9	6.9	-48.1	34.1
中　山	Zhongshan	5.5	-5.8	2.7	42.4	11.5	-46.8	-7.0
江　门	Jiangmen	9.5	6.7	5.5	23.7	10.6	-24.8	32.8
阳　江	Yangjiang	4.3	-0.4	-6.3	45.7	2.8	139.3	-12.7
湛　江	Zhanjiang	12.8	5.5	4.7	78.4	20.8	-63.7	16.1
茂　名	Maoming	1.8	-4.7	-22.1	81.6	8.8	-52.4	-26.1
肇　庆	Zhaoqing	10.0	15.1	4.9	-4.5	20.4	-23.6	-1.3
清　远	Qingyuan	13.2	11.4	-22.3	50.1	15.4	-24.6	14.6
潮　州	Chaozhou	3.4	10.9	-15.5	-12.6	6.9	-45.0	9.1
揭　阳	Jieyang	12.3	12.2	5.7	23.5	20.2	-59.4	44.1
云　浮	Yunfu	10.8	10.9	-4.4	40.2	9.8	-17.1	23.3
按经济区域分	By Region							
珠三角	Pearl River Delta	10.9	1.3	4.3	39.6	13.0	-36.5	27.3
东　翼	Eastern Region	15.3	17.9	9.0	15.6	19.5	2.1	35.9
西　翼	Western Region	7.4	1.0	-8.4	73.7	13.4	-50.4	-5.8
山　区	Mountainous Region	7.0	5.3	-11.5	36.7	8.2	-31.6	16.9

5-15 各市农业、能源、原材料、运输邮电业投资比重

Proportion of Investment in Capital Construction of Agriculture, Energy, Raw Materials, Transport, Post and Telecommunications

市 别	City	2017（以投资总额为100） Proportion (total investment=100)				2018（以投资总额为100） Proportion (total investment=100)			
		农、林、牧、渔业 Farming, Forestry, Animal Husbandry and Fishery	能 源 Energy	原材料 Raw Materials	交通运输、仓储和邮政业 Transport, Storage and Postal Services	农、林、牧、渔业 Farming, Forestry, Animal Husbandry and Fishery	能 源 Energy	原材料 Raw Materials	交通运输、仓储和邮政业 Transport, Storage and Postal Services
全省总计	**Provincial Total**	**1.3**	**4.2**	**4.2**	**10.1**	**0.6**	**4.1**	**2.4**	**10.2**
广 州	Guangzhou	0.2	1.5	0.3	15.3	…	2.3	0.4	15.9
深 圳	Shenzhen	…	1.9	0.5	9.9	…	1.0	0.7	9.3
珠 海	Zhuhai	0.1	4.5	1.7	16.0	0.2	5.7	1.1	11.4
汕 头	Shantou	0.7	1.4	4.0	4.7	0.4	3.6	0.8	5.4
佛 山	Foshan	0.5	1.1	6.6	7.5	0.1	1.0	1.5	5.4
韶 关	Shaoguan	4.3	9.7	7.8	15.6	3.4	6.3	22.6	14.8
河 源	Heyuan	4.0	2.3	7.2	15.7	2.3	16.1	11.7	16.4
梅 州	Meizhou	0.4	2.3	3.6	16.5	0.2	45.2	5.8	19.7
惠 州	Huizhou	1.1	6.6	3.1	6.7	0.3	3.5	2.1	7.8
汕 尾	Shanwei	3.3	13.3	1.5	1.3	2.6	9.5	15.0	1.5
东 莞	Dongguan	…	4.8	1.2	7.4	…	4.3	3.5	7.7
中 山	Zhongshan	…	2.9	1.3	6.2	0.1	1.8	0.4	8.3
江 门	Jiangmen	1.2	6.5	4.9	9.2	1.0	3.9	0.4	8.7
阳 江	Yangjiang	1.8	18.2	5.7	11.0	0.4	6.3	8.5	13.7
湛 江	Zhanjiang	7.4	15.5	5.5	9.0	3.2	7.9	0.4	10.5
茂 名	Maoming	3.3	8.8	13.3	10.2	3.4	2.7	3.3	11.4
肇 庆	Zhaoqing	3.5	3.6	9.7	12.4	1.4	4.2	3.0	10.3
清 远	Qingyuan	1.0	5.9	7.8	15.1	0.7	4.2	1.4	14.8
潮 州	Chaozhou	2.5	7.8	2.0	16.5	2.8	6.8	1.7	12.4
揭 阳	Jieyang	1.9	2.4	7.3	3.2	1.4	3.5	4.9	5.5
云 浮	Yunfu	3.0	2.3	26.4	5.6	2.6	3.5	9.2	13.2
按经济区域分	By Region								
珠 三 角	Pearl River Delta	0.5	2.9	2.7	10.6	0.2	2.7	1.9	10.2
东 翼	Eastern Region	1.6	4.1	4.6	4.9	1.2	4.1	2.9	5.5
西 翼	Western Region	4.9	13.3	8.6	9.8	2.9	17.3	3.1	11.3
山 区	Mountainous Region	2.5	4.4	10.0	14.0	1.8	4.7	4.7	15.9

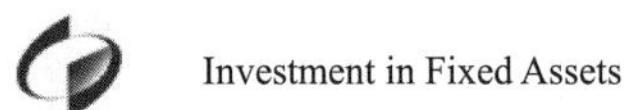

5-16 各市工业投资比重
Investment in Industry and Proportion by City

市别	City	2017（以投资总额为100） Proportion (total investment=100)				2018（以投资总额为100） Proportion (total investment=100)			
		工业合计 Total	采矿业 Mining	制造业 Manufacturing	电力热力燃气及水的生产和供应业 Production and Supply of Electricity,Gas and Water	合计 Total	采矿业 Mining	制造业 Manufacturing	电力、燃气及水的生产和供应业 Production and Supply of Electricity,Gas and Water
全省总计	**Provincial Total**	**32.3**	**0.4**	**27.5**	**4.4**	**24.8**	**0.4**	**20.2**	**4.2**
广州	Guangzhou	12.4		9.8	2.7	16.0		13.2	2.8
深圳	Shenzhen	17.8		15.5	2.3	15.6	0.2	13.1	2.3
珠海	Zhuhai	20.3	…	17.8	2.4	13.6	1.2	9.9	2.5
汕头	Shantou	53.1	0.1	50.7	2.4	45.3	…	42.8	2.5
佛山	Foshan	39.6	…	37.9	1.7	26.8		25.1	1.7
韶关	Shaoguan	27.8	0.7	15.9	11.2	26.3	0.5	15.9	10.0
河源	Heyuan	34.6	0.6	31.2	2.8	33.2	0.4	27.8	5.0
梅州	Meizhou	30.0	0.2	24.9	4.9	13.6	0.1	7.0	6.5
惠州	Huizhou	35.1	0.1	29.9	5.1	24.0	0.1	18.6	5.2
汕尾	Shanwei	40.5		26.1	14.3	38.9		27.4	11.5
东莞	Dongguan	37.8		32.4	5.4	33.7		30.1	3.6
中山	Zhongshan	26.2		22.9	3.4	18.2		14.2	4.0
江门	Jiangmen	44.2	0.3	37.0	6.9	40.7	0.5	32.9	7.4
阳江	Yangjiang	51.0	0.4	32.1	18.4	40.2	0.1	14.7	25.4
湛江	Zhanjiang	38.2	4.1	23.5	10.6	30.3	5.4	15.4	9.5
茂名	Maoming	51.9	2.3	43.5	6.1	22.9	0.7	15.6	6.7
肇庆	Zhaoqing	42.0	0.5	36.7	4.8	34.9	0.3	29.2	5.4
清远	Qingyuan	24.3	0.8	16.6	6.9	16.5	0.6	11.5	4.5
潮州	Chaozhou	44.6	…	35.1	9.5	33.5	0.1	25.0	8.4
揭阳	Jieyang	50.5	0.1	46.6	3.7	37.4	…	33.1	4.3
云浮	Yunfu	56.2	1.1	51.5	3.6	27.6	1.2	21.8	4.7
按经济区域分	By Region								
珠三角	Pearl River Delta	26.9	0.1	23.6	3.3	21.9	0.2	18.5	3.2
东翼	Eastern Region	49.6	0.1	44.3	5.2	41.2	…	36.3	4.9
西翼	Western Region	45.5	2.9	32.7	10.0	29.2	2.9	15.3	11.0
山区	Mountainous Region	34.1	0.7	27.6	5.8	23.0	0.5	16.3	6.2

5-17 新增主要生产能力或效益

Newly Increased Production Capacity or Efficiency

指　　标	Item	2005	2010	2015	2016	2017	2018
石油加工：	Petroleum Refining:						
蒸馏设备能力(处理万吨/年)	Distillation Equipment Capacity (10000 tons/year)	300		20	5	1000	210
裂化设备能力(处理万吨/年)	Cracking Equipment Capacity (10000 tons/year)	10	102	17	10	70	55
加氢精制设备能力 (处理万吨/年)	Hydro-refining Equipment Capacity (10000 tons/year)	120	200				
钢材：	Steels:			512.85	561.20	267.60	3.00
热轧钢材 (万吨/年)	Hot-roll (10000 tons/year)	280.35	103.60				
冷轧(拔)钢材 (万吨/年)	Non-hot-roll (10000 tons/year)	377.55	75.45				
铜冶炼 (吨/年)	Copper Smelting (tons/year)	25477	155000	3200			1890
铝加工材 (吨/年)	Aluminum Processing (tons/year)	119780	184230	397572	83589	149222	337429
铜加工材 (吨/年)	Copper Material (tons/year)			15030	2000		
发电机组装机容量 (万千瓦)	Capacity of Generating Sets (10000 kw)	526.93	763.96	770.20	382.27	309.67	236.54
#水力发电 (万千瓦)	Hydropower (10000 kw)	37.32	108.39	7.26	20.84	9.49	0.16
火力发电 (万千瓦)	Thermal Power (10000 kw)	433.57	580.00	559.20	181.50	69.70	6.00
输电线路(11万伏及以上)(公里)	Transmission Lines(≥110000kv) (km)	4066.05	6996.95	3171.11	2252.35	2239.82	2721.20
水泥 (万吨/年)	Cement (10000 tons/year)	1792	1751	638	450	400	
塑料树脂及共聚物 (吨/年)	Plastic Resin and Copolymer (ton/year)	32999	340713	204103	267409	331509	260150
内燃机 (台/年)	Internal Combustion Engine (set/year)				120000		
(万千瓦/年)	(10000 kw/year)				1152		
轿车制造 (万辆/年)	Manufacture of Car (10000 units/year)			28	51		
电视机 (万部/年)	Television (10000 units/year)				150		
新建公路 (公里)	Newly Constructed Highways (km)	1860.61	3028.90	2441.95	1658.79	1171.55	1115.70
#高速公路 (公里)	Express Highways (km)	187.86	508.70	751.01	532.01	612.00	733.00
改建公路 (公里)	Reconstructed Highways (km)	5379.79	4253.65	2664.16	2160.70	1461.21	728.35
#一级公路 (公里)	First Class Highways (km)	309.70	237.85	197.76	366.80	230.71	173.00
新建独立公路桥梁 (延长米)	Length of Newly Constructed Highway Bridges (m)	13032	22739	14080	9914	18382	35873
(座)	Number of Newly Constructed Highway Bridges(unit)	118	48	22	12	10	11
新(扩)建港口码头 (年吞吐量：万吨)	Annual Handling Capacity of Newly Constructed or Expanded Ports (10000 tons)	3158	3516	704	1227	9840	3991
(泊位：个)	Number of Berths in Newly Constructed or Expanded Ports (unit)	13	28	14	5	8	19
新(扩)建客、货运站 (个)	Number of Newly Constructed or Expanded Passenger and Freight Stations (unit)	29	22	10	5	5	2
(平方米)	Area of Newly Constructed or Expanded Passenger and Freight Stations (sq.m)	90564	221957	107349	30145	11165	45211
程控交换机(指安装能力) (万线/年)	Program-controlled Switchboards (10 000 lines/year)	82					
飞机购置 (架)	Aircraft Purchase (unit)			33	36	56	83
城市自来水供水能力(万吨/日)	Capacity of City Tap Water Supply (10000 tons/day)	359.41	62.77	0.50	30.15	38.00	28.00
城市污水处理能力 (万吨/日)	Disposal Capacity of City Sewage (10000 tons/day)	124.46	506.88	17.68	29.65	60.70	94.16

5-18 各市施工和竣工面积（2018年）

Floor Space Under Construction and Floor Space Completed (2018)

市 别	City	施工建筑面积（万平方米）Floor Space under Construction (10000 sq.m)	#住宅 Residential Buildings	竣工建筑面积（万平方米）Floor Space Completed (10000 sq.m)	#住宅 Residential Buildings
总 计	**Provincial Total**	**98106.51**	**56191.95**	**10729.28**	**5304.89**
广 州	Guangzhou	14841.71	7166.30	1601.19	871.70
深 圳	Shenzhen	9216.78	3453.99	366.40	125.16
珠 海	Zhuhai	4921.08	1927.69	313.23	197.69
汕 头	Shantou	3793.58	1990.62	728.20	240.01
佛 山	Foshan	11317.52	6626.57	1344.75	366.54
韶 关	Shaoguan	2318.76	1611.95	253.70	176.85
河 源	Heyuan	1773.94	1247.06	334.22	249.55
梅 州	Meizhou	2354.51	1588.92	274.57	184.60
惠 州	Huizhou	8586.72	6136.77	678.11	400.96
汕 尾	Shanwei	1257.22	991.09	63.19	41.76
东 莞	Dongguan	5269.10	3137.70	478.07	258.40
中 山	Zhongshan	6276.44	3864.16	938.82	583.98
江 门	Jiangmen	4454.85	2703.87	639.92	333.01
阳 江	Yangjiang	2622.86	1507.42	131.49	99.75
湛 江	Zhanjiang	3137.60	2102.46	325.17	224.40
茂 名	Maoming	3074.83	2015.86	329.02	173.03
肇 庆	Zhaoqing	3853.48	2561.57	284.23	139.00
清 远	Qingyuan	4300.03	3073.62	597.07	445.31
潮 州	Chaozhou	827.81	545.67	92.08	29.74
揭 阳	Jieyang	2242.18	796.30	834.26	88.32
云 浮	Yunfu	1665.50	1142.35	121.59	75.13

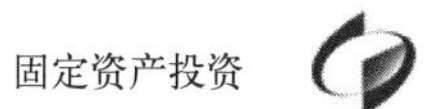

5-19 房地产开发主要指标

Main Indicators on Real Estate Development

项　　目	Item	2000	2010	2015	2016	2017	2018
土地开发及购置	**Land Development and Purchases**						
（万平方米）	**(10000 sq.m)**						
本年土地购置面积	Land Space Purchased in Current Year	1942.30	1726.31	1478.80	1750.32	1841.19	1968.44
本年完成投资额　（亿元）	**Investment Completed in Current Year**	**858.61**	**3659.69**	**8538.47**	**10307.80**	**12075.69**	**14412.19**
	(100 million yuan)						
#住宅	Residential Buildings	593.74	2539.03	5890.51	6977.66	8100.93	9757.86
本年实际到位资金（亿元）	**Total Actual Funds in Place This Year**	**1064.51**	**7426.13**	**14164.30**	**17666.05**	**19155.68**	**21722.28**
	(100 million yuan)						
#国内贷款	Domestic Loans	228.53	1256.11	2577.81	2559.13	4083.46	4236.05
利用外资	Foreign Investment	39.16	90.85	26.65	30.23	52.66	13.28
自筹资金	Self-raising Funds	287.71	1582.94	3933.40	4844.00	5341.58	6292.10
定金及预收款	Deposit and Advances Received	423.32	1537.64	4656.66	5586.91	5988.25	7250.92
个人按揭贷款	Personal Mortgage Loan		974.17	2322.61	3569.32	2974.61	3008.94
其他到位资金	Others	85.79	1984.42	647.17	1076.46	715.12	920.99
房屋建筑面积（万平方米）	**Floor Space of Buildings　(10000 sq.m)**						
施工面积	Floor Space under Construction	9922.12	29301.36	57941.86	64233.80	72492.10	79935.06
#住宅	Residential Buildings	7400.38	22253.76	40388.82	44171.00	49450.82	54791.17
竣工面积	Floor Space Completed	3161.39	5659.10	6044.43	6593.75	8196.34	7615.25
#住宅	Residential Buildings	2598.52	4589.22	4435.40	4773.04	5784.01	5216.15
竣工房屋价值　（亿元）	**Value of Buildings Completed**	**511.46**	**1587.46**	**2256.69**	**2493.40**	**2871.97**	**3021.33**
	(100 million yuan)						
#住宅	Residential Buildings	415.94	1276.09	1639.45	1776.33	1980.80	2036.88
商品房屋销售额　（亿元）	**Total Sales　(100 million yuan)**	**729.50**	**5480.77**	**11442.80**	**16214.61**	**18792.76**	**18742.12**
#住宅	Residential Buildings	597.36	4589.82	9967.32	14240.33	15437.89	15595.29
商品房屋销售面积	**Floor Space of Commerdal Buildings Sold**	**2259.95**	**7321.76**	**11681.01**	**14611.60**	**15958.81**	**14336.31**
（万平方米）	**(10000 sq.m)**						
#住宅	Residential Buildings	2009.34	6552.81	10497.62	13021.97	13522.51	12075.10

注：2000年其他到位在资金包括个人按揭贷款。
Note:Others funds in place in 2000 include personal mortgage loan.

5-20 房地产开发投资情况

Investment in Real Estate Development

单位：亿元 (100 million yuan)

按登记注册类型分组	By Registration Status	2017 完成投资额 Investment Completed	2017 #住宅 Residential Buildings	2018 完成投资额 Investment Completed	2018 #住宅 Residential Buildings
全省总计	**Provincial Total**	**12075.69**	**8100.93**	**14412.19**	**9757.86**
内资	Domestic	10696.77	7289.99	13040.82	8893.93
国有	State-owned	252.25	123.85	407.66	186.66
集体	Collective-owned	50.32	40.92	73.43	49.01
股份合作	Cooperative	3.77	3.05	34.07	14.66
联营	Joint			30.96	5.06
其他有限责任公司	Other Limited Liability	6626.80	4545.08	7922.82	5435.84
股份有限公司	Share-holding	222.29	163.67	393.62	241.43
私营	Private	3507.33	2391.01	4138.57	2929.65
其他	Others	34.01	22.42	39.68	31.61
港、澳、台商投资	Funds from Hong Kong, Macao and Taiwan	975.02	518.71	868.03	511.92
外商投资	Foreign Funded	403.90	292.23	503.35	352.01

5-21 房地产开发房屋建筑面积及价值（2018年）

Floor Space and Value of Buildings in Real Estate Development (2018)

按登记注册类型分组	By Registration Status	房屋建筑面积(万平方米) Floor Space of Buildings(10000 sq.m) 施工面积 Floor Space of Buildings under Construction	竣工面积 Floor Space of Buildings Completed	#住宅 Residential Buildings	竣工房屋价值（亿元） Value of Buildings Completed (100 million yuan)	#住宅 Residential Buildings
全省总计	**Provincial Total**	**79935.06**	**7615.25**	**5216.15**	**3021.33**	**2036.88**
内资	Domestic-funded Economy	71065.35	6515.43	4487.54	2559.04	1713.50
国有	State-owned	1720.22	234.53	166.26	76.49	52.98
集体	Collective-owned	342.39	23.20	19.06	12.68	11.56
股份合作	Cooperative	67.06				
联营	Joint	22.33				
有限责任公司	Limited Liability	43924.56	4265.92	2908.49	1687.73	1131.25
股份有限公司	Share-holding	1712.06	73.42	46.98	24.95	14.73
私营	Private	23189.70	1918.36	1346.76	757.20	502.98
其他	Others	87.04				
港、澳、台商投资	Funds from Hong Kong, Macao and Taiwan	6534.60	676.10	468.51	274.56	205.61
外商投资	Foreign Funded	2335.12	423.72	260.10	187.72	117.77

5-22 各市房地产开发投资情况（2018年）
Investment in Real Estate Development by City (2018)

单位：亿元 (100 million yuan)

市 别	City	完成投资额 Investment Completed	按用途分 By use #住宅 Residential Buildings	#别墅、高档公寓 Villas,High-grade Apartments	办公楼 Office Buildings	商业营业用房 Houses for Business Use	其他 Others
全省总计	**Provincial Total**	**14412.19**	**9757.86**	**543.90**	**1178.90**	**1416.68**	**2058.76**
广 州	Guangzhou	2701.93	1733.76	70.99	287.49	267.78	412.91
深 圳	Shenzhen	2640.71	1303.33	117.13	598.56	331.87	406.96
珠 海	Zhuhai	787.09	461.58	30.30	95.19	57.06	173.26
汕 头	Shantou	447.75	288.79	10.23	24.64	31.31	103.01
佛 山	Foshan	2019.51	1475.73	55.36	67.16	196.75	279.88
韶 关	Shaoguan	198.96	156.51	4.92	2.20	20.26	19.98
河 源	Heyuan	221.34	180.32	7.80	2.57	19.87	18.58
梅 州	Meizhou	258.75	198.55	8.94	1.49	24.92	33.79
惠 州	Huizhou	983.94	809.81	73.12	5.58	75.48	93.07
汕 尾	Shanwei	119.11	96.69	3.78	1.10	9.76	11.56
东 莞	Dongguan	736.79	525.85	65.64	59.47	63.03	88.44
中 山	Zhongshan	697.22	508.13	19.30	8.87	83.16	97.06
江 门	Jiangmen	575.10	461.05	30.81	2.79	40.68	70.57
阳 江	Yangjiang	141.61	111.10	12.43	1.12	18.68	10.72
湛 江	Zhanjiang	496.41	371.47	8.00	4.83	46.94	73.17
茂 名	Maoming	309.90	238.50	3.72	2.28	33.50	35.62
肇 庆	Zhaoqing	348.03	267.76	9.48	9.62	27.66	42.98
清 远	Qingyuan	393.44	314.23	4.81	2.16	38.39	38.66
潮 州	Chaozhou	89.66	62.72		0.67	10.23	16.04
揭 阳	Jieyang	126.75	98.82	3.31	0.22	6.01	21.69
云 浮	Yunfu	118.20	93.18	3.83	0.91	13.32	10.80
按经济区域分	By Region						
珠 三 角	Pearl River Delta	11490.33	7546.99	472.14	1134.72	1143.48	1665.13
东 翼	Eastern Region	783.26	547.02	17.32	26.63	57.31	152.30
西 翼	Western Region	947.92	721.06	24.15	8.23	99.12	119.51
山 区	Mountainous Region	1190.68	942.79	30.29	9.31	116.76	121.82

5-23 各市房地产开发房屋建筑面积及价值（2018年）

Floor Space and Value of Buildings in Real Estate Development by City (2018)

市别	City	房屋建筑面积(万平方米) Floor Spaceof Buildings(10000 sq.m) 施工面积 Floor Space of Buildings under Construction	竣工面积 Floor Space of Buildings Completed	#住宅 Residential Buildings	竣工房屋价值(亿元) Value of Buildings Completed (100 million yuan)	#住宅 Residential Buildings
全省总计	**Provincial Total**	**79935.06**	**7615.25**	**5216.15**	**3021.33**	**2036.88**
广州	Guangzhou	10999.01	1523.98	867.63	674.13	417.48
深圳	Shenzhen	6747.69	261.56	124.91	352.38	192.52
珠海	Zhuhai	3419.18	267.06	189.17	186.86	135.77
汕头	Shantou	3070.83	329.73	227.94	118.73	88.44
佛山	Foshan	9961.27	646.97	366.54	238.24	148.87
韶关	Shaoguan	2027.95	227.09	175.86	50.93	38.66
河源	Heyuan	1541.51	322.79	248.31	95.01	73.41
梅州	Meizhou	2104.38	242.31	184.42	66.84	49.55
惠州	Huizhou	7789.36	500.92	393.25	154.78	123.20
汕尾	Shanwei	885.32	50.24	41.76	6.70	5.47
东莞	Dongguan	4421.66	382.83	252.75	165.96	108.34
中山	Zhongshan	5512.52	816.91	583.55	262.71	169.80
江门	Jiangmen	3660.20	466.02	332.75	172.84	118.28
阳江	Yangjiang	1991.58	115.76	99.40	22.73	19.79
湛江	Zhanjiang	2845.99	295.75	224.40	129.66	95.46
茂名	Maoming	2654.08	197.34	160.75	52.05	42.51
肇庆	Zhaoqing	3370.75	192.58	138.12	50.09	34.67
清远	Qingyuan	3939.62	559.76	442.80	159.28	125.65
潮州	Chaozhou	716.60	40.82	27.17	8.47	6.26
揭阳	Jieyang	804.33	67.73	59.77	25.77	23.58
云浮	Yunfu	1471.21	107.09	74.89	27.17	19.17
按经济区域分	By Region					
珠三角	Pearl River Delta	55881.65	5058.85	3248.67	2257.99	1448.93
东翼	Eastern Region	5477.08	488.52	356.64	159.66	123.76
西翼	Western Region	7491.65	608.84	484.55	204.44	157.76
山区	Mountainous Region	11084.68	1459.03	1126.28	399.23	306.44

5-24 按用途分商品房屋销售面积(2018年)

Floor Space of Commercialized Buildings Sold by Use(2018)

单位：万平方米 (10 000 sq.m)

按登记注册类型分组	By Registration Status	商品房销售面积合计 Floor Space of Commercialized Buildings Sold	按用途分 By use 住宅 Residential Buildings	#别墅、高档公寓 Villas, Highgrade Apartments	办公楼 Office Buildings	商业营业用房 Houses for Business Use	其他 Others
全省总计	**Provincial Total**	**14336.31**	**12075.10**	**492.65**	**604.45**	**736.09**	**920.67**
内资	Domestic-funded Economy	12904.23	11023.07	396.71	471.92	645.45	763.79
国有	State-owned	238.52	191.63	3.41	26.95	6.36	13.59
集体	Collective-owned	70.57	61.07	2.40	1.35	4.43	3.71
股份合作	Cooperative	6.32	6.13				0.18
联营	Joint	0.87					0.87
有限责任公司	Limited Liability	8057.85	6784.17	274.95	320.70	404.03	548.95
股份有限公司	Share-holding	379.73	334.72	17.45	6.75	22.25	16.01
私营	Private	4126.87	3623.08	98.51	115.14	208.32	180.33
其他	Others	23.49	22.27		1.02	0.06	0.14
港、澳、台商投资	Funds from Hong Kong, Macao and Taiwan	887.65	686.75	83.42	57.05	60.19	83.67
外商投资	Foreign Funded	544.43	365.28	12.52	75.48	30.45	73.22

5-25 按用途分商品房屋销售额(2018年)

Sales Volume of Commercialized Buildings Sold by Use(2018)

单位：亿元 (100 million yuan)

按登记注册类型分组	By Registration Status	商品房销售额合计 Floor Space of Commercialized Buildings Sold	按用途分 By use 住宅 Residential Buildings	#别墅、高档公寓 Villas, Highgrade Apartments	办公楼 Office Buildings	商业营业用房 Houses for Business Use	其他 Others
全省总计	**Provincial Total**	**18742.12**	**15595.29**	**880.12**	**1344.55**	**1128.61**	**673.67**
内资	Domestic-funded Economy	16220.44	13638.54	658.07	1074.45	955.06	552.40
国有	State-owned	293.95	224.29	15.43	51.73	8.05	9.88
集体	Collective-owned	78.93	69.50	19.10	1.37	5.47	2.59
股份合作	Cooperative	4.85	4.45				0.40
联营	Joint	7.69					7.69
有限责任公司	Limited Liability	10247.80	8552.49	411.00	681.44	604.50	409.37
股份有限公司	Share-holding	422.00	353.96	22.74	28.81	30.96	8.26
私营	Private	5094.81	4366.79	189.80	308.13	305.95	113.94
其他	Others	70.43	67.07		2.97	0.11	0.28
港、澳、台商投资	Funds from Hong Kong, Macao and Taiwan	1687.86	1338.99	197.94	134.77	136.16	77.94
外商投资	Foreign Funded	833.81	617.76	24.11	135.34	37.39	43.32

5–26 各市商品房屋销售情况（2018年）
Sales of Commercial Buildings by City (2018)

市 别	City	商品房销售面积（万平方米）Floor Space of Buildings Commerdal Actually Sold (10000 sq.m)	#住宅 Residential Buildings	商品房销售额（亿元）Sales Volume of Buildings Commerdal Actually Sold (100 million yuan)	#住宅 Residential Buildings
全省总计	**Provincial Total**	**14336.31**	**12075.10**	**18742.12**	**15595.29**
广 州	Guangzhou	1550.28	1138.20	3102.66	2456.44
深 圳	Shenzhen	722.01	572.99	3908.42	3176.71
珠 海	Zhuhai	301.58	220.75	704.47	499.62
汕 头	Shantou	477.58	432.83	453.51	389.93
佛 山	Foshan	2352.31	1689.09	2656.62	2016.12
韶 关	Shaoguan	457.54	427.27	261.18	235.03
河 源	Heyuan	501.60	466.02	298.86	278.25
梅 州	Meizhou	410.42	377.04	266.29	237.53
惠 州	Huizhou	1663.37	1575.72	1778.41	1688.66
汕 尾	Shanwei	237.56	227.00	186.72	177.94
东 莞	Dongguan	690.15	534.72	1224.14	964.75
中 山	Zhongshan	737.39	562.00	817.88	679.04
江 门	Jiangmen	684.40	605.36	575.64	521.00
阳 江	Yangjiang	412.09	385.83	249.86	225.77
湛 江	Zhanjiang	547.35	511.40	442.01	404.92
茂 名	Maoming	522.43	471.39	368.64	331.67
肇 庆	Zhaoqing	658.27	594.92	464.60	417.33
清 远	Qingyuan	652.56	569.57	528.25	474.49
潮 州	Chaozhou	153.52	144.66	98.48	90.73
揭 阳	Jieyang	272.28	258.99	171.97	158.85
云 浮	Yunfu	331.63	309.34	183.51	170.53
按经济区域分	By Region				
珠 三 角	Pearl River Delta	9359.75	7493.75	15232.84	12419.66
东 翼	Eastern Region	1140.94	1063.48	910.69	817.44
西 翼	Western Region	1481.88	1368.62	1060.50	962.36
山 区	Mountainous Region	2353.74	2149.25	1538.09	1395.83

主要统计指标解释

固定资产投资额 是以货币形式表现的在一定时期内建造和购置固定资产的工作量以及与此有关的费用的总称。它是反映固定资产投资规模、结构和发展速度的综合性指标，又是观察工程进度和考核投资效果的重要依据。

房地产开发投资 各种登记注册类型的房地产开发公司 、商品房建设公司及其他房地产开发单位统一开发的包括统代建、拆迁还建的住宅、厂房、仓库、饭店、宾馆、度假村、写字楼、办公楼等房屋建筑物和配套的服务设施、土地开发工程，如道路、给水、排水、供电 、供热、通讯、平整场地等基础设施工程的投资。包括实际从事房地产开发或经营活动的附营房地产开发单位。不包括单纯的土地交易活动。

固定资产投资的资金来源 根据固定资产投资的资金来源不同，分为国家预算资金、国内贷款、债券、利用外资、自筹资金和其他资金来源。

(1)国家预算资金 自 2011 年起，按照全国人大和国务院的要求，各级财政的所有资金，包括税收和非税收入，均必须纳入预算管理，我国已不存在预算外资金的概念，因此各级政府用于固定资产投资的财政资金均为预算资金。由于已经没有预算外资金，因此名称改为国家预算资金，包括中央预算资金和地方预算资金，旧的国家预算内资金的内容和现中央预算资金的内容基本一致。

国家预算包括一般预算、政府性基金预算、国有资本经营预算和社保基金预算。各类预算中用于固定资产投资的资金全部作为国家预算资金填报，其中一般预算中用于固定资产投资的部分包括基建投资、车购税、灾后恢复重建基金和其他财政投资。各级政府债券也应归入国家预算资金。

(2)国内贷款 指报告期固定资产投资单位向银行及非银行金融机构借入的用于固定资产投资的各种国内借款，包括银行利用自有资金及吸收存款发放的贷款、上级主管部门拨入的国内贷款、国家专项贷款（包括煤代油贷款、劳改煤矿专项贷款等），地方财政专项资金安排的贷款、国内储备贷款、周转贷款等。

(3)债券 是企业（公司）或金融机构通过发行各种债券筹集到的用于固定资产投资的资金，包括由银行代理发行的重点企业债券和重点建设债券。

(4)利用外资 指报告期内收到的用于固定资产建造和购置的国外资金（包括设备、材料、技术）。包括对外借款、外商直接投资、外商其他投资。不包括我国自有外汇资金。

(5)自筹资金 指固定资产投资单位报告期内收到的，由各地区、各部门及企事业单位筹集用于固定资产投资的预算外资金，包括中央各部门、各级地方和企事业单位的自筹资金。

(6)其他资金来源 指报告期收到的除以上各种资金之外其他用于固定资产投资的资金。包括集资、个人资金、无偿捐赠的资金及其他单位拨入的资金。

新增生产能力（或工程效益） 指通过固定资产投资活动而增加的设计能力（或工程效益），是以实物形态表示的固定资产投资成果的指标，也是考核投资经济效果的重要依据之一。

房屋建筑面积 是房屋建筑物勒脚以上外墙外围的水平截面面积，包括房屋建筑物的有效面积和结构面积。房屋建筑面积统计指标是建设规模和建设成果的重要指标之一，也是检查工程形象进度、计算工程造价、分析投资效果、研究施工任务和建筑材料之间平衡情况的重要依据。

住宅 指供人们居住的房屋，包括职工家属宿舍、集体宿舍（包括职工单身宿舍和学生宿舍）及供居住的各种公寓等。住宅建筑面积中不包括作为人防用、不住人的地下室面积和供办公用的公寓。

房屋施工面积 指在报告期内施工的全部房屋建筑面积。包括本期新开工的面积和上期开工跨入本期继续施工的面积，以及上期已停建在本期恢复施工的房屋面积。本期竣工和本期施工后又停缓建的房屋，其建筑面积仍计入本期房屋施工面积中。

房屋竣工面积 指在报告期内房屋建筑按照设计要求已经全部完工，达到住人和使用条件，经验收鉴定合格（或达到竣工验收标准），正式移交使用的各栋房屋建筑面积的总和。

房屋建筑面积竣工率 是指一定时期内房屋竣工面积与施工面积的比率。它是从房屋建筑施工速度的角度反映投资效果的指标。

新增固定资产 指已经完成建造和购置过程，并已交付生产或使用单位的固定资产的价值。它是表示固定资产投资成果的价值指标，也是反映建设进度，计算固定资产投资效果的重要依据。

固定资产交付使用率 指一定时期新增固定资产与同期完成投资额的比率。它是反映各个时期固定资产动用速度，衡量建设过程中投资效果的一个综合性指标。

建设项目投产率 是建设周期的逆指标，是指一定时期内全部建成投产项目个数与同期施工项目个数的比率。它是从建设速度的角度反映投资效果的指标。

基础设施 基础设施投资指在电力、热水的生产和供应业，燃气生产和供应业，水的生产和供应业，铁路运输业，道路运输业，水上运输业，航空运输业，管道运输业，装卸搬运和运输代理业，邮政业，电信、广播电视和卫星传输服务，互联网和相关服务，水利管理业，生态保护和环境治理业和公共设施管理业等行业方面的固定资产投资。

Explanatory Notes on Main Statistical Indicators

Amount of Investment in Fixed Assets refers to the sum in monetary terms of the volume of activities in the construction and purchase of fixed assets as well as related expenses. It is not only a comprehensive indicator of the size, proportional relations and developmental pace of investment in fixed assets, but also an important basis to follow the progress of projects and check the result of investment on. By status of registration, investment in fixed assets consists state-owned, collectively-owned, cooperative, joint, limited-liability, share-holding,, private, self-employed individual, funds from Hong Kong, Macao and Taiwan, foreign funded, and others.

Investment in Real Estate Development refers to investment by real estate development companies, commercialized buildings construction companies and other real estate development units of various types of ownership in the construction of buildings, such as residential buildings, factory buildings, warehouses, hotels, guesthouses, holiday villages, office buildings, and the complementary service facilities and land development projects, such as roads, water supply, water drainage, power supply, heating supply, telecommunications, land leveling and other infrastructural projects. It does not include activities in pure land transactions.

Sources of Funds for Investment in Fixed Assets are categorized as funds from the State budget, domestic loans, foreign investment, self-raised funds, and others, depending on the sources of investment.

(1)State Budgetary Funds Since 2011, in accordance with the requirements of the National People's Congress and the State Council, budgetary funds at all levels, including tax and non-tax revenues, must be included into budgetary management. As a result, the concept of "extra-budgetary funds" no longer exist. Therefore, all the fiscal funds used in fixed asset investment by governments at all levels are state budgetary funds. Without extra-budgetary funds, the name is changed into State Budgetary Funds. It includes central budgetary funds and local budgetary funds. The contents of the previously named "Fund from the State budget" is basically the same as the content of the central budgetary funds.

State budget includes general budget, government fund budget, state-owned capital operation budget and social insurance fund budget. Of all the budgets, the funds used in fixed asset investment are recorded as state budgetary funds. In general budget, the funds used in fixed asset investment include investment in infrastructure, vehicle purchase tax, post-disaster reconstruction fund and other fiscal investments. Government bonds at all levels shall also be included in state budgetary funds.

(2) Domestic loans refer to loans of various forms borrowed by investing units from banks and non-bank financial institutions during the reference period for the purpose of investment in fixed assets, including loans issued by banks from their self-owned funds and deposit, loans appropriated by higher authorities, special loans by government, loans arranged by local government from special funds, domestic reserve loan, and working loan.

(3) Bonds refer to funds raised by enterprises (companies) and financial institutions through issuing various bonds for the purpose of investment in fixed assets, including key enterprise bonds and key construction bonds issued through the agency of banks.

(4) Foreign investment refers to foreign funds received during the reference period for the purpose of construction and purchase of fixed assets (including equipment, materials and technologies). It includes foreign loans, foreign direct investment and other foreign investment, but excludes self-owned foreign exchanges of China.

(5) Fundraising refers to extra-budgetary funds received and raised by enterprises and institutions at all levels during the reference period for the purpose of investment in fixed assets, including funds raised by various departments under the central government, government departments of various levels, enterprises and institutions.

(6) Other funds refer to funds received during the reference period for the purpose of investment in fixed assets which are not included in the above-mentioned sources, including mass financing, individual funds, donations and funds from other units.

Newly Increased Production Capacity (or Project Efficiency) refers to the increase of designed capacity or project efficiency through investment in fixed assets, which is not only an indicator of the accomplishment in kind of investment in fixed assets but also an important basis to check the economic result of investment on..

Floor Space of Buildings refers to level cross-section floor space in each story of buildings calculated from the outside line of building walls above the plinth, including the effective space and structural space occupied by constructions. It is one of the important indicators of construction size and results, as well as an important foundation for checking the progress of projects, calculating the value of project, analyzing the investment result and studying the balance between building materials.

Residential Buildings refer to buildings used as residence by people, including dormitories for families of staff and workers, mass dormitories like those for single workers and students, and various apartments. The floor space of residential buildings excludes the floor space of basement used for air-raid shelters and other purposes than residence and apartments used as offices.

Floor Space under Construction refers to total floor space of all buildings under construction during the reference period, including floor space of newly started buildings during the reference period, floor space of construction extended from the previous period to the current period, and floor space of construction suspended during the previous period but resumed in the current period. Floor space of construction completed in the current period and floor space of construction started and then suspended in the current period are also included in floor space under construction.

Floor Space of Buildings Completed refers to total floor space of all buildings completed in the reference period, which have come up to the designed standards with proper conditions of residence and use, and have been examined and accepted (or met the standards for completion), and put into use.

Completion Rate of Floor Space of Buildings refers to the ratio of the floor space of buildings completed in a certain period of time to the floor space of buildings under construction in the same period, which reflects the investment result of the construction industry from the perspective of the speed of project construction.

Newly Increased Fixed Assets refer to the value of fixed assets which have been completed and transferred to production units or users. It is a value indicator of the achievements of investment in fixed assets as well as an important basis to evaluate the result of investment in fixed assets on.

Rate of Projects of Fixed Assets Completed and Put into Use refers to the ratio of newly increased fixed assets to total investment made in the same period. It is a comprehensive indicator of the speed of the deployment of fixed assets and investment efficiency.

Rate of Construction Projects Completed and Put into Use is the inverse indicator of construction period, referring to the ratio of the number of construction projects completed and put into use in certain period of time to the number of projects under construction in the same period. This reflects the investment efficiency from the perspective of the speed of project construction.

Infrastructure Investment Infrastructure investment refers to the fixed assets investments in the industry of electric power, hot water production and supply industry, gas production and supply industry, water production and supply industry, railway transport, road transport, water transport, air transport industry, pipeline transportation, handling and transportation agent industry, postal services, telecommunications, radio, television and satellite transmission service, Internet and related services, water management industry, ecological protection and environmental governance industry and public facilities management.

六、对外经济

FOREIGN ECONOMY

六 对外经济

简要说明

一、本篇资料综合反映广东对外贸易、利用外资、对外承包工程和劳务合作以及“三资”企业工商登记等历年概况和近年发展的详细情况。

二、本篇资料由广东省统计局贸易外经处负责整理、编辑。

三、资料来源和统计范围：

1. 人民币对美元、日元、港元的年平均汇价资料来源于外汇管理部门，是根据当年国家外汇管理局提供的每日汇价进行加权平均计算而得出的。

2. 进出口贸易规模、结构情况资料，来源于海关总署广东分署，统计范围为在广东境内经海关报关注册登记的经营单位（包括有进出口经营权和无进出口经营权的经营单位）。进出口商品价值，出口按离岸价（FOB）、进口按到岸价（CIF）统计；进出口商品分类按海关合作理事会（世界海关组织 WCO）制定的《商品名称及编码协调制度》（HS）目录进行分类统计。

3. 利用外资规模、结构、对外直接投资和广东对外承包工程和劳务合作状况资料来源于广东省商务厅。

4. 外商投资企业注册登记情况资料来源于广东省工商行政管理局。

5. 对外开放使用口岸分布状况资料来源于广东省商务厅。

6 Foreign Economy

Brief Introduction

Ⅰ. The data in this chapter show the development of Guangdong's foreign trade, utilization of foreign capital, contracted projects and labor services cooperation with foreign countries or regions, and registration status of enterprises with foreign investment over the years.

Ⅱ. The data in this chapter are prepared and edited by the Division of Trade and External Economic Relations Statistics of Statistics Bureau of Guangdong Province.

Ⅲ. Data sources and statistical coverage:

(1) The data on the average exchange rates of RMB yuan to US dollar, Japanese yen and Hong Kong dollar over the years come from the State Administration of Foreign Exchange. The annual average exchange rate is calculated as the weighted mean of the daily exchange rates provided by the State Administration of Foreign Exchange in current year.

(2) The data on the size and composition of Guangdong's imports and exports come from Guangdong Customs Office. The statistics cover the operating units (with or without the right to handle imports and exports) which have a declaration and register at customs within the boundary of Guangdong. The values of export commodities are calculated on an FOB basis, while the values of import commodities are calculated on a CIF basis. The Harmonized Commodity Description and Coding System (HS) stipulated by the Customs Cooperation Council（World Customs Organization）is used in the classification of import and export commodities.

(3) The data on the scale and composition of the utilization of foreign capital,overseas direct invest ment and the conditions of contracted projects and labor cooperation with foreign countries or territories in Guangdong come from the Department of Commerce of Guangdong Province.

(4) The data on registration status of enterprises with foreign investment come from the Administration of Industry and Commerce of Guangdong Province.

(5) The data on the distribution of ports opening to the outside world come from the Department of Commerce of Guangdong Province.

6-1 对外经济主要指标

Main Indicators of Foreign Trade and Economic Cooperation

指　　标	Item	2014	2015	2016	2017	2018
进出口总额　（亿元）	Total Value of Imports and Exports (100 million)	66137.28	63559.70	63099.68	68168.86	71645.73
出口总额	Total Exports	39693.38	39983.10	39520.54	42192.86	42744.06
进口总额	Total Imports	26443.90	23576.60	23579.14	25976.00	28901.67
进出口总额　（亿美元）	Total Value of Imports and Exports (USD 100 million)	10765.84	10227.96	9552.86	10066.80	10851.03
出口总额	Total Exports	6460.87	6434.68	5985.64	6228.73	6470.46
#农产品	Farm Produce	84.32	86.45	91.99	94.79	102.70
机电产品	Machanical and Electrical Products	4285.59	4380.34	4064.84	4201.31	4470.83
高新技术产品	High and New-tech Products	2310.17	2325.47	2135.92	2157.98	2337.57
进口总额	Total Imports	4304.97	3793.28	3567.21	3838.06	4380.57
#农产品	Farm Produce	168.19	178.48	176.61	181.27	199.64
机电产品	Machanical and Electrical Products	2543.12	2489.04	2411.23	2571.39	3025.71
高新技术产品	High and New-tech Products	1932.83	1932.84	1897.10	2025.79	2410.23
签订利用外资协议(合同)项目　（个）	Number of Projects with Contracted Foreign Capital (unit)	6175	7033	8078	15599	
#外商直接投资	Foreign Direct Investment	6016	7029	8078	15599	35774
签订利用外资协议(合同)金额　（亿美元）	Amount of Contracted Foreign Capital (USD 100 million)	433.94	561.46	867.34	730.97	
#外商直接投资	Foreign Direct Investment	430.59	561.10	866.75	730.87	5900.98①
实际利用外资额(亿美元)	Amount of Foreign Capital Actually Utilized (USD 100 million)	272.78	270.25	234.07	229.48	
#外商直接投资	Foreign Direct Investment	268.71	268.75	233.49	229.07	1450.88①
外商投资企业年底工商登记数　（户）	Number of Registered Enterprises with Foreign Investment at the Year-end (unit)	104555	111169	119688	135869	170968
投资总额　（亿美元）	Total Investment (USD 100 million)	5620.63	6443.10	7815.71	17622.27	19234.65
注册资本　（亿美元）	Registered Capital (USD 100 million)	3377.37	3906.14	5085.88	6431.86	7964.06
对外承包工程合同数(份)	Number of Contracted Projects with Foreign Countries and Territories (unit)	1139	1937	1503	1151	1136
合同金额　（亿美元）	Contracted Value (USD 100 million)	152.49	207.24	219.87	221.83	191.47
完成营业额　（亿美元）	Value of Turnover Fulfilled(USD 100 million)	124.11	198.78	181.64	180.96	175.67
对外劳务人员合同工资总额　（亿美元）	Contracted Value (USD 100 million)	13.88	13.97	6.55	7.28	6.75
对外劳务人员实际工资总额　（亿美元）	Value of Turnover Fulfilled(USD 100 million)	6.62	11.78	8.92	8.67	8.56

注：1.2018年外商直接投资使用商务部反馈人民币数据，计量单位为亿元。

2.2018年，商务厅未对外公布利用外资签订项目、合同外资额和实际利用外资数据。

Note: a)Data of foreign direct investment in RMB that are approved by Ministry of Commerce are adopted since 2018. The data unit in 2018 is RMB 10000.

b)Data of signed projects, contracted foreign capital and foreign capital actually untilized are not published by Department of Commerce of Guangdong Province in 2018.

6−2 人民币对主要外币汇率(年平均价)

Reference Exchange Rate of Renminbi (Period Average)

单位：人民币，元 (RMB/yuan)

年份 Year	100美元 100 US Dollars	100日元 100 Japanese Yen	100港元 100 Hong Kong Dollars	100欧元 100 Euros
1987	372.21	2.5799	47.74	
1988	372.21	2.9082	47.70	
1989	376.51	2.7360	48.28	
1990	478.32	3.3233	61.39	
1991	532.33	3.9602	68.45	
1992	551.46	4.3608	71.24	
1993	576.20	5.2020	74.41	
1994	861.87	8.4370	111.53	
1995	835.10	8.9225	107.96	
1996	831.42	7.6352	107.51	
1997	828.98	6.8600	107.09	
1998	827.91	6.3488	106.88	
1999	827.83	7.2932	106.66	
2000	827.84	7.6864	106.18	
2001	827.70	6.8075	106.08	
2002	827.70	6.6237	106.07	800.58
2003	827.70	7.1466	106.24	936.13
2004	827.68	7.6552	106.23	1029.00
2005	819.17	7.4484	105.30	1019.53
2006	797.18	6.8570	102.62	1001.90
2007	760.40	6.4632	97.46	1041.75
2008	694.51	6.7427	89.19	1022.27
2009	683.10	7.2986	88.12	952.70
2010	676.95	7.7279	87.13	897.25
2011	645.88	8.1050	82.97	900.11
2012	631.25	7.9037	81.38	810.78
2013	619.36	6.3323	79.85	822.19
2014	614.28	5.8196	79.22	816.51
2015	622.84	5.1543	80.34	691.41
2016	664.23	6.1243	85.58	734.26
2017	675.18	6.0244	86.64	763.03
2018	661.74	5.9890	84.43	780.16

6-3 进出口总额

Total Value of Imports and Exports

年份 Year	亿元人民币 RMB 100 million				亿美元 USD 100 million			
	进出口总额 Total Imports and Exports	出口 Exports	进口 Imports	差额 Balance	进出口总额 Total Imports and Exports	出口 Exports	进口 Imports	差额 Balance
1987	782.91	377.37	405.54	-28.17	210.37	101.40	108.97	-7.57
1988	1154.40	551.43	602.97	-51.54	310.19	148.17	162.02	-13.85
1989	1324.07	674.09	649.98	24.11	355.78	181.13	174.65	6.48
1990	1994.18	1057.63	936.55	121.08	418.98	222.21	196.77	25.44
1991	2774.47	1430.16	1344.31	85.85	525.21	270.73	254.48	16.25
1992	3584.97	1824.33	1760.64	63.69	657.48	334.58	322.90	11.68
1993	4507.68	2151.54	2356.14	-204.60	783.44	373.94	409.50	-35.56
1994	8354.58	4339.74	4014.84	324.90	966.63	502.11	464.52	37.59
1995	8700.58	4735.73	3964.85	770.88	1039.72	565.92	473.80	92.12
1996	9144.27	4935.21	4209.06	726.15	1099.60	593.46	506.14	87.32
1997	10789.42	6182.77	4606.65	1576.12	1301.20	745.64	555.56	190.08
1998	10745.98	6260.41	4485.56	1774.85	1297.98	756.18	541.80	214.38
1999	11620.08	6432.65	5187.43	1245.22	1403.68	777.05	626.63	150.42
2000	14082.06	7609.42	6472.63	1136.79	1701.06	919.19	781.87	137.32
2001	14608.01	7898.09	6709.91	1188.18	1764.87	954.21	810.66	143.55
2002	18299.78	9804.77	8495.02	1309.75	2210.92	1184.58	1026.34	158.24
2003	23467.12	12651.23	10815.89	1835.34	2835.22	1528.48	1306.74	221.74
2004	29559.57	15856.17	13703.40	2152.76	3571.29	1915.69	1655.60	260.09
2005	35121.80	19542.06	15579.74	3962.32	4280.02	2381.71	1898.31	483.40
2006	42114.53	24119.13	17995.40	6123.73	5272.07	3019.48	2252.59	766.89
2007	48445.43	28210.96	20234.46	7976.50	6340.35	3692.39	2647.96	1044.43
2008	47869.07	28342.66	19526.41	8816.25	6834.92	4041.88	2793.04	1248.83
2009	41736.14	24517.40	17218.74	7298.66	6111.18	3589.56	2521.62	1067.93
2010	53203.22	30718.98	22484.24	8234.74	7848.96	4531.91	3317.05	1214.86
2011	59276.15	34519.93	24756.22	9763.71	9133.34	5317.93	3815.41	1502.52
2012	62123.46	36242.50	25880.96	10361.54	9839.47	5740.59	4098.88	1641.71
2013	67806.10	39513.95	28292.14	11221.81	10918.22	6363.64	4554.58	1809.06
2014	66137.28	39693.38	26443.90	13249.48	10765.84	6460.87	4304.97	2155.90
2015	63559.70	39983.10	23576.60	16406.50	10227.96	6434.68	3793.28	2641.41
2016	63099.68	39520.54	23579.14	15941.40	9552.86	5985.64	3567.21	2418.43
2017	68168.86	42192.86	25976.00	16216.86	10066.80	6228.73	3838.06	2390.67
2018	71645.73	42744.06	28901.67	13842.39	10851.03	6470.46	4380.57	2089.89

注：进出口差额负数为入超。

Note: A negative balance indicates trade deficit. That is, imports surpassing exports.

6-4 按贸易方式和经济类型分的进出口额(人民币)

Total Value of Imports and Exports by Customs Regime and Ownership Type (RMB)

单位：亿元人民币 (RMB 100 million)

项　目	Item	2016 出口 Exports	2016 进口 Imports	2017 出口 Exports	2017 进口 Imports	2018 出口 Exports	2018 进口 Imports
总　计	**Total**	**39520.54**	**23579.14**	**42192.86**	**25976.00**	**42744.06**	**28901.67**
按贸易方式分	By Customs Regime						
一般贸易	Ordinary Trade	17212.53	10268.70	19301.25	12120.83	20358.14	13316.96
来料加工	Processing and Assembling with Customer's Materials	1639.71	1194.09	1637.29	1186.61	1573.23	1197.46
补偿贸易	Compensation Trade						
进料加工	Processing and Assembling with Import Materials	14119.43	7522.50	14502.12	7937.80	14950.41	8563.37
加工设备	Processing Equipments		16.04		29.61		17.92
外资设备	Foreign-funded Equipments		65.22		41.46		46.48
保税仓库	Bonded Warehouse	3720.04	4415.47	3399.43	4560.99	3264.18	5669.24
捐赠	Donation	1.03	0.04	2.00	0.01	2.13	0.05
其他	Others	2827.81	97.07	3350.77	98.68	2595.97	90.20
按经济类型分	By Type of Ownership						
国有经济	State-owned Economy	2895.45	1660.21	2867.65	1843.51	2399.74	1657.83
集体经济	Collective-owned Economy	1155.76	406.56	1138.45	419.22	1123.67	557.63
私营经济	Private Economy	16361.16	9493.12	18689.69	11157.06	19803.73	13530.68
外商投资经济	Foreign-funded Economy	19050.56	11994.32	19466.95	12456.14	19382.28	13020.99
其他经济	Others	57.61	24.93	30.11	99.89	34.65	134.54

6-5 按贸易方式和经济类型分的进出口额(美元)

Total Value of Imports and Exports by Customs Regime and Ownership Type(USD)

单位：亿美元 (USD 100 million)

项　目	Item	2016 出口 Exports	2016 进口 Imports	2017 出口 Exports	2017 进口 Imports	2018 出口 Exports	2018 进口 Imports
总　计	**Total**	**5985.64**	**3567.21**	**6228.73**	**3838.06**	**6470.46**	**4380.57**
按贸易方式分	By Customs Regime						
一般贸易	Ordinary Trade	2608.58	1554.23	2851.83	1789.99	3084.69	2022.89
来料加工	Processing and Assembling with Customer's Materials	248.32	180.79	241.76	175.24	237.96	181.43
补偿贸易	Compensation Trade						
进料加工	Processing and Assembling with Import Materials	2138.69	1138.01	2141.84	1173.00	2260.99	1292.87
加工设备	Processing Equipments		2.43		4.38		2.72
外资设备	Foreign-funded Equipments		9.91		6.10		7.01
保税仓库	Bonded Warehouse	563.90	667.78	502.00	674.81	494.94	859.96
捐赠	Donation	0.15	0.01	0.30		0.32	0.01
其他	Others	426.00	14.06	491.00	14.55	391.56	13.69
按经济类型分	By Type of Ownership						
国有经济	State-owned Economy	439.13	251.36	422.69	272.05	364.58	251.89
集体经济	Collective-owned Economy	175.26	61.51	168.22	61.68	170.37	84.64
私营经济	Private Economy	2476.45	1435.48	2759.32	1650.26	2995.28	2053.56
外商投资经济	Foreign-funded Economy	2886.80	1815.63	2874.06	1839.53	2934.98	1970.90
其他经济	Others	8.00	3.23	4.44	14.55	5.26	19.58

6-6 按产品类型分的进出口额

Total Value of Imports and Exports by Product Type

项　目	Item	亿元人民币 RMB 100 million			亿美元 USD 100 million		
		2016	2017	2018	2016	2017	2018
出口总额	**Total Exports**	**39520.54**	**42192.86**	**42744.06**	**5985.64**	**6228.73**	**6470.46**
#农产品	Farm Produce	607.27	641.62	678.64	91.99	94.79	102.70
机电产品	Machanical and Electrical Products	26830.86	28449.74	29534.14	4064.84	4201.31	4470.83
金属制品	Metal Products	1292.84	1607.87	1587.80	195.76	237.16	240.35
机械及设备	Machinery and Equipments	5828.64	6136.03	6182.68	883.76	905.28	938.62
电器及电子产品	Electric and Electronic Products	15368.06	16184.89	17219.96	2327.88	2391.88	2604.04
运输工具	Transport Equipments	953.62	1077.44	1061.74	144.57	158.87	160.62
仪器仪表	Instruments and Meters	1557.26	1638.76	1590.95	235.89	241.93	241.31
其他	0thers	1830.44	1804.76	1891.02	276.98	266.19	285.88
高新技术产品	High and New-tech Products	14103.12	14602.17	15452.06	2135.92	2157.98	2337.57
生物技术	Biotechnology	1.70	1.68	1.71	0.26	0.25	0.26
生命科学技术	Life Sciences Technology	150.23	178.24	199.72	22.74	26.32	30.25
光电技术	Photoelectric Technology	821.79	845.35	755.29	124.50	124.82	114.81
计算机与通信技术	Computer and Communication Technology	10760.52	11194.24	11886.07	1629.49	1654.74	1797.29
电子技术	Electronic Technology	1994.14	1947.57	2192.38	302.16	287.62	331.53
计算机集成制造技术	Computer Integrated Manufacturing Technology	197.75	224.15	238.59	29.97	33.06	36.18
材料技术	Material Technology	62.36	72.68	79.23	9.45	10.73	12.03
航空航天技术	Aerospace Technology	106.88	129.40	89.45	16.19	19.14	13.77
其他	Others	7.75	8.85	9.62	1.17	1.31	1.45
进口总额	**Total Imports**	**23579.14**	**25976.00**	**28901.67**	**3567.21**	**3838.06**	**4380.57**
#农产品	Farm Produce	1166.23	1227.27	1315.32	176.61	181.27	199.64
机电产品	Machinery and Electrical Products	15933.35	17397.14	19968.63	2411.23	2571.39	3025.71
金属制品	Metal Products	169.96	188.20	185.78	25.71	27.82	28.16
机械及设备	Machinery and Equipments	2341.04	2536.82	2892.44	354.46	374.79	438.68
电器及电子产品	Electric and Electronic Products	11315.93	12363.85	14480.30	1712.49	1827.69	2193.72
运输工具	Transport Equipments	357.34	469.87	600.50	53.90	69.55	91.09
仪器仪表	Instruments and Meters	1632.76	1696.77	1663.32	247.08	250.62	251.89
其他	0thers	116.31	141.63	146.29	17.59	20.93	22.17
高新技术产品	High and New-tech Products	12536.17	13705.37	15907.67	1897.10	2025.79	2410.23
生物技术	Biotechnology	4.60	11.78	13.85	0.69	1.72	2.11
生命科学技术	Life Sciences Technology	194.84	228.66	234.33	29.46	33.79	35.47
光电技术	Photoelectric Technology	1041.02	1020.09	907.10	157.59	150.57	137.69
计算机与通信技术	Computer and Communication Technology	3101.70	3411.90	3923.64	469.27	505.18	591.81
电子技术	Electronic Technology	7477.08	8172.71	9746.96	1131.61	1207.46	1479.47
计算机集成制造技术	Computer Integrated Manufacturing Technology	382.32	444.83	578.25	57.99	65.58	87.52
材料技术	Material Technology	92.21	90.24	86.40	13.96	13.32	13.08
航空航天技术	Aerospace Technology	237.23	308.13	401.17	35.76	45.68	60.75
其他	Others	4.42	17.02	15.98	0.67	2.50	2.32

6-7 广东同主要国家(地区)进出口额(2018年)

Total Value of Imports and Exports with Main Countries and Regions(2018)

国别（地区）	Country (Region)	亿元人民币 RMB 100 million			亿美元 USD 100 million		
		进出口 Total	出口 Exports	进口 Imports	进出口 Total	出口 Exports	进口 Imports
合计	**Total**	**71645.73**	**42744.06**	**28901.67**	**10851.03**	**6470.46**	**4380.57**
亚洲	**Asia**	**46309.78**	**23261.05**	**23048.73**	**7012.99**	**3519.64**	**3493.35**
#香港	Hong Kong, China	11675.35	11450.92	224.43	1763.83	1729.86	33.97
韩国	Republic of Korea	4930.98	1384.75	3546.22	748.62	210.48	538.15
台湾省	Taiwan, China	4972.69	526.27	4446.43	754.83	79.66	675.17
日本	Japan	4467.19	1716.16	2751.03	677.04	260.10	416.95
越南	Vietnam	2471.87	858.36	1613.51	371.63	129.92	241.71
马来西亚	Malaysia	1986.10	742.69	1243.41	300.64	112.36	188.28
泰国	Thailand	1582.13	646.52	935.61	239.84	97.87	141.97
印度	India	1540.59	1369.50	171.09	233.94	207.97	25.97
新加坡	Singapore	1237.49	690.54	546.95	187.33	104.35	82.98
菲律宾	Philippines	979.81	498.95	480.86	148.56	75.56	73.00
印度尼西亚	Indonesia	1042.10	672.83	369.27	157.98	101.84	56.14
阿联酋	United Arab Emirates	678.57	522.83	155.74	102.45	78.91	23.53
沙特阿拉伯	Saudi Arabia	503.93	321.42	182.51	76.27	48.60	27.67
东盟	Association of Southeast Asian Nations	9542.51	4315.69	5226.82	1442.78	653.03	789.76
非洲	**Africa**	**2566.99**	**1707.31**	**859.69**	**388.44**	**258.40**	**130.04**
#南非	South Africa	902.48	249.99	652.49	136.48	37.87	98.61
尼日利亚	Nigeria	298.23	265.86	32.37	45.21	40.30	4.91
欧洲	**Europe**	**9174.34**	**6970.79**	**2203.54**	**1389.88**	**1055.94**	**333.94**
#德国	Germany	1737.93	1100.41	637.52	263.13	166.58	96.55
英国	United Kingdom	1161.00	1024.19	136.81	175.73	155.03	20.70
荷兰	Netherlands	1092.70	963.28	129.42	165.57	145.98	19.59
法国	France	801.60	519.27	282.33	121.25	78.65	42.60
意大利	Italy	685.40	485.22	200.19	103.97	73.66	30.31
俄罗斯	Russia	610.30	570.65	39.65	92.35	86.40	5.95
西班牙	Spain	459.02	398.62	60.41	69.61	60.45	9.15
波兰	Poland	341.51	322.00	19.51	51.68	48.72	2.96
比利时	Belgium	298.25	239.51	58.75	45.20	36.32	8.88
瑞士	Switzerland	351.74	68.01	283.73	53.69	10.30	43.39
匈牙利	Hungary	217.88	189.01	28.87	33.14	28.75	4.39
瑞典	Sweden	145.65	114.55	31.10	22.04	17.33	4.72
捷克	Czech	177.08	155.00	22.09	26.63	23.29	3.35
欧盟	European Union	8006.03	6165.10	1840.94	1212.59	933.91	278.68
拉丁美洲	**Latin America**	**2770.17**	**2055.37**	**714.79**	**420.12**	**311.69**	**108.44**
#墨西哥	Mexico	907.15	730.85	176.30	137.33	110.68	26.65
巴西	Brazil	646.12	374.03	272.09	98.01	56.76	41.25
智利	Chile	342.39	187.79	154.60	52.02	28.44	23.58
阿根廷	Argentina	132.13	108.96	23.17	20.19	16.68	3.51
北美洲	**North America**	**9504.77**	**7991.46**	**1513.31**	**1439.74**	**1210.22**	**229.52**
#美国	United States of America	8732.09	7403.50	1328.59	1322.90	1121.31	201.59
加拿大	Canada	768.70	584.79	183.92	116.23	88.42	27.81
大洋洲及其他	**Oceania and others**	**1319.68**	**758.07**	**561.61**	**199.86**	**114.57**	**85.28**
#澳大利亚	Australia	1091.34	643.12	448.22	165.29	97.21	68.08
新西兰	New Zealand	184.46	85.08	99.38	27.94	12.85	15.09

注：本表数字按产销国别原则统计。
Note: The data in the table are calculated on the basis of production and consumption courtries.

6-8 进出口商品分类金额（2018年）

Total Value of Imports and Exports by Category of Commodities (2018)

商品类别	Category of Commodities	万元人民币 RMB10 000		万美元 USD 10 000	
		出口 Exports	进口 Imports	出口 Exports	进口 Imports
总　计	**Total Value**	**427440572**	**289016687**	**64704600**	**43805703**
第一类 活动物；动物产品	**Live Animals and Animal Products**	**1300594**	**2785819**	**197163**	**423373**
活动物	Live Animals	129076	5123	19538	765
肉及食用杂碎	Meat and Edible Haslets	271976	1324425	41174	201904
水产品	Aquatic Products	804688	933948	122043	141414
乳品、蛋品、天然蜂蜜、其他食用动物产品	Dairy Products, Eggs, Natural Honey and Other Edible Animal Products	52013	479304	7887	72700
其他动物产品	Other Animal Products	42840	43019	6522	6589
第二类 植物产品	**Plant Products**	**803370**	**5023903**	**121466**	**765184**
树苗及花草	Saplings, Flowers and Herbs	41039	30493	6228	4651
蔬菜	Edible Vegetables	197658	121196	29865	18128
水果及坚果	Fruits and Nuts	173959	2188115	26138	332773
咖啡、茶叶及调味香料	Coffee, Tea and Spices	144256	37209	21852	5587
谷物	Cereals	381	1044344	58	160430
制粉工业产品	Flour, Starch and Related Products	71615	126969	10870	19278
植物油籽及果实、种子、药材及饲料	Oil Seeds and Kernels, Seeds, Medical Materials and Forage	97351	1418178	14775	215612
虫胶、树胶、树脂	Shellac, Gum, Resin	39159	30469	5939	4621
编结植物材料、其他植物产品	Stuff of Knitting Plant, Other Plants and Related Products	37953	26930	5740	4103
第三类 动、植物油脂及蜡	**Animal Fat, Vegetable Oil and Wax**	**253690**	**518310**	**38556**	**78535**
动、植物油脂及蜡	Animal Fat, Vegetable Oil and Wax	253690	518310	38556	78535
第四类 食品、烟草及制品	**Food, Tobacco and Related Products**	**4326974**	**4585306**	**654401**	**692852**
动物产品制品	Animal Products	1546102	28284	233671	4259
糖及糖食	Sugar and Sugar Products	445483	183250	67428	27891
可可及可可制品	Cocoa and Cocoa Products	100316	102084	14959	15152
粮食及乳制品、糕饼点心	Foodstuff, Dairy Products and Pastry Products	556178	1738209	83711	262585
蔬菜、水果等植物制品	Products of Vegetables and Fruits	359282	236703	54305	35411
杂项制品	Miscellaneous Edible Products	386571	595577	58540	89562
饮料、酒及醋	Beverages, Liquor and Vinegar	778604	1121853	118484	170435
食品的残渣、动物饲料	Dreg of Food, Animal Forage	109334	452256	16542	68373
烟草及烟草制品	Tobacco and Related Products	45104	127090	6761	19183
第五类 矿产品	**Minerals**	**3679570**	**13145947**	**557442**	**1994531**
盐、硫磺、建筑材料	Salt, Sulphur, Building Materials	607842	407679	92355	61822
矿砂、矿渣及矿灰	Ore, Slag and Mortar	32638	2801778	4979	423378
矿物燃料、矿物油及产品	Mineral Fuels, Mineral Oils and Related Products	3039090	9936489	460108	1509331
第六类 化工产品	**Chemicals**	**7390453**	**11322305**	**1118861**	**1713871**
无机化学品	Inorganic Chemicals	1334681	558085	201804	84456
有机化学品	Organic Chemicals	1168413	2949193	177466	448017
药品	Medicinal and Pharmaceutical Products	646886	1730839	97940	261862
肥料	Fertilizer	81390	70607	12328	10537
鞣料、染料浸膏、染料、颜料、油漆、油墨	Tanning Materials, Dyeing Extracts, Dyestuff, Colourant, Paint and Printing Ink	538601	728874	81531	110508

6-8 续表 1 continued

商品类别	Category of Commodities	万元人民币 RMB10 000		万美元 USD 10 000	
		出口 Exports	进口 Imports	出口 Exports	进口 Imports
化妆品及其原料、芳香料制品	Cosmetics and Cosmetic Raw Materials, Perfume Products	1350822	1571505	204093	235523
洗涤用品	Detergents	559558	564234	84741	85583
蛋白类物质、改性淀粉、胶、酶	Protein Materials, Modified Starch, Gum and Enzyme	416362	715379	62955	108043
炸药、烟火制品、易燃材料制品	Explosive, Pyrotechnic Products, Inflammable Material Products	36584	348	5547	54
照相及电影用品	Photographic and Film Products	120739	386216	18321	58652
杂项化学产品	Miscellaneous Chemical Products	1136417	2047023	172136	310638
第七类 塑料、橡胶及其制品	**Plastics, Rubber and Related Products**	**13596529**	**15029918**	**2059059**	**2279509**
塑料及其制品	Plastics and Related Products	12575474	13981592	1904343	2120358
橡胶及其制品	Rubber and Related Products	1021055	1048326	154716	159151
第八类 皮革、毛皮及其制品、旅行用品、手提包	**Leather, Furs and Related Products, Travel Articles, Handbags**	**7197478**	**1308492**	**1090463**	**198800**
生皮及皮革	Raw Hides and Leather	182852	1040367	27798	158311
皮革制品、旅行用品及手提包	Leather Products, Travel Articles and Handbags	6945785	205354	1052227	30886
毛皮、人造毛皮及制品	Furs, Artificial Furs and Related Products	68841	62772	10437	9603
第九类 木及木制品、草柳编结品	**Wood and Wooden Products, Straw and Wicker Knitting Products**	**1332003**	**2523304**	**201591**	**384852**
木及木制品、木炭	Wood and Wooden Products, Charcoal	1148505	2519894	173753	384336
软木及软木制品	Cork and Related Products	1843	886	278	134
草柳编结品	Straw and Wicker Knitting Products	181655	2524	27560	382
第十类 木浆、纸、纸板及制品	**Wood Pulp, Paper, Paperboard and Related Products**	**4837351**	**3827016**	**732209**	**579880**
木浆及其他纤维素浆、废碎纸板	Wood Pulp and Cellulose Pulp, Waste Paper and Paperboard	4298	2333695	639	352816
纸及纸板、纸浆、纸制品	Paper, Paperboard, Paper Pulp, Paper Products	3299656	1099760	499346	167361
书籍、印刷品、设计图纸	Books, Printed Matter, Design Blueprint	1533397	393561	232223	59703
第十一类 纺织原料及纺织制品	**Textile Materials and Products**	**28555140**	**3928003**	**4326676**	**596030**
蚕丝	Natural Silk	80771	11199	12385	1697
羊毛、动物毛、毛纱线及制品	Wool, Animal Hair, Woolen Yarn and Woven Fabrics	52911	122465	8150	18783
棉花	Cotton	1300611	1132779	197944	172287
其他纺织纤维、纸纱线及机织物	Other Textile Fibers, Yarn and Related Woven Fabrics	70509	74557	10495	11314
化学纤维长丝	Chemical Fiber, Continuous Filament	480736	618104	72782	93690
化学纤维短丝	Chemical Fiber, Staple Fiber	256231	269031	38846	40982
絮胎、毡尼及无纺物、特种纱线、线绳索缆	Wadding, Felt and Adhesive-bond Fabrics, Special Yarn, Threads, Ropes, Cables	543545	252763	82401	38370
地毯及纺织铺地制品	Carpets and Related Woven Products	116107	8125	17582	1233
特种机织物、纺织装饰品、刺绣品	Special Woven Fabrics, Woven Ornaments, Embroidery	702528	111394	106474	16912
浸渍、涂布、包覆或层压的纺织物	Impregnated, Coated, Covered or Laminated Textile Products	683499	292089	103706	44304
针织物及钩编织物	Knit Wear and Crocheted Fabrics	2415944	418058	366633	63460
针织或钩编的服装及衣着附件	Knitted or Crocheted Garments and Clothing Accessories	9493502	295968	1438527	44606
非针织或非钩编的服装及衣着附件	Garments Not Knitted or Not Crocheted and Clothing Accessories	10774158	239239	1630952	35987
其他纺织制成品、成套物品	Other Textile Products	1584088	82231	239799	12405
第十二类 鞋帽伞杖、加工羽毛、人造花、人发制品	**Footwear, Headgear, Umbrellas, Canes, Processed Feather, Artificial Flowers, Wigs**	**10360249**	**392542**	**1570049**	**59135**
鞋类及零件	Footwear and Accessories	8761228	367789	1328464	55378
帽类及零件	Headgear and Accessories	556293	14716	84146	2229

6-8 续表 2 continued

商品类别	Category of Commodities	万元人民币 RMB10 000		万美元 USD 10 000	
		出口 Exports	进口 Imports	出口 Exports	进口 Imports
伞、杖、鞭及零件	Umbrellas, Canes, Whips and Accessories	187558	3691	28443	560
加工羽毛、羽绒及制品、人造花、人发制品	Processed Feathers, Down and Related Products, Artificial Flowers, Wigs	855169	6345	128996	967
第十三类 石材制品、陶瓷产品、玻璃及其制品	**Stone Products, Ceramics, Glass and Glassware**	**9960552**	**2482395**	**1506786**	**376713**
矿物材料的制品	Stone and Related Products	1635250	256152	247712	38855
陶瓷产品	Ceramics	5718056	113069	864543	17173
玻璃及其制品	Glass and Glassware	2607246	2113175	394531	320685
第十四类 珠宝首饰、硬币	**Jewellery, Coins**	**8412186**	**4431166**	**1268912**	**670184**
珠宝首饰	Jewellery	8412186	4431166	1268912	670184
第十五类 贱金属及其制品	**Base Metals and Related Products**	**21520974**	**12229525**	**3261570**	**1856201**
钢铁	Iron and Steel	2020467	2746454	309323	416979
钢铁制品	Iron and Steel Products	7748557	891873	1173258	135080
铜及其制品	Copper and Related Products	689904	4911784	104671	745629
镍及其制品	Nickel and Related Products	8674	337746	1309	51478
铝及其制品	Aluminum and Related Products	3743404	1815992	567072	275639
铅及其制品	Lead and Related Products	5831	24881	896	3648
锌及其制品	Zinc and Related Products	35159	226059	5317	34332
锡及其制品	Tin and Related Products	19534	55162	2970	8382
其他贱金属金属陶瓷及其制品	Other Base Metals, Metallic Ceramics and Related Products	573785	628924	86627	95473
贱金属工具器具利口器餐具及零件	Base Metal Tools, Utensils, Sharp Tools, Dinner-sets and Accessories	2503138	355382	379387	53893
贱金属杂项制品	Miscellaneous Base Metal Products	4172522	235268	630741	35668
第十六类 机械、电气设备、电视机及音响设备	**Machinery, Electric Equipment, TV Sets, Sound Appliances**	**234026418**	**173727367**	**35426630**	**26323936**
核反应堆、锅炉、机械设备及零件	Nuclear Reactor, Boilers, Mechanic Equipment and Accessories	61826788	28924404	9386205	4386761
机电、电气设备、电视机及音响设备	Machinery, Electric Equipment, TV Sets and Sound Appliances	172199631	144802963	26040425	21937175
第十七类 车辆、航空器、船舶及有关运输设备	**Vehicles, Aircraft, Ships and Related Transport Equipment**	**10617404**	**6005032**	**1606224**	**910888**
铁道及电车机车、车辆及零件	Rail Locomotives, Tramcars and Accessories	1227636	29361	186996	4456
车辆及零附件	Vehicles and Related Parts and Accessories	7131527	2999179	1079871	455865
航空器、航天器及零件	Aircraft, Spacecraft and Related Parts and Accessories	307369	2924102	46722	442677
船舶及浮动结构体	Ships and Related Products	1950871	52390	292635	7889
第十八类 仪器、医疗器械、钟表及乐器	**Instruments, Medical Instruments and Equipment,Clocks and Watches, Musical Instruments**	**18396860**	**17596339**	**2789774**	**2664883**
光学、照相电影、计量检验、医疗仪器设备	Optical, Photographic, Film, Measuring and Checking, Medical Instruments and Equipment	15909487	16633156	2413122	2518940
钟表及零件	Clocks, Watches and Parts	2135945	925536	323557	140242
乐器及零附件	Musical Instruments and Parts	351427	37648	53095	5701
第十九类杂项制品	**Miscellaneous Manufactured Articles**	**39750687**	**1476005**	**6010458**	**223390**
家具、床上用品、照明装置、发光标志	Furniture, Bed Articles, Lighting Apparatus, Radiate Marks	22895266	445763	3463274	67377
玩具、游戏、运动用品及零附件	Toys, Game Goods, Sports Articles and Related Parts and Accessories	14688084	520624	2218506	78852
杂项制品	Miscellaneous Manufactured Articles	2167338	509617	328677	77161
第二十类 艺术品、收藏品及古物	**Works of Art, Collection Pieces and Antiques**	**18935**	**9432**	**2858**	**1411**
第二十一类 特殊交易品及未分类商品	**Special Trading Goods and Unclassified Goods**	**1103157**	**6668562**	**163453**	**1011546**

6-9 出口主要商品数量和金额（2018年）

Main Export Commodities in Volume and Value (2018)

商品名称		Item		数量 Volume	金额 Value 万元人民币 RMB 10 000	万美元 USD 10 000
活猪	(吨)	Live Hogs	(ton)	68551	110801	16773
活家禽	(吨)	Live Poultry	(ton)	108	635	96
鲜、冻猪肉	(吨)	Fresh and Frozen Pork	(ton)	10149	28703	4329
冻鸡	(吨)	Frozen Chicken	(ton)	5086	10007	1517
水产品	(吨)	Aquatic Products	(ton)	605155	2194687	332070
#活鱼	(吨)	Live Fish	(ton)	48930	155039	23540
鲜冻对虾	(吨)	Fresh and Frozen Prawn	(ton)	4893	32265	4865
谷物	(吨)	Cereals	(ton)	84914	32098	4872
#大米	(吨)	Rice	(ton)	414	139	22
蔬菜	(吨)	Vegetables	(ton)	682689	269157	40733
#鲜蔬菜	(吨)	Fresh Vegetables	(ton)	614329	145209	21973
鲜、干果类	(吨)	Fresh and Dried Fruit	(ton)	205140	170736	25651
#柑桔橙	(吨)	Mandarins and Oranges	(ton)	56681	43174	6361
食用油籽	(吨)	Edible Oil Seeds	(ton)	3061	2304	348
食用植物油	(吨)	Edible Vegetable Oil	(ton)	157312	109050	16535
食糖	(吨)	Sugar	(ton)	35213	17480	2657
茶叶	(吨)	Tea	(ton)	6665	53540	8096
猪肉罐头	(吨)	Canned Pork	(ton)	56	111	17
蘑菇罐头	(吨)	Canned Mushroom	(ton)	3737	4341	665
羽毛、羽绒	(吨)	Feather and Down	(ton)	3592	32897	5008
药材	(吨)	Medicinal Materials	(ton)	25461	105342	15979
纸烟		Cigarettes			18900	2805
生丝	(吨)	Raw Silk	(ton)	348	13824	2095
成品油	(吨)	Finished Petroleum Products	(ton)	2373467	978582	148241
合成有机染料	(吨)	Synthetic Organic Dyestuff	(ton)	7344	20815	3173
医药品	(吨)	Medicinal and Pharmaceutical Products	(ton)	74137	975751	147973
#抗菌素	(吨)	Antibiotics	(ton)	13198	295408	44936
烟花爆竹	(吨)	Fireworks and Firecrackers	(ton)	18982	33099	5019
松香、树脂	(吨)	Rosin, Resin	(ton)	10249	11924	1801
轮胎		Rubber Tire			362554	54981
纸及纸板	(吨)	Paper and Paperboard	(ton)	668453	558494	84569
纺织品		Textiles			8274153	1255166
#棉纱线	(吨)	Cotton Yarn	(ton)	41704	144275	21978
丝绸		Silk			64326	9884
棉布		Cotton Cloth			1216107	185016
麻纺布	(万米)	Linen Cloth	(10000 m)	2750	53169	7876
混纺布	(万米)	Blended Cloth	(10000 m)	5323	40493	6140
玻璃制品		Glass Products			820936	124281
家用陶瓷		Porcelain and Pottery Wares for Household Use			3079024	465084
家用或装饰用木制品	(吨)	Wood Articles for Household or Decoration Use	(ton)	91888	269370	40796
珍珠、宝石		Pearls and Precious Stones			550217	83219

6-9 续表 continued

商品名称		Item		数量 Volume	金额 Value 万元人民币 RMB 10 000	万美元 USD 10 000
贵金属及首饰		Precious Metal and Jewelry			7238915	1091484
钢材	(吨)	Steel Products	(ton)	3985526	2608513	398208
铝材	(吨)	Aluminum Products	(ton)	766885	1535355	232698
铜材	(吨)	Copper Products	(ton)	104328	526147	79995
工具		Tools			1202907	182403
微波炉	(万个)	Microwave Ovens	(10000 units)	4919	1475091	223592
电扇	(万台)	Electric Fans	(10000 sets)	42230	2322652	354770
普通缝纫机	(万台)	Sewing Machines	(10000 sets)	185	21514	3278
金属加工机床	(台)	Machine Tools	(set)	452266	367546	55845
电子计算器	(万台)	Electric Calculators	(10000 sets)	8654	141287	21496
数据处理设备	(万台)	Data Processing Equipment	(10000 sets)	71081	24227249	3669891
电动、发电机	(万台)	Electric Motors and Generators	(10000 sets)	164813	2561125	388516
静止式变流器	(万个)	Static Converters	(10000 units)	229925	7115659	1077670
原电池	(万个)	Primary Cells and Batteries	(10000 units)	1462049	587390	89102
蓄电池	(万个)	Electric Accumulators	(10000 units)	135505	4025734	608118
有线电话	(万台)	Landline Telephone Sets	(10000 sets)	5707	751016	113303
手持或车载无线电话	(万台)	Hand-held or Vehicle-mounted Cordless Telephone	(10000 sets)	56819	36047994	5440224
扬声器	(万个)	Loudspeakers	(10000 units)	96108	3305059	498784
收录机、组合音响	(万台)	Radio Recorders and Audio Systems	(10000 sets)			
彩电(整套散件)	(万台)	Colour TV Sets (Complete Sets of Spare Parts)	(10000 sets)	6063	5674883	859018
集成电路、微电子件	(万个)	Integrated Circuit and Parts of Electronic Compoments	(10000 units)	3835919	8640712	1301508
集装箱	(个)	Containers	(unit)	479669	1208398	184065
自行车	(万辆)	Bicycles	(10000 units)	584	302632	45995
船舶		Ships			1632004	245882
照相机	(万架)	Cameras	(10000 sets)	1974	1441613	217859
手表	(万只)	Wrist Watches	(10000 units)	38132	1149819	174319
#电子手表	(万只)	Electronic Watches	(10000 units)	37421	1088499	165041
日用钟	(万只)	Clocks	(10000 units)	5106	138943	21029
家具		Furniture			12829024	1942287
床垫、卧具用品		Mattress and Bedding Articles			804865	121622
灯具、照明用品		Lights and Lighting Apparatus			8923760	1348395
箱包、旅行用品		Boxes and Bags, Travel Goods			6483957	982249
服装、衣着附件		Garments and Clothing Accessories			21392050	3239795
#织物服装		Textile Garments			18486352	2799208
皮革服装	(万件)	Leather Garments	(10000 pcs)	117	33999	5147
皮革手套		Leather Gloves			192501	29157
帽类	(万个)	Headgear	(10000 units)	103156	536724	81187
鞋		Footwear			8761228	1328464
#橡胶、塑料鞋		Rubber and Plastic Shoes			3518998	533817
皮鞋		Leather Shoes			2205429	334523
塑料制品		Plastic Articles			8292064	1254863
玩具		Toys			9130441	1377961
体育用品及设备		Sports Articles and Facilities			1860958	282479

6-10 进口主要商品数量和金额（2018年）

Volume and Value of Main Import Commodities (2018)

商品名称		Item		数量 Volume	金额 Value 万元人民币 RMB 10 000	万美元 USD 10 000
谷物	(吨)	Cereals	(ton)	4741201	1057582	162414
#小麦	(吨)	Wheat	(ton)	402697	78879	12259
稻谷和大米	(吨)	Paddy and Rice	(ton)	1632649	567206	86646
大豆	(吨)	Soybean	(ton)	3596330	1023700	155896
鲜、干果类	(吨)	Fresh and Dried Fruit	(ton)	1295660	2147404	326650
#香蕉	(吨)	Mandarins and Oranges	(ton)	52491	25109	3768
食用植物油	(吨)	Edible Vegetable Oil	(ton)	540470	254714	38389
#棕榈油	(吨)	Palm Oil	(ton)	508276	213692	32181
食糖	(吨)	Sugar	(ton)	480585	107733	16500
饲料	(吨)	Forage	(ton)	260234	255592	38710
纸烟		Cigarettes			123719	18669
天然橡胶	(吨)	Natural Rubber	(ton)	102992	89623	13643
合成橡胶	(吨)	Synthetic Rubber	(ton)	211048	349247	53082
原木	(立方米)	Logs	(cu.m)	2908892	611233	93465
锯材	(立方米)	Sawn Timber	(cu.m)	4918275	1632881	248686
纸浆	(吨)	Paper Pulp	(ton)	2351837	1182718	179684
羊毛	(吨)	Wool	(ton)	1046	3111	480
原棉	(吨)	Raw Cotton	(ton)	20757	27852	4254
合成纤维	(吨)	Synthetic Fiber	(ton)	43991	66700	10130
#聚酯纤维	(吨)	Polyester Fiber	(ton)	37814	38744	5862
聚丙烯晴纤维	(吨)	Polyacrylonitrile Fibre	(ton)	2173	4284	662
人造纤维	(吨)	Artificial Fiber	(ton)	2657	4945	752
铁矿砂	(吨)	Iron Ore	(ton)	36044862	1800770	271138
氧化铝	(吨)	Aluminum Oxide	(ton)	10042	8320	1262
原油	(万吨)	Crude Oil	(10000 tons)	660	2219413	338350
成品油	(万吨)	Finished Petroleum Products	(10000 tons)	175	793581	120493
液化石油气	(万吨)	LPG	(10000 tons)	436	679435	102884
乙二醇	(吨)	Glycol	(ton)	442743	271738	41427
对苯二甲酸	(吨)	Terephthalic Acid	(ton)	228974	131377	19793
己内酰胺	(吨)	Caprolactam	(ton)	16697	23411	3562
医药品	(吨)	Medicinal and Pharmaceutical Products	(ton)	49350	1803951	272788
#抗菌素	(吨)	Antibiotics	(ton)	233	54224	8091
肥料	(吨)	Fertilizer	(ton)	326694	70593	10535
#氯化钾	(吨)	Potassium Chloride	(ton)	239061	42643	6325
合成有机染料	(吨)	Synthetic Organic Dyestuff	(ton)	7056	45247	6867
初级型状聚乙烯	(吨)	Polyethylene in Primary Form	(ton)	1536489	1306485	198316
初级型状聚丙烯	(吨)	Polypropylene in Primary Form	(ton)	1312397	1153157	174699
初级型状聚苯乙烯	(吨)	Polystyrene in Primary Form	(ton)	1934356	2273714	345091
#ABS树脂	(吨)	ABS Copolymer Resin	(ton)	1093581	1399613	212520
初级型状聚氯乙烯	(吨)	Polyvinyl Chloride in Primary Form	(ton)	371911	260526	39525
初级型状聚酯	(吨)	Polyester in Primary Form	(ton)	890720	1839443	279555
农药	(吨)	Pesticides	(ton)			
牛皮革、马皮革	(吨)	Cattlehide and Horsehide	(ton)	248466	822944	125201

6-10 续表 continued

商品名称		Item		数量 Volume	金额 Value 万元人民币 RMB 10 000	万美元 USD 10 000
胶合板		Plywood			17925	2724
纸及纸板	(吨)	Paper and Paperboard	(ton)	1846903	974813	148402
#牛皮纸	(吨)	Kraft-paper	(ton)	337856	159808	24294
毛纱线	(吨)	Wool and Cotton Thread	(ton)	8258	88789	13643
棉纱线	(吨)	Cotton Yarn	(ton)	430844	886445	134893
合成纤维纱线	(吨)	Synthetic Fiber,Continuous Filament and Yarn	(ton)	114157	402745	61198
丝绸		Silk			10515	1594
棉布		Cotton Cloth			226216	34318
化纤布	(万米)	Chemical Fibre Cloth	(10000 m)	25950	244000	36963
钢材	(吨)	Steel Products	(ton)	3857885	2527130	383550
#钢铁板材	(吨)	Iron & Steel Plate	(ton)	3444922	2031555	308434
铜材	(吨)	Copper Products	(ton)	273709	1800272	273593
铝材	(吨)	Aluminium Products	(ton)	49866	256199	38826
制冷压缩机	(台)	Refrigeration Compressors	(set)	3880900	166956	25431
空调	(台)	Air Conditioners	(set)	3587	6379	975
制冷设备		Refrigerating Equipments			39951	6065
机械装卸设备		Mechanical Handling Equipments			304410	46525
建筑采矿设备		Building and Mining Equipments			468636	71517
食品机械		Food-processing Machinery			27913	4272
造纸、纸品机械		Paper and Pulp Mill Machinery			89766	13556
印刷机械		Printing Machinery			2213177	335781
纺织机械		Textile Machinery			280123	42342
工业缝纫机	(台)	Industrial Sewing Machines	(set)	2356	5740	875
机床	(台)	Machine Tools	(set)	14359	780001	118835
橡、塑加工机械		Rubber and Plastic Processing Machinery			307440	46831
数据处理设备		Data Processing Equipments			8495561	1289260
电动、发电机	(万台)	Electric Motors and Generators	(10000 sets)	57600	564906	85655
发电机组、变流机	(台)	Generating Sets and Converters	(set)	7325	56930	8540
电视机	(台)	TV Sets	(set)	4676	950	143
#彩色电视机	(台)	Colour TV Sets	(set)	4676	950	143
半导体器件	(万个)	Parts of Semi-conductor Devices	(10000 units)	25132090	8013899	1216364
电路保护装置		Circuit Protection Devices			5360238	812354
显像管		Kinescopes				
集成电路、电子件	(万个)	Integrated Circuits and Parts of Electronic Components	(10000 units)	15814932	83849213	12729845
电线、电缆	(吨)	Electric Wires and Cables	(ton)	74723	1187328	179703
汽车及底盘	(辆)	Motor Vehicles and Chassis	(unit)	6453	242931	37013
#小轿车	(辆)	Sedan Cars	(unit)	233	14123	2153
旅行车	(辆)	Station Wagons	(unit)	531	12714	1935
船舶	(艘)	Ships	(unit)	498	44493	6661
塑料制品		Plastic Products			696312	105323
印刷品	(吨)	Presswork	(ton)	30138	393561	59703

6-11 各市出口总额
Total Value of Exports by City

市别	City	亿元人民币 RMB100 million					亿美元 USD100 million				
		2014	2015	2016	2017	2018	2014	2015	2016	2017	2018
全省合计	**Provincial Total**	**39693.38**	**39983.07**	**39520.54**	**42192.86**	**42744.06**	**6460.87**	**6434.68**	**5985.64**	**6228.73**	**6470.46**
广　州	Guangzhou	4467.77	5034.62	5158.77	5792.43	5607.50	727.07	811.70	781.77	853.20	848.50
深　圳	Shenzhen	17468.90	16415.38	15666.51	16542.62	16295.17	2843.62	2640.40	2373.39	2443.59	2463.36
珠　海	Zhuhai	1784.48	1794.84	1802.99	1883.07	1886.97	290.15	288.11	273.29	278.89	286.51
汕　头	Shantou	427.88	419.30	423.59	453.93	408.67	69.66	67.55	64.26	67.12	61.95
佛　山	Foshan	2869.41	2999.00	3099.48	3153.68	3527.26	467.17	482.05	469.80	464.84	535.60
韶　关	Shaoguan	74.92	88.99	89.25	76.30	72.47	12.20	14.25	13.43	11.28	10.95
河　源	Heyuan	162.70	176.24	188.86	195.36	215.30	26.49	28.33	28.52	28.85	32.44
梅　州	Meizhou	115.96	141.17	139.39	114.94	117.90	18.87	22.72	21.13	16.97	17.92
惠　州	Huizhou	2231.13	2160.94	1972.45	2233.11	2208.83	363.31	347.75	298.78	329.60	334.62
汕　尾	Shanwei	112.47	97.93	91.98	88.14	87.73	18.32	15.78	13.92	13.02	13.23
东　莞	Dongguan	5962.10	6429.54	6545.65	7024.10	7955.59	970.67	1036.10	990.14	1038.12	1204.42
中　山	Zhongshan	1712.22	1738.88	1762.18	2055.54	1801.70	278.78	280.07	266.61	302.78	273.22
江　门	Jiangmen	926.72	954.43	993.58	1075.56	1122.99	150.87	153.72	150.31	158.62	170.35
阳　江	Yangjiang	142.58	150.48	115.01	113.49	107.20	23.21	24.04	17.40	16.75	16.22
湛　江	Zhanjiang	180.69	174.31	194.77	217.07	206.68	29.41	28.07	29.47	32.03	31.29
茂　名	Maoming	60.41	68.68	75.89	97.22	127.32	9.76	10.99	11.42	14.44	18.98
肇　庆	Zhaoqing	283.67	296.70	308.87	222.26	237.61	46.05	47.66	46.80	32.78	35.99
清　远	Qingyuan	146.84	168.75	173.84	184.94	200.25	23.91	27.09	26.32	27.27	30.28
潮　州	Chaozhou	175.07	171.55	173.52	176.18	173.95	28.50	27.64	26.31	25.99	26.35
揭　阳	Jieyang	312.15	416.45	446.20	401.85	320.26	50.81	67.04	67.80	59.20	48.75
云　浮	Yunfu	75.23	84.90	97.77	91.08	62.70	12.04	13.62	14.80	13.40	9.51
按经济区域分	By Region										
珠三角	Pearl River Delta	37706.4	37824.33	37310.47	39982.37	40643.62	6137.68	6087.57	5650.87	5902.41	6152.58
东　翼	Eastern Region	1027.56	1105.23	1135.29	1120.10	990.61	167.29	178.02	172.28	165.34	150.28
西　翼	Western Region	383.69	393.47	385.68	427.78	441.21	62.38	63.10	58.29	63.22	66.49
山　区	Mountainous Region	575.66	660.04	689.10	662.62	668.62	93.52	106.00	104.20	97.76	101.10

6-12 各市进口总额
Total Value of Imports by City

市 别	City	亿元人民币 RMB100 million					亿美元 USD100 million				
		2014	2015	2016	2017	2018	2014	2015	2016	2017	2018
全省合计	**Provincial Total**	**26443.90**	**23576.60**	**23579.14**	**25976.00**	**28901.67**	**4304.97**	**3793.28**	**3567.21**	**3838.06**	**4380.57**
广 州	Guangzhou	3555.65	3271.74	3382.26	3923.09	4204.09	578.69	526.92	511.32	579.30	636.55
深 圳	Shenzhen	12491.78	11100.98	10640.39	11481.87	13702.08	2033.79	1784.15	1610.97	1697.87	2075.86
珠 海	Zhuhai	1593.38	1167.30	951.07	1109.45	1360.72	259.44	188.26	144.02	163.96	207.01
汕 头	Shantou	159.30	156.82	138.78	142.04	146.92	25.86	25.29	21.01	20.97	22.32
佛 山	Foshan	1357.22	1088.19	1006.16	1203.90	1071.78	220.91	175.07	152.04	177.77	162.06
韶 关	Shaoguan	69.55	60.01	68.08	90.53	83.53	11.34	9.65	10.29	13.33	12.64
河 源	Heyuan	80.37	74.81	72.23	65.01	55.35	13.06	11.98	10.85	9.64	8.35
梅 州	Meizhou	18.11	11.30	13.90	17.80	17.32	2.95	1.82	2.10	2.63	2.63
惠 州	Huizhou	1417.57	1215.11	1072.66	1182.54	1125.84	230.81	195.81	162.67	174.57	170.96
汕 尾	Shanwei	129.95	100.71	121.27	110.78	89.99	21.16	16.24	18.32	16.30	13.66
东 莞	Dongguan	4018.97	3971.18	4865.00	5235.62	5464.32	654.30	639.33	734.82	772.91	829.06
中 山	Zhongshan	557.81	471.44	474.32	526.39	539.90	90.81	75.94	71.88	77.77	81.87
江 门	Jiangmen	324.77	276.73	268.32	309.45	349.22	52.87	44.59	40.59	45.75	52.84
阳 江	Yangjiang	22.49	28.02	23.27	28.82	30.66	3.67	4.51	3.53	4.29	4.64
湛 江	Zhanjiang	207.28	144.70	109.63	128.63	172.34	33.75	23.39	16.57	19.00	26.13
茂 名	Maoming	24.44	33.28	29.28	38.69	24.42	3.98	5.36	4.42	5.73	3.71
肇 庆	Zhaoqing	198.12	214.67	149.12	135.65	152.22	32.25	34.42	22.58	19.99	23.05
清 远	Qingyuan	123.36	110.92	117.70	145.18	212.24	20.09	17.87	17.79	21.43	32.22
潮 州	Chaozhou	35.09	23.46	26.42	34.69	32.37	5.72	3.77	4.00	5.12	4.94
揭 阳	Jieyang	23.40	21.12	19.34	23.46	21.17	3.81	3.40	2.93	3.47	3.22
云 浮	Yunfu	35.27	34.12	29.94	42.42	45.19	5.74	5.50	4.53	6.28	6.84
按经济区域分	By Region										
珠 三 角	Pearl River Delta	25515.29	22777.35	22809.29	25107.96	27970.16	4153.86	3664.49	3450.88	3709.89	4239.27
东 翼	Eastern Region	347.74	302.10	305.82	310.97	290.45	56.54	48.70	46.26	45.86	44.14
西 翼	Western Region	254.21	206.00	162.18	196.13	227.42	41.39	33.26	24.52	29.01	34.48
山 区	Mountainous Region	326.66	291.15	301.86	360.93	413.63	53.18	46.83	45.56	53.31	62.68

6-13 各市外商投资企业出口总额

Total Value of Exports of Enterprises with Foreign Investment by City

市 别	City	亿元人民币 RMB100 million					亿美元 USD100 million				
		2014	2015	2016	2017	2018	2014	2015	2016	2017	2018
全省合计	**Provincial Total**	**21869.32**	**20684.00**	**19050.56**	**19466.95**	**19382.28**	**3560.75**	**3329.98**	**2886.80**	**2874.06**	**2934.98**
广 州	Guangzhou	2114.11	2127.42	2021.29	2093.53	2040.15	344.16	342.86	306.34	308.96	309.42
深 圳	Shenzhen	8685.00	8028.75	7029.60	6918.86	6875.74	1414.10	1291.43	1065.18	1022.13	1039.29
珠 海	Zhuhai	967.99	933.04	830.76	788.04	829.52	157.64	150.19	125.74	116.39	125.85
汕 头	Shantou	125.17	94.04	88.31	85.16	77.93	20.38	15.17	13.40	12.56	11.82
佛 山	Foshan	1338.12	1235.80	1175.10	1252.44	1297.25	217.87	199.35	178.30	184.70	196.85
韶 关	Shaoguan	39.48	43.81	44.83	49.92	43.55	6.43	7.05	6.79	7.37	6.58
河 源	Heyuan	143.49	139.45	140.83	142.07	141.98	23.36	22.45	21.35	20.97	21.50
梅 州	Meizhou	42.50	44.88	41.11	37.15	34.76	6.92	7.23	6.24	5.48	5.27
惠 州	Huizhou	2042.66	1944.24	1725.21	1975.71	1922.73	332.63	312.87	261.28	291.61	291.39
汕 尾	Shanwei	88.84	79.99	76.38	71.89	75.93	14.47	12.89	11.56	10.62	11.43
东 莞	Dongguan	4120.58	3955.09	3907.32	4006.77	3990.31	670.88	636.96	591.91	591.49	604.24
中 山	Zhongshan	1083.95	1018.25	977.26	1027.86	1012.20	176.50	164.11	148.23	151.67	153.53
江 门	Jiangmen	545.32	517.64	491.48	537.32	594.92	88.79	83.45	74.54	79.27	90.29
阳 江	Yangjiang	15.12	14.73	14.02	13.33	11.63	2.46	2.37	2.13	1.96	1.76
湛 江	Zhanjiang	67.91	58.71	58.94	66.75	51.19	11.05	9.46	8.92	9.84	7.77
茂 名	Maoming	12.94	12.22	16.73	18.61	11.10	2.11	1.97	2.51	2.76	1.68
肇 庆	Zhaoqing	135.80	147.19	139.65	129.00	126.17	22.11	23.64	21.15	19.02	19.13
清 远	Qingyuan	126.86	123.51	132.66	139.99	146.59	20.66	19.89	20.11	20.65	22.20
潮 州	Chaozhou	44.72	36.74	30.74	24.04	16.89	7.28	5.92	4.67	3.54	2.57
揭 阳	Jieyang	83.43	86.86	71.17	57.45	46.51	13.58	14.00	10.82	8.47	7.08
云 浮	Yunfu	45.33	41.64	37.16	31.05	35.24	7.38	6.71	5.63	4.59	5.32
按经济区域分	By Region										
珠 三 角	Pearl River Delta	21033.53	19907.42	18297.69	18729.54	18688.99	3424.68	3204.86	2772.68	2765.25	2829.99
东 翼	Eastern Region	342.16	297.62	266.60	238.54	217.27	55.71	47.98	40.45	35.19	32.90
西 翼	Western Region	95.97	85.66	89.69	98.69	73.91	15.62	13.81	13.56	14.57	11.21
山 区	Mountainous Region	397.66	393.30	396.58	400.19	402.11	64.74	63.34	60.12	59.06	60.88

6-14 各市外商投资企业进口总额

Total Value of Imports of Enterprises with Foreign Investment by City

市别	City	亿元人民币 RMB100 million					亿美元 USD100 million				
		2014	2015	2016	2017	2018	2014	2015	2016	2017	2018
全省合计	**Provincial Total**	**14297.87**	**13029.41**	**11994.32**	**12456.14**	**13020.99**	**2327.71**	**2097.49**	**1815.63**	**1839.53**	**1970.90**
广州	Guangzhou	2050.22	1875.25	1937.93	2048.07	2157.97	333.78	301.99	293.18	302.24	326.74
深圳	Shenzhen	5872.06	5453.49	4873.76	4767.20	5338.23	955.93	877.09	737.76	704.42	806.48
珠海	Zhuhai	545.54	563.71	452.07	587.42	707.40	88.83	90.77	68.45	86.86	107.43
汕头	Shantou	52.89	52.14	49.07	48.38	50.37	8.61	8.40	7.42	7.14	7.62
佛山	Foshan	545.89	528.62	506.76	591.02	560.52	88.86	85.17	76.62	87.29	84.71
韶关	Shaoguan	10.45	10.71	10.63	11.59	14.45	1.70	1.73	1.61	1.71	2.17
河源	Heyuan	63.87	56.29	52.50	54.60	46.37	10.39	9.04	7.94	8.08	7.01
梅州	Meizhou	10.14	9.03	8.13	9.65	9.99	1.65	1.46	1.23	1.42	1.52
惠州	Huizhou	1298.51	1076.23	941.45	1039.82	960.37	211.43	173.48	142.80	153.44	146.10
汕尾	Shanwei	109.11	86.26	110.36	100.34	82.85	17.77	13.92	16.67	14.75	12.56
东莞	Dongguan	2730.92	2429.21	2272.42	2324.94	2170.83	444.62	391.34	343.93	343.16	328.89
中山	Zhongshan	433.08	392.60	382.07	425.17	431.92	70.50	63.24	57.90	62.82	65.45
江门	Jiangmen	221.73	185.23	182.27	211.73	234.51	36.09	29.83	27.57	31.29	35.53
阳江	Yangjiang	17.85	23.10	16.33	15.95	21.02	2.91	3.74	2.48	2.38	3.18
湛江	Zhanjiang	132.83	64.35	13.29	23.01	33.96	21.63	10.41	2.01	3.39	5.11
茂名	Maoming	3.71	5.33	3.83	11.36	4.55	0.60	0.86	0.57	1.70	0.69
肇庆	Zhaoqing	89.02	113.50	90.08	78.08	67.69	14.49	18.21	13.64	11.51	10.26
清远	Qingyuan	64.23	62.34	55.42	63.75	82.07	10.46	10.05	8.39	9.41	12.49
潮州	Chaozhou	18.04	11.82	12.18	15.89	15.80	2.94	1.90	1.85	2.35	2.40
揭阳	Jieyang	6.34	6.83	6.04	5.82	6.10	1.03	1.10	0.92	0.86	0.93
云浮	Yunfu	21.43	23.37	17.74	22.34	24.01	3.49	3.77	2.69	3.31	3.63
按经济区域分	By Region										
珠三角	Pearl River Delta	13786.97	12617.85	11638.81	12073.45	12629.45	2244.53	2031.12	1761.86	1783.03	1911.59
东翼	Eastern Region	186.39	157.05	177.65	170.44	155.12	30.35	25.32	26.86	25.10	23.51
西翼	Western Region	154.40	92.77	33.45	50.32	59.52	25.14	15.01	5.06	7.47	8.98
山区	Mountainous Region	170.12	161.74	144.41	161.93	176.90	27.69	26.04	21.85	23.93	26.82

6-15 外商投资企业进出口主要指标（2018年）

Main Indicators on Imports and Exports of Enterprises with Foreign Investment(2018)

项 目	Item	亿元人民币 RMB 100 million			亿美元 USD 100 million		
		进出口总额 Total	出口 Exports	进口 Imports	进出口总额 Total	出口 Exports	进口 Imports
总 计	**Total**	**32403.26**	**19382.28**	**13020.99**	**4905.88**	**2934.98**	**1970.90**
按贸易方式分	By Customs Regime						
一般贸易	Ordinary Trade	8334.78	4611.04	3723.74	1263.59	699.12	564.47
来料加工	Processing and Assembling with Customer's Materials	1824.76	1064.63	760.13	276.24	161.00	115.24
进料加工	Processing and Assembling with Import Materials	19524.19	12548.91	6975.28	2952.87	1898.70	1054.17
加工设备	Processing Equipments	14.65		14.65	2.22		2.22
外资设备	Foreign-funded Equipments	46.48		46.48	7.01		7.01
保税仓库	Bonded Warehouse	2638.03	1148.71	1489.33	400.84	174.77	226.07
其他	Others	20.36	8.99	11.37	3.11	1.40	1.72
按经济类型分	By Type of Ownership						
合作经营企业	Joint Ventures	368.65	326.58	42.07	56.07	49.68	6.39
合资经营企业	Cooperative Enterprises	7406.39	4310.25	3096.15	1123.40	654.22	469.18
外资(独资)企业	Enterprises with Sole Foreign Investment	24628.22	14745.45	9882.77	3726.41	2231.07	1495.34
按产品类型分	By Type of Product						
#机电产品	Machanical and Electrical Products	23508.04	14733.63	8774.41	3557.85	2230.79	1327.06
#机械及设备	Machinery and Equipments	5044.33	3553.77	1490.56	765.14	539.55	225.60
电器及电子产品	Electric and Electronic Products	14258.93	8441.30	5817.63	2155.60	1275.99	879.60
高新技术产品	High and New-tech Products	14102.26	7829.53	6272.72	2132.39	1184.07	948.32
#计算机与通信技术	Computer and Communication Technology	7396.29	5700.27	1696.01	1116.62	860.93	255.69
电子技术	Electronic Technology	4682.35	1292.25	3390.10	709.21	195.99	513.22
按主要国家(地区)分	By Main Country (Region)						
亚洲	**Asia**	**21908.62**	**11317.64**	**10590.97**	**3315.84**	**1712.90**	**1602.93**
中国香港	Hong Kong, China	6975.55	6904.97	70.58	1053.69	1042.98	10.71
中国澳门	Macao, China	40.91	39.00	1.91	6.21	5.92	0.29
中国台湾	Taiwan, China	2170.09	280.17	1889.91	328.61	42.46	286.15
日本	Japan	2890.78	1154.67	1736.11	438.09	175.13	262.97
韩国	Republic of Korea	2520.48	949.62	1570.87	382.33	144.53	237.81
东盟	Association of Southeast Asian Nations	3533.01	1316.19	2216.82	534.55	199.55	335.00
中东十七国	The Seventeen Countries of the Middle East	623.52	366.91	256.61	94.55	55.75	38.80
非洲	**Africa**	**624.77**	**191.08**	**433.68**	**94.53**	**29.01**	**65.53**
欧洲	**Europe**	**3635.43**	**2705.52**	**929.92**	**551.03**	**410.16**	**140.87**
欧盟	European Union	3333.93	2493.99	839.94	505.38	378.11	127.26
#英国	United Kingdom	507.97	443.05	64.92	76.89	67.06	9.82
德国	Germany	787.65	508.24	279.41	119.43	77.07	42.37
法国	France	339.70	204.76	134.94	51.43	31.05	20.38
意大利	Italy	266.86	157.74	109.12	40.51	23.97	16.54
荷兰	Netherlands	519.08	449.16	69.92	78.66	68.05	10.60
芬兰	Finland	23.41	10.79	12.62	3.55	1.64	1.91
瑞士	Switzerland	105.71	37.55	68.16	16.02	5.69	10.33
俄罗斯	Russia	149.63	139.61	10.02	22.66	21.14	1.52
拉丁美洲	**Latin America**	**997.22**	**733.61**	**263.61**	**151.25**	**111.36**	**39.89**
北美洲	**North America**	**4763.83**	**4144.18**	**619.65**	**721.64**	**627.65**	**93.98**
加拿大	Canada	263.78	214.21	49.57	39.97	32.46	7.51
美国	United States of America	4499.72	3929.64	570.08	681.62	595.15	86.47
大洋洲	**Oceania**	**468.25**	**290.25**	**178.00**	**70.81**	**43.89**	**26.92**
澳大利亚	Australia	408.57	260.02	148.54	61.76	39.31	22.45
新西兰	New Zealand	54.50	25.63	28.87	8.26	3.88	4.38

6-16 外商投资企业出口主要商品数量和金额（2018年）

Volume and Value of Main Export Commodities of Enterprises with Foreign Investment (2018)

商品名称		Item		数量 Volume	金额 Value 万元人民币 RMB10 000	万美元 USD 10 000
活猪	(吨)	Live Hogs	(ton)	2114	2955	455
活家禽	(吨)	Live Poultry	(ton)			
冻鸡	(吨)	Frozen Chicken	(ton)	157	397	60
水产品	(吨)	Aquatic Products	(ton)	94172	485988	73661
#活鱼	(吨)	Live Fish	(ton)	6519	15029	2284
鲜冻对虾	(吨)	Fresh and Frozen Prawn	(ton)	1676	6877	1028
谷物	(吨)	Cereals	(ton)	78731	29290	4446
蔬菜	(吨)	Vegetables	(ton)	70157	50366	7617
#鲜蔬菜	(吨)	Fresh Vegetables	(ton)	58705	17217	2608
鲜、干果类	(吨)	Fresh and Dried Fruit	(ton)	6722	8679	1326
#柑桔橙	(吨)	Mandarins and Oranges	(ton)	515	572	86
食用植物油	(吨)	Edible Vegetable Oil	(ton)	22792	20800	3163
食糖	(吨)	Sugar	(ton)	5559	1850	280
茶叶	(吨)	Tea	(ton)	1001	4009	605
烤鳗鱼	(吨)	Daked Eel	(ton)	1905	31244	4785
蘑菇罐头	(吨)	Canned Mushroom	(ton)	934	1115	169
羽毛、羽绒	(吨)	Feather and Down	(ton)	928	17385	2647
药材	(吨)	Medicinal Materials	(ton)	4088	39785	6049
成品油	(吨)	Finished Petroleum Products	(ton)	1886749	825322	125031
合成有机染料	(吨)	Synthetic Organic Dyestuff	(ton)	272	2129	322
医药品	(吨)	Medicinal and Pharmaceutical Products	(ton)	30553	155495	23581
#抗菌素	(吨)	Antibiotics	(ton)	129	8162	1252
美容护肤用品	(吨)	Cosmetic and Skin Care Products	(ton)	37526	349004	52810
口腔清洁剂	(吨)	Dental Cleanser	(ton)	120311	162559	24650
轮胎		Rubber Tire			196811	29869
纸及纸板	(吨)	Paper and Paperboard	(ton)	213069	156227	23712
纺织品		Textiles			3786958	574973
#棉纱线	(吨)	Cotton Yarn	(ton)	22467	80847	12350
丝绸		Silk			3924	576
棉布		Cotton Cloth			297814	45229
麻纺布	(万米)	Linen Cloth	(10000 m)	47	1483	222
混纺布	(万米)	Blended Cloth	(10000 m)	640	4920	744
玻璃制品		Glass Products			130693	19822
家用陶瓷		Porcelain and Pottery Wares for Household Use			214747	32545
家用或装饰用木制品	(吨)	Wood Articles for Household or Decoration Use	(ton)	29440	65637	9955
珍珠、宝石		Pearls and Gems			532938	80568
贵金属及首饰		Precious Metal and Jewelry			4211505	634821
钢材	(吨)	Steel Products	(ton)	446161	414866	63026
铝材	(吨)	Aluminum Products	(ton)	173650	387526	58850
铜材	(吨)	Copper Products	(ton)	64813	322011	49049
工具		Tools			465796	70572
微波炉	(万个)	Microwave Ovens	(10000 units)	3001	901399	136643
电扇	(万台)	Electric Fans	(10000 sets)	21651	1014184	154864
普通缝纫机	(万台)	Sewing Machines	(10000 sets)	9	4094	635

6-16 续表 continued

商品名称	Item	数量 Volume	金额 Value 万元人民币 RMB10 000	金额 Value 万美元 USD 10 000
金属加工机床 (台)	Machine Tools (set)	141410	50821	7731
电子计算器 (万台)	Electronic Calculators (10000 sets)	4714	110471	16813
数据处理设备 (万台)	Data Processing Equipment (10000 sets)	28075	13657964	2069097
#显示器 (万台)	Displays (10000 sets)	524	549523	82986
电动、发电机 (万台)	Electric Motors and Generators (10000 sets)	107815	1625792	246697
静止式变流器 (万个)	Static Converters (10000 units)	91067	4032638	610728
原电池 (万个)	Primary Cells and Batteries (10000 units)	495332	253782	38514
蓄电池 (万个)	Electric Accumulators (10000 units)	35617	931413	140784
有线电话 (万台)	Landline Telephone Sets (10000 sets)	3269	444232	67042
手持或车载无线电话(万台)	Hand-held or Vehicle-mounted Cordless Telephones (10000 units)	14611	16598470	2491460
扬声器 (万个)	Loudspeakers (10000 sets)	31719	1829338	275751
收录机、组合音响 (万台)	Radio Recorders and Audio Systems(10000 sets)			
彩电(整套散件) (万台)	Colour TV Sets (Complete Sets of Spare Parts) (10000 sets)	2917	3007443	454256
电路保护装置	Circuit Protection Devices		4358366	660177
半导体器件 (万个)	Parts of Semi-conductor Devices (10000 units)	11276717	2429836	369544
集成电路、微电子件(万个)	Integrated Circuits and Parts of Electronic Components (10000 units)	2636077	3815182	578442
电线、电缆	Electric Wires and Cables		2864434	434155
集装箱 (个)	Containers (unit)	437396	1133571	172849
自行车 (万辆)	Bicycles (10000 units)	152	113066	17175
船舶	Ships		305620	47056
照相机 (万架)	Cameras (10000 sets)	1437	765588	115670
手表 (万只)	Wrist Watches (10000 units)	18327	924439	140221
#电子手表 (万只)	Electronic Watches (10000 units)	18010	875489	132823
日用钟 (万只)	Clocks (10000 units)	2117	64466	9758
家具	Furniture		3502507	530923
床垫、卧具用品	Mattresses and Bedding Articles		299015	45210
灯具、照明用品	Lights and Lighting Apparatus		2016378	305602
箱包、旅行用品	Boxes, Bags and Travel Goods		1774433	269163
服装、衣着附件	Garments and Clothing Accessories		5545032	840352
#织物服装	Textile Garments		4325829	655212
皮革服装 (万件)	Leather Garments (10000 units)	22	10985	1669
裘皮服装	Fur Garments		20571	3105
皮革手套	Leather Gloves		59836	9077
帽类 (万个)	Headgear (10000 units)	34771	265473	40198
鞋	Footwear		2868013	435304
#橡胶、塑料鞋	Rubber and Plastic Shoes		585524	88955
皮鞋	Leather Shoes		1030041	156379
塑料制品	Plastic Articles		3177911	481853
圣诞用品	Articles for Christmas		426123	64006
玩具	Toys		3579294	540314
体育用品及设备	Sports Articles and Facilities		1130933	171786

6-17 外商投资企业进口主要商品数量和金额（2018年）
Volume and Value of Main Import Commodities by Enterprises with Foreign Investment (2018)

商品名称		Item		数量 Volume	金额 Value 万元人民币 RMB10 000	金额 Value 万美元 USD 10 000
谷物	(吨)	Cereals	(ton)	532187	124669	19176
#小麦	(吨)	Wheat	(ton)	207367	41939	6502
面粉	(吨)	Flour	(ton)	3610	1101	167
大豆	(吨)	Soya Bean	(ton)	870492	250580	37790
食用植物油	(吨)	Edible Vegetable Oil	(ton)	303416	140540	21099
#棕榈油	(吨)	Palm Oil	(ton)	291596	119919	17968
食糖	(吨)	Sugar	(ton)	98030	21984	3377
饲料	(吨)	Forage	(ton)	47556	46665	7088
天然橡胶	(吨)	Natural Rubber	(ton)	41658	42517	6444
合成橡胶	(吨)	Synthetic Rubber	(ton)	106995	203048	30863
原木		Logs			27350	4173
纸浆	(吨)	Paper Pulp	(ton)	1507149	745995	113236
羊毛	(吨)	Wool	(ton)	885	2996	463
原棉	(吨)	Raw Cotton	(ton)	9421	13427	2024
合成纤维	(吨)	Synthetic Fiber	(ton)	15642	32611	4956
#聚酯纤维	(吨)	Polyester Fiber	(ton)	13069	14104	2127
聚丙烯晴纤维	(吨)	Polyacrylonitrile Fibre	(ton)	580	1503	230
人造纤维	(吨)	Artificial Fiber	(ton)	2491	4453	678
铁矿砂	(吨)	Iron Ore	(ton)	12836290	639538	95326
氧化铝	(吨)	Aluminium Oxide	(ton)	6428	5591	850
原油	(吨)	Crude Oil	(ton)	36198	14796	2141
成品油	(吨)	Finished Petroleum Products	(ton)	728489	309193	46991
苯乙烯	(吨)	Styrene	(ton)	105721	94270	14210
乙二醇	(吨)	Glycol	(ton)	197239	120027	18293
对苯二甲酸	(吨)	Terephthalic Acid	(ton)	217417	124871	18805
己内酰胺	(吨)	Caprolactam	(ton)	14629	20486	3124
医药品	(吨)	Medicinal and Pharmaceutical Products	(ton)	17940	971570	147887
肥料	(吨)	Fertilizer	(ton)	262531	52753	7834
#氯化钾	(吨)	Potassium Chloride	(ton)	229061	41171	6094
复合肥料	(吨)	Compound Fertilizer	(ton)	33000	10047.1	1501.5
合成有机染料	(吨)	Synthetic Organic Dyestuff	(ton)	4318	29063	4416
初级形状聚乙烯	(吨)	Polyethylene in Primary Form	(ton)	600768	532774	80841
初级形状聚丙烯	(吨)	Polypropylene in Primary Form	(ton)	746431	684690	103748
初级形状聚苯乙烯	(吨)	Polystyrene in Primary Form	(ton)	1007104	1294510	196646
#ABS树脂	(吨)	ABS Copolymer Resin	(ton)	619230	844996	128383
初级形状聚氯乙烯	(吨)	Polyvinyl Chloride in Primary Form	(ton)	312886	214570	32558
初级形状聚酯	(吨)	Polyester in Primary Form	(ton)	567819	1295088	196845
农药	(吨)	Pesticides	(ton)	2515	14763	2259
牛皮革、马皮革	(吨)	Cattlehide and Horsehide	(ton)	126685	578958	88050
胶合板	(立方米)	Plywood	(cu.m)	10026	6593	1000
纸及纸板	(吨)	Paper and Paperboard	(ton)	1252103	656343	99954
#牛皮纸	(吨)	Kraft-paper	(ton)	203171	91835	13942

6-17 续表 continued

商品名称		Item		数量 Volume	金额 Value 万元人民币 RMB10 000	万美元 USD 10 000
毛纱线	(吨)	Wool and Cotton Thread	(ton)	7203	73129	11232
棉纱线	(吨)	Cotton Yarn	(ton)	248393	566817	86270
合成纤维纱线	(吨)	Synthetic Fiber, Continuous Filament and Yarn	(ton)	102452	366298	55662
丝绸		Silk			8428	1282
棉布		Cotton Cloth			173348	26317
化纤布	(万米)	Chemical Fibre Cloth	(10000 m)	15964	178584	27052
钻石	(千克拉)	Diamond	(1000 carats)	4444	1905667	288787
钢材	(吨)	Steel Products	(ton)	3370972	2095506	318061
#钢铁板材	(吨)	Iron & Steel Plate	(ton)	3049063	1724985	261912
铜材	(吨)	Copper Products	(ton)	248938	1581251	240419
铝材	(吨)	Aluminium Products	(ton)	33741	172717	26185
制冷压缩机	(台)	Refrigeration Compressors	(set)	2891818	98720	15024
空调	(台)	Air Conditioners	(set)	1195	3886	593
制冷设备		Refrigeration Equipments			29264	4452
机械装卸设备		Mechanical Handling Equipments			223328	34218
建筑采矿设备		Building and Mining Equipments			59360	8886
食品机械		Food-processing Machinery			14404	2226
造纸、纸品机械		Paper and Pulp Mill Machinery			56525	8548
印刷机械		Printing Machinery			1516293	229994
纺织机械		Textile Machinery			182555	27652
工业缝纫机	(台)	Industrial Sewing Machines	(set)	1224	4125	629
机床	(台)	Machine Tools	(set)	5607	346935	52845
橡、塑加工机械		Rubber and Plastic Processing Machinery			169526	25922
数据处理设备	(万台)	Data Processing Equipment	(10000 sets)		2690630	408194
电动、发电机	(万台)	Electric Motors and Generators	(10000 sets)	50351	474525	71956
发电机组、变流机	(台)	Generating Sets and Converters	(set)	487	16271	2429
电视摄像机	(万台)	Pickup Cameras	(10000 sets)	4257	424613	63797
电视机	(台)	Colour TV Sets	(set)	1797	670	101
半导体器件	(万个)	Parts of Semi-conductor Devices	(10000 units)	11414281	3808721	579214
电路保护装置		Circuit Protection Devices			3210663	486847
显像管	(万只)	Kinescopes	(10000 units)			
集成电路、电子件	(万个)	Integrated Circuits and Parts of Electronic Components	(10000 units)	6007828	26255221	3972405
电线、电缆	(吨)	Electric Wires and Cables	(ton)	60722	959245	145182
汽车及底盘	(辆)	Motor Vehicles and Chassis	(unit)	753	37866	5581
#小轿车	(辆)	Sedan Cars	(unit)	44	4285	652
货车	(辆)	Trucks	(unit)	19	1219	177
船舶	(艘)	Ships	(unit)	150	36584	5461
塑料制品	(吨)	Plastic Products	(ton)	75458	513879	77747
印刷品	(吨)	Presswork	(ton)	19771	67001	10163

6-18 私营企业进出口主要指标（2018年）

Main Indicators on Imports and Exports of Private Enterprises (2018)

项　目	Item	亿元人民币 RMB100 million			亿美元 USD 100 milliom		
		进出口总额 Total	出口 Exports	进口 Imports	进出口总额 Total	出口 Exports	进口 Imports
总　计	**Total**	**33334.41**	**19803.73**	**13530.68**	**5048.84**	**2995.28**	**2053.56**
按贸易方式分	By Customs Regime						
一般贸易	Ordinary Trade	21202.33	13568.11	7634.22	3216.45	2054.87	1161.59
来料加工	Processing and Assembling with Customer's Materials	693.65	343.51	350.14	104.84	51.91	52.92
进料加工	Processing and Assembling with Import Materials	3631.83	2134.87	1496.97	546.79	321.91	224.88
加工设备	Processing Equipments	2.68		2.68	0.40		0.40
保税仓库	Bonded Warehouse	5219.15	1220.62	3998.53	790.57	184.13	606.44
其他	Others	2584.77	2536.62	48.15	389.78	382.46	7.32
按产品类型分	By Type of Product						
#机电产品	Machanical and Electrical Products	22050.92	12174.08	9876.85	3340.27	1841.37	1498.90
#机械及设备	Machinery and Equipments	3053.39	1968.95	1084.44	463.40	298.53	164.87
电器及电子产品	Electric and Electronic Products	15203.07	7265.07	7938.01	2302.75	1098.51	1204.24
高新技术产品	High and New-tech Products	14890.30	6265.01	8625.29	2256.40	947.58	1308.82
#计算机与通信技术	Computer and Communication Technology	7008.84	5032.93	1975.91	1059.60	761.67	297.93
电子技术	Electronic Technology	6626.81	813.43	5813.37	1006.19	122.40	883.79
按主要国家(地区)分	By Main Country (Region)						
亚洲	**Asia**	**21128.07**	**10260.47**	**10867.60**	**3200.28**	**1551.27**	**1649.01**
中国香港	Hong Kong, China	4207.38	4077.98	129.40	635.52	615.91	19.61
中国澳门	Macao, China	43.43	43.22	0.20	6.55	6.52	0.03
中国台湾	Taiwan, China	2615.68	220.01	2395.67	397.82	33.24	364.57
日本	Japan	1234.31	447.90	786.40	187.14	67.73	119.40
韩国	Republic of Korea	2181.21	362.21	1819.00	331.57	54.89	276.68
东盟	Association of Southeast Asian Nations	5072.53	2566.73	2505.80	766.06	387.85	378.21
中东十七国	The Seventeen Countries of the Middle East	1524.08	1277.09	246.99	230.40	193.10	37.29
非洲	**Africa**	**1673.33**	**1299.95**	**373.38**	**253.25**	**196.73**	**56.52**
欧洲	**Europe**	**4556.83**	**3556.47**	**1000.36**	**690.00**	**538.07**	**151.93**
欧盟	European Union	3826.69	3062.19	764.50	579.12	463.27	115.85
#英国	United Kingdom	557.24	506.23	51.01	84.32	76.58	7.74
德国	Germany	794.10	505.85	288.25	120.06	76.36	43.70
法国	France	384.10	273.09	111.01	58.09	41.30	16.79
意大利	Italy	356.08	278.89	77.19	53.97	42.28	11.69
荷兰	Netherlands	471.48	437.49	33.99	71.47	66.32	5.15
俄罗斯	Russia	371.65	355.89	15.76	56.23	53.88	2.35
拉丁美洲	**Latin America**	**1435.28**	**1068.61**	**366.67**	**217.63**	**161.88**	**55.75**
北美洲	**North America**	**3911.58**	**3250.58**	**661.00**	**592.23**	**491.83**	**100.40**
加拿大	Canada	415.54	303.74	111.80	62.68	45.79	16.90
美国	United States of America	3494.98	2946.57	548.41	529.39	446.01	83.38
大洋洲及其他	**Oceania and others**	**629.08**	**367.66**	**261.43**	**95.41**	**55.49**	**39.92**
澳大利亚	Australia	492.78	302.35	190.43	74.75	45.63	29.12
新西兰	New Zealand	110.45	46.49	63.96	16.74	7.02	9.73

6-19 利用外资情况

Utilization of Foreign Capital

年份 Year	签订项目 (个) Number of Signed Projects (unit)	#外商直接投资 Foreign Direct Investment	合同外资额 (万美元) Amount of Contracted Foreign Capital (USD 10000)	#外商直接投资 Foreign Direct Investment	实际利用外资 (万美元) Amount of Foreign Capital Actually Utilized (USD 10000)	#外商直接投资 Foreign Direct Investment
1979	1642	70	22889	14616	9143	3074
1980	5048	188	138920	120046	21419	12320
1981	6803	236	167507	156206	28837	17326
1982	8171	151	155916	147698	28103	17123
1983	11318	412	72660	61552	40685	24523
1984	17452	1105	144489	116958	64379	54163
1985	13621	1640	256521	200073	91910	51529
1986	9417	774	183480	85902	142829	64392
1987	6999	1186	201750	124647	121671	59396
1988	7662	2741	382748	224196	243965	91906
1989	6636	2438	362311	243813	239915	115644
1990	7196	3042	316751	268958	202347	145984
1991	8507	4554	580152	490530	258250	182286
1992	12916	9769	1986673	1885764	486147	355150
1993	19012	16768	3489660	3314887	965225	749805
1994	11956	10558	2638753	2382441	1144664	939708
1995	9345	8177	2610480	2483244	1210037	1018028
1996	5955	4608	1744639	1554584	1389943	1162362
1997	17737	3744	964527	769202	1420519	1171083
1998	15459	4349	1237802	916180	1509945	1202005
1999	14824	3013	871592	617451	1447383	1220300
2000	16879	4245	1108598	868393	1457466	1223720
2001	13198	5317	1580386	1343463	1575526	1297240
2002	11706	6613	1890108	1617119	1658946	1311071
2003	11472	7306	2446711	2178926	1894081	1557779
2004	10530	8322	2217800	1936046	1289900	1001158
2005	11786	8384	2675695	2374365	1517358	1236391
2006	11276	8452	2838923	2456820	1780780	1451065
2007	11705	9506	3646583	3393817	1961771	1712603
2008	8980	6999	3071447	2863991	2126657	1916703
2009	5693	4346	1824109	1755834	2028688	1953460
2010	6022	5641	2516987	2460075	2102646	2026098
2011	7289	7035	3485492	3469238	2232847	2179836
2012	6263	6043	3544579	3499424	2410578	2354911
2013	5740	5520	3666273	3631343	2532719	2495210
2014	6175	6016	4339446	4305905	2727751	2687144
2015	7033	7029	5614566	5611000	2702512	2687546
2016	8078	8078	8673350	8667477	2340689	2334921
2017	15599	15599	7309658	7308672	2294813	2290668
2018		35774		5900.98④		1450.88④

注：1.2002年起外商直接投资统计口径调整，企业投资总额内的境外借款只包括外方股东贷款。
2.2004年实际利用外商直接投资统计口径作了调整，与2003年以前的年份不可比。
3.2004年起签订项目数、合同外资额、实际利用外资不包含对外借款。
4.2018年外商直接投资使用商务部反馈人民币数据，单位为亿元。
5.2018年，商务厅未对外公布利用外资签订项目、合同外资额和实际利用外资数据。

Notes:a)Since 2002, the foreign direct investment statistic has been adjusted, of which the overseas borrowings in total investment of enterprises only include loans by foreign shareholders.
b)The foreign direct investment actually utilized of 2004 is adjusted, incomparable to values of preceding years.
c)Since2004,the number of signed projects,amount of contracted foreign capital and foreign capital actually utilized exclude foreign borrowings.
d)Data of foreign direct investment in RMB that are approved by Ministry of Commerce are adopted since 2018. The data unit in 2018 is RMB 100 million.
e)Data of signed projects, contracted foreign capital and foreign capital actually untilized are not published by Department of Commerce of Guangdong Province in 2018.

6-20 分行业外商直接投资（2018年）
Foreign Direct Investment by Sector (2018)

指　　标	Item	签订项目（个）Number of Signed Projects (unit)	合同利用金额（万元）Amount of Contracted Foreign Capital (RMB 10000)	实际使用金额（万元）Amount of Foreign Capital Actually Utilized (RMB 10000)
总　计	**Total**	**35774**	**59009834**	**14508780**
农、林、牧、渔业	Farming,Forestry,Anima lHusbandry and Fishery	290	123601	22212
采矿业	Mining	19	33849	27618
制造业	Manufacture	1918	7290507	5204534
电力、热力、燃气及水生产和供应业	Production and Supply of Electric Power, Gas and Water	32	279787	568769
建筑业	Construction	1182	574936	132436
批发和零售业	Wholesale and Retail Trades	16021	8519573	1031922
交通运输、仓储和邮政业	Transport, Storage and Postal Services	349	3361470	804655
住宿和餐饮业	Hotels and Catering Services	221	194306	19942
信息传输、软件和信息技术服务业	Information Transmission, Computer Services and Software	5029	5406194	547010
金融业	Finance	1299	16304006	607864
房地产业	Real Estate	409	2449039	2349658
租赁和商务服务业	Leasing and Business Services	5499	10543989	2417392
科学研究和技术服务业	Scientific Research, Technical Services	2840	2643325	388324
水利、环境和公共设施管理业	Management of Water Conservancy,Environment and Public Facilities	48	102221	81715
居民服务、修理和其他服务业	Services to Households,Repair and Other Services	316	453417	184980
教育	Education	86	66475	11052
卫生和社会工作	Health and Social Service	11	549424	29525
文化、体育和娱乐业	Culture, Sports and Entertainment	204	113615	79172
公共管理、社会保障和社会组织	Public Administration,Social Security and Social Organizations	1	100	

6-21 分国别(地区)外商直接投资
Foreign Direct Investment by Country (Region)

指 标	Item	2000	2010	2015	2017	2018
签订协议(合同)数(个)	**Number of Agreements (Contracts) Signed (unit)**	**4245**	**5641**	**7029**	**15528**	**35574**
亚洲	**Asia**	**3482**	**4991**	**6312**	**14000**	**34376**
#中国香港	Hong Kong, China	2474	4051	4855	11318	31018
中国台湾	Taiwan, China	482	326	376	616	900
中国澳门	Macao, China	304	133	476	752	1127
新加坡	Singapore	76	72	104	139	153
日本	Japan	51	108	51	64	91
韩国	Republic of Korea	52	97	189	161	193
马来西亚	Malaysia	14	47	57	121	162
泰国	Thailand	12	8	12	23	24
文莱	Brunei		19	3	2	2
也门	Yemen		9	12	164	104
伊朗	Iran		16	15	110	74
印度	India		18	27	92	114
印度尼西亚	Indonesia	6	4	9	19	20
非洲	**Africa**	**14**	**120**	**147**	**348**	**350**
#塞舌尔	Seychelles		73	64	54	38
毛里求斯	Mauritius	12	20	6	3	3
埃及	Egypt	1	2	22	33	48
欧洲	**Europe**	**81**	**115**	**190**	**379**	**429**
#英国	United Kingdom	18	14	31	68	71
德国	Germany	11	19	35	43	45
法国	France	7	17	18	39	42
意大利	Italy	8	16	32	25	34
荷兰	Netherlands	14	9	11	14	16
俄罗斯	Russia	2	5	15	57	70
西班牙	Spain	4	7	4	11	17
瑞士	Switzerland	3	5	3	6	10
瑞典	Sweden	2	1	5	8	9
丹麦	Denmark	1	4	3	11	12
比利时	Belgium		1	4	4	4
芬兰	Finland	2	2	1	4	3
奥地利	Austria		2	1	3	4
波兰	Poland		1	1	5	9
拉丁美洲	**Latin America**	**428**	**158**	**123**	**127**	**167**
#维尔京群岛	Virgin Islands	380	138	77	58	83
开曼群岛	Cayman Islands	26	5	16	19	27
巴拿马	Panama	3	1	2	1	1
伯利兹	Belize	9	5	3	2	1
委内瑞拉	Venezuela	2	2	9	6	4
巴哈马	Bahamas	8		1		
北美洲	**North America**	**229**	**139**	**192**	**284**	**360**
#美国	United States of America	193	110	142	206	262
加拿大	Canada	32	28	48	78	95
百慕大	Bermuda	3	1	1		3
大洋洲	**Oceania**	**96**	**154**	**123**	**146**	**148**
#萨摩亚	Samoa	52	114	65	57	54
澳大利亚	Australia	31	30	48	66	83
新西兰	New Zealand	4	5	10	21	10
马绍尔群岛	Marshall Islands	1	3			1
其它	**Others**	**2**	**31**	**34**		
投资性公司投资	Investment Companies		31	33		

6-21 续表 1 continued

指 标	Item	2000	2010	2015	2016	2017	2018
协议利用外资额（万美元）	**Amount of Utilization of Foreign Capital through Signed Agreements(USD 10000)**	**868393**	**2460045**	**5611000**	**8667477**	**7308672**	**59009839**
亚洲	**Asia**	**548646**	**2065801**	**4938547**	**7936677**	**6410368**	**53007466**
#中国香港	Hong Kong, China	412219	1853437	4530090	7366508	5362192	48197925
中国澳门	Macao, China	12863	44138	171068	321186	563142	980781
新加坡	Singapore	46516	37456	57345	75620	190529	573114
日本	Japan	19608	37066	39835	35540	184878	292642
中国台湾	Taiwan, China	48354	29271	81894	59789	46028	480275
韩国	Republic of Korea	8143	30011	172	26277	28472	1273004
马来西亚	Malaysia	4006	3508	30110	13480	19904	25104
泰国	Thailand		7000	20342	775	946	19041
印度尼西亚	Indonesia		3573	862	371	301	969237
阿联酋	United Arab Emirates	27	7576	163		65	1820
伊朗	Iran		191	230	25434	2158	11474
印度	India		818	1963	864	1753	102857
也门	Yemen		75	198	1627	3031	20071
非洲	**Africa**	**4397**	**17872**	**25965**	**29760**	**52838**	**140158**
#毛里求斯	Mauritius	4275	10292	8676	12436	34587	38085
塞舌尔	Seychelles		7401	15722	9950	10551	26469
埃及	Egypt	6	17	667	645	2478	6730
欧洲	**Europe**	**28033**	**37887**	**148081**	**228414**	**72246**	**825036**
#英国	United Kingdom	7158		80601	99556	21080	310028
荷兰	Netherlands	5948	7537	17332	76126	15036	1186
法国	France	5670	5187	16138	1760	10645	229766
德国	Germany	2461	4971	22321	12569	6268	41655
瑞士	Switzerland	619	244	1349	8430	168	25002
意大利	Italy	411	1315	2543	5209	387	6824
西班牙	Spain	858	3945	395	2028	183	12161
卢森堡	Luxembourg	1962	6364		5290	917	82641
丹麦	Eire	765	3646	305	3706	217	4488
爱尔兰	Ireland		3748	4660	257	561	249
比利时	Belgium	187		72	4120	6729	833
瑞典	Sweden	333	31	979	6287	570	33358
俄罗斯联邦	Russian Federation	24	55	296	618	2308	68322
拉丁美洲	**Latin America**	**208680**	**155430**	**233811**	**196319**	**237892**	**4148120**
#维尔京群岛	Virgin Islands	181692	137874	164486	147297	93043	3403920
开曼群岛	Cayman Islands	20578	8907	53313	45773	146744	522252
巴西	Brazil		5	3	30	249	2168
哥伦比亚	Colombia			32	67	102	3275
秘鲁	Peru		2		29	18	3383
伯利兹	Belize	1690	875	222	593	923	244428
委内瑞拉	Venezuela	15	320	10088	35	276	1385
圣其茨-尼维斯	StKitts-Nevis		360		1480		99
北美洲	**North America**	**48580**	**34076**	**44928**	**59097**	**40442**	**741158**
#美国	United States of America	44389	28995	32507	37130	33390	467492
加拿大	Canada	3126	927	13147	20186	4354	39738
百慕大	Bermuda	1039	4154		1781	2567	233928
大洋洲	**Oceania**	**26715**	**72007**	**48307**	**35121**	**39250**	**147910**
#萨摩亚	Samoa	16151	70040	46587	29139	25879	90175
澳大利亚	Australia	7507	281	352	3382	5669	55003
马绍尔群岛	Marshall Islands	1073	1196	188	885		1000
新西兰	New Zealand	108	284	95	112	7695	1765
其它太平洋岛屿	Other Pacific Islands		126	1085			
其它	**Others**	**3342**	**76972**	**171128**	**182089**	**455636**	
投资性公司投资	Investment Companies		76806	172325	144778	429392	

注：2018年外商直接投资使用商务部反馈人民币数据，单位为万元。

Notes: Data of foreign direct investment in RMB that are approved by Ministry of Commerce are adopted since 2018. The data unit in 2018 is RMB 10000.

6−21 续表 2 continued

指 标	Item	2000	2010	2015	2016	2017	2018
实际利用外资(万美元)	**Foreign Capital Actually Utilized (USD 10000)**	**1223720**	**2026098**	**2687546**	**2334921**	**2290668**	**14508782**
亚洲	**Asia**	**927071**	**1486723**	**2268764**	**1899631**	**1883742**	**12162724**
#中国香港	Hong Kong, China	744826	1291738	2047856	1741924	1692741	9951620
日本	Japan	30852	51044	45514	42953	42817	426331
新加坡	Singapore	49115	46482	47343	33506	43159	347278
中国澳门	Macao, China	26137	30189	73718	64434	55994	785843
中国台湾	Taiwan, China	49746	24543	10525	6882	6854	68185
韩国	Republic of Korea	13671	20658	34770	7206	37979	564561
文莱	Brunei		8825	3133	932	1651	3062
马来西亚	Malaysia	4993	5133	4541	790	579	2647
泰国	Thailand	2895	998	822	385	1455	3538
印度尼西亚	Indonesia	3352	877	36	55	31	67
阿联酋	United Arab Emirates	100	5370	10	6	28	13
菲律宾	Philippines	191	91	5			
印度	India	964	69	148	168	32	186
非洲	**Africa**	**4272**	**16972**	**12060**	**18891**	**47234**	**48412**
#毛里求斯	Mauritius	4576	14738	7327	14160	42163	24387
塞舌尔	Seychelles		1772	4635	4289	4920	23992
欧洲	**Europe**	**38643**	**78713**	**83864**	**94148**	**83798**	**1257495**
#荷兰	Netherlands	7886	9646	7246	12645	45886	101265
英国	United Kingdom	8258	1859	13139	52900	15086	231268
法国	France	4551	52008	21078	7657	7977	183390
德国	Germany	10057	3657	33898	5778	3099	480650
瑞士	Switzerland	3349	2839	1191	7059	185	6384
意大利	Italy		1736	1344	411	859	5593
西班牙	Spain	44	2089	444	126	692	119
芬兰	Finland	2302	18		2	953	742
卢森堡	Luxembourg	90	660	860	810	99	209741
爱尔兰	Ireland		2010	3762			245
瑞典	Sweden	360	500	647	5711	382	34901
奥地利	Austria	101	1000		25	644	243
比利时	Belgium	499	60	129	824	7099	2530
丹麦	Denmark		201	11	23	715	153
拉丁美洲	**Latin America**	**161983**	**303059**	**142932**	**151629**	**84200**	**604912**
#维尔京群岛	Virgin Islands	149200	270979	123429	128386	58287	410151
开曼群岛	Cayman Islands	6694	24644	16671	16939	24939	185519
巴哈马	Bahamas	3543	1649	1019	4266		
巴巴多斯	Barbados		3254	701	200	690	6893
巴拿马	Panama	1544	1953	288	84	22	
北美洲	**North America**	**74453**	**40816**	**35221**	**24128**	**30888**	**288349**
#美国	United States of America	66972	25388	19049	23298	30419	53385
百慕大	Bermuda	2320	13341	15808	557	93	218996
加拿大	Canada	5161	2087	364	273	376	15968
大洋洲	**Oceania**	**14510**	**53171**	**57284**	**20628**	**15606**	**129591**
#萨摩亚	Samoa	8942	49714	54362	18804	12458	116135
澳大利亚	Australia	4697	2869	2538	227	1261	4523
马绍尔群岛	Marshall Islands	680	183	384	808	3	
新西兰	New Zealand	86	181		224	449	8933
其它	**Others**	**2788**	**46644**	**87276**	**125866**	**145200**	**17300**
投资性公司投资	Investment Companies		35196	87119	125866	140120	17300
创业投资公司投资	Resuccess Investments Limited			157		2995	

注：2018年外商直接投资使用商务部反馈人民币数据，单位为万元。
Note: Data of direct investment in RMB that are approved by Ministry of Commerce are adopted since 2018. The data unit in 2018 is RMB 10000.

6-22 各市外商直接投资

Foreign Direct Investment by City

市别	City	2017			2018		
		签订项目（个）Number of Signed Projects (unit)	合同利用金额（万美元）Amount of Contracted Foreign Capital (USD 10000)	实际使用金额（万美元）Amount of Foreign Capital Actually Utilized (USD 10000)	签订项目（个）Number of Signed Projects (unit)	合同利用金额（万元）Amount of Contracted Foreign Capital (RMB 10000)	实际使用金额（万元）Amount of Foreign Capital Actually Utilized (RMB 10000)
广　州	Guangzhou	2458	1339009	628868	5375	25486536	3950005
深　圳	Shenzhen	6756	3685736	740129	14832	17897998	5145641
珠　海	Zhuhai	1565	1072244	243305	3973	4653892	1562972
汕　头	Shantou	37	34515	35535	105	1087036	64720
佛　山	Foshan	315	158427	162347	749	861750	457400
韶　关	Shaoguan	60	6739	5284	376	223334	49864
河　源	Heyuan	453	68483	10405	636	883672	41614
梅　州	Meizhou	889	28277	5716	2641	718403	33261
惠　州	Huizhou	661	166982	114351	2006	1810482	634700
汕　尾	Shanwei	91	23714	10004	140	168491	68889
东　莞	Dongguan	925	260785	171972	1400	1510211	834847
中　山	Zhongshan	270	76873	50933	584	446268	352809
江　门	Jiangmen	215	94031	51097	467	1350340	474456
阳　江	Yangjiang	20	164469	4661	82	54005	504039
湛　江	Zhanjiang	48	16065	8095	148	526114	45900
茂　名	Maoming	394	32811	7406	429	238841	16337
肇　庆	Zhaoqing	132	26752	18133	1165	753801	94469
清　远	Qingyuan	177	32755	14395	411	453882	81603
潮　州	Chaozhou	38	6967	3544	67	70053	32722
揭　阳	Jieyang	63	8312	1680	118	25203	10798
云　浮	Yunfu	32	4726	2808	68	137101	24357
按经济区域分	By Region						
珠三角	Pearl River Delta	13297	6880839	2181135	30551	54771278	13507299
东　翼	Eastern Region	229	73508	50763	430	1350783	177129
西　翼	Western Region	462	213345	20162	659	818960	566276
山　区	Mountainous Region	1611	140980	38608	4132	2416392	230699

注：2018年外商直接投资使用商务部反馈人民币数据。
Note: Data of direct investment in RMB approved by Ministry of Commerce are adopted in 2018.

6-23 对外经济技术合作情况

Economic and Technical Cooperation with Foreign Countries and Regions

年 份 Year	对外承包工程 Contracted Projects				对外劳务合作 Labor Services		
	签订合同数（个） Number of Contracts Signed (unit)	合同金额（万美元） Contracted Value (USD 10000)	营业金额（万美元） Value of Turnover (USD 10000)	年末在外人数（人） Number of Persons Abroad at the Year-end (person)	劳务人员合同工资总额（万美元） Total Wages of Contract Workers (USD 10000)	劳务人员实际收入总额（万美元） Actual Total Income of Contract Workers (USD 10000)	年末在外人数（人） Number of Persons Abroad at the Year-end (person)
1985	28	1897	2491	305	424	433	1197
1990	23	5953	7586	688	6055	3189	8045
1995	29	19183	10924	850	20593	17775	33263
1996	37	14823	9474	1680	11784	19365	23319
1997	67	22435	10940	354	17356	14743	22857
1998	28	13331	17526	566	12925	14464	20816
1999	63	52961	21857	603	9327	13230	19128
2000	86	36555	34515	634	12941	10777	19564
2001	250	53924	26192	641	13271	11752	30695
2002	165	64827	58986	643	19114	17059	18922
2003	193	97055	86898	730	23132	21926	21738
2004	810	168338	161287	856	27392	28315	17043
2005	2061	326752	247189	606	32762	30878	20469
2006	1625	458442	344170	752	41898	37030	27024
2007	757	597733	546069	946	80824	62927	27880
2008	331	844352	686045	886	68209	58420	33691
2009	556	814859	758799	2105	45718	59469	33124
2010	605	986740	820815	4554	76575	58428	33901
2011	528	1343526	1134158	4017	46578	46445	38621
2012	517	1905053	1605342	3863	46643	38600	44301
2013	617	2366492	2286507	3243	53917	44689	54272
2014	1139	1524873	1241121	3405	138820	66218	72788
2015	1937	2072350	1987790	3633	139705	117787	81600
2016	1503	2198726	1816382	4350	65540	89185	80468
2017	1151	2218294	1809649	6293	72805	86660	79440
2018	1136	1914713	1756733	10507	67494	85623	82329

注：1．2009年以后，“对外承包工程”包含“对外设计咨询”。
2．2011年对外劳务合作统计口径调整。

Note: a) Since 2009, foreign design cousultation is inclued in foreign contracted projects.
b) The statistics coverage of foreign labor service has been adjusted in 2011.

6-24 分行业外商投资企业工商注册登记情况（2018年末）
Registration Status of Enterprises with Foreign Investment by Sector (Year-end of 2018)

行业	Sector	企业数（户）Number of Registered Enterprises (unit)	投资总额（亿美元）Total Investment (USD 100 million)	注册资本（亿美元）Registered Capital (USD 100 million)	#外方 Capital Invested by Foreign Partners
总计	**Total**	**170968**	**19234.65**	**7964.06**	**5939.42**
农、林、牧、渔业	Farming,Forestry,Anima lHusbandry and Fishery	2025	8209.96	201.22	197.18
采矿业	Mining	71	5.57	2.95	2.39
制造业	Manufacture	43376	3533.04	2163.67	1688.52
电力、热力、燃气及水生产和供应业	Production and Supply of Electric Power, Gas and Water	755	676.52	284.36	120.52
建筑业	Construction	2707	156.87	96.07	61.70
批发和零售业	Wholesale and Retail Trades	53286	895.76	565.05	483.66
交通运输、仓储和邮政业	Transport, Storage and Postal Services	3737	285.68	164.20	118.09
住宿和餐饮业	Hotels and Catering Services	6234	68.93	45.69	37.73
信息传输、软件和信息技术服务业	Information Transmission, Computer Services and Software	11395	385.80	277.33	232.86
金融业	Finance	4497	1302.01	1293.76	767.44
房地产业	Real Estate	5362	1178.67	713.25	601.18
租赁和商务服务业	Leasing and Business Services	22381	1839.68	1691.84	1236.06
科学研究和技术服务业	Scientific Research, Technical Services	10789	463.44	316.61	264.88
水利、环境和公共设施管理业	Management of Water Conservancy,Environment and Public Facilities	277	22.61	14.12	11.10
居民服务、修理和其他服务业	Services to Households,Repair and Other Services	2368	117.38	71.26	60.32
教育	Education	217	3.15	2.70	2.10
卫生和社会工作	Health and Social Service	79	17.83	11.85	9.47
文化、体育和娱乐业	Culture, Sports and Entertainment	1296	68.36	45.24	41.81
其他	Others	116	3.40	2.90	2.42

6-25 各市外商投资企业工商注册登记情况（2018年末）

Registration Status of Enterprises with Foreign Investment by City(Year-end of 2018)

市别	City	企业数(户) Number of Registered Enterprises(unit)	投资总额(亿美元) Total Investment (USD 100 million)	注册资本(亿美元) Registered Capital (USD 100 million)	#外方 Capital Invested by Foreign Partners
全省合计	**Provincial Total**	**170968**	**19234.65**	**7964.06**	**5939.42**
广州	Guangzhou	31522	10602.77	1881.73	1340.15
深圳	Shenzhen	65003	3907.38	3080.03	2077.35
珠海	Zhuhai	12411	842.92	596.58	495.93
汕头	Shantou	1494	98.20	70.61	55.22
佛山	Foshan	7587	616.71	387.12	323.39
韶关	Shaoguan	1208	36.46	26.33	22.86
河源	Heyuan	2150	100.87	55.36	50.30
梅州	Meizhou	4863	44.55	34.96	32.36
惠州	Huizhou	8857	493.51	292.33	245.00
汕尾	Shanwei	776	44.04	30.60	29.31
东莞	Dongguan	14547	811.02	569.81	531.07
中山	Zhongshan	4655	254.38	155.86	136.29
江门	Jiangmen	5510	417.42	219.44	167.46
阳江	Yangjiang	703	228.47	70.74	36.06
湛江	Zhanjiang	837	109.48	68.63	54.56
茂名	Maoming	1586	33.90	25.40	22.00
肇庆	Zhaoqing	2948	254.21	181.92	174.93
清远	Qingyuan	1676	110.96	70.78	54.53
潮州	Chaozhou	622	23.91	16.03	11.16
揭阳	Jieyang	815	24.23	18.59	16.43
云浮	Yunfu	555	28.62	16.35	14.26
局本部	Unclassified by Region	643	150.63	94.87	48.82

6-26 一类口岸开放使用情况（2018年末）

Opening and Operating Status of Category-1 Ports (Year-end of 2018)

市别 City	个数 Number	口岸类型 Name of Ports				
		水运	Water Transport	陆运	Land Transport	空运 Air Transport
合计 Total	**58**	**37**		**16**		**5**
广州 Guangzhou	6	广州港口岸	Guangzhou Port	广州火车东站铁路口岸	Guangzhou East Railway Station for Passenger Service	白云国际机场 Baiyun International Airport
		广州南沙港口岸	Nansha Port			
		广州莲花山港口岸	Lianhuashan Port			
		增城新塘港客运口岸	Xintang Port			
深圳 Shenzhen	16	蛇口工业区码头	Shekou Port	罗湖	Luohu	深圳保安国际机场 Shenzhen International Airport
		赤湾码头	Chiwan Port	文锦渡	Wenjindu	
		梅沙旅游专用口岸	Meisha Port	沙头角	Shatoujiao	
		妈湾码头	Mawan Port	皇岗	Huanggang	
		盐田码头	Yiantian Port	深圳湾	Shenzhen Bay	
		大亚湾核电站专用码头	Dayawan Port	福田	Futian	
		西冲旅游专用口岸	Xichong Port	广深港高铁西九龙站	Guangzhou-Shenzhen-Hong Kong Express Rail Link West Kowloon Terminus	
		大铲湾港区	Dachan Bay Port			
珠海 Zhuhai	10	九州港口岸	Jiuzhou Port	拱北	Gongbei	
		湾仔口岸	Wanzai Port	横琴	Hengqin	
		珠海港口岸	Zhuhai Port	珠澳跨境工业区专用口岸	The Industrial Zone Dedicated port cross-border between The Pearl River Delta and Macao	
		万山港口岸	Wanshan Port			
		斗门港口岸	Doumen Port			
				港珠澳大桥珠海公路口岸	Zhuhai Port of Hong Kong Zhuhai Macao Bridge	
				珠海青茂口岸	Qingmao Port	
汕头 Shantou	2	汕头港口岸	Shantou Port			
		潮阳港口岸	Chaoyang Port			
梅州 Meizhou	1					梅县机场 Meixian Airport
惠州 Huizhou	1	惠州港口岸	Huizhou Port			
汕尾 Shanwei	1	汕尾港口岸	Shanwei Port			
东莞 Dongguan	2	虎门港口岸	Humen Port	东莞常平铁路客运	Dongguan Changping Railway Stations for Passenger Service	
中山 Zhongshan	1	中山港口岸	Zhongshan Port			
江门 Jiangmen	5	江门客运港口岸	Jiangmen Port			
		开平三埠港客运口岸	Sanfu Port			
		台山广海港口岸	Guanghai Port			
		鹤山港客运口岸	Heshan Port			
		新会港口岸	Xinhui Port			
佛山 Foshan	4	顺德容奇港口岸	Shunde Port	佛山铁路客运	Foshan Railway Stations for Passenger Service	
		南海港口岸	Nanhai Port			
		高明港客运口岸	Gaoming Port			
阳江 Yangjiang	1	阳江港口岸	Yangjiang Port			
湛江 Zhanjiang	2	湛江港口岸	Zhanjiang Port			湛江机场 Zhanjiang Airport
茂名 Maoming	1	水东港口岸	Shuidong Port			
肇庆 Zhaoqing	2	肇庆港客运口岸	Zhaoqing Port	肇庆铁路客运	Zhaoqing Railway Station for Passenger Service	
潮州 Chaozhou	1	潮州港口岸	Chaozhou Port			
揭阳 Jieyang	2	揭阳港口岸	Jieyang Port			揭阳潮汕国际机场 Jieyang International Airport

注：目前为止新塘港客运口岸、梅沙旅游专用口岸、珠海湾仔口岸、三埠港客运口岸、肇庆港客运口岸、肇庆铁路口岸暂停运作；西冲旅游专用口岸未建成开通使用；青茂口岸正在建设未启用。

Note: To date，Xintang Port，Meisha Port，Wanzai Port，Sanfu Port，Zhaoqing Port and Zhaoqing Railway Station for Passenger Service are temporarily out of operation; Xichong Port has not been opened yet; Zhuhai Qing Mao Port Port is under construction and not in use yet.

6-27 分国别(地区)对外直接投资

Foreign Direct Investment by Country (Region)

国家(地区)	Country of Region	企业个数(个) Number of Projects (unit)			对外直接投资额(万美元) Net Overseas Direct Investment (USD10000)		
		2016	2017	2018	2016	2017	2018
合计	**Total**	**1429**	**703**	**1012**	**2068424**	**875025**	**1380011**
亚洲	**Asia**	**1003**	**479**	**676**	**1369876**	**534265**	**919886**
中国香港	Hong Kong, China	777	324	451	1273070	503192	870981
印度尼西亚	Indonesia	16	16	16	22464	1066	1175
泰国	Thailand	16	6	9	21080	1245	2528
阿拉伯联合酋长国	United Arab Emirates	15	3	8	11022	243	176
新加坡	Singapore	21	9	25	10783	1611	9431
日本	Japan	18	14	10	7885	1034	747
台湾省	Taiwan, China	16	10	11	5963	145	1255
马来西亚	Malaysia	21	12	14	4545	3948	178
中国澳门	Macao, China	12	13	13	4092	131	305
越南	Vietnam	16	22	36	2895	1757	2639
柬埔寨	Cambodia	6	7	6	2839	10231	15328
以色列	Israel	2	1	6	1024		
老挝	Laos	3	3	5	681	2128	10979
非洲	**Africa**	**32**	**29**	**45**	**3509**	**6492**	**19313**
加纳	Ghana	2		3	841	1196	73
肯尼亚	Kenya	3	4	4	822	1206	654
塞舌尔	Seychelles	8	1	1	530	300	14176
欧洲	**Europe**	**89**	**65**	**101**	**49093**	**24979**	**23394**
法国	France	7	6	4	27697	318	270
爱尔兰	Ireland	2		1	5155	50	3992
荷兰	Netherlands	3	4	11	3629	2373	1390
俄罗斯	Russia	5	5	2	3562	2	8
德国	Germany	24	21	30	3141	8824	8481
英国	United Kingdom	21	7	9	2388	2997	23
卢森堡	Luxembourg	3			2115	661	3475
立陶宛	Lithuania				1000		
瑞士	Switzerland	2	1	3	223	421	7
瑞典	Sweden	3	1	4	114	54	444
挪威	Norway		1		50	168	
罗马尼亚	Romania	1		1	6		
保加利亚	Bulgaria	1			5		
匈牙利	Hungary	1			5		55
拉丁美洲	**Latin America**	**28**	**10**	**34**	**74918**	**79819**	**69217**
英属维尔京群岛	Virgin Islands	7	2	5	41784	63090	58756
开曼群岛	Cayman Islands	12	2	10	32703	8387	10021
巴西	Brazil	1	2	3	297	8052	15
秘鲁	Peru	1		1	132		
哥伦比亚	Colombia	2	1	1	2		
智利	Chile	3		4			100
北美洲	**North America**	**233**	**107**	**137**	**201849**	**56968**	**34825**
美国	United States of America	219	99	132	193748	49462	34382
加拿大	Canada	14	8	5	8101	7507	443
大洋洲	**Oceania**	**44**	**13**	**19**	**25416**	**14306**	**58616**
新西兰	New Zealand	7	3	1	16779	1831	2284
澳大利亚	Australia	31	7	13	6893	12236	49682
萨摩亚	Samoa	4	1	1	1587	5	
巴布亚新几内亚	Papua New Guinea		2		132	133	1516
斐济	Fiji			2	17		
利润再投资分摊	Reinvested profit sharing				343764	158196	254760

6–28 分行业对外直接投资(2018年)

Overseas Direct Investment by Sector(2018)

行　　业	Sector	新增企业数(家) Newly Added Enterprises (unit)	中方实际投资(万美元) Actual Investment by China (USD 10000)
合计	**Total**	**1012**	**1380011**
农、林、牧、渔业	Farming,Forestry,Anima lHusbandry and Fishery	22	3106
采矿业	Mining	9	3726
制造业	Manufacture	203	152687
电力、热力、燃气及水生产和供应业	Production and Supply of Electric Power, Gas and Water	4	26671
建筑业	Construction	23	17670
批发和零售业	Wholesale and Retail Trades	363	138973
交通运输、仓储和邮政业	Transport, Storage and Postal Services	29	13147
住宿和餐饮业	Hotels and Catering Services	5	753
信息传输、软件和信息技术服务业	Information Transmission, Computer Services and Software	123	38826
金融业	Finance	4	5078
房地产业	Real Estate	1	36942
租赁和商务服务业	Leasing and Business Services	132	665493
科学研究和技术服务业	Scientific Research, Technical Services	75	9716
水利、环境和公共设施管理业	Management of Water Conservancy,Environment and Public Facilities	1	
居民服务、修理和其他服务业	Services to Households,Repair and Other Services	4	4991
教育	Education	8	1
卫生和社会工作	Health and Social Service	1	4729
文化、体育和娱乐业	Culture, Sports and Entertainment	5	2742
利润再投资分摊	Reinvested Profit Sharing		254760

主要统计指标解释

货物进出口总额 指实际进出我国国境的货物总金额。包括对外贸易实际进出口货物，来料加工装配进出口货物，国家间、联合国及国际组织无偿援助物资和赠送品，华侨、港澳台同胞和外籍华人捐赠品，租赁期满归承租人所有的租赁货物，进料加工进出口货物，边境地方贸易及边境地区小额贸易进出口货物，中外合资企业、中外合作经营企业、外商独资经营企业进出口货物和公用物品，到、离岸价格在规定限额以上的进出口货样和广告品(无商业价值、无使用价值和免费提供出口的除外)，从保税仓库提取在中国境内销售的进口货物，以及其他进出口货物。该指标可以观察一个国家在对外贸易方面的总规模。我国规定出口货物按离岸价格统计，进口货物按到岸价格统计。

商品目的地进口额和商品货源地出口额 目的地进口额指进口货物的消费、使用或最终抵运地的实际进口额；货源地出口额指出口货物的产地或原始发货地的实际出口额。

外商投资 指我国政府、部门、企业和其他经济组织通过吸收外商直接投资以及其他方式筹措的境外现汇、技术、设备等。

利用外资的方式有：对外借款，外国（或港澳地区）企业和经济组织或个人在我国境内开办独资企业、与我国境内的企业或组织共同开办合资企业、合作经营(企业)项目或合作开发资源，以及补偿贸易、国际租赁等。

外商直接投资 是指外国投资者在我国境内通过设立外商投资企业、合伙企业、与中方投资者共同进行石油资源的合作勘探开发以及设立外国公司分支机构等方式进行投资。外国投资者可以用现金、实物、无形资产、股权等投资，还可以用从外商投资企业获得的利润进行再投资。

实际使用外资 是指合同外资金额的实际执行数，外方投资者根据外商投资企业的合同（章程）的规定实际缴付的出资额和企业投资总额内外方投资者以自己的境外自有资金实际直接向企业提供的期限 1 年以上的中长期贷款。

对外直接投资 指我国企业、团体等(简称境内投资主体) 在国外及港澳台地区以现金、实物、无形资产等方式投资，并以控制国(境)外企业的经营管理权为核心的经济活动。对外直接投资的内涵主要体现在一经济体通过投资于另一经济体而实现其持久利益的目标。

对外承包工程 根据《对外承包工程管理条例》，对外承包工程是指中国的企业或者其他单位承包境外建设工程项目的活动。

对外劳务合作 指组织劳务人员赴其他国家或地区为国外的企业或机构工作的经营性活动。

Explanatory Notes on Main Statistical Indicators

Total Import and Export of Goods refer to the real value of commodities imported and exported across the border of China. They include the actual imports and exports through foreign trade, imported and exported goods under the processing and assembling trades and materials, supplies and gifts as aid given gratis between governments and by the United Nations and other international organizations, and contributions donated by overseas Chinese, compatriots in Hong Kong and Macao and Chinese with foreign citizenship, leasing commodities owned by tenant at the expiration of leasing period, the imported and exported commodities processed with imported materials, commodities trading in border areas, the imported and exported commodities and articles for public use of the Sino-foreign joint ventures, cooperative enterprises and ventures with sole foreign investment. Also included is import or export of samples and advertising goods for which CIF or FOB value are beyond the permitted ceiling (excluding goods of no trading or use value and free commodities for export), imported goods sold in China from bonded warehouses and other imported or exported goods. The indicator of the total imports and exports at customs can be used to observe the total size of external trade in a country. In accordance with the stipulation of the Chinese government, imports are calculated at CIF, while exports are calculated at FOB.

Import or Export Value by Location of China's Foreign Trade Managing Units refers to actual value of imports and exports carried out by corporations which have been registered by the local Customs house and are vested with right to run import export business.

Utilization of Foreign Capital refers to direct investment, commodity credits and other funds used by domistic institutions that are supplied from abroad and from Hong Kong，Macao and Taiwan。

Utilization of foreign capital takes the forms of loans from abroad, sole investment in enterprises in the boundary of China by foreign (or Hong Kong and Macao) enterprises, economic organizations or individuals, investment in Sino-foreign joint ventures, cooperative projects (enterprises), cooperative exploitation of natural resources with enterprises or organizations in China, compensation trade and international lease, etc.

Foreign Direct Investment refers to foreign investment in China through the establishment of foreign invested enterprises, cooperative exploration and development of petroleum resources with domestic investors and the establishment of branch organizations of foreign enterprises. Foreign investment can be made in forms of cash, physical investment, intangible assets and equity, in addition with reinvestment of the foreign enterprises with the profits gained from the investment.

Foreign capital actually used Refers to actual fulfilled amount of contracted foreign investment, this includes the actual amount paid by foreign investors, according to the contracts of foreign investment companies. This also includes the portion of foreign investment in total enterprise investment provided to enterprises in the form of mid to long term loans with a term of at least 1 year by foreign investors, using their foreign assets.

Overseas Direct Investment refers to investment made by domestic enterprises and organizations (referred to as domestic investors) in foreign countries and Hong Kong SAR, Macao SAR and Taiwan province in forms of cash, physical investment and intangible assets, and the economic activities centring on operation and management of those enterprises are under the control of domestic investors. The content of overseas direct investment mainly reflects one economic entity by investing in another economic entity to achieve its goal of lasting interest.

Overseas Contracted Projects refer to activities of contracting overseas construction projects by Chinese enterprises or any other units, which are stipulated in the Regulations on Administration of Foreign Contracted Project.

Overseas Labour Services refer to operational activities of organizing labour force to go abroad providing services to foreign enterprises or agencies.

七、能源、资源和环境

ENERGY, RESOURCES AND ENVIRONMENT

七 能源、资源和环境

简要说明

一、本篇资料反映广东自然资源状况、能源生产、能源消费、能耗水平和环境保护事业等情况。能源情况主要包括：能源生产、消费及品种构成，分行业能源消费总量，综合能源平衡，各市能源单耗，能源生产和消费弹性系数，能源加工转换效率，生活用能源消费等资料。自然资源包括土地 、气候、森林、水利、矿产资源情况。环保部分主要包括水环境、大气环境、生态环境、城市环境、农村环境、自然灾害，“三废”的排放、治理、综合利用，环境管理、环保系统自身建设情况等。

二、本篇资料由广东省统计局综合处、能源统计处根据有关资料和调查结果整理提供。

三、能源资料取自全省《地区能源平衡表》和《工业企业能源购进、消费及库存表》等。地区能源平衡表编制范围为辖区内生产和消费能源的单位，其中规模以上工业企业的能源消费根据国家统计局制发的报表制度由统计系统搜集资料逐级汇总上报；加工转换消费来源于《工业企业能源购进、消费及库存附表》；其他数据来源于有关厅 (局)、公司或企业。矿产、土地资源资料由省国土资源厅提供；海洋资料由省海洋与渔业局提供；气象资料由省气象局提供；森林资源资料由省林业厅提供；水利资料由省水利厅提供；环保事业情况由环保部门提供。

四、关于数据口径与计算的说明：

1．2010 年以后的数据已按第三次经济普查结果进行调整。

2．能源生产与消费弹性系数分别以能源生产、消费增长速度与地区生产总值增长速度相比求得。

3．能源平衡表中，进口量和出口量采用海关统计数据，电力折算标准煤系数按平均发电煤耗计算。

4．能源加工转换效率表中的电力折算标准煤系数采用当量值计算，每千瓦小时折 0.1229 千克标准煤。

7 Energy ,Resources and Environment

Brief Introduction

Ⅰ. The data in this chapter reflect the natural resource, energy production, consumption, and efficiency and environmental protection of Guangdong Province. The data on energy mainly including the energy production and consumption and their composition, the energy consumption by sector, the overall balance of energy, energy consumption per unit by city, the elasticity ratios of energy production and consumption, the efficiency of energy conversion and the consumption of energy for non-production use, etc. The data on natural resource cover land, climate, forest, water conservancy and mineral resources. The data on environmental protection mainly include water environment, atmospheric environment, ecological environment, urban environment, rural environment, natural disasters, the discharge, treatment and comprehensive utilization of waste water，waste gas and solid wastes， environment management and the improvement of environmental protection departments, etc. The data are provided by Guangdong Provincial Bureau of Environmental Protection.

Ⅱ. The data in this chapter are prepared and provided by the Division of Comprehensive Statistics of Statistics Bureau of Guangdong Province and the Division of Energy Statistics of Statistics Bureau of Guangdong Province.

Ⅲ. The data in this chapter come from the Energy Balance Sheet of the whole province and the Sheets of Energy Purchase, Consumption and Storage of Key Energy Consumption Industrial Enterprises. The coverage of the regional energy balance includes the units that produce and consume energy. Among them, the data on the energy consumption of industrial enterprises above designated size are collected by the statistical agencies in accordance with the statistical reporting scheme stipulated by the National Bureau of Statistics and tabulated and reported to the higher authorities level by level; the data on the energy processing, transformation and consumption are derived from the Sheets of Energy Purchase, Consumption and Storage of Key Energy Consumption Industrial

Enterprises; other data are provided by related government departments, companies and enterprises. The data on mineral and land resources are provided by the Land and Resources Department of Guangdong Province. The data on ocean are provided by the Oceanic and Fishery Administration of Guangdong Province. The data on meteorological phenomena are provided by the Meteorological Bureau of Guangdong Province. The data on forest are provided by the Forestry Administration of Guangdong Province. The data on water conservancy are provided by the Water Resources Department of Guangdong Province. The data on environmental protection are provided by Guangdong Provincial Bureau of Environmental Protection.

Ⅳ. Data coverage and calculation:

(1) Since 2010,data have been adjusted in accordance with the figures from the third china economics census.

(2) The elasticity ratio of energy production is calculated as the quotient of the growth rate of energy production divided by the growth rate of GDP; and the elasticity ratio of energy consumption is calculated as the quotient of the growth rate of energy consumption divided by the growth rate of GDP.

(3) In the energy balance sheet, the data on the imports and exports are data from the customs statistics.The ratio for converting electric power into the standard coal equivalent is calculated according to the average consumption of coal for generating electricity.

(4) In the table on the efficiency of energy conversion, the ratio for converting electric power into the standard coal equivalent is calculated on the basis of heat value equivalent.One kilowatt is equal to 0.1229 kg SCE.

7-1 能源主要指标
Main Indicators of Energy

项　　目	item	2016	2017	2018
一、能源生产	**Production of Energy**			
(一)一次能源生产量	Primary Energy Output			
原油　(万吨)	Crude Oil　(10000tons)	1533.15	1556.29	1393.53
天然气　(亿立方米)	Natural Gas　(100 million cu.m)	79.25	89.23	102.50
一次电　(亿千瓦时)	Primary Electricity　(100 million kwh)	1291.98	1204.00	1263.98
(二)二次能源生产量	Secondary Energy Output			
原油加工量　(万吨)	Crude Oil Processing Capacity　(10000tons)	5018.35	5176.02	5711.83
汽油　(万吨)	Gasoline　(10000tons)	904.67	946.76	1153.08
煤油　(万吨)	Kerosene　(10000tons)	682.88	713.39	828.92
柴油　(万吨)	Diesel Oil　(10000tons)	1376.46	1370.06	1603.90
燃料油　(万吨)	Fuel Oil　(10000tons)	177.27	184.69	165.31
液化石油气　(万吨)	Liquefied Petroleum Gas　(10000tons)	283.10	298.76	376.40
发电量　(亿千瓦时)	Power Generation　(100 million kwh)	2971.69	3332.81	3463.49
二、能源消费　(万吨标准煤)	**Consumption of Energy　(10000 tons of SCE)**			
能源消费总量	Total Energy Consumtion	31240.75	32341.66	33330.30
第一产业	Primary Industry	530.55	544.67	615.19
第二产业	Secondary Industry	18958.08	19577.18	19980.75
第三产业	Tertiary Industry	6895.41	7219.81	7593.19
居民消费量	Household Consumption	4856.71	5000.00	5141.17
三、节能减排　(%)	**Energy Conservation　(%)**			
单位GDP能耗上升或下降(±)	Energy Consumption per Unit of GDP rises or decreases (±)	-3.62	-3.74	-3.38
规模以上工业单位工业增加值能耗上升或下降(±)	Energy Consumption per Unit of Industrial Value-added rises or decreases (±)	-3.75	-0.01	-2.35
单位GDP电耗上升或下降(±)	Electricity Consumption per Unit of GDP rises or decreases (±)	-1.73	-1.19	-0.64

7-2 能源生产总量及构成

Total Production of Energy and its Composition

项 目	Item	2000	2005	2010	2015	2016	2017	2018
能源生产总量（万吨标准煤）	**Total Energy Production (10000 tons of SCE)**	**3711.69**	**4758.79**	**4858.07**	**6862.51**	**7137.96**	**7037.37**	**7079.05**
构 成 (%)	Composition (%)	100.0	100.0	100.0	100.0	100.0	100.0	100.0
原 煤	Coal	8.0	7.2					
原 油	Crude Oil	53.6	44.1	37.8	32.8	30.7	31.6	28.1
天然气	Natural Gas	11.3	12.5	21.5	18.7	14.8	16.9	19.3
一次电力及其他能源	Primary Electricity and Other Energy	27.1	36.2	40.7	48.5	54.5	51.5	52.6

7-3 能源消费总量及构成

Total Consumption of Energy and Its Composition

年份 Year	一次能源消费量（万吨标准煤）Primary Energy Consumption (10000 tons of SCE)	构成(%) Composition(%)					终端能源消费量（万吨标准煤）Final Energy Consumption (10000 tons of SCE)	构成(%) Composition(%)				
		合计 Total	原煤 Coal	原油 Crude Oil	天然气 Natural Gas	一次电力及其他能源 Primary Electricity and Other Energy		合计 Total	原煤 Coal	油品 Oil Products	电力 Electricity	其他 Others
1990	3690.25	100.0	56.5	35.3		8.2	3936.44	100.0	33.6	22.4	33.0	11.0
1995	6147.61	100.0	56.4	28.5	0.2	14.9	7062.28	100.0	27.0	20.9	39.7	12.4
2000	7983.46	100.0	52.2	35.0	0.2	12.6	9080.20	100.0	17.1	22.6	45.4	14.9
2001	8169.60	100.0	52.5	34.0		13.5	9775.15	100.0	15.9	22.6	46.1	15.4
2002	9036.40	100.0	51.9	31.0		17.1	10861.68	100.0	14.5	21.6	49.2	14.7
2003	10462.09	100.0	53.5	28.6	0.2	17.7	12414.48	100.0	17.8	22.6	44.5	15.1
2004	12013.14	100.0	51.4	28.4	0.2	20.0	14487.74	100.0	11.7	20.7	52.6	15.0
2005	13086.58	100.0	52.8	26.1	0.3	20.8	17255.84	100.0	10.9	23.6	50.7	14.8
2006	15281.00	100.0	50.4	26.2	1.3	22.1	19254.03	100.0	12.5	23.7	48.7	15.1
2007	17344.10	100.0	52.0	24.2	3.5	20.3	21427.33	100.0	12.0	22.2	49.3	16.5
2008	17679.13	100.0	50.8	24.6	4.1	20.5	22671.76	100.0	13.8	21.2	48.5	16.5
2009	19235.86	100.0	46.5	27.5	5.4	20.6	23943.39	100.0	12.2	20.9	46.3	20.6
2010	21942.15	100.0	45.2	29.0	5.7	20.1	24594.92	100.0	9.7	18.8	50.4	21.1
2011	23318.44	100.0	50.2	27.0	6.4	16.4	26223.64	100.0	10.3	16.8	51.5	21.4
2012	23786.60	100.0	46.4	27.1	6.4	20.1	26763.90	100.0	9.7	16.7	52.2	21.4
2013	24930.93	100.0	46.4	27.1	6.5	20.0	27666.36	100.0	10.4	16.8	51.0	21.8
2014	25636.29	100.0	43.7	26.6	6.8	22.9	28669.57	100.0	10.2	16.6	53.5	19.7
2015	25662.31	100.0	42.3	27.3	6.4	24.0	29386.66	100.0	10.0	16.8	52.2	21.0
2016	27157.90	100.0	39.7	26.6	8.1	25.6	30729.90	100.0	9.8	14.5	52.7	23.0
2017	28728.12	100.0	39.5	25.9	8.4	26.2	31677.03	100.0	8.1	17.7	54.5	19.7
2018	30154.66	100.0	37.2	28.1	8.3	26.4	32760.73	100.0	7.2	17.2	54.6	21.0

7-4 综合能源平衡表

Overall Energy Balance Sheet

单位：万吨标准煤 (10000 tons of SCE)

项　目	Item	2000	2010	2015	2016	2017	2018
可供本地区消费的能源量	**Total Energy Available for Consumption by Locality**	**9447.70**	**25445.22**	**30145.49**	**31240.75**	**32341.66**	**33330.30**
年初库存量	Stock at the Year-beginning	675.20	1347.93	1635.41	1977.58	1820.65	2198.23
一次能源生产量	Primary Energy Output	3711.69	4858.07	6862.51	7137.95	7037.37	7079.05
外省调入量	Allocation from Other Provinces	5628.27	15570.94	20771.89	20687.86	21355.43	18946.96
进口量	Imports	2757.39	8112.34	6739.99	6352.09	16538.02	17411.97
境内轮船和飞机在境外加油量	Petroleum Consumed by Chinese Airplanes and Ships Abroad		183.44	220.81	223.09	223.59	225.20
本省调出量(-)	Allocation over Other Provinces(-)	-1599.39	-1294.98	-2392.60	-1475.13	-10668.81	-7297.45
出口量(-)	Exports(-)	-980.31	-1700.12	-1378.80	-1503.51	-1426.81	-2517.63
境外轮船和飞机在境内加油量(-)	Petroleum Consumed by Foreign Airplanes and Ships in China(-)	-62.51	-275.16	-336.16	-338.53	-339.55	-341.45
年末库存量(-)	Stock at the Year-end(-)	-779.26	-1357.25	-1977.58	-1820.65	-2198.23	-2374.59
加工转换投入(-)产出(+)量	**Input Output in Processing and Transformation**	**-35.74**	**-92.50**	**-0.11**	**257.60**	**76.40**	**219.01**
火力发电	Thermal Power						
供热	Heating		-90.80	-128.38	-148.21	-150.91	-196.15
洗选煤	Coal Washing						
炼焦	Coking	-3.85	-2.25	-8.76	-12.92	-26.57	-55.58
炼油	Petroleum Refining	-26.89	205.83	-185.30	-76.66	-360.77	-97.84
制气	Gas Production	-5.00	-1.08	-31.76	-30.06	-28.97	-44.46
回收能	Recovery of Energy	96.59	123.70	365.40	527.58	644.91	616.91
损失量	**Losses**	**331.76**	**757.80**	**758.72**	**768.46**	**741.03**	**788.58**
#运输和输配损失	Losses in Transmission	318.75	732.46	742.82	724.27	683.40	738.53
终端消费量	**End-use**	**9080.20**	**24594.92**	**29386.66**	**30729.90**	**31677.03**	**32760.73**
第一产业	Primary Industry	353.56	400.60	502.45	530.55	544.67	615.19
农、林、牧、渔业	Farming, Forestry, Animal Husbandry and Fishery	353.56	400.60	502.45	530.55	544.67	615.19
第二产业	Secondary Industry	5790.91	16452.13	18310.07	18447.36	18912.55	19411.18
工业	Industry	5693.02	15813.16	17575.93	17707.17	18144.71	18624.85
#用作原材料、燃料	As Raw Materials and Fuel	86.44	990.06	585.31	986.53	1068.55	1199.62
建筑业	Construction	97.90	638.97	734.13	740.18	767.84	786.33
第三产业	Tertiary Industry	1648.93	4749.44	6209.59	6895.28	7219.81	7593.18
交通运输仓储及邮电通信业 灌	Transport, Storage, Postal and Telecommunication Services	957.92	2332.91	3123.41	3510.45	3607.82	3708.77
批发和零售贸易业、餐饮业	Wholesale and Retail Trade and Catering	403.21	1202.83	1445.20	1591.03	1683.23	1751.56
其他	ServicesOthers	287.81	1213.70	1640.98	1793.80	1928.75	2132.85
生活消费	Residential Consumption	1286.80	2992.75	4364.56	4856.71	5000.00	5141.17
城镇	Urban Areas	818.33	1896.70	2736.99	3084.50	3171.60	3260.92
乡村	Rural Areas	468.45	1096.05	1627.56	1772.21	1828.40	1880.25
平衡差额	**Balance**						
消费量合计	**Total Energy Consumption**	**9447.70**	**25445.22**	**30145.49**	**31240.75**	**32341.66**	**33330.30**

7-5 分行业能源消费总量和原煤、电力消费量（2018年）
Consumption of Total Energy, Coal and Electricity by Sector (2018)

行　　业	Sector	能源消费总量（万吨标准煤）Total Energy Consumption (10000 tons of SCE)	原煤消费量（万吨）Coal Consumption (10000 tons)	电力消费量（亿千瓦小时）Electricity Consumption (100 million kwh)
消费总量	**Total**	**33330.30**	**17067.51**	**6323.35**
农、林、牧、渔业	**Farming,Forestry,Animal Husbandry and Fishery**	**615.19**	**39.84**	**124.82**
工业合计	**Industry**	**19194.42**	**16894.57**	**3971.89**
采矿业	**Mining and Quarrying**	**221.25**	**6.06**	**17.86**
煤炭开采和洗选业	Mining and Washing of Coal	0.02		
石油和天然气开采业	Extraction of Petroleum and Natural Gas	156.28		1.32
黑色金属矿采选业	Mining and Dressing of Ferrous Metal Ores	7.18	0.18	1.69
有色金属矿采选业	Mining and Dressing of Nonferrous Metal Ores	16.15	1.26	4.90
非金属矿采选业	Mining and Dressing of Nonmetal Ores	41.02	4.62	9.91
开采专业及辅助性活动	Auxiliary Minning Operations	0.41		0.04
其他采矿业	Mining and Dressing of Other Ores	0.19		
制造业	**Manufacturing**	**16594.72**	**5172.35**	**3185.80**
农副食品加工业	Processing of Farm and Sideline Food	236.89	45.19	51.43
食品制造业	Manufacture of Food	153.25	22.33	33.33
酒、饮料和精制茶制造业	Manufacture of Wine, Beverage and Tea	86.88	9.57	19.67
烟草制品业	Tobacco Products	8.44	0.61	1.95
纺织业	Textile Industry	584.38	279.96	105.37
纺织服装、服饰业	Manufacture of Textile Garments, Footwear and	195.56	25.64	53.66
皮革、毛皮、羽毛(绒)及其制品业	Leather, Fur, Feather, Down and Related Products	152.73	2.39	46.96
木材加工及木、竹、藤、棕、草制品业	Timber Processing, Bamboo, Cane, Palm Fiber & Straw Products	81.47	0.98	25.34
家具制造业	Manufacture of Furniture	118.80	0.21	36.02
造纸及纸制品业	Papermaking and Paper Products	999.31	933.22	187.45
印刷业和记录媒介的复制	Printing and Record Medium Reproduction	129.10	1.28	37.02
文教、工美、体育和娱乐用品制造业	Manufacture of Cultural, Educational and Sports Articles	199.59	1.43	62.69
石油加工、炼焦及核燃料加工业	Petroleum Refining, Coking, and Nuclear Fuel Processing	1779.64	198.89	80.40
化学原料及化学制品制造业	Manufacture of Raw Chemical Materials and Chemical Products	1545.59	50.55	179.24
医药制造业	Manufacture of Medicines	102.64	14.29	23.95
化学纤维制造业	Manufacture of Chemical Fibers	46.21	5.88	11.14
橡胶和塑料制品业	Rubber Products	810.91	43.29	239.95
非金属矿物制品业	Nonmetal Mineral Products	2998.57	2159.26	392.03
黑色金属冶炼及压延加工业	Smelting and Pressing of Ferrous Metals	1778.44	1315.67	218.41
有色金属冶炼及压延加工业	Smelting and Pressing of Nonferrous Metals	473.52	26.21	114.95
金属制品业	Metal Products	751.95	15.63	206.73
通用设备制造业	Manufacture of General-purpose Machinery	203.17	5.29	59.24
专用设备制造业	Manufacture of Special-purpose Machinery	222.30	3.00	68.91
汽车制造业	Manufacture of Automobile	318.29	0.10	94.41
铁路、船舶、航空航天和其他运输设备制造业	Manufacture of Railway ,Ship,Aeronautics and Other Transport Equipment	63.95	0.62	16.20
电气机械及器材制造业	Manufacture of Electrical Machinery and Equipment	691.68	0.69	216.76
通信设备、计算机及其他电子设备制造业	Manufacture of Communication Equipment, Computers and Other Electronic Equipment	1697.03	6.42	555.84
仪器仪表制造业	Manufacture of Instruments and Meters	62.97		
其他制造业	Handicraft and Other Manufactures	38.17	1.13	19.51
废弃资源综合利用业	Recycling and Disposal of Waste	56.94	2.62	10.83
金属制品、机械和设备修理业	Manufacture of Metal Products,Machinery and Equipment Maintenance	6.35		14.60 1.81
电力、燃气及水的生产和供应业	**Production and Supply of Electric Power,Gas and Water**	**2378.45**	**11716.16**	**768.23**
电力、热力的生产和供应业	Production and Supply of Electric Power and Heat Power	2149.17	11707.21	695.48
燃气生产和供应业	Production and Supply of Gas	22.91	0.54	6.06
水的生产和供应业	Production and Supply of Water	206.37	8.41	66.69
建筑业	**Construction**	**786.33**	**4.27**	**72.32**
交通运输、仓储及邮政业	**Transport, Storage,Postal and Telecommunication Services**	**3708.77**	**4.76**	**124.92**
批发和零售贸易餐饮业	**Wholesale and Retail Trade and Catering Services**	**1751.56**	**48.98**	**365.07**
其他行业	**Others**	**2132.85**	**2.54**	**669.70**
生活消费	**Non-production Consumption**	**5141.17**	**72.55**	**994.63**

7-6 各市电力消费量

Electricity Consumption by City

单位：亿千瓦小时 (100 million kwh)

市别	City	2000	2005	2010	2013	2014	2015	2016	2017	2018
全省总计	**Provincial Total**	**1334.58**	**2673.56**	**4060.13**	**4830.13**	**5235.23**	**5310.69**	**5610.13**	**5958.97**	**6323.35**
广州	Guangzhou	238.78	425.67	625.90	710.69	765.85	779.32	823.57	869.59	936.90
深圳	Shenzhen	190.35	440.21	663.55	721.48	779.93	806.68	842.09	872.15	907.19
珠海	Zhuhai	30.82	61.58	102.26	121.73	134.32	145.37	152.90	162.67	175.99
汕头	Shantou	43.91	87.60	136.81	160.62	174.20	178.01	190.93	200.93	209.36
佛山	Foshan	168.84	316.29	463.08	527.06	564.13	587.84	620.82	673.82	690.85
韶关	Shaoguan	35.81	58.72	84.06	109.28	119.14	111.31	111.80	119.48	133.64
河源	Heyuan	9.27	23.90	51.52	65.60	74.38	78.06	83.34	86.26	89.84
梅州	Meizhou	22.70	40.40	60.88	69.78	76.51	77.98	84.30	89.52	99.11
惠州	Huizhou	43.53	105.22	192.46	248.44	276.41	290.62	323.41	368.35	408.38
汕尾	Shanwei	9.35	16.87	29.73	37.74	43.80	47.05	50.37	54.96	56.83
东莞	Dongguan	179.78	419.83	562.00	622.51	660.99	666.84	702.01	760.68	806.64
中山	Zhongshan	54.54	123.63	186.65	217.10	237.64	245.51	259.33	279.43	293.01
江门	Jiangmen	64.65	113.63	165.21	207.31	227.87	237.13	248.50	267.12	281.78
阳江	Yangjiang	12.09	22.46	40.43	77.15	90.71	98.21	104.80	112.25	119.84
湛江	Zhanjiang	24.15	49.09	78.68	98.16	109.48	116.04	153.23	181.45	196.43
茂名	Maoming	29.98	40.11	65.80	81.94	94.77	98.40	103.93	106.94	115.18
肇庆	Zhaoqing	24.00	48.58	105.08	142.50	156.24	152.30	159.31	168.79	171.81
清远	Qingyuan	22.60	59.47	125.53	156.74	173.89	179.27	193.34	177.27	198.72
潮州	Chaozhou	13.95	33.17	59.16	68.20	74.62	75.59	79.88	85.70	91.10
揭阳	Jieyang	22.51	51.13	98.68	138.50	158.93	152.71	160.90	148.68	155.88
云浮	Yunfu	12.14	21.55	34.89	48.93	54.85	57.81	60.61	64.16	68.58
按经济区域分	By Region									
珠三角	Pearl River Delta	995.29	2054.64	3066.18	3518.83	3803.37	3911.61	4131.93	4422.61	4672.54
东翼	Eastern Region	89.72	188.77	324.38	405.06	451.55	453.34	482.09	490.27	513.18
西翼	Western Region	66.22	111.66	184.91	257.25	294.95	312.65	361.95	400.64	431.45
山区	Mountainous Region	102.52	204.04	356.88	450.33	498.78	504.43	533.40	536.69	589.89

注：由于各市电力消费量不包含不分区域线损，全省数不等于分市数合计。

Note: Becausee the electricity consumption by region doesn't include line losses , the sum of electricity consumption by cities is different from the provincial total.

7-7 各市单位GDP能耗增长速度

Energy Consumption per Unit of GDP by City

单位：% (%)

市 别	City	2010	2011	2012	2013	2014	2015	2016	2017	2018
全省总计	**Provincial Total**	**-2.94**	**-3.78**	**-5.38**	**-4.55**	**-3.56**	**-5.71**	**-3.62**	**-3.74**	**-3.38**
广 州	Guangzhou	-4.60	-4.91	-4.94	-5.14	-3.52	-4.52	-4.96	-4.81	-3.24
深 圳	Shenzhen	-2.94	-4.39	-4.51	-5.12	-4.35	-3.26	-4.21	-4.23	-4.20
珠 海	Zhuhai	-3.67	-3.93	-4.75	-4.98	-4.12	-2.80	-3.94	-4.20	-1.26
汕 头	Shantou	-3.19	-3.44	-4.48	-3.99	-3.85	-6.81	-3.00	-5.04	-4.13
佛 山	Foshan	-4.38	-4.01	-4.53	-4.54	-4.45	-5.64	-6.63	-5.13	-5.20
韶 关	Shaoguan	-1.57	-3.68	-4.31	-4.31	-5.01	-7.95	-3.81	3.20	1.76
河 源	Heyuan	-1.06	-3.67	-6.36	-3.67	-2.21	-4.08	-4.08	-4.15	0.14
梅 州	Meizhou	-3.23	-4.39	-4.86	-4.51	-3.69	-5.91	-3.80	-4.80	12.80
惠 州	Huizhou	-5.82	-3.97	-3.91	-4.35	-3.69	-7.10	-1.52	6.28	10.25
汕 尾	Shanwei	-2.02	-3.73	-3.63	-5.69	-1.12	2.03	-3.01	-0.94	-4.57
东 莞	Dongguan	-2.02	-4.61	-4.46	-5.35	-5.88	-7.90	-4.65	-4.87	-5.55
中 山	Zhongshan	-1.50	-4.18	-3.91	-3.98	-3.81	-3.91	-3.89	-3.73	-3.78
江 门	Jiangmen	-2.30	-3.66	-5.23	-4.49	-3.02	-6.63	-4.52	-4.61	-4.89
阳 江	Yangjiang	-1.00	-3.47	-3.91	-3.97	-3.38	-4.12	7.16	5.46	5.65
湛 江	Zhanjiang	-0.30	-3.67	-4.21	-4.04	-4.03	-2.57	38.35	8.77	-3.81
茂 名	Maoming	-4.25	-3.90	-5.16	-4.21	-2.38	-7.36	-2.82	-4.41	-0.75
肇 庆	Zhaoqing	-2.44	-3.74	-4.94	-4.03	-3.51	-4.51	-5.35	-1.97	-6.90
清 远	Qingyuan	-1.96	-3.94	-6.82	-2.81	-3.03	-7.73	-4.04	-3.93	3.60
潮 州	Chaozhou	-3.32	-3.71	-5.55	-4.82	-3.55	-6.67	-4.07	-3.82	-4.26
揭 阳	Jieyang	-2.21	-4.22	-5.00	-4.50	-2.00	-6.35	-4.43	2.79	-6.93
云 浮	Yunfu	-1.54	-3.68	-6.95	-3.90	-3.08	-2.86	-4.76	-4.17	-5.15

7-8 各市单位GDP电耗增长速度
Growth Rate of Electricity Consumption per Unit of GDP by City

单位：% (%)

市别	City	2010	2011	2012	2013	2014	2015	2016	2017	2018
全省总计	**Provincial Total**	**0.03**	**-1.46**	**-2.90**	**-3.62**	**0.59**	**-6.10**	**-1.73**	**-1.19**	**-0.64**
广　州	Guangzhou	-2.53	-4.74	-4.59	-8.21	-0.77	-6.13	-2.36	-1.32	-2.27
深　圳	Shenzhen	1.00	-4.69	-3.28	-8.30	-0.65	-5.01	-4.17	-4.82	-3.62
珠　海	Zhuhai	-1.21	-1.05	-2.49	-6.23	0.04	-1.61	-3.10	-2.54	0.18
汕　头	Shantou	-0.62	-2.27	-5.87	-5.37	-0.79	-5.78	-1.33	-3.61	-2.19
佛　山	Foshan	-2.76	-5.83	-3.48	-5.07	-1.44	-3.95	-2.48	0.08	-3.52
韶　关	Shaoguan	2.44	1.45	-7.32	0.80	-0.04	-12.00	-5.49	0.96	7.25
河　源	Heyuan	3.54	1.11	-11.21	0.30	2.97	-2.96	-1.69	-1.47	7.23
梅　州	Meizhou	-4.67	-4.25	-8.37	-5.32	1.06	-6.18	0.60	-0.52	8.14
惠　州	Huizhou	-1.64	-4.93	-3.68	-3.82	1.15	-3.56	2.83	5.80	4.59
汕　尾	Shanwei	-5.82	-4.61	-4.08	-4.46	6.59	-0.63	0.06	0.48	-1.12
东　莞	Dongguan	2.84	-3.40	-2.85	-6.17	-1.50	-6.54	-2.62	0.23	-1.28
中　山	Zhongshan	1.38	-5.98	-6.31	-4.42	1.35	-4.73	-1.97	1.10	-0.98
江　门	Jiangmen	1.60	0.53	-3.32	-3.71	1.96	-4.00	-2.43	-0.56	-2.15
阳　江	Yangjiang	5.66	2.24	19.28	4.50	6.41	-0.21	0.06	0.90	2.55
湛　江	Zhanjiang	-0.12	-3.89	0.74	-6.17	1.39	-2.28	22.37	10.83	2.13
茂　名	Maoming	-4.65	-2.99	-3.95	-6.32	4.75	-3.86	-1.38	-4.31	2.09
肇　庆	Zhaoqing	1.74	1.33	-3.31	-2.46	-0.40	-9.92	-0.42	0.74	-4.53
清　远	Qingyuan	-2.32	-0.18	-0.10	1.74	2.82	-4.91	-0.04	-12.64	7.85
潮　州	Chaozhou	0.85	-4.75	-6.12	-7.05	1.12	-6.44	-1.35	0.33	0.95
揭　阳	Jieyang	-3.58	-0.34	-3.62	-1.80	3.66	-11.03	-0.87	-12.04	-0.47
云　浮	Yunfu	0.24	-2.04	-3.70	1.74	1.64	-2.85	-1.09	0.22	2.89

7-9 各市单位工业增加值能耗增长速度

Growth Rate of Energy Consumption per Unit of Industrial Value-added by City

单位：% (%)

市 别	City	2010	2011	2012	2013	2014	2015	2016	2017	2018
全省总计	**Provincial Total**	**-6.88**	**-5.13**	**-11.18**	**-4.97**	**-9.25**	**-10.47**	**-3.75**	**-0.01**	**-2.35**
广 州	Guangzhou	-12.61	-10.06	-16.98	-10.89	-11.91	-13.03	-6.55	-4.85	-6.54
深 圳	Shenzhen	-3.72	-24.02	-12.68	-9.49	-8.45	-11.07	-4.98	-0.75	-11.24
珠 海	Zhuhai	-10.52	-6.61	-16.62	-9.17	-8.49	-1.88	-7.12	-6.76	-8.79
汕 头	Shantou	18.74	-4.37	-22.41	5.35	-11.22	-16.00	-16.78	4.86	3.28
佛 山	Foshan	-10.48	-8.17	-4.91	-11.45	-12.54	-13.77	-8.32	-6.36	-8.77
韶 关	Shaoguan	-2.11	-4.32	-16.04	-10.61	-12.81	-8.66	-0.49	12.52	4.52
河 源	Heyuan	-1.15	0.03	-27.94	-15.94	-19.33	-13.26	-9.65	1.44	-2.77
梅 州	Meizhou	-15.33	-24.00	-18.71	-3.25	-14.92	-15.48	1.49	-23.41	26.20
惠 州	Huizhou	-16.87	0.15	-11.08	-18.18	-14.15	-12.31	-4.59	10.28	11.61
汕 尾	Shanwei	-14.25	2.75	6.26	-30.74	-14.92	26.15	-2.24	14.78	-4.74
东 莞	Dongguan	-10.92	-6.12	-11.42	-8.45	-9.74	-10.88	-3.93	-7.95	-9.15
中 山	Zhongshan	-3.84	-8.51	-21.83	-12.34	-3.84	4.91	-1.58	-1.62	-6.02
江 门	Jiangmen	-12.91	-0.96	-15.35	-0.53	-17.45	-14.93	-10.89	-4.84	0.02
阳 江	Yangjiang	58.95	-5.11	-17.53	-16.69	-1.16	-10.30	4.58	5.45	8.01
湛 江	Zhanjiang	-4.35	-4.94	-5.21	-7.40	-17.83	-11.45	43.40	13.09	-3.68
茂 名	Maoming	-9.91	-7.48	-20.08	-11.53	-5.04	-11.60	-6.55	-3.09	2.78
肇 庆	Zhaoqing	-7.65	-8.44	-9.04	-9.31	-9.80	-12.94	-8.39	-0.51	-8.21
清 远	Qingyuan	-16.28	-11.77	-20.63	-0.74	-9.52	-9.16	-7.39	-0.73	-1.59
潮 州	Chaozhou	17.93	17.99	-18.92	-16.05	-21.13	-13.16	-11.45	11.53	-3.79
揭 阳	Jieyang	-15.49	-18.98	-23.59	24.31	-18.62	-15.54	-17.50	15.12	-5.74
云 浮	Yunfu	-9.70	-17.32	-25.69	-21.35	-14.19	-10.32	-7.55	-2.37	-8.81

7-10 平均每天各种能源消费量

Average Daily Energy Consumption by Variety

能源品种	Energy Variety	2000	2005	2010	2014	2015	2016	2017	2018
合　计(吨标准煤)	**Total (ton of SCE)**	**248773**	**472363**	**721776**	**785468**	**805114**	**841915**	**867864**	**897554**
煤　炭　(吨)	Coal (Ton)	59590	78227	143273	135491	135415	120648	102681	94064
焦　炭　(吨)	Coke (Ton)	3973	8058	13314	15286	14875	21439	25780	25566
原　油　(吨)	Crude Oil (Ton)	250	178	480	580	635	642	642	538
燃料油　(吨)	Fuel Oil (Ton)	9248	18288	13141	8481	8253	9617	9499	8981
汽　油　(吨)	Gasoline (Ton)	8226	19330	29693	30408	33601	41085	41886	42576
煤　油　(吨)	Kerosene (Ton)	2444	4212	5532	7332	7510	7998	8204	8389
柴　油　(吨)	Diesel Oil (Ton)	18726	34920	45370	42886	43303	45717	45621	45738
液化石油气　(吨)	Liquefied Petroleum Gas(Ton)	8720	16676	16023	16046	18510	19742	19183	19922
电　力(万千瓦时)	Electricity (10000 kwh)	33978	69671	105290	135908	139035	147119	157045	166377

7-11 平均每人年生活用能源

Annual per Capita Energy Consumption of Households

能源品种	Energy Variety	2000	2005	2010	2014	2015	2016	2017	2018
合　计(千克标准煤)	**Total (kg of SCE)**	**148.90**	**227.85**	**290.97**	**381.88**	**404.63**	**444.59**	**451.10**	**456.69**
煤　炭　(千克)	Coal (kg)	9.63	10.54	6.14	6.10	6.17	6.35	6.39	6.44
汽　油　(千克)	Gasoline (kg)	4.42	14.57	36.95	45.86	49.93	61.69	62.10	62.64
煤　油　(千克)	Kerosene (kg)	0.24	0.33	0.35	0.37	0.38	0.34	0.34	0.34
柴　油　(千克)	Diesel Oil (kg)	0.57	0.98	1.39	1.74	1.77	1.89	1.90	1.92
液化石油气　(千克)	Liquefied Petroleum Gas(kg)	31.47	43.66	27.42	31.50	43.16	45.51	44.65	45.03
电　力　(千瓦时)	Electricity (kwh)	239.09	359.06	536.60	759.93	784.28	827.76	851.34	883.52

7-12 分品种生活能源年消费总量

Annual Total Energy Consumption of Households by Variety

能源品种	Energy Variety	2000	2005	2010	2015	2016	2017	2018
合　计(万吨标准煤)	**Total (10000 tons of SCE)**	**1286.80**	**2100.39**	**2992.75**	**4364.56**	**4856.71**	**5000.00**	**5141.17**
煤　炭　(万吨)	Coal (10000 tons)	83.22	96.46	63.19	66.57	69.35	70.82	72.55
汽　油　(万吨)	Gasoline (10000 tons)	38.20	133.36	380.05	538.63	673.92	688.33	705.19
煤　油　(万吨)	Kerosene (10000 tons)	2.10	2.98	3.60	4.11	3.67	3.75	3.84
柴　油　(万吨)	Diesel Oil (10000 tons)	4.90	8.93	14.30	19.10	20.68	21.11	21.63
液化石油气　(万吨)	Liquefied Petroleum Gas(10000 tons)	271.96	399.55	282.01	465.57	497.1	494.85	506.96
电　力(亿千瓦小时)	Electricity (100 million kwh)	206.62	328.62	551.92	845.96	904.25	943.62	994.63

7-13 能源加工转换效率

Efficiency of Energy Conversion

单位：%　　　　(%)

年份 Year	火力发电 Thermal Power Generation	供热 Heating	炼焦 Coking	炼油 Petroleum Refining	制气 Gas Production
1990	31.13	79.21	93.48	99.44	
1995	31.85	80.07	90.93	99.89	86.17
2000	37.20	87.19	94.35	99.02	79.18
2001	37.21	85.09	95.23	99.12	77.90
2002	36.36	76.40	94.27	98.40	80.08
2003	40.69	71.43	82.36	98.57	78.67
2004	35.53	86.10	91.53	99.29	79.70
2005	36.22	95.99	96.66	99.53	79.18
2006	37.74	88.49	96.95	99.80	95.40
2007	38.80	70.66	99.02	99.79	97.22
2008	38.00	77.34	98.43	99.10	95.65
2009	38.69	82.15	98.31	99.58	93.47
2010	38.90	82.80	99.08	98.12	87.81
2011	38.22	79.19	98.69	98.54	89.87
2012	38.49	78.26	97.57	98.17	89.77
2013	39.66	79.57	96.01	98.48	91.00
2014	39.72	75.73	96.15	97.42	71.51
2015	40.62	84.02	97.15	97.69	57.39
2016	40.78	83.32	97.91	99.03	60.99
2017	40.79	84.41	96.56	95.78	62.77
2018	41.70	81.59	92.63	99.47	57.40

7-14 能源生产弹性系数

Elasticity Ratio of Energy Production

年 份 Year	能源生产比上年增长(%) Growth Rate of Energy Production over Preceding Year(%)	电力生产比上年增长(%) Growth Rate of Electricity Production over Preceding Year(%)	本省生产总值比上年增长(%) Growth Rate of Gross Domestic Product(GDP) over Preceding Year(%)	能源生产弹性系数 Elasticity Ratio of Energy Production	电力生产弹性系数 Elasticity Ratio of Electricity Production
1986	1.0	8.0	12.7	0.08	0.63
1990	0.3	15.3	11.6	0.02	1.32
1995	14.7	6.6	15.6	0.94	0.42
1996	43.3	10.7	11.3	3.83	0.95
1997	8.5	8.0	11.2	0.76	0.71
1998	-4.1	5.6	10.8		0.52
1999	-10.3	9.8	10.1		0.97
2000	5.8	18.7	11.5	0.50	1.63
2001	-8.2	5.9	10.5		0.56
2002	6.5	12.4	12.4	0.52	1.00
2003	12.7	17.7	14.8	0.86	1.20
2004	18.6	11.9	14.8	1.26	0.80
2005	-6.7	7.4	13.8		0.54
2006	-8.1	8.5	14.6		0.58
2007	-5.7	8.9	14.7		0.61
2008	12.5	-0.4	10.1	1.24	
2009	-0.6	-0.6	9.7		
2010	10.6	20.1	12.4	0.85	1.62
2011	-0.2	15.6	10.0		1.56
2012	5.0	-1.8	8.2	0.61	
2013	5.4	6.7	8.5	0.64	0.79
2014	4.3	0.5	7.8	0.55	0.06
2015	22.7	0.5	8.0	2.84	0.06
2016	4.0	5.7	7.5	0.53	0.76
2017	-1.4	6.4	7.5		0.85
2018	0.6	3.5	6.8	0.09	0.51

7-15 能源消费弹性系数

Elasticity Ratio of Energy Consumption

年份 Year	能源消费比上年增长（%） Growth Rate of Energy Consumption over Preceding Year(%)	电力消费比上年增长(%) Growth Rate of Electricity Consumption over Preceding Year(%)	本省生产总值比上年增长(%) Growth Rate of Gross Domestic Product(GDP) over Preceding Year(%)	能源消费弹性系数 Elasticity Ratio of Energy Consumption	电力消费弹性系数 Elasticity Ratio of Electricity Consumption
1986	8.4	4.7	12.7	0.66	0.37
1990	4.1	14.3	11.6	0.35	1.24
1995	9.2	7.6	15.6	0.59	0.49
1996	5.5	8.9	11.3	0.48	0.79
1997	2.7	7.1	11.2	0.24	0.64
1998	5.3	7.5	10.8	0.49	0.70
1999	4.3	10.0	10.1	0.42	0.99
2000	8.2	22.9	11.5	0.71	1.99
2001	7.7	9.3	10.5	0.74	0.88
2002	11.6	15.7	12.4	0.93	1.27
2003	15.4	20.3	14.8	1.04	1.37
2004	16.1	17.5	14.8	1.09	1.18
2005	16.8	12.0	13.8	1.22	0.87
2006	11.2	12.4	14.6	0.77	0.85
2007	10.9	13.0	14.7	0.74	0.88
2008	5.3	3.3	10.1	0.52	0.32
2009	6.9	2.9	9.7	0.71	0.30
2010	8.9	12.5	12.4	0.72	1.00
2011	5.8	8.3	10.0	0.58	0.83
2012	2.3	5.0	8.2	0.28	0.61
2013	3.6	4.5	8.5	0.42	0.53
2014	3.9	8.4	7.8	0.50	1.08
2015	1.9	1.4	8.0	0.24	0.18
2016	3.6	5.6	7.5	0.48	0.75
2017	3.5	6.2	7.5	0.47	0.83
2018	3.2	6.1	6.8	0.47	0.90

7-16 自然资源（2018年）

Natural Resources (2018)

项　目		Item		2018
一、土地资源和海洋		Land Resources and Sea		
土地面积	(平方公里)	Total Land Area	(sq.km)	179725.07
耕　地	(万公顷)	Cultivated Land	(10000 hectares)	259.41
林　地	(万公顷)	Afforested Land	(10000 hectares)	1001.13
园　地	(万公顷)	Plantation	(10000 hectares)	125.72
牧草地	(万公顷)	Grass Land	(10000 hectares)	0.31
海域总面积	(万平方公里)	Total Area of Sea	(10000 sq.km)	41.9
海洋滩涂面积	(万公顷)	Sea Beach Area	(10000 hectares)	18.0
海岛面积	(平方公里)	Area of Islands	(sq.km)	1513.2
大陆海岸线长度	(公里)	Length of Continental Coastline	(km)	4114.4
岛屿岸线长度	(公里)	Length of Island Coastline	(km)	2378.7
岛屿个数	(个)	Number of Islands	(unit)	1963
二、气候		Climate		
年平均降雨量	(毫米)	Annual Average Precipitation	(mm)	1801.8
年平均气温	(摄氏度)	Annual Average Temperature	(°C)	22.3
年日照时数	(小时)	Annual Sunshine Hours	(hour)	1705.6
三、森林		Forest		
森林蓄积量	(亿立方米)	Total Standing Stock Volume	(100 million cu.m)	5.83
森林覆盖率	(%)	Forest Coverage Rate	(%)	59.08
四、水力水产		Hydropower and Aquatic Products		
水能资源理论蕴藏量	(万千瓦)	Theoretical Hydropower Resources	(10000 kw)	1137.0
# 技术可开发量		Developable Resources		864.6
海水养殖可养面积	(万公顷)	Cultivatable Area in Marine Areas	(10000 hectares)	
淡水可养面积	(万公顷)	Cultivatable Area in Freshwater Areas	(10000 hectares)	
五、矿产		Mineral Resources		
煤保有资源储量	(万吨)	Ensured Reserve of Coal	(10000 tons)	59859.01
铁矿石保有资源储量	(万吨)	Ensured Reserve of Iron Ore	(10000 tons)	62866.8
硫铁矿保有资源储量	(万吨)	Ensured Reserve of Pyrite Ore	(10000 tons)	32495.1

注：1.海岛面积、岛岸线长度、岛屿个数是1994年调查数据。由于2018年森林资源调查数据尚未核定，森林蓄积量和森林覆盖率为2017年数据。
2.海域总面积包括200海里专属经济区面积。
3.土地面积为2018年土地变更调查结果数据，土地资源数据未经国土资源部认可，仅供参考，最终数据以国土资源部确认的为准。

Notes: a) Data of the area of islands，length of island coastline and number of islands were obtained from surveys in 1994.Data of total standing stock wolume and forest coverage rate refer to 2017 because the forest resource research data in 2018 is subject to be comfirmed .
b) Total area of sea includes 200 sea miles of exclusive economic zone.
c) Data on land area are result of the land research of 2018. The land data in this table is for reference only because the data has not been examined or confirmed by Ministry of Land and Resources The final result is subject to be comfirmed by Ministry of Land and Resources.

7-17　各地区年平均气温

Average Temperature by Region

单位：摄氏度　　　　(℃)

年份 Year	粤北 Northern Regions	粤东北 North Eastern Regions	粤西北 North Western Regions	粤东 Eastern Regions	粤中 Central Regions	粤西 Western Regions
1980	20.7	21.5	22.5	21.2	22.2	23.4
1985	20.2	20.9	22.0	21.1	21.6	22.6
1990	21.1	21.5	22.8	21.8	22.6	23.4
1995	20.0	20.0	22.2	21.6	22.3	23.0
1996	19.9	21.4	22.4	21.9	21.6	23.3
1997	20.4	21.3	22.7	22.1	22.0	23.7
1998	21.2	22.5	23.3	23.0	22.8	24.5
1999	20.8	21.9	22.7	22.6	22.5	24.0
2000	20.4	21.9	22.6	22.5	22.5	23.8
2001	20.5	22.0	22.5	22.7	22.6	23.8
2002	21.0	22.3	22.8	23.0	23.0	24.1
2003	20.9	21.9	22.9	22.6	23.0	24.4
2004	20.8	21.6	22.6	22.6	22.8	23.2
2005	20.5	21.6	22.5	22.3	22.8	23.0
2006	20.8	22.1	23.1	22.8	23.2	23.4
2007	21.2	22.0	23.0	22.9	23.2	23.2
2008	20.5	21.5	22.1	22.3	22.5	22.4
2009	20.6	22.3	22.9	22.6	23.0	23.3
2010	20.0	21.8	22.4	22.3	22.5	23.3
2011	19.6	21.7	22.3	22.1	21.4	22.4
2012	19.6	22.0	22.4	22.3	21.7	23.2
2013	20.0	21.2	22.7	22.6	21.5	23.0
2014	20.4	21.7	22.8	22.8	21.7	23.3
2015	20.8	22.0	23.4	23.5	22.3	24.3
2016	20.7	21.7	22.5	23.3	22.0	23.6
2017	20.8	22.0	22.6	23.5	22.1	23.7
2018	21.2	21.7	20.7	22.7	22.4	22.9

7-18 各地区年降雨量
Annual Precipitation by Region

单位：毫米 (mm)

年份 Year	粤北 Northern Regions	粤东北 North Eastern Regions	粤西北 North Western Regions	粤东 Eastern Regions	粤中 Central Regions	粤西 Western Regions
1980	1459.4	1461.7	1586.1	1369.1	1492.2	2274.0
1985	1360.2	1607.8	1726.9	1481.3	1706.0	2411.3
1990	1436.6	1709.0	1284.8	2236.9	1239.5	1510.2
1995	1506.9	1171.0	1766.4	1512.2	1752.4	2082.9
1996	1633.1	1361.5	1693.1	1409.0	1683.4	1222.6
1997	2045.3	1847.5	1815.3	2040.9	1997.3	2344.3
1998	1862.3	1458.2	1737.5	1593.6	1736.1	1266.4
1999	1314.3	1033.8	1318.7	1517.4	1620.4	1392.6
2000	1565.8	1850.9	1318.2	1486.7	1798.9	1762.7
2001	1689.8	1560.3	1889.2	1947.9	2678.9	2314.5
2002	1814.9	1110.3	1480.9	1409.7	1866.7	2263.3
2003	1388.2	1415.2	1251.8	1406.6	1338.7	1372.4
2004	1156.3	1251.8	1034.7	1379.7	1636.5	1068.5
2005	1772.2	1647.3	1905.2	1631.3	1986.2	1387.3
2006	1782.8	2040.2	1727.0	2507.7	2175.7	1149.8
2007	1502.3	1399.2	1252.4	1482.2	1370.3	1620.8
2008	1553.1	1300.2	2221.0	2123.6	2284.0	1865.2
2009	1275.5	1246.7	1440.4	927.9	1472.6	1849.9
2010	2104.4	1416.1	1419.6	1350.3	2353.6	1952.3
2011	1443.0	1233.1	1277.2	1027.0	1632.3	1408.5
2012	2056.3	1460.5	1919.2	1247.1	1813.9	2068.6
2013	1654.0	1930.2	1736.2	1887.2	2095.4	2084.2
2014	1517.0	1164.9	1788.2	1416.5	2234.0	1468.9
2015	2128.7	1696.3	1848.1	1446.6	2471.9	1328.9
2016	2428.9	2410.3	2132.5	2174.7	2939.7	1820.0
2017	1397.2	1396.3	1275.8	1419.0	2067.4	1760.7
2018	1547.0	1364.9	1691.3	1672.6	1795.1	1902.7

7-19 各地区年日照时数

Annual Sunshine Hours by Region

单位：小时 (hour)

年份 Year	粤　北 Northern Regions	粤东北 North Eastern Regions	粤西北 North Western Regions	粤　东 Eastern Regions	粤　中 Central Regions	粤　西 Western Regions
1980	1754.1	1811.1	1945.8	1989.2	1921.8	2036.5
1985	1701.6	1926.7	1613.3	1900.6	1406.0	1868.4
1990	1613.9	1893.1	1542.8	1921.3	1648.7	1877.4
1995	1420.6	1868.7	1704.6	2038.3	1559.6	1828.3
1996	1626.5	1965.7	1796.9	2094.8	1564.7	2042.3
1997	1349.1	1490.2	1454.9	1985.8	1209.8	1895.1
1998	1578.3	1689.6	1546.1	1917.5	1469.4	1994.0
1999	1564.0	1819.7	1699.0	2237.0	1599.5	2050.7
2000	1497.2	1672.6	1714.1	2126.3	1609.2	1855.3
2001	1613.0	1884.0	1559.2	2199.8	1651.0	1794.6
2002	1506.4	1813.2	1521.7	2266.6	1566.5	1783.8
2003	1821.1	2030.1	1762.6	2341.5	1741.6	2144.5
2004	1818.5	2117.1	1640.2	2433.5	1767.4	2024.7
2005	1491.2	1736.4	1345.6	1849.5	1288.5	1784.4
2006	1487.7	1779.4	1454.8	1843.5	1328.7	1664.3
2007	1736.3	1750.6	1722.4	1961.2	1616.0	1778.7
2008	1545.0	1853.1	1638.8	1852.1	1482.2	1864.4
2009	1852.9	1962.9	1531.8	2059.8	1671.8	1981.8
2010	1631.0	1676.9	1356.5	1855.5	1484.0	1878.4
2011	1783.8	1901.1	1709.7	2077.9	1878.4	1822.3
2012	1501.0	1660.3	1361.1	1650.4	1471.2	1544.0
2013	1731.5	1827.8	1624.2	1865.8	1582.9	1811.2
2014	1886.2	1997.5	1744.5	1957.8	1613.6	1991.5
2015	1540.8	1740.4	1583.0	2010.7	1594.3	2008.1
2016	1629.2	1553.6	1466.2	1701.0	1451.8	1963.9
2017	1738.9	1831.4	1605.4	1994.6	1671.5	1891.9
2018	1609.7	1700.5	1541.2	2066.9	1556.8	1687.7

7-20 各市土地面积和人口密度
Land Area and Population Density by City

市 别	City	土地面积(平方公里) Land Area (sq.km)	人口密度 (人/平方公里) Population Density (persons/sq.km)							
			2000	2005	2010	2014	2015	2016	2017	2018
全省合计	**Provincial Total**	**179725.07**	**486**	**511**	**581**	**597**	**604**	**612**	**621**	**631**
广 州	Guangzhou	7249.27	1337	1277	1744	1804	1863	1937	2000	2056
深 圳	Shenzhen	1997.47	3596	4239	5311	5398	5697	5962	6272	6522
珠 海	Zhuhai	1736.46	758	839	944	936	943	967	1017	1089
汕 头	Shantou	2199.15	2263	2395	2400	2512	2525	2537	2550	2564
佛 山	Foshan	3797.72	1400	1507	1871	1936	1957	1965	2016	2082
韶 关	Shaoguan	18412.53	149	159	154	158	159	161	162	163
河 源	Heyuan	15653.63	143	176	189	196	196	197	197	198
梅 州	Meizhou	15864.51	240	259	267	273	274	275	276	276
惠 州	Huizhou	11347.39	288	332	405	417	419	421	421	426
汕 尾	Shanwei	4865.05	465	531	600	618	621	624	628	631
东 莞	Dongguan	2460.08	2615	2662	3328	3391	3355	3358	3391	3411
中 山	Zhongshan	1783.67	1313	1352	1735	1790	1799	1811	1828	1856
江 门	Jiangmen	9506.92	414	430	467	475	475	478	480	484
阳 江	Yangjiang	7955.88	278	297	304	314	316	318	320	321
湛 江	Zhanjiang	13262.83	487	536	530	544	546	548	551	553
茂 名	Maoming	11427.63	457	510	510	529	532	536	543	552
肇 庆	Zhaoqing	14891.23	227	247	265	271	273	274	276	279
清 远	Qingyuan	19035.54	164	188	193	201	201	202	203	204
潮 州	Chaozhou	3146.11	780	810	862	865	839	841	843	844
揭 阳	Jieyang	5265.84	999	1068	1117	1146	1151	1157	1156	1156
云 浮	Yunfu	7785.11	277	301	304	314	316	319	322	325

注：1.2000、2005年数据来源于2000年广东省第五次全国人口普查公报和广东省2005年全国1%人口抽样调查公报。

2.土地面积为2018年度土地变更调查初步数据，未经自然资源部确定，最终数据以自然资源部确认为准。

Note: a) Data of 2000 and 2005 are based on the Communique of the Fifth National Population Census in Guangdong in 2000 and the Communique of 1% National Population Sample Survey in 2005.

b) Data on land area are result of the land research of 2018, provincial total area includes areas of the islands with jurisdiction.

7-21 水资源及供水用水基本情况

Water Resouces, Water Supply and Water use

项　　目	item	2010	2015	2016	2017	2018
年平均降水量　（毫	Precipitation per Year	1927.1	1875.7	2357.6	1739.2	1843.1
水资源总量　（亿立方米）	Total Amount of Water Resource (100 million cu.m)	1998.8	1933.4	2458.6	1786.6	1895.1
#地表水资源量	Surface Water Resources	1989.5	1923.4	2448.5	1777.0	1885.2
地下水资源量	Groundwater Resources	478.3	461.4	570.1	440.7	460.6
人均水资源量　（立方米/人）	Per Capita Amount of Water Resource (cu.m/person)	1915	1782	2251	1612	1683
供水总量　（亿立方米）	Water Supply (100 million cu.m)	469.0	443.1	435.0	433.5	421.0
地表水	Surface Water	446.4	426.0	418.8	417.3	406.2
地下水	Groundwate	21.3	15.3	14.3	13.8	12.6
其他	Others	1.3	1.7	1.8	2.4	2.2
用水总量　（亿立方米）	Total Water Consumption (100 million cu.m)	469.0	443.1	435.0	433.5	421.0
#农业用水	Agriculture	231.3	227.0	220.5	220.3	214.2
工业用水	Industry	138.8	112.5	109.2	107	99.4
生活用水	Living	90.4	98.3	99.9	100.9	102.1
生态环境补水	Ecology	8.6	5.3	5.4	5.3	5.3
人均用水量　（立方米/人）	Per Capita Water Consumption (cu.m/person)	450	411	398	391	374
万元GDP用水量　（立方米/万元）	Water Consumption per 10000 Yuan of GDP (cu.m/10000 yuan)	103	61	55	48	43
万元工业增加值用水量　（立方米/万元）	Water Consumption per 10000 Yuan of Value-added of Industry (cu.m/10000 yuan)	65	37	34	30	26

7-22 环境保护基本情况

Basic Conditions of Environmental Protection

项 目	item	2010	2015	2016	2017
水环境	**Water Environment**				
废水排放总量 (亿吨)	Total Volume of Waste Water Discharged (100 million tons)	72.30	91.15	93.8	88.20
#城镇生活污水	Living Waste Water	53.59	74.93	80.6	75.10
工业废水	Industrial Waste Water	18.70	16.15	13.2	13.03
废水中COD排放量 (万吨)	Volume of COD Discharged from Waste Water (10000 tons)	85.84	160.69	96.4	100.09
废水中氨氮排放量 (万吨)	Volume of Ammonia and Nitrogen Discharged from Waste Water (10000 tons)	10.7	19.97	14.4	13.75
大气环境	**Atmospheric Environment**				
工业废气排放总量 (亿立方米)	Total Volume of Industrial Waste Gas Emission (100 million cu.m)	24092	30923	38846	41267.54
二氧化硫排放总量 (万吨)	Total Volume of Industrial Sulfur Dioxide Emission (10000 tons)	105.1	67.8	35.4	27.7
#工业二氧化硫	Volume of Industrial Sulfur Dioxide Emission	98.9	64.9	33	25.5
氮氧化物排放总量 (万吨)	Nitrogen Oxides (10000 tons)		99.69	84.3	83.0
#工业氮氧化物	Industrial Nitrogen Oxides		58.75	44.9	41.9
烟(粉)尘排放总量 (万吨)	Volume of Soot(Dust) Emission (10000 tons)		34.8	28.2	26.1
#工业烟(粉)尘排放量	Volume of Industrial Soot(Dust) Emission		29.96	23.4	21.6
空气质量达二级标准城市数(个)	Number of Cities Meeting Grade Ⅱ Air Quality Standard (unit)	21	15	14	11
生态环境	**Ecological Environment**				
人均耕地面积 (亩)	Per Capita Area of Cultivated Land (mu)	0.45	0.437	0.43	0.42
累计水土流失治理面积(千公顷)	Area of Soil Erosion under Control (1000 hectares)	44.6	72.6	78.7	102.5

注：1.2014年起，空气质量达二级标准的统计标准有变。
2.2016年，环保排污数据统计口径和核算方法改变。

Note:a) The scope of meeting grade Ⅱ air quality standard has been changed since 2014.
b) In 2016, the statistical coverage and accounting method of pollution discharge in environmental protection have been adjusted.

7-22 续表 1 continued

项 目	item	2010	2015	2016	2017
森林面积 (万公顷)	Forest Area (10000 hectares)	1036.28	1086.11	1087.90	
森林覆盖率 (%)	Forest Coverage Rate (%)	57.00	58.88	58.98	59.08
人均森林面积 (公顷)	Per Capita Forest Area (hectare)	0.1	0.1	0.1	
活立木蓄积量 (万立方米)	Volume of Standing Forest Stock (10000 cu.m)	43936	56636	57855	
森林蓄积量 (万立方米)	Stock Volume of Forest (10000 cu.m)	43190	56128	57293	58300
当年营造林面积 (万公顷)	Afforested Area in Current Year (10000 hectares)	9.51	11.85	10.07	8.07
自然保护区数 (个)	Number of Natural Reserves (unit)	368	369	369	369
自然保护区面积 (万公顷)	Area of Natural Reserves (10000 hectares)	182.4	172.7	172.7	172.7
城市用水普及率 (%)	Popularization Rate of Tap Water in Urban Areas (%)	98.4	98.5	98.1	97.8
城市污水排放量 (万吨)	Volume of Municipal Sewage Discharge (10000 tons)	506546	671363	689202	712678
城市污水处理量 (万吨)	Volume of Municipal Sewage Disposal (10000 tons)	436041	628706	647773	673323
城市污水处理厂集中处理率 (%)	Rate of Municipal Sewage Disposal (%)	73.1	93.3	93.8	94.4
(万吨)	Waste (10000 tons)				
城市生活垃圾无害化处理率 (%)	Rate of Harmless Disposal of Urban Domestic Waste (%)	72.1	91.6	96.2	98.0
城市燃气普及率 (%)	Popularization Rate of Gas in Urban Areas (%)	95.8	97.6	97.4	96.9
城市人均公园绿地面积 (平方米)	Per Capita Urban Public Green Area (sq.m)	13.29	17.4	17.87	18.24
建成区绿化覆盖率 (%)	Green Coverage Rate in Built-up Areas (%)	41.3	41.4	42.4	43.5
城市公共交通车辆运营数 (标台)	Number of Public Transportation Vehicles (Unit)		62947	68965	73888
农村环境	**Rural Environment**				
农村自来水普及率 (%)	Popularization Rate of Tap Water in Rural Areas (%)	83.9	89.5	90.1	91.4
农村卫生厕所普及率 (%)	Popularization Rate of Sanitary Toilets in Rural Areas (%)	85.8	91.1	92.3	93.7
无害化卫生厕所普及率 (%)	Popularization Rate of Harmless Sanitary Toilets (%)	77.7	84.9	87.2	90.3
农村沼气池产气总量 (万立方米)	Total Output of Biogas from Rural Biogas Pools (10000 cu.m)	18724	35788	36617	35588

7-22 续表 2 continued

项 目	item	2010	2015	2016	2017
自然灾害	**Natural Disasters**				
地质灾害次数 (次)	Number of Geological Disasters (unit)	600	191	213	154
地质灾害直接经济损失 (万元)	Direct Economic Loss due to Geological Disasters (10000 yuan)	22732	3666	4449	1186
海洋灾害发生次数 (次)	Number of Marine Disasters (time)	14	9	9	17
海洋灾害直接经济损失 (亿元)	Direct Economic Loss due to Marine Disasters (100 million yuan)		28.77	9.63	54.10
森林火灾次数 (次)	Number of Forest Fires (time)	59	273	65	302
突发环境事件 (次)	Emergent Environment Cases (time)	30	29	24	48
工业固体废物	**Industrial Solid Wastes**				
固体废物产生量 (万吨)	Volume of Industrial Solid Wastes Produced (10000 tons)	5455.80	5608.60	5609.80	6340.00
固体废物排放量 (万吨)	Volume of Industrial Solid Wastes Discharged (10000 tons)	14.2	1.1	1.2	1.0
固体废物贮存量 (万吨)	Volume of Industrial Solid Wastes Accumulated(10000 tons)	177.4	73.7	174.3	399.1
固体废物综合利用量(万吨)	Solid Wastes Comprehensively Utilized (10000 tons)	4952.60	5102.66	4904.20	5310.6
工业“三废”治理设施	**Facilities for Treatment of Industrial Waste**				
工业废水处理设施总数(套)	Water, Waste Gas and Solid Wastes (set)	9651	9733	8248	9066
工业废气治理设施总数(套)	Number of Facilities for Treatment of Waste (set)	12789	25673	25791	36628
企事业单位污染治理	**Number of Facilities for Treatment of Waste Gas**				
污染治理资金 (万元)	Pollution Treated by Enterprises and Institutions Funds for Pollution Treatment (10000 yuan)	310584	356173	557434	420272
当年安排治理项目 (个)	Number of Projects for Pollution Treatment in Current Year (unit)	657	536	640	843
当年竣工项目数 (个)	Number of Projects Completed in Current Year (unit)	613	424	537	651

7-23 各市“三废”排放情况（2017年）

Statistics on Discharge of Waste Water, Waste Gas and Solid Wastes by City (2017)

市 别	City	废水排放总量（亿吨） Total Volume of Waste Water Discharged (100 million tons)	#工业废水 Industrial Waste Water	工业废气排放总量（亿立方米） Total Volume of Industrial Waste Gas Emission (100million cu.m)	工业烟(粉)尘排放总量（万吨） Volume of Industrial Soot(Dust) Emission (10000 tons)	工业固体废物产生量（万吨） Volume of Industrial Solid Wastes Produced (10000tons)	工业固体废物丢弃量（万吨） Volume of Industrial Solid Wastes Discharged (10000 tons)
广 州	Guangzhou	17.27	2.06	4131.49	8614.13	535.21	
深 圳	Shenzhen	11.92	0.80	3005.02	892.32	113.70	0.02
珠 海	Zhuhai	2.66	0.44	2357.16	6158.00	281.40	0.01
汕 头	Shantou	3.00	0.64	1138.57	2510.83	111.66	…
佛 山	Foshan	7.34	1.45	2482.85	17568.31	413.55	0.03
韶 关	Shaoguan	1.96	0.77	2047.20	23619.58	845.91	…
河 源	Heyuan	1.04	0.07	438.93	3662.26	153.11	0.03
梅 州	Meizhou	1.36	0.12	1220.02	6837.21	341.23	0.02
惠 州	Huizhou	4.77	0.61	2844.48	14087.55	148.20	
汕 尾	Shanwei	1.04	0.07	976.16	646.48	128.52	
东 莞	Dongguan	12.42	2.07	4201.09	11718.71	522.90	0.27
中 山	Zhongshan	4.37	0.70	1600.19	5606.89	108.80	0.07
江 门	Jiangmen	4.18	0.97	1659.40	10052.32	226.84	0.03
阳 江	Yangjiang	1.24	0.13	1808.33	8326.23	500.06	0.24
湛 江	Zhanjiang	2.95	0.51	4323.25	11335.54	766.13	…
茂 名	Maoming	1.54	0.22	826.97	5100.54	169.76	0.01
肇 庆	Zhaoqing	2.54	0.64	1928.11	32713.59	210.33	…
清 远	Qingyuan	2.26	0.36	1544.47	32985.61	207.64	0.29
潮 州	Chaozhou	1.34	0.08	834.11	801.22	108.38	…
揭 阳	Jieyang	2.16	0.19	851.93	4161.33	181.38	…
云 浮	Yunfu	0.85	0.12	1047.79	8886.73	265.29	

7-24 各市城市建设基本情况

Basic Statistics on Urban Sanitation by City

市别	City	城市污水处理率（%） Rate of Sewage Treatment				城市生活垃圾无害化处理率（%） Rate of Consumption Waste Treatment			
		2010	2015	2016	2017	2010	2015	2016	2017
全省	**Province Total**	**73.1**	**93.7**	**94.0**	**94.5**	**72.1**	**91.6**	**96.2**	**98.0**
广州	Guangzhou	88.1	93.2	94.3	95.0	92.0	95.2	96.1	96.5
深圳	Shenzhen	88.9	96.6	97.6	96.8	94.6	100.0	100.0	100.0
珠海	Zhuhai	84.7	95.7	96.3	96.4	92.3	100.0	100.0	100.0
汕头	Shantou	57.9	90.2	90.3	91.5	64.4	92.6	89.8	91.9
佛山	Foshan	79.7	94.4	96.7	96.4	95.6	100.0	100.0	100.0
韶关	Shaoguan	53.6	86.2	87.1	92.1	100.0	100.0	100.0	100.0
河源	Heyuan	43.0	92.9	92.5	92.6	96.5	100.0	100.0	100.0
梅州	Meizhou	33.7	88.6	96.6	96.6	100.0	100.0	100.0	100.0
惠州	Huizhou	71.5	97.6	97.0	97.2	100.0	100.0	100.0	100.0
汕尾	Shanwei	18.6	89.1	91.2	93.2		100.0	93.8	95.6
东莞	Dongguan	91.1	96.5	93.5	93.7	100.0	100.0	100.0	100.0
中山	Zhongshan	85.1	96.0	96.3	96.5	100.0	100.0	100.0	100.0
江门	Jiangmen	63.5	91.6	92.1	93.9	100.0	100.0	100.0	100.0
阳江	Yangjiang	54.6	85.5	87.9	92.4	100.0	100.0	100.0	100.0
湛江	Zhanjiang	39.6	88.5	91.1	91.1	97.4	100.0	100.0	100.0
茂名	Maoming	34.4	88.4	94.3	94.7		100.0	100.0	100.0
肇庆	Zhaoqing	70.5	85.1	89.5	94.5	83.8	100.0	100.0	100.0
清远	Qingyuan	70.4	87.6	81.5	92.8	100.0	100.0	80.6	100.0
潮州	Chaozhou	33.5	79.7	81.0	81.9	100.0	79.3	76.8	77.3
揭阳	Jieyang	20.8	89.8	78.3	82.3	90.0	95.0	96.4	97.4
云浮	Yunfu	63.7	93.1	77.9	95.6	100.0	100.0	100.0	100.0

7-24 续表 continued

市别	City	城市公共交通车辆标准运营数（标台）Number of Public Transportation Vehicles (unit)				城市人均公园绿地面积（平方米）Per Capital Area of Parks and Green Land in City (sq.m)			
		2010	2015	2016	2017	2010	2015	2016	2017
全　　省	**Province Total**		**62947**	**68965**	**73888**	**13.29**	**17.40**	**17.87**	**18.24**
广　州	Guangzhou	10232	16179	16960	17954	11.87	21.82	22.09	22.67
深　圳	Shenzhen	14677	17943	18899	21535	16.40	16.91	16.45	15.95
珠　海	Zhuhai	1557	2349	2486	2580	13.70	19.50	19.70	19.80
汕　头	Shantou	1111	1253	1740	1734	12.20	15.01	15.19	15.16
佛　山	Foshan	3715	6783	6915	6901	10.20	14.69	13.91	16.55
韶　关	Shaoguan	460	635	848	882	11.80	12.50	12.52	13.83
河　源	Heyuan	294	330	388	395	12.10	12.55	12.61	12.79
梅　州	Meizhou	238	925	1632	1861	11.80	16.70	17.00	17.10
惠　州	Huizhou	1124	2446	2709	2878	11.10	17.75	17.85	17.88
汕　尾	Shanwei	199	344	821	888	10.70	13.48	14.08	14.41
东　莞	Dongguan	6129	5346	5960	6135	15.30	19.36	22.99	24.23
中　山	Zhongshan	2151	2436	2685	2973	11.90	18.39	18.41	16.50
江　门	Jiangmen	924	1524	1674	1785	11.00	17.75	17.78	18.34
阳　江	Yangjiang	143	242	323	393	10.60	11.17	12.57	12.98
湛　江	Zhanjiang	735	1167	1744	1586	12.70	13.94	13.99	14.24
茂　名	Maoming	392	511	493	522	10.00	13.74	16.46	16.82
肇　庆	Zhaoqing	443	814	846	758	22.70	20.73	20.39	20.11
清　远	Qingyuan	633	778	749	765	11.30	13.03	10.00	12.69
潮　州	Chaozhou	140	192	374	350	10.30	10.57	9.70	12.43
揭　阳	Jieyang	377	387	403	689	12.90	8.65	12.10	14.03
云　浮	Yunfu	176	362	329	325	12.10	12.70	19.22	17.08

注：标台营运数为不含轨道交通数。
Note: Data of track transport is not included in the number of vehicles.

主要统计指标解释

能源生产总量 指一定时期内全国（地区）一次能源生产量的总和，是观察全国（地区）能源生产水平、规模、构成和发展速度的总量指标。一次能源生产量包括原煤、原油、天然气、水电、核能及其他动力能（如风能、地热能等）发电量。不包括低热值燃料生产量、生物质能、太阳能等的利用和由一次能源加工转换而成的二次能源产量。

能源消费总量 指一定时期内全国（地区）生产和生活消费的各种能源的总和，是观察能源消费水平、构成和增长速度的总量指标，能源消费总量包括原煤和原油及其制品、天然气、电力。不包括低热值燃料、生物质能和太阳能等的利用 。能源消费总量分为三部分，即终端能源消费量、能源加工转换损失量和损失量。

(1)终端能源消费量 指一定时期内全国（地区）生产和生活消费的各种能源在扣除了用于加工转换二次能源消费量和损失量以后的数量。

(2)能源加工转换损失量 指一定时期内全国（地区）投入加工转换的各种能源数量之和与产出各种能源产品之和的差额。它是观察能源在加工转换过程中损失量变化的指标。

(3)能源损失量 指一定时期内能源在输送、分配、储存过程中发生的损失和由客观原因造成的各种损失量。不包括各种气体能源放空、放散量。

能源生产弹性系数 是研究能源生产增长速度与国民经济增长速度之间关系的指标。计算公式：

$$\text{能源生产弹性系数}=\frac{\text{能源生产总量增长速度}}{\text{国民经济增长速度}}$$

国民经济增长速度，可根据不同的目的或需要，用国民生产总值，国内生产总值等指标来计算，本资料是采用国内生产总值指标计算的。

电力生产弹性系数 是研究电力生产增长速度与国民经济增长速度之间关系的指标。一般来说，电力的发展应当快于国民经济的发展，也就是说电力应超前发展。计算公式：

$$\text{电力生产弹性系数}=\frac{\text{电力生产量增长速度}}{\text{国民经济增长速度}}$$

能源消费弹性系数 是反映能源消费增长速度与国民经济增长速度之间比例关系的指标。计算公式：

$$\text{能源消费弹性系数}=\frac{\text{能源消费量增长速度}}{\text{国民经济增长速度}}$$

电力消费弹性系数 是反映电力消费增长速度与国民经济增长速度之间比例关系的指标。计算公式：

$$\text{电力消费弹性系数}=\frac{\text{电力消费量增长速度}}{\text{国民经济增长速度}}$$

能源加工转换效率 指一定时期内能源经过加工、转换后，产出的各种能源产品的数量与同期内投入加工转换的各种能源数量的比率。它是观察能源加工转换装置和生产工艺先进与落后、管理水平高低等的重要指标。计算公式：

$$\text{能源加工转换效率}=\frac{\text{能源加工、转换产出量}}{\text{能源加工、转换投入量}}\times 100\%$$

土地资源 土地指陆地的表层部分，它主要由岩石、岩石的风化物和土壤构成。土地资源按利用类型可以分为农用地、建筑用地和未利用地。农用地包括耕地、园地、林地、牧草地和水面。建筑用地包括居民点及工矿用地、交通用地和水利设施用地。未利用地指农用地和建筑用地以外的土地，包括滩涂、荒漠、戈壁、冰川和石山等。

耕地面积 指经过开垦用以种植农作物并经常进行耕耘的土地面积。包括种有作物的土地面积、休闲地、新开荒地和抛荒未满三年的土地面积。

林业用地面积 指生长乔木、竹类、灌木、沿海红树林等林木的土地面积，包括有林地、灌木林、疏林地、未成林造林地、迹地、苗圃等。

草地面积 指牧区和农区用于放牧牲畜或割草，植被盖度在 5% 以上的草原、草坡、草山等面积。包括天然的和人工种植或改良的草地面积。

森林资源 指森林、林木、林地以及依托森林、林木、林地生存的野生动物、植物和微生物。林木指树木和竹子。森林指以乔木为主体的植物群落，是集生的乔木及与共同作用的植物、动物、微生物和土壤、气候等的总体。

活立木总蓄积量 指一定范围内土地上全部树木蓄积的总量，包括森林蓄积、疏林蓄积、散生木蓄积和四旁树蓄积。

森林覆盖率 指一个国家或地区森林面积占土地总面积的百分比。森林覆盖率是反映森林资源的丰富程度和生态平衡状况的重要指标。在计算森林覆盖率时，森林面积包括郁闭度 0.2 以上的乔木林地面积和竹林地面积，国家特别规定的灌木林地面积、农田林网以及四旁(村旁、路旁、水旁、宅旁)林木的覆盖面积。计算公式为:

$$\text{森林覆盖率(\%)}=\frac{\text{森林面积}}{\text{土地总面积}}\times 100\%$$

森林面积 指由乔木树种构成，郁闭度 0.2 以上(含 0.2)的林地或冠幅宽度 10 米以上的林带的面积，即有林地面积。森林面积包括天然起源和人工起源的针叶林面积、阔叶林面积、针阔混交林面积和竹林面积，不包括灌木林地面积和疏林地面积。

森林蓄积量 指一定森林面积上存在着的林木树干部分的总材积。它是反映一个国家或地区森林资源总规模和水平的基本指标之一，也是反映森林资源的丰富程度、衡量森林生态环境优劣的重要依据。

水资源 水在自然界中以固体、液体和气态三种聚集状态存在，分布于海洋、陆地(包括土壤)以及大气之中，通过水循环形成水资源。水资源包括经人类控制并直接可供灌溉、发电、给水、航运、养殖等用途的地表水和地下水，以及江河、湖泊、井、泉、潮汐、港湾和养殖水域等。水资源是发展国民经济不可缺少的重要自然资源。

矿产资源 矿产资源指由地质作用形成的，具有利用价值的，呈固态、液态、气态的自然资源，是社会发展的重要物质基础。

矿产基础储量 基础储量是查明矿产资源的一部分。它能满足现行采矿和生产所需的指标要求，是控制的、探明的并通过可行性或预可行性研究认为属于经济的、边界经济的部分，用未扣除设计、采矿损失的数量表表示。

矿产保有资源储量 指查明的矿产资源储量（资源储量=基础储量+资源量）扣除已开采部分损失量和加减应勘查，重算或其它原因增减量而得出的年底实有资源储量。

废水排放总量 包括生产废水和生活污水。生产废水指企、事业单位在生产、科研过程中所有排放口向外环境排放的废水量总和。生活污水指城镇居民区和企、事业单位职工集中居住区排放的污水量。

工业废水排放总量 指经过工业企业厂区所有排放口排到企业外部的工业废水量。包括外排的直接冷却水、超标排放的矿井地下水和与工业废水混排的厂区生活污水，不包括外排的间接冷却水（清污不分流的间接冷却水应计算在内）。

废气排放总量 指燃料燃烧和生产工艺过程中排放的各种废气总量,以标准状态下每年万标立方米表示。

燃料燃烧过程废气排放量 指燃煤、燃油、燃气锅炉、锻造加热炉、退火炉和其它工业炉窑在燃烧过程(燃料和物料不混合的纯加热过程)中所排废气的总量。它可以根据烟气计算公式或经验计算公式求得。

工业固体废物产生量 指工业企业在生产过程中产生的固体状、半固体状和高浓度液体状废弃物的总量，包括冶炼废渣、粉煤灰、炉渣、煤矸石、化工废渣、尾矿、放射性废渣和其它废渣等；不包括矿山开采的剥离废石和掘进废石（煤矸石和呈酸性或碱性的废石除外）。酸性或碱性废石是指采掘的废石其流经水、雨淋水 PH 值小于 4 或 PH 值大于 10. 5 者。

工业固体废物综合利用量 指已用作农业肥料、造田、生产建筑材料、筑路以及其它方式综合利用的固体废物量（包括当年利用往年的工业固体废物堆存量）。综合利用量由原产固体废物的单位统计。

Explanatory Notes on Main Statistical Indicators

Total Energy Production refers to the total production of primary energy by all energy producing enterprises in the country (region) in a given period of time. It is a comprehensive indicator of the capacity, scale, composition and development speed of energy production of the country (region). The production of primary energy includes that of coal, crude oil, natural gas, hydropower and electricity generated by nuclear energy and other means such as wind power and geothermal power. However, it excludes the production of fuel of low calorific value, bioenergy, solar energy and secondary energy converted from primary energy.

Total Domestic Energy Consumption refers to the total consumption of energy of various kinds by production sectors and households in the country (region) in a given period of time. It is a comprehensive indicator of the scale, composition and development speed of energy consumption. The total energy consumption includes that of coal, crude oil and their products, natural gas and electricity, but excludes the consumption of fuel of low calorific value, bioenergy and solar energy. Total domestic energy consumption can be divided into three parts:

(1) Final Energy Consumption: This refers to the total energy consumption by production sectors and households in the country (region) in a given period of time, excluding primary energy consumption and loss in the process of conversion into secondary energy.

(2)Loss During the Process of Energy Conversion: This refers to the total input of various kinds of energy for conversion minus the total output of various kinds of energy in the country (region) in a given period of time. It is an indicator of the loss that occurs during the process of energy conversion.

(3)Loss: This refers to the total loss of energy during the course of energy transmission, distribution and storage and the loss caused by any objective reason in a given period of time, excluding the loss of various kinds of gas due to gas discharges and stocktaking.

Elasticity Ratio of Energy Production is an indicator of the relationship between the growth rate of energy production and the growth rate of the national economy. The formula is:

$$\text{Elasticity Ratio of Energy Production} = \frac{\text{Growth Rate of Energy Production}}{\text{Growth Rate of National Economy}}$$

The average annual growth rate of the national economy can be shown by the gross national product, gross domestic product and other indicators, depending on the purposes or needs. The gross domestic product is used in the calculation of the ratio in this chapter.

Elasticity Ratio of Electricity Production is an indicator of the relationship between the growth rate of electricity production and the growth rate of the national economy. Generally speaking, the growth rate of electricity production should be higher than that of the national economy; in other words, electricity production should develop in advance of the national economy. Its formula is:

$$\text{Elasticity Ratio of Electricity Production} = \frac{\text{Growth Rate of Electricity Production}}{\text{Growth Rate of National Economy}}$$

Elasticity Ratio of Energy Consumption is an indicator of the relationship between the growth rate of energy consumption and the growth rate of the national economy. The formula is:

$$\text{Elasticity Ratio of Energy Consumption} = \frac{\text{Growth Rate of Energy Consumption}}{\text{Growth Rate of National Economy}}$$

Elasticity Ratio of Electricity Consumption is an indicator of the relationship between the growth rate of electricity consumption and the growth rate of the national economy. The formula is:

$$\text{Elasticity Ratio of Electricity Consumption} = \frac{\text{Growth Rate of Electricity Consumption}}{\text{Growth Rate of National Economy}}$$

Efficiency of Energy Processing and Conversion refers to the ratio of the total output of energy products of various kinds after processing and conversion to the total input of energy of various kinds for processing and conversion in the same reference period. It is an important indicator of the current conditions of energy processing and conversion equipment, production technique and management. The formula is:

$$\text{Efficiency of Energy Processing \& Conversion} = \frac{\text{Output of Energy after Processing \& Conversion}}{\text{Input of Energy for Processing \& Conversion}} \times 100\%$$

Land Resource Land refers to the surface of the earth，consisting of mainly rocks and its weathering and earth. Land resource can be classified，by its utilization，as land for agriculture，land for construction and unused land. Land for agriculture includes cultivated land，plantation，forestland，grassland and waters. Land for construction includes land for residential purpose，for manufacturing and mining，for transportation and for water conservancy projects. Unused land refers to land other than land for agriculture and construction，including beaches，deserts，Gobi，glaciers and rock mountains.

Area of Cultivated Land refers to area of land reclaimed for the regular cultivation of various farm crops，including crop-cover land, fallow，newly reclaimed land and land laid idle for less than 3 years.

Area of Afforested Land refers to land for trees, bamboos，bushes and mangrove including forest-cover land，bush-covered land，sparse forest land，land planned for forestation, slash and nurseries of young trees.

Area of Grassland refers to areas of grassland，grass-slopes and grass-covered hills with a vegetation-covering rate of over 5% that are used for animal husbandry or harvesting of grass. It includes natural，cultivated and improved grassland areas.

Forest Resource refers to forests，trees，forestland and wild animals，plants and microorganism that live on forests and trees. Trees include trees and bamboos. Forest refers to the population of clusters of trees and other plants，animals and microorganism as well as the earth and climate that have interactions with the trees.

Total Standing Stock Volume refers to the total stock volume of trees growing in land，including trees in forests，tress in sparse forests，scattered trees and trees planted by the side of villages，farm houses and along roads and rivers.

Forest Coverage Rate refers to the ratio of area of afforested land to total land area. It is a very important indicator that reflects the status of abundance of forest resource and ecosystem balance. Forest area includes the area of trees and bamboo growing with a canopy density above 0.2，the area of shrubby trees according to regulations of the government，the area of forest land inside farm land and the area of trees planted by the side of villages，farm houses and along roads and rivers. The formula for calculating forest coverage rate is as follows：

Forest Coverage Rate（%）＝（Area of Afforested Land/Area of Total Land）× 100%

Forest Area refers to wooded area, i.e. the area of forest where trees and bamboo grow with a canopy density above 0.2 (inclusive) or a crown width above 10 meters，including natural and planted coniferous forest, broad-leaved forest，mixed forest, and bamboo groves, but excluding shrubbery and open forest.

Stock Volume of Forest refers to total stock volume of wood growing in forest area，which shows the total size and level of forest resources of a country or a region. It is also an important indicator of the richness of forest resource and the status of forest ecological environment.

Water Resource Water exists in the nature in solid，liquid and gaseous states，is distributed in the ocean，land（including earth）and air，and constitutes water resource through circulation. Water resource includes surface water and underground water that is controlled by human beings for irrigation，power-generation，water supply，navigation and cultivation. It also includes rivers，lakes，wells，springs，tides，gulfs and water area for cultivation. Water resource as an indispensable natural resource for the development of national economy.

Mineral Resources refer to useful natural resources enriched due to geological processes, in the form of solid, liquid or gas. Minerals are important material basis for social development.

Basic Reserves of Mineral Resources Basic reserves are part of total identified mineral resources that meet present mining and production standards, which is the part of reserve controlled, proven, and found to be of economic or marginal value through feasibility assessment or pre-feasibility study. Basic reserves are indicated as a figure including designing and mining loss.

Ensured Reserves of Mineral Resources refer to the actual reserves of mineral resources at the year-end, calculated as the proven reserves of mineral resources (Reserves of Mineral Resources = Basic Reserves + Resource) minus losses in previous extraction processes, plus or minus increases or losses due to exploration, recalculation or other reasons.

Total Volume of Waste Water Discharged includes the volume of production waste water and domestic sewage Production waste water refers to the total waste water discharged in the process of production and scientific research by enterprises and institutions, through all outlets to the outside environment Domestic sewage refers to the sewage volume discharged in the urban residential areas and the residential areas of staff and workers of enterprises and institutions.

Total Volume of Industrial Waste Water Discharged refers to the volume of industrial waste water discharged, through all outlets to the outside of industrial enterprises, including direct cooling water, underground water from mines that does not meet the discharge standards, and domestic sewage mixed up with industrial waste water when discharged, but excluding indirect cooling water discharged (except unclassified discharge of indirect cooling water).

Total Volume of Waste Gas Emission refers to waste gas emitted from burning of fuels and from the production process, and is measured by 10, 000 standard cubic meters each year under normal condition.

Volume of Waste Gas Emission from Burning of Fuels refers to the total volume of waste gas emitted from burning of fuels (the pure heating process not mixed with materials), such as burning of coal, burning of oil, gas fired boiler, forging furnace, annealing furnace and other industrial furnaces It can be calculated with the gas smoke formula or an empirical formula.

Volume of Industrial Solid Wastes Produced refers to the total volume of solid, semi solid or high concentration liquid residues produced by industrial enterprises in their production process, including residues from melting, slag, powdered coal ash, gangue, chemical residues, tailings, radioactive residues and other residues, but excluding stripped or dug stones in mining (except gangue and acid or alkali waste stones, which are waste stones washed or soaked by water with a PH value smaller than 4 or larger than 10. 5).

Volume of Industrial Solid Wastes Utilized in a Comprehensive Way refers to the volume of solid wastes utilized in a comprehensive way, such as the solid wastes utilized as fertilizers, building materials, for building up fields and making roads or for other purposes (including the volume of industrial solid wastes stored up in previous years and utilized in the current year). Statistical data on utilization of industrial solid wastes are collected by solid wastes producing units.

八、财政、银行和保险

GOVERNMENT FINANCE, BANKING AND INSURANCE

八　财政、银行和保险

简要说明

一、本篇资料反映广东地方公共财政预算收支、银行、保险等方面的基本情况。

二、本篇资料由广东省统计局综合处负责整理、编辑。

三、资料来源：

财政资料根据广东省财政厅提供的历年《广东省财政总决算报表》的有关项目加工整理。

银行资料由中国人民银行广州分行提供。

保险业务资料由中国保险监督管理委员会广东监管局提供。

8　Government Finance，Banking and Insurance

Brief Introduction

Ⅰ. The data in this chapter show the basic situation of local government general budgetary revenue and expenditure, banking and insurance of Guangdong Province.

Ⅱ. The data in this chapter are prepared by the Division of Comprehensive Statistics of Statistics Bureau of Guangdong Province.

Ⅲ. Data sources:

The data on local government finance are prepared in accordance with the related tables of the Total Final Accounts of Government Finance of Guangdong provided by Guangdong Provincial Department of Finance.

The data on banking are provided by Guangzhou Branch of the People's Bank of China.

The data on insurance are provided by Guangdong Bureau of China Insurance Regulatory Commission.

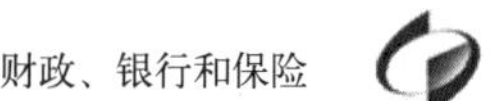

8-1 地方一般公共预算收支和增长速度

Local Government General Public Budget Revenue and Expenditure and Their Growth Rates

单位：亿元 (100 million yuan)

年份 Year	地方一般公共预算收入 Local Government General Public Budget Revenue	#税收收入 Taxes	地方一般公共预算支出 Local Government General Public Budget Expenditure	收支差额 Balance	增长速度(%) Growth Rate (%) 地方一般公共预算收入 Local General Government Public Budget Revenue	地方一般公共预算支出 Local General Government Public Budget Expenditure	地方一般公共预算收入占地区生产总值的比重(%) Percentage of Budgetary Revenue to GDP (%)
1978	41.82	25.78	28.70	13.12	17.9	42.6	22.5
1979	36.25	25.98	29.88	6.37	-13.3	4.1	17.3
1980	37.79	27.72	27.04	10.75	4.2	-9.5	15.1
1981	41.01	30.84	29.60	11.41	8.5	9.5	14.1
1982	42.23	34.72	33.34	8.89	3.0	12.6	12.4
1983	44.29	38.52	37.45	6.84	4.9	12.3	12.0
1984	49.28	43.59	47.18	2.10	11.3	26.0	10.7
1985	69.27	65.25	66.74	2.53	40.6	41.5	12.0
1986	82.41	73.29	89.55	-7.14	19.0	34.2	12.3
1987	95.88	88.65	96.59	-0.71	16.3	7.9	11.3
1988	107.57	119.17	115.20	-7.63	12.2	19.3	9.3
1989	136.87	145.02	141.16	-4.29	27.2	22.5	9.9
1990	131.02	135.62	150.69	-19.67	-4.3	6.8	8.4
1991	177.35	158.31	182.48	-5.13	35.4	21.1	9.4
1992	222.64	195.98	219.61	3.03	25.5	20.3	9.1
1993	346.56	310.78	331.27	15.29	55.7	50.8	10.0
1994	298.70	275.06	416.83	-118.13	-13.8	25.8	6.5
1995	382.34	353.64	525.63	-143.29	28.0	26.1	6.4
1996	479.45	438.25	601.23	-121.78	25.4	14.4	7.0
1997	543.95	494.76	682.66	-138.71	13.5	13.5	7.0
1998	640.75	545.62	825.61	-184.86	17.8	20.9	7.5
1999	766.19	645.28	1034.44	-268.25	19.6	25.3	8.3
2000	910.56	798.61	1069.86	-159.30	18.8	3.4	8.5
2001	1160.51	1014.72	1321.33	-160.82	27.5	23.5	9.6
2002	1201.61	1032.33	1521.08	-319.47	3.5	15.1	8.9
2003	1315.52	1109.50	1695.63	-380.11	9.5	11.5	8.3
2004	1418.51	1191.55	1852.95	-434.44	7.8	9.3	7.5
2005	1807.20	1526.97	2289.07	-481.87	27.4	23.5	8.1
2006	2179.46	1850.44	2553.34	-373.88	20.6	11.5	8.3
2007	2785.80	2415.47	3159.57	-373.77	27.8	23.7	9.0
2008	3310.32	2864.79	3778.57	-468.25	18.8	19.6	9.3
2009	3649.81	3130.61	4334.37	-684.56	10.3	14.7	9.2
2010	4517.04	3803.47	5421.54	-904.50	23.8	25.1	9.8
2011	5514.84	4548.66	6712.40	-1197.56	22.1	23.8	10.4
2012	6229.18	5073.88	7387.86	-1158.68	13.0	10.1	10.9
2013	7081.47	5767.94	8411.00	-1329.53	13.7	13.8	11.4
2014	8065.08	6510.47	9152.64	-1087.56	13.9	8.8	11.9
2015	9366.78	7377.07	12827.80	-3461.01	11.9	40.1	12.9
2016	10390.35	8098.63	13446.09	-3055.74	10.3	4.8	13.1
2017	11320.35	8871.89	15037.48	-3717.13	10.9	11.8	12.6
2018	12105.26	9737.51	15729.26	-3624.00	7.9	4.6	12.4

注：2015年起，地方公共财政预算收入和地方公共财政预算支出统一更名为地方一般公共预算收入和地方一般公共预算支出，财政收入按可比口径计算。

Note: From 2015, the name of local government budgetary revenue and local government budgetary expenditure have been changed to local public budgetary revenue and local public budgetary expenditure.Growdth rates of revenue are caculated by comparable caliber.

8-2 地方一般公共预算收支基本情况

Basic Items of General Public Budget Revenue and Expenditure

单位：亿元 (100 million yuan)

指　　标	Item	2010	2013	2014	2015	2016	2017	2018
一、地方一般公共预算收入	**General Public Budget Revenue**	**4517.04**	**7081.47**	**8065.08**	**9366.78**	**10390.35**	**11320.35**	**12105.26**
税收收入	Tax Revenue	3803.47	5767.94	6510.47	7377.07	8098.63	8871.89	9737.51
#增值税	Value-added Tax	657.82	1058.85	1233.17	1339.16	2579.49	3675.43	3922.94
企业所得税	Corporate Income Tax	678.75	974.68	1136.19	1303.11	1492.08	1767.83	1876.46
个人所得税	Individual Income Tax	287.26	348.02	408.91	510.14	638.11	755.91	868.08
城市维护建设税	City Maintenance and Construction Tax	135.97	383.48	413.75	457.05	491.74	534.97	592.94
房产税	House Property Tax	122.44	198.63	233.89	241.00	243.97	299.46	361.21
印花税	Stamp Tax	69.93	95.57	112.00	141.41	119.47	142.29	152.27
土地增值税	Land Appriciation Tax	189.79	417.51	505.90	576.75	681.58	839.11	1056.11
耕地占用税	Farm Land Occupation Tax	56.03	80.43	86.35	95.38	76.68	66.26	53.78
契税	Deed Tax	235.51	372.50	419.91	427.24	513.67	578.75	601.70
非税收入	Non-tax Revenue	713.57	1313.53	1554.61	1989.71	2291.72	2448.46	2367.74
专项收入	Special Program Receipts	97.35	233.09	255.71	598.77	863.02	873.93	956.92
行政事业性收费收入	Charge of Administrative and Units	293.43	450.10	497.67	408.19	328.30	285.37	230.79
罚没收入	Penalty Receipts	95.62	134.89	134.69	155.77	152.67	224.67	236.07
国有资本经营收入	Operation Income from State-owned Assets	90.00	123.02	60.90	62.70	54.23	39.16	40.74
国有资源(资产)有偿使用收入	Income from Use of State-owned Resources Assets	81.88	190.09	281.69	355.19	401.25	554.39	562.62
其他收入	Other Non-tax Revenue	55.29	182.34	323.95	409.09	492.26	470.94	340.59
二、地方一般公共预算支出	**General Public Budget Expenditure**	**5421.54**	**8411.00**	**9152.64**	**12827.80**	**13446.09**	**15037.48**	**15729.26**
#一般公共服务	Expenditure for General Public Services	685.39	996.45	959.44	1018.91	1147.35	1355.60	1556.29
教育	Expenditure for Education	921.48	1744.59	1808.97	2040.65	2318.47	2575.52	2792.90
科学技术	Expenditure for Science and Technology	214.44	344.94	274.33	569.55	742.97	823.89	1034.71
文化体育与传媒	Expenditure for Culture, Sports and Media	166.16	141.68	168.16	194.58	229.71	285.87	321.84
社会保障和就业	Expenditure for Social Safety Net and Employment Effort	469.58	746.97	797.01	1064.91	1146.31	1423.33	1508.02
医疗卫生与计划生育	Expenditure for Medical and Health Care, Family Planning	304.04	569.32	777.55	918.36	1121.83	1307.56	1407.51
节能环保	Expenditure for Energy Conservation and Environment Protection	239.16	307.78	259.04	322.33	297.45	433.23	567.41
城乡社区	Expenditure for Urban and Rural Community Affairs	407.64	664.77	770.11	1174.16	1515.29	2180.53	2083.14
农林水	Expenditure for Agriculture, Forestry and Water Conservancy	325.02	595.28	557.59	811.90	715.44	754.40	909.78
交通运输	Expenditure for Transportation	318.17	688.04	882.86	1982.63	1014.52	848.40	617.33
其他支出	Other Expenditure	331.54	308.71	297.09	428.10	18.26	96.18	100.62

8-3 各市地方一般公共预算收支

Local Government General Budgetary Revenue and Expenditure by City

单位：亿元 (100 million yuan)

市 别	City	地方一般公共预算收入 Local Government General Budgetary Revenue								
		2000	2005	2010	2013	2014	2015	2016	2017	2018
全省合计	**Provincial Total**	**910.56**	**1807.20**	**4517.04**	**7081.47**	**8065.08**	**9366.78**	**10390.35**	**11320.35**	**12105.26**
广 州	Guangzhou	200.55	371.26	872.65	1141.80	1243.10	1349.47	1393.64	1536.74	1634.22
深 圳	Shenzhen	221.92	412.38	1106.82	1731.26	2082.73	2726.85	3136.49	3332.13	3538.44
珠 海	Zhuhai	24.23	48.97	124.53	194.20	224.31	269.96	292.37	314.38	331.47
汕 头	Shantou	18.94	29.44	72.65	112.11	123.97	131.26	137.09	150.07	131.52
佛 山	Foshan	59.53	130.85	306.05	438.21	501.19	557.55	604.50	661.58	703.14
韶 关	Shaoguan	8.63	19.93	47.81	71.78	82.01	85.23	85.05	88.71	94.70
河 源	Heyuan	2.55	8.52	25.09	48.79	60.47	67.48	68.89	71.19	76.95
梅 州	Meizhou	7.18	15.18	38.95	69.37	85.28	103.59	105.46	108.55	97.09
惠 州	Huizhou	12.94	34.72	131.23	250.17	300.75	340.02	361.30	389.08	393.01
汕 尾	Shanwei	4.16	7.09	26.23	48.15	49.23	28.83	30.78	36.77	41.83
东 莞	Dongguan	30.22	103.97	277.84	409.29	455.21	517.97	544.75	592.07	649.91
中 山	Zhongshan	17.46	54.26	139.38	225.42	251.74	287.51	295.04	312.76	315.23
江 门	Jiangmen	21.24	41.63	104.29	158.03	177.20	199.01	204.17	222.37	244.05
阳 江	Yangjiang	3.89	8.70	26.77	53.72	62.97	67.93	57.99	60.65	62.62
湛 江	Zhanjiang	12.44	24.01	66.23	105.92	114.42	121.86	112.94	135.00	121.84
茂 名	Maoming	9.08	21.26	51.95	90.36	100.37	113.92	121.43	130.14	136.14
肇 庆	Zhaoqing	10.97	20.44	76.80	120.77	139.13	143.36	91.70	94.85	106.04
清 远	Qingyuan	4.53	13.25	72.79	92.82	102.65	108.38	95.64	103.07	111.90
潮 州	Chaozhou	4.60	8.64	23.25	37.09	41.26	47.20	44.40	44.60	47.37
揭 阳	Jieyang	9.24	11.19	38.65	66.69	73.69	77.40	73.64	72.81	79.34
云 浮	Yunfu	3.65	9.33	23.54	45.76	52.87	58.70	57.42	57.49	57.64
按经济区域分	By Region									
珠 三 角	Pearl River Delta	599.06	1218.48	3139.58	4669.16	5375.37	6391.70	6923.98	7455.96	7915.51
东 翼	Eastern Region	36.94	56.38	160.78	264.04	288.15	284.69	285.92	304.25	300.07
西 翼	Western Region	25.41	53.96	144.95	250.00	277.76	303.71	292.35	325.79	320.59
山 区	Mountainous Region	26.54	66.21	208.18	328.52	383.27	423.38	412.47	429.01	438.28

8-3 续表 continued

单位：亿元 (100 million yuan)

市别	City	地方一般公共预算支出 Local Government General Budgetary Expenditure								
		2000	2005	2010	2013	2014	2015	2016	2017	2018
全省合计	**Provincial Total**	**1069.86**	**2289.07**	**5421.54**	**8411.00**	**9152.64**	**12827.80**	**13446.09**	**15037.48**	**15729.26**
广州	Guangzhou	240.72	438.41	977.32	1386.13	1436.22	1727.72	1943.75	2186.01	2506.18
深圳	Shenzhen	225.04	599.16	1266.07	1690.83	2166.18	3521.67	4211.04	4593.80	4282.56
珠海	Zhuhai	31.14	57.77	166.41	252.03	275.90	388.77	417.16	493.89	572.52
汕头	Shantou	27.90	50.14	121.71	191.26	213.72	280.98	295.74	331.63	327.10
佛山	Foshan	72.48	150.85	363.35	488.40	525.01	799.93	695.85	774.96	806.54
韶关	Shaoguan	19.94	44.55	100.24	168.32	197.18	287.07	266.95	310.75	338.73
河源	Heyuan	16.78	37.00	94.55	169.72	210.61	268.38	293.95	282.16	331.15
梅州	Meizhou	23.84	46.25	117.98	206.30	270.02	376.37	384.02	395.17	445.14
惠州	Huizhou	20.14	52.41	185.44	328.29	372.97	486.07	509.08	554.01	544.22
汕尾	Shanwei	9.99	20.05	56.51	105.31	124.85	212.95	206.88	222.60	251.92
东莞	Dongguan	33.61	117.04	289.83	444.66	457.68	581.24	599.29	667.65	765.41
中山	Zhongshan	19.24	56.71	145.85	237.24	261.46	355.37	367.57	455.22	437.92
江门	Jiangmen	28.18	54.24	132.98	212.61	236.10	292.90	293.21	333.26	377.88
阳江	Yangjiang	11.00	23.17	64.92	114.30	123.60	170.91	194.31	193.15	226.21
湛江	Zhanjiang	27.82	57.95	153.65	265.44	279.53	412.36	381.11	442.70	481.37
茂名	Maoming	20.67	45.28	122.49	218.59	263.24	346.78	354.57	381.41	425.12
肇庆	Zhaoqing	20.09	40.64	127.66	200.40	241.71	267.71	248.16	271.15	315.72
清远	Qingyuan	16.35	38.15	132.81	185.65	213.99	292.59	303.77	304.63	342.01
潮州	Chaozhou	11.31	21.36	55.99	86.22	106.12	147.67	146.67	142.78	184.89
揭阳	Jieyang	19.50	30.99	94.68	163.75	187.41	276.88	266.94	284.70	313.74
云浮	Yunfu	11.18	23.87	69.28	109.08	133.14	157.42	168.50	181.49	215.61
按经济区域分	By Region									
珠三角	Pearl River Delta	690.64	1567.23	3654.91	5240.59	5973.23	8421.36	9285.10	10329.95	10608.94
东翼	Eastern Region	68.70	122.50	328.89	546.54	632.11	918.47	916.24	981.71	1077.65
西翼	Western Region	59.49	126.40	341.06	598.33	666.37	930.04	929.99	1017.27	1132.70
山区	Mountainous Region	88.09	189.83	514.86	839.08	1024.94	1381.84	1417.18	1474.19	1672.63

8-4 各市人均地方一般公共预算收入

Per Capita Local Government General Public Budget Revenue by City

单位：元 (yuan)

市别	City	2000	2005	2010	2013	2014	2015	2016	2017	2018
全　省	**Provincial Total**	**1087.68**	**1974.59**	**4390.34**	**6668.67**	**7548.74**	**8683.80**	**9511.49**	**10213.24**	**10753.06**
广　州	Guangzhou	2061.72	3875.93	7100.70	8862.98	9559.65	10153.45	10119.18	10768.28	11116.11
深　圳	Shenzhen	3327.64	5064.37	10892.78	16350.94	19457.70	24613.26	26937.59	27271.52	27692.86
珠　海	Zhuhai	2024.57	3492.54	8025.47	12241.05	13999.46	16621.83	17668.96	18273.96	18130.46
汕　头	Shantou	409.83	596.51	1368.64	2051.88	2253.51	2370.24	2463.21	2682.86	2338.90
佛　山	Foshan	1146.57	2265.69	4349.20	6020.44	6843.94	7544.00	8117.75	8751.43	9036.42
韶　关	Shaoguan	314.70	686.57	1683.27	2491.77	2827.09	2918.61	2889.10	2989.14	3168.95
河　源	Heyuan	111.86	311.21	860.81	1613.41	1982.27	2199.23	2238.80	2306.84	2488.34
梅　州	Meizhou	188.06	370.01	924.97	1613.10	1976.18	2391.27	2424.02	2485.40	2218.36
惠　州	Huizhou	408.85	946.27	2931.87	5337.57	6380.78	7171.79	7582.07	8146.65	8181.66
汕　尾	Shanwei	170.37	255.84	893.66	1617.23	1642.84	956.42	1016.07	1168.34	1297.17
东　莞	Dongguan	503.97	1585.20	3454.53	4928.56	5464.83	6241.63	6596.89	7131.68	7767.23
中　山	Zhongshan	762.08	2231.98	4578.83	7123.35	7908.30	8981.32	9163.25	9638.12	9595.95
江　门	Jiangmen	540.87	1014.97	2365.62	3519.54	3933.88	4407.32	4505.42	4884.25	5328.61
阳　江	Yangjiang	179.12	375.62	1116.06	2170.56	2529.40	2711.43	2301.22	2391.86	2456.27
湛　江	Zhanjiang	207.35	361.18	950.34	1483.88	1591.39	1686.16	1556.21	1852.05	1664.81
茂　名	Maoming	173.63	366.48	887.70	1508.45	1664.37	1878.43	1989.94	2111.44	2175.17
肇　庆	Zhaoqing	325.95	558.68	1979.41	3017.68	3453.32	3541.77	2251.91	2313.52	2565.42
清　远	Qingyuan	143.50	372.24	1972.39	2456.43	2697.59	2832.14	2490.43	2675.10	2893.65
潮　州	Chaozhou	192.52	343.30	877.50	1370.58	1519.18	1760.93	1679.83	1683.88	1785.08
揭　阳	Jieyang	178.24	200.52	660.97	1116.16	1225.06	1280.02	1211.95	1195.61	1303.27
云　浮	Yunfu	169.61	400.53	1002.33	1889.12	2169.95	2393.45	2324.19	2306.00	2290.94
按经济区域分	By Region									
珠三角	Pearl River Delta	1442.48	2688.72	5717.85	8188.04	9365.92	10984.52	11663.63	12274.17	12714.12
东　翼	Eastern Region	252.38	356.63	960.44	1541.01	1672.48	1647.57	1651.32	1754.71	1729.46
西　翼	Western Region	189.61	365.50	952.37	1601.12	1768.05	1922.57	1841.10	2037.66	1987.99
山　区	Mountainous Region	187.58	423.54	1300.73	2001.04	2321.72	2550.51	2472.43	2558.61	2602.53

注：本表按年中常住人口数计算。

Note: The data in this table are calculated by permanent population of the year.

8-5 各市财政收支（2018年）

单位：亿元

项　　目	Item	全　省 Provincial Total	广　州 Guangzhou
一、地方一般公共预算收入	**General Public Budget Revenue of Local Governments**	**12105.26**	**1634.22**
税收收入	Tax Revenue	9737.51	1297.24
#增值税	Value-added Tax	3922.94	438.79
企业所得税	Corporate Income Tax	1876.46	206.42
个人所得税	Individual Income Tax	868.08	104.48
城市维护建设税	City Maintenance and Construction Tax	592.94	142.88
房产税	House Property Tax	361.21	102.22
土地增值税	Land Appriciation Tax	1056.11	85.68
耕地占用税	Farm Land Occupation Tax	53.78	6.63
契税	Deed Tax	601.70	133.79
非税收入	Non-tax Revenue	2367.74	336.98
专项收入	Special Program Receipts	956.92	133.21
行政性收费收入	Charge of Administrative and Units	230.79	25.88
罚没收入	Penalty Receipts	236.07	33.18
国有资本经营收入	Operation Income from State-owned Assets	40.74	
国有资源(资产)有偿使用收入	Income from Use of State-owned Resources Assets	562.62	60.70
其他收入	Other Non-tax Revenue	340.59	84.02
二、地方一般公共预算支出	**General Public Budget Expenditure of Local Governments**	**15729.26**	**2506.18**
#一般公共服务	Expenditure for General Public Services	1556.29	237.89
教育	Expenditure for Education	2792.90	440.82
科学技术	Expenditure for Science and Technology	1034.71	163.67
文化体育与传媒	Expenditure for Culture, Sports and Media	321.84	47.14
社会保障和就业	Expenditure for Social Safety Net and Employment Effort	1508.02	265.46
医疗卫生与计划生育	Expenditure for Medical and Health Care,Family Planning	1407.51	224.33
节能环保	Expenditure for Energy Conservation and Environment Protection	567.41	37.45
城乡社区	Expenditure for Urban and Rural Community Affairs	2083.14	415.29
农林水	Expenditure for Agriculture, Forestry and Water Conservancy	909.78	85.69
交通运输	Expenditure for Transportation	617.33	50.28

Basic Conditions of Local Government General Public Budget Revenue and Expenditure by City(2018)

(100 million yuan)

深圳 Shenzhen	珠海 Zhuhai	汕头 Shantou	佛山 Foshan	韶关 Shaoguan	河源 Heyuan	梅州 Meizhou	惠州 Huizhou	汕尾 Shanwei
3538.44	**331.47**	**131.52**	**703.14**	**94.70**	**76.95**	**97.09**	**393.01**	**41.83**
2899.63	260.28	101.11	518.17	60.21	52.47	69.56	280.68	27.38
1046.97	84.73	34.24	159.62	22.37	14.36	19.39	94.83	7.28
680.62	49.50	12.99	64.39	3.86	3.95	6.76	34.30	2.87
373.43	20.53	3.80	26.00	2.35	1.62	2.31	12.51	0.83
159.65	25.96	9.92	50.15	7.84	3.91	7.33	32.18	2.02
77.15	12.89	6.10	45.87	3.25	2.89	3.48	12.21	1.25
327.72	22.64	9.89	54.83	3.46	4.06	7.24	35.02	2.90
0.12	1.06	0.58	4.85	3.43	5.28	5.10	1.67	2.23
164.73	28.30	13.15	66.87	5.07	5.36	7.36	34.71	5.19
638.81	71.19	30.42	184.97	34.49	24.48	27.53	112.33	14.45
389.17	45.45	6.75	58.76	8.72	3.43	7.10	35.80	4.80
34.15	4.67	5.32	13.57	3.44	7.11	5.19	9.73	2.21
47.07	8.64	5.17	16.92	3.25	2.20	2.53	23.11	1.65
14.40		1.41	0.07	0.26	2.17	0.29	4.23	0.14
90.42	9.83	2.97	26.92	13.75	2.94	9.69	13.96	2.16
63.60	2.58	8.79	68.73	5.07	6.64	2.74	25.50	3.50
4282.56	**572.52**	**327.10**	**806.54**	**338.73**	**331.15**	**445.14**	**544.22**	**251.92**
358.40	58.31	38.91	123.27	52.29	42.98	47.59	71.21	26.57
584.51	76.41	83.03	148.23	56.83	66.55	77.38	106.92	49.81
554.98	45.52	3.98	54.68	4.54	7.38	8.24	22.17	5.96
65.91	9.59	10.30	23.11	5.96	5.09	8.59	12.75	6.57
197.75	71.88	38.96	86.44	43.52	44.98	60.13	55.19	31.31
281.50	31.82	37.46	88.13	38.29	38.81	58.25	70.25	30.59
252.49	11.57	13.48	16.96	12.78	8.65	14.82	31.54	5.81
821.36	126.03	30.11	101.27	29.88	50.38	43.54	49.89	31.31
78.88	20.69	23.18	18.63	43.99	30.75	58.29	38.73	32.30
226.68	10.19	6.16	26.59	11.80	6.02	23.17	10.50	6.76

8-5 续表

单位：亿元

项　目	Item	东 莞 Dongguan	中 山 Zhongshan
一、地方一般公共预算收入	**General Public Budget Revenue of Local Governments**	**649.91**	**315.23**
税收收入	Tax Revenue	548.24	234.67
#增值税	Value-added Tax	226.37	87.04
企业所得税	Corporate Income Tax	70.26	27.52
个人所得税	Individual Income Tax	32.43	11.95
城市维护建设税	City Maintenance and Construction Tax	58.76	20.65
房产税	House Property Tax	36.67	20.03
土地增值税	Land Appriciation Tax	44.66	25.36
耕地占用税	Farm Land Occupation Tax	4.00	1.79
契税	Deed Tax	37.93	23.00
非税收入	Non-tax Revenue	101.68	80.55
专项收入	Special Program Receipts	55.99	21.98
行政性收费收入	Charge of Administrative and Units	16.41	13.89
罚没收入	Penalty Receipts	11.33	6.09
国有资本经营收入	Operation Income from State-owned Assets	0.89	
国有资源(资产)有偿使用收入	Income from Use of State-owned Resources Assets	12.50	29.20
其他收入	Other Non-tax Revenue	4.56	9.39
二、地方一般公共预算支出	**General Public Budget Expenditure of Local Governments**	**765.41**	**437.92**
#一般公共服务	Expenditure for General Public Services	73.63	24.08
教育	Expenditure for Education	155.43	70.35
科学技术	Expenditure for Science and Technology	39.34	41.05
文化体育与传媒	Expenditure for Culture, Sports and Media	22.59	9.42
社会保障和就业	Expenditure for Social Safety Net and Employment Effort	48.21	33.68
医疗卫生与计划生育	Expenditure for Medical and Health Care,Family Planning	54.14	25.74
节能环保	Expenditure for Energy Conservation and Environment Protection	40.83	8.97
城乡社区	Expenditure for Urban and Rural Community Affairs	68.84	101.49
农林水	Expenditure for Agriculture, Forestry and Water Conservancy	62.51	19.43
交通运输	Expenditure for Transportation	27.16	-6.45

continued

(100 million yuan)

江 门 Jiangmen	阳 江 Yangjiang	湛 江 Zhanjiang	茂 名 Maoming	肇 庆 Zhaoqing	清 远 Qingyuan	潮 州 Chaozhou	揭 阳 Jieyang	云 浮 Yunfu
244.05	**62.62**	**121.84**	**136.14**	**106.04**	**111.90**	**47.37**	**79.34**	**57.64**
173.04	44.97	90.27	84.15	81.96	80.68	31.73	52.06	37.62
59.96	14.67	32.86	31.25	26.24	27.55	11.13	19.12	10.48
18.64	5.08	10.32	6.11	6.84	9.19	2.79	4.78	3.14
6.54	1.93	3.90	2.12	3.28	3.75	1.71	1.82	3.46
16.50	4.83	10.16	12.88	7.65	7.54	3.28	5.86	2.92
12.83	2.11	4.34	2.38	4.40	4.03	1.89	3.12	2.09
15.36	4.82	9.23	11.95	8.82	8.57	2.38	3.14	4.18
3.75	1.10	1.38	3.68	2.06	0.89	0.88	0.95	2.37
17.72	5.43	9.86	7.60	12.79	10.46	2.84	5.12	4.41
71.01	17.65	31.56	51.99	24.09	31.22	15.64	27.28	20.03
21.17	4.21	9.96	10.72	7.12	9.34	3.23	6.22	2.87
7.70	3.88	4.47	10.31	4.25	6.02	3.74	6.43	3.73
6.20	3.42	5.74	5.66	3.30	4.25	3.61	4.53	1.44
10.42	0.68	1.37	1.24	0.10	0.01	0.39	1.98	0.28
21.10	3.41	6.06	21.30	7.89	4.41	1.25	5.01	3.09
4.41	2.04	3.96	2.76	1.43	7.19	3.43	3.10	8.61
377.88	**226.21**	**481.37**	**425.12**	**315.72**	**342.01**	**184.89**	**313.74**	**215.61**
42.63	22.49	40.91	35.23	40.55	39.16	15.40	28.27	33.35
79.68	35.86	98.97	123.63	63.56	69.03	38.25	72.64	40.89
13.28	2.77	2.99	3.37	6.99	5.74	1.34	3.80	3.11
10.06	4.05	11.87	10.64	6.72	6.84	4.56	8.20	4.38
57.09	26.83	75.86	65.07	41.19	39.70	22.98	48.36	26.22
43.77	27.14	65.36	51.54	38.48	40.19	23.90	53.23	31.36
8.08	4.13	5.37	10.72	4.30	4.27	4.10	9.25	4.45
22.22	13.38	42.90	28.92	14.50	20.66	10.58	9.94	6.55
27.95	33.69	61.38	35.55	38.27	59.78	17.32	32.55	25.92
9.87	15.93	24.39	18.50	14.12	10.96	20.17	13.16	14.17

8-6 历年金融机构存贷款

Deposits and Loans in All Financial Institutions

单位：亿元 (100million yuan)

年 份 Year	金融机构本外币存款余额 Deposits in Renminbi and Foreign Currencies in All Financial Institutions	#住户存款 Savings Deposit by Household	金融机构本外币贷款余额 Loans and Loans in Renminbi and Foreign Currencies in Financial Institutions	金融机构人民币存款余额 Deposits in Renminbi Currencies in Financial Institutions	#人民币住户存款 Savings Deposit by Household in Renminbi	金融机构人民币贷款余额 Loans in Renminbi Currencies in Financial Institutions
2000	19083.64	10031.68	13227.62	16919.98	8667.29	11787.14
2001	21714.85	11386.03	14472.08	19449.34	9930.12	13192.74
2002	25409.90	13372.85	16840.39	22975.88	11819.09	15314.56
2003	29640.83	15590.68	20126.24	27240.23	14061.77	18287.58
2004	33252.01	17631.07	21955.28	30869.62	16193.41	19671.52
2005	38119.91	20267.76	23261.21	35958.71	19051.35	20965.55
2006	43262.20	22677.19	25935.19	41146.58	21584.60	23617.49
2007	48955.03	23013.34	30617.27	47016.48	22242.70	27497.88
2008	56119.28	28181.18	33755.62	54309.57	27481.56	30964.62
2009	69691.46	32136.32	44510.22	67742.59	31411.40	39683.65
2010	82019.40	36965.75	51799.30	79957.97	36318.66	47191.56
2011	91590.15	41061.56	58615.27	89168.60	40405.07	53411.83
2012	105099.55	46265.58	67077.08	99934.60	45533.78	59967.26
2013	119685.15	50638.64	75664.16	114855.02	49891.35	68491.93
2014	127881.47	53215.87	84921.79	121964.85	52410.55	77889.50
2015	160388.22	55008.70	95661.12	153551.79	54238.30	89289.27
2016	179829.19	59768.75	110928.41	171024.47	58618.89	103649.79
2017	194535.75	62942.27	126031.95	184779.60	61890.08	118978.62
2018	208051.16	70293.46	145169.39	199576.08	69231.95	139100.04

注：2015年前，住户存款主要为居民储蓄存款。

Note: Before 2015, the savings by households are mainly savings by residents.

8-7 金融机构本外币存贷款余额

Deposits and Loans in Renminbi and Foreign Currencies in All Financial Institutions

单位：亿元 (100million yuan)

指 标	Item	2016	2017	2018	2018年比2017年增长(%) Growth Rate in 2018 over 2017(%)
一、各项存款	**Total Deposits**	**179829.19**	**194535.75**	**208051.16**	**7.0**
境内存款	Domestic Deposits	174900.22	187721.95	200853.30	7.0
住户存款	Deposits of Households	59768.75	62942.27	70293.46	11.7
活期存款	Demand Deposits	31395.88	33950.96	37699.36	11.0
定期及其他存款	Time & Other Deposits	28372.87	28991.31	32594.10	12.4
非金融企业存款	Deposits of Non-financial Enterprises	63509.89	71315.62	76871.04	7.8
活期存款	Demand Deposits	22875.34	25251.72	25389.14	0.5
定期及其他存款	Time & Other Deposits	40634.55	46063.90	51481.90	11.8
政府存款	Deposits of Government	28293.70	32430.62	34634.76	6.8
财政性存款	Fiscal Deposits	5404.62	4626.73	4370.85	-5.5
机关团体存款	Deposits of Government Departments &	22889.08	27803.90	30263.91	8.9
非银行业金融机构存款	Deposits of Non-banking Financial Institutions	23327.88	21033.43	19054.03	-9.4
境外存款	Overseas Deposits	4928.98	6813.80	7197.87	5.6
二、各项贷款	**Total Loans**	**110928.41**	**126031.95**	**145169.39**	**15.2**
境内贷款	Domestic Loans	107818.07	122769.23	141514.41	15.3
住户贷款	Loans to Households	43801.57	53139.31	62130.45	16.9
#短期贷款	Short-term Loans	8165.21	10312.82	12715.16	23.3
中长期贷款	Mid & Long-term Loans	35636.36	42826.49	49415.29	15.4
非金融企业及机关团体贷款	Loans to Non-financial Enterprises and Government Departments & Organizations	63949.10	69520.06	79302.41	14.1
#短期贷款	Short-term Loans	24180.42	25521.01	26276.52	3.0
中长期贷款	Mid & Long-term Loans	33521.74	39150.23	45887.35	17.2
非银行业金融机构贷款	Loans to Non-banking Financial Institutions	67.40	109.87	81.55	-25.8
境外贷款	Overseas Loans	3110.33	3262.71	3654.98	12.0

注：2015年起银行资金来源项目使用新的分类。
Note: Since 2015, new categorization is applied to items of bank fund sources.

8-8 金融机构人民币存贷款余额

Deposits and Loans in Renminbi in All Financial Institutions

单位：亿元 (100 million yuan)

指 标	Item	2016	2017	2018	2018年比2017年增长(%) Growth Rate in 2018 over 2017(%)
一、各项存款	**Total Deposits**	**171024.47**	**184779.60**	**199576.08**	**8.0**
境内存款	Domestic Deposits	167124.75	180004.67	195007.30	8.3
住户存款	Deposits of Households	58618.89	61890.08	69231.95	11.9
活期存款	Demand Deposits	30643.03	33293.12	37066.21	11.3
定期及其他存款	Time & Other Deposits	27975.86	28596.96	32165.75	12.5
非金融企业存款	Deposits of Non-financial Enterprises	57079.01	64873.97	72282.57	11.4
活期存款	Demand Deposits	21399.49	23453.99	23763.61	1.3
定期及其他存款	Time & Other Deposits	35679.52	41419.98	48518.96	17.1
政府存款	Deposits of Government	28274.38	32419.36	34622.27	6.8
财政性存款	Fiscal Deposits	5404.62	4626.73	4370.85	-5.5
机关团体存款	Deposits of Government Departments & Organizations	22869.76	27792.64	30251.42	8.9
非银行业金融机构存款	Deposits of Non-banking Financial Institutions	23152.48	20821.26	18870.51	-9.4
境外存款	Overseas Deposits	3899.72	4774.94	4568.78	-4.3
二、各项贷款	**Total Loans**	**103649.79**	**118978.62**	**139100.04**	**16.9**
境内贷款	Domestic Loans	102802.86	118098.15	138122.40	17.0
住户贷款	Loans to Households	43795.17	53133.53	62124.41	16.9
#短期贷款	Short-term Loans	8161.06	10308.87	12710.74	23.3
中长期贷款	Mid & Long-term Loans	35634.11	42824.65	49413.67	15.4
非金融企业及机关团体贷款	Loans to Non-financial Enterprises and Government Departments & Organizations	58940.30	64854.76	75916.44	17.1
#短期贷款	Short-term Loans	20355.22	21824.76	23788.07	9.0
中长期贷款	Mid & Long-term Loans	32538.45	38338.34	45177.35	17.8
非银行业金融机构贷款	Loans to Non-banking Financial Institutions	67.40	109.87	81.55	-25.8
境外贷款	Overseas Loans	846.92	880.46	977.64	11.0

注：2015年起银行资金来源项目使用新的分类。

Note: Since 2015, new categorization is applied to items of bank fund sources.

8-9 各市中资金融机构基本情况

Basic Conditions of Chinese-funded Financial Institutions by City

市别	City	2005				2010			
		机构数(个) Number of Financial Institutions	年末从业人员(人) Number of Employed Persons at the Year-end	人民币存款(亿元) Total Deposits (100 million yuan)	人民币贷款(亿元) Total Loans (100 million yuan)	机构数(个) Number of Financial Institutions	年末从业人员(人) Number of Employed Persons at the Year-end	人民币存款(亿元) Total Deposits (100 million yuan)	人民币贷款(亿元) Total Loans (100 million yuan)
全省合计	**Provincial Total**	**15433**	**222738**	**35783.57**	**20745.27**	**14983**	**258254**	**78285.89**	**46099.26**
广州	Guangzhou	2053	45800	11065.22	6873.34	2395	58412	22775.49	14597.74
深圳	Shenzhen	1119	28354	8478.18	6168.03	1286	41483	20210.75	13708.16
珠海	Zhuhai	417	6798	925.47	424.33	406	7664	2542.56	1203.85
汕头	Shantou	655	9196	955.34	391.08	632	9476	1849.14	627.91
佛山	Foshan	1913	21732	3770.74	2056.29	1775	25815	8293.02	4729.61
韶关	Shaoguan	406	5153	461.78	166.55	401	5317	903.67	346.28
河源	Heyuan	349	3759	204.20	107.99	325	3828	496.83	335.32
梅州	Meizhou	635	7373	429.79	206.37	529	6371	835.07	330.25
惠州	Huizhou	664	8012	781.79	367.23	650	9065	2038.58	1096.21
汕尾	Shanwei	246	2937	140.77	57.21	217	2965	326.96	130.20
东莞	Dongguan	1262	14985	2933.40	1500.52	1221	19395	5915.54	3302.49
中山	Zhongshan	586	7837	1131.19	479.02	568	9017	2596.88	1324.65
江门	Jiangmen	906	11627	1163.76	534.17	819	11194	2214.97	973.75
阳江	Yangjiang	289	3986	245.37	99.66	268	3806	564.19	283.93
湛江	Zhanjiang	931	10663	705.32	285.97	780	10321	1556.00	714.40
茂名	Maoming	717	7915	521.02	225.46	612	7670	1025.39	361.30
肇庆	Zhaoqing	551	7120	478.15	229.43	494	6874	1057.35	642.04
清远	Qingyuan	471	5510	386.23	175.08	447	5620	986.45	510.26
潮州	Chaozhou	304	4087	324.04	132.34	275	4187	649.81	205.91
揭阳	Jieyang	613	6120	468.15	169.19	586	6178	963.79	400.68
云浮	Yunfu	346	3774	213.66	96.02	297	3596	483.45	274.32
按经济区域分	By Region								
珠三角	Pearl River Delta	9642	159817	35103.66	20939.71	9614	188919	67645.13	41578.51
东翼	Eastern Region	1762	22454	2147.42	788.51	1710	22806	3789.69	1364.70
西翼	Western Region	1846	22857	1692.94	643.84	1660	21797	3145.59	1359.62
山区	Mountainous Region	2156	25791	1958.72	810.10	1999	24732	3705.47	1796.43

8-9 续表 continued

市别	City	2017 机构数(个) Number of Financial Institutions	2017 年末从业人员(人) Number of Employed Persons at the Year-end	2017 人民币存款(亿元) Total Deposits (100 million yuan)	2017 人民币贷款(亿元) Total Loans (100 million yuan)	2018 机构数(个) Number of Financial Institutions	2018 年末从业人员(人) Number of Employed Persons at the Year-end	2018 人民币存款(亿元) Total Deposits (100 million yuan)	2018 人民币贷款(亿元) Total Loans (100 million yuan)
全省合计	**Provincial Total**	**16625**	**336902**	**181735.86**	**116807.03**	**16696**	**336670**	**196193.54**	**136667.33**
广　州	Guangzhou	2719	89467	48290.54	32571.07	2730	91595	51336.03	38871.63
深　圳	Shenzhen	1738	56733	62760.40	39940.61	1811	57963	66890.51	47024.58
珠　海	Zhuhai	497	10800	6442.63	4647.11	493	10619	7056.58	5155.04
汕　头	Shantou	663	11172	3264.17	1518.83	666	11091	3519.12	1918.40
佛　山	Foshan	1859	31571	13561.79	9075.11	1842	30977	14913.27	10273.12
韶　关	Shaoguan	415	5645	1743.53	859.68	417	5465	1834.71	938.66
河　源	Heyuan	343	4577	1234.91	1016.10	348	4480	1365.58	1150.74
梅　州	Meizhou	578	7020	2008.59	982.52	584	6930	2126.10	1170.63
惠　州	Huizhou	744	12190	5061.92	3798.57	743	12092	5826.98	4631.58
汕　尾	Shanwei	217	3173	830.36	402.72	216	3124	936.04	419.99
东　莞	Dongguan	1377	24437	11767.06	6800.57	1374	24163	13371.20	7944.12
中　山	Zhongshan	636	11576	5093.24	3535.53	636	11302	5589.95	3923.01
江　门	Jiangmen	892	13015	4118.06	2720.49	895	12687	4397.04	3074.41
阳　江	Yangjiang	277	4434	1226.74	930.88	277	4355	1382.50	1001.02
湛　江	Zhanjiang	806	12139	3041.58	1858.12	800	11264	3324.12	2145.14
茂　名	Maoming	616	8278	2444.04	1135.32	618	8154	2718.06	1321.26
肇　庆	Zhaoqing	544	8197	2233.80	1493.79	538	8042	2469.04	1814.85
清　远	Qingyuan	473	6695	2144.96	1351.60	477	6755	2316.95	1542.17
潮　州	Chaozhou	292	4483	1256.65	397.93	294	4437	1360.13	415.18
揭　阳	Jieyang	626	7375	2094.07	1044.54	624	7322	2264.60	1142.77
云　浮	Yunfu	313	3925	1116.79	725.94	313	3853	1195.02	789.02
按经济区域分	By Region								
珠三角	Pearl River Delta	11006	257986	159329.45	104582.86	11062	259440	171850.59	122712.35
东　翼	Eastern Region	1798	26203	7445.26	3364.03	1800	25974	8079.90	3896.34
西　翼	Western Region	1699	24851	6712.37	3924.31	1695	23773	7424.68	4467.41
山　区	Mountainous Region	2122	27862	8248.79	4935.84	2139	27483	8838.37	5591.23

注：1. 本表存贷款统计口径为中资金融机构人民币存贷款。
　　2. 机构数和年末从业人员统计范围为银行业及相关金融机构(不含人民银行、外资银行及资产管理公司)。

Notes: a) Deposits and loans in this table refer to the deposits and loans in Renminbi in domestic-funded financial institutions.
　　b) The number of financial institutions and the number of employed persons at the year-end refer to those in banking and related financial institutions (excluding the People's Bank of China, foreign-funded banks and assets management companies).

8-10 各市金融机构本外币存贷款

Deposits and Loans in Renminbi and Foreign Currencies in All Financial Institutions by City

单位：亿元 (100 million yuan)

市别	City	各项存款 Total Deposits								
		2000	2005	2010	2013	2014	2015	2016	2017	2018
全省合计	**Provincial Total**	**19083.64**	**38119.91**	**82019.40**	**119685.15**	**127881.47**	**160388.22**	**179829.19**	**194535.75**	**208051.16**
广州	Guangzhou	6200.47	11734.10	23953.96	33838.20	35469.29	42843.67	47530.20	51369.03	54788.09
深圳	Shenzhen	3942.00	9486.76	21937.89	33943.15	37350.50	57778.90	64407.81	69668.31	72550.36
珠海	Zhuhai	521.71	1014.08	2748.70	4121.58	4570.67	5383.73	6124.26	6928.74	7542.91
汕头	Shantou	600.21	995.64	1873.03	2530.16	2664.46	2857.20	3125.20	3341.60	3579.40
佛山	Foshan	2119.08	3906.93	8462.33	11387.13	11275.63	11867.67	13281.61	14042.40	15372.81
韶关	Shaoguan	263.73	468.35	907.75	1255.76	1394.20	1532.91	1669.70	1754.98	1849.76
河源	Heyuan	91.12	205.94	500.02	754.24	875.92	988.90	1139.26	1248.00	1376.19
梅州	Meizhou	219.47	438.71	839.63	1245.21	1411.88	1565.28	1819.19	2014.78	2132.87
惠州	Huizhou	394.44	823.96	2090.14	3138.79	3394.60	3836.10	4974.48	5485.55	6171.35
汕尾	Shanwei	78.19	144.45	332.70	487.35	545.74	631.03	744.28	836.84	940.46
东莞	Dongguan	1327.79	3036.77	6077.87	8874.91	9323.28	9968.80	11545.10	12497.97	14157.22
中山	Zhongshan	619.44	1186.76	2665.35	4021.81	4149.69	4378.36	5031.00	5413.77	5930.49
江门	Jiangmen	805.18	1279.67	2285.75	3335.27	3587.64	3766.81	4030.37	4271.88	4528.88
阳江	Yangjiang	142.73	248.75	575.32	816.84	910.89	1014.74	1127.45	1230.77	1386.49
湛江	Zhanjiang	408.90	716.97	1565.19	2173.39	2430.26	2684.61	2847.29	3061.15	3343.59
茂名	Maoming	332.55	524.90	1028.67	1571.63	1772.22	1974.75	2216.93	2452.39	2725.29
肇庆	Zhaoqing	281.64	493.23	1072.54	1594.43	1679.26	1785.01	2041.58	2259.76	2495.80
清远	Qingyuan	213.85	393.96	995.36	1401.35	1534.81	1699.82	1926.13	2162.89	2336.34
潮州	Chaozhou	162.70	328.97	653.27	919.35	1004.29	1076.19	1203.57	1267.02	1369.72
揭阳	Jieyang	240.07	473.60	967.03	1529.69	1709.93	1837.87	2017.26	2107.05	2273.64
云浮	Yunfu	118.37	217.40	486.93	744.90	826.30	915.88	1026.53	1120.86	1199.50
按经济区域分	By Region									
珠三角	Pearl River Delta	16211.75	32962.25	71294.51	104255.28	110800.56	141609.04	158966.41	171937.41	183537.91
东翼	Eastern Region	1081.18	1942.66	3826.04	5466.56	5924.42	6402.29	7090.31	7552.51	8163.22
西翼	Western Region	884.18	1490.63	3169.17	4561.87	5113.37	5674.10	6191.67	6744.31	7455.37
山区	Mountainous Region	906.54	1724.37	3729.68	5401.45	6043.11	6702.78	7580.80	8301.52	8894.66

8-10 续表 continued

单位：亿元 (100 million yuan)

市 别	City	各项贷款 Total Loans								
		2000	2005	2010	2013	2014	2015	2016	2017	2018
全省合计	**Provincial Total**	**13227.62**	**23261.21**	**51799.30**	**75664.16**	**84921.79**	**95661.12**	**110928.41**	**126031.95**	**145169.39**
广 州	Guangzhou	4226.65	7622.20	16284.31	22016.18	24231.71	27296.16	29669.82	34137.05	40749.32
深 圳	Shenzhen	3032.13	7596.72	16808.12	24680.07	27922.13	32449.04	40526.90	46329.33	52539.79
珠 海	Zhuhai	349.20	486.72	1472.54	2071.90	2426.24	2969.70	4098.08	4806.88	5238.24
汕 头	Shantou	476.66	421.36	661.52	971.93	1072.83	1199.00	1303.90	1551.72	1955.95
佛 山	Foshan	1581.90	2122.74	4868.99	7111.31	7595.79	7950.53	8717.81	9376.97	10457.65
韶 关	Shaoguan	149.23	169.68	376.06	581.38	671.16	731.84	772.51	876.77	956.33
河 源	Heyuan	62.19	108.13	338.69	573.18	699.01	801.08	888.08	1018.44	1154.17
梅 州	Meizhou	147.02	206.44	331.10	547.53	635.46	736.41	830.18	984.54	1171.70
惠 州	Huizhou	221.42	409.44	1225.71	2036.92	2436.97	2701.60	3460.97	4012.86	4886.82
汕 尾	Shanwei	68.74	57.21	131.12	228.54	269.61	306.14	352.70	407.80	425.40
东 莞	Dongguan	642.33	1540.48	3441.99	4989.50	5562.36	5980.90	6545.66	6986.26	8209.70
中 山	Zhongshan	382.09	498.05	1373.62	2315.87	2644.90	2894.32	3367.09	3734.93	4036.39
江 门	Jiangmen	574.26	565.45	1032.46	1715.51	2024.51	2218.01	2469.83	2796.77	3140.85
阳 江	Yangjiang	89.71	100.66	292.24	537.60	706.97	757.74	827.44	932.87	1006.16
湛 江	Zhanjiang	294.70	310.03	721.00	1227.29	1372.57	1568.76	1633.77	1869.22	2164.16
茂 名	Maoming	211.96	230.93	362.40	642.08	759.50	858.33	1005.87	1146.37	1326.32
肇 庆	Zhaoqing	217.44	232.13	652.01	1051.40	1172.51	1281.52	1293.43	1501.96	1825.47
清 远	Qingyuan	150.82	179.13	520.62	853.65	953.48	1061.23	1152.08	1372.25	1559.72
潮 州	Chaozhou	118.57	137.20	219.41	322.97	357.21	369.04	368.55	399.88	417.44
揭 阳	Jieyang	131.25	169.40	407.06	717.84	873.59	931.72	992.39	1057.63	1154.75
云 浮	Yunfu	84.12	97.10	278.34	471.52	533.29	598.05	651.33	731.45	793.07
按经济区域分	By Region									
珠 三 角	Pearl River Delta	11227.42	21073.93	47159.74	67988.65	76017.12	85741.78	100149.59	113683.01	131084.22
东 翼	Eastern Region	795.23	785.17	1419.10	2241.28	2573.24	2805.90	3017.55	3417.03	3953.54
西 翼	Western Region	596.37	641.62	1375.65	2406.96	2839.04	3184.82	3467.09	3948.46	4496.65
山 区	Mountainous Region	593.39	760.49	1844.81	3027.27	3492.40	3928.63	4294.18	4983.45	5634.99

8-11 各市金融机构住户存款

Savings Deposit by Household in All Financial Institutions by City

单位：亿元 (100 million yuan)

市别	City	中外资金融机构本外币住户存款 Savings Deposit by Household in Renminbi and Foreign Currencies in All Financial Institutions								
		2000	2005	2010	2013	2014	2015	2016	2017	2018
全省合计	**Provincial Total**	**10031.68**	**20267.76**	**36965.75**	**50638.64**	**53215.87**	**55008.70**	**59768.75**	**62942.27**	**70293.46**
广　州	Guangzhou	2683.38	5475.77	9302.33	12496.69	12825.64	13602.38	14430.11	15032.29	16456.56
深　圳	Shenzhen	1391.78	3525.70	6918.19	9690.28	10193.04	9680.24	10755.66	11159.78	13810.06
珠　海	Zhuhai	262.41	513.72	982.54	1360.23	1423.01	1322.97	1457.49	1542.24	1772.01
汕　头	Shantou	401.88	765.26	1305.62	1679.13	1764.78	1918.05	2093.10	2183.40	2345.66
佛　山	Foshan	1359.52	2465.51	4460.82	5602.58	5806.94	6232.20	6736.22	7019.38	7577.50
韶　关	Shaoguan	172.46	320.00	562.11	787.84	859.52	925.18	1008.87	1086.75	1195.08
河　源	Heyuan	71.32	146.36	314.33	480.14	531.49	591.09	660.78	722.30	786.26
梅　州	Meizhou	166.95	326.86	582.20	888.88	985.46	1061.20	1147.07	1249.65	1347.89
惠　州	Huizhou	276.61	548.27	1044.17	1545.08	1651.81	1729.01	1961.99	2168.88	2376.43
汕　尾	Shanwei	58.89	111.83	231.32	340.35	376.34	388.93	431.35	471.84	501.36
东　莞	Dongguan	753.78	1796.69	3425.89	4517.59	4648.27	4630.69	4943.56	5160.71	5656.01
中　山	Zhongshan	409.23	764.69	1462.96	1950.56	2057.33	2108.53	2309.44	2435.73	2642.90
江　门	Jiangmen	607.54	951.96	1516.72	2073.97	2218.80	2270.52	2454.80	2597.46	2783.43
阳　江	Yangjiang	107.92	192.35	386.82	558.52	609.46	665.27	740.07	796.34	870.85
湛　江	Zhanjiang	310.23	514.85	945.28	1410.98	1520.22	1684.28	1818.28	1963.10	2127.66
茂　名	Maoming	251.70	413.71	752.61	1137.67	1273.71	1413.64	1532.81	1665.26	1813.69
肇　庆	Zhaoqing	197.68	347.39	657.31	981.92	1075.02	1160.94	1272.68	1388.91	1532.75
清　远	Qingyuan	152.70	279.69	593.11	840.57	927.07	1013.87	1127.16	1245.60	1380.66
潮　州	Chaozhou	111.07	246.32	461.35	647.49	698.39	748.54	814.54	844.81	919.27
揭　阳	Jieyang	190.83	392.24	716.17	1128.99	1196.57	1251.86	1392.73	1469.54	1607.27
云　浮	Yunfu	93.82	168.58	343.92	519.18	573.00	609.30	680.04	738.30	790.18
按经济区域分	By Region									
珠三角	Pearl River Delta	7941.93	16389.71	29770.92	40218.90	41899.85	42737.49	46321.96	48505.38	54607.65
东　翼	Eastern Region	762.66	1515.65	2714.46	3795.95	4036.09	4307.37	4731.72	4969.59	5373.56
西　翼	Western Region	669.84	1120.91	2084.70	3107.18	3403.39	3763.19	4091.16	4424.70	4812.20
山　区	Mountainous Region	657.25	1241.49	2395.67	3516.61	3876.55	4200.64	4623.91	5042.60	5500.07

8-11 续表 continued

单位：亿元 (100 million yuan)

市 别	City	中资金融机构人民币住户存款 Savings Deposit by Household in Renminbi in Chinese-funded Financial Institutions								
		2000	2005	2010	2013	2014	2015	2016	2017	2018
全省合计	**Provincial Total**	**8667.29**	**19051.35**	**36219.15**	**49287.89**	**51835.12**	**54114.45**	**58510.24**	**61756.26**	**69083.50**
广 州	Guangzhou	2239.64	5024.69	9013.15	12178.58	12498.70	13236.26	13939.71	14554.98	15965.46
深 圳	Shenzhen	1082.43	3229.38	6717.05	8926.10	9410.59	9429.42	10361.19	10807.45	13441.61
珠 海	Zhuhai	216.08	480.87	957.58	1331.14	1390.93	1296.96	1419.67	1506.42	1736.03
汕 头	Shantou	351.40	733.50	1291.11	1661.21	1747.76	1897.90	2066.71	2160.01	2323.45
佛 山	Foshan	1216.98	2358.78	4406.34	5548.32	5752.38	6170.92	6652.25	6938.22	7496.55
韶 关	Shaoguan	165.47	313.97	559.16	784.91	856.57	921.64	1004.27	1082.60	1190.82
河 源	Heyuan	69.96	145.12	313.64	479.29	530.65	590.09	659.52	721.19	785.18
梅 州	Meizhou	155.14	318.77	578.33	885.46	982.16	1057.84	1142.61	1245.59	1343.90
惠 州	Huizhou	249.31	522.21	1031.63	1533.01	1639.54	1717.05	1944.68	2151.03	2359.43
汕 尾	Shanwei	54.18	108.39	229.73	337.14	373.32	385.72	428.34	468.68	498.56
东 莞	Dongguan	672.07	1728.28	3384.45	4467.60	4598.76	4587.86	4878.75	5097.55	5595.25
中 山	Zhongshan	354.65	725.06	1442.18	1930.79	2036.77	2082.30	2277.27	2405.02	2611.80
江 门	Jiangmen	483.75	851.93	1461.98	2029.55	2173.73	2228.65	2400.89	2546.23	2732.50
阳 江	Yangjiang	104.99	189.91	385.69	556.95	607.83	663.22	737.58	794.03	868.71
湛 江	Zhanjiang	298.14	505.70	940.08	1404.49	1513.75	1675.56	1807.57	1952.70	2117.25
茂 名	Maoming	247.45	410.02	750.67	1135.23	1271.20	1410.49	1528.48	1661.61	1810.33
肇 庆	Zhaoqing	184.21	335.91	650.23	973.60	1066.31	1151.53	1263.09	1379.82	1523.58
清 远	Qingyuan	146.27	273.86	590.26	837.35	924.16	1010.55	1122.96	1241.50	1376.56
潮 州	Chaozhou	104.19	242.65	459.60	644.11	695.15	744.83	809.31	840.25	914.90
揭 阳	Jieyang	180.82	387.29	714.16	1125.55	1193.52	1247.84	1387.32	1464.85	1603.18
云 浮	Yunfu	90.13	165.09	342.13	517.51	571.34	607.82	678.06	736.54	788.45
按经济区域分	By Region									
珠 三 角	Pearl River Delta	6699.12	15257.09	29064.60	38918.70	40567.69	41900.94	45137.49	47386.71	53462.21
东 翼	Eastern Region	690.59	1471.82	2694.60	3768.00	4009.75	4276.29	4691.68	4933.78	5340.09
西 翼	Western Region	650.58	1105.62	2076.44	3096.67	3392.78	3749.27	4073.63	4408.34	4796.30
山 区	Mountainous Region	626.97	1216.81	2383.51	3504.52	3864.89	4187.95	4607.43	5027.42	5484.91

8-12 财产保险公司主要指标

Main Indicators of Property Insurance Companies

单位：万元 (10000 yuan)

项　目	Item	2015 保费收入 Premium Income	2015 赔款支出 Indemnity Expenditure	2016 保费收入 Premium Income	2016 赔款支出 Indemnity Expenditure
合　计	**Total**	**9237353.31**	**4588892.60**	**10006161.82**	**4971007.81**
企业财产保险	Enterprise Property Insurance	533112.09	280062.76	548735.36	277071.52
家庭财产保险	Household Property Insurance	37451.72	8912.44	79849.26	17739.19
#投资型家财险	Of Which: Investment-Linked Household Property Insurance	2724.64	246.63	2254.18	83.24
机动车辆保险	Motor Vehicle Insurance	6688160.08	3376575.15	7279870.86	3659744.85
工程保险	Project Insurance	137597.69	67898.19	136646.18	79242.61
责任保险	Liability Insurance	380426.73	165378.20	438487.65	195598.23
信用保险	Credit Insurance	273938.65	161012.13	296513.17	169933.33
保证保险	Guarantee Insurance	324476.39	85274.09	229957.59	78065.77
#机动车辆消费贷款保证保险	Of Which: Motor Vehicle Consumption Loan Guarantee Insurance	5509.87	1499.95	3874.83	702.79
个人贷款抵押房屋保证保险	Personal Loan Home Mortgage Guarantee Insurance	563.95	82.25	809.33	141.70
船舶保险	Ship Insurance	54291.80	28399.92	50591.87	29010.13
货物运输保险	Freight Transport Insurance	132217.10	61215.95	126470.07	69025.90
特殊风险保险	Peculiar Risk Insurance	119860.94	48307.25	133438.33	49904.27
农业保险	Agriculture Insurance	91046.05	51009.06	108029.51	44272.77
健康险	Health Insurance	190808.35	173637.74	211454.94	186831.84
意外伤害保险	Accident Injury Insurance	247881.36	61474.76	339465.61	93503.98
其他险	Other Property Insurance	26084.35	19734.95	26651.40	21063.41

8-12 续表 continued

单位：万元 (10000 yuan)

项　目	Item	2017 保费收入 Premium Income	2017 赔款支出 Indemnity Expenditure	2018 保费收入 Premium Income	2018 赔款支出 Indemnity Expenditure
合　计	**Total**	**11766073.40**	**5822812.35**	**13814405.68**	**7942861.26**
企业财产保险	Enterprise Property Insurance	592723.18	394575.23	661735.67	487691.57
家庭财产保险	Household Property Insurance	87644.05	30289.32	96749.62	63369.85
#投资型家财险	Of Which: Investment-Linked Household Property Insurance	251.50	149.63	260.50	85.45
机动车辆保险	Motor Vehicle Insurance	8078987.55	4143180.14	8723834.76	4971128.35
工程保险	Project Insurance	165913.07	92557.72	258034.12	100235.51
责任保险	Liability Insurance	575456.32	244512.80	772012.09	310181.58
信用保险	Credit Insurance	393843.96	172224.79	377226.08	375423.61
保证保险	Guarantee Insurance	680411.72	110793.21	1261420.19	836804.49
#机动车辆消费贷款保证保险	Of Which: Motor Vehicle Consumption Loan Guarantee Insurance	2080.98	3200.84	2377.05	6752.56
个人贷款抵押房屋保证保险	Personal Loan Home Mortgage Guarantee Insurance	1000.38	19.12	-245.06	2.25
船舶保险	Ship Insurance	44118.99	29943.83	53302.12	37354.08
货物运输保险	Freight Transport Insurance	129475.41	68948.93	139850.69	82089.50
特殊风险保险	Peculiar Risk Insurance	144838.71	90786.68	157804.71	57724.11
农业保险	Agriculture Insurance	129143.36	88944.57	154487.97	98581.46
健康险	Health Insurance	285034.62	217044.12	488248.98	345780.89
意外伤害保险	Accident Injury Insurance	427634.58	115055.88	614490.72	149815.25
其他险	Other Property Insurance	30847.88	23955.12	55207.95	26681.00

8-13 人身保险公司主要指标
Main Indicators of Life Insurance Companies

单位：亿元 (100 million yuan)

项　目	Item	2015	2016	2017	2018
保费收入	**Premium Income**	**1890.64**	**2819.89**	**3127.99**	**3282.45**
按险种分	Premium by Line of Business:				
寿险	Life Insurance	1537.11	2038.11	2533.14	2571.73
个人业务	Personal Business	1527.41	2027.92	2527.04	2565.46
新单保费	New Business Premium	846.76	1228.38	1458.80	1080.37
续期保费	Renewal Premium	680.65	799.54	1068.23	1485.09
团体业务	Group Business	9.70	10.19	6.10	6.27
新单保费	New Business Premium	6.88	7.72	4.45	4.67
续期保费	Renewal Premium	2.82	2.47	1.65	1.60
意外伤害险	Accident Injury Insurance	62.09	79.08	95.57	111.40
一年期以内业务	Within One-year	1.73	2.21	3.41	4.92
一年期业务	One Year	40.77	47.36	52.76	59.82
一年以上业务	Over One-year Period Business	19.59	29.50	39.40	46.66
健康险	Health Insurance	291.44	702.70	499.28	599.31
一年期以内及一年期业务	Within One Year and One-year Period Business	58.70	80.77	100.24	117.07
个人业务	Personal Business	16.55	22.15	36.21	57.66
团体业务	Group Business	42.16	58.62	64.03	59.41
一年期以上业务	Over One-year Period Business	232.74	621.94	399.04	482.24
个人业务	Personal Business	230.69	615.18	389.60	472.12
团体业务	Group Business	2.04	6.75	9.44	10.12
按新型产品分：	Premium by New Product:				
寿险保费收入合计	Total Life Insurance Premium Income	1537.11	2038.11	2533.14	2571.73
普通寿险	Ordinary Insurance	770.13	1265.91	1593.08	1251.41
新单保费	New Business Premium	632.80	1019.88	1151.75	530.18
续期保费	Renewal Premium	137.33	246.04	441.33	721.23
分红寿险	Dividend Insurance	756.86	761.18	928.53	1308.99
新单保费	New Business Premium	219.86	215.32	310.70	554.15
续期保费	Renewal Premium	537.01	545.85	617.83	754.85
投资连结保险	Investment Link Insurance	1.08	1.11	1.20	1.29
万能寿险	Universal Life Insurance	9.04	9.91	10.33	10.05
赔付支出	**Total Payment Expenditure**	**423.43**	**538.32**	**560.10**	**609.87**
赔款支出	Total Indemnity Expenditure	49.83	63.35	73.12	81.03
意外伤害险	Accident Injury Insurance	7.92	10.35	12.12	13.82
一年期以内业务	Within One-year Period Business	0.27	0.27	0.34	0.59
一年期业务	One-year Period Business	7.66	10.08	11.78	13.23
一年期以内及一年期健康险	Within One Year and One-year Period Health Insurance Business	41.91	53.00	61.00	67.21
个人业务	Personal Business	5.51	6.81	10.94	16.74
团体业务	Group Business	36.40	46.19	50.06	50.47
死伤医疗给付合计	Total Payment for Death, Injury and Medical Treatment	34.02	43.67	56.07	74.08
寿险	Life Insurance	16.52	18.39	20.04	23.91
个人业务	Personal Business	15.07	16.56	18.26	21.70
团体业务	Group Business	1.45	1.83	1.78	2.21
一年期以上健康险	Over One-year Period Health Insurance	17.50	25.28	36.03	50.17
个人业务	Personal Business	16.93	24.20	34.50	48.49
团体业务	Group Business	0.58	1.08	1.53	1.68
满期给付合计	Total Mature Payment	280.73	353.08	325.71	297.98
寿险	Life Insurance	280.55	352.88	325.47	297.65
个人业务	Personal Business	277.41	347.36	317.46	294.04
团体业务	Group Business	3.14	5.52	8.01	3.61
一年期以上健康险	Over One-year Period Health Insurance	0.18	0.20	0.24	0.33
个人业务	Personal Business	0.18	0.19	0.24	0.33
团体业务	Group Business		0.00	0.00	
年金给付合计	Total Annuity Payment	58.85	78.22	105.19	156.08
个人业务	Personal Business	55.46	75.30	101.99	151.86
团体业务	Group Business	3.38	2.92	3.19	4.22
退保金	**Withdrawal Amount Insured**	**403.58**	**507.28**	**628.12**	**915.79**
寿险	Life Insurance	395.86	499.69	608.94	785.19
个人业务	Personal Business	393.26	493.89	604.65	784.30
团体业务	Group Business	2.60	5.80	4.29	0.89
一年期以上健康险	Over One-year Period Health Insurance	7.72	7.59	19.18	130.61

8-14 保险业务主要指标
Main Indicators of Insurance Business

指　标	Indicators	2010	2012	2013	2014	2015	2016	2017	2018
保费收入 （亿元）	**Premium of Insurance (100 million yuan)**	**1421.68**	**1692.12**	**1902.91**	**2341.63**	**2814.37**	**3820.51**	**4304.60**	**4663.89**
财产险	Property Insurance	429.62	571.31	660.14	796.95	879.87	945.52	1105.34	1271.17
人寿险	Life Insurance	892.71	970.75	1057.87	1297.09	1537.11	2038.11	2533.14	2571.73
健康险	Health Insurance	67.34	106.18	131.29	181.38	310.52	723.85	527.79	648.14
人身意外伤害险	Personal Accident Insurance	32.01	43.89	53.61	66.21	86.88	113.02	138.34	172.85
各项赔款和给付（亿元）	**Payment (100 million yuan)**	**318.21**	**485.01**	**619.09**	**702.45**	**882.32**	**1035.42**	**1142.38**	**1403.46**
财产险	Property Insurance	194.77	305.45	352.65	393.39	435.38	469.07	549.07	744.73
人寿险	Life Insurance	85.58	134.51	208.35	234.01	355.92	449.50	450.70	477.64
健康险	Health Insurance	29.52	35.50	47.78	62.88	76.95	97.16	118.98	152.29
人身意外伤害险	Personal Accident Insurance	8.34	9.55	10.31	12.16	14.07	19.70	23.63	28.80
保险公司数 （家）	**Number of Insurance Companies (unit)**	**65**	**82**	**84**	**87**	**90**	**103**	**109**	**111**
#财产保险公司	Property Insurance Companies	32	39	39	40	40	47	51	52
人身保险公司	Life Insurance Companies	33	43	45	47	50	56	58	59
#中资保险公司	Domestic Funded Insurance Companies	41	57	58	59	60	68	74	76
外资保险公司	Foreign-funded Insurance Companies	24	25	26	28	30	35	35	35
保险公司总资产（亿元）	**Total Assets of Insurance Companies(100 million yuan)**	**3252.03**	**4684.92**	**5607.95**	**6957.85**	**9959.67**	**10811.14**	**12101.88**	**13037.68**
#财产险公司	Property Insurance Companies	289.98	363.93	417.30	508.38	776.08	1017.09	1058.64	1110.77
寿险公司	Life Insurance Companies	2916.99	4113.22	4893.34	6073.89	8190.30	9472.37	10583.70	11529.09
保险公司分支机构（家）	**Number of Institutions of Insurance Companies (Unit)**	**2288**	**2425**	**2540**	**4915**	**5578**	**5815**	**6005**	**6098**
从业人员数 （万人）	**Employed Persons (person)**	**26.47**	**29.19**	**31.13**	**35.95**	**51.98**	**69.64**	**76.56**	**81.40**

注：“保险公司分支机构(家)”统计指标从2014年进行了调整，包括省级分公司、地市级分公司和中心支公司、支公司、营业部、营销服务部及电销专属机构。

Note: The number of institions of insurance companies were adjusted from 2014, including the provincial branch, municipal branch,central branch, sales department, marketing department and telemarketing exclusive agency.

8-15 分市原保险保费收入和赔付支出情况（2018年）

Premium of Primary Insurance and Payment by City (2018)

单位：亿元 (100 million yuan)

地 区	Region	原保险保费收入 Premium of Primary Insurance			赔付支出 Payment		
		小计 Sub-total	财产险业务 Property Insurance	人身险业务 Life Insurance	小计 Sub-total	财产险业务 Property Insurance	人身险业务 Life Insurance
全省合计	**Provincial Total**	**4663.89**	**1271.17**	**3392.72**	**1403.46**	**744.73**	**658.73**
广 州	Guangzhou	1162.86	291.86	871.00	322.00	164.22	157.78
深 圳	Shenzhen	1191.51	344.20	847.32	364.76	227.92	136.84
珠 海	Zhuhai	128.02	34.18	93.84	43.04	23.56	19.48
汕 头	Shantou	94.02	27.95	66.06	35.29	16.05	19.24
佛 山	Foshan	457.52	121.03	336.49	121.17	64.94	56.23
韶 关	Shaoguan	52.33	13.75	38.58	19.35	7.32	12.03
河 源	Heyuan	34.19	11.83	22.36	11.47	6.10	5.37
梅 州	Meizhou	55.29	15.35	39.94	20.63	7.10	13.53
惠 州	Huizhou	157.93	46.11	111.82	48.06	24.96	23.10
汕 尾	Shanwei	22.10	7.10	15.00	8.02	3.48	4.54
东 莞	Dongguan	489.55	135.98	353.57	138.35	74.17	64.18
中 山	Zhongshan	190.45	47.96	142.49	53.62	26.75	26.87
江 门	Jiangmen	150.58	34.96	115.62	52.44	21.99	30.45
阳 江	Yangjiang	42.69	13.78	28.91	16.64	7.92	8.72
湛 江	Zhanjiang	94.86	23.49	71.38	27.88	12.25	15.63
茂 名	Maoming	78.48	22.46	56.02	27.47	11.30	16.16
肇 庆	Zhaoqing	67.77	20.77	47.00	24.35	11.98	12.36
清 远	Qingyuan	67.82	19.28	48.54	22.22	10.25	11.97
潮 州	Chaozhou	35.77	11.26	24.51	14.48	5.99	8.49
揭 阳	Jieyang	59.28	17.81	41.47	20.18	9.94	10.25
云 浮	Yunfu	30.87	10.06	20.82	12.04	6.55	5.49

注：赔付支出不包括直保公司的分保赔付支出。
Note: The payment does not include the reinsurance payment of the direct insurance company.

主要统计指标解释

一般公共预算收入 指国家财政参与社会产品分配所取得的收入，是实现国家职能的财力保证。主要包括：

（1）各项税收：包括国内增值税、国内消费税、进口货物增值税和消费税、出口货物退增值税和消费税、营业税、企业所得税、个人所得税、资源税、城市维护建设税、房产税、印花税、城镇土地使用税、土地增值税、车船税、船舶吨税、车辆购置税、关税、耕地占用税、契税、烟叶税等。财政收入按现行分税制财政体制划分为中央本级收入和地方本级收入。

（2）非税收入：包括专项收入、行政事业性收费、罚没收入和其他收入。

一般公共预算支出 指国家财政将筹集起来的资金进行分配使用，以满足经济建设和各项事业的需要。主要包括：一般公共服务、外交、国防、公共安全、教育、科学技术、文化体育与传媒、社会保障和就业、医疗卫生与计划生育、节能环保、城乡社区、农林水、交通运输、资源勘探信息等、商业服务业等、金融、援助其他地区、国土海洋气象等、住房保障、粮油物资储备、政府债务付息等方面的支出。财政支出根据政府在经济和社会活动中的不同职权，划分为中央财政支出和地方财政支出。

信贷资金 指金融机构以信用方式集聚和分配的货币资金。金融机构信贷资金的来源有各项存款、金融债券、对国家金融机构负债、流通中现金、其他项目等；信贷自己的运用有各项贷款、有价证券及投资、黄金占款、外汇买卖、财政借款及在国家金融机构中的资产等。

存款 指企业、机关、团体或居民根据资金必须收回的原则，把货币资金存入银行或其他信用机构保管并取得一定利息的一种信用活动形式。根据存款对象或性质的不同可划分为住户存款、非金融企业存款、政府存款、非银行业金融存款等科目。它是银行信贷资金的主要来源。

贷款 指银行或其他信贷机构根据资金必须归还的原则，按一定利率，为企业、个人等提供资金的一种信用活动形式。我国银行贷款分为短期贷款、中长期贷款、融资租赁、票据融资、各项垫款、境外贷款等。

住户存款 个人客户在其他存款性公司开立账户并存入资金或货币，由其他存款性公司出具存款凭证，个人客户凭存款凭证可以支取本金或利息的存款。

保险金额 指保险人承担赔偿或者给付保险金责任的最高限额。

保费 指投保人为取得保险人在约定范围内所承担赔偿责任而支付给保险人的费用。

赔款 指保险人根据保险合同的规定，向被保险人支付的赔偿保险责任损失的金额。

给付 包括死伤医疗给付和满期给付。死伤医疗给付是指保险人根据人寿保险及长期健康保险合同的规定，因被保险人在保险期内发生保险责任范围内的保险事故支付给被保险人（或受益人）的金额。满期给付是指被保险人生存期满，保险人按人寿保险合同规定支付给被保险人的满期保险金额。

Explanatory Notes on Main Statistical Indicators

General Public Budgetary Revenue refers to income for the government finance through participating in the distribution of social products. It is the financial guarantee to ensure government functioning. The contents of government revenue include the following main items:

(1) Various tax revenues, including domestic value added tax (VAT), domestic consumption tax, VAT and consumption tax from imports, VAT and consumption tax rebate for exports, business tax, corporate income tax, individual income tax, resource tax, city maintenance and construct tax, house property tax, stamp tax, urban land use tax, land appreciation tax, tax on vehicles and boat operation, ship tonnage tax, vehicle purchase tax, tariffs, farm land occupation tax, deed tax, and tobacco leaf tax, etc.

(2) Non-tax revenue, including special program receipts, charge of administrative and institutional units, penalty receipts and others non-tax receipts.

General Public Budgetary Expenditure refers to the distribution and use of the funds which the government finance has raised, so as to meet the needs of economic construction and various undertakings. It includes the following main items: expenditure for general public services, expenditure for foreign affairs, expenditure for national defence expenditure for public security, expenditure for education, expenditure for science and technology, expenditure for culture, sport and media, expenditure for social safety net and employment effort, expenditure for medical and health care and family planning, expenditure for energy conservation and environment protection, expenditure for urban and rural community affairs, expenditure for agriculture, forestry and water conservancy, expenditure for transportation, expenditure for resource exploration and information, expenditure for affairs of commerce and services, expenditure for finance, aid to other regions, expenditure for land, ocean and weather, expenditure for housing security, expenditure for grain & oil reserves, interest payment for public debts. General public budget expenditure is divided into general public budget expenditure of central government and general public budget expenditure of local government according to the different functions of the governments played in economic and social activities.

Credit Funds refer to the monetary funds accumulated and distributed in the means of credit by the financial institutions. The sources of credit funds include various deposits, financial bonds, liabilities to international financial institutions, currency in circulation, other items. The uses of credit funds include loans, securities and investment, position for bullion purchase, foreign exchange trading, advances to treasury, and assets with international financial institutions.

Deposit is a form of credit by which enterprises, institutions, organizations or households can put money into banks and other credit institutions for safekeeping and interest earning under the principle of free withdrawal. According to different depositors, deposits are divided into household deposits, non financial enterprise deposits, government deposits, non banking financial institutions deposits. Deposits are major sources of the credit funds of banks.

Loan is a form of credit by which banks and other credit institutions provide funds at certain interest rate to enterprises and individuals in the light of the principle of unconditional repayment. Loans from Chinese banks include short-term loan, medium-term and long-term loans, financial lease, bill financing, various money advanced, foreign loans.

Savings Deposits refer to the capital which is deposited in the account opened in the reserve corporation by the individual with a deposit certificate as the proof, the principal and interest of which can be withdrew with the deposit certificate.

Amount Insured refers to the maximum that the insurant will get for the claim of the case sured.

Premium is the fee paid by the insurant to the insurer to obtain the obligation of compensation from the insurance within the agreed terms. is the compensation paid by the insurer to the insurant in accordance with the insurance contract.

Settled Claim is the compensation paid by the insurer to the insurant in accordance with the insurance contract.

Payment includes payment for death, injury or medical treatment and payment at maturity. Payment for death, injury or medical treatment refers to the money paid to the insurant (or the beneficiary) in accordance with the life or health insurance contract when the insurant encounters accidents within the insured period covered in the contract. Payment at maturity refers to the payment to the insurant in accordance with the life insurance contract at the end of the insured period.

九、价格

PRICE

九 价格

简要说明

一、本篇资料反映生产、流通、消费与投资等环节的价格变动情况。主要包括居民消费价格指数、商品零售价格指数、农业生产资料价格指数、工业生产者出厂价格指数、工业生产者购进价格指数、农产品生产者价格指数和固定资产投资价格指数。

二、本篇资料由国家统计局广东调查总队消费价格调查处和生产价格调查处整理提供。

三、居民消费价格指数、商品零售价格指数采用分层随机抽样调查方法编制，即在全省选择不同经济区域的市、县以及有代表性的商品和服务项目作为样本，对市场价格进行经常性调查，以样本推断总体。

四、工业生产者出厂价格指数和工业生产者购进价格指数均采用重点调查与典型调查相结合的方法统计。

五、固定资产投资价格指数采用重点调查与典型调查相结合的方法统计。

六、农产品生产者价格指数采用抽样调查和重点调查相结合的调查方法进行统计。

9 Price

Brief Introduction

Ⅰ. The data in this chapter reflect price changes in production, circulation，consumption and investment, including mainly consumer price indices, retail price indices, price indices of means of agricultural production, producer price indices for manufactured goods, producer price indices for purchased goods, producers' price indices for farm products and price indices for investment in fixed assets.

Ⅱ. The data are prepared and provided by the Division of Consumers Price Survey and the Division of Production Price Survey under Guangdong Survey Office of the National Bureau of Statistics.

Ⅲ. The data for the calculation of consumer price indices and retail price indices in the province are collected through stratified random sampling. Cities and counties distributed in different economic regions of the province are selected as sample areas, and representative commodities and services are selected as sample commodities and services. Regular surveys are conducted to collect data on market prices. The data on the population are estimated on the basis of the sample.

Ⅳ. The data for the calculation of producer price indices for manufactured goods and producer price indices for purchased goods are all collected through key-point survey combined with typical survey.

Ⅴ. The data for the calculation of price indices of investment in fixed assets are collected through key-point survey combined with typical survey.

Ⅵ. The data for the calculation of producers' price indices of farm products are collected through sampling survey combined with key-point survey.

9-1 各种价格指数

Price Indices

上年=100 (preceding year=100)

年份 Year	商品零售价格指数 Retail Price Indices	居民消费价格指数 Consumer Price Indices	城市居民消费价格指数 Urban Household	农村居民消费价格指数 Rural Household	工业生产者出厂价格指数 Producer Price Indices for Manufactured Goods	工业生产者购进价格指数 Producer Price Indices for Purchased Goods	固定资产投资价格指数 Price Indices for Investment in Fixed Assets
1978	100.4		100.3				
1979	103.0		104.6				
1980	108.5		109.5				
1981	109.3		106.3				
1982	102.3		102.6				
1983	100.7		102.8				
1984	101.2	101.3	101.9	100.4			
1985	113.6	114.8	117.1	111.2			
1986	104.8	104.9	104.7	105.3			
1987	111.7	111.2	112.8	109.7			
1988	130.2	129.4	129.5	129.3			
1989	121.0	122.1	121.9	122.4			
1990	95.6	97.5	97.4	97.6			
1991	100.6	101.2	102.3	99.9			
1992	105.8	107.3	108.4	105.9			
1993	118.2	121.6	122.0	120.6			
1994	118.9	121.7	121.0	122.5			
1995	111.6	114.0	113.1	115.3			
1996	104.4	107.0	107.2	106.5			
1997	100.1	101.9	102.1	101.5	100.1	97.3	
1998	97.0	98.2	98.3	98.1	94.8	91.4	
1999	96.7	98.2	98.4	97.7	97.7	97.8	
2000	99.9	101.4	102.2	100.0	103.4	110.9	
2001	98.7	99.3	99.2	99.6	98.5	99.1	100.2
2002	98.5	98.6	98.6	98.6	96.5	96.3	99.7
2003	100.0	100.6	100.7	100.4	99.3	104.1	102.2
2004	102.9	103.0	102.6	103.7	101.7	110.6	106.4
2005	101.8	102.3	102.0	102.7	101.5	105.0	101.6
2006	101.5	101.8	101.8	101.6	101.4	103.6	100.7
2007	103.4	103.7	103.7	103.5	101.3	103.3	102.4
2008	106.0	105.6	105.5	105.8	103.1	107.9	108.6
2009	96.8	97.7	97.6	97.8	95.8	93.8	96.7
2010	103.3	103.1	103.1	103.2	103.2	107.3	103.0
2011	105.1	105.3	105.3	105.6	103.7	107.3	105.5
2012	102.2	102.8	102.8	102.9	99.5	99.5	101.5
2013	101.0	102.5	102.4	102.7	98.8	98.2	101.4
2014	101.4	102.3	102.3	102.1	98.9	98.8	101.5
2015	99.6	101.5	101.6	101.3	96.8	95.3	99.0
2016	100.8	102.3	102.4	102.0	99.4	98.0	100.3
2017	101.6	101.5	101.7	100.8	103.3	105.3	105.3
2018	102.1	102.2	102.2	101.9	101.8	102.5	106.2

9-2 各种价格定基指数
Fixed-base Price Indices

年份 Year	商品零售价格指数(1978年为100) Retail Price Indices (1978=100)	居民消费价格指数(1983年为100) Consumer Price Indices (1983=100)	城市居民消费价格指数(1983年为100) Urban Household (1983=100)	农村居民消费价格指数(1983年为100) Rural Household (1983=100)	工业生产者出厂价格指数(1996年为100) Producer Price Indices for Manufactured Goods (1996=100)	工业生产者购进价格指数(1996年为100) Producer Price Indices for Purchased Goods (1996=100)	固定资产投资价格指数(2000年为100) Price Indices for Investment in Fixed Assets (2000=100)
1978	100.0						
1979	103.0						
1980	111.8						
1981	122.0						
1982	124.9						
1983	125.7	100.0	100.0	100.0			
1984	127.2	101.3	101.9	100.4			
1985	144.5	116.3	119.3	111.6			
1986	151.5	122.0	124.9	117.6			
1987	169.2	135.7	140.9	129.0			
1988	220.3	175.5	182.5	166.8			
1989	266.6	214.3	222.5	204.1			
1990	254.8	209.0	216.7	199.2			
1991	256.4	211.5	221.7	199.0			
1992	271.3	226.9	240.3	210.7			
1993	320.6	275.9	293.1	254.2			
1994	381.3	335.8	354.7	311.3			
1995	425.6	382.8	401.2	359.0			
1996	444.3	409.6	430.1	382.3	100.0	100.0	
1997	444.7	417.4	439.1	388.1	100.1	97.3	
1998	431.4	409.9	431.6	380.7	94.9	88.9	
1999	417.1	402.5	424.7	371.9	92.7	86.9	
2000	416.7	408.1	434.1	371.9	95.9	96.4	100.0
2001	411.3	405.3	430.6	370.4	94.5	95.5	100.2
2002	405.1	399.6	424.6	365.3	91.2	92.0	99.9
2003	405.1	402.0	427.5	366.7	90.6	95.8	102.1
2004	416.9	414.1	438.6	380.3	92.1	106.0	108.6
2005	424.4	423.6	447.4	390.5	93.5	111.3	110.3
2006	430.8	431.2	455.5	396.8	94.8	115.3	111.1
2007	445.4	447.2	472.3	410.7	96.0	119.1	113.8
2008	472.2	472.2	498.3	434.5	99.0	128.4	123.6
2009	457.1	461.3	486.3	424.9	94.9	120.4	119.5
2010	472.2	475.6	501.4	438.5	97.9	129.2	123.0
2011	496.3	500.8	528.0	463.1	101.4	138.6	129.9
2012	507.2	514.8	542.8	476.5	100.9	137.9	131.8
2013	512.3	527.7	555.8	489.4	99.7	135.4	133.6
2014	519.5	539.8	568.6	499.7	98.6	134.0	135.6
2015	517.4	547.9	577.7	506.2	95.4	127.7	134.3
2016	521.5	560.5	591.6	516.3	94.8	125.1	134.7
2017	529.8	568.9	601.7	520.4	97.9	131.8	141.8
2018	538.3	577.4	611.9	524.6	99.7	135.1	149.3

9-3 居民消费价格分类指数（2018年）

Consumer Price Indices by Category (2018)

上年=100 (preceding year=100)

项 目	Item	全 省 Provincial Indices	城 市 Urban Indices	农 村 Rural Indices
居民消费价格总指数	**Consumer Price Index**	**102.2**	**102.2**	**101.9**
非食品烟酒价格指数	**Non food,tobacco and alcohol price index**	**102.2**	**102.1**	**102.3**
服务价格指数	**Service Price Index**	**102.5**	**102.5**	**102.6**
消费品价格指数	**Consumer Goods Price Index**	**102.0**	**102.1**	**101.5**
扣除鲜菜鲜果价格指数	**Price Index Deducting Fresh Vegetables and Fruits**	**102.0**	**102.1**	**101.8**
食品烟酒	**Foods,tobacco and alcohol**	**102.1**	**102.4**	**101.0**
食品	Foods	**101.8**	**102.1**	**100.7**
粮食	Grain	102.1	102.5	100.3
#大米	Rice	102.7	103.2	100.3
粮食制品	Grain Products	101.2	101.4	100.1
薯类	Tubers	103.7	103.3	104.9
豆类	beans	101.2	100.9	102.1
食用油	edible oil	99.8	100.0	98.6
菜	Vegetables	105.1	105.1	104.9
#鲜菜	Fresh Vegetables	105.6	105.6	105.6
畜肉类	Neat of animal	96.3	96.9	94.6
#猪肉	Pork	94.3	94.9	92.7
禽肉类	Meat of poultris	104.6	104.6	104.8
水产品	Aquatic Products	104.9	104.8	105.3
蛋类	Eggs	108.5	108.6	107.9
奶类	Milk	101.8	101.9	101.0
干鲜瓜果类	Dried and Fresh Melons and Fruits	103.0	103.1	102.7
#鲜瓜果	Fresh Melons and Fruits	103.5	103.6	103.2
糖果糕点类	Candy and pastry	102.4	102.6	101.2
调味品	Condiment	101.7	102.0	100.8
其他食品类	Other Foods	100.8	101.0	99.9
茶及饮料	Tea and Beverages	101.6	101.6	101.3
烟酒	Tobacco and Alcohol	101.8	102.0	101.1
烟草	Tobacco	100.7	100.7	100.4
酒类	Alcohol	103.6	103.8	102.8
在外餐饮	Outside catering	103.1	103.1	102.9
衣着	**Clothing**	**101.7**	**101.9**	**100.7**
服装	Garments	101.7	101.8	100.9
服装材料	Garments Materials	100.7	100.5	101.8
其他衣着及配件	Other clothing and accessories	99.4	99.8	97.8
衣着加工服务费	Clothing manufacturing services	103.4	103.3	104.6
鞋类	Footwear	102.1	102.4	100.5
居住	**Residence**	**102.1**	**101.9**	**103.4**
租赁房房租	Rental housing	102.2	102.0	103.4
住房保养维修及管理	Housing maintenance and management	102.5	102.5	102.8
水电燃料	Hydropower fuel	101.8	101.5	103.3
自有住房	Own housing	102.2	101.9	103.8

9-3 续表 continued

上年=100 (preceding year=100)

项 目	Item	全 省 Provincial Indices	城 市 Urban Indices	农 村 Rural Indices
生活用品及服务	**Daily necessities and services**	**101.4**	**101.4**	**101.0**
家具及室内装饰品	Furniture and interior decorations	102.1	102.1	102.5
家具	Furniture	102.2	102.2	102.6
室内装饰品	interior decorations	100.9	100.9	101.0
家用器具	Home appliances	99.0	98.8	100.2
家用纺织品	Home textiles	100.4	100.4	100.4
家庭日用杂品	Household groceries	100.8	100.9	100.4
个人护理用品	personal-care supply	100.6	100.7	100.3
家庭服务	domestic service	106.1	106.3	104.2
交通和通信	**Transportation and communication**	**101.9**	**101.8**	**102.7**
交通	Transportation	103.9	103.7	104.9
交通工具	The traffic tools	98.7	98.6	99.1
交通工具用燃料	The vehicles fuel	112.7	112.6	112.9
交通工具使用和维修	Vehicle usage and maintenance	103.9	103.9	103.2
交通费	transportation	100.9	100.9	101.1
通信	communication	98.5	98.4	99.1
通信工具	Communication tools	96.5	96.6	95.6
通信服务	Communication service	98.9	98.7	99.8
邮递服务	Postal service	100.7	100.7	100.6
教育文化和娱乐	**Education culture and entertainment**	**102.3**	**102.4**	**101.4**
教育	education	102.9	103.1	102.0
教育用品	Education supplies	102.6	102.6	102.7
教育服务	Education services	103.0	103.2	101.9
文化娱乐	Cultural entertainment	101.2	101.4	100.1
文娱耐用消费品	Recreational consumer goods	97.5	97.5	97.7
其他文娱用品	Other entertainment items	100.9	101.0	100.5
文化娱乐服务	Cultural entertainment service	100.9	101.0	100.2
旅游	tourism	103.5	103.5	103.1
医疗保健	**Health care**	**104.5**	**104.7**	**103.6**
药品及医疗器具	Medicines and medical instruments	103.4	103.5	103.2
中药	Traditional Chinese medicine	105.1	105.7	103.3
西药	Western Medicines	104.4	104.6	103.8
滋补保健品	Nourishing health products	102.3	102.1	104.7
医疗卫生器具	Medical appliance	100.3	100.6	98.7
保健器具	Health Care Appliances	99.1	99.0	100.1
医疗服务	Medical services	105.2	105.6	103.8
其他用品和服务	**Other goods and services**	**101.0**	**101.3**	**99.2**
其他用品类	Other products	98.7	98.9	97.9
其他服务类	Other service class	103.1	103.5	100.4

9-4 商品零售价格分类指数（2018年）

Retail Price Indices by Category (2018)

上年=100 (preceding year=100)

项 目	Item	全省 Provincial Indices	城市 Urban Indices	农村 Rural Indices
商品零售价格指数	**Retail Price Index**	**102.1**	**102.1**	**101.8**
食品	**Foods**	**102.5**	**102.6**	**101.6**
粮食	Grain	102.1	102.5	100.4
#大米	Rice	103.1	103.6	100.5
粮食制品	Grain Products	100.8	100.8	100.3
薯类	Tubers	103.3	103.0	104.5
豆类	beans	101.0	100.8	102.0
食用油	edible oil	99.9	100.1	98.9
菜	Vegetables	105.0	104.8	106.1
#鲜菜	Fresh Vegetables	105.6	105.4	107.0
畜肉类	Neat of animal	97.0	97.2	96.2
#猪肉	Pork	94.5	94.6	94.1
禽肉类	Meat of poultris	104.6	104.6	104.4
水产品	Aquatic Products	104.5	104.6	103.5
蛋类	Eggs	109.0	109.3	107.2
奶类	Milk	101.8	102.0	100.6
干鲜瓜果类	Dried and Fresh Melons and Fruits	102.8	102.7	102.8
#鲜瓜果	Fresh Melons and Fruits	103.4	103.4	103.3
糖果糕点类	Candy and pastry	102.5	102.7	101.7
调味品	Condiment	102.0	102.1	101.0
其他食品类	Other Foods	100.9	101.0	100.3
在外餐饮	Dining out	103.1	103.2	102.5
饮料、烟酒	**Beverages, Tobacco and Alcohol**	**101.8**	**101.9**	**101.5**
茶及饮料	Tea and Beverages	101.6	101.6	101.3
烟草	Tobacco	100.6	100.6	100.2
酒类	Alcohol	103.7	103.7	103.5
服装、鞋帽	**Garments, Shoes and Hats**	**101.7**	**101.9**	**100.7**
服装	Garments	101.8	102.0	101.0
鞋帽袜	Shoes, hats and socks	102.0	102.4	100.0
其他衣着配件	Other clothing accessories	98.0	97.7	100.1
纺织品	**Textiles**	**100.2**	**100.3**	**99.5**
服装材料	Clothing material	100.1	99.9	101.2
床上用品	Bed Articles	100.3	100.5	98.8

9–4 续表 continued

上年=100 (preceding year=100)

项 目	Item	全省 Provincial Indices	城市 Urban Indices	农村 Rural Indices
家用电器及音像器材	**Household Appliances, Audio and Video Equipment**	**98.9**	**98.8**	**99.5**
家庭设备	Household Facilities	99.3	99.2	100.1
文娱用耐用消费品	Durable Consumer Goods for Cultural and Recreational Use	98.4	98.5	98.4
专业音像器材	Audio and Video Equipment	98.0	97.9	99.3
文化办公用品	**Cultural and Office Appliances**	**98.3**	**98.1**	**100.1**
日用品	**Articles for Daily Use**	**100.1**	**100.0**	**100.3**
日用百货	General Merchandise for Daily Use	100.0	100.0	100.6
厨具餐具茶具	Kitchenware, tableware and tea set	99.9	100.0	99.7
清洗用品	cleaning supplies	100.9	100.9	100.8
其他日用品	Other Articles for Daily Use	99.6	99.5	100.1
体育娱乐用品	**Sports and Recreation Articles**	**100.0**	**100.0**	**100.2**
体育户外用品	Sports outdoor products	99.3	99.2	100.2
娱乐用品	Recreation Articles	100.5	100.5	100.2
交通、通信用品	**Transportation and Communication Appliances**	**98.7**	**98.7**	**98.3**
交通运输机械	Transportation Machinery	99.4	99.4	99.8
通信器材	Communication Equipment	96.7	96.9	95.6
家具	**Furniture**	**102.3**	**102.3**	**102.6**
化妆品	**Cosmetics**	**100.8**	**100.8**	**100.8**
金银饰品	**gold and silver jewelry**	**97.2**	**97.2**	**96.5**
中西药品及医疗保健用品	**Traditional Chinese & Western Medicines and Health Care Articles**	**104.3**	**104.3**	**104.0**
医疗卫生器具	Medical appliance	100.2	100.4	98.4
中药	traditional Chinese medicine	105.8	106.0	104.9
西药	Western Medicines	105.1	105.2	104.3
保健器具及用品	Health equipment and supplies	102.2	101.9	105.0
书报杂志及电子出版物	**Books, Newspapers, Magazines and Electronic Publications**	**102.0**	**102.0**	**101.7**
教材及参考书	Teaching Materials and Reference Books	102.2	102.2	102.3
书报杂志	Newspapers and Magazines	103.4	103.6	101.6
计算机办公软件	computer office software	98.9	98.8	99.4
燃料	**Fuels**	**109.8**	**109.7**	**110.4**
煤炭及制品	Coal and Its Products	104.8	105.2	103.4
石油及制品	Petroleum and Its Products	109.9	109.8	110.9
建筑材料及五金电料	**Building Materials and Hardware**	**102.4**	**102.3**	**102.8**
建筑装璜材料	Building Decoration Materials	102.9	102.8	103.3
五金水暖	plumbing hardware	100.8	100.8	100.8

9-5 各市居民消费价格分类指数（2018年）

Consumer Price Indices by Category and by City (2018)

上年=100 (preceding year=100)

市别	City	总指数 General Indices	服务价格 Service Price	食品烟酒 Foods Tobacco and Alcohol	食品 Foods	#粮食 Grain	食用油 Edible Oil	菜 Vegetables	畜肉类 Neat of Animal	禽肉类 Meat of Poultris	水产品 Aquatic Products	蛋类 Eggs
广州	Guangzhou	102.4	102.6	102.5	102.4	105.4	101.0	104.9	96.8	104.0	104.6	114.2
深圳	Shenzhen	102.8	103.5	103.2	102.9	105.6	98.9	106.1	98.3	102.1	106.5	107.8
珠海	Zhuhai	102.3	102.2	102.7	101.6	103.3	98.3	102.3	95.8	106.7	104.2	112.2
汕头	Shantou	101.6	101.9	101.2	100.1	99.7	101.1	101.6	99.5	101.8	99.4	100.6
佛山	Foshan	102.0	101.9	102.4	102.0	100.4	101.8	104.8	97.9	102.6	104.6	109.1
#顺德	Shunde	102.1	102.4	102.1	102.2	101.2	100.2	107.3	97.7	101.1	106.6	106.7
韶关	Shaoguan	102.1	102.9	101.5	102.1	101.1	100.6	103.1	97.6	108.2	104.6	111.7
河源	Heyuan	102.0	102.2	102.5	101.9	101.0	99.4	105.0	99.7	104.9	102.1	101.6
梅州	Meizhou	101.7	102.5	101.0	99.7	98.7	98.9	103.0	93.6	103.5	104.3	108.2
惠州	Huizhou	101.8	101.7	101.7	101.9	100.9	100.5	106.1	94.5	107.1	106.3	105.8
汕尾	Shanwei	101.9	102.5	102.3	102.6	99.8	99.0	109.6	93.3	103.8	109.1	113.1
东莞	Dongguan	102.5	102.6	102.8	103.7	101.4	98.3	109.3	97.6	107.5	106.7	108.6
中山	Zhongshan	101.4	101.3	101.6	101.3	100.0	98.9	107.6	95.3	103.4	103.5	110.8
江门	Jiangmen	101.7	101.1	102.0	101.9	100.2	100.6	109.7	93.7	104.6	106.8	110.0
阳江	Yangjiang	101.5	101.4	102.6	103.3	100.9	100.3	107.0	96.3	116.0	108.3	101.2
湛江	Zhanjiang	101.6	102.2	101.1	100.6	98.8	99.0	103.6	92.1	109.8	104.7	106.4
茂名	Maoming	101.6	102.3	101.3	101.0	101.4	100.7	106.1	92.0	106.6	103.3	104.3
肇庆	Zhaoqing	101.5	101.1	102.3	101.9	101.7	92.0	106.7	94.7	108.3	104.1	108.0
清远	Qingyuan	102.2	102.9	101.3	101.2	97.2	98.3	103.1	94.7	110.1	101.3	111.1
潮州	Chaozhou	102.2	102.6	101.9	100.7	101.1	110.0	99.8	97.0	102.1	102.3	100.1
揭阳	Jieyang	101.5	101.4	101.8	102.1	101.3	98.2	105.7	98.9	104.2	107.1	110.1
云浮	Yunfu	101.4	101.9	100.6	100.3	99.4	100.9	101.7	97.3	101.4	106.7	112.4

9-5 续表 continued

上年=100 (preceding year=100)

市别	City	干鲜瓜果类 Dried and Fresh Melons and Fruits	茶及饮料 Tea and Beverages	烟酒 Tobacco and Alcohol	在外餐饮 Outside Catering	衣着 Clothing	居住 Residence	生活用品及服务 Daily Necessities and Services	交通和通信 Transportation and Communication	教育文化和娱乐 Education Culture and Entertainment	医疗保健 Health Care	其他用品和服务 Other Goods and Services
广　州	Guangzhou	102.4	101.6	101.7	103.0	104.2	101.3	101.9	101.7	102.4	106.1	101.2
深　圳	Shenzhen	103.9	101.8	101.1	104.4	100.4	103.4	101.5	102.3	102.3	104.3	101.9
珠　海	Zhuhai	102.1	104.7	104.3	104.8	101.3	101.3	102.9	101.3	102.8	106.9	101.0
汕　头	Shantou	97.9	101.7	103.4	103.7	103.2	101.1	100.9	100.3	102.7	104.7	102.5
佛　山	Foshan	105.2	100.5	101.8	103.5	100.6	101.3	100.7	102.5	100.8	106.8	100.3
#顺　德	Shunde	104.4	101.1	102.1	102.2	101.1	102.2	100.5	102.7	101.7	104.7	99.7
韶　关	Shaoguan	103.5	100.8	102.3	99.6	101.8	103.8	99.3	102.2	101.6	104.5	98.7
河　源	Heyuan	101.4	103.2	103.5	103.7	100.5	101.7	100.3	102.3	101.0	105.4	99.6
梅　州	Meizhou	101.4	100.7	102.9	103.9	101.4	102.6	100.7	100.5	101.7	106.6	99.9
惠　州	Huizhou	103.6	100.7	101.7	101.5	104.1	102.1	100.3	101.8	101.1	101.7	100.4
汕　尾	Shanwei	104.4	100.9	102.6	101.4	100.0	100.7	101.9	103.7	101.7	103.4	98.8
东　莞	Dongguan	105.2	99.3	101.9	101.5	102.0	101.7	102.1	102.0	105.5	100.4	102.2
中　山	Zhongshan	102.2	101.9	100.9	102.6	99.2	101.5	100.8	102.4	101.1	101.8	99.3
江　门	Jiangmen	100.9	102.6	103.1	101.9	99.7	101.2	102.5	102.5	101.5	101.5	100.9
阳　江	Yangjiang	94.3	97.1	101.2	101.6	95.8	100.0	102.8	101.3	101.7	104.8	100.3
湛　江	Zhanjiang	102.9	101.7	101.4	102.2	100.5	102.3	100.4	101.7	101.4	104.1	100.8
茂　名	Maoming	107.9	102.8	100.1	101.9	98.6	100.7	102.0	101.7	102.6	108.9	98.4
肇　庆	Zhaoqing	102.4	105.1	101.0	103.2	100.8	100.2	100.6	101.7	100.5	103.4	105.3
清　远	Qingyuan	105.4	101.3	101.5	101.4	102.7	101.4	101.1	100.3	104.6	110.4	99.3
潮　州	Chaozhou	100.4	105.3	102.6	104.3	102.7	101.7	100.5	101.7	103.8	105.4	100.6
揭　阳	Jieyang	97.1	100.7	103.2	100.9	102.1	100.4	99.8	100.6	102.6	105.3	100.7
云　浮	Yunfu	96.4	100.8	101.8	101.2	101.2	100.7	103.8	101.4	101.6	105.1	99.1

9-6 各市服务项目价格分类指数（2018年）

Service Price Indices by Category and by City (2018)

上年=100 (preceding year=100)

市别	City	服务价格 Service Price	#租赁房房租 Rental Housing	家庭服务 Family Services	交通费 Traffic Expense	通信服务 Communication Services	邮递服务 Postal Service	教育服务 Education Service	文化娱乐服务 Cultural and Recreational Services	旅游 Tourism	医疗服务 Medical Service	其他服务类 Other Service
广州	Guangzhou	102.6	101.6	106.0	103.2	95.6	102.2	103.4	101.6	101.4	107.7	104.2
深圳	Shenzhen	103.5	104.4	107.9	100.2	100.0	99.3	103.9	100.6	100.6	104.8	104.3
珠海	Zhuhai	102.2	104.8	114.7	99.9	97.5	101.9	102.7	100.9	107.2	107.9	101.8
汕头	Shantou	101.9	99.9	101.5	95.4	100.0	101.6	101.8	100.7	110.5	105.9	107.2
佛山	Foshan	101.9	99.3	105.9	102.0	100.0	100.1	101.5	100.1	101.9	110.5	100.2
#顺德	Shunde	102.4	102.1	101.5	103.6	100.0	101.6	102.3	100.2	102.7	108.1	100.4
韶关	Shaoguan	102.9	103.3	107.5	103.7	100.0	100.2	102.3	99.3	100.2	103.3	99.6
河源	Heyuan	102.2	101.8	101.5	102.5	100.0	100.0	101.4	100.4	101.2	106.8	100.6
梅州	Meizhou	102.5	102.7	106.4	97.8	100.0	100.8	102.4	99.8	102.6	109.1	101.0
惠州	Huizhou	101.7	100.0	101.9	99.4	99.7	100.6	100.4	97.8	108.5	102.1	101.0
汕尾	Shanwei	102.5	102.7	101.5	112.7	100.0	100.3	101.5	104.2	103.3	104.1	100.9
东莞	Dongguan	102.6	101.1	106.8	99.4	100.0	100.2	106.9	101.5	110.1	100.0	103.5
中山	Zhongshan	101.3	102.1	100.1	101.3	100.0	100.5	100.3	98.9	103.9	99.7	101.1
江门	Jiangmen	101.1	102.8	103.6	102.5	98.0	102.2	103.0	103.5	96.8	100.3	102.5
阳江	Yangjiang	101.4	102.0	106.6	100.3	100.0	100.6	100.8	99.4	104.7	103.9	103.0
湛江	Zhanjiang	102.2	102.5	105.5	98.3	100.0	100.0	102.9	103.7	96.7	103.8	101.8
茂名	Maoming	102.3	104.1	105.5	107.6	97.3	100.0	103.0	97.2	105.7	108.8	99.2
肇庆	Zhaoqing	101.1	100.6	108.0	104.6	97.5	103.0	100.3	100.9	100.1	100.1	112.0
清远	Qingyuan	102.9	99.7	102.0	102.0	96.0	99.8	104.6	98.2	111.4	111.8	100.4
潮州	Chaozhou	102.6	100.2	106.9	96.4	100.0	106.0	101.2	107.4	114.0	106.7	102.7
揭阳	Jieyang	101.4	100.0	103.5	95.8	100.0	100.0	100.6	102.6	109.3	106.7	101.8
云浮	Yunfu	101.9	100.0	119.8	102.8	100.0	101.7	102.1	100.3	104.6	105.7	100.5

9-7 工业生产者出厂价格指数

Producer Price Indices for Manufactured Goods

上年=100 (preceding year=100)

项　目	Item	2010	2014	2015	2016	2017	2018
工业生产者出厂价格指数	**Producer Price Index for Manufactured Goods**	**103.2**	**98.9**	**96.8**	**99.4**	**103.3**	**101.8**
按轻重工业分	**Grouped by Light and Heavy Industries**						
轻工业	Light Industry	101.7	99.9	99.3	100.7	101.9	100.7
以农产品为原料	Using Farm Products as Raw Materials	103.1	100.4	99.5	100.6	102.2	101.2
以非农产品为原料	Using Non-farm Products as Raw Materials	101.3	99.6	99.2	100.7	101.7	100.3
重工业	Heavy Industry	105.7	98.3	95.3	98.7	104.1	102.4
采　掘	Mining and Quarrying	127.9	94.7	72.0	95.9	116.8	108.8
原　料	Raw Materials	107.9	97.9	89.6	96.0	107.5	104.6
加　工	Processing	103.3	98.6	97.4	99.5	102.9	101.6
按生产生活资料分	**Grouped by Production and Living Materials**						
生产资料	Production Materials	104.1	98.4	95.1	98.6	104.5	102.6
采　掘	Mining and Quarrying	127.9	94.7	72.0	95.9	116.8	108.8
原　料	Raw Materials	108.3	97.9	89.9	95.9	107.5	104.6
加　工	Processing	102.4	98.6	97.1	99.4	103.5	101.8
生活资料	Living Materials	101.4	99.9	99.8	100.8	101.3	100.5
食　品	Food	103.3	99.5	100.1	101.4	101.9	101.0
衣　着	Clothing	101.3	101.9	101.8	101.3	101.3	99.8
一般日用品	Articles for Daily Use	102.7	100.6	99.2	101.5	101.2	100.4
耐用消费品	Durable Consumer Goods	99.9	98.8	99.3	100.0	101.0	100.5
按工业部门分	**Grouped by Industrial Sectors**						
冶金工业	Metallurgical Industry	109.1	96.4	93.4	98.9	114.6	106.6
电力工业	Power Industry	98.7	99.1	97.7	98.8	98.7	96.0
煤炭及炼焦工业	Coal and Coking Industry	107.0					
石油工业	Petroleum Industry	122.1	95.8	72.1	90.7	118.1	115.0
化学工业	Chemical Industry	105.3	99.6	96.9	98.7	104.2	103.0
机械工业	Machine Manufacturing Industry	100.2	98.8	98.6	99.7	100.6	100.0
建筑材料工业	Building Materials Industry	104.3	101.4	95.9	98.0	104.8	106.4
森林工业	Timber Industry	103.4	100.6	100.4	101.4	101.2	100.8
食品工业	Food Industry	103.7	99.2	98.0	100.1	101.4	101.1
纺织工业	Textile Industry	102.2	100.6	97.4	99.4	102.1	101.7
缝纫工业	Tailoring Industry	101.1	101.6	101.3	101.4	102.6	100.4
皮革工业	Leather Industry	101.8	102.2	102.1	101.0	99.1	98.7
造纸工业	Paper Making Industry	107.0	99.5	100.0	99.9	107.2	105.7
文教艺术用品工业	Industry for Cultural, Educational & Art Articles	100.0	99.0	99.1	102.2	101.3	100.0
其它工业	Others	106.4	101.5	99.1	103.9	101.4	98.0

9-8 各市工业生产者出厂价格指数

Producer Price Indices for Manufactured Goods by City

上年=100 (preceding year=100)

市 别	City	2005	2010	2013	2014	2015	2016	2017	2018
全 省	**Provincial Total**	**101.5**	**103.2**	**98.8**	**98.9**	**96.8**	**99.4**	**103.3**	**101.8**
广 州	Guangzhou	101.7	102.4	98.0	98.2	96.8	98.8	102.3	101.0
深 圳	Shenzhen	98.7	101.4	98.0	99.1	97.6	99.3	101.8	100.2
珠 海	Zhuhai	100.8	102.2	98.6	98.5	96.9	99.4	103.2	101.9
汕 头	Shantou	102.4	102.4	99.6	100.0	98.6	100.3	102.0	100.8
佛 山	Foshan	101.8	102.8	98.9	98.8	97.2	99.2	104.5	101.9
韶 关	Shaoguan	103.2	107.5	96.9	97.1	92.1	99.0	110.2	104.8
河 源	Heyuan	103.9	104.6	98.3	97.5	93.6	100.2	107.9	102.1
梅 州	Meizhou	101.9	103.8	98.8	99.7	95.8	99.5	103.2	103.1
惠 州	Huizhou	97.5	104.0	97.1	97.5	92.5	98.3	104.2	102.8
汕 尾	Shanwei	99.7	102.3	98.8	99.9	98.6	100.9	102.0	99.6
东 莞	Dongguan	100.4	102.6	98.9	99.0	98.2	99.9	101.7	100.6
中 山	Zhongshan	101.4	102.6	99.4	99.4	98.0	99.7	102.3	101.1
江 门	Jiangmen	102.1	103.6	99.4	99.4	97.8	99.3	103.5	102.0
阳 江	Yangjiang	103.0	103.8	98.6	98.6	95.2	99.9	106.9	103.4
湛 江	Zhanjiang	111.8	110.4	99.1	97.7	91.7	99.2	105.6	103.4
茂 名	Maoming	112.1	114.7	98.2	97.0	81.8	95.5	110.7	109.0
肇 庆	Zhaoqing	100.6	105.9	99.0	98.5	96.3	98.9	105.2	102.4
清 远	Qingyuan	103.5	108.0	98.6	99.0	94.6	97.8	107.9	104.6
潮 州	Chaozhou	102.5	101.3	100.4	100.0	97.2	99.4	101.7	101.6
揭 阳	Jieyang	101.6	102.9	99.2	99.5	97.6	100.4	104.4	102.3
云 浮	Yunfu	101.6	104.7	99.4	100.5	96.8	98.9	102.6	103.4

9-9 分行业工业生产者出厂价格指数
Producer Price Indices for Manufactured Goods by Sector

上年=100 (preceding year=100)

项　目	Item	2005	2010	2017	2018
工业生产者出厂价格指数	**Producer Price Index for Manufactured Goods**	**101.5**	**103.2**	**103.3**	**101.8**
按工业行业分	**Grouped by Industrial Sector**				
#石油和天然气开采业	Extraction of Petroleum and Natural Gas	134.3	138.9	120.8	115.1
黑色金属矿采选业	Mining and Processing of Ferrous Metal Ores	128.2	119.6	125.3	84.8
有色金属矿采选业	Mining and Processing of Non-ferrous Metal Ores	122.3	130.2	116.0	105.2
非金属矿采选业	Mining and Processing of Nonmetal Ores	102.3	105.1	102.0	107.0
农副食品加工业	Processing of Foods from Agricultural Products	103.1	107.1	102.0	101.1
食品制造业	Processing of Foodstuff	101.2	102.2	102.1	101.6
酒、饮料和精制茶制造业	Manufacture of Liquor, Beverages and Refined Tea	99.4	100.3	100.0	100.7
烟草制品业	Manufacture of Tobacco	100.7	98.9	100.0	100.3
纺织业	Textile Industry	101.6	101.3	101.6	100.6
纺织服装、服饰业	Manufacture of Texile, Wearing Apparel and Accessories	99.9	101.5	103.1	100.9
皮革、毛皮、羽毛及其制品和制鞋业	Manufacture of Leather,Fur, Feather and Related Products and Footware	101.1	101.9	98.7	99.1
木材加工及木、竹、藤、棕、草制品业	Processing of Timber, Manufacture of Wood, Bamboo, Rattan, Palm and Straw Products	100.9	104.0	101.0	102.1
家具制造业	Manufacture of Furniture	100.7	102.3	102.3	100.7
造纸和纸制品业	Manufacture of Paper and Paper Products	101.0	107.2	107.2	105.7
印刷和记录媒介复制业	Printing, Reproduction of Recording Media	99.5	101.5	100.6	100.5
文教、工美、体育和娱乐用品制造业	Manufacture of Articles for Cultrue, Education, Arts and Crafts, Sport and Entertainment Activities	101.5	99.5	100.9	98.4
石油加工、炼焦和核燃料加工业	Processing of Petroleum, Coking, Processing of Nuclear Fuel	122.7	119.6	118.9	116.6
化学原料和化学制品制造业	Manufacture of Raw Chemical Materials and Chemical Products	102.3	108.1	107.0	104.4
医药制造业	Manufacture of Medicines	101.5	102.0	102.9	103.4
化学纤维制造业	Manufacture of Chemical Fibers	104.5	120.9	107.6	106.3
橡胶和塑料制品业	Manufacture of Rubber and Plastic Products			101.8	101.6
非金属矿物制品业	Manufacture of Non-metallic Mineral Products	97.3	103.9	104.7	106.1
黑色金属冶炼和压延加工业	Smelting and Pressing of Ferrous Metals	103.3	107.9	132.0	113.0
有色金属冶炼和压延加工业	Smelting and Pressing of Nonferrous Metals	108.5	118.7	115.9	105.9
金属制品业	Manufacture of Metal Products	103.6	102.8	105.2	103.8
通用设备制造业	Manufacture of General-purpose Machinery	102.2	104.1	100.4	99.7
专用设备制造业	Manufacture of Special-purpose Machinery	100.6	98.5	102.2	101.5
汽车制造业	Manufacture of Automobiles	97.7	99.2	100.9	100.3
铁路、船舶、航空航天和其他运输设备制造业	Manufacture of Railway, Ship, Aerospace and Other Electronic Equipment			102.2	100.7
电气机械和器材制造业	Manufacture of Electrical Machinery and Equipment	102.5	102.3	103.1	101.2
计算机、通信和其他电子设备制造业	Manufacture of Communication Equipment, Computers and Other Electronic Equipment	97.1	99.0	99.4	99.3
仪器仪表制造业	Manufacture of Measuring Instruments and Machinery	100.1	99.8	100.6	100.9
其他制造业	Other Manufacturing	100.5	109.3	100.8	99.7
废弃资源综合利用业	Utilization of Waste Resources		113.4	111.7	106.4
金属制品、机械和设备修理业	Repair Service of Metal Products,Machinery and Equipment			113.1	101.6
电力、热力生产和供应业	Production and Supply of Electric Power and Heat Power	102.4	98.8	98.6	95.8
燃气生产和供应业	Production and Supply of Gas	115.9	112.1	111.8	106.0
水的生产和供应业	Production and Supply of Water	100.8	102.8	103.0	98.8

注:2016年起，由于使用新的国民经济行业分类GB/4754-2011，之前年份个别行业数据缺失或数据涵盖范围存在差异。

Note: Since 2016 indices are by the industrial classification standard of 2011's version.Datas are lost in some sub-industries and there are diffecences in the scope of datas caculated.

9-10 工业生产者购进价格指数

Producer Price Indices for Purchased Goods

上年=100 (preceding year=100)

项 目	Item	2005	2010	2014	2015	2016	2017	2018
工业生产者购进价格指数	**Producer Price Index for Purchased Goods**	**105.0**	**107.3**	**98.8**	**95.3**	**98.0**	**105.3**	**102.5**
按材料类别分	**Grouped by Type of Material**							
燃料、动力类	Fuels and Power	112.2	107.8	98.4	91.6	94.8	106.2	103.7
黑色金属材料类	Ferrous Materials	110.5	106.6	96.1	89.2	97.2	115.8	104.8
#钢材	Steel	108.5	105.9	95.9	91.2	98.1	115.8	105.0
其它	Others	114.2	107.6	96.2	85.8	95.7	115.9	104.4
有色金属材料和电线类	Nonferrous Materials and Wires	111.4	117.8	97.0	93.2	97.3	115.0	104.2
化工原料类	Chemical Materials	107.2	109.4	98.7	94.2	97.9	107.1	103.4
木材及纸浆类	Timber and Paper Pulp	102.3	107.6	99.4	99.1	99.8	108.6	106.2
建筑材料及非金属矿类	Building Materials and Nonmetal Minerals	100.6	113.6	103.5	90.7	96.0	108.2	115.2
其它工业原材料及半成品类	Other Raw Materials and Semi-finished Products	99.1	103.7	99.0	97.9	99.2	102.4	100.3
农副产品类	Farm and Products	104.8	112.9	100.9	99.0	99.6	103.6	99.0
纺织原料类	Textile Raw Materials	99.1	109.3	97.8	97.5	98.9	103.5	103.0

9-11 固定资产投资价格指数

Price Indices for Investment in Fixed Assets

上年=100 (preceding year=100)

项 目	Item	2005	2010	2014	2015	2016	2017	2018
固定资产投资价格指数	**Price Index of Investment in Fixed Assets**	**101.6**	**103.0**	**101.5**	**99.0**	**100.3**	**105.3**	**106.2**
建筑安装、装饰工程	Construction, Installation and Decoration	102.3	104.3	102.0	98.4	100.4	107.4	108.4
人工费	Manpower	104.5	109.0	107.7	106.8	105.2	105.4	106.1
材料费	Materials	101.7	103.4	100.2	95.3	98.7	108.9	110.3
钢材	Steel	100.2	103.4	96.3	89.6	97.6	117.0	110.5
木材	Timber	101.3	103.1	102.1	101.5	100.1	102.7	104.4
水泥	Cement	100.0	105.7	102.4	97.8	97.4	106.1	111.3
地方建筑材料	Local Building Materials	103.3	102.9	104.1	100.6	100.1	104.7	112.3
化工材料	Chemical Materials	106.7	106.2	100.4	96.4	97.5	102.3	104.2
电料	Electrical Materials and Appliances	105.0	101.7	101.1	100.4	100.1	102.5	103.1
其他材料	Other Materials	101.7	101.3	102.1	101.7	101.5	102.2	102.4
机械费	Machinery	101.8	102.7	102.3	101.1	101.2	102.7	102.8
设备、工器具购置	Purchase of Equipment, Tools and Instruments	98.7	99.8	99.7	99.4	99.3	100.9	101.1
其他费用	Others	102.2	101.4	101.3	101.1	100.7	101.1	101.3

9-12 农业生产资料价格分类指数

Price Indices for Means of Agricultural Production by Category

上年=100 (preceding year=100)

项 目	Item	2017	2018
农业生产资料价格指数	**Price Index of Means of Agricultural Production**	**100.4**	**102.5**
农用手工工具	Farm Handtools	104.3	102.5
饲料	Forage	95.8	101.5
混合饲料	Mixed Forage	93.2	101.6
其他饲料	Other Forage	105.0	101.4
仔畜幼禽及产品畜	Newborn Animal and Animal Products	88.2	92.5
半机械化农具	Semi-mechanized Farm Tools	100.2	99.8
机械化农具	Mechanized Farm Machinery	100.8	100.3
化学肥料	Chemical Fertilizer	102.3	104.8
氮肥	Nitrogenous Fertilizer	105.0	108.5
磷肥	Phosphate Fertilizer	102.9	103.1
钾肥	Potash Fertilizer	98.7	98.2
复合肥料	Compound Fertilizer	99.6	102.6
农药及农药器械	Pesticide and Its Appliances	102.1	103.8
化学农药	Chemical Pesticide	102.0	104.4
杀虫剂	Insecticide	101.6	104.9
杀菌剂	Bactericide	103.4	104.3
除草剂	Herbicide	101.3	104.6
生长调节剂	Growth Regulator	101.7	101.7
农药器械	Appliances for Pesticide	103.1	99.8
农机用油	Agricultural Machinery oil	107.5	111.3
其他农用生产资料	Other Means of Agricultural Production	104.2	101.1
农用种子	Seeds for Farming	105.0	101.1
农用薄膜	Pellicle for Farming	102.4	100.7
其他农用生产资料	Other Means of Agricultural Production not listed	102.6	101.6
农业生产服务	Services for Agricultural Production	107.4	104.1
排灌费	Expenditure of Irrigation and Drainage	101.1	99.6
机械作业费	Expenditure of Mechanical Operations	111.2	102.1
农业用电	Agricultural Use of Electricity	99.3	99.3
农业用工	Agricultural Labor	112.9	113.8

9-13 农产品生产者价格指数

Producer Price Indices for Agricultural Products

上年=100 (preceding year=100)

项 目	Item	2013	2014	2015	2016	2017	2018
农产品生产者价格指数	**Producer Price Indices of Agricultural Products**	**103.5**	**102.2**	**102.3**	**106.5**	**99.4**	**101.3**
农业产品	**Farm Products**	**106.3**	**102.4**	**103.2**	**107.9**	**100.9**	**100.1**
谷物	Cereal	100.0	103.4	106.3	98.7	100.5	101.0
#稻谷	Rice	99.9	103.5	106.4	98.7	100.5	101.0
薯类	Potato	110.5	106.1	104.0	108.6	107.6	106.3
油料	Oil-Bearing Crops	99.9	101.9	105.3	102.9	98.8	102.2
豆类	Beans	107.1	107.3	100.6	104.5	96.4	102.2
糖料	Sugar Crops	93.6	99.2	99.4	110.2	114.4	91.4
未加工烟草	Raw Tobacco	108.1	99.6	103.3	101.6	99.4	97.5
蔬菜及食用菌	Vegetables & Edible Fungi	109.5	99.4	103.7	114.8	95.6	101.1
#叶菜类蔬菜	Leaf Vegetable	111.8	101.7	100.9	112.0	90.9	103.1
白菜类蔬菜	Chinese Cabbage Vegetable	113.2	98.2	103.2	124.0	90.3	100.6
芥菜类蔬菜	Mustard Vegetable	107.6	97.6	100.0	118.0	95.1	99.2
甘蓝类蔬菜	Brassica Vegetable	108.8	97.8	109.6	116.4	85.9	100.7
根茎类蔬菜	Root Vegetable	94.6	111.5	106.3	132.1	93.9	104.9
瓜菜类蔬菜	Coucurbita Vegetable	116.5	94.6	106.5	104.0	104.8	98.6
豆类蔬菜	Bean Vegetable	107.0	106.5	103.4	100.5	102.8	99.2
茄果类蔬菜	Solanaceous Vegetable	101.3	96.7	101.7	113.0	101.7	103.0
莴苣及菊苣类蔬菜	Lettuce Vegetable	115.1	93.6	102.4	122.4	94.5	102.9
葱蒜类蔬菜	Bulb Vegetable	105.0	100.7	111.7	102.2	98.9	102.1
花卉	Flowers	100.2	103.1	99.7	105.6	104.4	101.6
盆景及园艺产品	Potted Landscape and Gardening Products	95.0	104.2	96.8	102.0	94.7	99.2
水果及坚果	Fruit and Nuts	112.4	103.7	103.9	110.5	106.1	95.0
茶及饮料原料	Tea and Beveage Raw Meterials	99.7	116.7	102.7	105.5	103.7	104.6
林业产品	**Forestry Products**	**105.2**	**103.6**	**99.9**	**98.4**	**102.0**	**99.4**
育种和育苗	Seed Breeding and Seedling	107.1	106.8	96.0	97.1	93.5	100.1
木材采伐产品	Wood Logging	103.3	101.3	101.6	99.0	100.5	101.2
竹材采伐产品	Bamboo Logging	101.9	101.6	100.4	97.2	99.8	100.5
林产品	Forestry Products	110.0	105.8	100.2	99.2	117.1	93.2
饲养动物及其产品	**Farm Animal and Products**	**99.7**	**98.6**	**103.1**	**109.2**	**92.0**	**101.6**
活牲畜	Live Animals	99.1	93.9	107.0	122.5	89.1	89.7
#猪	Pig	97.2	93.5	107.0	122.5	89.1	89.7
活家禽	Live Birds	99.6	104.4	100.3	99.5	96.7	107.5
#鸡	Chicken	100.9	103.6	98.9	97.4	98.6	103.9
鸭	Duck	99.1	102.7	99.8	101.3	99.7	111.9
畜禽产品	Animal and Bird Products	105.5	102.3	98.1	96.2	87.6	120.3
#鸡蛋	Chicken Eggs	103.5	103.3	98.3	99.5	81.2	112.9
鸭蛋	Duck Eggs	109.9	99.7	97.5	88.0	103.1	138.4
渔业产品	**Fishing Products**	**102.8**	**105.4**	**101.1**	**104.2**	**103.9**	**103.6**
海水养殖产品	Marine Farm Products	100.0	101.5	103.0	105.4	104.9	103.2
#海水养殖鱼	Marine Farm Fish	94.3	100.8	101.2	103.4	104.8	104.6
海水养殖虾	Marine Farm Shrimp	97.5	109.7	102.4	103.9	103.1	100.3
海水捕捞产品	Marine Catching Products	106.6	104.1	103.5	104.0	104.7	105.6
#海水捕捞鲜鱼	Marine Catching Fish	108.1	105.2	103.4	103.6	104.3	106.3
海水捕捞虾	Marine Catching Shrimp	104.8	103.8	108.2	110.1	107.4	103.4
淡水养殖产品	Freshwater Farm Products	102.5	107.9	98.4	101.8	103.0	101.9
#养殖淡水鱼	Freshwater Fram Fish	101.6	105.0	96.5	100.9	103.2	102.0
淡水养殖虾	Freshwater Fram Shrimp	107.9	116.7	105.2	105.9	102.0	101.3
淡水捕捞产品	Freshwater Catching Products	105.2	107.7	100.1	109.9	102.8	109.9
#捕捞淡水鱼	Freshwater Catching Fish	103.0	108.4	104.7	116.8	101.7	112.4
淡水捕捞鲜虾	Freshwater Catching Shrimp	105.1	101.5	97.8	113.5	105.9	106.7

主要统计指标解释

居民消费价格指数 是反映一定时期内城乡居民所购买的生活消费品和服务项目价格变动趋势和程度的相对数，是对城市居民消费价格指数和农村居民消费价格指数进行综合汇总计算的结果。通过该指数可以观察和分析消费品的零售价格和服务项目价格变动对城乡居民实际生活费支出的影响程度。

城市居民消费价格指数 是反映一定时期内城市居民家庭所购买的生活消费品价格和服务项目价格变动趋势和程度的相对数。通过该指数可以观察和分析消费品的零售价格和服务项目价格变动对城镇居民收入和消费支出的影响。

农村居民消费价格指数 是反映一定时期内农村居民家庭所购买的生活消费品价格和服务项目价格变动趋势和程度的相对数。该指数可以观察农村消费品的零售价格和服务项目价格变动对农村居民收入和生活消费支出的影响。

商品零售价格指数 是反映一定时期内城乡商品零售价格变动趋势和程度的相对数。商品零售价格的变动与国家的财政收入、市场供需的平衡、消费与积累的比例关系有关。因此，该指数可以从一个侧面对上述经济活动进行观察和分析。

农业生产资料价格指数 指反映一定时期内农业生产资料价格变动趋势和程度的相对数。其编制目的是了解农业生产中投入物质资料价格的变动状况，服务于国民经济核算。1994 年以前，农业生产资料价格指数仅仅是商品零售价格指数的一个类别，此后，从商品零售价格指数中分离出来，单独编制。

农产品生产者价格指数 是反映一定时期内，农产品生产者出售农产品价格水平变动趋势及幅度的相对数。该指数可以客观反映全国农产品生产价格水平和结构变动情况，满足农业与国民经济核算需要。其中某代表品生产价格指数是通过对全部有出售该产品行为的调查单位的个体指数进行几何平均求得的，类价格指数是通过对其所属的类（或代表品）的价格指数进行加权平均求得的。季度累计价格指数的计算方法与分季指数的计算方法相同。

工业生产者出厂价格指数 是反映一定时期内全部工业产品第一次出售时的出厂价格总水平的变动趋势和变动幅度的相对数。

工业生产者购进价格指数 是反映作为中间投入的原材料、燃料、动力购进价格总水平的变动趋势和变动幅度的相对数。

固定资产投资价格指数 是反映一定时期内固定资产投资品及取费项目的价格变动趋势和变动幅度的相对数。该指数可以准确地反映固定资产投资中涉及的各类投资品和取费项目价格变动趋势和变动幅度，消除按现价计算的固定资产投资指标中的价格变动因素，真实地反映固定资产投资的规模、速度、结构和效益。

Explanatory Notes on Main Statistical Indicators

Consumer Price Indices reflect the trend and degree of changes in prices of consumer goods and services purchased by urban and rural households during a given period. They are obtained by combining Consumer Price Indices of Urban Household and Consumer Price Indices of Rural Household. The Indices enable the observation and analysis of the degree of impact of the changes in the prices of retailed goods and services on the actual living expenses of urban and rural residents.

Consumer Price Indices of Urban Household reflect the trend and degree of changes in prices of consumer goods and services purchased by urban households during a given period. It can be used to observe and analyze the impact of price changes in consumer goods and services on urban household income and consumption expenditure.

Consumer Price Indices of Rural Household reflect the trend and degree of changes in prices of consumer goods and services purchased by rural households during a given period. It can be used to observe the impact of change in retail prices of consumer goods and service prices on rural household income and consumption expenditure on living.

Retail Price Indices reflect the trend and degree of change in retail prices of commodities during a given period. The change in retail prices of commodities is related to government revenue, the equilibrium of market supply and demand, and the ratio of consumption to accumulation. Therefore, the retail price indices are useful from an oblique perspective for observing and analyzing the changes of the above economic activities.

Price Indices for Means of Agricultural Production reflect the trend and degree of changes in the prices of the means of agricultural production during a given period. Compilation of these indices helps to understand the price changes of material input in agricultural production and facilitate the compilation of national accounts. Before 1994, price indices for means of agricultural production were a sub-category in the retail price indices for commodities, and it has been compiled separately since 1994.

Producer Prices Indices for Farm Products reflect the trend and degree of changes in producers' prices received by farmers when they sell farm products during a given period. These indices depict the change in the level and structure of producer prices for farm products of the country and meet the needs of agricultural statistics and national accounts statistics. The producer price index for a given product is calculated as the geometrical mean of individual indices for all surveyed units which sell such product, and the indices for a product category is obtained as the weighted mean of price indices for all products in the category. Method for calculating accumulative quarterly indices is the same as for calculating the individual quarterly indices.

Producer Price Indices for Industrial Products reflect the trend and degree of changes in general ex-factory prices of all manufactured goods for first sale during a given period,.

Purchasing Price Indices for Industrial Producers reflect changes in the level and degree of purchasing prices such as intermediate input such as raw materials, fuels and power.

Price Indices for Investment in Fixed Assets reflect the trend and degree of changes in prices of investment goods and projects in fixed assets during a given period. Removing the factor of price change in the aggregates of investment at current prices, this indicator shows the changes in the prices of commodities and fees involved in the investment of fixed assets, and can be used to observe the actual size, growth, structure, and efficiency of investment in fixed assets.

十、人民生活

PEOPLE'S LIVING CONDITIONS

十 人民生活

简要说明

一、本篇资料反映广东居民生活状况，主要内容包括广东全体居民及分城乡居民家庭人口、收入与消费支出结构、住房面积和主要耐用消费品拥有量等。

二、本篇资料由国家统计局广东调查总队居民收支调查处整理提供。

三、居民调查资料采用二相抽样和多阶段抽样相结合的调查方法统计。

四、2013 年国家统计局实行城乡住户一体化调查改革，将过去城镇与农村分别开展的调查体系，按照统一指标、统一方法、统一标准、统一调查、统一程序的原则，整合为城乡一体化住户调查新体系。由于新旧调查体系在调查范围和对象、城乡划分标准、样本抽选方法、计算和汇总方式、指标名称和口径等都发生了变化，新旧口径指标数据衔接困难。

五、旧调查体系的农村居民纯收入指标在新的调查体系中统一为城乡可比的可支配收入，旧调查体系中的城乡经营性收入、财产性收入与转移性收入在新的调查体系中统一为经营净收入、财产净收入与转移净收入。

六、2013 年起为新口径数据， 2013 年以前的为旧调查体系的数据。

10 People's Living Conditions

Brief Introduction

Ⅰ. The data in this chapter show the basic conditions of the people’s livelihood in the urban and rural areas of Guangdong Province. The main contents include urban and rural households population, per capita income and consumption expenditure structure, housing area and possession of the major consumer goods.

Ⅱ.The data in this chapter are prepared and provided by Division of Income and Expenditure Survey under Guangdong Survey Office of the National Bureau of Statistics.

Ⅲ.The survey data of urban and rural residents are collected through two-phase sampling scheme combined with multi-stage sampling scheme.

Ⅳ.The National Bureau of Statistics of China started an integrated reform of household survey in 2013, including both rural and urban households. According to the principle of unified index, unified standard, unified survey, unified software, unified release, the separate urban and rural household surveys are changed to the integrated household income and expenditure survey. Because there are great difference of survey scope and object, survey methodology, sample selection, data collection methodology between the integrated and the separate household survey, the data produced by the integrated system of household survey are not comparable to those produced by the separate urban and rural household surveys prior to 2013.

Ⅴ.The net income of rural households of the old household survey are integrated to the disposal income of rural households in the new household survey since 2013. Income from properties, transfers and business of the old household survey are unified to net income from properties, transfers and business in the new household survey.

Ⅵ.Data before 2013 are produced by the old survey system , data since 2013 are new scope.

10-1 全省常住居民家庭基本情况

Basic Conditions of Permanent Households Provincewide

指　标	Item	2013	2014	2015	2016	2017	2018
调查户数　（户）	**Survey of households　(households)**	**7795**	**7825**	**7972**	**8154**	**8082**	**7900**
平均每户常住人口（人）	Average Number of per Permanent Household (person)	2.88	2.92	2.99	3.06	3.08	3.26
平均每户就业人口（人）	Average Number of Employed Persons per Household (person)	1.67	1.69	1.74	1.76	1.77	1.75
人均住房建筑面积（平方米）	**Per Capita housing construction area (square meter)**	**31.81**	**34.29**	**35.44**	**36.30**	**36.94**	**38.46**
人均可支配收入（元）	**Per Capita Disposable Income　(yuan)**	**23420.75**	**25684.96**	**27858.86**	**30295.80**	**33003.29**	**35809.90**
1.工资性收入	Income of Wages and Salaries	17282.35	18439.35	19878.15	21361.90	23052.87	24749.04
2.经营净收入	Net Business Income	3094.25	3458.11	3748.05	4101.77	4420.89	4734.49
3.财产净收入	Net Income from Properties	1977.29	2376.20	2683.22	3096.49	3602.02	4131.44
4.转移净收入	Net Income from Transfers	1066.87	1411.30	1549.43	1735.64	1927.50	2194.94
可支配收入构成(%)	**Composition of Disposable Income　(%)**	**100.0**	**100.0**	**100.0**	**100.0**	**100.0**	**100.0**
1.工资性收入	Income of Wages and Salaries	73.8	71.8	71.4	70.5	69.9	69.1
2.经营净收入	Net Business Income	13.2	13.5	13.5	13.5	13.5	13.2
3.财产净收入	Net Income from Properties	8.4	9.3	9.6	10.2	10.8	11.5
4.转移净收入	Net Income from Transfers	4.6	5.4	5.6	5.8	5.8	6.1
人均消费支出　（元）	**Per Capita Consumption Expenditure　(yuan)**	**17421.00**	**19205.50**	**20975.70**	**23448.42**	**24819.63**	**26053.98**
1.食品烟酒	Food,Tobacco and Liquor	6097.33	6589.77	7236.65	8015.09	8317.04	8480.76
2.衣着	Clothing	951.06	1014.62	1103.37	1209.90	1230.32	1135.31
3.居住	Living	3962.71	4300.16	4677.06	5247.05	5790.91	6643.30
4.生活用品及服务	Daily Necessities and Services	999.30	1116.53	1245.27	1401.95	1447.45	1440.79
5.交通通信	Transportation and Telecommunication	2400.12	2795.14	3020.19	3296.50	3380.02	3423.87
6.教育文化娱乐	Education,Culture and Entertainment	1810.95	1964.98	2117.29	2451.16	2620.37	2750.89
7.医疗保健	Health Service	728.89	890.45	976.08	1144.87	1319.46	1520.81
8.其他用品和服务	Other Necessities and Services	470.63	533.85	599.79	681.91	714.05	658.23
消费支出构成　(%)	**Composition of Consumption Expenditure(%)**	**100.0**	**100.0**	**100.0**	**100.0**	**100.0**	**100.0**
1.食品烟酒	Food,Tobacco and Liquor	35.0	34.3	34.5	34.2	33.5	32.6
2.衣着	Clothing	5.5	5.3	5.3	5.2	5.0	4.4
3.居住	Living	22.7	22.4	22.3	22.4	23.3	25.5
4.生活用品及服务	Daily Necessities and Services	5.7	5.8	5.9	6.0	5.8	5.5
5.交通通信	Transportation and Telecommunication	13.8	14.6	14.4	14.0	13.6	13.1
6.教育文化娱乐	Education,Culture and Entertainment	10.4	10.2	10.1	10.4	10.6	10.6
7.医疗保健	Health Service	4.2	4.6	4.7	4.9	5.3	5.8
8.其他用品和服务	Other Necessities and Services	2.7	2.8	2.8	2.9	2.9	2.5

10-2 按收入五等份分组的全体常住居民人均可支配收入
Per Capita Disposable Income of Permanent Households Provincewide by Income Quintile

单位：元 (yuan)

年份 Year	低收入户 (20%) Low Income Households (20%)	中等偏下户 (20%) Lower Middle Income Households (20%)	中等收入户 (20%) Middle Income Households (20%)	中等偏上户 (20%) Upper Middle Income Households (20%)	高收入户 (20%) High Income Households (20%)
2014	8217.51	15943.33	24262.68	34567.56	61108.41
2015	9061.46	17872.97	27320.78	37925.00	63045.38
2016	9544.65	19574.65	30598.48	41989.63	68599.33
2017	10534.31	20963.27	32339.36	45235.77	75774.57
2018	11241.71	21673.77	33984.26	49984.23	82444.32

10-3 全省常住居民人均主要食品消费量
Per Capita Consumption of Major Foods Provincewide

单位:千克 (Kg)

指 标	Item	2013	2014	2015	2016	2017	2018
粮食(原粮)	**Grain(Unprocessed)**	116.06	116.91	118.31	118.12	116.80	108.67
谷物	Cereal	108.99	109.12	110.49	109.94	108.86	101.08
薯类	Tuber	1.13	1.39	1.42	1.55	1.64	1.54
豆类	Beans and the productor	5.94	6.39	6.40	6.63	6.30	6.05
油脂类	Oil and Fats	9.41	10.39	10.18	9.57	9.23	9.16
#食用植物油	Edible Vegetable Oil	8.94	9.97	9.66	9.17	8.83	8.58
蔬菜及菜制品	Vegetable and Mushroom	90.94	96.60	98.94	98.72	100.76	100.57
#鲜菜	Fresh Vegetables	87.45	92.92	94.93	94.62	96.66	97.19
肉类	Products of Meat	33.97	35.30	36.46	36.16	36.51	40.99
#猪肉	Pork	27.82	29.04	29.70	29.07	29.07	34.02
禽类	Poultry	16.39	16.90	18.65	20.07	20.62	21.08
#鸡	Chick	10.60	10.92	12.26	13.18	13.40	13.74
水产品	Aquatic Products	19.71	20.81	22.03	21.98	22.85	22.03
#鱼类	Fresh	15.22	15.70	16.19	16.44	16.86	16.35
蛋类	Eggs	5.92	6.36	6.95	7.03	7.32	7.39
#鲜蛋	Fresh Eggs	5.49	5.99	6.55	6.65	6.89	7.06
奶及奶制品	Milk and Dairy Products	7.62	7.85	8.33	7.54	7.71	8.63
#鲜奶	Fresh Milk	4.89	4.89	4.87	4.14	4.21	4.65
干鲜瓜果类	Dried and Fresh Melons and Fruits	29.47	32.29	36.00	38.12	40.11	39.45
#鲜瓜果	Fresh Melons and Fruits	26.54	29.27	32.71	34.59	36.39	35.66
糖果糕点类	Candy Pastry	6.51	6.54	6.73	6.54	6.32	6.95
#食糖	Sugar	1.41	1.50	1.45	1.54	1.54	1.56

10-4 全省常住居民平均每百户年末主要耐用消费品拥有量

Number of Major Durable Consumer Goods Owned per 100 Permanent Households

指 标	Item	2013	2014	2015	2016	2017	2018
家用汽车 （辆）	Car (set)	19.46	20.71	24.58	29.36	31.58	36.94
摩托车 （辆）	Motorcycle (set)	50.22	57.61	60.75	62.78	64.24	67.25
电动助力车 （台）	Electric Bicycle (set)	16.93	19.66	23.05	27.17	30.88	34.60
洗衣机 （台）	Washing Machine (set)	60.62	64.06	69.28	75.09	78.18	89.73
电冰箱(柜) （台）	Refrigerator (set)	67.56	70.79	76.10	80.69	84.44	94.41
微波炉 （台）	Microwave Oven (set)	31.83	32.62	33.96	36.11	38.13	39.16
彩色电视机 （台）	Color Television (set)	97.92	102.85	104.27	104.84	106.91	109.07
空调 （台）	Air Conditioner (set)	104.91	109.39	122.24	136.18	145.24	176.07
热水器 （台）	Water Heater (unit)	74.33	77.31	81.98	85.23	88.72	99.43
排油烟机 （台）	Fume hood (set)	47.19	48.68	49.98	52.67	55.35	65.54
移动电话 （部）	Mobile Phone (set)	209.69	220.78	233.72	241.86	248.76	268.23
计算机 （台）	Computer (set)	64.54	67.88	70.90	73.94	75.83	69.34
照相机 （台）	Camera (set)	30.14	29.81	28.36	24.74	24.61	15.88

10-5 各市全体常住居民人均可支配收入

Per Capita Disposable Income of Permanent Households by City

单位：元 (yuan)

市别	City	2014	2015	2016	2017	2018
广州	Guangzhou	39229.1	42718.2	46667.0	50782.2	55276.1
深圳	Shenzhen	40948.0	44633.3	48695.0	52938.0	57543.6
珠海	Zhuhai	33234.9	36157.9	40154.1	44043.1	48107.1
汕头	Shantou	17266.3	18996.0	20713.0	22521.0	24428.0
佛山	Foshan	35139.8	38501.3	41940.7	45813.3	49629.5
韶关	Shaoguan	16622.7	18143.1	19977.5	21865.9	23676.0
河源	Heyuan	13283.1	14548.1	16077.4	17717.7	19397.1
梅州	Meizhou	14893.8	16404.4	17986.6	19635.0	21217.0
惠州	Huizhou	22901.6	25219.6	28061.4	31090.6	33929.9
汕尾	Shanwei	15211.6	16473.5	17936.7	19325.8	21001.1
东莞	Dongguan	35711.9	38650.6	41901.9	45450.6	49331.0
中山	Zhongshan	32847.4	35712.2	40012.4	43553.7	46865.0
江门	Jiangmen	20585.7	22364.4	24426.7	26850.6	29546.9
阳江	Yangjiang	16311.2	17777.3	19513.2	21443.9	23281.8
湛江	Zhanjiang	15301.8	16631.7	17934.4	19631.6	21426.9
茂名	Maoming	15266.2	16847.3	18402.7	19885.2	21349.9
肇庆	Zhaoqing	17333.5	18991.4	20579.8	22360.0	24070.9
清远	Qingyuan	15637.0	17070.0	18859.3	20692.0	22369.4
潮州	Chaozhou	15242.5	16815.6	18060.5	19429.0	20895.1
揭阳	Jieyang	14953.2	16308.4	17654.1	18750.1	20042.3
云浮	Yunfu	14061.3	15212.4	16517.6	17874.5	19239.1
按经济区域分	By Region					
珠三角	Pearl River Delta	33642.1	36662.0	40109.1	43840.1	47911.0
东翼	Eastern Region	15782.0	17274.7	18744.6	20166.7	21754.2
西翼	Western Region	15448.5	16895.9	18364.5	20016.4	21691.0
山区	Mountainous Region	14948.7	16344.8	17967.6	19657.1	21288.0

注：按照国家统计局的统一部署，广东省分市县城乡一体化住户调查工作从2013年底正式启动，从2014年开始正式对外发布分市全体常住居民人均可支配收入数据。

Note: Under the unified deployment by NBS, Guangdong province started an integrated househould survey by city and county since 2013, inluding both urban and rural households . Since 2014 the data of per caipita disposal income and expenditures of all permannet househoulds in the province by city is realsed officially after the transitional period.

10-6 各市全体常住居民人均可支配收入来源（2018年）

Per Capita Disposable Income of Permanent Households by Sources and City (2018)

单位：元 (yuan)

地 区	City	可支配收入 Disposable Income	工资性收入 Income of Wages and Salaries	经营净收入 Net Business Income	财产净收入 Net Income from Property	转移净收入 Net Income from Transfer
全 省	**Provincial Total**	**35809.9**	**24749.0**	**4734.5**	**4131.4**	**2194.9**
广 州	Guangzhou	55276.1	36710.1	3428.5	10045.6	5091.9
深 圳	Shenzhen	57543.6	47767.3	7022.8	6137.2	-3383.7
珠 海	Zhuhai	48107.1	35471.8	4140.4	6444.7	2050.3
汕 头	Shantou	24428.0	16915.1	2887.3	1469.3	3156.3
佛 山	Foshan	49629.5	31093.7	7226.3	8188.7	3120.8
韶 关	Shaoguan	23676.0	13912.4	4706.1	1534.4	3523.1
河 源	Heyuan	19397.1	12402.3	3813.1	582.5	2599.3
梅 州	Meizhou	21217.0	11998.2	3923.0	912.9	4382.9
惠 州	Huizhou	33929.9	22785.4	6391.7	3245.4	1507.5
汕 尾	Shanwei	21001.1	12529.9	3819.0	760.9	3891.3
东 莞	Dongguan	49331.0	35883.5	5150.3	8766.2	-469.0
中 山	Zhongshan	46865.0	31628.6	5834.0	5205.8	4196.6
江 门	Jiangmen	29546.9	21868.3	2252.0	2589.5	2837.1
阳 江	Yangjiang	23281.8	13442.4	5061.3	1704.4	3073.9
湛 江	Zhanjiang	21426.9	12304.8	4605.8	976.3	3539.9
茂 名	Maoming	21349.9	11881.4	2690.1	1670.4	5108.0
肇 庆	Zhaoqing	24070.9	14863.8	4128.2	1396.1	3682.8
清 远	Qingyuan	22369.4	13539.8	4418.4	927.5	3483.7
潮 州	Chaozhou	20895.1	12665.9	3799.9	1080.0	3349.3
揭 阳	Jieyang	20042.3	11237.5	4669.2	1003.3	3132.3
云 浮	Yunfu	19239.1	12019.7	2922.2	896.6	3400.6

10-7 各市全体常住居民人均消费支出

Per Capita Consumption Expenditure of Permanent Households by City

单位：元 (yuan)

市　别	City	2014	2015	2016	2017	2018
广　州	Guangzhou	30578.7	32886.7	35388.0	37496.1	39467.1
深　圳	Shenzhen	28852.8	32359.2	36480.6	38320.1	40535.0
珠　海	Zhuhai	25125.8	27199.0	30479.3	32981.4	35081.4
汕　头	Shantou	14562.5	16181.3	17532.6	18789.2	19186.8
佛　山	Foshan	24849.1	27713.1	30561.6	32648.0	34052.6
韶　关	Shaoguan	12221.0	13383.3	14804.1	16055.7	17207.8
河　源	Heyuan	9978.0	10765.2	12236.8	13580.7	14593.5
梅　州	Meizhou	11223.2	12394.3	13823.9	15298.6	15912.5
惠　州	Huizhou	16985.8	18314.9	20461.3	22968.8	24461.9
汕　尾	Shanwei	11596.3	12728.9	14167.0	15180.9	16414.2
东　莞	Dongguan	26532.4	28255.6	29905.6	31849.5	33208.9
中　山	Zhongshan	22013.4	23399.1	26636.9	29034.2	31057.9
江　门	Jiangmen	14257.7	15610.9	17281.9	19302.4	19751.6
阳　江	Yangjiang	13144.7	14013.9	15793.9	17217.9	17850.1
湛　江	Zhanjiang	11438.8	12273.8	13303.6	14513.9	15302.6
茂　名	Maoming	11238.7	12427.5	13480.1	14494.5	15440.7
肇　庆	Zhaoqing	11492.1	12554.7	13927.6	14867.7	15505.6
清　远	Qingyuan	11763.7	12811.9	14403.0	15580.2	16709.5
潮　州	Chaozhou	11899.4	12749.9	13752.1	14561.9	15616.1
揭　阳	Jieyang	11527.1	12440.4	13248.7	14036.1	14574.3
云　浮	Yunfu	10636.9	11432.2	12323.9	13383.4	13672.1

注：按照国家统计局的统一部署，广东省分市县城乡一体化住户调查工作从2013年底正式启动，从2014年开始正式对外发布分市全体常住居民人均消费支出数据。

Note: Under the unified deployment by NBS, Guangdong province started an integrated househould survey by city and county since 2013, inluding both urban and rural households . Since 2014 the data of per caipita disposal income and expenditures of all permannet househoulds in the province by city is realsed officially after the transitional period.

10-8 城镇常住居民家庭基本情况
Basic Conditions of Urban Permanent Households

指 标	Item	2013	2014	2015	2016	2017	2018
调查户数 （户）	**Survey of households (household)**	**4761**	**5221**	**5453**	**5542**	**5477**	**5550**
平均每户常住人口 （人）	Average number of residents per Permanent Household (person)	2.59	2.69	2.77	2.83	2.87	3.18
平均每户就业人口 （人）	Average Number of Employed Persons per Permanent Household (person)	1.54	1.59	1.63	1.66	1.67	1.73
人均住房建筑面积（平方米）	**Per Capita housing construction area (sq.m)**	**30.27**	**31.88**	**32.25**	**32.74**	**33.09**	**34.49**
人均可支配收入 （元）	**Per Capita Disposable Income (yuan)**	**29537.29**	**32148.11**	**34757.16**	**37684.25**	**40975.14**	**44340.97**
1.工资性收入	Income of Wages and Salaries	23031.59	24315.60	26136.85	27965.30	30087.32	32180.07
2.经营净收入	Net Business Income	3117.21	3547.42	3823.19	4203.91	4560.78	4872.61
3.财产净收入	Income from Properties	2762.22	3376.82	3799.54	4374.77	5077.21	5816.63
4.转移净收入	Income from Transfers	626.27	908.27	997.58	1140.27	1249.83	1471.66
人均消费支出 （元）	**Per Capita Consumption Expenditure(yuan)**	**21621.46**	**23611.74**	**25673.08**	**28613.33**	**30197.91**	**30924.31**
1.食品烟酒	Food,Tobacco and Liquor	7254.04	7850.17	8533.35	9421.58	9711.65	9780.22
2.衣着	Clothing	1283.22	1344.75	1453.68	1583.42	1587.10	1415.27
3.居住	Living	4987.86	5291.47	5715.35	6410.37	7127.84	8147.75
4.生活用品及服务	Daily Necessities and Services	1235.16	1365.10	1526.29	1721.85	1782.84	1726.24
5.交通通信	Transportation and Telecommunication	3139.02	3625.42	3905.05	4198.09	4285.55	4107.31
6.教育文化娱乐	Education,Culture and Entertainment	2315.55	2468.38	2671.54	3103.40	3284.28	3335.67
7.医疗保健	Health Service	793.62	988.32	1096.42	1304.48	1503.56	1591.33
8.其他用品和服务	Other Necessities and Services	612.98	678.14	771.41	870.14	915.10	820.52
消费支出构成 （%）	**Composition of Consumption Expenditure**	**100.0**	**100.0**	**100.0**	**100.0**	**100.0**	**100.0**
1.食品烟酒	Food,Tobacco and Liquor	33.6	33.2	33.2	32.9	32.2	31.6
2.衣着	Clothing	5.9	5.7	5.7	5.5	5.3	4.6
3.居住	Living	23.1	22.4	22.3	22.4	23.5	26.3
4.生活用品及服务	Daily Necessities and Services	5.7	5.8	5.9	6.0	5.9	5.6
5.交通通信	Transportation and Telecommunication	14.5	15.4	15.2	14.7	14.2	13.3
6.教育文化娱乐	Education,Culture and Entertainment	10.7	10.5	10.4	10.9	10.9	10.8
7.医疗保健	Health Service	3.7	4.2	4.3	4.6	5.0	5.1
8.其他用品和服务	Other Necessities and Services	2.8	2.8	3.0	3.0	3.0	2.7

10-9 历年城镇常住居民人均可支配收入及生活消费支出(1978-2012)

Per Capita Disposable Income and Consumption Expenditure of Urban Permanent Households (1978-2012)

年份 Year	人均可支配收入(元) Per Capita Disposable Income (yuan)	指数 Index			人均消费支出(元) Per Capita Consumption Expenditure (yuan)	指数 Index		恩格尔系数(%) Engle Coefficient (%)
		名义增长(上年为100) Nominal Growth (preceding year=100)	实际增长(上年为100) Real Growth (preceding year=100)	实际增长(1978年为100) Real Growth (1978=100)		名义增长(上年为100) Nominal Growth (preceding year=100)	实际增长(上年为100) Real Growth (preceding year=100)	
1978	412.13	101.0	96.6	100	399.96	106.3	101.5	66.6
1979	416.33	101.0	96.6	96.6	424.96	106.3	101.5	67.0
1980	472.57	113.5	103.7	100.1	485.76	114.3	104.5	65.5
1981	560.69	118.6	111.6	111.7	517.44	106.5	100.2	65.8
1982	631.45	112.6	109.8	122.7	592.08	114.4	111.5	64.2
1983	714.20	113.1	110.0	135.0	660.12	111.5	108.5	64.5
1984	818.37	114.6	112.4	151.8	744.36	112.8	110.7	63.6
1985	954.12	116.6	99.6	151.1	889.56	119.5	102.1	58.3
1986	1102.09	115.5	110.3	166.7	998.88	112.3	107.2	58.6
1987	1320.89	119.9	106.3	177.1	1215.84	121.7	107.9	56.7
1988	1583.13	119.9	92.6	163.9	1506.99	123.9	95.7	56.7
1989	2086.21	131.8	108.1	177.2	1921.05	127.5	104.6	56.5
1990	2303.15	110.4	113.3	200.8	1983.86	103.3	106.0	57.2
1991	2752.18	119.5	116.8	234.6	2388.77	120.4	117.7	53.1
1992	3476.70	126.3	116.5	273.4	2830.62	118.5	110.4	51.5
1993	4632.38	133.2	109.2	298.6	3777.43	133.4	110.3	48.9
1994	6367.08	137.4	113.6	339.2	5181.30	137.2	113.4	46.4
1995	7438.68	116.8	103.3	350.4	6253.68	120.7	106.7	48.0
1996	8157.81	109.7	102.3	358.4	6736.09	107.7	100.5	47.3
1997	8561.71	105.0	102.8	368.4	6853.48	101.7	99.7	46.0
1998	8839.68	103.2	105.0	387.0	7054.09	102.9	104.7	44.1
1999	9125.92	103.2	104.9	406.0	7517.81	106.6	108.3	40.6
2000	9761.57	107.0	104.7	424.9	8016.91	106.6	104.3	38.6
2001	10415.19	106.7	107.6	457.0	8099.63	101.0	101.8	38.1
2002	11137.20	109.1	110.6	495.7	8988.48	111.0	112.6	38.5
2003	12380.40	111.2	110.4	547.2	9636.24	107.2	106.5	37.2
2004	13627.65	110.1	107.3	587.0	10694.79	111.0	108.2	37.0
2005	14769.94	108.4	106.3	623.8	11809.87	110.4	108.2	36.1
2006	16015.58	108.4	106.5	664.3	12432.22	105.3	103.4	36.2
2007	17699.30	110.5	106.6	707.9	14336.87	115.3	111.2	35.3
2008	19732.86	111.5	105.7	748.3	15527.97	108.3	102.7	37.8
2009	21574.72	109.3	112.0	838.1	16857.51	108.6	111.3	36.9
2010	23897.80	110.8	107.5	901.0	18489.53	109.7	106.4	36.5
2011	26897.48	112.6	106.9	963.2	20251.82	109.5	104.0	36.9
2012	30226.71	112.4	109.3	1052.8	22396.35	110.6	107.6	36.9

10-10 全省城镇常住居民人均主要食品消费量

Per Capita Consumption of Major Foods Urban Househoulds

单位:千克 (Kg)

指　标	Item	2013	2014	2015	2016	2017	2018
粮食(原粮)	**Grain(Unprocessed)**	**97.29**	**97.75**	**97.78**	**96.52**	**93.75**	**93.89**
谷物	Cereal	89.70	89.80	89.88	88.46	85.89	86.28
薯类	Tuber	1.15	1.32	1.46	1.57	1.59	1.54
豆类	Beans and the Productor	6.44	6.63	6.44	6.50	6.26	6.07
油脂类	Oil and Fats	8.35	8.82	9.08	9.21	8.98	8.16
#食用植物油	Edible Vegetable Oil	8.04	8.51	8.88	8.93	8.70	7.77
蔬菜及菜制品	Vegetable and Mushroom	91.12	95.90	97.64	97.95	100.76	98.52
#鲜菜	Fresh Vegetables	87.04	91.47	92.96	93.18	96.08	94.86
肉类	Products of Meat	35.19	36.03	36.67	36.35	36.59	40.71
#猪肉	Pork	27.80	28.59	28.73	28.18	28.17	33.07
禽类	Poultry	16.25	16.45	18.01	19.15	19.28	19.80
#鸡	Chick	10.52	10.42	11.81	12.59	12.46	13.06
水产品	Aquatic Products	21.31	22.53	23.63	23.48	24.51	23.06
#鱼类	Fresh	16.10	16.53	16.84	17.19	17.75	16.76
蛋类	Eggs	6.43	6.76	7.28	7.33	7.57	7.58
#鲜蛋	Fresh Eggs	5.98	6.30	6.78	6.86	7.04	7.19
奶及奶制品	Milk and Dairy Products	10.24	10.46	11.03	9.73	9.74	10.76
#鲜奶	Fresh Milk	6.80	6.70	6.62	5.55	5.55	5.79
干鲜瓜果类	Dried and Fresh Melons and Fruits	35.80	38.09	42.04	43.47	45.46	45.14
#鲜瓜果	Fresh Melons and Fruits	32.27	34.52	38.18	39.42	41.35	41.07
糖果糕点类	Candy Pastry	7.40	7.58	7.56	6.89	6.49	7.75
#食糖	Sugar	1.33	1.38	1.24	1.27	1.26	1.41

10-11 全省城镇常住居民平均每百户年末主要耐用消费品拥有量

Number of Major Durable Consumer Goods Owned per 100 Urban Permanent Households at the Year-end

项　目	Item	2013	2014	2015	2016	2017	2018
家用汽车 (辆)	Car (set)	23.10	25.53	29.67	34.65	36.69	42.92
摩托车 (辆)	Motorcycle (set)	32.56	39.21	40.15	41.38	42.62	46.42
电动助力车 (台)	Electric Bicycle (set)	_	_	20.20	24.00	28.10	34.08
洗衣机 (台)	Washing Machine (set)	63.44	67.57	70.91	75.32	78.08	91.84
电冰箱 (台)	Refrigerator (set)	68.06	71.67	75.30	79.17	83.18	95.04
微波炉 (台)	Microwave Oven (set)	36.98	38.52	39.40	41.49	43.69	44.28
彩色电视机 (台)	Color Television (set)	92.61	98.68	99.53	99.57	101.97	105.94
空调 (台)	Air Conditioner (set)	125.63	132.26	144.26	155.97	164.88	202.39
热水器 (台)	Water Heater (unit)	_	_	83.50	83.30	88.88	101.71
排油烟机 (台)	Fume Hood (set)	_	_	57.50	59.30	61.90	72.47
移动电话 (部)	Mobile Telephone (set)	200.43	210.70	221.45	228.18	234.79	258.88
计算机 (台)	Computer (set)	77.45	81.55	84.45	86.96	88.29	83.66
照相机 (台)	Camera (set)	_	_	37.10	32.20	32.00	20.50

10-12 各市城镇常住居民人均可支配收入
Per Capita Disposable Income of Urban Permanent Households by City

单位：元 (yuan)

市　别	City	2014	2015	2016	2017	2018
广　州	Guangzhou	42954.6	46734.6	50940.7	55400.5	59982.1
深　圳	Shenzhen	40948.0	44633.3	48695.0	52938.0	57543.6
珠　海	Zhuhai	35287.3	38322.0	42537.4	46826.4	50713.0
汕　头	Shantou	21445.9	23260.1	25120.9	27175.1	29077.3
佛　山	Foshan	36554.7	39756.9	43120.3	46848.5	50736.9
韶　关	Shaoguan	21583.3	23504.2	25854.6	28305.9	30287.3
河　源	Heyuan	18246.0	20015.8	21817.3	23779.6	25491.8
梅　州	Meizhou	19845.6	21810.3	23642.4	25694.6	27385.3
惠　州	Huizhou	27299.6	30056.9	33212.8	36608.3	39573.6
汕　尾	Shanwei	19036.2	20616.2	22389.2	24085.5	26012.3
东　莞	Dongguan	36764.0	39793.4	43096.2	46739.1	50721.3
中　山	Zhongshan	34303.9	37254.0	41612.8	45295.3	48803.6
江　门	Jiangmen	24976.2	27116.7	29557.2	32477.8	35465.8
阳　江	Yangjiang	21239.8	23087.7	25281.0	27568.1	29360.1
湛　江	Zhanjiang	21317.4	23129.4	24887.2	27119.3	29046.3
茂　名	Maoming	19540.5	21396.8	23322.6	25315.4	27163.4
肇　庆	Zhaoqing	21725.8	23746.3	25907.2	28276.1	30679.6
清　远	Qingyuan	21093.4	22907.4	25266.9	27610.0	29377.0
潮　州	Chaozhou	18854.7	20457.3	21787.1	22695.0	24170.2
揭　阳	Jieyang	19635.2	21343.5	22944.2	24099.7	25425.2
云　浮	Yunfu	18678.6	20154.2	21887.5	23446.0	24946.5
按经济区域分	By Region					
珠三角	Pearl River Delta	37063.7	40284.5	43967.4	47926.9	52129.1
东　翼	Eastern Region	20089.2	21798.1	23478.3	25029.1	26694.2
西　翼	Western Region	20656.2	22489.3	24390.2	26542.6	28404.7
山　区	Mountainous Region	20097.9	21920.5	23963.1	26084.4	27826.9

注：按照国家统计局的统一部署，广东省分市县城乡一体化住户调查工作从2013年底正式启动，从2014年开始正式对外发布分市城镇常住居民人均可支配收入数据。

Note: Under the unified deployment by NBS, Guangdong province started an integrated househould survey by city and county since 2013, inluding both urban and rural households . Since 2014 the data of per caipita disposal income of all permannet househoulds in the province by city is realsed officially after the transitional period.

10−13 各市城镇常住居民人均可支配收入来源（2018年）

Per Capita Disposable Income of Urban Permanent Households by Sources and City (2018)

单位：元 (yuan)

地　区	City	可支配收入 Disposable Income	工资性收入 Income of Wages and Salaries	经营净收入 Net Business Income	财产净收入 Net Income from Property	转移净收入 Net Income from Transfer
全　省	**Provincial Total**	**44341.0**	**32180.1**	**4872.6**	**5816.6**	**1471.7**
广　州	Guangzhou	59982.1	39572.1	3518.1	11320.2	5571.7
深　圳	Shenzhen	57543.6	47767.3	7022.8	6137.2	-3383.7
珠　海	Zhuhai	50713.0	37533.2	4243.3	6855.7	2080.8
汕　头	Shantou	29077.3	19591.2	3538.1	2102.3	3845.7
佛　山	Foshan	50736.9	31773.5	7302.5	8450.7	3210.2
韶　关	Shaoguan	30287.3	19686.8	4209.9	2059.5	4331.1
河　源	Heyuan	25491.8	17544.8	3844.0	1099.9	3003.1
梅　州	Meizhou	27385.3	16693.2	3732.5	1761.0	5198.6
惠　州	Huizhou	39573.6	27341.1	6610.3	4180.1	1442.0
汕　尾	Shanwei	26012.3	15464.6	4430.4	1339.8	4777.5
东　莞	Dongguan	50721.3	36257.8	5532.0	9264.8	-333.4
中　山	Zhongshan	48803.6	32893.6	6051.6	5417.2	4441.1
江　门	Jiangmen	35465.8	26544.5	2244.3	3344.2	3332.8
阳　江	Yangjiang	29360.1	17790.1	4964.4	3172.0	3433.7
湛　江	Zhanjiang	29046.3	19185.2	3810.2	2104.7	3946.2
茂　名	Maoming	27163.4	17609.9	3916.5	2639.4	2997.6
肇　庆	Zhaoqing	30679.6	20862.1	3267.4	2347.0	4203.1
清　远	Qingyuan	29377.0	18908.9	4455.9	1629.2	4383.0
潮　州	Chaozhou	24170.2	14774.2	3590.2	1641.0	4164.8
揭　阳	Jieyang	25425.2	13526.2	6463.1	1894.2	3541.7
云　浮	Yunfu	24946.5	16514.6	2704.3	2101.0	3626.6

10－14　各市城镇常住居民人均消费支出

Per Capita Consumption Expenditure of Urban Permanent Households by City

单位：元　　(yuan)

市　别	City	2014	2015	2016	2017	2018
广　州	Guangzhou	33384.7	35752.5	38398.2	40636.8	42181.0
深　圳	Shenzhen	28852.8	32359.2	36480.6	38320.1	40535.0
珠　海	Zhuhai	26637.8	28741.5	32150.5	34734.7	36818.8
汕　头	Shantou	18036.5	19352.4	20721.3	21777.6	21998.3
佛　山	Foshan	26043.2	28396.4	31303.2	33451.0	34803.5
韶　关	Shaoguan	15224.0	16592.5	18142.5	19630.2	20808.0
河　源	Heyuan	12467.5	13430.6	15122.9	16458.2	17343.1
梅　州	Meizhou	14064.3	15295.0	16835.4	18474.0	18659.0
惠　州	Huizhou	20065.2	21580.8	23778.5	26423.8	27772.5
汕　尾	Shanwei	14829.4	15874.5	17374.3	18497.3	19800.8
东　莞	Dongguan	27071.1	29000.9	30687.7	32498.3	33675.1
中　山	Zhongshan	22943.9	24326.9	27630.9	30131.5	32180.4
江　门	Jiangmen	16761.5	18330.9	20459.1	22905.9	23237.4
阳　江	Yangjiang	16723.2	17794.2	19757.9	21514.3	21782.2
湛　江	Zhanjiang	15923.2	17092.6	18416.5	20014.0	20214.0
茂　名	Maoming	13929.8	15294.9	16266.1	17511.8	18022.0
肇　庆	Zhaoqing	15214.6	16361.2	17882.8	18945.0	19984.4
清　远	Qingyuan	14976.3	15920.7	17795.5	19232.3	20270.2
潮　州	Chaozhou	13966.8	14831.6	15861.0	16257.3	17386.4
揭　阳	Jieyang	14015.2	15089.3	16060.9	16746.7	16907.5
云　浮	Yunfu	12991.8	13926.6	14729.8	15920.8	16398.4

注：按照国家统计局的统一部署，广东省分市县城乡一体化住户调查工作从2013年底正式启动，从2014年开始正式对外发布分市城镇常住居民人均消费支出数据。

Note: Under the unified deployment by NBS, Guangdong province started an integrated househould survey by city and county since 2013, inluding both urban and rural households. Since 2014 the data of per caipita expenditures of all permannet househoulds in the province by city is realsed officially after the transitional period.

10-15 农村常住居民家庭基本情况

Basic Conditions of Rural Permanent Households

指　标	Item	2013	2014	2015	2016	2017	2018
调查户数　（户）	**Survey of households　(household)**	**3034**	**2604**	**2602**	**2612**	**2605**	**2350**
平均每户常住人口　（人）	Average number of residents per Permanent Household　(person)	3.71	3.54	3.60	3.69	3.65	3.45
平均每户就业人口　（人）	Average Number of Employed Persons per Permanent Household　(person)	2.03	1.98	2.04	2.07	2.03	1.81
人均住房建筑面积(平方米)	**Per Capita housing construction area (sq.m)**	**34.92**	**39.32**	**42.14**	**43.92**	**45.27**	**47.13**
人均可支配收入　（元）	**Per Capita Disposable Income　(yuan)**	**11067.79**	**12245.56**	**13360.44**	**14512.15**	**15779.74**	**17167.74**
1.工资性收入	Income of Wages and Salaries	5671.20	6220.34	6724.01	7255.30	7854.63	8510.68
2.经营净收入	Net Business Income	3047.86	3272.39	3590.14	3883.59	4118.65	4432.67
3.财产净收入	Income from Properties	392.04	295.53	337.01	365.76	414.81	448.93
4.转移净收入	Income from Transfers	1956.69	2457.30	2709.27	3007.50	3391.65	3775.47
人均消费支出　（元）	**Per Capita Consumption Expenditure (yuan)**	**8937.76**	**10043.21**	**11103.03**	**12414.84**	**13199.62**	**15411.31**
1.食品烟酒	Food,Tobacco and Liquor	3761.23	3968.92	4511.34	5010.47	5303.94	5641.17
2.衣着	Clothing	280.23	328.15	367.13	411.96	459.47	523.56
3.居住	Living	1892.33	2238.82	2494.84	2761.88	2902.43	3355.77
4.生活用品及服务	Daily Necessities and Services	522.97	599.65	654.65	718.56	722.83	817.03
5.交通通信	Transportation and Telecommunication	907.84	1068.68	1160.44	1370.48	1423.58	1930.41
6.教育文化娱乐	Education,Culture and Entertainment	791.85	918.22	952.41	1057.80	1185.96	1473.04
7.医疗保健	Health Service	598.17	686.95	723.15	803.88	921.72	1366.73
8.其他用品和服务	Other Necessities and Services	183.15	233.82	239.09	279.81	279.70	303.60
消费支出构成　（%）	**Composition of Consumption Expenditure**	**100.0**	**100.0**	**100.0**	**100.0**	**100.0**	**100.0**
1.食品烟酒	Food,Tobacco and Liquor	42.1	39.5	40.6	40.4	40.2	36.6
2.衣着	Clothing	3.1	3.3	3.3	3.3	3.5	3.4
3.居住	Living	21.2	22.3	22.5	22.2	22.0	21.8
4.生活用品及服务	Daily Necessities and Services	5.9	6.0	5.9	5.8	5.5	5.3
5.交通通信	Transportation and Telecommunication	10.2	10.6	10.5	11.0	10.8	12.5
6.教育文化娱乐	Education,Culture and Entertainment	8.9	9.1	8.6	8.5	9.0	9.6
7.医疗保健	Health Service	6.7	6.8	6.5	6.5	6.9	8.9
8.其他用品和服务	Other Necessities and Services	1.9	2.4	2.2	2.3	2.1	2.0

注：2013年起为新口径数据。

Note: Since 2013, the relative data of rural households have been caculated according to the new standard.

10-16 历年农村常住居民人均纯收入及生活消费支出（1978-2012）
Per Capita Income and Consumption Expenditure of Rural Households (1978-2012)

年份 Year	人均纯收入（元）Per Capita Net Income (yuan)	指数 Index			人均生活消费支出（元）Per Capita Living Expenditure (yuan)	指数 Index		恩格尔系数（%）Engle Coefficient (%)
		名义增长（上年为100）Nominal Growth (Preceding year=100)	实际增长（上年为100）Real Growth (Preceding year=100)	实际增长（1978年为100）Real Growth (1978=100)		名义增长（上年为100）Nominal Growth (Preceding year=100)	实际增长（上年为100）Real Growth (Preceding year=100)	
1978	193.25	107.9		100.0	184.89	97.4		61.7
1979	222.72	115.2	113.6	113.6	205.18	111.0	110.1	59.9
1980	274.37	123.2	119.4	135.6	222.22	108.3	103.9	60.4
1981	325.37	118.6	111.4	151.1	266.05	119.7	112.1	59.3
1982	381.79	117.3	112.7	170.3	312.44	117.4	116.2	58.4
1983	395.92	103.7	107.0	182.2	328.76	105.2	106.3	60.3
1984	425.34	107.4	107.2	195.3	346.19	105.3	105.0	59.3
1985	495.31	116.5	109.8	214.5	388.00	112.1	105.7	60.4
1986	546.43	110.3	107.6	230.8	454.06	117.0	111.1	58.8
1987	662.24	121.2	111.1	256.4	545.25	120.1	109.5	57.3
1988	808.70	122.1	102.7	263.3	684.67	125.6	103.2	55.2
1989	955.02	118.1	102.0	268.6	870.59	127.2	107.3	53.7
1990	1043.03	109.2	101.6	272.9	932.63	107.1	99.7	57.7
1991	1143.06	109.6	109.4	298.5	942.40	101.1	101.2	57.4
1992	1307.65	114.4	110.4	329.6	1060.29	112.5	108.8	54.0
1993	1674.78	128.1	106.1	349.7	1391.01	131.2	106.8	52.8
1994	2181.52	130.3	103.8	363.0	1882.00	135.3	103.6	55.6
1995	2699.24	123.7	106.5	386.6	2255.01	119.8	105.3	54.5
1996	3183.46	117.9	107.6	415.9	2584.16	114.6	106.9	51.6
1997	3467.69	108.9	104.2	433.4	2617.65	101.3	100.3	52.3
1998	3527.14	101.7	103.4	448.2	2683.18	102.5	103.8	51.1
1999	3628.93	102.9	106.2	475.9	2645.94	98.6	101.7	50.7
2000	3654.48	100.7	100.9	480.2	2646.02	100.0	100.0	49.8
2001	3769.79	103.2	103.5	497.0	2703.36	102.2	102.5	49.9
2002	3911.91	103.8	105.1	522.4	2825.01	104.5	106.0	47.6
2003	4054.58	103.6	103.4	540.1	2927.35	103.6	103.4	47.9
2004	4365.87	107.7	104.0	561.8	3240.78	110.7	106.7	48.8
2005	4690.49	107.4	104.5	587.0	3707.73	114.4	111.4	48.3
2006	5079.78	108.3	106.4	624.6	3885.97	104.8	103.2	48.6
2007	5624.04	110.7	106.5	665.5	4202.32	108.1	104.5	49.7
2008	6399.77	113.8	107.6	715.8	4872.96	115.9	109.6	49.0
2009	6906.93	107.9	110.7	792.4	5019.81	103.0	105.3	48.3
2010	7890.25	114.2	110.3	874.0	5515.58	109.9	106.5	47.7
2011	9371.73	118.8	111.9	978.0	6725.55	121.9	115.5	49.1
2012	10542.84	112.5	109.3	1069.0	7458.56	110.9	107.8	49.1

注：本表数据来源于2013年之前分别开展的城镇住户调查和农村住户调查。

Note: The data shown in the table are compiled on the basis of the urban and rural househould surveys before year 2013.

10－17 全省农村常住居民人均主要食品消费量

Per Capita Consumption of Major Foods of Rural Househoulds

单位：千克 (Kg)

指　标	Item	2013	2014	2015	2016	2017	2018
粮食(原粮)	**Grain(Unprocessed)**	**165.05**	**156.76**	**161.45**	**164.25**	**166.58**	**140.98**
谷物	Cereal	159.02	149.32	153.80	155.83	158.47	133.41
薯类	Tuber	1.08	1.54	1.34	1.50	1.74	1.56
豆类	Beans and the Productor	4.95	5.91	6.30	6.92	6.37	6.02
油脂类	Oil and Fats	11.53	13.64	12.78	10.34	9.78	11.34
#食用植物油	Edible Vegetable Oil	10.75	13.01	12.02	9.67	9.12	10.37
蔬菜及菜制品	Vegetable and Mushroom	90.57	98.47	101.68	100.38	100.75	105.04
#鲜菜	Fresh Vegetables	88.28	95.92	99.07	97.69	97.90	102.29
肉类	Products of Meat	31.50	33.77	36.00	35.77	36.35	41.62
#猪肉	Pork	27.85	29.97	31.72	30.98	31.02	36.12
禽类	Poultry	16.66	17.83	19.99	22.05	23.50	23.87
#鸡	Chick	10.81	11.95	13.21	14.43	15.42	15.25
水产品	Aquatic Products	16.48	17.25	18.68	18.78	19.24	19.79
#鱼类	Fresh	13.45	13.98	14.83	14.83	14.95	15.47
蛋类	Eggs	4.87	5.52	6.24	6.40	6.77	6.96
#鲜蛋	Fresh Eggs	4.70	5.34	6.07	6.20	6.55	6.78
奶及奶制品	Milk and Dairy Products	2.34	2.40	2.65	2.86	3.32	3.99
#鲜奶	Fresh Milk	1.04	1.12	1.19	1.12	1.33	2.16
干鲜瓜果类	Dried and Fresh Melons and Fruits	16.68	20.24	23.28	26.69	28.55	27.01
#鲜瓜果	Fresh Melons and Fruits	14.97	18.37	21.21	24.27	25.69	23.83
糖果糕点类	Candy Pastry	4.70	4.39	4.99	5.80	5.93	5.22
#食糖	Sugar	1.58	1.77	1.90	2.12	2.12	1.90

10－18 全省农村常住居民平均每百户年末主要耐用品拥有量

Number of Major Durable Consumer Goods Owned per 100 Rural Permanent Households at the Year-end

项　目	Item	2013	2014	2015	2016	2017	2018
家用汽车　(辆)	Car　(set)	8.97	7.48	10.67	14.63	17.57	22.73
摩托车　(辆)	Motorcycle　(set)	101.20	108.06	116.95	122.27	123.63	116.73
电动助力车　(台)	Electric Bicycle　(set)			30.80	36.00	35.50	35.84
洗衣机　(台)	Washing Machine　(set)	52.45	54.43	64.82	74.43	78.46	84.71
电冰箱(柜)　(台)	Refrigerator　(set)	66.10	68.36	78.29	84.90	87.93	92.94
微波炉　(台)	Microwave Oven　(set)			19.10	21.10	22.90	27.01
彩色电视机　(台)	Color Television　(set)	113.24	114.28	117.22	119.49	120.47	116.51
空调　(台)	Air Conditioner　(set)	45.04	46.67	62.15	81.17	91.33	113.53
热水器　(台)	Water Heater　(unit)	64.98	69.36	77.71	84.93	88.49	94.02
排油烟机　(台)	Fume hood　(set)			29.50	34.30	37.30	49.07
移动电话　(部)	Mobile Phone　(set)	236.45	248.41	267.18	279.89	287.12	290.44
计算机　(台)	Computer　(set)	27.23	30.40	33.93	37.73	41.61	35.29
照相机　(台)	Camera　(set)			4.50	4.10	4.20	4.88

10-19 各市农村常住居民人均可支配收入

Per Capita Disposal Income of Rural Permanent Households by City

单位：元 (yuan)

市别	City	2014	2015	2016	2017	2018
广州	Guangzhou	17662.8	19323.1	21448.6	23483.9	26020.1
深圳	Shenzhen					
珠海	Zhuhai	18394.8	20510.2	22889.4	23496.4	26198.4
汕头	Shantou	11190.3	12454.8	13662.9	14904.7	16246.1
佛山	Foshan	20094.0	22063.2	24159.2	26389.6	28764.7
韶关	Shaoguan	10532.2	11606.5	12790.3	14107.6	15433.7
河源	Heyuan	9884.0	10803.2	12045.6	13300.8	14620.3
梅州	Meizhou	10785.6	11799.4	12991.2	14088.5	15173.3
惠州	Huizhou	14364.4	15829.6	17602.5	19284.3	21039.1
汕尾	Shanwei	10415.3	11290.2	12441.8	13501.3	14851.5
东莞	Dongguan	22327.1	24224.9	26526.3	29078.3	32276.9
中山	Zhongshan	22166.3	24405.1	27528.9	30012.4	32263.3
江门	Jiangmen	12746.3	13817.0	15226.3	16473.3	18153.6
阳江	Yangjiang	11488.5	12543.2	13960.5	15341.7	16799.1
湛江	Zhanjiang	11381.1	12405.4	13335.8	14484.0	15888.9
茂名	Maoming	11913.5	13224.0	14519.9	15695.2	16950.8
肇庆	Zhaoqing	12642.3	13982.4	15115.0	16430.5	17695.7
清远	Qingyuan	10600.3	11681.5	12873.0	14026.8	15162.9
潮州	Chaozhou	10551.1	11458.5	12558.5	13672.9	14944.5
揭阳	Jieyang	10145.6	11332.6	12250.6	13206.7	14421.7
云浮	Yunfu	11066.8	12007.5	13016.1	14124.4	15240.3
按经济区域分	By Region					
珠三角	Pearl River Delta	15754.0	17296.4	19063.7	20813.5	22805.6
东翼	Eastern Region	10501.0	11607.6	12667.1	13732.9	15013.2
西翼	Western Region	11607.1	12749.0	13890.8	15081.6	16434.7
山区	Mountainous Region	10573.7	11577.2	12747.4	13924.7	15111.5

注：1.按照国家统计局的统一部署，广东省分市县城乡一体化住户调查工作从2013年底正式启动，从2014年开始正式对外发布分市农村常住居民人均可支配收入数据，不再发布分市农村居民人均纯收入数据，这两项收入指标数据在调查范围、调查方法和统计口径上均有一定变化，不完全可比。

2.深圳因完全城市化，无相关数据。

Note: a)Under the unified deployment by NBS, Guangdong province started an integrated househould survey by city and county since October 2013, inluding both urban and rural households. Since 2014 the data of per caipita disposal income and expenditures of all househoulds in the province by city is realsed officially after the transitional period. The coverage, methodology and difinitions used in the integrated rural survey are differern from the survey prior to 2013, therefore the disposable income of rural permannet household of 2014 are different from the net income of rural household prior to 2013.

b)There is no data of Shenzhen city due to its totally urbanization.

10-20 各市农村常住居民人均可支配收入来源（2018年）

Per Capita Disposable Income of Rural Permanent Households by Sources and City(2018)

单位：元 (yuan)

地 区	City	可支配收入 Disposable Income	工资性收入 Income of Wages and Salaries	经营净收入 Net Business Income	财产净收入 Net Income from Property	转移净收入 Net Income from Transfer
全 省	**Provincial Total**	**17167.7**	**8510.7**	**4432.7**	**448.9**	**3775.5**
广 州	Guangzhou	26020.1	19148.5	2941.8	2484.5	1445.3
深 圳	Shenzhen					
珠 海	Zhuhai	26198.4	18141.4	3275.1	2988.6	1793.3
汕 头	Shantou	16246.1	11730.6	1894.7	551.9	2068.8
佛 山	Foshan	28764.7	18203.6	4826.8	3964.7	1769.5
韶 关	Shaoguan	15433.7	6713.7	5324.6	879.7	2515.7
河 源	Heyuan	14620.3	8371.8	3788.8	176.9	2282.8
梅 州	Meizhou	15173.3	7398.0	4109.7	82.0	3583.6
惠 州	Huizhou	21039.1	12379.6	5892.2	1110.4	1656.9
汕 尾	Shanwei	14851.5	8928.5	3068.7	50.4	2803.9
东 莞	Dongguan	32276.9	27511.6	2660.6	2946.5	-841.9
中 山	Zhongshan	32263.3	22100.4	4194.2	3613.5	2355.2
江 门	Jiangmen	18153.6	12866.9	2266.8	1136.8	1883.1
阳 江	Yangjiang	16799.1	8805.3	5164.6	139.1	2690.1
湛 江	Zhanjiang	15888.9	7304.0	5184.0	156.2	3244.6
茂 名	Maoming	16950.8	7546.7	1762.0	937.1	6705.0
肇 庆	Zhaoqing	17695.7	8732.8	4972.5	649.4	3340.9
清 远	Qingyuan	15162.9	8018.2	4379.8	206.0	2558.9
潮 州	Chaozhou	14944.5	8835.3	4180.9	60.8	1867.6
揭 阳	Jieyang	14421.7	8847.7	2796.1	73.1	2704.8
云 浮	Yunfu	15240.3	8870.5	3074.9	52.7	3242.2

注：深圳因完全城市化，无相关数据。
Note: There is no data of Shenzhen city due to its totally urbanization.

10-21 各市农村常住居民人均消费支出

Per Capita Consumption Expenditure of Rural Permanent Households by City

单位：元 (yuan)

市 别	City	2014	2015	2016	2017	2018
广 州	Guangzhou	12867.8	14086.5	17595.1	18932.3	20633.9
深 圳	Shenzhen					
珠 海	Zhuhai	14303.3	16045.9	18372.6	20038.1	20474.7
汕 头	Shantou	9526.2	10798.3	12019.8	13345.6	14054.2
佛 山	Foshan	13474.3	15050.3	16735.9	18262.0	19905.6
韶 关	Shaoguan	8826.0	9656.6	10825.0	11810.1	12719.5
河 源	Heyuan	8193.8	8939.6	10211.4	11484.1	12438.4
梅 州	Meizhou	8803.0	9923.3	11164.0	12392.0	13221.5
惠 州	Huizhou	11008.1	11975.2	13726.4	15576.2	16900.2
汕 尾	Shanwei	7964.9	8930.5	10294.1	11122.6	12258.2
东 莞	Dongguan	18504.5	19888.6	21539.4	23090.2	25354.5
中 山	Zhongshan	15189.4	16595.5	19275.6	20832.6	22603.3
江 门	Jiangmen	9191.1	10323.7	11584.2	12655.9	13041.6
阳 江	Yangjiang	9734.1	10410.8	11977.7	12931.4	13656.4
湛 江	Zhanjiang	8517.4	9180.0	9921.8	10732.6	11732.8
茂 名	Maoming	9861.8	10645.3	11698.2	12481.2	13487.4
肇 庆	Zhaoqing	7996.3	8934.7	9975.9	10925.6	11358.5
清 远	Qingyuan	8798.3	9942.3	11233.7	12168.2	13047.7
潮 州	Chaozhou	9215.2	9888.7	10825.4	11573.9	12399.6
揭 阳	Jieyang	8719.5	9541.8	10376.3	11227.2	12138.1
云 浮	Yunfu	8464.2	9089.7	10271.4	11169.9	11761.9

注：1.按照国家统计局的统一部署，广东省分市县城乡一体化住户调查工作从2013年底正式启动，从2014年开始正式对外发布分市农村常住居民人均消费支出数据。
2.深圳因完全城市化，无相关数据。

Note: a)Under the unified deployment by NBS, Guangdong province started an integrated househould survey by city and county since 2013, inluding both urban and rural households . Since 2014 the data of per caipita disposal income and expenditures of all househoulds in the province by city is realsed officially after the transitional period.
b)There is no data of Shenzhen city due to its totally urbanization.

10−22 常住居民人均可支配收入及生活消费支出(2013−2018)

Per Capita Disposable Income and Consumption Expenditure of Househoulds (2013-2018)

年份 Year	人均可支配收入(元) Per Capita Disposable Income (yuan)	指数 Index 名义增长(上年为100) Nominal Growth (Preceding year=100)	指数 Index 实际增长(上年为100) Real Growth (Preceding year=100)	人均消费支出(元) Per Capita Consumption Expenditure (yuan)	指数 Index 名义增长(上年为100) Nominal Growth (Preceding year=100)	指数 Index 实际增长(上年为100) Real Growth (Preceding year=100)	恩格尔系数(%) Engle Coefficient (%)
全体常住居民 Provincial Household							
2013	23420.75	110.1	107.4	17421.00	108.9	106.2	35.0
2014	25684.96	109.7	107.2	19205.50	110.2	107.7	34.3
2015	27858.86	108.5	106.9	20975.70	109.2	107.6	34.5
2016	30295.80	108.7	106.3	23448.42	111.8	109.3	34.2
2017	33003.29	108.9	107.3	24819.63	105.8	104.2	33.5
2018	35809.90	108.5	106.2	26053.98	105.0	102.7	32.6
城镇常住居民 Urban Household							
2013	29537.29	109.5	106.9	21621.46	107.8	105.3	33.6
2014	32148.11	108.8	106.4	23611.74	109.2	106.7	33.2
2015	34757.16	108.1	106.4	25673.08	108.7	107.0	33.2
2016	37684.25	108.4	105.9	28613.33	111.5	108.8	32.9
2017	40975.14	108.7	106.9	30197.91	105.5	103.7	32.2
2018	44340.97	108.2	105.9	30924.31	102.4	100.2	31.6
农村常住居民 Rural Household							
2013	11067.79	110.7	107.8	8937.76	111.9	109.0	42.1
2014	12245.56	110.6	108.3	10043.21	112.4	110.1	39.5
2015	13360.44	109.1	107.7	11103.03	110.6	109.2	40.6
2016	14512.15	108.6	106.5	12414.84	111.8	109.6	40.4
2017	15779.74	108.7	107.8	13199.62	106.3	105.5	40.2
2018	17167.74	108.8	106.8	15411.31	116.8	114.6	36.6

注：本表数据来源于自2013年起开展的城乡一体化住户收支和生活状况调查。

Notes: The data shown in the table are compiled on the basis of the integrated household income and expenditure survey ,including both urban and rural househoulds.

主要统计指标解释

居民可支配收入 指调查户在调查期内获得的、可用于最终消费支出和储蓄的总和，即调查户可以用来自由支配的收入。可支配收入既包括现金，也包括实物收入。按收入来源，可支配收入包含四项，分别为：工资性收入、经营净收入、财产净收入和转移净收入。计算公式为：

可支配收入=工资性收入+经营净收入+财产净收入+转移净收入

其中：经营净收入=经营收入-经营费用-生产性固定资产折旧-生产税

财产净收入=财产性收入-财产性支出

转移净收入=转移性收入-转移性支出

居民消费支出 指住户用于满足家庭日常生活消费需要的全部支出，包括用于消费品的支出和用于服务性消费的支出。根据用途不同，消费支出分为食品烟酒、衣着、居住、生活用品及服务、交通通信、教育文化娱乐、医疗保健、其他用品及服务八大类。根据来源不同，消费支出可划分为现金消费支出、实物消费支出（含自产自用、来自单位、来自政府和其他社会组织）。

Explanatory Notes on Main Statistical Indicators

Disposable Income of Households has a national coverage comparable between urban and rural households, and refers to the kind of income that households can have at their disposal. It includes income both in cash and in kind from four categories: income from wages and salaries, cash net income from household operations, net income from properties and net income from transfers.It is calculated as follows:

Disposable Income=income from wages and salaries+cash net income from household operations+net income from properties+net income from transfers

cash net income from household operations=cash income from household operations - household operation expenses - taxes and fees-depreciation of fixed assets for production - production taxes

net income from properties=income from properties-expenses for properties

net income from transfers=income from transfers-expenses for transfers

Consumption Expenditure of Households has a national coverage comparable between urban and rural households, and refers to the all the expenditures of households for consumption in daily life. It includes expenditure in cash and in kind on eight categories: food; clothing; housing; household appliances and services; transport and communications; education, cultural and recreational activities; and medical care. The expenditure on housing also includes rents, water, electricity, fuels and imputed rents of owner-occupied dwellings.

十一、农业

AGRICULTURE

十一　农业

简要说明

一、本篇资料反映广东省农业生产和农村经济的基本情况。内容主要包括农村劳动力、农业产值、主要产品产量、农业自然灾害等方面的统计资料。

二、本篇资料主要由广东省统计局农村社会经济统计处整理提供。

三、本篇资料主要来源于《广东省农林牧渔业综合统计报表制度》。农林牧渔业综合统计报表制度的统计范围包括各市县区的各种经济类型的全部农林牧渔业以及各非农行业附属的农林牧渔业生产单位。

四、根据《全国农业普查条例》，本篇资料的 1996 年部分数据以第一次全国农业普查结果为基础做了调整，2006 年部分数据以第二次全国农业普查结果为基础做了调整，2007-2017 年部分数据以第三次全国农业普查结果为基础做了调整。

11 Agriculture

Brief Introduction

Ⅰ.The data in this chapter show the basic conditions of agricultural production and rural economy in Guangdong Province, including mainly rural labor force, output value of agriculture, output of major products, as well as statistics on natural disasters in agriculture enterprises.

Ⅱ.The data in this chapter are mainly prepared and provided by the Division of Rural Socio-economic Statistics of Statistics Bureau of Guangdong Province.

Ⅲ.The data in this chapter mainly come from The Comprehensive Statistical Report System on Farming, Forestry, Animal Husbandry and Fishery of Guangdong Province. The statistical coverage of the statistical reporting summary scheme includes all productive units of farming, forestry, animal husbandry and fishery and units engaged in farming, forestry, animal husbandry and fishery in non-agricultural sectors with various types of ownership in cities, counties and districts of Guangdong Province.

Ⅳ. Some data of 1996 in this chapter are adjusted in accordance with the regulations of the first national agricultural census，Some data of 2006 in this chapter are adjusted in accordance with the regulations of the second national agricultural census，Some data from 2007-2017 in this chapter are adjusted in accordance with the regulations of the third national agricultural census.

11-1 农业主要指标

Main Indicators of Agriculture

指标	Item	2000	2010	2015	2016	2017	2018
乡镇户数	Number of Rural Households (10000 households)	1419.91	1686.62	1689.97	1676.49	1677.57	1694.85
乡镇人口 (万人)	Rural Population (10000 persons)	6046.62	6805.44	6863.20	6807.01	6830.62	6869.59
乡镇就业人员 (万人)	Number of Rural Employed Persons (10000 persons)	2789.89	3425.28	3496.95	3466.41	3480.72	3480.45
#农、林、牧、渔业	Farming, Forestry, Animal Husbandry and Fishery	1572.07	1468.25	1351.83	1341.2	1342.80	1297.08
按性别分	Grouped by Sex						
男	Male	1450.37	1802.67	1854.11	1842.38	1847.60	1847.63
女	Female	1339.52	1622.61	1642.845	1624.03	1633.12	1632.81
化肥施用量(折纯) (万吨)	Consumption of Chemical Fertilizers (100 percent equivalent,10000 tons)	176.20	233.42	238.17	241.97	237.94	231.32
#氮肥	Nitrogenous Fertilizer	95.89	94.93	90.78	93.03	90.98	88.64
磷肥	Phosphate Fertilizer	18.36	24.75	29.03	29.20	28.60	27.05
钾肥	Potash Fertilizer	35.84	46.74	47.00	47.49	46.77	44.86
农药使用量 (万吨)	Consumption of Pesticides (10000 tons)	8.47	9.10	9.23	9.60	9.46	9.37
农村用电量 (亿千瓦时)	Electricity Consumed in Rural Areas (100 million kwh)	405.45	1044.26	1326.20	1334.89	1414.77	1443.10
农林牧渔业总产值	(Gross Output Value of Agriculture (100 million yuan)	1701.18	3697.18	5303.63	5817.55	5969.87	6318.12
农林牧渔业增加值	(Value-added of Agriculture (100 million yuan)	1000.06	2254.49	3275.05	3593.64	3712.71	3946.52
农作物总播种面积 (万亩)	Total Sown Area (10000 mu)	7735.35	6394.16	6291.83	6271.95	6341.26	6419.04
粮食作物	Grain Corps	4649.83	3579.49	3289.94	3266.67	3254.59	3226.56
经济作物	Economics Corps	1093.04	959.77	1024.33	1030.25	1057.81	1093.44
其他作物	Other Corps	1847.01	1854.90	1977.55	1975.03	2028.86	2099.04
人工造林面积 (万亩)	Afforested Area in Barren Mountains (10000 mu)	25.76	142.72	177.69	150.99	121.11	127.77
主要产品产量 (万吨)	Output of Major Products (10000 tons)						
粮食	Grain	1822.33	1249.15	1211.66	1204.22	1208.56	1193.49
糖蔗	Sugarcane	1137.59	1064.09	1093.58	1096.56	1144.14	1207.97
花生	Peanuts	77.68	81.59	94.48	95.48	98.42	104.40
烟叶	Tobacco	6.21	5.00	4.52	4.40	4.26	4.33
蔬菜	Vegetables	2214.80	2551.00	2994.70	3036.45	3177.49	3330.24
水果	Fruits	643.52	1049.21	1298.52	1331.99	1421.23	1547.81
水产品	Aquatic Products	593.19	729.03	804.14	818.29	833.54	842.44
猪肉	Pork	206.85	285.14	296.31	288.24	277.96	281.52
效益指标	Efficiency Indicators						
农业中间消耗率 (%)	Farming, Forestry, Animal Husbandry and Fishery	41.2	39.0	38.9	38.2	37.8	37.5
淡水养殖水面 (元/亩)	Freshwater Aquatic Cultivation Area (yuan/mu)	3643	6930	10264	11092	11785	13057
生猪出栏率 (%)	Slaughtered Fattened Hog Rate (%)	146	156	172	165	172	176

注：2004年起粮食播种面积含大豆，下表同。

Notes: Since 2004, the sown area of grain has included that of soybeans。 The same applies to the following tables.

11-2 各市农村基层组织情况（2018年）

Basic Conditions of Rural Grassroots Units by City (2018)

市别	City	乡镇个数 (个) Number of Townships (unit)	乡镇户数 (万户) Number of Rural Households (10000 households)	乡镇人口 (万人) Rural Population (10000 persons)	乡镇就业人员 (万人) Rural Employed Persons (10000 persons)	#农、林、牧、渔业 Farming, Forestry,Animal Husbandry and Fishery	按性别分 By Sex 男 Male	女 Female
全省	**Provincial Total**	**1134**	**1694.85**	**6869.59**	**3480.45**	**1297.08**	**1847.63**	**1632.81**
广州	Guangzhou	34	183.94	603.87	370.74	60.70	192.86	177.87
深圳	Shenzhen		58.41	7.73	3.61	1.57	1.86	1.76
珠海	Zhuhai	15	1.85	43.33	21.89	5.94	11.58	10.31
汕头	Shantou	32	11.80	436.24	190.02	60.16	100.35	89.67
佛山	Foshan	21	89.69	344.35	166.68	19.26	85.82	80.86
韶关	Shaoguan	94	87.19	213.32	108.37	58.82	57.24	51.13
河源	Heyuan	95	86.61	299.69	147.33	69.98	78.38	68.95
梅州	Meizhou	104	152.49	330.51	183.36	78.95	94.31	89.05
惠州	Huizhou	49	132.65	331.42	188.04	47.25	98.74	89.30
汕尾	Shanwei	44	79.09	339.13	146.56	51.17	85.20	61.36
东莞	Dongguan	28	76.87	209.53	102.41	5.68	54.80	47.61
中山	Zhongshan	18	88.97	239.36	150.03	9.52	77.40	72.63
江门	Jiangmen	61	69.35	301.74	184.96	77.72	95.57	89.39
阳江	Yangjiang	38	73.88	247.36	123.23	45.06	67.51	55.72
湛江	Zhanjiang	84	63.60	677.07	332.17	197.31	180.04	152.13
茂名	Maoming	86	82.04	553.43	263.71	136.37	141.63	122.08
肇庆	Zhaoqing	92	60.37	306.63	146.09	88.83	74.61	71.48
清远	Qingyuan	80	61.98	331.90	166.01	96.28	87.41	78.60
潮州	Chaozhou	41	53.99	232.06	111.80	38.56	58.36	53.45
揭阳	Jieyang	63	119.19	581.81	243.56	77.95	135.21	108.35
云浮	Yunfu	55	60.89	239.11	129.88	70.00	68.78	61.10
按经济区域分	By Region							
珠三角	Pearl River Delta	318	762.12	2387.97	1334.45	316.47	693.24	641.21
东翼	Eastern Region	180	264.07	1589.24	691.94	227.83	379.11	312.83
西翼	Western Region	208	219.51	1477.86	719.11	378.74	389.17	329.94
山区	Mountainous Region	428	449.15	1414.53	734.95	374.03	386.12	348.84

注：乡镇个数为广东省民政厅统计年报数。

Note: The number of townships comes from the annual reports of Guangdong Provincial Department of Civil Affairs.

11-3 农业生产条件

Agricultural Production Basic Conditions

指　　标		Item		2016	2017	2018
农业机械化情况		**Mechanization of Agriculture**				
农业机械总动力	(万千瓦)	Total Agricultural Machinery Power	(10 000 kw)	2390.50	2410.77	2429.94
机耕面积	(千公顷)	Total Area Cultivated Using Machinery	(10 000 hectares)	3969.17	4014.05	3614.85
机播面积	(千公顷)	Total Area Sown Using Machinery	(1 000 hectares)	315.78	342.21	368.28
农村电气化情况		**Electrification of Rural Areas**				
农村用电量	(亿千瓦小时)	Electricity Consumed in Rural Areas	(kWh)	1334.89	1414.77	1443.10
农用物资使用情况		**Use of Agricultural Materials**				
化肥施用量(折纯量)	(万吨)	Consumption of Chemical Fertilizers(pure)	(10 000 tons)	241.97	237.94	231.32
每亩耕地施用化肥(折纯量)	(千克)	Consumption of Chemical Fertilizers per mu (pure)	(kg)	61.86	61.02	59.45
农用塑料薄膜使用量	(万吨)	Plastic Agricultural Film Used	(10 000 tons)	4.55	4.59	4.48
农用柴油使用量	(万吨)	Diesel Used in Agriculture	(10 000 tons)	79.89	77.71	88.52
农药使用量	(万吨)	Consumption of Pesticides	(10 000 tons)	9.60	9.46	9.37
农田水利情况		**Agricultural Water Conservation**				
耕地灌溉面积	(千公顷)	Irrigated Area of Cultivated Land	(10 000 hectares)	1771.71	1774.61	1775.21
节水灌溉面积	(千公顷)	Water-saving Irrigated Area	(10 000 hectares)	301.49	326.19	418.22
除涝面积	(千公顷)	Areas with Flood Prevention Measures	(10 000 hectares)	542.68	545.54	541.24
累计水土流失治理面积	(千公顷)	Area of Soil Erosion Under Control	(10 000 hectares)	1536.17	1638.70	1757.89
堤防长度	(公里)	Total Length of Dikes	(10 000 km)	28338.09	28475.36	28500.50
堤防保护面积	(千公顷)	Area of Land Protected by Dikes	(10 000 hectares)	1152.54	1156.72	1128.78

注：2018年机耕面积根据三农普数据予以调整。
Notes: Data of total area cultivated using machinery in 2018 was adjusted according to the Third National Agricultural Census.

11-4 农业自然灾害情况

Statistics on Agriculture Covered and Affected by Natural Disasters

项　　目		Item		2000	2010	2016	2017	2018
农作物受灾面积	(万亩)	Area of Farm Crops Covered by Natural Disasters	(10000 mu)	948.43	916.21	1121.25	427.70	823.40
#绝收面积		Area without Output		84.14	106.45	81.00	16.41	40.80
受灾人口	(万人)	Number of Persons Covered by Natural Disasters	(10000 persons)	1801.00	1197.00	618.58	326.24	676.54
紧急转移安置人口	(万人)	Number of Persons Receiving Evacuation and Re-settlement	(10000 persons)	27.73	71.61	33.50	54.61	161.74
因灾死亡人口	(人)	DeathToll in Natural Disasters	(person)	102	177	43	25	26
因灾伤病人口	(人)	Number of Wounded Persons in Natural Disasters	(person)	14454	1121	59	349	30
倒塌房屋	(间)	Number of Broken Buildings	(room)	27743	73666	5984	3399	3593
损坏房屋	(间)	Number of Damaged Buildings	(room)	74052	137066	14580	12492	7081
因灾死亡大牲畜	(头、只)	Number of Large Livestock Killed in Natural Disasters	(head)	62417	74002	4572	1464	31343
直接经济损失	(亿元)	Volume of Direct Economic Loss	(100 million yuan)	38.20	180.01	109.10	316.10	258.61

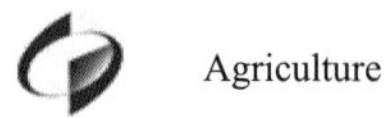

11-5 农林牧渔业总产值

Gross Output Value of Farming, Forestry, Animal Husbandry and Fishery

单位：亿元 (100 million yuan)

年份 Year	农林牧渔业总产值 Gross Output Value of Farming, Forestry, Animal Husbandry and Fishery	农业产值 Farming	林业产值 Forestry	牧业产值 Animal Husbandry	渔业产值 Fishery	农林牧渔服务业产值 Services for Farming,Forestry, Animal Husbandry and Fishery
1978	85.94	59.56	4.98	15.98	5.42	
1979	91.53	67.19	7.67	13.58	3.09	
1980	126.25	97.15	6.83	17.75	4.52	
1981	133.85	99.33	7.81	21.62	5.09	
1982	135.52	98.33	8.33	21.73	7.13	
1983	169.96	120.06	10.72	28.57	10.61	
1984	200.07	141.22	12.13	33.81	12.91	
1985	245.21	149.09	21.09	54.68	20.35	
1986	279.15	168.68	24.38	60.74	25.35	
1987	348.61	214.47	16.74	78.26	39.14	
1988	473.78	277.38	27.66	114.28	54.46	
1989	548.60	323.15	28.00	134.60	62.85	
1990	600.71	359.39	28.46	143.68	69.18	
1991	654.82	388.90	29.64	156.08	80.20	
1992	737.11	428.99	32.86	175.36	99.90	
1993	899.03	486.46	35.51	223.16	153.90	
1994	1151.38	628.17	41.07	279.98	202.16	
1995	1445.48	777.72	46.12	349.11	272.53	
1996	1577.89	825.60	49.64	398.12	304.53	
1997	1656.46	851.35	52.10	425.67	327.34	
1998	1705.44	861.97	54.65	441.61	347.21	
1999	1745.02	859.66	58.77	457.51	369.08	
2000	1701.18	807.94	59.64	450.18	383.42	
2001	1722.35	817.95	56.78	457.56	390.06	
2002	1781.06	841.77	57.09	465.91	416.29	
2003	1908.66	851.72	55.72	482.83	432.74	85.65
2004	2154.79	959.97	61.72	571.09	466.45	95.56
2005	2447.57	1109.18	66.25	638.61	523.79	109.74
2006	2536.27	1235.40	67.60	623.34	519.03	90.90
2007	2810.45	1268.70	116.96	781.97	540.58	102.24
2008	3276.02	1398.82	125.23	983.84	650.23	117.89
2009	3301.86	1442.40	139.95	939.67	657.65	122.18
2010	3697.18	1668.66	180.20	978.33	737.01	132.97
2011	4301.86	1910.21	213.71	1193.73	835.41	148.80
2012	4550.29	2060.91	228.75	1189.80	908.12	162.71
2013	4802.01	2229.64	256.99	1168.73	968.42	178.23
2014	5053.72	2357.16	289.66	1145.87	1068.00	193.03
2015	5303.63	2490.20	308.72	1195.97	1102.12	206.62
2016	5817.55	2763.79	330.04	1318.89	1179.15	225.68
2017	5969.87	2889.97	356.14	1202.30	1276.11	245.34
2018	6318.12	3089.57	390.62	1184.72	1383.81	269.39

11-6 农林牧渔业总产值指数（1978年＝100）

Indices of Gross Output Value of Farming, Forestry, Animal Husbandry and Fishery (1978=100)

1978年＝100 (year of 1978=100)

年份 Year	农林牧渔业总产值 Gross Output Value of Farming, Forestry, Animal Husbandry and Fishery	农业产值 Farming	林业产值 Forestry	牧业产值 Animal Husbandry	渔业产值 Fishery	农林牧渔服务业产值 Services for Farming,Forestry, Animal Husbandry and Fishery
1978	100.0	100.0	100.0	100.0	100.0	
1979	99.2	99.4	85.1	104.6	93.7	
1980	110.2	111.8	108.3	104.4	102.8	
1981	112.8	110.3	119.6	122.9	111.9	
1982	131.2	127.4	133.4	148.6	135.0	
1983	134.6	127.2	140.4	159.8	164.3	
1984	147.1	138.9	147.6	175.5	185.5	
1985	157.8	145.5	154.8	202.2	216.2	
1986	167.5	151.0	173.4	219.6	257.0	
1987	183.6	165.8	166.9	237.7	313.2	
1988	197.7	173.4	223.2	259.2	350.3	
1989	213.2	186.9	232.3	279.4	389.9	
1990	228.9	201.5	215.7	306.2	429.3	
1991	243.0	211.9	213.8	332.6	470.1	
1992	257.7	220.3	218.9	357.8	536.5	
1993	267.6	213.7	222.6	398.9	644.5	
1994	279.5	219.5	227.5	415.1	716.3	
1995	302.7	237.1	239.6	443.5	800.1	
1996	320.9	245.0	246.5	485.9	882.9	
1997	342.7	263.7	249.2	509.5	953.5	
1998	359.3	272.7	258.1	535.8	1033.7	
1999	379.1	286.8	271.8	563.9	1101.9	
2000	389.3	288.6	281.3	579.6	1184.5	
2001	400.1	295.6	294.0	592.7	1230.1	
2002	426.1	323.4	285.8	601.4	1310.6	
2003	438.2	331.6	277.8	614.8	1367.5	100.0
2004	457.9	350.5	287.2	625.9	1433.1	107.8
2005	479.9	362.3	295.5	660.4	1514.2	120.5
2006	499.1	375.2	280.8	680.7	1605.1	132.3
2007	515.5	385.5	289.1	701.2	1670.8	143.1
2008	536.1	392.4	289.9	750.8	1749.5	155.0
2009	562.9	414.3	310.6	779.3	1839.0	163.2
2010	586.9	434.2	324.5	803.9	1921.4	171.4
2011	609.9	458.6	351.1	795.6	2023.4	180.8
2012	632.7	476.3	373.0	811.3	2123.6	191.1
2013	647.0	490.9	393.7	796.8	2211.8	203.2
2014	666.4	512.8	413.2	788.5	2292.0	213.5
2015	687.0	534.0	437.6	785.6	2369.7	224.7
2016	707.1	554.6	467.1	777.7	2451.0	238.3
2017	730.8	580.3	490.1	771.7	2542.1	255.3
2018	761.2	609.8	521.8	780.5	2634.9	274.3

注：本表按可比价格计算。
Note: The indices are calculated at comparable prices.

11-7 农林牧渔业总产值指数（上年=100）

Indices of Gross Output Value of Farming, Forestry, Animal Husbandry and Fishery (preceding year=100)

上年=100 (preceding year=100)

年份 Year	农林牧渔业总产值 Gross Output Value of Farming, Forestry, Animal Husbandry and Fishery	农业产值 Farming	林业产值 Forestry	牧业产值 Animal Husbandry	渔业产值 Fishery	农林牧渔服务业产值 Services for Farming, Forestry,Animal Husbandry and Fishery
1979	99.2	99.4	85.1	104.6	93.7	
1980	111.1	112.5	127.3	99.8	109.7	
1981	102.4	98.7	110.4	117.6	108.9	
1982	116.3	115.5	111.5	120.9	120.6	
1983	102.6	99.9	105.2	107.6	121.7	
1984	109.3	109.2	105.1	109.8	112.9	
1985	107.3	104.8	104.9	115.2	116.5	
1986	106.1	103.8	112.0	108.6	118.9	
1987	109.6	109.8	96.3	108.2	121.9	
1988	107.7	104.6	133.7	109.0	111.8	
1989	107.8	107.8	104.1	107.8	111.3	
1990	107.4	107.8	92.9	109.6	110.1	
1991	106.2	105.1	99.1	108.6	109.5	
1992	106.0	103.9	102.4	107.6	114.1	
1993	103.8	97.0	101.7	111.5	120.1	
1994	104.4	102.7	102.2	104.1	111.1	
1995	108.3	108.0	105.3	106.8	111.7	
1996	106.0	103.3	102.9	109.6	110.3	
1997	106.8	107.6	101.1	104.8	108.0	
1998	104.8	103.4	103.6	105.2	108.4	
1999	105.5	105.2	105.3	105.2	106.6	
2000	102.7	100.6	103.5	102.8	107.5	
2001	102.8	102.4	104.5	102.2	103.8	
2002	106.5	109.4	97.2	101.5	106.5	
2003	102.8	102.5	97.2	102.2	104.3	
2004	104.5	105.7	103.4	101.8	104.8	107.8
2005	104.8	103.4	102.9	105.5	105.7	111.8
2006	104.0	103.6	95.0	103.1	106.0	109.8
2007	103.3	102.7	103.0	103.0	104.1	108.2
2008	104.0	101.8	100.3	107.1	104.7	108.3
2009	105.0	105.6	107.1	103.8	105.1	105.3
2010	104.3	104.8	104.5	103.2	104.5	105.0
2011	103.9	105.6	108.2	99.0	105.3	105.5
2012	103.7	103.9	106.3	102.0	105.0	105.7
2013	102.3	103.1	105.5	98.2	104.2	106.3
2014	103.0	104.5	105.0	99.0	103.6	105.1
2015	103.1	104.1	105.9	99.6	103.4	105.2
2016	102.9	103.9	106.8	99.0	103.4	106.1
2017	103.3	104.6	104.9	99.2	103.7	107.1
2018	104.2	105.1	106.5	101.1	103.7	107.4

注：本表按可比价格计算。
Note: The indices are calculated at comparable prices.

11–8 各市农林牧渔业总产值（2018年）

Gross Output Value of Farming, Forestry, Animal Husbandry and Fishery by City (2018)

单位：亿元 (100 million yuan)

市 别	City	农林牧渔业总产值 Gross Output Value of Farming, Forestry, Animal Husbandry and Fishery	农业产值 Farming	林业产值 Forestry	牧业产值 Animal Husbandry	渔业产值 Fishery	农林牧渔服务业产值 Services for Farming,Forestry, Animal Husbandry and Fishery
全 省	**Provincial Total**	**6318.12**	**3089.57**	**390.62**	**1184.72**	**1383.81**	**269.39**
广 州	Guangzhou	416.69	231.69	2.54	41.97	81.98	58.52
深 圳	Shenzhen	42.46	11.79	0.18	2.55	25.95	1.99
珠 海	Zhuhai	100.25	13.29	0.21	11.54	66.59	8.62
汕 头	Shantou	204.52	99.36	0.86	25.45	67.69	11.15
佛 山	Foshan	289.89	88.60	1.66	47.86	131.92	19.84
韶 关	Shaoguan	254.07	156.34	26.93	55.55	11.97	3.28
河 源	Heyuan	168.64	97.48	29.14	34.42	4.82	2.78
梅 州	Meizhou	314.70	204.70	16.97	73.82	12.01	7.19
惠 州	Huizhou	280.29	198.25	5.87	46.73	25.14	4.29
汕 尾	Shanwei	219.87	85.30	5.93	19.72	98.01	10.90
东 莞	Dongguan	39.21	30.08	0.32	0.62	6.88	1.31
中 山	Zhongshan	105.74	28.03	0.09	5.85	69.38	2.39
江 门	Jiangmen	361.69	128.14	10.63	67.32	143.20	12.40
阳 江	Yangjiang	361.88	92.13	13.09	67.11	180.12	9.42
湛 江	Zhanjiang	844.72	457.44	26.29	116.72	213.40	30.87
茂 名	Maoming	773.49	407.62	50.72	195.98	95.93	23.25
肇 庆	Zhaoqing	525.84	249.92	88.04	121.32	57.44	9.12
清 远	Qingyuan	377.60	198.90	36.50	99.66	19.10	23.44
潮 州	Chaozhou	130.66	69.73	3.53	16.84	33.52	7.04
揭 阳	Jieyang	257.58	150.55	27.15	40.56	26.21	13.10
云 浮	Yunfu	248.33	90.20	43.98	93.12	12.56	8.48
按经济区域分	By Region						
珠 三 角	Pearl River Delta	2162.07	979.81	109.53	345.77	608.47	118.49
东 翼	Eastern Region	812.62	404.94	37.48	102.58	225.44	42.18
西 翼	Western Region	1980.09	957.19	90.10	379.81	489.44	63.54
山 区	Mountainous Region	1363.34	747.63	153.52	356.56	60.46	45.18

注：本表按当年价格计算。

Note: Data in this table are calculated at current prices.

11-9 各市农林牧渔业总产值指数（2018年）
Indices of Gross Output Value of Farming, Forestry, Animal Husbandry and Fishery by City (2018)

上年=100 (preceding year=100)

市 别	City	农林牧渔业总产值 Gross Output Value of Farming, Forestry, Animal Husbandry and Fishery	农业产值 Farming	林业产值 Forestry	牧业产值 Animal Husbandry	渔业产值 Fishery	农林牧渔服务业产值 Services for Farming,Forestry, Animal Husbandry and Fishery
全 省	**Provincial Total**	**104.2**	**105.1**	**106.5**	**101.1**	**103.7**	**107.4**
广 州	Guangzhou	103.9	102.8	70.6	103.5	106.6	107.5
深 圳	Shenzhen	97.0	97.6	73.3	87.2	97.7	103.6
珠 海	Zhuhai	105.1	115.5	147.8	123.8	101.7	94.4
汕 头	Shantou	104.6	104.5	116.0	101.3	103.4	121.0
佛 山	Foshan	104.5	108.7	112.3	97.5	104.7	102.9
韶 关	Shaoguan	105.0	105.6	107.6	102.5	102.9	106.2
河 源	Heyuan	104.3	105.0	105.0	102.2	101.7	106.2
梅 州	Meizhou	104.5	104.7	105.0	101.5	115.1	113.3
惠 州	Huizhou	103.0	104.6	102.3	94.9	107.3	108.0
汕 尾	Shanwei	104.5	104.5	114.2	102.7	104.0	108.5
东 莞	Dongguan	106.6	111.3	90.5	34.0	110.5	100.5
中 山	Zhongshan	103.7	105.6	78.1	87.0	104.8	100.0
江 门	Jiangmen	103.9	107.0	97.0	99.6	103.7	108.0
阳 江	Yangjiang	103.1	102.5	104.8	102.7	103.5	102.6
湛 江	Zhanjiang	103.9	105.5	102.9	102.6	100.9	109.2
茂 名	Maoming	105.0	106.2	109.5	102.0	103.5	107.6
肇 庆	Zhaoqing	104.4	105.4	106.5	100.3	107.7	101.7
清 远	Qingyuan	104.5	105.7	106.1	100.9	106.3	108.2
潮 州	Chaozhou	104.9	105.1	149.9	101.3	102.2	110.3
揭 阳	Jieyang	104.3	104.6	111.6	99.2	100.1	111.6
云 浮	Yunfu	105.3	104.4	107.0	103.8	118.0	106.8
按经济区域分	By Region						
珠 三 角	Pearl River Delta	104.0	105.2	104.0	99.3	104.6	104.9
东 翼	Eastern Region	104.5	104.6	114.8	100.7	103.1	112.8
西 翼	Western Region	104.2	105.5	106.8	102.3	102.3	107.6
山 区	Mountainous Region	104.7	105.1	106.3	102.1	109.1	108.5

注：本表按可比价格计算。
Note: The indices are calculated at comparable prices.

11-10 农作物播种面积

Total Sown Area of Farm Crops

单位：万亩 (10000 mu)

年份 Year	农作物总播种面积 Total Sown Area	一、粮食作物 Grain Crops	#稻谷 Rice	#薯类 Tubers	二、大豆 Soybean
1978	9962.46	7603.47	5790.39	873.02	163.71
1979	9492.62	7300.54	5691.88	845.65	185.91
1980	8954.84	6908.02	5596.10	800.67	198.18
1981	8567.83	6548.40	5450.29	767.07	199.33
1982	8539.77	6475.65	5373.51	778.51	218.52
1983	8364.03	6485.66	5406.97	780.98	197.43
1984	8313.00	6269.47	5272.01	765.51	193.21
1985	8036.82	5750.76	4815.81	730.83	175.22
1986	8037.18	5731.76	4804.77	745.48	177.59
1987	8064.78	5679.94	4750.06	743.22	174.25
1988	8063.89	5598.29	4678.26	726.61	172.60
1989	8322.71	5777.18	4768.32	743.93	173.64
1990	8507.35	5822.06	4763.67	751.70	172.44
1991	8489.09	5643.92	4596.92	746.74	163.30
1992	8231.36	5303.82	4313.79	710.56	157.48
1993	7718.41	4840.76	3944.83	681.66	160.54
1994	7807.99	4959.10	4005.47	747.93	157.12
1995	7957.19	5052.24	4052.13	775.96	155.84
1996	8156.22	5120.09	4066.33	778.70	155.04
1997	8267.25	5144.06	4055.92	772.52	149.14
1998	8310.73	5147.65	4029.10	768.09	146.06
1999	7894.24	4912.04	3836.30	697.22	144.52
2000	7735.35	4649.83	3619.05	640.15	145.46
2001	7868.21	4634.79	3638.28	661.15	132.19
2002	7207.37	4021.44	3151.22	582.81	102.14
2003	7294.58	4012.81	3144.56	578.14	114.54
2004	7211.96	4184.55	3208.50	581.55	120.60
2005	7223.06	4179.75	3206.40	579.75	125.70
2006	6573.85	3700.00	2912.90	468.40	96.90
2007	6444.51	3662.24	2895.53	448.58	85.95
2008	6410.77	3638.75	2896.11	425.09	81.17
2009	6416.17	3638.09	2900.39	404.84	73.18
2010	6394.16	3579.49	2877.21	392.65	72.66
2011	6367.10	3524.67	2847.03	372.05	63.76
2012	6372.63	3497.08	2847.31	355.91	61.87
2013	6363.36	3399.78	2774.98	339.63	58.22
2014	6337.79	3346.61	2740.15	333.84	54.53
2015	6291.83	3289.94	2707.15	319.78	51.71
2016	6271.95	3266.67	2709.05	304.07	48.47
2017	6341.26	3254.59	2708.13	300.04	46.74
2018	6419.04	3226.56	2681.09	299.72	47.68

11-10 续表 continued

单位：万亩 (10000 mu)

年份 Year	三、经济作物 Economic Crops	#糖蔗 Sugarcane	#花生 Peanuts	#烟叶 Tobacco	四、其他作物 Other Crops	#蔬菜 Vegetables
1978	1277.28	258.96	486.62	69.19	918.00	
1979	1258.28	227.15	519.73	59.44	747.89	
1980	1213.98	218.57	553.24	38.62	634.66	
1981	1302.19	272.52	595.41	45.06	517.91	
1982	1327.84	331.53	588.01	48.73	517.76	
1983	1126.05	312.86	489.74	43.25	554.89	
1984	1213.32	341.02	523.56	39.06	637.00	
1985	1417.68	442.83	545.78	55.25	693.16	
1986	1334.07	405.07	560.80	41.87	793.76	
1987	1324.67	344.72	533.13	41.42	885.92	
1988	1318.08	354.90	497.82	61.39	974.92	
1989	1324.88	338.02	486.05	72.25	1047.01	
1990	1338.43	419.73	485.96	68.55	1174.42	776.00
1991	1374.36	453.90	472.15	81.93	1307.51	867.95
1992	1393.07	461.14	471.88	79.08	1376.99	946.88
1993	1295.77	353.65	499.78	73.92	1421.34	1057.02
1994	1224.21	325.62	505.35	53.15	1467.56	1147.53
1995	1185.17	320.18	499.60	44.33	1563.94	1244.96
1996	1202.15	329.28	497.42	45.10	1678.94	1348.64
1997	1211.80	334.02	499.70	55.45	1762.26	1416.62
1998	1185.21	325.59	510.83	50.30	1831.81	1484.82
1999	1071.27	261.47	468.50	42.72	1766.41	1441.85
2000	1093.04	239.60	496.61	46.64	1847.01	1515.15
2001	1088.71	215.25	511.57	53.48	2012.52	1685.69
2002	1068.46	222.66	472.49	46.27	2015.33	1692.00
2003	1055.55	198.29	488.66	44.86	2111.68	1792.29
2004	1008.72	193.45	462.20	47.42	2018.69	1720.01
2005	1001.56	188.08	464.11	47.47	2041.75	1744.08
2006	947.98	195.13	462.28	30.23	1925.87	1627.80
2007	935.16	206.37	446.50	28.62	1847.11	1570.07
2008	938.77	203.87	455.75	33.57	1833.25	1612.13
2009	950.48	203.79	459.64	34.44	1827.60	1621.20
2010	959.77	205.08	461.08	32.54	1854.90	1651.25
2011	975.22	211.58	461.80	32.31	1867.20	1662.82
2012	1003.75	219.42	466.41	31.22	1871.80	1669.40
2013	1021.41	231.18	469.80	29.99	1942.17	1736.59
2014	1022.98	225.68	470.91	28.23	1968.21	1772.00
2015	1024.33	215.36	474.87	27.42	1977.55	1782.70
2016	1030.25	214.36	471.77	26.71	1975.03	1784.79
2017	1057.81	219.36	478.65	26.11	2028.86	1840.83
2018	1093.44	223.17	498.73	26.21	2099.04	1908.37

11-11 主要农产品产量
Output of Major Farm Products

单位：万吨 (10000 tons)

年份 Year	粮食作物 Grain Crops	#稻谷 Rice	#薯类 Tubers	大豆 Soybean	糖蔗 Sugarcane	花生 Peanuts	烟叶 Tobacco	蔬菜 Vegetables	茶叶 Tea	水果 Fruits
1978	1509.51	1328.56	121.04	7.99	835.42	35.17	4.73		0.92	29.40
1979	1605.36	1435.22	125.15	9.56	742.90	40.70	4.00		0.89	26.20
1980	1681.91	1523.92	123.68	11.47	834.73	50.00	2.72		1.00	29.10
1981	1521.00	1372.22	122.53	12.01	1235.50	57.39	3.68		1.13	39.20
1982	1795.72	1627.37	138.98	14.44	1496.10	61.90	4.67		1.31	46.30
1983	1817.48	1673.12	138.98	10.80	1159.83	48.08	3.41		1.45	53.00
1984	1819.33	1666.08	130.21	11.90	1454.15	53.40	3.50		1.61	73.90
1985	1604.37	1454.29	131.88	11.32	1831.40	57.07	4.89		1.75	116.28
1986	1567.00	1421.55	128.01	12.27	1622.13	60.40	3.50		2.03	185.50
1987	1701.81	1536.46	146.48	12.43	1338.60	53.50	4.05		2.28	264.10
1988	1636.70	1472.95	143.42	12.32	1538.68	51.80	5.80		2.39	277.98
1989	1817.21	1630.29	153.47	13.25	1681.34	55.38	7.15	916.88	2.35	275.83
1990	1896.29	1687.00	167.05	13.87	2093.46	57.95	7.08	976.83	2.59	328.58
1991	1873.50	1651.65	176.59	12.60	2286.38	56.11	8.46	1106.19	2.67	394.19
1992	1810.40	1602.27	170.28	13.94	2271.06	60.30	8.62	1203.54	2.87	453.62
1993	1629.11	1425.81	169.20	15.28	1603.11	66.02	7.70	1367.22	3.07	402.44
1994	1662.66	1434.04	194.68	15.44	1397.22	63.71	5.30	1509.93	3.32	401.55
1995	1803.33	1553.90	209.40	16.50	1472.21	69.98	5.04	1703.86	3.96	414.51
1996	1891.43	1626.29	210.28	17.32	1392.00	73.05	5.29	1865.10	3.62	381.17
1997	1966.75	1669.33	228.35	17.61	1629.27	74.10	7.33	1995.99	3.66	414.48
1998	1884.13	1688.53	238.28	17.32	1616.94	69.38	6.61	2011.13	3.89	453.12
1999	1935.82	1630.13	214.38	17.91	1218.30	73.31	5.80	2109.68	4.06	622.68
2000	1822.33	1528.53	199.05	18.73	1137.59	77.68	6.21	2214.80	4.21	643.52
2001	1721.55	1441.35	198.15	17.36	1073.38	79.73	6.79	2377.60	4.15	590.74
2002	1484.16	1243.46	171.02	12.67	1136.45	75.19	6.08	2442.53	4.24	698.91
2003	1488.00	1250.38	166.77	14.92	952.87	80.73	6.00	2584.20	4.14	718.59
2004	1390.00	1123.13	180.28	18.10	940.77	76.47	6.27	2557.65	4.04	787.85
2005	1394.97	1116.99	185.48	18.87	946.02	75.86	6.30	2596.02	4.45	831.69
2006	1242.42	1015.90	150.48	14.92	1025.66	76.54	4.23	2380.56	4.74	893.47
2007	1267.03	1041.38	148.04	12.64	1078.06	75.45	4.07	2316.01	4.91	934.12
2008	1210.02	994.97	136.91	12.10	1043.21	77.93	4.71	2355.51	4.88	948.32
2009	1261.99	1044.00	133.43	11.08	1062.73	79.58	4.98	2446.67	5.20	1004.99
2010	1249.15	1041.80	129.01	11.20	1064.09	81.59	5.00	2551.00	5.38	1049.21
2011	1275.73	1072.65	122.86	9.60	1111.28	83.72	5.00	2633.02	6.04	1100.20
2012	1295.69	1097.00	120.06	10.15	1164.49	86.66	5.06	2722.03	6.39	1147.12
2013	1202.48	1012.80	112.48	9.88	1218.46	89.17	4.83	2808.09	7.09	1206.39
2014	1229.97	1053.29	106.12	9.45	1159.89	91.77	4.61	2898.53	7.51	1248.18
2015	1211.66	1040.82	102.34	9.03	1093.58	94.48	4.52	2994.70	8.07	1298.52
2016	1204.22	1039.53	96.53	8.63	1096.56	95.48	4.40	3036.45	8.92	1331.99
2017	1208.56	1046.34	95.43	8.48	1144.14	98.42	4.26	3177.49	9.29	1421.23
2018	1193.49	1032.07	94.67	8.71	1207.97	104.40	4.33	3330.24	9.99	1547.81

11-12 主要畜产品和水产品产量
Output of Major Farm Products

单位：万吨 Units: (10000 tons)

年份 Year	肉类 Meat	#猪肉 Pork	牛奶 Cow Milk	水产品 Aquatic Products	海水产品 Seawater Aquatic Products	淡水产品 Freshwater Aquatic Products
1978	48.45	48.09	1.66	65.50	46.47	19.03
1979	58.96	58.30	1.90	57.44	36.71	20.73
1980	63.20	62.62	2.18	63.34	41.54	21.80
1981	69.61	69.10	2.56	64.17	39.63	24.54
1982	76.85	76.20	2.88	76.32	47.12	29.20
1983	85.24	84.50	3.16	85.61	51.58	34.03
1984	90.00	89.00	3.89	95.63	54.33	41.30
1985	128.12	97.59	4.09	109.44	58.74	50.70
1986	154.16	106.60	4.39	136.54	78.18	58.36
1987	154.15	114.12	4.55	155.36	90.17	65.19
1988	172.45	124.64	4.99	174.66	102.02	72.64
1989	181.66	132.40	5.08	189.75	113.47	76.28
1990	202.45	145.35	5.51	207.66	124.53	83.13
1991	225.08	158.01	6.03	225.31	135.11	90.20
1992	245.69	166.22	5.72	251.06	147.42	103.64
1993	271.46	173.89	5.71	280.75	158.46	122.29
1994	278.50	176.89	5.71	314.10	174.80	139.30
1995	305.06	188.75	5.49	354.34	197.21	157.13
1996	252.03	162.03	5.81	395.08	218.39	176.69
1997	275.62	176.59	6.03	520.96	330.66	190.30
1998	305.45	197.53	6.97	554.28	346.20	208.07
1999	315.86	204.40	7.77	575.95	355.37	220.58
2000	324.48	206.85	9.19	593.19	360.46	232.73
2001	333.25	213.65	10.18	609.67	367.07	242.60
2002	343.63	220.17	10.82	628.06	374.36	253.70
2003	358.50	232.77	10.55	648.55	379.21	269.34
2004	365.32	242.14	10.94	671.38	388.60	282.78
2005	384.31	256.28	11.64	695.23	397.95	297.28
2006	382.08	251.46	12.00	658.84	373.59	285.25
2007	388.60	237.41	12.17	664.34	373.12	291.22
2008	418.32	258.39	13.62	680.41	376.81	303.60
2009	436.92	268.98	14.75	702.81	387.36	315.45
2010	454.86	285.14	14.95	729.03	401.50	327.53
2011	451.65	282.93	14.95	762.53	418.22	344.31
2012	464.13	291.09	14.33	739.35	408.92	330.43
2013	459.22	295.09	14.46	764.29	418.58	345.71
2014	456.69	302.86	14.20	783.22	426.44	356.78
2015	454.71	296.31	13.61	803.71	434.71	369.00
2016	448.70	288.24	13.61	818.29	441.54	376.75
2017	444.08	277.96	13.88	833.54	451.81	381.73
2018	449.90	281.52	13.89	842.44	449.17	393.28

注：2012—2017年水产品数据以第三次农业普查数据为基础做了调整。下表同。

Note: From 2012 to 2017, data of aquatic products are adjusted in accordance with the Third National Agricultural Census. The same applies to the following tables.

11-13 主要农作物播种面积、亩产及总产量

Sown Area, Yield per Mu and Total Output of Major Farm Crops

单位：万亩、公斤、万吨 (10000 mu, kg, 10000 tons)

作物名称	Farm Crop	2010			2017			2018		
		播种面积 Sown Area	亩产 Yield per Mu	总产量 Total Output	播种面积 Sown Area	亩产 Yield per Mu	总产量 Total Output	播种面积 Sown Area	亩产 Yield per Mu	总产量 Total Output
农作物播种面积	**Total Sown Area**	**6394.16**			**6341.26**			**6419.04**		
粮食作物	**Grain Crops**	**3579.49**	**349**	**1249.15**	**3254.59**	**371**	**1208.56**	**3226.56**	**370**	**1193.49**
稻谷	Rice	2877.21	362	1041.80	2708.13	386	1046.34	2681.09	385	1032.07
早稻	Early Rice	1386.98	362	502.04	1280.22	398	509.02	1258.79	397	499.99
晚稻	Late Rice	1490.23	362	539.76	1427.91	376	537.33	1422.30	374	532.08
小麦	Wheat	1.30	191	0.25	0.69	213	0.15	0.63	233	0.15
旱粮	Upland Grain	235.67	284	66.89	198.99	292	58.16	197.44	293	57.89
#玉米	Corn	209.12	296	61.94	181.43	301	54.64	180.12	303	54.54
薯类	Tubers	392.65	329	129.01	300.04	318	95.43	299.72	316	94.67
大豆	Soybean	72.66	154	11.20	46.74	181	8.48	47.68	183	8.71
经济作物	**Economic Crops**	**959.77**			**1057.81**			**1093.44**		
甘蔗	Sugarcane and Fruit Cane	233.16	5253	1224.73	253.74	5295	1343.47	258.83	5458	1412.69
#糖蔗	Sugarcane	205.08	5189	1064.09	219.36	5216	1144.14	223.17	5413	1207.97
油料作物	Oil-bearing Crops	477.28	175	83.34	497.74	203	101.28	511.49	208	106.25
#花生	Peanuts	461.08	177	81.59	478.65	206	98.42	498.73	209	104.40
麻类	Fiber Crops	0.29	164	0.05	0.12	172	0.02	0.10	185	0.02
烟叶	Tobacco	32.54	154	5.00	26.11	163	4.26	26.21	165	4.33
木薯	Cassava	114.94	1223	140.61	98.18	1367	134.20	97.46	1380	134.48
药材	Medicinal Plants	16.92			52.33			63.50		
其他经济作物	Other Economic Crops	84.63			129.60			135.84		
其他作物	**Other Crops**	**1854.90**			**2028.86**			**2099.04**		
#蔬菜	Vegetables	1651.25	1544	2551.00	1840.83	1726	3177.49	1908.37	1745	3330.24

11-14 各市主要农作物播种面积、亩产及总产量（2018年）
Sown Area, Yield per Mu and Total Output of Major Farm Crops by City (2018)

单位：亩、公斤、吨 (mu, kg, ton)

市别	City	粮食作物 Grain Crops 播种面积 Sown Area	亩产 Yield per Mu	总产量 Total Output	#稻谷 Rice 播种面积 Sown Area	亩产 Yield per Mu	总产量 Total Output
全省	**Provincial Total**	**32265600**	**370**	**11934900**	**26810900**	**385**	**10320700**
广州	Guangzhou	394719	329	130056	324390	344	111611
深圳	Shenzhen	34813	259	9013	27062	253	6855
珠海	Zhuhai	64417	367	23639	59523	365	21720
汕头	Shantou	1016801	440	446954	680123	461	313546
佛山	Foshan	124214	344	42754	85527	366	31327
韶关	Shaoguan	1729378	398	688211	1503459	418	628422
河源	Heyuan	1955484	396	774850	1796433	411	737592
梅州	Meizhou	2695124	394	1062310	2395796	412	987024
惠州	Huizhou	1638749	342	560717	1270366	346	440000
汕尾	Shanwei	1190933	324	385976	1022986	335	342265
东莞	Dongguan	18138	322	5846	8412	394	3314
中山	Zhongshan	63447	329	20892	25025	374	9347
江门	Jiangmen	2637570	337	888094	2461773	342	843043
阳江	Yangjiang	1749802	342	598453	1540696	354	544939
湛江	Zhanjiang	4076891	339	1382369	3313326	353	1170944
茂名	Maoming	3705279	389	1442130	3071871	408	1253728
肇庆	Zhaoqing	2932078	387	1133779	2464090	408	1004167
清远	Qingyuan	2177335	307	669016	1778296	327	581024
潮州	Chaozhou	624658	423	264481	481636	453	218267
揭阳	Jieyang	1943106	406	789487	1216232	416	506456
云浮	Yunfu	1492665	413	615872	1283878	440	565109
按经济区域分	By Region						
珠三角	Pearl River Delta	7908145	356	2814791	6726168	367	2471384
东翼	Eastern Region	4775498	395	1886898	3400977	406	1380534
西翼	Western Region	9531972	359	3422951	7925893	375	2969611
山区	Mountainous Region	10049986	379	3810259	8757862	400	3499171

11-14 续表 1 continued

单位：亩、公斤、吨 (mu, kg, ton)

市 别	City	大豆 Soybean 播种面积 Sown Area	大豆 Soybean 亩产 Yield per Mu	大豆 Soybean 总产量 Total Output	经济作物 Economic Crops 播种面积 Sown Area	#糖蔗 Sugarcane 播种面积 Sown Area	#糖蔗 Sugarcane 亩产 Yield per Mu	#糖蔗 Sugarcane 总产量 Total Output
全 省	**Provincial Total**	**476800**	**183**	**87100**	**10934415**	**2231724**	**5413**	**12079687**
广 州	Guangzhou	7065	200	1412	564799	756	6339	4792
深 圳	Shenzhen				5267			
珠 海	Zhuhai	506	245	124	40168			
汕 头	Shantou	8118	209	1700	46188			
佛 山	Foshan	1351	207	280	176232			
韶 关	Shaoguan	39280	171	6705	824671	17510	5690	99632
河 源	Heyuan	35343	188	6629	409813	12908	4969	64134
梅 州	Meizhou	55633	177	9866	466695	4319	960	4146
惠 州	Huizhou	18711	168	3148	303743	9704	7282	70662
汕 尾	Shanwei	19097	164	3133	231413	1024	5000	5120
东 莞	Dongguan	1247	155	193	26347			
中 山	Zhongshan	1512	187	283	62022	299	3462	1035
江 门	Jiangmen	22390	190	4264	512222	27336	6431	175802
阳 江	Yangjiang	50319	195	9795	429047	6146	4501	27664
湛 江	Zhanjiang	26083	182	4753	3445936	2026227	5374	10888711
茂 名	Maoming	37389	193	7216	1029647	92849	4998	464043
肇 庆	Zhaoqing	32909	173	5688	821426	2061	5034	10376
清 远	Qingyuan	51063	188	9610	798843	29955	8725	261353
潮 州	Chaozhou	5136	207	1062	57279			
揭 阳	Jieyang	45085	177	7984	172407			
云 浮	Yunfu	18563	175	3255	510250	630	3519	2217
按经济区域分	By Region							
珠 三 角	Pearl River Delta	85691	180	15392	2512226	40156	6541	262667
东 翼	Eastern Region	77436	179	13879	507287	1024	5000	5120
西 翼	Western Region	113791	191	21764	4904630	2125222	5355	11380418
山 区	Mountainous Region	199882	180	36065	3010272	65322	6605	431482

11-14 续表 2 continued

单位：亩、公斤、吨 (mu, kg, ton)

市别	City	#花生 Peanuts			#烟叶 Tobacco		
		播种面积 Sown Area	亩产 Yield per Mu	总产量 Total Output	播种面积 Sown Area	亩产 Yield per Mu	总产量 Total Output
全　省	**Provincial Total**	**4987256**	**209**	**1044022**	**262104**	**165**	**43323**
广　州	Guangzhou	84643	184	15541			
深　圳	Shenzhen	4345	118	514			
珠　海	Zhuhai	3529	297	1047			
汕　头	Shantou	28372	181	5139			
佛　山	Foshan	11531	212	2442			
韶　关	Shaoguan	547931	230	126288	135033	163	22054
河　源	Heyuan	342459	213	73111			
梅　州	Meizhou	171056	184	31540	71901	157	11310
惠　州	Huizhou	272449	188	51216			
汕　尾	Shanwei	181494	163	29611			
东　莞	Dongguan	822	226	186			
中　山	Zhongshan	1018	212	216			
江　门	Jiangmen	174966	168	29346			
阳　江	Yangjiang	291958	156	45454	87	195	17
湛　江	Zhanjiang	872374	242	210863	8515	239	2037
茂　名	Maoming	655876	217	142405	13377	178	2376
肇　庆	Zhaoqing	382403	201	76890	18579	171	3178
清　远	Qingyuan	539837	211	113889	14541	161	2337
潮　州	Chaozhou	30606	166	5083			
揭　阳	Jieyang	127760	238	30468	53	226	12
云　浮	Yunfu	261827	202	52773	18	111	2
按经济区域分	By Region						
珠三角	Pearl River Delta	935706	190	177398	18579	171	3178
东　翼	Eastern Region	368232	191	70301	53	226	12
西　翼	Western Region	1820208	219	398722	21979	202	4430
山　区	Mountainous Region	1863110	213	397601	221493	161	35703

11-14 续表 3 continued

单位：亩、公斤、吨 (mu, kg, ton)

市别	City	#木薯 Cassava			其他作物 Other Crops	#蔬菜 Vegetables		
		播种面积 Sown Area	亩产 Yield per Mu	总产量 Total Output	播种面积 Sown Area	播种面积 Sown Area	亩产 Yield per Mu	总产量 Total Output
全 省	**Provincial Total**	**974606**	**1380**	**1344783**	**20990388**	**19083653**	**1745**	**33302354**
广 州	Guangzhou	840	1458	1225	2205807	2189312	1685	3687937
深 圳	Shenzhen	115	2391	275	149192	147361	1077	158738
珠 海	Zhuhai	26	1423	37	150119	127828	1304	166668
汕 头	Shantou	318	3387	1077	653556	644102	2501	1611201
佛 山	Foshan	1503	1207	1814	603932	488407	1704	832187
韶 关	Shaoguan	11230	1576	17701	956823	742132	1609	1193944
河 源	Heyuan	33306	975	32470	578926	525351	1352	710442
梅 州	Meizhou	112454	1140	128214	1296468	991952	2152	2135080
惠 州	Huizhou	1335	1573	2100	1784538	1723643	1746	3009357
汕 尾	Shanwei	23775	2249	53480	780103	732090	1603	1173769
东 莞	Dongguan				291607	290470	1378	400136
中 山	Zhongshan				237701	227464	1573	357852
江 门	Jiangmen	33835	1626	55023	1147060	1046668	1439	1506011
阳 江	Yangjiang	48427	1060	51318	802825	760342	1111	844375
湛 江	Zhanjiang	139959	1790	250565	2291283	2160713	1739	3758556
茂 名	Maoming	69589	1350	93928	1746021	1687220	1863	3142803
肇 庆	Zhaoqing	228439	1258	287429	1490143	1231469	2126	2617959
清 远	Qingyuan	118490	1205	142735	2333311	2043137	1556	3179893
潮 州	Chaozhou	4963	1477	7328	260328	224958	2250	506146
揭 阳	Jieyang	7638	1495	11415	770572	737546	2436	1797011
云 浮	Yunfu	138364	1494	206649	460073	361488	1417	512289
按经济区域分	By Region							
珠 三 角	Pearl River Delta	266093	1307	347903	8060099	7472622	1704	12736845
东 翼	Eastern Region	36694	1998	73300	2464559	2338696	2176	5088127
西 翼	Western Region	257975	1534	395811	4840129	4608275	1681	7745734
山 区	Mountainous Region	413844	1275	527769	5625601	4664060	1658	7731648

11-15 造林面积及主要林产品产量

Area of Afforestation and Output of Major Forest Products

项　目	Item	2000	2010	2015	2016	2017	2018
人工造林面积(万亩)	Artificial Afforestation Area (10000 mu)	25.76	142.72	177.69	150.99	121.11	127.77
年末实有育苗面积(万亩)	Actual Area of Seedlings Raising at the Year-end (10000 mu)	3.12	4.54	12.17	9.90	7.82	6.12
主要林产品产量	Output of Major Forest Products						
油桐籽 (吨)	Tung-oil Seeds (ton)	3817	6050	7500	6904	7469	8701
油茶籽 (吨)	Tea-oil Seeds (ton)	26268	82417	149374	146833	125195	149194
棕片 (吨)	Palm Pieces (ton)	663	2536	3463	3541	3871	4433
松脂 (万吨)	Rosin (10000 tons)	11.31	18.11	23.51	22.58	23.88	24.80
竹笋干 (吨)	Dried Bamboo Shoots (ton)	14132	30291	39805	45118	57503	54779
板栗 (吨)	Chinese Chestnuts (ton)	5440	10616	21229	22556	25922	25505
松香类产品 (万吨)	Rosin Products (10000 tons)	9.61	12.91	15.62	20.34	15.58	15.06

11-16 水产养殖面积和水产品产量

Area of Cultivation and Output of Aquatic Products

指　标	Item	2000	2010	2015	2016	2017	2018
水产品产量(万吨)	**Output of Aquatic Products(10000 tons)**	**593.19**	**729.03**	**803.71**	**818.29**	**833.54**	**842.44**
海水产品	Seawater Aquatic Products	360.45	401.50	434.71	441.54	451.81	449.17
捕捞	Catches	191.48	152.43	154.00	151.02	148.91	132.44
养殖	Artificially Cultured	168.97	249.07	280.71	290.52	302.90	316.73
淡水产品	Freshwater Aquatic Products	232.74	327.53	369.00	376.75	381.73	393.28
捕捞	Catches	13.52	12.86	12.26	12.12	12.04	11.53
养殖	Artificially Cultured	219.22	314.67	356.74	364.63	369.69	381.75
养殖面积 (万亩)	**Area of Cultivation (10000 mu)**	**846.76**	**845.12**	**734.88**	**721.20**	**710.66**	**718.35**
海水养殖	Seawater	292.33	298.89	247.76	249.30	242.53	248.42
淡水养殖	Freshwater	554.43	546.24	487.12	471.90	468.13	469.92

11-17 牲畜头数及肉类产量

Number of Livestock and Output of Meat

项 目	Item	2000	2010	2015	2016	2017	2018
牛年末存栏头数（万头）	**Number of Cattle and Buffaloes (at the year-end) (10000 heads)**	**420.64**	**175.49**	**132.92**	**120.12**	**120.68**	**120.56**
役用牛	Farming Cattle	295.20	89.62	54.61	34.25	34.80	33.43
肉用牛	Beef Cattle	121.72	80.29	72.52	79.92	79.90	81.16
奶牛	Milch Cows	3.72	5.57	5.79	5.95	5.98	5.97
牛奶产量（万吨）	**Output of Milk (10000 tons)**	**9.19**	**14.95**	**13.61**	**13.61**	**13.88**	**13.89**
山羊年末存栏只数（万只）	**Number of Goats on Hand at the Year-end (10000 heads)**	**29.33**	**50.52**	**83.55**	**92.82**	**93.30**	**92.96**
生猪年末存栏头数（万头）	**Number of Hogs at the Year-end (10000 heads)**	**2034.79**	**2332.51**	**2308.54**	**2263.36**	**2132.82**	**2024.26**
#能繁殖母猪	Number of Female Hogs with Fertility	143.75	262.65	242.52	240.22	229.43	217.98
肉猪出栏头数（万头）	**Number of Slaughtered Fattened Hogs (10000 heads)**	**2954.98**	**3863.23**	**3959.62**	**3850.61**	**3712.00**	**3757.40**
家禽年末存栏（亿只）	**Poultry at year-end (100 million heads)**	**3.89**	**4.09**	**3.74**	**3.79**	**3.77**	**3.76**
出售和自宰的家禽（亿只）	**Poultry sold or slaughtered (100 million heads)**	**9.29**	**11.75**	**10.48**	**10.56**	**10.87**	**10.92**
禽蛋产量（万吨）	**Poultry Eggs (10 000 tons)**	**33.08**	**35.54**	**36.40**	**36.15**	**38.50**	**39.24**
肉类产量（万吨）	**Output of Meat (10000 tons)**	**324.48**	**454.86**	**454.71**	**448.70**	**444.08**	**449.90**
#猪肉	Pork	206.85	285.14	296.31	288.24	277.96	281.52
牛肉	Beef	5.17	4.97	4.14	3.96	4.08	4.07
羊肉	Mutton	0.43	1.24	1.83	1.93	1.96	1.97
禽肉	Meat of Poultry	111.50	158.04	145.01	146.50	151.73	153.25
兔肉	Rabbit Meat	0.53	0.65	0.90	0.93	0.98	1.04

11-18 各市造林面积、水产品产量、牲畜头数及猪肉产量（2018年）

Area of Afforestation, Output of Aquatic Products, Number of Livestock and Output of Pork by City (2018)

市别	City	人工造林面积（万亩） Artificial Afforestation Area (10000 mu)	水产品产量（万吨） Output of Aquatic Products (10000 tons)	#淡水养殖 Freshwater	牛年末存栏头数（万头） Number of Cattles and Buffalos at the Year-end (10000 heads)	生猪年末存栏头数（万头） Number of Hogs at the Year-end (10000 heads)	肉猪出栏头数（万头） Number of Slaughtered Fattened Hogs (10000 heads)	猪肉产量（万吨） Output of Pork (10000 tons)
全　省	**Provincial Total**	**127.77**	**842.44**	**381.75**	**120.56**	**2024.26**	**3757.40**	**281.52**
广　州	Guangzhou		45.42	31.86	1.67	31.13	58.20	4.46
深　圳	Shenzhen		6.79	0.28	0.26	4.22	5.91	0.41
珠　海	Zhuhai	0.08	31.36	20.71	0.04	17.32	43.81	3.61
汕　头	Shantou	2.66	46.52	8.86	0.78	32.46	78.94	5.88
佛　山	Foshan	1.22	67.51	66.90	0.61	57.60	116.73	8.98
韶　关	Shaoguan	13.25	8.10	7.81	4.50	142.50	232.72	17.10
河　源	Heyuan	18.74	4.26	4.11	5.47	73.58	98.92	7.53
梅　州	Meizhou	19.96	10.71	9.47	9.18	132.32	231.42	17.25
惠　州	Huizhou	0.72	15.81	8.42	6.92	74.26	137.90	10.46
汕　尾	Shanwei	21.00	56.70	4.65	4.52	29.48	60.77	4.49
东　莞	Dongguan		4.60	3.86		0.83	1.44	0.11
中　山	Zhongshan		32.97	32.46	0.02	6.25	18.09	1.31
江　门	Jiangmen	0.50	76.57	44.72	2.27	124.92	238.90	17.60
阳　江	Yangjiang	4.63	118.26	9.37	9.94	160.59	243.33	18.24
湛　江	Zhanjiang	1.51	123.40	17.56	24.59	224.96	409.49	30.58
茂　名	Maoming	6.14	90.01	30.06	15.92	363.74	699.09	53.32
肇　庆	Zhaoqing	5.80	46.23	45.71	17.67	169.12	450.42	34.23
清　远	Qingyuan	8.88	13.11	12.93	8.06	193.09	305.01	22.37
潮　州	Chaozhou	4.31	19.67	4.93	1.12	33.73	53.53	4.08
揭　阳	Jieyang	6.72	14.44	7.21	4.74	71.94	136.23	9.37
云　浮	Yunfu	6.65	9.99	9.85	2.29	80.20	136.53	10.13
按经济区域分	By Region							
珠三角	Pearl River Delta	8.68	327.26	254.93	29.45	485.66	1071.40	81.18
东　翼	Eastern Region	34.69	137.33	25.65	11.16	167.61	329.48	23.82
西　翼	Western Region	15.82	331.68	56.99	50.45	749.29	1351.91	102.14
山　区	Mountainous Region	68.58	46.18	44.18	29.49	621.69	1004.61	74.38

注：分市人工造林数据未含括当地国家级自然保护区和省属林场完成量。

Note:The artificial afforestation data by city do not include the completed amount of local national nature reserves and provincial forest farms.

11-19 茶叶、桑、水果面积及产量

Planted Area and Output of Tea, Mulberry and Fruits

指标	Item	2000	2010	2015	2016	2017	2018
茶叶年末实有面积 （万亩）	Planted Area of Tea at the Year-end(10000 mu)	64.80	62.76	78.07	84.60	87.63	95.08
茶叶总产量 （万吨）	Output of Tea (10000 tons)	4.21	5.38	8.07	8.92	9.29	9.99
桑地年末实有面积 （万亩）	Planted Area of Mulberries at the Year-end (10000 mu)	26.89	47.73	51.25	50.36	49.64	37.84
蚕茧总产量 （万吨）	Output of silkworm cocoon (10000 tons)	3.09	9.14	11.00	11.26	11.65	11.92
水果年末实有面积 （万亩）	Planted Area of Fruits at the Year-end (10000 mu)	1502.35	1510.61	1452.71	1423.98	1440.78	1473.49
水果总产量 （万吨）	Gross Output of Fruits (10000 tons)	643.52	1049.21	1298.52	1331.99	1421.23	1547.81
#柑桔橙年末实有面积 （万亩）	Planted Area of Citruses at the Year-end (10000 mu)	123.34	326.83	296.62	276.49	273.69	283.20
柑桔橙总产量 （万吨）	Output of Citruses (10000 tons)	81.06	259.34	317.53	307.77	323.18	343.07
香(大)蕉年末实有面积 （万亩）	Planted Area of Bananas at the Year-end (10000 mu)	151.51	171.85	162.22	159.21	160.54	163.12
香(大)蕉总产量 （万吨）	Output of Bananas (10000 tons)	235.30	334.13	357.83	373.96	395.24	422.84
菠萝年末实有面积(万亩)	Planted Area of Pineapples at the Year-end (10000 mu)	44.58	38.81	44.58	45.91	49.58	51.61
菠萝总产量 （万吨）	Output of Pineapples (10000 tons)	47.53	63.21	83.76	88.01	94.53	102.34
荔枝年末实有面积(万亩)	Planted Area of Lychees at the Year-end (10000 mu)	474.83	390.99	371.82	367.91	368.08	367.51
荔枝总产量 （万吨）	Output of Lychees (10000 tons)	64.75	96.53	116.18	111.55	117.47	140.31
龙眼年末实有面积(万亩)	Planted Area of Longans at the Year-end (10000 mu)	236.31	182.45	170.54	169.44	169.89	171.02
龙眼总产量 （万吨）	Output of Longans (10000 tons)	34.68	58.22	76.04	78.95	83.82	92.51

11–20 各市水果面积及产量（2018年）

Planted Area and Output of Fruits by City (2018)

单位：万亩、万吨 (10000 mu，10000 tons)

市别	City	水果合计 Fruits		#柑桔橙 Citrus		#香(大)蕉 Banana	
		年末面积 Year-end Area	总产量 Total Output	年末面积 Year-end Area	总产量 Total Output	年末面积 Year-end Area	总产量 Total Output
全　省	**Provincial Total**	**1473.49**	**1547.81**	**283.20**	**343.07**	**163.12**	**422.84**
广　州	Guangzhou	93.62	60.57	5.03	4.61	7.90	19.76
深　圳	Shenzhen	6.52	4.15	0.54	0.69	0.21	0.30
珠　海	Zhuhai	13.04	7.85	0.23	0.13	1.11	1.69
汕　头	Shantou	18.27	27.61	1.25	2.17	2.93	5.71
佛　山	Foshan	3.10	4.27	0.19	0.61	1.34	3.04
韶　关	Shaoguan	61.98	59.66	31.69	31.39	0.48	0.47
河　源	Heyuan	53.87	41.61	12.35	9.92	1.24	1.14
梅　州	Meizhou	110.56	133.40	11.38	15.26	5.47	7.15
惠　州	Huizhou	86.84	87.50	26.28	26.36	14.07	34.71
汕　尾	Shanwei	48.08	28.53	1.48	3.60	3.27	4.31
东　莞	Dongguan	19.35	6.77	0.01	0.01	2.88	3.71
中　山	Zhongshan	6.53	10.23	0.27	0.36	2.10	4.79
江　门	Jiangmen	33.39	35.52	10.78	15.85	3.99	9.26
阳　江	Yangjiang	71.86	37.65	7.14	8.87	6.40	8.56
湛　江	Zhanjiang	139.52	266.07	7.44	6.52	41.80	126.76
茂　名	Maoming	350.82	372.90	11.52	9.49	44.03	156.24
肇　庆	Zhaoqing	116.54	168.43	83.49	133.37	9.44	14.09
清　远	Qingyuan	70.90	73.00	37.21	40.42	1.13	2.26
潮　州	Chaozhou	25.31	26.81	4.36	4.37	1.03	3.00
揭　阳	Jieyang	73.87	46.24	6.61	6.20	6.86	9.91
云　浮	Yunfu	69.53	49.05	23.97	22.87	5.44	5.98
按经济区域分	By Region						
珠三角	Pearl River Delta	378.93	385.27	126.82	182.00	43.04	91.36
东　翼	Eastern Region	165.53	129.19	13.69	16.34	14.09	22.93
西　翼	Western Region	562.19	676.62	26.10	24.87	92.23	291.55
山　区	Mountainous Region	366.84	356.73	116.59	119.85	13.75	17.00

11-20 续表 continued

单位：万亩、万吨 (10000 mu，10000 tons)

市 别	City	#菠萝 Pineapple		#荔枝 Lychee		#龙眼 Longan	
		年末面积 Year-end Area	总产量 Total Output	年末面积 Year-end Area	总产量 Total Output	年末面积 Year-end Area	总产量 Total Output
全 省	**Provincial Total**	**51.61**	**102.34**	**367.51**	**140.31**	**171.02**	**92.51**
广 州	Guangzhou	0.17	0.13	45.34	11.83	11.75	4.41
深 圳	Shenzhen	0.16	0.22	3.66	1.11	0.88	0.45
珠 海	Zhuhai	…	…	5.48	0.73	0.97	0.28
汕 头	Shantou	0.10	0.06	3.37	1.05	0.58	0.51
佛 山	Foshan	…	0.01	0.35	0.07	0.72	0.12
韶 关	Shaoguan			…	0.01	0.29	0.15
河 源	Heyuan			5.95	0.82	1.76	0.73
梅 州	Meizhou	0.24	0.13	4.87	2.01	5.21	3.26
惠 州	Huizhou	0.60	0.57	26.13	11.49	11.30	6.75
汕 尾	Shanwei	1.99	0.85	20.69	10.06	3.55	2.72
东 莞	Dongguan	…	…	13.49	1.69	1.86	0.41
中 山	Zhongshan	0.36	0.04	0.97	0.75	0.84	0.47
江 门	Jiangmen	0.05	0.04	8.73	2.46	6.14	2.35
阳 江	Yangjiang	0.09	0.07	30.63	7.99	15.42	5.68
湛 江	Zhanjiang	41.19	92.16	24.85	14.36	7.19	4.39
茂 名	Maoming	0.30	0.29	135.78	58.49	78.52	46.58
肇 庆	Zhaoqing	0.65	0.52	2.65	2.53	3.17	2.20
清 远	Qingyuan	0.01	0.01	1.96	0.75	1.26	0.69
潮 州	Chaozhou	0.65	0.70	3.26	2.36	4.44	4.08
揭 阳	Jieyang	4.90	6.38	17.27	6.35	8.21	2.95
云 浮	Yunfu	0.15	0.17	12.07	3.38	6.95	3.33
按经济区域分	By Region						
珠 三 角	Pearl River Delta	2.00	1.53	106.80	32.68	37.63	17.44
东 翼	Eastern Region	7.63	7.99	44.59	19.81	16.78	10.26
西 翼	Western Region	41.57	92.51	191.27	80.85	101.13	56.65
山 区	Mountainous Region	0.40	0.31	24.86	6.97	15.47	8.16

11-21 主要农产品产量与最高年份比较（2018年）

Output of Major Farm Products in Comparison with Peak Year (2018)

指 标	Item	2018	新中国成立以来最高年 Peak Year since 1949		
			年份 Year	产量 Output	2018为新中国成立以来最高年份% Percentage of 2018 to Peak Year%
粮食总产量 （万吨）	**Total Output of Grain (10000 tons)**	**1193.49**	**1997**	**1966.75**	**60.68**
#稻谷	Output of Rice	1032.07	1998	1688.53	61.12
#早稻	Early Rice	499.99	1983	862.25	57.99
晚稻	Late Rice	532.08	1998	866.51	61.40
薯类	Tubers	94.67	1998	238.28	39.73
经济作物 （万吨）	**Economic Crops (10000 tons)**				
甘蔗	Sugarcane and Fruit Canes	1412.69	1992	2376.62	59.44
#糖蔗	Sugarcane	1207.97	1992	2271.06	53.19
油料作物	Oil-bearing Crops	106.25	2017	101.28	104.90
#花生	Peanuts	104.40	2017	98.42	106.08
烟叶	Tobacco	4.33	1992	8.62	50.26
其他作物	**Other Crops**				
#蔬菜 （万吨）	Vegetables (10000 tons)	3330.24	2017	3177.49	104.81
水果 （万吨）	**Fruits (10000 tons)**	**1547.81**	**2017**	**1421.23**	**108.91**
水产品 （万吨）	**Aquatic Products (10000 tons)**	**842.44**	**2017**	**833.54**	**101.07**
生猪年末存栏量 （万头）	**Number of Hogs at the Year-end (10000 heads)**	**2024.26**	**2009**	**2455.11**	**82.45**
生猪出栏头数 （万头）	**Number of Slaughtered Fattened Hogs (10000 heads)**	**3757.40**	**2014**	**4062.02**	**92.50**
猪肉产量 （万吨）	**Output of Pork (10000 tons)**	**281.52**	**2014**	**302.86**	**92.95**
家禽年末存栏 （亿只）	**Poultry at year-end (100 million heads)**	**3.76**	**2010**	**4.09**	**91.93**
出售和自宰的家禽（亿只）	**Poultry sold or slaughtered(100 million heads)**	**10.92**	**2012**	**11.87**	**92.00**
禽肉产量 （万吨）	**Output of Poultry Meat (10 000 tons)**	**153.25**	**2012**	**161.11**	**95.12**

主要统计指标解释

农林牧渔业增加值 是指农、林、牧、渔及农林牧渔服务业在一定时期内生产货物或提供服务活动而增加的价值。它反映了农业生产经营活动的最终成果和对社会的贡献。

农业增加值的计算方法有两种：(1)生产法，是从生产角度进行计算的一种方法。即用农业总产出减去农业中间消耗求得。由于农户没有健全的核算记录，故农业增加值一般是采用生产法计算。(2)分配法，是从分配角度进行计算的一种方法。是通过农业生产单位在生产经营和劳务活动过程中形成的不含中间消耗的各种收入来计算。具体包括农业劳动者收入、福利基金、利税、固定资产折旧及大修理和其他。

农林牧渔业总产值 是以货币表现的农林牧渔业的全部产品总量和对农林牧渔业生产活动进行的各种支持性服务活动的价值。它反映一定时期内农林牧渔业生产总规模和总成果，是观察农林牧渔业生产水平和发展速度，研究农林牧渔业内部比例关系、农林牧渔业与工业、农林牧渔业与国家建设、人民生活比例关系的重要指标，同时也是计算农林牧渔业劳动生产率和农林牧渔业增加值的基础资料。

农林牧渔业总产值的计算，一般采用“产品法”，即凡有产品产量的，都按单位产品价格乘产量的办法求得每种产品产量的产值，然后相加求得各业的产值，最后各业相加求出农林牧渔业总产值。

乡镇户数 指长期（一年以上）居住在乡镇（不包括城关镇）行政管理区域内的住户，还包括居住在城关镇所辖行政村范围内的农村住户。

乡镇人口 指乡镇地区常住居民户数中的常住人口数，即经常在家或在家居住 6 个月以上，而且经济和生活与本户连成一体的人口，与乡镇户数统计范围相一致。

农作物播种面积 指农业生产经营者应在日历年度内收获的农作物在全部土地（耕地或非耕地）上的播种或移植面积。凡是本年内收获的作物，无论是本年还是上年播种，都算为当年播种面积，但不包括本年播种，下年收获的作物面积。

农作物产量 指农业生产经营者日历年度内生产的农作物数量。

Explanatory Notes on Main Statistical Indicators

Value-added of Farming, Forestry, Animal Husbandry and Fishery refers to the value-added of goods produced or services provided by farming, forestry, animal husbandry, fishery in a given period of time. It shows the final results of the activities of production and management of agriculture and its contributions to the society.

The value-added of agriculture is calculated with two approaches:

(1) Production approach is a method from the production angle, i.e. total output of agriculture minus intermediate consumption of agriculture. The value-added of agriculture is usually calculated with the production approach as no complete accounting records of the rural households are available;

(2) Distribution approach is a method from the distribution angle, i.e. various incomes from the activities of production and management of the productive units of agriculture without intermediate consumption, including incomes of the rural laborers, welfare funds, profit and tax, depreciation of fixed assets and major overhaul and others.

Gross Output Value of Agriculture refers to the total volume of products of farming, forestry, animal husbandry, and fishery and the value of various services supporting the production of farming, forestry, animal husbandry and fishery in monetary terms, which reflects the total scale and total results of farming, forestry, animal husbandry and fishery production during a given period of time. It is an important indicator to observe the production level and development speed of farming, forestry, animal husbandry and fishery, to study the internal structure of farming, forestry, animal husbandry and fishery, and to review the proportionate relationship of farming, forestry, animal husbandry and fishery to industry, to national construction and to people's life. It is also the foundation for calculating the labor productivity and value-added of farming, forestry, animal husbandry and fishery.

Generally, the gross output value of farming, forestry, animal husbandry and fishery is calculated with the production approach. Where applicable, the gross output value of each single product is obtained by multiplying the output of each product by its price. These values are then summed up to obtain the output value of each sector. The sum of output values of all sectors is the gross output value of farming, forestry, animal husbandry and fishery.

Number of Rural Households refers to the residents who live in the administrative areas of townships (not including the location of the county people's government) for a long time (including more than one year), and also include rural households living within the administrative villages under the the location of the county people's government.

Rural Population refers to the number of residents in the rural households, live in the home for more than 6 months, and their economy and life are integrated with the household。The statistical coverage are consistent with the Number of Rural Households.

Sown Area of Crops refers to area of all land (cultivated or non-cultivated area) sown or transplanted with crops that are harvested within the calendar year by agricultural producers. All crops harvested within the year are counted as sown area, regardless of being sown in this year or the previous year. Crops sown this year but will be harvested in the coming year are excluded.

Crops Output refers to total output of crops produced by agricultural producers within a calendar year.

十二、工业

INDUSTRY

十二　工业

简要说明

一、本篇主要包括如下资料：1. 全省及各地市全部工业和规模以上工业生产主要指标总量及速度。2. 规模以上工业主要产品产量。3. 全省及各地市规模以上工业主要经济效益指标。4. 规模以上工业企业按主要经济类型和企业规模分组的主要财务指标。5. 规模以上工业中高技术制造业、先进制造业主要经济指标。6. 全省工业总产值、主营业务收入、固定资产净值 50 强企业排行榜。

二、本篇资料由广东省统计局工业交通处整理提供。

三、本篇工业资料是根据国家统计局工业统计报表制度填报。2011 年定报及以前数据经各市、县统计局布置、收集、汇总整理，2011 年起通过网上直报系统收集、汇总整理。其中 1995 年度资料通过第三次全国工业普查取得，2004 年数据根据 2004 年广东省第一次全国经济普查取得，2008 年数据根据 2008 年广东省第二次全国经济普查取得。2013 年数据根据 2013 年广东省第三次全国经济普查取得。

四、规模以上工业企业的统计范围。1998 年至 2006 年为全部国有和年主营业务收入 500 万元及以上的非国有工业企业；2007 至 2010 年为年主营业务收入 500 万元及以上的工业企业（即规模以上工业企业）；从 2011 年开始，为年主营业务收入 2000 万元及以上的工业企业（即规模以上工业企业）。

五、从 2018 年定报起，工业行业分类按 2017 年《国民经济行业分类标准》划分；企业规模划分按 2011 年《统计上大中小微型企业划分办法》标准执行，增加了微型企业分组。

六、本篇规模以上工业增加值从 2011 年起按收入法公布。

12 Industry

Brief Introduction

Ⅰ. This chapter covers the following data:（1）Principal aggregate indicators and growth rates of industrial production of total industry and industry above designated size of the province and cities,（2）Output of major products of industry above designated size,（3）Main indicators on economic benefits of industry above designated size of the province and cities,（4）Main financial indicators on industry above designated size grouped by sector and scale,（5）Main economic indicators on advanced manufacturing industries and hi-tech manufacturing industries above designated size,（6）Top 50 Industrial Enterprises of the Province in terms of gross industrial output value, principal business revenue, and net value of fixed assets.

Ⅱ. The data in this chapter are prepared and provided by the Division of Industry and Transport Statistics of Statistics Bureau of Guangdong Province.

Ⅲ. The data in this chapter are compiled mainly in accordance with the industrial statistical reporting scheme stipulated by the National Bureau of Statistics. The annual data of 2011 and before 2011 are collected, tabulated and prepared by the municipal and county statistical bureaus. Since 2011, the annual data are collected, tabulated and prepared by the network reporting system. Of which the annual data of 1995 were collected in the Third National Industrial Census and the data of 2004 were collected in the First National Economic Census of Guangdong, the data of 2008 were collected in the Second National Economic Census of Guangdong, data of 2013 were collected in the Third National Economic Census of Guangdong.

Ⅳ. Industrial enterprises above designated size refers to all State-owned industrial enterprises and non-State-owned industrial enterprises with revenue from principal business over 5 million yuan from 1998 to 2006. For 2007 to 2010, the scopes of industrial statistics were all industrial enterprises with revenue from principal business over 5 million yuan, (or the industrial enterprises above designated size). Since 2011, the scope is adjusted to all industrial enterprises with revenue from principal business above 20 million yuan (i.e. industrial enterprises above designated size).

Ⅴ. The new industrial Classification of the National Economy is introduced starting from 2018 regular statistics and the sizes of industrial enterprises have been categorized in accordance with the 2011 Interim Regulations on Statistical Categorization of Large, Medium , Small and Micro Industrial Enterprises. Micro industrial enterprises are added

Ⅵ. The value-added of industrial enterprises above designated size in this chapter is calculated by income approach since 2011.

12-1 工业主要指标

Main Indicators of Industry

指　　标	Item	2000	2010	2015	2016	2017	2018
全部工业	**All Industrial Enterprises**						
企业单位数 (个)	Number of Enterprises (unit)	380231	481022	582813	563273	669910	682205
工业总产值 (亿元)	Gross Industrial Output Value(100 million yuan)	16904.47	93462.97	135308.14	144926.09	148173.99	148876.81
工业增加值 (亿元)	Value-added of Industry (100 million yuan)	4518.65	21740.56	31290.75	32650.89	35291.83	37588.13
规模以上工业	**Industrial Enterprises above Designated Size**						
企业单位数 (个)	Number of Enterprises (unit)	19695	53418	42134	42709	47224	47477
亏损企业数 (个)	Number of Loss-making Enterprises	4805	6385	5850	5034	5457	7631
工业总产值 (亿元)	Gross Industrial Output Value(100 million yuan)	12480.93	85824.64	124649.16	133768.04	135722.42	137884.45
工业增加值 (亿元)	Value-added of Industry (100 million yuan)	3422.60	20338.34	29446.21	31330.24	31349.47	32305.16
工业销售产值 (亿元)	Sales Output Value of Industy(100 million yuan)	12156.19	83646.51	121049.68	129840.69	133001.40	134514.73
出口交货值 (亿元)	Export Delivery Value (100 million yuan)	4634.44	25919.08	32035.16	32240.68	33006.63	35671.88
主营业务收入 (亿元)	Main Business Revenue (100 million yuan)	12380.65	84114.85	119157.86	129151.31	133924.37	135616.08
资产总计 (亿元)	Total Assets (100 million yuan)	14370.57	62626.90	95411.22	105604.17	115201.19	124284.19
流动资产合计 (亿元)	Average Balance of Circulating Funds (100 million yuan)	6891.49	34339.97	54715.38	61612.78	68749.03	75060.25
固定资产合计 (亿元)	Average Balance of Net Value of Fixed Assets (100 million yuan)	5884.78	22407.53	26943.69	27217.90	26540.42	
负债总计 (亿元)	Total Liabilities (100 million yuan)	8272.36	35073.74	54747.90	59318.72	64660.73	69812.08
所有者权益合计(亿元)	Total Creditors' Equity (100 million yuan)	6098.21	27461.84	40239.01	45694.31	50201.60	
利润总额 (亿元)	Total Profits (100 million yuan)	564.75	6239.64	7723.16	8383.04	8864.36	8309.69
亏损企业亏损额(亿元)	Loss Value of Loss-making Enterprises (100 million yuan)	156.03	227.26	510.18	418.14	505.27	838.77
利税总额 (亿元)	Total Pre-tax Profits (100 million yuan)	1042.77	9418.42	12375.00	13150.85	13769.27	12850.30
应交增值税 (亿元)	Value-added Tax Payable (100 million yuan)	360.83	2280.56	3284.50	3417.11	3472.77	3028.84
所得税费用 (亿元)	Fee of Income Tax Payable (100 million yuan)	62.79	820.89	1179.43	1263.40	1386.00	
本年应付工资总额 (亿元)	Total Salary Payable in Current Year (100 million yuan)	676.06	5747.72	9888.11	10761.13	11797.48	
就业人员平均人数 (万人)	Average Employed Persons (10000 persons)	572.89	1568.00	1439.33	1417.84	1403.19	1282.58

注：1. 2011年起，规模以上工业统计口径从年主营业务收入500万元及以上调整为2000万元及以上，为反映可比口径速度，本表规模以上工业主要指标使用快报增速，全部工业数据含个体数据。

2. 表中全部工业增加值及增长速度是核算的年度数据，2010年及以后规模以上工业增加值按照收入法计算，与全社会工业增加值不可直接比对。2010年全部工业增加值按照第三次经济普查数据修正。

3. 2011年起，本年应付工资总额指标数据为本年应付职工薪酬；所得税费用数据2014年以前为应交所得税。

Notes: a) Since 2011,the annual principal business revenue of industrial enterprises above designated size is changed from 5 million yuan or above to 20 million yuan or above. Growth rates in this table are calculated at current price with flash statistics report in order to compare the rate. Data on all industrial enterprises include self-employed individuals.

b) The value-added and growth rates of all industries in this talbe are calculated figures of the year. The value-added of industry above designated size is calculated by income approach since 2010, and hence is not directly comparable with the value-added of all industries. All value-added of industry from 2010 have been adjusted with the third economic census.

c) Total salary payable in current year from 2011 are total employee pay payable and income tax payable are tax expenses.Data of fee of income tax payable before 2014 are income tax payable.

12-2 规模以上工业企业增加值和指数

Value-added of Industrial Enterprises above Designated Size and Their Indices

项 目	Item	2000	2010	2016	2017	2018
工业增加值 （亿元）	**Value-added of Industry (100 million yuan)**	**3422.60**	**20338.34**	**31330.24**	**31349.47**	**32305.16**
按经济类型分	Grouped by Ownership					
#国有控股工业	Of the Total: State-holding Industry	1035.41	3729.48	5180.04	5465.15	5610.56
国有工业	State-owned Industry	574.73	1172.21	200.96	203.07	223.62
集体工业	Collective-owned Industry	301.48	199.38	106.59	65.92	36.39
股份合作工业	Share-holding Cooperative Industry	29.15	42.23	17.52	13.10	17.72
股份制工业	Share-holding Industry	158.86	7351.85	18170.10	18900.25	19713.85
外商投资工业	Foreign-funded Industry	575.31	5200.37	5556.86	5213.47	5481.12
港澳台投资工业	Industry with Funds from Hong Kong, Macao and Taiwan	1290.47	5393.8	6705.43	6459.57	6440.82
按轻重工业分	Grouped by Light and Heavy Industries					
轻工业	Light Industry	1628.13	8038.97	11916.13	11305.75	10281.41
重工业	Heavy Industry	1794.47	12299.37	19414.11	20043.72	22023.75
按企业规模分	Grouped by Size of Enterprises					
大型企业	Large Enterprises	610.13	6579.38	14805.94	15716.24	16586.02
中型企业	Medium Enterprises	1513.26	7107.28	8198.85	7458.51	7289.82
小微型企业	Small and Micro Enterprises	1298.55	6651.68	8325.45	8174.72	8429.32
工业增加值指数(2000年=100)	**Indices of Value-added of Industry(2000=100)**	**100.0**	**592.4**	**974.4**	**1044.6**	**1110.4**
按经济类型分	Grouped by Ownership					
#国有控股工业	Of the Total: State-holding Industry	100.0	354.9	527.3	537.9	576.6
国有工业	State-owned Industry	100.0	226.2	326.5	292.2	341.9
集体工业	Collective-owned Industry	100.0	81.0	110.2	113.5	106.3
股份合作工业	Share-holding Cooperative Industry	100.0	188.0	372.2	372.9	430.0
股份制工业	Share-holding Industry	100.0	4296.3	8523.7	9239.7	10099.0
外商投资工业	Foreign-funded Industry	100.0	844.5	1154.4	1241.0	1260.9
港澳台投资工业	Industry with Funds from Hong Kong, Macao and Taiwan	100.0	468.8	654.3	679.9	696.9
按轻重工业分	Grouped by Light and Heavy Industries					
轻工业	Light Industry	100.0	532.0	816.2	865.9	905.8
重工业	Heavy Industry	100.0	653.6	1122.0	1209.5	1296.6
按企业规模分	Grouped by Size of Enterprises					
大型企业	Large Enterprises	100.0	978.4	1584.6	1705.1	1850.0
中型企业	Medium Enterprises	100.0	412.9	606.1	646.8	679.1
小微型企业	Small and Micro Enterprises	100.0	637.7	1182.4	1262.8	1305.8

注：1. 2011年起，规模以上工业统计口径从年主营业务收入500万元及以上调整为2000万元及以上。
2. 本表工业增加值2010年以前采用生产法计算，2011年起采用收入法计算，按当年价格计算，速度为可比口径计算。
3. 企业规模划分：2003年以前为一个标准，2003-2010年为一个标准，2011年起采用新的标准，并增加微型企业。

Note: a) Since 2011, the annual principal business revenue of industrial enterprises above designated size is changed from 5 million yuan or above to 20 million yuan or above.
b) Data of value-added in this table prior to 2010 are calculated with production approach and since 2011 calculated with income approach.Data of value-added of industry are calculated at current prices and the growth rates are calculated at comparable coverage.
c) Size of Industrial enterprise categorization: The standard prior to 2003 is not the same as the period from 2003 to 2010.Since 2011, New standard is adopted and micro-enterprieses is added.

12-3 历年规模以上工业增加值增长速度
Growth Rates of Industrial Enterprises above Designated Size

单位：% (%)

年份 Year	工业增加值 Gross Industrial Output Value	按轻重工分 Grouped by Light & Heavy Industry		按规模分 Grouped by Size			按经济类型分 Grouped by Ownership	
		轻工业 Light Industry	重工业 Heavy Industry	大型企业 Large Enterprises	中型企业 Medium Enterprises	小微型企业 Small and Micro Enterprises	国有控股工业 Of the Total: State-holding Industry	外商及港澳台商投资工业 Industry with Investment from Fordeign Country , Hong Kong, Macao and Taiwan
2001	15.1	12.4	18.4				4.0	14.2
2002	20.0	20.4	19.7				14.7	15.9
2003	28.4	23.4	38.5				20.8	22.2
2004	28.0	26.0	31.1	30.8	26.8	27.4	20.8	23.9
2005	24.7	20.6	25.0	23.2	21.5	28.0	6.1	16.2
2006	23.4	18.2	24.2	15.5	19.3	32.4	19.4	14.8
2007	18.2	24.2	13.2	19.2	14.2	22.1	12.6	16.9
2008	12.8	14.2	12.2	14.2	9.1	16.3	7.8	10.9
2009	8.9	7.4	10.0	11.4	-0.1	17.5	7.0	4.1
2010	16.8	16.4	17.1	15.0	13.4	22.2	12.8	14.5
2011	12.6	12.4	12.8	12.1	8.8	17.7	12.5	8.4
2012	8.4	9.2	7.9	8.1	6.0	8.8	7.3	5.7
2013	8.7	7.7	9.3	8.5	6.9	10.9	8.0	7.1
2014	8.4	7.4	9.1	8.3	7.4	9.7	6.3	5.0
2015	7.2	4.6	8.8	6.3	5.8	10.3	2.1	4.1
2016	6.7	3.3	8.7	7.0	4.8	7.9	5.0	2.3
2017	7.2	6.1	7.8	7.6	6.7	6.8	2.0	5.6
2018	6.3	4.6	7.2	8.5	5.0	3.4	7.2	2.0

注：本表按可比口径计算。
Note: Data in this table are caculated in comparable coverage.

12-4 规模以上分行业工业增加值和增长速度

Value-added and Growth Rates of Industry above Designated Size by Sector

行 业	Sector	工业增加值(亿元) Value-added of Industry (100 million yuan) 2017	2018	2018比2017增长(%) Growth Rate in 2018 over 2017 (%)
总 计	**Total**	**31349.47**	**32305.16**	**6.3**
煤炭开采和洗选业	Mining and Washing of Coal		1.29	
石油和天然气开采业	Extraction of Petroleum and Natural Gas	427.92	581.18	2.5
黑色金属矿采选业	Mining and Dressing of Ferrous Metal Ores	22.45	7.99	-14.5
有色金属矿采选业	Mining and Dressing of Nonferrous Metal Ores	36.24	31.08	-5.7
非金属矿采选业	Mining and Dressing of Nonmetal Ores	75.07	62.50	-3.8
开采辅助活动	Auxiliary Minning Operations	4.05	12.26	53.6
其他采矿业	Mining and Dressing of Other Ores	0.29	0.49	2.1
农副食品加工业	Processing of Farm and Sideline Food	395.15	364.84	5.1
食品制造业	Manufacture of Food	621.28	651.69	8.3
酒、饮料和精制茶制造业	Manufacture of Wine, Beverage and Refined Tea	299.55	283.21	2.4
烟草制品业	Tobacco Products	331.67	333.41	0.8
纺织业	Textile Industry	533.12	500.15	3.2
纺织服装、服饰业	Manufacture of Textile Garments, Footwear and Headgear	960.95	672.12	2.6
皮革、毛皮、羽毛及其制品和制鞋业	Leather, Fur, Feather, Down and Related Products	605.67	473.13	-4.9
木材加工和木、竹、藤、棕、草制品业	Timber Processing, Bamboo, Cane, Palm Fiber & Straw Products	177.59	118.27	-14.5
家具制造业	Manufacture of Furniture	525.68	504.59	2.6
造纸和纸制品业	Papermaking and Paper Products	497.37	528.24	-0.2
印刷和记录媒介复制业	Printing and Record Medium Reproduction	343.86	322.64	9.9
文教、工美、体育和娱乐用品制造业	Manufacture of Cultural, Educational,Sports and Entertainment Articles	743.67	701.62	3.4
石油加工、炼焦和核燃料加工业	Petroleum Refining, Coking and Nuclear Fuel Processing	1014.57	1262.11	15.7
化学原料和化学制品制造业	Manufacture of Raw Chemical Materials and Chemical Products	1193.69	1189.80	0.9
医药制造业	Manufacture of Medicines	502.55	529.57	11.9
化学纤维制造业	Manufacture of Chemical Fibers	37.97	39.04	3.9
橡胶和塑料制品业	Rubber and Plastic Products	1186.54	1168.16	5.5
非金属矿物制品业	Nonmetal Mineral Products	1194.91	1212.29	4.2
黑色金属冶炼和压延加工业	Smelting and Pressing of Ferrous Metals	401.79	383.36	-2.5
有色金属冶炼和压延加工业	Smelting and Pressing of Nonferrous Metals	364.88	359.49	-2.0
金属制品业	Metal Products	1374.31	1362.54	2.9
通用设备制造业	Manufacture of General-purpose Machinery	900.49	1071.87	6.2
专用设备制造业	Manufacture of Special-purpose Machinery	914.97	952.45	6.6
汽车制造业	Manufacture of Automobile	1776.09	1859.70	7.4
铁路、船舶、航空航天和其他运输设备制造业	Manufacture of Railway ,Ship,Aeronautics and Other Transport equipment	229.72	164.94	-3.6
电气机械和器材制造业	Manufacture of Electrical Machinery and Equipment	2969.33	2942.89	7.1
计算机、通信和其他电子设备制造业	Manufacture of Communication Equipment, Computers and Other Electronic Equipment	8122.15	8766.47	9.4
仪器仪表制造业	Manufacture of Instruments and Meters	306.45	308.32	10.8
其他制造业	Other Manufactures	55.68	126.34	17.1
废弃资源综合利用业	Comprehensive Utilization of Waste	184.96	150.17	-2.8
金属制品、机械和设备修理业	Manufacture of Metal Products,Machinery and Equipment Maintenance	52.34	63.94	8.0
电力、热力生产和供应业	Production and Supply of Electric Power and Heat Power	1568.61	1812.33	7.3
燃气生产和供应业	Production and Supply of Gas	182.05	219.89	25.1
水的生产和供应业	Production and Supply of Water	213.81	208.79	7.0

注：本表工业增加值按当年价格计算，增长速度按快报可比价格计算。

Note: Data of value-added of industry in this table are calculated at current prices by income approach according to 2002 industry classification, whereas their growth rates are calculated at constant prices in accordance with flash reports.

12-5 规模以上工业企业单位数和产值
Number of Industrial Enterprises above Designated Size and Their Gross Output Values

项 目	Item	2000	2010	2016	2017	2018
工业企业单位数（个）	**Total Number of Industrial Enterprises (unit)**	**19695**	**53418**	**42709**	**47224**	**47477**
按经济类型分	Grouped by Ownership					
#国有控股工业	Of the Total: State-holding Industry	3320	1279	1100	1079	1079
国有工业	State-owned Industry	2383	567	201	140	165
集体工业	Collective-owned Industry	4158	872	185	160	160
股份合作工业	Share-holding Cooperative Industry	299	223	51	42	43
股份制工业	Share-holding Industry	1875	25490	27666	32350	32511
外商投资工业	Foreign-funded Industry	1682	5790	4104	4089	4103
港澳台投资工业	Industry with Funds from Hong Kong, Macao and Taiwan	6731	13151	8561	8585	8605
按轻重工业分	Grouped by Light and Heavy Industries					
轻工业	Light Industry	12255	29678	21811	23255	23822
重工业	Heavy Industry	7440	23740	20898	23969	23655
按企业规模分	Grouped by Size of Enterprises					
大型企业	Large Enterprises	823	524	1623	1618	1623
中型企业	Medium Enterprises	1228	6968	8700	8504	8632
小微型企业	Small and Micro Enterprises	17644	45926	32386	37102	37222
工业总产值 （亿元）	**Gross Industrial Output Value (100 million yuan)**	**12480.93**	**85824.64**	**133768.04**	**135722.42**	**137884.45**
按经济类型分	Grouped by Ownership					
#国有控股工业	Of the Total: State-holding Industry	3126.12	13166.37	17172.18	19525.92	20825.44
国有工业	State-owned Industry	1450.86	4595.82	665.85	802.95	951.91
集体工业	Collective-owned Industry	1202.49	767.03	437.76	257.22	144.67
股份合作工业	Share-holding Cooperative Industry	106.87	175.69	86.68	72.34	74.57
股份制工业	Share-holding Industry	1780.64	30626.84	75729.59	80561.92	83432.22
外商投资工业	Foreign-funded Industry	2527.06	23705.89	25973.04	24161.44	24438.12
港澳台投资工业	Industry with Funds from Hong Kong, Macao and Taiwan	4747.30	21813.34	28269.83	27503.65	27085.72
按轻重工业分	Grouped by Light and Heavy Industries					
轻工业	Light Industry	6607.84	32867.3	50237.52	47827.76	43776.40
重工业	Heavy Industry	5873.09	52957.34	83530.51	87894.65	94108.05
按企业规模分	Grouped by Size of Enterprises					
大型企业	Large Enterprises	4523.92	28306.79	60261.43	63688.06	68653.11
中型企业	Medium Enterprises	1427.65	28566.98	34497.42	32263.16	31514.24
小微型企业	Small and Micro Enterprises	6529.37	28950.88	39009.19	39771.19	37717.09

注：1. 2011年起，规模以上工业统计口径从年主营业务收入500万元及以上调整为2000万元及以上。
2. 企业规模划分：2003年以前为一个标准，2003—2010年为一个标准，2011年起采用新的标准，并增加微型企业.

Note: a) Since 2011, the annual principal business revenue of industrial enterprises above designated size is changed from 5 million yuan or above to 20 million yuan or above.

b) Size of Industrial enterprise categorization: The standard prior to 2003 is not the same as the period from 2003 to 2010. Since 2011, New standard is adopted and micro enterprieses is added.

12-6 全部工业总产值和指数

Gross Industrial Output Value of All Industrial Enterprises and Theirs Indices

年份 Year	绝对数（亿元） Absolute Figures (100 million yuan)			指数（1978年＝100） Indices(1978=100)	
	全部工业总产值 Gross Industrial Output Value	#国有控股工业 State-holding Industry	#国有工业 State-owned Industry	全部工业总产值 Gross Industrial Output Value	#国有工业 State-owned Industry
1978	206.56		131.83	100.0	100.0
1979	221.46		142.64	107.5	106.1
1980	248.68		146.95	117.4	109.2
1981	282.95		165.53	134.5	120.3
1982	313.76		178.78	145.7	129.5
1983	356.91		204.68	163.4	144.1
1984	433.40		240.19	196.4	164.0
1985	534.72		298.42	249.6	194.0
1986	632.89		334.59	288.3	209.7
1987	878.29		427.10	384.6	255.4
1988	1318.90		594.98	519.3	316.7
1989	1647.24		714.93	603.9	335.8
1990	1902.25		765.43	707.1	366.9
1991	2524.12		973.59	909.6	442.1
1992	3479.39		1202.46	1243.0	532.5
1993	5237.37		1445.38	1731.0	552.4
1994	7273.95		1562.24	2305.9	536.8
1995	9720.54		1709.89	2880.8	539.8
1995(新规定) (New Stipulations)	8849.90		1465.82		
1996	10530.93		1544.58	3404.9	549.8
1997	12372.69		1574.39	4040.7	590.0
1998	13799.16		1453.79	4708.5	526.3
1999	15303.33	3025.68	1427.42	5385.9	487.2
2000	16904.47	3126.12	1536.50	6376.7	472.1
2001	18909.91	3309.51	1186.24	7428.9	374.8
2002	21788.71	3369.50	1217.66	8847.8	392.4
2003	27375.56	4017.54	979.19	11281.8	379.3
2004	34443.48	6039.24	1862.55	13958.7	709.5
2005	41661.74	6375.54	2068.75	16634.5	776.4
2006	51131.94	7253.17	2923.76	20137.8	1082.3
2007	62759.92	8603.94	2791.73	24399.0	1267.4
2008	74414.31	11144.50	2877.31	27636.7	1267.0
2009	75886.62	10790.11	3654.86	29405.4	1280.4
2010	93462.97	13166.37	4595.82	35110.0	1554.0
2011	103493.35	13927.70	5102.02	39358.3	1765.3
2012	105049.54	15529.16	5938.25	43490.9	1899.5
2013	119139.72	17525.16	1242.18	48796.8	2076.2
2014	130081.02	18225.94	635.82	52944.5	2153.0
2015	135308.14	17032.30	605.34	54956.4	2200.4
2016	144926.09	17172.18	665.85	58418.7	2347.8
2017	148173.99	19525.92	802.95	65078.4	2014.4
2018	148876.81	20825.44	951.91	70414.9	2433.4

注：1．工业总产值按当年价计算，2008年根据经普结果进行调整，指数按可比价计算。
2．2000年起全部工业总产值中规模以下部分为抽样调查数。

Notes: a) Gross industrial output values are calculated at current prices, whereas their indices have been adjusted in accordance with the national economic census in 2008 and are calculated at constant prices.

b) Since 2000, data of the industrial enterprises below designated size in the gross industrial output value have been obtained from sample surveys.

12-7 规模以上工业总产值和指数

Gross Output Value of Industrial Enterprises above Designated Size and Their Indices

单位：亿元 (100 million yuan)

年份 Year	工业总产值 Gross Industrial Output Value	轻工业 Light Industry	重工业 Heavy Industry	#大中型工业 Large and Medium-sized Industry	指数(1978年=100) Indices (1978=100)	轻工业 Light Industry	重工业 Heavy Industry	#大中型工业 Large and Medium-sized Industry
1978	180.73	102.32	78.41	49.34	100.0	100.0	100.0	100.0
1979	194.64	110.28	84.36	54.91	105.8	105.3	106.4	109.5
1980	212.69	128.17	84.52	56.33	115.8	127.7	100.7	103.1
1981	241.93	152.97	88.96	66.89	128.7	151.3	102.1	133.0
1982	263.02	164.17	98.85	75.37	139.9	164.2	111.2	148.5
1983	293.70	180.60	113.10	92.78	157.1	184.5	124.7	181.5
1984	359.87	223.29	136.58	110.63	188.1	226.1	142.8	209.9
1985	471.83	289.68	182.15	166.11	236.0	279.6	179.8	302.0
1986	550.49	344.70	205.79	210.27	269.5	327.7	194.7	379.7
1987	747.47	472.45	275.02	299.19	350.1	426.5	252.2	522.3
1988	1118.00	718.03	399.97	459.74	472.5	582.1	332.2	720.2
1989	1399.45	893.20	506.25	622.42	543.2	594.3	389.2	863.6
1990	1605.80	1057.02	548.78	734.35	637.6	795.5	435.8	1042.2
1991	2144.93	1371.46	773.47	1057.02	820.0	1009.7	622.1	1476.1
1992	2884.93	1796.12	1088.23	1408.48	1096.0	1331.0	854.4	1980.5
1993	4252.70	2515.77	1736.93	1891.29	1470.7	1751.6	1188.8	2412.8
1994	5565.48	3224.69	2340.79	2563.27	1819.1	2135.9	1507.6	2863.3
1995(原规定) (Original Stipulations)	7189.24	4148.78	3040.46	3227.59	2274.1	2581.8	1993.2	3519.7
1995(新规定) (New Stipulations)	6502.97	3776.94	2726.03	2824.61				
1996	7490.49	4344.25	3146.24	3470.81	2625.4	2989.5	2290.2	4253.6
1997	8442.32	4914.09	3528.23	3950.86	3045.3	3470.5	2652.8	5176.4
1998	9738.56	5765.51	3973.05	4169.16	3508.2	3866.1	3228.5	5927.0
1999	10538.17	6011.06	4527.11	4711.94	4016.9	4299.1	3861.3	7070.9
2000	12480.93	6607.84	5873.09	5951.56	4757.4	4737.6	5027.4	8590.8
2001	14035.35	7165.90	6869.44	7534.70	5637.5	5400.9	6234.0	12181.8
2002	16378.60	8161.63	8216.97	8755.02	6787.6	6313.7	7742.6	14472.0
2003	21513.46	9959.51	11553.95	14353.53	9051.9	7845.4	11063.4	19955.4
2004	29554.92	12146.01	17408.91	19799.88	12228.7	9549.6	15380.9	27054.8
2005	35942.74	14506.76	21435.97	24403.13	14652.0	11434.3	17914.1	32852.0
2006	44674.75	17148.09	27526.65	30828.93	17963.7	13549.8	21927.5	40937.6
2007	55252.86	21221.12	34031.74	37718.60	21931.9	16667.6	26370.0	49436.3
2008	65424.61	25035.86	40388.76	43866.65	25188.6	19373.2	29468.8	55765.6
2009	68275.77	26685.86	41589.91	44755.10	27430.4	20806.8	32415.7	57494.3
2010	85824.64	32867.30	52957.34	56873.77	33437.7	25200.5	39064.6	70824.4
2011	94871.68	36005.33	58866.35	67492.96	38954.9	29333.4	45549.3	79606.6
2012	95602.09	35817.39	59784.70	70178.27	43162.0	32032.1	49147.7	86134.3
2013	109673.07	41669.48	68003.59	76417.82	48686.7	36420.5	55192.9	95695.2
2014	119713.04	45756.65	73956.39	85194.40	53019.8	39953.3	59829.1	103446.5
2015	124649.16	47604.61	77044.55	88503.28	54981.5	41471.5	62042.8	106239.6
2016	133768.04	50237.52	83530.51	94758.85	58555.4	43379.2	66758.0	112826.4
2017	135722.42	47827.76	87894.65	95951.23	65582.0	47587.0	75703.6	126252.8
2018	137884.45	43776.40	94108.05	100167.36	71156.5	50394.6	83046.9	138120.5

注：1．工业总产值按当年价格计算，指数按可比价计算。

2．1997年以前为乡及乡以上工业，2011年起规模以上工业统计口径从年主营业务收入500万元及以上调整为2000万元及以上。

Notes: a) Gross industrial output values are calculated at current prices, whereas their indices are calculated at constant prices.

b) Data prior to 1997 refer to the industrial enterprises at or above the township level.Since 2011, the annual principal business revenue of industrial enterprises above designated size is changed from 5 million yuan or above to 20 milliom yuan.

12-8 规模以上工业产品产量

Output of Industrial Products of Enterprises above Designated Size

产品名称	Item	2000	2010	2016	2017	2018
化学纤维 (万吨)	Chemical Fiber (10000 tons)	45.00	44.54	58.92	51.20	53.91
#合成纤维 (万吨)	Synthetic Fiber (10000 tons)	45.00	42.45	55.26	47.02	44.27
纱 (万吨)	Yarn (10000 tons)	16.99	45.16	33.42	42.04	30.03
布 (亿米)	Cloth (100 million m)	16.99	28.27	27.10	27.01	25.55
#棉布 (亿米)	Pure Cotton Cloth (100 million m)	7.49	19.54	17.10	17.93	16.43
蚕丝 (万吨)	Silk (10000 tons)	0.05	0.17	0.22	0.10	0.06
呢绒 (万米)	Woolen Piece Goods (10000 m)	676.00	13.00	178.00	201.00	1650.01
服装 (亿件)	Clothing (100 million pieces)	21.99	70.26	64.24	61.60	104.34
皮革鞋靴 (亿双)	Leather Shoes and Boots (100 million pair)	9.05	12.18	7.01	6.75	5.13
机制纸及纸板 (万吨)	Machine-made Paper and Paperboard (10000 tons)	260.30	1434.68	2127.52	2177.74	2028.88
家用电冰箱 (万台)	Household Refrigerators (10000 sets)	320.70	1457.76	2135.51	1556.37	1628.45
家用冷柜 (万台)	Freezers (10000 sets)		180.14	466.90	414.35	383.38
家用洗衣机 (万台)	Household Washing Machines (10000 sets)	244.18	467.83	762.32	749.62	677.42
家用吸尘器 (万台)	Vacuum Cleaners (10000 sets)	251.80	2626.67	2600.74	3170.34	3192.04
家用电风扇 (万台)	Electric Fans (10000 sets)	6759.02	14813.38	14838.78	16028.46	17237.01
家用房间空气调节器 (万台)	House Air Conditioners (10000 sets)	697.91	5477.85	5641.96	5374.97	6187.43
家用吸排油烟机 (万台)	Smoke Absorbers (10000 sets)	43.39	1324.67	1859.16	1771.89	1836.23
电饭锅 (万个)	Electric Rice Cookers (10000 sets)		15207.47	31219.32	27084.98	18420.87
微波炉 (万台)	Microwave Ovens (10000 sets)	906.51	5341.00	9266.67	6763.16	7029.05
程控交换机 (万线)	Programcontrolled Switchboards (10000 lines)	3554.88	1602.61	1103.12	843.28	908.96
电话单机 (万部)	Telephone Sets (10000 sets)	7700.05	14766.80	9294.62	6166.64	5143.01
移动通信手持机(手机)(万台)	Mobile Telephone (10000 units)	1001.30	48626.59	95230.18	80163.04	84079.09
#智能手机 (万台)	Smart Telephone (10000 units)			76496.93	66462.18	73407.35
传真机 (万部)	Fax Machines (10000 sets)	109.57	176.61	174.59	225.94	172.10
微型计算机设备 (万台)	Micro-computers Equipment (10000 units)	169.74	3581.11	3344.93	4338.56	5248.95
服务器 (万台)	Servers (10000 units)		2.98	50.05	65.17	90.35
集成电路 (亿块)	Semiconductor Integrated Circuit (100 million pieces)	11.76	161.01	218.83	262.51	364.92
彩色电视机 (万部)	Color TV Sets (10000 sets)	1531.53	4494.78	8106.36	8399.88	10758.27
#智能电视 (万台)	Smart TV (10000 sets)			4809.22	5276.03	6037.78
数字激光音、视盘机 (万台)	Laser Digital Audio,Video Disc Machine (10000sets)	637.69	7589.01	15119.47	13012.35	6886.82
组合音响 (万部)	Hi-fi Stereo Component System (10000 sets)	2344.58	9713.01	7860.73	9643.17	14846.90
照相机 (万架)	Cameras (10000 sets)	3545.88	3798.93	641.94	656.59	653.79
#数码照相机 (万台)	Digital Cameras (10000 sets)		3687.89	588.45	630.95	511.86
表 (万只)	Watches (10000 units)	19123.23	11892.26	14441.06	12204.00	13451.12
日用玻璃制品 (万吨)	Daily Use Glassware (10000 tons)	51.46	150.93	78.27	100.63	125.51
合成洗涤剂 (万吨)	Synthetic Detergents (10000 tons)	26.31	224.61	480.63	315.14	281.34
精制食用植物油 (万吨)	Refined Edible Vegetablc oil (100000tons)	7.87	244.21	451.30	488.80	569.83
成品糖 (万吨)	Refined Sugar (10000 tons)	91.30	91.66	116.12	82.27	263.29
食用盐 (万吨)	Edible Salt (10000 tons)			1.61	1.57	0.87
卷烟 (万箱)	Cigarettes (10000 units)	177.30	260.69	270.82	264.73	256.74
罐头 (万吨)	Canned Food (10000 tons)	7.11	30.18	44.61	46.90	36.07
饮料酒 (万千升)	Alcoholic Beverages (mixed weight) (10000 kiloliter)	178.66	415.80	434.15	442.06	394.02
#白酒 (万千升)	Spirits (10000 kiloliter)	17.88	10.27	18.88	20.65	15.20
啤酒 (万千升)	Beer (10000 kiloliter)	158.89	401.40	405.92	412.26	374.64
乳制品 (万吨)	Dairy Products (10000 tons)	1.29	58.12	69.13	77.29	81.74
中成药 (万吨)	Traditional Chinese Patent Medicine (10000 tons)	6.05	19.01	23.64	24.37	18.97
化学药品原药 (万吨)	Chemical Active Pharmaceutical Ingredient(10000 tons)	1.94	4.78	8.25	8.33	7.84

12-8 续表 continued

产 品 名 称	Item	2000	2010	2016	2017	2018
农用氮、磷、钾化学肥料(折纯) (万吨)	Chemical Fertilizer (10000 tons)	34.65	62.15	68.62	77.06	24.16
#氮肥(折含氮100%) (万吨)	Nitrogen Fertilizer (10000 tons)	15.98	11.49			
磷肥(折五氧化二磷100%) (万吨)	Phosphate Fertilizer (10000 tons)	18.67	50.66	68.62	77.06	13.78
化学农药原药(折有效成分100%)(万吨)	Chemical Pesticide (10000 tons)	0.84	0.86	2.78	1.49	1.61
乙烯 (万吨)	Ethylene (10000 tons)	54.85	203.96	241.84	248.18	299.28
合成橡胶 (万吨)	Synthetic Rubber (10000 tons)	5.45	38.36	77.83	70.23	83.78
橡胶轮胎外胎 (万条)	Tires (10000 pieces)	359.13	6907.25	2907.74	2575.53	2643.24
交流电动机 (万千瓦)	Alternating Current Motors (10000 kw)	236.21	753.39	1189.09	1282.42	1465.64
汽车 (万辆)	Motor Vehicles (10000 units)	3.94	156.29	280.25	321.06	323.27
#载货汽车 (万辆)	Trucks (10000 units)	0.53	0.34	0.14	0.25	1.43
客车 (万辆)	Buses (10000 units)	0.18	0.20	0.08	0.22	1.96
轿车 (万辆)	Cars (10000 units)	3.22	132.67	151.17	158.82	175.05
新能源汽车 (万辆)	New Energy Vehicle (10000 units)			7.08	3.07	13.08
城市轨道车辆 (辆)	Urban Rail Vehicle (unit)			27	15	51
民用钢质船舶 (万载重吨)	Civil Steel ship (10000ton)		177.18	256.19	351.72	58.98
摩托车整车 (万辆)	Motorcycles (10000 units)	146.31	917.60	655.50	763.50	674.80
两轮脚踏自行车 (万辆)	Bicycles (10000 units)	1038.00	788.75	531.00	676.64	700.38
生铁 (万吨)	Pig Iron (10000 tons)	201.57	806.68	1670.20	2024.48	2015.76
粗钢 (万吨)	Crude Steel (10000 tons)	286.99	1239.34	2283.19	2890.71	2763.24
成品钢材 (万吨)	Rolled Steel Products (10000 tons)	406.28	2918.89	4113.34	4213.69	4503.26
十钟有色金属 (万吨)	Ten Kinds of Nonferrous Metas(10000 tons)		45.31	36.14	37.96	47.69
铝材 (万吨)	Aluminum (10000 tons)		496.85	558.44	538.40	503.57
汽车用发动机 (万千瓦)	Automotive engines (10000 kw)		8727.56	16833.24	19351.51	21734.96
工业机器人 (万套)	Industrial Robots (10000 sets)			1.15	2.07	4.80
光纤 (万千米)	Optical fiber (10000km)			358.34	535.30	1287.07
光缆 (万芯千米)	Optical Cable (10000km)		835.99	2221.06	2397.30	2587.28
太阳能电池(光伏电池) (万千瓦)	Solar cells (photovoltaic cells) (10000kw)			137.34	167.76	279.75
水泥 (万吨)	Cement (10000 tons)	5872.00	11536.67	15078.64	15752.98	16319.85
平板玻璃 (万重量箱)	Plate Glass (10000 wt.cases)	632.59	7821.07	9048.44	9146.24	10595.77
硫酸(折100%) (万吨)	Sulphuric Acid (10000 tons)	138.75	236.74	244.52	242.05	254.25
纯碱 (碳酸钠) (万吨)	Soda Ash (10000 tons)	24.28	40.01	31.26	33.53	58.22
烧碱(折100%) (万吨)	Caustic Soda (10000 tons)	16.43	27.62	56.36	41.95	34.99
合成氨(无水氨) (万吨)	Synthetic Ammonia (10000 tons)	23.43	6.88			

注：1. 纱包括纯棉纱、棉混纺纱、化学纤维纱，不包括棉线、代用纤维纱和手工纺纱。
2. 布包括纯棉布、棉混纺布、化学纤维布，不包括代用纤维布、手工织布。
3. 农用化肥按有效成分100%计算。
4. 成品钢材已剔除重复加工的钢材。

Notes: a) Yarn includes pure and blended cotton yarn, chemical fiber yarn, but excludes cotton thread, substitute fiber yarn and handmade yarn.
b) Cloth includes pure and blended cotton cloth,chemical fiber cloth and canvas,but excludes substitute fiber cloth,hand-woven cloth and cord fabric.
c) Output of chemical fertilizers is calculated on the basis of 100 percent effective content equivalent.
d) Output of rolled steel products excludes the steel products reprocessed.

12-9 各市规模以上工业企业单位数和工业总产值

Number and Gross Output Value of Industrial Enterprises above Designated Size by City

市别	City	工业企业单位数（个） Number of Industrial Enterprises (unit)								
		2000	2005	2010	2013	2014	2015	2016	2017	2018
广　州	Guangzhou	4531	5240	6969	4811	4767	4644	4660	4661	4675
深　圳	Shenzhen	1834	5214	8249	6523	6355	6539	6627	7943	7950
珠　海	Zhuhai	771	992	1347	1054	1008	1023	1048	1163	1170
汕　头	Shantou	794	1490	2580	1845	1808	1771	1846	1988	1988
佛　山	Foshan	2180	5148	7684	6163	5883	5787	5671	6212	6206
韶　关	Shaoguan	406	392	559	556	622	628	593	536	552
河　源	Heyuan	148	226	440	436	513	575	589	602	617
梅　州	Meizhou	371	392	521	368	396	440	458	461	474
惠　州	Huizhou	689	1243	1853	1702	1815	1893	2140	2366	2376
汕　尾	Shanwei	94	179	452	251	246	238	242	237	246
东　莞	Dongguan	1663	4504	5899	5361	5377	5688	5869	7669	7704
中　山	Zhongshan	1074	3291	5063	2973	2963	3045	3089	3211	3212
江　门	Jiangmen	1599	2365	3246	2007	1961	2036	1998	2112	2157
阳　江	Yangjiang	250	498	596	569	564	571	557	542	543
湛　江	Zhanjiang	458	578	850	772	789	828	833	866	891
茂　名	Maoming	447	590	792	844	850	957	978	1026	1061
肇　庆	Zhaoqing	981	684	1131	1086	1083	1110	1100	1163	1175
清　远	Qingyuan	304	426	813	514	580	611	621	644	653
潮　州	Chaozhou	326	727	1245	865	871	890	885	923	923
揭　阳	Jieyang	455	714	2525	1884	1971	2030	1991	1956	1955
云　浮	Yunfu	320	264	604	621	732	830	914	943	949
按经济区域分	By Region									
珠三角	Pearl River Delta	15322	28681	41441	31680	31212	31765	32202	36500	36625
东　翼	Eastern Region	1669	3110	6802	4845	4896	4929	4964	5104	5112
西　翼	Western Region	1155	1666	2238	2185	2203	2356	2368	2434	2495
山　区	Mountainous Region	1549	1700	2937	2495	2843	3084	3175	3186	3245

注：2011年起，规模以上工业统计口径从年主营业务收入500万元及以上调整为2000万元及以上。

Note: Since 2011, the annual principal business revenue of industrial enterprises above designated size is changed from 5 million yuan or above to 20 million yuan or above.

12-9 续表 continued

市别	City	工业总产值（亿元） Gross Industrial Output Value (100 million yuan)								
		2000	2005	2010	2013	2014	2015	2016	2017	2018
广　州	Guangzhou	2568.57	6032.05	13831.25	17192.88	17997.97	18424.73	18906.55	17751.17	18234.91
深　圳	Shenzhen	2566.93	9867.55	18526.82	23095.21	24777.59	25542.44	27292.29	32119.15	34603.77
珠　海	Zhuhai	630.17	1569.56	2976.18	3460.86	3702.26	3966.02	4353.38	3943.56	4459.68
汕　头	Shantou	344.34	761.37	1897.57	2481.80	2771.68	2968.80	3303.80	3517.94	3441.86
佛　山	Foshan	1560.55	4780.88	14527.47	17121.88	18796.65	19544.95	21187.32	21015.53	21591.09
韶　关	Shaoguan	151.01	393.36	773.37	1160.59	1286.70	1221.78	1237.54	1098.72	1142.67
河　源	Heyuan	35.81	182.10	832.73	1140.14	1402.30	1443.02	1599.18	1345.94	1342.54
梅　州	Meizhou	81.81	206.98	455.97	567.99	651.03	704.76	745.63	624.34	620.91
惠　州	Huizhou	657.83	1428.66	3905.17	6605.29	6901.35	7044.73	7617.34	8166.93	7555.93
汕　尾	Shanwei	30.08	113.45	432.42	968.72	1095.15	1166.08	1233.47	1089.04	1158.05
东　莞	Dongguan	914.64	3940.11	7739.09	11023.45	12133.71	12744.42	14692.46	17628.53	19497.20
中　山	Zhongshan	532.95	2221.45	5023.63	5673.75	6032.09	6345.28	6614.80	4916.88	4996.49
江　门	Jiangmen	871.15	1453.25	3828.91	3107.86	3625.49	3998.76	4274.38	4161.11	4406.66
阳　江	Yangjiang	66.17	213.82	693.46	1564.09	1861.94	1990.04	2050.58	1734.18	935.59
湛　江	Zhanjiang	269.10	644.27	1404.95	2041.37	2257.33	2272.40	2564.56	2666.04	2372.85
茂　名	Maoming	373.22	702.04	1360.15	2146.12	2401.85	2328.05	2483.41	2679.24	2130.73
肇　庆	Zhaoqing	392.04	321.20	1744.19	3410.29	3863.50	4034.37	4022.12	2941.20	2888.22
清　远	Qingyuan	77.51	364.34	2887.04	1432.42	1669.76	1680.13	1813.51	1593.82	1769.80
潮　州	Chaozhou	73.88	293.72	723.12	1088.31	1221.99	1325.80	1422.96	1352.55	1331.51
揭　阳	Jieyang	136.46	298.82	1794.82	3604.19	4290.68	4803.12	5131.14	4787.84	2894.31
云　浮	Yunfu	146.71	153.77	466.34	785.87	972.02	1099.49	1221.61	588.72	509.70
按经济区域分	By Region									
珠三角	Pearl River Delta	10694.83	31614.71	72102.70	90691.47	97830.61	101645.70	108960.64	112644.06	118233.95
东　翼	Eastern Region	584.76	1467.36	4847.93	8143.02	9379.49	10263.80	11091.37	10747.37	8825.73
西　翼	Western Region	708.49	1560.13	3458.56	5751.58	6521.12	6590.49	7098.56	7079.46	5439.17
山　区	Mountainous Region	492.85	1300.55	5415.45	5087.01	5981.82	6149.17	6617.47	5251.53	5385.62

注：本表产值按当年价格计算。
Note: Data of gross industrial output value in this table are calculated at current prices.

12-10 各市规模以上工业增加值和指数

Value-added and Indices of Industry above Designated Size by City

市别	City	工业增加值(亿元) Value-add of Industry (100 million yuan)								
		2000	2005	2010	2013	2014	2015	2016	2017	2018
广州	Guangzhou	708.40	1654.03	4073.35	4446.93	4364.66	4535.25	4387.90	4131.02	4450.90
深圳	Shenzhen	706.85	2571.95	5015.33	5794.50	6252.09	6426.39	7108.87	8022.73	9109.54
珠海	Zhuhai	156.16	328.74	683.98	783.68	881.04	916.94	1022.86	1139.37	1083.74
汕头	Shantou	88.56	190.30	483.20	599.23	660.49	694.62	785.21	834.13	822.68
佛山	Foshan	401.78	1303.31	3915.12	3872.79	4138.71	4364.33	4671.23	4335.33	4590.05
韶关	Shaoguan	50.72	108.63	219.25	310.91	326.29	309.71	334.24	307.23	310.03
河源	Heyuan	10.66	57.78	312.36	318.41	325.36	327.57	351.00	279.18	300.02
梅州	Meizhou	29.46	72.49	166.00	188.42	206.68	214.34	221.58	194.78	193.12
惠州	Huizhou	129.08	315.32	881.16	1423.20	1475.02	1617.38	1763.69	1850.49	1731.57
汕尾	Shanwei	8.74	29.17	112.34	222.14	231.47	245.10	246.70	193.32	219.56
东莞	Dongguan	259.44	1060.49	1760.02	2425.62	2490.84	2611.96	2968.16	3618.19	3904.57
中山	Zhongshan	136.16	551.20	1263.08	1195.97	1209.10	1281.05	1319.96	1073.72	1093.53
江门	Jiangmen	189.49	355.10	1053.39	696.94	847.29	965.74	1065.80	991.68	1085.24
阳江	Yangjiang	21.55	66.26	184.14	390.31	429.74	452.02	408.44	366.78	219.29
湛江	Zhanjiang	99.80	229.87	528.83	684.86	738.07	721.26	780.75	742.90	769.97
茂名	Maoming	78.44	165.28	362.29	666.70	734.35	757.29	857.82	848.49	708.10
肇庆	Zhaoqing	36.36	76.86	434.51	807.02	924.53	961.07	921.14	605.68	620.15
清远	Qingyuan	21.22	90.83	686.02	320.27	392.84	396.65	439.85	398.19	443.78
潮州	Chaozhou	20.19	69.46	194.91	301.41	329.88	352.08	377.20	318.29	311.49
揭阳	Jieyang	39.09	77.62	512.46	878.55	974.68	1054.89	1062.21	969.08	587.58
云浮	Yunfu	22.37	41.70	146.58	212.16	255.58	240.58	235.63	128.90	113.69
按经济区域分	By Region									
珠三角	Pearl River Delta	2723.72	8217.00	19079.95	21446.65	22583.28	23680.10	25229.60	25768.21	27669.29
东翼	Eastern Region	156.58	366.55	1302.91	2001.33	2196.51	2346.69	2471.32	2314.82	1941.30
西翼	Western Region	199.79	461.41	1075.26	1741.87	1902.15	1930.57	2047.02	1958.16	1697.36
山区	Mountainous Region	134.43	371.44	1530.20	1350.17	1506.75	1488.84	1582.30	1308.28	1360.65

注：1. 本表统计口径从2011年起从年主营业务收入500万元及以上调整为2000万元及以上。

2. 本表增加值2010年及以前用生产法计算，2011年起用收入法计算。

Note:a) Since 2011, the annual principal business revenue of industrial enterprises above designated size is changed from 5 million yuan or above to 20 million yuan or above.

b) The value-added in this table in 2010 and prior to are calculated with production approach and since 2011 calculated with income approach.

12—10 续表 continued

市别	City	指数(2000年＝100) Indices (2000＝100)									
		2000	2005	2009	2010	2013	2014	2015	2016	2017	2018
广州	Guangzhou	100.0	223.8	391.6	455.8	623.9	674.5	723.0	770.0	797.0	840.8
深圳	Shenzhen	100.0	391.6	635.6	723.3	957.8	1038.3	1118.2	1196.5	1307.8	1432.0
珠海	Zhuhai	100.0	229.9	360.5	426.1	581.8	647.0	709.1	750.9	830.5	947.6
汕头	Shantou	100.0	183.0	346.9	407.9	628.3	697.4	749.7	821.7	903.9	989.7
佛山	Foshan	100.0	312.0	713.0	851.3	1232.5	1354.5	1461.5	1574.1	1712.6	1820.5
韶关	Shaoguan	100.0	159.8	286.3	332.4	504.7	570.3	587.4	616.8	629.1	638.6
河源	Heyuan	100.0	460.0	1488.9	1844.7	3071.8	3624.7	3922.0	4318.1	4456.3	4803.8
梅州	Meizhou	100.0	210.7	355.6	422.1	669.6	741.3	808.0	845.2	857.0	868.1
惠州	Huizhou	100.0	215.2	457.3	582.5	977.4	1104.5	1215.0	1320.7	1431.6	1526.1
汕尾	Shanwei	100.0	367.4	1169.4	1541.3	3233.0	3698.5	3972.2	4242.3	4726.0	5283.6
东莞	Dongguan	100.0	327.6	430.2	512.0	646.9	703.8	741.1	793.0	872.2	928.1
中山	Zhongshan	100.0	494.0	869.0	1026.2	1504.8	1655.2	1779.4	1898.6	1991.6	2053.4
江门	Jiangmen	100.0	207.7	424.5	525.1	799.9	887.9	959.0	1026.1	1128.7	1234.8
阳江	Yangjiang	100.0	266.8	530.5	705.0	1516.7	1800.4	2038.0	2144.0	2315.5	2389.6
湛江	Zhanjiang	100.0	183.7	287.8	340.2	501.7	562.4	618.1	689.1	747.7	785.1
茂名	Maoming	100.0	163.6	242.3	276.9	456.9	533.7	577.5	620.2	664.2	679.5
肇庆	Zhaoqing	100.0	211.8	712.5	952.6	1729.5	1976.9	2127.1	2205.8	2313.9	2496.7
清远	Qingyuan	100.0	353.0	1716.2	2310.0	3136.5	3581.9	3850.6	4235.6	4371.2	4685.9
潮州	Chaozhou	100.0	321.1	663.3	796.0	1316.0	1462.1	1576.1	1680.1	1787.6	1853.8
揭阳	Jieyang	100.0	188.3	633.4	879.7	1726.0	1998.7	2142.6	2266.9	2334.9	2435.3
云浮	Yunfu	100.0	174.7	393.1	517.4	1127.8	1304.8	1428.8	1551.7	1629.3	1627.6
按经济区域分	By Region										
珠三角	Pearl River Delta	100.0	205.0	343.0	399.6	522.7	566.0	606.8	647.5	697.3	746.1
东翼	Eastern Region	100.0	208.4	430.3	532.7	873.4	988.6	1060.8	1135.1	1205.4	1279.0
西翼	Western Region	100.0	199.8	318.1	373.3	573.6	660.8	726.2	785.0	846.2	868.2
山区	Mountainous Region	100.0	207.5	507.7	638.6	934.3	1068.8	1142.6	1230.6	1267.5	1316.9

注：本表工业增加值按当年价格计算，指数按可比价格计算。

Note: Data of value-added of industry in this table are calculated at current prices, whereas their indices are calculated at constant prices.

12-11 各市规模以上工业企业单位数（2018年）

单位：个

项　目	Item	全省 Provincial Total	广州 Guangzhou
全省总计	**Provincial Total**	**47477**	**4675**
按经济类型分	Grouped by Ownership		
在总计中：国有控股工业	Of the Total:State-holding Industry	1079	265
国有工业	State-owned Industry	145	21
集体工业	Collective-owned Industry	160	16
股份合作工业	Share-holding Cooperative Industry	43	12
股份制工业	Share-holding Industry	32531	3141
外商投资工业	Foreign-funded Industry	4103	639
港澳台投资工业	Industry with Funds from Hong Kong, Macao and Taiwan	8605	751
按轻重工业分	Grouped by Light and Heavy Industries		
轻工业	Light Industry	23822	2413
重工业	Heavy Industry	23655	2262
按企业规模分	Grouped by Size of Enterprises		
大型企业	Large Enterprises	1633	180
中型企业	Medium Enterprises	8622	673
小微型企业	Small and Micro Enterprises	37222	3822
按行业分	Grouped by Sector		
煤炭开采和洗选业	Mining and Washing of Coal		
石油和天然气开采业	Extraction of Petroleum and Natural Gas	4	
黑色金属矿采选业	Mining and Dressing of Ferrous Metal Ores	28	
有色金属矿采选业	Mining and Dressing of Nonferrous Metal Ores	29	
非金属矿采选业	Mining and Dressing of Nonmetal Ores	271	2
开采辅助活动	Auxiliary Minning Operations	4	
其他采矿业	Mining and Dressing of Other Ores	2	
农副食品加工业	Processing of Farm and Sideline Food	1036	112
食品制造业	Manufacture of Food	766	131
酒、饮料和精制茶制造业	Manufacture of Wine, Beverage and Refined Tea	262	26
烟草制品业	Tobacco Products	11	1
纺织业	Textile Industry	1494	170
纺织服装、服饰业	Manufacture of Textile Garments, Footwear and Headgear	2758	400
皮革、毛皮、羽毛及其制品和制鞋业	Leather, Fur, Feather, Down and Related Products	1877	279
木材加工和木、竹、藤、棕、草制品业	Timber Processing, Bamboo, Cane, Palm Fiber & Straw Products	584	45
家具制造业	Manufacture of Furniture	1454	102
造纸和纸制品业	Papermaking and Paper Products	1172	94
印刷和记录媒介复制业	Printing and Record Medium Reproduction	945	87
文教、工美、体育和娱乐用品制造业	Manufacture of Cultural, Educational,Sports and Entertainment Articles	1713	150
石油加工、炼焦和核燃料加工业	Petroleum Refining, Coking and Nuclear Fuel Processing	102	12
化学原料和化学制品制造业	Manufacture of Raw Chemical Materials and Chemical Products	2363	398
医药制造业	Manufacture of Medicines	453	85
化学纤维制造业	Manufacture of Chemical Fibers	58	7
橡胶和塑料制品业	Rubber and Plastic Products	3818	317
非金属矿物制品业	Nonmetal Mineral Products	3134	203
黑色金属冶炼和压延加工业	Smelting and Pressing of Ferrous Metals	363	28
有色金属冶炼和压延加工业	Smelting and Pressing of Nonferrous Metals	668	49
金属制品业	Metal Products	3934	236
通用设备制造业	Manufacture of General-purpose Machinery	2030	258
专用设备制造业	Manufacture of Special-purpose Machinery	2019	200
汽车制造业	Manufacture of Automobile	833	300
铁路、船舶、航空航天和其他运输设备制造业	Manufacture of Railway ,Ship,Aeronautics and Other Transport equipment	403	73
电气机械和器材制造业	Manufacture of Electrical Machinery and Equipment	5051	337
计算机、通信和其他电子设备制造业	Manufacture of Communication Equipment, Computers and Other Electronic Equipment	5793	400
仪器仪表制造业	Manufacture of Instruments and Meters	631	46
其他制造业	Other Manufactures	304	20
废弃资源综合利用业	Comprehensive Utilization of Waste	266	7
金属制品、机械和设备修理业	Manufacture of Metal Products,Machinery and Equipment Maintenance	51	15
电力、热力生产和供应业	Production and Supply of Electric Power and Heat Power	360	35
燃气生产和供应业	Production and Supply of Gas	147	19
水的生产和供应业	Production and Supply of Water	286	31

Number of Industrial Enterprises above Designated Size by City (2018)

(unit)

深圳 Shenzhen	珠海 Zhuhai	汕头 Shantou	佛山 Foshan	韶关 Shaoguan	河源 Heyuan	梅州 Meizhou	惠州 Huizhou	汕尾 Shanwei
7950	**1170**	**1988**	**6206**	**552**	**617**	**474**	**2376**	**246**
171	52	33	83	59	14	22	45	13
6	2	9	11	13	3	4	9	3
2	1	8	20	4	1	1	5	10
		9	10	1		1		
5491	669	1632	4626	451	428	386	1348	161
620	198	73	428	15	29	12	231	5
1822	296	142	711	57	133	37	668	54
2799	436	1655	3038	162	266	209	1187	172
5151	734	333	3168	390	351	265	1189	74
403	66	19	165	18	18	10	109	63
1617	257	475	1064	54	92	68	482	54
5930	847	1494	4977	480	507	396	1785	129
2	1							
				1	6		1	
		1		5	3	3	1	
	1	2	3	7	27	6	25	
2								
45	17	45	95	20	21	21	36	13
39	21	57	42	5	12	10	10	9
17	5	11	26	11	13	12	9	3
1		2		3		2		
58	12	198	354	11	19	6	42	11
182	40	521	239	8	24	13	72	36
102	7	20	153	4	12	6	248	7
21	8		59	26	10	5	40	4
126	10	11	335	4	8	34	131	
166	24	64	143	11	7	3	44	6
168	24	75	111	2	9	5	41	2
337	14	281	98	16	28	25	86	31
6	9	2	12	1		1	2	
179	100	91	334	125	11	10	137	6
55	21	23	40	8	12	11	15	1
3	3	3	8		2	1	2	1
564	96	249	468	22	48	5	227	31
148	51	22	448	64	76	92	110	17
18	1	1	141	8	12	4	7	
67	12	7	211	14	8	3	24	
478	60	36	826	25	25	10	132	17
410	73	37	360	19	27	10	62	1
564	74	41	289	22	17	11	60	2
58	26	11	173	6	2	15	36	1
72	19	3	51		2	2	21	2
1215	151	59	789	26	43	22	221	8
2408	222	39	243	23	89	86	456	11
284	39	3	35	2	12	3	19	
88		10	13	2	8	2	14	1
3	2	34	48	4	2	10	10	3
11	4	3	2					3
21	11	12	15	37	14	18	16	10
4	8	4	6	5	6	2	2	1
28	4	10	36	5	2	5	17	8

12-11 续表

单位：个

项 目	Item	东 莞 Dongguan	中 山 Zhongshan
全省总计	**Provincial Total**	**7704**	**3212**
按经济类型分	Grouped by Ownership		
在总计中：国有控股工业	Of the Total:State-holding Industry	42	33
国有工业	State-owned Industry	2	
集体工业	Collective-owned Industry	28	13
股份合作工业	Share-holding Cooperative Industry		1
股份制工业	Share-holding Industry	4485	2155
外商投资工业	Foreign-funded Industry	1058	334
港澳台投资工业	Industry with Funds from Hong Kong, Macao and Taiwan	2085	577
按轻重工业分	Grouped by Light and Heavy Industries		
轻工业	Light Industry	3686	2068
重工业	Heavy Industry	4018	1144
按企业规模分	Grouped by Size of Enterprises		
大型企业	Large Enterprises	299	83
中型企业	Medium Enterprises	1690	527
小微型企业	Small and Micro Enterprises	5715	2602
按行业分	Grouped by Sector		
煤炭开采和洗选业	Mining and Washing of Coal		
石油和天然气开采业	Extraction of Petroleum and Natural Gas		
黑色金属矿采选业	Mining and Dressing of Ferrous Metal Ores		
有色金属矿采选业	Mining and Dressing of Nonferrous Metal Ores		
非金属矿采选业	Mining and Dressing of Nonmetal Ores	1	1
开采辅助活动	Auxiliary Minning Operations		
其他采矿业	Mining and Dressing of Other Ores		
农副食品加工业	Processing of Farm and Sideline Food	63	30
食品制造业	Manufacture of Food	50	35
酒、饮料和精制茶制造业	Manufacture of Wine, Beverage and Refined Tea	16	12
烟草制品业	Tobacco Products		
纺织业	Textile Industry	137	98
纺织服装、服饰业	Manufacture of Textile Garments, Footwear and Headgear	401	262
皮革、毛皮、羽毛及其制品和制鞋业	Leather, Fur, Feather, Down and Related Products	382	81
木材加工和木、竹、藤、棕、草制品业	Timber Processing, Bamboo, Cane, Palm Fiber & Straw Products	47	17
家具制造业	Manufacture of Furniture	377	127
造纸和纸制品业	Papermaking and Paper Products	260	93
印刷和记录媒介复制业	Printing and Record Medium Reproduction	166	61
文教、工美、体育和娱乐用品制造业	Manufacture of Cultural, Educational,Sports and Entertainment Articles	325	97
石油加工、炼焦和核燃料加工业	Petroleum Refining, Coking and Nuclear Fuel Processing	8	4
化学原料和化学制品制造业	Manufacture of Raw Chemical Materials and Chemical Products	266	142
医药制造业	Manufacture of Medicines	14	26
化学纤维制造业	Manufacture of Chemical Fibers	13	2
橡胶和塑料制品业	Rubber and Plastic Products	890	305
非金属矿物制品业	Nonmetal Mineral Products	171	90
黑色金属冶炼和压延加工业	Smelting and Pressing of Ferrous Metals	29	10
有色金属冶炼和压延加工业	Smelting and Pressing of Nonferrous Metals	83	31
金属制品业	Metal Products	623	286
通用设备制造业	Manufacture of General-purpose Machinery	382	175
专用设备制造业	Manufacture of Special-purpose Machinery	435	116
汽车制造业	Manufacture of Automobile	80	40
铁路、船舶、航空航天和其他运输设备制造业	Manufacture of Railway ,Ship,Aeronautics and Other Transport equipment	34	15
电气机械和器材制造业	Manufacture of Electrical Machinery and Equipment	862	731
计算机、通信和其他电子设备制造业	Manufacture of Communication Equipment, Computers and Other Electronic Equipment	1301	195
仪器仪表制造业	Manufacture of Instruments and Meters	116	54
其他制造业	Other Manufactures	83	32
废弃资源综合利用业	Comprehensive Utilization of Waste	4	2
金属制品、机械和设备修理业	Manufacture of Metal Products,Machinery and Equipment Maintenance	4	
电力、热力生产和供应业	Production and Supply of Electric Power and Heat Power	19	8
燃气生产和供应业	Production and Supply of Gas	24	9
水的生产和供应业	Production and Supply of Water	38	25

12-11 continued

(unit)

江门 Jiangmen	阳江 Yangjiang	湛江 Zhanjiang	茂名 Maoming	肇庆 Zhaoqing	清远 Qingyuan	潮州 Chaozhou	揭阳 Jieyang	云浮 Yunfu
2157	**543**	**891**	**1061**	**1175**	**653**	**923**	**1955**	**949**
29	20	60	36	32	20	11	18	21
4	6	14	10	9	4	5	9	1
3	1	6	7	4	1	3	23	3
			3			6		
1367	417	735	828	844	467	612	1528	760
184	21	33	13	89	36	34	33	18
519	57	44	51	161	133	100	126	81
1155	379	530	539	430	220	683	1499	296
1002	164	361	522	745	433	240	456	653
56	11	14	7	27	29	8	40	8
331	161	93	62	214	136	190	336	46
1770	371	784	992	934	488	725	1579	895
		1						
			6	11	2			1
		6	2	2	3		1	2
20	3	18	73	30	16		6	30
		1		1				
		1						1
63	46	122	133	18	19	30	67	20
44	10	39	36	15	5	57	117	22
6	2	24	20	11	6	9	14	9
	1	1						
97	4	16	24	40	21	6	160	10
96	15	6	20	17	14	45	322	25
64	10	38	73	37	32	53	219	50
29	24	73	95	37	5	1	19	19
60	11	33	19	19	7	3	30	7
76	11	33	12	35	8	27	37	18
30	10	16	4	11	7	61	52	3
29	5	8	28	29	20	12	84	10
3		4	32	3		2		1
144	8	28	88	109	73	25	32	57
12	5	16	30	15	7	8	33	16
4				3	1		5	
158	29	40	42	73	49	33	145	27
131	39	101	166	132	120	363	146	444
12	15	2	6	4	7	5	53	
29	4	4	4	46	42	10	9	11
389	206	37	41	182	28	100	152	45
75	15	6	13	58	17	8	11	13
39	8	24	11	34	14	6	33	19
34	4	4		20	15		4	4
91		3	1	4	2		7	1
238	14	117	14	40	18	11	107	28
126	6	7	32	49	23	10	47	20
2				7	2	2	4	1
17	1		1	3	1	1	5	2
4	9	14	3	41	45	2	14	5
2		5		1			1	
13	17	27	19	19	15	7	8	19
6	4	5	2	7	4	23	2	4
14	7	11	11	12	5	3	9	5

12-12 各市规模以上工业总产值（2018年）

单位：亿元

项　目	Item	全　省 Provincial Total	广　州 Guangzhou
全省总计	**Provincial Total**	**137884.45**	**18234.91**
按经济类型分	Grouped by Ownership		
在总计中：国有控股工业	Of the Total:State-holding Industry	20825.44	6626.01
国有工业	State-owned Industry	951.91	773.23
集体工业	Collective-owned Industry	144.67	23.26
股份合作工业	Share-holding Cooperative Industry	74.57	14.32
股份制工业	Share-holding Industry	83432.22	7611.13
外商投资工业	Foreign-funded Industry	24438.12	7454.29
港澳台投资工业	Industry with Funds from Hong Kong, Macao and Taiwan	27085.72	2324.98
按轻重工业分	Grouped by Light and Heavy Industries		
轻工业	Light Industry	43776.40	4329.25
重工业	Heavy Industry	94108.05	13905.66
按企业规模分	Grouped by Size of Enterprises		
大型企业	Large Enterprises	68653.11	10567.76
中型企业	Medium Enterprises	31514.24	3132.37
小微型企业	Small and Micro Enterprises	37717.09	4534.78
按行业分	Grouped by Sector		
煤炭开采和洗选业	Mining and Washing of Coal		
石油和天然气开采业	Extraction of Petroleum and Natural Gas	692.39	
黑色金属矿采选业	Mining and Dressing of Ferrous Metal Ores	24.47	
有色金属矿采选业	Mining and Dressing of Nonferrous Metal Ores	66.09	
非金属矿采选业	Mining and Dressing of Nonmetal Ores	205.95	1.04
开采辅助活动	Auxiliary Minning Operations	27.13	
其他采矿业	Mining and Dressing of Other Ores	0.01	
农副食品加工业	Processing of Farm and Sideline Food	3006.28	312.47
食品制造业	Manufacture of Food	1667.71	483.01
酒、饮料和精制茶制造业	Manufacture of Wine, Beverage and Refined Tea	991.34	229.18
烟草制品业	Tobacco Products	439.69	206.19
纺织业	Textile Industry	2173.62	160.66
纺织服装、服饰业	Manufacture of Textile Garments, Footwear and Headgear	2955.94	214.15
皮革、毛皮、羽毛及其制品和制鞋业	Leather, Fur, Feather, Down and Related Products	1734.11	149.24
木材加工和木、竹、藤、棕、草制品业	Timber Processing, Bamboo, Cane, Palm Fiber & Straw Products	506.90	29.56
家具制造业	Manufacture of Furniture	2057.90	252.83
造纸和纸制品业	Papermaking and Paper Products	2550.29	148.07
印刷和记录媒介复制业	Printing and Record Medium Reproduction	1230.32	107.74
文教、工美、体育和娱乐用品制造业	Manufacture of Cultural, Educational,Sports and Entertainment Articles	3628.21	167.17
石油加工、炼焦和核燃料加工业	Petroleum Refining, Coking and Nuclear Fuel Processing	3389.60	665.68
化学原料和化学制品制造业	Manufacture of Raw Chemical Materials and Chemical Products	5852.56	1312.36
医药制造业	Manufacture of Medicines	1707.56	314.05
化学纤维制造业	Manufacture of Chemical Fibers	136.65	5.85
橡胶和塑料制品业	Rubber and Plastic Products	4996.95	392.18
非金属矿物制品业	Nonmetal Mineral Products	4983.91	294.47
黑色金属冶炼和压延加工业	Smelting and Pressing of Ferrous Metals	2499.81	336.32
有色金属冶炼和压延加工业	Smelting and Pressing of Nonferrous Metals	3364.98	368.42
金属制品业	Metal Products	5861.85	310.82
通用设备制造业	Manufacture of General-purpose Machinery	4087.48	645.84
专用设备制造业	Manufacture of Special-purpose Machinery	3505.72	264.61
汽车制造业	Manufacture of Automobile	8558.88	5497.64
铁路、船舶、航空航天和其他运输设备制造业	Manufacture of Railway ,Ship,Aeronautics and Other Transport equipment	893.31	201.04
电气机械和器材制造业	Manufacture of Electrical Machinery and Equipment	13716.37	863.90
计算机、通信和其他电子设备制造业	Manufacture of Communication Equipment, Computers and Other Electronic Equipment	39911.84	2131.57
仪器仪表制造业	Manufacture of Instruments and Meters	1085.73	75.76
其他制造业	Other Manufactures	256.81	17.05
废弃资源综合利用业	Comprehensive Utilization of Waste	807.84	16.84
金属制品、机械和设备修理业	Manufacture of Metal Products,Machinery and Equipment Maintenance	169.52	59.79
电力、热力生产和供应业	Production and Supply of Electric Power and Heat Power	6669.41	1444.60
燃气生产和供应业	Production and Supply of Gas	1012.42	470.69
水的生产和供应业	Production and Supply of Water	456.90	84.12

注：本表产值按当年价格计算。

Gross Output Value of Industry above Designated Size by City (2018)

(100 million yuan)

深 圳 Shenzhen	珠 海 Zhuhai	汕 头 Shantou	佛 山 Foshan	韶 关 Shaoguan	河 源 Heyuan	梅 州 Meizhou	惠 州 Huizhou	汕 尾 Shanwei
34603.77	**4459.68**	**3441.86**	**21591.09**	**1142.67**	**1342.54**	**620.91**	**7555.93**	**1158.05**
3303.71	1171.70	308.58	966.42	610.93	102.55	140.28	2062.86	90.91
28.29	0.30	7.74	17.50	7.10	4.32	3.04	4.27	1.75
0.48	1.30	4.53	42.48	1.79	0.86	0.59	1.35	16.65
		18.64	34.81	1.14		1.08		
22294.29	2344.76	2735.89	14551.68	958.96	794.04	503.15	3424.03	706.06
4014.34	1316.80	248.22	3026.71	67.80	185.13	37.25	2099.32	129.45
8263.86	794.47	240.02	3261.22	100.00	346.04	58.47	2000.61	236.91
6178.10	1500.75	2606.70	10532.75	210.60	329.71	207.97	1339.99	703.63
28425.67	2958.93	835.16	11058.34	932.07	1012.83	412.94	6215.94	454.42
22411.64	2019.88	498.81	7161.54	615.27	576.78	191.93	4807.56	870.89
6144.00	1094.42	1428.27	6789.70	201.90	263.16	199.59	1219.13	179.85
6048.12	1345.37	1514.79	7639.85	325.50	502.60	229.39	1529.24	107.31
306.72	159.54							
				0.24	15.66		0.28	
		3.45		32.70	1.31	4.58	0.43	
	0.71	0.23	2.52	2.30	19.06	1.92	5.64	
21.81								
251.48	84.87	85.22	400.16	18.74	27.49	17.53	63.56	23.49
67.28	55.41	58.13	264.76	3.50	25.22	8.89	2.89	13.19
185.24	14.15	11.82	201.01	4.14	27.80	5.06	48.28	6.61
65.94		6.22		65.58		75.82		
103.67	18.79	260.77	865.56	21.57	22.27	3.41	25.73	20.45
269.28	30.08	708.35	451.77	2.02	16.69	7.76	55.71	148.66
94.05	6.83	20.29	263.82	1.64	20.99	14.28	93.47	15.36
16.22	11.84		112.36	21.29	7.45	1.38	20.52	2.69
134.82	17.19	144.73	578.47	2.57	8.65	19.79	155.39	
172.23	56.45	86.31	337.23	11.23	6.34	3.12	42.39	13.29
227.51	13.70	100.90	192.55	3.56	6.66	1.81	33.25	3.64
1098.68	16.78	556.90	619.47	29.32	40.32	12.47	53.31	220.50
80.43	109.09	1.65	121.70	0.22		0.27	915.47	
301.13	348.09	184.45	981.72	82.15	11.94	4.87	779.79	5.44
334.51	184.23	48.30	139.49	9.39	11.27	7.65	24.40	0.11
3.20	41.25	1.93	44.45		0.60	0.76	0.93	1.77
890.16	134.36	359.39	1065.65	9.24	45.80	10.51	224.59	152.62
391.63	85.64	50.46	1275.17	63.60	103.87	106.12	188.88	41.74
30.82	110.79	2.21	616.75	297.98	88.75	22.82	14.49	
450.98	43.46	19.86	1142.52	103.63	8.28	7.13	24.48	
516.82	79.98	56.31	2074.20	46.11	25.14	6.90	152.98	86.29
781.13	146.29	41.43	964.22	24.70	28.91	4.77	76.29	0.98
1193.26	139.36	59.71	840.42	18.16	68.45	4.55	53.82	1.10
862.67	142.68	46.60	929.67	4.97	0.71	22.02	250.93	115.89
119.04	43.31	7.05	140.73		2.29	0.16	16.04	0.25
2864.28	921.30	137.74	4798.42	35.76	59.58	22.39	591.72	9.58
20991.32	920.81	83.67	783.42	50.58	518.08	128.93	3240.87	183.59
482.05	81.47	4.19	108.99	11.09	16.20	1.95	16.46	
84.76		8.97	15.12	0.55	3.80	1.14	7.81	0.35
2.69	3.01	30.09	505.42	6.72	0.91	2.94	8.47	0.80
17.72	82.16	1.19	0.39					1.20
923.61	257.83	236.24	594.36	150.98	92.35	81.95	342.24	84.94
134.35	85.23	7.57	77.36	4.10	8.69	2.24	6.00	0.56
132.27	12.99	9.51	81.21	2.31	1.05	3.00	18.39	2.95

Note: Data in this table are calculated at current prices.

12-12 续表

单位：亿元

项　　目	Item	东 莞 Dongguan	中 山 Zhongshan
全省总计	**Provincial Total**	**3904.57**	**1093.53**
按经济类型分	Grouped by Ownership		
在总计中：国有控股工业	Of the Total:State-holding Industry	175.35	88.73
国有工业	State-owned Industry	0.50	
集体工业	Collective-owned Industry	8.23	1.39
股份合作工业	Share-holding Cooperative Industry		0.12
股份制工业	Share-holding Industry	2082.37	527.63
外商投资工业	Foreign-funded Industry	640.39	313.24
港澳台投资工业	Industry with Funds from Hong Kong, Macao and Taiwan	1164.22	240.47
按轻重工业分	Grouped by Light and Heavy Industries		
轻工业	Light Industry	1415.10	565.12
重工业	Heavy Industry	2489.47	528.41
按企业规模分	Grouped by Size of Enterprises		
大型企业	Large Enterprises	1898.29	420.21
中型企业	Medium Enterprises	1004.06	312.35
小微型企业	Smal and Micro Enterprises	1002.22	360.97
按行业分	Grouped by Sector		
煤炭开采和洗选业	Mining and Washing of Coal		
石油和天然气开采业	Extraction of Petroleum and Natural Gas		
黑色金属矿采选业	Mining and Dressing of Ferrous Metal Ores		
有色金属矿采选业	Mining and Dressing of Nonferrous Metal Ores		
非金属矿采选业	Mining and Dressing of Nonmetal Ores	0.09	0.02
开采辅助活动	Auxiliary Minning Operations		
其他采矿业	Mining and Dressing of Other Ores		
农副食品加工业	Processing of Farm and Sideline Food	50.87	6.95
食品制造业	Manufacture of Food	44.23	16.72
酒、饮料和精制茶制造业	Manufacture of Wine, Beverage and Refined Tea	15.69	15.37
烟草制品业	Tobacco Products		
纺织业	Textile Industry	57.60	16.52
纺织服装、服饰业	Manufacture of Textile Garments, Footwear and Headgear	110.79	45.23
皮革、毛皮、羽毛及其制品和制鞋业	Leather, Fur, Feather, Down and Related Products	113.16	21.29
木材加工和木、竹、藤、棕、草制品业	Timber Processing, Bamboo, Cane, Palm Fiber & Straw Products	9.83	3.88
家具制造业	Manufacture of Furniture	86.77	31.49
造纸和纸制品业	Papermaking and Paper Products	210.50	24.92
印刷和记录媒介复制业	Printing and Record Medium Reproduction	60.10	8.11
文教、工美、体育和娱乐用品制造业	Manufacture of Cultural, Educational,Sports and Entertainment Articles	122.95	39.17
石油加工、炼焦和核燃料加工业	Petroleum Refining, Coking and Nuclear Fuel Processing	3.99	1.14
化学原料和化学制品制造业	Manufacture of Raw Chemical Materials and Chemical Products	66.62	63.80
医药制造业	Manufacture of Medicines	14.63	28.84
化学纤维制造业	Manufacture of Chemical Fibers	3.12	0.09
橡胶和塑料制品业	Rubber and Plastic Products	247.88	55.64
非金属矿物制品业	Nonmetal Mineral Products	83.34	30.51
黑色金属冶炼和压延加工业	Smelting and Pressing of Ferrous Metals	8.62	4.09
有色金属冶炼和压延加工业	Smelting and Pressing of Nonferrous Metals	25.41	6.33
金属制品业	Metal Products	239.44	64.78
通用设备制造业	Manufacture of General-purpose Machinery	127.46	73.98
专用设备制造业	Manufacture of Special-purpose Machinery	141.49	24.86
汽车制造业	Manufacture of Automobile	73.11	41.55
铁路、船舶、航空航天和其他运输设备制造业	Manufacture of Railway ,Ship,Aeronautics and Other Transport equipment	18.39	0.44
电气机械和器材制造业	Manufacture of Electrical Machinery and Equipment	318.62	201.76
计算机、通信和其他电子设备制造业	Manufacture of Communication Equipment, Computers and Other Electronic Equipment	1374.27	160.40
仪器仪表制造业	Manufacture of Instruments and Meters	50.53	14.11
其他制造业	Other Manufactures	52.66	9.60
废弃资源综合利用业	Comprehensive Utilization of Waste	0.37	0.27
金属制品、机械和设备修理业	Manufacture of Metal Products,Machinery and Equipment Maintenance	1.21	5.81
电力、热力生产和供应业	Production and Supply of Electric Power and Heat Power	141.16	60.48
燃气生产和供应业	Production and Supply of Gas	14.49	10.40
水的生产和供应业	Production and Supply of Water	15.17	4.99

12-12 continued

(100 million yuan)

江 门 Jiangmen	阳 江 Yangjiang	湛 江 Zhanjiang	茂 名 Maoming	肇 庆 Zhaoqing	清 远 Qingyuan	潮 州 Chaozhou	揭 阳 Jieyang	云 浮 Yunfu
1085.24	**219.29**	**769.97**	**708.10**	**620.15**	**443.78**	**311.49**	**587.58**	**113.69**
106.90	135.04	307.57	437.13	59.15	67.80	55.30	49.46	28.18
4.65	1.98	5.81	2.02	1.25	1.86	11.19	2.02	0.04
0.19	0.01	0.29	0.71	1.34	0.10	0.57	1.81	0.16
			0.16			0.80		
522.29	196.59	370.21	659.04	399.69	273.42	225.01	498.18	74.47
133.63	7.49	13.94	8.88	94.24	20.33	12.92	8.36	11.95
415.89	12.46	371.34	14.41	101.56	146.95	30.50	30.90	24.04
552.88	36.96	236.78	120.29	208.10	109.93	164.86	397.07	27.76
532.35	182.33	533.19	587.81	412.06	333.85	146.63	190.50	85.93
384.36	128.16	373.95	439.32	142.59	118.27	48.57	118.06	30.26
317.56	60.57	216.76	50.01	206.05	194.06	107.29	136.54	34.64
383.32	30.55	179.25	218.78	271.51	131.46	155.62	332.98	48.78
				1.29				
		199.88						
		0.26	0.46	1.80	0.13			0.08
0.23		1.46	1.03	0.60	0.44			0.13
5.88	0.20	3.58	18.43	10.72	1.67		1.07	5.48
		2.59						
0.18				0.22				0.01
25.42	12.81	45.20	47.18	5.46	12.30	10.54	14.53	1.81
117.65	5.39	4.68	7.54	12.80	4.79	13.74	36.94	0.99
8.03	0.20	8.24	2.58	9.87	4.88	2.08	3.18	0.14
	0.01	15.01						
32.07	0.22	2.20	2.82	12.89	5.42	1.03	26.38	0.81
27.51	1.50	1.04	4.39	6.66	2.30	6.72	45.84	3.53
15.96	0.34	12.43	18.03	14.50	24.35	9.00	63.37	0.52
9.35	1.55	8.73	14.31	15.52	2.32	0.32	3.42	1.30
19.77	0.55	21.25	2.82	19.19	3.94	0.33	4.01	0.21
38.52	1.08	50.93	1.81	14.47	4.57	4.79	6.91	2.83
45.93	0.53	7.09	0.11	7.74	3.20	13.32	14.12	0.04
6.05	0.43	0.42	6.09	12.52	14.87	2.98	17.42	1.62
2.11		153.50	402.17	0.08				0.01
83.00	0.29	6.50	73.69	33.38	24.05	7.04	7.86	7.69
9.29	0.90	7.02	5.80	6.25	3.19	2.56	71.72	4.47
3.64				1.09			3.20	
34.15	1.56	8.20	9.11	23.68	16.75	7.52	36.89	0.83
43.97	15.12	24.77	31.78	92.20	114.56	101.63	22.52	31.43
2.99	16.01	66.94	7.34	2.00	7.11	0.54	52.31	
8.34	11.59	0.51	0.19	27.83	52.29	5.93	0.89	3.19
122.49	28.04	13.82	4.61	106.46	10.68	20.75	46.94	6.80
28.90	4.14	1.43	2.03	14.71	9.17	3.98	7.50	0.92
12.93	0.34	4.50	1.95	13.43	2.22	1.17	12.82	3.21
41.25	0.18	2.49		27.61	12.09		2.69	4.49
43.65		0.82	0.04	0.20	5.18		3.18	0.01
111.63	1.84	44.10	1.74	15.56	9.48	2.32	18.27	3.74
76.45	0.31	0.70	3.09	39.93	24.47	20.72	5.99	7.50
0.23				1.41	0.65	0.35	4.03	0.14
2.22	0.84	0.06	0.48	1.70	0.35	0.09	1.72	0.07
1.16	0.42	5.06	1.72	16.00	13.01	0.83	1.69	0.07
0.54		0.50						
90.56	108.69	39.79	29.56	43.49	48.58	53.16	46.72	17.45
7.37	2.75	1.39	0.51	4.88	1.60	16.40	0.95	0.52
5.80	1.47	2.92	4.70	2.03	3.19	1.66	2.50	1.64

12-13 各市规模以上工业增加值（2018年）

单位：亿元

项　目	Item	全　省 Provincial Total	广　州 Guangzhou
全省总计	**Provincial Total**	**32305.16**	**4450.90**
按经济类型分	Grouped by Ownership		
在总计中：国有控股工业	Of the Total:State-holding Industry	5610.56	1693.17
国有工业	State-owned Industry	223.62	188.13
集体工业	Collective-owned Industry	36.39	3.98
股份合作工业	Share-holding Cooperative Industry	17.72	4.46
股份制工业	Share-holding Industry	19713.85	1965.77
外商投资工业	Foreign-funded Industry	5481.12	1725.49
港澳台投资工业	Industry with Funds from Hong Kong, Macao and Taiwan	6440.82	555.10
按轻重工业分	Grouped by Light and Heavy Industries		
轻工业	Light Industry	10281.41	1327.34
重工业	Heavy Industry	22023.75	3123.55
按企业规模分	Grouped by Size of Enterprises		
大型企业	Large Enterprises	16586.02	2724.23
中型企业	Medium Enterprises	7289.82	773.45
小微型企业	Small and Micro Enterprises	8429.32	953.22
按行业分	Grouped by Sector		
煤炭开采和洗选业	Mining and Washing of Coal	1.29	
石油和天然气开采业	Extraction of Petroleum and Natural Gas	581.18	
黑色金属矿采选业	Mining and Dressing of Ferrous Metal Ores	7.99	
有色金属矿采选业	Mining and Dressing of Nonferrous Metal Ores	31.08	0.50
非金属矿采选业	Mining and Dressing of Nonmetal Ores	62.50	0.83
开采辅助活动	Auxiliary Minning Operations	12.26	
其他采矿业	Mining and Dressing of Other Ores	0.49	
农副食品加工业	Processing of Farm and Sideline Food	364.84	21.17
食品制造业	Manufacture of Food	651.69	230.59
酒、饮料和精制茶制造业	Manufacture of Wine, Beverage and Refined Tea	283.21	88.77
烟草制品业	Tobacco Products	333.41	155.59
纺织业	Textile Industry	500.15	29.47
纺织服装、服饰业	Manufacture of Textile Garments, Footwear and Headgear	672.12	79.69
皮革、毛皮、羽毛及其制品和制鞋业	Leather, Fur, Feather, Down and Related Products	473.13	45.26
木材加工和木、竹、藤、棕、草制品业	Timber Processing, Bamboo, Cane, Palm Fiber & Straw	118.27	7.59
家具制造业	Manufacture of Furniture	504.59	80.35
造纸和纸制品业	Papermaking and Paper Products	528.24	48.33
印刷和记录媒介复制业	Printing and Record Medium Reproduction	322.64	18.09
文教、工美、体育和娱乐用品制造业	Manufacture of Cultural, Educational and Sports Articles	701.62	45.25
石油加工、炼焦和核燃料加工业	Petroleum Refining, Coking and Nuclear Fuel Processing	1262.11	271.80
化学原料和化学制品制造业	Manufacture of Raw Chemical Materials and Chemical Products	1189.80	242.64
医药制造业	Manufacture of Medicines	529.57	115.18
化学纤维制造业	Manufacture of Chemical Fibers	39.04	2.07
橡胶和塑料制品业	Rubber and Plastic Products	1168.16	115.03
非金属矿物制品业	Nonmetal Mineral Products	1212.29	67.58
黑色金属冶炼和压延加工业	Smelting and Pressing of Ferrous Metals	383.36	18.68
有色金属冶炼和压延加工业	Smelting and Pressing of Nonferrous Metals	359.49	24.08
金属制品业	Metal Products	1362.54	72.55
通用设备制造业	Manufacture of General-purpose Equipment	1071.87	293.66
专用设备制造业	Manufacture of Special-purpose Equipment	952.45	73.98
汽车制造业	Manufacture of Transport Equipment	1859.70	1194.74
铁路、船舶、航空航天和其他运输设备制造业	Manufacture of Railway ,Ship,Aeronautics and Other Transport equipment	164.94	31.13
电气机械和器材制造业	Manufacture of Electrical Machinery and Equipment	2942.89	172.59
计算机、通信和其他电子设备制造业	Manufacture of Communication Equipment, Computers and Other Electronic Equipment	8766.47	370.70
仪器仪表制造业	Manufacture of Instruments and Meters	308.32	58.56
其他制造业	Other Manufactures	126.34	3.85
废弃资源综合利用业	Comprehensive Utilization of Waste	150.17	4.60
金属制品、机械和设备修理业	Manufacture of Metal Products,Machinery and Equipment Maintenance	63.94	35.50
电力、热力生产和供应业	Production and Supply of Electric Power and Heat Power	1812.33	315.64
燃气生产和供应业	Production and Supply of Gas	219.89	67.53
水的生产和供应业	Production and Supply of Water	208.79	47.32

注：本表工业增加值按收入法、当年价格计算。

Value-added of Industry above Designated Size by City (2018)

(100 million yuan)

深 圳 Shenzhen	珠 海 Zhuhai	汕 头 Shantou	佛 山 Foshan	韶 关 Shaoguan	河 源 Heyuan	梅 州 Meizhou	惠 州 Huizhou	汕 尾 Shanwei
9109.54	**1083.74**	**822.68**	**4590.05**	**310.03**	**300.02**	**193.12**	**1731.57**	**219.56**
1008.65	339.54	85.67	224.60	178.42	28.22	73.91	553.32	27.82
9.34	0.11	3.26	3.53	3.12	0.82	1.44	1.72	0.74
0.14	0.44	1.08	8.82	0.52	0.13	0.14	0.51	3.48
		4.72	6.59	0.26		0.40		
6001.10	607.74	638.94	3112.59	256.04	178.22	161.70	822.88	133.30
981.07	280.23	71.92	650.77	15.27	28.83	10.01	475.28	26.07
2117.34	194.60	57.39	677.33	33.41	89.39	16.15	424.57	45.82
1470.47	351.38	619.43	2106.14	89.08	80.99	91.64	315.73	142.71
7639.07	732.36	203.25	2483.91	220.95	219.03	101.48	1415.84	76.85
6144.86	485.81	116.50	1636.83	178.96	119.49	85.73	1073.28	154.86
1500.05	260.74	358.56	1394.64	59.57	67.40	57.50	285.59	43.64
1464.63	337.19	347.62	1558.58	71.50	113.12	49.90	372.71	21.06
273.81	74.65							
				0.24	5.44			
0.64		0.71		24.54	0.50	1.21	0.28	
	0.18	0.06	1.17	3.60	3.39	0.40	2.47	
9.30		0.02						
					0.07		0.02	
29.82	6.41	9.83	54.60	1.48	3.05	2.11	9.80	4.08
19.50	20.56	16.01	83.69	0.78	6.28	2.16	2.60	3.70
45.07	3.67	2.21	52.83	1.60	6.91	2.17	10.99	1.02
55.48		1.22		49.66		57.35		
26.52	4.55	94.34	185.23	4.80	3.89	0.63	6.74	4.27
81.58	10.43	139.80	99.45	1.00	9.98	1.91	14.07	29.35
33.18	2.53	6.52	58.93	0.87	4.98	6.55	28.57	4.51
2.90	1.79	10.22	17.63	4.87	1.74	0.30	4.84	0.59
35.73	6.02	23.88	133.64	0.05	1.41	5.62	34.01	0.06
31.06	8.97	18.67	71.48	2.76	0.56	0.82	8.23	2.01
85.30	5.79	28.78	35.96	1.26	2.62	0.96	7.95	0.54
123.31	6.48	133.87	86.41	11.95	13.06	3.13	18.71	34.48
36.85	17.06	1.44	20.60	0.85		0.10	252.38	
63.94	75.09	35.75	194.05	24.23	2.62	1.31	213.20	1.01
138.89	52.48	16.78	43.89	4.67	2.82	2.08	8.34	0.02
1.71	12.41	0.44	10.37		0.03	0.16	0.21	0.38
234.74	17.69	91.29	211.54	2.12	9.64	2.21	53.00	17.79
108.36	15.30	9.04	310.80	17.19	21.77	23.31	45.33	5.06
4.15	17.58	0.67	96.26	46.38	18.43	3.42	2.76	0.06
5.84	16.38	3.94	168.14	10.10	1.03	0.78	7.17	0.36
171.20	19.88	11.38	403.55	6.22	7.41	1.10	36.97	18.34
191.40	69.57	8.87	278.92	5.66	4.05	1.03	21.07	0.23
395.56	31.12	16.03	196.46	3.15	17.97	1.14	8.89	0.27
157.92	28.26	12.34	216.77	2.75	1.49	6.06	51.42	3.03
31.49	7.97	1.02	24.96		0.70	0.03	3.73	0.04
530.30	211.09	23.08	1044.51	9.51	13.20	3.18	125.21	22.59
5585.81	203.65	20.02	179.77	16.06	101.41	31.58	639.00	35.03
118.60	25.55	1.18	24.74	2.76	2.84	0.77	6.35	
47.89		2.74	3.78	0.20	1.84	0.29	2.11	1.83
0.66	0.62	5.57	88.97	2.25	0.23	0.65	2.01	0.11
7.69	12.19	0.75	0.09					0.28
309.50	72.34	69.07	140.83	43.34	26.37	26.98	94.46	27.16
45.95	17.90	0.84	26.02	1.06	1.80	0.47	2.07	0.12
67.87	7.58	4.31	23.97	2.09	0.48	1.12	6.58	1.23

Note: Data of value-added of industry in this table are calculated with income approach and at current prices.

12-13 续表

单位：亿元

项 目	Item	东 莞 Dongguan	中 山 Zhongshan
全省总计	**Provincial Total**	**3904.57**	**1093.53**
按经济类型分	Grouped by Ownership		
在总计中：国有控股工业	Of the Total:State-holding Industry	175.35	88.73
国有工业	State-owned Industry	0.50	
集体工业	Collective-owned Industry	8.23	1.39
股份合作工业	Share-holding Cooperative Industry		0.12
股份制工业	Share-holding Industry	2082.37	527.63
外商投资工业	Foreign-funded Industry	640.39	313.24
港澳台投资工业	Industry with Funds from Hong Kong, Macao and Taiwan	1164.22	240.47
按轻重工业分	Grouped by Light and Heavy Industries		
轻工业	Light Industry	1415.10	565.12
重工业	Heavy Industry	2489.47	528.41
按企业规模分	Grouped by Size of Enterprises		
大型企业	Large Enterprises	1898.29	420.21
中型企业	Medium Enterprises	1004.06	312.35
小微型企业	Small and Micro Enterprises	1002.22	360.97
按行业分	Grouped by Sector		
煤炭开采和洗选业	Mining and Washing of Coal		
石油和天然气开采业	Extraction of Petroleum and Natural Gas		
黑色金属矿采选业	Mining and Dressing of Ferrous Metal Ores		
有色金属矿采选业	Mining and Dressing of Nonferrous Metal Ores		
非金属矿采选业	Mining and Dressing of Nonmetal Ores	0.09	0.02
开采辅助活动	Auxiliary Minning Operations		
其他采矿业	Mining and Dressing of Other Ores		
农副食品加工业	Processing of Farm and Sideline Food	50.87	6.95
食品制造业	Manufacture of Food	44.23	16.72
酒、饮料和精制茶制造业	Manufacture of Wine, Beverage and Refined Tea	15.69	15.37
烟草制品业	Tobacco Products		
纺织业	Textile Industry	57.60	16.52
纺织服装、服饰业	Manufacture of Textile Garments, Footwear and Headgear	110.79	45.23
皮革、毛皮、羽毛及其制品和制鞋业	Leather, Fur, Feather, Down and Related Products	113.16	21.29
木材加工和木、竹、藤、棕、草制品业	Timber Processing, Bamboo, Cane, Palm Fiber & Straw	9.83	3.88
家具制造业	Manufacture of Furniture	86.77	31.49
造纸和纸制品业	Papermaking and Paper Products	210.50	24.92
印刷和记录媒介复制业	Printing and Record Medium Reproduction	60.10	8.11
文教、工美、体育和娱乐用品制造业	Manufacture of Cultural, Educational and Sports Articles	122.95	39.17
石油加工、炼焦和核燃料加工业	Petroleum Refining, Coking and Nuclear Fuel Processing	3.99	1.14
化学原料和化学制品制造业	Manufacture of Raw Chemical Materials and Chemical Products	66.62	63.80
医药制造业	Manufacture of Medicines	14.63	28.84
化学纤维制造业	Manufacture of Chemical Fibers	3.12	0.09
橡胶和塑料制品业	Rubber and Plastic Products	247.88	55.64
非金属矿物制品业	Nonmetal Mineral Products	83.34	30.51
黑色金属冶炼和压延加工业	Smelting and Pressing of Ferrous Metals	8.62	4.09
有色金属冶炼和压延加工业	Smelting and Pressing of Nonferrous Metals	25.41	6.33
金属制品业	Metal Products	239.44	64.78
通用设备制造业	Manufacture of General-purpose Equipment	127.46	73.98
专用设备制造业	Manufacture of Special-purpose Equipment	141.49	24.86
汽车制造业	Manufacture of Transport Equipment	73.11	41.55
铁路、船舶、航空航天和其他运输设备制造业	Manufacture of Railway ,Ship,Aeronautics and Other Transport equipment	18.39	0.44
电气机械和器材制造业	Manufacture of Electrical Machinery and Equipment	318.62	201.76
计算机、通信和其他电子设备制造业	Manufacture of Communication Equipment, Computers and Other Electronic Equipment	1374.27	160.40
仪器仪表制造业	Manufacture of Instruments and Meters	50.53	14.11
其他制造业	Other Manufactures	52.66	9.60
废弃资源综合利用业	Comprehensive Utilization of Waste	0.37	0.27
金属制品、机械和设备修理业	Manufacture of Metal Products,Machinery and Equipment Maintenance	1.21	5.81
电力、热力生产和供应业	Production and Supply of Electric Power and Heat Power	141.16	60.48
燃气生产和供应业	Production and Supply of Gas	14.49	10.40
水的生产和供应业	Production and Supply of Water	15.17	4.99

12-13 continued

(100 million yuan)

江门 Jiangmen	阳江 Yangjiang	湛江 Zhanjiang	茂名 Maoming	肇庆 Zhaoqing	清远 Qingyuan	潮州 Chaozhou	揭阳 Jieyang	云浮 Yunfu
1085.24	**219.29**	**769.97**	**708.10**	**620.15**	**443.78**	**311.49**	**587.58**	**113.69**
106.90	135.04	307.57	437.13	59.15	67.80	55.30	49.46	28.18
4.65	1.98	5.81	2.02	1.25	1.86	11.19	2.02	0.04
0.19	0.01	0.29	0.71	1.34	0.10	0.57	1.81	0.16
			0.16			0.80		
522.29	196.59	370.21	659.04	399.69	273.42	225.01	498.18	74.47
133.63	7.49	13.94	8.88	94.24	20.33	12.92	8.36	11.95
415.89	12.46	371.34	14.41	101.56	146.95	30.50	30.90	24.04
552.88	36.96	236.78	120.29	208.10	109.93	164.86	397.07	27.76
532.35	182.33	533.19	587.81	412.06	333.85	146.63	190.50	85.93
384.36	128.16	373.95	439.32	142.59	118.27	48.57	118.06	30.26
317.56	60.57	216.76	50.01	206.05	194.06	107.29	136.54	34.64
383.32	30.55	179.25	218.78	271.51	131.46	155.62	332.98	48.78
				1.29				
		199.88						
		0.26	0.46	1.80	0.13			0.08
0.23		1.46	1.03	0.60	0.44			0.13
5.88	0.20	3.58	18.43	10.72	1.67		1.07	5.48
		2.59						
0.18				0.22				0.01
25.42	12.81	45.20	47.18	5.46	12.30	10.54	14.53	1.81
117.65	5.39	4.68	7.54	12.80	4.79	13.74	36.94	0.99
8.03	0.20	8.24	2.58	9.87	4.88	2.08	3.18	0.14
	0.01	15.01						
32.07	0.22	2.20	2.82	12.89	5.42	1.03	26.38	0.81
27.51	1.50	1.04	4.39	6.66	2.30	6.72	45.84	3.53
15.96	0.34	12.43	18.03	14.50	24.35	9.00	63.37	0.52
9.35	1.55	8.73	14.31	15.52	2.32	0.32	3.42	1.30
19.77	0.55	21.25	2.82	19.19	3.94	0.33	4.01	0.21
38.52	1.08	50.93	1.81	14.47	4.57	4.79	6.91	2.83
45.93	0.53	7.09	0.11	7.74	3.20	13.32	14.12	0.04
6.05	0.43	0.42	6.09	12.52	14.87	2.98	17.42	1.62
2.11		153.50	402.17	0.08				0.01
83.00	0.29	6.50	73.69	33.38	24.05	7.04	7.86	7.69
9.29	0.90	7.02	5.80	6.25	3.19	2.56	71.72	4.47
3.64				1.09			3.20	
34.15	1.56	8.20	9.11	23.68	16.75	7.52	36.89	0.83
43.97	15.12	24.77	31.78	92.20	114.56	101.63	22.52	31.43
2.99	16.01	66.94	7.34	2.00	7.11	0.54	52.31	
8.34	11.59	0.51	0.19	27.83	52.29	5.93	0.89	3.19
122.49	28.04	13.82	4.61	106.46	10.68	20.75	46.94	6.80
28.90	4.14	1.43	2.03	14.71	9.17	3.98	7.50	0.92
12.93	0.34	4.50	1.95	13.43	2.22	1.17	12.82	3.21
41.25	0.18	2.49		27.61	12.09		2.69	4.49
43.65		0.82	0.04	0.20	5.18		3.18	0.01
111.63	1.84	44.10	1.74	15.56	9.48	2.32	18.27	3.74
76.45	0.31	0.70	3.09	39.93	24.47	20.72	5.99	7.50
0.23				1.41	0.65	0.35	4.03	0.14
2.22	0.84	0.06	0.48	1.70	0.35	0.09	1.72	0.07
1.16	0.42	5.06	1.72	16.00	13.01	0.83	1.69	0.07
0.54		0.50						
90.56	108.69	39.79	29.56	43.49	48.58	53.16	46.72	17.45
7.37	2.75	1.39	0.51	4.88	1.60	16.40	0.95	0.52
5.80	1.47	2.92	4.70	2.03	3.19	1.66	2.50	1.64

12-14 规模以上工业企业主要经济指标

Main Indicators of Industrial Enterprises above Designated Size

年份 Year	全部就业人员平均人数(万人) Annual Average Number of Employed Persons (10000 persons)	总产值(亿元) Gross Output Value of Industry (100 million yuan)	固定资产原价(亿元) Original Value of Fixed Assets (100 million yuan)	主营业务收入(亿元) Principal Business Revenue (100 million yuan)	利税总额(亿元) Total Pre-tax Profits (100 million yuan)	百元固定资产实现利税(元) Pre-tax Profits per 100 yuan of Original Value of Fixed Assets (yuan)	总资产贡献率 Ratio of Total Assets to Industrial Output Value	产值利税率(%) Ratio of Pre-tax Profits to Gross Output Value (%)	百元主营业务收入实现利税(元) Pre-tax Profits per 100 yuan of Main Business Revenue (yuan)	全员劳动生产率(元/人) Overall Labor Productivity (yuan/person)
1978	170.51	168.91	111.42		32.91	29.54		19.48		9906
1979	171.76	181.96	129.09	170.09	34.48	26.71		18.45	20.27	10594
1980	182.39	198.83	136.59	189.97	38.51	28.19		19.37	20.27	10902
1981	189.08	226.26	152.58	215.09	42.12	27.60		18.61	19.58	11966
1982	194.33	245.54	172.00	231.20	44.62	25.94		18.17	19.30	12635
1983	197.50	275.25	226.58	226.91	48.59	21.45		17.65	21.42	13937
1984	241.42	336.45	221.46	313.33	56.83	25.66		16.89	18.14	13937
1985	298.66	438.91	269.13	412.77	75.99	29.23		17.31	18.41	14696
1986	323.16	522.35	335.19	498.80	80.90	24.14		15.49	16.22	16164
1987	353.95	711.04	433.95	692.47	102.24	23.56		14.38	14.76	20089
1988	382.19	1056.47	540.37	1016.20	140.65	26.03		13.31	13.84	27643
1989	387.90	1321.33	700.66	1222.20	138.71	19.80		10.50	11.35	34064
1990	390.28	1379.98	843.88	1287.91	121.50	14.40		8.80	9.43	35359
1991	433.18	2018.62	1339.04	1875.02	188.08	14.05		9.32	10.03	46600
1992	450.99	2696.47	1485.36	2537.84	248.78	22.32		9.23	9.80	59790
1993	478.39	4085.35	2099.09	3920.98	397.40	18.93		9.73	10.14	85379
1994	537.57	5325.35	3309.63	4826.68	478.41	14.46		8.89	9.91	99063
1995	537.83	6325.19	4298.15	6195.84	445.53	10.37		7.04	7.19	117606
1996	529.13	7308.51	5066.23	6808.08	489.26	9.66		6.69	7.19	36094
1997	522.94	8201.71	5904.95	7767.79	617.90	10.46	7.54	7.53	7.95	40040
1998	548.59	9738.56	6968.36	9243.42	622.82	8.94	7.37	6.40	6.74	44553
1999	537.77	10538.17	7399.10	10208.99	778.94	10.53	7.62	7.39	7.63	50307
2000	572.89	12480.93	8005.77	12380.65	1042.77	13.03	8.86	8.35	8.42	58836
2001	578.94	14035.35	8655.82	13891.46	1139.98	13.17	8.70	8.12	8.21	67012
2002	644.39	16378.60	9550.47	16247.73	1380.24	14.45	9.17	8.43	8.50	58940
2003	741.17	21513.46	10768.77	21566.93	1850.90	17.19	10.42	8.60	8.56	77150
2004	996.44	29554.92	12713.34	28998.45	2329.79	18.33	10.52	7.90	8.03	74661
2005	1085.65	35942.74	14453.16	34781.58	2877.81	19.91	11.29	8.01	8.27	86735
2006	1203.58	44674.75	17824.33	43550.87	3907.10	21.92	12.24	8.75	8.97	97882
2007	1307.40	55252.86	19763.42	53927.94	5105.93	25.83	13.59	9.24	9.46	107880
2008	1493.38	65424.61	24529.17	63371.65	6136.69	25.02	14.32	9.38	9.68	117940
2009	1436.02	68275.77	26293.23	66117.81	6793.59	25.84	14.18	9.95	10.27	126984
2010	1568.00	85824.64	33489.49	84114.85	9418.42	28.12	15.63	10.97	11.20	129709
2011	1463.86	94871.68	33244.26	92996.88	9608.33	28.9	14.98	10.13	10.33	147987
2012	1452.16	95602.09	35983.70	93821.74	9383.63	26.08	13.94	9.82	10.00	156463
2013	1455.81	109673.07	39339.68	106361.21	11008.36	27.98	14.53	10.04	10.35	182303
2014	1455.78	119713.04	43635.95	115451.13	11663.66	26.73	13.97	9.74	10.10	193633
2015	1439.33	124649.16	48104.10	119157.86	12375.00	25.73	13.58	9.93	10.39	204582
2016	1417.84	133768.04	52729.34	129151.31	13150.85	24.94	12.98	9.83	10.18	220972
2017	1403.19	135722.42	52619.74	133924.37	13769.27	26.17	12.45	10.15	10.28	223415
2018	1282.58	137884.45		135616.08	12831.86		11.56	9.31	9.46	251876

注：1．利税总额包括增值税。
2．全员劳动生产率1996年后按工业增加值计算。
3．1997年以前为独立核算工业企业，1998年起统计口径改为年主营业务收入500万元及以上的规模以上工业，2011年调整为年主营业务收入2000万元及以上工业企业。

Note:a) Total pre-tax profits include value-added tax.
b) Since 1996, figures of overall labor productivity have been calculated by value-added of industry.
c) From 1998 to 2010, data are statistics of industrial enterprises above designated size with annual principal business revenue of over 5 million yuan, while data prior to 1997 are statistics of industrial enterprises with independent accounting systems. Since 2011, data are statistics of legal person industrial enterprises with annual principal business revenue of over 20 million yuan.

12-15 规模以上国有控股工业企业主要经济指标

Main Indicators of State-owned and State-holding Industrial Enterprises above Designated Size

年份 Year	全部就业人员平均人数(万人) Annual Average Number of Employed Persons (10000 persons)	总产值(亿元) Gross Output Value of Industry (100 million yuan)	固定资产原价(亿元) Original Value of Fixed Assets (100 million yuan)	主营业务收入(亿元) Principal Business Revenue (100 million yuan)	利税总额(亿元) Total Pre-tax Profits (100 million yuan)	百元固定资产实现利税(元) Pre-tax Profits per 100 yuan of Original Value of Fixed Assets (yuan)	总资产贡献率 Ratio of Total Assets to Industrial Output Value	产值利税率(%) Ratio of Pre-tax Profits to Gross Output Value (%)	百元主营业务收入实现利税(元) Pre-tax Profits per 100 yuan of Main Business Revenue (yuan)	全员劳动生产率(元/人) Overall Labor Productivity (yuan/person)
1978	120.35	122.28	96.06		26.09	27.16		21.34		10159
1979	121.97	132.30	103.51	126.87	26.89	25.96		20.31	21.18	10847
1980	126.09	136.30	107.27	127.97	28.33	25.90		20.57	22.19	10829
1981	132.60	153.54	118.82	147.85	31.18	26.24		20.31	21.09	11579
1982	139.90	165.82	131.82	158.43	33.29	25.26		20.08	21.01	11853
1983	142.18	188.09	147.53	178.04	38.18	25.88		20.30	21.45	13228
1984	143.08	222.35	162.13	205.73	44.02	27.15		19.80	21.39	15540
1985	144.14	277.87	203.80	265.05	56.34	27.64		20.28	21.26	19278
1986	150.14	312.74	235.47	305.42	59.70	25.36		19.09	19.55	20829
1987	156.48	400.55	294.46	402.63	72.44	24.60		18.09	17.99	25598
1988	162.43	555.41	328.58	545.00	91.05	27.71		16.39	16.71	34194
1989	162.85	670.95	404.50	631.61	94.11	23.26		14.93	14.90	41200
1990	163.80	713.88	488.36	689.83	84.35	17.27		11.82	12.23	43582
1991	173.85	906.72	612.24	853.62	116.26	18.99		12.82	13.62	52155
1992	171.60	1118.86	751.42	1073.94	131.24	17.47		11.73	12.22	65202
1993	153.26	1371.58	856.85	1372.66	169.40	19.77		12.35	12.34	89494
1994	152.25	1498.80	1076.47	1400.87	176.81	16.42		11.80	12.62	98443
1995	142.83	1396.35	1315.16	1499.25	160.57	12.21		11.50	10.71	97763
1996	137.50	1476.12	1599.77	1555.28	139.01	8.69		9.42	8.94	34057
1997	124.71	1505.06	1794.89	1657.79	160.92	8.97		10.69	9.71	36596
1998	102.67	1453.79	1790.91	1616.64	163.10	9.11		11.22	10.09	47019
1999	128.16	3025.68	3520.17	3153.04	376.11	10.68	8.63	12.34	11.93	72606
2000	104.39	3126.12	3513.50	3583.55	433.35	12.33	9.09	13.86	12.09	91413
2001	91.77	3236.65	3982.54	3757.95	486.46	12.21	9.53	15.03	12.94	112515
2002	83.25	3264.46	3942.57	3800.38	483.25	12.26	9.34	14.80	12.72	132894
2003	75.20	3949.03	4603.66	4717.48	623.49	13.54	10.88	15.79	13.22	191590
2004	72.53	6039.24	4913.92	6031.47	779.41	15.86	12.39	12.91	12.92	213941
2005	69.42	6375.54	5153.83	6261.70	800.26	15.53	13.03	12.55	12.78	243447
2006	60.80	7253.17	6557.86	6887.69	1213.73	18.50	14.89	16.73	17.62	391250
2007	60.86	8603.94	6702.65	8258.85	1603.72	23.92	17.68	18.63	19.41	464322
2008	77.84	11144.50	8327.10	11045.88	1676.74	20.14	15.49	15.05	15.18	430063
2009	75.33	10790.11	9249.22	10637.39	1747.60	18.89	14.73	16.20	16.43	457743
2010	78.89	13166.37	10456.03	13418.41	2398.44	22.94	17.21	18.22	17.87	518203
2011	82.98	13927.70	10891.43	13871.28	1963.69	18.03	13.54	14.10	14.16	441471
2012	82.87	15529.16	12395.46	15602.52	2172.26	17.52	14.03	13.99	13.92	515822
2013	81.67	17525.16	13124.26	17095.26	2800.64	21.34	16.57	15.98	16.38	625429
2014	79.95	18225.94	14561.95	17804.39	2810.73	19.30	15.61	15.42	15.79	645329
2015	83.23	17032.30	15949.18	16453.02	2660.82	16.68	13.53	15.62	16.17	606956
2016	82.67	17172.18	17041.31	16266.66	2889.08	16.95	13.36	16.82	17.76	626612
2017	78.17	19525.92	17858.14	19783.07	3144.43	17.61	13.04	16.10	15.89	699173
2018	74.35	20825.44		21121.60	3112.15		12.93	14.93	14.73	754612

注：1998年以前为国有工业，1999年起为国有及国有控股工业，2007年起改为国有控股工业。

Note: Data prior to 1998 are statistics of state-owned industrial enterprises,data since 1999 are statistics of state-owned and state-holding industrial enterprises, and data since 2007 are statistics of state-holding industrial enterprises.

12-16 规模以上工业企业主要经济指标（2018年）

单位：亿元

项目	Item	企业单位数（个） Number of Enterprises (unit)	工业总产值（当年价） Gross Industrial Output Value (at current prices)
全省总计	**Provincial Total**	**47477**	**137884.45**
按经济类型分	Grouped by Ownership		
在总计中：国有控股工业	Of the Total: State-holding Industry	1079	20825.44
国有工业	State-owned Industry	165	951.91
集体工业	Collective-owned Industry	160	144.67
股份合作工业	Share-holding Cooperative Industry	43	74.57
股份制工业	Share-holding Industry	32511	83432.22
外商投资工业	Foreign-funded Industry	4103	24438.12
港澳台投资工业	Industry with Funds from Hong Kong, Macao and Taiwan	8605	27085.72
按轻重工业分	Grouped by Light and Heavy Industries		
轻工业	Light Industry	23822	43776.40
重工业	Heavy Industry	23655	94108.05
按企业规模分	Grouped by Size of Enterprises		
大型企业	Large Enterprises	1623	68653.11
中型企业	Medium Enterprises	8632	31514.24
小微型企业	Small and Mciro Enterprises	37222	37717.09
按行业分	Grouped by Sector		
煤炭开采和洗选业	Mining and Washing of Coal		
石油和天然气开采业	Extraction of Petroleum and Natural Gas	4	692.39
黑色金属矿采选业	Mining and Dressing of Ferrous Metal Ores	28	24.47
有色金属矿采选业	Mining and Dressing of Nonferrous Metal Ores	29	66.09
非金属矿采选业	Mining and Dressing of Nonmetal Ores	271	205.95
开采辅助活动	Auxiliary Minning Operations	4	27.13
其他采矿业	Mining and Dressing of Other Ores	2	0.01
农副食品加工业	Processing of Farm and Sideline Food	1036	3006.28
食品制造业	Manufacture of Food	766	1667.71
酒、饮料和精制茶制造业	Manufacture of Wine, Beverage and Refined Tea	262	991.34
烟草制品业	Tobacco Products	11	439.69
纺织业	Textile Industry	1494	2173.62
纺织服装、服饰业	Manufacture of Textile Garments, Footwear and Headgear	2758	2955.94
皮革、毛皮、羽毛及其制品和制鞋业	Leather, Fur, Feather, Down and Related Products	1877	1734.11
木材加工和木、竹、藤、棕、草制品业	Timber Processing, Bamboo, Cane, Palm Fiber & Straw Products	584	506.90
家具制造业	Manufacture of Furniture	1454	2057.90
造纸和纸制品业	Papermaking and Paper Products	1172	2550.29
印刷和记录媒介复制业	Printing and Record Medium Reproduction	945	1230.32
文教、工美、体育和娱乐用品制造业	Manufacture of Cultural, Educational,Sports and Entertainment Articles	1713	3628.21
石油加工、炼焦和核燃料加工业	Petroleum Refining, Coking and Nuclear Fuel Processing	102	3389.60
化学原料和化学制品制造业	Manufacture of Raw Chemical Materials and Chemical Products	2363	5852.56
医药制造业	Manufacture of Medicines	453	1707.56
化学纤维制造业	Manufacture of Chemical Fibers	58	136.65
橡胶和塑料制品业	Rubber and Plastic Products	3818	4996.95
非金属矿物制品业	Nonmetal Mineral Products	3134	4983.91
黑色金属冶炼和压延加工业	Smelting and Pressing of Ferrous Metals	363	2499.81
有色金属冶炼和压延加工业	Smelting and Pressing of Nonferrous Metals	668	3364.98
金属制品业	Metal Products	3934	5861.85
通用设备制造业	Manufacture of General-purpose Machinery	2030	4087.48
专用设备制造业	Manufacture of Special-purpose Machinery	2019	3505.72
汽车制造业	Manufacture of Automobile	833	8558.88
铁路、船舶、航空航天和其他运输设备制造业	Manufacture of Railway ,Ship,Aeronautics and Other Transport equipment	403	893.31
电气机械和器材制造业	Manufacture of Electrical Machinery and Equipment	5051	13716.37
计算机、通信和其他电子设备制造业	Manufacture of Communication Equipment, Computers and Other Electronic Equipment	5793	39911.84
仪器仪表制造业	Manufacture of Instruments and Meters	631	1085.73
其他制造业	Other Manufactures	304	256.81
废弃资源综合利用业	Comprehensive Utilization of Waste	266	807.84
金属制品、机械和设备修理业	Manufacture of Metal Products,Machinery and Equipment Maintenance	51	169.52
电力、热力生产和供应业	Production and Supply of Electric Power and Heat Power	360	6669.41
燃气生产和供应业	Production and Supply of Gas	147	1012.42
水的生产和供应业	Production and Supply of Water	286	456.90

Main Economic Indicators of Industrial Enterprises above Designated Size (2018)

(100 million yuan)

工业增加值 Value-added of Industry	年末资产总计 Total Assets at the Year-end	流动资产合计 Total Working Capital	主营业务收入 Principal Business Revenue	主营业务成本 Cost of Principal Business	主营业务税金及附加 Tax and Extra Charges on Main Business	利润总额 Total Profits	利税总额 Total Pre-tax Profits	本年应交增值税 Value-added Tax Payable in Current Year	全部就业人员年平均人数(万人) Annual Average Number of Employed Persons (10000 persons)
32305.16	**124284.19**	**75060.25**	**135616.08**	**113816.79**	**1493.33**	**8309.69**	**12850.30**	**3028.84**	**1282.58**
5610.56	27049.48	10225.28	21121.60	17585.91	894.02	1533.82	3122.40	684.31	74.35
223.62	4139.80	702.11	3541.12	3189.56	136.81	149.34	390.85	104.06	14.37
36.39	96.83	51.27	140.20	118.58	0.79	5.81	9.33	2.72	4.34
17.72	21.81	14.59	71.54	60.78	0.54	2.74	5.21	1.92	0.55
19713.85	76587.33	45859.74	79767.68	65954.30	925.12	4947.09	7837.86	1959.21	655.86
5481.12	18310.35	12036.54	24026.32	20649.38	170.95	1522.55	2140.75	438.06	205.38
6440.82	24509.91	16091.53	26374.68	22347.37	249.23	1585.27	2326.71	490.13	383.52
10281.41	37851.29	25210.55	43663.15	35731.17	467.52	2876.09	4463.04	1115.66	585.54
22023.75	86432.90	49849.70	91952.93	78085.62	1025.81	5433.60	8387.25	1913.18	697.04
16586.02	63901.00	38681.43	66939.86	55150.09	958.19	4604.32	7215.83	1647.93	470.67
7289.82	29682.12	17357.39	31613.34	26529.68	341.48	1983.11	2985.33	650.77	424.29
8429.32	30701.06	19021.42	37062.89	32137.01	193.65	1722.26	2649.14	730.13	387.62
1.29									
581.18	997.60	108.74	587.01	251.59	33.75	285.56	379.47	60.16	0.58
7.99	74.31	35.23	19.08	12.42	0.30	1.30	2.86	1.26	0.28
31.08	91.00	27.52	65.67	43.82	2.26	13.72	20.48	4.39	0.75
62.50	152.48	61.24	188.08	148.46	3.37	17.89	27.66	6.37	1.94
12.26	66.19	22.72	27.12	23.51	0.04	2.62	2.81	0.14	0.12
0.49	0.14	0.04	0.01	0.01					
364.84	2030.87	1424.89	3166.47	2896.36	6.73	132.46	159.14	19.68	14.58
651.69	1317.13	740.54	1690.80	1211.86	12.10	190.12	274.49	72.14	15.92
283.21	894.20	510.10	976.30	680.96	21.63	103.22	168.19	43.28	7.22
333.41	567.76	436.65	432.78	137.60	220.04	49.58	326.27	56.65	0.70
500.15	1378.27	828.66	2095.86	1834.22	10.80	117.44	171.67	43.34	26.68
672.12	1801.56	1200.93	2833.45	2384.38	17.18	133.60	212.42	61.41	64.93
473.13	929.96	666.30	1693.91	1492.60	9.29	44.82	85.61	31.45	46.68
118.27	390.18	235.40	486.82	418.29	3.49	26.85	44.29	13.89	6.34
504.59	1610.97	1077.38	2041.79	1716.76	11.81	114.65	174.28	47.62	33.76
528.24	2245.67	1202.41	2506.47	2182.78	12.25	144.41	228.98	71.76	20.95
322.64	1077.89	643.25	1183.29	996.85	6.59	72.85	107.21	27.58	21.19
701.62	2600.48	2009.04	3565.69	3178.32	12.88	125.39	172.74	34.23	65.05
1262.11	1465.70	740.99	3481.41	2713.76	485.84	208.29	796.34	101.66	2.63
1189.80	5066.54	2902.47	5978.25	4665.20	35.25	470.96	691.51	184.67	31.51
529.57	3384.01	2269.31	1623.83	924.60	13.09	277.62	375.42	84.31	13.09
39.04	143.69	74.74	128.23	107.38	0.63	11.50	15.04	2.91	1.02
1168.16	3681.26	2307.68	4856.90	4188.35	25.03	221.78	337.97	90.79	77.53
1212.29	4285.67	2467.47	4814.45	3999.77	32.15	381.50	559.12	144.95	53.84
383.36	1783.49	690.38	2476.63	2214.49	9.56	146.22	212.93	57.14	6.99
359.49	1802.30	1188.44	3341.96	3117.75	7.60	101.11	147.54	38.76	13.51
1362.54	3948.88	2391.35	5678.17	4952.01	28.94	264.01	406.16	112.91	77.79
1071.87	3972.81	2764.60	4035.02	3364.65	20.23	241.46	349.25	87.39	48.04
952.45	3815.47	2569.92	3287.74	2541.96	20.32	315.75	413.25	76.93	48.79
1859.70	6149.05	4133.01	8427.55	7195.59	161.17	632.70	973.59	179.33	43.56
164.94	1128.73	722.00	871.84	785.94	5.12	11.33	26.00	9.51	10.24
2942.89	14501.40	10151.43	13975.11	11553.33	70.63	925.36	1331.77	334.98	160.50
8766.47	33519.91	24333.59	38755.62	32739.09	140.13	1690.41	2490.11	656.61	311.71
308.32	1300.75	933.87	1062.85	834.24	6.46	72.07	102.01	23.41	18.74
126.34	202.25	140.50	247.58	209.84	1.48	11.29	17.29	4.51	5.77
150.17	413.04	233.60	823.81	724.63	4.22	60.86	80.35	15.24	2.81
63.94	192.81	137.02	171.02	143.89	1.20	11.12	15.92	3.58	1.74
1812.33	12478.13	1897.65	6572.60	6030.51	34.00	523.78	762.97	197.04	17.71
219.89	943.96	328.46	996.05	893.43	2.04	75.74	89.49	11.48	1.96
208.79	1877.70	450.71	448.87	305.61	3.72	78.36	97.68	15.38	5.42

12-17 规模以上国有控股工业企业主要经济指标（2018年）

单位：亿元

项 目	Item	企业单位数（个） Number of Enterprises (unit)	工业总产值（当年价） Gross Industrial Output Value (at current prices)
全省总计	**Provincial Total**	**1079**	**20825.44**
按轻重工业分	Grouped by Light and Heavy Industries		
轻工业	Light Industry	272	2250.05
重工业	Heavy Industry	807	18575.39
按企业规模分	Grouped by Size of Enterprises		
大型企业	Large Enterprises	135	15934.64
中型企业	Medium Enterprises	280	2397.64
小微型企业	Small and Mciro Enterprises	664	2493.16
按行业分	Grouped by Sector		
煤炭开采和洗选业	Mining and Washing of Coal		
石油和天然气开采业	Extraction of Petroleum and Natural Gas	2	162.15
黑色金属矿采选业	Mining and Dressing of Ferrous Metal Ores	1	1.49
有色金属矿采选业	Mining and Dressing of Nonferrous Metal Ores	7	45.23
非金属矿采选业	Mining and Dressing of Nonmetal Ores	10	2.95
开采辅助活动	Auxiliary Minning Operations	2	24.32
其他采矿业	Mining and Dressing of Other Ores		
农副食品加工业	Processing of Farm and Sideline Food	54	207.75
食品制造业	Manufacture of Food	20	70.67
酒、饮料和精制茶制造业	Manufacture of Wine, Beverage and Refined Tea	20	122.15
烟草制品业	Tobacco Products	7	432.24
纺织业	Textile Industry	12	16.90
纺织服装、服饰业	Manufacture of Textile Garments, Footwear and Headgear	5	4.62
皮革、毛皮、羽毛及其制品和制鞋业	Leather, Fur, Feather, Down and Related Products	5	3.68
木材加工和木、竹、藤、棕、草制品业	Timber Processing, Bamboo, Cane, Palm Fiber & Straw Products	6	5.68
家具制造业	Manufacture of Furniture	2	1.83
造纸和纸制品业	Papermaking and Paper Products	10	90.05
印刷和记录媒介复制业	Printing and Record Medium Reproduction	22	29.06
文教、工美、体育和娱乐用品制造业	Manufacture of Cultural, Educational,Sports and Entertainment Articles	13	31.42
石油加工、炼焦和核燃料加工业	Petroleum Refining, Coking and Nuclear Fuel Processing	9	2975.99
化学原料和化学制品制造业	Manufacture of Raw Chemical Materials and Chemical Products	44	600.56
医药制造业	Manufacture of Medicines	39	305.62
化学纤维制造业	Manufacture of Chemical Fibers	1	21.74
橡胶和塑料制品业	Rubber and Plastic Products	26	87.71
非金属矿物制品业	Nonmetal Mineral Products	46	178.43
黑色金属冶炼和压延加工业	Smelting and Pressing of Ferrous Metals	17	1135.33
有色金属冶炼和压延加工业	Smelting and Pressing of Nonferrous Metals	17	557.10
金属制品业	Metal Products	48	176.47
通用设备制造业	Manufacture of General-purpose Machinery	31	156.76
专用设备制造业	Manufacture of Special-purpose Machinery	15	55.88
汽车制造业	Manufacture of Automobile	27	2512.50
铁路、船舶、航空航天和其他运输设备制造业	Manufacture of Railway ,Ship,Aeronautics and Other Transport equipment	31	177.52
电气机械和器材制造业	Manufacture of Electrical Machinery and Equipment	53	985.19
计算机、通信和其他电子设备制造业	Manufacture of Communication Equipment, Computers and Other Electronic Equipment	96	2317.71
仪器仪表制造业	Manufacture of Instruments and Meters	8	16.09
其他制造业	Other Manufactures	3	3.66
废弃资源综合利用业	Comprehensive Utilization of Waste	6	19.58
金属制品、机械和设备修理业	Manufacture of Metal Products,Machinery and Equipment Maintenance	15	60.42
电力、热力生产和供应业	Production and Supply of Electric Power and Heat Power	192	6235.11
燃气生产和供应业	Production and Supply of Gas	34	726.51
水的生产和供应业	Production and Supply of Water	123	267.38

Main Economic Indicators of State-holding Industrial Enterprises above Designated Size (2018)

(100 million yuan)

工业增加值 Value-added of Industry	年末资产总计 Total Assets at the Year-end	流动资产合计 Total Working Capital	主营业务收入 Principal Business Revenue	主营业务成本 Cost of Principal Business	主营业务税金及附加 Tax and Other Charges on Principal Business	利润总额 Total Profits	利税总额 Total Pre-tax Profits	本年应交增值税 Value-added Tax Payable in Current Year	全部就业人员年平均人数(万人) Annual Average Number of Employed Persons (10000 persons)
5610.56	**27049.48**	**10225.28**	**21121.60**	**17585.91**	**894.02**	**1533.82**	**3122.40**	**684.31**	**74.35**
756.42	4198.62	3163.29	3108.65	2149.70	239.71	321.24	710.87	149.43	14.70
4854.14	22850.86	7061.99	18012.95	15436.21	654.31	1212.58	2411.53	534.88	59.65
4132.09	18420.75	7258.97	15451.83	12805.81	693.91	1104.09	2307.59	507.54	49.44
761.48	4421.00	1646.88	3143.00	2607.64	179.31	218.08	515.39	110.40	16.94
717.00	4207.73	1319.43	2526.77	2172.46	20.80	211.65	299.43	66.38	7.97
114.81	297.17	79.60	77.88	43.91	4.02	29.29	40.17	6.86	0.04
0.73	2.28	0.98	1.42	1.08	0.01	0.20	0.26	0.05	0.03
19.84	64.96	13.03	44.90	25.35	2.10	13.69	19.91	4.00	0.54
3.57	6.64	2.82	2.98	2.30	0.06	0.19	0.38	0.13	0.06
10.95	62.11	20.43	24.32	21.67	0.04	1.53	1.72	0.14	0.09
22.69	91.37	61.86	219.55	210.44	0.38	1.19	2.27	0.68	0.78
20.73	63.93	30.15	60.19	41.01	0.51	4.82	8.21	2.88	0.88
42.14	135.17	86.89	114.51	85.12	5.04	9.52	19.42	4.85	0.66
331.07	541.60	422.83	422.77	129.80	219.91	44.22	320.22	56.09	0.63
3.33	12.32	6.49	16.36	13.81	0.11	1.47	2.30	0.71	0.39
1.27	3.75	2.18	4.45	3.60	0.03	0.23	0.29	0.03	0.09
0.57	2.17	1.16	3.58	3.06	0.03	0.11	0.29	0.14	0.32
1.37	4.42	2.28	4.94	4.09	0.06	0.47	0.79	0.26	0.11
0.32	1.95	0.50	1.76	1.42	0.03	0.16	0.26	0.08	0.06
19.08	192.80	96.85	94.93	83.60	0.52	3.36	5.89	2.01	0.55
7.21	39.83	30.39	31.89	26.67	0.17	1.51	2.45	0.76	0.50
6.98	41.13	26.52	31.10	23.82	0.21	3.25	4.29	0.83	0.51
1093.77	1069.91	508.46	3040.05	2344.20	472.44	181.33	752.93	98.64	1.42
183.21	674.45	202.17	601.89	516.70	3.29	53.95	85.08	27.55	1.14
91.98	653.31	389.73	288.20	147.73	2.90	54.36	78.18	20.58	2.53
7.36	22.79	10.08	20.42	14.14	0.14	6.56	7.44	0.74	0.04
21.04	147.01	62.29	86.95	75.70	0.45	-0.67	1.21	1.32	1.56
50.15	221.59	115.12	178.27	117.31	1.84	39.88	53.00	11.28	1.00
164.52	1090.90	287.20	1138.60	965.16	4.60	104.98	145.32	35.74	1.97
57.68	354.43	233.73	562.42	544.77	1.09	20.24	26.30	4.96	0.99
68.90	280.26	147.35	184.75	158.05	1.12	8.06	12.00	2.80	1.72
92.65	314.15	195.48	183.31	154.27	0.87	9.24	14.46	4.35	1.55
15.84	73.97	50.32	37.96	32.99	0.31	-0.44	0.40	0.53	0.68
486.09	1413.40	860.54	2538.34	2138.67	114.69	206.78	387.85	66.35	4.73
26.39	398.16	226.39	179.37	170.98	0.92	-15.86	-14.25	0.69	1.72
204.78	2576.32	2106.14	1886.03	1448.02	10.12	201.09	270.19	58.98	6.70
499.19	2954.92	1876.25	1805.01	1419.36	10.41	-20.51	46.79	56.66	17.66
4.29	16.20	14.41	16.67	12.34	0.12	1.62	2.54	0.80	0.19
3.39	3.84	2.99	3.40	2.49	0.03	0.33	0.61	0.25	0.42
4.09	20.86	7.35	19.55	16.02	0.09	2.51	2.96	0.36	0.07
22.72	100.84	57.08	61.55	53.15	0.69	0.85	4.59	3.04	1.15
1631.63	11121.93	1503.65	6150.53	5693.96	30.79	471.24	700.18	190.06	15.95
152.46	668.65	194.12	719.59	655.50	1.27	48.43	58.00	8.07	1.04
121.77	1307.98	289.50	261.20	183.66	2.63	44.64	57.52	10.04	3.87

12-18 规模以上集体工业企业主要经济指标（2018年）

单位：亿元

项　　目	Item	企业单位数（个） Number of Enterprises (unit)	工业总产值（当年价） Gross Industrial Output Value (at current prices)
全省总计	**Provincial Total**	**160**	**144.67**
按轻重工业分	Grouped by Light and Heavy Industries		
轻工业	Light Industry	74	84.63
重工业	Heavy Industry	86	60.04
按企业规模分	Grouped by Size of Enterprises		
大型企业	Large Enterprises	5	17.16
中型企业	Medium Enterprises	26	45.02
小微型企业	Small and Mciro Enterprises	129	82.50
按行业分	Grouped by Sector		
煤炭开采和洗选业	Mining and Washing of Coal		
石油和天然气开采业	Extraction of Petroleum and Natural Gas		
黑色金属矿采选业	Mining and Dressing of Ferrous Metal Ores		
有色金属矿采选业	Mining and Dressing of Nonferrous Metal Ores		
非金属矿采选业	Mining and Dressing of Nonmetal Ores	3	0.95
开采辅助活动	Auxiliary Minning Operations		
其他采矿业	Mining and Dressing of Other Ores		
农副食品加工业	Processing of Farm and Sideline Food	8	14.23
食品制造业	Manufacture of Food	5	2.42
酒、饮料和精制茶制造业	Manufacture of Wine, Beverage and Refined Tea	1	0.12
烟草制品业	Tobacco Products		
纺织业	Textile Industry	6	19.46
纺织服装、服饰业	Manufacture of Textile Garments, Footwear and Headgear	9	1.98
皮革、毛皮、羽毛及其制品和制鞋业	Leather, Fur, Feather, Down and Related Products	9	5.60
木材加工和木、竹、藤、棕、草制品业	Timber Processing, Bamboo, Cane, Palm Fiber & Straw Products	4	0.38
家具制造业	Manufacture of Furniture	2	0.67
造纸和纸制品业	Papermaking and Paper Products	7	9.95
印刷和记录媒介复制业	Printing and Record Medium Reproduction	3	0.29
文教、工美、体育和娱乐用品制造业	Manufacture of Cultural, Educational,Sports and Entertainment Articles	8	16.69
石油加工、炼焦和核燃料加工业	Petroleum Refining, Coking and Nuclear Fuel Processing		
化学原料和化学制品制造业	Manufacture of Raw Chemical Materials and Chemical Products	6	4.67
医药制造业	Manufacture of Medicines		
化学纤维制造业	Manufacture of Chemical Fibers		
橡胶和塑料制品业	Rubber and Plastic Products	4	4.03
非金属矿物制品业	Nonmetal Mineral Products	10	10.82
黑色金属冶炼和压延加工业	Smelting and Pressing of Ferrous Metals		
有色金属冶炼和压延加工业	Smelting and Pressing of Nonferrous Metals	5	5.51
金属制品业	Metal Products	7	3.88
通用设备制造业	Manufacture of General-purpose Machinery	2	1.60
专用设备制造业	Manufacture of Special-purpose Machinery	3	4.02
汽车制造业	Manufacture of Automobile		
铁路、船舶、航空航天和其他运输设备制造业	Manufacture of Railway ,Ship,Aeronautics and Other Transport equipment	1	0.23
电气机械和器材制造业	Manufacture of Electrical Machinery and Equipment	5	4.75
计算机、通信和其他电子设备制造业	Manufacture of Communication Equipment, Computers and Other Electronic Equipment	6	9.37
仪器仪表制造业	Manufacture of Instruments and Meters		
其他制造业	Other Manufactures	1	0.66
废弃资源综合利用业	Comprehensive Utilization of Waste		
金属制品、机械和设备修理业	Manufacture of Metal Products,Machinery and Equipment Maintenance		
电力、热力生产和供应业	Production and Supply of Electric Power and Heat Power	7	1.61
燃气生产和供应业	Production and Supply of Gas	1	1.32
水的生产和供应业	Production and Supply of Water	37	19.47

Main Economic Indicators of Collective-owned Industrial Enterprises above Designated Size (2018)

(100 million yuan)

工业增加值 Value-added of Industry	年末资产总计 Total Assets at the Year-end	流动资产合计 Total Working Capital	主营业务收入 Principal Business Revenue	主营业务成本 Cost of Principal Business	主营业务税金及附加 Tax and Other Charges on Principal Business	利润总额 Total Profits	利税总额 Total Pre-tax Profits	本年应交增值税 Value-added Tax Payable in Current Year	全部就业人员年平均人数(万人) Annual Average Number of Employed Persons (10000 persons)
36.39	**96.83**	**51.27**	**140.20**	**118.58**	**0.79**	**5.81**	**9.33**	**2.72**	**4.34**
18.53	30.72	17.40	81.13	70.78	0.46	2.85	4.80	1.47	2.66
17.86	66.11	33.87	59.08	47.80	0.33	2.96	4.53	1.24	1.68
3.55	4.59	2.99	16.54	12.57	0.04	0.21	0.36	0.10	1.14
10.20	13.55	8.24	42.84	37.45	0.24	0.62	1.56	0.70	2.00
22.65	78.68	40.04	80.83	68.56	0.51	4.98	7.41	1.92	1.21
0.22	0.55	0.15	0.95	0.76	0.05	0.01	0.10	0.04	0.15
2.46	5.05	1.58	13.79	11.98	0.04	1.12	1.45	0.29	0.05
0.81	0.25	0.12	2.40	1.96	0.01	0.13	0.17	0.03	0.02
0.04	0.08	0.02	0.12	0.11			0.01		0.01
4.38	2.37	1.14	17.87	17.12	0.16	0.36	0.95	0.43	0.10
0.28	1.78	1.31	1.93	1.62	0.02	0.18	0.21	0.02	0.11
1.39	2.72	2.15	5.48	4.59	0.01	-0.03	0.11	0.12	0.35
0.10	0.36	0.10	0.38	0.29	0.01	0.04	0.07	0.02	0.02
0.18	0.55	0.08	0.67	0.55	0.01	0.07	0.10	0.02	0.02
2.07	4.39	3.00	9.89	8.71	0.07	0.66	1.03	0.29	0.09
0.08	0.41	0.34	0.29	0.27		0.02	0.02	0.01	0.01
2.50	7.59	4.85	16.07	13.92	0.06	-0.11	0.04	0.08	1.05
0.78	1.03	0.89	4.59	4.33	0.02	0.06	0.19	0.11	0.03
0.85	1.23	0.86	3.59	2.95	0.04	0.10	0.19	0.05	0.26
2.74	6.38	3.57	10.84	9.39	0.06	0.65	1.06	0.35	0.10
0.53	1.53	1.00	5.29	5.08	0.01	0.10	0.16	0.05	0.05
0.88	0.96	0.68	3.86	3.53	0.02	0.19	0.27	0.07	0.04
	0.23	0.17	1.60	1.11		0.04	0.04		0.14
1.38	2.57	1.35	3.87	3.31	0.01	0.38	0.51	0.12	0.16
0.04	0.30	0.28	0.26	0.22		-0.03	-0.02	0.01	0.01
0.13	2.03	1.05	4.77	3.22		0.08	0.09	0.01	0.44
2.68	1.71	1.33	9.20	6.54		0.14	0.15		0.72
1.91	0.18	0.04	0.66	0.57	0.01	0.03	0.05	0.01	0.01
0.69	4.65	0.81	1.35	0.89	0.04	0.13	0.26	0.08	0.06
0.28	0.63	0.26	1.32	1.14		0.13	0.18	0.05	0.01
9.01	47.28	24.15	19.16	14.41	0.12	1.35	1.93	0.46	0.35

12-19 规模以上股份合作工业企业主要经济指标（2018年）

单位：亿元

项　　目	Item	企业单位数（个）Number of Enterprises (unit)	工业总产值（当年价）Gross Industrial Output Value (at current prices)
全省总计	**Provincial Total**	**43**	**74.57**
按轻重工业分	Grouped by Light & Heavy Industries		
轻工业	Light Industry	26	45.21
重工业	Heavy Industry	17	29.36
按企业规模分	Grouped by Size of Enterprises		
大型企业	Large Enterprises		
中型企业	Medium Enterprises	4	17.81
小微型企业	Small and Micro Enterprises	39	56.76
按行业分	Grouped by Sector		
煤炭开采和洗选业	Mining and Washing of Coal		
石油和天然气开采业	Extraction of Petroleum and Natural Gas		
黑色金属矿采选业	Mining and Dressing of Ferrous Metal Ores		
有色金属矿采选业	Mining and Dressing of Nonferrous Metal Ores		
非金属矿采选业	Mining and Dressing of Nonmetal Ores		
开采辅助活动	Auxiliary Minning Operations		
其他采矿业	Mining and Dressing of Other Ores		
农副食品加工业	Processing of Farm and Sideline Food		
食品制造业	Manufacture of Food	1	0.47
酒、饮料和精制茶制造业	Manufacture of Wine, Beverage and Refined Tea		
烟草制品业	Tobacco Products		
纺织业	Textile Industry	4	19.93
纺织服装、服饰业	Manufacture of Textile Garments, Footwear and Headgear	3	5.77
皮革、毛皮、羽毛及其制品和制鞋业	Leather, Fur, Feather, Down and Related Products	1	0.01
木材加工和木、竹、藤、棕、草制品业	Timber Processing, Bamboo, Cane, Palm Fiber & Straw Products		
家具制造业	Manufacture of Furniture		
造纸和纸制品业	Papermaking and Paper Products		
印刷和记录媒介复制业	Printing and Record Medium Reproduction	2	0.54
文教、工美、体育和娱乐用品制造业	Manufacture of Cultural, Educational,Sports and Entertainment Articles	1	0.27
石油加工、炼焦和核燃料加工业	Petroleum Refining, Coking and Nuclear Fuel Processing		
化学原料和化学制品制造业	Manufacture of Raw Chemical Materials and Chemical Products	5	9.55
医药制造业	Manufacture of Medicines		
化学纤维制造业	Manufacture of Chemical Fibers		
橡胶和塑料制品业	Rubber and Plastic Products	4	3.97
非金属矿物制品业	Nonmetal Mineral Products	4	5.81
黑色金属冶炼和压延加工业	Smelting and Pressing of Ferrous Metals		
有色金属冶炼和压延加工业	Smelting and Pressing of Nonferrous Metals	1	5.62
金属制品业	Metal Products	3	2.76
通用设备制造业	Manufacture of General-purpose Machinery	1	2.60
专用设备制造业	Manufacture of Special-purpose Machinery	1	0.33
汽车制造业	Manufacture of Automobile		
铁路、船舶、航空航天和其他运输设备制造业	Manufacture of Railway ,Ship,Aeronautics and Other Transport equipment		
电气机械和器材制造业	Manufacture of Electrical Machinery and Equipment	4	14.12
计算机、通信和其他电子设备制造业	Manufacture of Communication Equipment, Computers and Other Electronic Equipment	2	0.67
仪器仪表制造业	Manufacture of Instruments and Meters	2	0.70
其他制造业	Other Manufactures	1	0.33
废弃资源综合利用业	Comprehensive Utilization of Waste		
金属制品、机械和设备修理业	Manufacture of Metal Products,Machinery and Equipment Maintenance		
电力、热力生产和供应业	Production and Supply of Electric Power and Heat Power	1	0.01
燃气生产和供应业	Production and Supply of Gas	2	1.11
水的生产和供应业	Production and Supply of Water		

Main Economic Indicators of Share-holding Cooperative Industrial Enterprises above Designated Size (2018)

(100 million yuan)

工业增加值 Value-added of Industry	年末资产总计 Total Assets at the Year-end	流动资产合计 Total Working Capital	主营业务收入 Principal Business Revenue	主营业务成本 Cost of Principal Business	主营业务税金及附加 Tax and Other Charges on Principal Business	利润总额 Total Profits	利税总额 Total Pre-tax Profits	本年应交增值税 Value-added Tax Payable in Current Year	全部就业人员年平均人数(万人) Annual Average Number of Employed Persons (10000 persons)
17.72	**21.81**	**14.59**	**71.54**	**60.78**	**0.54**	**2.74**	**5.21**	**1.92**	**0.55**
11.67	12.30	8.47	43.47	36.74	0.30	0.98	2.38	1.09	0.36
6.05	9.50	6.12	28.07	24.04	0.24	1.76	2.83	0.83	0.19
3.74	5.88	4.17	17.46	12.85	0.18	1.64	2.39	0.57	0.18
13.98	15.93	10.42	54.08	47.93	0.36	1.11	2.82	1.35	0.38
0.18	0.49	0.35	0.60	0.47		0.08	0.09		
4.26	2.36	1.05	18.93	17.51	0.13	0.62	0.96	0.21	0.09
1.41	0.93	0.64	5.66	4.47	0.07	0.18	0.45	0.19	0.06
	0.20	0.19	0.04	0.04					
0.01									
0.14	0.16	0.12	0.54	0.48		0.02	0.04	0.02	0.01
	0.05	0.02	0.27	0.20					0.03
3.11	5.41	4.69	8.95	5.58	0.06	0.04	0.53	0.43	0.07
1.47									
0.26	0.69	0.39	3.80	3.22	0.03	0.14	0.33	0.16	0.04
1.34	6.69	4.13	5.68	4.22	0.03	0.94	1.26	0.29	0.08
0.97	0.31	0.29	5.45	4.24	0.08	0.18	0.37	0.11	0.04
0.70	0.71	0.39	2.57	2.33	0.01	0.15	0.22	0.05	0.03
0.72	0.13	0.06	2.59	2.49	0.01	0.08	0.12	0.03	0.02
0.07	0.34	0.10	0.32	0.26		0.05	0.07	0.02	0.02
2.61	1.03	0.57	13.06	12.53	0.10	0.22	0.64	0.32	0.03
0.06	0.82	0.73	0.65	0.51		0.01	0.05	0.03	0.01
0.17	0.70	0.65	0.83	0.67		0.02	0.05	0.03	0.02
	0.53	0.15	0.49	0.49			0.01	0.01	
	0.16		0.01						
0.23	0.11	0.08	1.11	1.06		0.01	0.02		

12-20 规模以上股份制工业企业主要经济指标（2018年）

单位：亿元

项　　目	Item	企业单位数（个） Number of Enterprises (unit)	工业总产值（当年价） Gross Industrial Output Value (at current prices)
全省总计	**Provincial Total**	**32511**	**83432.22**
按轻重工业分	Grouped by Light and Heavy Industries		
轻工业	Light Industry	15942	26047.73
重工业	Heavy Industry	16569	57384.49
按企业规模分	Grouped by Size of Enterprises		
大型企业	Large Enterprises	660	39427.72
中型企业	Medium Enterprises	4578	17182.79
小微型企业	Small and Mciro Enterprises	27273	26821.71
按行业分	Grouped by Sector		
煤炭开采和洗选业	Mining and Washing of Coal		
石油和天然气开采业	Extraction of Petroleum and Natural Gas	1	159.54
黑色金属矿采选业	Mining and Dressing of Ferrous Metal Ores	22	24.05
有色金属矿采选业	Mining and Dressing of Nonferrous Metal Ores	24	62.54
非金属矿采选业	Mining and Dressing of Nonmetal Ores	210	159.16
开采辅助活动	Auxiliary Minning Operations	3	24.60
其他采矿业	Mining and Dressing of Other Ores	2	0.01
农副食品加工业	Processing of Farm and Sideline Food	795	2028.19
食品制造业	Manufacture of Food	538	778.49
酒、饮料和精制茶制造业	Manufacture of Wine, Beverage and Refined Tea	179	350.47
烟草制品业	Tobacco Products	8	439.69
纺织业	Textile Industry	944	1162.89
纺织服装、服饰业	Manufacture of Textile Garments, Footwear and Headgear	1957	1952.69
皮革、毛皮、羽毛及其制品和制鞋业	Leather, Fur, Feather, Down and Related Products	1152	871.62
木材加工和木、竹、藤、棕、草制品业	Timber Processing, Bamboo, Cane, Palm Fiber & Straw Products	450	384.72
家具制造业	Manufacture of Furniture	1059	1348.58
造纸和纸制品业	Papermaking and Paper Products	779	1301.79
印刷和记录媒介复制业	Printing and Record Medium Reproduction	651	719.73
文教、工美、体育和娱乐用品制造业	Manufacture of Cultural, Educational,Sports and Entertainment Articles	956	1722.60
石油加工、炼焦和核燃料加工业	Petroleum Refining, Coking and Nuclear Fuel Processing	76	2882.98
化学原料和化学制品制造业	Manufacture of Raw Chemical Materials and Chemical Products	1661	2692.10
医药制造业	Manufacture of Medicines	339	1092.36
化学纤维制造业	Manufacture of Chemical Fibers	35	38.00
橡胶和塑料制品业	Rubber and Plastic Products	2413	2597.97
非金属矿物制品业	Nonmetal Mineral Products	2431	3679.74
黑色金属冶炼和压延加工业	Smelting and Pressing of Ferrous Metals	264	1741.78
有色金属冶炼和压延加工业	Smelting and Pressing of Nonferrous Metals	476	2371.72
金属制品业	Metal Products	2732	3744.41
通用设备制造业	Manufacture of General-purpose Machinery	1422	2017.15
专用设备制造业	Manufacture of Special-purpose Machinery	1434	2289.18
汽车制造业	Manufacture of Automobile	383	1351.34
铁路、船舶、航空航天和其他运输设备制造业	Manufacture of Railway ,Ship,Aeronautics and Other Transport equipment	267	499.22
电气机械和器材制造业	Manufacture of Electrical Machinery and Equipment	3644	9613.71
计算机、通信和其他电子设备制造业	Manufacture of Communication Equipment, Computers and Other Electronic Equipment	3844	24846.12
仪器仪表制造业	Manufacture of Instruments and Meters	412	605.20
其他制造业	Other Manufactures	174	160.06
废弃资源综合利用业	Comprehensive Utilization of Waste	226	681.29
金属制品、机械和设备修理业	Manufacture of Metal Products,Machinery and Equipment Maintenance	33	25.41
电力、热力生产和供应业	Production and Supply of Electric Power and Heat Power	228	6055.05
燃气生产和供应业	Production and Supply of Gas	92	690.45
水的生产和供应业	Production and Supply of Water	195	265.62

Main Economic Indicators of Share-holding Industrial Enterprises above Designated Size (2018)

(100 million yuan)

工业增加值 Value-added of Industry	年末资产总计 Total Assets at the Year-end	流动资产合计 Total Working Capital	主营业务收入 Principal Business Revenue	主营业务成本 Cost of Principal Business	主营业务税金及附加 Tax and Other Charges on Principal Business	利润总额 Total Profits	利税总额 Total Pre-tax Profits	本年应交增值税 Value-added Tax Payable in Current Year	全部就业人员年平均人数(万人) Annual Average Number of Employed Persons (10000 persons)
19713.85	**76587.33**	**45859.74**	**79767.68**	**65954.30**	**925.12**	**4947.09**	**7837.86**	**1959.21**	**655.86**
5993.74	23097.03	15369.25	25910.55	21293.78	280.04	1774.68	2731.85	675.06	295.52
13720.11	53490.30	30490.49	53857.13	44660.51	645.08	3172.41	5106.01	1284.14	360.34
9807.71	38862.78	23083.40	36660.27	29009.59	658.90	2710.12	4438.36	1066.39	183.52
3950.01	17103.28	9715.69	16786.36	14007.18	131.75	1099.89	1593.94	360.83	203.14
5956.14	20621.26	13060.64	26321.05	22937.53	134.48	1137.08	1805.56	531.98	269.19
1.29									
112.47	286.39	74.64	75.27	42.53	4.02	28.13	38.99	6.84	0.03
7.85	68.08	33.64	18.57	11.97	0.30	1.29	2.82	1.23	0.26
28.63	80.16	25.18	62.06	41.59	2.12	13.22	19.60	4.15	0.64
50.41	126.96	51.90	148.55	116.14	2.60	14.63	22.50	5.24	1.45
11.12	62.46	20.57	24.58	21.84	0.04	1.54	1.72	0.14	0.09
0.42	0.14	0.04	0.01	0.01					
259.73	1486.82	1040.36	2140.72	1956.68	4.48	86.50	103.85	12.74	10.73
250.46	598.92	297.77	732.77	583.06	4.78	62.88	91.46	23.73	8.26
106.57	322.40	167.80	337.12	253.09	10.32	31.58	54.51	12.62	2.70
333.41	362.75	278.60	278.32	89.95	140.52	33.11	209.24	35.61	0.48
282.98	655.58	370.01	1110.76	966.68	5.91	69.06	100.65	25.61	12.41
437.57	1165.63	754.11	1865.53	1557.93	10.72	100.71	154.58	42.96	33.60
240.95	359.74	266.31	837.78	750.50	4.03	24.97	45.06	16.03	17.65
90.58	248.24	142.56	367.88	316.93	2.35	21.73	34.68	10.58	4.64
327.19	1088.76	700.88	1324.72	1101.23	7.90	77.78	122.24	36.39	21.11
271.98	1026.82	546.20	1256.58	1108.73	5.84	58.59	97.37	32.89	11.51
181.72	574.67	319.25	689.34	586.39	3.86	41.76	61.67	15.88	9.75
333.31	1302.95	1006.38	1686.31	1485.95	6.00	67.58	90.70	17.03	22.37
1066.44	1110.98	496.60	2976.98	2364.11	394.39	169.48	644.69	80.27	1.98
573.57	2457.74	1415.92	2797.63	2364.24	14.53	165.83	238.03	57.25	18.58
326.15	2483.92	1640.42	1039.38	602.19	7.79	187.05	244.95	49.71	8.47
15.22	38.87	19.00	37.04	33.45	0.25	0.83	2.34	1.26	0.45
630.61	1777.60	1065.61	2512.67	2164.57	13.11	111.05	175.47	51.13	35.02
863.38	2978.28	1685.88	3529.43	2981.26	22.35	225.28	351.21	103.38	36.95
265.61	1260.53	421.81	1712.93	1495.74	7.03	126.98	180.67	46.66	5.28
252.49	1279.15	839.65	2363.29	2215.94	4.86	82.74	113.71	26.07	8.63
840.19	2450.66	1451.23	3609.28	3150.36	17.88	164.85	258.69	75.83	45.79
563.32	2162.75	1403.78	1954.25	1603.12	10.24	123.22	180.35	46.78	24.55
642.64	2720.46	1807.45	2109.36	1574.08	13.91	235.86	304.71	54.77	28.27
307.95	1659.35	1077.19	1355.60	1145.84	21.97	84.52	130.42	23.84	10.56
90.80	527.42	346.83	484.22	437.09	2.91	9.37	18.23	5.92	5.30
2008.41	10797.51	7577.97	9965.71	8065.56	50.71	740.56	1077.74	285.99	92.86
5744.47	21816.79	15909.50	24378.96	19504.81	95.47	1225.39	1894.42	572.07	149.07
169.97	854.18	588.38	594.83	453.35	3.63	43.03	63.19	16.51	8.73
50.34	121.17	81.94	151.47	129.19	0.88	7.40	10.88	2.61	2.75
128.43	370.79	210.79	700.37	617.16	3.79	51.98	69.58	13.78	2.37
13.75	28.38	19.75	26.92	23.49	0.20	0.84	2.26	1.21	0.65
1563.32	8126.13	1252.34	3570.39	3231.27	19.95	375.65	523.85	127.72	7.52
146.44	631.20	175.80	681.66	621.37	1.11	36.55	44.55	6.67	1.34
121.73	1115.69	275.71	258.44	184.91	2.42	43.56	56.26	10.11	3.06

12-21 规模以上"三资"工业企业主要经济指标（2018年）

单位：亿元

项　　目	Item	企业单位数（个）Number of Enterprises (unit)	工业总产值（当年价）Gross Industrial Output Value (at current prices)
全省总计	**Provincial Total**	**12708**	**51523.84**
按经济类型分	Grouped by Ownership		
外商投资工业	Foreign-funded Industry	4103	24438.12
港澳台投资工业	Industry with Funds from Hong Kong, Macao and Taiwan	8605	27085.72
按轻重工业分	Grouped by Light and Heavy Industries		
轻工业	Light Industry	6527	16502.46
重工业	Heavy Industry	6181	35021.38
按企业规模分	Grouped by Size of Enterprises		
大型企业	Large Enterprises	926	28323.65
中型企业	Medium Enterprises	3828	13873.97
小微型企业	Small and Micro Enterprises	7954	9326.22
按行业分	Grouped by Sector		
煤炭开采和洗选业	Mining and Washing of Coal		
石油和天然气开采业	Extraction of Petroleum and Natural Gas	3	532.85
黑色金属矿采选业	Mining and Dressing of Ferrous Metal Ores	1	
有色金属矿采选业	Mining and Dressing of Nonferrous Metal Ores	1	1.55
非金属矿采选业	Mining and Dressing of Nonmetal Ores	7	5.65
开采辅助活动	Auxiliary Minning Operations	1	2.53
其他采矿业	Mining and Dressing of Other Ores		
农副食品加工业	Processing of Farm and Sideline Food	154	879.20
食品制造业	Manufacture of Food	174	853.30
酒、饮料和精制茶制造业	Manufacture of Wine, Beverage and Refined Tea	70	634.33
烟草制品业	Tobacco Products		
纺织业	Textile Industry	415	849.06
纺织服装、服饰业	Manufacture of Textile Garments, Footwear and Headgear	690	906.44
皮革、毛皮、羽毛及其制品和制鞋业	Leather, Fur, Feather, Down and Related Products	578	808.57
木材加工和木、竹、藤、棕、草制品业	Timber Processing, Bamboo, Cane, Palm Fiber & Straw Products	77	96.75
家具制造业	Manufacture of Furniture	336	678.23
造纸和纸制品业	Papermaking and Paper Products	297	1147.96
印刷和记录媒介复制业	Printing and Record Medium Reproduction	217	449.31
文教、工美、体育和娱乐用品制造业	Manufacture of Cultural, Educational,Sports and Entertainment Articles	698	1806.69
石油加工、炼焦和核燃料加工业	Petroleum Refining, Coking and Nuclear Fuel Processing	25	506.35
化学原料和化学制品制造业	Manufacture of Raw Chemical Materials and Chemical Products	635	3110.10
医药制造业	Manufacture of Medicines	100	601.31
化学纤维制造业	Manufacture of Chemical Fibers	23	98.65
橡胶和塑料制品业	Rubber and Plastic Products	1216	2178.34
非金属矿物制品业	Nonmetal Mineral Products	434	1085.73
黑色金属冶炼和压延加工业	Smelting and Pressing of Ferrous Metals	74	714.95
有色金属冶炼和压延加工业	Smelting and Pressing of Nonferrous Metals	147	939.84
金属制品业	Metal Products	963	1782.65
通用设备制造业	Manufacture of General-purpose Machinery	546	2007.44
专用设备制造业	Manufacture of Special-purpose Machinery	555	1158.10
汽车制造业	Manufacture of Automobile	441	6482.34
铁路、船舶、航空航天和其他运输设备制造业	Manufacture of Railway ,Ship,Aeronautics and Other Transport equipment	123	378.01
电气机械和器材制造业	Manufacture of Electrical Machinery and Equipment	1305	4020.18
计算机、通信和其他电子设备制造业	Manufacture of Communication Equipment, Computers and Other Electronic Equipment	1886	15004.03
仪器仪表制造业	Manufacture of Instruments and Meters	215	479.34
其他制造业	Other Manufactures	122	93.14
废弃资源综合利用业	Comprehensive Utilization of Waste	21	118.58
金属制品、机械和设备修理业	Manufacture of Metal Products,Machinery and Equipment Maintenance	14	138.13
电力、热力生产和供应业	Production and Supply of Electric Power and Heat Power	73	545.28
燃气生产和供应业	Production and Supply of Gas	48	316.06
水的生产和供应业	Production and Supply of Water	23	112.87

Main Economic Indicators of Foreign-funded Industrial Enterprises above Designated Size (2018)

(100 million yuan)

工业增加值 Value-added of Industry	年末资产总计 Total Assets at the Year-end	流动资产合计 Total Working Capital	主营业务收入 Principal Business Revenue	主营业务成本 Cost of Principal Business	主营业务税金及附加 Tax and Other Charges on Principal Business	利润总额 Total Profits	利税总额 Total Pre-tax Profits	本年应交增值税 Value-added Tax Payable in Current Year	全部就业人员年平均人数(万人) Annual Average Number of Employed Persons (10000 persons)
11921.94	**42820.26**	**28128.07**	**50400.99**	**42996.76**	**420.19**	**3107.82**	**4467.45**	**928.19**	**588.90**
5481.12	18310.35	12036.54	24026.32	20649.38	170.95	1522.55	2140.75	438.06	205.38
6440.82	24509.91	16091.53	26374.68	22347.37	249.23	1585.27	2326.71	490.13	383.52
4004.80	14134.44	9452.63	16410.48	13339.15	101.04	1025.72	1524.97	396.58	273.31
7917.14	28685.82	18675.44	33990.51	29657.61	319.15	2082.11	2942.48	531.61	315.60
6576.40	22827.93	15163.94	27533.99	23653.27	207.34	1770.94	2487.40	507.13	276.89
3232.34	11593.12	7390.31	13628.83	11468.76	163.42	830.67	1258.55	256.16	209.32
2113.20	8399.21	5573.81	9238.17	7874.72	49.43	506.22	721.51	164.90	102.69
468.71	711.21	34.11	511.75	209.06	29.73	257.43	340.49	53.32	0.56
	0.75	0.21							
1.19	4.87	0.84	1.66	1.07	0.08	0.31	0.42	0.03	0.02
1.78	7.81	3.29	4.56	3.71	0.16	0.16	0.45	0.13	0.06
1.14	3.73	2.15	2.53	1.66		1.08	1.08		0.03
90.43	507.57	360.77	929.15	853.77	1.62	41.52	48.94	5.66	3.16
389.86	699.18	433.05	922.49	598.25	7.08	124.84	179.58	47.61	7.32
174.79	569.27	341.60	633.71	422.98	11.27	71.38	113.30	30.60	4.45
182.83	677.24	434.50	830.05	727.41	4.07	41.35	59.99	14.57	12.84
211.80	607.85	429.49	873.98	745.34	5.86	27.83	50.19	16.46	29.77
217.98	551.87	388.53	803.71	695.96	4.85	18.69	37.93	14.38	27.51
22.21	131.35	89.20	95.58	81.42	0.89	3.51	7.02	2.60	1.39
169.01	505.73	369.15	687.05	589.47	3.74	35.04	49.37	10.58	12.19
235.20	1191.12	642.04	1151.51	985.55	5.70	80.80	123.71	36.70	8.58
124.95	476.56	303.50	433.20	358.68	2.44	27.08	39.98	10.44	10.80
346.67	1261.83	986.42	1782.29	1608.54	6.55	52.43	75.66	16.51	40.16
195.56	354.61	244.27	504.19	349.43	91.45	38.81	151.65	21.38	0.64
605.19	2586.42	1471.60	3132.11	2260.03	20.46	303.18	449.97	126.14	12.44
198.23	888.47	621.09	570.96	311.80	5.20	89.59	128.76	33.97	4.44
23.82	104.82	55.74	91.19	73.92	0.38	10.67	12.70	1.66	0.57
490.55	1841.17	1212.22	2132.17	1833.49	10.81	100.14	146.39	35.27	39.83
298.38	1219.82	742.68	1075.70	838.02	8.15	142.85	187.72	36.41	14.29
110.24	513.85	262.96	721.16	678.59	2.42	18.11	30.26	9.71	1.50
100.85	505.39	337.60	927.36	855.44	2.54	16.81	31.33	11.96	4.50
447.89	1389.95	893.19	1743.81	1511.49	9.74	77.68	118.96	31.38	29.40
492.93	1783.45	1346.38	2021.03	1708.59	9.72	115.27	164.46	39.40	22.59
294.93	1069.34	748.52	1123.11	921.76	6.08	73.36	100.21	20.71	20.05
1396.37	4195.63	2862.59	6325.05	5429.12	92.15	475.20	699.86	132.20	31.87
71.24	590.09	369.96	371.60	334.80	1.94	1.45	6.74	3.35	4.83
919.01	3674.96	2554.16	3930.01	3416.70	19.54	182.26	249.65	47.53	66.39
3008.73	11659.14	8391.06	14315.44	13180.58	44.45	463.52	592.97	83.53	160.67
137.59	445.54	344.81	466.73	379.81	2.83	29.00	38.74	6.87	9.99
72.82	78.11	57.08	92.56	77.80	0.55	3.57	5.72	1.59	2.59
19.51	36.89	20.67	115.68	102.10	0.35	8.15	9.87	1.37	0.33
48.45	146.25	103.93	137.38	114.75	0.99	10.23	13.55	2.32	0.93
227.94	1091.62	427.37	516.95	403.59	4.84	96.57	122.66	14.24	1.07
72.21	310.72	151.34	308.82	267.07	0.92	38.82	44.44	4.68	0.58
50.96	426.09	89.97	114.74	64.99	0.65	29.13	32.74	2.94	0.56

12−22 规模以上私营工业企业主要经济指标（2018年）

单位：亿元

项 目	Item	企业单位数（个）Number of Enterprises (unit)	工业总产值（当年价）Gross Industrial Output Value (at current prices)
全省总计	**Provincial Total**	**20061**	**30867.61**
按轻重工业分	Grouped by Light & Heavy Industries		
轻工业	Light Industry	10362	11813.99
重工业	Heavy Industry	9699	19053.62
按企业规模分	Grouped by Size of Enterprises		
大型企业	Large Enterprises	268	8357.82
中型企业	Medium Enterprises	2534	7822.42
小微型企业	Small and Micro Enterprises	17259	14687.36
按行业分	Grouped by Sector		
煤炭开采和洗选业	Mining and Washing of Coal		
石油和天然气开采业	Extraction of Petroleum and Natural Gas		
黑色金属矿采选业	Mining and Dressing of Ferrous Metal Ores	13	5.84
有色金属矿采选业	Mining and Dressing of Nonferrous Metal Ores	8	7.72
非金属矿采选业	Mining and Dressing of Nonmetal Ores	117	108.93
开采辅助活动	Auxiliary Minning Operations	1	0.27
其他采矿业	Mining and Dressing of Other Ores		
农副食品加工业	Processing of Farm and Sideline Food	396	688.17
食品制造业	Manufacture of Food	298	335.29
酒、饮料和精制茶制造业	Manufacture of Wine, Beverage and Refined Tea	83	126.19
烟草制品业	Tobacco Products	2	6.22
纺织业	Textile Industry	650	828.33
纺织服装、服饰业	Manufacture of Textile Garments, Footwear and Headgear	1319	1313.24
皮革、毛皮、羽毛及其制品和制鞋业	Leather, Fur, Feather, Down and Related Products	863	642.50
木材加工和木、竹、藤、棕、草制品业	Timber Processing, Bamboo, Cane, Palm Fiber & Straw Products	287	207.74
家具制造业	Manufacture of Furniture	692	734.86
造纸和纸制品业	Papermaking and Paper Products	535	624.86
印刷和记录媒介复制业	Printing and Record Medium Reproduction	428	387.03
文教、工美、体育和娱乐用品制造业	Manufacture of Cultural, Educational,Sports and Entertainment Articles	648	1191.70
石油加工、炼焦和核燃料加工业	Petroleum Refining, Coking and Nuclear Fuel Processing	21	45.34
化学原料和化学制品制造业	Manufacture of Raw Chemical Materials and Chemical Products	904	1171.92
医药制造业	Manufacture of Medicines	119	167.66
化学纤维制造业	Manufacture of Chemical Fibers	21	26.97
橡胶和塑料制品业	Rubber and Plastic Products	1567	1667.27
非金属矿物制品业	Nonmetal Mineral Products	1318	1799.08
黑色金属冶炼和压延加工业	Smelting and Pressing of Ferrous Metals	157	472.44
有色金属冶炼和压延加工业	Smelting and Pressing of Nonferrous Metals	297	974.35
金属制品业	Metal Products	1817	2269.95
通用设备制造业	Manufacture of General-purpose Machinery	919	1091.46
专用设备制造业	Manufacture of Special-purpose Machinery	896	1028.31
汽车制造业	Manufacture of Automobile	206	309.76
铁路、船舶、航空航天和其他运输设备制造业	Manufacture of Railway ,Ship,Aeronautics and Other Transport equipment	153	210.83
电气机械和器材制造业	Manufacture of Electrical Machinery and Equipment	2281	2849.57
计算机、通信和其他电子设备制造业	Manufacture of Communication Equipment, Computers and Other Electronic Equipment	2483	8788.74
仪器仪表制造业	Manufacture of Instruments and Meters	236	288.18
其他制造业	Other Manufactures	120	106.91
废弃资源综合利用业	Comprehensive Utilization of Waste	112	291.92
金属制品、机械和设备修理业	Manufacture of Metal Products,Machinery and Equipment Maintenance	16	6.19
电力、热力生产和供应业	Production and Supply of Electric Power and Heat Power	34	46.94
燃气生产和供应业	Production and Supply of Gas	18	21.46
水的生产和供应业	Production and Supply of Water	26	23.47

Main Economic Indicators of Private Industrial Enterprises above Designated Size (2018)

(100 million yuan)

工业增加值 Value-added of Industry	年末资产总计 Total Assets at the Year-end	流动资产合计 Total working Capital	主营业务收入 Principal Business Revenue	主营业务成本 Cost of Principal Business	主营业务税金及附加 Tax and Other Charges on Principal Business	利润总额 Total Profits	利税总额 Total Pre-tax Profits	本年应交增值税 Value-added Tax Payable in Current Year	全部就业人员年平均人数(万人) Annual Average Number of Employed Persons (10000 persons)
6872.82	**22518.40**	**15511.38**	**30281.15**	**25945.48**	**134.90**	**1383.09**	**2071.28**	**551.49**	**321.23**
2746.30	7695.69	5091.54	11497.57	9906.77	58.92	543.27	825.47	222.49	160.47
4126.52	14822.71	10419.84	18783.58	16038.71	75.98	839.83	1245.80	329.00	160.76
1948.07	6772.69	4921.59	8394.50	7106.06	27.10	325.75	474.43	121.01	47.83
1723.80	6148.90	3870.03	7562.72	6343.49	37.77	480.40	664.28	145.79	106.59
3200.96	9596.81	6719.76	14323.93	12495.92	70.02	576.94	932.56	284.68	166.81
1.29									
1.78	19.42	8.07	5.90	4.46	0.07	0.51	0.89	0.31	0.09
5.36	3.15	1.56	7.61	7.04	0.02	0.07	0.16	0.07	0.05
30.69	56.19	19.91	99.99	82.56	1.14	8.97	13.22	3.10	0.72
0.17	0.36	0.14	0.26	0.17		0.01	0.01		
0.08									
90.24	611.46	433.38	732.45	658.50	2.34	35.91	44.79	6.51	4.48
111.41	191.23	101.97	324.00	275.63	1.70	18.95	28.60	7.95	3.55
35.05	94.56	41.24	122.54	97.87	2.23	10.87	16.13	3.04	1.08
2.07	22.33	12.66	8.96	7.11	0.13	5.24	5.87	0.51	0.05
203.60	409.14	217.31	800.19	703.10	4.28	50.62	73.44	18.51	7.85
289.89	699.41	486.83	1271.02	1065.39	7.29	70.88	107.93	29.59	23.33
178.09	225.78	160.79	617.75	559.59	3.12	16.93	30.91	10.84	11.88
45.96	136.39	75.10	198.74	172.35	1.43	9.49	16.28	5.34	2.73
181.90	534.63	360.50	715.03	605.25	4.26	32.82	54.90	17.76	11.69
128.75	329.33	210.63	608.60	547.95	2.49	18.98	34.15	12.64	6.48
99.16	224.92	142.19	376.15	325.82	1.92	17.40	26.41	7.08	5.29
230.54	760.67	603.02	1152.67	1018.44	3.98	48.88	63.84	10.91	16.03
19.71	71.30	25.30	67.41	62.56	0.16	1.81	2.52	0.55	0.14
227.88	919.51	524.83	1189.04	998.35	5.53	66.88	96.01	23.50	9.18
52.72	344.30	234.43	161.87	105.40	1.13	19.34	26.22	5.75	1.68
6.91	17.18	11.98	25.43	23.12	0.16	0.96	2.32	1.20	0.28
394.52	982.89	608.69	1606.45	1386.31	8.12	75.54	115.30	31.59	22.22
416.06	1270.83	710.82	1711.34	1480.67	9.39	87.83	139.65	42.32	19.03
80.91	181.37	110.75	453.20	418.48	1.59	17.21	25.57	6.77	2.33
114.63	539.72	383.38	979.20	908.36	1.95	34.07	47.21	11.19	4.45
495.52	1230.51	714.98	2186.73	1924.65	10.28	104.44	158.89	44.08	26.05
258.10	944.90	632.74	1035.90	852.96	5.20	67.65	98.79	25.87	14.04
298.37	976.12	692.10	964.29	744.40	6.18	80.73	113.32	26.32	14.44
69.20	306.96	221.44	301.46	252.51	1.42	17.35	25.27	6.50	3.73
43.24	176.60	125.56	203.49	181.57	1.23	4.21	8.40	2.96	2.47
599.56	2542.71	1826.41	2807.17	2389.99	12.87	98.71	160.42	48.72	38.87
1972.83	6921.99	5358.62	8759.48	7438.73	29.09	302.54	456.06	123.82	58.80
61.97	314.01	225.31	287.53	213.72	1.82	21.90	31.30	7.58	4.47
31.68	73.35	50.64	100.53	87.78	0.60	4.24	6.24	1.41	1.88
56.03	168.69	110.14	301.09	265.73	1.36	22.40	28.97	5.20	1.18
2.08	6.61	4.53	7.32	6.22	0.03	0.23	0.43	0.17	0.15
19.68	149.29	45.73	46.53	36.36	0.18	4.24	5.19	0.75	0.30
4.42	11.23	4.60	20.35	17.85	0.04	1.45	1.67	0.18	0.10
10.78	49.35	13.10	23.49	18.54	0.17	2.86	3.97	0.94	0.16

12-23 规模以上大中型工业企业主要经济指标（2018年）

单位：亿元

项　　目	Item	企业单位数（个）Number of Enterprises (unit)	工业总产值（当年价）Gross Industrial Output Value (at current prices)
全省总计	**Provincial Total**	**10255**	**100167.36**
按轻重工业分	Grouped by Light & Heavy Industry		
轻工业	Light Industry	5393	28196.65
重工业	Heavy Industry	4862	71970.71
按企业规模分	Grouped by Size of Enterprises		
大型企业	Large	1623	68653.11
中型企业	Medium	8632	31514.24
按行业分	Grouped by Sector		
煤炭开采和洗选业	Mining and Washing of Coal		
石油和天然气开采业	Extraction of Petroleum and Natural Gas	2	530.24
黑色金属矿采选业	Mining and Dressing of Ferrous Metal Ores	3	8.69
有色金属矿采选业	Mining and Dressing of Nonferrous Metal Ores	6	45.41
非金属矿采选业	Mining and Dressing of Nonmetal Ores	4	14.46
开采辅助活动	Auxiliary Minning Operations	2	24.32
其他采矿业	Mining and Dressing of Other Ores		
农副食品加工业	Processing of Farm and Sideline Food	146	1286.76
食品制造业	Manufacture of Food	136	1082.73
酒、饮料和精制茶制造业	Manufacture of Wine, Beverage and Refined Tea	57	777.86
烟草制品业	Tobacco Products	8	435.85
纺织业	Textile Industry	289	1052.28
纺织服装、服饰业	Manufacture of Textile Garments, Footwear and Headgear	707	1682.49
皮革、毛皮、羽毛及其制品和制鞋业	Leather, Fur, Feather, Down and Related Products	438	891.73
木材加工和木、竹、藤、棕、草制品业	Timber Processing, Bamboo, Cane, Palm Fiber & Straw Products	62	129.29
家具制造业	Manufacture of Furniture	300	1301.98
造纸和纸制品业	Papermaking and Paper Products	176	1489.80
印刷和记录媒介复制业	Printing and Record Medium Reproduction	179	656.16
文教、工美、体育和娱乐用品制造业	Manufacture of Cultural, Educational,Sports and Entertainment Articles	638	2658.27
石油加工、炼焦和核燃料加工业	Petroleum Refining, Coking and Nuclear Fuel Processing	12	3125.13
化学原料和化学制品制造业	Manufacture of Raw Chemical Materials and Chemical Products	250	2664.05
医药制造业	Manufacture of Medicines	117	1251.85
化学纤维制造业	Manufacture of Chemical Fibers	11	92.27
橡胶和塑料制品业	Rubber and Plastic Products	706	2636.21
非金属矿物制品业	Nonmetal Mineral Products	480	2360.91
黑色金属冶炼和压延加工业	Smelting and Pressing of Ferrous Metals	62	1770.72
有色金属冶炼和压延加工业	Smelting and Pressing of Nonferrous Metals	92	1639.39
金属制品业	Metal Products	724	2965.79
通用设备制造业	Manufacture of General-purpose Machinery	355	2708.91
专用设备制造业	Manufacture of Special-purpose Machinery	395	2077.40
汽车制造业	Manufacture of Automobile	301	7779.82
铁路、船舶、航空航天和其他运输设备制造业	Manufacture of Railway ,Ship,Aeronautics and Other Transport equipment	93	586.70
电气机械和器材制造业	Manufacture of Electrical Machinery and Equipment	1224	10650.65
计算机、通信和其他电子设备制造业	Manufacture of Communication Equipment, Computers and Other Electronic Equipment	1881	36129.11
仪器仪表制造业	Manufacture of Instruments and Meters	169	679.43
其他制造业	Other Manufactures	52	103.36
废弃资源综合利用业	Comprehensive Utilization of Waste	35	405.24
金属制品、机械和设备修理业	Manufacture of Metal Products,Machinery and Equipment Maintenance	17	151.33
电力、热力生产和供应业	Production and Supply of Electric Power and Heat Power	75	5827.23
燃气生产和供应业	Production and Supply of Gas	9	238.04
水的生产和供应业	Production and Supply of Water	42	255.50

Main Economic Indicators of Large and Medium-sized Industrial Enterprises above Designated Size (2018)

(100 million yuan)

工业增加值 Value-added of Industry	年末资产总计 Total Assets at the Year-end	流动资产合计 Total Working Capital	主营业务收入 Principal Business Revenue	主营业务成本 Cost of Principal Business	主营业务税金及附加 Tax and Extra Charges on Main Business	利润总额 Total Profits	利税总额 Total Pre-tax Profits	本年应交增值税 Value-added Tax Payable in Current Year	全部就业人员年平均人数(万人) Annual Average Number of Employed Persons (10000 persons)
23875.84	**93583.13**	**56038.82**	**98553.19**	**81679.78**	**1299.67**	**6587.43**	**10201.16**	**2298.70**	**894.96**
6705.95	27405.90	18193.66	28330.81	22416.21	388.34	2240.46	3452.43	821.09	391.69
17169.89	66177.23	37845.16	70222.38	59263.56	911.33	4346.97	6748.73	1477.61	503.27
16586.02	63901.00	38681.43	66939.86	55150.09	958.19	4604.32	7215.83	1647.93	470.67
7289.82	29682.12	17357.39	31613.34	26529.68	341.48	1983.11	2985.33	650.77	424.29
466.38	700.43	29.15	509.14	207.68	29.73	256.27	339.30	53.31	0.54
3.03	39.71	20.26	8.82	4.40	0.18	0.92	1.94	0.83	0.12
19.93	67.95	16.17	45.16	25.65	1.25	14.00	19.26	3.89	0.56
10.58	31.83	14.71	14.43	9.07	0.59	1.96	3.53	0.96	0.27
10.95	62.11	20.43	24.32	21.67	0.04	1.53	1.72	0.14	0.09
152.33	1022.22	727.61	1395.87	1288.90	2.54	66.35	78.75	9.73	6.72
457.67	834.64	488.45	1130.76	757.27	8.26	146.02	211.23	56.85	9.57
220.30	645.78	390.61	760.99	506.81	18.39	88.12	142.69	36.16	5.26
332.46	545.39	426.26	427.61	133.79	219.94	44.29	320.46	56.24	0.66
238.82	750.12	463.23	1015.71	878.32	4.80	68.21	91.66	18.61	14.87
387.39	1173.72	758.52	1585.07	1298.89	10.04	80.06	128.89	38.63	42.42
245.05	603.82	418.54	883.17	760.47	5.29	20.70	43.18	17.17	31.29
32.12	132.39	86.33	128.37	107.87	1.10	9.28	14.43	4.06	1.83
320.97	1192.79	775.29	1309.16	1074.09	7.99	90.82	133.84	35.00	21.47
311.31	1536.18	728.21	1469.00	1246.70	8.04	113.30	171.46	49.65	11.03
168.51	679.24	380.07	622.27	510.74	3.54	46.24	63.94	13.99	13.73
526.25	1790.79	1354.26	2605.03	2306.78	8.93	113.16	146.88	24.56	52.19
1154.63	1278.82	640.01	3136.51	2399.08	479.62	196.95	773.45	96.35	1.96
551.26	2610.46	1367.85	2712.06	1884.73	19.25	273.08	406.87	114.43	13.60
388.11	2822.15	1887.84	1183.69	658.57	9.53	228.41	300.09	61.78	9.05
28.93	98.18	52.82	83.78	67.69	0.41	10.66	13.54	2.47	0.52
612.59	2084.15	1251.52	2564.01	2189.03	13.59	135.14	192.28	43.33	47.37
618.87	2412.02	1317.57	2299.72	1819.66	15.91	258.37	352.73	78.09	30.17
268.21	1489.28	486.47	1748.25	1536.83	6.95	123.74	176.34	45.65	4.49
171.32	1008.06	560.15	1610.85	1464.61	4.73	60.32	91.21	26.13	8.38
733.35	2180.32	1234.33	2890.28	2490.33	14.61	156.35	227.92	56.86	43.31
751.28	2725.10	1856.31	2689.17	2244.72	13.30	170.12	239.51	56.07	30.19
565.39	2422.42	1613.65	1913.80	1436.97	12.10	224.31	277.54	41.03	30.01
1678.53	5384.71	3642.31	7650.99	6525.57	157.73	587.95	912.38	166.39	36.47
108.91	811.02	504.21	574.70	521.40	3.09	4.23	11.37	4.03	6.81
2286.59	12108.82	8354.19	11017.77	8996.90	55.84	836.63	1173.65	280.58	118.48
8026.18	30066.41	21692.28	34966.22	29429.38	126.33	1594.91	2333.24	609.26	264.00
175.06	886.73	604.08	664.87	533.38	3.69	40.38	55.24	11.14	12.81
77.57	90.4	56.36	96.89	80.99	0.69	5.04	7.50	1.77	3.24
74.86	205.47	103.93	423.87	368.66	2.29	36.22	45.79	7.27	1.23
57.25	170.13	119.80	151.71	128.70	1.05	9.15	13.28	3.06	1.45
1471.43	9221.18	1204.48	5757.04	5427.02	25.44	381.08	573.31	158.86	14.98
52.03	461.40	143.88	230.02	177.81	0.96	43.26	51.00	6.59	0.83
119.45	1236.81	246.68	252.11	158.65	1.91	49.92	59.76	7.78	2.98

12-24　规模以上高技术制造业主要经济指标（2018年）

单位：亿元

项　　目	Item	企业单位数（个） Number of Enterprises (unit)	工业总产值（当年价） Gross Industrial Output Value (at current prices)
高技术制造业合计	**Total**	**7607**	**45215.71**
信息化学品制造	**Manufacture of Information Chemical Products**	**36**	**104.73**
医药制造业	Manufacture of Medicines	453	1707.56
#化学药品制造	Manufacture of Chemical Medicines	121	970.63
中成药生产	Manufacture of Traditional Chinese Patent Medicines	102	350.17
生物药品制造	Manufacture of Biological and Biochemical Products	66	183.18
航空航天器及设备制造	**Manufacture of Aircraft and Spacecraft**	**18**	**145.23**
飞机制造	Manufacture of Aircraft	5	6.48
航天器制造	Manufacture of Spacecraft		
航空、航天相关设备制造	Manufacture of Aircraft and Spacecraft related products	2	1.64
其他飞行器制造	Manufacture of Air Vehicle	5	13.73
航空航天器修理	Repair of Aircraft and Spacecraft	6	123.38
电子及通信设备制造业	**Manufacture of Electronic and Communication Equipment**	**5592**	**37151.89**
电子工业专用设备制造	Equipment for Electronic Industry	198	338.71
光纤、光缆及锂离子电池制造	Optical Fiber,Cable Manufacturing	319	1232.20
通信设备、雷达及配套设备制造	Manufacture of Communication Equipment	695	20242.23
#通信系统设备制造	Manufacture of Communication Transmission Equipment	218	9851.86
通信终端设备制造	Manufacture of Communication Exchange Equipment	466	10306.97
雷达及配套设备制造	Manufacture of Radar Equipment	11	83.40
广播电视设备制造	Manufacture of Broadcasting and Television Equipment	178	351.54
非专业视听设备制造	Manufacture of Audio-visual Equipment	569	2664.14
电子器件制造	Manufacture of Electronic Parts	1158	5090.47
电子元件及电子专用材料制造	Manufacture of Electronic component and Electronic Specialized Materials	1860	5683.84
智能消费设备制造	Manufacturing of Intelligent Consumption Equipment	177	847.09
其他电子设备制造	Manufacture of Electronic Devices	438	701.67
电子计算机及办公设备制造业	**Manufacture of Computers and Office Equipment**	**805**	**4746.93**
计算机整机制造	Manufacture of Complete Computers	110	1557.06
计算机零部件制造	Manufacture of Computer part Equipment	244	941.76
计算机外围设备制造	Manufacture of Computer Peripheral Equipment	269	1040.21
工业控制计算机及系统制造	Manufacture of Industrial Control Computer and System	14	393.35
信息安全设备制造	Manufacture of Information Security Equipment	6	6.43
其他计算机制造	Other computer equipment	69	365.33
办公设备制造	Manufacture of Office Equipment	93	442.76
医疗设备及仪器仪表制造业	**Manufacture of Medical Equipment, Instruments and Meters**	**703**	**1359.37**
#医疗设备及器械制造	Manufacture of Medical Equipment and Appliances	251	541.26
通用仪器仪表制造	Manufacture of General Measuring Instruments and Machinery	**239**	**442.63**
专用仪器仪表制造	Manufacture of Special Measuring Instruments and Machinery	**113**	**170.41**

Main Indicators on High-tech Manufacturing Enterprises above Designated Size (2018)

(100 million yuan)

工业增加值 Value-added of Industry	年末资产总计 Total Assets at the Year-end	流动资产合计 Total Working Capital	主营业务收入 Principal Business Revenue	主营业务成本 Cost of Principal Business	主营业务税金及附加 Tax and Extra Charges on Main Business	利润总额 Total Profits	利税总额 Total Pre-tax Profits	本年应交增值税 Value-added Tax Payable in Current Year	全部就业人员年平均人数(万人) Annual Average Number of Employed Persons (10000 persons)
10183.66	**41360.15**	**29732.42**	**43932.72**	**36550.87**	**170.24**	**2210.26**	**3178.91**	**794.78**	**367.95**
2.75	**120.27**	**67.11**	**99.45**	**80.46**	**0.39**	**9.33**	**11.36**	**1.62**	**0.79**
529.57	3384.01	2269.31	1623.83	924.60	13.09	277.62	375.42	84.31	13.09
264.86	1963.63	1397.65	938.55	541.80	6.73	178.89	233.55	47.65	5.14
107.07	774.65	426.81	324.92	183.06	3.63	45.88	72.17	22.56	4.00
63.32	438.18	300.59	171.35	64.25	1.34	29.07	37.74	7.31	1.44
42.14	**146.42**	**111.91**	**144.32**	**120.99**	**1.02**	**12.31**	**16.13**	**2.81**	**0.95**
1.52	19.82	8.24	6.50	5.83	0.05	0.57	0.90	0.28	0.10
1.45	2.66	2.47	1.62	0.83	0.02	0.53	0.59	0.03	0.02
3.18	8.71	8.07	13.28	11.17	0.07	0.83	1.09	0.19	0.11
35.99	115.23	93.14	122.91	103.16	0.87	10.37	13.56	2.31	0.72
8608.61	**32597.35**	**23529.55**	**36125.03**	**30220.93**	**137.04**	**1604.99**	**2395.14**	**650.72**	**295.47**
104.00	356.96	296.47	314.92	245.28	1.71	26.80	35.05	6.49	4.45
230.78	1581.34	1148.20	1241.50	1115.42	3.46	13.79	24.27	6.92	13.58
5194.94	15606.88	12462.32	19955.65	16161.85	70.65	822.98	1352.72	458.28	81.94
2329.73	8791.68	6783.16	9334.58	6605.71	46.36	658.00	1091.05	386.41	37.53
2861.50	6689.92	5586.95	10536.46	9489.92	23.83	159.94	252.60	68.30	43.57
3.70	125.28	92.21	84.61	66.22	0.46	5.04	9.08	3.57	0.84
60.04	299.44	208.97	339.05	290.48	1.60	18.83	26.02	5.58	5.39
353.30	2193.27	1635.69	2468.83	2243.63	8.73	45.92	93.08	38.27	23.82
1057.78	5653.41	3162.74	4923.61	4344.62	18.67	202.42	268.98	47.31	52.13
1175.68	5551.28	3691.16	5489.47	4693.09	25.50	370.90	465.07	68.05	88.83
123.94	828.67	518.13	697.75	551.00	3.58	58.45	69.84	7.79	14.18
308.16	526.10	405.87	694.25	575.56	3.14	44.89	60.10	12.02	11.16
556.95	**3264.61**	**2500.85**	**4603.34**	**4240.66**	**9.63**	**147.39**	**181.31**	**23.53**	**38.69**
170.48	892.79	751.46	1526.65	1452.02	1.31	26.98	29.96	1.05	6.71
82.92	611.16	462.89	843.79	780.53	2.09	19.98	26.53	4.45	11.06
184.38	707.47	487.87	1058.82	972.83	2.89	38.62	47.39	5.80	10.50
1.35	243.23	236.02	388.84	369.48	0.31	5.47	6.16	0.38	2.39
2.20	9.41	7.22	6.85	4.44	0.04	0.74	1.08	0.30	0.08
47.29	355.40	266.40	338.74	281.66	1.49	33.59	42.14	7.04	3.29
68.32	445.15	288.99	439.66	379.69	1.50	22.01	28.05	4.51	4.67
443.64	**1847.49**	**1253.69**	**1336.74**	**963.23**	**9.07**	**158.62**	**199.55**	**31.80**	**18.96**
203.95	760.57	475.63	536.66	340.14	4.38	101.49	119.09	13.19	7.50
110.92	**685.44**	**454.51**	**436.77**	**334.61**	**2.72**	**32.22**	**47.55**	**12.58**	**5.85**
46.85	**206.30**	**170.80**	**166.01**	**124.24**	**0.95**	**12.19**	**17.36**	**4.21**	**2.22**

12−25　规模以上先进制造业主要经济指标（2018年）

单位：亿元

项　　目	Item	企业单位数（个）Number of Enterprises (unit)	工业总产值（当年价）Gross Industrial Output Value (at current prices)	工业增加值 Value-added of Industry
合　计	**Total**	**28347**	**75961.62**	**18224.53**
高端电子信息制造业	**Manufacture of Advanced Electronic Equipment and Communication Equipment**	**4209**	**33101.52**	**7804.93**
集成电路及关键元器件	Integrated Circuits and Key Components	3405	11470.71	2394.95
信息通信设备	Communication Equipment	684	20158.83	5191.24
新型显示	New-Type Displays	120	1471.98	218.74
先进装备制造业	**Manufacture of Advanced Equipment**	**6101**	**27438.46**	**6745.20**
智能制造装备	Intelligent Manufacturing Equipment	1417	2692.08	749.37
船舶与海洋工程装备	Equipment for Ships and Marine Engineering	91	203.55	34.43
节能环保装备	Equipment for Energy Conservation and Environmental Protection	797	1568.06	762.94
轨道交通设备	Equipment for Rail Transportation	22	63.05	5.96
航空装备	Equipment for Aviation	19	228.94	56.11
新能源装备	Equipment for New Energy	1143	2056.47	439.66
汽车制造	Automobiles	833	8558.88	1859.70
卫星及应用	Satellites and Applications	433	10287.59	2381.72
重要基础件	Critical Basic Components	1346	1779.84	455.31
石油化工产业	**Petrochemical Manufacturing**	**2283**	**8602.06**	**2335.70**
先进轻纺制造业	**Manufacture of Advanced Light Textiles**	**10985**	**9104.85**	**1949.53**
绿色食品饮料	Green Foods and Drinks	2112	1746.38	400.26
高附加值纺织服装	High Added-value Textile Clothing	6201	2229.20	526.29
环保多功能家具	Environmental Friendly and Multi-purpose Furniture	1454	617.37	151.38
智能节能型家电	Intelligent Energy Saving Household Appliances	1218	4511.90	871.60
新材料制造业	**Manufacture of New Materials**	**4982**	**7043.20**	**1484.34**
高端精品钢材	High-end Fine Steel	334	1837.49	295.85
高性能复合材料及特种功能材料	High Performance Composite Materials and Special Purpose Materials	4640	5189.46	1185.78
战略前沿材料	Strategic Materials	8	16.26	2.71
生物医药及高性能医疗器械	**Manufacture of Biological Medicines and Advanced Medical Equipment**	**771**	**1876.50**	**614.77**
生物制药	Biological Medicine	453	1366.05	423.66
高性能医疗器械	Advanced Medical Equipment	318	510.45	191.11

Main Indicators on Advanced Manufacturing Enterprises above Designated Size (2018)

(100 million yuan)

年末资产总计 Total Assets at the Year-end	流动资产合计 Total Working Capital	主营业务收入 Principal Business Revenue	主营业务成本 Cost of Principal Business	主营业务税金及附加 Tax and Extra Charges on Main Business	利润总额 Total Profits	利税总额 Total Pre-tax Profits	本年应交增值税 Value-added Tax Payable in Current Year	全部就业人员年平均人数(万人) Annual Average Number of Employed Persons (10000 persons)
65752.56	**44439.07**	**74810.79**	**61700.51**	**941.20**	**4583.27**	**7227.64**	**1697.55**	**623.09**
28667.70	**20618.84**	**32246.26**	**26872.10**	**122.15**	**1466.28**	**2199.37**	**608.72**	**239.40**
11875.03	7276.89	11086.95	9605.70	47.48	615.07	790.37	126.49	151.39
15481.60	12370.11	19871.04	16095.64	70.19	817.94	1343.65	454.71	81.10
1311.07	971.84	1288.27	1170.76	4.47	33.27	65.35	27.53	6.91
24831.33	**17484.57**	**26474.44**	**20905.38**	**257.01**	**1911.11**	**2920.46**	**751.06**	**208.02**
3262.36	2129.90	2588.72	1956.78	16.45	280.23	361.24	64.40	33.74
562.78	323.47	205.84	200.67	1.36	-14.69	-11.31	2.02	2.32
1609.33	1071.08	1556.70	1308.25	8.12	89.34	123.82	26.28	24.77
87.34	48.30	55.22	49.81	0.33	0.71	0.32	-0.72	0.36
218.51	174.94	179.92	120.45	1.28	31.23	35.69	3.18	1.46
2370.08	1598.02	1988.85	1655.28	10.63	128.04	184.04	45.13	29.26
6149.05	4133.01	8427.55	7195.59	161.17	632.70	973.59	179.33	43.56
9180.98	7082.10	9761.87	6962.05	48.42	675.83	1119.81	395.27	43.96
1390.91	923.77	1709.77	1456.50	9.25	87.71	133.26	36.17	28.58
5910.17	**3242.71**	**8649.71**	**6829.75**	**514.41**	**625.79**	**1400.88**	**259.56**	**30.30**
7771.25	**5476.42**	**9393.66**	**7638.39**	**54.93**	**707.23**	**1035.98**	**273.28**	**107.85**
1310.49	824.60	1794.59	1473.66	12.49	130.35	184.35	41.38	11.96
1339.54	871.63	2151.10	1850.56	12.12	101.35	158.66	45.08	42.79
483.29	323.22	612.54	515.03	3.54	34.40	52.28	14.28	10.13
4637.93	3456.97	4835.43	3799.14	26.78	441.15	640.69	172.54	42.97
5413.34	**3056.28**	**6897.14**	**6007.04**	**32.74**	**362.12**	**533.88**	**138.48**	**76.17**
1354.26	512.22	1804.43	1608.49	7.00	108.87	159.06	43.18	5.34
4032.77	2529.06	5078.19	4385.10	25.68	254.01	375.35	95.13	70.75
26.31	15.00	14.52	13.45	0.07	-0.77	-0.54	0.16	0.08
3384.23	**2233.61**	**1803.80**	**1076.69**	**14.22**	**306.57**	**399.64**	**78.48**	**19.51**
2707.21	1815.45	1299.07	739.68	10.47	222.10	300.34	67.45	10.47
677.02	418.16	504.73	337.01	3.75	84.47	99.30	11.04	9.03

12-26 规模以上工业企业主要经济效益指标（2018年）

项 目	Item
全省总计	**Provincial Total**
按经济类型分	Grouped by Ownership
在总计中：国有控股工业	Of the Total: State-holding Industry
国有工业	State-owned Industry
集体工业	Collective-owned Industry
股份合作工业	Share-holding Cooperative Industry
股份制工业	Share-holding Industry
外商投资工业	Foreign-funded Industry
港澳台投资工业	Industry with Funds from Hong Kong, Macao and Taiwan
按轻重工业分	Grouped by Light and Heavy Industries
轻工业	Light Industry
重工业	Heavy Industry
按企业规模分	Grouped by Size of Enterprises
大型企业	Large Enterprises
中型企业	Medium Enterprises
小微型企业	Small and Micro Enterprises
按行业分	Grouped by Sector
煤炭开采和洗选业	Mining and Washing of Coal
石油和天然气开采业	Extraction of Petroleum and Natural Gas
黑色金属矿采选业	Mining and Dressing of Ferrous Metal Ores
有色金属矿采选业	Mining and Dressing of Nonferrous Metal Ores
非金属矿采选业	Mining and Dressing of Nonmetal Ores
开采辅助活动	Auxiliary Minning Operations
其他采矿业	Mining and Dressing of Other Ores
农副食品加工业	Processing of Farm and Sideline Food
食品制造业	Manufacture of Food
酒、饮料和精制茶制造业	Manufacture of Wine, Beverage and Refined Tea
烟草制品业	Tobacco Products
纺织业	Textile Industry
纺织服装、服饰业	Manufacture of Textile Garments, Footwear and Headgear
皮革、毛皮、羽毛及其制品和制鞋业	Leather, Fur, Feather, Down and Related Products
木材加工和木、竹、藤、棕、草制品业	Timber Processing, Bamboo, Cane, Palm Fiber & Straw Products
家具制造业	Manufacture of Furniture
造纸和纸制品业	Papermaking and Paper Products
印刷和记录媒介复制业	Printing and Record Medium Reproduction
文教、工美、体育和娱乐用品制造业	Manufacture of Cultural, Educational,Sports and Entertainment Articles
石油加工、炼焦和核燃料加工业	Petroleum Refining, Coking and Nuclear Fuel Processing
化学原料和化学制品制造业	Manufacture of Raw Chemical Materials and Chemical Products
医药制造业	Manufacture of Medicines
化学纤维制造业	Manufacture of Chemical Fibers
橡胶和塑料制品业	Rubber and Plastic Products
非金属矿物制品业	Nonmetal Mineral Products
黑色金属冶炼和压延加工业	Smelting and Pressing of Ferrous Metals
有色金属冶炼和压延加工业	Smelting and Pressing of Nonferrous Metals
金属制品业	Metal Products
通用设备制造业	Manufacture of General-purpose Machinery
专用设备制造业	Manufacture of Special-purpose Machinery
汽车制造业	Manufacture of Automobile
铁路、船舶、航空航天和其他运输设备制造业	Manufacture of Railway ,Ship,Aeronautics and Other Transport equipment
电气机械和器材制造业	Manufacture of Electrical Machinery and Equipment
计算机、通信和其他电子设备制造业	Manufacture of Communication Equipment, Computers and Other Electronic Equipment
仪器仪表制造业	Manufacture of Instruments and Meters
其他制造业	Other Manufactures
废弃资源综合利用业	Comprehensive Utilization of Waste
金属制品、机械和设备修理业	Manufacture of Metal Products,Machinery and Equipment Maintenance
电力、热力生产和供应业	Production and Supply of Electric Power and Heat Power
燃气生产和供应业	Production and Supply of Gas
水的生产和供应业	Production and Supply of Water

Main Indicators on Economic Benefit of Industrial Enterprises above Designated Size (2018)

总资产贡献率 (%) Ratio of Total Assets to Industrial Output Value (%)	资产负债率 (%) Assets-Liability Ratio (%)	成本费用利润率 (%) Ratio of Profits to Industrial Costs (%)	全员劳动生产率 (元/人) Overall Labor Productivity (yuan/person)	产品销售率 (%) Proportion of Products Sold (%)
11.56	**56.17**	**6.54**	**251876**	**97.56**
12.93	53.53	8.04	754612	97.51
12.09	55.98	4.50	155589	97.86
10.09	61.27	4.34	83868	97.95
20.15	50.53	4.02	319902	97.93
11.63	57.50	6.64	300582	97.35
12.49	52.44	6.75	266874	98.35
10.34	55.08	6.39	167940	97.43
12.99	54.47	7.06	175587	97.18
10.94	56.92	6.30	315962	97.73
12.73	57.02	7.43	352390	97.07
11.12	51.98	6.70	171814	97.66
9.64	58.47	4.87	217461	98.35
38.04	56.68	105.32	10001406	98.13
3.66	54.07	8.00	282263	101.09
30.64	63.85	27.47	415296	98.79
19.33	43.00	10.68	322268	97.29
4.86	31.62	10.46	1027609	99.98
	7.14		2333252	95.54
9.22	62.90	4.33	250227	99.26
22.36	44.42	12.68	409235	98.08
19.53	50.32	11.88	392476	97.92
57.45	24.94	28.30	4740634	118.24
13.46	53.12	5.92	187451	97.32
12.39	51.09	4.97	103508	96.62
9.49	55.67	2.72	101350	98.53
12.27	53.25	5.83	186400	97.97
12.23	53.84	5.92	149485	98.42
11.45	50.13	6.06	252167	98.22
10.59	45.69	6.51	152291	97.18
7.74	60.47	3.63	107854	97.64
56.08	54.95	7.45	4807840	99.42
14.77	49.32	8.51	377585	98.35
12.67	46.68	20.08	404483	94.48
11.16	47.92	9.63	384143	94.59
10.12	54.36	4.78	150682	98.24
14.62	56.07	8.65	225168	97.85
13.41	61.12	6.28	548299	98.59
9.31	67.70	3.13	266103	98.98
11.37	53.31	4.88	175163	97.85
9.48	53.11	6.35	223099	98.25
12.27	49.34	10.44	195201	96.63
17.19	61.01	8.14	426944	98.29
2.65	58.96	1.31	161128	97.00
10.38	59.36	7.06	183353	95.42
8.51	61.07	4.57	281238	96.80
8.71	48.68	7.15	164507	97.33
8.83	52.91	4.73	218922	97.48
20.46	55.21	7.99	534512	98.28
9.53	56.00	6.93	367101	98.88
7.65	50.10	8.38	1023405	99.60
11.15	55.59	8.04	1119894	100.04
6.61	56.43	19.87	385287	97.90

12-27 规模以上制造业工业企业主要经济指标

Main Economic Indicators of Manufacturing Enterprises above Designated Size

项　目	Item	2000	2010	2015	2016	2017	2018
企业单位数　(个)	Number of Enterprises (unit)	18571	52102	41081	41627	46116	46346
工业总产值　(亿元)	Gross Industrial Output Value (100 million yuan)	11352.62	79504.12	115911.71	124828.73	127147.02	128729.67
工业增加值　(亿元)	Value-added of Industry (100 million yuan)	2768.88	18317.74	26568.90	28504.15	28818.97	29367.37
主营业务收入　(亿元)	Main Business Revenue (100 million yuan)	10865.66	77730.85	110548.00	120392.32	125401.32	126711.60
资产总计　(亿元)	Total Assets (100 million yuan)	11653.11	52734.31	81676.43	90886.30	99921.43	107602.69
流动资产合计　(亿元)	Total Liquid Assets (100 million yuan)		32414.52	52178.92	58723.71	65934.89	72127.94
固定资产合计　(亿元)	Total Fixed Assets (100 million yuan)		16420.14	18383.46	19181.60	18963.43	
负债总计　(亿元)	Total Liabilities (100 million yuan)	6950.47	29407.47	47206.36	51598.88	56745.05	61226.15
所有者权益合计(亿元)	Total Creditors' Equity (100 million yuan)	4576.24	23243.24	34079.15	38725.42	42862.52	
利润总额　(亿元)	Total Profits (100 million yuan)	348.92	5313.74	6844.73	7513.00	7997.63	7310.74
亏损企业亏损额(亿元)	Loss Value of Loss-making Enterprises (100 million yuan)	131.89	195.53	475.63	396.85	477.70	797.62
利税总额　(亿元)	Total Pre-tax Profits (100 million yuan)	729.92	8150.46	11011.30	11777.24	12479.36	11466.87
应交增值税　(亿元)	Value-added Tax Payable(100 million yuan)	277.66	2003.07	2892.83	2995.94	3134.63	2732.62
从业人员平均人数 (万人)	Average Employed Persons (10000 persons)	546.03	1533.72	1406.84	1385.19	1373.54	1253.82

注：本表总产值和增加值绝对数按当年价格计算，增加值2009年及以前用生产法计算，2010年起用收入法计算，2011年统计口径从年业务收入500万元及以上调整为2000万元及以上。

Note: Gross industrial output values and value-added are calculated at current prices.Value-added is calculated by production approach in 2009 and prior to and since 2010 by income approach.

12-28 各市规模以上工业企业主要经济指标（2018年）

Main Economic Indicators of Industrial Enterprises above Designated Size by City (2018)

单位：亿元 (100 million yuan)

市 别	City	主营业务收入 Main Business Revenue	主营业务成本 Cost of Principal Business	资产合计 Total Assets	负债合计 Total Liabilities	利润总额 Total Profits	利税总额 Total Pre-tax Profits	全部就业人员年平均人数(万人) Annual Average Number of Employed Persons (10000 persons)
广 州	Guangzhou	18362.26	15189.26	18127.77	8844.75	1399.47	2285.81	116.65
深 圳	Shenzhen	33174.49	26856.01	37040.25	21803.94	2022.14	2965.05	292.86
珠 海	Zhuhai	5403.64	4359.17	6964.47	4206.33	428.74	601.48	43.20
汕 头	Shantou	3313.18	2744.71	2700.31	1127.51	236.63	317.17	41.34
佛 山	Foshan	20762.64	17784.39	13305.22	7200.32	1527.88	2167.24	155.48
韶 关	Shaoguan	1114.16	898.25	1486.79	931.78	86.62	167.04	12.70
河 源	Heyuan	1261.83	1107.54	974.11	518.71	50.42	82.58	15.82
梅 州	Meizhou	613.46	471.62	839.92	414.71	43.54	112.85	8.89
惠 州	Huizhou	7410.50	6528.77	6290.55	3570.70	337.40	587.40	84.78
汕 尾	Shanwei	1130.09	1055.23	698.42	394.55	20.72	26.77	18.38
东 莞	Dongguan	19465.07	16958.68	14264.07	8840.53	611.97	954.16	246.24
中 山	Zhongshan	4945.46	4220.75	4506.83	2542.05	219.95	387.08	77.32
江 门	Jiangmen	4174.39	3469.54	4686.66	2549.21	229.44	374.77	45.14
阳 江	Yangjiang	926.19	747.87	1592.13	1045.49	108.87	149.44	7.13
湛 江	Zhanjiang	2366.55	1898.50	2630.68	1734.07	232.60	422.25	12.40
茂 名	Maoming	2096.43	1661.65	1097.15	455.32	186.11	424.41	12.17
肇 庆	Zhaoqing	2721.72	2352.31	1933.00	996.16	153.98	237.21	25.25
清 远	Qingyuan	1762.39	1509.20	1786.00	1020.01	121.27	174.10	19.34
潮 州	Chaozhou	1270.99	1104.43	767.10	303.88	91.02	129.30	16.45
揭 阳	Jieyang	2847.43	2485.42	2020.67	979.26	167.33	234.03	23.23
云 浮	Yunfu	493.21	413.48	572.09	332.81	33.59	50.13	7.79
按经济区域分	By Region							
珠 三 角	Pearl River Delta	116420.18	97718.90	107118.83	60553.99	6930.97	10560.18	1086.93
东 翼	Eastern Region	8561.69	7389.79	6186.50	2805.20	515.70	707.28	99.40
西 翼	Western Region	5389.18	4308.02	5319.96	3234.88	527.58	996.11	31.71
山 区	Mountainous Region	5245.04	4400.08	5658.90	3218.02	335.44	586.73	64.54

12-29 各市私营工业企业主要经济指标（2018年）

Main Economic Indicators of Private Industrial Enterprises by City (2018)

单位：亿元 (100 million yuan)

市 别	City	主营业务收入 Main Business Revenue	主营业务成本 Cost of Principal Business	资产合计 Total Assets	负债合计 Total Liabilities	利润总额 Total Profits	利税总额 Total Pre-tax Profits	全部就业人员年平均人数(万人) Annual Average Number of Employed Persons (10000 persons)
广 州	Guangzhou	2294.36	1901.17	2117.72	1199.97	111.10	176.56	30.04
深 圳	Shenzhen	6174.78	5141.44	7392.94	4500.22	301.35	424.80	79.22
珠 海	Zhuhai	436.74	358.42	400.73	243.87	29.68	40.09	6.11
汕 头	Shantou	1542.92	1274.29	720.50	305.66	122.38	151.05	19.89
佛 山	Foshan	5666.29	4992.53	2890.80	1591.04	347.54	486.81	43.91
韶 关	Shaoguan	119.56	107.18	144.40	105.05	3.30	5.04	0.81
河 源	Heyuan	267.93	222.71	208.13	108.72	15.17	24.13	2.80
梅 州	Meizhou	129.28	115.19	132.98	74.90	4.07	7.99	2.11
惠 州	Huizhou	832.36	749.18	637.62	460.04	20.50	40.20	11.95
汕 尾	Shanwei	422.80	402.74	73.29	27.19	5.12	8.35	7.65
东 莞	Dongguan	6763.61	5769.63	4355.48	3358.42	165.15	285.62	46.33
中 山	Zhongshan	1086.56	927.27	982.85	606.83	34.26	69.60	20.76
江 门	Jiangmen	790.79	693.14	562.45	362.93	25.90	51.26	9.79
阳 江	Yangjiang	107.35	92.33	103.52	59.03	5.58	9.92	2.58
湛 江	Zhanjiang	374.13	344.93	310.23	254.44	1.98	8.81	4.11
茂 名	Maoming	281.90	228.34	190.04	57.59	33.60	46.09	4.27
肇 庆	Zhaoqing	916.05	802.48	407.54	200.02	49.75	75.10	6.78
清 远	Qingyuan	290.35	260.40	250.70	185.61	9.08	15.55	2.75
潮 州	Chaozhou	408.53	348.34	202.50	80.76	28.64	42.41	7.43
揭 阳	Jieyang	1313.73	1163.60	367.75	150.16	64.17	94.89	10.97
云 浮	Yunfu	61.11	50.16	66.21	44.99	4.77	6.99	0.97
按经济区域分	By Region							
珠 三 角	Pearl River Delta	24961.54	21335.26	19748.14	12523.34	1085.24	1650.05	254.89
东 翼	Eastern Region	3687.99	3188.96	1364.04	563.76	220.31	296.70	45.94
西 翼	Western Region	763.39	665.60	603.79	371.06	41.16	64.82	10.97
山 区	Mountainous Region	868.24	755.65	802.43	519.27	36.38	59.69	9.43

12-30 各市工业企业主要经济效益指标（2018年）
Main Indicators on Economic Benefit of Industrial Enterprises by City (2018)

市 别	City	总资产贡献率 (%) Ratio of Total Assets to Industrial Output Value (%)	资产负债率 (%) Assets-Liability Ratio (%)	成本费用利润率 (%) Ratio of Profits to Industrial Costs (%)	全员劳动生产率 (元/人) Overall Labor Productivity (yuan/person)	产品销售率 (%) Proportion of Products Sold (%)
全省合计	**Provincial Total**	**11.56**	**56.17**	**6.54**	**251876**	**97.56**
广 州	Guangzhou	13.57	48.79	8.22	381570	98.95
深 圳	Shenzhen	9.24	58.87	6.45	311055	96.70
珠 海	Zhuhai	9.75	60.40	8.58	250842	97.53
汕 头	Shantou	12.84	41.75	7.70	199005	96.70
佛 山	Foshan	17.62	54.12	7.94	295209	96.99
韶 关	Shaoguan	13.04	62.67	8.65	244185	99.35
河 源	Heyuan	9.51	53.25	4.19	189621	97.55
梅 州	Meizhou	14.98	49.38	8.14	217122	101.71
惠 州	Huizhou	10.32	56.76	4.83	204233	97.30
汕 尾	Shanwei	4.72	56.49	1.87	119453	98.70
东 莞	Dongguan	7.58	61.98	3.27	158565	98.02
中 山	Zhongshan	9.49	56.40	4.64	141434	98.31
江 门	Jiangmen	9.87	54.39	5.83	240442	96.37
阳 江	Yangjiang	10.79	65.67	13.27	307366	98.68
湛 江	Zhanjiang	17.46	65.92	11.44	621046	98.58
茂 名	Maoming	39.51	41.50	10.66	581611	98.34
肇 庆	Zhaoqing	14.17	51.53	6.03	245575	96.95
清 远	Qingyuan	11.12	57.11	7.37	229424	97.71
潮 州	Chaozhou	18.19	39.61	7.72	189329	97.50
揭 阳	Jieyang	13.12	48.46	6.27	252928	98.95
云 浮	Yunfu	9.77	58.17	7.35	146036	97.73

12-30 续表 continued

市别	City	总资产贡献率比去年增减(百分点) Percentage Gain in Ratio of Total Assets to Industrial Output Value over Preceding Year	资产负债率比去年增减(百分点) Percentage Gain in Assets-Liability Ratio over Preceding Year	成本费用利润率比去年增减(百分点) Percentage Gain in Ratio of Profits to Industrial Costs over Preceding Year	全员劳动生产率比去年增长(%) Growth in Overall Labor Productivity over Preceding Year (%)	产品销售率比去年增减(百分点) Percentage Gain in Proportion of Products Sold over Preceding Year
全省合计	**Provincial Total**	**-0.90**	**-0.20**	**-0.50**	**16.50**	**-0.60**
广　州	Guangzhou	-0.20	-1.80	0.10	14.40	-0.40
深　圳	Shenzhen	-1.10	0.10	-0.90	19.10	-0.60
珠　海	Zhuhai	-2.10	-1.30	-3.30	20.00	-5.00
汕　头	Shantou	-0.60	0.70	-0.30	13.90	-0.30
佛　山	Foshan	-0.70		-0.30	11.20	-0.40
韶　关	Shaoguan	-0.20	-1.60	-0.50	11.30	-0.40
河　源	Heyuan	-0.80	-1.90	-0.70	17.80	-0.50
梅　州	Meizhou	0.50	-0.30	2.10	11.00	0.70
惠　州	Huizhou	-0.80	0.50	-0.80	14.40	0.30
汕　尾	Shanwei	-2.00	3.70	-0.40	24.50	0.40
东　莞	Dongguan	-1.70	1.40	-0.80	18.00	-0.80
中　山	Zhongshan	-0.30	-2.00	-0.20	9.90	
江　门	Jiangmen	-1.20	-2.30	-0.60	16.90	-0.40
阳　江	Yangjiang	2.00	-4.80	3.10	20.20	-1.50
湛　江	Zhanjiang	2.80	-4.10	2.90	23.70	0.20
茂　名	Maoming	-5.90	-0.40	-3.30	24.30	-0.40
肇　庆	Zhaoqing		2.50	0.10	16.20	-0.20
清　远	Qingyuan	0.20	-1.10	0.60	17.40	-1.20
潮　州	Chaozhou	-1.50	5.90	-0.80	13.00	0.10
揭　阳	Jieyang	-1.50	2.40	-0.30	29.50	-0.40
云　浮	Yunfu	-1.40	5.70	1.90	-8.30	

注：全员劳动生产率比去年增长为快报数，其他增速为年报可比口径。
Note: Growth in overall labor productivity over preceding Year is caculated by flash report，others are caculated by comparable scope.

12-31 各市规模以上国有控股工业企业主要经济效益指标（2018年）
Main Indicators on Economic Benefit of State-holding Industrial Enterprises above Designated Size by City (2018)

市 别	City	总资产贡献率 (%) Ratio of Total Assets to Industrial Output Value (%)	资产负债率 (%) Assets-Liability Ratio (%)	成本费用利润率 (%) Ratio of Profits to Industrial Costs (%)	全员劳动生产率 (元/人) Overall Labor Productivity (yuan/person)	产品销售率 (%) Proportion of Products Sold (%)
全省合计	**Provincial Total**	**12.93**	**53.53**	**7.83**	**754612**	**97.51**
广 州	Guangzhou	15.50	43.27	9.19	989259	99.56
深 圳	Shenzhen	6.50	56.68	4.63	599130	88.94
珠 海	Zhuhai	11.18	62.48	12.16	598908	93.70
汕 头	Shantou	7.40	48.49	5.29	572087	98.77
佛 山	Foshan	9.11	49.06	6.08	441356	99.00
韶 关	Shaoguan	17.21	64.92	9.82	458671	101.76
河 源	Heyuan	5.67	43.53	2.85	582000	99.08
梅 州	Meizhou	26.89	43.45	4.82	1066248	110.99
惠 州	Huizhou	18.07	53.46	5.61	1210869	99.92
汕 尾	Shanwei	8.04	49.39	5.45	567128	99.42
东 莞	Dongguan	5.30	58.45	1.66	409087	99.83
中 山	Zhongshan	6.26	61.15	1.03	480954	98.09
江 门	Jiangmen	3.74	66.95	4.79	707002	95.30
阳 江	Yangjiang	12.38	68.90	16.69	727918	98.28
湛 江	Zhanjiang	20.43	56.76	9.48	1287213	99.57
茂 名	Maoming	63.04	44.48	10.60	3083812	98.87
肇 庆	Zhaoqing	9.88	43.85	7.91	312194	99.52
清 远	Qingyuan	10.26	57.20	8.07	745898	99.44
潮 州	Chaozhou	12.20	55.20	8.04	866684	100.00
揭 阳	Jieyang	4.72	57.82	1.05	645059	100.01
云 浮	Yunfu	13.85	52.24	9.23	561359	99.05

12-32　各市按经济类型分的工业企业资产（2018年）

Total Assets of Industrial Enterprises by Ownership and by City (2018)

单位：亿元 (100 million yuan)

市　别	City	资产合计 Total Assets	#国有控股工业 State-holding Industry	集体工业 Collective-owned Industry	股份合作制工业 Share-holding Cooperative Industry	股份制工业 Share-holding Industry	外商投资工业 Foreign-funded Industry	港澳台投资工业 Industry with Funds from Hong Kong,Macao and Taiwan
广　州	Guangzhou	18127.77	8004.68	10.62	11.11	10329.33	4747.89	2485.58
深　圳	Shenzhen	37040.25	4896.12	0.03		24972.85	3762.78	8259.21
珠　海	Zhuhai	6964.47	3154.22	0.97		4472.51	1368.22	979.27
汕　头	Shantou	2700.31	427.09	2.26	3.50	1927.46	299.19	244.37
佛　山	Foshan	13305.22	1122.72	11.62	2.60	9412.51	1683.44	1988.56
韶　关	Shaoguan	1486.79	744.38	2.68	1.20	1112.11	48.92	125.66
河　源	Heyuan	974.11	114.02	1.03		568.98	91.19	244.57
梅　州	Meizhou	839.92	222.40	0.25	0.60	630.94	35.96	61.75
惠　州	Huizhou	6290.55	1556.49	2.88		2444.02	1802.43	1788.65
汕　尾	Shanwei	698.42	135.76	4.07		428.24	37.53	177.77
东　莞	Dongguan	14264.07	818.20	42.05		7607.39	2019.81	4067.25
中　山	Zhongshan	4506.83	455.49	4.22	0.22	2103.82	1235.86	950.44
江　门	Jiangmen	4686.66	1399.81	0.77		1788.04	504.21	1236.14
阳　江	Yangjiang	1592.13	1087.71	0.03		1362.14	50.74	98.10
湛　江	Zhanjiang	2630.68	1167.89	0.39		1795.60	78.53	600.01
茂　名	Maoming	1097.15	502.18	1.26	0.63	916.69	32.57	29.48
肇　庆	Zhaoqing	1933.00	359.75	5.46		1107.05	340.69	318.10
清　远	Qingyuan	1786.00	321.96	0.15		988.74	80.09	563.54
潮　州	Chaozhou	767.10	166.40	2.85	1.93	538.45	15.27	89.08
揭　阳	Jieyang	2020.67	273.43	2.59		1721.99	22.04	95.83
云　浮	Yunfu	572.09	118.76	0.66		358.48	52.99	106.53
按经济区域分	By Region							
珠三角	Pearl River Delta	107118.83	21767.49	78.61	13.94	64237.51	17465.34	22073.21
东　翼	Eastern Region	6186.50	1002.68	11.78	5.44	4616.14	374.03	607.05
西　翼	Western Region	5319.96	2757.78	1.67	0.63	4074.43	161.83	727.59
山　区	Mountainous Region	5658.90	1521.53	4.76	1.80	3659.24	309.15	1102.06

12-33 各市规模以上大中型工业企业产值资产（2018年）

Gross Output Value and Total Assets of Large and Medium-sized Industrial Enterprises above Designated Size by City (2018)

单位：亿元 (100 million yuan)

市别	City	企业个数（个） Number of Enterprises (unit)	#大型 Large sized	工业总产值（当年价格） Gross Industrial Output Value (at current price)	#大型 Large sized	资产总计 Total Assets	#大型 Large sized
全省合计	**Provincial Total**	**10255**	**1623**	**100167.36**	**68653.11**	**93583.13**	**63901.00**
广州	Guangzhou	853	180	13700.13	10567.76	14046.99	10743.91
深圳	Shenzhen	2020	403	28555.65	22411.64	30140.51	22982.76
珠海	Zhuhai	323	66	3114.30	2019.88	5378.95	3930.41
汕头	Shantou	494	19	1927.07	498.81	1701.05	600.13
佛山	Foshan	1229	165	13951.24	7161.54	9707.68	5710.87
韶关	Shaoguan	72	17	817.17	615.27	989.00	574.01
河源	Heyuan	110	18	839.94	576.78	603.15	297.80
梅州	Meizhou	78	9	391.52	191.93	530.83	210.25
惠州	Huizhou	591	109	6026.68	4807.56	4997.14	3792.35
汕尾	Shanwei	117	62	1050.74	870.89	582.06	312.07
东莞	Dongguan	1989	299	15247.01	10960.04	10725.25	7060.07
中山	Zhongshan	610	82	3345.81	1980.90	3094.14	1459.39
江门	Jiangmen	387	56	2697.64	1325.89	2536.09	1405.18
阳江	Yangjiang	172	10	749.21	537.40	1393.94	987.56
湛江	Zhanjiang	107	13	1639.25	984.94	2082.39	1396.31
茂名	Maoming	69	6	1378.62	1204.70	578.83	371.79
肇庆	Zhaoqing	241	26	1548.92	612.23	1106.32	473.27
清远	Qingyuan	165	29	1210.82	462.80	1214.42	456.61
潮州	Chaozhou	198	8	523.93	164.04	443.27	171.41
揭阳	Jieyang	376	39	1172.58	562.15	1456.98	901.98
云浮	Yunfu	54	7	279.12	135.98	274.16	62.87
按经济区域分	By Region						
珠三角	Pearl River Delta	8243	1386	88187.38	61847.44	81733.05	57558.21
东翼	Eastern Region	1185	128	4674.32	2095.88	4183.36	1985.59
西翼	Western Region	348	29	3767.08	2727.04	4055.16	2755.66
山区	Mountainous Region	479	80	3538.57	1982.75	3611.55	1601.54

12-34 各市现代产业增加值及比重（2018年）

Value Added and Ratio of Modern Industries by City (2018)

市别	City	先进制造业增加值(亿元) Value Added of Advanced Manufacturing Industry (100 Million yuan)	先进制造业增加值占规模以上工业比重(%) Ratio of Value Added to that of Industry (%)	高技术制造业增加值(亿元) Value Added of High-tech Industry (100 Million yuan)	高技术制造业增加值占规模以上工业比重(%) Ratio of Value Added to that of Industry (%)
全省合计	**Provincial Total**	**18224.53**	**56.4**	**10183.66**	**31.5**
广州	Guangzhou	2655.57	59.7	598.56	13.4
深圳	Shenzhen	6564.83	72.1	6131.20	67.3
珠海	Zhuhai	594.71	54.9	321.95	29.7
汕头	Shantou	266.99	32.5	46.20	5.6
佛山	Foshan	2250.58	49.0	276.49	6.0
韶关	Shaoguan	99.08	32.0	20.72	6.7
河源	Heyuan	151.92	50.6	111.49	37.2
梅州	Meizhou	50.08	25.9	34.61	17.9
惠州	Huizhou	1221.79	70.6	698.78	40.4
汕尾	Shanwei	69.64	31.7	56.90	25.9
东莞	Dongguan	2043.77	52.3	1520.62	38.9
中山	Zhongshan	488.42	44.7	208.65	19.1
江门	Jiangmen	424.25	39.1	100.53	9.3
阳江	Yangjiang	31.97	14.6	1.41	0.6
湛江	Zhanjiang	288.45	37.5	8.42	1.1
茂名	Maoming	523.81	74.0	9.34	1.3
肇庆	Zhaoqing	186.07	30.0	51.81	8.4
清远	Qingyuan	127.15	28.7	28.48	6.4
潮州	Chaozhou	62.26	20.0	24.23	7.8
揭阳	Jieyang	234.31	39.9	83.92	14.3
云浮	Yunfu	31.06	27.3	13.59	12.0
按经济区域分	By Region				
珠三角	Pearl River Delta	16430.01	59.4	9908.60	35.8
东翼	Eastern Region	633.19	32.6	211.24	10.9
西翼	Western Region	844.24	49.7	19.17	1.1
山区	Mountainous Region	459.28	33.8	208.89	15.4

注：本表现代产业增加值按年报收入法计算；高技术制造业增加值采用新的国家统计局高技术产业(制造业)分类(2013)。

Note: Value Added of modern industries in this table is calculated in accordance with the income method of the annual report. Date of high-tech industry are based on National Classification of High-tech Industry(2013).

12-35 全省工业总产值最大的50家工业企业（2018年）

Top 50 Industrial Enterprises of the Province in Terms of Gross Industrial Output Value (2018)

序号 Rank	企业名称	Name of Enterprises
1	华为技术有限公司	HUAWEI TECHNOLOGIES CO., LTD
2	华为终端（东莞）有限公司	HUAWEI DEVICE (DONGGUAN) CO., LTD.
3	广东电网公司	GUANGDONG POWER GRID CORPORATION
4	美的集团股份有限公司	GUANGDONG MD HOLDING CO., LTD
5	富泰华工业(深圳)有限公司	FUTAIHUA INDUSTRY (SHENZHEN) CO., LTD
6	东风汽车有限公司东风日产乘用车公司	DONGFENG MOTOR CO. LTD. PASSENGER VEHICLE COMPANY
7	中兴通讯股份有限公司	ZTE CORPORATION
8	中国石油化工股份有限公司茂名分公司	SINOPEC MAOMING COMPANY
9	中海油惠州石化有限公司	CNOOC HUIZHOU PETROCHEMICALS COMPANY LIMITED
10	东莞市欧珀精密电子有限公司	DONGGUAN OPPO PRECISION ELECTRONIC CORP.,LTD
11	广汽本田汽车有限公司	GUANGQI HONDA AUTOMOBILE CO., LTD
12	深圳市裕展精密科技有限公司	SHENZHEN YUZHAN PRECISION TECHNOLOGY CO.,LTD
13	维沃通信科技有限公司	VIVO COMMUNICATIONS TECHNOLOGY CO.,LTD
14	中国南方电网有限责任公司	CHINA SOUTHERN POWER GRID CO., LTD
15	广汽丰田汽车有限公司	GAC TOYOTA MOTOR CO.,LTD
16	惠州三星电子有限公司	HUIZHOU SAMSUNG ELECTRONICS CO.,LTD
17	中国石油化工股份有限公司广州分公司	SINOPEC GUANGZHOU COMPANY
18	比亚迪汽车工业有限公司	BYD AUTO INDUSTRY CO.,LTD
19	深圳供电局有限公司	SHENZHEN POWER SUPPLY BUREAU CO.,LTD
20	珠海格力电器股份有限公司	GREE ELECTRIC APPLIANCES, INC. OF ZHUHAI
21	广州供电局有限公司	GUANGZHOU POWER SUPPLY BUREAU CO.,LTD
22	广州汽车集团乘用车有限公司	GUANGZHOU AUTOMOBILE GROUP MOTOR CO., LTD
23	宝钢湛江钢铁有限公司	BAOSTEEL ZHANJIANG IRON & STEEL CO., LTD
24	纬创资通(中山)有限公司	WISTRON INFOCOMM (ZHONGSHAN) CORPORATION
25	深圳富桂精密工业有限公司	SHENZHEN FUGUI PERCISION INDUSTRY CO.,LTD
26	广东中烟工业有限责任公司	GUANGDONG CHINA TOBACCO INDUSTRIAL CO., LTD
27	华为机器有限公司	HUAWEI MACHINE CO., LTD
28	中海壳牌石油化工有限公司	CNOOC AND SHELL PETROCHEMICALS COMPANY LIMITED
29	乐金显示（广州）有限公司	LG DISPLAY (GUANGZHOU) CO.,LTD
30	伯恩光学（惠州）有限公司	BIEL CRYSTAL MANUFACTORY(HUIZHOU) LIMITED
31	中海石油（中国）有限公司深圳分公司	CNOOC (CHINA) LIMITED SHENZHEN BRANCH
32	深圳创维-RGB电子有限公司	SHENZHEN SKYWORTH-RGB ELECTRONICS CO., LTD
33	联想信息产品(深圳)有限公司	LENOVO INFORMATION PRODUCTS (SHENZHEN)CO., LTD
34	中国石化湛江东兴石油化工有限公司	SINOPEC ZHANJIANG DONGXING PETROLEUM ENTERPRISE CO., LTD
35	中国石油天然气股份有限公司天然气销售南方分公司	SOUTHERN BRANCH, NATURAL GAS MARKETING COMPANY, PETROCHINA CO., LTD
36	无限极（中国）有限公司	INFINITUS (CHINA) CO., LTD.
37	康美药业股份有限公司	KANGMEI PHARMACEUTICAL CO.,LTD.
38	东莞华贝电子科技有限公司	BAIYUN ELECTRIC GROUP CO LTD
39	东风本田发动机有限公司	DONGFENG HONDA ENGINE CO., LTD
40	宝武集团广东韶关钢铁有限公司	GUANGDONG SHAOGUAN BAOWU STEEL GROUP CO., LTD
41	深圳富泰宏精密工业有限公司	SHENZHEN FUTAIHONG PERCISION INDUSTRY CO., LTD
42	深圳市比亚迪锂电池有限公司	SHENZHEN BYD LITHIUM BATTERIES CO., LTD
43	周大福珠宝金行（深圳）有限公司	CHOW TAI FOOK JEWELLERY(SHENZHEN) CO.,LTD
44	欣旺达电子股份有限公司	SUNWODA ELECTRONICS CO., LTD
45	伟创力制造（珠海）有限公司	FLEX INTERNATIONAL (ZHUHAI) CO, LTD
46	ＴＣＬ王牌电器（惠州）有限公司	TCL KING ELECTRICAL APPLIANCES(HUIZHOU) CO. LTD
47	中海石油(中国)有限公司湛江分公司	CNOOC (CHINA) LIMITED ZHANJIANG BRANCH
48	捷普电子(广州)有限公司	JABIL CIRCUIT (GUANGZHOU) CO., LTD
49	深圳市华星光电技术有限公司	SHENZHEN CHINA STAR OPTOELECTRONICS TECHNOLOGY CO., LTD.
50	深圳市世纪云芯科技有限公司	SHENZHEN CLOUDIC TECHNOLOGY CO., LTD

12-36 全省主营业务收入最大的50家工业企业（2018年）

Top 50 Industrial Enterprises of the Province in Terms of Principal Business Revenue (2018)

序号 Rank	企业名称	Name of Enterprises
1	华为技术有限公司	HUAWEI TECHNOLOGIES CO., LTD
2	华为终端（东莞）有限公司	HUAWEI DEVICE (DONGGUAN) CO., LTD.
3	广东电网公司	GUANGDONG POWER GRID CORPORATION
4	美的集团股份有限公司	GUANGDONG MD HOLDING CO., LTD
5	富泰华工业(深圳)有限公司	FUTAIHUA INDUSTRY (SHENZHEN) CO., LTD
6	珠海格力电器股份有限公司	GREE ELECTRIC APPLIANCES, INC. OF ZHUHAI
7	东风汽车有限公司东风日产乘用车公司	DONGFENG MOTOR CO. LTD. PASSENGER VEHICLE COMPANY
8	东莞市欧珀精密电子有限公司	DONGGUAN OPPO PRECISION ELECTRONIC CORP.,LTD
9	中国石油化工股份有限公司茂名分公司	SINOPEC MAOMING COMPANY
10	维沃通信科技有限公司	VIVO COMMUNICATION TECHNOLOGY CO., LTD
11	中海油惠州石化有限公司	CNOOC HUIZHOU PETROCHEMICALS COMPANY LIMITED
12	广汽本田汽车有限公司	GUANGQI HONDA AUTOMOBILE CO., LTD
13	中兴通讯股份有限公司	ZTE CORPORATION
14	深圳市裕展精密科技有限公司	SHENZHEN YUZHAN PRECISION TECHNOLOGY CO.,LTD
15	中国南方电网有限责任公司	CHINA SOUTHERN POWER GRID CO., LTD
16	广汽丰田汽车有限公司	GAC TOYOTA MOTOR CO.,LTD
17	比亚迪汽车工业有限公司	BYD AUTO INDUSTRY CO.,LTD
18	中国石油化工股份有限公司广州分公司	SINOPEC GUANGZHOU COMPANY
19	惠州三星电子有限公司	HUIZHOU SAMSUNG ELECTRONICS CO.,LTD
20	深圳供电局有限公司	SHENZHEN POWER SUPPLY BUREAU CO.,LTD
21	广州供电局有限公司	GUANGZHOU POWER SUPPLY BUREAU CO.,LTD
22	广州汽车集团乘用车有限公司	GUANGZHOU AUTOMOBILE GROUP MOTOR CO., LTD
23	宝钢湛江钢铁有限公司	BAOSTEEL ZHANJIANG IRON & STEEL CO., LTD
24	纬创资通(中山)有限公司	WISTRON INFOCOMM (ZHONGSHAN) CORPORATION
25	深圳富桂精密工业有限公司	SHENZHEN FUGUI PERCISION INDUSTRY CO.,LTD
26	华为机器有限公司	HUAWEI MACHINE CO., LTD
27	中海壳牌石油化工有限公司	CNOOC AND SHELL PETROCHEMICALS COMPANY LIMITED
28	广东中烟工业有限责任公司	GUANGDONG CHINA TOBACCO INDUSTRIAL CO., LTD
29	联想信息产品(深圳)有限公司	LENOVO INFORMATION PRODUCTS (SHENZHEN)CO., LTD
30	中海石油（中国）有限公司深圳分公司	CNOOC (CHINA) LIMITED SHENZHEN BRANCH
31	中国石化湛江东兴石油化工有限公司	SINOPEC ZHANJIANG DONGXING PETROLEUM ENTERPRISE CO., LTD
32	乐金显示（广州）有限公司	LG DISPLAY (GUANGZHOU)CO.,LTD
33	中国石油天然气股份有限公司天然气销售南方分公司	SOUTHERN BRANCH, NATURAL GAS MARKETING COMPANY, PETROCHINA CO., LTD
34	东莞华贝电子科技有限公司	BAIYUN ELECTRIC GROUP CO LTD
35	康美药业股份有限公司	KANGMEI PHARMACEUTICAL CO.,LTD.
36	宝武集团广东韶关钢铁有限公司	GUANGDONG SHAOGUAN BAOWU STEEL GROUP CO., LTD
37	惠州比亚迪电子有限公司	HUIZHOU BYD ELECTRONICS COMPANY LIMITED
38	周大福珠宝金行（深圳）有限公司	CHOW TAI FOOK JEWELLERY(SHENZHEN) CO.,LTD.
39	东风本田发动机有限公司	DONGFENG HONDA ENGINE CO., LTD
40	深圳富泰宏精密工业有限公司	SHENZHEN FUTAIHONG PERCISION INDUSTRY CO., LTD
41	ＴＣＬ王牌电器（惠州）有限公司	TCL KING ELECTRICAL APPLIANCES(HUIZHOU) CO. LTD
42	伟创力制造（珠海）有限公司	FLEX INTERNATIONAL (ZHUHAI) CO, LTD
43	欣旺达电子股份有限公司	SUNWODA ELECTRONICS CO., LTD
44	无限极（中国）有限公司	INFINITUS (CHINA) CO., LTD.
45	深圳市比亚迪锂电池有限公司	SHENZHEN BYD LITHIUM BATTERIES CO., LTD
46	中海石油(中国)有限公司湛江分公司	CNOOC (CHINA) LIMITED ZHANJIANG BRANCH
47	伯恩光学（惠州）有限公司	BIEL CRYSTAL MANUFACTORY(HUIZHOU) LIMITED
48	捷普电子(广州)有限公司	JABIL CIRCUIT (GUANGZHOU) CO., LTD
49	深圳市华星光电技术有限公司	SHENZHEN CHINA STAR OPTOELECTRONICS TECHNOLOGY CO., LTD.
50	广州江铜铜材有限公司	GUANGZHOU JIANGTONG COPPERWORKS CO., LTD

主要统计指标解释

工业 指从事自然资源的开采，对采掘品和农产品进行加工和再加工的物质生产部门。具体包括：(1)对自然资源的开采，如采矿、晒盐、森林采伐等（但不包括禽兽捕猎和水产捕捞）；(2)对农副产品的加工、再加工，如粮油加工、食品加工、轧花、缫丝、纺织、制革等；(3)对采掘品的加工、再加工，如炼铁、炼钢、化工生产、石油加工、机器制造、木材加工等，以及电力、自来水、煤气的生产和供应等；(4)对工业品的修理、翻新，如机器设备的修理、交通运输工具（包括小卧车）的修理等。

1984 年以前农村的村及村以下办工业归属农业，1984 年以后划归工业。

工业统计调查单位 工业统计调查单位分为两类：独立核算法人工业企业和工业生产活动单位。

(1)独立核算法人工业企业 是指从事工业生产经营活动的单位。独立核算法人工业企业应同时具备以下条件：①依法成立，有自己的名称、组织机构和场所，能够承担民事责任；②独立拥有和使用资产，承担负债，有权与其他单位签订合同；③独立核算盈亏，并能够编制资产负债表。

(2)工业生产活动单位 是指在一个场所从事一种或主要从事一种工业生产活动的经济单位。它包括独立核算工业企业按主营业务活动(即工业生产活动)划分的主营业务活动单位和非工业企业所属的工业生产活动单位（即原非独立核算工业生产单位）。工业生产活动单位，一般应同时具备以下三个条件：①具有一个场所，从事一种或主要从事一种工业活动；②单独组织工业生产、经营或业务活动；③单独核算收入和支出。

轻工业 指主要提供生活消费品和制作手工工具的工业。按其所使用的原料不同，可分为两大类：(1)以农产品为原料的轻工业，是指直接或间接以农产品为基本原料的轻工业。主要包括食品制造、饮料制造、烟草加工、纺织、缝纫、皮革和毛皮制作、造纸以及印刷等工业；(2)以非农产品为原料的轻工业，是指以工业品为原料的轻工业。主要包括文教体育用品、化学药品制造、合成纤维制造、日用化学制品、日用玻璃制品、日用金属制品、手工工具制造、医疗器械制造、文化和办公用机械制造等工业。

重工业 是指为国民经济各部门提供物质技术基础的主要生产资料的工业。按其生产性质和产品用途，可分为下列三类：(1)采掘（伐）工业，是指对自然资源的开采，包括石油开采、煤炭开采、金属矿开采、非金属矿开采和木材采伐等工业；(2)原材料工业，指向国民经济各部门提供基本材料、动力和燃料的工业。包括金属冶炼及加工、炼焦及焦炭化学、化工原料、水泥、人造板以及电力、石油和煤炭加工等工业；(3)加工工业，是指对工业原材料进行再加工制造的工业。包括装备国民经济各部门的机械设备制造工业、金属结构、水泥制品等工业，以及为农业提供的生产资料如化肥、农药等工业。

根据上述划分原则，修理业中以重工业产品为修理作业对象的划为重工业，反之划为轻工业。

工业总产值 是以货币表现的工业企业在一定时期内生产的已出售或可供出售工业产品总量，它反映一定时间内工业生产的总规模和总水平。它包括：在本企业内不再进行加工，经检验、包装入库（规定不需包装的产品除外）的成品价值，对外加工费收入，自制半成品、在产品期末期初差额价值。工业总产值采用“工厂法”计算，即以工业企业作为一个整体，按企业工业生产活动的最终成果来计算，企业内部不允许重复计算，不能把企业内部各个车间（分厂）生产的成果相加。但在企业之间、行业之间、地区之间存在着重复计算。

轻重工业总产值的划分也是按“工厂法”计算的，即一个工业企业在正常情况下生产的主要产品的性质属于轻工业，则该企业的全部总产值作为轻工业总产值；一个工业企业生产的主要产品的性质属于重工业，则该企业的全部总产值作为重工业总产值。

工业销售产值（当年价格） 是以货币形式表现的，工业企业在本年内销售的本企业生产的工业产品或提供工业性劳务价值的总价值量。工业销售产值包括的内容为：

（1）销售成品价值：指企业在报告期内实际销售（包括本期生产和非本期生产）的全部成品、半成品的总价值，即按报告期产品的实际销售数量乘以不含增值税（销项税额）的产品实际销售平均单价计算。销售成品价值中包括企业生产的自制设备及提供给本企业在建工程、其他非工业部门和生活福利部门等单位使用的成品价值，但不包括用订货者来料加工，并且只收取加工费的成品（半成品）价值。

（2）对外加工费收入：指企业在报告期内完成的对外承接的工业品加工（包括用定货者来料加工的产品）的加工费收入；对外工业品修理作业可收取的加工费收入和对内非工业部门提供的加工修理、设备安装等收入。对外加工费收入按不含增值税（销项税额）的价格计算。

对于以对外加工生产为主，对外加工费收入所占比重较大的企业，如果对外加工费收入出现跨年度支付的情况，为保证总产值生产口径计算的准确性，则应将对外加工费收入按实际情况调整，记录本年应实际收取的对外加工费收入。

出口交货值　指工业企业交给外贸部门或自营（委托）出口（包括销往香港、澳门、台湾），用外汇价格结算的产品价值，以及外商来样、来料加工、来件装配和补偿贸易等生产的产品价值。在计算出口交货值时，要把外汇价格按交易时的汇率折成人民币计算。

工业增加值　是指工业行业在报告期内以货币表现的工业生产活动的最终成果，是企业全部生产活动的总成果扣除了在生产过程中消耗或转移的物质产品和劳务价值后的余额，是企业生产过程中新增加的价值。

计算工业增加值通常采用两种方法。

一是“生产法”，即从工业生产过程中产品和劳务价值形成的角度入手，剔除生产环节中间投入的价值，从而得到新增价值的方法。公式为：

工业增加值＝工业总产值－工业中间投入＋本期应交增值税

二是“收入法”，即从工业生产过程中创造的原始收入初次分配的角度，对工业生产活动最终成果进行核算的一种方法，其计算公式为：

工业增加值＝固定资产折旧＋劳动者报酬＋生产税净额＋营业盈余

流动资产合计　资产满足以下条件之一应归为流动资产：（1）预计在一个正常营业周期中变现、出售或耗用，主要包括存货、应收账款等；（2）主要为交易目的而持有；（3）预计在资产负债表日起一年内（含一年）变现；（4）自资产负债日起一年内，交换其他资产或清偿负债的能力不受限制的现金或现金等价物。包括货币资金、应收票据、应收账款、存货等项目。来源于“资产负债表”中“流动资产合计”项目的期末余额数。

应收账款　指企业因销售商品、提供劳务等经营活动所形成的债权，包括应向客户收取的货款、增值税款和为客户代垫的运杂费等。来源于会计“资产负债表”中“应收账款”项目的期末余额数。

存货　指企业在日常活动中持有以备出售的产成品或商品、处在生产过程中的在产品、在生产过程或提供劳务过程中耗用的材料或物料等，通常包括原材料、在产品、半成品、产成品、商品以及周转材料等。来源于会计“资产负债表”中“存货”项目的期末余额数。

产成品　指企业已经完成全部生产过程并验收入库，可以按照合同规定的条件送交订货单位，或者可以作为商品对外销售的产品。来源于会计“产成品”科目的借方余额。

固定资产合计　指企业为生产商品、提供劳务、出租或经营管理而持有的，使用寿命超过一个会计年度的有形资产。包括使用期限超过一年的房屋、建筑物、机器、机械、运输工具以及其他与生产、经营有关的设备、器具、工具等。固定资产合计是时点指标，表示固定资产经过扣减折旧、减值准备等后的期末余额。执行《企业会计准则》或《小企业会计准则》的企业，来源于会计“资产负债表”中“固定资产”项目的期末余额数。

资产总计　指企业过去的交易或者事项形成的、由企业拥有或者控制的、预期会给企业带来经济利益的资源。资产一般按流动性（资产的变现或耗用时间长短）分为流动资产和非流动资产。其中流动资产可分为货币资金、交易性金融资产、应收票据、应收账款、预付款项、其他应收款、存货等；非流动资产可分为长期股权投资、固定资产、无形资产及其他非流动资产等。来源于会计“资产负债表”中“资产总计”项目的期末余额数。

负债合计　指企业过去的交易或者事项形成的，预期会导致经济利益流出企业的现时义务。负债一般按偿还期长短分为流动负债和非流动负债。来源于会计“资产负债表”中“负债合计”项目的期末余额数。

流动负债合计　负债满足下列条件之一的应归为流动负债：（1）预计在一个正常营业周期中清偿；（2）主要为交易目的而持有；（3）自资产负债表日起一年内到期应予清偿；（4）企业无权自主地将清偿推迟至

资产负债表日后一年以上。包括短期借款、应付票据、应付账款、应付职工薪酬、应交税费等项目。来源于会计“资产负债表”中“流动负债合计”项目的期末余额数。

所有者权益合计　指企业资产扣除负债后由所有者享有的剩余权益。公司的所有者权益又称股东权益。包括实收资本、资本公积、盈余公积、未分配利润等。来源于会计“资产负债表”中“所有者权益合计”项目的期末余额数。

实收资本　指企业各投资者实际投入的资本（或股本）总额，包括货币、实物、无形资产等各种形式的投入。实收资本按投资主体可分为国家资本、集体资本、法人资本、个人资本、港澳台资本和外商资本。来源于会计“资产负债表”中“所有者权益”项下“实收资本”的期末余额数。

国家资本　指有权代表国家投资的政府部门或机构、直属事业单位对企业形成的资本金。来源于会计“实收资本”科目。

集体资本　指由本企业职工等自然人集体投资或各种机构对企业进行扶持形成的集体性质的资本金。来源于会计“实收资本”科目。

法人资本　指法人以其依法可支配的资产投入企业形成的资本金。来源于会计“实收资本”科目。

个人资本　指自然人实际投入企业的资本金。来源于会计“实收资本”科目。

港澳台资本　指我国香港、澳门和台湾地区投资者实际投入企业的资本金。来源于会计“实收资本”科目。

外商资本　指外国投资者实际投入企业的资本金。来源于会计“实收资本”科目。

营业收入　指企业经营主要业务和其他业务所确认的收入总额。营业收入合计包括“主营业务收入”和“其他业务收入”。来源于会计“利润表”中“营业收入”项目的本期金额数。

主营业务收入　指企业确认的销售商品、提供劳务等主营业务的收入。来源于会计“主营业务收入”科目的期末贷方余额（结转前）。

主营业务成本　指企业经营主要业务所发生的成本总额。来源于会计“主营业务成本”科目的期末借方余额（结转前）。

销售费用　指企业在销售商品和材料、提供劳务的过程中发生的各种费用，包括保险费、包装费、展览费和广告费、商品维修费、预计产品质量保证损失、运输费、装卸费等以及为销售本企业商品而专设的销售机构（含销售网点、售后服务网点等）的职工薪酬、业务费、折旧费等经营费用。

管理费用　指企业为组织和管理企业生产经营所发生的费用，包括企业在筹建期间内发生的开办费、董事会和行政管理部门在企业经营管理中发生的，或者应当由企业统一负担的公司经费等。根据会计“利润表”中“管理费用”项目的本期金额数填报。

财务费用　指企业为筹集生产经营所需资金等而发生的筹资费用，包括企业生产经营期间发生的利息支出（减利息收入）、汇兑损失（减汇兑收益）以及相关的手续费等。根据会计“利润表”中“财务费用”项目的本期金额数填报。

利润总额　指企业在一定会计期间的经营成果，是生产经营过程中各种收入扣除各种耗费后的盈余，反映企业在报告期内实现的盈亏总额。来源于会计“利润表”中“利润总额”项目的本期金额数。

本年应交增值税　指企业按税法规定，从事货物销售或提供加工、修理修配劳务等增加货物价值的活动本期应交纳的税金。计算公式为：

本年应交增值税=销项税额－（进项税额－进项税额转出）－出口抵减内销产品应纳税额
－减免税款+出口退税

本年进项税额：指工业企业在报告期内购入货物或接受应税劳务而支付的、准予从销项税额中抵扣的增值税额。

本年销项税额：指工业企业在报告期内销售货物或提供应税劳务应收取的增值税额。

利税总额　指企业利润总额、产品销售税金及附加和应交增值税之和。

工业经济效益综合指数　是指现行综合评价工业经济效益总体水平及工业经济运行质量的指数。它是用工业产品销售率、总资产贡献率、资本保值增值率、资产负债率、流动资金周转率、成本费用利润率、全员劳动生产率等七项代表性经济效益指标，分别除以各项指标的标准值，再乘以各自的权数，加总后除以总权数求得。其计算公式为：

$$工业经济效益综合指数=\sum(\frac{某项经济效益指标报告期数值}{该项指标标准值}\times 权数)\div 总权数$$

上式总权数为100。

总资产贡献率 是指企业一定时期内全部资产获利能力，是企业经营业绩和管理水平的集中体现，是评价和考核企业盈利能力的核心指标。计算公式为：

$$\text{总资产贡献率（\%）}=\frac{\text{利润总额}+\text{税金总额}+\text{利息支出}}{\text{平均资产总额}}\times 100\%$$

税金总额为产品销售税金及附加与应交增值税之和，平均资产总额为期初、期末资产总计的算术平均值 。

资本保值增值率 是反映企业净资产变动状况的一个重要指标，是企业发展能力的集中体现。它是指期末所有者权益总额与上年同期期末所有者权益总额的比率。计算公式为：

$$\text{资本保值增值率（\%）}=\frac{\text{报告期期末所有者权益}}{\text{上年同期期末所有者权益}}\times 100\%$$

所有者权益等于资产总计减负债总计。

资产负债率 是指反映企业经营风险的大小，反映企业利用债权人提供的资金从事经营活动的能力。计算公式为：

$$\text{资产负债率（\%）}=\frac{\text{负债总计}}{\text{资产总计}}\times 100\%$$

资产及负债均为报告期末数。

流动资金周转率 是指一定时期内流动资产完成的周转次数，反映投入工业企业流动资金的周转速度，一般以一年时间内周转多少次表示。计算公式为：

$$\text{流动资产周转率（次）}=\frac{\text{主营业务收入}}{\text{流动资产平均余额}}$$

成本费用利润率 是指工业企业投入生产成本及费用的经济效益，同时也反映企业降低成本所取得的经济效益。计算公式为：

$$\text{成本费用利润率（\%）}=\frac{\text{利润总额}}{\text{成本费用总额}}\times 100\%$$

成本费用总额为主营业务成本和营业费用、管理费用、财务费用三项期间费用。

全员劳动生产率 是指反映企业的生产效率和劳动投入的经济效益。一般用平均每人一年创造的工业增加值表示。计算公式为：

$$\text{全员劳动生产率（元/人）}=\frac{\text{工业增加值}}{\text{全部职工平均人数}}\times 100\%$$

全部职工平均人数为企业在报告期内全部从业人员的平均人数，计算公式为：

$$\text{全部从业人员年平均人数}=\frac{\text{1至12月各月全部从业人员平均人数之和}}{12}$$

或：

$$\text{全部从业人员年平均人 数}=\frac{\text{1至12月各月月初、月末全部从业人员之和}}{24}$$

工业产品销售率 是指反映工业产品已实现销售的程度，是分析工业产销衔接情况、研究工业产品满足社会需求的指标。计算公式为：

$$\text{产品销售率（\%）}=\frac{\text{现价工业销售产值}}{\text{现价工业总产值}}\times 100\%$$

Explanatory Notes on Main Statistical Indicators

Industry refers to the material production sector which is engaged in extraction of natural resources and processing and reprocessing of minerals and agricultural products, including (1) extraction of natural resources, such as mining, salt production, and logging (but excluding hunting and fishing); (2) processing and reprocessing of farm and sideline produces, such as rice husking, flour milling, wine making, oil pressing, cotton ginning, silk reeling, spinning and weaving, and leather making; (3) manufacture of industrial products, such as steel making, iron smelting, chemicals manufacturing, petroleum processing, machine building, timber processing; and production and supply of electricity, water and gas; (4) repair and renovation of industrial products, such as the repair of machinery and means of transport (including cars).

Prior to 1984, industrial enterprises run by villages and cooperative organizations under village were classified into agriculture. Since 1984, these enterprises have been grouped into industry.

Units of Industrial Statistics Survey These are classified into two categories: corporate industrial enterprises with independent accounting system and industrial establishments.

(1) Corporate industrial enterprises with independent accounting system refer to enterprises engaging in industrial production activities which simultaneously meet the following requirements: ①They are established legally, having their own names, organizations, location, able to take civil liability; ②They possess and use their assets independently, assume liabilities, and are entitled to sign contracts with other units; ③They are financially independent and compile their own balance sheets.

(2) Industrial establishments refer to economic units located in one single place and engaged entirely or primarily in one kind of industrial production activity, including units engaged in main business activities (industrial production activities) under industrial enterprises with independent accounting system and units engaged in industrial production activities under non-industrial enterprises (formerly industrial establishments with dependent accounting system). Industrial establishments generally meet the following requirements simultaneously: ① They have each one location and are engaged entirely or primarily in one kind of industrial activity each; ② They operate and manage their industrial production activities separately; ③ They have accounts of income and expenditure separately.

Light Industry refers to the industry that produces consumer goods and hand tools. It consists of two categories, depending on the materials used:

(1) Industries using farm products as raw materials. These are branches of light industry which directly or indirectly use farm products as basic raw materials, including the manufacture of food and beverages, tobacco processing, textile, clothing, fur and leather manufacturing, paper making, printing, etc.

(2) Industries using non-farm products as raw materials. These are branches of light industry which use manufactured goods as raw materials, including the manufacture of cultural, educational and sports articles, chemicals, synthetic fiber, chemical products for daily use, glass products for daily use, metal products for daily use, hand tools, medical apparatus and instruments, and the manufacture of cultural and clerical machinery.

Heavy Industry refers to the industry which produces capital goods and provides various sectors of the national economy with necessary material and technical basis. It consists of the following three branches according to the purpose of production or the use of products:

(1) Mining, quarrying and logging industry refers to the industry that extracts natural resources, including extraction of petroleum, coal, metal and non-metal ores, and logging.

(2) Raw materials industry refers to the industry that provides various sectors of the national economy with raw materials, fuels and power. It includes smelting and processing of metals, coking and coke chemistry, chemical materials and building materials such as cement, plywood, and power, petroleum refining and coal dressing.

(3) Manufacturing industry refers to the industry that processes raw materials. It includes machine-building industry which equips sectors of the national economy, industries of metal structure and cement products, industries producing means of agricultural production, such as chemical fertilizers and pesticides.

According to the above principle of classification, repairing trades engaged primarily in repairing products of heavy industry are classified into heavy industry, while those engaged in repairing products of light industry are classified into light industry.

Gross Industrial Output Value refers to the total volume of industrial products sold or available for sale in monetary terms during a given period, which reflects the total achievements and overall scale of industrial production during a given period. It includes the value of the finished products in the enterprises, which are not to be further processed and have been inspected, packed and put in storage (where applicable), the income from external processing and the value gain of semi-finished products at the end of the reference period over the beginning. The gross industrial output value is calculated by the factory approach, i.e. the whole industrial enterprise is regarded as the basic accounting unit in calculating the gross industrial output value. No double calculations are to be made within the same enterprise and the output value of different workshops (branch factories) should not be added. However, this approach does not exclude the possibility of double calculations between enterprises, sectors and regions.

Output value of light and heavy industries is also classified by the factory approach. Under normal conditions, if the major products of an industrial enterprise belong to light industry products, the gross output value of that enterprise is classified wholly into light industry; the same principle applies to heavy industry.

Sales Value of Industry (Current Price) refers to refers to the total value of industrial products sold or industrial services provided in monetary terms within the current year. It includes:

(1) Sales Value of Finished Products. Sale value of finished products refers to the total value of finished and semi-finished products sold within the reporting period (including those produced within and outside the period). It equals the actual sales volume of products sold within the reporting period timing the actual average sales price (excluding value added or sales tax). It includes the equipment made by the enterprise itself, as well as the finished products provided to the projects under construction, non-industrial departments and welfare department, and excludes the value of finished or semi-finished products of external processing with supplied materials that produces only processing charges.

(2) Income from External Processing: refers to income from contracted external processing of industrial products (including processing of industrial products using materials from the clients), and the income from industrial repairing work provided to other units. Income from external processing is calculated using information from the item “products sales income” in the enterprise accounting at the prices excluding value-added tax.

For an enterprise whose main business is external processing and the charges of external processing constitute a large proportion of its income, in case of cross-year payment, the income of external processing charges shall be adjusted and the actual income of external processing charges of the current year shall be recorded to ensure the accuracy of the coverage of gross industrial output.

Export Delivery Value refers to the value of the products that an industrial enterprises have delivered to export units or have exported on its own or per procurationem (including those sold to Hong Kong, Macaw and Taiwan), and the value of the products from processing and compensation trades(processing with given materials or samples, assembling supplied components). In calculating the export delivery value, the foreign exchanges shall be converted into yuan at current exchange rates.

Value-added of Industry refers to the final results of industrial production of industrial enterprises in monetary terms during the reference period. It equals to the total achievements of all industrial production minus the goods and services consumed or transferred during the industrial production of enterprises, in other terms the newly added value during the industrial production of enterprises. It is calculated by the following two approaches:

a) The production approach. The value added is calculated by taking the value of industrial intermediate input out of the final value of products and labor services that comes from industrial production. The formula used is:

Value-added of industry = gross industrial output—industrial intermediate input + value-added tax

b) The income approach. It is calculation of the final value of industrial activities by approaching the primary distribution of the primary income of industrial production. The formula used is:

Value-added of industry = depreciation of fixed assets + remuneration of laborers + net production tax+ operating surplus

Total Current Assets refer to the assets that meet one of the following requirements: (1) expected to be cashed, sold or used in a normal operation cycle, mainly including inventory and accounts receivable; (2) be owned for trading purpose mainly; (3) expected to be cashed in one year (including one year) from the day of the Balance Sheet; (4) unlimited cash or cash equivalents that can be exchanged with other assets or being capable of settling debts during one year since the day of the Balance Sheet. Included are monetary capital, notes receivable, accounts receivable and inventories. Data on this indicator can be obtained from the year-end figures of Total Current Assets in the Balance Sheet of accounting records.

Accounts Receivable refers to creditor's rights formed by business activities such as selling goods, providing labor, which include payment for goods that should be charged to the customer, value-added tax and advance freight for the clients. It comes from the ending balance of Accounts Receivable in Balance Sheet of accounting records.

Inventories refers to finished goods or commodities held in preparation for sale in enterprises' daily activities, goods in the production process, material or the physical materials consumed in the production process or in the process of providing labor, usually include raw materials, goods in the production process, semi-finished products, finished products, goods and materials in flow. It comes from the ending balance of Inventory in Balance Sheet of accounting records.

Finished Goods refers to the products that the enterprises have completed all of the production process and accepted and put in storage, and can be sent to the ordering units in accordance with the contract stipulations, or can be on sale. It comes from the debit balance of Finished Products of accounting.

Fixed Assets refers to houses, buildings machines, vehicles and other equipment, appliances and tools related to production and operation that have been used for more than one year. It also includes articles that are not major equipment of production or operation, but the value of which exceeds 2000 yuan and the service period of which exceeds 2 years. Data can be obtained from the year-end figures of Fixed Assets in the Balance Sheet of accounting records.

Total Assets refer to all resources that are owned or controlled by enterprises through previous trades or transactions with expectation of making economic profits. Classified by the degree of liquidity, total assets include current assets and non-current assets. Current assets can be classified into monetary capital, trading financial assets, notes receivable, accounts receivable, advanced payments, other receivables and inventories. Non-current assets can be divided into long-term equity investment, fixed assets, intangible assets and other non-current assets. Data on this indicator can be obtained from the year-end figures of total assets in the Balance Sheet of accounting records.

Total Liabilities refer to payable liabilities of enterprises that accumulated from previous trades or transactions with expectation of economic profits leaking out. In terms of payment, it can be divided into liquid liabilities and long-term liabilities. Data on this indicator can be obtained from the year-end figures of total liabilities in the Balance Sheet of accounting records. It comes from the debit balance of Total Liabilities in the Balance Sheet of accounting records.

Total Liquid Liabilities refer to total debt payable by enterprises within an operating cycle of one year or over one year, including short-term loans, payables and advance payments, wages payable, taxes payable and profits payable, etc. Data can be obtained from the year-end figures of Total Liquid Liabilities in the Balance Sheet of accounting records.

Creditors' Equity refers to investors' ownership of net assets of the enterprise. It is equal to the total assets of the enterprise minus its total liabilities, including the primary input from investors, capital accumulation fund, surplus accumulation fund and undistributed profit. Data can be obtained from the year-end figures of Creditors' Equity in the Balance Sheet of accounting records.

Paid-in Capital refers to the capital (or share) actually invested by the investors of an enterprise, including currency, goods, intangible assets, etc. Classified by the investing bodies, paid-in capital includes state capital, collective capital, corporate capital, individual capital, Hong Kong, Macaw and Taiwan capital and foreign capital. Data on this indicator can be obtained from the accounting subject of Paid-in Capital in the accounting record of enterprise.

State Capital refers to the investment in an enterprises made by government departments or agencies under government's jurisdiction on behalf of state. Data on this indicator can be obtained from the accounting subject of Paid-in Capital in the accounting record of enterprise.

Collective Capital refers to the collective capital contributed by work staff or other institutions to support an enterprise. Data on this indicator can be obtained from the accounting subject of Paid-in Capital in the accounting record of enterprise.

Corporate Capital refers to the investment in an enterprise made by a corporate body out of its legal disposable assets. Data on this indicator can be obtained from the accounting subject of Paid-in Capital in the accounting record of enterprise.

Individual Capital refers to the capital actually invested in an enterprise by an individual. Data on this indicator can be obtained from the accounting subject of Paid-in Capital in the accounting record of enterprise.

Hong Kong, Macaw and Taiwan Capital refers to the capital actually invested in an enterprises by investors from Hong Kong, Macaw and Taiwan. Data on this indicator can be obtained from the accounting subject of Paid-in Capital in the accounting record of enterprise.

Foreign Capital refers to the capital actually invested in an enterprise by a foreign investor. Data on this indicator can be obtained from the accounting subject of Paid-in Capital in the accounting record of enterprise.

Business Revenue refers to the revenue from the sales of products (or commodities) and from rendering of industrial services by industrial enterprises. It is classified into two categories: principal business revenue (or basic business revenue) and other business revenue (or additional business revenue). It comes from current amount of Business Revenue in income statement.

Revenue from Principal Business refers to the income confirmed of an enterprise from the principal business of selling products and providing labor services. Data on this indicator can be obtained from the year-end credit balance of Revenue from Principal Business in the accounting record of enterprise (before carryover).

Cost of Principal Business refers to the total cost occurred from the principal business of the enterprise. Data can be obtained from the year-end debit balance of Ccost of Principal Business" in the accounting record of enterprise (before carryover).

Selling Expense refers to the cost during the sale of goods and materials, providing labour services, including insurance, packing, exhibition fees and advertising fees, merchandise maintenance costs, expected product quality guarantee loss, transportation fees, handling fees, and operating expenses for the sales of the company's products such as employee compensation, business expenses, depreciation costs for dedicated sales offices (including sales outlets, after-sales service outlets, etc.).

Administrative Expense refers to the expenses for the organization and management of enterprise operating, including the start-up costs during the construction of enterprises, funds occurred during enterprises operating by board of directors and executive management in the enterprise management, or burden by enterprises. It comes from current amount of management cost in income statement.

Financial Expenses refers to cost of raising fund for enterprises to raise funds for production and operation, including interest payments (a reduction in interest income), exchange loss (less exchange gains) and related fees during the period of production. It comes from current amount of financial expenses in income statement.

Total Profits refers to the operation results in a certain accounting period, and it is the balance of various incomes minus various spendings in the course of operation, reflecting the total profits and losses of enterprises in reference period. Data are obtained from the amount of total profits in the profit statement of the accounting record of enterprise.

Value-added Tax Payable refers to the amount of the value-added tax which should be paid by the enterprises according to tax laws during the reference period of selling goods or providing such services as processing, repairing or assembling that add value to goods. The formula used is:

Value-added Tax Payable=Output Tax－(Input Tax－Input Tax Returns)－
Export Deduct Domestic Sales Goods Tax－Tax Deduction+ Export Tax Refund

Amount of Input Tax at Current Year refers to the VAT an industrial enterprise pays for purchasing goods or receiving taxable services within the reference period, which is allowed to be deducted from the amount of output tax.

Amount of Output Tax at Current Year refers to the VAT an industrial enterprise pays for selling goods or providing taxable services within the reference period.

Total Pre-Tax Profits refers to the sum of total profits, sales tax as well as additional and payable value-added taxes.

Comprehensive Index on Economic Benefit of Industry refers to the current comprehensive evaluation of the general level of economic benefit of industry and the performance of industrial economy. It is calculated by a selection of representative indicators on economic benefit divided by the standard value of each indicator respectively, multiplied by the weight of each indicator, summed and divided by total weight. The formula used is:

$$\text{Comprehensive Index on Economic Benefit of Industry} = \left(\frac{\text{Value of an Indicator on Economic Benefit in the Reference Period}}{\text{Standard Value of the Indicator}} \times \text{Weight}\right) \div \text{Total Weight where Total Weight} = 100$$

Ratio of Total Assets to Industrial Output Value refers to the profit-making capability of all assets of the enterprise. As a core indicator for the evaluation and assessment of the profit-making potential of the enterprise, it is a focused reflection of the performance and management efficiency of the enterprise. This ratio is calculated as follows:

$$\text{Ratio of Total Assets to Industrial Output Value (\%)} = \left(\frac{\text{Total Profits} + \text{Total Taxes} + \text{Interest Expenditure}}{\text{Average Assets}}\right) \times 100\% \times \left(\frac{12}{\text{cumulative number of months}}\right)$$

where Total Taxes are the sum of tax and extra charges on the sales of products and value-added tax payable; and Average Assets are the arithmetic mean of beginning assets and ending assets.

Ratio of Capital Maintenance and Appreciation is an important indicator of the changes of net assets of an enterprise and a focused reflection of the development capability of enterprises. It is the ratio of total creditors' equity at the end of the reference period to that of the same period of the previous year, calculated as follows:

$$\text{Ratio of Capital Maintenance and Appreciation (\%)} = \left(\frac{\text{Total Creditors' Equity at the End of the Reference Period}}{\text{Total Creditors' Equity of the Same Period of the Previous Year}}\right) \times 100\%$$

where Creditors' equity is equal to the total assets of the enterprise minus its total liabilities.

Assets-Liability Ratio reflects both the operation risk and the capability of the enterprise in making use of the capital from the creditors. It is calculated as follows:

$$\text{Assets-Liability Ratio(\%)} = \left(\frac{\text{Total Debts}}{\text{Total Assets}}\right) \times 100\%$$

where both assets and debts are figures at the end of the reference period.

Number of Times of Turnover of Circulating Funds refers to the number of times in which turnover of circulating funds is completed in a given period of time, which reflects the speed of the turnover of circulating funds. It is expressed as times of turnover within a year and is calculated as follows:

$$\text{Number of Times of Turnover of Circulating Funds} = \left(\frac{\text{Sales Revenue of Products}}{\text{Average Balance of Total Number of Times of Turnover of Circulating Funds}}\right) \times \left(\frac{12\%}{\text{Cumulative Number of Months}}\right)$$

Ratio of Profits to Industrial Costs refers to the ratio of profits realized in a given period to the total production costs of industrial enterprises in the same period, which also reflects the economic benefit attained by the enterprises from reduced costs. This ratio is calculated as follows:

$$\text{Ratio of Profits to Industrial Costs (\%)} = \left(\frac{\text{Total Profits}}{\text{Total Costs}}\right) \times 100\%$$

where Total costs are the sum of cost of products sold, marketing cost, management cost and financial cost.

Value-added Labor Productivity reflects the production efficiency of the enterprise and economic benefit of its labor input. It is usually expressed as the industrial value-added created by an average member of an industrial enterprise in a year. The formula used is:

$$\text{Value-added Labor Productivity (yuan/person)} = \left(\frac{\text{Value-added of Industry}}{\text{Average Number of Staff and Workers}}\right) \times \left(\frac{12}{\text{Cumulative Number of Months}}\right)$$

Average Number of Staff and Workers refers to the average number of all employed persons by an industrial enterprise within the reference period. The formula used is:

$$\text{Average Number of Staff and Workers} = \frac{\text{Sum of Average Monthly Numbers from January to December}}{12}$$

Or

$$\text{Average Number of Staff and Workers} = \frac{\text{Sum of Average Numbers at the Beginning and End of Each Month from January to December}}{24}$$

Proportion of Products Sold refers to the sales of industrial products to the gross industrial output value, and is used to analyze the linkage between production and sales and the extent to which the needs of the society are met by the supply of industrial products. It is calculated as follows:

$$\text{Proportion of Products Sold (\%)} = \left(\frac{\text{Value of Industrial Sales at Current Prices}}{\text{Gross Industrial Output Value at Current Prices}}\right) \times 100\%$$

十三、建筑业

CONSTRUCTION

十三　建筑业

简要说明

一、本篇资料反映广东省建筑业发展的基本情况。主要内容包括全省和各市建筑业企业生产经营的情况，主要指标有企业个数、就业人员数、建筑业总产值、房屋建筑面积、房屋建筑施工新开工面积、利润总额、利税总额和建筑业劳动生产率等。

二、本篇资料由广东省统计局固定资产投资统计处整理提供。

三、本篇资料是根据国家统计局制定的《建筑业统计报表制度》整理汇总的。统计范围包括：广东境内具有法人资格的独立核算建筑业企业和辖区内建筑业法人所属的产业活动单位。

四、从 2004 年开始，统计范围为具有建筑业资质的独立核算建筑业企业。

13 Construction

Brief Introduction

Ⅰ. The data in this chapter show the development of the construction industry in Guangdong Province. They cover mainly the statistics of production and management of the enterprises of construction of the whole province and its cities, including the number of enterprises, the number of employed persons, gross output value of construction, floor space of buildings, value-added of construction, total profits and total pre-tax profits, Construction enterprise labor productivity, etc.

Ⅱ. The data in this chapter are prepared and provided by the Division of Investment and Construction Statistics of Statistics Bureau of Guangdong Province.

Ⅲ. The data in this chapter are collected in accordance with the Reporting Scheme of Construction Statistics stipulated by the National Bureau of Statistics. The coverage of construction statistics includes construction enterprises with legal person qualifications and independent accounting system and industrial establishments affiliated with corporate construction enterprises under the jurisdiction of Guangdong Province.

Ⅳ. The data since 2004 include all construction enterprises with construction qualifications and independent accounting system.

13-1 建筑业企业生产情况

Production Conditions of Construction Enterprises

项 目	Item	2017 合计 Total of 2017	#国有及国有控股企业 State-owned and State-holding	2018 合计 Total of 2018	#国有及国有控股企业 State-owned and State-holding
企业个数 （个）	**Number of Construction Enterprises (unit)**	**5606**	**476**	**6142**	**437**
建筑业合同情况	**Contracts of Construction**				
签订的合同额 （亿元）	Value of Contracts Signed (100 million yuan)	30989.02	16750.22	38856.07	20552.11
上年结转合同额(亿元)	Value of Contracts Carried-over from the Previous Year (100 million yuan)	14845.74	8840.19	19271.69	11675.24
本年新签合同额(亿元)	Value of Newly-signed Contracts in Current Year (100 million yuan)	16143.28	7910.03	19584.38	8876.87
承包工程完成情况	**Contracted Projects Completed**				
直接从建设单位承揽工程完成产值 （亿元）	Completed Output Value of Contracted Projects Directly from Construction Units (100 million yuan)	12183.01	4971.41	14235.68	5662.61
自行完成施工产值 （亿元）	Output Value of Self-completed Projects (100 million yuan)	11090.36	4126.70	12949.19	4685.14
分包出去工程的产值 （亿元）	Output Value of Outsourcing Projects (100 million yuan)	1092.65	844.72	1286.50	977.47
从建设单位以外承揽工程完成产值 （亿元）	Completed Output Value of Contracted Projects outside Construction Units (100 million yuan)	480.97	267.50	765.18	490.61
建筑业总产值 （亿元）	**Gross Output Value of Construction (100 million yuan)**	**11571.33**	**4394.20**	**13714.37**	**5175.76**
#装饰装修产值 （亿元）	Output Value of Decoration Projects (100 million yuan)	1603.93	184.50	1712.56	222.78
在外省完成的产值 （亿元）	Output Value Completed in Other Provinces (100 million yuan)	2196.87	1068.13	2920.94	1395.05
建筑工程产值 （亿元）	Output Value of Construction Projects (100 million yuan)	9916.33	3972.50	11809.67	4730.87
安装工程产值 （亿元）	Output Value of Installation Projects (100 million yuan)	1288.13	283.49	1441.13	321.32
其他产值 （亿元）	Other Output Values (100 million yuan)	366.87	138.21	463.56	123.57
竣工产值 （亿元）	**Output Value Completed (100 million yuan)**	**6080.98**	**2146.48**	**5739.39**	**1795.42**
房屋建筑施工面积 （万平方米）	**Floor Space of Buildings under Construction (10000 sq.m)**	**60247.20**	**25761.66**	**73731.26**	**31812.08**
#新开工面积 （万平方米）	Floor Space of Newly-started Buildings (10000 sq.m)	21644.31	7299.44	25825.23	9676.67
劳动人员情况	**Labor Force**				
从事建筑业活动的就业人员平均人数 （万人）	Average Number of Employed Persons in the main business activities (10000 persons)	288.42	89.89	292.26	86.36
期末就业人数 （万人）	Number of Employed Persons at the Year-end (10000 persons)	289.97	84.79	280.87	79.80
#工程技术人员 （万人）	Number of Engineering Technical Personnel (10000 persons)	33.60	10.97	34.60	11.33

13-2 建筑业企业主要指标

Main Indicators on Construction Enterprises

年份 Year	建筑业企业单位数(个) Number of Construction Enterprises (unit)	建筑业企业总产值(亿元) Gross Output Value of Construction Enterprises (100 million yuan)	建筑业企业增加值(亿元) Value-added of Construction Enterprises (100 million yuan)	建筑业企业利税总额(亿元) Total Pre-tax Profits of Construction Enterprises (100 million yuan)	建筑业企业就业人员(万人) Number of Employed Persons of Construction Enterprises (10000 persons)
1978	178	5.47	10.49	0.20	14.78
1979	188	6.32	9.29	0.23	16.27
1980	204	8.88	12.66	0.32	19.45
1981	224	13.44	16.74	0.49	24.29
1982	246	19.66	22.24	0.72	29.94
1983	269	24.51	26.45	0.90	36.23
1984	357	36.83	33.22	1.31	47.12
1985	462	50.45	44.01	1.54	54.47
1986	448	57.14	47.42	1.28	58.24
1987	492	65.96	56.58	1.56	59.08
1988	596	86.74	73.82	2.74	66.56
1989	646	125.65	90.07	3.62	71.88
1990	686	113.40	92.45	3.12	67.22
1991	705	137.30	107.12	4.33	67.71
1992	910	216.56	201.04	9.65	84.80
1993	1766	459.95	318.05	23.03	144.12
1994	1587	535.75	387.80	31.29	150.05
1995	1618	635.83	451.40	39.47	135.56
1996	2031	632.16	464.66	35.74	146.56
1997	2399	732.97	468.97	38.26	143.89
1998	2961	800.00	502.87	43.11	142.82
1999	3283	954.44	526.56	53.06	144.78
2000	4593	944.61	537.06	58.24	141.46
2001	3699	1179.03	565.75	84.51	147.07
2002	4019	1418.41	596.03	88.95	150.12
2003	4488	1702.87	706.84	127.48	161.48
2004	4166	1901.86	796.02	143.75	152.10
2005	4182	2200.58	867.79	164.38	166.78
2006	4172	2594.04	952.02	191.62	169.33
2007	4326	3005.32	1062.33	256.59	179.13
2008	4470	3375.03	1198.02	205.07	173.77
2009	4508	3826.83	1332.47	329.00	179.34
2010	4551	4742.09	1556.17	393.87	196.32
2011	4589	5804.21	1802.01	470.75	190.28
2012	4637	6564.37	1895.29	517.82	198.31
2013	4977	7927.13	2165.29	653.70	204.79
2014	4982	8440.29	2345.38	675.99	211.07
2015	4926	8984.86	2441.85	724.74	185.50
2016	5054	9805.00	2551.82	736.52	246.17
2017	5606	11571.33	2818.82	851.86	289.97
2018	6142	13714.37	3216.28		280.87

13-3 各市建筑业企业个数

Number of Construction Enterprises by City

单位：个 (unit)

市别	City	2000	2005	2010	2013	2014	2015	2016	2017	2018
全省总计	**Provincial Total**	**4593**	**4182**	**4551**	**4977**	**4982**	**4926**	**5054**	**5606**	**6142**
广 州	Guangzhou	757	764	779	882	890	877	883	952	1087
深 圳	Shenzhen	447	604	808	898	818	776	849	989	1041
珠 海	Zhuhai	143	165	144	309	375	393	410	416	333
汕 头	Shantou	271	199	212	186	180	175	176	178	167
佛 山	Foshan	248	502	497	424	434	427	431	458	518
韶 关	Shaoguan	110	66	76	101	95	94	96	112	132
河 源	Heyuan	117	82	85	104	102	104	107	114	126
梅 州	Meizhou	154	111	146	153	151	151	153	163	169
惠 州	Huizhou	241	124	111	121	111	103	119	176	255
汕 尾	Shanwei	100	43	38	36	34	36	44	43	39
东 莞	Dongguan	183	361	444	502	536	540	542	624	791
中 山	Zhongshan	385	273	314	327	329	319	310	367	360
江 门	Jiangmen	342	156	165	160	162	164	171	204	221
阳 江	Yangjiang	122	91	95	117	113	113	109	115	113
湛 江	Zhanjiang	238	125	106	128	131	127	130	138	161
茂 名	Maoming	146	100	97	125	125	129	130	148	195
肇 庆	Zhaoqing	136	122	119	98	92	90	86	92	94
清 远	Qingyuan	136	74	80	72	77	88	100	110	128
潮 州	Chaozhou	139	90	83	77	73	66	59	57	55
揭 阳	Jieyang	121	84	107	112	111	111	108	110	128
云 浮	Yunfu	57	46	45	45	43	43	41	40	50
按经济区域分	By Region									
珠三角	Pearl River Delta	2882	3071	3381	3721	3747	3689	3801	4278	4700
东 翼	Eastern Region	631	416	440	411	398	388	387	388	389
西 翼	Western Region	506	316	298	370	369	369	369	401	469
山 区	Mountainous Region	574	379	432	475	468	480	497	539	584

13-4 各市建筑业企业总产值

Gross Output Value of Construction Enterprises by City

单位：亿元 (100 million yuan)

市 别	City	2000	2005	2010	2013	2014	2015	2016	2017	2018
全省总计	**Provincial Total**	**944.61**	**2200.58**	**4742.09**	**7927.13**	**8440.29**	**8984.86**	**9805.00**	**11571.33**	**13714.37**
广 州	Guangzhou	256.13	633.99	1296.19	2216.18	2377.92	2546.94	2832.50	3234.86	4019.24
深 圳	Shenzhen	153.02	545.62	1460.99	2422.26	2217.23	2275.20	2392.11	2869.95	3471.02
珠 海	Zhuhai	33.11	52.48	100.81	291.45	402.78	477.45	566.77	750.97	796.23
汕 头	Shantou	80.67	127.78	219.12	361.31	376.44	405.52	453.76	519.64	608.77
佛 山	Foshan	73.08	154.68	315.42	403.17	487.12	497.09	509.25	538.42	559.57
韶 关	Shaoguan	24.14	29.25	102.76	213.94	218.64	214.35	179.70	194.46	201.91
河 源	Heyuan	5.74	17.01	20.68	39.37	50.46	69.31	92.44	116.35	126.75
梅 州	Meizhou	15.14	54.81	125.91	185.37	216.98	241.12	267.68	302.28	351.29
惠 州	Huizhou	20.35	46.94	69.83	103.28	122.04	141.29	160.88	198.87	206.62
汕 尾	Shanwei	5.49	6.95	15.44	9.64	11.11	14.41	21.72	26.40	41.27
东 莞	Dongguan	40.45	84.35	122.06	187.90	204.21	224.59	267.22	322.58	435.97
中 山	Zhongshan	26.20	73.41	133.70	160.84	166.84	153.67	166.64	217.15	263.57
江 门	Jiangmen	47.18	56.06	119.18	203.59	212.38	225.24	240.86	284.34	306.76
阳 江	Yangjiang	18.80	32.97	66.18	115.08	124.71	120.05	103.24	111.18	110.98
湛 江	Zhanjiang	45.61	75.96	168.08	334.52	430.12	461.75	535.40	612.86	793.33
茂 名	Maoming	39.05	92.14	134.67	325.38	417.76	481.04	570.76	768.49	837.67
肇 庆	Zhaoqing	15.40	39.99	99.40	108.58	119.80	125.49	117.92	142.57	155.47
清 远	Qingyuan	11.49	20.19	52.78	73.35	96.56	101.72	110.54	132.02	166.27
潮 州	Chaozhou	12.71	18.99	25.98	34.70	40.50	43.84	44.02	44.97	46.96
揭 阳	Jieyang	12.24	21.78	75.06	107.11	114.35	133.02	134.14	143.40	163.74
云 浮	Yunfu	8.61	15.20	17.85	30.10	32.36	31.75	37.44	39.55	50.97
按经济区域分	By Region									
珠 三 角	Pearl River Delta	664.92	1687.53	3717.58	6097.24	6310.31	6666.97	7254.16	8559.73	10214.45
东 翼	Eastern Region	111.11	175.50	335.60	512.76	542.39	596.79	653.64	734.41	860.74
西 翼	Western Region	103.46	201.08	368.93	774.99	972.59	1062.85	1209.40	1492.53	1741.98
山 区	Mountainous Region	65.12	136.47	319.98	542.14	615.00	658.26	687.80	784.66	897.19

13–5 各市建筑业企业利税总额

Total Pre-tax Profits of Construction Enterprises by City

单位：亿元 (100 million yuan)

市 别	City	2000	2005	2010	2013	2014	2015	2016	2017
全省总计	**Provincial Total**	**58.24**	**164.38**	**393.87**	**653.70**	**675.99**	**724.74**	**736.52**	**851.86**
广 州	Guangzhou	15.17	45.42	118.16	154.74	162.11	171.85	175.16	195.66
深 圳	Shenzhen	13.79	39.76	105.09	183.80	184.30	212.92	182.78	192.42
珠 海	Zhuhai	1.43	4.16	7.44	20.35	25.84	34.12	45.20	49.36
汕 头	Shantou	4.14	9.86	17.64	28.86	30.36	32.64	36.60	47.96
佛 山	Foshan	4.70	14.31	30.47	47.72	50.13	38.40	30.70	29.14
韶 关	Shaoguan	2.00	1.57	6.66	16.95	14.16	14.55	13.18	14.44
河 源	Heyuan	0.53	1.23	2.08	5.53	7.04	10.72	13.64	16.14
梅 州	Meizhou	0.81	6.47	13.70	24.68	25.60	26.53	25.14	27.52
惠 州	Huizhou	1.02	3.63	4.96	7.53	5.32	5.44	7.31	10.12
汕 尾	Shanwei	0.58	0.58	1.43	0.58	0.83	1.29	1.73	2.77
东 莞	Dongguan	2.25	6.36	9.80	16.56	16.93	17.09	17.55	29.32
中 山	Zhongshan	1.53	6.09	13.71	14.87	14.72	11.87	14.37	15.12
江 门	Jiangmen	2.37	3.79	9.61	16.10	17.27	20.34	23.83	27.68
阳 江	Yangjiang	1.15	3.24	6.26	10.32	9.90	9.09	10.97	12.47
湛 江	Zhanjiang	1.69	3.80	10.69	16.26	22.57	23.94	28.67	39.43
茂 名	Maoming	1.82	5.97	10.01	45.53	47.33	52.94	66.36	89.97
肇 庆	Zhaoqing	0.77	2.55	6.32	8.45	8.75	7.79	7.99	11.31
清 远	Qingyuan	0.40	1.20	6.24	5.18	5.17	5.78	6.80	9.87
潮 州	Chaozhou	0.66	1.17	2.12	4.09	3.17	3.18	3.51	3.62
揭 阳	Jieyang	0.73	2.09	9.48	22.43	20.71	21.01	21.02	22.12
云 浮	Yunfu	0.70	1.13	1.98	3.19	3.77	3.26	4.01	5.44
按经济区域分	By Region								
珠 三 角	Pearl River Delta	43.03	126.06	305.57	470.12	485.38	519.81	504.89	560.11
东 翼	Eastern Region	6.11	13.70	30.68	55.95	55.08	58.12	62.86	76.47
西 翼	Western Region	4.66	13.01	26.96	72.11	79.80	85.97	106.00	141.87
山 区	Mountainous Region	4.44	11.61	30.66	55.52	55.73	60.84	62.77	73.41

13-6 各市建筑业企业利润总额

Total Profits of Construction Enterprises by City

单位：亿元 (100 million yuan)

市　别	City	2000	2005	2010	2013	2014	2015	2016	2017
全省总计	**Provincial Total**	**22.73**	**70.53**	**205.47**	**363.20**	**376.19**	**396.36**	**425.38**	**463.19**
广　州	Guangzhou	5.20	18.64	65.51	87.81	90.46	96.23	106.77	106.11
深　圳	Shenzhen	7.57	15.65	50.44	101.55	103.03	115.51	111.06	119.06
珠　海	Zhuhai	0.37	1.98	3.47	10.12	13.83	19.05	25.97	30.31
汕　头	Shantou	1.36	3.74	8.23	14.99	15.15	15.63	20.15	24.91
佛　山	Foshan	2.00	6.54	19.27	27.11	36.55	24.99	19.78	16.18
韶　关	Shaoguan	0.23	0.43	2.95	9.15	6.21	5.44	6.45	7.25
河　源	Heyuan	0.29	0.48	0.95	3.92	4.90	7.71	9.39	10.10
梅　州	Meizhou	0.21	4.56	8.44	16.23	14.84	17.08	15.09	16.80
惠　州	Huizhou	0.35	1.02	1.68	3.61	1.24	2.37	3.06	3.63
汕　尾	Shanwei	0.22	0.18	0.56	0.17	0.32	0.55	0.57	1.33
东　莞	Dongguan	1.14	3.81	5.78	9.79	10.44	9.67	8.60	19.44
中　山	Zhongshan	0.78	3.63	7.46	8.86	9.00	6.25	9.52	10.19
江　门	Jiangmen	0.34	1.55	4.88	8.40	8.67	11.33	13.14	12.98
阳　江	Yangjiang	0.61	1.38	3.59	5.55	5.20	4.71	5.79	5.68
湛　江	Zhanjiang	0.28	1.19	3.76	6.14	8.14	8.68	9.79	12.32
茂　名	Maoming	0.77	2.49	4.43	23.03	24.03	27.67	34.58	38.84
肇　庆	Zhaoqing	0.09	0.65	2.51	3.96	4.28	3.26	3.70	5.61
清　远	Qingyuan	0.01	0.46	3.44	2.88	2.54	3.24	3.58	4.24
潮　州	Chaozhou	0.28	0.49	1.12	2.52	1.64	1.77	1.70	1.74
揭　阳	Jieyang	0.26	1.22	5.90	15.55	13.45	13.46	14.26	13.86
云　浮	Yunfu	0.37	0.43	1.10	1.85	2.29	1.77	2.47	2.62
按经济区域分	By Region								
珠三角	Pearl River Delta	17.84	53.48	161.00	261.22	277.49	288.67	301.58	323.51
东　翼	Eastern Region	2.12	5.62	15.81	33.23	30.56	31.41	36.67	41.84
西　翼	Western Region	1.66	5.06	11.78	34.72	37.37	41.05	50.16	56.84
山　区	Mountainous Region	1.11	6.36	16.87	34.03	30.77	35.23	36.97	41.01

13-7 各市建筑业企业房屋建筑施工面积

Floor Space of Buildings under Construction by Construction Enterprises by City

单位：万平方米 (10000 sq.m)

市别	City	2000	2005	2010	2013	2014	2015	2016	2017	2018
全省总计	**Provincial Total**	**16333.82**	**26886.00**	**33140.39**	**52397.21**	**53443.21**	**50461.59**	**54358.29**	**60247.20**	**73731.26**
广州	Guangzhou	3161.25	5311.14	7135.48	15055.70	16398.88	15163.70	16289.56	19323.31	27755.15
深圳	Shenzhen	1999.65	4800.07	5980.34	11502.80	7015.83	7682.65	8501.07	9240.74	10782.00
珠海	Zhuhai	733.57	625.51	877.39	1270.67	1676.35	1969.64	2307.70	1957.27	1681.69
汕头	Shantou	1477.16	2176.29	2381.63	3478.43	3856.83	4218.81	4388.16	4956.34	5420.27
佛山	Foshan	1763.57	2782.45	3335.62	3288.92	3243.14	2731.91	3104.43	3225.98	3585.61
韶关	Shaoguan	362.44	424.57	781.78	1145.51	1090.14	1063.36	1070.88	1117.79	1268.85
河源	Heyuan	79.80	294.41	218.83	252.72	345.04	453.06	517.93	582.98	647.54
梅州	Meizhou	273.56	776.23	1315.80	1340.77	1433.24	1632.23	1408.17	1870.78	2476.16
惠州	Huizhou	366.05	772.13	942.90	1410.92	1317.62	1162.39	1367.64	1274.14	1331.85
汕尾	Shanwei	127.42	114.77	175.11	92.78	92.42	118.61	156.25	223.13	297.84
东莞	Dongguan	1217.56	1234.98	733.44	790.43	1102.92	1045.99	914.05	946.91	1255.12
中山	Zhongshan	400.99	945.60	601.02	573.77	542.07	470.87	515.04	500.92	562.83
江门	Jiangmen	1329.02	1585.95	1640.13	2119.12	2611.16	2457.27	2414.59	2516.28	2822.09
阳江	Yangjiang	270.81	525.95	825.31	1109.02	1020.00	920.64	827.27	882.57	793.40
湛江	Zhanjiang	857.19	1399.47	1943.66	3187.28	5988.40	3361.23	3723.52	3816.55	4524.88
茂名	Maoming	734.43	1395.55	1770.78	2933.13	3096.70	3264.79	4255.82	5195.03	5683.39
肇庆	Zhaoqing	386.93	531.11	728.47	772.31	593.25	640.44	501.43	539.77	517.52
清远	Qingyuan	249.02	466.45	632.87	613.31	612.68	562.07	598.38	643.97	774.68
潮州	Chaozhou	217.15	206.67	373.12	629.79	543.70	597.67	576.46	470.33	470.84
揭阳	Jieyang	193.91	277.75	559.41	595.67	639.41	638.29	577.80	579.61	603.86
云浮	Yunfu	132.34	238.96	187.29	234.18	223.43	305.99	342.13	382.80	475.70
按经济区域分	By Region									
珠三角	Pearl River Delta	11358.59	18588.94	21974.80	36784.63	34501.23	33324.85	35915.51	39525.32	50293.86
东翼	Eastern Region	2015.64	2775.47	3489.27	4796.66	5132.36	5573.38	5698.67	6229.40	6792.80
西翼	Western Region	1862.43	3320.97	4539.75	7229.42	10105.10	7546.67	8806.61	9894.15	11001.67
山区	Mountainous Region	1097.16	2200.62	3136.57	3586.49	3704.51	4016.70	3937.49	4598.32	5642.93

13-8 各市建筑业企业房屋建筑施工新开工面积

Floor Space of Buildings Started This Year by Construction Enterprises by City

单位：万平方米 (10000 sq.m)

市别	City	2000	2005	2010	2013	2014	2015	2016	2017	2018
全省总计	**Provincial Total**	**6423.16**	**11879.41**	**14529.68**	**21604.60**	**21257.33**	**15802.23**	**18060.46**	**21644.31**	**25825.23**
广州	Guangzhou	1153.97	2313.48	2995.47	5768.19	4487.47	3473.80	4284.00	5320.11	8572.92
深圳	Shenzhen	791.59	1933.19	2443.02	4015.85	2172.19	1833.43	2696.09	3141.98	4433.86
珠海	Zhuhai	236.23	298.50	476.92	469.98	767.08	687.28	606.65	681.01	743.22
汕头	Shantou	576.48	942.72	1129.55	1355.32	1448.64	1421.14	1278.18	1847.85	1797.78
佛山	Foshan	943.98	1230.74	931.63	1397.99	1147.02	682.05	1139.90	1526.92	1189.33
韶关	Shaoguan	160.10	196.57	360.77	567.55	550.72	551.67	479.55	544.49	471.64
河源	Heyuan	40.48	151.18	126.65	146.65	197.65	283.87	294.73	398.48	411.33
梅州	Meizhou	124.38	323.52	655.48	672.79	629.71	541.14	552.65	863.42	1520.13
惠州	Huizhou	185.75	380.49	444.14	480.66	322.31	325.94	420.88	379.57	394.19
汕尾	Shanwei	84.60	50.11	122.07	50.42	37.39	55.53	54.81	96.35	85.27
东莞	Dongguan		589.95	345.07	427.39	592.81	328.25	259.14	305.67	395.17
中山	Zhongshan	200.38	503.83	287.82	271.99	214.55	212.48	290.83	207.17	186.19
江门	Jiangmen	668.83	631.55	833.99	896.52	1093.60	928.62	824.94	760.05	811.21
阳江	Yangjiang	354.20	249.55	369.70	450.81	479.74	326.31	352.07	281.79	229.56
湛江	Zhanjiang	290.52	639.64	922.67	1714.57	4390.03	1299.72	1597.82	1254.26	1601.11
茂名	Maoming	138.54	600.67	848.76	1640.95	1523.30	1614.28	1735.73	2741.81	1707.92
肇庆	Zhaoqing	115.93	248.72	298.32	289.45	243.66	337.26	354.32	284.74	230.20
清远	Qingyuan	97.89	235.35	318.47	276.63	266.00	269.03	274.08	313.23	317.30
潮州	Chaozhou	99.95	96.79	134.94	161.57	125.75	98.21	54.73	97.12	41.09
揭阳	Jieyang	108.93	147.23	388.76	426.31	474.75	408.95	397.49	493.66	505.39
云浮	Yunfu	50.43	115.64	95.48	123.02	92.97	123.25	111.88	104.62	180.42
按经济区域分	By Region									
珠三角	Pearl River Delta	4296.66	8130.45	9056.38	14018.02	11040.68	8809.12	10876.74	12607.22	16956.29
东翼	Eastern Region	869.96	1236.84	1775.32	1993.62	2086.53	1983.84	1785.22	2534.99	2429.54
西翼	Western Region	783.26	1489.86	2141.14	3806.33	6393.07	3240.31	3685.62	4277.86	3538.58
山区	Mountainous Region	473.28	1022.26	1556.84	1786.63	1737.05	1768.97	1712.88	2224.24	2900.81

13-9 各市建筑业企业期末就业人员

Number of Employed Persons of Construction Enterprises at the Year-end by City

单位：万人 (10000 persons)

市别	City	2000	2005	2010	2013	2014	2015	2016	2017	2018
全省总计	**Provincial Total**	**141.46**	**166.78**	**196.32**	**204.79**	**211.07**	**185.50**	**246.17**	**289.97**	**281.40**
广州	Guangzhou	26.40	30.80	39.65	37.56	43.95	40.03	48.28	68.76	62.63
深圳	Shenzhen	20.15	26.85	45.59	47.76	47.87	41.35	66.80	73.75	67.79
珠海	Zhuhai	3.55	3.24	4.36	9.45	8.26	6.37	12.24	13.41	14.84
汕头	Shantou	14.29	12.63	14.35	15.47	14.78	13.60	14.46	15.94	15.36
佛山	Foshan	8.62	13.71	11.02	8.71	8.52	10.49	9.06	9.03	8.78
韶关	Shaoguan	4.46	3.69	5.71	9.04	8.41	6.81	6.84	7.09	6.60
河源	Heyuan	1.74	2.09	1.72	1.77	1.87	1.92	2.73	3.31	4.49
梅州	Meizhou	3.58	7.27	9.13	7.90	7.79	6.55	6.88	8.57	9.69
惠州	Huizhou	3.33	3.94	3.24	3.61	3.47	1.57	3.98	4.65	4.93
汕尾	Shanwei	1.25	1.28	1.31	0.72	0.72	0.70	1.17	0.94	1.45
东莞	Dongguan	6.65	7.78	5.73	6.40	7.97	7.58	9.35	12.98	11.39
中山	Zhongshan	3.71	5.75	5.32	5.50	5.18	4.00	3.98	5.38	4.73
江门	Jiangmen	10.26	10.58	8.50	6.89	7.02	6.12	6.53	7.16	6.75
阳江	Yangjiang	3.54	4.54	5.49	6.45	5.67	4.85	5.37	5.07	4.90
湛江	Zhanjiang	8.03	7.87	10.29	10.62	12.63	10.71	19.01	21.79	22.33
茂名	Maoming	8.92	10.44	8.27	11.88	11.41	10.53	12.79	15.91	16.43
肇庆	Zhaoqing	3.61	3.70	4.12	3.40	3.46	2.53	3.83	3.75	4.00
清远	Qingyuan	2.74	2.46	3.43	3.18	3.89	2.87	4.20	4.19	5.24
潮州	Chaozhou	2.10	2.17	1.46	1.57	2.16	1.54	1.93	1.72	1.90
揭阳	Jieyang	2.88	3.86	5.75	5.13	4.45	3.85	5.10	4.68	5.07
云浮	Yunfu	1.65	2.13	1.85	1.78	1.60	1.51	1.65	1.89	2.08
按经济区域分	By Region									
珠三角	Pearl River Delta	86.28	106.35	127.54	129.26	135.70	120.03	164.04	198.86	185.85
东翼	Eastern Region	20.52	19.94	22.88	22.90	22.11	19.70	22.66	23.28	23.79
西翼	Western Region	20.49	22.86	24.06	28.96	29.71	26.09	37.17	42.77	43.67
山区	Mountainous Region	14.17	17.64	21.84	23.68	23.55	19.67	22.30	25.06	28.09

13-10 各市建筑业企业劳动生产率

Labor Productivity of Construction Enterprises by City

单位：元/人 (yuan/person)

市别	City	2000	2005	2010	2013	2014	2015	2016	2017	2018
全省总计	**Provincial Total**	**70137**	**132056**	**239595**	**335609**	**356658**	**382570**	**401245**	**401193**	**468333**
广州	Guangzhou	91086	204454	315033	542086	525416	552068	584831	508843	583005
深圳	Shenzhen	107549	183515	300502	340574	344326	345823	355497	356148	475215
珠海	Zhuhai	85936	162503	228342	358547	352152	385938	446465	506501	501549
汕头	Shantou	56057	99266	159623	261516	269587	296273	323232	346526	411270
佛山	Foshan	86795	115051	285616	492072	545077	586097	595460	606710	638746
韶关	Shaoguan	57743	83704	189045	326916	275767	313316	279777	315880	305985
河源	Heyuan	33395	82741	121383	239005	261644	280999	326710	353735	278127
梅州	Meizhou	44258	78866	141903	259046	306114	327465	394734	354985	366095
惠州	Huizhou	60374	119974	217933	332841	349105	406527	433029	446018	390366
汕尾	Shanwei	46496	51367	116927	174520	157869	211873	201483	297909	304666
东莞	Dongguan	64176	108136	218052	285850	275080	263489	301919	258138	368852
中山	Zhongshan	73597	119772	249502	312868	327054	333178	414881	420283	537855
江门	Jiangmen	49612	64418	147038	347379	294889	336038	406110	411990	461205
阳江	Yangjiang	59689	78360	123368	230866	240397	241168	213732	223448	241512
湛江	Zhanjiang	57160	98452	173336	311805	316124	315036	284640	299524	367754
茂名	Maoming	46992	90457	170522	309067	359623	396918	435077	481102	505089
肇庆	Zhaoqing	46380	107435	257334	307105	280641	385010	344260	385081	395687
清远	Qingyuan	42073	90596	158598	250075	242105	266337	277162	340057	362270
潮州	Chaozhou	57817	91838	146120	261170	264270	237822	195806	220225	217139
揭阳	Jieyang	40672	57368	131884	246950	227618	242247	237181	296304	323199
云浮	Yunfu	49773	74640	101721	190725	199710	204748	226005	216979	237718
按经济区域分	By Region									
珠三角	Pearl River Delta	82426	156714	283028	399713	400612	418380	445292	426741	512747
东翼	Eastern Region	53458	87357	149042	255941	255566	274993	283945	322626	368064
西翼	Western Region	55234	90945	160692	295332	319822	334707	329011	360425	407460
山区	Mountainous Region	47252	81395	151686	272995	272680	298647	317272	331560	326424

主要统计指标解释

建筑业总产值 是以货币表现的建筑业企业在一定时期内生产的建筑业产品和服务的总和。建筑业总产值包括三部分内容：

⑴建筑工程产值：指列入建筑工程预算内的各种工程价值。

⑵设备安装工程产值：指设备安装工程价值，但不包括设备本身的价值。

⑶其他产值：建筑业总产值中除建筑工程、安装工程以外的产值。包括房屋构筑物修理产值、非标准设备制造产值、总包企业向分包企业收取的管理费以及不能明确划分的施工活动所完成的产值。

①房屋构筑物修理产值：指房屋和构筑物的修理所完成的价值，但不包括被修理房屋构筑物的本身价值和生产设备的修理价值。

②非标准设备制造产值：指加工制造没有定型的非标准生产设备的加工费和原材料价值以及附属加工厂为本企业承建工程制作的非标准设备的价值。

竣工产值 一般是以单位工程为对象，当该工程按照设计所规定的工程内容全部完成，达到了设计规定的交工条件，经有关部门检查验收鉴定合格的单位工程价值，即为竣工产值。

房屋施工面积 指在报告期内施工的全部房屋建筑面积，它包括本期新开工的房屋面积、上期跨入本期继续施工的房屋面积、上期停缓建在本期恢复施工的房屋面积、本期竣工的房屋面积以及本期施工后又停缓建的房屋面积。

房屋新开工面积 指房地产开发企业本年新开工建设的房屋建筑面积，以单位工程为核算对象。不包括在上年开工跨入本年继续施工的房屋建筑面积和上年停缓建而在本年恢复施工的房屋建筑面积。房屋的开工应以房屋正式开始破土刨槽（地基处理或打永久桩）的日期为准。房屋新开工面积指整栋房屋的全部建筑面积，不能分割计算。

从事建筑业活动的就业人员平均人数 指建筑业企业(或单位)报告期实际拥有的、与建筑施工活动有关的人员的平均人数，包括参加本企业(或单位)建筑施工活动的非本企业(或单位)人员，但不包括企业内部社会服务性机构的人员以及由本企业支付工资但所从事的工作与本企业生产基本无关的人员。

年末就业人员中工程技术人员 指负担工程技术和工程技术管理工作，并具有工程技术工作能力的人员。

利润总额 指企业在生产经营过程中各种收入扣除各种耗费后的盈余，反映企业在报告期内实现的亏盈总额，包括营业利润、补贴收入、投资净收益和营业外收支净额。

工程结算税金及附加 指因从事建筑业生产活动，取得工程价款结算收入而按规定应该交纳的营业税、城市维护建设税等以及随同营业税金一并计算交纳的教育费附加等。

应交增值税 指按照税法规定，以销售货物、服务、无形资产、不动产或提供加工、修理修配劳务的增值额和货物进口金额为计税依据而课征的一种流转税。指按照税法规定，针对销售货物或提供加工、修理修配劳务以及进口货物实现的增值额，企业在报告期内应交纳的税金。填报本指标时，应按权责发生制核算企业本期应负担的增值税，按销项税额与进项税额之间的差额填写。如果一般纳税人企业进项税大于销项税，致使应交税金出现负数时，该项一律填零，不填负数。

应交增值税=销项税额-(进项税额-进项税额转出)-出口抵减内销产品应纳税额-减免税款+出口退税

利税总额=工程结算税金及附加+应交增值税+利润总额

建筑业全员劳动生产率=建筑业总产值÷计算建筑业劳动生产率的平均人数

Explanatory Notes on Main Statistical Indicators

Gross Output Value of Construction refers to the sum in monetary terms of construction products and services completed by construction enterprises during a given period of time. It includes:

(1) Output value of construction projects, which is the value of various projects covered by the project budgets;

(2)Output value of equipment installation projects refers to the value of the installation of equipment. It does not include the value of the equipment itself.

(3) Other output values, which are output values other than output value of construction projects and output value of installation projects, including output value of house and building repair, output value of non-standard equipment manufacture, management expenses received by overall contractor enterprises from subcontractor enterprises and output value completed in unclassified construction activities.

①Output value of house and building repair is the value created through the repairs of houses and buildings, excluding the value of houses or buildings being repaired and the value of the repair of production equipment.

②Output value of non-standard equipment manufacture is the value of non-standard production equipment with unique specifications (including raw materials and manufacturing costs), and equipment manufactured by subsidiary workshops for construction projects contracted by construction enterprises.

Output Value Completed refers to the value of unit project completed, which has come up to the designed standards for putting into use and has been checked and accepted as qualified project by related departments.

Floor Space of Buildings under Construction refers to the floor space of buildings under construction during the reference period, including newly started buildings, buildings started earlier and continued into the reference period, buildings suspended in preceding periods but resumed during the reference period, buildings completed during the reference period, and buildings started and then suspended during the reference period.

Floor Space of Buildings Started This Year refers to the total floor space area of the buildings started in the year by real estate development companies. It excludes the buildings started in previous years and continued in the year, and the buildings suspended in previous years but restarted in the year. The start of a construction is defined by the date of ground breaking or pile driving. The floor space of the building includes that of the entire building.

Average Number of Persons for Labor Productivity Calculation of the Construction Industry refers to the average number of persons actually employed in the construction enterprises (units) and engaged in related activities of construction in the reference period, including non-staff personnel engaged in the construction activities of the enterprises (units), but excluding personnel employed in social service institutions of the enterprises and those receiving remunerations therefrom but engaged in activities basically irrelevant to the production of the enterprises.

Number of Engineering Technical Personnel Employed at the Year-end refers to personnel capable of and engaged in engineering technical work and related management.

Total Profits refer to the surplus of various incomes in the production and operation of the enterprises after deducting all expenses. This reflects the total profits or losses realized by the enterprises in the reference period, including profits from operation, income from subsidies, net investment earnings and net income from activities other than operations.

Taxes and Extra Charges on Project Settlement Accounts refer to business tax, city maintenance and construction tax and extra charges for education calculated and paid with business tax, which should be borne by the enterprises obtaining project settlement incomes from the production activities of construction.

Value added tax payable According to the tax law refers to, in order to sell goods, services, intangible assets, real estate or providing processing, repairs and replacement services appreciation and the amount of goods imported for a turnover tax assessed on profits realized from tax basis.In accordance with the provisions of the tax law, the enterprise shall pay the tax in the report period according to the value added value of goods sold or provided for processing, repair and repair services and import goods.When filling in this index, the value added tax shall be calculated according to the accrual basis of accrual basis, and the difference between the output tax and the input tax shall be filled in.If the average taxpayer enterprise enters into a tax more than the sales tax, resulting in the negative tax payable, the item will be filled to zero, and no negative value will be filled.

Value added tax payable = sales tax - (input tax - input tax) - export offset shall be tax payable - tax deduction Export tax rebate

Total Pre-tax Profits = Taxes and Extra Charges on Project Settlement Accounts +Value added tax payable + Total Profits

Overall Labor Productivity of Construction = Gross Output Value of Construction ÷ Average Number of Persons for Labor Productivity Calculation

十四、规模以上服务业

SERVICE ENTERPRISES ABOVE DESIGNATED SIZE

十四　规模以上服务业

简要说明

一、本篇资料主要反映规模以上服务业的基本情况、财务状况、从业人员及劳动报酬情况等。

二、本篇资料由广东省统计局服务业统计处整理、编辑。

三、据国家统计报表制度，2012 年规模以上服务业年报首次纳入“一套表”联网直报系统。规模以上服务业统计范围：包括交通运输、仓储和邮电业，信息传输、软件和信息技术服务业，租赁和商务服务业，科学研究和技术服务业，水利、环境和公共设施管理业，教育，卫生和社会工作，以及物业管理、房地产中介服务、自有房地产经营活动和其他房地产业等行业中年营业收入 1000 万元以上或年末就业人数 50 人以上的服务业法人企业；居民服务、修理和其他服务业，文化、体育和娱乐业等行业中年营业收入 500 万元以上或年末就业人数 50 人以上的服务业法人企业。调查方法为符合上述条件企业的全面调查。

14 Service Enterprises Above Designated Size

Brief Introduction

Ⅰ. This data in this chapter reflect the basic information, financial condition, employed persons, labor remuneration and E-commerce transactions of some service enterprises above designated size.

Ⅱ. Data of some service enterprises above designated size are prepared and edited by the Division of Service Statistics of Statistics Bureau of Guangdong Province.

Ⅲ. According to the National Statistical Reporting System, some service enterprises above designated size have been integrated into the "network reporting" system since 2012. The statistical coverage of some service enterprises above designated size all the corporative enterprises of services sector with over 50 employees by the end of the year or with annual business revenue of over 10 million yuan, including transport, storage and postal services, information transmission, software and information technology services, leasing and business services, scientific research and technical services, management of Water Conservancy, Environment and Public Facilities, education, health and social work, real estate agent services, real estate intermediary services, own real estate business activities and other real estate,etc. Also, it covers some service enterprises above designated size all the corporative enterprises of services sector with over 50 employees by the end of the year or with annual business revenue of over 5 million yuan, including households' service, repair and other services, culture, sports and entertainment services. Survey method is a comprehensive survey.

14-1 规模以上服务业企业财务指标
Main Financial Indicators of Service Enterprises above Designated Size

单位：亿元 (100 million yuan)

项　　目	Item	2017	2018	2018年比2017年增长(%) Growth Rate in 2018 Over 2017(%)
年初存货	**Inventory at Year-beginning**	**2581.5**		
期末资产负债	**Closing Balance**			
固定资产原价	Original Value of Fixed Assets	30589.1		
本年折旧	Depreciation Drawn in Current Year	1394.6		
资产总计	Total Assets	109490.5		
负债合计	Total Liabilities	58293.7		
所有者权益合计	Total Creditors'Equity	51227.5		
损益及分配	**Profits and Loss**			
营业收入	Business Revenue	24325.2	27122.0	14.0
其中：主营业务收入	Main Business Revenue	23346.9		
营业成本	Business Costs	16843.2	19403.3	17.4
其中：主营业务成本	Main Business Costs	16071.8		
营业税金及附加	Tax and Extra Charges on Business	221.6	197.0	-6.3
其中：主营业务税金及附加	Tax and Extra Charges on Main Business	197.5		
销售费用	Sales Expenses	1421.7	1530.8	10.5
管理费用	Management Expenses	2770.0	3386.2	10.4
其中：税金	Taxes			
财务费用	Financial Expenses	644.8	686.0	13.0
其中：利息收入	Interest Revenue	267.1		
利息支出	Interest Expense	735.6		
投资收益(损失以“-”号记)	Investment Income(loss with “-”mark)	2120.1	1737.6	8.5
营业利润	Business Profits	4281.8	3913.8	5.1
利润总额	Total Profits	4658.6	4085.6	-0.2
应交所得税	Income Taxes Payable	690.9	524.1	36.3
人工成本及增值税	**Labor Cost and Value-added Tax**			
应付职工薪酬(本年贷方累计发生额)	Total Wages Payable(Credit Accumulated Amount in this year)	4813.6	5208.0	14.3
应交增值税	Value-added Tax Payable	626.8	614.1	4.2

注：增速按可比口径计算。
Note: The growdth rates are callculated on comparable coverage.

14−2 规模以上服务业企业分行业主要指标（2018年）

单位：亿元

项目	Item	企业单位数(个) Number of Enterprises (unit)	营业收入 Business Revenue 总量 Total	比2017年增长(%) Growth Rate in 2018 Over 2017(%)
全省总计	**Provincial Total**	**20290**	**27122.0**	**14.0**
按经济类型分	Grouped by Ownership			
内资企业	Domestic-funded Enterprises	18413	23452.8	14.6
#国有企业	State-owned Enterprises	474	1735.8	17.2
集体企业	Collective-owned Enterprises	593	175.1	1.8
有限责任公司	Limited Liability Corporations	7079	10401.4	14.7
私营企业	Private Enterprises	8292	7166.2	17.9
港澳台商投资企业	Enterprises with Investment from Hong Kong, Macao and Taiwan	1181	2512.0	12.5
外商投资企业	Enterprises with Foreign Investment	687	1152.4	5.7
按行业分	Grouped by Sector			
交通运输、仓储和邮政业	Transport, Storage and Postal Services	3706	7894.7	10.1
铁路运输业	Railway Transport Service	20	1380.8	23.6
#铁路旅客运输	Railway Passenger Transport	7	1355.7	23.7
铁路货物运输	Railway Freight Transport	11	21.6	11.9
道路运输业	Road Transport Services	1669	1778.7	3.8
#城市公共交通运输	Urban Public Trasport	228	318.2	-11.0
公路旅客运输	Highway Passenger Transport	210	118.1	-15.1
道路货物运输	Road Freight Transport	1075	817.8	10.4
水上运输业	Waterway Transport Service	268	689.3	3.4
#水上旅客运输	Waterway Passenger Trasport	30	34.3	16.6
水上货物运输	Waterway Freight Transport	137	408.8	3.8
航空运输业	Air Transport Service	29	1557.3	11.9
#航空客货运输	Air Passenger and Freight Transport	14	1432.4	12.6
管道运输业	Pipeline Transport Service	3	13.8	-1.8
多式联运和运输代理业	Multimodal Transport and Transport Agency Industry	1082	1288.0	7.3
#运输代理业	Transportation Agency	1069	1278.7	7.3
装卸搬运和仓储业	Handling and Storage	491	512.3	9.7
邮政业	Postal Service	144	674.5	12.3
#快递服务	Express Service	115	486.1	14.2
信息传输、软件和信息技术服务业	Information Transmission, Software and Information Technology Services	3327	8942.1	20.4
电信、广播电视和卫星传输服务	Telecommunications, Broadcasting Television and Satellite Transmission Services	197	1972.1	9.2
#电信	Telecommunications	159	1869.8	9.5
互联网和相关服务	Internet and Related Services	364	2802.1	30.9
#互联网信息服务	Internet Information Services	195	2453.1	32.3
软件和信息技术服务业	Software and Information Technology Services	2766	4167.9	19.8
#软件开发	Software Development	1925	2870.9	18.8
信息系统集成和物联网技术服务	Information System Integration and Internet of Things Technology Services	319	357.8	10.1
信息技术咨询服务	Information Technology Consulting Services	211	383.5	23.3
物业管理业	Property Management Industry	1800	1020.5	13.6
房地产中介服务业	Real Estate Agent Services	218	220.4	-1.1

Main Indicators of Service Enterprises above Designated Size by Sector(2018)

(100 million yuan)

营业成本 Business Costs		营业税金及附加 Tax and Extra Charges on Business		销售费用 Selling Expenses		管理费用 Management Expenses	
总量 Total	比2017年增长(%) Growth Rate in 2018 Over 2017(%)	总量 Total	比2017年增长(%) Growth Rate in 2018 Over 2017(%)	总量 Total	比2017年增长(%) Growth Rate in 2018 Over 2017(%)	总量 Total	比2017年增长(%) Growth Rate in 2018 Over 2017(%)
19403.3	**17.4**	**197.0**	**-6.3**	**1530.8**	**10.5**	**3386.2**	**10.4**
17511.6	17.4	158.4	-7.7	1261.9	11.6	2772.4	9.8
1550.9	18.4	9.4	-0.9	24.8	-22.2	135.2	12.6
81.6	2.4	4.1	8.3	3.7	-11.9	39.8	7.8
7562.2	17.1	78.1	-15.2	621.7	11.8	1154.1	14.1
5387.1	23.4	47.2	9.9	408.9	20.3	933.4	6.1
1223.2	17.7	20.2	0.8	208.9	16.2	432.5	16.7
668.5	16.8	18.4	-0.8	60.0	-19.4	181.3	4.6
6871.2	12.6	34.2	-37.2	165.5	-0.9	456.7	5.8
1295.0	23.8	3.3	-8.2	1.4	-14.7	37.3	16.2
1254.6	23.9	3.2	-8.2	1.4	-15.0	36.0	16.4
23.9	6.1	0.1	-9.2			1.0	7.2
1515.5	7.7	15.9	-56.5	37.2	5.6	133.7	3.7
440.3	5.4	8.9	-70.5	2.6	-25.0	38.4	8.4
103.4	-12.9	0.9	-3.4	1.3	-21.6	18.8	-0.5
714.5	11.2	3.1	9.7	30.5	12.5	51.6	3.8
520.5	4.6	2.7	-9.3	5.2	-17.7	51.0	2.0
23.1	14.5	0.2	34.5	1.0	-0.9	3.9	7.6
347.7	5.8	0.9	-20.1	2.6	-28.1	23.3	1.3
1365.0	15.2	4.2	1.3	67.4	0.4	53.8	10.0
1273.0	15.3	2.3	-11.9	65.9	1.6	44.7	11.4
6.2	-14.5		-44.0			0.4	-5.8
1166.1	9.3	1.8	9.8	25.5	-8.3	73.5	-0.8
1157.6	9.4	1.8	9.7	25.4	-8.3	72.9	-1.0
422.8	13.1	4.0	19.0	17.0	4.6	41.5	4.5
580.2	11.9	2.3	3.9	11.8	-7.1	65.6	14.3
408.1	14.6	0.9	15.9	10.7	-11.8	44.7	8.9
5481.6	28.9	55.8	8.1	801.1	24.9	1245.4	11.7
1185.0	5.7	7.7	-6.7	195.4	-5.1	113.9	11.6
1124.0	5.9	7.2	-8.5	188.4	-5.6	92.8	10.6
1798.8	40.5	22.0	20.5	221.3	45.3	334.0	17.4
1573.6	45.7	20.9	22.1	156.5	35.6	281.7	16.9
2497.9	34.9	26.1	4.2	384.5	35.7	797.4	9.5
1690.3	39.1	18.8	-3.0	291.9	38.6	547.4	3.7
251.6	5.9	2.0	19.6	25.8	26.9	62.9	28.6
242.9	53.3	2.4	22.5	28.8	19.1	48.3	18.7
721.6	16.1	15.8	-23.3	33.7	11.2	158.5	8.5
117.7	6.4	1.4	-3.0	44.3	-13.5	48.6	4.4

14−2 续表 1

单位：亿元

项目	Item	财务费用 Financial Expenses 总量 Total	比2017年增长(%) Growth Rate in 2018 Over 2017(%)
全省总计	**Provincial Total**	**686.0**	**13.0**
按经济类型分	Grouped by Ownership		
内资企业	Domestic-funded Enterprises	590.9	12.5
#国有企业	State-owned Enterprises	53.6	1.6
集体企业	Collective-owned Enterprises	2.0	-9.6
有限责任公司	Limited Liability Corporations	323.4	5.6
私营企业	Private Enterprises	102.2	11.6
港澳台商投资企业	Enterprises with Investment from Hong Kong, Macao and Taiwan	41.7	37.7
外商投资企业	Enterprises with Foreign Investment	53.4	3.1
按行业分	Grouped by Sector		
交通运输、仓储和邮政业	Transport, Storage and Postal Services	369.9	24.6
铁路运输业	Railway Transport Service	100.7	8.6
#铁路旅客运输	Railway Passenger Transport	86.6	5.7
铁路货物运输	Railway Freight Transport	5.4	-0.1
道路运输业	Road Transport Services	146.6	17.0
#城市公共交通运输	Urban Public Trasport	47.3	12.5
公路旅客运输	Highway Passenger Transport	1.2	-9.8
道路货物运输	Road Freight Transport	4.8	33.1
水上运输业	Waterway Transport Service	26.5	-35.6
#水上旅客运输	Waterway Passenger Trasport	0.3	-16.8
水上货物运输	Waterway Freight Transport	15.3	-49.1
航空运输业	Air Transport Service	64.5	528.8
#航空客货运输	Air passenger and freight Transport	62.9	510.4
管道运输业	Pipeline Transport Service	0.7	0.2
多式联运和运输代理业	Multimodal Transport and Transport Agency Industry	7.3	11.1
#运输代理业	Transportation Agency	7.3	11.4
装卸搬运和仓储业	Handling and Storage	21.1	17.1
邮政业	Postal Service	2.4	15.1
#快递服务	Express Service	1.8	5.8
信息传输、软件和信息技术服务业	Information Transmission, Software and Information Technology Services	-112.3	-12.5
电信、广播电视和卫星传输服务	Telecommunications, Broadcasting Television and Satellite Transmission Services	-15.5	10.7
#电信	Teleccommunications	-15.3	10.7
互联网和相关服务	Internet and Related Services	-101.0	-19.3
#互联网信息服务	Internet Information Services	-99.7	-17.2
软件和信息技术服务业	Software and Information Technology Services	4.1	95.8
#软件开发	Software Development	1.7	199.0
信息系统集成和物联网技术服务	Information System Integration and Internet of Things Technology Services	1.6	213.6
信息技术咨询服务	Information Technology Consulting services	-1.0	-278.5
物业管理业	Property Management Industry	20.1	-1.5
房地产中介服务业	Real Estate Agent Services	4.9	37.3

14-2 1 continued

(100 million yuan)

利润总额 Total Profits		应交所得税 Income Taxes Payable		应付职工薪酬 Total Wages Payable		应交增值税 Value-added Taxes Payable		就业人员平均人数(万人) Average number of employed persons (10000 persons)
总量 Total	比2017年增长(%) Growth Rate in 2018 Over 2017(%)	总量 Total	比2017年增长(%) Growth Rate in 2018 Over 2017(%)	总量 Total	比2017年增长(%) Growth Rate in 2018 Over 2017(%)	总量 Total	比2017年增长(%) Growth Rate in 2018 Over 2017(%)	
4085.6	**-0.2**	**524.1**	**36.3**	**5208.0**	**14.3**	**614.1**	**4.2**	**444.1**
3000.7	-0.5	373.8	39.9	4438.4	14.4	522.7	2.1	400.2
61.1	21.6	13.1	11.8	436.0	10.5	31.8	-18.2	36.7
52.3	6.0	2.8	151.0	41.7	13.1	4.4	8.8	6.8
1694.7	8.9	240.5	28.0	2021.8	16.5	269.6	4.4	170.6
452.7	-29.2	72.4	89.5	1054.0	19.0	148.1	4.8	126.4
763.0	1.7	93.6	12.6	486.4	15.4	63.4	45.0	25.8
320.6	-2.1	56.8	66.8	282.6	11.0	28.0	-15.9	18.2
539.1	-10.3	114.9	23.8	1405.7	7.0	111.2	-12.1	109.6
-60.1	1.5	5.0	-16.8	282.5	5.6	24.1	-29.2	21.9
-35.7	16.7	5.1	-14.8	277.2	5.3	23.9	-29.5	21.5
-3.1	66.1			2.3	5.9	0.2	111.0	0.2
356.0	20.5	60.4	38.7	428.6	9.5	41.6	15.5	43.4
82.5	26.3	2.2	71.0	244.2	12.4	3.2	-7.2	20.4
5.9	-38.0	1.4	9.4	41.2	3.1	3.4	-10.8	6.2
25.2	-32.3	6.5	-6.4	87.7	7.0	12.9	-13.4	11.6
98.4	-6.0	22.2	47.1	93.2	5.9	5.8	-7.2	5.0
8.1	21.1	2.1	70.7	7.8	12.1	0.6	7.4	0.5
11.0	-48.7	6.4	164.7	37.2	6.1	1.9	-28.2	1.6
73.1	-42.2	8.5	-47.7	314.8	4.6	14.9	-45.1	12.0
43.6	-55.3	3.6	-74.9	279.4	7.4	13.5	-48.0	10.0
6.6	13.9	1.7	1732.6	0.2	1.8	0.2	1062.9	…
23.8	-36.6	4.6	41.2	96.1	10.7	7.9	5.5	9.4
23.6	-36.9	4.6	40.3	95.4	10.8	7.8	5.4	9.3
35.7	-44.3	8.2	24.1	61.3	6.9	7.3	-0.6	6.4
5.7	-79.8	4.3	127.3	128.9	6.0	9.5	12.6	11.5
17.8	-55.1	5.1	105.4	76.2	9.4	8.6	13.9	7.7
1711.0	-2.2	186.2	11.2	1333.9	20.1	219.3	2.5	72.2
560.7	17.9	63.2	-19.4	253.3	11.5	49.5	-14.7	12.5
545.1	19.5	62.5	-19.2	222.6	11.1	48.2	-15.4	10.8
573.2	8.4	55.3	19.7	264.6	28.2	47.3	135.6	10.2
559.8	7.6	53.3	18.6	201.2	38.5	41.9	218.8	5.2
575.9	-22.6	67.8	58.1	815.4	20.6	122.1	-10.0	49.5
424.9	-26.0	48.8	53.4	542.2	16.8	90.2	-16.8	30.3
17.7	-25.8	2.9	107.2	60.2	28.3	8.7	14.5	4.1
63.0	-27.7	9.4	230.8	83.5	21.9	8.9	34.7	6.2
111.7	-4.7	23.4	12.2	366.1	17.9	39.3	23.5	56.0
18.4	-7.1	3.6	128.8	99.6	1.6	9.8	5.4	9.0

14-2 续表 2

单位：亿元

项　　目	Item	企业单位数(个) Number of Enterprises (unit)	营业收入 Business Revenue 总量 Total	比2017年增长(%) Growth Rate in 2018 Over 2017(%)
租赁和商务服务业	Leasing and Business Services	5163	4522.3	11.7
租赁业	Leasing	230	156.5	20.4
#机械设备租赁	Machinery Equipment Leasing	222	155.5	20.6
商务服务业	Business Services	4933	4365.8	11.4
组织管理服务	Organizational Management Services	1523	990.1	3.3
咨询与调查	Consultation and Investigation	692	482.1	8.1
广告业	Advertising	624	645.4	22.8
其他商务服务	Other Business Services	700	843.8	9.5
科学研究和技术服务业	Scientific Research and Technical Services	2330	2395.3	16.2
研究和试验发展	Research and Experimental Development	270	279.7	18.4
#工程和技术研究和试验发展	Engineering and Technology Research and Experimental Development	195	214.2	19.2
专业技术服务业	Professional Technical Services	1784	1947.9	16.5
科技推广和应用服务业	Services of Science and Technology Exchanges and Promotion	276	167.7	9.2
水利环境和公共设施管理业	Management of Water Conservancy, Environment and Public Facilities	401	321.7	16.5
水利管理业	Management of Water Conservancy	10	4.4	12.4
生态保护和环境治理业	Ecological Protection and Environmental Treatment	103	65.9	12.1
#生态保护	Ecological Protection	4	3.6	-9.1
环境治理业	Environmental Treatment	99	62.3	13.6
公共设施管理业	Management of Public Facilities	281	227.5	20.4
居民服务、修理和其他服务业	Households' service, Repair and Other Services	749	254.1	10.8
居民服务业	Services to Households	199	62.1	6.9
机动车、电子产品和日用产品修理业	Motor Vehicle, Electronic Products and Consumer Products repair	237	67.5	7.9
#汽车、摩托车修理与维护	Automobile, Motorcycle Repair and Maintenance	148	30.1	0.6
其他服务业	Other Services	313	124.5	14.7
教育	Education	662	277.3	9.7
#中等教育	Secondary Education	161	69.2	14.6
高等教育	Higher Education	18	36.2	-8.3
卫生和社会工作	Health and Social Work	340	307.3	12.8
卫生	Health	323	302.9	12.6
#医院	Hospital	247	257.2	12.4
基层医疗卫生服务	Primary Health Care Services	41	12.2	8.0
社会工作	Social Work	17	4.4	35.7
文化、体育和娱乐业	Culture, Sports and Entertainment	722	485.2	4.6
新闻和出版业	News and Publication	75	89.5	6.8
#出版业	Publication	74	89.2	6.8
广播、电视、电影和影视录音制作业	Production of Radio, Television, Film and Video Recording	278	193.5	-4.3
文化艺术业	Culture and Arts	76	29.3	8.7
体育	Sports	121	64.9	8.9
娱乐业	Entertainment	172	108.1	18.4

14-2 2 continued

(100 million yuan)

营业成本 Business Costs		营业税金及附加 Tax and Extra Charges on Business		销售费用 Selling Expenses		管理费用 Management Expenses	
总量 Total	比2017年增长(%) Growth Rate in 2018 Over 2017(%)	总量 Total	比2017年增长(%) Growth Rate in 2018 Over 2017(%)	总量 Total	比2017年增长(%) Growth Rate in 2018 Over 2017(%)	总量 Total	比2017年增长(%) Growth Rate in 2018 Over 2017(%)
3187.0	15.0	43.1	9.4	226.3	-9.2	693.5	9.6
101.7	15.4	0.8	24.3	6.6	10.8	22.4	28.7
101.2	15.4	0.8	24.5	6.3	12.1	21.9	29.9
3085.3	15.0	42.3	9.2	219.8	-9.7	671.0	9.0
501.8	2.2	21.9	8.8	27.5	-25.1	282.6	7.2
249.9	26.1	2.8	4.7	58.7	-13.4	135.9	12.5
537.0	26.5	5.6	33.2	35.2	12.9	40.6	7.1
722.9	10.0	1.9	5.9	40.6	1.1	41.8	6.6
1670.6	15.3	13.9	12.7	106.1	8.9	373.0	18.7
165.5	15.8	1.7	4.2	17.3	45.9	55.4	9.3
129.1	15.2	1.4	14.0	10.4	85.7	37.3	10.5
1405.5	16.0	11.4	15.6	77.7	2.9	277.1	21.7
99.6	5.0	0.8	-5.6	11.1	10.1	40.4	12.9
239.4	19.5	3.0	22.9	7.7	-12.5	38.5	17.8
2.8	-6.5		-29.9		-35.7	0.8	42.3
47.3	14.8	0.7	35.6	2.1	25.8	8.8	19.1
1.7	-8.4		0.8	0.6	2.2	0.3	-8.5
45.6	15.9	0.6	37.8	1.5	38.3	8.4	20.6
178.0	26.1	1.6	6.6	5.3	-23.0	25.8	16.3
178.4	12.1	1.6	-5.8	27.1	8.2	35.1	8.1
34.7	6.3	0.4	-12.1	11.8	11.9	10.9	12.3
50.5	8.8	0.4	-4.0	6.9	8.5	7.7	-2.2
21.4	-2.1	0.2	-5.0	4.0	14.7	3.8	-12.6
93.2	16.4	0.9	-3.6	8.4	3.1	16.5	10.8
178.4	12.9	0.8	-21.0	20.2	25.9	74.5	3.3
51.6	14.5	0.1	71.5	0.1	-58.8	17.3	10.5
23.0	7.5		-134.9	0.1	41.2	11.2	13.2
210.1	14.3	0.4	50.0	32.7	10.8	49.3	8.6
208.0	14.0	0.4	50.1	32.2	11.6	48.1	7.9
179.9	13.2	0.3	49.6	22.5	14.3	41.7	6.5
6.8	15.4		193.7	3.2	18.2	1.8	11.0
2.2	62.3		18.9	0.5	-24.4	1.2	45.2
349.9	5.6	8.2	2.5	47.6	-0.4	83.9	16.2
66.7	5.5	1.4	4.2	5.4	-3.7	17.4	7.3
66.7	5.5	1.4	4.2	5.4	-3.7	17.4	7.2
142.2	-3.2	3.2	1.5	17.9	-3.6	25.7	20.2
20.8	10.8	0.2	4.9	2.4	13.9	6.0	14.8
59.9	17.4	2.3	3.4	7.3	-4.6	17.7	18.4
60.2	17.4	1.1	1.1	14.7	5.1	17.1	18.5

14-2 续表 3

单位：亿元

项　目	item	财务费用 Financial Expenses	
		总量 Total	比2017年增长(%) Growth Rate in 2018 Over 2017(%)
租赁和商务服务业	Leasing and Business Services	258.3	5.9
租赁业	Leasing	11.1	41.2
#机械设备租赁	Machinery Equipment Leasing	11.1	41.2
商务服务业	Business Services	247.3	4.7
组织管理服务	Organizational Management Services	190.5	-2.0
咨询与调查	Consultation and Investigation	26.7	70.0
广告业	Advertising		-100.4
其他商务服务业	Other Business Services	1.8	-25.4
科学研究和技术服务业	Scientific Research and Technical Services	18.5	-6.9
研究和试验发展	Research and Experimental Development	2.0	-63.8
#工程和技术研究和试验发展	Engineering and Technology Research and Experimental Development	0.5	-90.4
专业技术服务业	Professional Technical Services	12.9	2.7
科技推广和应用服务业	Services of Science and Technology Exchanges and Promotion	3.6	108.8
水利环境和公共设施管理业	Management of Water Conservancy, Environment and Public Facilities	15.5	-26.0
水利管理业	Management of Water Conservancy	0.1	-55.1
生态保护和环境治理业	Ecological Protection and Environmental Treatment	1.2	61.1
#生态保护	Ecological Protection		212.9
环境治理业	Environmental Treatment	1.1	50.0
公共设施管理业	Management of Public Facilities	0.6	-68.7
居民服务、修理和其他服务业	Households' service, Repair and Other Services	1.5	19.5
居民服务业	Services to Households	0.5	31.5
机动车、电子产品和日用产品修理业	Motor Vehicle, Electronic Products and Consumer Products repair	0.2	-44.7
#汽车、摩托车修理与维护	Automobile, Motorcycle Repair and	0.1	-9.9
其他服务业	Other Services	0.9	51.2
教育	Education	3.1	54.8
#中等教育	Secondary Education	1.0	36.4
高等教育	Higher Education	1.1	113.4
卫生和社会工作	Health and Social Work	2.4	27.3
卫生	Health	2.4	27.2
#医院	Hospital	2.3	17.1
基层医疗卫生服务	Primary Health Care Services		104.4
社会工作	Social Work		41.2
文化、体育和娱乐业	Culture, Sports and Entertainment	9.4	-5.9
新闻和出版业	News and Publication	-0.1	-195.1
#出版业	Publication	-0.1	-227.8
广播、电视、电影和影视录音制作业	Production of Radio, Television, Film and Video Recording	2.8	-11.9
文化艺术业	Culture and Arts	0.3	676.1
体育	Sports	2.1	4.3
娱乐业	Entertainment	4.2	-11.3

14-2 3 continued

(100 million yuan)

利润总额 Total Profits		应交所得税 Income Taxes Payable		应付职工薪酬 Total Wages Payable		应交增值税 Value-added Tax Payable		就业人员平均人数(万人) Average Number of Employed Persons (10000 persons)
总量 Total	比2017年增长(%) Growth Rate in 2018 Over 2017(%)	总量 Total	比2017年增长(%) Growth Rate in 2018 Over 2017(%)	总量 Total	比2017年增长(%) Growth Rate in 2018 Over 2017(%)	总量 Total	比2017年增长(%) Growth Rate in 2018 Over 2017(%)	
1194.3	7.8	95.0	83.9	861.7	15.3	100.9	17.6	95.8
16.6	20.7	4.8	51.8	19.2	13.2	4.1	22.7	2.0
16.8	21.0	4.8	52.0	18.8	14.5	4.0	23.4	1.9
1177.7	7.7	90.2	86.0	842.5	15.3	96.9	17.4	93.8
817.5	15.7	40.5	106.7	189.3	1.6	28.1	26.5	15.7
129.5	-12.0	14.2	195.3	163.0	12.4	15.7	8.7	12.8
30.9	-12.5	5.0	74.8	48.1	14.4	8.4	25.3	3.2
38.5	10.5	10.0	35.6	62.2	12.9	7.8	6.3	6.5
268.3	28.7	36.4	79.1	585.3	19.8	75.9	11.5	37.6
61.7	71.7	8.1	242.2	62.0	19.2	6.4	18.1	3.4
48.2	84.1	6.8	380.6	45.7	21.4	5.3	24.7	2.3
185.7	23.9	24.4	53.9	486.2	19.8	64.6	11.4	31.6
20.9	-7.5	3.9	85.5	37.1	20.9	4.9	4.5	2.6
33.7	13.9	5.1	88.8	61.7	14.9	12.1	14.8	9.7
0.7	191.6	0.1	2897.2	1.4	15.8	0.1	-45.4	0.1
9.6	2.5	1.6	96.0	9.9	20.0	3.2	7.9	0.9
1.0	-22.7	0.3	3.7	1.1	14.3	0.1	132.8	0.1
8.7	6.3	1.2	159.6	8.8	20.8	3.1	5.4	0.8
18.7	1.3	3.1	68.1	48.7	13.2	8.3	17.5	8.7
12.4	8.5	3.1	78.5	96.3	12.9	8.2	6.8	20.0
4.3	-4.8	1.1	72.5	16.6	15.6	1.1	-12.7	2.5
2.8	40.3	0.9	37.5	13.4	1.6	2.2	-4.8	1.7
1.2	296.1	0.5	42.2	5.9	2.4	1.0	-4.0	0.8
5.2	7.7	1.1	152.2	66.3	14.8	4.8	19.8	15.9
6.3	-49.2	3.0	92.6	122.1	20.0	3.9	14.6	12.0
0.4	2109.2	0.3	48.5	32.1	13.8	0.2	66.5	3.5
3.2	-61.8	0.4	44.2	13.6	13.4	0.1	1.4	1.1
12.5	-9.5	4.2	90.0	89.7	16.6	0.3	-2.4	8.4
12.0	-10.1	4.1	83.7	88.1	16.5	0.3	-2.5	8.2
10.8	-2.0	3.6	114.8	75.9	18.0	0.2	-11.6	6.9
0.3	-63.2	0.2	15.5	3.9	24.0		64.7	0.4
0.5	8.8	0.1	6205.2	1.6	26.8		224.0	0.2
10.4	-58.9	7.6	41.5	126.8	14.2	13.6	-0.4	8.7
9.4	25.8	0.8	188.2	34.1	16.3	2.3	-6.7	1.7
9.3	31.4	0.8	188.2	34.1	16.2	2.3	-6.7	1.6
7.4	-62.0	1.4	-3.0	23.0	4.5	4.2	-24.9	2.1
2.8	-13.6	0.7	123.1	7.1	18.2	0.8	23.1	0.5
-22.2	-97.6	0.8	51.8	39.6	14.0	2.6	24.1	2.1
13.0	105.3	3.9	38.2	23.0	21.1	3.7	29.1	2.3

14-3 各市规模以上服务业企业主要指标（2018年）

单位：亿元

市别	City	企业单位数(个) Number of Enterprises (unit)	营业收入 Business Revenue 总量 Total	营业收入 比2017年增长(%) Growth Rate in 2018 Over 2017(%)	营业成本 Business Costs 总量 Total	营业成本 比2017年增长(%) Growth Rate in 2018 Over 2017(%)
广州	Guangzhou	7348	11114.77	15.4	8452.8	16.3
深圳	Shenzhen	6370	11177.35	12.9	7661.4	17.3
珠海	Zhuhai	823	749.01	12.7	479.3	13.0
汕头	Shantou	285	215.32	1.2	150.5	1.2
佛山	Foshan	1052	827.29	20.9	540.0	13.7
韶关	Shaoguan	198	82.84	2.6	69.2	3.7
河源	Heyuan	89	38.09	1.6	31.5	1.7
梅州	Meizhou	53	46.23	1.9	35.6	6.3
惠州	Huizhou	439	318.43	8.6	228.5	11.4
汕尾	Shanwei	80	45.67	6.7	42.8	11.2
东莞	Dongguan	1549	1394.86	20.1	914.7	57.3
中山	Zhongshan	608	285.41	8.1	189.0	8.8
江门	Jiangmen	286	161.76	8.1	112.9	11.9
阳江	Yangjiang	71	54.04	3.2	41.3	7.6
湛江	Zhanjiang	361	195.02	5.6	141.4	6.2
茂名	Maoming	233	123.32	13.0	95.8	20.0
肇庆	Zhaoqing	125	79.06	3.3	59.7	10.8
清远	Qingyuan	150	89.32	11.4	63.5	10.8
潮州	Chaozhou	50	36.12	7.1	29.0	12.6
揭阳	Jieyang	77	54.96	9.0	39.8	13.8
云浮	Yunfu	43	33.12	2.5	24.5	5.8
按经济区域分	By Region					
珠三角	Pearl River Delta	18600	26107.95	14.4	18638.3	17.8
东翼	Eastern Region	492	352.07	3.7	262.1	5.7
西翼	Western Region	665	372.38	7.6	278.5	10.8
山区	Mountainous Region	533	289.60	4.9	224.3	6.0

Main Indicators of Service Enterprises above Designated Size by City (2018)

(100 million yuan)

营业税金及附加 Tax and Extra Charges on Business		销售费用 Selling Expenses		管理费用 Management Expenses	
总量 Total	比2017年增长(%) Growth Rate in 2018 Over 2017(%)	总量 Total	比2017年增长(%) Growth Rate in 2018 Over 2017(%)	总量 Total	比2017年增长(%) Growth Rate in 2018 Over 2017(%)
78.4	6.1	624.8	17.2	1235.9	16.9
85.2	-15.2	641.4	11.2	1547.6	11.9
5.3	-18.6	35.2	2.0	135.2	21.9
1.4	-13.7	16.2	-16.8	21.1	7.9
6.3	11.9	46.3	-1.9	94.8	8.0
0.5	4.0	3.8	-4.2	8.7	2.5
0.3	-14.1	2.8	-12.4	4.0	3.8
0.3	-14.6	3.1	-18.9	5.0	2.8
1.9	2.8	13.2	-3.1	33.7	11.8
0.3	2.1	2.2	-19.8	5.8	14.0
8.1	-16.5	71.2	-0.5	162.0	-29.9
3.5	0.4	23.4	1.4	43.2	4.9
1.3	-1.4	10.5	-3.9	16.0	2.8
0.3	0.2	2.7	-23.3	6.2	5.0
1.5	8.7	9.0	-5.5	22.5	4.6
0.8	-5.1	6.1	-14.7	11.6	8.7
0.5	4.6	5.1	-3.4	9.7	5.2
0.5	-7.4	4.2	-6.0	12.3	7.7
0.2	-13.4	2.8	-16.0	2.8	-3.1
0.3	-3.5	5.1	-12.9	4.1	17.3
0.2	-32.4	1.9	-16.8	4.1	8.7
190.5	-6.3	1471.1	11.8	3278.1	10.5
2.2	-8.3	26.3	-16.0	33.8	9.0
2.6	4.0	17.8	-11.9	40.3	5.8
1.8	-5.3	15.8	-10.2	34.1	4.9

14-3 续表

单位：亿元

市别	City	财务费用 Financial Expenses 总量 Total	财务费用 Financial Expenses 比2017年增长(%) Growth Rate in 2018 Over 2017(%)	利润总额 Total Profits 总量 Total	利润总额 Total Profits 比2017年增长(%) Growth Rate in 2018 Over 2017(%)
广州	Guangzhou	356.2	13.2	1212.4	0.8
深圳	Shenzhen	196.5	17.3	2065.0	-2.0
珠海	Zhuhai	27.6	-7.6	132.6	-5.4
汕头	Shantou	7.1	53.9	9.2	-64.6
佛山	Foshan	21.9	2.3	184.6	53.1
韶关	Shaoguan	0.9	76.2	2.7	69.7
河源	Heyuan	0.6	-0.1	-0.6	
梅州	Meizhou	2.9	-1.1	0.7	-12.1
惠州	Huizhou	18.6	-9.6	111.2	25.4
汕尾	Shanwei	1.7	-30.5	-0.1	
东莞	Dongguan	24.5	24.9	259.3	-9.6
中山	Zhongshan	9.7	64.4	41.2	-5.1
江门	Jiangmen	2.7	-27.3	22.8	12.2
阳江	Yangjiang	0.5	-1.6	3.8	-17.6
湛江	Zhanjiang	5.6	47.7	20.9	
茂名	Maoming	0.8	-27.4	10.1	-12.7
肇庆	Zhaoqing	4.3	25.0	4.6	-2.4
清远	Qingyuan	3.3	0.3	6.7	77.3
潮州	Chaozhou	0.1	-63.1	-10.8	
揭阳	Jieyang	0.1	7.7	5.8	3.7
云浮	Yunfu	0.6	5.7	2.2	-1.8
按经济区域分	By Region				
珠三角	Pearl River Delta	662.0	12.8	4033.7	0.5
东翼	Eastern Region	9.0	21.6	4.1	-87.8
西翼	Western Region	6.9	27.8	34.8	-6.2
山区	Mountainous Region	8.3	3.8	11.7	42.7

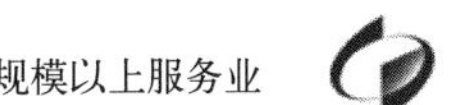

14-3 continued

(100 million yuan)

应交所得税 Income Taxes Payable		应付职工薪酬 Total Wages Payable		应交增值税 Value-added Tax Payable		就业人员平均人数(万人) Average Number of Employed Persons (10000 persons)
总量 Total	比2017年增长(%) Growth Rate in 2018 Over 2017(%)	总量 Total	比2017年增长(%) Growth Rate in 2018 Over 2017(%)	总量 Total	比2017年增长(%) Growth Rate in 2018 Over 2017(%)	
159.2	9.7	2110.3	14.0	237.0	-0.8	163.6
255.0	61.3	2202.1	16.4	271.8	15.7	171.7
20.0	77.7	160.0	13.1	20.8	7.3	14.6
2.5	-0.5	41.5	7.6	2.5	-20.9	5.3
16.8	48.6	147.6	7.6	20.4	6.8	19.0
0.5	37.1	14.5	3.3	1.7	-1.3	2.3
0.2	34.4	9.7	7.5	0.9	9.8	1.6
0.8	-5.6	10.3	8.3	0.9	-5.6	1.0
8.7	65.1	52.6	11.4	6.4	-1.0	6.8
0.6	25.1	13.7	5.9	0.7	5.8	1.5
33.4	25.3	218.4	10.1	25.3	-32.2	28.9
6.7	23.3	66.1	9.1	7.5	4.2	8.5
4.7	17.1	29.7	8.5	3.4	-6.6	3.7
0.9	16.2	10.8	12.9	1.5	25.0	1.4
5.9	19.6	45.7	11.8	4.9	9.7	5.0
2.4	12.0	19.4	4.1	2.3	-19.6	2.9
1.7	-1.2	14.8	4.0	1.6	-2.8	1.9
2.2	34.4	17.9	17.0	2.5	3.6	2.1
0.4	18.6	5.8	12.8	0.5	4.9	0.7
1.2	2.5	9.3	15.0	1.0	-0.9	1.0
0.7	50.1	7.2	3.6	0.4	-46.6	0.8
506.2	37.3	5001.6	14.5	594.2	4.5	418.5
4.7	6.8	70.3	8.7	4.7	-11.3	8.5
9.2	17.9	75.9	9.7	8.7	2.4	9.3
4.4	29.4	59.6	8.8	6.4	-4.5	7.8

主要统计指标解释

从事服务业活动从业人员平均人数 指报告期内平均拥有的从事服务业活动的人员数。按“谁用工，谁统计”的原则实施统计，包括参加企业服务业活动的正式人员，劳务派遣人员和临时聘用人员。不包括在本企业领取工资、股息、红利未参加服务业活动的人员。

Explanatory Notes on Main Statistical Indicators

The average number of persons engaged in service activities refers to the average number of persons engaged in the service industry activities within the reporting period, according to the statistics principle of "who labor, who statistics", including the formal staff, labor dispatch personnel and temporary staff who participate in the activities of the service industry enterprises. And the people receiving wages, dividends, bonus from the enterprise but not participating in the service industry activities are not included.

十五、运输和邮电

TRANSPORTATION, POSTAL AND TELECOMMUNICATION SERVICES

十五 运输和邮电

简要说明

一、本篇资料反映广东运输和邮电通信业发展的基本状况。

交通运输业资料主要包括：运输线路里程、运输设备拥有量、货物运输量和旅客运输量、港口设备和吞吐量、航站吞吐量等。

邮电通信业资料主要包括：邮电通信主要工具及设备情况，主要邮电业务完成情况，邮电通信发展水平等。

二、资料调查范围和统计单位

1. 铁路资料：包括国家铁路、地方铁路和合资铁路运营情况，不含军用铁路及由厂矿企事业单位自建的铁路专用线和专用铁道。

2. 公路、水路、港口资料：(1)公路和水路线路里程为年末通车和通航里程数。公路里程、桥梁、渡口统计从 2006 年起包括农村公路。(2)民用汽车拥有量，根据公安交通管理局所属车管部门登记注册的车辆资料整理；(3)民用运输船舶拥有量，不含渔船、水上施工作业船，根据水上航运管理部门登记注册的船舶资料整理；(4)公路、水路客货运输量资料，包括在广东公路水路运输管理部门注册登记或审批备案的、从事营业性公路、水路客、货运输的营业性运输工具(包括个体联户)所完成的运输量。此部分数据 2005 年之前由统计局收集整理，2005 年起改由省交通运输厅通过抽样调查方法负责收集整理。2009 年，交通运输部统一部署更换调查方法收集整理。2014-2015 年，按交通运输部要求，公路水路客货运输量采用经济调查结果进行推算。2016 年，公路水路客货运输量采用 2015 年专项调查结果进行推算。每次更换调查方法，均会导致公路水路客货运输量数据与以往不可比，使用时敬请注意。(5)港口设备及吞吐量，根据各地港务管理部门注册的港口企业和从事港口生产活动单位的资料整理。

3. 管道运输资料：包括输原油、输成品油、输天然气、输其他气体的管线长度、输送能力及完成的运输量。数据主要来源于中国石油天然气集团公司和中国石油化工集团公司所属的本地各管道运输单位。

4. 民航运输资料：统计对象为在广东境内注册、从事民用航空运输飞行和通用飞行的航空运输企业和民用航空机场，不包括在境内运输飞行的国内其他航空公司及外国航空公司。统计范围为各航空公司从事国内运输、港澳台运输、国际运输的定期航班航线条数及里程、运输量及期末飞机在册架数、民用航空机场航班起降架次和客货吞吐量等。

5. 邮电通信资料：包括全省电信和邮政运营企业为社会公众提供的各类电信和邮政服务，不含专用网业务资料。资料主要来源于省通信管理局、邮政管理局以及邮政、电信、移动、联通和铁通等运营单位。

三、本篇资料由广东省统计局服务业统计处整理、编辑。资料主要来源于省内民航、铁路、公路、水运、港口、公安、邮政、通信等行业主管部门以及各有关单位。

15 Transportation,Postal and Telecommunication Services

Brief Introduction

Ⅰ. The data in this chapter cover mainly the basic conditions of the development of transport, postal and telecommunication services in Guangdong Province.

The data on transport cover mainly the route length of five means of transportation, the possession of transport equipment, the freight and passenger traffic the possession of port equipment and the volume of freight handled in ports, the passenger and freight throughput of airports, etc.

The data on postal and telecommunication services cover mainly major means and equipment of post and telecommunications, achievements of main businesses of postal and telecommunication services, and the level of development of postal and telecommunication services, etc.

Ⅱ. Coverage and Statistical Units

1. Data on railway transportation: including the operation and management of the national, local and joint-venture railways, but excluding the railways for military purpose, lines built by factories, mines, enterprises and institutions for exclusive use, and special railways.

2. Data on highways, waterways and ports: (1) The length of highways and waterways refer to the length open to traffic or navigation at the end of the year. The Statistical of leng of highways,bridges,ferries from 2006 include rural highway. (2) The data on the possession of civil motor vehicles are compiled according to registration data of vehicles at the divisions of vehicle management under the traffic management departments of public security authorities. (3) The data on the possession of civil vessels exclusive of fishing boats and engineering ships over water are compiled according to registration data of vessels at the authorities of navigation and port management. (4) The data on the volume of transportation by highways and waterways, including all enterprises, institutions, and individuals (or individual partnerships) registered in Guangdong for passenger and freight transportation by highways and waterways, were collected and prepared by the Bureau of Statistics before 2005. Since 2005, the data were collected and prepared by the Department of Transport of Guangdong through sample survey. Since 2009, the data are collected and prepared in accordance with the new survey method stipulated by the Ministry of Transport. Since 2015, the data are prepared according to the third economic census of Guangdong Province. Since the new survey method has new criteria for survey target and urban-rural division, the data are not comparable with those of the previous years. (5) The data on possession of port equipment and production capacity and handling capacity of ports are compiled according to registration data of port enterprises and production units at local port authorities.

3. Data on pipeline transport: The data on pipeline transport cover the length, transport capacity and the volume transported of pipelines of petroleum (crude oil), petroleum products, natural gas and other gases. The data are mainly provided by enterprises engaged in the pipeline transport subordinate to the China National Petroleum Corporation and China Petrochemical Corporation.

4. Data on civil aviation transport: Data on civil aviation transport include air transport enterprises and civil airports registered for civil aviation transport and general aviation, excluding other domestic aviation companies and foreign aviation companies engaged in air transport within Chinese territory. The statistics cover regular flights of domestic transport, transport between the mainland of China and Hong Kong, Macao and Taiwan, and international transport managed by various aviation companies, concerning the number of lines, length, transport volume, number of registered aircrafts at the end of the reference period, sorties at civil airports, and volumes of passenger and freight handled at civil airports.

5. Data on post and telecommunications: Data in this category include telecommunications and postal services rendered to the public by telecommunications and postal enterprises of the whole province, but exclude services provided through dedicated networks. Statistics are mainly provided by Guangdong Communications Administration and corresponding enterprises, including China Post, China Telecom, China Mobile, China Unicom, China TieTong, and China Netcom.

Ⅲ. The data in this chapter are prepared and compiled by the Division of Service Industry Statistics of Statistics Bureau of Guangdong Province. Raw data are mainly provided by authorities and related enterprises and institutions within the province of civil aviation, railways, highways, waterways, ports, public securities, and post and telecommunications.

15-1 运输邮电主要指标

Main Indicators on Transport, Postal and Telecommunication Services

指标	Item	2000	2010	2017	2018	2018比2017增长% Growth Rate in 2018 over 2017 (%)
铁路营业里程 (公里)	Length of Railways in Operation (km)	1942	2297	4307	4630	7.5
公路通车里程 (公里)	Length of Highways (km)	102606	190144	219580	217699	-0.9
内河通航里程 (公里)	Length of Navigable Inland Waterways (km)	13696	13596	12108	12111	0.0
民航航线里程 (万公里)	Length of Civil Aviation Routes (10000 km)	50.03	180.74	280.44	277.49	-1.1
管道输油(气)里程 (公里)	Length of Petroleum and Gas Pipelines (km)	1535.57	6033.62	8765.34	8966.34	2.3
港口码头泊位 (个)	Number of Berths in Coastal Ports (unit)	3191	3082	2886	2498	-13.4
#万吨级泊位	Berths at 10000 Ton Class	126	245	309	316	2.3
码头泊位长度 (米)	Length of Quay Line (m)	180238	252762	267722	252993	-5.5
公路桥梁 (座)	Number of Highway Bridges (unit)	19668	42330	47794	48883	2.3
#永久式	Permanent	19656	42233	47702	48787	2.3
民用汽车 (万辆)	Number of Civil Motor Vehicles (10000 units)	172.91	783.50	1894.94	2116.94	11.7
机动船艘数 (艘)	Number of Motor Vessels (unit)	21733	8793	8274	7781	-6.0
吨位数 (万净载重吨)	Tonnage (10000 dead weight ton)	526.88	1140.71	2280.29	2183.27	-4.3
民用运输飞机 (架)	Number of Civil Aircrafts (unit)	106	441	688	831	20.8
长途电话交换机容量 (万路端)	Capacity of Automatic Long-distance Telephone Exchanges (10000 lines)	70.34	269.11	50.17	50.17	0.0
本地交换设备容量 (万门)	Capacity of Local Telephone Exchanges (10000 lines)	1939.45	5383.59	815.33	583.14	-28.6
移动电话交换机容量 (万户)	Capacity of Mobile Telephone Exchanges (10000 subscribers)	1825.40	14766.90	23037.51	23037.51	0.0
本地电话用户 (万户)	Subscribers of Local Fixed Telephones (10000 subscribers)	1414.94	3169.14	2406.09	2211.42	-8.1
移动电话用户 (万户)	Subscribers of Mobile Telephones (10000 subscribers)	1357.26	9710.09	14798.85	16823.26	13.7
客运量 (万人)	Passenger Traffic (10000 persons)	164791	467049	148549	154682	3.9
旅客周转量 (亿人公里)	Passenger-kilometers (100 million passenger-km)	1218.59	3342.23	4140.29	4501.97	7.5
货运量 (万吨)	Freight Traffic (10000 tons)	119216	205034	400601	424996	6.1
货物周转量 (亿吨公里)	Freight Ton-kilometers (100 million ton-km)	3064.51	5933.88	28192.23	28644.77	1.6
港口货物吞吐量 (万吨)	Volume of Freight Handled in Ports (10000 tons)	31649	122258	198015	211037	6.6
港口旅客吞吐量 (万人)	Volume of Passengers Handled in Ports(10000 persons)	1670.32	2483.21	3659.63	3812.51	4.2
航站旅客吞吐量 (万人)	Volume of Passengers Handled at Airports (10000 persons)	2142.84	7188.64	12940.22	14184.50	9.6
邮电业务总量 (亿元)	Business Volume of Postal and Telecommunication Services (100 million yuan)	757.22	4832.94	6107.19	11010.28	80.3
邮政 (亿元)	Postal Service (100 million yuan)	50.40	118.57	2526.29	3215.75	27.3
电信 (亿元)	Telecommunication Service (100 million yuan)	706.82	4714.37	3580.90	7794.53	117.7

注：1.邮电业务总量1989-2000年按1990年价格计算，2011年起按2010年不变价格计算，从2017年起电信业务总量按2015年不变价格计算。增长速度按可比价格计算。

2.2017年起，铁路客运量和货运量改为按发送量计算，客运量货运量数据与往年不可比。增长速度按可比口径计算。

3.2018年新增2个航空运输报道单位，增长速度按可比口径计算。

Note: a) Business volume of postal services have been calculated at 2010 constant prices Since 2011.Business volume of postal services was calculated with 1990 constant prices.Starting from 2017, business volume of telecommunication services have been calculated with 2015 constant prices Growth rate is calculated with comparable prices.

b) Since 2017, passenger and cargo traffic by rail have been calculated according traffic sent, as such, data of cargo and passenger traffic by rail is incomparable with previous years. Growth rate is calculated with a comparable prices.

c) There are two new air transport company to submit data in 2018. The growth rates are calculated by comparable coverage.

15-2 全社会旅客运输量

Total Passenger Traffic

年份 Year	客运量(万人) Passenger Traffic (10000 persons)					旅客周转量（亿人公里） Passenger-kilometers (100 million passenger-km)				
	合计 Total	铁路 Railways	公路 Highways	水路 Waterways	民航 Civil Aviation	合计 Total	铁路 Railways	公路 Highways	水路 Waterways	民航 Civil Aviation
1985	49848	3357	41826	4427	238	270.23	50.41	178.27	20.46	21.09
1986	126890	3742	113561	9295	292	450.35	56.70	346.81	19.82	27.02
1987	158715	4129	144684	9557	345	796.86	66.98	678.04	21.20	30.64
1988	218915	4828	204278	9420	389	402.34	82.53	261.18	22.43	36.20
1989	66727	4882	58110	3377	358	447.62	84.38	309.25	20.50	33.49
1990	78046	4467	70681	2428	470	453.21	82.56	307.40	19.68	43.57
1991	83460	5004	75570	2317	569	526.66	102.11	348.85	20.89	54.81
1992	93678	6243	83128	3503	804	624.55	131.99	385.76	25.75	81.05
1993	95468	6835	84708	3078	847	696.92	161.04	422.88	25.60	87.40
1994	125036	6920	111447	5636	1033	929.48	164.11	619.52	33.21	112.64
1995	130998	6283	118406	5146	1163	936.29	163.11	613.07	31.13	128.98
1996	128831	5593	117815	4232	1191	938.65	153.86	626.60	20.65	137.54
1997	123649	6201	113259	3032	1157	957.20	177.61	616.48	17.21	145.90
1998	132462	6743	121795	2729	1195	994.84	194.16	630.65	13.87	156.16
1999	148636	7553	137324	2605	1154	1082.14	212.13	700.74	13.62	155.65
2000	164791	12165	148945	2363	1318	1218.59	241.51	780.74	11.65	184.69
2001	178676	12783	161967	2382	1544	1342.12	252.37	858.86	11.40	219.49
2002	188657	13310	171191	2347	1809	1490.34	273.19	945.16	11.31	260.68
2003	191202	12935	174288	2208	1771	1505.83	267.14	983.67	11.41	243.61
2004	202414	15142	183012	1827	2433	1738.21	308.38	1076.06	10.17	343.60
2005	212104	16106	189881	2062	4055	2122.14	327.74	1190.73	9.54	594.13
2005(调整) (adjusted)	161357	16106	139158	2038	4055	2043.23	327.74	1111.57	9.79	594.13
2006	197314	15109	175567	2073	4565	2245.37	347.60	1212.76	12.14	672.87
2007	211215	16762	186835	2071	5548	2626.71	387.61	1410.72	10.98	817.40
2007(调整) (adjusted)	206504	12050	186835	2071	5548	2626.71	387.61	1410.72	10.98	817.40
2008	238375	13739	216902	1902	5832	2844.79	420.12	1566.73	9.80	848.14
2008(调整) (adjusted)	484161	13739	462997	1593	5832	2551.92	420.12	1276.12	7.54	848.14
2009	428705	13394	406704	1873	6734	2853.30	407.72	1470.06	7.06	968.46
2010	467049	14956	442224	2241	7628	3342.23	456.46	1736.34	8.36	1141.07
2011	522095	17902	493618	2594	7981	3851.84	505.16	2082.68	9.63	1254.37
2012	586299	18528	556510	2725	8535	4372.06	514.88	2470.11	10.01	1377.06
2013	636816	20459	604934	2426	8997	4852.41	565.91	2776.08	10.23	1500.19
2013(调整) (adjusted)	175109	20459	143406	2247	8997	3538.10	565.91	1462.82	9.18	1500.19
2014	193363	23744	157234	2613	9771	3967.28	670.78	1629.79	10.67	1656.05
2015	207345	26536	168028	2728	10054	4335.79	747.05	1769.61	10.50	1808.63
2015(调整) (adjusted)	137368	26536	98050	2728	10054	3601.12	747.05	1034.94	10.50	1808.63
2016	144262	28954	102094	2648	10566	3842.58	793.44	1079.80	10.34	1959.00
2017	148549	28476	105919	2733	11420	4140.29	872.08	1129.53	10.85	2127.82
2018	154682	33745	105249	2775	12913	4501.97	953.75	1120.71	11.13	2416.38

15-3 旅客运输量指数

Indices of Passenger Traffic

上年=100 (preceding year=100)

年份 Year	客运量 Passenger Traffic					旅客周转量 Passenger-kilometers				
	合计 Total	铁路 Railways	公路 Highways	水路 Waterways	民航 Civil Aviation	合计 Total	铁路 Railways	公路 Highways	水路 Waterways	民航 Civil Aviation
1978	107.9	105.6	109.0	104.8	144.8	110.4	112.8	109.8	102.3	151.9
1979	114.9	115.5	116.0	109.2	144.2	123.5	129.1	119.8	117.1	165.2
1980	117.3	101.0	125.2	97.7	118.6	121.2	120.4	128.0	109.3	97.4
1981	107.4	100.0	110.0	99.1	125.1	110.9	109.0	112.2	106.0	121.0
1982	119.7	95.7	126.6	99.9	122.4	111.8	102.6	117.1	102.4	125.4
1983	107.2	107.2	108.6	96.4	89.6	111.9	117.8	114.0	99.7	94.6
1984	119.7	109.2	124.4	87.3	142.9	125.6	115.3	130.4	98.3	183.2
1985	109.2	112.6	109.1	103.6	131.6	118.1	121.3	116.1	101.0	148.7
1986	90.0	102.8	88.2	91.7	125.2	95.0	106.7	86.0	91.4	130.8
1987	125.1	110.3	127.4	102.8	118.2	176.9	118.1	195.5	107.0	113.4
1988	137.9	116.9	141.2	98.6	112.8	50.5	123.2	38.5	105.8	118.1
1989	30.5	101.1	28.4	35.8	92.0	111.3	102.2	118.4	91.4	92.5
1990	117.0	91.5	121.6	71.9	131.3	101.2	97.8	99.4	96.0	130.1
1991	106.9	112.0	106.9	95.4	121.1	116.2	123.7	113.5	106.1	125.8
1992	112.2	124.8	110.0	151.2	141.3	118.6	129.3	110.6	123.3	147.9
1993	101.9	109.5	101.9	87.9	105.3	111.6	122.0	109.6	99.4	107.8
1994	131.0	101.2	131.6	183.1	122.0	133.4	101.9	146.5	129.7	128.9
1995	104.8	90.8	106.2	91.3	112.6	100.7	99.4	99.0	93.7	114.5
1996	98.3	89.0	99.5	82.2	102.4	100.3	94.3	102.2	66.3	106.6
1997	96.0	110.9	96.1	71.6	97.1	102.0	115.4	98.4	83.3	106.1
1998	107.1	108.7	107.5	90.0	103.3	103.9	109.3	102.3	80.6	107.0
1999	112.2	112.0	112.8	95.5	96.6	108.8	109.3	111.1	98.2	99.7
2000	108.4	111.9	108.5	90.7	114.2	112.6	113.8	111.4	85.5	118.7
2001	108.4	105.1	108.7	100.8	117.1	110.1	104.5	110.0	97.9	118.8
2002	105.6	104.1	105.7	98.5	117.2	111.0	108.2	110.0	99.2	118.8
2003	101.3	97.2	101.8	94.1	97.9	101.0	97.8	104.1	100.9	93.5
2004	105.9	117.1	105.0	82.7	137.4	115.4	115.4	109.4	89.1	141.0
2005	104.8	106.4	103.8	112.9	166.7	122.1	106.3	110.7	93.8	172.9
2006	122.3	93.8	126.2	101.7	112.6	109.9	106.1	109.1	124.0	113.3
2007	107.0	110.9	106.4	99.9	121.5	117.0	111.5	116.3	90.4	121.5
2008	115.4	114.0	116.1	91.8	105.1	108.3	108.4	111.1	89.3	103.8
2009	88.5	97.5	87.8	117.6	115.4	111.8	97.0	115.2	93.6	114.2
2010	108.9	111.7	108.7	119.6	113.3	117.1	112.0	118.1	118.4	117.8
2011	111.8	119.7	111.6	115.8	104.6	115.2	110.7	119.9	115.2	109.9
2012	112.3	103.5	112.7	105.1	106.9	113.5	101.9	118.6	103.9	109.8
2013	108.6	110.4	108.7	89.0	105.4	111.0	109.9	112.4	102.2	108.9
2014	110.5	116.1	109.6	116.2	108.6	112.1	118.5	111.4	116.2	110.4
2015	107.2	111.8	106.9	104.4	102.9	109.3	111.4	108.6	98.4	109.2
2016	105.0	109.1	104.1	97.1	105.1	106.7	106.2	104.3	98.5	108.3
2017	105.6	112.1	103.7	103.2	108.1	107.6	109.4	104.6	104.9	108.6
2018	103.9	118.5	99.4	101.5	110.2	107.5	109.4	99.2	102.6	111.1

15-4 各市客运量

Passenger Traffic by City

单位：万人 (10000 persons)

市　别	City	2005	2010	2013	2013 (调整) (adjusted)	2014	2015	2015 (调整) (adjusted)	2016	2017	2018
总　计	**Total**	**161357**	**467049**	**636816**	**175109**	**193363**	**207345**	**137368**	**144262**	**148549**	**154682**
广　州	Guangzhou	22583	47872	70891	70891	78762	85170	22859	23879	25482	25780
深　圳	Shenzhen	9500	151404	195998	6387	6831	7040	6509	6039	6467	6654
珠　海	Zhuhai	4874	19078	28642	3314	3726	4017	3684	3708	3393	3191
汕　头	Shantou	1991	2539	3794	1821	1766	1642	1582	1555	1604	1635
佛　山	Foshan	11472	25166	49146	5168	5768	5387	5203	5307	5268	5057
韶　关	Shaoguan	2280	10200	17144	4223	5032	5515	4891	5166	5291	5558
河　源	Heyuan	1969	3294	5575	2406	2922	3257	2876	3223	3527	3654
梅　州	Meizhou	3550	4399	6415	2420	2627	2859	2557	2705	2856	3027
惠　州	Huizhou	5049	12763	16673	5939	6411	6799	6157	6422	6617	6616
汕　尾	Shanwei	3800	7250	12636	1116	1171	1237	1123	1196	1371	1348
东　莞	Dongguan	30951	77446	78113	5638	5555	5071	4961	4874	4342	3383
中　山	Zhongshan	9200	13258	33903	1985	2256	1822	1896	1599	1518	1401
江　门	Jiangmen	8249	18096	20102	10162	9546	10272	9239	9742	9606	9417
阳　江	Yangjiang	1585	4111	4315	1521	1571	1586	1472	1519	1549	1582
湛　江	Zhanjiang	6413	12745	15643	6508	7764	9026	7926	8660	9429	9187
茂　名	Maoming	5079	6830	8672	4954	5664	6367	5611	5977	6515	6658
肇　庆	Zhaoqing	4436	6388	7674	3089	3114	3119	2905	3039	3042	2893
清　远	Qingyuan	1959	9874	14354	2271	2668	3088	2714	2823	2997	3060
潮　州	Chaozhou	733	2056	3762	1757	1987	2255	1983	2240	2377	2334
揭　阳	Jieyang	3014	4789	6216	1836	1944	2041	1856	2074	2221	2363
云　浮	Yunfu	2509	4907	7693	2246	2762	3188	2775	2994	3179	3225
不分地区	Unclassified	20161	22584	29456	29456	33516	36589	36589	39520	39897	46658
按经济区域分	By Region										
珠三角	Pearl River Delta	126475	394055	530597	142030	155484	165285	100001	104130	105632	111050
东　翼	Eastern Region	9538	16634	26408	6529	6869	7175	6544	7065	7573	7680
西　翼	Western Region	13077	23686	28630	12983	14999	16979	15009	16156	17494	17427
山　区	Mountainous Region	12267	32674	51181	13567	16011	17907	15814	16911	17850	18525

注：分市数据仅含公路和水路运输，铁路和民航运输在“不分地区”反映。下表同。

Note: Data by city only include the figures of highway and waterway transportation, whereas data of railway and civil aviation transportation are reflected in the category “Unclassified by Region”. The same applies to the following table.

15−5 各市旅客周转量

Passenger-kilometers by City

单位：亿人公里 (100 million passenger-km)

市 别	City	2005	2010	2013	2013 (调整) (adjusted)	2014	2015	2015 (调整) (adjusted)	2016	2017	2018
总 计	**Total**	**2043.23**	**3342.23**	**4852.41**	**3538.10**	**3967.28**	**4335.79**	**3601.12**	**3842.58**	**4140.29**	**4501.97**
广 州	Guangzhou	193.24	461.34	698.67	698.66	793.50	861.08	229.50	241.60	258.07	265.45
深 圳	Shenzhen	71.42	242.13	357.20	129.70	137.85	144.31	130.41	118.59	125.76	129.04
珠 海	Zhuhai	41.69	68.90	80.42	57.76	63.45	69.18	61.62	60.94	53.77	48.59
汕 头	Shantou	21.08	51.67	84.87	26.30	24.24	22.45	21.53	20.98	22.30	22.71
佛 山	Foshan	50.94	82.76	125.27	51.40	60.09	59.31	55.15	63.49	66.67	65.18
韶 关	Shaoguan	14.17	40.41	70.74	21.42	26.04	28.55	25.21	26.64	27.31	28.75
河 源	Heyuan	36.97	38.18	63.91	27.39	33.49	38.44	33.23	37.02	41.05	43.16
梅 州	Meizhou	41.73	51.79	88.14	33.35	35.46	39.52	34.69	37.03	39.44	41.74
惠 州	Huizhou	35.97	49.46	124.59	46.60	51.90	57.43	50.46	53.26	55.60	55.94
汕 尾	Shanwei	26.90	52.98	106.96	10.77	12.39	14.05	12.22	13.34	15.68	15.71
东 莞	Dongguan	158.53	129.07	155.99	86.71	85.46	81.55	77.13	77.32	68.14	45.63
中 山	Zhongshan	48.84	88.99	277.03	11.61	14.15	21.77	16.54	18.90	24.05	23.04
江 门	Jiangmen	60.30	58.99	67.31	61.65	59.61	64.71	57.36	60.62	61.10	61.34
阳 江	Yangjiang	26.29	21.80	31.14	10.58	10.91	11.01	10.12	10.32	10.53	10.74
湛 江	Zhanjiang	62.10	82.45	114.06	65.33	80.23	95.49	81.17	88.30	96.14	95.10
茂 名	Maoming	64.83	61.47	87.22	43.80	50.87	59.23	50.75	55.05	60.93	62.26
肇 庆	Zhaoqing	25.40	33.22	42.72	14.67	14.68	14.71	13.58	13.79	13.88	13.41
清 远	Qingyuan	35.45	38.68	57.68	17.04	20.51	24.08	20.67	21.82	23.51	24.59
潮 州	Chaozhou	19.37	23.93	43.13	21.30	24.24	27.53	23.87	27.02	29.28	29.93
揭 阳	Jieyang	67.53	37.28	60.70	19.82	21.12	22.22	20.03	22.28	23.87	25.45
云 浮	Yunfu	18.62	29.21	48.55	16.15	20.29	23.49	20.19	21.82	23.30	24.08
不分地区	Unclassified	921.87	1597.53	2066.10	2066.10	2326.82	2555.68	2555.68	2752.44	2999.90	3370.13
按经济区域分	By Region										
珠 三 角	Pearl River Delta	1608.20	2812.37	3995.29	3224.87	3607.50	3929.73	3247.43	3460.96	3726.96	4077.75
东 翼	Eastern Region	134.87	165.86	295.67	78.19	81.98	86.25	77.66	83.62	91.14	93.80
西 翼	Western Region	153.23	165.72	232.43	119.70	142.01	165.73	142.03	153.67	167.60	168.10
山 区	Mountainous Region	146.93	198.27	329.02	115.35	135.79	154.08	133.99	144.33	154.60	162.32

15-6 全社会货物运输量
Total Freight Traffic

年份 Year	货运量(万吨) Freight Traffic (10000 tons)						货物周转量(亿吨公里) Freight Ton-kilometers (100 million ton-km)					
	合计 Total	铁路 Railways	公路 Highways	水路 Waterways	民航 Civil Aviation	管道 Pipelines	合计 Total	铁路 Railways	公路 Highways	水路 Waterways	民航 Civil Aviation	管道 Pipelines
1985	58726	3000	42813	12045	4	864	1767.86	102.29	156.45	1503.47	0.38	5.27
1986	65078	4269	49030	10831	4	944	1845.33	130.02	127.28	1581.60	0.45	5.98
1987	74571	4493	57393	11664	5	1016	1982.59	142.56	179.41	1653.81	0.54	6.27
1988	79811	4504	57717	16583	6	1001	2209.11	151.55	216.22	1834.41	0.67	6.26
1989	85054	4888	63254	15820	6	1086	2419.57	168.39	301.16	1942.79	0.71	6.52
1990	85809	4803	63709	16198	8	1091	2598.88	179.54	346.27	2065.69	0.90	6.48
1991	94136	5347	69784	17718	10	1277	3181.83	206.18	386.49	2580.79	1.06	7.31
1992	113119	6089	84181	21346	12	1491	3560.59	239.34	583.36	2727.97	1.41	8.51
1993	125273	6595	87567	29660	14	1437	3797.09	261.91	428.17	3097.19	1.70	8.12
1994	119901	6971	81361	30165	20	1384	4326.09	280.31	443.54	3592.35	2.39	7.50
1995	111063	7634	68884	32952	21	1572	4642.91	290.78	352.45	3990.19	2.75	6.74
1996	95598	8138	60131	25699	24	1606	3761.09	294.12	327.81	3129.27	3.27	6.62
1997	99763	8430	62728	26873	25	1707	3837.78	294.45	341.08	3185.26	3.99	13.00
1998	101933	8288	65682	25669	28	2266	3453.92	290.65	371.08	2750.19	4.90	37.10
1999	106334	8150	70626	24857	31	2670	2980.69	282.68	426.70	2223.75	5.45	42.11
2000	119216	15172	75365	25696	31	2952	3064.51	295.97	472.49	2247.86	6.45	41.74
2001	131621	15435	86555	26434	35	3162	3221.47	296.79	522.89	2350.73	7.54	43.52
2002	137032	14790	92736	26263	42	3201	3229.39	277.87	576.35	2323.27	9.94	41.96
2003	143964	15375	97806	27412	42	3329	3666.83	285.02	614.01	2719.83	11.76	36.21
2004	156094	19495	102843	29783	49	3924	4148.54	341.26	657.49	3091.39	13.22	45.18
2005	158470	18647	105581	30179	73	3989	4359.97	319.68	781.41	3195.85	17.45	45.58
2005(调整) (adjusted)	133992	18647	84861	26422	73	3989	3917.43	319.68	646.55	2888.17	17.45	45.58
2006	145911	16170	97461	27503	79	4698	4162.77	333.12	742.67	2964.89	18.70	103.39
2007	165426	16480	112611	30893	87	5355	4430.93	337.31	906.84	3043.53	20.14	123.11
2007(调整) (adjusted)	160455	11285	112611	30893	87	5578	4489.69	337.31	906.84	3043.53	20.14	181.87
2008	176279	11545	126068	32318	85	6263	4520.12	344.96	1064.55	2878.85	18.38	213.38
2008(调整) (adjusted)	153256	11545	101428	33935	85	6263	4591.22	344.96	1225.30	2853.92	18.38	148.66
2009	179722	11254	125433	36623	90	6322	4942.83	309.55	1518.43	2937.94	18.83	158.08
2010	205034	12170	142389	43092	116	7267	5933.88	329.49	1753.40	3642.22	32.98	175.79
2011	234978	12034	166567	48856	118	7403	7113.29	322.25	2150.04	4427.64	37.00	176.36
2012	266359	12002	189034	57737	128	7458	9780.56	306.04	2434.95	6820.29	42.40	176.89
2013	305833	12042	217630	68378	131	7652	12495.93	301.55	2875.68	9104.57	44.20	169.94
2013(调整) (adjusted)	328138	12042	239462	68851	131	7652	12212.56	301.55	2668.03	9028.84	44.20	169.94
2014	353732	11143	257135	77220	144	8090	15020.92	274.81	3113.84	11407.80	51.05	173.42
2015	376434	10072	279983	78093	149	8137	15130.59	253.90	3454.99	11190.91	56.47	174.33
2015(调整) (adjusted)	349832	10072	255993	75481	149	8137	14667.43	253.90	3108.81	11073.92	56.47	174.33
2016	377645	10135	272826	85633	160	8891	22032.27	254.41	3381.92	18160.35	61.85	173.74
2017	400601	7254	288904	94871	166	9407	28192.23	261.97	3636.89	24011.92	68.73	212.71
2018	424996	7617	304743	102352	226	10058	28644.77	267.99	3890.32	24177.41	80.53	228.53

15-7 货物运输量指数

Indices of Freight Traffic

上年=100 (preceding year=100)

年份 Year	货运量 Freight Traffic						货物周转量 Freight Ton-kilometers					
	合计 Total	铁路 Railways	公路 Highways	水路 Waterways	民航 Civil Aviation	管道 Pipelines	合计 Total	铁路 Railways	公路 Highways	水路 Waterways	民航 Civil Aviation	管道 Pipelines
1978	96.3	109.2	74.9	104.5	126.6		110.9	110.9	93.0	111.1	140.0	
1979	92.1	103.5	88.9	87.2	100.0	197.2	138.4	103.5	96.6	141.9	142.9	192.9
1980	101.4	93.8	85.3	111.3	151.0	151.4	98.2	99.1	90.7	98.1	100.0	596.3
1981	92.2	84.8	87.0	93.1	102.6	165.3	84.3	92.7	93.8	83.5	100.0	280.7
1982	104.6	107.8	98.1	105.7	125.8	105.7	104.9	105.4	105.3	104.9	130.0	103.8
1983	100.4	104.9	92.4	100.5	118.5	108.7	110.1	108.8	87.6	110.3	123.1	109.8
1984	100.0	108.6	92.6	98.4	133.8	105.3	98.8	112.2	84.7	97.9	162.5	101.9
1985	177.1	105.5	225.5	115.1	133.3	101.2	109.2	111.8	206.5	104.0	146.2	100.4
1986	110.8	142.3	114.5	89.9	100.0	109.3	104.4	127.1	81.4	105.2	118.4	113.5
1987	114.6	105.2	117.1	107.7	125.0	107.6	107.4	109.6	141.0	104.6	120.0	104.8
1988	107.0	100.2	100.6	142.2	120.0	98.5	111.4	106.3	120.5	110.9	124.1	99.8
1989	106.6	108.5	109.6	95.4	100.0	108.5	109.5	111.1	139.3	105.9	106.0	104.2
1990	100.9	98.3	100.7	102.4	133.3	100.5	107.4	106.6	115.0	106.3	126.8	99.4
1991	109.7	111.3	109.5	109.4	125.0	117.0	122.4	114.8	111.6	124.9	117.8	112.8
1992	120.2	113.9	120.6	120.5	120.0	116.8	111.9	116.1	150.9	105.7	133.0	116.4
1993	110.7	108.3	104.0	138.9	116.7	96.4	106.6	109.4	73.4	113.5	120.6	95.4
1994	95.7	105.7	92.9	101.7	142.9	96.3	113.9	107.0	103.6	116.0	140.6	92.4
1995	92.6	109.5	84.7	109.2	105.0	113.6	107.3	103.7	79.5	111.1	115.1	89.9
1996	86.1	106.6	87.3	78.0	114.3	102.2	81.0	101.1	93.0	78.4	118.9	98.2
1997	104.4	103.6	104.3	104.6	104.2	106.3	102.0	100.1	104.0	101.8	122.0	196.4
1998	102.2	98.3	104.7	95.5	112.0	132.7	90.0	98.7	108.8	86.3	122.8	285.4
1999	104.3	98.3	107.5	96.8	110.7	117.8	86.3	97.3	115.0	80.9	111.2	113.5
2000	106.0	106.0	106.7	103.4	100.0	110.6	102.8	104.7	110.7	101.1	118.3	99.1
2001	110.4	101.7	114.8	102.9	112.9	107.1	105.1	100.3	110.7	104.6	116.9	104.3
2002	104.1	95.8	107.1	99.4	120.0	101.2	100.2	93.6	110.2	98.8	131.8	96.4
2003	105.1	104.0	105.5	104.4	100.0	104.0	113.5	102.6	106.5	117.1	118.3	86.3
2004	108.4	126.8	105.1	108.6	116.7	117.9	113.1	119.7	107.1	113.7	112.4	124.8
2005	101.5	95.7	102.7	101.3	149.0	101.7	105.1	93.7	118.8	103.4	132.0	100.9
2006	108.9	86.7	114.8	104.1	108.1	117.8	106.3	104.2	114.9	102.7	107.2	226.8
2007	113.4	101.9	115.5	112.3	110.5	114.0	106.4	101.3	122.1	102.7	107.7	119.1
2008	109.9	102.3	111.9	104.6	97.1	112.3	100.7	102.3	117.4	94.6	91.3	117.3
2009	117.3	97.5	123.7	107.9	106.8	101.0	107.7	89.7	123.9	102.9	102.4	106.3
2010	114.1	108.1	113.5	117.7	128.1	114.9	120.1	106.4	115.5	124.0	175.1	111.2
2011	114.6	98.9	117.0	113.4	102.4	101.9	119.9	97.8	122.6	121.6	112.2	100.3
2012	111.5	99.7	113.5	109.1	107.9	100.7	116.0	95.0	113.3	119.5	114.6	100.3
2013	114.8	100.3	115.1	118.4	102.7	102.6	127.8	98.5	118.1	133.5	104.2	96.1
2014	107.8	92.5	107.4	112.2	110.0	105.7	123.0	91.1	116.7	126.3	115.5	102.0
2015	106.4	90.4	108.9	101.1	102.9	100.6	100.7	92.4	111.0	98.1	110.6	100.5
2016	108.0	100.6	106.6	113.4	107.6	109.3	150.2	100.2	108.8	164.0	109.5	99.7
2017	106.9	101.3	105.9	110.8	103.7	105.8	128.0	104.3	107.5	132.2	111.1	122.4
2018	106.1	105.0	105.5	107.9	106.5	106.9	101.6	102.3	107.0	100.7	107.3	107.4

15-8 各市货运量

Freight Traffic by City

单位：万吨 (10000 tons)

市别	City	2005	2010	2013	2013 (调整) (adjusted)	2014	2015	2015 (调整) (adjusted)	2016	2017	2018
总计	**Total**	**133992**	**205034**	**305833**	**328138**	**353732**	**376434**	**349832**	**377645**	**400601**	**424996**
广州	Guangzhou	28026	51335	82052	93804	90208	94303	89662	103083	114595	124641
深圳	Shenzhen	7837	25706	29226	27055	29183	32331	30814	30999	32100	32586
珠海	Zhuhai	2225	7038	8457	9862	10874	11626	10528	10869	11471	12541
汕头	Shantou	1703	3087	4628	5349	6055	6469	5766	6150	6403	6928
佛山	Foshan	17354	19153	27206	27206	28756	29428	27880	29372	30997	32165
韶关	Shaoguan	3251	6364	12184	13916	17291	19024	16925	18397	19442	20878
河源	Heyuan	986	2244	3995	4789	5755	6509	5519	6203	6702	6861
梅州	Meizhou	3751	4092	6325	6325	7159	7820	7227	7913	8356	8824
惠州	Huizhou	4786	11104	19063	17821	21545	23435	21711	23455	24693	26080
汕尾	Shanwei	1106	1232	1934	2310	2432	2536	2344	2515	2722	2879
东莞	Dongguan	5127	9312	12863	14690	15375	15923	15386	15593	16725	17272
中山	Zhongshan	5985	7820	16719	16719	18864	17963	18076	18336	17656	16640
江门	Jiangmen	5626	7458	9999	11292	13926	15407	13177	14046	14975	15893
阳江	Yangjiang	417	1752	7672	7372	10340	11385	10038	9975	10013	10231
湛江	Zhanjiang	5016	6808	10590	12391	14157	16528	14690	16023	17559	19010
茂名	Maoming	4388	4365	7123	8451	8860	9895	8808	9653	10520	11340
肇庆	Zhaoqing	3689	2869	4472	5226	6382	7303	6200	6626	7171	7847
清远	Qingyuan	3200	7155	10363	12048	13989	15267	13460	14568	15866	17318
潮州	Chaozhou	1310	2339	3944	3944	4413	4928	4476	5053	5482	5976
揭阳	Jieyang	2213	1945	2784	3333	3547	3898	3468	3795	4092	4448
云浮	Yunfu	3286	2303	4410	4410	5244	6099	5318	5835	6236	6738
不分地区	Unclassified	22710	19553	19825	19825	19377	18358	18358	19186	16826	17901
按经济区域分	By Region										
珠三角	Pearl River Delta	103365	161348	229882	243500	254491	266078	251791	271565	287210	303566
东翼	Eastern Region	6332	8603	13290	14936	16447	17831	16055	17513	18699	20230
西翼	Western Region	9821	12925	25385	28214	33357	37808	33535	35651	38091	40582
山区	Mountainous Region	14474	22158	37277	41488	49438	54719	48450	52916	56602	60618

注：分市数据仅含公路和水路运输，铁路、民航和管道运输在“不分地区”反映。下表同。

Note: Data by city only include the figures of highway and waterway transportation, whereas data of railway, civil aviation and pipeline transportation are reflected in the category “Unclassified by Region”. The same applies to the following table.

15－9 各市货物周转量
Freight Ton-kilometers by City

单位：亿吨公里 (100 million ton-km)

市别	City	2005	2010	2013	2013（调整）(adjusted)	2014	2015	2015（调整）(adjusted)	2016	2017	2018
总计	**Total**	**3917.43**	**5933.88**	**12495.93**	**12212.56**	**15020.92**	**15130.59**	**14667.43**	**22032.27**	**28192.23**	**28644.77**
广州	Guangzhou	2431.16	2032.86	6563.75	6527.54	8396.58	8225.53	8144.78	15348.54	21173.71	21398.46
深圳	Shenzhen	317.28	1627.56	2090.03	1986.97	2374.25	2241.11	2254.79	2232.10	2286.82	2156.25
珠海	Zhuhai	84.89	168.12	133.39	135.31	155.75	167.01	158.97	149.38	155.57	206.48
汕头	Shantou	38.41	101.79	183.93	185.99	186.80	170.80	161.86	138.68	147.81	162.25
佛山	Foshan	182.11	152.08	240.72	221.95	252.45	266.40	246.36	271.81	299.24	323.76
韶关	Shaoguan	26.97	118.91	255.05	262.45	330.35	359.42	309.17	340.47	360.51	391.58
河源	Heyuan	8.48	34.02	60.47	63.21	76.60	87.46	73.81	82.64	90.02	94.65
梅州	Meizhou	45.95	73.69	133.26	133.26	157.63	177.60	154.25	168.34	182.46	190.77
惠州	Huizhou	40.29	152.97	336.30	297.99	390.28	476.75	396.19	436.43	462.92	481.45
汕尾	Shanwei	8.60	13.44	26.07	22.25	25.77	29.30	26.87	29.67	31.92	34.26
东莞	Dongguan	32.94	109.03	432.27	435.39	448.01	508.71	504.85	455.23	483.62	527.26
中山	Zhongshan	43.03	64.81	146.55	146.55	171.06	167.46	160.72	164.95	156.77	138.98
江门	Jiangmen	70.96	112.55	135.07	138.32	168.24	182.29	158.49	169.24	186.62	168.36
阳江	Yangjiang	2.98	39.93	152.64	139.95	183.83	195.05	183.47	166.15	101.15	98.25
湛江	Zhanjiang	57.47	177.54	388.21	321.69	406.03	469.13	432.04	473.27	528.66	591.61
茂名	Maoming	23.78	92.42	162.06	167.27	190.25	211.71	190.14	214.80	238.97	267.16
肇庆	Zhaoqing	24.87	38.56	60.39	53.07	65.15	76.11	67.47	71.06	76.11	81.21
清远	Qingyuan	29.37	118.19	179.57	186.52	223.74	262.28	218.53	238.45	261.90	287.65
潮州	Chaozhou	25.27	103.37	175.63	175.63	201.64	234.40	215.51	254.40	276.26	307.01
揭阳	Jieyang	22.64	26.93	51.18	53.41	65.10	77.53	63.74	69.84	75.16	81.91
云浮	Yunfu	17.26	36.83	73.72	42.13	52.13	59.85	60.72	66.81	72.59	78.42
不分地区	Unclassified	382.72	538.26	515.69	515.69	499.28	484.69	484.70	490.00	543.42	577.04
按经济区域分	By Region										
珠三角	Pearl River Delta	3610.25	4996.80	10654.14	10458.78	12921.04	12796.07	12577.32	19788.74	25824.80	26059.25
东翼	Eastern Region	94.92	245.54	436.81	437.29	479.31	512.03	467.98	492.60	531.16	585.42
西翼	Western Region	84.22	309.90	702.91	628.92	780.11	875.89	805.65	854.23	868.78	957.03
山区	Mountainous Region	128.04	381.64	702.07	687.57	840.45	946.61	816.48	896.71	967.49	1043.07

15-10 运输工具和线路拥有量

Number of Means of Transport and Length of Transport Routes

项目	Item	2000	2010	2015	2016	2017	2018
铁路	**Railways**						
铁路机车 (台)	Number of Locomotives (unit)	538	448	350	424	342	335
铁路营业里程 (公里)	Length of Railways in Operation (km)	1942	2297	3859	4265	4307	4630
中央铁路	National Railways	694	629	629	629	629	629
地方铁路	Local Railways	1248	1668	3230	3636	3678	4001
公路	**Highways**						
公路通车里程 (公里)	Length of Highways (km)	102606	190144	216023	218085	219580	217699
民用汽车 (万辆)	Civil Motor Vehicles (10000 units)	172.91	783.50	1472.33	1675.50	1894.94	2116.94
载客汽车 (万辆)	Passenger Vehicles (10000 units)	85.34	629.30	1290.57	1485.65	1691.96	1891.30
(万客位)	Passenger Vehicle Seats (10000 seats)	796.92	4148.85	7572.21	8612.19	9719.63	10746.55
私人轿车 (万辆)	Private Vehicles (10000 units)	25.39	380.46	820.12	940.03	1054.56	1160.20
载货汽车 (万辆)	Freight Vehicles (10000 units)	84.38	147.53	174.90	183.02	196.00	217.91
(万吨位)	Tonnage of Freight Vehicles (10000 tonnages)	351.75	268.23	354.81	383.77	424.65	481.15
水运	**Waterways**						
内河通航里程 (公里)	Length of Navigable Inland Waterways (km)	13696	13596	12150	12150	12108	12111
机动船 (艘)	Number of Motor Vessels (unit)	21733	8793	8716	8579	8274	7781
(万净载重吨位)	Tonnage of Motor Vessels (1000 dead weight tonnage)	526.88	1140.71	2703.55	2144.80	2280.29	2183.27
(客位)	Number of Motor Vessel Seats (seat)	149004	65960	80219	83815	82419	81238
(总功率万千瓦)	Total Power (10000 kws)	307.42	420.54	688.33	622.23	625.78	624.75
驳船 (艘)	Number of Barges (unit)	1076	23	19	18	16	12
(净载重吨位)	Tonnage of Barges (dead weight tonnage)	274836	29318	28220	26758	26108	25255
民航	**Civil Aviation**						
民用航空航线条数 (条)	Number of Civil Aviation Routes (line)	329	815	963	1021	1064	1370
民用航空航线里程(万公里)	Length of Civil Aviation Routes(10000 kms)	50.03	180.74	237.29	255.23	280.44	277.49
民用运输飞机 (架)	Number of Civil Aircrafts (unit)	106	441	625	651	688	831
管道	**Pipelines**						
条数 (条)	Number of Pipelines (line)	45	105	116	119	134	138
输油(气)里程 (公里)	Length of Petroleum and Gas Pipelines (km)	1535.57	6033.62	6500.90	8553.51	8765.34	8966.34

15-11 各市民用汽车拥有量（2018年）
Possession of Civil Vehicles by City (2018)

单位：辆 (unit)

市 别	City	民用汽车总计 Total	载客汽车 Passenger Vehicles	#轿车 Sedan Cars	按车型分 By Vehicle Type 大型 Large	中型 Medium	小型 Small	微型 Minibuses
总 计	**Total**	**21169358**	**18913046**	**12430061**	**176738**	**56570**	**18600096**	**79642**
广 州	Guangzhou	2573308	2201951	1358043	43791	11449	2132482	14229
深 圳	Shenzhen	3313358	2880095	1828849	36866	8659	2821193	13377
珠 海	Zhuhai	624168	573568	385979	9399	1603	562553	13
汕 头	Shantou	722024	637870	437839	4721	1460	628012	3677
佛 山	Foshan	2533117	2318355	1537671	12348	5028	2290750	10229
韶 关	Shaoguan	363390	329283	214434	2212	1343	324401	1327
河 源	Heyuan	367203	327238	220566	2307	1222	322727	982
梅 州	Meizhou	509546	445292	311246	3268	1150	438907	1967
惠 州	Huizhou	1183938	1100614	747047	8175	1905	1086870	3664
汕 尾	Shanwei	233283	216128	146897	2470	626	212016	1016
东 莞	Dongguan	2946909	2753765	1762936	17363	4249	2726706	5447
中 山	Zhongshan	1101169	979867	644922	5494	1643	967811	4919
江 门	Jiangmen	788470	701178	486859	4064	1773	691960	3381
阳 江	Yangjiang	371917	330671	246854	1501	538	327350	1282
湛 江	Zhanjiang	574431	504715	357478	4527	1652	497012	1524
茂 名	Maoming	615486	547022	393027	3213	2292	538765	2752
肇 庆	Zhaoqing	547649	478063	305012	3467	1436	471855	1305
清 远	Qingyuan	618395	548156	349283	3428	1914	540983	1831
潮 州	Chaozhou	338390	300082	201676	968	427	295130	3557
揭 阳	Jieyang	511157	451656	304216	3561	1127	445111	1857
云 浮	Yunfu	297054	259449	180923	1472	1162	255512	1303
不分地区	Unclassified	34996	28028	8304	2123	3912	21990	3
按经济区域分	By Region							
珠 三 角	Pearl River Delta	15647082	14015484	9065622	143090	41657	13774170	56567
东 翼	Eastern Region	1804854	1605736	1090628	11720	3640	1580269	10107
西 翼	Western Region	1561834	1382408	997359	9241	4482	1363127	5558
山 区	Mountainous Region	2155588	1909418	1276452	12687	6791	1882530	7410

15-11 续表 continued

单位：辆 (unit)

市别	City	载货汽车 Freight Vehicles	按车型分 By Vehicle Type 重型 Heavy	中型 Medium	轻型 Light	微型 Mini Trucks	其他汽车 Others
总计	**Total**	**2179133**	**377113**	**114640**	**1664451**	**22929**	**77179**
广州	Guangzhou	358150	68457	22070	263373	4250	13207
深圳	Shenzhen	417475	93659	16947	305563	1306	15788
珠海	Zhuhai	48329	9743	1394	37186	6	2271
汕头	Shantou	82714	8134	2414	65817	6349	1440
佛山	Foshan	208848	31464	12693	163939	752	5914
韶关	Shaoguan	32929	5285	666	26755	223	1178
河源	Heyuan	35986	5762	2272	27666	286	3979
梅州	Meizhou	62128	10109	2044	49347	628	2126
惠州	Huizhou	79763	13036	3488	62929	310	3561
汕尾	Shanwei	16083	2762	1703	11376	242	1072
东莞	Dongguan	187428	31814	13770	141422	422	5716
中山	Zhongshan	118737	11843	5626	100901	367	2565
江门	Jiangmen	85327	11650	4678	68408	591	1965
阳江	Yangjiang	39698	6958	2280	30145	315	1548
湛江	Zhanjiang	67470	11333	5511	50340	286	2246
茂名	Maoming	65941	13105	3364	48672	800	2523
肇庆	Zhaoqing	68078	12014	4756	51247	61	1508
清远	Qingyuan	68170	16738	3378	47857	197	2069
潮州	Chaozhou	35981	2345	1206	30873	1557	2327
揭阳	Jieyang	57854	5162	3151	48564	977	1647
云浮	Yunfu	36545	5711	1040	26790	3004	1060
不分地区	Unclassified	5499	29	189	5281		1469
按经济区域分	By Region						
珠三角	Pearl River Delta	1577634	283709	85611	1200249	8065	53964
东翼	Eastern Region	192632	18403	8474	156630	9125	6486
西翼	Western Region	173109	31396	11155	129157	1401	6317
山区	Mountainous Region	235758	43605	9400	178415	4338	10412

15-12 各市私人汽车拥有量（2018年）

Possession of Private Vehicles by City (2018)

单位：辆 (unit)

市别	City	汽车总计 Total	载客汽车 Passenger Vehicles	#轿车 Sedan Cars	载货汽车 Freight Vehicles	其它汽车 Others
总　计	**Total**	**18616903**	**17336514**	**11602042**	**1249399**	**30990**
广　州	Guangzhou	2025597	1869271	1180538	151833	4493
深　圳	Shenzhen	2654880	2563727	1662059	87377	3776
珠　海	Zhuhai	547128	517621	358190	28908	599
汕　头	Shantou	670383	608706	424180	61176	501
佛　山	Foshan	2312248	2171025	1457791	139097	2126
韶　关	Shaoguan	333751	309990	205078	23309	452
河　源	Heyuan	333787	301698	205848	29044	3045
梅　州	Meizhou	476869	423374	300078	52248	1247
惠　州	Huizhou	1064792	1011016	696811	52344	1432
汕　尾	Shanwei	205899	192581	133558	12684	634
东　莞	Dongguan	2633687	2523914	1632961	107773	2000
中　山	Zhongshan	1013071	925473	615923	86728	870
江　门	Jiangmen	717260	658712	467358	57889	659
阳　江	Yangjiang	352874	318655	240812	33446	773
湛　江	Zhanjiang	536793	480333	346596	54973	1487
茂　名	Maoming	583720	527973	383921	53837	1910
肇　庆	Zhaoqing	509088	454548	295757	53769	771
清　远	Qingyuan	566647	513079	331097	52555	1013
潮　州	Chaozhou	321843	290640	197810	29819	1384
揭　阳	Jieyang	482361	431086	293535	50046	1229
云　浮	Yunfu	274225	243092	172141	30544	589
按经济区域分	By Region					
珠三角	Pearl River Delta	13477751	12695307	8367388	765718	16726
东　翼	Eastern Region	1680486	1523013	1049083	153725	3748
西　翼	Western Region	1473387	1326961	971329	142256	4170
山　区	Mountainous Region	1985279	1791233	1214242	187700	6346

15-13 各市公路基本情况（2018年）
Basic Conditions of Highways by City (2018)

单位：公里 (km)

市别	City	通车里程 Length of Highways	按等级分 By Class: 等级路 Expressways and Class I to IV Highways	按等级分 By Class: 等外路 Highways below Class IV	按路面分 By Pavement: 有铺装路面 Paved Highways	按路面分 By Pavement: 简易铺装路面 Simply-paved Highways	按路面分 By Pavement: 未铺装路面 Unpaved Highways	桥梁 Bridges: 座 Number (unit)	桥梁 Bridges: 米 Span (meter)
总计	**Total**	**217699**	**209131**	**8568**	**169114**	**5433**	**43151**	**48883**	**4110563**
广州	Guangzhou	8983	8923	60	8961	23		3324	582561
深圳	Shenzhen	726	726		726			543	109159
珠海	Zhuhai	1561	1541	20	1552	3	5	496	127729
汕头	Shantou	3921	3915	6	3299	11	611	1185	109065
佛山	Foshan	5262	5262		5262			2449	467220
韶关	Shaoguan	16917	16882	36	12492	122	4303	2404	173101
河源	Heyuan	16236	15868	368	13219	70	2946	3845	213886
梅州	Meizhou	18827	17868	959	15500	8	3318	4174	237080
惠州	Huizhou	14001	13984	17	10830	90	3080	3179	193389
汕尾	Shanwei	5428	5270	158	4266	67	1095	1349	60810
东莞	Dongguan	5262	5248	15	5260	0	2	1505	280207
中山	Zhongshan	2670	2670		2567	6	96	1231	184099
江门	Jiangmen	9675	9549	125	8786	4	884	2714	190314
阳江	Yangjiang	10480	10053	427	7468	1451	1561	2423	112020
湛江	Zhanjiang	22137	16822	5315	11940	1396	8800	2405	108112
茂名	Maoming	17651	17181	470	12026	170	5456	4174	168642
肇庆	Zhaoqing	14530	14529	1	11957	215	2358	2606	196414
清远	Qingyuan	23078	23026	52	16194	1699	5185	3894	236383
潮州	Chaozhou	5278	5214	64	4405	2	872	1078	64715
揭阳	Jieyang	7333	7310	24	5785	1	1547	2075	128290
云浮	Yunfu	7741	7290	451	6616	94	1031	1830	167367
按经济区域分	By Region								
珠三角	Pearl River Delta	62670	62433	238	55904	342	6425	18047	2331093
东翼	Eastern Region	21961	21708	252	17755	81	4125	5687	362879
西翼	Western Region	50269	44056	6213	31434	3017	15817	9002	388773
山区	Mountainous Region	82799	80934	1865	64021	1993	16784	16147	1027818

15-14 公路通车里程和桥梁数

Length of Highways and Number of Bridges

项　目	Item	2000	2010	2014	2015	2016	2017	2018
通车里程　（公里）	**Length of Highways (km)**	**102606**	**190144**	**212094**	**216023**	**218085**	**219580**	**217699**
按等级分	By Class							
等级路	Expressways and Class Ⅰ to Ⅳ Highways	93695	170144	197131	201456	204614	206461	209131
高速公路	Expressways	1186	4839	6266	7021	7683	8347	9003
一 级	First Class	5391	10126	10787	10936	11332	11628	11329
二 级	Second Class	13397	19082	19233	19213	19200	19210	18975
三 级	Third Class	9156	16089	17840	18662	18838	18978	19185
四 级	Fourth Class	64565	120008	143005	145624	147561	148299	150640
等外公路	Highways below Class Ⅳ	8911	19999	14963	14567	13471	13119	8568
按路面分	By Pavement							
有铺装路面	Paved Highways		123784	143953	147976	153063	155849	169114
简易铺装路面	Simply-paved Highways		5721	9837	9418	8443	7602	5433
未铺装路面	Unpaved Highways		60638	58304	58629	56579	56129	43151
桥 梁　（座）	**Number of Bridges (unit)**	**19668**	**42330**	**45196**	**45589**	**46485**	**47794**	**48883**
（米）	Span of Bridges (m)	819770	2340261	3137439	3205460	3487336	3846964	4110563
#永久式　（座）	Number of Permanent Bridges (unit)	19656	42233	45110	45501	46398	47702	48787
（米）	Span of Permanent Bridges (m)	819502	2337490	3134981	3202958	3484884	3844398	4107749
半永久式　（座）	Number of Semi-permanent Bridges (unit)	12	52	46	48	47	52	57
（米）	Span of Semi-permanent Bridges (m)	268	1391	1222	1266	1216	1330	1578
渡 口　（个）	**Number of Ferries (unit)**	**33**	**71**	**80**	**79**	**80**	**78**	**74**

15-15 输油(气)管道长度和运输量

Length and Traffic of Petroleum and Gas Pipelines

项　目	Item	2000	2010	2014	2015	2016	2017	2018
总 计	**Total**							
条 数　（条）	Number of Pipelines (line)	45	105	107	116	119	134	138
输送里程　（公里）	Length of Pipelines (km)	1535.57	6033.62	5404.26	6500.90	8553.51	8765.34	8966.34
输油(气)量　（万吨）	Pipeline Traffic (10000 tons)	2952	7267	8090	8137	8891	9407	10058
输油(气)周转量(万吨公里)	Ton-kilometers (10000 ton-km)	417432	1757891	1734197	1743309	1737378	2127126	2285259
原油管道	**Crude Oil Pipelines**							
条 数　（条）	Number of Pipelines (line)	7	17	25	25	25	38	40
输送里程　（公里）	Length of Pipelines (km)	352.67	634.18	615.53	595.38	595.38	658.34	681.34
输油量　（万吨）	Pipeline Traffic (10000 tons)	1912	3364	3807	4474	5267	4896	5183
输油周转量　（万吨公里）	Ton-kilometers (10000 ton-km)	189623	352764	390996	382146	397318	413774	439693
成品油管道	**Refined Oil Pipelines**							
条 数　（条）	Number of Pipelines (line)	27	62	53	53	54	55	47
输送里程　（公里）	Length of Pipelines (km)	211.00	3925.88	4144.67	4283.67	6347.66	6497.66	6511.44
输油量　（万吨）	Pipeline Traffic (10000 tons)	663	3015	3645	3431	3382	3689	3924
输油周转量　（万吨公里）	Ton-kilometers (10000 ton-km)	13250	1153210	1219624	1247144	1234102	1601061	1742654
其他管道	**Other Pipelines**							
条 数　（条）	Number of Pipelines (line)	11	26	29	38	40	41	51
输送里程　（公里）	Length of Pipelines (km)	971.90	1473.56	644.06	1621.85	1610.47	1609.34	1773.56
输气量　（万吨）	Pipeline Traffic (10000 tons)	377	887	637	233	242	822	951
输气周转量　（万吨公里）	Ton-kilometers(10000 ton-km)	214559	251917	123577	114020	105958	112291	102912

15-16 民航航站吞吐量

Throughput of Civil Aviation Airports

年 份 Year	合 计 Total			进 港 In-port			出 港 Out-port		
	架次 (万次) Sorties (10000 sorties)	旅客 (万人) Passenger Traffic (10000 persons)	货物 (万吨) Freight Traffic (10000 tons)	架次 (万次) Sorties (10000 sorties)	旅客 (万人) Passenger Traffic (10000 persons)	货物 (万吨) Freight Traffic (10000 tons)	架次 (万次) Sorties (10000 sorties)	旅客 (万人) Passenger Traffic (10000 persons)	货物 (万吨) Freight Traffic (10000 tons)
1980	1.60	161	2.90	0.80	81	1.40	0.80	80	1.50
1985	4.00	318	6.20	2.00	160	3.00	2.00	158	3.20
1990	6.20	687	13.50	3.10	343	5.90	3.10	344	7.60
1995	17.70	1963	39.50	8.80	963	14.10	8.90	1000	25.40
1996	18.20	2025	45.60	9.10	993	15.90	9.10	1032	29.70
1997	19.00	1981	49.00	9.50	974	16.70	9.50	1007	32.30
1998	20.80	2010	55.80	10.40	986	20.80	10.40	1024	35.00
1999	22.20	1929	63.70	11.10	942	25.60	11.10	987	38.10
2000	23.60	2143	73.00	11.80	1044	30.90	11.80	1099	42.10
2001	25.10	2344	81.00	12.50	1136	33.90	12.60	1208	47.10
2002	28.00	2731	95.70	14.00	1340	40.40	14.00	1391	55.30
2003	28.10	2751	82.40	14.10	1351	34.90	14.00	1400	47.50
2004	34.70	3661	115.80	17.30	1801	50.80	17.40	1860	65.00
2005	38.40	4100	133.00	19.20	2023	58.60	19.20	2077	74.40
2006	42.36	4599	151.13	21.18	2262	64.40	21.18	2337	86.70
2007	46.61	5407	133.20	23.30	2614	53.00	23.31	2793	80.20
2008	49.33	5738	130.47	24.60	2756	52.70	24.60	2982	77.78
2009	54.20	6462	158.50	27.10	3150	65.30	27.10	3312	93.20
2010	58.56	7189	198.40	29.30	3533	83.00	29.30	3655	115.50
2011	61.18	7768	203.96	30.59	3837	84.56	30.59	3931	119.40
2012	65.60	8283	213.59	32.79	4090	86.81	32.81	4193	126.78
2013	70.83	9124	226.75	35.41	4502	91.96	35.42	4622	134.79
2014	76.90	9924	246.27	38.45	4877	99.93	38.45	5047	146.34
2015	79.90	10494	260.26	39.95	5170	108.06	39.96	5324	152.20
2016	85.65	11440	284.36	42.82	5642	118.26	42.83	5798	166.10
2017	94.30	12940	301.27	47.15	6408	125.95	47.15	6532	175.32
2018	100.29	14184	319.22	50.14	7019	133.28	50.15	7165	185.94

15-17 港口泊位及吞吐量

Berth and Throughput of Coastal Ports

项目	Item	2000	2010	2015	2016	2017	2018
码头泊位合计 （个）	**Number of Berths (unit)**	**3191**	**3082**	**3093**	**2998**	**2886**	**2498**
沿海港口	**Coastal Ports**	**1373**	**1884**	**2005**	**1988**	**1912**	**1774**
#广州港	Guangzhou Port	141	633	584	553	553	725
湛江港	Zhanjiang Port	41	184	174	175	132	132
汕头港	Shantou Port	28	91	92	92	92	91
深圳港	Shenzhen Port	121	172	156	152	155	156
内河港口	**Ports of Inland Rivers**	**1818**	**1198**	**1088**	**1010**	**974**	**724**
万吨级码头泊位合计 （个）	**Berths at 10000 Ton Class (unit)**	**126**	**245**	**291**	**304**	**309**	**316**
沿海港口	**Coastal Ports**	**126**	**245**	**291**	**304**	**309**	**316**
#广州港	Guangzhou Port	32	62	74	76	76	73
湛江港	Zhanjiang Port	24	31	33	35	36	36
汕头港	Shantou Port	6	18	19	19	19	19
深圳港	Shenzhen Port	34	69	67	72	74	74
内河港口	**Ports of Inland Rivers**						
码头泊位长度 （米）	**Length of Quay Line (m)**	**180238**	**252762**	**266828**	**270132**	**267722**	**252993**
沿海港口	**Coastal Ports**	**105193**	**176753**	**200025**	**208999**	**208430**	**203238**
#广州港	Guangzhou Port	13496	51673	51722	54507	54507	64135
湛江港	Zhanjiang Port	6635	17458	18419	18494	17388	17388
汕头港	Shantou Port	3152	9715	9898	9898	9898	10223
深圳港	Shenzhen Port	17150	31377	30627	31922	32800	32932
内河港口	**Ports of Inland Rivers**	**75045**	**76009**	**66803**	**61133**	**59292**	**49755**
货物吞吐量合计 （万吨）	**Total Volume of Freight Handled (10000 tons)**	**31649**	**122258**	**171109**	**179924**	**198015**	**211037**
沿海港口	**Coastal Ports**	**25495**	**105300**	**142059**	**149026**	**164408**	**175007**
#广州港	Guangzhou Port	11128	42526	50053	52254	57003	59396
湛江港	Zhanjiang Port	2038	13638	22036	25612	28209	30185
汕头港	Shantou Port	1284	3509	5181	4985	4890	3963
深圳港	Shenzhen Port	4224	22097	21706	21410	24136	25127
内河港口	**Ports of Inland Rivers**	**6154**	**16958**	**29050**	**30898**	**33607**	**36030**
集装箱吞吐量合计 （万TEU）	**Total Volume of Containers Handled (10000 TEUS)**	**862.68**	**4360.14**	**5512.12**	**5728.03**	**6226.65**	**6446.83**
沿海港口	**Coastal Ports**	**655.15**	**3867.77**	**4914.73**	**5094.14**	**5504.13**	**5714.07**
#广州港	Guangzhou Port	142.98	1270.00	1739.66	1866.18	2016.97	2162.27
湛江港	Zhanjiang Port	7.48	32.01	60.12	72.36	90.33	101.08
汕头港	Shantou Port	11.44	93.50	117.86	124.02	129.92	130.74
深圳港	Shenzhen Port	395.84	2250.96	2420.45	2397.94	2520.87	2573.59
内河港口	**Ports of Inland Rivers**	**207.53**	**492.37**	**597.38**	**633.89**	**722.52**	**732.76**
旅客吞吐量合计 （万人）	**Total Volume of Passengers Handled(10000 persons)**	**1670.32**	**2483.21**	**3432.96**	**3434.94**	**3659.63**	**3812.51**
沿海港口	**Coastal Ports**	**1330.81**	**2109.39**	**2867.17**	**2855.10**	**3061.33**	**3275.31**
#广州港	Guangzhou Port	15.00	79.01	61.32	87.34	92.19	101.22
湛江港	Zhanjiang Port	29.60	1051.41	1299.79	1328.63	1466.06	1479.77
汕头港	Shantou Port	5.50					
深圳港	Shenzhen Port	203.36	333.88	586.52	576.72	613.26	697.50
内河港口	**Ports of Inland Rivers**	**339.51**	**373.82**	**565.79**	**579.84**	**598.31**	**537.20**

15-18 各市港口货物吞吐量
Freight Throughput of Ports by City

单位：万吨 (10000 tons)

市别	City	2000	2005	2010	2013	2014	2015	2016	2017	2018
总计	**Total**	**31649**	**70926**	**122258**	**156373**	**165455**	**171109**	**179924**	**198015**	**211037**
广州	Guangzhou	12455	27283	42526	47200	50008	52096	54437	59012	61313
深圳	Shenzhen	5697	15351	22098	23398	22324	21706	21410	24136	25127
珠海	Zhuhai	1770	3557	6056	10023	10703	11209	11779	13586	13799
汕头	Shantou	1284	1736	3509	5038	5161	5181	4985	4890	3963
佛山	Foshan	2033	3951	5410	5474	5907	6147	6610	7967	8973
韶关	Shaoguan	131	118	40	53	58	62	45	54	47
河源	Heyuan	45	49						16	
梅州	Meizhou	145	306	132	125	124	114	110	102	
惠州	Huizhou	825	1515	4673	8045	6486	7013	7657	7214	8757
汕尾	Shanwei	25	107	489	628	646	858	896	1155	1245
东莞	Dongguan	746	2280	5657	11187	12900	13149	14584	15714	16417
中山	Zhongshan	635	2072	4798	6876	7845	7319	6789	8044	11965
江门	Jiangmen	879	2438	4965	6737	7352	7525	7923	8267	9369
阳江	Yangjiang	68	222	799	2055	1748	2139	2337	2734	2627
湛江	Zhanjiang	2688	6620	13638	18006	20238	22036	25612	28209	30185
茂名	Maoming	1104	1360	2284	2370	2654	2685	2560	2491	2540
肇庆	Zhaoqing	189	520	1597	2954	3033	2945	3261	3973	3921
清远	Qingyuan	193	461	639	1008	2513	2927	3152	3910	3894
潮州	Chaozhou	60	80	635	1051	1136	1144	854	1153	1458
揭阳	Jieyang	266	248	1290	2510	2709	2851	2695	2968	3080
云浮	Yunfu	411	654	1023	1635	1909	2002	2228	2419	2357
按经济区域分	By Region									
珠三角	Pearl River Delta	25229	58966	97779	121895	126558	129108	134450	147914	159642
东翼	Eastern Region	1635	2171	5924	9226	9653	10035	9430	10166	9746
西翼	Western Region	3860	8202	16721	22431	24640	26860	30509	33434	35352
山区	Mountainous Region	925	1588	1834	2821	4604	5106	5535	6501	6297

15-19 各市城市公共交通情况（2018年）

Basic Statistics on Public Transportation in Cities by City (2018)

市别	City	公共汽电车 Public Bus and Trolly Bus				出租汽车 Taxi	
		运营车辆(辆) Number of Vehicles under Operation (unit)	运营线路条数(条) Number of operating lines	运营线路长度(公里) Length under Operation (Km)	客运量(万人) Passenger Traffic (10000 persons)	运营车辆(辆) Number of Vehicles in Operation (unit)	客运量(万人) Passangers Transported (10000 persons)
总　计	**Total**	**68072**	**5518**	**119855**	**620965**	**69098**	**148643**
广　州	Guangzhou	15286	1311	24101	228511	22457	60533
深　圳	Shenzhen	17177	981	21259	162858	21551	38787
珠　海	Zhuhai	2578	185	4067	32316	3636	7108
汕　头	Shantou	2270	142	4487	7756	761	1230
佛　山	Foshan	6550	603	15012	53622	3770	5233
韶　关	Shaoguan	979	120	3785	6143	621	1087
河　源	Heyuan	543	55	832	3647	483	2094
梅　州	Meizhou	2357	160	4564	5746	688	1119
惠　州	Huizhou	2948	201	5265	18520	1861	5462
汕　尾	Shanwei	1082	88	1858	2310	496	367
东　莞	Dongguan	5830	454	9767	31578	5696	13576
中　山	Zhongshan	2780	213	4039	18694	1517	3537
江　门	Jiangmen	1481	283	4752	12560	695	1470
阳　江	Yangjiang	449	38	922	4255	254	273
湛　江	Zhanjiang	1208	113	2241	7472	1586	2701
茂　名	Maoming	783	93	2234	4493	492	969
肇　庆	Zhaoqing	1332	144	3556	8524	679	1216
清　远	Qingyuan	988	191	3750	5733	609	790
潮　州	Chaozhou	378	37	959	1198	721	393
揭　阳	Jieyang	698	38	1048	3935	220	217
云　浮	Yunfu	375	68	1358	1096	305	483
按经济区域分	By Region						
珠三角	Pearl River Delta	55962	4375	91818	567183	61862	136922
东　翼	Eastern Region	4428	305	8352	15199	2198	2208
西　翼	Western Region	2440	244	5396	16219	2332	3942
山　区	Mountainous Region	5242	594	14289	22364	2706	5572

15－19 续表 continued

市别	City	轨道交通 Subway, Light Rail and Streetcar 运营车数(辆) Number of Vehicles under Operation (unit)	运营线路条数(条) Number of operating lines	运营线路长度(公里) Length under Operation (km)	客运量(万人) Passangers Transported (10000 persons)	客运轮渡 Passanger Ferryboat 运营船舶(艘) Number of Vehicles under Operation (unit)	客运量(万人) Passangers Transported (10000 persons)
总计	**Total**	**5234**	**26**	**830**	**495175**	**62**	**1708**
广州	Guangzhou	2684	15	485	302595	48	1469
深圳	Shenzhen	2400	9	298	187845		
珠海	Zhuhai	30	1	9	130		
汕头	Shantou					5	144
佛山	Foshan					5	79
韶关	Shaoguan						
河源	Heyuan						
梅州	Meizhou						
惠州	Huizhou						
汕尾	Shanwei						
东莞	Dongguan	120	1	38	4605		
中山	Zhongshan						
江门	Jiangmen						
阳江	Yangjiang						
湛江	Zhanjiang					4	15
茂名	Maoming						
肇庆	Zhaoqing						
清远	Qingyuan						
潮州	Chaozhou						
揭阳	Jieyang						
云浮	Yunfu						
按经济区域分	By Region						
珠三角	Pearl River Delta	5234	26	830	495175	53	1549
东翼	Eastern Region					5	144
西翼	Western Region					4	15
山区	Mountainous Region						

15-20 邮电业务总量和指数

Business Volume of Postal and Telecommunication Services and Their Indices

年份 Year	邮电业务总量(亿元) Business Volume of Postal and Telecommunication Services (100million yuan)			指数(上年=100) Indices (preceding year=100)		
	合计 Total	邮政 Postal Services	电信 Telecommunication Services	合计 Total	邮政 Postal Services	电信 Telecommunication Services
1978	0.90			103.4		
1979	0.96			106.7		
1980	1.05			109.4		
1981	1.15			109.5		
1982	1.17			101.7		
1983	1.31			112.0		
1984	1.56			119.1		
1985	2.05			131.4		
1986	2.54			123.9		
1987	3.49			137.4		
1988	5.11			146.4		
1989	10.33	0.75	9.58	135.9	90.4	141.5
1990	26.30	3.91	22.39	254.6	521.3	233.7
1991	38.89	4.60	34.29	147.9	117.6	153.1
1992	57.06	5.59	51.47	146.7	121.5	150.1
1993	94.25	7.10	87.15	165.2	127.0	169.3
1994	142.78	8.32	134.46	151.5	117.2	154.3
1995	204.93	9.63	202.60	143.5	115.7	150.7
1996	265.56	10.92	254.64	129.6	113.4	125.7
1997	330.38	11.44	318.94	124.4	104.8	125.3
1998	418.18	15.20	402.98	126.6	132.9	126.3
1999	542.65	19.72	522.93	129.8	129.8	129.8
2000	757.22	50.40	706.82	139.5	255.5	135.2
2001	782.67	42.13	740.54	129.9	105.1	131.7
2002	917.87	48.36	869.51	117.3	114.8	117.4
2003	1202.52	54.33	1148.19	131.0	112.3	132.1
2004	1781.78	55.12	1726.66	148.2	101.5	150.4
2005	2121.94	59.82	2062.12	119.1	108.5	119.4
2006	2540.54	69.48	2471.06	119.7	116.1	119.8
2007	3070.55	77.30	2993.25	120.9	111.3	121.1
2008	3564.85	87.97	3476.88	116.1	113.8	116.2
2009	3938.15	101.16	3837.00	110.5	115.0	110.4
2010	4832.94	118.57	4714.37	122.7	117.2	124.4
2011	1918.01	291.36	1626.65	116.4	129.9	114.3
2012	2174.67	395.18	1779.49	113.4	135.6	109.4
2013	2507.99	592.00	1915.99	115.3	149.8	107.7
2013(调整) (adjusted)	2820.42	592.00	2228.42	115.3	149.8	107.7
2014	3394.39	859.81	2534.58	120.4	145.2	113.7
2015	4397.09	1228.75	3168.34	129.5	142.9	125.0
2016	6892.41	1886.25	5006.16	156.7	153.5	158.0
2016(调整) (adjusted)	3864.37	1886.25	1978.12			
2017	6107.19	2526.29	3580.90	158.0	133.9	181.0
2018	11010.28	3215.75	7794.53	180.3	127.3	217.7

注：1. 邮电业务总量1988年及以前按1980年不变价格计算，1989—2000年按1990年不变价格计算，2001—2010年按2000年不变价格计算，2011—2016年按2010年不变价格计算，2017年起，电信业务总量按2015年不变价格计算，邮政业务总量仍按2010年不变价格计算。指数按可比价格计算。

2. 统计范围是辖区内全社会所有从事电信运营企业和国家邮政企业，以及获得快递业务经营许可的快递服务企业。

Notes: a) The business volume of postal and telecommunication services in and before 1988 was calculated at 1980 constant prices,that from 1989 to 2000 was calculated at 1990 constant prices, that from 2001 to 2010 was calculated at 2000 constant prices, and that from 2011 on was calculated at 2010 constant prices.

b) The statistical coverages of business volume of postal and Telecommunication services are all telecom enter prises, the national postal enterprises and express mail enterprises with express license.

15-21 各市邮电业务总量

Business Volume of Postal and Telecommunication Services by City

单位：亿元 (100 million yuan)

市别	City	2000	2010	2013	2014	2015	2016	2017	2018
总计	**Total**	**757.22**	**4832.94**	**2507.99**	**3394.39**	**4397.09**	**6892.41**	**6107.19**	**11010.28**
广州	Guangzhou	168.26	1051.65	568.74	838.40	1092.94	1628.28	1544.90	2613.08
深圳	Shenzhen	154.20	1031.26	598.10	798.22	1069.43	1718.69	1659.20	2769.27
珠海	Zhuhai	22.31	137.61	54.39	72.14	91.22	139.69	108.48	198.58
汕头	Shantou	36.61	173.81	75.39	102.98	134.46	222.30	198.12	357.95
佛山	Foshan	66.29	428.72	165.35	222.89	282.87	450.29	360.64	686.93
韶关	Shaoguan	11.11	69.58	27.49	36.08	45.17	73.53	51.96	103.44
河源	Heyuan	6.26	46.33	26.36	33.64	41.85	68.82	50.99	103.58
梅州	Meizhou	12.87	52.48	46.72	54.58	68.43	103.70	67.78	136.76
惠州	Huizhou	27.19	201.02	86.44	118.40	146.50	245.43	203.73	381.31
汕尾	Shanwei	11.10	48.01	23.05	30.74	38.05	64.36	47.46	87.89
东莞	Dongguan	74.05	674.09	254.73	359.56	475.59	756.06	694.35	1282.22
中山	Zhongshan	30.10	194.98	87.33	123.85	156.64	256.33	211.28	397.51
江门	Jiangmen	32.02	135.08	60.07	82.96	102.06	167.13	128.86	258.22
阳江	Yangjiang	8.60	50.67	28.09	36.11	45.30	75.12	54.18	104.34
湛江	Zhanjiang	19.38	116.85	76.45	99.03	122.72	206.05	146.05	290.67
茂名	Maoming	13.21	87.27	53.53	68.39	86.71	145.31	107.57	221.24
肇庆	Zhaoqing	13.22	95.05	41.13	55.66	69.81	115.19	84.18	169.07
清远	Qingyuan	9.96	56.06	36.86	48.46	61.24	104.62	78.23	150.30
潮州	Chaozhou	12.78	54.52	27.26	36.50	46.13	77.82	62.34	122.21
揭阳	Jieyang	20.81	94.01	45.36	66.89	96.30	202.40	202.66	373.97
云浮	Yunfu	6.89	33.91	21.53	29.34	37.69	60.51	42.72	85.01
不分地区	Unclassified			103.62	79.57	85.99	10.80	1.50	116.72
按经济区域分	By Region								
珠三角	Pearl River Delta	587.64	3949.45	2019.89	2751.65	3573.05	5487.87	4997.13	8872.90
东翼	Eastern Region	81.31	370.35	171.07	237.12	314.94	566.87	510.58	942.03
西翼	Western Region	41.19	254.79	158.07	203.52	254.72	426.48	307.80	616.25
山区	Mountainous Region	47.09	258.35	158.96	202.11	254.38	411.19	291.68	579.10

15−22 各市邮电业务情况（2018年）

Conditions of Postal and Telecommunication Services by City (2018)

市别	City	业务总量（亿元）Business Volume of Postal and Telecommunication Services (100million yuan)	#电信 Business Volume of Telecommunications	函件（万件）Number of Letters (10000 pcs)	报刊累计数（万份）Newspaper and Magazine Issue (10000 copies)	快递（万件）Pieces of Express Mail Services (10000 pcs)	移动电话用户（万户）Subscribers of Mobile Telephones (10000 subscribers)	本地电话用户（万户）Subscribers of Local Fixed Telephones (10000 subscribers)
总计	**Total**	**11010.28**	**7794.53**	**52909.93**	**75248.91**	**1296195.66**	**16823.26**	**2211.42**
广州	Guangzhou	2613.08	1565.58	11676.52	15054.83	506447.77	3198.74	390.03
深圳	Shenzhen	2769.27	1609.68	19289.65	9448.62	320825.60	2977.64	434.75
珠海	Zhuhai	198.58	176.03	4361.63	2033.90	9774.74	367.90	58.42
汕头	Shantou	357.95	242.98	274.87	2876.70	57480.82	603.12	93.56
佛山	Foshan	686.93	584.32	79.55	2066.02	47657.04	1299.97	208.60
韶关	Shaoguan	103.44	95.92	50.38	3930.09	1993.54	284.73	36.55
河源	Heyuan	103.58	98.06	289.27	2620.98	2123.93	248.67	33.24
梅州	Meizhou	136.76	124.08	313.03	4119.35	4588.39	372.85	41.16
惠州	Huizhou	381.31	326.19	41.59	813.42	27408.73	722.17	100.44
汕尾	Shanwei	87.89	77.44	8855.80	3530.57	4392.62	238.76	34.30
东莞	Dongguan	1282.22	989.91	618.89	2117.75	133853.55	1958.20	230.51
中山	Zhongshan	397.51	323.61	783.01	4020.95	36025.76	684.76	84.66
江门	Jiangmen	258.22	235.78	4747.94	6080.30	9145.12	640.47	94.84
阳江	Yangjiang	104.34	90.44	187.87	1507.31	4829.24	232.80	38.57
湛江	Zhanjiang	290.67	272.18	302.41	2904.91	5343.59	636.87	53.40
茂名	Maoming	221.24	208.32	320.82	2809.93	3370.28	505.26	51.39
肇庆	Zhaoqing	169.07	155.77	174.54	2087.90	5622.80	398.59	57.36
清远	Qingyuan	150.30	141.70	203.67	3337.84	3212.20	344.35	29.77
潮州	Chaozhou	122.21	90.29	170.51	1441.41	15084.95	277.75	49.15
揭阳	Jieyang	373.97	189.59	72.49	1271.15	95962.04	619.79	62.57
云浮	Yunfu	85.01	79.94	95.51	1174.98	1052.94	209.87	28.15
不分地区	Unclassified	116.72	116.72					
按经济区域分	By Region							
珠三角	Pearl River Delta	8872.90	6083.57	41773.31	43723.70	1096761.13	12248.45	1659.62
东翼	Eastern Region	942.03	600.30	9373.67	9119.83	172920.43	1739.42	239.57
西翼	Western Region	616.25	570.95	811.10	7222.15	13543.11	1374.92	143.37
山区	Mountainous Region	579.10	539.71	951.86	15183.23	12970.99	1460.47	168.87

15-23 邮政通信业基本情况

Basic Conditions of Postal and Telecommunication Services

项　目	Item	2000	2010	2015	2016	2017	2018
邮政业务量	**Business Volume of Postal Services**						
邮路长度（公里）	Length of Postal Routes (km)	180724	137740	137945	155466	214889	203779
农村投递路线（公里）	Rural Delivery Routes (km)	185223	214877	231858	234641	251582	270803
城市投递路线（公里）	Urban Delivery Routes (km)		114708	125332	144350	160080	174986
函件（万件）	Number of Letters (10000 pcs)	106603	76204	64547	70410	66588	52910
包裹（万件）	Package (10000 pcs)		332	182	142	132	140
快递（万件）	Pieces of Express Mail Services (10000 pcs)	1328	59108	501335	767242	1013468	1296196
报刊累计数（万份）	Newspaper and Magazine Circulation (10000 copies)	107755	87895	91159	83405	79099	75249
全省平均每人每年发函件数（件）	Annual Number of Per Capita Letter Mailed (pcs)	13.80	8.31	5.95	6.49	6.06	4.66
全省平均每百人每年订报刊数（份）	Annual Average Number of Newspapers and Magazines Subscribed per 100 Persons(copies)	15.10	8.21	8.40	6.25	4.99	6.63
电信业务量	**Business Volume of Telecommunication Services**						
长途光缆线路长度（公里）	Length of Long-distance Optical Cable Routes (km)		46289	52662	50545	55188	53955
长途电话交换机容量（万路端）	Capacity of Long-distance Telephone Exchanges (10000 lines)	70.34	269.11	63.30	58.11	50.17	50.17
本地交换设备容量（万门）	Capacity of Local Telephone Exchanges (10000 lines)	1939.45	5383.59	2810.28	1505.62	815.33	583.14
移动电话交换机容量(万户)	Capacity of Mobile Telephone Exchanges (10000 subscribers)	1825.40	14766.90	22025.80	21982.30	23037.51	23037.51
本地电话用户（万户）	Number of Subscribers of Local Telephones (10000 subscribers)	1414.94	3169.14	2807.11	2609.71	2406.09	2211.42
移动电话用户（万户）	Number of Mobile Telephones Subscribers (10000 subscribers)	1357.26	9710.09	15009.75	14348.96	14798.85	16823.26
互联网宽带接入用户(万户)	Broadband Subscribers of Internet (10000 subscribers)	216.41	1523.22	2285.19	2850.60	3288.15	3667.65
本地电话普及率（户/百人）	Popularization Rate of Local Telephones (subscribers/100 persons)	18.40	30.38	25.87	23.73	21.54	19.50
移动电话普及率（户/百人）	Popularization Rate of Mobile Telephones (subscribers/100 persons)	17.61	93.09	138.35	130.46	132.48	148.27

注：表中互联网宽带接入用户数2015年及以前年份数据口径为(固定)互联网用户数。

Note: Data of Broadband Subscribers of Internet in 2015 and prior years referred to Number of (fixed)Internet Subscribers.

主要统计指标解释

铁路营业里程 又称营业长度(包括正式营业和临时营业里程)，指办理客货运输业务的铁路正线总长度。凡是全线或部分建成双线及以上的线路，以第一线的实际长度计算；复线、站线、段管线、岔线和特殊用途线以及不计算运费的联络线都不计算营业里程。该指标可以反映铁路运输业基础设施的发展水平，也是计算客货周转量、运输密度和机车车辆运用效率等指标的基础资料。

公路通车里程 指在一定时期内实际达到《公路工程技术标准 JTJ01-88》规定的等级公路，并经公路主管部门正式验收交付使用的公路里程数。包括大中城市的郊区公路以及通过小城镇街道部分的公路里程和桥梁、渡口的长度，不包括大中城市的街道、厂矿、林区生产用道和农业生产用道的里程。两条或多条公路共同经由同一路段，只计算一次，不得重复计算里程长度。该指标可以反映公路建设的发展规模，也是计算运输网密度等指标的基础资料。

内河航道里程 也称内河通航里程，指在一定时期内，能通航运输船舶及排筏的天然河流、湖泊水库、运河及通航渠道的长度。包括全年季节性通航累计三个月以上的航道，不包括仅供零散流放竹、木排的河道。该指标可以反映内河水运网的规模、水平和发展情况。

民用航空航线里程 指民航运输定期班机飞行的航线长度的总和。航线长度按机场之间的距离计算，通常有两种计算方法：一是将每条航线长度相加称为重复计算航线里程；一是将两线或两条以上航线经过同一区段里程，只计算一次航线长度称为不重复计算航线里程。一般常用的是后者，该指标可以确切反映民航运输网的规模，是表明民航事业为国民经济服务和方便人民生活程度的主要指标。

输油(气)管道里程 指油品(或天然气)的实际输送距离，一般按输油(气)管道的单线长度计算。若包括复线和备用线长度则称为输油(气)管道延展长度，是指管道铺设的实际长度。我们通常使用的是不包括复线的“输油(气)管道里程”，该指标可以反映管道运输的发展规模和水平。

货(客)运量 指在一定时期内，各种运输工具实际运送的货物(旅客)数量。该指标是反映运输业为国民经济和人民生活服务的数量指标，也是制定和检查运输生产计划、研究运输发展规模和速度的重要指标。货运按吨计算，客运按人计算。货物不论运输距离长短、货物类别，均按实际重量统计。旅客不论行程远近或票价多少，均按一人一次客运量统计；半价票、小孩票也按一人统计。

货物(旅客)周转量 指在一定时期内，由各种运输工具运送的货物(旅客)数量与其相应运输距离的乘积之总和。该指标可以反映运输业生产的总成果，也是编制和检查运输生产计划，计算运输效率、劳动生产率以及核算运输单位成本的主要基础资料。计算货物(旅客)周转量通常按发出站与到达站之间的最短距离，也就是计费距离计算。计算公式为：

$$货物（旅客）周转量=\sum（货物（旅客）运输量\times运输距离）$$

港口货物吞吐量 指经水运进出港区范围，并经过装卸的货物数量，包括邮件及办理托运手续的行李、包裹以及补给运输船舶的燃料、物料和淡水。货物吞吐量按货物流向分为进口、出口吞吐量，按货物交流性质分为外贸货物吞吐量和国内贸易货物吞吐量。货物吞吐量的货类构成及其流向，是衡量港口生产能力大小的重要指标。

民用汽车 指报告期末，在公安交通管理部门按照《机动车注册登记工作规范》，已注册登记领有民用车辆牌照的全部汽车数量。汽车统计的主要分类：根据汽车结构分为载客汽车、载货汽车及其他汽车；根据汽车所有者不同分为个人(私人)汽车、单位汽车；根据汽车的使用性质分为营运汽车、非营运汽车；根据汽车大小规格不同载客汽车分为大型、中型、小型和微型，载货汽车分为重型、中型、轻型和微型。

机动船 又称自航船，指装有各种发动机推进装置，以机械动力行驶的船舶。

驳船 指本身无动力装置，或只设简易动力装置，依靠拖船或推船带动的平底船。

船舶净载重量 指报告期末所拥有船舶的总载重量减去燃（物）料、淡水、粮食及供应品、人员及其行李等的重量及船舶常数后，能够装载货物的实际重量。

沿海港口 指位于海沿岸，具有一定设施和条件，供船舶停靠、旅客上下、货物装卸、生活物料供应等作业的港口。

内河港口 指位于江、河、湖沿岸，具有一定设施和条件，供船舶停靠、旅客上下、货物装卸、生活物料供应等作业的港口。

民用航空航线条数 民用航空航线指出于商业的目的，运输飞机从地球表面一点(起飞)飞到另一点(终点)的航行线路。应同时具备三个条件：一是有运输飞机定期飞行，二是有足以保证运输飞机飞行和起降所需要的机场及地面设施，三是经过批准并在一个航季中正常执行。计算条数时，来回程计为一条。分为国内航线、国际航线和地区航线。

民航运输飞机 从事公共航空运输的民用飞机。分为大中型飞机和小型飞机，大中型飞机指 100 座及以上的运输飞机，小型飞机指 100 座以下的运输飞机。

城市公共交通 指城市中供公众乘用的、经济方便的各种交通方式的总称。包括公共汽车、电车、轨道交通（地铁、轻轨、有轨电车、磁悬浮、索道、缆车等）、出租汽车、公共轮渡等客运交通设施。

运营线路网长度 指公共交通线路所通过的运营线路净长度。计算公式：运营线路网长度=运营线路总长度－Σ重复的线路长度

运营线路总长度 指全部运营线路长度之和。计算公式：运营线路长度=Σ各条运营线路长度=Σ〔1/2（上行起点至终点里程+下行起点至终点里程+上下行终点掉头里程〕。单向行驶的环行线路长度等于起点至终点里程与终点下客站至起点里程之和的一半，不包括折返、试车、联络线等非运营线路。

运营车辆数 指城市中用于公共交通运营业务的全部车辆数。地铁和轻轨在统计时一自然节为一辆。出租汽车指已经领取出租汽车专用牌照的运营车辆，包括技术完好的、在修的、长期行驶的以及拟报废尚未经上级机关批准的车辆。

轮渡运营船舶数 指用于城市客渡运营业务的全部船舶数。不含旅游客轮（长途旅游、市内供游人游览江、河、湖泊的船只）。

城市公共交通客运总量 指报告期内城市公共交通各种运输方式运送乘客的总人次。

邮电业务总量 指以价值量形式表现的邮电通信企业为社会提供各类邮电通信服务的总数量。邮电业务量按专业分类包括函件、包件、汇票、报刊发行、邮政快件、特快专递、邮政储蓄、集邮、公众电报、用户电报、传真、长途电话、出租电路、无线寻呼、移动电话、分组交换数据通信、出租代维等。计算方法为各类产品乘以相应的平均单价(不变价)之和，再加上出租电路和设备、代用户维护电话交换机和线路等的服务收入。该指标综合反映了一定时期邮电业务发展的总成果，是研究邮电业务量构成和发展趋势的重要指标。计算公式为：

邮电业务总量=Σ（各类邮电业务量×不变单价）+出租代维及其他业务收入
=邮政业务总量+通信业务总量

移动电话用户 指通过移动电话交换机进入移动电话网、占用移动电话号码的各类电话用户。包括签约用户和智能网预付费用户。一个移动电话号码统计为一户。

本地电话用户 指接入本地电信运营商固定电话网上的电话用户。包括：住宅用户、单位用户、公用电话用户等。按电话用户位置又分为城市电话用户和乡村电话用户。按通信手段又分为固定电话用户和无线市话用户。1997 年以前，“城市（内）电话用户”是指接入县城及县以上城市的电话网上的电话用户；“乡（农）村电话用户”是指接入县邮电局农话台及县以下农村电话交换点，以县城为中心(除市话用户外)联通县、乡(镇)、行政村、村民小组的用户。从 1997 年起，电话用户数分组调整为以用户所在区域划分为“城市电话用户”和“乡村电话用户”，与过去的按市内电话和农村电话划分方法不同。

城市电话用户 指直辖市、省辖市、地级市、县级市的市区、市郊区及县城(包括县人民政府所在地的县城关区或行政建制相当于县人民政府所在地的镇)范围内接入局用交换机的电话用户数，包括分布在农村地区的独立工矿区、林区、驻军等电话用户数。

乡村电话用户 指按行政区划属于城市范围以外的乡(镇)、村的电话用户数。

国际互联网用户 包括互联网窄带拨号用户和互联网宽带接入用户。互联网窄带拨号用户又分为互联网注册拨号用户、互联网主叫电话记费用户、互联网上网卡用户等几种。互联网注册拨号用户指由基础电信运营商用户提供的，使用固定帐号上网的一种方式，由用户到运营商的营业厅或业务代理商处申请办理，获得拨号上网帐号及密码，用户根据该帐号及密码拨叫上网特服号，通过认证获得动态 IP 地址接入宽带互联网。互联网主叫电话记费用户指用户不需要到运营商的营业厅或业务代理商处申请办理，只需要拨打某一运营商已经开通的主叫特服号码即可上网，上网费用随主叫电话收取。互联网上网卡用户指使用上网卡

上的帐号和密码认证，通过 PSTN、N-ISDN 等方式接入宽带互联网的用户。互联网宽带接入用户指采用分组交换网、DDN 网、帧中继/ATM 网以及模拟专线、数字专线等方式，不经过基础电信运营商的宽带 IP 城域网，直接接入宽带互联网节点的用户，不含 XDSL、专线和 LAN 专线用户。

长途电话交换机容量 指用于接入长途电话网的电话交换机设备的额定容量，包括国际电话交换机容量。

本地交换设备容量 指安装在电信运营企业内用于接续本地固定电话的电话交换机容量，包括现用和备用的人工或自动交换机的全部容量。包括局用交换机容量、接入网设备容量（含无线市话）和用户交换机容量。

移动电话交换机容量 指移动电话交换机根据一定话务模型和交换机处理能力计算出来的最大同时服务用户的数量。

Explanatory Notes on Main Statistical Indicators

Length of Railways in Operation refers to the total length of the trunk line under passenger and freight transportation (including both regular operations and temporary operations). In the case of wholly or partially double- or multi-track railways, calculation is based on the actual length of the first track, regardless of other tracks, station sidings, tracks under the charge of stations, branch lines, special-purpose lines and non-payable connecting lines. The length of railways in operation is an important indicator of the development of infrastructure for railway transport, as well as the foundation for the calculation of passenger-kilometers and freight ton-kilometers, traffic density and utilization efficiency of locomotives and carriages.

Length of Highways refers to the length of highways built in conformity with the grades specified by the Technical Standards JTJ01-88 for Highway Engineering, formally checked and accepted by highway authorities and put into use. The length of highways includes that of suburban highways at large and medium-sized cities and highways passing through streets at small cities and towns, as well as the span of bridges and ferries. However, it does not include the length of streets in large and medium-sized cities and highways built for production purposes at factories, mines, forest areas and agricultural areas. If two or more highways share the same segment, the length of the shared segment is only calculated for once and no duplication is allowed. The length of highways is an important indicator of the scale of development of highway construction, as well as the foundation for the calculation of transport network density and other indicators.

Length of Navigable Inland Waterways refers to the length of natural rivers, lakes, reservoirs, canals, and ditches open to navigation during a given period, which enables the transport by ships and rafts. This includes channels open to seasonal navigation for an accumulative period of over 3 months in a year, but excludes river courses used exclusively for wood or bamboo rafts on an irregular basis. This indicator reflects the scale, level and development situation of the inland waterway network.

Length of Civil Aviation Routes refers to the length of all routes for regular civil aviation flights. Calculation of route lengths is based on the distance between airports, usually in either of the following ways: duplicated calculation of route lengths, which directly sums up the length of every single air route; or singular calculation of route lengths, which calculates the same segments of aviation routes shared by two or more routes only once. In general practice, the latter is used, as it can precisely reflect the size of the civil aviation network and indicate the extent to which civil aviation serves the national economy and the needs of the people.

Length of Petroleum and Gas Pipelines refers to the actual transport distance of oil or gas products, generally calculated as the length of single pipelines. Inclusion of double pipelines and alternate pipeline in the calculation is termed the extension length of petroleum and gas pipelines, which indicates the actual length of the pipelines built. In general practice, the "Length of Petroleum and Gas Pipelines" exclusive of double pipelines is used, which reflects the scale and degree of development in pipeline transport.

Freight (Passenger) Traffic refers to the volume of freight (passengers) transported with various means. This indicator provides a quantitative measure of how the transport industry serves the national economy and the needs of the people, as well as an important reference for drafting and checking production plans in the transport industry and for studying the scale and speed of development in the transport industry. Freight transport is calculated in tons and passenger traffic is calculated in the number of persons. Freight transport is calculated in the actual weight of goods regardless of traveling distances and types of freight; while passenger traffic is calculated as the number of individuals traveling once, regardless of traveling distances, ticket prices, whether the passengers are traveling with half-price tickets or child tickets.

Freight Ton-kilometers (Passenger-kilometers) refer to the sum of the products of the volume of transported cargo (passengers) multiplied by the transport distance. These are important indicators of the total achievements of the transport industry, as well as the major foundation for drafting and checking production plans in the transport industry and for calculating the efficiency, labor productivity and the cost of transport enterprises. Normally, the shortest distance between the departure station and the destination station (i.e. the payable distance) is the basis to calculate the freight ton-kilometers and passenger-kilometers on. These indicators are calculated as follows:

Freight Ton-kilometers (Passenger-kilometers) = Σ (Freight (Passenger) Traffic ×Transport Distance)

Volume of Freight Handled in Ports refers to the volume of cargo passing in and out of the harbor area that undergoes the loading and unloading processes, including mails, checked baggage and bales, as well as fuel, material and fresh water supplies to ships. The volume of freight handled may be classified by direction of flow as import volume and export volume, or by nature of cargo as volume of freight for domestic trade and volume of freight for foreign trade. The classification of volume of freight handled and its direction of flow are important indicators of the production capacity of ports.

Possession of Civil Motor Vehicles refers to the total number of vehicles that are registered at transport management offices under the public security authorities and provided with civil vehicle licenses and tags according to the Work Standard for Motor Vehicles Registration at the end of the reference period. Major categories of vehicle are: passenger vehicles, freight vehicles and other vehicles in terms of structure; private vehicles and organization-owned vehicles in terms of ownership; commercial vehicles and non-commercial vehicles in terms of use; large, medium, small and mini passenger vehicles, and heavy, medium, light and mini trucks in terms of size.

Motor Vessels refer to vessels installed with power units and propelled by mechanical power. It is also known as self-propelled vessels.

Barges refer to flat-bottomed vessels driven by drawers or propellers. It has no power units or has only simple power units.

Dead Weight Tonnage of Vessels refers to the actual tonnage all the vessels within the reference period are capable of carrying. It equals the tonnage of all the vessels minus that of fuel, material and fresh water, foods, supplies, persons and luggages on vessels.

Coastal Seaports refer to seaports located alongside the coasts that have the right facilities and conditions for vessel mooning, passenger boarding and alighting, cargo loading and disloading, and supply of daily life materials.

Inland Ports refer to ports located along rivers and lakes that have the right facilities and conditions for vessel mooning, passenger boarding and alighting, cargo loading and disloading, and supply of daily life materials.

Number of Civil Aviation Routes refers to the number of all routes of commercial civil aviation flights from one point of the earth to another. Civil aviation routes shall meet three conditions. First, there shall be regular flights. Second, there shall be adequate airport and ground facilities to ensure the flight, takeoff and landing. Third, the flights are approved and carried out normally during the flight season. Singular calculation is used in calculating the number of routes. Civil aviation routes are divided into domestic routes, international routes and regional routes.

Civil Aviation Aircraft refer to aircraft used in public civil aero transport. They are divided into large and medium-sized aircraft and small-sized aircraft. The former refer to those with 100 seats and above, and the latter refer to those with less than 100 seats.

Urban Public Transportation refers to all the economical transport taken by the public in cities. It includes buse, trolley bus, rail transport (subway, light rail, streetcar, magnetically levitated trains, cableway, telpher, etc.), taxi, ferry boast, etc.

Length of Public Transportation Network refers to the net length covered by the public transportation routes. The following formula is used:

Length of Public Transportation Network=Length of Public Transportation under Operation - ΣLength of Repeated Routes

Length of Public Transportation under Operation refers to the sum of all public transportation routes under operation. The following formula is used:

Length of Public Transportation under Operation= -Σ(1/2 (length from starting station to terminal of forward trip+length from terminal to beginning station of backward trip+length of take-turning of both trips)

Number of Vehicles under Operation refers to the total number of vehicles under operation in public transportation in cities. For subway and light rail, each compartment is calculated as one unit. Taxi refers to all those with special operation license, including those in good condition, under maintenance, in long-term operation and with pending approval for writing-off.

Number of Ferry Boats refer to the total number of boats for ferry operation., excluding the long-distance or intra-city cruiser.

Total Passenger Traffic in Cities refers to the total number of persons transported by public transportation in cities.

Business Volume of Postal and Telecommunication Services refers to the total amount of postal and telecommunication services, expressed in value terms, provided by postal and telecommunication enterprises for the society. Postal and telecommunication services can be classified as letters, parcels, remittance, delivery of newspapers and magazines, fast mail service, express mail service, savings deposits, stamps for collection, public and individual telegraph service, facsimiles, long-distance telephone service, leasing of telephone lines, urban paging service, mobile telephone service, data communication through packet networks, network elements lease and maintenance, etc. To calculate the volume, the business volume of each product is multiplied by its average unit price (at constant prices), summed, and added to income from other services such as leasing of telephone lines and equipment, maintenance of telephone switchboards and lines on behalf of customers. This indicator reflects the overall achievements of postal and telecommunication services during a given period, and is an important reference for studying the composition of business volume and the development trend of postal and telecommunication services. This volume is calculated as follows.

Business Volume of Postal and Telecommunication Services = Σ(Business Volume of Each Product × Constant Unit Price) + Income from Leasing, Maintenance, and Other Services = Business Volume of Postal Services + Business Volume of Telecommunication Services

Mobile Telephone Subscribers refer to persons who own mobile telephone numbers and are connected with the mobile telephone communication network through mobile telephone switchboards, including contracted subscribers and pre-paid subscribers for intelligent network. One mobile telephone number is calculated as one subscriber.

Local Telephone Subscribers refer to subscribers that are connected to the local telecommunication service provider through fix line network, including household subscribers, institutional subscribers and public telephones. They are also classified as urban subscribers and rural subscribers according to locations, or fixed-line subscribers and wireless subscribers according to the means of telecommunication. Before 1997, urban subscribers referred to those connected to urban telephone networks in county towns and cities, while rural subscribers referred to those connected to rural telephone stations at or below the county level, clustered around the county town (excluding urban subscribers), and further connected to the county, towns and townships, administrative villages and villagers' groups. Since 1997, the classification of telephone subscribers into urban telephone subscribers and rural telephone subscribers was modified on the basis of geographical location of the subscribers, which is different from the previous distinction between urban telephones and rural telephones.

Urban Telephone Subscribers refer to the number of telephone subscribers located at municipalities under the jurisdiction of the central government, cities under the jurisdiction of provinces, cities at prefecture level, downtown and suburb of cities at county level and county towns (including county towns where the county governments are located, and towns where the governments of other administrative regions at county level are located), that are connected to the public line telephone network, including the number of telephone subscribers in independent mining areas, forest areas, and military zones located in rural areas.

Rural Telephone Subscribers refer to telephone subscribers located at townships, towns and villages outside the range of cities according to administrative jurisdiction.

Number of Internet Subscribers include both narrow-band dial-up users and broad-band access users of the internet. Narrow-band dial-up users are further classified into registered dial-up users, pay-per-calling users, and pre-pay card users. Registered dial-up service enables internet access through fixed accounts provided by basic telecommunication operators. Users of this service apply to the operators or their agents for accounts and passwords, with which they dial special numbers for internet connection and acquire dynamic IP addresses through authentification to gain access to the broad-band internet. Pay-per-calling service implies that instead of applying to the operators or their agents, users only need to dial a certain operator's special numbers to gain access to the internet and pay internet fees together with their calling fees. Pre-pay card users refer to those connected to the broad-band internet through PSTN and N-ISDN networks with accounts and passwords provided by the pre-pay cards. Broad-band access users (exclusive of XDSL and LAN users) refer to users directly connected to broad-band internet nodes through packet networks, DDN networks, frame relay/ATM networks, and special analog or digital lines, bypassing the broad-band IP MAN provided by basic telecommunication operators.

Capacity of Long Distance Telephone Exchanges refers to the rated capacity of telephone exchanges connected to long distance telephone networks, including capacity of international telephone exchanges.

Capacity of Local Telephone Exchanges refers to the capacity of telephone exchanges installed in the offices of telecommunication service providers for communication between fixed telephones. It includes the capacity of both manual and automatic exchanges in use and for stand-by purpose. It consists of the capacity of office telephone exchanges, access network equipment(including wireless city call) and subscriber exchanges.

Capacity of Mobile Telephone Exchanges refers to the maximum number of subscribers that can be served simultaneously, calculated according to a certain calling model and the handling capacity of the mobile telephone exchanges.

十六、批发和零售业

WHOLESALE AND RETAIL TRADES

十六 批发零售业

简要说明

一、本篇资料反映包括批发零售业商品流通情况、社会消费品零售总额等。

二、本篇资料主要根据国家统计局《批发和零售业统计报表制度》进行搜集和加工整理。资料中限额以上批发和零售业采用全面调查的方法自下而上逐级综合汇总而得，限额以下企业及个体户资料采用抽样调查方法推算而得。

三、各表的调查范围：

限额以上批发和零售业统计限额标准：批发业年主营业务收入2000万元及以上；零售业年主营业务收入500万元及以上。

商品购、销、存总额表为各种经济类型的限额以上和限额以下批发零售业法人及产业活动单位和个体户。

社会消费品零售总额表为各种经济类型的法人及产业活动单位、个体户对城乡居民和社会集团的零售。

四、本篇资料由广东省统计局贸易外经处整理提供。

16 Wholesale and Retail Trades

Brief Introduction

Ⅰ. The date in this chapter show the development of Guangdong's domestic market，including mainly the circulation of commodities in the wholesale and retail trades and the total retail sales of consumer goods，etc.

Ⅱ. The data are collected and processed in accordance with the Statistical Reporting Scheme on Wholesale and Retail Trades stipulated by the National Bureau of Statistics. Data on basic conditions for all corporate enterprises of wholesale, retail above the designated size are collected through comprehensive reporting systems and data are reported level by level in a bottom-up manner. Data on small-size enterprises and individual enterprises below the designated size are collected through sample surveys.

Ⅲ. The statistical coverage in this chapter comes as follows:

Criteria for wholesale and retail sale trades above designated size is defined as follows：wholesale trade with annual principal business sales of 20 million yuan or above, retail sale trade with annual principal business sales of 5 million yuan or above.

The table of total purchases，sales and inventory include corporate units, establishments and individuals of various types of ownership both above and below designated size by category of commodities.

The table of total retail sales of consumer goods includes the retail sales of corporate units, establishments and individuals of various types of ownership to urban and rural residents and institutions.

Ⅳ. The data in this chapter are prepared and provided by the Division of Trade and External Economic Relations Statistics of Statistics Bureau of Guangdong Province.

 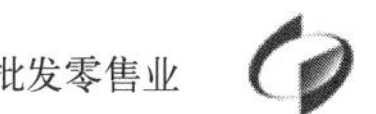

16-1 批发零售、住宿餐饮业主要指标
Main Indicators on Domestic Trade

指　标	Item	2000	2010	2015	2016	2017	2018
社会消费品零售总额（亿元）	**Total Retail Sales of Consumer Goods (100 million yuan)**	**4379.81**	**17458.44**	**31517.56**	**34739.00**	**38200.07**	**39501.12**
按消费形态分							
商品零售	Retail Sales			28278.73	31242.41	34519.74	35616.53
餐饮收入	Catering Income			3238.83	3496.59	3680.33	3884.59
按城乡分	By Urban and Rural Area						
城镇	Urban Areas	3290.33	14896.98	27610.44	30418.16	33423.74	34514.12
乡村	Rural Areas	1089.48	2561.46	3907.12	4320.84	4776.33	4987.00
批发零售业商品销售总额（亿元）	**Total Sales in Wholesale and Retail Trades (100 million yuan)**	**10316.88**	**47217.39**	**115442.98**	**127092.00**	**142828.38**	**152976.24**
批发额	Wholesale Value	6691.51	31727.96	87415.19	95929.77	108398.35	117424.62
零售额	Retail Value	3625.37	15489.43	28027.79	31162.23	34430.03	35551.62
按行业分	By Sector						
批发业销售额	Sales in Wholesale Trade	7053.14	30173.58	89258.24	97952.99	110882.22	118780.92
批发额	Wholesale Value	6247.11	28849.48	84796.41	92989.40	105174.57	113114.36
零售额	Retail Value	806.03	1324.10	4461.83	4963.59	5707.65	5666.56
零售业销售额	Sales in Retail Trade	3263.74	17043.81	26184.74	29139.01	31946.16	34195.32
批发额	Wholesale Value	444.40	2878.48	2618.78	2940.37	3223.78	4310.26
零售额	Retail Value	2819.34	14165.33	23565.96	26198.64	28722.38	29885.06
按规模分	By Size						
限额以上销售额	Sales above Designated Size	4922.10	30316.84	66166.10	74045.02	86478.92	86172.54
批发额	Wholesale Value	4036.15	24600.85	53553.50	60245.99	71916.10	73208.99
零售额	Retail Value	885.95	5715.99	12612.60	13799.03	14562.82	12963.55
限额以下销售额	Sales below Designated Size	5394.78	16900.55	49276.88	53046.98	56349.46	66803.70
批发额	Wholesale Value	2655.36	7127.11	33861.69	35683.78	36482.25	44215.64
零售额	Retail Value	2739.42	9773.44	15415.19	17363.20	19867.21	22588.06
限额以上连锁总店数（个）	**Number of General Chain Stores above Designated Size (unit)**		**206**	**386**	**385**	**388**	**390**
限额以上连锁门店数（个）	**Number of Branch Chain Stores above Designated Size (unit)**		**23096**	**25903**	**31922**	**31913**	**28962**
限额以上连锁店销售总额（亿元）	**Total Sales of Chain Stores above Designated Size (100 million yuan)**		**3502.08**	**5241.15**	**5356.58**	**3699.70**	**3787.96**
#零售额	Retail Value		2980.36	4420.51	4604.38	3171.36	3155.18
亿元以上商品交易市场成交额（亿元）	**Transaction Value of Commodity Markets above 100 Million Yuan (100 million yuan)**		**4828.13**	**5576.63**	**5512.94**	**5462.94**	**5309.98**

16-2 按行业及城乡分社会消费品零售总额

Total Retail Sales of Consumer Goods by Sector and by Urban and Rural Area

单位：亿元 (100 million yuan)

年份 Year	社会消费品零售总额 Total Retail Sales of Consumer Goods	按行业分 By Sector		按城乡分 By Urban and Rural Area	
		#批发零售业 Wholesale and Retail Trades	#住宿餐饮业 Hotels and Catering Services	城镇 Urban Areas	乡村 Rural Areas
1978	79.86	66.92	5.39	38.42	41.44
1979	92.69	76.76	6.09	43.25	49.44
1980	117.67	94.52	7.30	66.72	50.95
1981	142.38	114.56	8.85	71.19	71.19
1982	164.23	131.86	10.19	82.77	81.46
1983	183.62	144.88	11.58	97.32	86.30
1984	226.13	170.06	16.04	131.61	94.52
1985	289.23	209.38	26.74	178.45	110.78
1986	327.02	235.59	28.68	172.67	154.35
1987	405.19	294.17	37.83	214.34	190.85
1988	568.07	414.30	50.79	306.19	261.88
1989	636.15	451.24	65.69	345.43	290.72
1990	667.36	463.92	71.11	457.34	210.02
1991	786.64	535.40	87.87	531.57	255.07
1992	1109.55	951.21	128.60	809.96	299.59
1993	1518.31	1309.60	168.75	1137.80	380.51
1994	1991.33	1705.13	234.42	1511.03	480.30
1995	2478.35	2121.16	300.24	1864.90	613.45
1996	2772.83	2358.28	356.23	2093.18	679.65
1997	3139.32	2653.90	409.95	2362.67	776.65
1998	3567.01	2962.27	505.56	2688.64	878.37
1999	3932.44	3268.96	569.18	2960.30	972.14
2000	4379.81	3625.37	655.94	3290.33	1089.48
2001	4856.65	3996.92	751.32	3638.52	1218.13
2002	5392.64	4443.64	843.82	4044.52	1348.12
2003	6029.86	5021.81	897.26	4540.94	1488.92
2004	6852.03	5734.94	953.84	5177.13	1674.90
2005	7915.51	6773.37	1016.63	5967.71	1947.80
2006	9194.29	7944.17	1155.39	6913.19	2281.10
2007	10731.28	9373.42	1298.31	8064.08	2667.20
2008	12986.60	11423.07	1498.91	9754.30	3232.30
2009	14891.78	13228.45	1656.30	11278.66	3613.12
2010	17458.44	15565.04	1893.40	14896.98	2561.46
2011	20297.52	18110.21	2187.31	17399.70	2897.82
2012	22677.11	20231.14	2445.97	19767.95	2909.16
2013	25453.93	22728.10	2725.83	22283.48	3170.46
2014	28471.15	25518.70	2952.45	24939.92	3531.23
2015	31517.56	28285.78	3231.78	27610.44	3907.12
2016	34739.00			30418.16	4320.84
2017	38200.07			33423.74	4776.33
2018	39501.12			34514.12	4987.00

注：本表1992—2004年数据根据广东省第一次全国经济普查资料进行了调整，2005—2008年数据根据广东省第二次全国经济普查资料进行了调整，2009—2013年数据根据广东省第三次全国经济普查资料进行了调整。

Note: Data of 1992 to 2004 in this table have been adjusted in accordance with the figures from the first national economic census of Guangdong Province，Data of 2005 to 2008 in this table have been adjusted in accordance with the figures from the second national economic census of Guangdong Province，Data of 2009 to 2013 in this table have been adjusted in accordance with the figures from the third national economic census of Guangdong Province.

16−3 各市社会消费品零售总额（2018年）

Total Retail Sales of Consumer Goods by City (2018)

单位：亿元 (100 million yuan)

市别	City	社会消费品零售总额 Total Retail Sales of Consumer Goods	按消费形态分 By Sector		按城乡分 By Urban and Rural Area	
			商品零售 Retail Sales	餐饮收入 Catering Income	城镇 Urban Area	乡村 Rural Area
广州	Guangzhou	9256.19	8095.26	1160.93	8990.06	266.13
深圳	Shenzhen	6168.87	5424.38	744.49	6155.65	13.22
珠海	Zhuhai	1160.64	1020.87	139.77	1128.49	32.15
汕头	Shantou	1769.63	1667.90	101.73	1277.16	492.47
佛山	Foshan	3287.54	2935.21	352.33	2612.59	674.95
韶关	Shaoguan	751.59	683.21	68.38	653.38	98.21
河源	Heyuan	628.72	584.87	43.85	481.03	147.69
梅州	Meizhou	726.49	677.95	48.54	553.14	173.35
惠州	Huizhou	1478.97	1354.38	124.59	1189.35	289.62
汕尾	Shanwei	609.36	548.88	60.48	442.81	166.55
东莞	Dongguan	2905.61	2721.85	183.76	2533.74	371.87
中山	Zhongshan	1490.79	1366.04	124.75	1379.15	111.64
江门	Jiangmen	1407.58	1275.46	132.12	1068.46	339.12
阳江	Yangjiang	749.01	675.13	73.88	578.74	170.27
湛江	Zhanjiang	1697.30	1504.24	193.06	1379.84	317.46
茂名	Maoming	1541.37	1409.85	131.52	1030.77	510.61
肇庆	Zhaoqing	866.70	781.75	84.95	609.20	257.50
清远	Qingyuan	738.86	680.44	58.42	567.71	171.15
潮州	Chaozhou	588.03	539.90	48.13	499.73	88.30
揭阳	Jieyang	1118.42	1072.20	46.22	810.35	308.07
云浮	Yunfu	385.07	362.46	22.61	298.44	86.63
按经济区域分	By Region					
珠三角	Pearl River Delta	28022.89	24975.20	3047.69	25666.69	2356.20
东翼	Eastern Region	4085.44	3828.88	256.56	3030.05	1055.39
西翼	Western Region	3987.68	3589.22	398.46	2989.35	998.34
山区	Mountainous Region	3230.73	2988.93	241.80	2553.70	677.03

16-4 各市社会消费品零售总额

Total Retail Sales of Consumer Goods by City

单位：亿元 (100 million yuan)

市 别	City	2000	2005	2010	2013	2014	2015	2016	2017	2018
广 州	Guangzhou	1121.13	1905.84	4500.28	6426.91	7144.45	7987.96	8706.49	9402.59	9256.19
深 圳	Shenzhen	735.02	1441.61	3000.76	4500.46	4919.00	5017.84	5512.76	6016.19	6168.87
珠 海	Zhuhai	121.17	220.19	486.03	720.52	815.71	915.20	1016.13	1128.18	1160.64
汕 头	Shantou	218.99	345.23	830.41	1056.81	1186.04	1349.34	1515.19	1683.16	1769.63
佛 山	Foshan	337.55	650.18	1687.13	2122.63	2400.58	2705.22	3017.76	3320.43	3287.54
韶 关	Shaoguan	85.40	141.67	329.78	471.1076	522.68	580.79	638.21	687.39	751.59
河 源	Heyuan	37.12	73.02	163.07	381.02	435.01	482.99	537.44	585.57	628.72
梅 州	Meizhou	67.28	131.85	319.05	450.18	499.97	559.50	619.77	677.63	726.49
惠 州	Huizhou	126.48	252.01	582.53	857.91	968.70	1070.72	1227.88	1363.46	1478.97
汕 尾	Shanwei	69.84	130.45	352.06	398.72	440.11	489.61	533.11	572.62	609.36
东 莞	Dongguan	235.16	506.29	1108.06	1786.66	1942.29	2184.70	2470.78	2687.88	2905.61
中 山	Zhongshan	141.81	277.08	648.11	890.55	981.80	1086.74	1205.84	1309.89	1490.79
江 门	Jiangmen	177.03	310.44	655.86	831.85	923.35	1034.30	1159.06	1279.63	1407.58
阳 江	Yangjiang	86.46	159.22	370.58	481.98	531.90	584.46	634.83	689.90	749.01
湛 江	Zhanjiang	156.59	269.98	679.79	1010.7	1162.10	1308.95	1432.96	1578.08	1697.30
茂 名	Maoming	158.11	287.96	704.97	983.13	1093.90	1214.38	1339.88	1457.00	1541.37
肇 庆	Zhaoqing	77.31	142.99	332.89	493.12	559.90	648.36	731.98	809.93	866.70
清 远	Qingyuan	72.27	130.03	370.50	466.45	520.28	571.50	626.80	683.84	738.86
潮 州	Chaozhou	60.57	103.32	245.47	354.71	395.86	444.15	495.61	544.05	588.03
揭 阳	Jieyang	82.38	144.76	446.62	657.66	759.02	872.42	978.42	1080.96	1118.42
云 浮	Yunfu	31.30	59.71	136.97	224.7335	268.49	304.71	345.22	381.60	385.07
按经济区域分	By Region									
珠 三 角	Pearl River Delta	3204.99	5878.70	12613.24	18630.607	20655.78	22651.04	25048.68	27318.18	28022.89
东 翼	Eastern Region	450.38	745.58	1818.56	2467.9	2781.03	3155.52	3522.33	3880.79	4085.44
西 翼	Western Region	418.44	738.78	1702.90	2475.81	2787.90	3107.79	3407.67	3724.98	3987.68
山 区	Mountainous Region	306.00	552.45	1279.96	1993.4911	2246.43	2499.49	2767.44	3016.03	3230.73

16−5 批发零售业商品销售总额

Total Sales of Commodities in Wholesale and Retail Trades

单位：亿元 (100 million yuan)

项　目	Item	2000	2010	2016	2017	2018
合　计	**Total**	**10316.88**	**47217.39**	**127092.00**	**142828.38**	**152976.24**
按行业分组	By sector					
批发业	Wholesale Trade	7053.14	30173.58	97952.99	110882.22	118780.92
零售业	Retail Trade	3263.74	17043.81	29139.01	31946.16	34195.32
按规模分组	By Size of Enterprises					
限额以上企业和个体户	**Enterprises above Designated Size and Individuals**	**4922.10**	**30316.84**	**74045.02**	**86478.91**	**86172.54**
食品、饮料、烟酒类	Food, Beverages, Tobacco and Liquor	843.07	2635.17	7537.89	7680.56	7790.87
粮油类	Grain and Edible Oil	17.02	366.51	1457.42	1337.15	1385.51
肉禽蛋类	Meat, Poultry and Eggs	110.80	230.13	823.50	841.83	752.61
饮料类	Beverages	24.27	192.76	774.62	822.27	747.06
烟酒类	Tobacco and Liquor	464.74	1175.56	2021.58	2102.40	2372.16
其它食品类	Other Food	226.24	670.21	2460.77	2576.91	2533.54
服装鞋帽、针纺织品类	Garments,Footwear,Headgear,Knitwear and Textiles	437.67	1869.06	5120.19	3995.48	3390.71
服装类	Garments	277.69	1133.19	3182.00	2426.09	2028.93
鞋帽类	Footwear and Headgear	49.29	206.49	696.01	715.12	622.96
针、纺织品类	Knitwear and Textiles	110.69	529.38	1242.18	854.28	738.83
化妆品类	Cosmetics	20.12	138.83	409.68	447.51	600.30
金银珠宝类	Gold, Silver and Jewelry	26.10	221.13	1462.81	1635.40	1544.32
日用品类	Daily-use Articles	206.22	762.55	2623.51	2745.68	2354.21
#洗涤用品类	Detergents	22.54	232.11			
儿童玩具类	Toys for Children	15.33	32.61	91.32	94.65	99.65
五金、电料类	Hardware and Electrical Appliances	50.65	266.24	854.67	956.58	961.24
体育、娱乐用品类	Sports and Recreational Articles	22.79	153.92	208.32	214.89	237.36
书报杂志类	Newspapers and Magazines	43.41	77.67	174.24	135.01	146.12
电子出版物及音像制品类	E-journals and Video Products	6.67	23.12	32.00	25.70	19.88
家用电器和音像器材类	Household Appliances and Video Appliances	329.32	1221.85	2204.93	2629.84	2586.39
中西药品类	Traditional Chinese and Western Medicines	275.71	1248.10	3331.35	3530.23	3469.67
#西药	Western Medicines	170.09	848.37	2211.95	2343.70	2367.00
中草药及中成药	Traditional Chinese Medicines	70.92	256.71	681.13	713.07	663.95
文化办公用品类	Articles for Cultural and Office Use	55.91	637.27	3579.56	4038.35	1948.03
家具类	Furniture	31.98	189.07	596.35	515.06	531.45
通讯器材类	Communication Appliances	70.47	719.27	3858.88	5030.08	4380.84
煤炭及制品类	Coal and Related Products	82.94	1144.17	1002.98	1354.38	1528.70
木材及制品类	Timber and Related Products	10.08	60.20	201.47	241.45	342.95
石油及制品类	Petroleum and Related Products	1176.36	7779.83	8739.15	11587.29	12778.15
化工材料及制品类	Chemical Materials and Products	172.79	1566.66	4117.36	5190.73	5240.68
金属材料类	Metal Materials	324.60	4380.16	9240.29	13110.77	16189.65
建筑及装潢材料类	Construction and Decoration Materials	36.43	432.07	1292.86	1530.39	1713.06
机电产品及设备类	Mechanical and Electrical Products and Equipment	119.99	1235.24	3163.79	3790.97	4504.91
汽车类	Motor Vehicles	213.08	2773.14	8648.68	9774.17	10702.09
种子饲料类	Seeds and Feedstuff	22.64	53.57	279.16	343.87	323.71
棉麻类	Cotton and Hemp	6.52	20.81	51.13	73.59	63.61
其它类	Others	336.58	707.74	5313.77	5900.93	2823.59
限额以下企业和个体户	**Enterprises below Designated Size and Individuals**	**5394.78**	**16900.55**	**53046.98**	**56349.47**	**66803.70**

16-6 批发零售业商品批发额

Total Wholesale Value of Commodities in Wholesale and Retail Trades

单位：亿元 (100 million yuan)

项 目	Item	2000	2010	2016	2017	2018
合 计	**Total**	**6691.51**	**31727.96**	**95929.77**	**108398.35**	**117424.62**
按行业分组	By sector					
批发业	Wholesale Trade	6247.11	28849.48	92989.4	105174.57	113114.36
零售业	Retail Trade	444.40	2878.48	2940.37	3223.78	4310.26
按规模分组	By Size of Enterprises					
限额以上企业和个体户	**Enterprises above Designated Size and Individuals**	**4036.15**	**24600.85**	**60245.99**	**71916.00**	**73208.99**
食品、饮料、烟酒类	Food, Beverages, Tobacco and Liquor	677.15	2067.13	6146.13	6307.54	6385.55
粮油类	Grain and Edible Oil	6.87	279.88	1218.81	1132.92	1222.70
肉禽蛋类	Meat, Poultry and Eggs	94.01	168.66	634.51	669.71	610.40
饮料类	Beverages	13.88	134.29	619.26	666.33	588.30
烟酒类	Tobacco and Liquor	418.34	1065.75	1788.96	1876.40	2162.43
其它食品类	Other Food	144.05	418.55	1884.59	1962.18	1801.72
服装鞋帽、针纺织品类	Garments,Footwear,Headgear,Knitwear and Textiles	344.17	1385.88	3833.40	2793.04	2323.90
服装类	Garments	210.88	786.06	2311.06	1615.20	1335.63
鞋帽类	Footwear and Headgear	35.16	117.36	419.86	436.83	362.85
针、纺织品类	Knitwear and Textiles	98.13	482.46	1102.48	741.02	625.42
化妆品类	Cosmetics	5.45	56.22	226.70	255.95	359.03
金银珠宝类	Gold, Silver and Jewelry	12.37	151.49	1212.58	1365.97	1326.28
日用品类	Daily-use Articles	147.50	569.53	1955.68	2037.13	1770.82
#洗涤用品类	Detergents	11.35	166.98			
儿童玩具类	Toys for Children	12.05	19.52	60.42	66.48	71.57
五金、电料类	Hardware and Electrical Appliances	44.79	241.86	706.54	819.81	876.48
体育、娱乐用品类	Sports and Recreational Articles	15.68	131.35	122.45	121.62	137.18
书报杂志类	Newspapers and Magazines	29.11	50.89	122.38	84.24	101.28
电子出版物及音像制品类	E-journals and Video Products	2.42	16.38	17.02	12.85	11.63
家用电器和音像器材类	Household Appliances and Video Appliances	255.61	790.44	1432.98	1777.70	1769.80
中西药品类	Traditional Chinese and Western Medicines	217.40	957.64	2638.41	2757.47	3108.79
#西药	Western Medicines	136.84	651.83	1738.34	1813.19	2109.04
中草药及中成药	Traditional Chinese Medicines	55.80	216.34	596.39	615.63	609.26
文化办公用品类	Articles for Cultural and Office Use	41.13	570.14	3177.67	3564.44	1610.30
家具类	Furniture	23.41	156.89	415.40	322.65	340.86
通讯器材类	Communication Appliances	65.29	639.96	3353.94	4419.17	3798.64
煤炭及制品类	Coal and Related Products	82.62	1137.75	973.49	1349.19	1528.67
木材及制品类	Timber and Related Products	9.73	60.20	201.47	241.45	342.95
石油及制品类	Petroleum and Related Products	1043.57	6488.12	6794.15	9511.78	10821.14
化工材料及制品类	Chemical Materials and Products	169.88	1566.66	4117.36	5190.73	5240.68
金属材料类	Metal Materials	322.33	4380.16	9240.29	13110.77	16189.65
建筑及装潢材料类	Construction and Decoration Materials	33.07	392.48	1122.89	1356.37	1632.88
机电产品及设备类	Mechanical and Electrical Products and Equipment	102.51	1200.20	3012.12	3644.81	4463.50
汽车类	Motor Vehicles	100.37	920.60	4338.16	5164.40	6190.07
种子饲料类	Seeds and Feedstuff	22.64	53.57	279.16	343.87	323.71
棉麻类	Cotton and Hemp	6.52	20.81	51.02	73.52	63.41
其它类	Others	261.43	594.50	4754.60	5289.53	2491.74
限额以下企业和个体户	**Enterprises below Designated Size and Individuals**	**2655.36**	**7127.11**	**35683.78**	**36482.35**	**44215.63**

16-7 批发零售业商品零售额

Total Retail Value of Commodities in Wholesale and Retail Trades

单位：亿元 (100 million yuan)

项　目	Item	2000	2010	2016	2017	2018
合　计	**Total**	**3625.37**	**15489.43**	**31162.23**	**34430.03**	**35551.62**
按行业分组	By sector					
批发业	Wholesale Trade	806.03	1324.10	4963.59	5707.65	5666.56
零售业	Retail Trade	2819.34	14165.33	26198.64	28722.38	29885.06
按规模分组	By Size of Enterprises					
限额以上企业和个体户	**Enterprises above Designated Size and Individuals**	**885.95**	**5715.99**	**13799.03**	**14562.91**	**12963.55**
食品、饮料、烟酒类	Food, Beverages, Tobacco and Liquor	165.92	568.04	1391.76	1373.02	1405.33
粮油类	Grain and Edible Oil	10.15	86.63	238.61	204.23	162.82
肉禽蛋类	Meat, Poultry and Eggs	16.79	61.47	188.99	172.12	142.21
饮料类	Beverages	10.39	58.47	155.36	155.94	158.76
烟酒类	Tobacco and Liquor	46.40	109.81	232.62	226.00	209.72
其它食品类	Other Food	82.19	251.66	576.18	614.73	731.82
服装鞋帽、针纺织品类	Garments,Footwear,Headgear,Knitwear and Textiles	93.50	483.18	1286.79	1202.44	1066.81
服装类	Garments	66.81	347.13	870.94	810.89	693.29
鞋帽类	Footwear and Headgear	14.13	89.13	276.15	278.29	260.11
针、纺织品类	Knitwear and Textiles	12.56	46.92	139.70	113.26	113.40
化妆品类	Cosmetics	14.67	82.61	182.98	191.56	241.27
金银珠宝类	Gold, Silver and Jewelry	13.73	69.64	250.23	269.43	218.05
日用品类	Daily-use Articles	58.72	193.02	667.83	708.55	583.38
#洗涤用品类	Detergents	11.19	65.13			
儿童玩具类	Toys for Children	3.28	13.09	30.90	28.17	28.08
五金、电料类	Hardware and Electrical Appliances	5.86	24.38	148.13	136.77	84.76
体育、娱乐用品类	Sports and Recreational Articles	7.11	22.57	85.87	93.27	100.18
书报杂志类	Newspapers and Magazines	14.30	26.78	51.86	50.77	44.84
电子出版物及音像制品类	E-journals and Video Products	4.25	6.74	14.98	12.85	8.25
家用电器和音像器材类	Household Appliances and Video Appliances	73.71	431.41	771.95	852.14	816.60
中西药品类	Traditional Chinese and Western Medicines	58.31	290.46	692.94	772.76	360.88
#西药	Western Medicines	33.25	196.54	473.61	530.51	257.97
中草药及中成药	Traditional Chinese Medicines	15.12	40.37	84.74	97.44	54.69
文化办公用品类	Articles for Cultural and Office Use	14.78	67.13	401.89	473.91	337.74
家具类	Furniture	8.57	32.18	180.95	192.41	190.58
通讯器材类	Communication Appliances	5.18	79.31	504.94	610.91	582.20
煤炭及制品类	Coal and Related Products	0.32	6.42	29.49	5.19	0.03
木材及制品类	Timber and Related Products	0.35				
石油及制品类	Petroleum and Related Products	132.79	1291.71	1945.00	2075.51	1957.00
化工材料及制品类	Chemical Materials and Products	2.91				
金属材料类	Metal Materials	2.27				
建筑及装潢材料类	Construction and Decoration Materials	3.36	39.59	169.97	174.02	80.19
机电产品及设备类	Mechanical and Electrical Products and Equipment	17.48	35.04	151.67	146.16	41.40
汽车类	Motor Vehicles	112.71	1852.54	4310.52	4609.77	4512.02
种子饲料类	Seeds and Feedstuff					
棉麻类	Cotton and Hemp			0.11	0.07	0.19
其它类	Others	75.15	113.24	559.17	611.40	331.86
限额以下企业和个体户	**Enterprises below Designated Size and Individuals**	**2739.42**	**9773.44**	**17363.20**	**19867.12**	**22588.07**

16-8 各市批发零售业商品销售总额

Total Sales of Enterprises in Wholesale and Retail Trades by City

单位：亿元 (100 million yuan)

市 别	City	2017 销售总额 Total Sales	2017 批发额 Wholesale Trade	2017 零售额 Retail Trade	2018 销售总额 Total Sales	2018 批发额 Wholesale Trade	2018 零售额 Retail Trade
广 州	Guangzhou	62164.66	53905.31	8259.35	65140.81	57059.38	8081.43
深 圳	Shenzhen	31486.79	26151.51	5335.28	33081.43	27657.05	5424.38
珠 海	Zhuhai	5657.00	4659.07	997.93	5611.69	4595.50	1016.19
汕 头	Shantou	3352.24	1762.95	1589.29	3631.51	1963.89	1667.62
佛 山	Foshan	11885.64	8898.77	2986.87	11964.16	9030.93	2933.23
韶 关	Shaoguan	1115.32	491.58	623.74	1226.69	543.48	683.21
河 源	Heyuan	639.31	94.45	544.86	680.52	95.65	584.87
梅 州	Meizhou	834.47	203.11	631.36	903.80	226.20	677.60
惠 州	Huizhou	2301.25	1056.80	1244.45	2461.16	1108.79	1352.37
汕 尾	Shanwei	637.49	126.82	510.67	680.80	131.96	548.84
东 莞	Dongguan	6921.09	4410.09	2511.00	8070.97	5355.53	2715.44
中 山	Zhongshan	2787.30	1595.63	1191.67	3101.76	1735.98	1365.78
江 门	Jiangmen	2098.71	939.92	1158.79	2221.06	945.60	1275.46
阳 江	Yangjiang	812.12	194.72	617.40	871.23	196.10	675.13
湛 江	Zhanjiang	3180.60	1780.75	1399.85	3517.89	2013.92	1503.97
茂 名	Maoming	3041.61	1709.58	1332.03	3286.68	1877.00	1409.68
肇 庆	Zhaoqing	1384.44	654.85	729.59	1345.28	564.02	781.26
清 远	Qingyuan	990.03	360.02	630.01	1067.81	387.37	680.44
潮 州	Chaozhou	936.80	437.36	499.44	1001.74	461.84	539.90
揭 阳	Jieyang	2270.21	1234.52	1035.69	2001.10	928.90	1072.20
云 浮	Yunfu	670.13	322.04	348.09	687.34	336.20	351.14
按经济区域分	By Region						
珠三角	Pearl River Delta	126686.88	102271.95	24414.93	132998.32	108052.78	24945.53
东 翼	Eastern Region	7196.74	3561.65	3635.09	7315.15	3486.59	3828.56
西 翼	Western Region	7034.33	3685.05	3349.28	7675.80	4087.02	3588.78
山 区	Mountainous Region	4249.26	1471.20	2778.06	4566.16	1588.90	2977.27

16-9 限额以上批发企业商品购、销、存总额（2018年）
Total Purchases, Sales and Inventory of Enterprises above Designated Size in Wholesale Trade (2018)

单位：亿元 (100 million yuan)

项　　目	Item	企业单位数（个）Number of Enterprises (unit)	购进总额 Total Purchases	#进口 Imports	商品销售总额 Total Sales of Commodities
批发业合计	**Total Wholesale Trade**	**22639**	**71099.95**	**5495.09**	**77652.88**
#国有控股	State-owned and State-controlled Enterprises	879	21637.51	1370.25	21994.22
按登记注册类型分组	By Status of Registration				
内资企业	Domestic-funded Enterprises	21053	63188.69	4411.24	68262.78
国有企业	State-owned Enterprises	171	398.16	20.57	478.17
集体企业	Collective-owned Enterprises	48	44.44		48.62
股份合作企业	Share-holding Cooperative Enterprises	26	13.91	0.28	15.57
联营企业	Joint-operation Enterprises	6	19.69		21.34
国有联营企业	State-owned Joint-operation Enterprises	2	2.29		3.81
集体联营企业	Collective Joint-operation Enterprises	2	15.67		15.82
国有与集体联营企业	State-collective Joint-operation Enterprises	1	0.68		0.63
其他联营企业	Other Joint-operation Enterprises	1	1.05		1.08
有限责任公司	Limited Liability Corporations	5845	29583.46	1977.56	32402.74
国有独资企业	State Sole Investment Enterprises	185	3902.48	87.40	4242.68
其他有限责任公司	Other Limited Liability Companies	5660	25680.98	1890.16	28160.06
股份有限公司	Share-holding Corporations Ltd.	349	7636.45	259.00	6952.99
私营企业	Private Enterprises	14584	25483.07	2153.82	28332.32
私营独资企业	Private Sole Investment Enterprises	52	22.59	0.11	25.50
私营合伙企业	Private Partnership Enterprises	8	5.87		6.62
私营有限责任公司	Private Limited Liability Corporations	14310	24709.36	2105.28	27497.07
私营股份有限公司	Private Share-holding Corporations Ltd.	214	745.25	48.43	803.14
其他企业	Other Enterprises	24	9.52		11.03
港、澳、台商投资企业	Enterprises with Investment from Hong Kong, Macao and Taiwan	986	3247.26	560.35	3767.39
合资经营企业	Joint Ventures	117	812.64	110.72	893.70
合作经营企业	Cooperative Enterprises	6	107.53	0.44	108.89
独资经营企业	Sole Investment Enterprises	835	2298.39	445.12	2725.58
投资股份有限公司	Share-holding Corporations Ltd.	21	22.55	2.31	31.69
其他港、澳、台商投资企业	Others	7	6.16	1.76	7.55
外商投资企业	Enterprises with Foreign Investment	600	4664.00	523.51	5622.70
中外合资经营企业	Sino-foreign Joint Ventures	92	2078.90	110.86	2543.89
中外合作经营企业	Sino-foreign Cooperative Enterprises	4	9.56	9.15	15.66
外资企业	Foreign-funded Enterprises	457	2404.21	399.89	2879.72
外商投资股份有限公司	Share-holding Corporations Ltd.	18	145.62	2.12	153.56
其他外商投资企业	Others	29	25.70	1.49	29.87
按国民经济行业分组	By Economic Sector				
农、林、牧、渔产品批发	Wholesale of Farm and Livestock Products	434	956.40	111.60	997.92
食品、饮料及烟草制品批发业	Wholesale of Food, Beverages and Tobacco Products	2037	5164.18	249.85	6397.83
#米、面制品及食用油批发业	Wholesale of Rice, Flour Products and Edible Oil	301	623.36	55.62	649.76
烟草制品批发业	Wholesale of Tobacco Products	43	1097.92	3.32	1617.99
纺织、服装及日用品批发业	Wholesale of Textiles, Garments and Daily-use Products	3270	4627.77	213.89	5572.23
#服装批发业	Wholesale of Garments	633	649.28	34.70	857.08
家用视听设备批发	Wholesale of Household Audio-visual Equipments	185	610.09	21.52	670.71
日用家电批发	Wholesale of Household Appliances	417	829.36	19.10	925.67
文化、体育用品及器材批发业	Wholesale of Cultural and Sports Articles and Appliances	939	2257.99	115.14	2590.83
医药及医疗器材批发业	Wholesale of Medicines and Medical Appliances and Chemical Products	1575	3185.32	152.76	3687.11
矿产品、建材及化工产品批发	Wholesale of Mineral Products, Building Materials	8176	37293.89	2209.72	38058.08
#煤炭及制品批发业	Wholesale of Coal and Related Products	269	1445.36	118.30	1535.37
石油及制品批发业	Wholesale of Petroleum and Related Products	919	11901.80	1256.63	11267.70
金属及金属矿批发业	Wholesale of Metal and Related Products	2303	15729.74	234.00	16304.80
建材批发业	Wholesale of Building Materials	1403	2687.52	83.89	2966.81
化肥批发业	Wholesale of Chemical Fertilizers	107	149.23	17.75	159.63
机械设备、五金交电及电子产品批发业	Wholesale of Machinery, Hardware, Electric and Electronic Products	5013	14405.46	1704.30	16521.18
#汽车及零配件批发	Wholesale of Motor Vehicles and Parts	550	5475.91	94.75	6486.11
计算机、软件及辅助设备批发业	Wholesale of Computers, Software and Assistant Equipments	437	1042.78	91.23	1116.74
贸易经纪与代理	Trade Broker and Agency	478	2053.70	645.79	2427.11
其他批发业	Other Wholesale Trades	717	1155.23	92.03	1400.58

16-9 续表 continued

单位：亿元 (100 million yuan)

项　目	Item	批发额 Wholesale Trade	#出口 Exports	零售额 Retail Trade	年末库存总额 Inventory at the Year-end
批发业合计	**Total Wholesale Trade**	**76554.05**	**4415.94**	**1098.83**	**4314.95**
#国有控股	State-owned and State-controlled Enterprises	21664.19	579.93	330.02	891.98
按登记注册类型分组	By Status of Registration				
内资企业	Domestic-funded Enterprises	67300.94	4112.53	961.84	3615.74
国有企业	State-owned Enterprises	460.72	21.65	17.45	98.56
集体企业	Collective-owned Enterprises	44.21	1.29	4.41	3.23
股份合作企业	Share-holding Cooperative Enterprises	15.51		0.06	0.97
联营企业	Joint-operation Enterprises	21.03		0.32	1.17
国有联营企业	State-owned Joint-operation Enterprises	3.61		0.20	0.41
集体联营企业	Collective Joint-operation Enterprises	15.70		0.12	0.55
国有与集体联营企业	State-collective Joint-operation Enterprises	0.63			0.12
其他联营企业	Other Joint-operation Enterprises	1.08			0.09
有限责任公司	Limited Liability Corporations	32145.28	1569.13	257.46	1515.74
国有独资企业	State Sole Investment Enterprises	4230.05	118.60	12.63	163.95
其他有限责任公司	Other Limited Liability Companies	27915.23	1450.53	244.83	1351.79
股份有限公司	Share-holding Corporations Ltd.	6679.63	447.11	273.36	312.97
私营企业	Private Enterprises	27923.60	2073.35	408.72	1683.04
私营独资企业	Private Sole Investment Enterprises	24.92	0.78	0.57	2.43
私营合伙企业	Private Partnership Enterprises	6.62			0.15
私营有限责任公司	Private Limited Liability Corporations	27094.40	2031.25	402.67	1624.33
私营股份有限公司	Private Share-holding Corporations Ltd.	797.66	41.32	5.48	56.12
其他企业	Other Enterprises	10.97		0.07	0.06
港、澳、台商投资企业	Enterprises with Investment from Hong Kong, Macao and Taiwan	3660.55	75.62	106.84	409.20
合资经营企业	Joint Ventures	883.82	6.10	9.88	84.16
合作经营企业	Cooperative Enterprises	105.78	0.03	3.11	0.50
独资经营企业	Sole Investment Enterprises	2633.61	68.57	91.96	318.25
投资股份有限公司	Share-holding Corporations Ltd.	29.80	0.91	1.89	5.95
其他港、澳、台商投资企业	Others	7.55			0.33
外商投资企业	Enterprises with Foreign Investment	5592.56	227.79	30.14	290.01
中外合资经营企业	Sino-foreign Joint Ventures	2537.18	55.01	6.71	93.29
中外合作经营企业	Sino-foreign Cooperative Enterprises	14.46	0.00	1.20	0.43
外资企业	Foreign-funded Enterprises	2861.44	169.76	18.28	185.57
外商投资股份有限公司	Share-holding Corporations Ltd.	153.41	1.07	0.15	8.07
其他外商投资企业	Others	26.07	1.94	3.81	2.65
按国民经济行业分组	By Economic Sector				
农、林、牧、渔产品批发	Wholesale of Farm and Livestock Products	991.70	24.31	6.22	120.34
食品、饮料及烟草制品批发业	Wholesale of Food, Beverages and Tobacco Products	6336.14	133.94	61.69	540.86
#米、面制品及食用油批发业	Wholesale of Rice, Flour Products and Edible Oil	644.09	12.48	5.67	149.16
烟草制品批发业	Wholesale of Tobacco Products	1615.06	7.86	2.93	39.34
纺织、服装及日用品批发业	Wholesale of Textiles, Garments and Daily-use Products	5324.91	1254.61	247.32	496.30
#服装批发业	Wholesale of Garments	783.75	290.44	73.33	99.03
家用视听设备批发	Wholesale of Household Audio-visual Equipments	653.96	96.01	16.75	45.58
日用家电批发	Wholesale of Household Appliances	901.60	64.21	24.06	103.82
文化、体育用品及器材批发业	Wholesale of Cultural and Sports Articles and Appliances	2528.19	81.92	62.64	378.55
医药及医疗器材批发业	Wholesale of Medicines and Medical Appliances and Chemical Products	3653.25	54.18	33.86	366.70
矿产品、建材及化工产品批发	Wholesale of Mineral Products, Building Materials	37673.07	747.39	385.02	1445.38
#煤炭及制品批发业	Wholesale of Coal and Related Products	1533.70	1.35	1.67	55.57
石油及制品批发业	Wholesale of Petroleum and Related Products	10950.56	227.23	317.14	463.44
金属及金属矿批发业	Wholesale of Metal and Related Products	16293.39	170.93	11.41	426.72
建材批发业	Wholesale of Building Materials	2944.81	201.91	22.00	185.34
化肥批发业	Wholesale of Chemical Fertilizers	157.73	1.22	1.90	19.82
机械设备、五金交电及电子产品批发业	Wholesale of Machinery, Hardware, Electric and Electronic Products	16260.02	1342.14	261.16	768.06
#汽车及零配件批发	Wholesale of Motor Vehicles and Parts	6431.22	54.20	54.89	88.21
计算机、软件及辅助设备批发业	Wholesale of Computers, Software and Assistant Equipments	1099.89	118.07	16.85	99.99
贸易经纪与代理	Trade Broker and Agency	2418.34	580.63	8.77	72.61
其他批发业	Other Wholesale Trades	1368.44	196.82	32.14	126.15

16−10 限额以上零售企业商品购、销、存总额（2018年）
Total Purchases, Sales and Inventory of Enterprises above Designated Size in Retail Trade (2018)

单位：亿元 (100 million yuan)

项 目	Item	企业单位数(个) Number of Enterprises (unit)	购进总额 Total Purchases	#进口 Imports	商品销售总额 Total Sales of Commodities
零售业合计	**Total Retail Trade**	**8224**	**10640.99**	**487.39**	**13403.11**
#国有控股	State-owned and State-controlled Enterprises	420	1566.71	53.54	2402.28
按登记注册类型分组	By Status of Registration				
内资企业	Domestic-funded Enterprises	7835	8637.65	377.61	10946.58
国有企业	State-owned Enterprises	55	19.33		64.60
集体企业	Collective-owned Enterprises	136	49.93	0.01	59.50
股份合作企业	Share-holding Cooperative Enterprises	22	3.91		4.53
联营企业	Joint-operation Enterprises	18	7.41		11.92
国有联营企业	State-owned Joint-operation Enterprises	4	2.98		3.82
集体联营企业	Collective Joint-operation Enterprises	5	1.91		2.39
国有与集体联营企业	State-collective Joint-operation Enterprises	4	1.38		1.66
其他联营企业	Other Joint-operation Enterprises	5	1.14		4.06
有限责任公司	Limited Liability Corporations	2934	4414.65	218.57	5513.12
国有独资企业	State Sole Investment Enterprises	65	98.67	32.10	118.43
其他有限责任公司	Other Limited Liability Companies	2869	4315.99	186.47	5394.69
股份有限公司	Share-holding Corporations Ltd.	155	739.33	12.59	1306.11
私营企业	Private Enterprises	4508	3402.52	146.44	3986.16
私营独资企业	Private Sole Investment Enterprises	338	66.32	0.00	80.33
私营合伙企业	Private Partnership Enterprises	33	6.32		7.63
私营有限责任公司	Private Limited Liability Corporations	4068	3262.06	140.35	3822.90
私营股份有限公司	Private Share-holding Corporations Ltd.	69	67.83	6.09	75.31
其他企业	Other Enterprises	7	0.57		0.65
港、澳、台商投资企业	Enterprises with Investment from Hong Kong, Macao and Taiwan	237	943.29	76.64	1133.41
合资经营企业	Joint Ventures	41	337.69	32.79	382.17
合作经营企业	Cooperative Enterprises	16	18.12		23.68
独资经营企业	Sole Investment Enterprises	172	571.11	43.82	709.46
投资股份有限公司	Share-holding Corporations Ltd.	6	13.02	0.03	13.29
其他港澳台投资企业	Others	2	3.36		4.81
外商投资企业	Enterprises with Foreign Investment	152	1060.04	33.14	1323.11
中外合资经营企业	Sino-foreign Joint Ventures	39	397.81	18.12	558.25
中外合作经营企业	Sino-foreign Cooperative Enterprises	2	70.77		70.83
外资企业	Foreign-funded Enterprises	90	497.88	12.34	573.11
外商投资股份有限公司	Share-holding Corporations Ltd.	9	18.90	0.02	25.51
其他外商投资企业	Other Foreign Enterprises	12	74.69	2.67	95.41
按国民经济行业分组	By Economic Sector				
综合零售业	Comprehensive Retail Trade	730	1575.87	16.78	1873.11
#百货零售	Retail of General Merchandise	334	735.58	15.88	952.38
超级市场零售	Retail in Supermarkets	308	741.75	0.51	816.50
食品、饮料及烟草制品专门零售业	Retail of Food, Beverages and Tobacco Products	426	208.33	12.34	394.13
纺织、服装及日用品专门零售业	Retail of Textiles, Garments and Daily-use Products	577	447.47	16.73	720.96
#服装零售	Retail of Garments	288	223.41	4.21	397.14
文化、体育用品及器材专门零售业	Retail of Cultural and Sports Articles and Appliances	367	164.26	1.62	218.15
#体育用品及器材零售	Retail of Sports Articles and Appliances	19	10.51		15.87
图书、报刊零售	Retail of Books	141	45.57	1.40	56.40
医药及医疗器材专门零售业	Retail of Medicines and Medical Appliances	360	339.06	1.42	431.48
#西药零售	Retail of Western Medicines	262	310.79	0.62	393.39
中药零售	Retail of Traditional Chinese Medicines	57	17.67	0.13	24.05
汽车、摩托车、燃料及零配件零售业	Retail of Motor Vehicles, Motorcycles and Parts	3845	5619.54	407.12	6981.48
#汽车新车零售	Retail of Motor Vehicles	2677	4554.64	399.58	4889.85
机动车燃油零售	Retail of Motor Vehicle Fuels	885	955.22	0.38	1959.09
家用电器及电子产品专门零售业	Retail of Household Appliances and Electronic Products	899	755.69	9.04	878.12
#家用视听设备零售	Retail of Household Audio-visual Equipments	54	164.33	0.22	177.77
日用家电零售	Retail of Household Appliances	360	363.89	0.09	409.95
计算机、软件及辅助设备零售业	Retail of Computers, Software and Assistant Equipments	272	66.26	7.48	83.30
通讯设备零售	Retail of Communication Equipments	124	131.96	0.25	172.93
五金、家具及室内装修材料专门零售业	Retail of Hardware, Furniture and Interior Decoration Materials	504	138.82	2.56	225.87
货摊、无店铺及其他零售业	Stall,Non-shop and Other Retails	516	1391.94	19.76	1679.82

16-10 续表 continued

单位：亿元 (100 million yuan)

项　目	Item	批发额 Wholesale Trade	#出口 Exports	零售额 Retail Trade	年末库存总额 Inventory at the Year-end
零售业合计	**Total Retail Trade**	**1303.04**	**26.88**	**12100.06**	**1214.56**
#国有控股	State-owned and State-controlled Enterprises	408.65	0.05	1993.63	116.35
按登记注册类型分组	By Status of Registration				
内资企业	Domestic-funded Enterprises	1089.09	26.70	9857.49	1017.69
国有企业	State-owned Enterprises	8.42		56.18	5.12
集体企业	Collective-owned Enterprises	3.34		56.16	3.35
股份合作企业	Share-holding Cooperative Enterprises	0.58		3.94	0.44
联营企业	Joint-operation Enterprises	0.47		11.45	0.24
国有联营企业	State-owned Joint-operation Enterprises	0.04		3.78	0.10
集体联营企业	Collective Joint-operation Enterprises	0.13		2.25	0.06
国有与集体联营企业	State-collective Joint-operation Enterprises			1.66	0.04
其他联营企业	Other Joint-operation Enterprises	0.29		3.76	0.05
有限责任公司	Limited Liability Corporations	482.63	19.44	5030.49	461.98
国有独资企业	State Sole Investment Enterprises	16.57		101.86	22.15
其他有限责任公司	Other Limited Liability Companies	466.06	19.44	4928.62	439.83
股份有限公司	Share-holding Corporations Ltd.	239.77	0.23	1066.34	50.96
私营企业	Private Enterprises	353.83	7.02	3632.33	495.59
私营独资企业	Private Sole Investment Enterprises	4.53		75.80	4.03
私营合伙企业	Private Partnership Enterprises	0.30		7.32	0.55
私营有限责任公司	Private Limited Liability Corporations	342.38	6.09	3480.52	482.23
私营股份有限公司	Private Share-holding Corporations Ltd.	6.62	0.93	68.69	8.79
其他企业	Other Enterprises	0.06		0.59	0.02
港、澳、台商投资企业	Enterprises with Investment from Hong Kong, Macao and Taiwan	89.45	0.07	1043.96	105.87
合资经营企业	Joint Ventures	6.54		375.63	29.26
合作经营企业	Cooperative Enterprises	0.14		23.54	1.17
独资经营企业	Sole Investment Enterprises	82.73	0.07	626.73	71.74
投资股份有限公司	Share-holding Corporations Ltd.	0.04		13.25	3.65
其他港澳台投资企业	Others			4.81	0.05
外商投资企业	Enterprises with Foreign Investment	124.50	0.11	1198.61	91.00
中外合资经营企业	Sino-foreign Joint Ventures	76.39		481.86	31.51
中外合作经营企业	Sino-foreign Cooperative Enterprises	41.16		29.66	3.48
外资企业	Foreign-funded Enterprises	6.48	0.11	566.63	49.87
外商投资股份有限公司	Share-holding Corporations Ltd.			25.51	0.73
其他外商投资企业	Other Foreign Enterprises	0.46		94.95	5.41
按国民经济行业分组	By Economic Sector				
综合零售业	Comprehensive Retail Trade	138.19	0.04	1734.92	129.06
#百货零售	Retail of General Merchandise	13.30	0.02	939.08	49.49
超级市场零售	Retail in Supermarkets	123.25	0.02	693.25	68.84
食品、饮料及烟草制品专门零售业	Retail of Food, Beverages and Tobacco Products	40.15	0.07	353.98	42.55
纺织、服装及日用品专门零售业	Retail of Textiles, Garments and Daily-use Products	94.98	3.71	625.98	166.64
#服装零售	Retail of Garments	38.09	1.75	359.06	91.28
文化、体育用品及器材专门零售业	Retail of Cultural and Sports Articles and Appliances	61.18	0.05	156.97	75.80
#体育用品及器材零售	Retail of Sports Articles and Appliances	0.56		15.31	5.30
图书零售	Retail of Books	10.53		45.87	14.33
医药及医疗器材专门零售业	Retail of Medicines and Medical Appliances	66.26		365.21	75.00
#西药零售	Retail of Western Medicines	58.41		334.98	68.05
中药零售	Retail of Traditional Chinese Medicines	2.53		21.52	4.74
汽车、摩托车、燃料及零配件零售业	Retail of Motor Vehicles, Motorcycles and Parts	584.10	1.00	6397.38	578.91
#汽车新车零售	Retail of Motor Vehicles	247.70	0.92	4642.15	512.11
机动车燃油零售	Retail of Motor Vehicle Fuels	318.94		1640.15	41.88
家用电器及电子产品专门零售业	Retail of Household Appliances and Electronic Products	164.70	18.23	713.41	85.88
#家用视听设备零售	Retail of Household Audio-visual Equipments	10.08		167.69	4.48
日用家电零售	Retail of Household Appliances	37.74		372.21	40.88
计算机、软件及辅助设备零售业	Retail of Computers, Software and Assistant Equipments	11.97	0.13	71.33	24.19
通讯设备零售	Retail of Communication Equipments	93.19	17.85	79.74	12.82
五金、家具及室内装修材料专门零售业	Retail of Hardware, Furniture and Interior Decoration Materials	30.27	0.40	195.61	27.40
货摊、无店铺及其他零售业	Stall,Non-shop and Other Retails	123.21	3.37	1556.60	33.30

16-11 各市限额以上批发零售企业商品购、销、存总额（2018年）

Total Purchases, Sales and Inventory of Enterprises above Designated Size in Wholesale and Retail Trades by City (2018)

单位：万元 (10000 yuan)

市别	City	商品购进总额 Total Purchases	#进口 Imports	商品销售总额 Total Sales	批发额 Wholesale Trade	#出口 Exports	零售额 Retail Trade	年末库存总额 Inventory at the Year-end
合　计	**Total**	**817409330**	**59824829**	**910559859**	**778570969**	**44428176**	**131988891**	**55295034**
批发业	**Wholesale Trade**	**710999476**	**54950904**	**776528772**	**765540521**	**44159425**	**10988251**	**43149467**
广　州	Guangzhou	280593720	11555993	290867541	287959031	8337790	2908510	14429311
深　圳	Shenzhen	211745930	27827140	241769902	239409929	13371699	2359973	15473807
珠　海	Zhuhai	30778439	8549728	32442118	31967169	3571718	474948	1750183
汕　头	Shantou	10788962	663880	13078708	12759910	455716	318799	695152
佛　山	Foshan	70870433	1362473	80716214	78833698	6772649	1882516	3608196
韶　关	Shaoguan	4570761	3487	5269931	4984462	3868	285470	165931
河　源	Heyuan	637910	13139	812602	807715	31572	4887	41721
梅　州	Meizhou	1251444	10243	1498568	1479413	42350	19155	53686
惠　州	Huizhou	4522887	55734	5197863	5107130	206966	90733	253607
汕　尾	Shanwei	489645	2237	639100	634699		4400	31467
东　莞	Dongguan	39934755	2949153	44097895	42971204	5384522	1126691	3164839
中　山	Zhongshan	10166405	484896	10815172	10726106	3126115	89066	812714
江　门	Jiangmen	7953701	614639	8942504	8558681	2013261	383823	490558
阳　江	Yangjiang	1217283	10029	1589877	1548148	334872	41729	76871
湛　江	Zhanjiang	8059281	337046	8674913	8557325	187906	117588	466683
茂　名	Maoming	16238529	103712	16794947	16722144	115310	72803	656643
肇　庆	Zhaoqing	2065492	344231	2474965	2453006	146662	21959	226598
清　远	Qingyuan	3132419	8869	3556246	2989341	37966	566905	227100
潮　州	Chaozhou	887077	8882	1032991	940473	10404	92519	79210
揭　阳	Jieyang	3509628	2489	4294073	4171785	8080	122288	282427
云　浮	Yunfu	1584775	42905	1962645	1959155		3491	162763
零售业	**Retail Trade**	**106409854**	**4873925**	**134031087**	**13030448**	**268751**	**121000640**	**12145567**
广　州	Guangzhou	31997528	1313772	40443073	4496274	14812	35946798	2982811
深　圳	Shenzhen	27168500	1818240	33638699	3459005	46264	30179694	4001400
珠　海	Zhuhai	2519582	209276	3345705	341713	285	3003992	370399
汕　头	Shantou	2481491	32312	2805634	491919		2313715	285798
佛　山	Foshan	7807912	343807	8517887	424397	11746	8093490	989713
韶　关	Shaoguan	805821	243	850305	24900		825405	124689
河　源	Heyuan	613958	8033	1172331	104089		1068241	84002
梅　州	Meizhou	1324395	11363	1432452	194376		1238076	150584
惠　州	Huizhou	4193991	136303	5564160	738193	1088	4825967	361914
汕　尾	Shanwei	257694	3600	460154	83001		377154	40934
东　莞	Dongguan	11095684	729176	13356834	669933	173024	12686901	1032736
中　山	Zhongshan	4010476	129411	6043392	280064	5	5763328	511122
江　门	Jiangmen	2669351	30013	3109411	223715		2885696	257553
阳　江	Yangjiang	566136		993024	107938		885087	61521
湛　江	Zhanjiang	1328375	11678	2338099	281365		2056734	171494
茂　名	Maoming	1251660	17772	2097938	511774		1586165	186543
肇　庆	Zhaoqing	2593641	7976	3317963	222680	15217	3095283	153076
清　远	Qingyuan	809709	32817	915556	28842		886715	151637
潮　州	Chaozhou	472933	17065	529354	20981		508374	53706
揭　阳	Jieyang	1759588	4026	2298723	279345	3228	2019378	99694
云　浮	Yunfu	681430	17044	800394	45946	3083	754449	74242

16-12 限额以上批发零售业个体户商品购、销、存总额（2018年）

Total Purchases, Sales and Inventory of Enterprises above Designated Size in Wholesale and Retail Trade Individuals(2018)

单位：万元 (10000 yuan)

项 目	Item	单位数(个) Number of Enterprises (unit)	购进总额 Total Purchases	商品销售总额 Total Sales of Commodities
合计	**Total**	**1053**	**1428587**	**1764397**
批发业	**Wholesale Trade**	**179**	**629177**	**779197**
农、林、牧、渔产品批发业	Wholesale of Farm and Livestock Products	1	6354	6619
食品、饮料及烟草制品批发业	Wholesale of Food, Beverages and Tobacco Products	25	110076	143033
纺织、服装及家庭用品批发业	Wholesale of Textiles, Garments and Household Products	12	42371	48979
纺织品、针织品及原料批发	Wholesale of Textiles,Knitwear and Raw Material	1	2751	3409
服装批发	Wholesale of Garments			
灯具、装饰物品批发	Wholesale of Lamps and Lanterns,Decorative Items	4	18304	21122
文化、体育用品及器材批发业	Wholesale of Cultural and Sports Articles and Appliances	18	117266	149811
首饰、工艺品及收藏品批发	Wholesale of Jewelry,Art Work and Collector	17	112002	143074
医药及医疗器材批发业	Wholesale of Medicines and Medical Appliances and Chemical Products			
中药批发	Wholesale of Traditional Chinese Medicine			
矿产品、建材及化工产品批发	Wholesale of Mineral Products, Building Materials	17	52522	85960
机械设备、五金产品及电子产品批发业	Wholesale of Machinery, Hardware, Electric and Electronic Products	102	278247	317795
电气设备批发	Wholesale of Electric Apparatus	73	198111	223577
计算机、软件及辅助设备批发	Wholesale of Computers, Software and Assistant Equipments	1	4071	4904
通讯设备批发	Wholesale of Communications Equipments	11	22843	26552
其他批发业	Other Wholesale Trades	4	22341	27001
零售业	**Retail Trade**	**874**	**799410**	**985200**
综合零售业	Comprehensive Retail Trade	220	210441	253473
百货零售	Retail of General Merchandise	131	111608	138795
超级市场零售	Retail in Supermarkets	49	65133	73127
食品、饮料及烟草制品专门零售业	Retail of Food, Beverages and Tobacco Products	110	119226	146951
纺织、服装及日用品专门零售业	Retail of Textiles, Garments and Daily-use Products	49	57984	70757
纺织品及针织品零售	Retail of Textiles and Knitwear	21	28386	33762
服装零售	Retail of Garments	14	18628	24089
鞋帽零售	Retail of Footwear and Headgear	1	722	815
文化、体育用品及器材专门零售业	Retail of Cultural and Sports Articles and	57	45435	56751
珠宝首饰零售	Retail of Bijouterie	43	34680	43891
工艺美术品及收藏品零售	Retail of Art Work and Collector	2	1016	1044
医药及医疗器材专门零售业	Retail of Medicines and Medical Appliances	16	13637	15950
西药零售	Retail of Western Medicines	15	13232	15327
汽车、摩托车、零配件和燃料及其他动力销售	Retail of Motor Vehicles, Motorcycles and Parts	35	31651	38590
家用电器及电子产品专门零售业	Retail of Household Appliances and and Electronic Products	164	128271	152023
计算机、软件及辅助设备零售	Retail of Computers, Software and Assistant Equipments	56	36070	41980
通信设备零售	Retail of Communication Equipments	20	15368	18405
五金、家具及室内装修材料专门	Retail of Hardware, Furniture and Interior	215	178651	234707
货摊、无店铺及其他零售业	Stall,Non-shop and Other Retails	8	14115	15998

16-12 续表 continued

单位：万元 (10000 yuan)

项目	Item	批发额 Wholesale Trade	零售额 Retail Trade	年末库存总额 Inventory at the Year-end
合计	**Total**	**682200**	**1082198**	**55166**
批发业	**Wholesale Trade**	**631858**	**147340**	**6998**
农、林、牧、渔产品批发业	Wholesale of Farm and Livestock Products	6619		28
食品、饮料及烟草制品批发业	Wholesale of Food, Beverages and Tobacco Products	126237	16796	1296
纺织、服装及家庭用品批发业	Wholesale of Textiles, Garments and Household Products	35979	13001	363
纺织品、针织品及原料批发	Wholesale of Textiles,Knitwear and Raw Material	2879	529	22
服装批发	Wholesale of Garments			
灯具、装饰物品批发	Wholesale of Lamps and Lanterns,Decorative Items	16038	5084	68
文化、体育用品及器材批发业	Wholesale of Cultural and Sports Articles and Appliances	115528	34282	854
首饰、工艺品及收藏品批发	Wholesale of Jewelry,Art Work and Collector	110031	33044	821
医药及医疗器材批发业	Wholesale of Medicines and Medical Appliances and Chemical Products			
中药批发	Wholesale of Traditional Chinese Medicine			
矿产品、建材及化工产品批发	Wholesale of Mineral Products, Building Materials	78433	7527	2612
机械设备、五金产品及电子产品批发业	Wholesale of Machinery, Hardware, Electric and Electronic Products	244375	73420	1798
电气设备批发	Wholesale of Electric Apparatus	170804	52773	737
计算机、软件及辅助设备批发	Wholesale of Computers, Software and Assistant Equipments	3805	1099	47
通讯设备批发	Wholesale of Communications Equipments	20172	6380	99
其他批发业	Other Wholesale Trades	24687	2314	47
零售业	**Retail Trade**	**50342**	**934858**	**48168**
综合零售业	Comprehensive Retail Trade	1996	251477	17104
百货零售	Retail of General Merchandise	632	138163	6967
超级市场零售	Retail in Supermarkets	132	72995	5188
食品、饮料及烟草制品专门零售业	Retail of Food, Beverages and Tobacco Products	17175	129777	4988
纺织、服装及日用品专门零售业	Retail of Textiles, Garments and Daily-use Products	1726	69031	2028
纺织品及针织品零售	Retail of Textiles and Knitwear	9	33753	958
服装零售	Retail of Garments	1336	22753	844
鞋帽零售	Retail of Footwear and Headgear		815	41
文化、体育用品及器材专门零售业	Retail of Cultural and Sports Articles and	2980	53771	2093
珠宝首饰零售	Retail of Bijouterie	2127	41763	1725
工艺美术品及收藏品零售	Retail of Art Work and Collector		1044	16
医药及医疗器材专门零售业	Retail of Medicines and Medical Appliances	177	15773	1899
西药零售	Retail of Western Medicines	177	15150	1806
汽车、摩托车、零配件和燃料及其他动力销售	Retail of Motor Vehicles, Motorcycles and Parts	781	37808	2104
家用电器及电子产品专门零售业	Retail of Household Appliances and and Electronic Products	18622	133401	4817
计算机、软件及辅助设备零售	Retail of Computers, Software and Assistant Equipments	7613	34367	551
通信设备零售	Retail of Communication Equipments	2760	15645	216
五金、家具及室内装修材料专门	Retail of Hardware, Furniture and Interior	6872	227836	12809
货摊、无店铺及其他零售业	Stall,Non-shop and Other Retails	13	15985	327

16-13 限额以上连锁批发零售业经营情况（2018年）

Business of Chain Stores above Designated Size in Wholesale and Retail Trade (2018)

项　目	Item	连锁总店数(个) Number of General Chain Stores (unit)	销售总额(万元) Total Sales Revenue (10000 yuan)	#零售额(万元) Retail Sales (10000 yuan)	营业面积(平方米) Operational Area (sq.m)
批发零售业合计	**Wholesale and Retail Trade**	**309**	**34844972**	**28702088**	**13412614**
按注册登记类型分	By Status of Registration				
内资企业	Domestic-funded Enterprises	257	24654420	19975030	8763102
国有企业	State-owned Enterprises	12	3766008	2735167	1138735
集体企业	Collective-owned Enterprises	1	27237	27237	1041
股份合作企业	Share-holding Cooperative Enterprises	1	54924	16935	7124
联营企业	Joint-operation Enterprises	1	81533	81533	19230
有限责任公司	Limited Liability Corporations	125	10126881	8920107	3418149
股份有限公司	Share-holding Corporations Ltd.	31	8525342	6866786	2921384
私营企业	Private Enterprises	86	2072495	1327266	1257439
其他企业	Other Enterprises				
港、澳、台商投资企业	Enterprises with Investment from Hong Kong, Macao and Taiwan	31	3852865	3777355	2282458
合资经营企业(港或澳、台资)	Joint Ventures	6	2586197	2537444	1426410
合作经营企业(港或澳、台资)	Cooperative Enterprises	3	49962	49962	5144
港、澳、台商独资经营企业	Sole Investment Enterprises	21	1163009	1136251	822089
港、澳、台商投资股份有限公司	Share-holding Corporations Ltd.	1	53697	53697	28815
外商投资企业	Enterprises with Foreign Investment	21	6337686	4949702	2367054
中外合资经营企业	Sino-foreign Joint Ventures	9	1366196	1242105	572299
中外合作经营企业	Sino-foreign Cooperative Enterprises	4	1327102	808711	727558
外资企业	Foreign-funded Enterprises	8	3644388	2898886	1067197
其他外商投资	Others				
按零售业态分	By Type of Operation				
便利店	Convenience Store	10	522072	452856	186353
超市	Supermarket	35	1361110	1346909	1348549
大型超市	HyperMarket	17	5841818	4584127	2975964
百货商店	Department Store	14	4116993	3962295	2565117
专业店	Specialty Store	160	20405189	16277236	5549364
专卖店	Franchised Store	50	1665076	1447954	488752
家居建材店	Building Material Store	2	22583	22583	33600
其他	Others	21	910131	608129	264915

16−13 续表 continued

项　目	Item	从业人数(人) Number of Employed Persons (person)	连锁门店数(个) Number of Branch Chain Stores (unit)	直营店(个) Under Direct Management (unit)	加盟店(个) Through License Arrangement (unit)
批发零售业合计	**Retail Trade**	**215409**	**24257**	**16306**	**7951**
按注册登记类型分	By Status of Registration				
内资企业	Domestic-funded Enterprises	131143	19461	11991	7470
国有企业	State-owned Enterprises	13770	793	749	44
集体企业	Collective-owned Enterprises	170	7	7	
股份合作企业	Share-holding Cooperative Enterprises	156	29	29	
联营企业	Joint-operation Enterprises	902	209	153	56
有限责任公司	Limited Liability Corporations	59539	9211	6175	3036
股份有限公司	Share-holding Corporations Ltd.	27255	5062	2360	2702
私营企业	Private Enterprises	29351	4150	2518	1632
其他企业	Other Enterprises				
港、澳、台商投资企业	Enterprises with Investment from Hong Kong, Macao and Taiwan	35077	3599	3152	447
合资经营企业(港或澳、台资)	Joint Ventures	19309	1748	1447	301
合作经营企业(港或澳、台资)	Cooperative Enterprises	489	70	70	
港、澳、台商独资经营企业	Sole Investment Enterprises	14008	1555	1409	146
港、澳、台商投资股份有限公司	Share-holding Corporations Ltd.	1271	226	226	
外商投资企业	Enterprises with Foreign Investment	49189	1197	1163	34
中外合资经营企业	Sino-foreign Joint Ventures	11958	465	453	12
中外合作经营企业	Sino-foreign Cooperative Enterprises	11530	532	510	22
外资企业	Foreign-funded Enterprises	25701	200	200	
其他外商投资	Others				
按零售业态分	By Type of Operation				
便利店	Convenience Store	10107	2295	1408	887
超市	Supermarket	18983	685	685	
大型超市	HyperMarket	52149	426	400	26
百货商店	Department Store	22323	836	831	5
专业店	Specialty Store	72503	8830	8029	801
专卖店	Franchised Store	24706	6145	3263	2882
家居建材店	Building Material Store	622	33	33	
其他	Others	14016	5007	1657	3350

16-14 亿元以上商品交易市场成交额

Turnover of Commodity Exchange Markets with Transaction Value over 100 Million Yuan

单位：亿元 (100 million yuan)

项　目	Item	2005	2010	2014	2015	2016	2017	2018
合　计	**Total**	**1948.95**	**4828.13**	**5657.02**	**5576.63**	**5512.94**	**5462.94**	**5309.98**
食品、饮料、烟酒类	Food, Beverages, Tobacco and Liquor	853.12	1591.87	1852.12	1933.27	2115.67	2126.71	2181.03
#粮油类	Grain and Edible Oil	136.45	192.61	167.86	172.99	185.05	179.75	164.04
服装鞋帽、针、纺织品类	Garments,Footwear,Headgear,Knitwear and Textiles	457.60	1028.01	1273.99	1294.61	1248.43	1198.29	1181.96
化妆品类	Cosmetics	8.18	15.69	15.50	18.67	17.56	17.18	16.13
金银珠宝类	Gold, Silver and Jewelry	1.14	47.17	25.33	21.98	20.73	19.55	16.70
日用品类	Daily-use Articles	42.93	209.48	293.60	197.15	197.96	190.93	185.11
五金、电料类	Hardware and Electrical Appliances	19.07	121.51	125.43	191.98	167.75	169.30	174.89
体育、娱乐用品类	Sports and Recreational Articles	5.09	7.44	10.38	10.09	11.90	13.97	13.15
书报杂志类	Newspapers and Magazines	2.37	4.75	2.70	2.64	2.13	2.01	2.01
电子出版物及音像制品类	E-journals and Video Products	2.22	5.84	11.06	11.52	8.40	6.40	0.44
家用电器和音像器材类	Household Appliances and Video Appliances	15.20	33.88	22.11	19.31	23.03	21.41	17.16
中西药品类	Traditional Chinese and Western Medicines	13.24	12.49	12.31	16.39	18.14	18.59	25.77
#中草药及中成药类	Chinese Herbal Medicines and Chinese Patent Medicines	12.52	11.76	11.49	13.49	14.41	14.78	18.02
文化办公用品类	Articles for Cultural and Office Use	62.63	66.35	48.10	57.66	37.15	36.09	31.71
家具类	Furniture	3.03	9.05	8.50	8.28	8.15	8.70	22.86
通讯器材类	Communication Appliances	2.24	52.00	40.92	38.80	38.27	40.18	39.07
煤炭及制品类	Coal and Related Products				0.17		0.01	
木材及制品类	Timber and Related Products	34.84	45.27	102.06	70.78	45.70	54.95	64.77
化工材料及制品类	Chemical Materials and Products	5.11	388.17	442.70	431.15	406.58	394.10	339.21
金属材料类	Metal Materials	82.11	485.52	558.53	418.28	326.51	256.49	176.46
建筑及装潢材料类	Construction and Decoration Materials	43.93	73.64	101.91	110.99	113.19	173.71	168.61
机电产品及设备类	Mechanical and Electrical Products and Equipments	17.68	28.11	46.55	47.40	51.52	62.04	63.53
汽车类	Motor Vehicles	175.68	531.59	520.61	555.89	553.99	557.73	511.61
种子饲料类	Seeds and Feedstuff		0.07	0.09	0.08	0.10	0.10	0.09
其他类	Others	101.54	70.23	142.52	119.54	100.08	94.50	77.71

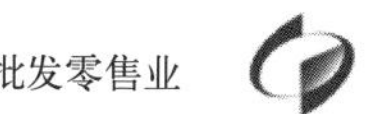

16-15 限额以上批发零售企业财务状况（2018年）
Financial Indicators of Enterprises above Designated Size in Wholesale and Retail Trades Services (2018)

单位：万元 (10000 yuan)

项目	Item	批发零售业合计 Wholesale and Retail Trades	批发业 Wholesale Trade	零售业 Retail Trade
企业数 (个)	Number of Enterprises (unit)	30863	22639	8224
年初存货	Inventory at the Year-beginning	44543738	35590750	8952987
流动资产合计	Circulating Assets	344590970	285279891	59311079
#存货	Inventory	52499708	42005297	10494411
固定资产原价	Original Value of Fixed Assets	25304602	17388922	7915680
累计折旧	Accumulated Depreciation	10933315	7292902	3640413
#本年折旧	Depreciation Drawn in Current Year	1795348	1149414	645934
资产合计	Total Assets	422543900	350180012	72363888
负债合计	Total Liabilities	312485748	263852847	48632902
所有者权益合计	Total Creditors' Equity	110176466	86444106	23732360
实收资本	Paid-up Capital	77781471	57229757	20551713
#国家资本	State Capital	9782217	8494333	1287883
集体资本	Collective Capital	1087856	841993	245863
法人资本	Legal Person Capital	40805177	26067749	14737428
个人资本	Personal Capital	16722521	14132824	2589697
港澳台资本	Capital from Hong Kong, Macao and Taiwan	6599727	5544680	1055047
外商资本	Foreign Capital	2783974	2148179	635795
营业收入	Business Revenue	820547711	699890866	120656845
#主营业务收入	Main Business Revenue	813331693	695480918	117850776
营业成本	Business Costs	758200856	655220514	102980342
#主营业务成本	Main Business Costs	754418952	652481180	101937772
营业税金及附加	Tax and Extra Charges on Business	2989173	2544405	444768
#主营业务税金及附加	Tax and Extra Charges on Main Business	2853501	2436609	416892
其它业务利润	Profits from Other Businesses	2645762	1502110	1143652
销售费用	Marketing Expenses	30330497	19975854	10354643
管理费用	Management Expenses	13802675	10270730	3531944
财务费用	Financial Expenses	2887463	2445768	441695
#利息支出	Interests	2442017	2192024	249993
营业利润	Business Profits	15834674	12639906	3194768
营业外收入	Non-operating Revenue	1455330	1232153	223177
利润总额	Total Profits	16307701	12996177	3311523
应交所得税	Income Taxes Payable	5104458	4396014	708443
本年应付职工薪酬	Total Wages Payable in Current Year	14923829	9795551	5128278
本年应交增值税	Value-added Tax Payable in Current Year	8194272	6093449	2100823

16-16 限额以上批发企业财务状况（2018年）

单位：万元

项目	Item	企业数（个）Number of Enterprises	年初库存 Beginning Inventory	流动资产合计 Circulating Assets
批发业合计	**Total Wholesale Trade**	**22639**	**35590750**	**285279891**
#国有及国有控股	State-owned and State-controlled Enterprises	879	8385030	53617042
按登记注册类型分	By Status of Registration			
内资企业	Domestic-funded Enterprises	21053	30234587	247644130
国有企业	State-owned Enterprises	171	923520	2197479
集体企业	Collective-owned Enterprises	48	23598	113167
股份合作企业	Share-holding Cooperative Enterprises	26	8676	58033
联营企业	Joint-operation Enterprises	6	17242	44666
国有联营企业	State-owned Joint-operation Enterprises	2	5521	21153
集体联营企业	Collective Joint-operation Enterprises	2	8212	17410
国有与集体联营企业	State-collective Joint-operation Enterprises	1	300	37
其他联营企业	Other Joint-operation Enterprises	1	3209	6067
有限责任公司	Limited Liability Corporations	5845	11951414	107343232
国有独资企业	State Sole Investment Enterprises	185	1785037	11155583
其他有限责任公司	Other Limited Liability Companies	5660	10166377	96187649
股份有限公司	Share-holding Corporations Ltd.	349	3348776	28257540
私营企业	Private Enterprises	14584	13960877	109617260
私营独资企业	Private Sole Investment Enterprises	52	10548	76592
私营合伙企业	Private Partnership Enterprises	8	2948	31236
私营有限责任公司	Private Limited Liability Corporations	14310	13431705	106897439
私营股份有限公司	Private Share-holding Corporations Ltd.	214	515678	2611993
其他企业	Other Enterprises	24	484	12755
港、澳、台商投资企业	Enterprises with Investment from Hong Kong, Macao and Taiwan	986	2986354	21592573
合资经营企业	Joint Ventures	117	590342	4327573
合作经营企业	Cooperative Enterprises	6	7463	559982
独资经营企业	Sole Investment Enterprises	835	2336586	16349254
投资股份有限公司	Share-holding Corporations Ltd.	21	48862	318124
其它港澳台商投资企业	Others	7	3101	37640
外商投资企业	Enterprises with Foreign Investment	600	2369810	16043188
中外合资经营企业	Sino-foreign Joint Ventures	92	764962	6457746
中外合作经营企业	Sino-foreign Cooperative Enterprises	4	6090	84332
外资企业	Foreign-funded Enterprises	457	1501699	9020375
外商投资股份有限公司	Share-holding Corporations Ltd.	18	76642	358150
其它外商投资企业	Others	29	20417	122584
按国民经济行业分	By Economic Sector			
农林牧产品批发业	Wholesale of Farm and Livestock Products	434	966126	4867253
食品、饮料及烟草制品批发业	Wholesale of Food, Beverages and Tobacco Products	2037	4033736	25504320
#米、面制品及食用油批发业	Wholesale of Rice, Flour Products and Edible Oil	301	1597446	3363667
烟草制品批发业	Wholesale of Tobacco Products	43	408943	3379906
纺织、服装及日用品批发业	Wholesale of Textiles, Garments and Daily-use Products	3270	3450658	26216774
#服装批发业	Wholesale of Garments	633	710113	4094202
家用视听设备批发	Wholesale of Household Audio-visual Equipments	185	357997	2678575
日用家电批发	Wholesale of Household Appliances	417	648934	5133746
文化、体育用品及器材批发业	Wholesale of Cultural and Sports Articles and Appliances	939	3671193	11249357
医药及医疗器材批发业	Wholesale of Medicines and Medical Appliances	1575	2912071	18821961
矿产品、建材及化工产品批发	Wholesale of Mineral Products, Building Materials and Chemical Products	8176	11439710	117626390
#煤炭及制品批发业	Wholesale of Coal and Related Products	269	524586	3989543
石油及制品批发业	Wholesale of Petroleum and Related Products	919	3558927	25892925
金属及金属矿批发业	Wholesale of Metal and Related Products	2303	3611725	49135901
建材批发业	Wholesale of Building Materials	1403	1355965	22485379
化肥批发业	Wholesale of Chemical Fertilizers	107	135662	703073
机械设备、五金交电及电子产品批发业	Wholesale of Machinery, Hardware, Electric and Electronic Products	5013	7810423	60902043
汽车零配件批发业	Wholesale of Motor Vehicles and Parts	550	1551614	17576148
计算机、软件及辅助设备批发业	Wholesale of Computers, Software and Assistant Equipments	437	718829	4182817
贸易经纪与代理	Trade Broker and Agency	478	633834	14527763
其他批发业	Other Wholesale Trades	717	672998	5564031

Financial Indicators of Enterprises above Designated Size in Wholesale Trade (2018)

(10000 yuan)

固定资产原价 Original Value of Fixed Assets	累计折旧 Accumulated Depreciation	本年折旧 Depreciation Drawn in Current Year	资产合计 Total Assets	负债合计 Total Liabilities	所有者权益合计 Total Creditors' Equity	实收资本 Paid-up Capital	营业收入 Business Revenue	主营业务收入 Main Business Revenue	营业成本 Business Costs
17388922	**7292902**	**1149414**	**350180012**	**263852847**	**86444106**	**57229757**	**699890866**	**695480918**	**655220514**
7594408	3359770	290721	72965893	47649845	25431441	11684305	206333340	204994959	193738089
15283421	6370135	961898	297697046	228474802	69339063	47462264	618083205	614753771	582170058
283789	118814	14475	2666312	2079633	702072	504363	4287176	4247905	3848016
22696	9021	727	147014	84947	62067	19683	443521	440301	420848
9824	5247	309	65278	45952	19326	5673	139848	137762	129122
3885	2474	236	46714	16787	29928	5819	183537	183301	176626
3101	1905	215	22697	4173	18525	1960	32697	32560	27455
654	477	9	17876	9231	8645	709	136054	135955	134718
2	2	2	37	-130	167	150	5463	5463	5428
127	91	11	6104	3512	2591	3000	9324	9324	9026
4745914	1940210	305759	127418813	100954359	26469010	16294272	287187571	285779887	270652740
697112	325181	35645	13981603	9077123	4904480	1558819	37146333	37058571	34741797
4048802	1615029	270114	113437210	91877236	21564530	14735453	250041239	248721316	235910942
5482913	2519209	200300	43794919	23855401	19939518	7922068	74651542	73886701	70026548
4726049	1772669	439629	123538383	101430965	22104288	22704998	251081734	249969698	236833643
4576	1846	391	85162	65801	19360	8591	237016	236922	214348
426	267	68	31569	26165	5404	3798	58282	58282	55210
4551626	1714612	430296	120224209	99313729	20907350	22106063	243709395	242847434	229881023
169421	55945	8874	3197443	2025270	1172173	586546	7077042	6827061	6683062
8351	2492	462	19614	6758	12855	5388	108275	108216	82516
937373	407072	75923	30333445	18610007	11723437	6073242	33392666	33134000	29325236
190278	77253	11666	5732339	3872835	1859504	727569	7834132	7797271	7249744
17115	9386	3638	623890	494535	129355	68185	969772	966147	955786
711683	313584	58980	23591978	13978083	9613895	5214488	24241368	24024378	20885110
17188	5930	1564	346869	236847	110023	58733	278623	277478	176850
1109	921	76	38368	27707	10661	4267	68772	68727	57745
1168129	515695	111593	22149521	16768037	5381606	3694252	48414995	47593147	43725220
655909	284166	54491	9684225	7821729	1862496	1440842	22122876	22011053	19951075
1612	1170	94	114272	57850	56422	24480	136372	136372	121616
497820	227271	56270	11841383	8500000	3341340	2156616	24377790	23673754	22052056
2541	1321	272	371339	263503	108002	17868	1504010	1503347	1373040
10248	1768	466	138302	124955	13346	54446	273947	268620	227434
559678	163535	37141	8558085	4224340	4333745	3150930	9471017	9408164	9030016
2408546	1011370	155879	31816445	20451174	11365272	3789395	55461100	55065355	47373439
369366	105337	10820	4275167	3241336	1033831	565337	6229278	6191489	5864726
453951	230515	21169	3868193	938441	2929752	64677	13978924	13965628	10415401
1144533	496791	100497	31650203	24261707	7388662	5551279	50488454	50008882	44364371
224178	102825	19276	5081844	3523445	1558400	791905	7854710	7788643	6686748
42179	19207	4460	3578221	2837951	740270	464620	6041982	5994224	5504820
167488	66003	16301	6438751	5123023	1315728	2214503	8256659	8172212	7702117
498420	199439	51385	13105174	9503709	3601393	2191392	23283221	22784620	21194859
740629	335686	70408	22515280	15534351	6980929	4091884	32548669	32259699	28320016
9248211	4058711	425254	145374242	113271296	32220186	22894948	346606710	344940042	335984041
592111	202481	23050	4841906	3780072	1060145	1034147	13369463	13251501	12830861
5849054	2693131	249357	35346058	22558976	12902940	7752747	111831851	110933059	107825118
1519315	636950	57140	58177126	51350820	6830823	6823623	142529019	142056877	140689413
478819	178422	31462	27720150	21605591	6113053	3263143	26246869	26172885	24532205
40038	14753	2269	823075	659432	163643	102793	1474757	1469283	1385202
2220687	826656	259497	71301961	57796316	13505252	11396408	147039079	146121380	136351036
246389	94303	36069	19258092	17373234	1884858	1465774	56786567	56555869	52155046
146481	61349	21371	4672031	3777178	894853	712948	10421218	10363932	9846326
322347	97232	24997	16707783	14151644	2556139	1196000	22314452	22269879	21490112
245872	103481	24357	9150839	4658311	4492529	2967522	12678164	12622899	11112624

16-16 续表

单位:万元

项　　目	Item	主营业务成本 Main Business Costs	营业税金及附加 Tax and Extra Charges on Business	主营业务税金及附加 Tax and Extra Charges on Main Business
批发业合计	**Total Wholesale Trade**	**652481180**	**2544405**	**2436609**
#国有及国有控股	State-owned and State-controlled Enterprises	192653428	1892361	1817513
按登记注册类型分	By Status of Registration			
内资企业	Domestic-funded Enterprises	579689515	2370745	2272638
国有企业	State-owned Enterprises	3826104	220724	192985
集体企业	Collective-owned Enterprises	420501	654	536
股份合作企业	Share-holding Cooperative Enterprises	128212	425	414
联营企业	Joint-operation Enterprises	176511	226	226
国有联营企业	State-owned Joint-operation Enterprises	27339	176	176
集体联营企业	Collective Joint-operation Enterprises	134718	45	45
国有与集体联营企业	State-collective Joint-operation Enterprises	5428	2	2
其他联营企业	Other Joint-operation Enterprises	9026	4	4
有限责任公司	Limited Liability Corporations	269651855	1662052	1639191
国有独资企业	State Sole Investment Enterprises	34697711	489859	486689
其他有限责任公司	Other Limited Liability Companies	234954144	1172193	1152503
股份有限公司	Share-holding Corporations Ltd.	69352579	193821	161455
私营企业	Private Enterprises	236051289	291471	276459
私营独资企业	Private Sole Investment Enterprises	214348	1188	1156
私营合伙企业	Private Partnership Enterprises	55210	100	100
私营有限责任公司	Private Limited Liability Corporations	229338384	282790	268013
私营股份有限公司	Private Share-holding Corporations Ltd.	6443347	7393	7190
其他企业	Other Enterprises	82464	1371	1371
港、澳、台商投资企业	Enterprises with Investment from Hong Kong, Macao and Taiwan	29233032	87523	81196
合资经营企业	Joint Ventures	7228226	12715	12525
合作经营企业	Cooperative Enterprises	955437	300	300
独资经营企业	Sole Investment Enterprises	20815554	72956	66833
投资股份有限公司	Share-holding Corporations Ltd.	176070	1347	1333
其它港澳台商投资企业	Others	57745	205	205
外商投资企业	Enterprises with Foreign Investment	43558633	86138	82776
中外合资经营企业	Sino-foreign Joint Ventures	19885738	48057	46089
中外合作经营企业	Sino-foreign Cooperative Enterprises	121616	241	218
外资企业	Foreign-funded Enterprises	21951414	36108	34822
外商投资股份有限公司	Share-holding Corporations Ltd.	1372898	1085	1084
其它外商投资企业	Others	226967	647	563
按国民经济行业分	By Economic Sector			
农林牧产品批发业	Wholesale of Farm and Livestock Products	8975206	6047	5477
食品、饮料及烟草制品批发业	Wholesale of Food, Beverages and Tobacco Products	47292658	1713930	1676714
#米、面制品及食用油批发业	Wholesale of Rice, Flour Products and Edible Oil	5848977	8405	7919
烟草制品批发业	Wholesale of Tobacco Products	10407543	1634818	1602781
纺织、服装及日用品批发业	Wholesale of Textiles, Garments and Daily-use Products	44005601	111929	105396
#服装批发业	Wholesale of Garments	6640696	26826	24898
家用视听设备批发	Wholesale of Household Audio-visual Equipments	5467913	12131	11705
日用家电批发	Wholesale of Household Appliances	7633659	10411	8931
文化、体育用品及器材批发业	Wholesale of Cultural and Sports Articles and Appliances	21123298	53551	52489
医药及医疗器材批发业	Wholesale of Medicines and Medical Appliances	28255006	86928	82666
矿产品、建材及化工产品批发	Wholesale of Mineral Products, Building Materials and Chemical Products	334549851	303350	252445
#煤炭及制品批发业	Wholesale of Coal and Related Products	12753973	17161	16224
石油及制品批发业	Wholesale of Petroleum and Related Products	107096291	106363	82480
金属及金属矿批发业	Wholesale of Metal and Related Products	140197734	75507	59235
建材批发业	Wholesale of Building Materials	24491500	42230	35458
化肥批发业	Wholesale of Chemical Fertilizers	1383544	1483	1468
机械设备、五金交电及电子产品批发业	Wholesale of Machinery, Hardware, Electric and Electronic Products	135848516	234672	228301
汽车零配件批发业	Wholesale of Motor Vehicles and Parts	51972717	102900	102014
计算机、软件及辅助设备批发业	Wholesale of Computers, Software and Assistant Equipments	9812662	15295	14583
贸易经纪与代理	Trade Broker and Agency	21362451	15275	14927
其他批发业	Other Wholesale Trades	11068593	18723	18195

16-16 continued

(10000 yuan)

其他业务利润 Profits from Other Businesses	销售费用 Marketing Expenses	管理费用 Manag-ement Expenses	财务费用 Financial Expenses	营业利润 Business Profits	营业外收入 Non-operating revenue	利润总额 Total Profits	所得税费用 Income Taxes Expenses	本年应付职工薪酬 Staff Salary Payable in Current Year	本年应交增值税 Value-added Tax Payable in Current Year
1502110	**19975854**	**10270730**	**2445768**	**12639906**	**1232153**	**12996177**	**4396014**	**9795551**	**6093449**
228131	4511523	1402621	421101	5066903	137270	5104332	1253403	2029878	1842395
833294	15548883	8221250	2202345	9392555	1022557	9595597	2459493	7608161	5112331
12695	109883	97929	36055	26938	34460	59703	12156	108352	69312
1761	10214	8112	1033	3043	755	3792	535	6481	2686
845	4008	4633	285	1461	764	1771	296	5167	1228
21	2157	2140	56	2484	11	2486	801	4011	1560
21	1070	1845	-39	2343	10	2343	784	3670	1268
	969	204	9	111	2	112	9	251	258
	29	3		1		1		31	
	89	88	87	30		30	7	59	34
269349	6636575	2704091	893002	5260864	700641	5330970	1356716	3050942	2288091
15419	656006	301677	29989	1124963	36335	1152573	237590	407645	355462
253930	5980569	2402414	863013	4135901	664306	4178397	1119126	2643297	1932630
84792	2313478	812050	290437	1755111	51404	1738800	401410	1006831	603933
463832	6467305	4583361	981043	2332904	234455	2448258	687257	3422479	2144911
5	11156	6089	618	3634	38	3617	647	5815	1641
	769	744	14	1442	1	1443	58	816	677
454690	6286035	4456626	954794	2235574	227755	2346210	669702	3294763	2086064
9137	169346	119902	25617	92253	6662	96987	16849	121086	56529
	5262	8935	435	9751	67	9818	322	3899	610
73151	2175497	974585	108742	1950016	153532	2074504	261942	1142370	493252
10839	353510	159287	43381	287017	24743	309279	25392	117941	68320
4541	6487	7478	9482	2536	6623	8834	557	5656	1187
57508	1748181	777628	44610	1657985	120924	1752885	233153	991487	413067
217	60647	28170	10963	1033	1234	2124	2621	24413	10057
46	6673	2023	306	1445	8	1382	219	2874	622
595665	2251474	1074895	134681	1297335	56064	1326076	1674580	1045019	487866
11097	997039	199215	55519	935361	9955	939052	246537	299145	268492
-2	7856	3161	169	4076	54	4093	433	3931	1762
583782	1167374	818715	72663	337550	45698	362802	93495	688667	211007
24	6503	33968	5706	66086	129	65750	10751	17915	2735
763	72703	19836	624	-45738	228	-45620	1323364	35362	3870
4274	187225	186429	64185	236198	43749	270853	16269	170041	21767
198765	2732464	1638746	87206	2276850	94463	2338275	532725	1881005	1026844
8797	217593	107916	59032	65168	30891	87251	12840	110901	42031
2447	224637	415128	-63594	1383137	1988	1381385	310474	495812	569502
122301	3362126	1730984	120381	1113872	79187	1142919	231325	1714432	745074
30014	591193	381384	22799	174797	20938	184901	42808	366273	157530
6397	393618	116029	25148	162557	7970	168939	7537	169438	42615
12449	227489	237791	10517	147775	7458	154782	25380	134393	62874
413599	1126169	521425	104573	307008	20160	320751	84797	650236	257991
141735	2305251	954822	139746	999974	561377	1014636	325370	922195	586401
267742	4462511	2241243	1113556	3859802	268824	3980672	934889	1895985	1681318
11836	305142	66373	83121	137714	72081	195447	26027	52912	111496
97436	1795432	483725	224114	1377700	99671	1423635	435349	579780	566061
98433	578701	500809	488624	479885	35931	499842	247746	390468	376528
18178	669901	460349	142088	1297556	28560	1274918	117088	326422	206400
3440	36444	27851	7194	20975	1080	21957	3925	22863	4282
323325	4613486	2500617	466170	3068084	135094	3130907	2156826	2119940	1503552
27844	2332720	223164	23354	2044930	12989	2050804	530452	254691	580208
25228	220782	221147	30338	101162	10475	96243	21727	224011	78876
22531	209483	207919	304397	262228	15878	272477	62607	149784	167750
7840	977141	288546	45556	515890	13422	524688	51207	291934	102752

16-17 限额以上零售企业财务状况（2018年）

单位:万元

项　目	Item	企业数（个）Number of Enterprises (unit)	年初库存 Beginning Inventory	流动资产合计 Circulating Assets
零售业合计	**Total Retail Trade**	**8224**	**8952987**	**59311079**
#国有及国有控股	State-owned and State-controlled Enterprises	420	1038488	19137030
按登记注册类型分	By Status of Registration			
内资企业	Domestic-funded Enterprises	7835	7204332	48581304
国有企业	State-owned Enterprises	55	42627	943277
集体企业	Collective-owned Enterprises	136	104762	189467
股份合作企业	Share-holding Cooperative Enterprises	22	3601	14327
联营企业	Joint-operation Enterprises	18	3018	19694
国有联营企业	State-owned Joint-operation Enterprises	4	1176	4196
集体联营企业	Collective Joint-operation Enterprises	5	810	3961
国有与集体联营企业	State-collective Joint-operation Enterprises	4	379	6773
其他联营企业	Other Joint-operation Enterprises	5	654	4764
有限责任公司	Limited Liability Corporations	2934	3381620	23014067
国有独资企业	State Sole Investment Enterprises	65	166377	891208
其他有限责任公司	Other Limited Liability Companies	2869	3215243	22122859
股份有限公司	Share-holding Corporations Ltd.	155	431711	8936132
私营企业	Private Enterprises	4508	3236800	15462591
私营独资企业	Private Sole Investment Enterprises	338	42711	148273
私营合伙企业	Private Partnership Enterprises	33	3999	17402
私营有限责任公司	Private Limited Liability Corporations	4068	3143490	14971344
私营股份有限公司	Private Share-holding Corporations Ltd.	69	46599	325572
其他企业	Other Enterprises	7	192	1749
港、澳、台商投资企业	Enterprises with Investment from Hong Kong, Macao and Taiwan	237	953492	4417046
合资经营企业	Joint Ventures	41	274059	1785614
合作经营企业	Cooperative Enterprises	16	24265	78453
独资经营企业	Sole Investment Enterprises	172	623327	2413733
投资股份有限公司	Share-holding Corporations Ltd.	6	31144	127521
其他港澳台商投资企业	Others	2	698	11726
外商投资企业	Enterprises with Foreign Investment	152	795164	6312729
中外合资经营企业	Sino-foreign Joint Ventures	39	400709	3952289
中外合作经营企业	Sino-foreign Cooperative Enterprises	2	29340	286677
外资企业	Foreign-funded Enterprises	90	310995	1785245
外商投资股份有限公司	Share-holding Corporations Ltd.	9	4999	101043
其它外商投资企业	Others	12	49120	187477
按国民经济行业分	By Economic Sector			
综合零售业	Comprehensive Retail	730	1173397	9919945
#百货零售业	Retail of General Merchandise	334	433130	4922498
超级市场零售业	Retail in Supermarkets	308	672756	4578646
食品、饮料及烟草制品专门零售业	Retail of Food, Beverages and Tobacco Products	426	346509	2451954
纺织、服装及日用品专门零售业	Retail of Textiles, Garments and Daily-use Products	577	1454921	4018949
#服装零售业	Retail of Garments	288	779816	2443392
文化、体育用品及器材专门零售业	Retail of Cultural and Sports Articles and Appliances	367	377561	1382446
#体育用品及器材零售	Retail of Sports Articles and Appliances	19	12449	85617
图书零售业	Retail of Books	141	89596	477828
医药及医疗器材专门零售业	Retail of Medicines and Medical Appliances	360	506754	1863321
#西药零售	Retail of Western Medicines	262	437316	1674392
中药零售	Retail of Traditional Chinese Medicines	57	39545	120667
汽车、摩托车、燃料及零配件专门零售业	Retail of Motor Vehicles, Motorcycles and Parts	3845	4007675	30380837
#汽车新车零售	Retail of Motor Vehicles	2677	3331597	14633532
机动车燃料零售业	Retail of Motor Vehicle Fuels	898	446999	15069891
家用电器及电子产品专门零售业	Retail of Household Appliances and Electronic Products	899	554328	4229823
#家用视听设备零售	Retail of Household Audio-visual Equipments	54	41280	837032
日用家电零售	Retail of Household Appliances	360	328695	1729186
计算机、软件及辅助设备零售业	Retail of Computers, Software and Assistant Equipments	272	56963	431307
通讯设备零售业	Retail of Communication Equipments	124	97701	974831
五金、家具及室内装修材料专门零售业	Retail of Hardware, Furniture and Interior Decoration Materials	504	221990	1201401
货摊、无店铺及其他零售业	Stall,Non-shop and Other Retails	516	309852	3862403

Financial Indicators of Enterprises above Designated Size in Retail Trade (2018)

(10000 yuan)

固定资产原价 Original Value of Fixed Assets	累计折旧 Accumulated Depreciation	本年折旧 Depreciation Drawn in Current Year	资产合计 Total Assets	负债合计 Total Liabilities	所有者权益合计 Total Creditors' Equity	实收资本 Paid-up Capital	营业收入 Business Revenue	主营业务收入 Main Business Revenue	营业成本 Business Costs
7915680	**3640413**	**645934**	**72363888**	**48632902**	**23732360**	**20551713**	**120656845**	**117850776**	**102980342**
2032412	968404	100816	23599489	12998634	10600855	2226076	21302825	20772964	18377063
5878324	2612486	457982	58507645	39135526	19373494	17946057	98318835	96183382	85782275
211309	94533	6371	1284128	543404	740724	48435	588019	563066	495033
44431	20135	3100	230479	127072	103407	23302	533160	531979	448578
2874	1472	237	16041	7294	8746	1773	39366	39352	33777
7344	5292	709	22527	8549	13978	2984	105747	105399	88587
2895	2120	118	4971	974	3998	919	32889	32868	26061
1794	1429	339	4327	1656	2671	914	20699	20659	17224
1577	1187	224	7815	4444	3371	363	14827	14806	12097
1078	556	27	5414	1475	3939	788	37333	37066	33205
2860440	1260813	221481	27262869	19363448	7899878	10389018	49414182	48363345	42986366
181541	91482	8546	1391355	495820	895536	334647	1179832	1124789	911673
2678899	1169331	212935	25871514	18867628	7004342	10054371	48234349	47238556	42074693
986632	460852	41939	11346598	4591359	6755239	1085979	11235577	10941432	9951021
1764600	769039	184093	18342659	14493673	3849905	6394216	36397140	35633165	31773851
59733	26266	3351	198415	119627	78788	44261	749893	748316	609842
4264	1780	199	24922	13236	11686	6794	69308	69307	59958
1645984	715936	175736	17715005	14075598	3640326	6274807	34872824	34132971	30494833
54619	25057	4807	404316	285211	119105	68354	705116	682571	609218
693	351	54	2345	728	1617	352	5644	5644	5063
849048	430110	89249	5879954	3474884	2405070	1298302	10236617	9866437	7930102
240116	120116	31285	2461248	1249332	1211916	291354	3409501	3271390	2535399
16251	12043	604	87961	40825	47136	41268	209408	205423	163500
524323	265824	53946	3129927	2041000	1088927	908354	6442863	6225437	5090978
11974	5315	1176	142855	80793	62063	50971	129076	121683	108872
56384	26814	2238	57963	62935	-4972	6355	45770	42504	31353
1188308	597817	98703	7976289	6022492	1953797	1307355	12101393	11800957	9267965
420539	208815	24993	4748829	3367876	1380953	641211	5069538	5014916	3583936
64076	42180	2566	333948	291683	42264	43329	700539	658866	606592
598597	283770	64932	2322585	1909564	413021	505015	5188343	5024502	4117915
29813	20948	984	127839	90422	37417	30502	241627	227674	215591
75282	42104	5228	443089	362947	80142	87298	901346	875000	743931
2287134	1192230	147356	13282497	9801324	3481173	1997213	17235306	16420863	13600868
1217520	603972	78112	7012210	4370896	2641314	982692	8572380	8091028	6512664
972026	543098	58746	5736836	4938884	797952	896094	7714301	7423754	6363632
361735	166007	27436	3275516	1599014	1676502	870220	3581410	3525720	2094682
346632	141907	41408	5116445	3156123	1960323	1209251	6449038	6348331	4154844
173511	70458	18840	3299372	1903468	1395904	761787	3468052	3405332	2058327
327006	142907	12411	1909163	1226869	682294	359899	2029778	1982298	1465473
37317	20670	2702	108420	77245	31175	48570	144320	141851	99425
250060	99235	6533	890583	508949	381635	158982	582739	553106	415780
160206	64718	15572	2403900	1539492	864409	292957	3907242	3821765	3020589
134070	55223	13426	2170851	1369546	801304	257239	3557590	3476262	2778149
22558	7755	1540	150360	111407	38953	26516	220239	217511	149427
3622282	1633455	325769	35751826	22726250	13027166	14352533	62734575	61335088	56961912
2150047	894242	246820	17684205	13924215	3761581	8051011	44667531	43628836	41060108
1404181	704622	72880	17319045	8139293	9179751	1233067	17051389	16701796	14981123
268400	96446	14232	4713363	3963901	749247	587778	7739303	7620293	6902188
14649	7996	884	944923	815999	128840	63403	1549449	1532578	1434429
149926	53407	7099	1918325	1646514	271811	258322	3503498	3445354	3097722
24552	11749	2541	463951	291783	172038	117930	797888	779659	665171
37434	17228	2372	1088746	974948	113797	90870	1582480	1557257	1435961
246356	63208	31678	1539762	1078859	460902	322557	2126714	2085486	1710663
295930	139535	30073	4371416	3541070	830346	559305	14853480	14710932	13069122

16-17 续表

单位:万元

项　　目	Item	主营业务成本 Main Business Costs	营业税金及附加 Tax and Extra Charges on Business	主营业务税金及附加 Tax and Extra Charges on Main Business
零售业合计	**Total Retail Trade**	**101937772**	**444768**	**416892**
#国有及国有控股	State-owned and State-controlled Enterprises	17996427	62340	49514
按登记注册类型分	By Status of Registration			
内资企业	Domestic-funded Enterprises	84822820	338621	318100
国有企业	State-owned Enterprises	447732	2952	2349
集体企业	Collective-owned Enterprises	448060	3141	2706
股份合作企业	Share-holding Cooperative Enterprises	33777	113	102
联营企业	Joint-operation Enterprises	88304	367	333
国有联营企业	State-owned Joint-operation Enterprises	26043	159	159
集体联营企业	Collective Joint-operation Enterprises	17224	68	55
国有与集体联营企业	State-collective Joint-operation Enterprises	12079	62	62
其他联营企业	Other Joint-operation Enterprises	32958	78	57
有限责任公司	Limited Liability Corporations	42571596	167877	156218
国有独资企业	State Sole Investment Enterprises	891029	4524	2806
其他有限责任公司	Other Limited Liability Companies	41680567	163353	153412
股份有限公司	Share-holding Corporations Ltd.	9763117	29506	26859
私营企业	Private Enterprises	31465171	134655	129522
私营独资企业	Private Sole Investment Enterprises	608834	15029	14836
私营合伙企业	Private Partnership Enterprises	59958	301	269
私营有限责任公司	Private Limited Liability Corporations	30198056	117145	112270
私营股份有限公司	Private Share-holding Corporations Ltd.	598323	2180	2148
其他企业	Other Enterprises	5063	10	10
港、澳、台商投资企业	Enterprises with Investment from Hong Kong, Macao and Taiwan	7886738	57182	50682
合资经营企业	Joint Ventures	2512624	13602	8573
合作经营企业	Cooperative Enterprises	163382	820	820
独资经营企业	Sole Investment Enterprises	5071849	41387	40012
投资股份有限公司	Share-holding Corporations Ltd.	107531	601	559
其他港澳台商投资企业	Others	31353	772	717
外商投资企业	Enterprises with Foreign Investment	9228214	48966	48110
中外合资经营企业	Sino-foreign Joint Ventures	3566456	28679	28560
中外合作经营企业	Sino-foreign Cooperative Enterprises	606592	1329	1329
外资企业	Foreign-funded Enterprises	4109457	16547	16105
外商投资股份有限公司	Share-holding Corporations Ltd.	204034	432	432
其它外商投资企业	Others	741675	1978	1684
按国民经济行业分	By Economic Sector			
综合零售业	Comprehensive Retail	13544635	72468	64133
#百货零售业	Retail of General Merchandise	6463224	52094	44558
超级市场零售业	Retail in Supermarkets	6358529	17672	17037
食品、饮料及烟草制品专门零售业	Retail of Food, Beverages and Tobacco Products	2066087	28684	28524
纺织、服装及日用品专门零售业	Retail of Textiles, Garments and Daily-use Products	4100087	40287	37696
#服装零售业	Retail of Garments	2031236	24346	23900
文化、体育用品及器材专门零售业	Retail of Cultural and Sports Articles and Appliances	1454539	38823	36463
#体育用品及器材零售	Retail of Sports Articles and Appliances	99310	876	876
图书零售业	Retail of Books	407386	3787	2159
医药及医疗器材专门零售业	Retail of Medicines and Medical Appliances	3010717	15359	13663
#西药零售	Retail of Western Medicines	2769900	13858	12257
中药零售	Retail of Traditional Chinese Medicines	149306	890	881
汽车、摩托车、燃料及零配件专门零售业	Retail of Motor Vehicles, Motorcycles and Parts	56230380	170047	158162
#汽车新车零售	Retail of Motor Vehicles	40682333	118113	111921
机动车燃料零售业	Retail of Motor Vehicle Fuels	14631225	48475	43205
家用电器及电子产品专门零售业	Retail of Household Appliances and Electronic Products	6828462	20133	19741
#家用视听设备零售	Retail of Household Audio-visual Equipments	1426784	2100	2097
日用家电零售	Retail of Household Appliances	3053367	12396	12303
计算机、软件及辅助设备零售业	Retail of Computers, Software and Assistant Equipments	655144	2519	2471
通讯设备零售业	Retail of Communication Equipments	1424577	2232	2016
五金、家具及室内装修材料专门零售业	Retail of Hardware, Furniture and Interior Decoration Materials	1690157	19285	19055
货摊、无店铺及其他零售业	Stall,Non-shop and Other Retails	13012710	39682	39454

16-17 continued

(10000 yuan)

其它业务利润 Profits from Other Businesses	销售费用 Marketing Expenses	管理费用 Manag-ement Expenses	财务费用 Financial Expenses	营业利润 Business Profits	营业外收入 Non-operating revenue	利润总额 Total Profits	所得税费用 Income Taxes Expenses	本年应付职工薪酬 Staff Salary Payable in Current Year	本年应交增值税 Value-added Tax Payable in Current Year
1143652	**10354643**	**3531944**	**441695**	**3194768**	**223177**	**3311523**	**708443**	**5128278**	**2100823**
114002	1517142	411284	22890	1128436	28439	1139651	135719	838136	241814
676017	7031244	2649700	391805	2223399	156912	2307078	497638	3848851	1553718
-22	35914	26992	432	55830	2019	56474	2525	36873	7480
167	27814	17872	1321	32393	899	32768	7660	21210	11425
1	2612	1352	84	1424	3	1382	334	1988	825
86	4331	1390	278	10881	54	10930	2692	2784	2745
	1461	50	119	5039	1	5039	1260	857	1117
86	1060	698	-6	1740	30	1770	388	652	457
	673	266	8	1721	8	1725	458	652	461
	1137	376	156	2382	15	2397	586	622	710
358186	3664811	1149497	167395	1292168	80856	1340880	288491	1791889	774069
6111	92063	45253	-6349	147851	4193	149691	36402	78142	11527
352075	3572748	1104244	173744	1144317	76663	1191188	252090	1713747	762542
58709	734873	170125	15726	433430	13211	438407	36923	362524	123458
258892	2560827	1282137	206565	397100	59868	426063	158990	1631377	633640
441	37567	31052	5446	50578	312	50851	3798	21746	15355
	3537	2088	161	3212	18	3201	141	2070	1110
248736	2466908	1216840	197671	336902	57778	364080	151938	1542787	604478
9716	52815	32157	3287	6408	1761	7932	3113	64774	12698
	63	335	6	173	2	175	23	206	75
231850	1451826	466507	22166	381490	35423	404163	91420	720204	256613
80960	549699	159511	688	187713	8995	193451	35926	286988	83661
11899	16964	6846	-236	22398	177	22488	5837	10003	17876
134499	867750	292902	18373	166136	26165	182931	48065	414926	152258
4492	12246	2967	-58	4447	66	4495	1360	6347	1647
	5167	4282	3400	797	20	798	232	1941	1170
235785	1871572	415737	27724	589880	30842	600283	119386	559222	290492
73325	970584	160957	13680	411435	18923	418201	64029	223005	174832
41673	62388	16427	1633	12169	808	12649	147	24388	5632
101365	689204	220267	11496	143317	9661	145889	48663	249781	98423
2958	26820	6918	978	-1217	363	-1415	2192	19571	3331
16464	122576	11168	-63	24176	1087	24959	4354	42478	8273
520607	2438450	591390	62211	604891	50165	628743	174901	1114222	300089
252305	1232999	285322	23111	572712	20832	578109	140448	552350	191727
224520	1024358	240986	36287	54385	25688	70494	29340	486909	89056
7709	955508	162599	-7928	399562	20175	407287	60151	248930	190325
48090	1537169	479684	32481	241167	28561	261749	69533	707109	228011
13856	938928	299124	18037	127090	19841	145783	46026	438813	135586
20978	264850	170575	4770	100392	6730	103973	21444	196889	43003
1352	29205	11532	631	1787	201	1916	809	9928	4786
8628	78107	68459	106	30856	3826	32591	1750	79146	6042
46959	613255	172524	13482	97061	11919	105221	31036	385209	93287
44980	554372	141444	12287	83249	11139	91570	28579	335684	82733
1288	46144	18383	919	4162	676	4518	1742	38733	6382
410694	2542571	1310276	280124	1501270	75102	1533388	277541	1734939	905342
376269	1675332	1054088	242060	504137	56213	530041	181873	1369971	665933
30075	823265	223515	28247	983403	15887	988001	93990	328072	225030
43213	521464	229824	27790	41224	10258	45325	20575	313827	97968
1387	63110	18214	2950	26390	861	26635	10665	25879	17928
28623	295208	92901	12674	-5099	4516	-4973	4051	121564	44737
2160	63836	54400	2655	9564	2581	11885	2264	74994	15798
10556	84277	46875	8913	7293	1675	8130	2743	77642	12714
6898	191310	128649	12956	63445	3711	65797	17036	104240	44171
38505	1290067	286423	15810	145756	16556	160043	36226	322914	198625

16-18 各市限额以上批发零售企业财务状况（2018年）

单位：万元

市别	City	企业数（个）Number of Enterprises (unit)	年初库存 Beginning Inventory	流动资产合计 Circulating Assets	固定资产原价 Original Value of Fixed Assets	累计折旧 Accumulated Depreciation
批发零售业合计	**Total Wholesale and Retail Trades**	**30863**	**44543738**	**344590970**	**25304602**	**10933315**
批发业	**Wholesale Trade**	**22639**	**35590750**	**285279891**	**17388922**	**7292902**
广　州	Guangzhou	5983	12264661	78960742	6971023	3022400
深　圳	Shenzhen	6132	12842980	124736496	4531199	1922287
珠　海	Zhuhai	689	1213916	15084055	447578	169361
汕　头	Shantou	572	592919	3923276	390906	164702
佛　山	Foshan	3060	3195412	22449484	994041	417277
韶　关	Shaoguan	187	212542	973105	152979	61596
河　源	Heyuan	52	36241	296611	25841	11185
梅　州	Meizhou	69	52589	416226	76383	28701
惠　州	Huizhou	371	194591	1915898	358961	116251
汕　尾	Shanwei	40	37929	174992	18307	6205
东　莞	Dongguan	2497	2164014	14440665	1592346	568324
中　山	Zhongshan	646	641852	4061485	203841	83440
江　门	Jiangmen	530	352135	2731779	228090	103445
阳　江	Yangjiang	140	53801	398372	122186	56248
湛　江	Zhanjiang	393	399250	5398309	455174	200450
茂　名	Maoming	661	495118	3884473	161683	59989
肇　庆	Zhaoqing	130	181717	1009171	53987	26336
清　远	Qingyuan	123	182555	1898893	139258	57516
潮　州	Chaozhou	34	31795	208530	61681	33713
揭　阳	Jieyang	269	230215	1715634	72965	30848
云　浮	Yunfu	61	214519	601694	330495	152629
零售业	**Retail Trade**	**8224**	**8952987**	**59311079**	**7915680**	**3640413**
广　州	Guangzhou	1535	2205122	17457749	1908844	880886
深　圳	Shenzhen	1222	3039070	16472679	1953167	963830
珠　海	Zhuhai	284	257831	2114186	260931	126336
汕　头	Shantou	347	184346	619605	204197	76536
佛　山	Foshan	694	668158	2975113	674679	289583
韶　关	Shaoguan	208	82284	283734	69929	32687
河　源	Heyuan	168	95989	771781	93759	40122
梅　州	Meizhou	115	105686	910155	122620	56672
惠　州	Huizhou	365	240133	2179649	395162	138694
汕　尾	Shanwei	81	27462	234525	45296	22485
东　莞	Dongguan	689	743281	5858510	647921	310198
中　山	Zhongshan	424	406218	2247889	325666	162760
江　门	Jiangmen	359	241908	1621099	304586	150459
阳　江	Yangjiang	103	49051	662665	89438	48849
湛　江	Zhanjiang	312	126871	1382468	200235	83148
茂　名	Maoming	346	130255	506988	167876	58417
肇　庆	Zhaoqing	177	103487	1580398	169323	83312
清　远	Qingyuan	171	63010	290503	67157	26893
潮　州	Chaozhou	88	40212	133924	39718	21186
揭　阳	Jieyang	380	87230	512760	101769	36802
云　浮	Yunfu	156	55386	494703	73408	30558

Financial Indicators of Enterprises above Designated Size in Wholesale and Retail Trades by City (2018)

(10000 yuan)

#本年折旧 Depreciation Drawn in Current Year	资产合计 Total Assets	负债合计 Total Liabilities	所有者权益合计 Total Creditors' Equity	实收资本 Paid-up Capital	营业收入 Business Revenue	主营业务收入 Main Business Revenue	营业成本 Business Costs
1795348	**422543900**	**312485748**	**110176466**	**77781471**	**820547711**	**813331693**	**758200856**
1149414	**350180012**	**263852847**	**86444106**	**57229757**	**699890866**	**695480918**	**655220514**
389425	99115905	73955236	25161317	14956352	268496616	266507680	250429372
370345	151813537	118804871	33007276	22749951	214331696	212971356	201446698
35115	17625346	12305944	5317712	2117683	28735728	28624255	26939623
21805	4547353	3102787	1444566	890995	11621976	11614056	10802956
64606	24876352	19343729	5532623	3529631	71136316	70953463	68156271
8481	1175583	712743	462840	123519	4616837	4593590	4200102
1441	335040	231877	103163	46213	723731	721770	588301
4467	527030	336656	190374	58088	1349964	1347508	1140854
27291	3222855	1930962	1291893	1020348	4709042	4684527	4165442
1238	193891	123659	70232	17463	567523	565308	444372
92217	20225939	13587155	6638784	6160934	39587194	39183801	36925670
12820	4393105	3723086	669459	456264	9831030	9676547	9146019
17223	3248438	2621658	626780	403661	8082488	8068123	7470326
14222	526930	359308	167622	61018	1504903	1504015	1325963
21782	7647049	5388634	2262954	1880671	7731627	7681778	7313800
11921	4194833	3106302	1088531	734842	14702993	14660477	14100355
4870	1074789	880535	194254	207684	2273240	2270693	2019734
7598	2233535	1303583	929952	1180502	3102355	3075823	2848227
3705	313332	271052	157673	119524	912268	909106	779299
7855	1958782	1456994	501788	345420	3984254	3978454	3408543
30988	930391	306077	624314	168996	1889086	1888589	1568588
645934	**72363888**	**48632902**	**23732360**	**20551713**	**120656845**	**117850776**	**102980342**
160191	21028106	15426769	5601383	2538573	36334774	35495423	31016684
173429	20437151	14306552	6131037	3433279	30250242	29536608	25022713
24052	2675347	1474899	1200449	323902	3034690	2970979	2558098
12232	839089	591947	247142	189836	2466398	2423533	2211644
55076	3743700	2878000	865700	623291	7780495	7582098	6776373
4891	358881	262136	96745	83737	780862	764291	677419
5154	923736	485384	438352	70791	1043240	1018325	928453
8135	1063046	515441	547605	121063	1238791	1215923	1120575
32856	2688153	1602063	1086090	352666	4891079	4774560	4379317
3128	286263	147028	139235	46666	436533	424048	389676
51270	6636682	4570417	2066266	5610564	12074414	11737077	10904891
22568	2705853	1174170	1531683	637300	5379634	5280184	3956333
22178	1994669	1111562	883788	2319196	2808357	2737320	2508221
4821	740107	402997	337582	322865	960440	940174	842526
15646	1765865	896713	869152	3164222	2070390	2038098	1767454
11143	709179	474771	234146	128443	1873175	1819574	1700498
14029	1906376	1156889	749487	157984	2952595	2857432	2579181
7709	372089	287732	84357	165098	842691	818357	740081
4421	181500	112428	69071	67773	485768	480388	446844
7511	657226	371005	286221	115452	2230746	2224434	1814201
5495	650871	384000	266871	79015	721530	711951	639162

16-18 续表

单位:万元

市别	City	主营业务成本 Main Business Costs	营业税金及附加 Tax and Extra Charges on Business	主营业务税金及附加 Tax and Extra Charges on Main Business	其它业务利润 Profits from Other Businesses	销售费用 Marketing Expenses
批发零售业合计	**Total Wholesale and Retail Trades**	**754418952**	**2989173**	**2853501**	**2645762**	**30330497**
批发业	**Wholesale Trade**	**652481180**	**2544405**	**2436609**	**1502110**	**19975854**
广　州	Guangzhou	249334624	609528	572382	693906	8948897
深　圳	Shenzhen	200495058	473775	421306	570704	5659740
珠　海	Zhuhai	26879364	78075	75467	51984	864133
汕　头	Shantou	10759007	118783	118410	2602	268694
佛　山	Foshan	68017024	178307	174976	53008	1473854
韶　关	Shaoguan	4179371	55292	55105	2560	117441
河　源	Heyuan	586965	48101	48095	15	21856
梅　州	Meizhou	1138644	63607	63495	57	47238
惠　州	Huizhou	4148300	79911	79484	4834	211520
汕　尾	Shanwei	442726	45465	45459	17	19504
东　莞	Dongguan	36768135	172491	168887	68568	1074989
中　山	Zhongshan	9012934	63958	63704	15821	304433
江　门	Jiangmen	7466955	76031	75287	6565	302084
阳　江	Yangjiang	1325739	31204	31131	482	47433
湛　江	Zhanjiang	7268737	65785	64381	16284	136562
茂　名	Maoming	14060142	56018	55672	5460	150211
肇　庆	Zhaoqing	2018820	56070	56016	2316	54906
清　远	Qingyuan	2827544	55119	54983	5579	94921
潮　州	Chaozhou	776983	43110	42962	561	27277
揭　阳	Jieyang	3405829	140719	136434	638	121695
云　浮	Yunfu	1568279	33055	32975	150	28468
零售业	**Retail Trade**	**101937772**	**444768**	**416892**	**1143652**	**10354643**
广　州	Guangzhou	30768928	131322	120876	446375	3390998
深　圳	Shenzhen	24797073	121499	113402	287270	3145225
珠　海	Zhuhai	2539237	8576	7867	23968	204135
汕　头	Shantou	2199365	15143	15034	14767	109594
佛　山	Foshan	6719390	22286	21661	81708	526303
韶　关	Shaoguan	673404	2144	2052	7544	62681
河　源	Heyuan	917207	3302	3176	4074	60126
梅　州	Meizhou	1106114	3230	3056	5449	70038
惠　州	Huizhou	4311237	12323	11552	20673	289050
汕　尾	Shanwei	385161	862	803	3262	34882
东　莞	Dongguan	10753631	22728	20507	132223	657575
中　山	Zhongshan	3929698	28149	27588	39609	884032
江　门	Jiangmen	2462500	7022	6560	29979	195699
阳　江	Yangjiang	830231	1991	1629	4142	49497
湛　江	Zhanjiang	1744857	6873	5651	13599	144872
茂　名	Maoming	1656483	4714	4450	5043	69393
肇　庆	Zhaoqing	2518053	7852	7075	10932	229504
清　远	Qingyuan	734614	2000	1883	4202	56651
潮　州	Chaozhou	443635	1280	1180	1829	21866
揭　阳	Jieyang	1810303	39230	38838	4814	101308
云　浮	Yunfu	636652	2243	2053	2189	51213

16-18 continued

(10000 yuan)

管理费用 Management Expenses	财务费用 Financial Expenses	营业利润 Business Profits	营业外收入 Non-operating revenue	利润总额 Total Profits	所得税费用 Income Taxes Expenses	本年应付职工薪酬 Staff Salary Payable in Current Year	本年应交增值税 Value-added Tax Payable in Current Year
13802675	**2887463**	**15834674**	**1455330**	**16307701**	**5104458**	**14923829**	**8194272**
10270730	**2445768**	**12639906**	**1232153**	**12996177**	**4396014**	**9795551**	**6093449**
3349053	641394	5250602	170687	5282802	1445428	3610138	2396703
3967895	1199062	3069495	227241	3152922	1996267	3522378	1569323
334839	9042	691698	113632	807481	135591	282043	207162
162440	30589	236290	531952	245225	53176	118632	131752
689312	153915	811981	46600	840797	321382	585679	377927
66405	6187	171824	8006	178324	29662	76862	105695
25489	849	39484	547	39755	10006	24108	23340
38438	3070	56915	846	57244	14779	54078	43028
97735	13132	151716	5243	153065	24921	120284	74568
20086	418	37565	99	37113	10052	18070	18741
718321	206266	846162	22013	858406	103161	560067	492869
172326	25629	143031	8867	148705	40017	185875	172277
111771	28967	72160	14744	69787	28594	138793	85737
35911	2470	62610	6410	67775	7446	41846	17135
106304	61309	60880	52690	108272	23956	86792	85566
88202	21564	286200	5696	289235	69544	79406	103784
46456	16389	76621	6212	80755	10606	45235	39786
46635	3839	134608	8693	140256	24562	59039	36816
20511	2153	40277	288	39986	8725	21131	18672
103583	19131	186789	505	186617	31432	50513	76636
69020	393	213000	1186	211654	6708	114583	15933
3531944	**441695**	**3194768**	**223177**	**3311523**	**708443**	**5128278**	**2100823**
1050260	108154	818956	59110	847480	168160	1584398	574501
1077755	97245	814944	81057	868021	256139	1692612	564985
105037	11740	152509	8307	156333	36754	131031	38726
59819	9632	53446	2087	52520	9610	57663	43032
238624	47337	151422	17509	165641	43284	298412	185995
26095	5152	6957	1241	7599	7530	42259	19163
26765	10668	13952	911	13527	1614	36105	10823
30624	4159	10609	2219	11516	1657	42955	16190
99973	22371	94780	3818	96123	24432	146170	65962
12072	1317	-2144	567	-3061	153	20396	9341
229459	55610	209566	14662	218319	42337	345613	152152
149353	13978	413983	15494	418392	57296	201200	205829
59836	9477	36323	4297	37821	8860	110225	40334
13591	3872	48517	346	48367	2059	30137	12689
49208	5430	100064	2318	99893	12789	107916	21948
61840	7184	31520	3140	31942	5760	65965	17679
104129	4776	34082	2860	35129	5505	78743	36989
28213	5822	10147	1154	10963	5504	42359	36873
9761	1641	4514	129	4222	1646	12987	4779
81448	13485	181519	1388	181716	15268	49765	34538
18083	2648	9105	565	9063	2087	31368	8298

主要统计指标解释

社会消费品零售总额 指各种经济类型的批发零售业、住宿餐饮业和其他行业的企业（单位）或个体户，售予城乡居民用于生活消费和社会集团用于公共消费的商品金额的总和。

批发零售业商品购进总额 指从本企业以外的单位和个人购进（包括从国外直接进口）作为转卖或加工后转卖的商品金额。本指标由“从生产者购进额”、“从批发零售业购进额”、“进口额”和“其他购进”组成。 这个指标反映批发零售企业从国内、国外市场上购进商品的总量。

批发零售业商品销售总额 指售予本企业以外的单位和个人的商品金额（包括对国（境）外直接出口及售给本单位消费用的商品）。本指标由“对生产经营单位批发额”、“对批发零售业批发额”、“出口额”和“对居民和社会集团商品零售额”项目组成。这个指标反映批发零售业在国内市场上销售商品以及出口商品的总量。

批发 指除零售以外的一切商品销售活动。包括对生产经营单位批发、对批发零售业批发和出口。

对生产经营单位批发 指售给国民经济和社会各部门作为生产或经营使用的商品。

零售 指出售城乡居民用于生活消费商品和社会集团直接用于公用消费商品的活动。

批发零售业年末库存总额 指批发零售企业已取得所有权的全部商品。这个指标反映批发零售贸易企业的商品库存情况，对市场商品供应的保证程度。

批发零售业住宿餐饮业法人单位 指各种经济类型独立核算法人批发零售企业、住宿餐饮企业的单位个数。法人单位应同时具备以下条件：1. 依法成立，有自己的名称、组织机构和场所，能够独立承担民事责任；2. 独立拥有和使用资产，承担负债，有权与其他单位签订合同；3. 独立核算盈亏，并能够编制资产负债表。

批发业 是指从工农业生产者或从商品流通企业单位和个体户购进商品，转卖给工业、农业、建筑业、运输邮电业、住宿餐饮业、服务业等生产经营单位作为生产经营用，以及将商品转卖给其他批发企业或零售企业的商品流通企业(单位)和个体户。

零售业 是指从工农业生产者、批发业或居民购进商品，转卖给城乡居民作为生活消费和售给社会集团作为公共消费的商品流通企业(单位)和个体户。

Explanatory Notes on Main Statistical Indicators

Total Retail Sales of Consumer Goods refer to the sum of retail sales of consumer goods sold by enterprises (establishments) or individuals in wholesale, retail trade, accommodations, catering services and other industries of various types of ownership to urban and rural households for living consumption and to social institutions for public consumption.

Total Purchases of Commodities by Wholesale and Retail Trades refer to the purchases of commodities from other establishments or individuals (including direct import from abroad) for the purpose of reselling, either with or without further processing of the commodities purchased This indicator includes the purchases from producers, the purchases from wholesale and retail trades, imports and other purchases It is used to show the total value of purchases of commodities by wholesale and retail establishments from domestic and overseas markets.

Total Sales of Commodities by Wholesale and Retail Trades refer to the value of commodities sold to other establishments and individuals (including direct export and commodities sold to the sellers themselves for consumption). This indicator includes the value of wholesale to production and operation units, the value of wholesale to wholesale and retail trades, exports and retail sales to urban and rural households and social institutions It is an indicator of the total value of sales of commodities at domestic markets and export.

Wholesale refers to all selling activities of commodities except retail trade, including wholesale to production and operation units, wholesale to wholesale and retail trades and export.

Wholesale to Production and Operation Units refers to commodities sold to departments of national economy and social departments for their production and operation.

Retail Sale refers to the selling of commodities to urban and rural households for living consumption and to social institutions for direct public consumption.

Total Inventory of Wholesale and Retail Trades at the Year-end refers to the total commodities possessed by wholesale and retail enterprises, which reflects the commodity stock level of various wholesale and retail enterprises and the potential for market supply.

Corporate Units in Wholesale and Retail Trades, Accommodations and Catering Services refer to the number of corporate enterprises of various types of ownership in the wholesale and retail trades, accommodations and catering services with independent accounting systems An enterprise can be called a corporate enterprise only when it simultaneously meets the following requirements:(1)It is established according to law, with its own name, organization and location for business operation, as well as the capability to independently assume civil responsibility (2)It owns and uses its assets independently, assumes liabilities and is entitled to sign contracts with other units (3)It has an independent accounting system and is able to compile balance sheets.

Wholesale Trade refers to the commodity circulation enterprises (establishments) and individuals which purchase commodities from producers in industry and agriculture or from commodity circulation enterprises and individuals for the purpose of reselling them to establishments in industry, agriculture, construction, transportation, postal and telecommunications services, accommodations and catering services and other services for their production and operation as well as reselling them to other wholesale or retail enterprises.

Retail Trade refers to the commodity circulation enterprises (establishments) and individuals which purchase commodities from producers in industry and agriculture, wholesale trade or residents for the purpose of reselling them to urban and rural households for living consumption and to social institutions for public consumption.

十七、住宿餐饮业和旅游

HOTELS，CATERING SERVICES AND TOURISM

十七　住宿餐饮业和旅游

简要说明

一、本篇资料主要反映住宿和餐饮业的基本情况、经营情况和旅游产业的发展情况。主要内容包括：限额以上住宿和餐饮业基本情况、经营情况、财务情况；连锁餐饮业经营情况；经广东口岸入境游客人数（港澳台和外国人）、城市接待国内外旅游人数、旅行社组织接待人数、以及旅游收入等基本情况。

二、本篇资料来源

本篇资料中住宿和餐饮业主要根据国家统计局《住宿和餐饮业统计报表制度》进行搜集和加工整理；旅游资料主要由广东省旅游局提供。入境游客人数由广州、深圳、珠海、汕头出入境边防检查站，武警广东省边防总队所报资料汇总而得。

三、本篇资料的统计范围

限额以上住宿和餐饮业的企业、个体户；餐饮连锁集团；旅行社、星级饭店和旅游者。住宿业年主营业务收入 200 万元及以上；餐饮业年主营业务收入 200 万元及以上。

四、本篇的调查方法

限额以上住宿和餐饮业资料采用全面调查的方法自下而上逐级综合汇总而得，限额以下企业及个体户资料采用抽样调查方法推算而得。旅游部门基本情况、住宿设施接待人数、旅行社接待人数由各基层企业上报汇总，城市接待旅游人数、国内外旅游收入根据抽样调查资料测算。

五、本篇资料由广东省统计局贸易外经处整理、编辑。

17 Hotels,Catering Services and Tourism

Brief Introduction

Ⅰ. Data in this chapter reflect the development of hotel and catering services and tourism in China. They mainly include: the basic conditions, operating and financial status of hotel and catering services above the designated size; the operating status of chain catering services; number of international tourists entering China through ports in Guangdong (including foreigners, Chinese compatriots from Hong Kong, Macao and Taiwan), number of domestic and international tourists received by cities, number of tourists received by travel agencies, and earnings from tourism, etc.

Ⅱ. Data sources :

The data are collected and processed in accordance with the Statistical Reporting Scheme on Accommodations and Catering Services stipulated by the National Bureau of Statistics. The data in this chapter are provided by Guangdong Provincial Tourism Administration. Number of international tourists entering China through ports in Guangdong is a summary of data provided by the frontier inspection posts of Guangzhou, Shenzhen, Zhuhai, and Shantou, as well as the Guangdong Provincial Command of the Chinese People's Armed Police Force.

Ⅲ. The statistical coverage in this chapter comes as follows:

Data in this chapter cover the enterprises of hotel and catering services above the designated size, self-employed households of hotel and catering services; chain catering services, travel agencies, star-rated hotels and tourists; hotels with annual turnover of 2 million yuan or above, and catering services with annual turnover of 2 million yuan or above.

Ⅳ. The statistical coverage in this chapter comes as follows:

Data on basic conditions for all corporate enterprises of accommodations and catering services above the designated size are collected through comprehensive reporting systems and data are reported level by level in a bottom-up manner. Data on small-size enterprises and individual enterprises below the designated size are collected through sample surveys. Basic statistics on tourist agencies, the number of tourists received by lodging facilities, and the number of tourists received by travel agencies are summaries of reports from various enterprises, whereas the number of tourists received by cities and earnings from domestic and international tourism are estimates from sample surveys.

V. The data in this chapter are prepared and edited by the Division of Trade and External Economic Relations Statistics of Statistics Bureau of Guangdong Province.

17-1 住宿、餐饮业、旅游主要指标

Main Indicators on Hotels, Catering Services and Tourism

指　标	Item	2000	2010	2014	2015	2016	2017	2018
限额以上住宿餐饮业营业额（亿元）	**Business Revenue from Hotels and Catering Services above Designated Size (100 million yuan)**		**901.95**	**1505.74**	**1600.72**	**1564.69**	**1499.70**	**1466.90**
#客房收入	Revenue from Accommodations		189.48	316.78	326.56	327.15	330.91	316.84
餐费收入	Revenue from Restaurants		645.66	1078.63	1153.00	1110.15	1026.89	1003.66
商品销售收入	Revenue from Sales of Commodities		15.17	25.77	30.78	32.26	45.03	44.28
旅行社数（个）	**Number of Travel Agencies (unit)**	**504**	**1292**	**1984**	**2150**	**2345**	**2639**	**2962**
旅行社从业人员（人）	**Engaged Persons of Travel Agencies (person)**		**37841**	**55853**	**62779**	**65348**	**66522**	**66369**
星级宾馆(酒店)数(个)	**Number of Star-rated Hotels (unit)**	**750**	**1209**	**1012**	**960**	**861**	**771**	**739**
接待过夜旅游者人数（万人次）	**Number of Tourists Staying Overnight Received (10000 person-times)**	**7662.95**	**21283.05**	**32761.25**	**36225.18**	**39718.47**	**44385.26**	**49000.85**
入境旅游者	Inbound Tourists	1198.94	3141.09	3355.45	3445.36	3518.38	3645.50	3748.06
外国人	Foreigners	212.85	732.25	775.19	781.83	824.93	861.54	862.37
港澳同胞	Chinese Compatriots from Hong Kong and Macao	813.84	2091.07	2301.17	2382.48	2418.00	2501.83	2604.42
台湾同胞	Chinese Compatriots from Taiwan	172.25	316.74	279.09	281.05	275.45	282.13	281.27
国内旅游者	Domestic Tourists	6464.01	18141.96	29405.80	32779.82	36200.09	40739.76	45252.79
旅行社组织接待人数（万人）	**Number of Visitors Received by Travel Agencies (10000 persons)**	**653.41**	**2409.36**	**2336.49**	**2498.08**	**2701.52**	**2820.40**	**2856.54**
入境游客	Overseas Visitor Arrivals	264.22	448.74	348.46	341.33	371.59	394.14	346.99
国内游客	Domestic Visitors	389.19	1960.62	1988.03	2156.75	2329.93	2426.26	2509.55
团体出境旅游人数（万人）	**Number of Outbound Visitors in Group Tours (10000 persons)**	**116.20**	**426.52**	**860.54**	**899.53**	**1021.24**	**988.54**	**1035.42**
港澳游	Visits to Hong Kong and Macao	86.07	276.74	498.48	467.56	456.74	434.48	431.44
其他	Others	30.13	149.78	362.06	431.97	564.50	554.06	603.98
旅游收入（亿元）	**Earnings from Tourism(100 million yuan)**	**1149.95**	**3809.44**	**7850.56**	**9080.76**	**10433.81**	**11994.79**	**13610.65**
旅游外汇收入	Foreign Exchange Earnings	340.08	844.85	1049.31	1104.16	1233.51	1327.65	1357.35
国内旅游收入	Domestic Tourism Earnings	809.87	2964.59	6801.25	7976.60	9200.30	10667.14	12253.30

注：2000年香港同胞包括澳门同胞。
Note: In 2000, data of Chinese compatriots from Hong Kong include those from Macao.

17-2 限额以上住宿业经营情况（2018年）

Business of Hotels above Designated Size (2018)

单位：万元 (10000 yuan)

项　　目	Item	企业(单位)数(个) Number of Enterprises (unit)	营业额合计 Business Revenue	#客房收入 Revenue from Hotels	#餐费收入 Revenue from Restaurants	#商品销售收入 Revenue from Sales of Commodities
住宿业合计	**Total Accommodations**	**2610**	**5898739**	**3126420**	**1799103**	**117313**
#国有及国有控股	State-owned and State-controlled Enterprises	201	953944	477190	306158	8964
按登记注册类型分组	By Status of Registration					
内资企业	Domestic-funded Enterprises	2172	4656203	2451047	1384676	84099
国有企业	State-owned Enterprises	90	249528	114706	81687	4863
集体企业	Collective-owned Enterprises	26	24177	9840	8294	122
股份合作企业	Share-holding Cooperative Enterprises	4	1177	752	356	8
联营企业	Joint-operation Enterprises	2	2582	2269	93	112
国有联营企业	State-owned Joint-operation Enterprises	1	2407	2202	93	112
集体联营企业	Collective Joint-operation Enterprises	1	175	67		
国有与集体联营企业	State-collective Joint-operation Enterprises					
其他联营企业	Other Joint-operation Enterprises					
有限责任公司	Limited Liability Corporations	785	2499722	1221721	745548	56201
国有独资企业	State Sole Investment Enterprises	42	264353	126008	102437	2493
其他有限责任公司	Other Limited Liability Companies	743	2235369	1095714	643111	53708
股份有限公司	Share-holding Corporations Ltd.	45	159633	62750	63139	2847
私营企业	Private Enterprises	1217	1717499	1038327	484436	19947
私营独资企业	Private Sole Investment Enterprises	144	115125	71029	28701	2245
私营合伙企业	Private Partnership Enterprises	27	29650	15300	9489	272
私营有限责任公司	Private Limited Liability Corporations	1030	1553674	942224	439007	17083
私营股份有限公司	Private Share-holding Corporations Ltd.	16	19050	9774	7239	348
其他企业	Other Enterprises	3	1886	682	1125	
港、澳、台商投资企业	Enterprises with Investment from Hong Kong,Macao and Taiwan	132	665282	313936	250344	22037
合资经营企业	Joint Ventures	47	201869	94422	71326	5668
合作经营企业	Cooperative Enterprises	22	135893	67019	48830	7277
独资经营企业	Sole Investment Enterprises	60	326153	151442	129961	9088
投资股份有限公司	Share-holding Corporations Ltd.	1	715	715		
其他港澳台投资企业	Others	2	652	338	227	4
外商投资企业	Enterprises with Foreign Investment	62	429731	240947	141610	9219
中外合资经营企业	Sino-foreign Joint Ventures	19	93491	51755	33947	920
中外合作经营企业	Sino-foreign Cooperative Enterprises	12	68465	23137	28441	4567
外资企业	Foreign-funded Enterprises	26	216692	143085	52920	3299
外商投资股份有限公司	Share-holding Corporations Ltd.	2	1222	1087	114	13
其他外商投资企业	Others	3	49860	21882	26190	421
个体工商户	Self-employed Individuals	244	147524	120489	22474	1957
按国民经济行业分组	By Economic Sector					
旅游饭店	Tourist Hotels	1418	4718065	2276752	1594191	102855
一般旅馆	General Hotels	1056	1043391	750401	179084	11945
其它住宿服务	Others	136	137283	99266	25828	2514

17-3 限额以上餐饮业经营情况（2018年）

Business of Catering Services Enterprises above Designated Size (2018)

单位：万元 (10000 yuan)

项　目	Item	企业(单位)数(个) Number of Enterprises (unit)	营业额 Business Revenue	#客房收入 Revenue from Hotels	#餐费收入 Revenue from Restaurants	#商品销售收入 Revenue from Sales of Commodities
餐饮业合计	**Total Catering Services**	**5144**	**9531556**	**246817**	**8655185**	**420594**
#国有及国有控股	State-owned and State-controlled Enterprises	47	304850	25830	206507	39455
按登记注册类型分	By Status of Registration					
内资企业	Domestic-funded Enterprises	3208	5440094	217567	4739862	324970
国有企业	State-owned Enterprises	19	50629	11545	33901	318
集体企业	Collective-owned Enterprises	25	41087	10177	20635	2964
股份合作企业	Share-holding Cooperative Enterprises	29	42397		42394	3
联营企业	Joint-operation Enterprises					
国有联营企业	State-owned Joint-operation Enterprises					
集体联营企业	Collective Joint-operation Enterprises					
国有与集体联营企业	State-collective Joint-operation Enterprises					
其他联营企业	Other Joint-operation Enterprises					
有限责任公司	Limited Liability Corporations	728	1849501	82849	1567078	141912
国有独资企业	State Sole Investment Enterprises	9	34911	1015	20548	4696
其他有限责任公司	Other Limited Liability Companies	719	1814589	81834	1546530	137215
股份有限公司	Share-holding Corporations Ltd.	33	150997	1698	107935	33588
私营企业	Private Enterprises	2366	3301591	110838	2964489	146185
私营独资企业	Private Sole Investment Enterprises	478	329430	14238	305321	6137
私营合伙企业	Private Partnership Enterprises	70	80144	2106	77121	364
私营有限责任公司	Private Limited Liability Corporations	1786	2851002	87540	2550231	139064
私营股份有限公司	Private Share-holding Corporations Ltd.	32	41015	6954	31816	621
其他企业	Other Enterprises	8	3892	461	3431	
港、澳、台商投资企业	Enterprises with Investment from Hong Kong, Macao and Taiwan	216	1418396	6895	1337951	60115
合资经营企业	Joint Ventures	34	99903	972	88866	9201
合作经营企业	Cooperative Enterprises	11	82951	335	77420	1747
独资经营企业	Sole Investment Enterprises	168	1230640	5588	1166764	49168
投资股份有限公司	Share-holding Corporations Ltd.	2	730		729	
其他港澳台投资企业	Others	1	4172		4172	
外商投资企业	Enterprises with Foreign Investment	67	1664448	6863	1598863	25214
中外合资经营企业	Sino-foreign Joint Ventures	12	427571	1084	423429	80
中外合作经营企业	Sino-foreign Cooperative Enterprises	2	4418	2228	1912	262
外资企业	Foreign-funded Enterprises	48	1196653	402	1155144	10712
外商投资股份有限公司	Share-holding Corporations Ltd.	2	21685	3149	4256	14160
其他外商投资企业	Others	3	14122		14122	
个体工商户	Self-employed Individuals	1653	1008618	15491	978509	10294
按国民经济行业分	By Economic Sector					
正餐服务业	Restaurant Service	4631	5705610	245960	5183559	136642
快餐服务业	Fast Food Service	195	2439496	145	2368965	27145
饮料及冷饮服务业	Beverage and Cold Drink Service	60	679269	308	567052	110450
其他餐饮服务业	Other Services	258	707182	403	535609	146357

17-4 各市限额以上住宿餐饮业经营情况（2018年）

Business of Enterprises above Designated Size of Hotels and Catering Services by City (2018)

单位：万元 (10000 yuan)

市别	Item	企业(单位)数(个) Number of Enterprises (unit)	营业额 Business Revenue	#客房收入 Revenue from Hotels	#餐费收入 Revenue from Restaurants	#商品销售收入 Revenue from Sales of Commodities
合计	**Total**	**7754**	**15430295**	**3373237**	**10454288**	**537907**
住宿业	**Accommodation**	**2610**	**5898739**	**3126420**	**1799103**	**117313**
广州	Guangzhou	568	1399853	796454	359515	13239
深圳	Shenzhen	420	1455795	890844	411785	6469
珠海	Zhuhai	132	741725	299703	182528	39400
汕头	Shantou	105	133904	73170	42660	2615
佛山	Foshan	181	310605	133737	136321	10054
韶关	Shaoguan	74	84337	43834	28147	2198
河源	Heyuan	66	80309	44416	27466	3236
梅州	Meizhou	41	54110	23770	22010	1786
惠州	Huizhou	136	239177	129412	78986	8007
汕尾	Shanwei	27	25242	15538	8482	262
东莞	Dongguan	193	464294	199151	204641	5695
中山	Zhongshan	129	187878	86894	71634	1617
江门	Jiangmen	117	177751	76728	59144	8367
阳江	Yangjiang	41	45535	33382	7618	128
湛江	Zhanjiang	84	99470	52400	35536	2023
茂名	Maoming	70	62279	42801	13413	890
肇庆	Zhaoqing	63	63835	37234	21288	963
清远	Qingyuan	62	116875	61310	37203	2019
潮州	Chaozhou	28	18293	11352	4834	340
揭阳	Jieyang	43	101692	55325	34664	5942
云浮	Yunfu	30	35782	18966	11229	2062
餐饮业	**Catering Service**	**5144**	**9531556**	**246817**	**8655185**	**420594**
广州	Guangzhou	1159	3372128	47711	3103207	144016
深圳	Shenzhen	875	3130491	46503	2869775	150320
珠海	Zhuhai	196	271174	535	261472	7938
汕头	Shantou	114	98644	203	97950	220
佛山	Foshan	335	364258	16770	333066	8470
韶关	Shaoguan	85	40955	6638	33618	201
河源	Heyuan	130	69145	5525	59920	3232
梅州	Meizhou	45	30601	5944	23643	844
惠州	Huizhou	214	190973	25489	147827	8213
汕尾	Shanwei	48	31366	2422	27761	101
东莞	Dongguan	458	682358	8619	590435	72737
中山	Zhongshan	284	309954	602	297211	665
江门	Jiangmen	303	214023	3759	207321	986
阳江	Yangjiang	120	115904	6529	104310	1206
湛江	Zhanjiang	216	204794	16847	178431	4279
茂名	Maoming	197	111255	9001	100369	1022
肇庆	Zhaoqing	140	86954	6097	73584	4283
清远	Qingyuan	62	48219	6583	39007	845
潮州	Chaozhou	68	38744	1788	34844	1469
揭阳	Jieyang	69	101696	26770	56512	9076
云浮	Yunfu	26	17923	2483	14921	473

17-5 限额以上连锁住宿餐饮业经营情况（2018年）

Business of Chain Stores above Designated Size in Hotels and Catering Services (2018)

项　目	Item	连锁总店数(个) Number of General Chain Stores (unit)	营业收入(万元) Total Business Revenue (10000 yuan)	#零售额(万元) Retail Sales (10000 yuan)	营业面积(平方米) Operational Area (sq.m)
住宿餐饮业合计	**Catering Service**	**81**	**3034612**	**2849672**	**1447017**
按注册登记类型分	By Status of Registration				
内资企业	Domestic-funded Enterprises	46	703684	651671	373490
国有企业	State-owned Enterprises	2	31903	27958	3813
集体企业	Collective-owned Enterprises	1	10338	9093	11300
股份合作企业	Cooperative Enterprises	1	627	627	1040
有限责任公司	Limited Liability Corporations	17	351562	333620	174415
股份有限公司	Share-holding Enterprises	2	112888	102519	64709
私营企业	Private Enterprises	23	196366	177855	118213
其他企业	Other Enterprises				
港、澳、台商投资企业	Enterprises with Investment from Hong Kong, Macao and Taiwan	19	828280	728600	278234
合资经营企业(港或澳、台资)	Joint Ventures	2	29406	29406	15296
合作经营企业(港或澳、台资)	Cooperative Enterprises	1	22508	22508	15000
港、澳、台商独资经营企业	Sole Investment Enterprises	16	776366	676686	247938
港、澳、台商投资股份有限公司	Share-holding Corporations Ltd.				
外商投资企业	Enterprises with Foreign Investment	16	1502648	1469400	795293
中外合资经营企业	Sino-foreign Joint Ventures	3	441816	412974	212824
中外合作经营企业	Sino-foreign Cooperative Enterprises				
外资企业	Foreign-funded Enterprises	12	1059414	1055009	582069
其他外商投资企业	Others	1	1418	1418	400
按行业分	By Sector				
旅游饭店	Tour Hotel	5	147601	522	2651
一般旅馆	General Hotel	7	30901	489	1895
正餐服务	Restaurant	23	391694	389442	241219
快餐服务	Fast Food	36	2097718	2092523	1065184
饮料及冷饮服务	Beverages and Cold Drinks Services	8	365346	365346	135236
其他餐饮业	Other Catering Industries	2	1351	1351	832

17−5 续表 continued

项 目	Item	就业人数(人) Number of Employed Persons (person)	连锁门店数(个) Number of Branch Chain Stores (unit)	直营店(个) Under Direct Management (unit)	加盟店(个) Through License Arrangement (unit)
住宿餐饮业合计	**Catering Service**	**127051**	**4705**	**4632**	**73**
按注册登记类型分	By Status of Registration				
内资企业	Domestic-funded Enterprises	29095	1455	1432	23
国有企业	State-owned Enterprises	793	57	57	
集体企业	Collective-owned Enterprises	480	2	2	
股份合作企业	Share-holding Cooperative Enterprises	20	2	2	
有限责任公司	Limited Liability Corporations	15869	853	831	22
股份有限公司	Share-holding Corporations Ltd.	3042	24	23	1
私营企业	Private Enterprises	8891	517	517	
其他企业	Other Enterprises				
港、澳、台商投资企业	Enterprises with Investment from Hong Kong, Macao and Taiwan	30669	1176	1126	50
合资经营企业 (港或澳、台资)	Joint Ventures	914	29	29	
合作经营企业 (港或澳、台资)	Cooperative Enterprises	522	4	4	
港、澳、台商独资经营企业	Sole Investment Enterprises	29233	1143	1093	50
港、澳、台商投资股份有限公司	Share-holding Corporations Ltd.				
外商投资企业	Enterprises with Foreign Investment	67287	2074	2074	
中外合资经营企业	Sino-foreign Joint Ventures	26151	468	468	
中外合作经营企业	Sino-foreign Cooperative Enterprises				
外资企业	Foreign-funded Enterprises	40986	1598	1598	
其他外商投资企业	Others	150	8	8	
按行业分	By Sector				
旅游饭店	Tourist Hotel	2186	86	86	
一般旅馆	General Hotel	843	87	87	
正餐服务	Restaurant	14793	310	309	1
快餐服务	Fast Food	97480	3069	3022	47
饮料及冷饮服务	Beverages and Cold Drinks Services	11668	1143	1121	22
其他餐饮业	Other Catering Industries	81	10	7	3

17-6 限额以上住宿餐饮企业财务状况（2018年）

Financial Indicators of Enterprises above Designated Size in Hotels and Catering Services (2018)

单位：万元 (10000 yuan)

项　目	Item	住宿和餐饮业合计 Total Hotels and Catering Services	住宿业 Hotels Services	餐饮业 Catering Services
企业数 (个)	Number of Enterprises (unit)	5857	2366	3491
年初存货	Inventory at the Year-beginning	553738	399078	154660
流动资产合计	Circulating Assets	13398812	10122381	3276432
#存货	Inventory	569690	381530	188160
固定资产原价	Original Value of Fixed Assets	12664514	10249110	2415404
累计折旧	Accumulated Depreciation	6121378	4956632	1164746
#本年折旧	Depreciation Drawn in Current Year	664007	491861	172145
资产合计	Total Assets	25452227	19483838	5968390
负债合计	Total Liabilities	21345133	17227334	4117799
所有者权益合计	Total Creditors' Equity	4107226	2256264	1850963
实收资本	Paid-up Capital	6865338	5224513	1640825
#国家资本	State Capital	949021	895729	53292
集体资本	Collective Capital	70516	60106	10411
法人资本	Legal Person Capital	3037209	2403205	634004
个人资本	Personal Capital	1382991	878346	504645
港澳台资本	Capital from Hong Kong, Macao and Taiwan	1043032	759704	283328
外商资本	Foreign Capital	382569	227424	155145
营业收入	Business Revenue	13682266	5551491	8130775
#主营业务收入	Main Business Revenue	13544714	5459414	8085300
营业成本	Business Costs	6105504	2155546	3949958
#主营业务成本	Main Business Costs	6041829	2121134	3920695
营业税金及附加	Tax and Extra Charges on Business	111856	73171	38686
#主营业务税金及附加	Tax and Extra Charges on Main Business	101395	65507	35888
其它业务利润	Profits from Other Businesses	128686	56837	71849
销售费用	Marketing Expenses	4332869	1544712	2788157
管理费用	Management Expenses	2410011	1446737	963274
财务费用	Financial Expenses	330666	285909	44757
#利息支出	Interests	232518	208972	23546
营业利润	Business Profits	433264	68701	364563
营业外收入	Non-operating Revenue	104959	83022	21937
利润总额	Total Profits	489608	125897	363711
所得税费用	Income Taxes Expenses	177163	72996	104167
本年应付职工薪酬	Total Wages Payable in Current Year	3418520	1528843	1889677

17-7 限额以上住宿企业财务状况（2018年）

单位:万元

项　目	Item	企业数(个) Number of Enterprises (unit)	年初库存 Beginning Inventory	流动资产合计 Circulating Assets	固定资产原价 Original Value of Fixed Assets
住宿业合计	**Total Hotels**	**2366**	**399078**	**10122381**	**10249110**
#国有及国有控股	State-owned and State-controlled Enterprises	201	30408	1264869	1980181
按登记注册类型分	By Status of Registration				
内资企业	Domestic-funded Enterprises	2172	151875	6432597	7436651
国有企业	State-owned Enterprises	90	8686	209030	470937
集体企业	Collective-owned Enterprises	26	576	15583	47685
股份合作企业	Share-holding Cooperative Enterprises	4	87	443	3662
联营企业	Joint-operation Enterprises	2	147	7679	8102
国有联营企业	State-owned Joint-operation Enterprises	1	144	7613	6366
集体联营企业	Collective Joint-operation Enterprises	1	3	65	1736
国有与集体联营企业	State-collective Joint-operation Enterprises				
其他联营企业	Other Joint-operation Enterprises				
有限责任公司	Limited Liability Corporations	785	103270	3954301	4545552
国有独资企业	State Sole Investment Enterprises	42	3123	325388	572468
其他有限责任公司	Other Limited Liability Companies	743	100147	3628913	3973084
股份有限公司	Share-holding Corporations Ltd.	45	3855	311964	292079
私营企业	Private Enterprises	1217	35245	1933422	2064778
私营独资企业	Private Sole Investment Enterprises	144	2437	74793	125730
私营合伙企业	Private Partnership Enterprises	27	700	16036	26574
私营有限责任公司	Private Limited Liability Corporations	1030	31805	1825592	1891485
私营股份有限公司	Private Share-holding Corporations Ltd.	16	303	17002	20988
其他企业	Other Enterprises	3	9	177	3857
港、澳、台商投资企业	Enterprises with Investment from Hong Kong, Macao and Taiwan	132	228092	1236641	1828370
合资经营企业	Joint Ventures	47	44380	438583	487083
合作经营企业	Cooperative Enterprises	22	2225	154979	376106
独资经营企业	Sole Investment Enterprises	60	181472	642850	964655
投资股份有限公司	Share-holding Corporations Ltd.	1	13	157	297
其他港澳台商投资企业	Others	2	1	73	229
外商投资企业	Enterprises with Foreign Investment	62	19112	2453143	984089
中外合资经营企业	Sino-foreign Joint Ventures	19	1667	157818	372108
中外合作经营企业	Sino-foreign Cooperative Enterprises	12	2075	76812	155547
外资企业	Foreign-funded Enterprises	26	15370	2216177	454550
外商投资股份有限公司	Share-holding Corporations Ltd.	2		-1692	1882
其它外商投资企业	Others	3		4027	2
按国民经济行业分	By Economic Sector				
旅游饭店	Tourist Hotels	1367	379826	8798345	9116446
一般旅馆	General Hotels	916	17162	1170683	1028537
其它住宿服务	Others	83	2090	153353	104127
按控股情况分组	By Holdings				
国有控股	State Holdings	201	30408	1264869	1980181
集体控股	Collective Holdings	37	928	22572	72735
私人控股	Private Holdings	1644	98533	3915546	4485736
港澳台商控股	Hongkong,Macaw and Taiwan Holdings	107	225423	1066942	1529613
外商控股	Foreign Holdings	38	16108	2327823	539073
其他	Others	328	25344	1487412	1553795
按星级分组	By sStar Rating				
五星	Five Star	123	212443	2620267	3026699
四星	Four Star	209	27812	1093573	1144409
三星	Three Star	320	31891	2341815	648298
二星	Two Star	49	1630	38672	70656
一星	One Star	12	113	6575	11603
其他	Others	1653	125188	4021478	5347446

Financial Indicators of Hotels above Designated Size (2018)

(10000 yuan)

累计折旧 Accumulated Depreciation	本年折旧 Depreciation Drawn in Current Year	资产合计 Total Assets	负债合计 Total Liabilities	所有者权益合计 Total Creditors' Equity	实收资本 Paid-up Capital	营业收入 Business Revenue	主营业务收入 Main Business Revenue	营业成本 Business Costs
4956632	**491861**	**19483838**	**17227334**	**2256264**	**5224513**	**5551491**	**5459414**	**2155546**
1035942	71056	3022948	1559233	1463716	1009365	908155	887475	312600
3377064	391485	13767722	12130478	1637004	3697949	4467786	4389124	1755564
264794	12378	549131	183194	365937	198237	234962	228613	69091
31648	2866	43315	49357	-6041	23756	23633	22792	9800
2613	1776	4180	4005	175	1996	1164	1164	403
5780	79	11048	1370	9678	8000	2582	2582	171
5780	79	9058	947	8111	6000	2407	2407	167
		1990	424	1567	2000	175	175	4
1968349	256234	8620963	7672226	948348	1801503	2399035	2352904	963829
262989	16698	895947	469140	426807	314708	251612	247433	101294
1705360	239537	7725016	7203087	521540	1486795	2147423	2105471	862535
152017	11927	631573	271304	360269	226604	152649	149773	61164
950804	106188	3904540	3947685	-42996	1435801	1651947	1629480	649984
58844	4687	169934	105676	64053	63066	111239	110446	56486
11575	1072	33090	25657	7433	9229	28333	27852	12438
865623	97977	3653162	3780366	-126849	1346106	1494431	1473292	570699
14761	2452	48353	35986	12367	17400	17944	17890	10362
1061	37	2973	1337	1635	2053	1815	1815	1122
1067380	72700	2642483	2192019	450464	1104365	681908	675646	237710
333959	26509	785142	806889	-21747	197627	193688	192450	63735
189485	14684	424108	295256	128852	239647	130346	130216	45206
543622	31461	1432740	1085395	347345	666941	356562	351669	128485
245	29	221	3978	-3757	50	674	674	162
69	19	272	501	-229	100	637	637	122
512188	27677	3073633	2904838	168795	422199	401797	394645	162273
129970	11812	447515	569534	-122019	67554	90939	88160	22475
115800	1874	149601	196727	-47125	99576	64694	63797	16594
265194	13905	2472289	2215617	256673	253022	198003	194527	96431
1223	85	200	895	-695	1269	1160	1160	140
1	1	4028	-77935	81962	778	47000	47000	26633
4444767	434027	17092472	15449458	1643369	4403577	4532583	4453548	1718026
468608	51886	2152731	1597739	554397	770991	915018	902615	396572
43257	5949	238634	180137	58497	49946	103890	103251	40948
1035942	71056	3022948	1559233	1463716	1009365	908155	887475	312600
41575	3502	68977	60017	8961	30361	46416	43568	25285
1849876	270791	8667065	8499074	167752	2195380	2908598	2871906	1217129
913240	62924	2221739	1882424	339315	988500	573265	565065	202978
319613	17328	2623964	2352117	271847	324553	248222	243386	108022
741566	63634	2801554	2862765	-61212	597349	837225	819193	280105
1751829	101366	4983487	3994630	988856	1901500	1345324	1327850	431111
654402	61530	2284090	1987770	296674	561124	703477	686494	240718
405314	26553	2841089	2470975	370114	464499	468153	454152	172609
50601	2755	77073	80909	-3836	44311	46589	44497	16371
4627	558	19106	11674	7433	7995	15660	15477	4610
2089859	299099	9278994	8681376	597023	2245085	2972288	2930944	1290128

17-7 续表

单位：万元

项　　目	Item	主营业务成本 Main Business Costs	营业税金及附加 Tax and Extra Charges on Business	主营业务税金及附加 Tax and Extra Charges on Main Business
住宿业合计	**Total Hotels**	**2121134**	**73171**	**65507**
#国有及国有控股	State-owned and State-controlled Enterprises	303889	18472	16483
按登记注册类型分	By Status of Registration			
内资企业	Domestic-funded Enterprises	1725951	58401	52784
国有企业	State-owned Enterprises	68411	3835	3661
集体企业	Collective-owned Enterprises	9584	350	333
股份合作企业	Share-holding Cooperative Enterprises	363	9	9
联营企业	Joint-operation Enterprises	171	33	19
国有联营企业	State-owned Joint-operation Enterprises	167	17	17
集体联营企业	Collective Joint-operation Enterprises	4	16	2
国有与集体联营企业	State-collective Joint-operation Enterprises			
其他联营企业	Other Joint-operation Enterprises			
有限责任公司	Limited Liability Corporations	946298	34649	30359
国有独资企业	State Sole Investment Enterprises	99437	4567	4143
其他有限责任公司	Other Limited Liability Companies	846862	30082	26216
股份有限公司	Share-holding Corporations Ltd.	59569	3636	3610
私营企业	Private Enterprises	640433	15854	14760
私营独资企业	Private Sole Investment Enterprises	55914	1729	1499
私营合伙企业	Private Partnership Enterprises	12109	330	316
私营有限责任公司	Private Limited Liability Corporations	562162	13629	12791
私营股份有限公司	Private Share-holding Corporations Ltd.	10248	167	154
其他企业	Other Enterprises	1122	34	34
港、澳、台商投资企业	Enterprises with Investment from Hong Kong, Macao and Taiwan	236867	9815	9221
合资经营企业	Joint Ventures	63475	2723	2611
合作经营企业	Cooperative Enterprises	45098	2535	2451
独资经营企业	Sole Investment Enterprises	128012	4529	4131
投资股份有限公司	Share-holding Corporations Ltd.	162	1	1
其他港澳台商投资企业	Others	122	27	27
外商投资企业	Enterprises with Foreign Investment	158316	4955	3502
中外合资经营企业	Sino-foreign Joint Ventures	21327	1583	1583
中外合作经营企业	Sino-foreign Cooperative Enterprises	16594	672	624
外资企业	Foreign-funded Enterprises	93625	2579	1200
外商投资股份有限公司	Share-holding Corporations Ltd.	137	48	22
其它外商投资企业	Others	26633	74	74
按国民经济行业分	By Economic Sector			
旅游饭店	Tourist Hotels	1690359	63232	56476
一般旅馆	Ordinary Hotels	389985	8473	7626
其它住宿服务	Others	40790	1465	1406
按控股情况分组	By Holdings			
国有控股	State Holdings	303889	18472	16483
集体控股	Collective Holdings	23660	549	462
私人控股	Private Holdings	1203803	32909	30860
港澳台商控股	Hongkong,Macaw and Taiwan Holdings	200803	7541	6951
外商控股	Foreign Holdings	103985	3175	1769
其他	Others	275886	10216	8715
按星级分组	By Star Rating			
五星	Five Star	428118	18695	16218
四星	Four Star	233999	11193	10043
三星	Three Star	167629	5898	5436
二星	Two Star	15360	1011	394
一星	One Star	4607	110	110
其他	Others	1271422	36264	33306

17-7 continued

(10000 yuan)

其它业务利润 Profits from Other Businesses	销售费用 Marketing Expenses	管理费用 Management Expenses	财务费用 Financial Expenses	营业利润 Business Profits	营业外收入 Non-operating revenue	利润总额 Total Profits	所得税费用 Income Taxes Expenses	本年应付职工薪酬 Staff Salary Payable in Current Year
56837	**1544712**	**1446737**	**285909**	**68701**	**83022**	**125897**	**72996**	**1528843**
4853	267768	252591	16343	63260	6297	65176	21686	314575
41443	1271708	1141727	245372	18044	73805	71697	55058	1248771
1171	82028	73968	1051	3876	10679	13508	3847	99663
338	7527	6619	659	-1323	240	-1135	95	8036
	398	524	1	-170		-686	3	605
	1564	79	10	725		724	178	941
	1459	42	10	711		711	178	836
	105	37		13		13		106
21692	641185	593381	163837	7777	29893	26640	34238	677816
2664	72165	62938	3778	8343	971	8019	3974	91849
19028	569021	530443	160059	-566	28921	18621	30264	585967
185	37667	44933	4550	22314	1383	23345	3083	46395
18058	501018	421861	75263	-15129	31594	9314	13583	414671
1440	24205	19391	1950	7100	2054	7844	2722	26737
64	7797	5865	473	1421	62	1457	206	6149
16553	464418	393968	72374	-23359	29420	252	10552	377048
	4598	2637	466	-292	59	-239	102	4738
	321	362	3	-26	16	-13	32	644
14753	175037	202103	38615	19697	6969	21630	11318	174273
12486	59805	53874	16629	-1919	2959	1106	1611	52420
22	31199	43110	4300	4296	558	4193	3619	35407
2245	83616	103971	17682	17891	3448	16897	6086	85687
	8	991	3	-490	3	-487		406
	410	157	2	-81	2	-79	1	353
641	97966	102908	1921	30961	2248	32570	6620	105800
12	35897	42137	4510	-15660	390	-15414	78	29513
544	25746	16636	916	4147	192	4229	996	18644
84	33207	39276	-3823	29503	1538	30655	5474	45069
1	505	784	4	-320		-320	2	311
	2612	4075	315	13292	128	13420	71	12263
45676	1262203	1180177	257588	77047	73887	132115	64279	1270696
10113	249080	241032	21125	-3179	5946	-4071	7338	230777
1049	33430	25528	7196	-5167	3188	-2147	1379	27370
4853	267768	252591	16343	63260	6297	65176	21686	314575
338	11305	8709	662	-55	314	203	429	17336
23897	790222	712943	190164	-36839	46864	-2173	25188	751136
14753	143371	169831	34271	15203	6396	17014	8190	142652
156	46921	60976	-1743	30065	1698	31299	5554	57023
12840	272025	227673	46506	3704	13462	13078	11871	228453
20687	358180	372502	76456	112206	21113	131127	25957	340182
7231	230436	176607	45121	-1094	4736	-801	7952	205546
8380	155294	118325	-74	17517	3772	18362	6366	154048
3557	16769	9244	469	2935	873	3697	1093	14249
	5374	3781	75	1741		1740	19	3841
16982	778660	766278	163863	-64604	52528	-28228	31610	810977

17-8 限额以上餐饮企业财务状况（2018年）

单位:万元

项　目	Item	企业数（个）Number of Enterprises (unit)	年初库存 Beginning Inventory	流动资产合计 Circulating Assets	固定资产原价 Original Value of Fixed Assets
餐饮业合计	**Total Catering Services**	**3491**	**154660**	**3276432**	**2415404**
#国有及国有控股	State-owned and State-controlled Enterprises	47	4036	206873	230031
按登记注册类型分	By Status of Registration				
内资企业	Domestic-funded Enterprises	3208	117242	2338861	1630973
国有企业	State-owned Enterprises	19	1507	23833	71296
集体企业	Collective-owned Enterprises	25	454	17828	7001
股份合作企业	Share-holding Cooperative Enterprises	29	1697	7097	3282
联营企业	Joint-operation Enterprises				
国有联营企业	State-owned Joint-operation Enterprises				
集体联营企业	Collective Joint-operation Enterprises				
国有与集体联营企业	State-collective Joint-operation Enterprises				
其他联营企业	Other Joint-operation Enterprises				
有限责任公司	Limited Liability Corporations	728	31126	915140	748223
国有独资企业	State Sole Investment Enterprises	9	581	20050	9121
其他有限责任公司	Other Limited Liability Companies	719	30544	895090	739102
股份有限公司	Share-holding Corporations Ltd.	33	2118	137957	38262
私营企业	Private Enterprises	2366	79821	1236312	762450
私营独资企业	Private Sole Investment Enterprises	478	7637	80619	113647
私营合伙企业	Private Partnership Enterprises	70	1923	20830	34860
私营有限责任公司	Private Limited Liability Corporations	1786	69512	1116938	595186
私营股份有限公司	Private Share-holding Corporations Ltd.	32	749	17925	18757
其他企业	Other Enterprises	8	521	694	460
港、澳、台商投资企业	Enterprises with Investment from Hong Kong,Macao and Taiwan	216	21715	772588	422557
合资经营企业	Joint Ventures	34	2352	44812	37777
合作经营企业	Cooperative Enterprises	11	5020	47128	36986
独资经营企业	Sole Investment Enterprises	168	14324	679787	347158
投资股份有限公司	Share-holding Corporations Ltd.	2		205	230
外商投资企业	Enterprises with Foreign Investment	67	15703	164983	361874
中外合资经营企业	Sino-foreign Joint Ventures	12	3888	35411	155086
中外合作经营企业	Sino-foreign Cooperative Enterprises	2		7237	703
外资企业	Foreign-funded Enterprises	48	11505	114880	205613
外商投资股份有限公司	Share-holding Corporations Ltd.	2	23	6168	240
其它外商投资企业	Others	3	288	1288	232
按国民经济行业分	By Economic Sector				
正餐服务业	Dinner Service	3039	106887	2307676	1758069
快餐服务业	Fast Food Service	155	24676	392789	539288
饮料及冷饮服务业	Beverage and Cold Drink Service	57	10768	329351	66786
餐饮配送及外卖送餐服务	Food and Beverage Distribution and Takeout Service	155	8822	152179	29769
其他餐饮服务业	Other Services	85	3508	94437	21492
按控股情况分组	By Holdings				
国有控股	State Holdings	47	4036	206873	230031
集体控股	Collective Holdings	35	601	21387	9081
私人控股	Private Holdings	2859	100342	1740205	1195006
港澳台商控股	Hongkong,Macaw and Taiwan Holdings	211	24294	794091	553313
外商控股	Foreign Holdings	61	11972	126782	229276
其他	Others	278	13416	387092	198696

Financial Indicators of Catering Services Enterprises above Designated Size (2018)

(10000 yuan)

累计折旧 Accumulated Depreciation	本年折旧 Depreciation Drawn in Current Year	资产合计 Total Assets	负债合计 Total Liabilities	所有者权益合计 Total Creditors' Equity	实收资本 Paid-up Capital	营业收入 Business Revenue	主营业务收入 Main Business Revenue	营业成本 Business Costs
1164746	**172145**	**5968390**	**4117799**	**1850963**	**1640825**	**8130775**	**8085300**	**3949958**
106090	6915	427184	255225	171959	74850	285972	280847	167939
710390	114865	4147574	3307966	839979	1131709	5198731	5169655	2759555
49394	2358	64203	36326	27878	8814	49252	47732	24150
5212	157	22820	4527	18293	6173	40347	39692	26336
2817	424	8927	8905	22	984	40215	40179	22630
278688	48188	1724328	1428114	296248	340471	1770000	1760123	920282
5205	378	24542	9559	14982	6349	33566	33447	26840
273483	47810	1699787	1418554	281266	334122	1736434	1726676	893442
18991	2252	239379	82831	156548	48131	137617	134582	70833
355168	61401	2086882	1747013	340207	726658	3157438	3143497	1692885
47777	6699	165617	98507	67110	108046	319577	318723	185516
16473	2560	46029	31848	14182	15286	77412	77289	41455
287367	51159	1839063	1589216	250185	573323	2720616	2707717	1443829
3551	984	36173	27442	8730	30003	39833	39770	22085
120	86	1034	251	783	478	3863	3850	2439
254755	24864	1227179	556767	670412	317138	1360076	1347403	465263
18837	1587	73612	49122	24490	34407	90038	90017	39773
27934	1082	60989	57178	3811	24300	76630	76573	43781
207875	22123	1090015	449223	640792	258123	1188520	1175926	380044
27	16	850	1031	-181	180	717	717	249
199601	32417	593637	253065	340572	191977	1571968	1568242	725140
89943	9427	167315	15455	151860	26929	402420	402310	135756
417	61	15447	4497	10949	5735	4393	4393	3663
108926	22767	392264	213083	179180	156579	1132477	1128861	566687
140	140	6289	6226	63	1100	19306	19306	13544
174	22	12323	13804	-1481	1635	13372	13372	5490
810601	117762	4007914	3236655	771631	1165944	4516074	4489315	2212051
294553	41117	1193507	527316	666190	268390	2320122	2304935	1034278
30669	7096	473284	177290	295994	85191	639410	638729	250104
16516	3213	179239	105186	74053	49997	425020	424406	327156
12407	2958	114447	71351	43096	71302	230149	227915	126369
106090	6915	427184	255225	171959	74850	285972	280847	167939
6491	349	29497	20158	9339	18389	51032	50241	32005
524365	91281	3059590	2581026	478936	930819	4200221	4180507	2224769
322979	33804	1381798	559794	822004	328939	1698832	1686150	563758
127534	23879	424715	245966	178749	173809	1181340	1177699	590694
77288	15917	645605	455630	189976	114020	713378	709857	370793

17-8 续表

单位：万元

项　目	Item	主营业务成本 Main Business Costs	营业税金及附加 Tax and Extra Charges on Business	主营业务税金及附加 Tax and Extra Charges on Main Business
餐饮业合计	**Total Catering Services**	**3920695**	**38686**	**35888**
#国有及国有控股	State-owned and State-controlled Enterprises	166785	1977	1891
按登记注册类型分	By Status of Registration			
内资企业	Domestic-funded Enterprises	2744074	33893	31586
国有企业	State-owned Enterprises	24110	772	720
集体企业	Collective-owned Enterprises	26290	444	437
股份合作企业	Share-holding Cooperative Enterprises	22610	200	200
联营企业	Joint-operation Enterprises			
国有联营企业	State-owned Joint-operation Enterprises			
集体联营企业	Collective Joint-operation Enterprises			
国有与集体联营企业	State-collective Joint-operation Enterprises			
其他联营企业	Other Joint-operation Enterprises			
有限责任公司	Limited Liability Corporations	916774	9817	8780
国有独资企业	State Sole Investment Enterprises	25981	188	188
其他有限责任公司	Other Limited Liability Companies	890793	9628	8592
股份有限公司	Share-holding Corporations Ltd.	70731	1216	1215
私营企业	Private Enterprises	1681121	21414	20204
私营独资企业	Private Sole Investment Enterprises	184267	5931	5576
私营合伙企业	Private Partnership Enterprises	41386	930	925
私营有限责任公司	Private Limited Liability Corporations	1433388	14078	13245
私营股份有限公司	Private Share-holding Corporations Ltd.	22081	475	458
其他企业	Other Enterprises	2439	31	31
港、澳、台商投资企业	Enterprises with Investment from Hong Kong,Macao and Taiwan	463341	3135	2685
合资经营企业	Joint Ventures	39045	308	308
合作经营企业	Cooperative Enterprises	43781	540	540
独资经营企业	Sole Investment Enterprises	378850	2286	1838
投资股份有限公司	Share-holding Corporations Ltd.	249		
外商投资企业	Enterprises with Foreign Investment	713280	1657	1617
中外合资经营企业	Sino-foreign Joint Ventures	135627	214	185
中外合作经营企业	Sino-foreign Cooperative Enterprises	3663	22	22
外资企业	Foreign-funded Enterprises	554956	781	772
外商投资股份有限公司	Share-holding Corporations Ltd.	13544	101	101
其它外商投资企业	Others	5490	539	537
按国民经济行业分	By Economic Sector			
正餐服务业	Dinner Service	2195592	32475	30872
快餐服务业	Fast Food Service	1022528	3600	2676
饮料及冷饮服务业	Beverage and Cold Drink Service	249848	652	466
餐饮配送及外卖送餐服务	Food and Beverage Distribution and Takeout Service	326845	1362	1285
其他餐饮服务业	Other Services	125882	597	589
按控股情况分组	By Holdings			
国有控股	State Holdings	166785	1977	1891
集体控股	Collective Holdings	31940	512	505
私人控股	Private Holdings	2211034	28524	26554
港澳台商控股	Hongkong,Macaw and Taiwan Holdings	562406	3067	2618
外商控股	Foreign Holdings	578964	1463	1455
其他	Others	369567	3143	2866

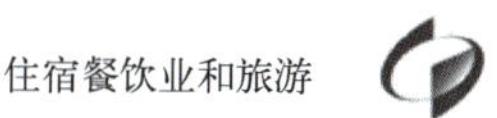

17-8 continued

(10000 yuan)

其它业务利润 Profits from Other Businesses	销售费用 Marketing Expenses	管理费用 Management Expenses	财务费用 Financial Expenses	营业利润 Business Profits	营业外收入 Non-operating revenue	利润总额 Total Profits	所得税费用 Income Taxes Expenses	本年应付职工薪酬 Staff Salary Payable in Current Year
71849	**2788157**	**963274**	**44757**	**364563**	**21937**	**363711**	**104167**	**1889677**
2867	54286	41255	1672	45149	1687	46431	5385	83440
46625	1517245	723051	41388	141041	13458	142756	46774	1252289
16	9505	11582	-37	3272	746	3919	1239	17967
4512	4862	3526	11	5071	29	5063	473	6472
1322	11425	4240	248	1471	98	1469	499	7668
13645	529959	227444	19069	62368	4117	62472	16201	432403
119	1091	4341	59	1049	67	1059	210	12697
13526	528867	223103	19009	61320	4050	61413	15992	419706
4787	43711	16828	-877	33056	778	33572	2588	37560
22345	917571	458450	22976	35607	7690	36067	25710	749427
1693	62712	44318	2129	16441	423	16760	4492	72486
45	20679	10082	1108	3143	58	3125	802	17661
20607	826645	396583	19441	14613	7031	14625	19920	647181
	7534	7468	298	1411	178	1557	496	12099
	213	982	-1	195		195	64	792
18490	655741	105413	369	134997	5163	134973	38667	285767
15	37517	11058	292	1250	404	996	462	22667
57	22258	8327	29	1607	74	1369	995	18555
18418	593145	85240	32	132531	4675	132992	37210	243246
	486	330	1	-350		-350		231
6734	615172	134811	2999	88525	3317	85982	18726	351622
-38	215314	15922	-547	35761	593	34239	8964	77220
	53	289	45	322		322	21	669
2180	390540	114450	3491	52869	2659	51874	9561	265753
4592	1855	3746	-25	82	46	92	179	4678
	7411	404	36	-509	18	-545	1	3301
39353	1482549	647891	37847	125920	11597	127962	46361	1128734
25899	927616	199252	7558	145287	7211	142530	28784	490440
6420	266954	46444	-1567	76638	1500	76450	25284	141337
1	51262	35961	615	8737	630	8947	1848	86465
176	59776	33726	305	7979	998	7823	1890	42702
2867	54286	41255	1672	45149	1687	46431	5385	83440
4512	7975	5746	102	4601	86	4195	504	9474
27657	1227322	589836	34004	88019	9854	88757	35896	995591
18452	849541	115803	-303	170483	5580	169028	47126	344848
6772	409550	121792	3576	50600	2815	49647	9780	279616
11589	239484	88842	5706	5711	1916	5654	5475	176709

17-9 各市限额以上住宿和餐饮企业财务状况（2018年）

单位：万元

市 别	City	企业数（个）Number of Enterprises (unit)	年初库存 Beginning Inventory	流动资产合计 Circulating Assets	固定资产原价 Original Value of Fixed Assets	累计折旧 Accumulated Depreciation
住宿餐饮业合计	**Total Hotels and Catering Services**	**5857**	**553738**	**13398812**	**12664514**	**6121378**
住宿业	**Hotels**	**2366**	**399078**	**10122381**	**10249110**	**4956632**
广 州	Guangzhou	557	40983	3692744	2293148	1200018
深 圳	Shenzhen	375	22177	2579665	2061117	1068151
珠 海	Zhuhai	129	152933	993882	1779790	673592
汕 头	Shantou	105	9253	119402	296263	144470
佛 山	Foshan	181	46507	424623	565221	294124
韶 关	Shaoguan	73	8595	103245	127145	56947
河 源	Heyuan	55	12689	91802	118638	52315
梅 州	Meizhou	35	3656	62210	134225	57095
惠 州	Huizhou	125	61695	332648	338784	168126
汕 尾	Shanwei	23	832	16345	60061	24506
东 莞	Dongguan	192	15480	561744	986762	588140
中 山	Zhongshan	127	2948	149397	384790	141422
江 门	Jiangmen	71	4125	228645	276145	141918
阳 江	Yangjiang	16	209	49032	54750	14328
湛 江	Zhanjiang	61	2046	142045	162348	58695
茂 名	Maoming	44	2258	130967	52296	19415
肇 庆	Zhaoqing	46	1535	143762	125938	56726
清 远	Qingyuan	57	3898	190463	259495	112129
潮 州	Chaozhou	24	519	8447	26077	16823
揭 阳	Jieyang	41	3818	40621	90381	45520
云 浮	Yunfu	29	2924	60690	55738	22174
餐饮业	**Catering Services**	**3491**	**154660**	**3276432**	**2415404**	**1164746**
广 州	Guangzhou	977	53146	1007619	828211	426407
深 圳	Shenzhen	725	51864	1327072	634791	339957
珠 海	Zhuhai	118	3792	65280	24869	14554
汕 头	Shantou	83	1198	12644	10040	4694
佛 山	Foshan	330	7136	124450	163561	76805
韶 关	Shaoguan	79	1090	13891	58901	13350
河 源	Heyuan	42	778	21082	23682	12478
梅 州	Meizhou	13	1048	6823	26690	8747
惠 州	Huizhou	120	2397	85641	84226	39636
汕 尾	Shanwei	26	609	19795	9995	5888
东 莞	Dongguan	309	11427	250385	106766	59379
中 山	Zhongshan	218	5586	85524	38087	20861
江 门	Jiangmen	94	2550	33116	35295	17417
阳 江	Yangjiang	41	1238	20043	30212	11795
湛 江	Zhanjiang	88	4611	62758	176101	58239
茂 名	Maoming	86	1405	35273	37643	9284
肇 庆	Zhaoqing	33	1709	38095	32233	8422
清 远	Qingyuan	21	831	30875	25567	10853
潮 州	Chaozhou	27	738	2549	15088	3738
揭 阳	Jieyang	46	879	28228	40538	16069
云 浮	Yunfu	15	629	5289	12909	6175

Financial Indicators of Enterprises above Designated Size of Hotels and Catering Services by City (2018)

(10000 yuan)

#本年折旧 Depreciation Drawn in Current Year	资产合计 Total Assets	负债合计 Total Liabilities	所有者权益合计 Total Creditors' Equity	实收资本 Paid-up Capital	营业收入 Business Revenue	主营业务收入 Main Business Revenue	营业成本 Business Costs
664007	**25452227**	**21345133**	**4107226**	**6865338**	**13682266**	**13544714**	**6105504**
491861	**19483838**	**17227334**	**2256264**	**5224513**	**5551491**	**5459414**	**2155546**
87149	5849561	4774250	1075666	1272989	1303657	1281018	454503
98396	4270571	3312383	958187	1079585	1394162	1366106	478724
83611	2937048	2888732	48316	599335	708184	701484	366958
11526	340519	305275	35244	176604	128971	127518	55382
27299	800401	691453	108948	288456	338465	332076	143443
7238	252223	216581	35642	68817	81812	80367	32844
5219	193527	152274	41253	49470	72008	71746	26724
10142	178717	172066	6652	56333	47767	46793	18747
21651	706375	695758	10618	647120	226786	224792	88230
3619	75501	31361	44140	61653	22271	22001	13195
37807	1203585	1494746	-291160	227317	440453	433756	143552
14454	499765	417236	82529	229747	176936	174304	64587
24604	441757	386192	55565	152103	150016	142583	57513
1160	92581	70664	21917	30022	21725	21568	7190
21720	410567	408441	2126	52901	84720	83366	32379
5998	214404	222328	-8519	21577	42084	41282	17108
4504	233678	263456	-29777	53658	49814	49410	20219
17797	425871	460530	-34658	75964	111818	110088	41058
1659	24861	16091	8770	7184	15401	15317	7005
4224	176337	144380	31957	54439	99526	99361	73123
2085	155989	103140	52849	19241	34916	34478	13061
172145	**5968390**	**4117799**	**1850963**	**1640825**	**8130775**	**8085300**	**3949958**
54043	1928514	1199622	728926	539022	3034845	3024894	1352819
52725	2060672	1420648	640213	450159	2957818	2940494	1367741
2171	115775	99289	16486	27611	166609	166119	86477
840	21111	12107	9004	5751	71148	70926	47053
12222	304848	264084	40764	69652	351913	349467	196424
2730	85791	41573	44218	21559	37433	37096	21824
1581	39472	24685	14787	10712	25110	25012	14465
1088	25587	21178	4408	18962	9916	9916	4446
10492	161715	127319	34396	56681	139206	136550	66699
453	28412	17588	10824	13503	16462	16445	9288
7355	363555	171169	192386	210096	557294	552187	362103
1892	134078	117753	16474	31708	261261	260213	144406
5744	78433	50689	27744	22958	112597	109054	59074
1557	43869	33662	10207	8790	47353	46858	25219
9954	219705	246711	-27006	76723	109374	108832	58273
1888	68484	50684	17801	12659	47108	46271	27351
1439	73897	66682	7215	9689	35372	35195	17941
2290	71043	108385	-37342	10837	29545	29529	12323
541	66204	15486	50718	4863	15107	15022	10701
648	63701	17682	46020	37654	92653	92614	58872
493	13525	10803	2722	1235	12650	12604	6460

17-9 续表

单位：万元

市别	City	主营业务成本 Main Business Costs	营业税金及附加 Tax and Extra Charges on Business	主营业务税金及附加 Tax and Extra Charges on Main Business	其它业务利润 Profits from Other Businesses
住宿餐饮业合计	**Total Hotels and Catering Services**	**6041829**	**111856**	**101395**	**128686**
住宿业	**Hotels**	**2121134**	**73171**	**65507**	**56837**
广　州	Guangzhou	443801	20248	17560	10089
深　圳	Shenzhen	467413	15216	13455	11450
珠　海	Zhuhai	364324	10152	9430	7442
汕　头	Shantou	54762	2609	2596	146
佛　山	Foshan	140821	3341	3303	5165
韶　关	Shaoguan	32602	957	942	139
河　源	Heyuan	26517	1193	1092	143
梅　州	Meizhou	18640	608	596	547
惠　州	Huizhou	88031	3120	2876	510
汕　尾	Shanwei	12991	475	454	5
东　莞	Dongguan	141999	4108	3907	1937
中　山	Zhongshan	62815	1860	1779	597
江　门	Jiangmen	56565	2638	2333	1270
阳　江	Yangjiang	7183	432	394	
湛　江	Zhanjiang	32005	1484	1116	10120
茂　名	Maoming	17008	426	425	
肇　庆	Zhaoqing	20036	668	614	4268
清　远	Qingyuan	40646	1196	924	1058
潮　州	Chaozhou	7005	235	219	
揭　阳	Jieyang	73116	1631	1136	699
云　浮	Yunfu	12856	573	357	1254
餐饮业	**Catering Services**	**3920695**	**38686**	**35888**	**71849**
广　州	Guangzhou	1339792	8654	8206	20304
深　圳	Shenzhen	1357816	10961	9790	24233
珠　海	Zhuhai	86476	1237	1219	18
汕　头	Shantou	46700	1405	1357	16
佛　山	Foshan	195682	2559	2105	1485
韶　关	Shaoguan	21649	396	367	200
河　源	Heyuan	14402	426	375	77
梅　州	Meizhou	4446	206	155	
惠　州	Huizhou	66348	1019	970	2515
汕　尾	Shanwei	9288	303	290	2
东　莞	Dongguan	360280	1986	1887	17165
中　山	Zhongshan	144308	1260	1202	316
江　门	Jiangmen	57235	700	637	3944
阳　江	Yangjiang	24525	722	719	
湛　江	Zhanjiang	58257	2348	2258	781
茂　名	Maoming	27296	681	672	23
肇　庆	Zhaoqing	17941	319	295	308
清　远	Qingyuan	12323	199	188	-36
潮　州	Chaozhou	10626	264	258	275
揭　阳	Jieyang	58849	2962	2860	
云　浮	Yunfu	6457	79	79	223

17-9 continued

(10000 yuan)

销售费用 Marketing Expenses	管理费用 Management Expenses	财务费用 Financial Expenses	营业利润 Business Profits	营业外收入 Non-operating revenue	利润总额 Total Profits	所得税费用 Income Taxes Expenses	本年应付职工薪酬 Staff Salary Payable in Current Year
4332869	**2410011**	**330666**	**433264**	**104959**	**489608**	**177163**	**3418520**
1544712	**1446737**	**285909**	**68701**	**83022**	**125897**	**72996**	**1528843**
382053	382201	46318	38304	9692	39957	23243	398786
363895	368938	70493	97828	11263	105442	28198	367066
135116	139434	65865	-7601	15707	2732	8688	200420
38700	30289	7729	-6370	3247	-4483	1218	29209
94950	90660	4045	2911	3772	5990	3571	82834
23445	25075	4050	-4101	1406	-2998	169	23721
21738	19205	3653	-1392	373	-1182	622	19201
14333	12052	2063	-64	2082	836	119	17100
74676	59344	7517	-5361	958	-4908	345	65481
4804	4828	140	-1170	46	-1148	138	7202
158614	124260	20183	-9830	29818	20185	2455	122640
64523	52022	3342	-8622	1510	-10796	882	51517
43070	38615	12457	-4679	404	-4577	935	35131
6792	3436	3768	86	77	140	24	4845
29910	16209	6552	-1578	119	-1589	719	23465
13916	9621	1560	-560	78	-493	129	10947
14915	12455	8790	-7484	946	-6573	323	13897
34366	33586	13750	-12133	915	-11456	511	30039
4488	4095	327	-748	434	-435	113	3380
9670	10631	2344	1597	55	1576	312	9769
10740	9782	964	-331	120	-322	285	12194
2788157	**963274**	**44757**	**364563**	**21937**	**363711**	**104167**	**1889677**
1142919	346799	11996	196011	7638	193559	49104	705741
1107014	344394	12230	112102	9944	113179	34686	721524
51884	24393	2263	1490	478	1776	1157	38631
9803	5919	266	5842	151	5832	725	10073
96515	47750	4487	3217	746	3525	2787	77560
7152	7043	533	608	292	840	452	8707
4071	3366	587	2216	31	2243	174	4811
2429	2860	77	-223	152	-557	32	2683
44023	20881	2463	3871	204	3714	1516	33886
4324	2359	37	145	7	148	204	4754
109809	62271	-481	21107	713	21148	5176	105373
90579	23139	1146	758	624	802	2728	69698
32535	18128	505	1644	131	1370	1437	25327
11091	8163	348	2306	19	2307	467	12950
26751	18198	3041	99	140	112	626	24366
10202	6164	797	1548	90	1491	1148	13343
11723	5281	1383	-1469	472	-1043	135	9088
11268	7302	1271	-2886	25	-2970	168	7353
1595	1383	89	1076	13	1088	223	2896
8526	5940	1358	14804	13	14804	1177	7407
3945	1543	363	297	53	345	46	3507

17-10 各市住宿餐饮业营业收入

Business of Enterprises above Designated Size of Hotels and Catering Services by City

单位：万元 (10000 yuan)

市 别	Item	2017		2018	
		住宿业 Hotels Service	餐饮业 Catering Service	住宿业 Hotels Service	餐饮业 Catering Service
广 州	Guangzhou	2519192	11744697	2046711	11840563
深 圳	Shenzhen	1499126	6822078	1503936	7495735
珠 海	Zhuhai	747613	1042979	831976	1147300
汕 头	Shantou	189116	867061	209832	946814
佛 山	Foshan	462847	3504661	470248	3770788
韶 关	Shaoguan	135956	633397	143310	683033
河 源	Heyuan	213393	266221	222598	283540
梅 州	Meizhou	153510	404309	153866	437163
惠 州	Huizhou	544707	875470	553731	939544
汕 尾	Shanwei	87890	619433	91346	653565
东 莞	Dongguan	549295	1512508	580610	1648909
中 山	Zhongshan	266477	1124704	280117	1208509
江 门	Jiangmen	264103	1143964	290710	1266640
阳 江	Yangjiang	130339	672226	135817	681932
湛 江	Zhanjiang	222566	1699389	237534	1851127
茂 名	Maoming	299931	1253299	330746	1362072
肇 庆	Zhaoqing	152106	850617	157819	917768
清 远	Qingyuan	197583	490804	217273	531116
潮 州	Chaozhou	38262	465009	41316	504923
揭 阳	Jieyang	240061	492286	227117	507533
云 浮	Yunfu	81272	308472	76394	315227
按经济区域分	By Region				
珠 三 角	Pearl River Delta	7005466	28621678	6715858	30235756
东 翼	Eastern Region	555329	2443789	569611	2612835
西 翼	Western Region	652836	3624914	704097	3895131
山 区	Mountainous Region	781714	2103203	813441	2250079

17-11 旅游部门基本情况

Basic Statistics on Tourism-related Agencies

指　标	Item	2000	2010	2014	2015	2016	2017	2018
宾馆(酒店)　(家)	Number of Hotels　(unit)	2655	9179	15926	16440	16693	16255	17086
按星级分：五星	By Star Rating: Five Star	19	94	119	117	110	108	107
四星	Four Star	61	194	184	178	162	153	152
三星	Three Star	283	661	589	566	498	438	413
二星	Two Star	339	246	115	107	87	68	61
一星	One Star	48	14	5	4	4	4	6
未评星级	Unrated	1905	7970	14914	15468	15832	15484	16347
宾馆(酒店)接待能力	Reception Capability of Hotels							
客房　(间)	Number of Guest Rooms　(unit)	202277	565582	931516	982628	983102	988204	1048025
床位　(张)	Number of Beds　(unit)	401718	938389	1481397	1535288	1542226	1426209	1516893
客房出租率　(%)	Room Occupancy　(%)	58.0	59.9	58.4	61.5	58.8	60.8	59.3
旅行社　(家)	Number of Travel Agencies(unit)	504	1292	1984	2150	2345	2639	2962

17-12 城市接待外国游客人数

Number of Foreign Visitors Received by Cities

单位：人次　　(person-time)

国　别	Country	2000	2010	2012	2013	2014	2015	2016	2017	2018
总计	**Total**	**2128501**	**7322478**	**7745127**	**7604935**	**7751868**	**7818342**	**8249290**	**8615437**	**8623737**
日本	Japan	413833	1077329	1156694	1120847	1007828	892362	1015426	930498	948012
韩国	Republic of Korea	71841	418115	419950	454828	481319	474549	577584	593965	586243
菲律宾	Philippines	20793	47184	56831	75391	76742	59613	67626	79288	87841
新加坡	Singapore	93762	284832	304594	338151	308000	285197	313165	338751	341963
泰国	Thailand	48341	134313	139158	167255	169965	147501	185529	229957	225619
印度尼西亚	Indonesia	63159	158879	198305	219302	198852	118720	147674	159217	157194
马来西亚	Malaysia	110384	421556	432150	494279	423202	351926	395384	423748	437779
美国	United States	196362	645783	664836	645703	633574	710768	754468	804071	730313
加拿大	Canada	35968	133138	115997	129464	123185	133020	167033	177629	189216
英国	United Kingdom	59123	138353	146587	169879	171919	146989	164223	180888	167602
法国	France	43578	119850	132017	156752	153625	148791	152930	164166	150890
德国	Germany	44707	118332	127784	139769	136736	142266	156765	158395	148749
意大利	Italy	19792	86454	89949	95340	72853	78488	104559	101512	100779
俄罗斯	Russia	10407	58568	82878	121327	128209	84489	102985	113862	125432
澳大利亚	Australia	34595	149780	137042	162316	156491	138169	165342	196612	197156
新西兰	New Zealand	5835	24119	26866	31130	30341	30740	34613	43334	42973
其他	Others	856021	3305893	3513489	3083202	3479027	3874754	3743984	3919544	3985976

17－13　各市旅游宾馆(酒店)住宿设施（2018年）

Lodging Facilities of Tourist Hotels by City (2018)

市　别	City	宾馆(酒店)(个) Number of Hotels (unit)	五星级 Five Star	四星级 Four Star	三星级 Three Star	二星级 Two Star	一星级 One Star	客房(间) Number of Rooms (unit)	床位(张) Number of Beds (unit)	客房出租率(%) Room Occupancy (%)
全省合计	**Total**	**17086**	**107**	**152**	**413**	**61**	**6**	**1048025**	**1516893**	**59.3**
广　州	Guangzhou	3189	22	35	96	17		220136	316589	75.4
深　圳	Shenzhen	772	24	23	41	14		102232	155515	69.2
珠　海	Zhuhai	591	8	8	49	3		54347	78656	62.4
汕　头	Shantou	570	3	5	18	2	1	36533	50012	53.0
佛　山	Foshan	465	10	15	16	1		29597	44920	57.8
韶　关	Shaoguan	968	1	4	44	5	4	34500	58695	31.2
河　源	Heyuan	637	1	2	12	4		31185	49684	66.2
梅　州	Meizhou	789	2	5	22	1		32990	55272	63.5
惠　州	Huizhou	973	5	8	20			48512	7562	53.8
汕　尾	Shanwei	367	1	2	11			20138	31171	65.0
东　莞	Dongguan	1476	14	12	4	1		113715	147531	52.3
中　山	Zhongshan	595	2	2	9	1	1	40775	58867	49.7
江　门	Jiangmen	918	4	1	8			46850	71573	68.8
阳　江	Yangjiang	630	3	2	16			40062	75080	59.9
湛　江	Zhanjiang	739	3	7	11	2		49162	76770	60.4
茂　名	Maoming	506	1	2	4			22720	34210	42.6
肇　庆	Zhaoqing	1012	1	1	9	4		38200	70000	71.1
清　远	Qingyuan	940	1	3	9	2		37636	62239	46.2
潮　州	Chaozhou	202		6	4	3		7751	11492	49.3
揭　阳	Jieyang	371	1	5	4			22811	31063	60.5
云　浮	Yunfu	376		4	6	1		18173	29992	75.8
按经济区域分	By Region									
珠三角	Pearl River Delta	9991	90	105	252	41	1	694364	951213	
东　翼	Eastern Region	1510	5	18	37	5	1	87233	123738	
西　翼	Western Region	1875	7	11	31	2		111944	186060	
山　区	Mountainous Region	3710	5	18	93	13	4	154484	255882	

注：本表星级宾馆(酒店)指2018年底止已得到国家旅游局或广东省旅游局批准的，不包已报未批部分。

Note: Star-rated hotels in this table refer to those approved by the National Tourism Administration or Guangdong Provincial Tourism Administration by the end of 2018, excluding hotels under examination.

17-14 各市接待过夜旅游者人数

Number of Overnight Tourists by City

单位：万人次 (10000 person-times)

市 别	City	2017			2018		
		合计 Total	入境游客 Overseas Tourist Arrivals	国内游客 Domestic Tourists	合计 Total	入境游客 Overseas Tourist Arrivals	国内游客 Domestic Tourists
全省合计	**Provincial Total**	**44385.26**	**3645.50**	**40739.76**	**49000.85**	**3748.06**	**45252.79**
广 州	Guangzhou	6272.28	897.13	5375.15	6532.55	900.63	5631.93
深 圳	Shenzhen	6011.78	1203.40	4808.38	6404.99	1217.09	5187.90
珠 海	Zhuhai	2288.62	318.25	1970.37	2452.62	325.97	2126.65
汕 头	Shantou	1879.67	29.10	1850.57	2164.43	33.78	2130.65
佛 山	Foshan	1497.81	146.09	1351.72	1695.31	156.89	1538.42
韶 关	Shaoguan	1650.21	4.09	1646.12	1832.26	3.87	1828.39
河 源	Heyuan	1548.46	7.65	1540.81	1728.16	8.43	1719.74
梅 州	Meizhou	2000.66	34.43	1966.23	2223.27	37.17	2186.10
惠 州	Huizhou	2477.87	238.93	2238.94	2693.32	252.69	2440.63
汕 尾	Shanwei	845.12	5.92	839.20	928.15	6.44	921.72
东 莞	Dongguan	2161.48	254.26	1907.22	2186.46	250.72	1935.75
中 山	Zhongshan	1333.52	66.11	1267.41	1412.18	78.29	1333.89
江 门	Jiangmen	2258.95	229.39	2029.56	2709.62	238.14	2471.48
阳 江	Yangjiang	1317.50	7.02	1310.48	1478.86	7.16	1471.70
湛 江	Zhanjiang	2231.46	37.20	2194.26	2639.41	42.57	2596.84
茂 名	Maoming	1096.32	4.45	1091.87	1398.54	5.00	1393.54
肇 庆	Zhaoqing	1327.72	49.89	1277.83	1371.22	53.01	1318.21
清 远	Qingyuan	1192.11	17.39	1174.72	1292.68	17.93	1274.75
潮 州	Chaozhou	1534.60	71.80	1462.80	2007.23	87.77	1919.46
揭 阳	Jieyang	1933.91	5.49	1928.42	2189.74	6.24	2183.49
云 浮	Yunfu	1525.21	17.51	1507.70	1659.84	18.28	1641.56
按经济区域分	By Region						
珠 三 角	Pearl River Delta	25630.03	3403.45	22226.58	27458.27	3473.42	23984.85
东 翼	Eastern Region	6193.30	112.31	6080.99	7289.55	134.23	7155.32
西 翼	Western Region	4645.28	48.67	4596.61	5516.81	54.73	5462.08
山 区	Mountainous Region	7916.65	81.07	7835.58	8736.22	85.68	8650.54

17–15 各市旅行社组团出境游人数（2018年）

Number of Outbound Visitors in Group Tours by City (2018)

单位：人 (person)

市　　别	City	合计 Total	香港 Hong Kong	澳门 Macao	其它 Others
全省合计	**Provincial Total**	**10354241**	**2825220**	**1489237**	**6039784**
广　州	Guangzhou	3056786	441050	589629	2026107
深　圳	Shenzhen	4448820	1554463	252771	2641586
珠　海	Zhuhai	604429	198013	168659	237757
汕　头	Shantou	80821	14233	14126	52462
佛　山	Foshan	1427905	416817	258557	752531
韶　关	Shaoguan	9343	1922	2048	5373
河　源	Heyuan	1129	133	131	865
梅　州	Meizhou	12197	2866	4084	5247
惠　州	Huizhou	50413	22501	9571	18341
汕　尾	Shanwei	981	345	303	333
东　莞	Dongguan	146616	30268	18785	97563
中　山	Zhongshan	217912	87312	14212	116388
江　门	Jiangmen	166370	30293	87485	48592
阳　江	Yangjiang	7385	2516	674	4195
湛　江	Zhanjiang	12875	1547	535	10793
茂　名	Maoming	14530	2561	2519	9450
肇　庆	Zhaoqing	57176	9149	46370	1657
清　远	Qingyuan	25651	6508	16693	2450
潮　州	Chaozhou	9739	1657	1717	6365
揭　阳	Jieyang	1554	502	368	684
云　浮	Yunfu	1609	564		1045
按经济区域分	By Region				
珠三角	Pearl River Delta	10176427	2789866	1446039	5940522
东　翼	Eastern Region	93095	16737	16514	59844
西　翼	Western Region	34790	6624	3728	24438
山　区	Mountainous Region	49929	11993	22956	14980

17-16 各市旅游业收入

Tourism Earnings by City

单位：亿元 (100 million yuan)

市别	City	收入合计 Total Earnings		旅游外汇收入 Foreign Exchange Earnings		国内旅游收入 Domestic Tourism Earnings	
		2017	2018	2017	2018	2017	2018
全省合计	**Provincial Total**	**11994.79**	**13610.66**	**1327.65**	**1357.31**	**10667.14**	**12253.30**
广　州	Guangzhou	3614.21	4008.19	426.32	428.95	3187.89	3579.24
深　圳	Shenzhen	1485.45	1609.31	336.64	338.87	1148.81	1270.44
珠　海	Zhuhai	367.70	466.16	81.70	97.16	286.00	368.99
汕　头	Shantou	445.35	534.47	10.76	13.15	434.59	521.32
佛　山	Foshan	710.84	809.14	102.27	106.60	608.57	702.53
韶　关	Shaoguan	390.13	453.02	1.63	1.58	388.50	451.44
河　源	Heyuan	272.86	316.82	1.06	1.48	271.80	315.34
梅　州	Meizhou	445.18	504.31	10.43	11.56	434.75	492.74
惠　州	Huizhou	439.28	500.36	65.48	69.01	373.80	431.35
汕　尾	Shanwei	130.23	161.89	2.42	2.24	127.81	159.64
东　莞	Dongguan	488.90	529.37	107.75	107.87	381.15	421.50
中　山	Zhongshan	287.40	294.10	23.85	18.02	263.55	276.09
江　门	Jiangmen	492.53	586.84	87.13	89.54	405.40	497.29
阳　江	Yangjiang	267.61	307.83	2.87	2.84	264.74	304.99
湛　江	Zhanjiang	421.43	510.89	7.27	7.76	414.16	503.13
茂　名	Maoming	328.33	425.85	1.47	1.86	326.86	423.99
肇　庆	Zhaoqing	308.28	322.99	23.59	23.92	284.69	299.07
清　远	Qingyuan	314.50	346.21	11.27	6.73	303.23	339.48
潮　州	Chaozhou	234.76	306.35	19.02	22.99	215.74	283.35
揭　阳	Jieyang	292.21	330.09	1.31	1.69	290.90	328.40
云　浮	Yunfu	257.61	286.47	3.41	3.49	254.20	282.98
按经济区域分	By Region						
珠三角	Pearl River Delta	8194.59	9126.46	1254.73	1279.94	6939.86	7846.50
东　翼	Eastern Region	1102.55	1332.80	33.51	40.07	1069.04	1292.71
西　翼	Western Region	1017.37	1244.57	11.61	12.46	1005.76	1232.11
山　区	Mountainous Region	1680.28	1906.83	27.80	24.84	1652.48	1881.98

17-17 国际旅游外汇收入
Foreign Exchange Earnings from International Tourism

单位：万美元 (USD 10000)

指 标	Item	2000	2010	2013	2014	2015	2016	2017	2018
全省总计	**Provincial Total**	**411221**	**1243154**	**1627808**	**1707588**	**1788466**	**1857713**	**1966330**	**2051180**
商品性收入	**Commodity Earnings**	**87837**	**300843**	**418347**	**467879**	**491471**	**553601**	**644956**	**836881**
商品销售收入	Shopping	40834	203877	284866	326149	346426	388264	452256	549716
饮食销售收入	Food and Beverage	47003	96966	133480	141730	145045	165337	192700	287165
劳务性收入	**Service Earnings**	**323384**	**942311**	**1209461**	**1239709**	**1296996**	**1304112**	**1321374**	**1214299**
景区游览费	Sightseeing	14804	44754	56973	81964	54727	61305	60956	65638
宿费	Accommodation	59216	159124	208359	225402	224810	247077	287084	426645
长途交通费	Long Distance Transportation	173535	493532	579499	628392	708590	626050	601697	414339
民航	Civil Aviation	113086	361758	421602	461049	425834	364112	350007	348701
铁路	Railway	43589	44754	61857	59766	55800	61305	58990	24614
轮船	Waterway	6991	45997	35812	34152	183139	144902	139609	18461
汽车	Highway	9869	41024	60229	73426	43817	55732	53091	22563
市内交通费	Local Transportation	7813	26106	35812	30737	36306	40870	43259	53331
邮政电讯费	Postal and Communication Services	9458	19890	161153	22199	27006	37154	35394	14358
文化娱乐费	Cultural and Recreational Services	37010	94480	29301	136607	85131	102732	112081	133327
其他	Others	21548	104425	138364	114408	160425	188923	180903	106661

17-18 各市国际旅游外汇收入

Foreign Exchange Earnings from International Tourism by City

单位：万美元 (USD 10000)

市别	City	2000	2005	2010	2012	2013	2014	2015	2016	2017	2018
全　省	**Provincial Total**	**411221**	**639739**	**1243154**	**1562257**	**1627808**	**1707588**	**1788466**	**1857713**	**1966330**	**2051180**
广　州	Guangzhou	150580	229400	468858	514458	516884	547522	569601	627215	631422	648214
深　圳	Shenzhen	141669	200869	318058	432882	453102	456559	496837	472673	498586	512094
珠　海	Zhuhai	39395	70148	122339	95045	83767	92105	96263	104473	121001	146830
汕　头	Shantou	11705	5950	5016	5175	5431	7046	8927	11601	15930	19874
佛　山	Foshan	15973	34485	72896	120984	126984	133448	137548	144446	151468	161096
韶　关	Shaoguan	351	2782	10309	3110	3730	4475	2848	2429	2408	2391
河　源	Heyuan	798	850	1389	926	1097	1100	1420	1701	1574	2240
梅　州	Meizhou	1487	1975	2962	4086	4204	5509	10321	13484	15443	17471
惠　州	Huizhou	5333	16549	50168	67786	77039	85652	88494	92637	96975	104291
汕　尾	Shanwei	387	455	1175	1418	1180	1768	2538	2697	3581	3390
东　莞	Dongguan	7618	28189	67592	126924	144981	157493	157743	155377	159582	163012
中　山	Zhongshan	14692	21027	27591	21979	23891	48135	29843	27197	35327	27227
江　门	Jiangmen	8295	10521	47657	69917	79768	84318	96887	109324	129040	135315
阳　江	Yangjiang	230	852	1876	2226	2008	2550	3729	4203	4252	4293
湛　江	Zhanjiang	1004	1483	2716	4816	5845	6540	7305	8512	10761	11724
茂　名	Maoming	169	676	1198	1315	1395	1556	1739	1442	2178	2815
肇　庆	Zhaoqing	6264	4718	12440	48689	55441	28046	32231	32744	34946	36152
清　远	Qingyuan	834	2051	11062	14417	13579	14395	15608	16152	16691	10168
潮　州	Chaozhou	3071	5264	13207	21303	21770	22208	22296	23060	28167	34745
揭　阳	Jieyang	701	587	2150	1768	2110	2990	1820	1522	1942	2557
云　浮	Yunfu	665	907	2499	3033	3602	4173	4468	4824	5056	5280
按经济区域分	By Region										
珠三角	Pearl River Delta	389819	615907	1187597	1498663	1561857	1633278	1705447	1766086	1858347	1934231
东　翼	Eastern Region	15864	12256	21547	29664	30491	34011	35581	38880	49620	60566
西　翼	Western Region	1403	3012	5790	8357	9248	10647	12773	14157	17191	18833
山　区	Mountainous Region	4135	8564	28220	25573	26212	29653	34665	38590	41172	37550

注：本表数为广东省旅游局抽样调查测算数。

Note: Data in this table are obtained from the sample surveys of Guangdong Provincial Tourism Administration.

主要统计指标解释

住宿业 是指为顾客提供临时住宿服务的企业(单位)和个体户。

餐饮业 是指从事食品的烹饪、调制并直接售给居民和社会集团的企业(单位)和个体户。

入境旅游人数 指来我国参观、访问、旅行、探亲、访友、休养 、考察、参加会议和从事经济、科技、文化、教育、体育、宗教等活动的外国人、华侨、港澳台同胞的人数。不包括外国在我国的常驻机构，如使领馆、通讯社、企业办事处的工作人员；来我国常驻的外国专家、留学生以及在岸逗留不过夜人员。

国际旅游外汇收入 指入境旅游的外国人、华侨、港澳台同胞在中国大陆旅游过程中发生的一切旅游支出，对于国家来说就是国际旅游外汇收入。

Explanatory Notes on Main Statistical Indicators

Hotel Services refers to the enterprises (establishments) and individuals engaged in providing temporary accommodation to customers.

Catering Services refer to the enterprises (establishments) and individuals engaged in food cooking, seasoning and selling food directly to households and social institutions.

Number of Overseas Visitor Arrivals refers to the number of foreigners, overseas Chinese, Chinese compatriots from Hong Kong, Macao and Taiwan coming to China for sight-seeing, visits, tours, family reunions, gatherings of friends, recuperation, inspection, conferences and other activities in the nature of business, science and technology, culture, education, sports, and religion. The statistics excludes representatives and employees of resident institutions of foreign countries in China such as embassies, consulates, news agencies and offices of foreign companies and organizations, as well as long-term foreign experts or students residing in China, and persons in transition without staying overnight in China.

Foreign Exchange Earnings from International Tourism refer to the total expenditures of foreigners, overseas Chinese, Chinese compatriots from Hong Kong, Macao and Taiwan during their stay in the mainland of China, or earnings of foreign exchange from international tourism in terms of national economy.

十八、教育和科技

EDUCATION AND TECHNOLOGY

十八　教育和科技

简要说明

一、本篇资料主要反映广东教育、科学技术活动基本情况。

二、本篇资料主要包括：

1. 高、中、初等教育，幼儿教育和各种类型的各级成人教育，指标主要包括各级各类的学校数、在校生数、招生数、毕业生数、教职工数和专任教师数等。

2. 科技成果奖励和技术市场情况，专利申请受理量和批准量，研究与开发机构基本情况，高校研究与发展人员及经费，科协系统科技活动情况等数据。

三、本篇资料由广东省统计局社会和科技统计处负责整理、编辑。

四、统计资料来源：

教育统计资料根据广东省教育厅、广东省人力资源和社会保障厅提供的统计年报加工整理。科技统计资料根据广东省科技厅、广东省人力资源和社会保障厅、广东省教育厅、广东省科协等部门提供的统计年报加工整理。

18 Education and Technology

Brief Introduction

Ⅰ. The data in this chapter show the basic conditions on the development Guangdong's education, science and technology.

Ⅱ. The data in this chapter mainly include:

(1) The data on tertiary, secondary, primary, and kindergarten education and various types of adult education at all levels, including the number of schools, the number of students enrolled, the number of new enrollments, the number of graduates, the number of staff and workers, and the number of full-time teachers of various levels and categories.

(2) The data on scientific and technological achievements and prizes, conditions of technological markets, numbers of patent applications accepted and granted, basic conditions of R&D institutions, R&D personnel and funds in universities and colleges, and scientific and technological activities of associations of science and technology, etc.

Ⅲ. The data are prepared and edited by the Division of Social, Scientific and Technological Statistics of Statistics Bureau of Guangdong Province.

Ⅳ. Data sources:

Data on education are processed and prepared in accordance with the annual statistical reports provided by Guangdong Provincial Department of Education and Guangdong Provincial Department of Human Resources and Social Security. Data on science and technology are processed and prepared in accordance with the annual statistical reports provided by Guangdong Provincial Department of Science and Technology, Guangdong Provincial Department of Human Resources and Social Security，Guangdong Provincial Department of Education, Guangdong Provincial Department of Personnel and Guangdong Provincial Association of Science and Technology.

18-1 教育、科技主要指标

Main Indicators on Education, Science and Technology

指　　标	Item	2000	2010	2015	2016	2017	2018
在校学生数　(万人)	Number of Total Enrollment (10000 persons)						
普通本专科	Regular Institutions of Higher Education	29.95	142.66	185.64	189.29	192.58	196.32
成人本专科	Institutions of Higher Education for Adults	20.14	46.40	66.45	65.20	65.31	73.99
中等学校	Secondary Schools	541.72	939.23	736.79	705.05	700.12	697.18
#普通中学	Regular Secondary Schools	460.69	709.05	560.72	545.22	545.37	556.18
高等教育毛入学率(%)	Gross Enrollment Rate of High Education (%)	11.35	28.00	33.00	35.10	38.71	42.43
高中毛入学率　(%)	Gross Enrollment Rate of Senior Secondary Schools (%)	38.70	86.20	95.70	96.00	96.48	96.70
小学毕业生升学率(%)	Percentage of Graduates of Primary School Entering Junior Secondary School (%)	96.15	95.51	95.85	95.88	96.04	96.18
学龄儿童入学率　(%)	Percentage of School-age Children Enrolled (%)	99.70	99.95	99.98	100.00	99.99	99.97
每万人口普通高校在校学生数　(人)	Number of Students Enrolled in Regular Institutions of Higher Education per 10000 Population (person)	41.19	148.02	171.11	172.10	175.09	186.05
科技研究机构数　(个)	Number of R&D Institutions (unit)		4452	8164	14311	23318	25484
研究与实验发展(R&D)人员　(万人)	Number of R&D Personnel (10000 persons)		44.66	68.02	73.52	87.99	102.31
R&D人员全时当量　(万人年)	Full-time Equivalent of (R&D Personnel (10 000 man-year)	7.11	36.47	50.17	51.56	56.53	
研究与实验发展(R&D)经费内部支出(亿元)	R&D Expenditure Internal Expernditure (100 million yuan)	107.12	808.75	1798.17	2035.14	2343.63	
#基础研究	Basic Research		16.72	54.21	86.02	109.42	
应用研究	Applied Research		37.32	165	164.5	215.6	
试验发展	Experimental Development		754.70	1478.96	1784.62	2018.61	
#政府资金	Government Funds	101.38	65.76	145.85	186.60	240.40	
企业资金	Enterprises Funds	86.44	708.93	1606.21	1795.78	2047.59	
R&D经费支出占地区生产总值比例　(%)	Percentage of Research and Development Expenditure in Provincial GDP (%)	0.99	1.74	2.43	2.52	2.61	
研究与实验发展(R&D)课题 (项目)数　(个)	Number of R&D Programs/Projects (item)		72747	112680	135652	170214	184118
省级及以上科技奖励成果　(项)	Number of Achievements in Science and Technology Awarded by Provincial-level and Higher Agencies(item)	289	296	269	272	284	216
专利申请受理量　(件)	Number of Patent Applications Accepted (piece)	21123	152907	355939	505667	627819	793819
#发明专利	Inventions	1760	40866	103941	155581	182639	216469
专利申请授权量　(件)	Number of Patent Applications Granted (piece)	15799	119346	241176	259032	332648	478082
#发明专利	Inventions	261	13691	33477	38626	45740	53259
技术合同成交额(亿元)	Transaction Value of Technological Contracts (100 million yuan)	48.21	242.5	663.53	789.68	949.48	1387.00

注：1.全省小学毕业生升学率，按照教育部统一口径，根据教育统计报表，当年本省初中招生数除以小学毕业生数计算，不考虑学生跨省流动。

2.R&D经费支出占地区生产总值比例指标历史数据，已根据修订后的地区生产总值数据进行调整。

Note: a) According to the Ministry of Eduucation,the percentage of graduates of primary schools entering junior secondary schools is calculated as the number of new enrollments of local junior secondary schools divided by the number of graduates from local primary schools and the trans-provincial flow of students are without consideration.

b) Historical statistics on ratio of expenditure on R&D to GDP have been adjusted according to amended GDP statistics.

18-2　各级各类学校在校学生数
Number of Total Enrollment by Level and Type of School

单位：万人　　(10000 persons)

年份 Year	高等学校 Institutions of Higher Education	中等学校 Secondary Schools			小学 Primary Schools
		中等职业教育学校 Vocational Secondary Schools	技工学校 Technical Schools	普通中学 Regular Secondary Schools	
1978	3.07	3.64		313.32	743.02
1979	3.79	4.51	0.71	268.73	743.81
1980	4.10	6.28	1.61	252.11	748.86
1981	4.47	6.12	1.39	218.71	734.78
1982	4.09	6.51	0.99	200.19	723.03
1983	4.56	9.96	0.92	199.59	705.34
1984	5.47	12.99	1.01	220.69	692.73
1985	6.99	18.01	1.45	236.45	671.25
1986	7.83	28.22	1.45	249.93	670.62
1987	8.63	34.26	2.63	252.60	677.37
1988	9.72	37.63	3.40	244.23	688.72
1989	10.04	42.09	3.93	235.73	715.15
1990	9.59	45.27	5.22	234.03	747.29
1991	9.27	44.74	5.63	238.28	788.93
1992	9.74	46.29	6.58	255.02	808.98
1993	11.70	50.24	7.68	277.19	832.14
1994	13.75	55.89	9.57	307.38	862.21
1995	15.18	66.67	11.10	339.46	883.19
1996	16.40	67.30	12.28	373.19	897.64
1997	17.47	72.70	13.29	400.85	911.34
1998	18.50	70.50	14.50	423.61	918.02
1999	22.08	69.50	23.00	443.91	920.96
2000	29.95	65.57	14.46	460.69	929.93
2001	38.19	62.00	16.67	489.70	952.98
2002	46.78	61.20	17.82	513.40	979.61
2003	58.78	63.08	23.90	545.91	1025.37
2004	72.69	65.54	28.11	580.86	1049.62
2005	87.47	71.02	32.81	611.69	1067.03
2006	100.86	80.84	38.16	639.29	1056.99
2007	111.97	90.76	45.81	655.38	1017.62
2008	121.64	100.08	53.54	679.65	956.47
2009	133.41	120.46	64.11	696.11	887.65
2010	142.66	154.78	75.56	709.05	848.55
2011	152.73	152.05	85.13	699.47	822.06
2012	161.68	149.57	88.52	668.40	808.24
2013	170.99	140.89	87.62	625.24	807.94
2014	179.42	128.22	62.26	590.77	831.91
2015	185.64	117.21	58.86	560.72	868.88
2016	189.29	106.57	53.26	545.22	905.22
2017	192.58	99.39	55.37	545.37	941.96
2018	196.32	86.73	54.27	556.18	988.37

注：1. 高等学校人数指普通本、专科人数，下同。
2. 1986年后中等职业教育学校包括普通中专、成人中专、职业高中，1986年前缺成人中专数据。

Notes: a) Number of students in institutions of higher education refers to the number of students in regular universities with full undergraduate courses and colleges with specialized courses. The same applies to the following tables.
b) Since 1986, vocational secondary schools have included regular specialized secondary schools, specialized secondary schools for adults and vocational senior secondary schools. Prior to 1986, no data of specialized secondary schools for adults are available.

18-3 各级各类学校情况

Statistics on Various Levels and Types of Schools

项　目	Item	2000	2010	2015	2016	2017	2018
高等学校	**Institutions of Higher Education**						
学校数　(所)	Number of Schools (unit)	52	131	143	149	151	153
毕业生数　(万人)	Number of Graduates (10000 persons)	5.00	33.42	47.69	48.94	51.12	52.39
本科	Universities with Full Undergraduate Courses	2.40	15.29	22.41	23.36	24.56	25.40
专科	Colleges with Specialized Courses	2.60	18.13	25.28	25.58	26.57	27.00
招生数　(万人)	Number of New Enrollments (10000 persons)	12.08	44.02	56.15	54.98	57.08	58.90
本科	Universities with Full Undergraduate Courses	5.01	21.7	27.54	28.04	28.56	29.37
专科	Colleges with Specialized Courses	7.07	22.31	28.61	26.94	28.52	29.53
在校学生数(万人)	Number of Enrolled Students (10000 persons)	29.95	142.66	185.64	189.29	192.58	196.32
本科	Universities with Full Undergraduate Courses	15.03	77.86	104.08	107.68	110.58	113.33
专科	Colleges with Specialized Courses	14.92	64.8	81.56	81.61	82.00	82.99
教职工数　(万人)	Number of Teachers and Staff (10000 persons)	4.68	11.4	13.99	14.29	14.81	15.31
#专任教师	Full-time Teachers	2.04	7.86	9.89	10.12	10.44	10.82
中等职业教育	**Vocational Secondary Schools**						
学校数　(所)	Number of Schools (unit)	658	566	481	468	459	444
毕业生数　(万人)	Number of Graduates (10000 persons)	21.54	33.17	41.73	38.92	34.23	31.85
招生数　(万人)	Number of New Enrollment (10000 persons)	21.10	74.13	39.54	35.19	32.23	29.72
在校学生数(万人)	Number of Total Enrollment (10000 persons)	65.57	154.78	117.21	106.57	99.39	86.73
教职工数　(万人)	Number of Teachers and Staff (10000 persons)	5.70	5.86	5.78	5.75	5.81	5.68
#专任教师	Full-time Teachers	3.70	4.35	4.50	4.48	4.52	4.41
技工学校	**Technical Schools**						
学校数　(所)	Number of Schools (unit)	186	246	163	166	162	162
毕业生数　(万人)	Number of Graduates (10000 persons)	4.28	12.80	14.46	16.14	14.65	16.51
招生数　(万人)	Number of New Enrollments (10000 persons)	5.84	28.2	19.94	18.63	18.88	19.06
在校学生数(万人)	Number of Total Enrollment (10000 persons)	15.46	75.56	58.86	53.26	55.37	54.27
教职工数　(万人)	Number of Teachers and Staff (10000 persons)	1.07	2.78	2.94	2.92	3.04	3.04
#专任教师	Full-time Teachers	0.68	1.98	2.10	2.16	2.26	2.29
普通中学	**Regular Secondary Schools**						
学校数　(所)	Number of Schools (unit)	3964	4334	4434	4510	4566	4627
毕业生数　(万人)	Number of Graduates (10000 persons)	131.82	210.23	201.96	191.65	179.12	173.98
招生数　(万人)	Number of New Enrollments (10000 persons)	171.16	241.96	182.89	186.14	187.82	192.45
在校学生数(万人)	Number of Total Enrollment (10000 persons)	460.69	709.05	560.72	545.22	545.37	556.18
教职工数　(万人)	Number of Teachers and Staff (10000 persons)	27.57	44.53	47.54	47.85	48.48	49.06
#专任教师	Full-time Teachers	22.86	39.15	42.67	42.74	43.13	43.63

注：普通高等学校数包含独立学院数。

Note: The number of regular schools (institutions) of higher education includes independent colleges.

18-3 续表 continued

项 目	Item	2000	2010	2015	2016	2017	2018
小学	**Primary Schools**						
学校数 (万所)	Number of Schools (10000 units)	2.42	1.68	1.01	1.02	1.03	1.03
毕业生数 (万人)	Number of Graduates (10000 persons)	148.48	174.19	121.49	127.04	131.91	137.27
招生数 (万人)	Number of New Enrollments (10000 persons)	155.73	135.92	165.80	171.18	174.37	188.81
在校学生数 (万人)	Number of Students Enrolled (10000 persons)	929.93	848.55	868.88	905.22	941.96	988.37
教职工数 (万人)	Number of Teachers and Staff (10000 persons)	42.08	48.78	51.44	53.60	56.04	58.54
#专任教师	Full-time Teachers	36.41	43.07	46.86	48.66	50.78	53.03
学龄儿童	**School-age Children**						
学龄儿童总数 (万人)	Total number (10000 persons)	905.39	801.82	836.09	874.14	895.63	940.44
已入学学龄儿童数(万人)	Primary School Enrollment number (10000 persons)	902.65	801.45	835.93	874.14	895.58	940.18
学龄儿童入学率 (%)	Enrollment Rate (%)	99.70	99.95	99.98	100.00	99.99	99.97
小学毕业生	**Primary School Graduates**						
小学毕业生人数 (万人)	Number of Graduates (10000 persons)	148.48	174.19	121.49	127.04	131.91	137.27
已升学人数 (万人)	Number of Students Entering into Junior Secondary Schools (10000 persons)	142.77	166.37	116.45	121.81	126.67	135.77
小学毕业生升学率 (%)	Promotion Rate from Primary Schools to Junior Secondary Schools (%)	96.15	95.51	95.85	95.88	96.04	96.18
幼儿园	**Kindergartens**						
幼儿园数 (所)	Number of Kindergartens (unit)	12027	11161	16368	17288	18048	18953
在园幼儿数 (万人)	Number of Children in Kindergartens(10000 persons)	214.18	227.23	402.28	421.67	441.41	449.11
教职工数 (万人)	Number of Teachers and Staff (10000 persons)	12.91	23.68	43.62	46.94	51.51	54.99
#专任教师	Full-time Teachers	8.36	13.63	24.07	25.65	28.17	29.29
特殊教育学校	**Special Schools**						
特殊教育学校数 (所)	Number of Schools (unit)	61	75	116	127	133	135
招生数 (人)	Number of New Enrollments (persons)	2000	3666	7303	6853	8893	9055
在校学生数 (人)	Number of Total Enrollment (persons)	27507	26064	36048	37756	44084	47912

注：1. 2003年起中等职业教育学校包括：普通中等专业学校、成人中等专业学校、职业高中数据。
2. 特殊教育学校是指独立设置招收盲哑和智残儿童，以及其他特殊需要的儿童、青少年进行普通或职业初、中等教育的教学机构。

Notes: a) Since 2003 , vocational secondary schools have included regular specialized secondary schools , specialized secondary schools for adults and vocational senior secondary schools.

b) Special schools refer to separate institutions providing regular or vocational primary and secondary education for blinded, dumb or mentally-retarded children, or other children and adolescents in need of special care in education.

18-4 研究生教育情况

Statistics on Postgraduate Education

项 目	Item	2000	2010	2014	2015	2016	2017	2018
培养单位数（个）	**Number of Institutions of Postgraduate Education (unit)**	**26**	**31**	**28**	**28**	**28**	**28**	**28**
高等学校	Institutions of Higher Education	18	23	25	25	25	25	25
科研单位	Research Institutions	8	8	3	3	3	3	3
招生数 （人）	**Number of New Enrollments (person)**	**5672**	**25798**	**29769**	**30650**	**32393**	**38832**	**42515**
攻读博士学位	For Doctor Degree	1053	3307	3559	3540	3742	3997	4752
高等学校	Institutions of Higher Education	1001	3117	3551	3532	3734	3989	4744
科研单位	Research Institutions	52	190	8	8	8	8	8
攻读硕士学位	For Master Degree	4619	22491	26210	27110	28651	34835	37763
高等学校	Institutions of Higher Education	4510	22135	26134	27018	28555	34732	37659
科研单位	Research Institutions	109	356	76	92	96	103	104
在校学生数（人）	**Number of Enrolled Students (person)**	**13023**	**72455**	**86568**	**89404**	**92875**	**102912**	**114830**
攻读博士学位	For Doctor Degree	2558	12341	14169	14474	14990	15686	16978
高等学校	Institutions of Higher Education	2445	11706	14136	14443	14958	15658	16950
科研单位	Research Institutions	113	635	33	31	32	28	28
攻读硕士学位	For Master Degree	10405	60114	72399	74930	77885	87226	97852
高等学校	Institutions of Higher Education	10161	59159	72164	74682	77614	86929	97545
科研单位	Research Institutions	244	955	235	248	271	297	307
毕业生数 （人）	**Number of Graduates (person)**	**2182**	**17862**	**25538**	**26174**	**27155**	**27148**	**28878**
攻读博士学位	For Doctor Degree	417	2436	2837	2947	2947	3055	3120
高等学校	Institutions of Higher Education	387	2288	2830	2937	2940	3047	3110
科研单位	Research Institutions	30	148	7	10	7	8	10
攻读硕士学位	For Master Degree	1765	15426	22701	23227	24208	24093	25758
高等学校	Institutions of Higher Education	1692	15158	22627	23151	24134	24018	25665
科研单位	Research Institutions	73	268	74	76	74	75	93

注：2014年起中国科学院大学下辖广州化学研究所、南海海洋研究所、华南植物研究所、广州能源研究所和广州地球化学研究所的教育事业报表统一归口中国科学院大学管理，并调整2013年起数据，从2013年起研究生数据均不含以上培养研究生单位数据。

Notes：Since 2014、Guangzhou Institute of Chemistry、South China Sea Institute of Oceanography、South China Institute of Botany、Guangzhou Institute of Energy and the Guangzhou Institute of Geochemistry's education statistics are under the centralized to the University of Chinese Academy of Sciences and since 2013 data has been adjusted and the number of sutdents has excluded the number of students in these institutions.

18-5 各级各类成人教育在校学生数

Number of Total Enrollment by Level and Type of Adult School

单位：人 (person)

项 目	Item	2000	2010	2014	2015	2016	2017	2018
成人高等教育	**Higher Education for Adults**	**201410**	**463987**	**626927**	**664495**	**651963**	**653103**	**739888**
成人高等学校	Institutions of Higher Education for Adults	84057	22025	16055	17556	18905	29546	85988
广播电视大学	Radio and TV Universities	34242	10980	8799	10256	13326	23925	79710
职工高等学校	Schools of Higher Education for Staff and Workers	17147	6344	5166	5411	5579	5621	6278
管理干部学院	Colleges for Management Cadres	20142	4398					
教育学院	Teachers' Colleges	12526	303	2090	1889			
普通高校附设	Departments Run by Institutions of Higher Education	117353	441962	610872	646939	633058	623557	653900
函授部	Correspondence Divisions	51028	173761	235440	281334	319929	319662	322685
夜大学	Evening Universities	43063	265713	375432	365605	312884		416173
成人脱产班	Full-time Courses for Adults	23262	2488			245		10303
成人中等教育	**Secondary Education for Adults**		**29105**	**13774**				
成人中专学校	Specialized Secondary Schools for Adults		27327	11743	7341	4682	4156	4405
成人中学	Secondary Schools for Adults	44006	5358	2031				

18-6 高等学校情况（2018年）

Statistics on Institutions of Higher Education (2018)

项　目	Item	学校数（所）Number of Schools (unit)	毕业生数（人）Number of Graduates (person)	招生数（人）Number of New Enrollments (person)	在校学生数（人）Number of Total Enrollment (person)	教职工数（人）Number of Teachers and Staff (person)	#专任教师 Full-time Teachers
总　计	**Total**	**153**	**523936**	**589034**	**1963170**	**153126**	**108222**
#女性	Female		281254	281160	1020957	74785	51911
按隶属关系分	**Grouped by Relation of Leadership**	**153**	**523936**	**589034**	**1963170**	**153126**	**108222**
中央属	Under Central Government	5	22370	24297	95033	14950	9426
地方属	Under Local Government	148	501566	564737	1868137	138176	98796
按学校类别分	**Grouped by Type of Institution**						
综合大学	University	72	252307	273585	914489	70760	49672
理工院校	Science and Engineering College	33	126439	145714	463078	32015	23490
农业院校	Agriculture College	4	21142	22496	89008	6848	5198
医药院校	Medicine College	10	24560	28796	100043	11832	8787
师范院校	Teacher Education College	7	27052	36704	114100	11495	6855
语文院校	Language and Literature College	2	7126	7269	28882	2948	1890
财经院校	Economics and Finance College	13	53450	59420	206625	11897	9264
政法院校	Politics and Law College	3	3015	3075	10599	1296	624
体育院校	Physical Culture College	3	3212	4068	12204	1374	791
艺术院校	Art College	6	5633	7907	24142	2661	1651
其他	Others						
总计中：职业技术学院	Vocational Technological College	88	245389	282502	785208	50087	36540

18-7 中等学校情况（2018年）

Statistics on Secondary Schools (2018)

项　目	Item	学校数（所）Number of Schools (unit)	毕业生数（人）Number of Graduates (person)	招生数（人）Number of New Enrollments (person)	在校学生数（人）Number of Total Enrollment (person)	教职工数（人）Number of Teachers and Staff (person)	#专任教师 Full-time Teachers
中等职业教育	**Vocational Secondary Education**	**444**	**318470**	**297190**	**867254**	**56750**	**44105**
调整后中等职业学校	Vocational Secondary Schools after Adjustment	271	207647	191567	549548	34573	26160
普通中专	General Secondary Schools	58	46039	44342	133862	6544	4677
成人中等专业学校	Specialized Secondary Schools for Adults	5	1679	1574	4405	293	250
职业高中学校	Vocational Senior Secondary Schools	112	63105	59707	179439	14225	12132
其他机构	Other Institutions	36	6139	6626	17578	1115	886
附设中职班	Affiliated Vocational Class	21	1527	1595	4780	无	无
技工学校	**Technical Schools**	**162**	**165103**	**190560**	**542661**	**30397**	**22917**
普通中学	**Regular Secondary Schools**	**4627**	**1739826**	**1924497**	**5561808**	**490666**	**436368**
#高中	Senior Schools	1013	646488	604224	1837141	76744	149931

注：2011年起增加附设中职班。其他机构和附设中职班不计学校数。普通中专包括中等技术学校和中等师范学校。

Note: Since 2011, the item of Affiliated Vocational Class is added. The number of schools of other institutions and affiliated secondary vocational classes is not included in the total number schools of vocational secondary education. The general secondary schools include the secondary technical schools and secondary normal schools.

18-8 各市普通中学情况（2018年）
Statistics on Regular Secondary Schools by City (2018)

市别	City	学校数（所）Number of Schools (unit)	毕业生数（人）Number of Graduates (person)	高中 Senior Secondary Schools	初中 Junior Secondary Schools	招生数（人）Number of New Enrollments (person)
广州	Guangzhou	527	159576	58514	101062	174522
深圳	Shenzhen	390	124106	41331	82775	164088
珠海	Zhuhai	75	27388	9651	17737	33206
汕头	Shantou	305	117420	47769	69651	123300
佛山	Foshan	203	100630	38391	62239	119263
韶关	Shaoguan	148	49686	18909	30777	52844
河源	Heyuan	193	55846	19727	36119	67985
梅州	Meizhou	230	76425	31441	44984	77766
惠州	Huizhou	271	86351	29781	56570	112151
汕尾	Shanwei	164	60391	22755	37636	59133
东莞	Dongguan	240	88130	26034	62096	123816
中山	Zhongshan	103	47492	15932	31560	55174
江门	Jiangmen	194	66123	24322	41801	74802
阳江	Yangjiang	113	41149	15477	25672	48572
湛江	Zhanjiang	308	141020	56243	84777	132862
茂名	Maoming	262	150850	59191	91659	144647
肇庆	Zhaoqing	184	75964	26067	49897	77326
清远	Qingyuan	181	61712	22106	39606	70006
潮州	Chaozhou	139	43900	18491	25409	43782
揭阳	Jieyang	294	123489	49442	74047	121868
云浮	Yunfu	103	42178	14914	27264	47384
按经济区域分	By Region					
珠三角	Pearl River Delta	2187	775760	270023	505737	934348
东翼	Eastern Region	902	345200	138457	206743	348083
西翼	Western Region	786	375197	145825	229372	373465
山区	Mountainous Region	752	243669	92183	151486	268601

18-8 续表 continued

市别	City	在校学生数(人) Number of Total Enrollment (person)	高中 Senior Secondary Schools	初中 Junior Secondary Schools	教职工数(人) Number of Teachers and Staff (person)	#专任教师 Full-time Teachers
广州	Guangzhou	514428	163838	350590	63524	54477
深圳	Shenzhen	448004	131102	316902	74992	61672
珠海	Zhuhai	94983	30588	64395	10069	8699
汕头	Shantou	361236	136527	224709	38603	33103
佛山	Foshan	342533	118529	224004	33474	29402
韶关	Shaoguan	156837	50541	106296	15436	14312
河源	Heyuan	189860	62477	127383	21311	19274
梅州	Meizhou	233112	84086	149026	25823	23844
惠州	Huizhou	308128	91095	217033	33492	28913
汕尾	Shanwei	174049	56995	117054	17995	15932
东莞	Dongguan	332363	82710	249653	45015	34811
中山	Zhongshan	159399	46218	113181	18152	15388
江门	Jiangmen	214267	76002	138265	20317	18505
阳江	Yangjiang	136492	44216	92276	15614	13859
湛江	Zhanjiang	401171	139252	261919	38886	36021
茂名	Maoming	440193	162880	277313	38588	36450
肇庆	Zhaoqing	228399	72363	156036	21340	19154
清远	Qingyuan	202316	67151	135165	19830	17745
潮州	Chaozhou	129467	49160	80307	13601	12291
揭阳	Jieyang	357231	126054	231177	35849	31930
云浮	Yunfu	137340	45357	91983	11939	11157
按经济区域分	By Region					
珠三角	Pearl River Delta	2642504	812445	1830059	320375	271021
东翼	Eastern Region	1021983	368736	653247	106048	93256
西翼	Western Region	1115196	391705	723491	105027	97487
山区	Mountainous Region	782125	264255	517870	82400	75175

注：本表2016年普通中学教职工、专任教师数包含初级中学、九年、十二年一贯制学校、职业初中、完全中学、高级中学。

Note: The data of teachers and staff and of full-time teachers of regular secondary schools include junior middle and high schools,the nine-year primary-secondary schools, technical secondary school, combined junior and senior high school and senior high school.

18-9 各市中等职业教育基本情况（2018年）
Basic Statistics on Vocational Secondary Education by City (2018)

市别	City	学校数（所）Number of Schools (unit)	毕业生数（人）Number of Graduates (person)	招生数（人）Number of New Enrollments (person)	在校学生数（人）Number of Total Enrollment (person)	教职工数（人）Number of Teachers and Staff (person)	#专任教师 Full-time Teachers
广州	Guangzhou	82	67663	66026	184094	11391	7866
深圳	Shenzhen	15	12743	12875	38922	3505	2694
珠海	Zhuhai	8	6743	6217	18962	1135	932
汕头	Shantou	21	12638	11095	38299	2204	1732
佛山	Foshan	33	22664	18527	60002	4809	3865
韶关	Shaoguan	14	7584	10028	25979	1919	1504
河源	Heyuan	13	7193	7276	20992	1409	1100
梅州	Meizhou	21	10375	8716	27308	1857	1478
惠州	Huizhou	25	16959	17398	51440	2695	1990
汕尾	Shanwei	13	3380	5203	11965	964	836
东莞	Dongguan	21	17189	20433	58459	4142	2830
中山	Zhongshan	11	7426	8315	23243	1834	1570
江门	Jiangmen	19	13512	11576	36898	2379	2151
阳江	Yangjiang	5	5057	4072	13766	729	575
湛江	Zhanjiang	53	19241	18473	59927	3311	2453
茂名	Maoming	18	14945	23529	57808	3216	2828
肇庆	Zhaoqing	18	17521	18346	53771	3322	2662
清远	Qingyuan	14	9621	10035	29023	1860	1616
潮州	Chaozhou	10	3068	3164	9248	888	758
揭阳	Jieyang	16	34794	9748	27277	2010	1670
云浮	Yunfu	14	6950	6138	19871	1171	995
按经济区域分	By Region						
珠三角	Pearl River Delta	232	182420	179713	525791	35212	26560
东翼	Eastern Region	60	53880	29210	86789	6066	4996
西翼	Western Region	90	46193	52212	151372	8427	6851
山区	Mountainous Region	62	34773	36055	103302	7045	5698

18-10 各市小学情况（2018年）
Statistics on Primary Schools by City (2018)

市别	City	学校数(所) Number of Schools (unit)	毕业生数(人) Number of Graduates (person)	升学率(%) Percentage of Graduates of Primary Schools Entering Junior Secondary Schools (%)	招生数(人) Number of New Enrollments (person)	在校学生数(人) Number of Total Enrollment (person)	教职工数(人) Number of Teachers and Staff (person)	#专任教师 Full-time Teachers
广州	Guangzhou	965	111238	97.29	206514	1058455	50233	46202
深圳	Shenzhen	344	68054	98.98	206327	1027969	32665	29032
珠海	Zhuhai	124	19722	85.92	32644	172071	7828	7334
汕头	Shantou	745	66795	100.00	100787	545223	23513	22331
佛山	Foshan	413	72636	99.58	113894	580066	28619	26639
韶关	Shaoguan	196	30728	100.00	48337	248414	12551	12199
河源	Heyuan	364	37079	99.54	53681	307634	17519	16566
梅州	Meizhou	450	46160	100.00	64736	354868	19202	18473
惠州	Huizhou	468	63658	100.00	112594	584251	23313	21791
汕尾	Shanwei	452	35248	99.69	50234	263472	15207	13728
东莞	Dongguan	328	67278	100.00	158396	803482	29911	24685
中山	Zhongshan	208	31124	100.00	59426	311717	13269	11944
江门	Jiangmen	324	43300	100.01	64395	337381	15019	14406
阳江	Yangjiang	150	24860	99.09	45701	245787	11786	11339
湛江	Zhanjiang	807	84157	98.07	130776	672313	36188	34061
茂名	Maoming	1383	81868	100.00	120189	646820	34910	33820
肇庆	Zhaoqing	228	48322	100.00	70714	385169	18517	17763
清远	Qingyuan	337	41648	99.95	72588	367865	18665	17768
潮州	Chaozhou	608	27661	95.82	35475	203516	10563	9558
揭阳	Jieyang	1241	71614	97.29	95004	522235	29225	27067
云浮	Yunfu	173	31714	97.28	45698	245016	14273	13578
按经济区域分	By Region							
珠三角	Pearl River Delta	3402	525332	98.71	1024904	5260561	219374	199796
东翼	Eastern Region	3046	201318	98.41	281500	1534446	78508	72684
西翼	Western Region	2513	222599	98.78	342364	1809936	97157	92798
山区	Mountainous Region	1347	155615	99.88	239342	1278781	67937	65006

注：1. 各地市小学毕业生升学率，由于跨地市流动学生较多，如按教育部口径计算将与实际差异较大，因此采用各地填报的小学升上本地及外地高一级学校(包括普通初中、职业初中等)就读的学生数除以小学毕业生进行计算。

2. 2011年起小学教职工、专任教师数包含小学、教学点，不含九年一贯制和十二年一贯制学校小学部的教职工和专任教师数。

Note: a) Due to the large number of mobile students,the percentage of graduates of primary schools entering junior secondary schools by city would be greatlly different from the real situation if calculated as the method by the Ministry of Education. Thus the percentage of graduates of primary schools entering junior secondary schools by city in this table is calculated as the number of new enrollments of local junior and outside secondary Schools(ordinary secondary schools and professional secondary schools are incluede) from local primary school divided by the umber of graduates from local primary schools

b) Since 2011,the data of of the number of teachers and staff and of full-time teachers include primary schools and sub-campuses, but exclude the primary education section of the nine-year and twelve-year primary-secondary schools.

18-11 各市学龄儿童入学情况

Statistics on School-age Children Enrolled in Schools by City

市别	City	2017 学龄儿童人数（人）Number of School-age Children (person)	2017 已入学人数（人）Number of School-age Children Enrolled in Schools (person)	2017 入学率（%）Enrollment Rate (%)	2018 学龄儿童人数（人）Number of School-age Children (person)	2018 已入学人数（人）Number of School-age Children Enrolled in Schools (person)	2018 入学率（%）Enrollment Rate (%)
广州	Guangzhou	988961	988960	100.0	1042345	1042345	100.0
深圳	Shenzhen	951889	951889	100.0	1012801	1010252	99.7
珠海	Zhuhai	156703	156129	99.6	166411	166411	100.0
汕头	Shantou	506336	506336	100.0	522005	522005	100.0
佛山	Foshan	534917	534917	100.0	571343	571343	100.0
韶关	Shaoguan	229765	229765	100.0	242095	242095	100.0
河源	Heyuan	247430	247430	100.0	251218	251218	100.0
梅州	Meizhou	287730	287730	100.0	299169	299169	100.0
惠州	Huizhou	556046	556046	100.0	582320	582320	100.0
汕尾	Shanwei	251470	251470	100.0	261992	261992	100.0
东莞	Dongguan	748010	748010	100.0	784152	784152	100.0
中山	Zhongshan	292309	292309	100.0	307057	307057	100.0
江门	Jiangmen	308256	308256	100.0	322853	322853	100.0
阳江	Yangjiang	226301	226301	100.0	239192	239192	100.0
湛江	Zhanjiang	615305	615305	100.0	654845	654844	100.0
茂名	Maoming	562560	562560	100.0	586533	586530	100.0
肇庆	Zhaoqing	307322	307322	100.0	319549	319549	100.0
清远	Qingyuan	325687	325687	100.0	350799	350799	100.0
潮州	Chaozhou	185041	185041	100.0	188842	188842	100.0
揭阳	Jieyang	480824	480824	100.0	494876	494876	100.0
云浮	Yunfu	193467	193467	100.0	203958	203958	100.0
按经济区域分	By Region						
珠三角	Pearl River Delta	4844413	4843838	100.0	5108831	5106282	100.0
东翼	Eastern Region	1423671	1423671	100.0	1467715	1467715	100.0
西翼	Western Region	1404166	1404166	100.0	1480570	1480566	100.0
山区	Mountainous Region	1284079	1284079	100.0	1347239	1347239	100.0

18-12 研究与试验发展(R&D)基本情况
Basic Statistics on Research and Development (R&D)

指　标	Item	2010	2014	2015	2016	2017	2018
研究机构数　（个）	**Number of R&D Institutions (units)**	**4452**	**5333**	**8164**	**14311**	**23318**	**25484**
科学研究与技术开发机构	Scientific Research and Technological Development Institutions	186	189	189	202	199	182
全日制普通高等学校	Full-time Regular Institutions of Higher Education	450	704	850	1123	1369	1549
工业企业	Industiral Enterprises	3309	3930	6553	11834	20030	21740
其他	Others	507	510	572	1152	1720	2013
研究与试验发展(R&D)活动人员　（人）	**Number of R&D Personnel (persons)**	**446579**	**675206**	**680237**	**735188**	**879854**	**1023101**
科学研究与技术开发机构	Scientific Research and Technological Development Institutions	9488	15897	15739	17452	17635	18187
全日制普通高等学校	Full-time Regular Institutions of Higher Education	33865	47540	57346	57048	63332	68510
工业企业	Industrial Enterprises	359476	544906	534293	585089	696385	806431
其他	Others	43750	66863	72859	75599	102502	129973
研究与试验发展(R&D)经费内部支出　（亿元）	**Internal Expenditure on R&D (100 million yuan)**	**808.75**	**1605.45**	**1798.17**	**2035.14**	**2343.63**	
科学研究与技术开发机构	Scientific Research and Technological Development Institutions	21.35	53.64	63.98	73.74	83.84	
全日制普通高等学校	Full-time Regular Institutions of Higher Education	28.58	49.82	62.97	108.08	137.53	
工业企业	Industrial Enterprises	703.68	1375.29	1520.55	1676.27	1865.03	
其他	Others	55.14	126.70	150.67	177.05	257.23	
研究与试验发展(R&D)活动课题(项目)数　（个）	**Number of R&D Programs/Projects (item)**	**72747**	**108109**	**112680**	**135652**	**170214**	**184118**
科学研究与技术开发机构	Scientific Research and Technological Development Institutions	3499	5412	6712	7163	8034	7774
全日制普通高等学校	Full-time Regular Institutions of Higher Education	35749	53138	61677	70697	79050	88119
工业企业	Industrial Enterprises	28423	42941	37375	50740	73439	76985
其他	Others	5076	6618	6916	7052	9691	11240

18-13 公有经济企业、事业单位专业技术人员年末人数

Number of Professional and Technical Personnel in State-owned Enterprises and Institutions at the Year-end

单位：人 (person)

年 份 Year	专业技术人员 Professional and Technical Personnel	#工程技术人员 Engineering	#农业技术人员 Agriculture	#科学技术人员 Scientific Research	#卫生技术人员 Health Care	#教学人员 Teaching
1978	211149	48836	16017	7852	53068	80287
1979	211117	48641	16975	7277	53155	79748
1980	291939	56144	18176	7356	61445	86192
1981	303892	60071	19017	6763	63536	97109
1982	328455	70699	19431	7822	69056	102178
1983	547038	85327	21636	5744	74183	109210
1984	579740	89348	22505	5573	79806	120016
1985	642542	102506	23030	6431	86174	133013
1986	656380	108210	23854	6368	89545	313009
1987	664085	118601	23553	6231	93553	333245
1988	674085	119167	19478	4904	85092	313419
1989	810130	137803	20644	5986	90751	364965
1990	838403	145535	21194	5731	92912	379894
1991	814651	140906	13050	4810	93141	398276
1992	883821	149916	13749	4566	104334	412681
1993	957725	163440	14246	4388	117959	434036
1994	1017804	174960	14670	4118	128079	460702
1995	1077848	180530	15219	4425	134586	511418
1996	1167583	186156	15449	4610	147155	573934
1997	1223897	191954	15779	4443	156889	613121
1998	1262343	190486	15703	4413	165721	649873
1999	1291078	184304	15660	4585	171461	677110
2000	1297804	180223	15083	4705	175521	696005
2001	1285708	168354	14151	4467	181703	710967
2002	1274140	160458	13386	4425	184192	721719
2003	1264983	135621	12575	4918	202548	734721
2004	1374679	149214	17321	5253	238886	774022
2005	1399042	146411	17407	5434	248547	791255
2006	1375416	137802	16999	5163	246679	805397
2007	1391934	140828	17311	5711	246480	824462
2008	1419852	144941	16701	5745	260940	837059
2009	1462861	153563	15805	5984	268796	856665
2010	1458044	149724	14084	4551	259131	885446
2011	1448011	151700	13475	5260	253992	879621
2012	1459018	151998	12256	5021	264976	861104
2013	1455605	139807	12538	3813	269147	888962
2014	1493095	155964	12772	5850	283499	888862
2015	1449255	139817	16076	6139	288384	928348
2016	1486082	151883	16681	7340	308402	893189
2017	1551010	169994	13161	10992	306208	897089
2018	1643815	178876	12111	12286	298778	883820

注：本表未包中央单位专业技术人员数。
Note:Data in this table do not include professional and technical personnel from the central units stationed in Guangdong.

18-14 高层次人才情况

Statistics on High-level Talents

单位：人 (person)

项　目	Item	2000	2010	2014	2015	2016	2017	2018
享受国家津贴新增人数	Number of Persons Granted State Allowances	164	137	161		172		168
高级职称批准人数	Number of Persons with Senior Professional Titles	6111	19031	13997	16581	21532	24336	27113
博士后招收人数	Number of Persons in Working Stations for Post-doctoral Research	163	560	893	1297	1596	1851	2913
博士生情况	Status of Doctorate Students							
招生数	Number of New Enrollments	1053	3307	3559	3540	3742	3997	4752
在校生	Number of Enrolled Students	2558	12341	14169	14474	14990	15686	16978
毕业生	Number of Graduates	417	2436	2837	2947	2947	3055	3120

注：享受国家津贴的人数从2003年起逢双年评比一次。
Note: The number of persons granted state allowances has been appraised every double-digital year since 2003.

18-15 各类技术合同签订情况

Statistics on Technical Contracts Signed by Type

项　目	Item	2000	2005	2010	2015	2016	2017	2015
技术合同项目数（项）	**Number of Technical Contracts (item)**	**5464**	**14432**	**17558**	**17344**	**17480**	**17423**	**23930**
技术开发合同	Technical Development Contracts	921	5983	11629	13786	13484	13065	15242
技术咨询合同	Technical Consultation Contracts	572	1279	1649	430	476	389	1942
技术转让合同	Technical Transfer Contracts	297	639	868	1242	1277	1405	1406
技术服务合同	Technical Service Contracts	3674	6531	3412	1886	2243	2564	5340
技术合同金额（万元）	**Value of Technical Contracts (10000 yuan)**	**482104**	**1124740**	**2425045**	**6635253**	**7896802**	**9494790**	**13870024**
技术开发合同	Technical Development Contracts	142107	571458	1961788	2359626	2773111	5277277	7174560
技术咨询合同	Technical Consultation Contracts	12530	31696	48539	17050	13005	8617	86169
技术转让合同	Technical Transfer Contracts	110279	288881	344264	2923722	3453327	2619466	3076777
技术服务合同	Technical Service Contracts	217188	232705	70454	1334855	1657360	1589429	3532518

18-16 科技成果项数

Number of Achievements for Scientific and Technological Research

单位：项 (item)

项　目	Item	2000	2010	2013	2014	2015	2016	2017	2018
国家级科技奖励成果	**National Prizes for Scientific and Technological Research Achievements**	**24**	**36**	**28**	**46**	**32**	**33**	**38**	**45**
国际合作奖	National Coperation Prize				1				
国家发明奖	National Invention Prize		2	10	12	5	6	10	7
国家自然科学奖	National Prize for Natural Sciences		1	4	2	5	4		2
国家科技进步奖	National Prize for Progress in Science and Technology	24	33	14	31	22	23	28	36
省级重大科技成果	**Major Provincial Scientific and Technological Achievements**			**1809**	**1748**	**2133**	**1963**	**2511**	**2461**
基础理论成果	Achievements in Fundamental Theory			67	55	126	140	204	382
应用技术成果	Achievements in Applied Technology			1713	1656	1990	1805	2258	1972
软科学成果	Achievements in Soft Sciences			29	37	17	18	49	107
省级科技奖励成果	**Provincial Prizes for Scientific and Technological Achievements**	**265**	**260**	**262**	**249**	**237**	**239**	**246**	**171**
省科技进步奖	Provincial Prize for Progress in Science and Technology	265	260	262	249	237	239	246	133
农业方面	Agriculture	46	31	43	33	31	27	31	26
工业方面	Industry	113	145	132	129	148	138	122	69
医药卫生方面	Medicine and Health Care	72	65	58	42	42	35	36	28
其他	Others	34	19	29	45	16	39	57	10

注：省级重大科技成果为全社会口径。

Note: Data of major provincial scientific and technological achievements are the whole society caliber.

18-17 县级政府部门属研究与开发机构基本情况

Basic Statistics on Research and Development Institutions under Government Departments at County Level

项　目	Item	2000	2010	2013	2014	2015	2016	2017	2018
机构数 (个)	Number of Institutions (unit)	183	143	131	128	124	117	116	110
职工总数 (人)	Number of Staff and Workers(person)	4379	2798	2362	2241	2054	1838	1797	1652
科技活动人员(人)	Scientists and Engineers (person)		1390	1270	1259	1119	1032	1044	991
经费收入 (万元)	Funds (10000 yuan)	13409	16592	23708	24550	27162	21539	27094	31950
#来自政府的经费	Government Funds	5426	9605	11937	15024	17467	16218	20596	23026

18-18 县级以上政府部门属研究与开发机构基本情况

Basic Statistics on Research and Development Institutions under Government Departments at and above County Level

项 目	Item	2000	2010	2015	2016	2017	2018
总 计	**Total**						
机构数 (个)	Number of Institutions (unit)	296	181	184	197	194	178
职工总数 (人)	Number of Staff and Workers (person)	24926	16922	22582	22848	23649	22913
科技活动人员 (人)	Scientists and Engineers		12819	17929	17883	19036	19673
经费收入 (万元)	Funds (10000 yuan)	358844	665228	1450489	1496107	1511226	1608565
#政府拨款	Government Appropriations	98386	332815	781376	865137	899445	987148
经费支出 (万元)	Expenditures (10000 yuan)	330098	674994	1363744	1418833.9	1502586.7	1539373.1
科技经费支出(万元)	Expenditures on Purchase of Assets(10000 yuan)		408216	962263	1039841	1179112	1185881
自然科学及技术领域	**Natural Sciences and Technology**						
机构数 (个)	Number of Institutions (unit)	263	156	158	169	166	154
职工总数 (人)	Number of Staff and Workers (person)	23623	15601	21011	21143	21932	21310
科技活动人员 (人)	Scientists and Engineers		11738	16675	16438	17573	18295
经费收入 (万元)	Funds (10000 yuan)	345582	626119	1375436	1415095	1423930	1521469
#政府拨款	Government Appropriations	89595	306735	728278	806310	835030	922812
经费支出 (万元)	Expenditures (10000 yuan)	317219	634843	1297806	1346255	1415204	1454258
科技经费支出(万元)	Expenditures on Purchase of Assets(10000 yuan)		378555	919010	986612	1112910	1126661
社会及人文科学领域	**Social Sciences and Humanities**						
机构数 (个)	Number of Institutions (unit)	16	10	10	12	12	10
职工总数 (人)	Number of Staff and Workers (person)	780	645	675	779	774	733
科技活动人员 (人)	Scientists and Engineers		567	616	718	713	694
经费收入 (万元)	Funds (10000 yuan)	6906	18906	32129	42192	45090	47780
#政府拨款	Government Appropriations	5908	14003	26643	36846	39459	44494
经费支出 (万元)	Expenditures (10000 yuan)	6897	17585	30830	35818	45692	48940
科技经费支出(万元)	Expenditures on Purchase of Assets(10000 yuan)		14334	23636	28517	35449	38116
科技情报和文献机构	**Scientific-Technological Information and Literature Institutions**						
机构数 (个)	Number of Institutions (unit)	17	15	16	16	16	14
职工总数 (人)	Number of Staff and Workers (person)	523	676	896	926	943	870
科技活动人员 (人)	Scientists and Engineers		514	638	727	750	684
经费收入 (万元)	Funds (10000 yuan)	6356	20203	42923	38820	42206	39316
#政府拨款	Government Appropriations	2883	12078	26455	21981	24956	19843
经费支出 (万元)	Expenditures (10000 yuan)	5982	22566	35108	36760	41692	36175
科技经费支出(万元)	Expenditures on Purchase of Assets(10000 yuan)		15327	19618	24713	30753	21104

18-19 各市县级及以上政府部门属研究与开发机构基本情况

Basic Statistics on Research and Development Institutions under Government Departments at and above County Level by City

市别	City	2017						
		机构数(个) Number of Institutions (unit)	就业人员(人) Number of Employed Persons (person)	#科技活动人员（人） R&D Personnel (person)	经费收入(万元) Funds (10000 yuan)	#政府拨款 Government Appropr-iations	经费支出(万元) Expenditures (10000 yuan)	科技经费支出(万元) R&D Expenditure (100 million yuan)
全省合计	**Provincial Total**	**310**	**25446**	**20080**	**1538320**	**920041**	**1529061**	**1195459**
广 州	Guangzhou	102	18247	15148	1301240	728273	1309595	1024444
深 圳	Shenzhen	6	2069	1206	89910	68626	84633	71124
珠 海	Zhuhai	7	355	270	20674	19520	10750	8732
汕 头	Shantou	11	433	330	8522	6649	7659	4620
佛 山	Foshan	4	141	109	6473	6129	6374	5577
韶 关	Shaoguan	17	307	250	9101	6967	9530	6890
河 源	Heyuan	15	240	124	2328	2175	2387	1804
梅 州	Meizhou	15	332	269	6459	5936	6665	5520
惠 州	Huizhou	22	383	305	13026	12335	12309	10507
汕 尾	Shanwei	6	90	47	1354	1347	1350	903
东 莞	Dongguan	8	479	343	14627	10127	14342	8945
中 山	Zhongshan	3	103	81	4901	3096	4901	2235
江 门	Jiangmen	9	182	135	4677	3682	4520	3359
阳 江	Yangjiang	3	86	55	1243	1153	1337	756
湛 江	Zhanjiang	21	969	682	33727	27315	33993	26970
茂 名	Maoming	16	293	207	5863	4669	5515	3834
肇 庆	Zhaoqing	15	173	137	4042	3722	3434	2174
清 远	Qingyuan	11	73	48	1435	1208	1170	628
潮 州	Chaozhou	4	111	86	1865	1749	1857	1272
揭 阳	Jieyang	10	317	212	5186	4314	5074	4200
云 浮	Yunfu	5	63	36	1666	1049	1668	966

18-19 续表 continued

市别	City	2018 机构数(个) Number of Institutions (unit)	就业人员(人) Number of Employed Persons (person)	#科技活动人员（人） R&D Personnel (person)	经费收入(万元) Funds (10000 yuan)	#政府拨款 Government Appropriations	经费支出(万元) Expenditures (10000 yuan)	科技经费支出(万元) R&D Expenditure (100 million yuan)
全省合计	**Provincial Total**	**288**	**24565**	**20664**	**1640515**	**1010175**	**1571250**	**1204127**
广　州	Guangzhou	90	17664	15021	1329738	739841	1288713	957615
深　圳	Shenzhen	5	2067	1955	160448	143312	148172	147747
珠　海	Zhuhai	6	378	303	20415	19165	8615	7228
汕　头	Shantou	11	433	378	8483	6959	8195	6067
佛　山	Foshan	4	144	92	7355	7116	6925	5479
韶　关	Shaoguan	17	326	254	8735	6629	8467	6593
河　源	Heyuan	15	213	122	2443	2032	2384	1565
梅　州	Meizhou	15	322	262	7356	6573	8069	6472
惠　州	Huizhou	21	342	303	10830	10352	9081	7609
汕　尾	Shanwei	6	84	40	1351	1351	1946	672
东　莞	Dongguan	8	483	378	14301	11118	14536	10260
中　山	Zhongshan	2	72	58	2499	2430	2499	1919
江　门	Jiangmen	9	175	135	6686	4873	7328	4916
阳　江	Yangjiang	3	73	47	1727	1472	1512	1319
湛　江	Zhanjiang	19	900	661	41409	32711	38323	26792
茂　名	Maoming	15	266	203	5137	4416	5109	3932
肇　庆	Zhaoqing	14	168	139	4160	3321	3895	3340
清　远	Qingyuan	11	74	33	1599	1338	1504	380
潮　州	Chaozhou	4	112	101	2315	2034	2055	1562
揭　阳	Jieyang	9	217	137	2658	2470	2654	1918
云　浮	Yunfu	4	52	42	869	664	1269	744

注：本表统计范围不含已转制的科研机构。

Note: The statistical coverage of this table excludes scientific research institutions which have undergone changes in ownership and/or mode of operation.

18-20 三种专利申请量与授权量

Three Types of Patent Application and Granted

单位：件 (item)

年份 Year	申请量 Number of Patent Applications	发明 Inventions	实用新型 Utility Models	外观设计 Designs	授权量 Number of Patent Applic-ations Granted	发明 Inventions	实用新型 Utility Models	外观设计 Designs
1990	1948	231	1001	716	889	40	571	278
1995	7729	463	2367	4899	4611	57	1446	3108
2000	21123	1760	6033	13330	15799	261	4797	10741
2001	27596	2549	8144	16903	18259	301	5246	12712
2002	34339	3806	9972	20561	22760	351	6396	16013
2003	43186	6181	12985	24020	29235	953	7921	20361
2004	52201	8093	14682	29426	31446	1941	9307	20198
2005	72220	12887	18951	40382	36894	1876	11017	24001
2006	90886	21351	23886	45649	43516	2441	15644	25431
2007	102449	26692	25389	50368	56451	3714	21636	31101
2008	103883	28099	28883	46901	62031	7604	25072	29355
2009	125673	32247	39027	54399	83621	11355	27438	44828
2010	152907	40866	47706	64335	119346	13691	43901	61754
2011	196275	52012	67336	76927	128415	18242	51402	58771
2012	229514	60448	78731	90335	153598	22153	65946	65499
2013	264265	68990	93592	101683	170430	20084	77503	72843
2014	278351	75148	96136	107067	179953	22276	83202	74475
2015	355939	103941	135717	116281	241176	33477	105254	102445
2016	505667	155581	203609	146477	259032	38626	118157	102249
2017	627819	182639	283560	161620	332648	45740	169017	117891
2018	793819	216469	367938	209412	478082	53259	268508	156315

注：2017年起，专利申请量统计口径调整为国家知识产权局受理的按规定缴足申请费、符合进入初步审查阶段条件的专利申请数量，2017年前，该口径数据称为专利申请受理量。

Note: Starting from 2017, the statistic for the number of patent applications accepted only includes patents that have passed initial review conditions and paid application fees as stipulated by the State Intellectual Property Office. Data before 2017 of this coverage were named as number of patent applications. auepted.

18-21 分市全社会研究与试验发展经费（2017年）
Researoh and Developmant Expenditure by City (2017)

单位：万元 (10000yuan)

市 别	City	总计 Total	科研机构 R&D Institutions	高校 Institutions of Higher Education	企业 Enterprises	其他 others
全 省	**Provincial Total**	**23436283.0**	**838421.1**	**1375323.5**	**20830074.3**	**392464.3**
广 州	Guangzhou	5324084.6	710653.8	1005404.7	3423979.0	184047.1
深 圳	Shenzhen	9769376.8	66316.5	184696.6	9405625.1	112738.6
珠 海	Zhuhai	671525.5	2839.4	6274.5	659713.9	2697.7
汕 头	Shantou	193145.9	414.9	26299.6	164554.0	1877.4
佛 山	Foshan	2231550.8	1830.1	26205.9	2196471.1	7043.7
韶 关	Shaoguan	145406.2	2101.1	3315.6	135785.9	4203.6
河 源	Heyuan	33578.8		624.7	32381.3	572.8
梅 州	Meizhou	31602.0	685.6	2834.6	27253.9	827.9
惠 州	Huizhou	839794.5	2208.6	8676.3	818494.2	10415.4
汕 尾	Shanwei	62461.0	3000.0	679.6	58284.9	496.5
东 莞	Dongguan	1881418.7	10299.2	53886.2	1769344.1	47889.2
中 山	Zhongshan	791708.4	11267.8	1659.6	774407.9	4373.1
江 门	Jiangmen	514318.8	574.3	15215.6	492576.0	5952.9
阳 江	Yangjiang	101043.1	2110.5	230.0	97661.8	1040.8
湛 江	Zhanjiang	108881.4	6613.7	19526.1	79582.9	3158.7
茂 名	Maoming	177681.2	543.8	8676.0	167161.2	1300.2
肇 庆	Zhaoqing	242265.3	3184.1	3943.8	234760.5	376.9
清 远	Qingyuan	70722.7		275.4	70154.7	292.6
潮 州	Chaozhou	72027.8	2126.8	6612.6	62701.8	586.6
揭 阳	Jieyang	133302.0	650.9	174.7	131837.4	639.0
云 浮	Yunfu	40387.5	11000.0	111.2	27342.7	1933.6

18-22 规模以上工业企业的科技活动基本情况

Basic Statistics on Science and Technology Activities of Industrial Enterprises above Designated size

指 标		2016	2017	2018
企业基本情况	**Statistics on Industrial Enterprises**			
有R&D活动企业数 (个)	Number of Enterprises with R&D Activities (unit)	10928	16793	16570
有R&D活动企业所占比重 (%)	Percentage of Enterprises with R&D Activities (%)	25.6	35.6	32.8
R&D活动情况	**Statistics on R&D Activities**			
R&D人员全时当量 (万人年)	Full-time Equivalent of R&D Personnel (10 000 man-years)	42.40	45.70	62.20
R&D经费支出 (亿元)	Expenditure on R&D (100 million yuan)	1676.27	1865.03	2107.20
R&D经费支出与主营业务收入之比 (%)	Percentage of Expenditure on R&D to Sales Revenue (%)	1.30	1.39	1.50
R&D项目数 (项)	R&D Projects (item)	50740	73439	76985
R&D项目经费支出 (亿元)	Expenditure on R&D Projects (100 million yuan)	1632.50	1862.50	2098.17
企业办R&D机构情况	**Statistics on R&D Institutions**			
机构数 (个)	Number of R&D Institutions (units)	11834	20030	21740
机构人员数 (万人)	R&D Personnel (10 000 persons)	67.50	91.10	92.68
机构经费支出 (亿元)	Expenditure on R&D (100 million yuan)	1993.60	2630.20	3194.53
新产品开发及生产情况	Statistics on New Products Development and Production			
新产品开发项目数 (个)	Number of New Products (unit)	66843	103149	121523
新产品开发经费支出 (亿元)	Expenditure on New Products Development (100 million yuan)	2309.70	2828.60	3336.70
新产品销售收入 (亿元)	Sales Revenue of New Products (100 million yuan)	28671.41	34863.03	39376.06
#新产品出口	Export	9231.58	11051.72	10289.14
专利情况	**Statistics on Patents**			
专利申请数 (件)	Number of Patent Applications (piece)	145448	199293	241700
#发明专利	Inventions	68168	86724	103499
有效发明专利数 (件)	Number of Inventions in Force (piece)	236918	289238	328467
技术获取和技术改造情况	**Statistics on Technology Acquisition and Technology Reconstruction**			
引进国外技术经费支出 (亿元)	Expenditure for Acquisition of Foreign Technology(100 million yuan)	131.60	94.60	157.39
引进技术消化吸收经费支出(亿元)	Expenditure for Assimilation of Technology (100 million yuan)	4.80	3.90	2.13
购买国内技术经费支出 (亿元)	Expenditure for Purchase of Domestic Technology (100 million yuan)	62.60	44.40	163.28
技术改造经费支出 (亿元)	Expenditure for Technical Renovation (100 million yuan)	205.00	314.10	452.88

18-23 规上工业企业研究与发展经费内部支出
Internal Expenditures of Industrial Enterprises Above Designated Size

单位：亿元 (100 million yuan)

指　　标	Item	2016	2017	2018
总　计	**Totals**	**1676.27**	**1865.03**	**2107.20**
按登记注册类型分	**By Status of Registration**			
内资企业	Domestic Funded	1192.94	1384.47	1568.12
国有企业	State-owned Enterprises	1.73	4.93	1.17
集体企业	Collective-owned Enterprises	0.52	0.29	0.34
股份合作企业	Cooperative Enterprises	0.35	0.47	0.46
联营企业	Joint Ownership Enterprises	0.09	0.14	0.04
有限责任公司	Limited Liability Enterprises	641.50	719.75	748.63
#国有独资	State Sole Funded Corporations	16.51	22.11	29.70
股份有限公司	Share-holding Corporations Limited	238.97	274.00	313.40
私营企业	Private Enterprises	309.33	384.60	504.06
其他企业	Other Enterprises	0.45	0.30	
港、澳、台商投资企业	Enterprises with Funds from Hong Kong,Macao, and Taiwan	260.26	263.35	297.85
外商投资企业	Foreign Funded Enterprises	223.07	217.21	241.24
按企业规模分	**By Size of Enterprises**			
大型企业	Large Enterprises	1041.04	1129.06	1340.69
中型企业	Medium-sized Enterprises	340.42	359.72	399.06
小微型企业	Small Enterprises	294.82	376.25	367.45
按行业分	**By Industry**			
采矿业	**Mining**	**3.54**	**2.98**	**2.31**
煤炭开采和洗选业	Mining and Washing of Coal			
石油和天然气开采业	Extraction Petroleum and Natural Gas	2.05	0.98	1.17
黑色金属矿采选业	Mining and Processing of Ferrous Metal Ores	0.32	0.44	0.12
有色金属矿采选业	Mining and Processing of Non-ferrous Metal Ores	0.15	0.20	0.15
非金属矿采选业	Mining and Processing of Non-metal Ores	0.96	1.35	0.84
开采辅助活动	Support Activities for Mining	0.05	0.02	0.04
其他采矿业	Mining of Other Ores			
制造业	**Manufacturing**	**1655.00**	**1837.27**	**2072.52**
农副食品加工业	Processing of Food from Agricultural Products	13.23	22.37	17.99
食品制造业	Manufacture of Foods	14.36	19.22	20.20
酒、饮料和精制茶制造业	Manufacture of Liquor, Beverages and Refined Tea	5.96	8.18	7.38
烟草制品业	Manufacture of Tobacco	2.77	1.96	1.84
纺织业	Manufacture of Textile	10.66	14.63	13.65
纺织服装、服饰业	Manufacture of Textile, Wearing Apparel, and Accessories	6.76	11.95	10.46

18-23 续表 continued

单位：亿元 (100 million yuan)

指 标	Item	2016	2017	2018
皮革、毛皮、羽毛及其制品和制鞋业	Manufacture of Leather, Fur, Feather and Related Products and Footwear	6.56	8.76	7.41
木材加工和木、竹、藤、棕、草制品业	Processing of Timber, Manufacture of Wood,Bamboo, Rattan, Palm and Straw Products	3.04	3.91	2.96
家具制造业	Manufacture of Furniture	10.15	17.16	19.73
造纸和纸制品业	Manufacture of Paper and Paper Products	14.88	22.75	23.33
印刷和记录媒介复制业	Printing and Reproduction of Recording Media	8.15	9.77	12.85
文教、工美、体育和娱乐用品制造业	Manufacture of Articles for Culture, Education, Arts and Crafts, Sport and Entertainment Activities	12.18	18.12	18.15
石油加工、炼焦和核燃料加工业	Processing of Petroleum, Coking and Processing of Nuclear Fuel	5.61	6.00	7.05
化学原料和化学制品制造业	Manufacture of Raw Chemical Materials and Chemical Products	66.71	60.01	67.17
医药制造业	Manufacture of Medicines	35.52	28.71	37.95
化学纤维制造业	Manufacture of Chemical Fibers	1.41	1.54	1.12
橡胶和塑料制品业	Manufacture of Rubber and Plastics Products	43.58	49.35	53.54
非金属矿物制品业	Manufacture of Non-metallic Mineral Products	36.51	40.20	40.83
黑色金属冶炼和压延加工业	Smelting and Pressing of Ferrous Metals	13.90	19.73	15.63
有色金属冶炼和压延加工业	Smelting and Pressing of Non-ferrous Metals	20.68	30.29	21.26
金属制品业	Manufacture of Metal Products	41.57	53.49	58.44
通用设备制造业	Manufacture of General Purpose Machinery	62.88	64.13	78.89
专用设备制造业	Manufacture of Special Purpose Machinery	56.02	63.53	92.45
汽车制造业	Manufacture of Automobiles	82.16	89.25	121.67
铁路、船舶、航空航天和其他运输设备制造业	Manufacture of Railway, Ship, Aerospace and Other Transport Equipment	33.26	21.31	15.96
电气机械和器材制造业	Manufacture of Electrical Machinery and Apparatus	201.60	234.46	278.47
计算机、通信和其他电子设备制造业	Manufacture of Computers, Communication and Other Electronic Equipment	816.38	883.10	983.91
仪器仪表制造业	Manufacture of Measuring Instruments and Machinery	21.64	26.04	33.27
其他制造业	Other Manufacture	2.12	2.77	4.27
废弃资源综合利用业	Utilization of Waste Resources	2.23	2.38	1.98
金属制品、机械和设备修理业	Repair Service of Metal Products, Machinery and Equipment	2.51	2.19	2.72
电力、热力、燃气及水生产和供应业	**Production and Supply of Electric Power, Heat Power, and Water**	**17.73**	**24.78**	**32.37**
电力、热力生产和供应业	Production and Supply of Electric Power and Heat Power	13.10	18.94	26.19
燃气生产和供应业	Production and Supply of Gas	2.52	2.61	3.60
水的生产和供应业	Production and Supply of Water	2.10	3.22	2.58

18-24 分市规模以上工业企业R&D活动人员和经费

R&D Personnel and Expenditure of Industrial Enterprises by City

市别	City	R&D活动人员(人) Number of R&D Personnel (person)			R&D经费内部支出(亿元) Internal Expenditure on R&D(100 million yuan)		
		2016	2017	2018	2016	2017	2018
全省	**Provincial Total**	**585089**	**696385**	**806431**	**1676.27**	**1865.03**	**2107.20**
广州	Guangzhou	80509	97894	95562	231.77	254.86	267.27
深圳	Shenzhen	202684	232421	289422	760.03	841.10	966.75
珠海	Zhuhai	16737	23152	30808	49.05	59.09	82.77
汕头	Shantou	7697	9863	12556	12.71	15.43	19.24
佛山	Foshan	74427	96072	93256	194.88	216.02	235.17
韶关	Shaoguan	6146	5173	5821	12.52	13.27	14.72
河源	Heyuan	1473	2123	2030	2.48	3.24	2.96
梅州	Meizhou	1962	2214	2072	2.50	2.72	2.75
惠州	Huizhou	34929	43255	50199	67.69	80.31	89.32
汕尾	Shanwei	2314	2584	2003	5.97	5.83	6.83
东莞	Dongguan	64963	73644	111969	143.40	161.42	221.24
中山	Zhongshan	38970	45301	36620	74.79	76.60	59.28
江门	Jiangmen	17120	22902	30145	40.28	48.45	58.35
阳江	Yangjiang	1692	1788	1788	9.22	9.76	3.68
湛江	Zhanjiang	3053	3136	3981	6.59	7.82	8.21
茂名	Maoming	5004	6580	6889	15.31	16.56	10.79
肇庆	Zhaoqing	12100	11611	12524	21.44	23.42	22.03
清远	Qingyuan	3684	4987	5877	5.33	7.01	10.43
潮州	Chaozhou	3634	4161	4676	5.86	6.27	5.68
揭阳	Jieyang	4018	5697	6571	11.82	13.18	17.18
云浮	Yunfu	1973	1827	1662	2.63	2.67	2.57
按经济区域分	By Region						
珠三角	Pearl River Delta	542439	646252	750505	1583.33	1761.26	2002.18
东翼	Eastern Region	17663	22305	25806	36.36	40.71	48.92
西翼	Western Region	9749	11504	12658	31.12	34.14	22.68
山区	Mountainous Region	15238	16324	17462	25.46	28.92	33.42

注：本表统计范围是规模以上工业企业。

Note: Data in this table refer to industrial enterprises above designated size.

18-25 分市规模以上工业企业新产品产出情况

Production of New Products by Industrial Enterprises by City

单位：万元 (10000 yuan)

市别	City	2017 新产品产值 Output Value of New Products	2017 新产品销售收入 Sales Revenue of New Products	2017 #出口 Exports	2018 新产品产值 Output Value of New Products	2018 新产品销售收入 Sales Revenue of New Products	2018 #出口 Exports
全　省	**Provincial Total**	**354665099**	**348630305**	**110517202**	**394588494**	**393760563**	**102891377**
广　州	Guangzhou	43889275	44303351	6009414	48406950	48522236	6386057
深　圳	Shenzhen	128017918	121387080	53227890	128420224	120512172	47210109
珠　海	Zhuhai	13026788	12313080	3253289	15205007	14180174	4592020
汕　头	Shantou	3042690	3089577	709664	3734787	3806236	729437
佛　山	Foshan	36353427	37385382	8464774	40981933	40405005	8663560
韶　关	Shaoguan	1200187	1441597	182340	1793595	1998714	260839
河　源	Heyuan	1216052	1356639	204632	1329836	1337918	191332
梅　州	Meizhou	736352	749902	131713	896461	783957	140909
惠　州	Huizhou	25321299	25932921	10804489	30014544	28542639	10815974
汕　尾	Shanwei	2493538	2489798	634058	2862926	2833502	537536
东　莞	Dongguan	64091704	63927517	18840166	79580277	90096776	14417471
中　山	Zhongshan	10961804	10491736	3410823	11326795	11307042	3632154
江　门	Jiangmen	10356739	10042840	2514720	11258513	11084397	2924791
阳　江	Yangjiang	438004	507185	52503	1083801	1086007	38618
湛　江	Zhanjiang	2506012	1934747	635293	3679064	3462843	719499
茂　名	Maoming	1048053	1003952	211568	1142395	1112661	74831
肇　庆	Zhaoqing	3473428	3492148	237379	4697974	4588247	394396
清　远	Qingyuan	2865384	2914125	379198	3198307	3200013	463702
潮　州	Chaozhou	1026399	1288881	319932	1347132	1338906	335831
揭　阳	Jieyang	2323032	2294953	178153	3125841	3059143	215527
云　浮	Yunfu	277017	282895	115202	502132	501978	146786
按经济区域分	By Region						
珠三角	Pearl River Delta	335492381	329276055	106762945	369892217	369238687	99036531
东　翼	Eastern Region	8885659	9163209	1841807	11070685	11037787	1818331
西　翼	Western Region	3992068	3445884	899365	5905260	5661511	832948
山　区	Mountainous Region	6294991	6745157	1013085	7720331	7822579	1203568

注：本表统计范围是规模以上工业企业。
Note: Data in this table refer to industrial enterprises above designated size.

18－26 科协机构及活动情况

Statistics on Associations for Science and Technology and Their Activities

项　目	Item	2000	2010	2015	2016	2017	2018
科协机构　（个）	**Number of Associations for Science and Technology (unit)**	**357**	**1026**	**142**	**142**	**141**	**141**
省科协	Provincial Associations	1	1	1	1	1	1
市科协	City Associations	21	21	21	21	21	21
县(市、区)科协	County (County-level City, District) Associations	123	121	120	120	119	119
厂矿科协	Factory and Mine Associations	212	883				
各级学会及农技协　（个）	**Number of Learned Societies and Research Societies at Various Levels (unit)**	**3780**	**2371**	**3777**	**3762**	**2973**	**2982**
省级学会	Provincial Learned Societies	146	151	151	151	151	157
市级学会	City Learned Societies	734	780	838	938	910	992
县级学会	County Learned Societies			1428	1308	903	870
农村专业技术协会	Rural Specialized Technological Societies	2900	1440	1360	1365	1009	963
各级学会及农技协会员（人）	**Number of Members of Learned Societies and Rural Specialized Technological Societies at Various Levels (person)**	**704094**	**393734**	**710402**	**726938**	**706533**	**719795**
省级学会会员	Members of Provincial Learned Societies	203861	265046	581796	590870	597177	611303
#学会从业人员	Personnel in Learned Societies		574	909	1054	1028	961
农村专业技术协会会员	Members of Rural Specialized Technological Societies	223687	128688	128606	135014	109356	108492
科协活动开展情况	**Activities of Associations for Science and Technology**						
举办各类学术交流会(次)	Number of Academic Meetings Held	4769	677	1466	1630	1241	1454
举办科技科普展览　(次)	Number of Scientific and Technological Popularization Exhibitions Lectures (time)	2258	3582	1561	2031	1156	763
青少年科技竞赛　(次)	Number of Scientific and Technological Competitions for Adolescents (time)	1286	407	327	388	412	296
参加科协各类活动人次　（人次）	**Number of Participants in Activities Organized by Associations for Science and Technology (person-time)**	**8367629**	**11164480**	**8641510**	**15867372**	**6868126**	**13869865**
参加各类学术交流会	Number of Participants in Academic Meetings	505235	295009	335713	341086	444377	425556
参加各类科技培训	Number of Participants in Training Programs	654742	251993	325922	318969	141444	131307
参加各类科普活动	Number of Participants in Scientific and Technological Popularization Activities	7207652	10617478	7979875	15207317	6282305	13313002
主办科技期刊　（种）	**Publications of Academic Journals and Scientific and Technological Popularization Readings (kind)**	**582**	**611**	**110**	**41**	**66**	**59**
科技期刊总印数　(万册、万份)	Number of Academic Journals and Scientific and Technological Popularization Readings Issued (10000 copies)	562	513	303	54	85	127

注：1．2013年，科协机构数不包括厂矿科协。
2．2013年起，主办科技期刊只统计在新闻出版机构注册登记，有正式刊号或内部准印证并由本单位直接主办、负责编辑的期刊。
3．各类科技培训统计口径变更为实用技术培训。

Note: a) In 2013, factory and mice associations are not included in number of associations for science and technology.
b) From 2013,publications of academic journals and scientific and technological popularization readings refer only to those with official numbrs registered by press and publicaton or those with internal permit directly edited by the unit.
c) The scope of participants in training programs has been changed to operative technology training.

主要统计指标解释

普通高等学校 指按照国家规定的设置标准和审批程序批准举办，通过国家统一招生考试，收高中毕业生为主要培养对象，实施高等教育的全日制大学、独立设置的学院和高等专科学校，高等职业学校和其他机构。

成人高等学校 指按照国家有关规定审批、招收通过全国成人高教统一招生考试的具有高中毕业或同等学历的在职从业人员利用脱产、半脱产、业余或函授等多种形式对其实施高等学历教育，培养高等教育专科或本科毕业水平的专门人才，修业年限、课程设置和总学时的数按高等学历教育要求付诸实施的学校。包括广播电视大学、职工高等学校、农民高等学校、管理干部学院、教育学院、独立设置的函授学院等。

小学学龄儿童入学率 指调查范围内已入小学学习的学龄儿童占校内外学龄儿童总数（包括弱智儿童在内，但不包括盲聋哑儿童）的比重。

研究与试验发展(R&D) 指在科学技术领域，为增加知识总量，以及运用这些知识去创造新的应用进行的系统的创造性的活动，包括基础研究、应用研究、试验发展三类活动。国际上通常采用 R&D 活动的规模和强度指标反映一国的科技实力和核心竞争力。

基础研究 指为了获得关于现象和可观察事实的基本原理的新知识(揭示客观事物的本质、运动规律，获得新发现、新学说)而进行的实验性或理论性研究，它不以任何专门或特定的应用或使用为目的。其成果以科学论文和科学著作为主要形式。用来反映知识的原始创新能力。

应用研究 指为获得新知识而进行的创造性研究，主要针对某一特定的目的或目标。应用研究是为了确定基础研究成果可能的用途，或是为达到预定的目标探索应采取的新方法(原理性)或新途径。其成果形式以科学论文、专著、原理性模型或发明专利为主。用来反映对基础研究成果应用途径的探索。

试验发展 指利用从基础研究、应用研究和实际经验所获得的现有知识，为产生新的产品、材料和装置，建立新的工艺、系统和服务，以及对已产生和建立的上述各项作实质性的改进而进行的系统性工作。其成果形式主要是专利、专有技术、具有新产品基本特征的产品原型或具有新装置基本特征的原始样机等。在社会科学领域，试验发展是指把通过基础研究、应用研究获得的知识转变成可以实施的计划(包括为进行检验和评估实施示范项目)的过程。人文科学领域没有对应的试验发展活动。主要反映将科研成果转化为技术和产品的能力，是科技推动经济社会发展的物化成果。

R&D 人员 指参与研究与试验发展项目研究、管理和辅助工作的人员，包括项目(课题)组人员，企业科技行政管理人员和直接为项目(课题)活动提供服务的辅助人员。反映投入从事拥有自主知识产权的研究开发活动的人力规模。

R&D 人员全时当量 指全时人员数加非全时人员按工作量折算为全时人员数的总和。例如：有两个全时人员和三个非全时人员(工作时间分别为 20%、30%和 70%)，则全时当量为 2+0.2+0.3+0.7=3.2 人年。为国际上比较科技人力投入而制定的可比指标。

R&D 经费支出合计 指调查单位用于内部开展 R&D 活动（基础研究、应用研究和试验发展）的实际支出。包括用于 R&D 项目（课题）活动的直接支出，以及间接用于 R&D 活动的管理费、服务费、与 R&D 有关的基本建设支出以及外协加工费等。不包括生产性活动支出、归还贷款支出以及与外单位合作或委托外单位进行 R&D 活动而转拨给对方的经费支出。

R&D 经费支出中政府资金 指 R&D 经费内部支出中来自各级政府部门的各类资金，包括财政科学技术拨款、科学基金、教育等部门事业费以及政府部门预算外资金的实际支出。

R&D 经费支出中企业资金 指 R&D 经费内部支出中来自本企业的自有资金和接受其他企业委托而获得的经费，以及科研院所、高校等事业单位从企业获得的资金的实际支出。

R&D 项目（课题）数 指在当年立项并开展研究工作、以前年份立项仍继续进行研究的研发项目（课题）数，包括当年完成和年内研究工作已告失败的研发项目（课题），但不包括委托外单位进行的研发项目（课题）数。

新产品销售收入　指报告期企业销售新产品实现的销售收入。新产品是指采用新技术原理、新设计构思研制、生产的全新产品，或在结构、材质、工艺等某一方面比原有产品有明显改进，从而显著提高了产品性能或扩大了使用功能的产品。既包括经政府有关部门认定并在有效期内的新产品，也包括企业自行研制开发，未经政府有关部门认定，从投产之日起一年之内的新产品。

专利　是专利权的简称，是对发明人的发明创造经审查合格后，由专利局依据专利法授予发明人和设计人对该项发明创造享有的专有权。包括发明、实用新型和外观设计。反映拥有自主知识产权的科技和设计成果情况。

发明（专利）　指对产品、方法或者其改进所提出的新的技术方案。是国际通行的反映拥有自主知识产权技术的核心指标。

实用新型（专利）　指对产品的形状、构造或者其结合所提出的适于实用的新的技术方案。反映具有一定技术含量的技术成果情况。

外观设计（专利）　指对产品的形状、图案、色彩或者其结合所作出的富有美感并适于工业上应用的新设计。反映拥有自主知识产权的外观设计成果情况。

Explanatory Notes on Main Statistical Indicators

Regular Institutions of Higher Education refer to educational establishments set up according to government standards and evaluation and approval procedures, mainly enrolling graduates from senior secondary schools through uniform national matriculation examinations and providing higher education. Such institutions include full-time universities, independent colleges, technical colleges, professional colleges, and other institutions.

Institutions of Higher Learning for Adults refer to educational establishments approved according to relevant government rules, enrolling staff and workers with senior secondary or equivalent education through uniform national matriculation examinations, and providing them with regular higher education in various forms such as full-time, part-time, spare-time and correspondence courses in accordance with requirements of regular higher education in years of education, curricula, and total learning hours, so that they meet the standards for graduation of universities or junior colleges Institutions of higher learning for adults include radio and TV universities, colleges for staff and workers, colleges for farmers, colleges for management cadres, teachers' colleges, and independent correspondence colleges.

Enrollment Rate of Primary School-age Children refers to the proportion of school-age children enrolled at primary schools in the total number of school-age children both in and outside schools (including retarded children, but excluding blind, deaf and dumb children).

Research and Development (R&D) refers to systematic and creative activities in the field of science and technology aiming at increasing the knowledge and using the knowledge for new application. R&D includes 3 categories of activities: basic research, applied research and experiments and development. The scale and intensity of R&D are widely used internationally to reflect the strength of S&T and the core competitiveness of a country in the world.

Basic Research refers to empirical or theoretical research aiming at obtaining new knowledge on the fundamental principles regarding phenomena or observable facts to reveal the intrinsic nature and underlying laws and to acquire new discoveries or new theories. Basic research takes no specific or designated application as the aim of the research. Results of basic research are mainly released or disseminated in the form of scientific papers or monographs. This indicator reflects the innovation capacity for original knowledge.

Applied Research refers to creative research aiming at obtaining new knowledge on a specific objective or target. Purpose of the applied research is to identify the possible uses of results from basic research, or to explore new (fundamental) methods or new approaches. Results of applied research are expressed in the form of scientific papers, monographs, fundamental models or invention patents. This indicator reflects the exploration of ways to apply the results of basic research.

Experiments and Development refer to systematic activities aiming at using the knowledge from basic and applied researches or from practical experience to develop new products, materials and equipment, to establish new production process, systems and services, or to make substantial improvement on the existing products, process or services. Results of experiment and development activities are embodied in patents, exclusive technology, and monotype of new products or equipment. In social sciences, experiment and development activities refer to the process of converting the knowledge from basic or applied researches into feasible programmes (including conduct of demonstration projects for assessment and evaluation). There are no experiment and development activities in the science of humanities. This indicator reflects the capability of transferring the results of S&T into technique and products, and measures the realization of S&T in spearheading the economic and social development.

R & D Personnel refer to persons engaged in research, management and supporting activities of R & D, including persons in the project teams, persons engaged in the management of S&T activities of enterprises and supporting staff providing direct service to the research projects. This indicator reflects the size of personnel engaged in R&D activities with independent intellectual property.

Full-time Equivalent of R&D Personnel refers to the sum of the full-time persons and the full-time equivalent of part-time persons converted by workload. For instance, if there are 2 full-time persons and 3 part-time workers (20%, 30% and 70% of working hours respectively on R&D activities), the full-time equivalent are 2+0.2+0.3+0.7=3.2 person-years. This is an internationally comparable indicator of S&T manpower input.

Total Expenditure of Funds on R&D refers to the real expenditure of surveyed units on their own R&D activities (basic research, applied research, experiments and development) including direct expenditure on R&D activities, indirect expenditure of management and services on R&D activities, expenditure on capital construction and material processing by others. Excluding the expenditure on production activities, return of loan, and fees transferred to cooperated or entrusted agencies on R&D activities.

Expenditure of Government Funds on R&D refers to the expenditure of funds on R&D activities from government agencies at different levels, including appropriate funds on science and technology from financial departments, scientific funds, operating expenses from education departments and the real expenditure of extra budgetary funds from government agencies.

Expenditure of Funds of Enterprises on R&D refers to the expenditure of funds on R&D activities from self-raised funds of enterprises and funds from other enterprises through entrustment, and the expenditure of funds of institutions, such as institution of scientific research and universities, from enterprises.

Number of R&D Projects (subjects) refers to the number of R&D projects (subjects) set up and implemented at the reference year, and the number of R&D projects (subjects) set up in former years and under implementation, including the projects (subjects) finished and failed at the reference year, excluding the projects (subjects) implemented by others through entrustment.

Sales Income of New Products refers to the sales income of new products of the enterprises at the reference period. New products refer to products developed and produced with new technologies and designs or improved in structure, material, process or other aspects so that their performance are improved or their functions expanded. New products include those affirmed by government authorities in their validity period and also those developed by enterprises without the affirmation of government authorities within one year after they are put into production.

Patent is an abbreviation for the patent right and refers to the exclusive right of ownership by the inventors or designers for the creation or inventions, given from the patent offices after due process of assessment and approval in accordance with the Patent Law. Patents are granted for inventions, utility models and designs. This indicator reflects the achievements of S&T and design with independent intellectual property.

Patented Inventions refer to new technical proposals to the products or methods or their modifications. This is universal core indicator reflecting the technologies with independent intellectual property.

Patented Utility Models refer to the practical and new technical proposals on the shape and structure of the product or the combination of both. This indicator reflects the condition of technological results with certain technical content.

Designs refer to the aesthetics and industrially applicable new designs for the shape, pattern and colour of the product, or their combinations. This indicator reflects the appearance design achievements with independent intellectual property.

十九、文化与体育

CULTURE AND SPORTS

十九 文化与体育

简要说明

一、本篇资料主要反映文化事业和体育的基本情况。

二、本篇资料主要包括：

1. 文化艺术、文物、图书馆、新闻出版、广播、电影、电视等文化事业的机构、人员及业务活动开展情况等。

2. 体育系统职工人数、群众体育活动开展情况及运动竞技成绩等。

三、本篇资料由广东省统计局社会和科技统计处负责整理、编辑。

四、统计资料来源：

文化、体育统计资料根据广东省文化厅、广东省新闻出版广电局、广东省体育局及广东省档案局等有关部门提供的统计年报加工整理。

19 Culture and Sports

Brief Introduction

Ⅰ. The data in this chapter show the basic conditions on the development Guangdong’s cultural undertakings. as well as Sports.

Ⅱ. The data in this chapter mainly include:

(1) The data on institutions, personnel and business activities of culture and arts, cultural relics, libraries, news and publication, radio, film and television, etc.

(2) the number of staff and workers in sports departments，mass sports and athletics sports，etc.

Ⅲ. The data are prepared and edited by the Division of Social, Scientific and Technological Statistics of Statistics Bureau of Guangdong Province.

Ⅳ. Data sources:

The data on culture and sport are processed and prepared in accordance with the annual statistical reports provided by Guangdong Provincial Department of Culture, Guangdong Provincial Administration of Press, Publication, Radio, Film and Television, Guangdong Provincial Bureau of Sports, Guangdong Provincial Bureau of Archives and the related departments.

19-1 文化、体育主要指标

Main Indicators on Culture and Education

指 标	Item	2000	2010	2016	2017	2018
电影放映单位 (个)	Number of Film Projection Units (unit)	1626	1392	1974	2323	2490
艺术表演团体 (个)	Number of Art Performance Troupes (unit)	138	133	72	74	74
文化馆 (个)	Number of Cultural Centers (unit)	118	129	146	146	145
公共图书馆 (个)	Number of Public Libraries (unit)	125	133	142	143	143
公共图书馆藏量 (万册、件)	Holdings of Public Libraries (10000 volumes)	2330	4615	7900	8708	9548
博物馆（含美术馆） (个)	Number of Museums (including arts museum) (unit)	131	169	192	197	199
博物馆藏品数(含美术馆)(万件)	Holdings of Museums (including arts museum) (10000 pieces)	49.09	84.46	101.27	106.81	110.49
档案馆 (个)	Number of Archives (unit)	161	205	192	192	188
利用档案 (万卷次)	Archives Utilized (10000 volume-times)	36.32	301.00	560.00	510.00	560.00
图书出版量 (万册)	Number of Books Published (10000 copies)	26978	23134	31195	30202	35257
杂志出版量 (万册)	Number of Magazines Published (10000 copies)	26299	21201	12270	11428	10753
报纸出版量 (亿份)	Number of Newspapers Published(100 million copies)	34.63	45.59	29.88	27.47	22.12
广播电台 (座)	Number of Radio Stations (unit)	106	22	22	22	22
电视台 (座)	Number of TV Stations (unit)	67	24	24	24	24
广播综合人口覆盖率 (%)	Overall Population Coverage Rate of Radio (%)	96.0	98.0	99.9	99.9	99.9
电视综合人口覆盖率 (%)	Overall Population Coverage Rate of Television (%)	96.4	98.0	99.9	99.9	99.9
举办全民健身活动次数 (次)	Number of National Body-building Activities Held (time)		9477	5350	4680	4700

注：1．由于统计口径出现变化，已对2012年全省公共图书馆藏量数进行了调整。

2．由于文化部门改制，2012年起只统计事业单位和省直企业中的文化部门艺术表演团体。自2013年起，艺术表演团体口径进行调整分为公有制艺术表演团体(事业)和公有制艺术表演团体(企业)。

Note: a)Data of 2012 of holdings of public libraries have been adjusted due to the change of coverage.

b)Due to institutional restructuring of cultural departments, the data of art performance troupes since 2012 only covers those of institutional organizations and directly under provincial jurisdiction.The coverage of art performance troupes has been adjusted to include public ownership art performance troupes(Institution) and public ownershipart performance troupes(Enterprises).

19–2 文化艺术、文物事业机构数

Number of Institutions of Culture, Arts and Cultural Relics

单位：个 (unit)

年份 Year	电影放映单位 Film Projection Units	艺术表演团体 Arts Performance Troupes	文化馆 Cultural Centers	公共图书馆 Public Libraries	博物馆 Museums	档案馆 Archives
1978	6346	172	124	76	30	
1980	7375	195	113	97	26	
1985	6037	171	123	117	106	
1990	4024	130	113	103	106	138
1991	4041	122	110	104	107	147
1992	3917	125	113	108	108	150
1993	3974	126	115	110	108	148
1994	3750	132	116	111	111	156
1995	3668	134	115	114	113	155
1996	3670	136	115	115	114	157
1997	3463	138	117	119	117	157
1998	3621	139	117	120	122	157
1999	2938	140	117	121	128	162
2000	1626	138	118	125	131	161
2001	1794	139	118	129	140	175
2002	904	141	120	131	140	185
2003	840	144	117	129	144	185
2004	684	140	119	128	143	185
2005	720	139	117	129	146	185
2006	1542	138	120	129	147	186
2007	1844	128	122	130	153	186
2008	1450	130	121	132	152	188
2009	1265	127	128	133	160	197
2010	1392	133	129	133	169	205
2011	1357	100	134	134	161	209
2012	1419	61	137	137	168	209
2013	1506	75	147	137	191	214
2014	1673	72	147	138	192	218
2015	1793	72	146	140	193	217
2016	1974	72	146	142	192	192
2017	2323	74	146	143	197	192
2018	2490	74	145	143	199	188

注：由于全国文化文物统计制度统计口径的改变，2009年以后博物馆包含美术馆，其他年份博物馆不含美术馆。

Note: Due to the change in statistical coverage in national culture and cultural relics survey, the number of museums after 2009 includes arts museum, and that of other years does not include arts museum.

19-3 文化部门艺术表演团体演出基本情况（2018年）

Basic Statistics on Performances of Art Troupes under(of) Cultural Departments (2018)

项　目	Item	剧团数（个）Number of Troupes (unit)	国内演出场次（万场）Number of Domestic Performances (10000 shows)	#到农村演出 Shows in Rural Areas	国内演出观众人次(万人次) Number of Domestic Spectators (10000 person-times)
合　计	**Total**	**436**	**4.59**	**3.29**	**2522.27**
公有制艺术表演团体(事业)	Public Ownership Arts Performance Troupes (Institution)	43	0.59	0.41	719.27
国有	State-owned	43	0.59	0.41	719.27
集体	Collective-owned				
其他	Others				
公有制艺术表演团体(企业)	Public Ownership Arts Performance Troupes (Enterprises)	31	0.36	0.17	341.86
国有	State-owned	29	0.35	0.16	336.70
集体	Collective-owned				
其他	Others	2	0.01	0.01	5.16
按剧种分	**By Type of Art Performance Troupe**				
#话剧、儿童剧、滑稽剧类	Modern Drama, Children Drama, Farce Drama	79	0.71	0.44	312.25
歌舞、音乐类	Dance, Music	87	0.51	0.15	366.46
京剧、昆曲类	Beijing Opera, Kunqu Opera	1			
地方戏曲类	Local Opera	160	2.16	1.95	1451.32
杂技、魔术、马戏类	Magic, Acrobatics, Circus	6	0.02	0.01	33.70
曲艺类	Chinese Folk Art	46	0.37	0.29	102.69
乌兰牧骑	Nei Monggol Cultural Troupe Mounted on Horseback				
综合性艺术表演团体	Comprehensive Art Troupes	57	0.81	0.45	255.85

19-4 文化、文物机构及人员数（2018年）
Number of Institutions and Personnel in Culture and Cultural Relics (2018)

项　目	Item	合计 Total 机构数（个）Number of Institutions (unit)	合计 Total 人数（人）Number of Personnel (person)	文化部门 Cultural Departments 机构数（个）Number of Institutions (unit)	文化部门 Cultural Departments 人数（人）Number of Personnel (person)	其他部门 Others 机构数（个）Number of Institutions (unit)	其他部门 Others 人数（人）Number of Personnel (person)
总　计	**Total**	**24097**	**264094**	**2566**	**35537**	**21531**	**228557**
文化合计	**Culture**	**23821**	**259378**	**2304**	**30994**	**21517**	**228384**
艺术事业	Arts	436	12335	71	4211	365	8124
图书馆事业	Libraries	143	4542	143	4542		
群众文化事业	Mass Culture	1755	12259	1755	12259		
艺术教育业	Art Education	4	796	4	796		
文化市场经营机构(不含非公有制艺术表演团体)	Cultural Market Operating Units	21051	211304			21051	211304
文艺科研	Scientific Research on Arts	7	99	7	99		
艺术展览创作机构	Art Exhibition Creative Agency	17	317	16	314	1	3
文化行政主管部门	Administrative Department	152	4891	152	4891		
其他文化机构	Other Agencies	170	9425	113	2560	57	6865
文物合计	**Cultural Relics**	**276**	**4716**	**262**	**4543**	**14**	**173**
文物科研机构	Institutions for Cultural Relics	4	173	4	173		
文物保护管理机构	Agencies of Cultural Relics Preservation	32	275	30	275	2	
博物馆	Museums	184	3670	172	3497	12	173
文物商店	Cultural Relics Stores	3	62	3	62		
其他文物机构	Other Agencies	53	536	53	536		

19-5 公共图书馆、群众文化事业机构及人员数（2018年）
Number of Institutions and Personnel in Public Libraries and Mass Culture (2018)

项　目	Item	合计 Total 机构数（个）Number of Institutions (unit)	合计 Total 人数（人）Number of Personnel (person)	文化部门 Cultural Departments 机构数（个）Number of Institutions (unit)	文化部门 Cultural Departments 人数（人）Number of Personnel (person)	其他部门 Others 机构数（个）Number of Institutions (unit)	其他部门 Others 人数（人）Number of Personnel (person)
图书馆事业	**Libraries**	**143**	**4542**	**143**	**4542**		
#少儿图书馆	Children's Libraries	5	228	5	228		
群众文化事业	**Mass Culture**	**1755**	**12259**	**1755**	**12259**		
群众艺术馆、文化馆	Mass Art Centers	145	2456	145	2456		
文化站	Cultural Stations	1610	9803	1610	9803		

19-6 各市文化、文物事业机构数（2018年）

Number of Institutions in Culture and Cultural Relics by City (2018)

单位：个 (unit)

市 别	City	艺术表演团体 Art Troupes	文化馆 Cultural Centers	公共图书馆 Public Libraries	博物馆(含美术馆) Museums (including art museums)	档案馆 Archives
全 省	**Provincial Total**	**74**	**145**	**143**	**199**	**188**
广 州	Guangzhou	7	12	13	29	15
深 圳	Shenzhen	2	8	11	19	12
珠 海	Zhuhai	3	4	3	3	5
汕 头	Shantou	6	8	9	7	10
佛 山	Foshan	2	7	6	17	7
韶 关	Shaoguan	2	11	10	9	12
河 源	Heyuan	3	7	7	9	8
梅 州	Meizhou	7	9	10	10	12
惠 州	Huizhou	1	6	5	7	8
汕 尾	Shanwei	4	6	4	5	6
东 莞	Dongguan		1	1	7	3
中 山	Zhongshan		1	1	6	3
江 门	Jiangmen	2	8	7	12	12
阳 江	Yangjiang	1	5	5	4	6
湛 江	Zhanjiang	8	10	9	9	14
茂 名	Maoming	5	6	6	6	7
肇 庆	Zhaoqing	2	9	9	9	10
清 远	Qingyuan	2	10	10	11	10
潮 州	Chaozhou	2	4	4	6	6
揭 阳	Jieyang	5	6	6	6	6
云 浮	Yunfu	1	6	6	5	6
省直属单位	Units Directly under Provincial Government	9	1	1	3	10
按经济区域分	By Region					
珠 三 角	Pearl River Delta	19	56	56	109	75
东 翼	Eastern Region	17	24	23	24	28
西 翼	Western Region	14	21	20	19	27
山 区	Mountainous Region	15	43	43	44	48

注：1.自2013年起，艺术表演团体分为公有制艺术表演团体(事业)和公有制艺术表演团体(企业)。
2.各区域不包省直单位部分。

Note: a) The coverage of art performance troupes has been adjusted to include public ownership art performance troupes(Institution) and public ownershipart performance troupes(Enterprises) since 2013.
b) By Region does not include agenies directly under provincial jurisdiction.

19-7 各市文化、文物事业机构的人员数（2018年）

Number of Personnel in Culture and Cultural Relics by City (2018)

单位：人 (person)

市 别	City	艺术表演团体 Art Troupes	文化馆 Cultural Centers	公共图书馆 Public Libraries	博物馆(含美术馆) Museums (including art museums)	档案馆 Archives
全 省	**Provincial Total**	**4319**	**2456**	**4542**	**3955**	**1960**
广 州	Guangzhou	794	219	723	715	312
深 圳	Shenzhen	214	298	1298	489	61
珠 海	Zhuhai	55	90	105	63	69
汕 头	Shantou	183	113	118	78	62
佛 山	Foshan	110	158	344	443	136
韶 关	Shaoguan	78	183	97	102	112
河 源	Heyuan	142	88	88	123	68
梅 州	Meizhou	164	151	138	108	98
惠 州	Huizhou	97	113	133	152	96
汕 尾	Shanwei	221	56	57	57	18
东 莞	Dongguan		78	177	346	31
中 山	Zhongshan		34	58	104	85
江 门	Jiangmen	73	98	113	150	108
阳 江	Yangjiang	46	64	68	108	87
湛 江	Zhanjiang	329	105	100	139	108
茂 名	Maoming	99	69	145	62	82
肇 庆	Zhaoqing	94	128	164	175	82
清 远	Qingyuan	65	112	99	103	89
潮 州	Chaozhou	108	69	47	75	34
揭 阳	Jieyang	252	107	111	71	44
云 浮	Yunfu	6	80	63	48	59
省直属单位	Units Directly under Provincial Government	1189	43	296	244	119
按经济区域分	By Region					
珠 三 角	Pearl River Delta	1437	1216	3115	2637	980
东 翼	Eastern Region	764	345	333	281	158
西 翼	Western Region	474	238	313	309	277
山 区	Mountainous Region	455	614	485	484	426

注：1.2012年起，分市数只统计事业单位的文化部门艺术表演团体。
2.各区域不包省直单位部分。

Note: a)Since 2012, number of art troupes by city only covers data of art troupes of institutional organizations.
b)"By Region" does not include agencies directly under provincial jurisdiction.

19-8 图书、杂志、报纸出版数量
Number of Books, Magazines and Newspapers Published

项目	Item	2000	2010	2014	2015	2016	2017	2018
图书出版	**Books Published**							
种数 (种)	Number of Publications (kind)	4374	6354	9495	10089	10840	9867	11033
总印数 (万册)	Total Printed Copies(10000 copies)	26978	23134	29867	31287	31195	30202	35257
总印张数(千印张)	Total Printed Sheets (1000 sheets)	1482942	1597301	2326580	2434970	2419143	2316856	2635073.9
杂志出版	**Magazines Published**							
种数 (种)	Number of Publications (kind)	337	380	381	382	381	381	380
总印数 (万册)	Total Printed Copies(10000 copies)	26299	21201	15520	14458	12270	11428	10753
总印张数(千印张)	Total Printed Sheets (1000 sheets)	919514	1251752	917005	844427	663517	607564	562385
报纸出版	**Newspapers Published**							
种数 (种)	Number of Publications (kind)	101	100	101	100	99	99	99
总印数 (万份)	Total Printed Copies(10000 copies)	346268	455912	389869	327660	298845	274721	221184
总印张数(千印张)	Total Printed Sheets (1000 sheets)	17669099	43788152	31458182	20081573	16595386	14274199	9991560

注：2000年开始报纸出版统计不包校报、院报。
Note: Since 2000, the number of newspaper published does not include that of college or institute newspaper.

19-9 图书出版情况（2018年）
Statistics on Books Published (2018)

门类	Category	图书出版种数(种) Number of Publications (kind)	#新出 New Public-ations	总印数 (万册) Total Printed Copies (10000 copies)	总印张数 (千印张) Total Printed Sheets (1000 sheets)
合计	**Total**	**11031**	**5793**	**35254**	**2634929**
马克思主义、列宁主义、毛泽东思想	Marxism, Leninism and Mao Zedong Thought	23	7	4	297
哲学	Philosophy	184	140	84	11364
社会科学总论	General Social Sciences	98	53	37	4779
政治、法律	Politics and Law	368	296	383	37568
经济	Economy	599	383	271	40837
军事	Military Affairs	19	10	10	1520
文化、科学、教育、体育	Culture, Science, Education and Sports	5643	1986	31600	2279326
语言、文字	Language, Philology	290	155	191	21852
文学	Literature	1562	1175	1604	127569
艺术	Arts	633	522	360	25830
历史、地理	History and Geography	478	356	224	26665
自然科学总论	General Natural Sciences	6	6	2	163
数理科学、化学	Mathematics, Physics and Chemistry	65	24	12	1654
天文学、地理科学	Astronomy and Geology	41	32	9	559
生物科学	Biological Science	63	44	43	2840
医药、卫生	Medicine and Health Care	353	241	132	14950
农业科学	Agricultural Science	68	49	23	2070
工业技术	Industrial Technology	371	184	152	23427
交通运输	Transportation	28	14	50	5990
环境科学	Environmental Science	39	22	25	1543
航空、航天	Aeronautics and Aerospace	1		0	12
综合性图书	General Books	99	94	37	4114

注：本表图书种数、总印数和总印张不包含非“中国标准书号”部分。
Notes: Total Printed Copies and Total Printed Sheets does not include publications without “China International Standard Book Number”.

19−10 杂志出版情况（2018年）

Statistics on Magazines Published (2018)

项目	Item	种数（种）Number of Publications (kind)	平均期印数（万册）Average Printed Copies per Issue (10000 copies)	总印数（万册）Total Printed Copies (10000 copies)	总印张数（千印张）Total Printed Sheets (1000 sheets)
合 计	**Total**	**380**	**508**	**10753**	**562385**
综 合	General	27	22	353	22234
哲学、社会科学	Philosophy, Social Sciences	96	227	4924	249667
自然科学、技术	Natural Sciences, Technology	179	181	3966	197998
文化、教育	Culture, Education	47	59	1252	71441
文学、艺术	Literature, Arts	31	18	259	21045

19−11 报纸出版情况（2018年）

Statistics on Newspapers Published (2018)

项 目	Item	种数(种) Number of Publications (kind)	平均期印数(万册) Average Printed Copies per Issue (10000 copies)	总印数(万册) Total Printed Copies (10000 copies)	总印张数(千印张) Total Printed Sheets (1000 sheets)
合 计	**Total**	**99**	**805**	**221184**	**9991560**
按类型分	**By Type**				
综合报	General Newspapers	66	670	200428	8914222
专业报	Specialized Newspapers	33	135	20756	1077338
按范围分	**By Region**				
省 级	Provincial-level Newspapers	32	412	104227	5512650
市 级	City-level Newspapers	67	393	116958	4478911

注：报纸出版情况统计表中，不含校报、院报数据。
Note: The number of newspaper does not include that of college or institute newspaper.

19-12 广播、电视事业发展情况

Statistics on Radio and Television Stations

项　目	Item	2000	2010	2014	2015	2016	2017	2018
广播电台 (座)	Number of Radio Stations	106	22	22	22	22	22	22
中波广播发射台和转播台 (座)	Number of Medium Wave Radio Transmission Stations and Relaying Stations	10	21	27	27	27	27	27
电视台 (座)	Number of Television Stations	67	24	24	24	24	24	24
1000瓦及以上电视发射台和转播台 (座)	Number of Television Transmission and Relaying Stations at 1000 W and above	49	83	83	83	83	83	83
县、市广播电视台(座)	Number of Radio and Television Stations in Counties and Cities	83	79	79	79	79	79	79
有线广播电视用户 (万户)	Number of Subscribers to Cable Radio and Television (10000 subscribers)		1701.53	2161.86	2089.00	2017.00	1798.00	1844.92
数字电视用户 (万户)	Number of Subscribers to Digital Television (10000 subscribers)		950.45	1971.21	1622.10	1755.90	1691.70	1760.68

注：1000瓦及以上电视发射台和转播台，从2006年起改为100瓦以上(含100瓦)电视发射台和转播台。

Note: Television transmission and relaying stations at 1000 W and above since 2006 have been replaced by television transmission and relaying stations at 100W and above.

19-13 广播电台宣传基本情况（2018年）

Basic Statistics on Radio Stations (2018)

项　目	Item	广播电台(座) Number of Radio Stations (unit)	节目套数(套) Number of Programs (unit)	平均每日播音时间(小时) Average Daily Broadcasting Hours (hour)	#自办节目时间 Self-produced Programs	#新闻节目 News Programs	#专题节目 Special Subject Programs	#文艺节目 Programs of Entertainment
合　计	**Total**	**22**	**135**	**2215**	**1676**	**406**	**367**	**356**
省　级	Provincial Level	1	9	213	205	28	77	28
市　级	City Level	21	56	1010	889	134	155	136
县　级	County Level		70	992	582	244	135	192

19-14 电视台宣传基本情况（2018年）
Basic Statistics on Television Stations (2018)

项 目	Item	电视台（座） Television Stations (unit)	节目套数（套） Number of Programs (unit)	平均每日播出音时间(小时) Average Daily Broadcasting Hours (hour)	#自办节目时间 Self-produced Programs	#新闻节目 News Programs	#专题节目 Special Subject Programs	#文艺节目 Entertainment Programs
合 计	**Total**	**24**	**159**	**2325**	**650**	**340**	**312**	**114**
省 级	Provincial Level	2	13	272	113	35	53	7
市 级	City Level	22	62	1089	330	137	158	42
县 级	County Level		84	964	207	168	101	65

19-15 各市广播、电视事业机构数（2018年）
Number of Institutions of Radio and Television by City (2018)

单位：座 (unit)

市 别	City	广播电台 Number of Radio Stations	中波广播发射台和转播台 Number of Medium Wave Radio Transmission Stations and Relaying Stations	电视台 Number of Television Stations	100瓦及以上电视发射台和转播台 Number of Television Transmission and Relaying Stations at 100 W and above	县、市广播电视台 Number of Radio and Television Stations in Counties and Cities
广 州	Guangzhou	1	1	1	1	7
深 圳	Shenzhen	1	2	2	2	3
珠 海	Zhuhai	1		1	1	2
汕 头	Shantou	1	1	1	3	
韶 关	Shaoguan	1	1	1	14	8
河 源	Heyuan	1		1	16	5
梅 州	Meizhou	1	2	1	9	7
惠 州	Huizhou	1		1	6	4
汕 尾	Shanwei	1		1	2	3
东 莞	Dongguan	1		1	1	
中 山	Zhongshan	1		1		
江 门	Jiangmen	1		1	4	5
佛 山	Foshan	1		1	7	
阳 江	Yangjiang	1		1	2	3
湛 江	Zhanjiang	1	1	1	10	5
茂 名	Maoming	1		1	5	4
肇 庆	Zhaoqing	1		1	8	6
清 远	Qingyuan	1		1	10	7
潮 州	Chaozhou	1		1	3	2
揭 阳	Jieyang	1		1	5	4
云 浮	Yunfu	1		1	3	4
省直属单位	Units Directly under Provincial Government	1	18	2	6	

19–16 体育事业情况

Statistics on Sports

指　　标	Item	2010	2015	2016	2017	2018
体育系统年末职工人数　（人）	**Number of Staff and Workers in Sports Departments at the Year-end　(person)**	**9405**	**10620**	**10226**	**10304**	**10186**
运动员	Athletes	1036	1649	1429	1593	1472
专职教练员	Full-time Coaches	1094	1485	1430	1445	1528
专职文化教师	Full-time Teachers for Literacy Classes	918	907	942	924	906
科技人员	Scientific and Technological Personnel	113	114	89	102	101
医务人员	Medical Personnel	97	60	112	122	109
管理人员	Administrative Personnel	3328	4401	4243	4203	4137
其他人员	Others	2819	2004	1981	1915	1933
体育比赛成绩	**Achievements in Sports Tournament**					
破世界纪录　（项）	Number of World Records Chalked Up (item)	1	1	2	1	4
获世界冠军　（人次）	Number of World Championships Won (unit)	27	27	19	21	26
破亚洲纪录　（项）	Number of Asian Records Chalked Up (item)	2	4	1	1	6
破全国纪录　（项次）	Number of National Records Chalked Up (item-time)	5	5	4	3	12
获得全国冠军　（项次）	Number of National Championships Won (item-time)	132	124	111	148	151
体育活动开展情况	**Sports Meets and Activities**					
举办全民健身活动次数(次)	Number of National Body-building Activities Held (time)	9477	5000	5350	4680	4700

注：2009—2012年口径为正式运动员，2013年口径除正式运动员外，还包含集训、实训、职业过渡期运动员。

Note: The number of athletes from 2009 to 2012 refers to formal athletes only.Since 2013, the number of athletes includes trainer athletes and occupation transition athletes besides formal athletes.

主要统计指标解释

文化事业机构 指从事专业文化工作和为专业文化工作服务的独立建制的单独核算的单位。不包括这些单位另外举办独立核算的其他机构和各部门的业余文化组织。

艺术表演团体 指由文化部门主办或者实行行业管理（经文化行政部门审批并领取营业性演出许可证），专门从事表演艺术等活动的各类专业艺术表演团体，含民间职业剧团（不包括群众业余文艺表演团体）。

电影放映单位 指具有放映机器设备、固定或不固定的放映场所与专职或兼职的放映技术人员，经有关部门登记批准，经常为一定的观众对象放映电影的机构。包括经批准对外开放进行营业，并与电影发行放映管理机构分帐的专用放映单位和军委系统租片单位。

艺术表演观众人数(人次) 指售票、包场等有演出收入的场次和政府采纳的公益性演出场次及参加汇演、 等无演出收入的公开演出场次，不包括彩排审查和内部观摩演出的观看人次数。

Explanatory Notes on Main Statistical Indicators

Cultural Institutions refer to units which have their own organizational system and independent accounting system and specialize in or serve cultural development. They exclude other establishments with independent accounting system run by these cultural institutions and amateur cultural groups established by various departments.

Arts Performance Troupes refer to the various professional performing arts groups, which sponsored by the cultural sectors or guided by the cultural society (approved by the cultural administration authority, or registered and permitted with the relative certificate), including non-governmental troupes. The mass amateur arts performance troupes are not included.

Film Projection Units refer to units with film projection equipment, full or part-time projectionists, permanent or non-permanent cinemas, approved by and registered with related administrative departments to show films regularly for certain groups of audience, including film projection units which have been approved to give commercial shows and share profits with administrative agencies of film circulation and projection, as well as film renting units of the military system.

Number of Spectators at Art Performance (person-time) refers to the number of attendants at commercial shows, completely booked shows or free shows given in minority national areas, excluding the number of spectators at rehearsals for examination and internal shows for study.

二十、卫生、
社会福利、社会保障和其他

PUBLIC HEALTH, SOCIAL WELFARE, SOCIAL INSURANCE AND OTHERS

二十　卫生、社会福利、社会保障和其他

简要说明

一、本篇资料主要反映广东卫生、社会福利、社会保险、安全生产及其他事业的发展情况。

二、本篇资料由广东省统计局社会科技统计处负责整理、编辑。

三、卫生部分主要包括卫生事业机构、床位及人员数等，资料由广东省卫计委提供。

四、社会福利部分主要包括各种社会福利事业情况、城乡基层社会保障情况、婚姻登记状况等，资料由广东省民政厅提供。

五、社会保险部分主要包括城乡基本养老保险、失业保险、城乡基本医疗保险等基金征缴收入和参保人数，资料由广东省人力资源和社会保障厅提供。

六、亿元生产总值安全生产事故死亡率数据由广东省安全生产监督管理局提供。

七、其他部分主要包括司法工作开展情况和交通、火灾事故发生情况等，资料由广东省司法厅 、广东省公安厅提供。

20 Public Health,Social Welfare,Social Insurance and Others

Brief Introduction

Ⅰ. The data in this chapter mainly show the development of Guangdong's public health，social welfare，social security, safe production and other undertakings.

Ⅱ. The data are prepared by the Division of Social，Scientific and Technological Statistics of Statistics Bureau of Guangdong Province.

Ⅲ. The data on public health mainly include the number of health institutions， hospital beds and personnel， etc. The data are provided by Health Department of Guangdong Province.

Ⅳ. The data on social welfare mainly include the social welfare services，grassroots social security in urban and rural areas and marriage registration status，etc. The data are provided by Guangdong Provincial Department of Civil Affairs.

Ⅴ.The data on social security mainly include the statistics on basic pension insurance for urban and rural residents, the unemployment insurance, the amount collected and percentage of collection and the number of persons participating in urban and rural basic medical care insurance.The data is provided by Guangdong Provincial Department of Human Resources and Social Security.

Ⅵ. The rate of death from work safety accidents per 100 million yuan of GDP is provided by Guangdong Provincial Bureau of Work Safety.

Ⅶ. Other data mainly include judicial conditions and basic statistics on traffic and fire accidents，etc. The data are provided by Guangdong Provincial Department of Justice and Guangdong Provincial Department of Public Security.

20-1 卫生、社会福利和其他主要指标

Main Indicators of Sports, Public Health, Social Welfare, Environmental Protection and Others

指　标	Item	2000	2010	2016	2017	2018
医疗卫生机构数（个）	Number of Health Care Institutions (unit)	8984	44880	49124	49926	51527
#医院、卫生院	Hospitals	2426	2444	2581	2666	2745
医疗卫生机构床位数（万张）	Number of Beds in Health Care Institutions (10000 units)	16.81	30.01	46.52	49.21	51.70
#医院、卫生院床位	Hospital Beds	15.72	27.71	42.84	45.30	47.75
卫生技术人员数（万人）	Number of Medical Technical Personnel (10000 persons)	26.50	45.55	66.75	70.99	75.78
#执业(助理)医师	Doctors	11.12	17.51	24.41	25.89	27.74
平均每千人口有卫生机构床位数（张）	Number of Beds in health Institutions per 1000 Population (bed)	1.94	2.87	4.23	4.41	4.56
平均每千人口有卫生技术人员数（人）	Number of Medical Technical Personnel per 1000 Population (person)	3.07	4.36	6.07	6.36	6.68
#执业(助理)医生	Doctors	1.29	1.68	2.22	2.32	2.44
优抚收养性单位收养人数(人次)	Number of Persons Adopted by Special Care Units (person)	1785	3179	3410	3745	4102
社会救济总人数（万人）	Number of Persons Receiving Relief Funds (10000 persons)	154.70	288.00	209.75	211.48	177.62
登记结婚件数（对）	Registered Marriages (couple)	562118	857146	786123	758123	713814
离婚总数（对）	Registered Divorces (couple)	47521	127048	211858	220343	228815
执业律师人数（人）	Number of Full-time Lawyers (person)	7292	20228	32380	37478	43434
公证人员数（人）	Number of Notarial Personnel (person)	1380	1694	2208	2309	2512
人民调解委员会调解人员数(人)	Number of Mediators of People's Mediation Committees (person)	250117	194224	178052	181441	170775
亿元生产总值生产安全事故死亡率	Rate of Death from Work Safety Accidents per 100 Million Yuan of Gross Regional Product	1.08	0.15	0.05	0.04	0.03
交通事故发生数（起）	Number of Traffic Accidents (unit)	66072	30480	24876	24138	24293
交通事故损失折款（万元）	Losses from Traffic Accidents Converted into Cash (10000 yuan)	27526	8051	7414	10553	7977
火灾事故发生数（起）	Number of Fire Accidents (unit)	8622	6065	16923	16501	13064
火灾事故损失折款（万元）	Losses from Fire Accidents Converted into Cash (10000 yuan)	10065	17500	40838	28017	27172

注：2010年起医疗卫生机构、人员数总数含村卫生室数，千人口数据分母为常住人口。

Note: Since 2010,Data of village clinics was included in the total number of health care institutons and their personnel. The population of per 1000 persons used in this table are resident population.

20−2 医疗卫生机构、床位及人员数

Number of Health Care Institutions, Beds and Personnel

年份 Year	机构（个） Health Institutions (unit)	#医院及卫生院 Hospitals	床位（张） Beds (bed)	#医院及卫生院床位 Hospital Beds	卫生工作人员（人） Medical Personnel (person)	#卫生技术人员 Medical Technical Personnel
1978	6949	1968	90645	84120	159583	126606
1979	7304	1974	91955	85144	171703	136568
1980	7649	1988	92506	84999	181480	144537
1981	8045	2002	94794	87010	191370	151971
1982	8331	2014	97441	88688	202162	160710
1983	8443	2037	100042	90851	208506	166543
1984	8525	2042	103231	93770	213193	170495
1985	8479	1853	107702	98231	220593	175337
1986	8713	1860	110022	99632	225526	180045
1987	8705	1880	114773	104932	230444	184126
1988	8820	1906	119328	109280	234807	187307
1989	8948	1886	122055	111816	240581	192147
1990	8989	1885	124015	114056	244039	194771
1991	9032	1906	129774	119079	249717	199051
1992	8989	1943	135527	124835	257043	205110
1993	8572	1968	139812	129317	267432	211874
1994	8720	2231	144865	134334	277398	220153
1995	8848	2267	148825	137756	288715	229894
1996	8921	2319	151553	141221	196108	237623
1997	8942	2348	155313	144496	305562	245862
1998	8805	2373	158351	147604	313737	252213
1999	8699	2415	162398	151367	320432	258591
2000	8984	2426	168143	157164	327065	264990
2001	8638	2444	172735	162197	330418	268347
2002	15500	2415	180791	165498	323294	262633
2003	15409	2410	188543	172981	336175	273620
2004	15744	2391	200056	183107	348203	283351
2005	16318	2428	209741	192551	364520	297334
2006	16953	2433	221886	204071	408972	332829
2007	16490	2435	234179	216951	452080	360674
2008	15821	2428	250497	231583	479462	383876
2009	16238	2442	271972	250364	513997	413444
2010	44880	2444	300083	277126	593503	455524
2011	45935	2411	325038	298070	627347	486356
2012	46556	2437	355274	324744	664825	520243
2013	47855	2447	378367	346478	710288	555498
2014	48087	2482	405707	372637	734345	584356
2015	48367	2539	435666	400745	771034	620004
2016	49124	2581	465228	428423	821880	667525
2017	49926	2666	492113	453022	866925	709894
2018	51527	2745	516973	477526	921703	757840

注：从2002年开始，机构数中包含个体诊所机构数；从2010年开始机构、人员总计中含村卫生室数。

Note: Since 2002, the number of institutions has included the number of individual clinics;since 2010,number of village clinics was included in health care institutions.

20-3 医疗卫生机构、床位和人员数（2018年）

Number of Health Care Institutions, Beds and Personnel (2018)

机构类别	Type of Institution	机构（个）Number of Institutions (unit)	床位数（张）Beds (bed)	人员数（人）Personnel (person)	#卫生技术人员 Medical Technical Personnel	#执业(助理)医师 Certified (Assistant) Doctors
医疗卫生机构数	**Health Care Institutions**	**51527**	**516973**	**921703**	**757840**	**277362**
医　院	Hospitals	1552	416282	552724	461369	149303
卫生院	Health Centers	1193	61244	96483	82547	32312
疗养院	Sanatoriums	15	476	1311	712	289
社区卫生服务中心	Community Health Service Centers	1111	9370	50117	43629	18924
社区卫生服务站	Community Health Service Stations	1491	42	7130	6650	2954
门诊部、诊所、卫生所等	Outpatient Departments and Clinics	18893	90	92790	84464	43254
#诊所	Outpatient Departments	12108		36326	34875	19825
卫生所(医务室)	Clinics (Medical Stations)	2922		9526	9233	4814
急救中心(站)	Emergency Centers (Stations)	26		639	337	65
采供血机构	Blood Taking and Supply Agencies	45		2761	2043	264
妇幼保健机构	Maternity and Child Care Centers	129	24462	50731	42845	13454
专科疾病防治院(所、站)	Specialized Prevention and Treatment Stations	129	5007	9123	7019	2786
疾病预防控制机构	Disease Prevention and Control Centers (Antiepidemic Stations)	136		11140	8306	4403
卫生监督所	Sanitation Supervision Stations	202		5056	3684	
卫生监督检验(监测、检测)所(站)	Sanitation Supervision Quarantine Stations	1		3		
医学科学研究机构	Research Institutions of Medical Science	11		213	32	16
医学在职培训机构	On-the-job Medical Training Institutions	11		532	195	56
健康教育所(站、中心)	Health Education Stations (Centers)	31		340	158	83
村卫生室	Rural Medical Stations	25996		32735	9671	7673
其他卫生机构	Other Health Agencies	555		7875	4179	1526

注：总数中含村卫生室数。
Note: Number of village clinics was included in health care institutions.

20-4 各市医疗卫生机构、床位和人员数（2018年）

Number of Health Care Institutions, Beds and Personnel by City (2018)

市别	City	机构（个）Number of Institutions (unit)	#医院 Hospitals	床位数（张）Beds (bed)	#医院床位 Hospital Beds	卫生工作人员（人）Medical Personnel (person)	#卫生技术人员 Medical Technical Personnel	执业(助理)医师（人）Certified Doctors (person)
全省总计	**Provincial Total**	**51527**	**1552**	**516973**	**416282**	**921703**	**757840**	**277362**
广州	Guangzhou	4598	255	95134	86011	188695	156497	54134
深圳	Shenzhen	4380	140	43215	39837	114866	93643	36309
珠海	Zhuhai	838	45	9899	8849	22168	18430	7090
汕头	Shantou	1492	48	18985	16283	29648	24987	10469
佛山	Foshan	1932	120	37227	34508	64931	55398	20001
韶关	Shaoguan	2118	54	18183	13500	26882	21892	7684
河源	Heyuan	2037	56	15882	8927	21999	17612	5992
梅州	Meizhou	3053	46	18845	12616	30628	24908	9546
惠州	Huizhou	2764	76	21452	15916	41399	34800	13339
汕尾	Shanwei	1625	35	9951	7010	16060	12187	5316
东莞	Dongguan	2722	102	31059	30239	64349	54317	19516
中山	Zhongshan	894	62	15802	15685	28069	24419	8800
江门	Jiangmen	1652	48	23482	17079	36201	30479	10298
阳江	Yangjiang	1804	57	14200	10929	20990	16429	5631
湛江	Zhanjiang	3478	108	36692	26850	50869	40620	13651
茂名	Maoming	4084	73	34947	21502	43202	35193	13993
肇庆	Zhaoqing	3111	56	17347	13426	32254	25032	8140
清远	Qingyuan	2435	58	17825	11775	26883	22248	7858
潮州	Chaozhou	2290	28	6682	4569	13666	10131	4597
揭阳	Jieyang	2910	62	19956	14165	30937	24951	10373
云浮	Yunfu	1310	23	10208	6606	17007	13667	4625
按经济区域分	By Region							
珠三角	Pearl River Delta	22891	904	294617	261550	592932	493015	177627
东翼	Eastern Region	8317	173	55574	42027	90311	72256	30755
西翼	Western Region	9366	238	85839	59281	115061	92242	33275
山区	Mountainous Region	10953	237	80943	53424	123399	100327	35705

注：机构、人员数含村卫生室数。
Note: Number of village clinics was included in health care institutions

20-5 各类医疗卫生机构、床位和人员数
Number of Health Institutions, Beds and Personnel by Type

指标	Item	2000	2010	2014	2015	2016	2017	2018
医疗卫生机构数(个)	**Number of Institutions (unit)**	**8984**	**44880**	**48087**	**48367**	**49124**	**49926**	**51527**
#医院	Hospitals	746	1088	1260	1323	1380	1464	1552
卫生院	Health Centers	1680	1356	1222	1216	1201	1202	1193
门诊部、诊所、卫生所 (所)	Clinics, Health Stations and Community Health	5710	11056	12766	14068	15380	16867	18893
专科疾病防治院(所、站)	Specialized Disease Prevention &Treatment Institution	158	147	136	131	135	130	129
疾病预防控制机构	Sanitation and Anti-epidemic Institutions	171	134	137	137	137	135	136
妇幼保健机构	Maternity and Child Care Centers	31	126	130	130	129	128	129
医学科学研究机构	Research Institutions of Medical Science	20	18	17	17	17	11	11
村卫生室	Rural Medical Stations		28339	28162	27178	26886	26459	25996
床位数 (张)	**Number of Beds (unit)**	**168143**	**300083**	**405707**	**435666**	**465228**	**492113**	**516973**
人员数 (人)	**Number of Personnel (person)**	**327065**	**593503**	**734345**	**771034**	**821880**	**866925**	**921703**
卫生技术人员	Medical Technical Personnel	264990	455524	584356	620004	667525	709894	757840
#执业(助理)医生	Doctors	111172	175100	217376	229389	244139	258889	277362
注册护士	Nurses	83198	168043	233570	254430	284223	308158	335037
其他技术人员	Other Technical Personnel	8910	54491	51959	50033	51403	50975	51484
管理人员	Administrative Personnel	24320	29541	29156	30638	31386	32312	33827
工勤人员	Logistics Personnel	28845	53947	68874	70359	71566	73744	78552

注：从2002年开始，机构数中包含个体诊所机构数；门诊部(所)含门诊部、诊所、卫生所、医务室、护理站等；妇幼保健院归入妇幼保健机构统计；医生指执业(助理)医师。2008年起，门诊部(所)含护理站，不含社区卫生服务站(纳入其他卫生机构)。2010年起机构、人员数含村卫生室数。

Note: Since 2002, the number of institutions has included the number of individual clinics, covered in the category of outpatient departments (clinics); maternity and child care centers have been included in the number of maternity and child care institutions; doctors have referred to certified (assistant) doctors; and Since 2008, clinics include nurse stations, but excludce community health stations, which is listed as Other Healthcare Institutions. Since 2010,Number of village clinics was included in health care institutions

20−6 各市社会保险基金征缴收入(2018年)

Amount Collected of Security Insurance (2018)

单位：万元 (10000 yuan)

市别	City	城镇职工基本养老保险基金征缴收入 Amount Collected of Basic Retirement Security Program	城乡居民基本养老保险基金征缴收入 Amount Collected of Basic Retirement Security Program	城镇职工基本医疗保险基金征缴收入 Amount Collected of Basic Health Care Program	城乡居民基本医疗保险基金征缴收入 Amount Collected of Basic Health Care Program	失业保险基金征缴收入 Amount Collected of Unemployment Insurance	工伤保险基金征缴收入 Amount Collected of Industrial Accident Insurance	生育保险基金征缴收入 Amount Collected of Child-bearing Insurance
合　计	**Total**	**36871967**	**356239**	**12306460**	**1725013**	**1034278**	**622630**	**993924**
广　州	Guangzhou	6832165	85315	4094646	141373	243652	103791	367717
深　圳	Shenzhen	9790062	731	3198095	197796	382156	161851	231555
珠　海	Zhuhai	1209049	7420	431728	18368	35910	19554	
汕　头	Shantou	633190	20359	163683	110464	17908	8262	21979
佛　山	Foshan	2897180	18329	1035941	126286	57453	57470	72886
韶　关	Shaoguan	445229	14754	212165	48440	9509	11693	9741
河　源	Heyuan	349666	11243	112749	66472	5196	4923	5842
梅　州	Meizhou	808311	16097	147618	98320	7345	8214	7132
惠　州	Huizhou	1437130	20084	409133	67320	27663	34746	38
汕　尾	Shanwei	213126	14089	54831	47498	4130	5066	3334
东　莞	Dongguan	4116476	-	784103		118599	89973	138399
中　山	Zhongshan	1616473	111	144159	64569	43610	26584	43741
江　门	Jiangmen	972352	20389	417618	84654	16401	17888	16328
阳　江	Yangjiang	273417	12025	91445	53123	3784	5486	10213
湛　江	Zhanjiang	542362	25376	274223	166479	11446	7926	11691
茂　名	Maoming	474281	23187	171100	139292	11484	8919	8063
肇　庆	Zhaoqing	533955	32780	174701	28550	10757	12278	14346
清　远	Qingyuan	516411	-364	183115	74982	13248	11311	12476
潮　州	Chaozhou	244749	6702	70422	41532	4389	3451	6976
揭　阳	Jieyang	433679	17292	55520	93021	5029	2858	2960
云　浮	Yunfu	263745	10319	79465	56472	4608	6606	8507
省　直	Directly under Provincial Government	2268958	-			-	13778	
按经济区域分	By Region							
珠三角	Pearl River Delta	29404843	185159	10690124	728918	936201	524136.0	885010
东　翼	Eastern Region	1524744	58442	344456	292515	31456	19637	35249
西　翼	Western Region	1290060	60588	536767	358894	26714	22331	29968
山　区	Mountainous Region	2383362	52049	735112	344686	39906	42748	43697

注：各区域不包省直单位部分。

Note: “By Region” does not include agencies directly under provincial jurisdiction.

20－7 各市社会保险参保人数（2018年）

Number of Persons Participating in Social Insurance by City (2018)

单位：万人 (10000 persons)

市　别	City	城乡基本养老保险参保人数 Number of Persons Participating in Basic Retirement Security Program	失业保险参保人数 Number of Persons Participating in Unemployment Insurance	城乡居民基本医疗保险参保人数 Number of Persons Participating in Basic Health Care Program	工伤保险参保人数 Number of Persons Participating in Industrial Accident Insurance	生育保险参保人数 Number of Persons Participating in Child-bearing Insurance
合　计	**Total**	**7576.12**	**3361.75**	**6445.08**	**3592.49**	**3495.34**
广　州	Guangzhou	907.74	608.71	495.75	639.87	585.30
深　圳	Shenzhen	1157.78	1127.36	271.67	1140.38	1202.62
珠　海	Zhuhai	138.79	104.69	60.32	106.56	106.77
汕　头	Shantou	346.78	85.90	445.22	87.53	65.44
佛　山	Foshan	479.91	263.99	221.95	264.71	264.38
韶　关	Shaoguan	181.45	31.92	237.18	40.98	34.79
河　源	Heyuan	182.25	30.26	286.63	33.02	28.68
梅　州	Meizhou	276.96	33.36	419.41	51.51	32.95
惠　州	Huizhou	334.23	127.62	280.18	149.58	156.58
汕　尾	Shanwei	178.14	22.50	274.16	22.10	22.83
东　莞	Dongguan	597.24	418.67		437.48	474.18
中　山	Zhongshan	256.61	154.03		157.86	155.80
江　门	Jiangmen	322.13	86.56	253.42	105.69	90.92
阳　江	Yangjiang	174.06	17.59	241.67	30.24	21.30
湛　江	Zhanjiang	397.89	44.32	631.98	46.80	49.63
茂　名	Maoming	363.15	28.90	598.35	34.97	31.80
肇　庆	Zhaoqing	248.47	51.95	344.03	54.27	50.79
清　远	Qingyuan	242.18	43.03	338.78	47.24	41.31
潮　州	Chaozhou	162.73	35.95	230.77	36.21	35.23
揭　阳	Jieyang	313.96	26.01	564.15	21.30	22.78
云　浮	Yunfu	154.34	18.43	249.45	20.59	21.26
省　直	Directly under Provincial Government	159.34			63.60	
按经济区域分	By Region					
珠三角	Pearl River Delta	4442.91	2943.58	1927.32	3056.40	3087.33
东　翼	Eastern Region	1001.60	170.36	1514.30	167.14	146.28
西　翼	Western Region	935.10	90.82	1472.00	112.01	102.73
山　区	Mountainous Region	1037.18	157.00	1531.46	193.34	158.99

注：1)各区域不包省直单位部分。

2)2012年8月起，新型社会农村养老保险和城镇居民社会养老保险制度全覆盖工作全面启动，合并为城乡居民社会养老保险。

Note: a) “By Region” does not include agencies directly under provincial jurisdiction.

b) Since August 2012,system of new old-age insurance and urban basice pension insurance have started completely, and called basic pension insurance for urban and rural residents as total.

20-8 优抚、社会救济和福利事业情况

Statistics on Preferential Treatment and Resettlement, Social Relief and Welfare

项目	Item	2010	2014	2015	2016	2017	2018
优抚事业	**Preferential Treatment and Resettlement**						
优抚收养性事业单位数（个）	Number of Institutions for Preferential Treatment and Resettlement (unit)	81	71	57	55	56	73
编制登记	Registered with State Office for Public Sector Reform	57	48	46	43	41	59
工商登记	Registered with Industry and Commerce Administration						
民政登记	Registered with Civil Affairs Administration	21	5				
未登记	Unregistered	3	18	11	12	15	14
优抚收养性单位收养人数（人次）	Number of Persons Adopted byPreferential Treatment and Resettlement Institutions (person-time)	3179	3734	3389	3410	3745	4102
编制登记	Registered with State Office for Public Sector Reform	2896	3392	3296	3353	3681	
工商登记	Registered with Industry and Commerce Administration						
民政登记	Registered with Civil Affairs Administration	177	10				
未登记	Unregistered	106	332	93	57	64	
优抚事业费用（万元）	Expenses onPreferential Treatment and Resettlement (10000 yuan)	181099	340071	378681	445492	476108	596782
民政部门支出	Expenses by Civil Administration Departments	181099	340071	378681	445492	476108	
社会救济	**Social Relief**						
社会救济总人数（万人）	Total Number under Social Relief (10000 persons)	288.00	231.15	227.25	209.75	211.48	177.62
#农村传统救济对象人数	Number of People Receiving Traditional Social Relief in Rural Areas	31.40	9.47	12.95			
城乡居民最低生活保障人数（万人）	Number of Urban and Rural Residents Receiving Minimum Income Relief (10000 persons)	224.70	190.36	183.30	170.60	169.62	141.09
城镇	Urban Areas	40.70	31.60	29.69	25.46	22.85	17.34
农村	Rural Areas	184.00	158.76	153.60	145.14	146.77	123.75
城乡居民最低生活保障家庭户数（万户）	Number of Urban and Rural Households Receiving Minimum Income Relief (10000 households)	91.80	87.43	86.39	73.92	69.86	57.83
城镇	Urban Areas	17.30	15.68	15.19	13.25	11.92	9.27
农村	Rural Areas	74.50	71.75	71.20	60.67	57.94	48.56
城乡居民最低生活保障金支出（万元）	Expenditures on Minimum Income Relief for Urban and Rural Residents (10000 yuan)	244490	532682	553022	617139	643068	623506
城镇	Urban Areas	79665	154579	159530	177732	166329	145315
农村	Rural Areas	164825	378103	393493	439407	476739	478191

20−8 续表 continued

项 目	Item	2010	2014	2015	2016	2017	2018
社会福利 （亿元）	Expenses on Social Welfare (100 million yuan)		34.92	40.89	55.33	80.64	89.25
社会救助(不含优抚对象医疗补助） （亿元）	Expenses on Social Relief(Medical Aid for Special-care Recipient not included (100 million yuan)		86.07	94.79	109.61	129.05	126.35
自然灾害救济费 （万元）	Relief Funds for Natural Calamities (10000 yuan)	45995	51646	51051	37414	27057	
社会福利	**Social Welfare**						
提供住宿的社会服务机构 （个）	Number of Social Welfare Institutions with Accomodations (unit)	2514	1637	1588	1643	1734	1711
编制登记	Registered with State Office for Scopsr	256	1045	1282	1339	1366	1314
工商登记	Registered with Industry and Commerce Administration	27	30	48	56	67	97
民政登记	Registered with Civil Affairs Administration	1791	262	220	222	256	280
一个机构多块牌子	Unregistered	440	300	38	26	45	20
提供住宿的社会服务机构年末在院人数 （人）	Number of People Taken in by Social Welfare Institutions with Accomodations at the year-end (person)	92224	91941	92043	92085	96139	91238
编制登记	Registered with State Office for Scopsr	26402	55991	61360	59041	58847	51903
工商登记	Registered with Industry and Commerce Administration	3188	4058	8481	10696	12074	13070
民政登记	Registered with Civil Affairs Administration	51516	24649	20525	21904	23244	25858
未登记	Unregistered	11118	7243	1677	444	1974	407
社会福利企业单位 （个）	Number of Social Welfare Enterprises (unit)	172	147	134	103		
安排"四残"人员就业数 （人）	Number of "Four Kinds of Disabled Persons" Arranged for Employment (person)	4818	5689	5310	3650		
编制登记	Registered with State Office for Scopsr	75	129	125	121		
工商登记	Registered with Industry and Commerce Administration	4743	5560	5185	3529		
城乡基层社会保障	**Urban and Rural Social Security**						
城镇社区服务机构和设施数 （个）	Number of Urban Community Service Facilities (unit)	15960	55374	57108	66677	68919	65001
社区服务指导中心	Community Service Guidance Centers		35	29	28	18	17
社区服务中心	Community Service Centers	1366	2741	2893	1843	2108	2054
社区服务站	Community Service Stations	1632	12992	13284	20097	21793	22850
未登记的农村特困人员救助供养机构	Unregistered Rescue and Feeding Institutions for the Rural Poor People						7
社区养老机构和设施	Communtiry Nursing Facilities and Insitution		363	621	1768	2732	3377
社区互助型养老设施	Communtiry Mutual Aid Nursing Facilities				74	307	313
其他社区服务设施	Other Communtiry Service Facilities	12962	39243	40281	42867	41961	36383

注：1.2013年起，社会福利收养性事业单位数和社会福利收养性事业单位收养人数指标分别修改为提供住宿的社会服务机构数和提供住宿的社会服务机构年末在院人数。

2.2015年以前，一个机构多块牌子的机构为未登记注册机构。

Note: a)Since 2013, the indicator of number of social welfare institutions and number of people taken in by social welfare institutions are amended as the indicator of social welfare institutions with accomodations and number of people taken in by social welfare institutions with accomodations at year-end respectively.

b) Unregistered Institutions include one organization with a few brands.

20-9 婚姻登记情况
Statistics on Marriage Registration

项 目	Item	2010	2015	2016	2017	2018
登记结婚件数 （对）	**Marriage Registration number (couple)**	**857146**	**840411**	**786123**	**758123**	**713814**
登记结婚人数 （人）	**Nmber of Persons Registered (person)**	**1714292**	**1680822**	**1572246**	**1516246**	**1427628**
按居住地分类	By Place of Residence					
内地居民登记结婚件数 (对)	Mainland Residents Marriage Registration Number (couple)	850448	832694	777990	750392	704411
内地居民登记结婚人数 (人)	Number of mainland residents registered (person)	1700896	1665442	1556826	1500502	1408874
涉外及华侨、港澳台居民登记结婚件数(对)	Marriage Registration Number with Foreigners, Overseas Chinese and Citizens of HongKong, Macao and Taiwan (couple)	6698	7717	8133	7731	9403
内地居民 (人)	Mainland Residents (person)	6676	7676	8077	7648	9163
#女性 (人)	Female (person)	5241	5324	5368	4619	4214
香港居民 (人)	Hongkong Residents (person)	1552	2436	2802	2682	2189
澳门居民 (人)	Macao Residents (person)	765	827	809	677	650
台湾居民 (人)	Taiwan Residents (person)	770	840	780	695	680
华侨 (人)	Overseas Chinese (person)	1069	1526	1272	873	768
外国人 (人)	Foreigners (person)	2564	2129	2526	2887	5356
按婚前状况分类	By pre marital status					
初婚人数 (人)	Number of First Marriages (person)	1583025	1501835	1365312	1304060	1223100
再婚人数 (人)	Number of Remarriages (person)	131267	178987	206934	212186	204528
#女性 (人)	Female (person)	57536	85208	99589	106202	103424
恢复结婚件数 (对)	Resumption of Marriages (couple)	12764	27356	33170	35137	34048
按年龄分类	By age					
#20～24 (人)	20～24 (person)	549611	490868	431319	396826	345681
25～29 (人)	25～29 (person)	703191	718631	655385	638100	603260
30～34 (人)	30～34 (person)	237064	230655	228708	225529	231485
35～39 (人)	35～39 (person)	105735	90905	99803	98622	95447
40以上 (人)	above 40 (person)	118691	149763	157031	157169	151755
离婚总数 （对）	**Total Number of Divorce (couple)**	**127048**	**193360**	**211858**	**220343**	**228815**
民政离婚登记 (对)	Registered Divorce (couple)	100759	167544	186406	193846	203181
内地居民登记离婚(对)	Nmber of Mainland Residents Registered Divorces (couple)	99536	166142	185025	192514	201791
涉外及华侨、港澳台居民登记离婚 (对)	Divorce from Foreigners,Overseas Chinese and Citizens of Hong Kong, Macao and Taiwan (couple)	1223	1402	1381	1332	1390
#外国人 (人)	Foreigners (person)	397	290	403	408	417
法院调解离婚 (对)	Divorces through Law Court Mediation(couple)	17644	15268	14492	14963	14836
法院判决离婚 (对)	Divorces through Law Court Judgment (couple)	8645	10548	10960	11534	10798

20-10 律师、公证、基层司法基本情况

Basic Statistics on Lawyers, Notarization, Grassroots Judicial Work

项目	Item	2005	2010	2015	2016	2017	2018
律师工作	**Lawyers**						
律师事务所 (个)	Number of Law Offices (unit)	1107	1668	2550	2767	3133	3223
执业律师 (人)	Number of Full-time Lawyers (person)	12020	20228	29633	32380	37478	43434
担任常年法律顾问(家)	Number of Units as Permanent Legal Advisors(unit)	19157	36484	59664	64339	70687	77954
民事代理 (件)	Agent of Civil Cases (case)	68621	144227	225385	237622		371893
非诉讼法律事务 (件)	Agent of Non-litigious Legal Affairs (case)	183082	126727	174951	204550	165275	214252
刑事辩护 (件)	Defender of Criminal Cases (case)	23409	38116	30739	41003	63511	92642
公证工作	**Notarization**						
公证处 (个)	Number of Notary Offices (unit)		139	146	147	147	152
公证人员 (人)	Number of Notarial Personnel (person)		1694	2190	2208	2309	2512
办结公证总数 (件)	Number of Notarized Documents (case)		1358974	1525912	1603887	1609296	1465085
国内公证	Domestic Notary			1044876	1163173	1219559	1106699
涉外及港澳台民事经济公证	Foreign-related and Hong Kong, Macao and Taiwan Related Civil Economic Notarization		490745	481036	440714	389737	358386
基层司法工作	**Grassroots Judicial Work**						
法律服务所 (个)	Number of Law Service Offices (unit)	1357	1181	1078	1019	1017	975
法律服务所人员 (人)	Number of Personnel Working in Law Service Offices (person)	3869	2730	2086	1966	1856	1704
担任法律顾问 (家)	Number of Units with Legal Advisors		11659	6474	5132	2738	2342
民事诉讼代理 (件)	Agent of Civil Cases (case)		8215	5078	5904	8041	7943
非诉讼代理 (件)	Agent of Non-litigious Legal Affairs (case)		31950	8122	9616	21805	14764
人民调解委员会 (个)	Number of People's Mediation Committees (unit)		33789	33592	33274	33750	31898
调解人员 (人)	Number of Mediators (person)		194224	181205	178052	181441	170775
调解纠纷总数 (件)	Number of Disputes Mediated (case)		384531	325549	323552	361079	397191

注：司法部2012年对公证统计表格进行了修改，不再区分国内民事公证和国内经济公证，统称为国内公证。

Note: Because the Justice Department modified the form of notarization tables in 2012,the items of “domestic civil case notarization” and “domestic economic notary” are both referred to as “the domestic notary”.

20-11 交通事故发生情况（2018年）
Statistics on Traffic Accidents (2018)

项 目	Item	合计 Total	按道路横断面位置分 By Cross-section Location of Roads				按事故发生道路类型分 By Type of Roads Where Accidents Occurs			
			机动车道 Roads for Motored Vehicles	非机动车道 Roads for Non-motored Vehicles	混合道 Mixed Roads	其他道 Others	高速公路 Express Highways	等级公路 Classified Highways	城市道路 Urban Roads	其他路 Others
发生（起）	Number of Traffic Accidents (case)	24293	18629	885	5280	965	826	9079	12471	3383
死亡（人）	Number of Deaths (person)	5040	4200	111	820	206	444	2228	1956	709
受伤（人）	Number of Injuries (person)	24138	18259	984	5492	873	1033	9677	11810	3088
损失折款（万元）	Losses Converted into Cash (10000 yuan)	7976.7	7051.7	115.6	947.6	429.8	2339.6	1845.9	3499.6	859.6
平均每起事故损失（元）	Average Loss per Traffic Accident (yuan)	3283.5	3785.3	1306.4	1794.7	4454.3	28324.7	2033.2	2806.2	2541.0

注：1．等级公路分为一至四级公路和等外公路；
2．城市道路包括城市快速路和一般城市道路；
3．其他路包括单位小区自建路、公共停车场、公共广场、乡道、村道、田间地头、农垦区等区域。

Notes: a) Classified highways refer to highways of Class I to IV and Unclassified Highway.
b) Urban roads include express roads and normal roads in urban areas.
c) Other roads include roads within residential neighborhoods, public parking lots, squares, country roads, village roads, farm roads and reclaimed areas.

20-12 火灾事故发生情况（2018年）
Statistics on Fire Accidents (2018)

项 目	Item	合计 Total	特大 Extraordinarily Serious Accidents	重大 Serious Accidents	较大 Relatively Serious Accidents	一般 Ordinary Accidents
发生（起）	Number of Traffic Accidents (case)	13064			4	13060
死亡（人）	Number of Deaths (person)	77			18	59
受伤（人）	Number of Injuries (person)	70			1	69
损失折款（万元）	Losses Converted into Cash(10000 yuan)	27172			55	27117
平均每起事故损失(元)	Average Loss per Traffic Accident(yuan)	20799			136750	20764

20-13 各市亿元生产总值生产安全事故死亡率

Rate of Death from Work Safety Accidents per 100 Million Yuan of Gross Domestic Product by City

单位：% (%)

市别	City	2005	2010	2011	2012	2013	2014	2015	2016	2017	2018
全省	**Provincial Rate**	**0.51**	**0.15**	**0.13**	**0.11**	**0.10**	**0.09**	**0.09**	**0.05**	**0.04**	**0.03**
广州	Guangzhou	0.37	0.10	0.08	0.07	0.06	0.06	0.05	0.03	0.02	0.02
深圳	Shenzhen	0.23	0.07	0.05	0.04	0.04	0.03	0.03	0.02	0.01	0.01
珠海	Zhuhai	0.33	0.11	0.09	0.09	0.08	0.07	0.06	0.04	0.03	0.02
汕头	Shantou	0.53	0.18	0.15	0.15	0.13	0.11	0.11	0.04	0.04	0.03
佛山	Foshan	0.42	0.13	0.11	0.10	0.07	0.06	0.06	0.03	0.03	0.03
韶关	Shaoguan	1.18	0.36	0.28	0.26	0.22	0.20	0.17	0.12	0.11	0.10
河源	Heyuan	0.90	0.26	0.22	0.20	0.18	0.17	0.14	0.09	0.10	0.09
梅州	Meizhou	1.58	0.29	0.23	0.22	0.21	0.18	0.18	0.06	0.05	0.04
惠州	Huizhou	0.91	0.20	0.16	0.13	0.11	0.10	0.10	0.07	0.06	0.05
汕尾	Shanwei	1.15	0.30	0.25	0.19	0.23	0.20	0.19	0.14	0.17	0.10
东莞	Dongguan	0.44	0.14	0.11	0.10	0.10	0.09	0.08	0.05	0.04	0.04
中山	Zhongshan	0.60	0.19	0.15	0.13	0.12	0.11	0.11	0.07	0.05	0.05
江门	Jiangmen	0.74	0.26	0.22	0.20	0.20	0.17	0.16	0.08	0.06	0.04
阳江	Yangjiang	0.87	0.28	0.21	0.18	0.16	0.14	0.14	0.12	0.09	0.08
湛江	Zhanjiang	0.43	0.17	0.14	0.11	0.11	0.09	0.09	0.07	0.06	0.05
茂名	Maoming	0.48	0.19	0.15	0.12	0.12	0.11	0.10	0.04	0.03	0.03
肇庆	Zhaoqing	0.80	0.24	0.18	0.16	0.15	0.13	0.13	0.09	0.06	0.06
清远	Qingyuan	1.19	0.20	0.17	0.22	0.18	0.15	0.16	0.20	0.19	0.14
潮州	Chaozhou	0.56	0.17	0.13	0.13	0.11	0.16	0.16	0.07	0.05	0.05
揭阳	Jieyang	0.79	0.21	0.16	0.13	0.11	0.11	0.10	0.04	0.04	0.04
云浮	Yunfu	2.14	0.38	0.24	0.22	0.20	0.20	0.17	0.16	0.14	0.15

注：1. 2005—2016年全省生产安全事故包括工矿商贸、道路交通、火灾、铁路路外、水上交通及渔业船舶 死亡人数；各市生产安全事故包括工矿商贸、道路交通、火灾事故死亡人数。

2. 2016年原国家安全监管总局开展生产安全事故统计改革，调整了生产安全事故统计范围。

Note: 1.Work safery accidents from 2005 to 2016 of the Province include the number of deaths related to industry, mining, traffic、fire,railway, wate traffic and fishing boats accidents, and work safety accidents of each city include the number of deaths related to mining, traffic and fire accidents.

2. Due to the statistics reform of production safety accident conducted byState Administration of Work Safety in 2016, the statistical coverage of production safety acciden has been adjusted.

主要统计指标解释

卫生技术人员 指卫生事业机构支付工资的全部固定职工和合同制职工，现任职务为卫生技术工作的专业人员。包括中医师、西医师、中西医结合高级医师、护师、中药师、西药师、检验师、其他技师、中医士、西医士、护士、助产士、中药剂士、西药剂士、检验士、其他技士、其他中医、护理员、中药剂员、西药剂员、检验员，其他初级卫生技术人员。

医生 指经卫生部门审查合格，具有执业资格的医疗专业人员。

提供住宿的社会服务活动机构 根据《2014 年社会服务业统计制度》，提供住宿的社会服务活动机构包括：为老年人与残疾人提供收留抚养服务的机构、为智障与精神病人提供收留抚养服务的机构、为儿童提供收留抚养和救助服务机构以及其他提供住宿的服务机构。

律师 指受聘参加法律顾问处工作，提任法律顾问、刑（民）事代理人、刑事辩护人，办理非诉讼事件、解答法律询问，代写法律事务文书等主要从事律师事务的司法人员。

公证人员 指在国家公证机关依法办理公证事务的司法人员。包括公证员、助理公证员和在公证处工作的其他人员。

调解人员 在人民调解委员会担负调解民间一般民事纠纷和轻微违法行为所引起的纠纷的工作人员。包括调解委员会的委员和调解小组的调解员。

亿元生产总值生产安全事故死亡率 指一定时期内，每生产亿元生产总值，因各类生产安全事故造成的死亡人数。

Explanatory Notes on Main Statistical Indicators

Medical Technical Personnel refer to all permanent and contract medical staff and workers employed by medical institutions, including doctors of Chinese and Western medicine, senior doctors who integrate traditional Chinese therapeutics with Western therapeutics in practice, senior nurses, pharmacists of Chinese and Western medicine, laboratory specialists, other specialists, paramedics of Chinese and Western medicine, nurses, midwives, druggists in Chinese and Western medicine, laboratory technicians, other technicians, other practitioners of Chinese medicine, nursing attendants, pharmacological workers of Chinese and Western medicine, laboratory workers, and other primary medical personnel.

Doctors refer to qualified medical professionals approved to practice by public health departments.

Social Welfare Institutions with Accomodations In accordance with Statistical System of Social Service in 2014, Social Welfare Institutions with Accomodations includes: Institutions taking care of old people and handicapped people, institutions taking care of retarded people and mental patients, institutions adopting and salving children and other social welfare institutions with accomodations. That is, from 1995 to 2012 the caliber is Number of Social Welfare Institutions (unit); since 2013, due to the change of system in Ministry of Civil Affairs, the caliber changes to Social Welfare Institutions with Accomodations .

Lawyers refer to legal workers who are employed by legal counseling firms to act as legal advisers, agents in criminal or civil lawsuits, or defenders in criminal lawsuits, or to handle non litigious legal affairs, to advise on matters of law or to write legal papers for others.

Notary Personnel refer to judicial workers of the state notary offices handling notarization work according to law They include notaries, assistant notaries, and other people working for notary offices.

Mediators refer to workers on people' s mediation committees responsible for mediating in civil disputes and cases of slight infraction of the law They include members of the mediation committees and mediators of mediation groups.

Rate of Death from Work Safety Accidents per 100 Million Yuan of Gross Domestic Product refers to the number of deaths due to various work safety accidents in the production process of every 100 million yuan of gross domestic product within a certain period.

二十一、区域经济主要指标

MAJOR ECONOMIC REGIONS

二十一　区域主要经济指标

简要说明

一、本篇主要反映广东境内主要区域社会经济发展的基本情况，内容主要包括：珠江三角洲、广州和深圳、东西两翼、山区县以及少数民族县等经济区域的主要统计指标数据。

二、本篇资料分别由广东省统计局各有关专业处整理提供，综合处负责编辑。

三、本篇资料根据国家统计局制定的各有关专业统计报表制度填报汇总而成。

四、本篇各项指标数据为各经济区域汇总数，由于各市生产总值等指标汇总数不等于全省数，因此仅适合反映该地区发展变化情况。

21 Major Economic Regions

Brief Introduction

Ⅰ. The data in this chapter mainly reflect the basic conditions of social and economic development of main economic regions in Guangdong, including the main indicators on the cities of the Pearl River Delta, Guangzhou and Shenzhen, the East and West Wings, counties in mountainous areas and minority counties.

Ⅱ. The data in this chapter are prepared and provided by the related specialized divisions and compiled by the Division of Comprehensive Statistics of Statistics Bureau of Guangdong Province.

Ⅲ. The data in this chapter are tabulated and reported in accordance with the various statistical reporting schemes stipulated by the National Bureau of Statistics.

Ⅳ. The indicators in this chapter are overall figures of various economic regions that only reflect the status of development of the corresponding regions, as the provincial total is not equal to the sum of indicators of various cities, such as gross domestic product.

21-1 区域主要经济指标

Main Indicators on Regional Economies

指标	Item	2017 珠江三角洲 Pearl River Delta	东翼 East Wing	西翼 West Wing	山区 Mountainous Areas
土地面积 (平方公里)	Land Area (sq.km.)	54770	15476	32646	76751
年末常住人口 (万人)	Permanent Population at the Year-end (10000 persons)	6150.54	1732.26	1605.20	1681.00
#城镇人口 (万人)	Urban Population (10000 persons)	5245.70	1040.57	698.66	816.54
年末就业人员 (万人)	Employed Persons at the Year-end (10000 persons)	3981.41	759.62	757.79	841.96
地区生产总值 (亿元)	Gross Domestic Product (100 million yuan)	75710.14	6202.54	7022.40	5539.75
第一产业	Primary Industry	1181.53	455.36	1172.86	800.36
第二产业	Secondary Industry	31542.82	3115.66	2674.70	1973.38
第三产业	Tertiary Industry	42985.80	2631.53	3174.84	2766.01
人均地区生产总值 (元)	Per Capita GDP (yuan)	124564	35844	43922	33039
地区生产总值指数(上年=100)	Index of Gross Domestic Product (preceding year=100)	107.9	107.2	107.0	105.6
第一产业	Primary Industry	103.1	104.8	103.2	104.3
第二产业	Secondary Industry	107.4	105.9	106.0	101.5
第三产业	Tertiary Industry	108.4	109.4	109.4	109.3
人均地区生产总值指数 (上年=100)	Index of Per Capita Gross Domestic Product (preceding year=100)	105.4	107.3	106.3	105.0
规模以上工业增加值 (亿元)	Value-added of Industry above Designated Size (100 million yuan)	25768.21	2314.82	1958.16	1308.28
固定资产投资总额 (亿元)	Investment in Fixed Assets (100 million yuan)	25463.54	4844.08	3597.47	3572.87
#房地产开发投资	Investment in Real Estate Development	9827.78	623.49	630.77	993.66
社会消费品零售总额 (亿元)	Total Retail Sales of Consumer Goods(100 million yuan)	27318.18	3880.79	3724.98	3016.03
出口总额 (亿元)	Total Exports (100 million yuan)	39982.37	1120.10	427.78	662.62
进口总额 (亿元)	Total Imports (100 million yuan)	25107.96	310.97	196.13	360.93
实际外商直接投资 (亿美元)	Foreign Direct Investment Actually Utilized (USD 100 million)	218.11	5.08	2.02	3.86
地方一般公共预算收入(亿元)	Local Public Budgetary Revenue (100 million yuan)	7455.96	304.25	325.79	429.01
地方一般公共预算支出(亿元)	Local Public Budgetary Expenditure (100 million yuan)	10329.95	981.71	1017.27	1474.19
金融机构本外币存款 (亿元)	Deposits in Renminbi and Foreign Currencies in All Financial Institutions (100 million yuan)	171937.41	7552.51	6744.31	8301.52
#本外币住户存款	Savings Deposits by Resident	48505.38	4969.59	4424.7	5042.6
金融机构本外币贷款 (亿元)	Loans in Renminbi and Foreign Currencies in All Financial Institutions (100 million yuan)	113683.01	3417.03	3948.46	4983.45
常住居民人均可支配收入(元)	Per Capita Annual Disposable Income of Permanent Residents (yuan)	43840.1	20166.7	20016.4	19657.1
城镇居民人均可支配收入(元)	Per Capita Annual Disposable Income of Permanent Urban Residents (yuan)	47926.9	25029.1	26542.6	26084.4
农村常住居民人均可支配收入 (元)	Per Capita Annual Net Income of Permanent Rural Residents (yuan)	20813.5	13732.9	15081.6	13924.7

21-1 续表 continued

指标	Item	2018 珠江三角洲 Pearl River Delta	东翼 East Wing	西翼 West Wing	山区 Mountainous Areas
土地面积 (平方公里)	Land Area (sq.km.)	54770	15476	32646	76751
年末常住人口 (万人)	Permanent Population at the Year-end (10000 persons)	6300.99	1737.81	1620.08	1687.12
#城镇人口 (万人)	Urban Population (10000 persons)	5413.11	1047.80	721.65	839.05
年末就业人员 (万人)	Employed Persons at the Year-end (10000 persons)	4146.60	757.54	758.62	845.89
地区生产总值 (亿元)	Gross Domestic Product (100 million yuan)	81048.50	6652.12	7450.88	5874.45
第一产业	Primary Industry	1252.23	485.02	1248.22	845.98
第二产业	Secondary Industry	33395.65	3324.24	2729.16	2056.25
第三产业	Tertiary Industry	46400.62	2842.85	3473.51	2972.22
人均地区生产总值 (元)	Per Capita GDP (yuan)	130182	38340	46203	34883
地区生产总值指数(上年=100)	Index of Gross Domestic Product (preceding year=100)	106.9	106.3	105.4	104.1
第一产业	Primary Industry	104.0	104.5	104.4	105.0
第二产业	Secondary Industry	107.2	106.5	103.8	103.6
第三产业	Tertiary Industry	106.6	106.2	107.3	104.1
人均地区生产总值指数 (上年=100)	Index of Per Capita Gross Domestic Product (preceding year=100)	104.3	106.0	104.5	103.6
规模以上工业增加值 (亿元)	Value-added of Industry above Designated Size (100 million yuan)	27669.29	1941.30	1697.36	1360.65
固定资产投资增长速度 (%)	Growth Rate of Investment in Fixed Assets (%)	10.90	15.30	7.40	7.00
#房地产开发投资	Investment in Real Estate Development	11490.33	783.26	947.92	1190.68
社会消费品零售总额 (亿元)	Total Amount of Retail Sales of Consumer Goods (100 million yuan)	28022.89	4085.44	3987.68	3230.73
出口总额 (亿元)	Total Exports (100 million yuan)	40643.62	990.61	441.21	668.62
进口总额 (亿元)	Total Imports (100 million yuan)	27970.16	290.45	227.42	413.63
实际外商直接投资 (亿元)	Foreign Direct Investment Actually Utilized (100 million yuan)	1350.73	17.71	56.63	23.07
地方一般公共预算收入(亿元)	Local Public Budgetary Revenue (100 million yuan)	7915.51	300.07	320.59	438.28
地方一般公共预算支出(亿元)	Local Public Budgetary Expenditure (100 million yuan)	10608.94	1077.65	1132.70	1672.63
金融机构本外币存款 (亿元)	Deposits in Renminbi and Foreign Currencies in All Financial Institutions (100 million yuan)	183537.91	8163.22	7455.37	8894.66
#本外币住户存款	Savings Deposits by Resident	54607.65	5373.56	4812.20	5500.07
金融机构本外币贷款 (亿元)	Loans in Renminbi and Foreign Currencies in All Financial Institutions (100 million yuan)	131084.22	3953.54	4496.65	5634.99
常住居民人均可支配收入(元)	Annual Disposable Income of Permanent Residents(yuan)	47911.0	21754.2	21691.0	21288.0
城镇常住居民人均可支配收入 (元)	Per Capita Annual Income of Permanent Urban Residents (yuan)	52129.1	26694.2	28404.7	27826.9
农村常住居民人均可支配收入 (元)	Per Capita Annual DisposableIncome of Permanent Rural Residents (yuan)	22805.6	15013.2	16434.7	15111.5

注：1．珠江三角洲包括：广州、深圳、珠海、佛山、江门、东莞、中山、惠州和肇庆。东翼指汕头、汕尾、潮州和揭阳。西翼指湛江、茂名和阳江。山区指韶关、河源、梅州、清远和云浮。

2．本表地区生产总值、工业增加值绝对数按当年价格计算，增长速度按可比价格计算，下表同。

Notes: a) The pearl river delta include Guangzhou, Shenzhen, Zhuhai, Foshan, Jiangmen, Dongguan, Zhongshan, Huizhou and Zhaoqing. The East Wing includes Shantou, Shanwei, Chaozhou and Jieyang. The West Wing includes Zhanjiang, Maoming and Yangjiang.The mountainous areas include Shaoguan, Heyuan, Meizhou, Qingyuan and Yunfu.

b) The figures in value terms on GDP and value-added of industry are calculated at current prices, whereas the growth rates are calculated at comparable prices.The same applies to the following tables.

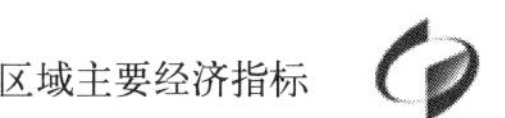

21-2 区域主要经济指标占全省比重

Percentage of Main Regional Economic Indicators to the Provincial Total

单位：% (%)

指 标	Item	2017			
		珠江三角洲占全省比重 Percentage of Pearl River Delta to the Whole Province	东翼占全省比重 Percentage of East Wing to the Whole Province	西翼占全省比重 Percentage of West Wing to the Whole Province	山区占全省比重 Percentage of Mountainous Areas to the Whole Province
土地面积	Land Area	30.5	8.6	18.2	42.7
年末常住人口	Permanent Population at the Year-end	55.1	15.5	14.4	15.1
#城镇人口	Urban Population	67.2	13.3	9.0	10.5
年末就业人员	Employed Persons at the Year-end	62.8	12.0	12.0	13.2
地区生产总值	Gross Domestic Product	80.1	6.6	7.4	5.9
第一产业	Primary Industry	32.7	12.6	32.5	22.2
第二产业	Secondary Industry	80.3	7.9	6.8	5.0
第三产业	Tertiary Industry	83.4	5.1	6.1	5.4
规模以上工业增加值	Value-added of Industry above Designated Size	82.2	7.4	6.2	4.2
固定资产投资总额	Investment in Fixed Assets	67.9	12.9	9.6	9.5
#房地产开发投资	Investment in Real Estate Development	81.4	5.2	5.2	8.2
社会消费品零售总额	Total Retail Sales of Consumer Goods	72.0	10.2	9.8	8.0
出口总额	Total Exports	94.8	2.6	1.0	1.6
进口总额	Total Imports	96.7	1.2	0.7	1.4
实际外商直接投资	Foreign Direct Investment Actually Utilized	95.2	2.2	0.9	1.7
地方一般公共预算收入	Local Public Budgetary Revenue	87.6	3.6	3.8	5.0
地方一般公共预算支出	Local Public Budgetary Expenditure	74.8	7.1	7.4	10.7
金融机构本外币存款	Deposits in Renminbi and Foreign Currencies in All Financial Institutions	88.4	3.9	3.5	4.3
#本外币住户存款	Savings Deposits by Resident	77.1	7.9	7.0	8.0
金融机构本外币贷款	Loans in Renminbi and Foreign Currencies in All Financial Institutions	90.2	2.7	3.1	4.0

21-2 续表 continued

单位：% (%)

指 标	Item	2018 珠江三角洲占全省比重 Percentage of Pearl River Delta to the Whole Province	东翼占全省比重 Percentage of East Wing to the Whole Province	西翼占全省比重 Percentage of West Wing to the Whole Province	山区占全省比重 Percentage of Mountainous Areas to the Whole Province
土地面积	Land Area	30.5	8.6	18.2	42.7
年末常住人口	Permanent Population at the Year-end	55.5	15.3	14.3	14.9
#城镇人口	Urban Population	67.5	13.1	9.0	10.5
年末就业人员	Employed Persons at the Year-end	63.7	11.6	11.7	13.0
地区生产总值	Gross Domestic Product	80.2	6.6	7.4	5.8
第一产业	Primary Industry	32.7	12.7	32.6	22.1
第二产业	Secondary Industry	80.5	8.0	6.6	5.0
第三产业	Tertiary Industry	83.3	5.1	6.2	5.3
规模以上工业增加值	Value-added of Industry above Designated Size	84.7	5.9	5.2	4.2
固定资产投资总额	Investment in Fixed Assets	72.4	11.8	7.2	8.6
#房地产开发投资	Investment in Real Estate Development	79.7	5.4	6.6	8.3
社会消费品零售总额	Total Retail Sales of Consumer Goods	71.3	10.4	10.1	8.2
出口总额	Total Exports	95.1	2.3	1.0	1.6
进口总额	Total Imports	96.8	1.0	0.8	1.4
实际外商直接投资	Foreign Direct Investment Actually Utilized	93.3	1.2	3.9	1.6
地方一般公共预算收入	Local Public Budgetary Revenue	88.2	3.3	3.6	4.9
地方一般公共预算支出	Local Public Budgetary Expenditure	73.2	7.4	7.8	11.5
金融机构本外币存款	Deposits in Renminbi and Foreign Currencies in All Financial Institutions	88.2	3.9	3.6	4.3
#本外币住户存款	Savings Deposits by Resident	77.7	7.6	6.8	7.8
金融机构本外币贷款	Loans in Renminbi and Foreign Currencies in All Financial Institutions	90.3	2.7	3.1	3.9

注：各指标在计算分区域占全省比重时，分母为21个市相加的合计数。

Notes: While calaulating the percentage of each indicator of Pearl River Delta, East Wing, West Wing and Mountainous Areas to the whole province, the denominator is the sum of 21 cities.

21-3 珠江三角洲主要经济指标

Main Economic Indicators of the Pearl River Delta Economic Zone

年份 Year	年末常住人口(万人) Permanent Population at the Year-end (10000 persons)	#城镇人口 Urban Population	年末户籍总人口(万人) Total Population with Residence Registration at the Year-end (10000 persons)	年末就业人员(万人) Employed Persons at the Year-end (10000 persons)	#城镇单位就业人员 Employed Persons in Urban Areas
1990	2369.93	1696.63	2371.57		
1995	3292.03		2372.76		
2000	4289.78	2981.23	2563.60	1902.93	495.46
2001	4376.10		2595.24	1947.10	480.97
2002	4414.68		2624.93	2034.09	498.78
2003	4463.55		2660.46	2250.43	523.34
2004	4516.50		2714.08	2492.27	570.64
2005	4547.14	3516.06	2763.32	2822.60	636.10
2006	4735.47	3771.33	2821.27	2963.93	675.38
2007	4930.68	3919.89	2872.47	3107.38	718.88
2008	5138.48	4119.52	2920.82	3232.88	724.38
2009	5361.72	4375.17	2967.02	3412.10	767.05
2010	5616.39	4645.88	3024.57	3572.01	823.67
2011	5646.51	4687.17	3073.87	3630.21	927.40
2012	5689.64	4770.19	3105.01	3638.83	969.59
2013	5715.19	4802.55	3156.02	3784.09	1552.80
2014	5763.38	4848.41	3207.94	3845.25	1555.45
2015	5874.27	4969.10	3265.69	3871.26	1532.73
2016	5998.49	5089.64	3350.52	3926.93	1547.13
2017	6150.54	5245.70	3475.10	3981.41	1560.00
2018	6300.99	5413.11	3628.04	4146.60	1603.20

注：2006—2009年年末常住人口根据2010年第六次全国人口普查快速汇总数进行平滑调整，城镇人口也作了相应的调整。

Note: The year-end populations from 2006 to 2009 have been adjusted in accordance with the fast sum figure obtained from the 6th National Population Census and the same applied to urban population.

21-3 续表 1 continued

年份 Year	地区生产总值(亿元) Gross Domestic Product (100 million yuan)	第一产业 Primary Industry	第二产业 Secondary Industry	第三产业 Tertiary Industry	人均地区生产总值(元) Per Capita Gross Domestic Product(yuan)
1990	1006.88	153.78	441.65	411.45	4295
1995	4077.74	346.94	1984.48	1746.32	12681
2000	8471.28	460.17	4044.38	3966.73	20398
2001	9622.41	478.19	4544.01	4600.21	22208
2002	11030.18	499.42	5185.23	5345.53	25095
2003	13041.47	514.54	6321.58	6205.35	29379
2004	15615.63	560.41	7748.57	7306.65	34778
2005	18440.37	557.96	9392.60	8489.80	40691
2006	21901.00	567.69	11301.58	10031.73	47187
2007	26021.88	631.40	13215.60	12174.88	53841
2008	30267.12	721.65	15182.53	14362.94	60118
2009	32656.62	717.86	15784.12	16154.63	62202
2010	38377.06	797.94	18761.56	18817.56	69916
2011	44401.55	904.55	21551.16	21945.84	78846
2012	48593.96	958.57	22795.18	24840.21	85793
2013	54197.64	984.03	24904.27	28309.35	95110
2014	58640.12	1030.07	26839.16	30770.89	102173
2015	63381.85	1073.87	28135.99	34171.99	108929
2016	69070.26	1153.92	29692.80	38223.54	116351
2017	75710.14	1181.53	31542.82	42985.80	124564
2018	81048.50	1252.23	33395.65	46400.62	130182

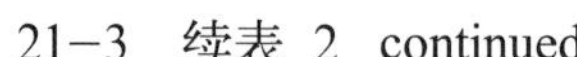

21-3 续表 2 continued

年份 Year	地区生产总值指数(上年=100) Index of Gross Domestic Product (preceding year=100)	第一产业 Primary Industry	第二产业 Secondary Industry	第三产业 Tertiary Industry	人均地区生产总值指数(上年=100) Index of Per Capita Gross Domestic Product(preceding year=100)
1990	117.5	107.2	119.9	119.0	115.2
1995	120.4	108.2	122.4	120.0	112.9
2000	113.9	104.3	114.6	114.0	107.4
2001	113.4	104.7	113.7	114.1	108.7
2002	114.4	105.9	115.5	114.1	112.8
2003	116.9	101.8	121.9	113.3	115.7
2004	117.0	103.2	120.6	114.3	115.7
2005	115.7	103.5	118.3	113.7	114.7
2006	116.9	98.8	118.9	115.8	114.1
2007	116.3	100.6	116.1	117.5	111.7
2008	112.9	103.5	112.0	114.3	108.4
2009	109.7	104.0	109.3	110.3	105.2
2010	112.2	104.2	114.2	110.4	107.3
2011	110.1	103.9	110.5	109.8	107.3
2012	108.2	103.3	106.8	109.7	107.5
2013	109.3	101.8	107.6	111.3	108.7
2014	107.8	102.9	107.6	108.2	107.1
2015	108.6	102.8	107.5	109.8	107.1
2016	108.3	102.2	107.1	109.4	106.1
2017	107.9	103.7	107.4	108.4	105.4
2018	106.9	104.0	107.2	106.6	104.3

21-3 续表 3 continued

年份 Year	公路通车里程(公里) Total Length of Highways in Operation (km)	货运量(万吨) Freight Traffic (10000 tons)	邮电业务总量(亿元) Total Business Volume of Postal and Telecommunication Services (100 million yuan)	本地电话年末用户(万户) Number of Subscribers of Local Telephones at the Year-end (10000 subscribers)	移动电话年末用户 (万户) Number of Subscribers of Mobile Telephones at the Year-end (10000 subscribers)	房地产开发投资(亿元) Investment in Real Estate Development (100 million yuan)	社会消费品零售总额(亿元) Total Retail Sales of Consumer Goods (100 million yuan)
1990							424.35
1995	20323		152.60				1694.60
2000	29029		587.64				3204.99
2001	29792		614.33	1069.79	1867.67		3581.35
2002	30354		728.24	1253.95	2508.32		3996.23
2003	30919		967.45	1663.32	3118.25		4497.21
2004	31582		1446.30	1915.25	4502.45		5106.86
2005	32312	103365	1738.94	2355.10	5317.71		5878.70
2006	52139	113275	2068.19	2559.62	5497.75		6810.19
2007	53106	122408	2348.22	2651.33	6075.36		7919.89
2008	53418	120916	2754.77	2529.77	6463.22		9539.76
2009	54261	142733	2983.47	2400.25	6867.61	2583.17	10834.73
2010	55848	161348	3949.45	2269.84	7457.64	3118.66	12613.24
2011	56380	182281	1544.39	2284.31	8285.85	4022.87	14575.57
2012	58590	203570	1730.31	2295.29	9573.16	4483.67	16552.69
2013	59555	243500	2019.89	2288.94	11228.38	5362.75	18630.61
2014	61548	254491	2751.65	2195.47	11318.90	6293.55	20655.78
2015	63054	266078	3573.05	2086.68	11437.39	7075.57	22651.04
2016	63631	271565	5487.87	1954.24	10933.74	8601.16	25048.68
2017	64119	287210	4997.13	1801.51	10828.40	9827.78	27318.18
2018	62670	303566	8872.90	1659.62	12248.45	14412.19	28022.89

21-3 续表 4 continued

年份 Year	出口总额(亿美元) Total Exports (USD 100 million)	出口总额(亿元人民币) Total Exports (100 million yuan)	进口总额(亿美元) Total Imports (USD 100 million)	进口总额(亿元人民币) Total Imports (100 million yuan)	实际外商直接投资额(亿美元) Foreign Direct Investment Actually Utilized (USD 100 million)	实际外商直接投资额(亿元人民币) Foreign Direct Investment Actually Utilized (RMB 100 million)	地方一般公共预算收入(亿元) Local Public General Budgetary Revenue (100 million yuan)
1990	222.21		196.77		12.36		97.98
1995	513.31		429.29		79.47		275.26
2000	847.77		743.15		103.87		599.06
2001	908.29		776.32		114.96		749.65
2002	1126.08		992.57		116.17		772.97
2003	1450.56		1262.47		137.41		867.88
2004	1824.44		1596.44		90.16		930.99
2005	2273.18		1837.58		113.34		1218.48
2006	2887.45		2181.97		130.86		1460.77
2007	3540.85		2560.28		151.88		1882.01
2008	3872.08		2697.61		169.21		2248.16
2009	3417.77		2430.46		175.08		2522.29
2010	4318.02		3195.01		183.47		3139.58
2011	5064.89		3678.00		195.29		3674.70
2012	5477.09		3956.56		215.53		4129.09
2013	6070.93	37698.26	4403.38	27353.93	230.62		4669.16
2014	6137.68	37706.40	4153.86	25515.29	248.61		5375.37
2015	6087.57	37824.33	3664.49	22777.35	256.24		6391.70
2016	5650.87	37310.47	3450.88	22809.29	225.90		6923.98
2017	5902.41	39982.37	3709.89	25107.96	218.11		7455.96
2018	6152.58	40643.62	4239.27	27970.16		1350.73	7915.51

21-3 续表 5 continued

年份 Year	地方一般公共预算支出(亿元) Local Public Genera lBudgetary Expenditure (100 million yuan)	金融机构本外币存款 (亿元) Deposits in Renminbi and Foreign Currencies in All Financial Institutions (100 million yuan)	#本外币住户存款(亿元) Savings Deposits by Urban and Rural Residents (100 million yuan)	金融机构本外币贷款(亿元) Loans in Renminbi and Foreign Currencies in All Financial Institutions (100 million yuan)	常住居民人均可支配收入(元) Annual Disposable Income of Permanent Residents (yuan)	城镇居民人均可支配收入(元) Per Capita Annual Disposable Income of Permanent Urban Residents (yuan)	农村常住居民人均可支配收入(元) Per Capita Annual Disposable Income of Permanent Rural Residents (yuan)
1990	80.03						
1995	322.81						
2000	690.64	16211.75	7941.54	11227.42			
2001	832.94	18562.11	9064.31	12447.65			
2002	976.78	21881.50	10734.65	14689.30			
2003	1113.18	25574.00	12553.20	17772.73			
2004	1234.13	28704.24	14193.04	19642.60			
2005	1567.23	32962.25	16389.71	21073.93			
2006	1714.73	37367.68	18306.14	23613.32			
2007	2145.82	42555.31	18485.09	27982.87			
2008	2550.77	48512.14	22711.25	31044.80			
2009	2882.33	60618.78	25914.62	40608.44			
2010	3654.91	71294.51	29770.92	47159.74			
2011	4444.97	79575.13	33015.57	53133.57			
2012	4798.40	91585.24	37059.20	60568.45			
2013	5240.59	104255.28	40218.90	67988.65			
2014	5973.23	110800.56	41899.85	76017.12	33642.1	37063.7	15754.0
2015	8421.36	141609.04	42737.49	85741.78	36662.0	40284.5	17296.4
2016	9285.10	158966.41	46321.96	100149.59	40109.1	43967.4	19063.7
2017	10329.95	171937.41	48505.38	113683.01	43840.1	47926.9	20813.5
2018	10608.94	183537.91	54607.65	131084.22	47911.0	52129.1	22805.6

注：珠江三角洲包括广州、深圳、珠海、佛山、江门、东莞、中山、惠州、肇庆九市。

Notes: The Pearl River Delta Economic Zone covers the areas of 13 cities and counties (districts), including Guangzhou, Shenzhen, Zhuhai, Foshan, Jiangmen, Dongguan, Zhongshan, urban districts of Huizhou, Huidong County, Boluo County, urban districts of Zhaoqing, Gaoyao County-level City and Sihui County-level City. The data on banking refer to the sum of the nine cities in the Pearl River Delta, including Guangzhou, Shenzhen, Zhuhai, Foshan, Jiangmen, Dongguan, Zhongshan, Huizhou and Zhaoqing.

21-4 珠江三角洲工业企业主要指标（2018年）

单位：亿元

项　　目	Item	企业单位数（个）Number of Enterprises (unit)
总　计	**Total**	**36625**
按经济类型分	Grouped by Ownership	
在总计中：国有控股经济	Of the Total: State-controlled Economy	752
国有经济	State-owned Economy	70
集体经济	Collective-owned Economy	92
股份合作经济	Share-holding Cooperative Economy	23
股份制经济	Share-holding Economy	24120
外商投资经济	Economy with Foreign Investment	3781
港澳台投资经济	Economy with Investment from Hong Kong, Macao and Taiwan	7590
按轻重工业分	Grouped by Light and Heavy Industry	
轻工业	Light Industry	17212
重工业	Heavy Industry	19413
按企业规模分	Grouped by Size of Enterprise	
大型企业	Large	1386
中型企业	Medium	6857
小微型企业	Small and Micro	28382
按行业分	Grouped by Sector	
煤炭开采和洗选业	Mining and Washing of Coal	
石油和天然气开采业	Extraction of Petroleum and Natural Gas	3
黑色金属矿采选业	Mining and Dressing of Ferrous Metal Ores	12
有色金属矿采选业	Mining and Dressing of Nonferrous Metal Ores	3
非金属矿采选业	Mining and Dressing of Nonmetal Ores	83
开采辅助活动	Auxiliary Minning Operations	3
其他采矿业	Mining and Dressing of Other Ores	
农副食品加工业	Processing of Farm and Sideline Food	479
食品制造业	Manufacture of Food	387
酒、饮料和精制茶制造业	Manufacture of Beverage	128
烟草制品业	Tobacco Products	2
纺织业	Textile Industry	1008
纺织服装、服饰业	Manufacture of Textile Garments, Footwear and Headgear	1709
皮革、毛皮、羽毛及其制品和制鞋业	Leather, Fur, Feather, Down and Related Products	1353
木材加工和木、竹、藤、棕、草制品业	Timber Processing, Bamboo, Cane, Palm Fiber & Straw Products	303
家具制造业	Manufacture of Furniture	1287
造纸和纸制品业	Papermaking and Paper Products	935
印刷和记录媒介复制业	Printing and Record Medium Reproduction	699
文教、工美、体育和娱乐用品制造业	Manufacture of Cultural, Educational and Sports Articles	1165
石油加工、炼焦和核燃料加工业	Petroleum Refining, Coking and Nuclear Fuel Processing	59
化学原料和化学制品制造业	Manufacture of Raw Chemical Materials and Chemical Products	1809
医药制造业	Manufacture of Medicines	283
化学纤维制造业	Manufacture of Chemical Fibers	45
橡胶和塑料制品业	Plastic Products	3098
非金属矿物制品业	Nonmetal Mineral Products	1484
黑色金属冶炼和压延加工业	Smelting and Pressing of Ferrous Metals	250
有色金属冶炼和压延加工业	Smelting and Pressing of Nonferrous Metals	552
金属制品业	Metal Products	3212
通用设备制造业	Manufacture of General-purpose Machinery	1853
专用设备制造业	Manufacture of Special-purpose Machinery	1811
汽车制造业	Manufacture of Automobile	767
铁路、船舶、航空航天和其他运输设备制造业	Manufacture of Railway ,Ship,Aeronautics and Other Transport equipment	380
电气机械和器材制造业	Manufacture of Electrical Machinery and Equipment	4584
计算机、通信和其他电子设备制造业	Manufacture of Communication Equipment, Computers and Other Electronic Equipment	5400
仪器仪表制造业	Manufacture of Instruments and Meters	602
其他制造业	Other Manufactures	270
废弃资源综合利用业	Comprehensive Utilization of Waste	121
金属制品、机械和设备修理业	Manufacture of Metal Products,Machinery and Equipment Maintenance	39
电力、热力生产和供应业	Production and Supply of Electric Power and Heat Power	157
燃气生产和供应业	Production and Supply of Gas	85
水的生产和供应业	Production and Supply of Water	205

注：本表统计范围为年主营业务收入2000万元及以上的工业法人企业。

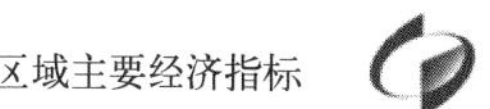

Main Indicators of Industrial Enterprises of the Pearl River Delta (2017)

(100 million yuan)

#亏损企业 Loss-making Enterprises	工业总产值(当年价) Gross Industrial Output Value (at current prices)	工业增加值(收入法) Value-added of Industry (by production approach)	年末资产总计 Total Assets at the Year-end	#产成品 Finished Products	流动资产合计 Total Current Asserts	年末负债合计 Total Liabilities at the Year-end
6309	**118233.94**	**27669.29**	**107118.83**	**5168.92**	**67281.68**	**60553.99**
148	16082.69	4249.40	21767.49	609.54	8803.08	11443.53
16	842.11	209.24	2911.62	34.95	417.55	1754.57
15	101.12	25.04	78.61	1.20	43.31	52.86
7	49.75	16053.25	13.94	1.04	10.48	8.02
3738	68425.62		64237.51	2958.59	40175.32	37068.38
793	23353.14	5294.35	17465.34	886.35	11597.47	9151.83
1633	24516.05	5891.08	22073.21	1274.46	14857.25	12329.00
3036	34913.47	8133.09	31555.94	2091.32	21500.57	17527.70
3273	83320.48	19248.23	75562.89	3077.59	45781.11	43026.29
165	61847.44	14910.46	57558.21	2545.37	36163.57	32896.64
1159	26339.94	6054.48	24174.84	1252.51	14756.23	12580.61
4985	30046.56	6704.36	25385.77	1371.04	16361.88	15076.74
		1.29				
	466.26	386.28	620.24	2.32	94.25	273.93
	5.95	1.81	19.06	0.45	4.58	8.03
	13.69	4.70	4.22	0.08	1.33	1.55
13	92.79	24.33	47.69	2.15	20.35	26.91
	22.08	9.82	62.36	0.02	19.64	17.10
		0.41				
72	1966.24	224.39	1208.88	65.31	825.58	703.94
79	1226.74	513.93	1054.55	53.95	612.39	488.97
20	871.75	249.12	750.58	26.10	444.08	383.16
	272.14	209.18	327.41	7.24	259.76	71.55
184	1656.20	362.17	1061.51	67.13	641.37	551.97
374	1767.43	413.99	1311.36	133.60	935.07	709.15
260	1135.95	308.45	726.66	58.79	533.78	417.23
37	348.64	72.09	269.19	15.52	176.74	141.55
201	1744.06	436.72	1334.92	72.68	934.66	737.76
120	2115.39	441.56	1768.64	77.45	1014.19	877.65
112	958.62	249.35	896.98	34.36	548.40	429.62
269	2594.73	471.78	2135.57	499.11	1779.17	1395.18
12	1914.23	756.09	974.61	40.83	488.90	579.29
234	5070.74	998.09	4299.83	187.03	2494.79	2114.75
28	1205.64	390.41	2253.64	111.62	1432.44	1005.58
15	118.89	35.27	119.07	11.71	62.91	54.07
493	4116.39	967.49	3236.25	184.59	2097.17	1809.48
201	3295.23	805.93	2871.98	160.18	1727.84	1644.76
38	1235.10	194.09	711.61	46.91	374.10	462.41
77	2495.59	269.65	1319.11	65.16	884.57	903.31
460	5116.82	1163.48	3580.77	178.21	2184.17	1907.00
281	3885.49	1024.34	3802.09	220.64	2647.75	2022.77
284	3231.72	883.40	3531.26	212.27	2398.75	1754.50
94	8296.68	1808.56	5996.78	256.96	4033.67	3655.65
94	841.10	155.82	1091.60	36.67	697.93	643.78
811	13088.24	2799.32	13843.41	733.02	9821.01	8291.47
1187	38726.16	8504.31	32537.74	1496.39	23776.69	19984.63
103	1035.08	292.71	1283.30	73.46	921.98	626.03
48	232.09	115.69	180.22	11.03	126.27	98.63
35	635.01	114.59	265.56	13.33	143.66	131.45
4	165.18	62.47	186.31	0.93	133.45	106.03
33	4950.95	1284.58	8973.23	0.30	1314.75	4140.96
12	913.76	193.04	809.69	9.72	292.77	442.20
24	405.21	180.62	1650.95	1.71	380.78	939.98

Notes: The statistical coverage of industry refers to the legal person industrial enterprises with annual main business revenue over 20 million yuan.

21-4 续表

单位：亿元

项　　目	Item	主营业务收入 Principal Business Revenue
总　计	**Total**	**116420.18**
按经济类型分	Grouped by Ownership	
在总计中：国有控股经济	Of the Total: State-controlled Economy	16401.32
国有经济	State-owned Economy	2351.15
集体经济	Collective-owned Economy	97.75
股份合作经济	Share-holding Cooperative Economy	47.15
股份制经济	Share-holding Economy	66202.67
外商投资经济	Economy with Foreign Investment	22967.67
港澳台投资经济	Economy with Investment from Hong Kong, Macao and Taiwan	23845.69
按轻重工业分	Grouped by Light and Heavy Industry	
轻工业	Light Industry	35011.93
重工业	Heavy Industry	81408.25
按企业规模分	Grouped by Size of Enterprise	
大型企业	Large	60671.31
中型企业	Medium	26081.82
小微型企业	Small and Micro	29667.05
按行业分	Grouped by Sector	
煤炭开采和洗选业	Mining and Washing of Coal	
石油和天然气开采业	Extraction of Petroleum and Natural Gas	369.75
黑色金属矿采选业	Mining and Dressing of Ferrous Metal Ores	6.06
有色金属矿采选业	Mining and Dressing of Nonferrous Metal Ores	13.88
非金属矿采选业	Mining and Dressing of Nonmetal Ores	83.27
开采辅助活动	Auxiliary Minning Operations	22.07
其他采矿业	Mining and Dressing of Other Ores	
农副食品加工业	Processing of Farm and Sideline Food	2083.18
食品制造业	Manufacture of Food	1272.86
酒、饮料和精制茶制造业	Manufacture of Beverage	857.29
烟草制品业	Tobacco Products	266.77
纺织业	Textile Industry	1587.87
纺织服装、服饰业	Manufacture of Textile Garments, Footwear and Headgear	1665.43
皮革、毛皮、羽毛及其制品和制鞋业	Leather, Fur, Feather, Down and Related Products	1119.67
木材加工和木、竹、藤、棕、草制品业	Timber Processing, Bamboo, Cane, Palm Fiber & Straw Products	344.84
家具制造业	Manufacture of Furniture	1704.26
造纸和纸制品业	Papermaking and Paper Products	2092.79
印刷和记录媒介复制业	Printing and Record Medium Reproduction	917.33
文教、工美、体育和娱乐用品制造业	Manufacture of Cultural, Educational and Sports Articles	2582.38
石油加工、炼焦和核燃料加工业	Petroleum Refining, Coking and Nuclear Fuel Processing	2006.86
化学原料和化学制品制造业	Manufacture of Raw Chemical Materials and Chemical Products	5207.96
医药制造业	Manufacture of Medicines	1140.96
化学纤维制造业	Manufacture of Chemical Fibers	111.93
橡胶和塑料制品业	Plastic Products	4002.47
非金属矿物制品业	Nonmetal Mineral Products	3203.99
黑色金属冶炼和压延加工业	Smelting and Pressing of Ferrous Metals	1230.77
有色金属冶炼和压延加工业	Smelting and Pressing of Nonferrous Metals	2485.55
金属制品业	Metal Products	4956.10
通用设备制造业	Manufacture of General-purpose Machinery	3842.19
专用设备制造业	Manufacture of Special-purpose Machinery	3030.33
汽车制造业	Manufacture of Automobile	8169.14
铁路、船舶、航空航天和其他运输设备制造业	Manufacture of Railway ,Ship,Aeronautics and Other Transport equipment	824.82
电气机械和器材制造业	Manufacture of Electrical Machinery and Equipment	13411.87
计算机、通信和其他电子设备制造业	Manufacture of Communication Equipment, Computers and Other Electronic Equipment	37609.33
仪器仪表制造业	Manufacture of Instruments and Meters	1013.05
其他制造业	Other Manufactures	223.56
废弃资源综合利用业	Comprehensive Utilization of Waste	637.63
金属制品、机械和设备修理业	Manufacture of Metal Products,Machinery and Equipment Maintenance	166.67
电力、热力生产和供应业	Production and Supply of Electric Power and Heat Power	4854.59
燃气生产和供应业	Production and Supply of Gas	903.95
水的生产和供应业	Production and Supply of Water	396.75

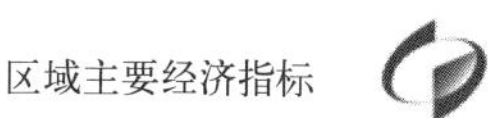

21-4 continued

(100 million yuan)

主营业务税金及附加 Tax and Extra Charges on Principal Business	利润总额 Total Profits	#亏损总额 Total Losses	利税总额 Total Pretax Profits	本年应交增值税 Value-added Tax Payable in Current Year	全部从业人员年平均人数(万人) Annual Average Number of Employed Persons (10000 persons)
1055.01	**6930.97**	**746.94**	**10560.19**	**2557.92**	**1086.93**
548.62	1143.91	141.89	2197.69	495.90	58.82
53.19	107.77	2.17	219.92	58.58	8.05
0.47	4.00	0.84	6.41	1.93	3.12
0.33	1.22	0.32	2.78	1.22	0.22
683.32	3990.87	444.55	6327.82	1648.87	528.31
166.21	1467.73	139.08	2061.76	418.69	193.48
146.69	1314.42	158.61	1872.38	409.30	345.00
339.30	2357.13	222.80	3643.10	943.36	461.46
715.71	4573.84	524.14	6917.08	1614.56	625.47
719.47	4002.16	284.91	6186.88	1460.92	425.06
190.79	1589.42	217.81	2295.01	505.38	353.08
144.75	1339.39	244.22	2078.29	591.62	308.79
21.21	176.74		237.22	39.27	0.33
0.08	0.58		0.98	0.33	0.12
0.04	0.16		0.27	0.07	0.07
1.75	4.65	0.31	8.56	2.16	0.50
0.01	1.36		1.43	0.05	0.07
3.09	102.74	6.35	117.79	11.76	6.65
9.50	157.77	6.08	229.41	62.08	11.49
19.25	99.09	2.36	157.27	38.88	5.87
140.35	27.73		203.05	34.96	0.35
7.83	90.26	8.09	131.94	33.78	19.49
10.21	63.10	11.54	118.21	44.69	44.59
6.28	23.27	14.22	49.52	19.92	34.65
2.32	19.78	1.02	31.80	9.66	3.73
9.71	97.23	9.83	145.43	38.30	30.10
9.96	112.45	9.31	187.08	64.13	17.46
4.88	51.46	4.32	77.22	20.69	17.91
8.32	77.78	21.49	109.11	22.78	43.31
239.80	90.16	8.80	374.20	44.15	1.57
31.72	416.97	18.59	618.06	168.82	25.69
10.38	194.58	2.50	274.35	69.02	9.79
0.46	10.69	1.85	13.28	2.13	0.78
20.19	174.13	37.90	273.06	78.39	65.09
18.57	216.78	14.41	324.43	88.69	33.21
4.09	42.88	6.36	65.74	18.75	3.50
5.22	74.20	21.96	107.18	27.70	10.73
25.30	234.83	26.59	360.01	99.64	67.54
19.19	225.54	24.96	327.08	82.24	45.47
18.72	297.29	22.95	387.79	71.60	45.13
160.16	620.50	25.17	957.46	176.41	40.59
4.55	9.53	24.31	23.46	9.36	9.83
66.82	904.25	90.87	1297.23	325.49	151.50
135.24	1623.94	284.59	2402.67	640.86	296.23
5.99	69.47	15.02	97.99	22.48	18.15
1.24	10.12	1.87	15.16	3.78	4.93
3.16	52.30	0.77	68.38	12.89	1.73
1.18	10.88	2.03	15.55	3.48	1.63
23.46	403.01	13.01	579.32	145.04	11.70
1.69	68.44	4.87	80.48	10.12	1.45
3.12	74.32	2.65	91.01	13.38	3.96

21-5 广州、深圳主要经济指标（2018年）

Main Economic Indicators of Guangzhou and Shenzhen (2018)

指　　标	Item	合计 Total	广州市 Guangzhou	深圳市 Shenzhen
土地面积 (平方公里)	Land Area (sq.km)	9246.74	7249.27	1997.47
年末常住人口 (万人)	Permanent Population at the Year-end (10000 persons)	2793.10	1490.44	1302.66
#城镇人口	Urban Population	2586.84	1287.44	1299.40
年末户籍总人口 (万人)	Total Population with Residence Registration at the Year-end (10000 persons)	1425.19	927.69	497.50
年末就业人员 (万人)	Employed Persons at the Year-end (10000 persons)	1946.79	896.54	1050.25
#城镇单位就业人员	Employed Persons in Urban Areas	835.14	348.65	486.49
地区生产总值 (亿元)	Gross Domestic Product (100 million yuan)	47081.33	22859.35	24221.98
第一产业	Primary Industry	245.53	223.44	22.09
第二产业	Secondary Industry	16196.02	6234.07	9961.95
第三产业	Tertiary Industry	30639.78	16401.84	14237.94
人均地区生产总值 (元)	Per Capita Gross Domestic Product (yuan)	171337	155491	189568
地区生产总值指数 (上年=100)	Index of Gross Domestic Product (preceding year=100)	106.9	106.2	107.6
第一产业	Primary Industry	102.6	102.5	103.9
第二产业	Secondary Industry	107.7	105.4	109.3
第三产业	Tertiary Industry	106.5	106.6	106.4
人均地区生产总值指数(上年=100)	Index of Per Capita Gross Domestic Product (preceding year=100)	103.1	103.1	103.2
公路通车里程 (公里)	Total Length of Highways in Operation (km)	9709	8983	726
民用汽车拥有量 (万辆)	Number of Civil Vehicles Owned (100 million unit)	588.67	257.33	331.34
私人汽车拥有量	Number of Private Vehicles Owned	468.05	202.56	265.49
邮电业务总量 (亿元)	Total Business Volume of Postal and Telecommunication (100 million yuan)	5382.35	2613.08	2769.27
本地电话年末用户 (万户)	Number of Subscribers of Local Telephones at the Year-end (10000 subscribers)	824.78	390.03	434.75
移动电话年末用户 (万户)	Number of Subscribers of Mobile Telephones at the Year-end (10000 subscribers)	6176.38	3198.74	2977.64
房地产开发投资 (亿元)	Investment in Real Estate Development (100 million yuan)	5342.65	2701.93	2640.71
社会消费品零售总额 (亿元)	Total Retail Sales of Consumer Good (100 million yuan)	15425.06	9256.19	6168.87
出口总额 (亿元)	Total Exports (RMB100 million)	21902.67	5607.50	16295.17
进口总额 (亿元)	Total Imports (RMB 100 million)	17906.17	4204.09	13702.08
实际外商直接投资额 (亿元)	Foreign Direct Investment Actually Utilized (RMB 100 million)	909.57	395.00	514.56
地方一般公共预算收入 (亿元)	Local Public Budgetary Revenue (100 million yuan)	5172.67	1634.22	3538.44
地方一般公共预算支出 (亿元)	Local Public Budgetary Expenditure (100 million yuan)	6788.74	2506.18	4282.56
金融机构本外币存款 (亿元)	Deposits in Renminbi and Foreign Currencies in All Financial Institutions (100 million yuan)	127338.45	54788.09	72550.36
#本外币住户存款	Savings Deposits by Residents	30266.62	16456.56	13810.06
金融机构本外币贷款 (亿元)	Loans in Renminbi and Foreign Currencies in All Financial Institutions (100 million yuan)	93289.10	40749.32	52539.79
全省常住居民人均可支配收入(元)	Annual Disposable Income of Permanent Residents (yuan)		55276.1	57543.6
城镇常住居民人均可支配收入(元)	Per Capita Annual Disposable Income of Permanent Urban Residents (yuan)		59982.1	57543.6
农村常住居民人均可支配收入 (元)	Per Capita Annual Net Income of Permanent Rural Residents(yuan)		26020.1	

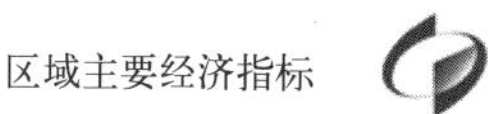

21-6 粤东西北主要经济指标

Main Economic Indicators of the East and West and Mountainous Area

年份 Year	年末常住人口(万人) Permanent Population at the Year-end (10000 persons)	#城镇人口 Urban Population	年末户籍总人口(万人) Total Population with Residence Registration at the Year-end (10000 persons)	年末就业人员(万人) Employed Persons at the Year-end (10000 persons)	#城镇单位就业人员 Employed Persons in Urban Areas
2000	4235.41	1787.22	4934.94	2252.12	274.48
2001	4357.08		4970.09	2279.71	262.55
2002	4427.40		5024.37	2313.42	254.28
2003	4499.14		5062.96	2145.51	255.45
2004	4594.16		5090.66	2187.27	257.74
2005	4646.85	2098.62	5136.32	2198.33	266.15
2006	4706.60	2191.04	5227.44	2213.08	277.04
2007	4728.84	2202.07	5283.58	2234.13	280.72
2008	4755.00	2216.23	5346.26	2239.35	281.78
2009	4768.46	2256.19	5398.98	2276.52	287.98
2010	4824.55	2262.47	5496.98	2298.47	294.85
2011	4858.50	2298.91	5563.33	2330.53	310.82
2012	4904.36	2369.88	5530.87	2921.01	334.39
2013	4928.81	2409.84	5603.44	2333.59	403.50
2014	4960.61	2443.91	5678.95	2337.98	407.20
2015	4974.73	2485.25	5742.67	2348.04	404.70
2016	5000.51	2521.65	5814.38	2352.29	410.44
2017	5018.46	2555.77	5841.81	2359.37	403.10
2018	5045.01	2608.50	5874.08	2362.05	390.93

注：2006—2009年年末常住人口根据2010年第六次全国人口普查快速汇总数进行平滑调整，城镇人口也作了相应的调整。

Note: The year-end populations from 2006 to 2009 have been adjusted in accordance with the fast sum figure obtained from the 6th National Population Census and the same applied to urban population.

21-6 续表 1 continued

年份 Year	地区生产总值(亿元) Gross Domestic Product (100 million yuan)	第一产业 Primary Industry	第二产业 Secondary Industry	第三产业 Tertiary Industry	人均地区生产总值(元) Per Capita Gross Domestic Product(yuan)
2000	2775.18	726.47	1054.10	994.61	6579
2001	2967.84	745.05	1141.98	1080.80	6908
2002	3181.57	778.07	1224.68	1178.82	7244
2003	3550.67	818.69	1426.03	1305.94	7955
2004	4082.32	897.96	1681.55	1502.81	8979
2005	4640.29	901.99	1989.52	1748.77	10043
2006	5464.89	958.16	2523.24	1983.49	11685
2007	6465.64	1063.15	3058.40	2344.10	13705
2008	7630.76	1233.49	3624.04	2773.24	16092
2009	8173.59	1281.66	3689.32	3202.60	17165
2010	9631.52	1461.25	4395.31	3774.96	20080
2011	11355.73	1698.70	5161.15	4495.88	23455
2012	12590.21	1842.36	5671.65	5076.20	25810
2013	14058.28	1916.89	6446.27	5695.13	28613
2014	15333.54	2018.70	7127.56	6187.28	31010
2015	16255.10	2145.60	7294.55	6814.96	32722
2016	17520.48	2345.85	7593.61	7581.02	35128
2017	18764.69	2428.58	7763.74	8572.37	37484
2018	19977.45	2579.22	8109.65	9288.58	39703

21-6 续表 2 continued

年份 Year	地区生产总值指数(上年=100) Index of Gross Domestic Product (preceding year=100)	第一产业 Primary Industry	第二产业 Secondary Industry	第三产业 Tertiary Industry	人均地区生产总值指数(上年=100) Index of Per Capita Gross Domestic Product(preceding year=100)
2000	108.2	105.3	108.1	110.4	107.4
2001	106.4	104.8	105.6	108.5	104.5
2002	108.5	105.4	109.3	109.9	106.1
2003	110.8	104.4	114.8	111.1	109.1
2004	112.3	104.8	115.8	113.3	110.2
2005	113.7	103.6	117.8	115.3	111.9
2006	115.3	104.7	121.3	114.0	113.9
2007	115.5	103.6	119.5	116.2	114.4
2008	111.5	104.2	111.7	114.4	111.0
2009	110.7	105.5	109.8	113.8	110.2
2010	113.8	105.0	116.1	114.3	113.0
2011	111.1	104.5	112.5	112.0	110.0
2012	109.8	104.8	111.8	109.2	108.9
2013	110.3	103.3	112.1	110.6	109.6
2014	109.2	103.6	111.4	108.2	108.5
2015	108.0	103.6	107.6	109.9	107.5
2016	107.3	103.0	106.1	110.0	106.9
2017	106.6	103.8	104.8	109.3	106.2
2018	105.3	104.6	104.9	105.9	104.8

21-6 续表 3 continued

年份 Year	公路通车里程(公里) Total Length of Highways in Operation (km)	货运量(万吨) Freight Traffic (10000 tons)	邮电业务总量(亿元) Total Business Volume of Postal and Telecommunication Services (100 million yuan)	本地电话年末用户(万户) Number of Subscribers of Local Telephones at the Year-end (10000 subscribers)	移动电话年末用户 (万户) Number of Subscribers of Mobile Telephones at the Year-end (10000 subscribers)	房地产开发投资(亿元) Investment in Real Estate Development (100 million yuan)	社会消费品零售总额(亿元) Total Retail Sales of Consumer Goods (100 million yuan)
2000	69133		169.58	549.37		73.33	1174.82
2001	70449	48307	168.33	641.30	543.26	80.39	1275.30
2002	73076	50111	189.63	730.86	706.06	95.52	1396.41
2003	74106	52616	236.67	848.28	888.71	99.40	1532.65
2004	74690	54202	333.87	1210.00	1317.44	112.74	1745.17
2005	77369	30627	383.01	1083.96	1448.30	142.70	2036.81
2006	124739	32636	472.35	1073.86	1620.17	179.68	2384.10
2007	128900	38046	722.32	1091.75	1766.69	281.61	2811.39
2008	129736	42258	810.08	1043.60	1932.03	370.54	3446.84
2009	130699	36989	954.68	966.38	2071.24	378.15	4057.05
2010	134296	43686	883.49	899.35	2252.45	541.04	4801.42
2011	134345	52697	373.62	862.85	2507.03	787.04	5671.15
2012	136354	62789	444.36	840.51	2894.83	869.12	6124.42
2013	143359	75952	488.10	810.96	3477.68	1126.85	6937.20
2014	150546	101477	642.75	753.98	3624.47	1344.90	7815.36
2015	152969	110358	824.04	720.43	3572.36	1462.90	8762.80
2016	154454	106080	1404.54	655.48	3415.21	1706.63	9697.44
2017	155461	113392	1110.06	604.59	3970.45	2247.92	10621.80
2018	155029	121430	2137.38	551.81	4574.81	2921.86	11303.85

21-6 续表 4 continued

年份 Year	出口总额(亿美元) Total Exports (USD 100 million)	出口总额(亿元人民币) Total Exports (RMB 100 million)	进口总额(亿美元) Total Imports (USD 100 million)	进口总额(亿元人民币) Total Imports (RMB 100 million)	实际外商直接投资额(亿美元) Foreign Direct Investment Actually Utilized (USD 100 million)	实际外商直接投资额(亿元人民币) Foreign Direct Investment Actually Utilized (RMB 100 million)	地方一般公共预算收入(亿元) Local Public General Budgetary Revenue (100 million yuan)
2000	71.42		38.72		13.70		88.89
2001	45.92		34.34		14.14		101.53
2002	58.50		33.77		15.68		108.83
2003	77.92		44.27		19.14		121.96
2004	91.26		59.17		9.96		133.47
2005	108.53		60.74		10.30		176.54
2006	132.04		70.27		14.25		219.70
2007	151.53		87.68		19.38		278.37
2008	169.80		95.43		22.24		338.91
2009	171.79		91.17		20.27		400.35
2010	213.89		122.04		19.14		513.91
2011	253.04		137.41		22.70		619.29
2012	263.49		142.32		19.96		718.42
2013	292.71	1815.69	151.20	938.21	18.90		842.56
2014	323.19	1986.91	151.11	928.61	20.10		949.18
2015	347.12	2158.74	128.79	799.25	12.51		1011.79
2016	334.77	2210.07	116.33	769.86	7.59		990.73
2017	326.32	2210.50	128.17	868.03	10.95		1059.05
2018	317.88	2100.44	141.30	931.50		97.41	1058.94

21-6 续表 5 continued

年份 Year	地方一般公共预算支出(亿元) Local Public Genera lBudgetary Expenditure (100 million yuan)	金融机构本外币存款(亿元) Deposits in Renminbi and Foreign Currencies in All Financial Institutions (100 million yuan)	#本外币住户存款(亿元) Savings Deposits by Urban and Rural Residents (100 million yuan)	金融机构本外币贷款(亿元) Loans in Renminbi and Foreign Currencies in All Financial Institutions (100 million yuan)	常住居民人均可支配收入(元) Annual Disposable Income of Permanent Residents (yuan)	城镇居民人均可支配 收入(元) Per Capita Annual Disposable Income of Permanent Urban Residents (yuan)	农村常住居民人均可支配收入(元) Per Capita Annual Disposable Income of Permanent Rural Residents(yuan)
2000	216.28	2871.90	2089.75	1984.98			
2001	239.76	3149.51	2321.72	2011.43			
2002	300.61	3511.40	2638.20	2134.33			
2003	348.73	4066.83	3037.48	2353.51			
2004	386.45	4547.77	3438.04	2312.68			
2005	438.76	5157.66	3878.05	2187.28			
2006	538.75	5894.51	4371.05	2321.86			
2007	673.46	6399.72	4528.21	2634.39			
2008	801.64	7607.15	5469.95	2791.07			
2009	965.51	9072.69	6221.71	3901.78			
2010	1184.81	10724.89	7194.83	4639.56			
2011	1464.85	12015.02	8045.99	5481.70			
2012	1726.82	13514.31	9206.38	6508.63			
2013	1983.95	15429.88	10419.74	7675.51			
2014	2323.42	17080.90	11316.03	8904.68	15397.9	20239.9	10935.7
2015	3230.36	18779.17	12271.21	9919.34	16843.9	22018.2	12019.1
2016	3263.41	20862.78	13446.79	10778.82	18364.5	23871.9	13147.1
2017	3473.17	22598.34	14436.89	12348.94	19948.4	25767.5	14297.8
2018	3882.98	24513.25	15685.83	14085.18	21578.1	27522.3	15570.2

注：粤东西北地区包括汕头、汕尾、潮州、揭阳、湛江、茂名、阳江、韶关、河源、梅州、清远和云浮12市。

Note：East and West Wings and Mountainous areas in Guangdong include Shantou, Shanwei, Chaozhou, Jieyang, Zhanjiang, Maoming, Yangjiang, Shaoguan,Heyuan,Meizhou，Qingyuan and Yunfu.

21-7 东翼主要经济指标

Main Economic Indicators of the East Wing

指　　标	Item	2017	2018	2018比2017增长% Growth Rate in 2018 over 2017
土地面积 (平方公里)	Land Area (sq.km)	15476	15476	
年末常住人口 (万人)	Permanent Population at the Year-end (10000 persons)	1732.26	1737.81	0.3
#城镇人口	Urban Population	1040.57	1047.80	0.7
年末户籍总人口 (万人)	Total Population with Residence Registration at the Year-end (10000 persons)	1906.99	1914.14	0.4
年末就业人员 (万人)	Employed Persons at the Year-end (10000 persons)	759.62	757.54	-0.3
#城镇单位就业人员	Employed Persons in Urban Areas	137.57	127.14	-7.6
地区生产总值 (亿元)	Gross Domestic Product (100 million yuan)	6202.54	6652.12	6.3
第一产业	Primary Industry	455.36	485.02	4.5
第二产业	Secondary Industry	3115.66	3324.24	6.5
第三产业	Tertiary Industry	2631.53	2842.85	6.2
人均地区生产总值 (元)	Per Capita Gross Domestic Product (yuan)	35844	38340	6.0
地区生产总值指数 (上年=100)	Index of Gross Domestic Product (preceding year=100)	107.2	106.3	6.3
第一产业	Primary Industry	104.8	104.5	4.5
第二产业	Secondary Industry	105.9	106.5	6.5
第三产业	Tertiary Industry	109.4	106.2	6.2
人均地区生产总值指数(上年=100)	Index of Per Capita Gross Domestic Product(preceding year=100)	107.3	106.0	6.0
公路通车里程 (公里)	Total Length of Highways in Operation (km)	22081	21961	-0.5
邮电业务总量 (亿元)	Total Business Volume of Postal and Telecommunication (100 million yuan)	510.58	942.03	84.5
本地电话年末用户 (万户)	Number of Subscribers of Local Telephones at the Year-end (10000 subscribers)	264.17	239.57	-9.3
移动电话年末用户 (万户)	Number of Subscribers of Mobile Telephones at the Year-end (10000 subscribers)	1455.18	1739.42	19.5
房地产开发投资 (亿元)	Investment in Real Estate Development (100 million yuan)	623.49	783.26	25.6
社会消费品零售总额 (亿元)	Total Retail Sales of Consumer Goods (100 million yuan)	3880.79	4085.43	9.0
出口总额 (亿元)	Total Exports (RMB 100 million)	1120.10	990.61	-11.6
进口总额 (亿元)	Total Imports (RMB 100 million)	310.97	290.45	-6.6
实际外商直接投资额 (亿元)	Foreign Direct Investment Actually Utilized (RMB 100 million)		17.71	
地方一般公共预算收入 (亿元)	Local Public Budgetary Revenue (100 million yuan)	304.25	300.07	-1.4
地方一般公共预算支出 (亿元)	Local Public Budgetary Expenditure (100 million yuan)	981.71	1077.65	9.8
金融机构本外币存款 (亿元)	Deposits in Renminbi and Foreign Currencies in All Financial Institutions (100 million yuan)	7552.51	8163.22	8.1
#住户存款	Savings Deposits by Residents	4969.59	5373.56	8.1
金融机构本外币贷款 (亿元)	Loans in Renminbi and Foreign Currencies in All Financial Institutions (100 million yuan)	3417.03	3953.54	15.7
全体常住居民人均可支配收入(元)	Annual Disposable Income of Permanent Residents (yuan)	20166.7	21754.2	7.9
城镇常住居民人均可支配收入 (元)	Per Capita Annual Income of Permanent Urban Residents (yuan)	25029.1	26694.2	6.7
农村常住居民人均可支配收入 (元)	Per Capita Annual DisposableIncome of Permanent Rural Residents (yuan)	13732.9	15013.2	9.3

21-8 西翼主要经济指标

Main Economic Indicators of the West Wing

指标	Item	2017	2018	2018比2017增长% Growth Rate in 2018 over 2017
土地面积 (平方公里)	Land Area (sq.km)	32646	32646	
年末常住人口 (万人)	Permanent Population at the Year-end (10000 persons)	1605.20	1620.08	0.9
#城镇人口	Urban Population	698.66	721.65	3.3
年末户籍总人口 (万人)	Total Population with Residence Registration at the Year-end (10000 persons)	1939.84	1958.45	1.0
年末就业人员 (万人)	Employed Persons at the Year-end (10000 persons)	757.79	758.62	0.1
#城镇单位就业人员	Employed Persons in Urban Areas	123.96	119.93	-3.3
地区生产总值 (亿元)	Gross Domestic Product (100 million yuan)	7022.40	7450.88	5.4
第一产业	Primary Industry	1172.86	1248.22	4.4
第二产业	Secondary Industry	2674.70	2729.16	3.8
第三产业	Tertiary Industry	3174.84	3473.51	7.3
人均地区生产总值 (元)	Per Capita Gross Domestic Product (yuan)	43922	46203	4.5
地区生产总值指数 (上年=100)	Index of Gross Domestic Product (preceding year=100)	107.0	105.4	5.4
第一产业	Primary Industry	103.2	104.4	4.4
第二产业	Secondary Industry	106.0	103.8	3.8
第三产业	Tertiary Industry	109.4	107.3	7.3
人均地区生产总值指数(上年=100)	Index of Per Capita Gross Domestic Product(preceding year=100)	106.3	104.5	4.5
公路通车里程 (公里)	Total Length of Highways in Operation (km)	50315	50269	-0.1
邮电业务总量 (亿元)	Total Business Volume of Postal and Telecommunication (100 million yuan)	307.80	616.25	100.2
本地电话年末用户 (万户)	Number of Subscribers of Local Telephones at the Year-end (10000 subscribers)	151.33	143.37	-5.3
移动电话年末用户 (万户)	Number of Subscribers of Mobile Telephones at the Year-end (10000 subscribers)	1217.73	1374.92	12.9
房地产开发投资 (亿元)	Investment in Real Estate Development (100 million yuan)	630.77	947.92	50.3
社会消费品零售总额 (亿元)	Total Retail Sales of Consumer Goods (100 million yuan)	3724.98	3987.68	9.4
出口总额 (亿元)	Total Exports (RMB 100 million)	427.78	441.21	3.1
进口总额 (亿元)	Total Imports (RMB 100 million)	196.13	227.42	16.0
地方一般公共预算收入 (亿元)	Local Public Budgetary Revenue (100 million yuan)	325.79	320.59	-1.6
地方一般公共预算支出 (亿元)	Local Public Budgetary Expenditure (100 million yuan)	1017.27	1132.70	11.3
金融机构本外币存款 (亿元)	Deposits in Renminbi and Foreign Currencies in All Financial Institutions (100 million yuan)	6744.31	7455.37	10.5
#本外币住户存款	Savings Deposits by Residents	4424.70	4812.20	8.8
金融机构本外币贷款 (亿元)	Loans in Renminbi and Foreign Currencies in All Financial Institutions (100 million yuan)	3948.46	4496.65	13.9
全省常住居民人均可支配收入(元)	Annual Disposable Income of Permanent Residents (yuan)	20016.4	21691.0	8.4
城镇常住居民人均可支配收入 (元)	Per Capita Annual Income of Permanent Urban Residents (yuan)	26542.6	28404.7	7.0
农村常住居民人均可支配收入 (元)	Per Capita Annual DisposableIncome of Permanent Rural Residents (yuan)	15081.6	16434.7	9.0

21-9 山区主要经济指标

Main Economic Indicators of Mountainous Areas

指 标	Item	2017	2018	2018比2017增长% Growth Rate in 2018 over 2017
土地面积 (平方公里)	Land Area (sq.km)	76751	76751	
年末常住人口 (万人)	Permanent Population at the Year-end (10000 persons)	1681.00	1687.12	0.4
#城镇人口	Urban Population	816.54	839.05	2.8
年末户籍总人口 (万人)	Total Population with Residence Registration at the Year-end (10000 persons)	1994.98	2001.49	0.3
年末就业人员 (万人)	Employed Persons at the Year-end (10000 persons)	841.96	845.89	0.5
#城镇单位就业人员	Employed Persons in Urban Areas	141.56	143.87	1.6
地区生产总值 (亿元)	Gross Domestic Product (100 million yuan)	5539.75	5874.45	4.1
第一产业	Primary Industry	800.36	845.98	5.0
第二产业	Secondary Industry	1973.38	2056.25	3.6
第三产业	Tertiary Industry	2766.01	2972.22	4.1
人均地区生产总值 (元)	Per Capita Gross Domestic Product (yuan)	33039	34883	3.6
地区生产总值指数 (上年=100)	Index of Gross Domestic Product (preceding year=100)	105.6	104.1	4.1
第一产业	Primary Industry	104.3	105.0	5.0
第二产业	Secondary Industry	101.5	103.6	3.6
第三产业	Tertiary Industry	109.3	104.1	4.1
人均地区生产总值指数(上年=100)	Index of Per Capita Gross Domestic Product (preceding year=100)	105.0	103.6	3.6
公路通车里程 (公里)	Total Length of Highways in Operation (km)	83065	82799	-0.3
邮电业务总量 (亿元)	Total Business Volume of Postal and Telecommunication (100 million yuan)	291.68	579.10	98.5
本地电话年末用户 (万户)	Number of Subscribers of Local Telephones at the Year-end (10000 subscribers)	189.09	168.87	-10.7
移动电话年末用户 (万户)	Number of Subscribers of Mobile Telephones at the Year-end (10000 subscribers)	1297.54	1460.47	12.6
房地产开发投资 (亿元)	Investment in Real Estate Development (100 million yuan)	993.66	1190.68	19.8
社会消费品零售总额 (亿元)	Total Retail Sales of Consumer Goods (100 million yuan)	3016.03	3230.73	8.9
出口总额 (亿元)	Total Exports (RMB 100 million)	662.62	668.62	0.9
进口总额 (亿元)	Total Imports (RMB 100 million)	360.93	413.63	14.6
地方一般公共预算收入 (亿元)	Local Public Budgetary Revenue (100 million yuan)	429.01	438.28	2.2
地方一般公共预算支出 (亿元)	Local Public Budgetary Expenditure (100 million yuan)	1474.19	1672.63	13.5
金融机构本外币存款 (亿元)	Deposits in Renminbi and Foreign Currencies in All Financial Institutions (100 million yuan)	8301.52	8894.66	7.1
#本外币住户存款	Savings Deposits by Residents	5042.60	5500.07	9.1
金融机构本外币贷款 (亿元)	Loans in Renminbi and Foreign Currencies in All Financial Institution	4983.45	5634.99	13.1
全省常住居民人均可支配收入(元)	Annual Disposable Income of Permanent Residents (yuan)	19657.1	21288.0	8.3
城镇常住居民人均可支配收入 (元)	Per Capita Annual Income of Permanent Urban Residents (yuan)	26084.4	27826.9	6.7
农村常住居民人均可支配收入 (元)	Per Capita Annual DisposableIncome of Permanent Rural Residents (yuan)	13924.7	15111.5	8.5

21−10 山区县(市、区)主要经济指标

Main Economic Indicators of Counties (County-level Cities and Districts) in Mountainous Areas

指　　标		Item		2017	2018	2018比2017增长% Growth Rate in 2018 over 2017
年末户籍总人口	(万人)	Total Population with Residence Registration at the Year-end	(10000 persons)	3474.80	3486.49	0.3
年末就业人员	(万人)	Employed Persons at the Year-end	(10000 persons)	1546.17	1498.99	-3.1
地区生产总值	(亿元)	Gross Domestic Product	(100 million yuan)	9830.66	10429.19	5.0
第一产业		Primary Industry		1553.76	1649.03	5.2
第二产业		Secondary Industry		3766.06	3898.13	4.5
第三产业		Tertiary Industry		4510.84	4882.03	5.5
人均地区生产总值	(元)	Per Capita Gross Domestic Product	(yuan)	34540	36491	4.6
地区生产总值指数	(上年=100)	Index of Gross Domestic Product	(preceding year=100)	105.7	105.0	5.0
第一产业		Primary Industry		104.2	105.2	5.2
第二产业		Secondary Industry		103.1	104.5	4.5
第三产业		Tertiary Industry		108.9	105.5	5.5
人均地区生产总值指数	(上年=100)	Index of Per Capita Gross Domestic Product	(preceding year=100)	105.2	104.6	4.6
房地产开发投资	(亿元)	Investment in Real Estate Development	(100 million yuan)	1130.11	1338.19	18.4
社会消费品零售总额	(亿元)	Total Retail Sales of Consumer Goods	(100 million yuan)	4713.53	4985.33	5.8
出口总额	(亿美元)	Total Exports	(USD 100 million)	148.68	400.02	169.0
地方一般公共预算收入	(亿元)	Local Public Budgetary Revenue	(100 million yuan)	453.80	466.22	2.7
地方一般公共预算支出	(亿元)	Local Public Budgetary Expenditure	(100 million yuan)	1876.05	2162.75	15.3

注：50个山区县(市、区)包括:从化区、南澳县、曲江区、乐昌市、南雄市、仁化县、始兴县、翁源县、新丰县、乳源县、东源县、和平县、龙川县、紫金县、连平县、梅江区、兴宁市、梅县区、平远县、蕉岭县、大埔县、丰顺县、五华县、惠东县、龙门县、海丰县、陆河县、阳春市、信宜市、高州市、高要区、广宁县、德庆县、封开县、怀集县、英德市、连州市、佛冈县、清新区、连山县、连南县、阳山县、饶平县、潮安区、普宁市、揭西县、罗定市、新兴县、郁南县、云安区。

Notes: Counties(county-level cities and districts)in mountainous areas total 50, including Conghua District, Nan'ao County,Qujiang District,Nanxiong City, Lechang City,Renhua County, Shixing County, Wengyuan County, Xinfeng County, Ruyuan County, Dongyuan County, Heping County, Longchuan County, Zijin County, Lianping County, Meijiang District, Xingning City,Meixian County, Pingyuan County,Jiaoling County,Dabu County,Fengshun County,Wuhua County,Huidong County,Longmen County,Haifeng County,Luhe County,Yangchun City,Xinyi City,Gaozhou City, Gaoyao City, Guangning County,Deqing County, Fengkai County, Huaiji County,Yingde City, Lianzhou City, Fogang County, Qingxin County,Lianshan County, Liannan County,Yangshan County, Raoping County, Chao'an District, Puning City, Jiexi County, Luoding City, Xinxing County, Yunan County, and Yun'an District.

21-11　少数民族县主要经济指标（2018年）

Main Economic Indicators of Minority Counties (2018)

指　　标	Item	合计 Total	乳源县 Ruyuan County	连山县 Lianshan County	连南县 Liannan County
土地面积（平方公里）	Land Area (sq.km)	4758	2299	1218	1241
年末户籍总人口（万人）	Total Population with Residence Registration at the Year-end (10000 persons)	52.97	22.96	12.40	17.61
少数民族人口（万人）	Population of Minority Nationalities (10000 persons)	20.50	2.46	8.04	10.00
年末就业人员（万人）	Employed Persons at the Year-end (10000 persons)	22.54	9.64	4.95	7.95
地区生产总值（亿元）	Gross Domestic Product (100 million yuan)	170.67	90.65	34.36	45.67
第一产业	Primary Industry	24.97	6.94	8.45	9.58
第二产业	Secondary Industry	64.31	44.31	8.93	11.07
第三产业	Tertiary Industry	81.39	39.40	16.98	25.02
人均地区生产总值（元）	Per Capita Gross Domestic Product (yuan)	40829	48097	36300	33852
地区生产总值指数（上年=100）	Index of Gross Domestic Product (preceding year=100)	104.3	106.0	105.3	100.5
第一产业	Primary Industry	104.9	103.4	104.7	106.3
第二产业	Secondary Industry	105.4	107.6	103.7	99.2
第三产业	Tertiary Industry	103.2	104.8	106.5	99.1
人均地区生产总值指数(上年=100)	Index of Per Capita Gross Domestic Product (preceding year=100)	103.6	104.9	104.9	100.2
公路通车里程（公里）	Total Length of Highways in Operation (km)	5214	2038	1423	1753
本地电话年末用户（户）	Number of Subscribers of Local Telephones at the Year-end (subscriber)	39380	22800	5803	10777
移动电话年末用户（户）	Number of Subscribers of Mobile Telephones at the Year-end (subscriber)	342573	155000	82551	105022
房地产开发投资（亿元）	Investment in Real Estate Development (100 million yuan)	4.74	3.22	0.51	1.01
社会消费品零售总额（亿元）	Total Retail Sales of Consumer Goods (100 million yuan)	44.02	26.55	7.48	9.99
地方一般公共预算收入（亿元）	Local Public Budgetary Revenue (100 million yuan)	8.62	6.27	1.06	1.29
地方一般公共预算支出（亿元）	Local Public Budgetary Expenditure (100 million yuan)	57.95	27.94	13.44	16.57
城镇单位在岗职工年平均工资(元)	Annual Average Wage of Staff and Workers (yuan)		77101	79465	72124
农村常住居民人均可支配收入(元)	Per Capita Net Income of Rural Permanent Households(yuan)		14340	12644	13024
普通中学（所）	Number of Regular Secondary Schools (unit)	28	8	9	11
在校学生数（人）	Number of Students Enrolled in Regular Secondary Schools (person)	22093	10086	4473	7534
小学（所）	Number of Primary Schools (unit)	53	13	9	31
在校学生数（人）	Number of Students Enrolled in Primary Schools (person)	41151	17106	9478	14567

二十二、县（市、区）主要经济指标

COUNTIES AND DISTRICTS UNDER CITY ADMINISTRATION

二十二　县（市、区）主要经济指标

简要说明

一、本篇资料反映广东县（市、区）经济发展基本情况，主要包括：各县（市、区）的地区生产总值、工农业总产值、主要农产品产量、固定资产投资、消费品零售总额、就业人员和工资水平、财政收支等内容。

二、本篇资料由广东省统计局各有关专业处整理提供，综合处负责编辑。

三、本篇资料依据国家统计局制定的各有关专业年度报表制度填报汇总而成。

四、本篇各县（市、区）生产总值、产值、财政类指标数据汇总数不等于全省数。

22 Counties and Districts Under City Administration

Brief Introduction

Ⅰ. The data in this chapter show the basic conditions of the economic development of counties and districts under city administration in Guangdong Province, mainly including gross domestic product, gross output value of industry and agriculture, output of major agriculture products, investment in fixed assets, total retail sales of consumer goods, number and wages of fully employed staff and workers, local government budgetary revenue and expenditure, etc.

Ⅱ. The data in this chapter are prepared and provided by the related specialized divisions and compiled by the Division of Comprehensive Statistics of Statistics Bureau of Guangdong Province.

Ⅲ. The data in this chapter are reperted and compiled in accordance with related specialized annual report schemes formulated by the National Bureau of Statistics.

Ⅳ. The tabulated data on gross domestic product, output value and government finance of the counties and districts in this chapter do not sum up to the provincial total.

22-1 各县(市、区)地区生产总值

Gross Domestic Product by County (County-level City and District)

县(市、区)	County (County-level City and District)	地区生产总值(万元) Gross Domestic Product(10000 yuan)		指数(上年=100) Index (preceding year=100)	
		2017	2018	2017	2018
广州市	Guangzhou				
越秀区	Yuexiu District	31544843	32816125	106.1	103.9
海珠区	Haizhu District	17379262	18814797	107.5	106.7
荔湾区	Liwan District	11592657	12233438	105.1	104.8
天河区	Tianhe District	42856173	46088178	109.6	109.2
白云区	Baiyun District	18154721	19623879	105.8	106.8
黄埔区	Huangpu District	32422306	34651800	106.6	107.6
花都区	Huadu District	12899249	13583660	108.6	106.3
番禺区	Panyu District	19722430	20789611	107.9	104.1
南沙区	Nansha District	13787250	14584090	110.4	106.5
从化区	Conghua District	4001046	4166758	104.5	105.7
增城区	Zengcheng District	10671579	11241135	100.7	104.1
深圳市	Shenzhen				
福田区	Futian District	38205692	40182592	108.2	107.4
罗湖区	Luohu District	21616969	22536945	108.4	107.3
盐田区	Yantian District	5859975	6127631	108.6	107.1
南山区	Nanshan District	46177993	50183646	109.1	104.5
宝安区	Baoan District	43054385	36121814	109.3	108.7
龙岗区	Longgang District	42023904	46295189	109.5	110.6
龙华区	Longhua District	21394243	24018151	108.8	110.3
坪山区	Pingshan District	6079395	7016584	112.1	110.1
光明区	Guangming District		9205900		107.3
珠海市	Zhuhai				
香洲区	Xiangzhou District	17564229	19020554	110.6	107.4
金湾区	Jinwan District	5627033	6242936	111.4	109.9
斗门区	Doumen District	3560533	3883860	110.8	108.0
汕头市	Shantou				
金平区	Jinping District	4830897	5241499	110.0	106.8
龙湖区	Longhu District	3573549	3889779	110.1	107.0
澄海区	Chenghai District	4783764	5189659	109.7	106.8
濠江区	Haojiang District	1042286	1199531	111.7	111.0
潮阳区	Chaoyang District	4127918	4431812	108.6	107.5
潮南区	Chaonan District	3923002	4277920	108.9	107.1
南澳县	Nanao County	224091	246596	106.1	105.0
佛山市	Foshan				
禅城区	Chancheng District	17224961	18550613	107.8	106.3
南海区	Nanhai District	26678921	28090896	108.4	106.2
顺德区	Shunde District	30159062	31639342	108.3	106.2
高明区	Gaoming District	8413139	8794899	108.2	105.5
三水区	Sanshui District	11509091	12279591	108.5	107.5
韶关市	Shaoguan				
浈江区	Zhengjiang District	2288424	2468498	106.1	104.4
武江区	Wujiang District	2302093	2384290	106.1	100.9
曲江区	Qujiang District	1792694	1938205	113.0	102.7
乐昌市	Lechang City	1146562	1246195	105.0	105.6
南雄市	Nanxiong City	1086427	1202219	105.2	107.5
仁化县	Renhua County	1089933	1187884	103.3	105.2
始兴县	Shixing County	758146	804848	106.9	103.7
翁源县	Wengyuan County	917651	1031895	106.2	109.7
新丰县	Xinfeng County	695173	749021	107.7	104.1
乳源县	Ruyuan County	826542	906492	109.6	106.0

注：海丰县不包含深汕合作区地区生产总值数据。
Notes: GDP of Shenzhen-Shanwei Cooperation Zone is not inclueded in Haifeng county.

22-1 续表 1 continued

县(市、区)	County (County-level City and District)	地区生产总值(万元) Gross Domestic Product(10000 yuan) 2017	2018	指数(上年=100) Index(preceding year=100) 2017	2018
河源市	Heyuan				
源城区	Yuancheng District	3790678	3953141	104.8	106.8
东源县	Dongyuan County	1185454	1323429	106.8	107.8
和平县	Heping County	1025906	1127689	105.7	106.4
龙川县	Longchuan County	1442858	1556910	106.9	106.3
紫金县	Zijin County	1268130	1346257	103.6	103.1
连平县	Lianping County	748573	768810	102.5	106.6
梅州市	Meizhou				
梅江区	Meijiang District	2313703	2326609	106.4	99.8
梅县区	Meixian District	1877635	1909762	105.3	101.5
兴宁市	Xingning City	1691850	1719416	105.8	100.2
平远县	Pingyuan County	800917	821020	106.3	100.9
蕉岭县	Jiaoling County	772462	829457	107.5	104.7
大埔县	Dabu County	804731	846873	107.4	102.3
丰顺县	Fengshun County	1031116	1091679	103.5	103.3
五华县	Wuhua County	1461838	1532995	106.4	103.1
惠州市	Huizhou				
惠城区	Huicheng District	13395199	14247389	104.6	103.1
惠阳区	Huiyang District	10683064	12298130	110.3	111.7
惠东县	Huidong County	6203838	6239337	108.0	104.5
博罗县	Boluo County	6400087	6501844	107.0	105.0
龙门县	Longmen County	1638583	1748052	86.4	103.0
汕尾市	Shanwei				
市城区	Urban District	1848563	1986341	96.6	104.8
陆丰市	Lufeng City	2688242	2970345	108.2	108.0
海丰县	Haifeng County	2671387	2735891	108.5	108.2
陆河县	Luhe County	585943	802368	108.5	118.0
东莞市	Dongguan	75820879	82785920	108.1	107.4
中山市	Zhongshan	34303130	36327013	106.6	105.9
江门市	Jiangmen				
蓬江区	Pengjiang District	6487523	6717488	107.2	107.3
江海区	Jianghai District	1729000	1914810	109.0	107.7
新会区	Xinhui District	5976240	6770292	108.5	109.6
台山市	Taishan City	3978596	4325866	108.0	107.5
开平市	Kaiping City	3415674	3737910	107.5	107.4
鹤山市	Heshan City	3189488	3555185	108.8	108.5
恩平市	Enping City	1811135	1983271	108.2	108.0
阳江市	Yangjiang				
江城区	Jiangcheng District	2859266	2900696	106.2	102.0
阳东区	Yangdong District	2804750	2820963	106.3	103.0
阳春市	Yangchun City	3793330	3914086	105.9	104.1
阳西县	Yangxi County	2226542	2353206	105.9	106.1

22-1 续表 2 continued

县(市、区)	County (County-level City and District)	地区生产总值(万元) Gross Domestic Product(10000 yuan)		指数(上年=100) Index(preceding year=100)	
		2017	2018	2017	2018
湛江市	Zhanjiang				
赤坎区	Chikan District	3096907	3432265	106.6	108.0
霞山区	Xiashan District	4268999	4682617	105.1	106.0
麻章区	Mazhang District	1512160	1665684	110.1	107.5
坡头区	Potou District	2608901	3079784	103.4	105.9
雷州市	Leizhou City	2872707	3096724	104.0	104.2
廉江市	Lianjiang County	5062932	5625401	106.1	107.0
吴川市	Wuchuan City	2696818	2820022	107.8	107.0
遂溪县	Suixi County	2974640	3253024	106.2	107.5
徐闻县	Xuwen County	1721028	1905968	107.5	108.2
茂名市	Maoming				
茂南区	Maonan District	3055659	3285583	107.5	106.6
电白区	Dianbai District	6136922	6514429	108.0	105.5
信宜市	Xinyi City	4525097	4768201	109.0	105.0
高州市	Gaozhou City	5661186	6027878	109.6	105.9
化州市	Huazhou City	4874707	5170456	108.1	105.2
肇庆市	Zhaoqing				
端州区	Tuanzhou District	1979778	2076462	104.0	104.2
鼎湖区	Dinghu District	1084415	1131773	107.8	104.6
高要区	Gaoyao District	4004384	4308380	103.6	107.4
四会市	Sihui City	5285746	5723572	105.3	107.1
广宁县	Guangning County	1466467	1593104	105.8	105.8
德庆县	Deqing County	1336772	1467162	106.2	107.5
封开县	Fengkai County	1507757	1637123	102.0	105.3
怀集县	Huaiji County	2233556	2446899	107.0	107.3
清远市	Qingyuan				
清城区	Qingcheng District	5044678	5289453	104.3	101.5
清新区	Qingxin District	2710246	2884094	104.5	103.6
英德市	Yingde City	2720263	2947644	105.5	106.5
连州市	Lianzhou City	1460655	1568920	104.9	105.3
佛冈县	Fogang County	1296021	1392346	104.7	105.0
阳山县	Yangshan County	969474	1040477	103.0	104.7
连山县	Lianshan County	314503	343577	100.1	105.3
连南县	Liannan County	440830	456662	104.0	100.5
潮州市	Chaozhou				
湘桥区	Xiangqiao District	2169036	2331459	106.6	106.7
潮安区	Chaoan District	5876479	6182100	107.2	105.4
饶平县	Raoping County	2505596	2661274	106.8	106.2
揭阳市	Jieyang			100.0	105.3
榕城区	Rongcheng District	5113303	5484781	104.7	105.6
揭东区	Jiedong District	4290403	4678477	104.8	105.3
普宁市	Puning City	6702453	7061326	105.2	105.1
揭西县	Jiexi County	2360996	2515336	104.7	103.7
惠来县	Huilai County	2645134	2837829	104.5	102.5
云浮市	Yunfu				
云城区	Yuncheng District	1101488	1179748	103.9	103.5
云安区	Yunan District	822645	887672	104.1	104.7
罗定市	Luoding City	2043062	2236993	104.5	106.0
新兴县	Xinxing County	2455389	2644012	101.8	104.0
郁南县	Yunan County	1036227	1099937	102.9	103.4

22-2 各县(市、区)三次产业地区生产总值

Gross Domestic Product of the Three Strata of Industry by County (County-level City and District)

单位：万元 (10000 yuan)

县(市、区)	County (County-level City and District)	第一产业 Primary Industry 2017	2018	第二产业 Secondary Industry 2017	2018	第三产业 Tertiary Industry 2017	2018
广州市	Guangzhou						
越秀区	Yuexiu District			581654	595925	30963189	32220200
海珠区	Haizhu District	6335	14384	2473571	2834783	14899356	15965630
荔湾区	Liwan District	48068	46065	2704368	2678809	8840221	9508564
天河区	Tianhe District	2969	2207	3405869	3245498	39447335	42840473
白云区	Baiyun District	278883	303265	3121162	3367592	14754676	15953022
黄埔区	Huangpu District	55928	56734	19544876	20587086	12821502	14007980
花都区	Huadu District	339006	368614	6736282	7114146	5823961	6100900
番禺区	Panyu District	273202	259722	7418599	7249340	12030629	13280549
南沙区	Nansha District	525398	508235	8277076	8583102	4984776	5492753
从化区	Conghua District	216929	211360	1671272	1841970	2112845	2113428
增城区	Zengcheng District	457799	463790	4175350	4242457	6038430	6534888
深圳市	Shenzhen						
福田区	Futian District	17809	16324	2171179	2385585	36016704	37780683
罗湖区	Luohu District	9894	13121	828707	816455	20778368	21707369
盐田区	Yantian District	899	1440	879351	858292	4979725	5267899
南山区	Nanshan District	17048	10686	20783129	20457042	25377816	29715918
宝安区	Baoan District	26002	13643	23518385	18408725	19509998	17699446
龙岗区	Longgang District	16997	13218	28187227	31627464	13819680	14654507
龙华区	Longhua District	2705	3011	12321771	14387581	9069767	9627559
坪山区	Pingshan District	8528	7343	4219754	4509491	1851113	2499750
光明区	Guangming District		17412		5885134		3303354
珠海市	Zhuhai						
香洲区	Xiangzhou District	29388	39201	6871723	7658548	10663118	11322805
金湾区	Jinwan District	75854	78901	4107003	4555553	1444176	1608482
斗门区	Doumen District	383000	382813	1893132	2124084	1284401	1376963
汕头市	Shantou						
金平区	Jinping District	30571	31382	1668270	1834797	3132056	3375320
龙湖区	Longhu District	66810	70438	1360984	1523748	2145755	2295593
澄海区	Chenghai District	328397	351930	2673807	2950713	1781560	1887016
濠江区	Haojiang District	81516	87080	637580	743021	323190	369430
潮阳区	Chaoyang District	241602	248657	2636760	2811957	1249556	1371198
潮南区	Chaonan District	200886	214814	2372549	2608240	1349567	1454866
南澳县	Nanao County	78607	88064	59444	65431	86040	93101
佛山市	Foshan						
禅城区	Chancheng District	2667	2665	7488358	7546804	9733936	11001144
南海区	Nanhai District	447007	462403	14850837	15443777	11381077	12184716
顺德区	Shunde District	440186	465496	16969464	17744071	12749412	13429775
高明区	Gaoming District	160459	201105	6448444	6588131	1804236	2005663
三水区	Sanshui District	286155	309269	8489350	8817232	2733586	3153090
韶关市	Shaoguan						
浈江区	Zhengjiang District	62240	64933	355643	446002	1870542	1957563
武江区	Wujiang District	57193	59591	951626	938418	1293273	1386281
曲江区	Qujiang District	132316	138828	1039168	1111647	621210	687730
乐昌市	Lechang City	217145	227228	208275	223708	721142	795259
南雄市	Nanxiong City	259954	279315	209784	238145	616689	684759
仁化县	Renhua County	173073	184877	425857	466045	491002	536962
始兴县	Shixing County	183313	192032	224287	236862	350547	375954
翁源县	Wengyuan County	220114	226156	215294	251194	482243	554545
新丰县	Xinfeng County	108202	113237	232345	234694	354626	401090
乳源县	Ruyuan County	65750	69443	398150	443095	362642	393954

22-2 续表 1 continued

单位：万元 (10000 yuan)

县(市、区)	County (County-level City and District)	第一产业 Primary Industry 2017	2018	第二产业 Secondary Industry 2017	2018	第三产业 Tertiary Industry 2017	2018
河源市	Heyuan						
源城区	Yuancheng District	27558	28691	2074447	2097805	1688672	1826645
东源县	Dongyuan County	172622	183041	389947	423583	622886	716805
和平县	Heping County	167588	177428	369484	409019	488833	541242
龙川县	Longchuan County	252012	264178	381892	390722	808954	902010
紫金县	Zijin County	260744	275041	354417	368885	652970	702331
连平县	Lianping County	144023	147513	195033	165567	409516	455730
梅州市	Meizhou						
梅江区	Meijiang District	89463	89587	1125634	1139666	1098606	1097356
梅县区	Meixian District	439564	453956	671724	676643	766347	779163
兴宁市	Xingning City	413116	435769	351378	336821	927356	946826
平远县	Pingyuan County	114050	122169	255077	245008	431790	453843
蕉岭县	Jiaoling County	114556	119599	227839	270155	430067	439703
大埔县	Dabu County	200220	210360	225155	227538	379356	408975
丰顺县	Fengshun County	214720	222686	405264	408174	411132	460819
五华县	Wuhua County	290532	302967	338676	338410	832630	891618
惠州市	Huizhou						
惠城区	Huicheng District	264398	283036	6487575	6755705	6643226	7208648
惠阳区	Huiyang District	178803	188146	7201323	8649975	3302938	3460009
惠东县	Huidong County	441767	466315	2578590	2294934	3183481	3478087
博罗县	Boluo County	520083	548468	3396840	3234578	2483164	2718799
龙门县	Longmen County	250610	272949	575778	590180	812195	884923
汕尾市	Shanwei						
市城区	Urban District	221524	239676	797800	809779	829239	936886
陆丰市	Lufeng City	548143	598010	1184174	1273803	955925	1098532
海丰县	Haifeng County	302806	327773	1184521	1078154	1184060	1329964
陆河县	Luhe County	105455	110862	121289	309480	359199	382026
东莞市	Dongguan	228500	250380	36632267	40272122	38960113	42263418
中山市	Zhongshan	556391	615859	17249686	17802315	16497053	17908839
江门市	Jiangmen						
蓬江区	Pengjiang District	45348	47630	2639466	2595689	3802709	4074169
江海区	Jianghai District	43572	49108	1048257	1196694	637171	669008
新会区	Xinhui District	392540	442448	3376662	3842783	2207038	2485061
台山市	Taishan City	649235	661704	2117329	2363014	1212032	1301148
开平市	Kaiping City	298190	337388	1658345	1848525	1459139	1551997
鹤山市	Heshan City	203270	222774	1663087	1839719	1323131	1492692
恩平市	Enping City	187775	205353	569004	592933	1054356	1184985
阳江市	Yangjiang						
江城区	Jiangcheng District	225808	232982	1189348	1099522	1444110	1568192
阳东区	Yangdong District	489155	509771	1436149	1354309	879446	956883
阳春市	Yangchun City	603595	613605	1209819	1138681	1979916	2161800
阳西县	Yangxi County	539531	569673	755001	745704	932010	1037829

22-2 续表 2 continued

单位：万元 (10000 yuan)

县(市、区)	County (County-level City and District)	第一产业 Primary Industry 2017	2018	第二产业 Secondary Industry 2017	2018	第三产业 Tertiary Industry 2017	2018
湛江市	Zhanjiang						
赤坎区	Chikan District	15575	15219	513652	556066	2567680	2860980
霞山区	Xiashan District	21849	23045	1816227	1911999	2430922	2747573
麻章区	Mazhang District	233941	238763	932562	1044192	345657	382729
坡头区	Potou District	166872	174407	1790619	2219700	651410	685677
雷州市	Leizhou City	1103989	1216685	289841	299046	1478878	1580993
廉江市	Lianjiang County	985707	1095806	2372761	2682292	1704464	1847303
吴川市	Wuchuan City	288039	310462	1218400	1190053	1190378	1319507
遂溪县	Suixi County	1070753	1187126	821873	841112	1082014	1224786
徐闻县	Xuwen County	777642	835573	125897	170428	817489	899967
茂名市	Maoming						
茂南区	Maonan District	277206	289779	1070117	1168743	1708336	1827061
电白区	Dianbai District	1209491	1266524	2438181	2575608	2489250	2672297
信宜市	Xinyi City	978255	994141	1323075	1402304	2223767	2371756
高州市	Gaozhou City	1209224	1337041	1870641	1880468	2581321	2810369
化州市	Huazhou City	1016617	1072427	1563958	1596063	2294132	2501966
肇庆市	Zhaoqing						
端州区	Tuanzhou District	2337	1814	502805	543253	1474637	1531395
鼎湖区	Dinghu District	144814	129059	583982	576452	355618	426262
高要区	Gaoyao District	749705	803295	1709391	1768917	1545287	1736168
四会市	Sihui City	508859	538142	2449153	2757487	2327733	2427943
广宁县	Guangning County	386221	421374	455049	482266	625197	689464
德庆县	Deqing County	279338	302589	409460	460156	647974	704417
封开县	Fengkai County	435324	468753	487584	522188	584850	646182
怀集县	Huaiji County	747368	803183	412454	451462	1073735	1192254
清远市	Qingyuan						
清城区	Qingcheng District	229557	239616	1899581	2141468	2915540	2908369
清新区	Qingxin District	417138	444747	953573	1015817	1339535	1423529
英德市	Yingde City	520398	542131	885400	971686	1314465	1433827
连州市	Lianzhou City	359742	375530	323115	342254	777798	851136
佛冈县	Fogang County	137347	144353	584417	644485	574257	603508
阳山县	Yangshan County	343027	359999	189271	197836	437176	482642
连山县	Lianshan County	78995	84481	82950	89294	152558	169802
连南县	Liannan County	89479	95816	109056	110663	242295	250182
潮州市	Chaozhou						
湘桥区	Xiangqiao District	40381	44233	853228	864540	1275428	1422686
潮安区	Chaoan District	178938	204304	3393959	3426686	2303582	2551110
饶平县	Raoping County	442921	490881	964084	1048107	1098591	1122286
揭阳市	Jieyang						
榕城区	Rongcheng District	116107	114767	2934910	3050823	2062287	2319191
揭东区	Jiedong District	329325	350784	2685583	2799640	1275495	1528053
普宁市	Puning City	312324	325740	4274291	4458093	2115838	2277493
揭西县	Jiexi County	330447	349607	1258485	1343940	772064	821789
惠来县	Huilai County	469481	482077	1490099	1629577	685554	726175
云浮市	Yunfu						
云城区	Yuncheng District	117949	127928	462307	489579	521232	562241
云安区	Yunan District	120736	129766	448285	473950	253624	283956
罗定市	Luoding City	450891	489322	755394	813197	836777	934473
新兴县	Xinxing County	527331	572731	787705	801285	1140353	1269997
郁南县	Yunan County	209583	224143	337581	351838	489063	523956

22-3 各县(市、区)三次产业地区生产总值指数

Gross Domestic Product of the Tree Industryes by County (County-level City and District)

上年=100 (preceding year=100)

县(市、区)	County (County-level City and District)	第一产业 Primary Industry 2017	2018	第二产业 Secondary Industry 2017	2018	第三产业 Tertiary Industry 2017	2018
广州市	Guangzhou						
越秀区	Yuexiu District			100.3	100.7	106.2	103.9
海珠区	Haizhu District	75.2	103.9	139.2	115.9	102.5	104.6
荔湾区	Liwan District	106.6	94.2	104.4	101.3	105.3	105.7
天河区	Tianhe District	88.3	110.6	103.3	101.8	110.4	110.2
白云区	Baiyun District	100.6	108.6	105.7	107.4	106.0	106.6
黄埔区	Huangpu District	100.0	92.4	105.4	108.0	109.0	106.8
花都区	Huadu District	117.7	102.5	110.0	108.8	106.0	102.8
番禺区	Panyu District	95.1	103.3	113.1	99.5	105.2	107.0
南沙区	Nansha District	103.6	103.1	108.4	105.9	116.2	108.2
从化区	Conghua District	95.5	103.6	103.4	111.9	106.5	100.4
增城区	Zengcheng District	100.5	103.6	93.2	103.7	109.1	104.5
深圳市	Shenzhen						
福田区	Futian District	90.9	99.2	104.9	110.8	108.4	107.1
罗湖区	Luohu District	87.8	72.7	102.5	102.2	108.6	107.5
盐田区	Yantian District	112.4	80.6	103.1	101.7	109.6	108.0
南山区	Nanshan District	272.7	108.7	107.3	100.2	111.0	109.1
宝安区	Baoan District	101.5	130.9	109.9	108.3	108.6	109.0
龙岗区	Longgang District	149.5	94.2	110.3	114.8	107.8	102.1
龙华区	Longhua District	100.6	93.9	109.9	116.2	107.2	102.1
坪山区	Pingshan District	111.7	80.1	113.4	106.1	108.7	120.6
光明区	Guangming District		123.9		107.7		106.3
珠海市	Zhuhai						
香洲区	Xiangzhou District	107.3	101.0	110.3	112.9	110.9	103.6
金湾区	Jinwan District	107.6	90.0	110.2	111.7	115.5	105.5
斗门区	Doumen District	109.1	103.3	114.9	113.1	105.3	101.1
汕头市	Shantou						
金平区	Jinping District	98.2	102.0	106.2	109.5	112.4	105.3
龙湖区	Longhu District	96.0	103.1	109.2	109.8	111.3	105.1
澄海区	Chenghai District	105.2	104.9	110.0	109.2	110.2	103.4
濠江区	Haojiang District	102.1	103.7	109.8	112.2	119.6	110.3
潮阳区	Chaoyang District	103.5	102.0	109.6	108.3	107.5	107.0
潮南区	Chaonan District	102.7	103.2	110.3	108.8	107.3	104.7
南澳县	Nanao County	104.5	104.0	105.9	105.1	107.7	105.7
佛山市	Foshan						
禅城区	Chancheng District	89.9	96.9	105.8	101.8	109.6	109.9
南海区	Nanhai District	102.0	100.9	108.4	106.6	108.8	105.8
顺德区	Shunde District	101.3	103.2	108.8	108.0	107.7	103.5
高明区	Gaoming District	102.9	131.5	107.9	104.0	110.1	108.9
三水区	Sanshui District	103.0	106.0	108.9	106.4	107.5	111.3
韶关市	Shaoguan						
浈江区	Zhengjiang District	103.7	103.8	104.6	121.0	106.5	101.4
武江区	Wujiang District	103.2	103.8	103.6	96.2	108.1	104.4
曲江区	Qujiang District	104.0	104.3	116.6	99.8	109.8	106.6
乐昌市	Lechang City	103.9	104.7	95.2	102.4	108.5	106.8
南雄市	Nanxiong City	104.1	106.3	95.3	109.0	109.5	107.5
仁化县	Renhua County	105.9	106.0	102.9	103.6	102.7	106.2
始兴县	Shixing County	104.8	104.5	105.3	103.8	109.0	103.3
翁源县	Wengyuan County	104.9	104.7	104.4	111.9	107.6	111.0
新丰县	Xinfeng County	105.0	104.3	105.0	95.3	110.5	109.5
乳源县	Ruyuan County	103.8	103.4	108.2	107.6	112.4	104.8

22-3 续表 1 continued

上年=100 (preceding year=100)

县(市、区)	County (County-level City and District)	第一产业 Primary Industry 2017	2018	第二产业 Secondary Industry 2017	2018	第三产业 Tertiary Industry 2017	2018
河源市	Heyuan						
源城区	Yuancheng District	105.4	104.3	102.3	108.2	108.2	104.9
东源县	Dongyuan County	102.8	104.7	87.0	105.5	128.5	110.5
和平县	Heping County	104.4	105.0	101.0	106.6	110.5	106.7
龙川县	Longchuan County	102.7	104.5	111.2	105.9	106.4	107.1
紫金县	Zijin County	104.3	104.5	100.8	101.3	105.1	103.5
连平县	Lianping County	108.8	104.4	94.3	107.5	104.9	107.0
梅州市	Meizhou						
梅江区	Meijiang District	102.3	104.5	103.3	101.8	110.2	97.2
梅县区	Meixian District	102.1	105.0	103.9	101.2	108.4	99.9
兴宁市	Xingning City	103.1	105.1	101.0	98.6	109.6	98.7
平远县	Pingyuan County	102.4	104.9	104.9	97.7	108.7	102.4
蕉岭县	Jiaoling County	102.4	104.8	106.8	105.1	109.3	104.5
大埔县	Dabu County	103.8	105.1	107.1	97.6	109.4	104.1
丰顺县	Fengshun County	103.4	104.6	99.3	98.8	108.7	107.8
五华县	Wuhua County	102.6	104.8	106.1	101.3	108.0	103.5
惠州市	Huizhou						
惠城区	Huicheng District	104.5	104.6	99.5	100.9	110.6	105.3
惠阳区	Huiyang District	103.2	104.3	109.6	116.2	112.3	102.4
惠东县	Huidong County	105.5	107.0	105.1	102.7	111.6	105.9
博罗县	Boluo County	98.9	104.4	106.5	104.2	109.4	106.4
龙门县	Longmen County	107.8	103.4	67.0	99.3	103.8	105.9
汕尾市	Shanwei						
市城区	Urban District	104.0	104.7	84.9	101.3	110.5	108.4
陆丰市	Lufeng City	104.6	105.3	110.9	107.0	106.7	111.0
海丰县	Haifeng County	107.8	105.5	110.8	109.2	106.4	107.9
陆河县	Luhe County	103.0	103.5	114.3	167.8	108.2	103.4
东莞市	Dongguan	102.1	107.4	110.7	106.9	105.7	107.9
中山市	Zhongshan	93.6	102.2	104.8	104.5	109.3	107.6
江门市	Jiangmen						
蓬江区	Pengjiang District	71.3	102.2	98.5	102.0	115.8	111.5
江海区	Jianghai District	89.4	103.3	111.2	111.5	106.6	100.9
新会区	Xinhui District	103.4	105.3	110.1	110.6	106.7	108.5
台山市	Taishan City	103.8	103.9	108.8	110.1	108.7	104.6
开平市	Kaiping City	106.0	102.9	107.6	108.8	107.7	106.6
鹤山市	Heshan City	96.4	104.5	109.0	107.8	110.7	110.0
恩平市	Enping City	105.9	100.2	108.0	106.7	108.7	110.3
阳江市	Yangjiang	100.0	103.2	100.0	102.9	100.0	105.7
江城区	Jiangcheng District	102.4	102.5	106.1	98.2	106.7	105.8
阳东区	Yangdong District	103.5	103.4	106.9	101.8	106.6	105.4
阳春市	Yangchun City	101.4	104.0	106.0	101.4	107.3	106.3
阳西县	Yangxi County	102.8	102.3	107.7	106.4	105.9	108.0

22−3 续表 2 continued

上年=100 (preceding year =100)

县(市、区)	County (County-level City and District)	第一产业 Primary Industry 2017	2018	第二产业 Secondary Industry 2017	2018	第三产业 Tertiary Industry 2017	2018
湛江市	Zhanjiang						
赤坎区	Chikan District	97.9	98.8	106.5	104.3	106.6	108.8
霞山区	Xiashan District	98.7	98.9	95.5	101.3	114.0	109.6
麻章区	Mazhang District	105.5	104.8	108.6	108.3	118.2	107.3
坡头区	Potou District	96.7	105.2	99.9	107.2	118.8	102.0
雷州市	Leizhou City	105.3	105.7	99.4	101.7	104.5	103.7
廉江市	Lianjiang County	103.0	105.3	107.9	108.7	105.8	105.6
吴川市	Wuchuan City	102.0	104.5	106.1	106.5	111.1	108.2
遂溪县	Suixi County	104.3	105.5	105.4	109.0	108.8	108.2
徐闻县	Xuwen County	106.7	105.4	108.9	126.5	108.0	107.5
茂名市	Maoming						
茂南区	Maonan District	102.5	103.1	105.5	110.4	109.8	104.3
电白区	Dianbai District	105.1	104.9	108.4	102.7	108.8	108.6
信宜市	Xinyi City	104.7	104.3	109.0	105.5	111.0	104.9
高州市	Gaozhou City	105.9	105.1	113.6	103.7	108.6	107.8
化州市	Huazhou City	106.1	104.7	110.8	100.3	107.1	108.7
肇庆市	Zhaoqing						
端州区	Tuanzhou District	80.9	82.3	101.7	105.1	105.6	103.6
鼎湖区	Dinghu District	97.5	89.9	110.3	101.5	108.1	116.5
高要区	Gaoyao District	103.4	104.5	98.2	107.0	114.9	109.8
四会市	Sihui City	99.3	105.7	105.0	110.0	107.6	101.4
广宁县	Guangning County	105.6	106.8	106.1	104.0	105.7	106.9
德庆县	Deqing County	103.9	108.8	107.7	109.6	105.9	104.9
封开县	Fengkai County	105.7	105.9	102.4	103.3	98.7	106.9
怀集县	Huaiji County	105.4	107.5	109.7	106.7	106.1	107.6
清远市	Qingyuan						
清城区	Qingcheng District	101.0	101.5	93.0	107.6	115.2	96.8
清新区	Qingxin District	103.2	105.5	92.3	104.7	116.2	102.2
英德市	Yingde City	106.7	104.6	104.8	109.1	105.6	105.3
连州市	Lianzhou City	106.0	106.7	101.2	103.6	106.0	105.3
佛冈县	Fogang County	108.3	105.2	99.3	108.6	110.1	101.1
阳山县	Yangshan County	103.1	105.1	96.7	100.9	106.0	106.1
连山县	Lianshan County	105.1	104.7	87.3	103.7	106.5	106.5
连南县	Liannan County	103.4	106.3	91.3	99.2	110.6	99.1
潮州市	Chaozhou						
湘桥区	Xiangqiao District	104.7	107.8	104.6	104.8	108.4	108.3
潮安区	Chaoan District	101.8	104.0	105.6	103.1	110.6	109.7
饶平县	Raoping County	102.0	106.1	106.6	106.6	109.3	106.0
揭阳市	Jieyang	100.0	104.0	100.0	104.4	100.0	107.1
榕城区	Rongcheng District	96.8	96.4	102.1	102.9	109.3	110.1
揭东区	Jiedong District	105.8	105.7	102.3	105.0	111.3	105.8
普宁市	Puning City	104.2	102.8	103.6	105.3	108.9	105.0
揭西县	Jiexi County	103.7	103.8	103.7	103.6	106.7	103.8
惠来县	Huilai County	103.0	105.3	103.3	101.4	108.4	103.1
云浮市	Yunfu						
云城区	Yuncheng District	106.2	104.7	95.9	102.0	113.0	104.7
云安区	Yunan District	104.7	106.2	98.1	102.2	117.1	108.6
罗定市	Luoding City	105.1	106.3	98.8	103.7	110.2	108.1
新兴县	Xinxing County	102.8	105.8	91.2	98.4	112.9	107.9
郁南县	Yunan County	101.4	106.4	113.8	101.9	96.7	103.1

22-4 各县(市、区)人均地区生产总值及指数

Per Capita Gross Domestic Product and Growth Rates by County (County-level City and District)

县(市、区)	County (County-level City and District)	绝对数（元） Absolute Figure (yuan) 2017	2018	指数(上年=100) Index(Preceding year=100) 2017	2018
广州市	Guangzhou				
越秀区	Yuexiu District	271365	280156	105.8	103.1
海珠区	Haizhu District	105297	112103	105.9	104.9
荔湾区	Liwan District	123655	127432	103.5	102.3
天河区	Tianhe District	257479	267604	104.6	105.6
白云区	Baiyun District	72412	74239	102.2	101.3
黄埔区	Huangpu District	298328	314288	97.2	105.4
花都区	Huadu District	121097	125305	105.6	104.5
番禺区	Panyu District	117381	118923	102.3	100.1
南沙区	Nansha District	195232	197523	105.0	101.2
从化区	Conghua District	62644	64641	103.1	104.7
增城区	Zengcheng District	91070	93025	97.4	103.1
深圳市	Shenzhen				
福田区	Futian District	249474	251542	103.9	102.9
罗湖区	Luohu District	212849	218054	105.6	105.4
盐田区	Yantian District	252749	255265	104.8	103.4
南山区	Nanshan District	332108	343936	103.8	99.5
宝安区	Baoan District	117576	112761	104.0	104.6
龙岗区	Longgang District	178457	186509	104.0	105.3
龙华区	Longhua District	135703	146609	105.6	106.1
坪山区	Pingshan District	145457	160507	102.4	105.3
光明区	Guangming District		150694		101.6
珠海市	Zhuhai				
香洲区	Xiangzhou District	176118	179270	106.3	101.0
金湾区	Jinwan District	205968	213982	107.1	102.9
斗门区	Doumen District	79149	81679	106.8	102.1
汕头市	Shantou				
金平区	Jinping District	57572	62421	109.6	106.7
龙湖区	Longhu District	64169	69529	109.5	106.5
澄海区	Chenghai District	57785	62647	109.2	106.7
濠江区	Haojiang District	37506	42925	111.1	110.4
潮阳区	Chaoyang District	24441	26043	108.0	106.7
潮南区	Chaonan District	29260	31638	108.3	106.2
南澳县	Nanao County	35970	39487	105.8	104.7
佛山市	Foshan				
禅城区	Chancheng District	150082	158207	105.9	104.0
南海区	Nanhai District	97035	98694	106.8	102.5
顺德区	Shunde District	116914	118963	106.6	103.0
高明区	Gaoming District	193028	199182	107.0	104.1
三水区	Sanshui District	177843	185703	107.2	105.2
韶关市	Shaoguan				
浈江区	Zhengjiang District	55911	60125	105.4	104.1
武江区	Wujiang District	73257	75122	104.9	99.9
曲江区	Qujiang District	56330	60488	112.0	102.0
乐昌市	Lechang City	27558	29783	104.3	105.0
南雄市	Nanxiong City	32518	35734	104.4	106.8
仁化县	Renhua County	51951	56245	102.5	104.5
始兴县	Shixing County	35238	37038	106.0	102.7
翁源县	Wengyuan County	26396	29487	105.4	109.0
新丰县	Xinfeng County	32110	34316	106.8	103.2
乳源县	Ruyuan County	44295	48097	108.6	104.9

22-4 续表 1 continued

县(市、区)	County (County-level City and District)	绝对数（元） Absolute Figure (yuan) 2017	2018	指数(上年=100) Index(Preceding year=100) 2017	2018
河源市	Heyuan				
源城区	Yuancheng District	77614	77833	104.2	102.7
东源县	Dongyuan County	25754	31536	106.4	118.3
和平县	Heping County	26215	28031	105.5	103.5
龙川县	Longchuan County	19867	21621	106.7	107.2
紫金县	Zijin County	18990	19643	103.4	100.4
连平县	Lianping County	21269	21523	102.3	105.1
梅州市	Meizhou				
梅江区	Meijiang District	54795	54970	105.9	99.5
梅县区	Meixian District	34611	35141	104.9	101.3
兴宁市	Xingning City	17068	17317	105.4	100.0
平远县	Pingyuan County	34111	34922	106.0	100.8
蕉岭县	Jiaoling County	36601	39246	107.1	104.6
大埔县	Dabu County	20989	22002	107.1	101.9
丰顺县	Fengshun County	20894	22074	103.0	103.1
五华县	Wuhua County	13426	14051	105.9	102.9
惠州市	Huizhou				
惠城区	Huicheng District	81504	86100	104.5	102.4
惠阳区	Huiyang District	131971	148609	109.6	109.2
惠东县	Huidong County	66369	66717	107.8	104.4
博罗县	Boluo County	59778	60714	106.9	105.0
龙门县	Longmen County	51585	55476	86.2	103.9
汕尾市	Shanwei				
市城区	Urban District	44112	47143	96.1	104.2
陆丰市	Lufeng City	19178	21096	107.7	107.6
海丰县	Haifeng County	35483	36207	108.3	107.8
陆河县	Luhe County	20170	27473	108.0	117.4
东莞市	Dongguan	91329	98939	107.5	106.6
中山市	Zhongshan	105711	110585	105.8	104.6
江门市	Jiangmen				
蓬江区	Pengjiang District	86929	88727	106.1	105.8
江海区	Jianghai District	64939	70985	107.5	106.3
新会区	Xinhui District	68831	77659	108.1	109.1
台山市	Taishan City	41810	45394	107.9	107.3
开平市	Kaiping City	48095	52429	107.3	106.9
鹤山市	Heshan City	62959	69751	108.2	107.8
恩平市	Enping City	35960	39218	107.7	107.5
阳江市	Yangjiang				
江城区	Jiangcheng District	52191	52663	105.5	101.5
阳东区	Yangdong District	60683	60712	105.7	102.5
阳春市	Yangchun City	42872	43998	105.3	103.6
阳西县	Yangxi County	47308	49730	105.2	105.5

22-4 续表 2 continued

县(市、区)	County (County-level City and District)	绝对数（元） Absolute Figure (yuan) 2017	2018	指数(上年=100) Index(Preceding year=100) 2017	2018
湛江市	Zhanjiang				
赤坎区	Chikan District	97559	107664	106.0	107.5
霞山区	Xiashan District	83926	91682	104.5	105.5
麻章区	Mazhang District	55301	60663	109.6	107.1
坡头区	Potou District	74632	87734	102.9	105.5
雷州市	Leizhou City	19332	20756	103.6	103.7
廉江市	Lianjiang County	33741	37338	105.7	106.6
吴川市	Wuchuan City	27897	29054	107.3	106.6
遂溪县	Suixi County	32202	35076	105.8	107.1
徐闻县	Xuwen County	23716	26160	107.0	107.8
茂名市	Maoming				
茂南区	Maonan District	50359	53577	106.3	105.5
电白区	Dianbai District	39793	41961	107.7	104.8
信宜市	Xinyi City	45847	47428	107.3	103.1
高州市	Gaozhou City	41141	43059	108.5	104.7
化州市	Huazhou City	38476	40104	106.8	103.4
肇庆市	Zhaoqing				
端州区	Tuanzhou District	98870	102430	102.9	102.9
鼎湖区	Dinghu District	62287	63852	106.6	102.8
高要区	Gaoyao District	50891	54378	103.0	106.7
四会市	Sihui City	90836	97076	104.3	105.7
广宁县	Guangning County	33268	35929	105.2	105.2
德庆县	Deqing County	37634	41039	105.5	106.9
封开县	Fengkai County	36468	39373	101.4	104.7
怀集县	Huaiji County	26367	28757	106.5	106.8
清远市	Qingyuan				
清城区	Qingcheng District	59626	62269	103.9	101.1
清新区	Qingxin District	37229	39486	104.2	103.3
英德市	Yingde City	27724	29936	105.2	106.1
连州市	Lianzhou City	38157	40852	104.6	104.9
佛冈县	Fogang County	41078	43971	104.4	104.6
阳山县	Yangshan County	26156	27951	102.6	104.2
连山县	Lianshan County	33351	36300	99.7	104.9
连南县	Liannan County	32788	33852	103.6	100.2
潮州市	Chaozhou				
湘桥区	Xiangqiao District	38211	42283	109.6	106.5
潮安区	Chaoan District	49480	51859	108.5	105.2
饶平县	Raoping County	28680	30401	106.6	106.0
揭阳市	Jieyang				
榕城区	Rongcheng District	51909	55680	104.4	105.6
揭东区	Jiedong District	43467	47408	104.4	105.3
普宁市	Puning City	31630	33344	105.2	105.1
揭西县	Jiexi County	27511	29337	104.4	103.8
惠来县	Huilai County	23190	24879	104.1	102.5
云浮市	Yunfu				
云城区	Yuncheng District	29424	31226	103.0	102.5
云安区	Yunan District	28875	30871	103.2	103.7
罗定市	Luoding City	21043	22830	103.6	105.1
新兴县	Xinxing County	54281	57917	100.7	103.0
郁南县	Yunan County	25240	26548	101.9	102.4

注：本表中，绝对数按当年价格计算，指数按可比价格计算。
Note: In this table, the absolute figures are calculated at current prices, and indices are calculated at comparable prices.

22-5 各县(市、区)工、农业总产值

Gross Output Value of Industry and Agriculture by County (County-level City and District)

单位：万元 (10000 yuan)

县(市、区)	County (County-level City and District)	工业总产值 Gross Output Value of Industry 2017	2018	农业总产值 Gross Output Value of Agriculture 2017	2018
广州市	Guangzhou				
越秀区	Yuexiu District	375458	386836		
海珠区	Haizhu District	3099475	4643630	9906	19195
荔湾区	Liwan District	3919609	3634780	73718	72427
天河区	Tianhe District	8106284	7622658	48503	45050
白云区	Baiyun District	7374388	7740237	541009	558919
黄埔区	Huangpu District	73917371	76026726	123949	116702
番禺区	Panyu District	19302761	18340120	467371	502914
花都区	Huadu District	23272371	25469196	600058	628435
南沙区	Nansha District	23073774	24205640	833414	907371
从化区	Conghua District	3196248	3731792	416389	439106
增城区	Zengcheng District	11873923	10547503	852647	876797
深圳市	Shenzhen				
福田区	Futian District	10217941	12212157	45757	40840
罗湖区	Luohu District	10015650	4648434	23634	18036
盐田区	Yantian District	5332964	5566341	2196	3519
南山区	Nanshan District	56390511	54086820	28722	16613
宝安区	Baoan District	89909149	73707704	54410	23452
龙岗区	Longgang District	85721918	101682415	39964	32791
龙华区	Longhua District	46996169	53777071	5140	5579
坪山区	Pingshan District	16147263	17807665	17179	13399
光明区	Guangming District		22056204		33676
珠海市	Zhuhai				
香洲区	Xiangzhou District	16894888	18540954	79218	83604
金湾区	Jinwan District	15705239	18284997	140140	126000
斗门区	Doumen District	6835481	7770812	710493	792938
汕头市	Shantou				
金平区	Jinping District	5803550	5295359	51610	53766
龙湖区	Longhu District	4599196	4490371	127870	137009
澄海区	Chenghai District	7522463	8007419	623347	681454
濠江区	Haojiang District	1683949	1757103	116868	125992
潮阳区	Chaoyang District	8584036	7413578	488890	520336
潮南区	Chaonan District	6965707	7440332	296681	313338
南澳县	Nanao County	20540	14423	195994	213300
佛山市	Foshan				
禅城区	Chancheng District	22913911	21069737	5120	5218
南海区	Nanhai District	58788600	62278534	822607	852087
顺德区	Shunde District	66138624	70035934	879292	924432
高明区	Gaoming District	29857798	29893917	340849	418353
三水区	Sanshui District	32456394	32632784	655425	687617
韶关市	Shaoguan				
浈江区	Zhengjiang District	876265	1224309	109972	113749
武江区	Wujiang District	2116935	1384212	96784	100672
曲江区	Qujiang District	4081171	4165326	226567	238588
乐昌市	Lechang City	319160	382731	357569	370585
南雄市	Nanxiong City	334234	457704	436751	463371
仁化县	Renhua County	801470	919661	282555	299828
始兴县	Shixing County	459600	509431	296705	309342
翁源县	Wengyuan County	415892	544650	346583	353789
新丰县	Xinfeng County	476778	414469	171631	179515
乳源县	Ruyuan County	1105649	1424163	106247	111264

22-5 续表 1 continued

单位：万元 (10000 yuan)

县(市、区)	County (County-level City and District)	工业总产值 Gross Output Value of Industry		农业总产值 Gross Output Value of Agriculture	
		2017	2018	2017	2018
河源市	Heyuan				
源城区	Yuancheng District	8346544	7867793	48429	49302
东源县	Dongyuan County	1355383	1688563	280527	287110
和平县	Heping County	1190002	1120290	264262	284975
龙川县	Longchuan County	1005964	1144648	388939	407166
紫金县	Zijin County	1132828	1215665	407545	427071
连平县	Lianping County	428646	388420	219299	230732
梅州市	Meizhou				
梅江区	Meijiang District	2015823	1996105	151166	161873
梅县区	Meixian District	1465289	1437342	703769	719308
兴宁市	Xingning City	406177	423116	664485	699974
平远县	Pingyuan County	501879	412656	187593	196243
蕉岭县	Jiaoling County	515691	670440	191438	212837
大埔县	Dabu County	449819	353322	319581	341710
丰顺县	Fengshun County	650517	687364	367291	379533
五华县	Wuhua County	238191	228711	501214	532101
惠州市	Huizhou				
惠城区	Huicheng District	34391780	31201516	428681	458822
惠阳区	Huiyang District	25943173	33550767	279320	292369
惠东县	Huidong County	6132504	2154311	713414	728966
博罗县	Boluo County	13891892	7552186	857160	860584
龙门县	Longmen County	1309908	1100503	390601	424903
汕尾市	Shanwei				
市城区	Urban District	3957404	3453837	436947	465981
陆丰市	Lufeng City	3254345	3390918	920552	985107
海丰县	Haifeng County	3190723	3503390	518221	554339
陆河县	Luhe County	487941	1232396	176338	189865
东莞市	Dongguan	176285285	194971961	354888	392133
中山市	Zhongshan	49168795	49964937	998984	1057413
江门市	Jiangmen				
蓬江区	Pengjiang District	11303944	9799188	94672	98075
江海区	Jianghai District	4592063	5078794	76993	82086
新会区	Xinhui District	10187870	11447664	707831	720086
台山市	Taishan City	5410527	6041768	1176072	1357027
开平市	Kaiping City	4323472	5333256	581899	614530
鹤山市	Heshan City	4432097	4807456	381178	388895
恩平市	Enping City	1361148	1558496	340258	356239
阳江市	Yangjiang				
江城区	Jiangcheng District	8027174	4051696	787899	808736
阳东区	Yangdong District	3890572	2271575	815865	848729
阳春市	Yangchun City	3568976	2101444	1027555	1013143
阳西县	Yangxi County	1855078	931208	861983	905730

22-5 续表 2 continued

单位：万元 (10000 yuan)

县(市、区)	County (County-level City and District)	工业总产值 Gross Output Value of Industry 2017	工业总产值 Gross Output Value of Industry 2018	农业总产值 Gross Output Value of Agriculture 2017	农业总产值 Gross Output Value of Agriculture 2018
湛江市	Zhanjiang				
赤坎区	Chikan District	971997	966237	24073	24085
霞山区	Xiashan District	5753509	5876037	34181	36962
麻章区	Mazhang District	6864809	6522211	740633	733928
坡头区	Potou District	2373006	2846814	273754	292149
雷州市	Leizhou City	516749	488534	1736697	1883098
廉江市	Lianjiang County	5919987	3754439	1642825	1777942
吴川市	Wuchuan City	2556445	1653466	505052	541213
遂溪县	Suixi County	1525425	1399224	1712831	1812966
徐闻县	Xuwen County	178463	221515	1212324	1344900
茂名市	Maoming				
茂南区	Maonan District	12262112	14112391	478310	518066
电白区	Dianbai District	5623237	2658789	1969770	2006517
信宜市	Xinyi City	2586118	642043	1494024	1566497
高州市	Gaozhou City	3451794	2509167	1896289	1992822
化州市	Huazhou City	2869159	1384901	1599935	1650999
肇庆市	Zhaoqing				
端州区	Tuanzhou District	3807676	3699499	4035	3331
鼎湖区	Dinghu District	1898301	1539597	284894	245054
高要区	Gaoyao District	6802086	7430754	1178764	1197360
四会市	Sihui City	10883335	11756392	805103	889397
广宁县	Guangning County	1755576	1670114	533509	581496
德庆县	Deqing County	2170822	1551584	433242	470186
封开县	Fengkai County	1136534	737088	675200	731394
怀集县	Huaiji County	957680	497136	1053377	1136128
清远市	Qingyuan				
清城区	Qingcheng District	8073405	8882637	417195	437884
清新区	Qingxin District	2835818	3046995	666578	713704
英德市	Yingde City	2262533	2796262	904691	947939
连州市	Lianzhou City	624967	659695	575253	602862
佛冈县	Fogang County	1964209	2131584	210569	224523
阳山县	Yangshan County	146022	138296	537365	559521
连山县	Lianshan County	6627	24706	119277	130491
连南县	Liannan County	24579	17796	134675	144545
潮州市	Chaozhou				
湘桥区	Xiangqiao District	3331119	3708707	103467	110545
潮安区	Chaoan District	7828603	7256426	290564	327866
饶平县	Raoping County	2365756	2349935	795814	880133
揭阳市	Jieyang				
榕城区	Rongcheng District	12550042	9708383	190097	190582
揭东区	Jiedong District	11044086	8016783	502617	535476
普宁市	Puning City	16264298	6900731	512521	533136
揭西县	Jiexi County	2195859	1596546	541799	577260
惠来县	Huilai County	5824077	2720681	700127	748130
云浮市	Yunfu				
云城区	Yuncheng District	1830062	1252120	185167	198645
云安区	Yunan District	747331	923013	179592	190120
罗定市	Luoding City	1244745	1228794	652720	720081
新兴县	Xinxing County	1318234	1273176	914100	960563
郁南县	Yunan County	746833	419887	328550	381788

注：本表按当年价格计算。
Note: The data in this table are calculated at current prices.

22-6 各县(市、区)粮食产量

Output of Grain by County (County-level City and District)

单位：吨 (ton)

县(市、区)	County (County-level City and District)	粮食 Grain		#稻谷 Rice	
		2017	2018	2017	2018
广州市	Guangzhou				
越秀区	Yuexiu District				
海珠区	Haizhu District				
荔湾区	Liwan District				
天河区	Tianhe District				
白云区	Baiyun District	1175	2872	181	547
黄埔区	Huangpu District	4311	4557	4045	4257
番禺区	Panyu District	1397	581	294	215
花都区	Huadu District	10536	9375	5581	4180
南沙区	Nansha District	5081	5620	2705	3374
从化区	Conghua District	61830	65616	59602	61913
增城区	Zengcheng District	43843	41436	38116	37125
深圳市	Shenzhen				
福田区	Futian District				
罗湖区	Luohu District	5			
盐田区	Yantian District	1			
南山区	Nanshan District				
宝安区	Baoan District	103		42	
龙岗区	Longgang District	111	11	13	
龙华区	Longhua District				
坪山区	Pingshan District				
光明区	Guangming District		12		
珠海市	Zhuhai				
香洲区	Xiangzhou District	193	126	80	81
金湾区	Jinwan District	1307	776	202	82
斗门区	Doumen District	20035	22738	19159	21557
汕头市	Shantou				
金平区	Jinping District	9812	10085	9502	9868
龙湖区	Longhu District	18320	18956	14057	14624
澄海区	Chenghai District	82923	88633	67295	70583
濠江区	Haojiang District	14332	14745	7743	8204
潮阳区	Chaoyang District	165032	158673	112199	105151
潮南区	Chaonan District	148696	152028	98633	102915
南澳县	Nanao County	3589	3834	2194	2201
佛山市	Foshan				
禅城区	Chancheng District				
南海区	Nanhai District	1134	2112	744	655
顺德区	Shunde District	97	299		
高明区	Gaoming District	31247	34459	30224	29075
三水区	Sanshui District	4653	5885	1876	1597
韶关市	Shaoguan				
浈江区	Zhengjiang District	18524	18530	17277	17442
武江区	Wujiang District	22242	21539	21274	20607
曲江区	Qujiang District	68481	70560	65915	68104
乐昌市	Lechang City	85781	86676	70056	69722
南雄市	Nanxiong City	181752	184473	167826	167247
仁化县	Renhua County	66713	64446	61752	62261
始兴县	Shixing County	65231	65938	62601	63374
翁源县	Wengyuan County	88488	86317	84310	81475
新丰县	Xinfeng County	47984	48397	42852	43941
乳源县	Ruyuan County	43608	41336	36474	34249

22-6 续表 1 continued

单位：吨 (ton)

县(市、区)	County (County-level City and District)	粮食 Grain 2017	粮食 Grain 2018	#稻谷 Rice 2017	#稻谷 Rice 2018
河源市	Heyuan				
源城区	Yuancheng District	10817	10859	10109	10396
东源县	Dongyuan County	146738	145633	139856	138719
和平县	Heping County	114580	114121	106191	108560
龙川县	Longchuan County	232666	229240	222560	218257
紫金县	Zijin County	193409	190688	183581	181257
连平县	Lianping County	87160	84309	80836	80403
梅州市	Meizhou				
梅江区	Meijiang District	18728	18890	17160	17496
梅县区	Meixian District	169426	167821	158173	156380
兴宁市	Xingning City	285133	276338	264727	260428
平远县	Pingyuan County	75269	75867	61613	62892
蕉岭县	Jiaoling County	56658	57316	54151	55385
大埔县	Dabu County	33977	34106	29821	30495
丰顺县	Fengshun County	114396	115386	97011	99124
五华县	Wuhua County	313587	316586	298747	304824
惠州市	Huizhou				
惠城区	Huicheng District	101798	90723	73613	67220
惠阳区	Huiyang District	41470	41600	32573	29773
惠东县	Huidong County	192832	187604	146846	142279
博罗县	Boluo County	145592	143754	111759	110178
龙门县	Longmen County	104664	97036	98842	90550
汕尾市	Shanwei				
市城区	Urban District	22345	22358	20096	20379
陆丰市	Lufeng City	166281	165388	139208	137745
海丰县	Haifeng County	149264	148388	141921	140714
陆河县	Luhe County	50433	49842	42477	43427
东莞市	Dongguan	4790	5846	3247	3314
中山市	Zhongshan	17131	20892	12777	9347
江门市	Jiangmen				
蓬江区	Pengjiang District	2034	1672	1585	1249
江海区	Jianghai District	249	173	117	50
新会区	Xinhui District	141085	137235	123404	119932
台山市	Taishan City	362184	351198	353656	343122
开平市	Kaiping City	216295	211277	205192	200390
鹤山市	Heshan City	56184	58035	53204	54892
恩平市	Enping City	133368	128504	128138	123408
阳江市	Yangjiang				
江城区	Jiangcheng District	82029	81872	78233	78129
阳东区	Yangdong District	133653	131569	121735	119499
阳春市	Yangchun City	265273	262259	236985	233769
阳西县	Yangxi County	125617	122753	116853	113542

22-6 续表 2 continued

单位：吨 (ton)

县(市、区)	County (County-level City and District)	粮食 Grain 2017	粮食 Grain 2018	#稻谷 Rice 2017	#稻谷 Rice 2018
湛江市	Zhanjiang				
赤坎区	Chikan District	2840	2561	2552	2321
霞山区	Xiashan District	7784	7393	7276	7001
麻章区	Mazhang District	86163	78165	73496	66972
坡头区	Potou District	66342	59461	56154	50566
雷州市	Leizhou City	338047	336330	310364	308689
廉江市	Lianjiang County	395271	389868	338777	332711
吴川市	Wuchuan City	159050	156085	144294	142960
遂溪县	Suixi County	226340	224370	185008	185779
徐闻县	Xuwen County	132365	128136	75465	73945
茂名市	Maoming				
茂南区	Maonan District	130389	123923	112357	105986
电白区	Dianbai District	298590	278736	251201	238289
信宜市	Xinyi City	326110	327724	247667	251321
高州市	Gaozhou City	393373	385632	377832	369352
化州市	Huazhou City	328891	326115	291594	288780
肇庆市	Zhaoqing				
端州区	Tuanzhou District	276	49	276	49
鼎湖区	Dinghu District	38624	37375	33579	31044
高要区	Gaoyao District	234437	229638	207957	206747
四会市	Sihui City	115975	117884	90961	87524
广宁县	Guangning County	155808	155307	142115	136916
德庆县	Deqing County	128660	122085	119439	113069
封开县	Fengkai County	204367	201693	186010	180855
怀集县	Huaiji County	271460	269749	250955	247963
清远市	Qingyuan				
清城区	Qingcheng District	63501	64442	61283	62304
清新区	Qingxin District	117077	122870	110387	115004
英德市	Yingde City	181785	175515	159898	154736
连州市	Lianzhou City	103797	100243	88072	86511
佛冈县	Fogang County	52315	51501	49327	49609
阳山县	Yangshan County	84322	89161	59107	61358
连山县	Lianshan County	35104	35830	32038	33414
连南县	Liannan County	27086	29453	18698	18088
潮州市	Chaozhou				
湘桥区	Xiangqiao District	21546	24511	18188	19661
潮安区	Chaoan District	94041	98405	72261	78221
饶平县	Raoping County	153433	141565	133935	120385
揭阳市	Jieyang				
榕城区	Rongcheng District	70938	71155	54787	54977
揭东区	Jiedong District	176224	178393	110724	111682
普宁市	Puning City	198640	194134	129500	128483
揭西县	Jiexi County	169836	170749	111939	113129
惠来县	Huilai County	178460	175055	98676	98185
云浮市	Yunfu				
云城区	Yuncheng District	47684	47274	43639	43310
云安区	Yunan District	66842	66425	54218	54211
罗定市	Luoding City	244917	242971	229358	227438
新兴县	Xinxing County	133094	131901	127648	126574
郁南县	Yunan County	129264	127301	115161	113576

注：本表按当年价格计算。
Note: The data in this table are calculated at current prices.

22−7 各县(市、区)糖蔗、水果和蔬菜产量

Output of Sugarcane,Fruits and Vegetable by County (County-level City and District)

单位：吨 (ton)

县(市、区)	County (County-level City and District)	糖蔗 Sugarcane 2017	2018	水果 Fruits 2017	2018	蔬菜 Vegetable 2017	2018
广州市	Guangzhou						
越秀区	Yuexiu District						
海珠区	Haizhu District			6090	4004	11007	13288
荔湾区	Liwan District					3967	3545
天河区	Tianhe District			262	285	9419	9970
白云区	Baiyun District		18	6142	6334	758619	809743
黄埔区	Huangpu District		210	10911	14496	70473	66356
番禺区	Panyu District			12918	12231	160969	170602
花都区	Huadu District		4564	20754	24843	448271	467650
南沙区	Nansha District			190340	200172	652883	636288
从化区	Conghua District			121057	138607	308114	291113
增城区	Zengcheng District			159605	204725	1224190	1219382
深圳市	Shenzhen						
福田区	Futian District						
罗湖区	Luohu District			597	876	187	88
盐田区	Yantian District			12	7		
南山区	Nanshan District			9068	7338	178	178
宝安区	Baoan District			1147	460	67599	21916
龙岗区	Longgang District			3583	1791	11888	12109
龙华区	Longhua District					9698	10001
坪山区	Pingshan District			620	646	29673	30680
光明区	Guangming District				982		49514
珠海市	Zhuhai						
香洲区	Xiangzhou District	28		2439	2713	8535	8263
金湾区	Jinwan District			39405	51824	47540	60232
斗门区	Doumen District	189		20418	23918	85824	98173
汕头市	Shantou						
金平区	Jinping District			501	630	46636	45465
龙湖区	Longhu District			224	52	178394	183771
澄海区	Chenghai District			84025	103112	625743	653120
濠江区	Haojiang District			652	712	58735	59985
潮阳区	Chaoyang District			123136	138102	323997	328213
潮南区	Chaonan District			26284	28782	315061	328892
南澳县	Nanao County			3976	4753	11380	11755
佛山市	Foshan						
禅城区	Chancheng District					3077	3306
南海区	Nanhai District			2144	2038	302442	300459
顺德区	Shunde District	30		8674	8059	98684	98361
高明区	Gaoming District			12350	12243	137654	166292
三水区	Sanshui District			19835	20338	254952	263769
韶关市	Shaoguan						
浈江区	Zhengjiang District			20894	22562	61297	65039
武江区	Wujiang District			10729	11120	77951	82472
曲江区	Qujiang District			34828	36806	99332	104656
乐昌市	Lechang City	953	999	144197	151471	208280	218932
南雄市	Nanxiong City			41129	46083	170664	184579
仁化县	Renhua County			114253	125952	78472	83200
始兴县	Shixing County			81126	86628	124561	132263
翁源县	Wengyuan County	104598	97894	69768	72741	119540	123924
新丰县	Xinfeng County	682	739	32916	35025	145505	152987
乳源县	Ruyuan County			7815	8252	44015	45892

22-7 续表 1 continued

单位：吨 (ton)

县(市、区)	County (County-level City and District)	糖蔗 Sugarcane 2017	糖蔗 Sugarcane 2018	水果 Fruits 2017	水果 Fruits 2018	蔬菜 Vegetable 2017	蔬菜 Vegetable 2018
河源市	Heyuan						
源城区	Yuancheng District	823	837	4236	4468	35804	38020
东源县	Dongyuan County	29532	29703	31905	34179	101652	106350
和平县	Heping County			46524	51050	120745	125405
龙川县	Longchuan County			71016	75352	129252	138606
紫金县	Zijin County	33366	33594	129756	139529	191987	201263
连平县	Lianping County			105759	111479	94200	100798
梅州市	Meizhou						
梅江区	Meijiang District		446	34535	34983	107023	102685
梅县区	Meixian District			644324	680822	429436	439246
兴宁市	Xingning City			147001	156648	657915	701291
平远县	Pingyuan County			79389	84152	59195	62746
蕉岭县	Jiaoling County		3700	37436	44532	94823	104890
大埔县	Dabu County			180508	192904	168627	176867
丰顺县	Fengshun County			59682	61286	200595	204809
五华县	Wuhua County			73527	78721	328061	342546
惠州市	Huizhou						
惠城区	Huicheng District	2510	2655	40712	42408	508389	537063
惠阳区	Huiyang District			36938	55334	457880	456116
惠东县	Huidong County	649	664	97230	103946	733927	782815
博罗县	Boluo County	59067	62453	192087	203487	906059	938218
龙门县	Longmen County	4801	4890	451053	469822	278836	295145
汕尾市	Shanwei						
市城区	Urban District			10433	11152	62185	64642
陆丰市	Lufeng City			88218	102797	551932	588584
海丰县	Haifeng County	5015	5120	66741	65237	416580	429867
陆河县	Luhe County			94426	106157	86842	90676
东莞市	Dongguan			54583	67675	392431	400136
中山市	Zhongshan	2955	1035	85284	102286	397886	357852
江门市	Jiangmen						
蓬江区	Pengjiang District			2129	3202	61458	65207
江海区	Jianghai District			5927	6742	40711	41400
新会区	Xinhui District	40600	4641	105307	147978	148399	155613
台山市	Taishan City	54711	65380	48960	72241	417180	436711
开平市	Kaiping City	1262	480	46751	52869	325778	349766
鹤山市	Heshan City			12289	16076	256850	279538
恩平市	Enping City	17741	105301	53017	56045	173660	177776
阳江市	Yangjiang						
江城区	Jiangcheng District			9949	10664	90791	93219
阳东区	Yangdong District	11853	10207	59691	64094	181132	188790
阳春市	Yangchun City	17421	17457	245314	259473	354305	371218
阳西县	Yangxi County			39360	42264	182291	191148

22-7 续表 2 continued

单位：吨 (ton)

县(市、区)	County (County-level City and District)	糖蔗 Sugarcane 2017	糖蔗 Sugarcane 2018	水果 Fruits 2017	水果 Fruits 2018	蔬菜 Vegetable 2017	蔬菜 Vegetable 2018
湛江市	Zhanjiang						
赤坎区	Chikan District	860	915	287	288	18769	19504
霞山区	Xiashan District	2148	1688	273	274	13863	15000
麻章区	Mazhang District	377157	399196	82905	86200	88988	100514
坡头区	Potou District	14909	16390	24034	25824	86721	96306
雷州市	Leizhou City	4161505	4337219	669391	742391	791714	841981
廉江市	Lianjiang County	370184	406851	411365	447035	867370	920503
吴川市	Wuchuan City	33665	35213	73571	78398	133621	142521
遂溪县	Suixi County	4131759	4385732	234877	258250	763487	816279
徐闻县	Xuwen County	1202007	1305507	958076	1022082	761534	805947
茂名市	Maoming						
茂南区	Maonan District	12791	11500	39577	43371	333134	346564
电白区	Dianbai District	4322	4455	378580	411944	823739	865155
信宜市	Xinyi City			905892	984908	448881	476204
高州市	Gaozhou City	10451	10018	1482838	1608879	784210	817347
化州市	Huazhou City	428640	438070	627567	679852	606986	637533
肇庆市	Zhaoqing						
端州区	Tuanzhou District			145	102	7220	5473
鼎湖区	Dinghu District			25020	24076	117441	114090
高要区	Gaoyao District			199159	208935	938579	977191
四会市	Sihui City			103959	107996	228560	261896
广宁县	Guangning County			169975	174571	212858	228088
德庆县	Deqing County			336278	369396	214036	234841
封开县	Fengkai County	29343	10183	376660	411371	284516	303947
怀集县	Huaiji County	180	193	337474	387827	458619	492433
清远市	Qingyuan						
清城区	Qingcheng District	6082	6004	31267	33713	223785	237859
清新区	Qingxin District	5328	5533	245887	260521	491834	540463
英德市	Yingde City	259681	249540	64487	68584	690579	736943
连州市	Lianzhou City			112813	123162	676833	717061
佛冈县	Fogang County			94725	101380	154196	164271
阳山县	Yangshan County	299	276	81180	86201	529114	561320
连山县	Lianshan County			31578	34385	97444	106547
连南县	Liannan County			20836	22058	105413	115429
潮州市	Chaozhou						
湘桥区	Xiangqiao District			76946	81359	65568	69532
潮安区	Chaoan District			46527	50040	160945	168215
饶平县	Raoping County			124200	136678	257881	268399
揭阳市	Jieyang						
榕城区	Rongcheng District			34716	35405	166520	168500
揭东区	Jiedong District	1346		35306	37651	522572	560477
普宁市	Puning City			173258	184825	334177	373430
揭西县	Jiexi County			74368	83665	293329	312395
惠来县	Huilai County			112989	120834	366838	382209
云浮市	Yunfu						
云城区	Yuncheng District			37202	39071	21063	22339
云安区	Yunan District			70104	72923	50416	54737
罗定市	Luoding City			70718	77623	112802	117799
新兴县	Xinxing County		2217	96809	106171	262086	279122
郁南县	Yunan County			175447	194741	36102	38292

22-8 各县(市、区)猪肉产量、禽肉产量和水产品产量
Output of Pork , Output of Meat of Poultry and Output of Aquatic Products by County (County-level City and District)

单位：万吨 (10000 tons)

县(市、区)	County (County-level City and District)	猪肉产量 Output of Pork		禽肉产量 Output of Meat of Poultry		水产品产量 Output of Aquatic Products	
		2017	2018	2017	2018	2017	2018
广州市	Guangzhou						
越秀区	Yuexiu District						
海珠区	Haizhu District					0.10	0.33
荔湾区	Liwan District					0.04	...
天河区	Tianhe District					0.03	0.38
白云区	Baiyun District	0.56	0.42	2.03	2.03	2.97	3.00
黄埔区	Huangpu District	1.13	0.82	0.25	0.38	0.54	0.56
番禺区	Panyu District	0.03	0.01	1.17	1.29	14.93	15.00
花都区	Huadu District	1.39	1.08	1.42	1.71	7.09	6.86
南沙区	Nansha District	0.99	0.77	0.91	1.10	13.24	13.33
从化区	Conghua District	1.50	1.17	0.65	0.79	0.76	0.77
增城区	Zengcheng District	0.14	0.18	1.47	1.60	5.06	5.19
深圳市	Shenzhen						
福田区	Futian District						1.35
罗湖区	Luohu District					0.33	0.60
盐田区	Yantian District						
南山区	Nanshan District					0.29	0.43
宝安区	Baoan District			0.01			
龙岗区	Longgang District	0.21	...	0.02	0.01	0.36	0.55
龙华区	Longhua District						
坪山区	Pingshan District				...		
光明区	Guangming District				0.04		
珠海市	Zhuhai						
香洲区	Xiangzhou District	0.01	0.01	0.21	...	3.66	3.71
金湾区	Jinwan District	0.45	0.27	0.08	0.06	4.00	3.96
斗门区	Doumen District	2.08	3.24	0.70	0.94	23.30	23.70
汕头市	Shantou						
金平区	Jinping District	0.29	0.26	0.18	0.13	1.63	1.66
龙湖区	Longhu District	0.77	0.80	0.52	0.57	1.13	1.16
澄海区	Chenghai District	1.38	1.48	2.31	2.43	8.20	8.28
濠江区	Haojiang District	0.19	0.19	0.07	0.07	4.60	4.70
潮阳区	Chaoyang District	1.44	1.43	0.58	0.51	9.65	9.56
潮南区	Chaonan District	1.49	1.53	0.27	0.27	2.51	2.49
南澳县	Nanao County	0.19	0.19	0.03	0.03	18.17	18.68
佛山市	Foshan						
禅城区	Chancheng District					0.32	0.33
南海区	Nanhai District	0.74	0.75	0.86	0.84	19.34	19.49
顺德区	Shunde District	1.22	1.09	0.42	0.41	25.59	26.87
高明区	Gaoming District	3.12	3.24	2.22	2.99	6.41	7.47
三水区	Sanshui District	4.75	3.89	6.52	5.94	12.71	13.36
韶关市	Shaoguan						
浈江区	Zhengjiang District	0.90	0.92	0.16	0.25	0.96	0.97
武江区	Wujiang District	0.88	0.92	0.25	0.17	0.30	0.32
曲江区	Qujiang District	2.47	2.59	0.45	0.45	1.53	1.55
乐昌市	Lechang City	2.73	2.95	0.07	0.41	0.51	0.53
南雄市	Nanxiong City	3.73	3.77	0.40	1.29	1.68	1.71
仁化县	Renhua County	1.72	1.76	0.51	0.64	0.93	0.95
始兴县	Shixing County	1.29	1.35	1.30	0.52	0.61	0.62
翁源县	Wengyuan County	1.15	1.19	0.55	0.56	0.75	0.78
新丰县	Xinfeng County	0.83	0.86	0.30	0.31	0.37	0.38
乳源县	Ruyuan County	0.74	1.19	0.64	0.56	0.29	0.30

22-8 续表 1 continued

单位：万吨 (10000 tons)

县(市、区)	County (County-level City and District)	猪肉产量 Output of Pork 2017	2018	禽肉产量 Output of Meat of Poultry 2017	2018	水产品产量 Output of Aquatic Products 2017	2018
河源市	Heyuan						
源城区	Yuancheng District	0.41	0.39	0.45	0.47	0.12	0.12
东源县	Dongyuan County	1.35	1.40	1.13	1.12	0.88	0.90
和平县	Heping County	1.34	1.38	1.14	1.16	0.39	0.42
龙川县	Longchuan County	1.97	2.02	0.78	0.79	1.31	1.33
紫金县	Zijin County	1.36	1.39	1.40	1.40	0.93	0.94
连平县	Lianping County	0.88	0.94	0.47	0.48	0.54	0.56
梅州市	Meizhou						
梅江区	Meijiang District	1.28	1.32	0.59	0.45	0.76	0.69
梅县区	Meixian District	2.55	2.56	1.45	1.49	2.82	2.92
兴宁市	Xingning City	3.76	3.82	1.67	1.73	1.69	1.70
平远县	Pingyuan County	1.01	1.02	0.29	0.28	0.90	0.90
蕉岭县	Jiaoling County	1.60	1.63	0.51	0.51	0.60	0.60
大埔县	Dabu County	1.37	1.41	0.89	0.91	0.67	0.69
丰顺县	Fengshun County	1.65	1.68	3.00	3.14	1.41	1.46
五华县	Wuhua County	3.70	3.81	1.15	1.20	1.69	1.75
惠州市	Huizhou						
惠城区	Huicheng District	2.39	2.36	1.19	1.23	3.27	2.18
惠阳区	Huiyang District	0.41	0.43	0.87	0.44	3.26	3.61
惠东县	Huidong County	2.57	2.71	1.24	1.19	6.42	6.28
博罗县	Boluo County	4.74	4.40	3.63	3.75	2.88	3.07
龙门县	Longmen County	0.52	0.56	0.56	0.60	0.64	0.66
汕尾市	Shanwei						
市城区	Urban District	0.43	0.45	0.22	0.23	22.72	24.00
陆丰市	Lufeng City	2.25	2.35	1.40	1.42	23.25	23.53
海丰县	Haifeng County	0.77	0.81	0.64	0.66	9.75	8.77
陆河县	Luhe County	0.85	0.88	0.30	0.30	0.37	0.39
东莞市	Dongguan	0.25	0.11	0.40	0.11	4.55	4.60
中山市	Zhongshan	1.69	1.31	0.82	0.83	32.29	32.97
江门市	Jiangmen						
蓬江区	Pengjiang District	0.41	0.36	0.24	0.25	1.70	1.76
江海区	Jianghai District	0.30	0.31	0.03	0.03	2.26	2.33
新会区	Xinhui District	2.88	2.89	2.59	2.59	17.45	17.70
台山市	Taishan City	2.71	2.72	1.37	1.37	38.66	38.77
开平市	Kaiping City	4.23	4.26	3.71	3.68	5.05	5.23
鹤山市	Heshan City	4.74	4.72	0.98	0.97	5.69	5.94
恩平市	Enping City	2.32	2.34	0.84	0.86	4.59	4.84
阳江市	Yangjiang						
江城区	Jiangcheng District	1.77	1.81	0.37	0.37	37.67	37.97
阳东区	Yangdong District	4.06	4.21	1.09	1.15	29.21	29.03
阳春市	Yangchun City	8.64	8.89	2.02	2.04	3.26	3.30
阳西县	Yangxi County	3.18	3.33	1.17	1.14	48.14	47.96

22-8 续表 2 continued

单位：万吨 (10000 tons)

县(市、区)	County (County-level City and District)	猪肉产量 Output of Pork 2017	2018	禽肉产量 Output of Meat of Poultry 2017	2018	水产品产量 Output of Aquatic Products 2017	2018
湛江市	Zhanjiang						
赤坎区	Chikan District			0.01	0.01	0.59	0.57
霞山区	Xiashan District			0.06	0.06	1.64	1.70
麻章区	Mazhang District	1.81	1.90	0.77	0.76	20.00	19.97
坡头区	Potou District	2.26	2.54	0.46	0.47	8.06	8.15
雷州市	Leizhou City	3.34	3.70	1.66	1.71	20.16	20.40
廉江市	Lianjiang County	10.53	10.46	2.75	2.75	17.56	17.75
吴川市	Wuchuan City	2.99	3.23	2.25	2.32	8.89	9.00
遂溪县	Suixi County	6.92	7.01	3.68	3.68	37.62	38.06
徐闻县	Xuwen County	1.64	1.74	0.68	0.69	7.71	7.80
茂名市	Maoming						
茂南区	Maonan District	5.32	7.31	3.43	3.34	3.40	3.57
电白区	Dianbai District	12.32	12.22	3.21	3.24	64.37	63.78
信宜市	Xinyi City	8.75	9.08	7.71	7.98	2.99	3.06
高州市	Gaozhou City	12.73	12.61	4.63	4.58	7.37	7.52
化州市	Huazhou City	12.69	12.08	2.67	2.68	11.85	12.07
肇庆市	Zhaoqing						
端州区	Tuanzhou District	0.02	0.01		...	0.03	0.01
鼎湖区	Dinghu District	4.51	3.61	0.74	0.59	4.34	4.04
高要区	Gaoyao District	6.63	6.29	2.81	3.10	18.34	17.13
四会市	Sihui City	11.02	11.35	2.55	2.56	14.43	14.84
广宁县	Guangning County	1.76	2.02	1.18	1.14	0.78	0.83
德庆县	Deqing County	1.06	1.39	1.14	1.01	1.86	1.90
封开县	Fengkai County	1.70	1.96	1.39	1.34	3.89	4.15
怀集县	Huaiji County	7.21	7.59	2.58	2.73	3.18	3.32
清远市	Qingyuan						
清城区	Qingcheng District	1.98	2.04	5.38	5.16	4.17	4.25
清新区	Qingxin District	4.17	4.13	3.34	3.49	3.39	3.49
英德市	Yingde City	3.86	4.04	1.19	1.22	2.99	3.00
连州市	Lianzhou City	4.84	4.56	0.61	0.59	0.73	0.74
佛冈县	Fogang County	1.03	1.05	0.42	0.36	0.75	0.73
阳山县	Yangshan County	5.27	5.29	1.33	1.48	0.51	0.51
连山县	Lianshan County	0.79	0.78	0.26	0.23	0.20	0.22
连南县	Liannan County	0.46	0.49	0.36	0.37	0.17	0.17
潮州市	Chaozhou						
湘桥区	Xiangqiao District	0.26	0.29	0.31	0.30	0.58	0.60
潮安区	Chaoan District	1.10	0.98	0.72	0.62	1.88	1.93
饶平县	Raoping County	2.77	2.81	1.54	1.61	16.70	17.12
揭阳市	Jieyang						
榕城区	Rongcheng District	0.76	0.76	0.41	0.41	1.37	1.36
揭东区	Jiedong District	1.36	1.39	0.82	0.80	1.71	1.70
普宁市	Puning City	2.64	2.58	0.74	0.76	0.90	0.89
揭西县	Jiexi County	2.74	2.88	1.62	1.60	2.04	2.03
惠来县	Huilai County	1.72	1.76	1.35	1.37	8.47	8.46
云浮市	Yunfu						
云城区	Yuncheng District	1.41	1.44	1.42	1.45	1.04	1.00
云安区	Yunan District	0.73	0.75	0.33	0.30	0.97	0.98
罗定市	Luoding City	1.55	1.59	1.86	1.92	3.63	3.69
新兴县	Xinxing County	5.40	5.67	11.27	11.35	3.01	3.15
郁南县	Yunan County	0.67	0.68	1.78	1.84	1.13	1.19

22-9 各县(市、区)房地产开发投资

Investment in Fixed Assets by County (County-level City and District)

单位：万元 (10000 yuan)

县(市、区)	County (County-level City and District)	房地产开发投资 Investment in Real Estate Development 2017	2018
广州市	Guangzhou		
越秀区	Yuexiu District	642737	275136
海珠区	Haizhu District	1048135	1622431
荔湾区	Liwan District	1251775	2109332
天河区	Tianhe District	3069882	2713582
白云区	Baiyun District	1383378	1909690
黄埔区	Huangpu District	4637900	3190702
番禺区	Panyu District	3536865	3619981
花都区	Huadu District	1991814	2159830
南沙区	Nansha District	3914988	2543749
从化区	Conghua District	1199527	1003901
增城区	Zengcheng District	4351934	5870989
深圳市	Shenzhen		
福田区	Futian District	2394047	2659563
罗湖区	Luohu District	987984	1242977
盐田区	Yantian District	471006	407767
南山区	Nanshan District	4579379	5795466
宝安区	Baoan District	3716282	3806755
龙岗区	Longgang District	4498093	5691425
龙华区	Longhua District	3316984	3992874
坪山区	Pingshan District	1344845	1410703
光明区	Guangming District		1287625
珠海市	Zhuhai		
香洲区	Xiangzhou District	4148399	5645296
金湾区	Jinwan District	1433528	1076158
斗门区	Doumen District	1079231	1149466
汕头市	Shantou		
金平区	Jinping District	390448	240037
龙湖区	Longhu District	1728771	2118748
澄海区	Chenghai District	337457	427175
濠江区	Haojiang District	681765	963708
潮阳区	Chaoyang District	277944	483821
潮南区	Chaonan District	106721	135702
南澳县	Nanao County	86616	108299
佛山市	Foshan		
禅城区	Chancheng District	3361678	4580317
南海区	Nanhai District	6027059	6283155
顺德区	Shunde District	3547010	5330279
高明区	Gaoming District	626524	1306494
三水区	Sanshui District	977627	2694853
韶关市	Shaoguan		
浈江区	Zhengjiang District	229621	225400
武江区	Wujiang District	798490	740478
曲江区	Qujiang District	116736	125530
乐昌市	Lechang City	146924	187333
南雄市	Nanxiong City	139285	124992
仁化县	Renhua County	76968	122063
始兴县	Shixing County	145150	125354
翁源县	Wengyuan County	103682	165347
新丰县	Xinfeng County	97640	140854
乳源县	Ruyuan County	42833	32233

22-9 续表 1 continued

单位：万元 (10000 yuan)

县(市、区)	County (County-level City and District)	房地产开发投资 Investment in Real Estate Development	
		2017	2018
河源市	Heyuan		
源城区	Yuancheng District	1186392	894112
东源县	Dongyuan County	214015	341607
和平县	Heping County	127898	140255
龙川县	Longchuan County	449406	557046
紫金县	Zijin County	210640	233273
连平县	Lianping County	50986	47095
梅州市	Meizhou		
梅江区	Meijiang District	605359	1054752
梅县区	Meixian District	478229	569275
兴宁市	Xingning City	295292	223611
平远县	Pingyuan County	160733	142057
蕉岭县	Jiaoling County	93835	161998
大埔县	Dabu County	164939	107166
丰顺县	Fengshun County	238000	216521
五华县	Wuhua County	144022	112090
惠州市	Huizhou		
惠城区	Huicheng District	2388433	2981618
惠阳区	Huiyang District	3500132	3844590
惠东县	Huidong County	1332027	1471256
博罗县	Boluo County	955725	1019288
龙门县	Longmen County	665632	522665
汕尾市	Shanwei		
市城区	Urban District	487863	600505
陆丰市	Lufeng City	115989	174858
海丰县	Haifeng County	221908	325678
陆河县	Luhe County	38397	90021
东莞市	Dongguan	7021544	7367857
中山市	Zhongshan	6239748	6972228
江门市	Jiangmen		
蓬江区	Pengjiang District	1218454	1191921
江海区	Jianghai District	554033	763450
新会区	Xinhui District	967646	1330197
台山市	Taishan City	616453	726892
开平市	Kaiping City	432368	449954
鹤山市	Heshan City	511839	694047
恩平市	Enping City	204770	594527
阳江市	Yangjiang		
江城区	Jiangcheng District	763263	774662
阳东区	Yangdong District	144626	145669
阳春市	Yangchun City	273745	214895
阳西县	Yangxi County	267002	280916

22−9 续表 2 continued

单位：万元 (10000 yuan)

县(市、区)	County (County-level City and District)	房地产开发投资 Investment in Real Estate Development 2017	2018
湛江市	Zhanjiang		
赤坎区	Chikan District	731836	913687
霞山区	Xiashan District	605041	743069
麻章区	Mazhang District	126470	237478
坡头区	Potou District	184563	382666
雷州市	Leizhou City	18812	124226
廉江市	Lianjiang County	563280	952938
吴川市	Wuchuan City	351090	754699
遂溪县	Suixi County	62460	145265
徐闻县	Xuwen County	58790	176566
茂名市	Maoming		
茂南区	Maonan District	559977	1459718
电白区	Dianbai District	446151	551241
信宜市	Xinyi City	211571	246603
高州市	Gaozhou City	261166	415408
化州市	Huazhou City	203285	426051
肇庆市	Zhaoqing		
端州区	Tuanzhou District	573586	755260
鼎湖区	Dinghu District	281233	567495
高要区	Gaoyao District	407889	566058
四会市	Sihui City	477144	1070592
广宁县	Guangning County	116260	171116
德庆县	Deqing County	27669	53632
封开县	Fengkai County	7475	26946
怀集县	Huaiji County	189137	267314
清远市	Qingyuan		
清城区	Qingcheng District	1764832	2619289
清新区	Qingxin District	248917	440737
英德市	Yingde City	338593	394374
连州市	Lianzhou City	126096	203897
佛冈县	Fogang County	167641	140754
阳山县	Yangshan County	96668	120055
连山县	Lianshan County	8996	5100
连南县	Liannan County	11498	10144
潮州市	Chaozhou		
湘桥区	Xiangqiao District	452120	550518
潮安区	Chaoan District	131715	201968
饶平县	Raoping County	84239	144124
揭阳市	Jieyang		
榕城区	Rongcheng District	540035	456950
揭东区	Jiedong District	65512	200730
普宁市	Puning City	347762	524960
揭西县	Jiexi County	43183	31699
惠来县	Huilai County	96418	53140
云浮市	Yunfu		
云城区	Yuncheng District	301881	396542
云安区	Yunan District	34611	40705
罗定市	Luoding City	224168	236751
新兴县	Xinxing County	209658	379461
郁南县	Yunan County	85729	127898

注：湛江、云浮含市直数据，分县区合计小于全市。
Note: Due to the projects that can't be classified by region and the development zone projects, the sum of the counties are less than the city.

22-10 各县(市、区)社会消费品零售总额

Total Retail Sales of Consumer Goods by County (County-level City and District)

单位：万元 (10000 yuan)

县(市、区)	County (County-level City and District)	社会消费品零售总额 Total Retail Sales of Consumer Goods		#商品零售 Retail Sales	
		2017	2018	2017	2018
广州市	Guangzhou				
越秀区	Yuexiu District	13380663	13567309	11356133	12189446
海珠区	Haizhu District	9812942	9764910	8666600	8640873
荔湾区	Liwan District	8389103	6321833	6967450	5378257
天河区	Tianhe District	17940728	18524224	15734391	16875632
白云区	Baiyun District	12133628	10253758	11059409	8510174
黄埔区	Huangpu District	8216592	9308819	7508900	8973363
番禺区	Panyu District	12293478	12543086	11005263	10366146
花都区	Huadu District	4812798	5245950	4350609	4498771
南沙区	Nansha District	2148041	2087726	1863572	1607283
从化区	Conghua District	1530137	1234525	1260832	986042
增城区	Zengcheng District	3367798	3709733	2931334	2926588
深圳市	Shenzhen				
福田区	Futian District	18175067	18247502	16118020	15638619
罗湖区	Luohu District	12567821	13102629	11145400	11777767
盐田区	Yantian District	773912	814516	686321	705225
南山区	Nanshan District	8038715	8104013	7128896	7173235
宝安区	Baoan District	8993704	9393788	7975800	8379903
龙岗区	Longgang District	7930087	8322548	7032563	7315089
龙华区	Longhua District	2878048	2762650	2552312	2406327
坪山区	Pingshan District	776437	811296	688560	732353
光明区	Guangming District	1203135	1273847	1066339	1134998
珠海市	Zhuhai				
香洲区	Xiangzhou District	9359097	9575662	8450897	8583115
金湾区	Jinwan District	561390	634673	443325	522273
斗门区	Doumen District	1361277	1396062	1085045	1103321
汕头市	Shantou				
金平区	Jinping District	5773971	5997560	5529778	5721310
龙湖区	Longhu District	3238381	3134732	3075636	2961656
澄海区	Chenghai District	1808774	1973103	1724690	1881335
濠江区	Haojiang District	453151	533510	426154	502407
潮阳区	Chaoyang District	2709658	2949616	2513347	2742659
潮南区	Chaonan District	2603210	2841531	2415294	2639805
南澳县	Nanao County	244452	266213	210315	229810
佛山市	Foshan				
禅城区	Chancheng District	8310850	8128108	7801765	7622824
南海区	Nanhai District	10612982	11226760	9367753	9886139
顺德区	Shunde District	10700701	9718965	9677433	8608497
高明区	Gaoming District	1285899	1394733	1114806	1211029
三水区	Sanshui District	2293880	2406845	1929672	2023648
韶关市	Shaoguan				
浈江区	Zhengjiang District	2368445	2575909	2138931	2327115
武江区	Wujiang District	1202081	1316336	1088470	1193021
曲江区	Qujiang District	678355	743052	611635	672987
乐昌市	Lechang City	664174	728304	616225	678156
南雄市	Nanxiong City	548843	602719	491765	543474
仁化县	Renhua County	328726	361128	291765	321748
始兴县	Shixing County	206225	225599	187791	205483
翁源县	Wengyuan County	369777	405277	349074	383297
新丰县	Xinfeng County	264821	292080	246086	270651
乳源县	Ruyuan County	242448	265471	215570	236196

22-10 续表 1 continued

单位：万元 (10000 yuan)

县(市、区)	County (County-level City and District)	社会消费品零售总额 Total Retail Sales of Consumer Goods		#商品零售 Retail Sales	
		2017	2018	2017	2018
河源市	Heyuan				
源城区	Yuancheng District	1701689	1810104	1593243	1692039
东源县	Dongyuan County	770448	849923	715990	790599
和平县	Heping County	600198	660226	540890	595107
龙川县	Longchuan County	1138354	1241543	1067752	1167012
紫金县	Zijin County	1022606	1041949	949266	964401
连平县	Lianping County	622360	683456	581420	639588
梅州市	Meizhou				
梅江区	Meijiang District	1426321	1545288	1358694	1477594
梅县区	Meixian District	1538772	1588013	1354504	1395099
兴宁市	Xingning City	1058602	1161338	1016659	1114840
平远县	Pingyuan County	275738	297526	254215	272550
蕉岭县	Jiaoling County	408090	450897	383059	424292
大埔县	Dabu County	537370	589905	493033	543043
丰顺县	Fengshun County	550875	582205	515562	542377
五华县	Wuhua County	980533	1049702	943553	1009683
惠州市	Huizhou				
惠城区	Huicheng District	6354006	6835133	5960962	6334394
惠阳区	Huiyang District	1980700	2196845	1802099	2003965
惠东县	Huidong County	2786600	3006203	2540228	2739981
博罗县	Boluo County	1868415	2057090	1753491	1932411
龙门县	Longmen County	644914	694419	526716	533023
汕尾市	Shanwei				
市城区	Urban District	1183230	1322015	1036941	1165671
陆丰市	Lufeng City	1893950	2138543	1725266	1958277
海丰县	Haifeng County	2276259	2226807	1997167	1984900
陆河县	Luhe County	372789	406194	347832	379949
东莞市	Dongguan	26878849	29056119	25156970	27218477
中山市	Zhongshan	13098884	14907874	11919229	13660371
江门市	Jiangmen				
蓬江区	Pengjiang District	2719687	2876970	2598367	2737681
江海区	Jianghai District	498739	510544	461286	469937
新会区	Xinhui District	2612277	2941828	2395517	2704140
台山市	Taishan City	2286884	2552123	2049375	2292122
开平市	Kaiping City	1918335	2120099	1711911	1891250
鹤山市	Heshan City	1782841	1986266	1507144	1687514
恩平市	Enping City	977572	1087950	871955	971914
阳江市	Yangjiang				
江城区	Jiangcheng District	3076540	3357214	2810681	3076259
阳东区	Yangdong District	767039	816004	661127	721270
阳春市	Yangchun City	2408338	2625006	2190162	2392785
阳西县	Yangxi County	647092	691856	512047	560983

22-10 续表 2 continued

单位：万元 (10000 yuan)

县(市、区)	County (County-level City and District)	社会消费品零售总额 Total Retail Sales of Consumer Goods		#商品零售 Retail Sales	
		2017	2018	2017	2018
湛江市	Zhanjiang				
赤坎区	Chikan District	3949229	4177428	3600851	3806414
霞山区	Xiashan District	3999758	4381377	3630184	3989724
麻章区	Mazhang District	682474	730499	610066	652027
坡头区	Potou District	423622	460925	364194	394984
雷州市	Leizhou City	1546108	1617386	1336020	1389834
廉江市	Lianjiang County	1941952	2064197	1646052	1742276
吴川市	Wuchuan City	1255349	1393654	1094434	1210607
遂溪县	Suixi County	1130256	1230689	987886	1075472
徐闻县	Xuwen County	852054	916882	730878	781112
茂名市	Maoming				
茂南区	Maonan District	5190300	5281886	4757859	4827168
电白区	Dianbai District	2804110	2982491	2607317	2775209
信宜市	Xinyi City	2254552	2455321	2062761	2249091
高州市	Gaozhou City	2246201	2524984	2030443	2288690
化州市	Huazhou City	2074835	2169027	1864912	1958347
肇庆市	Zhaoqing				
端州区	Tuanzhou District	3483858	3982547	3253368	3629257
鼎湖区	Dinghu District	324313	268977	281102	216588
高要区	Gaoyao District	915683	957315	818634	824094
四会市	Sihui City	1347538	1399796	1300785	1321300
广宁县	Guangning County	503867	513081	465923	464080
德庆县	Deqing County	478124	489743	431418	438090
封开县	Fengkai County	377184	374794	328024	316888
怀集县	Huaiji County	668756	680714	602673	607249
清远市	Qingyuan				
清城区	Qingcheng District	3264717	3483907	3156109	3355560
清新区	Qingxin District	714547	768704	637009	690134
英德市	Yingde City	1332147	1455138	1226277	1338629
连州市	Lianzhou City	520323	564690	434890	472406
佛冈县	Fogang County	444333	492116	365429	412901
阳山县	Yangshan County	403010	449289	339688	380405
连山县	Lianshan County	67770	74828	57895	64054
连南县	Liannan County	91591	99931	82820	90296
潮州市	Chaozhou				
湘桥区	Xiangqiao District	1533595	1669598	1462068	1584246
潮安区	Chaoan District	2738429	2946674	2467268	2662738
饶平县	Raoping County	1168523	1264044	1064995	1152011
揭阳市	Jieyang				
榕城区	Rongcheng District	2361276	2437313	2286575	2332146
揭东区	Jiedong District	2103876	2201836	2065372	2175325
普宁市	Puning City	3653098	3787163	3573526	3647434
揭西县	Jiexi County	1385345	1421480	1274765	1340326
惠来县	Huilai County	1306014	1336407	1156356	1226754
云浮市	Yunfu				
云城区	Yuncheng District	1141301	1142380	1095909	1070465
云安区	Yunan District	200663	194392	191288	187196
罗定市	Luoding City	1106687	1204849	1059259	1124806
新兴县	Xinxing County	721231	678731	654464	632079
郁南县	Yunan County	646107	630381	591011	610089

注：本表按当年价格计算。
Note: The data in this table are calculated at current prices.

22-11 各县(市、区)年末就业人员和城镇单位就业人员

Number of Fully Employed Staff and Workers by County (County-Level City and District)

单位：人 (person)

县(市、区)	County (County-level City and District)	就业人员 Employed Persons		#城镇单位就业人员 Number of Fully Employed Staff and Workers	
		2017	2018	2017	2018
广州市	Guangzhou				
越秀区	Yuexiu District	897889	897891	531434	521914
海珠区	Haizhu District	657222	674278	272996	323055
荔湾区	Liwan District	346261	349887	152707	168194
天河区	Tianhe District	1162029	1277937	697349	743811
白云区	Baiyun District	1239787	1353103	327616	340686
黄埔区	Huangpu District	794302	809460	508473	554513
番禺区	Panyu District	1153538	1192356	248341	276794
花都区	Huadu District	752755	760604	174467	174243
南沙区	Nansha District	493835	501345	188218	201637
从化区	Conghua District	416121	423148	70366	72973
增城区	Zengcheng District	709539	725398	119729	108634
深圳市	Shenzhen				
福田区	Futian District	1735641	2015689	924085	1003819
罗湖区	Luohu District	752775	849472	375424	405965
盐田区	Yantian District	133828	137006	63795	59602
南山区	Nanshan District	1335999	1475727	800966	906600
宝安区	Baoan District	2604625	2252703	1071478	908714
龙岗区	Longgang District	1467674	1660329	718022	728942
龙华区	Longhua District	1114120	1228667	524199	501062
坪山区	Pingshan District	261079	309864	157843	167494
光明区	Guangming District				
珠海市	Zhuhai				
香洲区	Xiangzhou District		756743	489356	506369
金湾区	Jinwan District		222521	147561	148898
斗门区	Doumen District		180452	125062	120748
汕头市	Shantou				
金平区	Jinping District	371802	372322	143464	147797
龙湖区	Longhu District	222828	226937	142704	147398
澄海区	Chenghai District	468657	469701	89895	86066
濠江区	Haojiang District	112409	113210	45826	43457
潮阳区	Chaoyang District	621105	621408	104677	95628
潮南区	Chaonan District	508314	508483	51835	51483
南澳县	Nanao County	29247	29376	4738	4619
佛山市	Foshan				
禅城区	Chancheng District	629588	632714	233238	230309
南海区	Nanhai District	1596094	1635711	474560	475043
顺德区	Shunde District	1476329	1496385	678054	679360
高明区	Gaoming District	273277	248112	113758	132942
三水区	Sanshui District	379795	396162	152008	115643
韶关市	Shaoguan				
浈江区	Zhengjiang District	181910	182020	62600	63964
武江区	Wujiang District	166015	170172	82786	80202
曲江区	Qujiang District	146721	146715	35093	32915
乐昌市	Lechang City	194188	194209	20883	21282
南雄市	Nanxiong City	182669	182765	23830	23520
仁化县	Renhua County	109002	109038	18514	17607
始兴县	Shixing County	109329	109588	22225	21805
翁源县	Wengyuan County	163614	163064	21016	22329
新丰县	Xinfeng County	96970	96519	16244	15621
乳源县	Ruyuan County	96258	96359	16800	13488

22-11 续表 1 continued

单位：人 (person)

县(市、区)	County (County-level City and District)	就业人员 Employed Persons 2017	2018	#城镇单位就业人员 Number of Fully Employed Staff and Workers 2017	2018
河源市	Heyuan				
源城区	Yuancheng District	290702	300185	144774	142615
东源县	Dongyuan County	194256	195089	25057	34024
和平县	Heping County	175857	168437	27750	26330
龙川县	Longchuan County	301488	294570	39050	39561
紫金县	Zijin County	296374	303546	29016	27084
连平县	Lianping County	151514	151966	15385	19396
梅州市	Meizhou				
梅江区	Meijiang District	202607	202865	79001	76134
梅县区	Meixian District	268869	272749	36583	41979
兴宁市	Xingning City	520656	509590	50743	51694
平远县	Pingyuan County	120022	117396	14281	14655
蕉岭县	Jiaoling County	123874	116920	16186	24967
大埔县	Dabu County	204465	204897	19655	19037
丰顺县	Fengshun County	246850	250972	31592	30335
五华县	Wuhua County	478128	480917	43261	41717
惠州市	Huizhou				
惠城区	Huicheng District	953205	952176	425796	417320
惠阳区	Huiyang District	555896	566878	310646	306121
惠东县	Huidong County	572393	574745	64054	61180
博罗县	Boluo County	635081	634941	161500	143536
龙门县	Longmen County	174415	174596	25642	23133
汕尾市	Shanwei				
市城区	Urban District	225992	240316	81399	93955
陆丰市	Lufeng City	516881	515054	67764	50405
海丰县	Haifeng County	355122	347999	42871	42299
陆河县	Luhe County	104083	104217	11987	11652
东莞市	Dongguan	6603923	6671660	2423988	2424150
中山市	Zhongshan	2121813	2129894	778995	763362
江门市	Jiangmen				
蓬江区	Pengjiang District	420099	420503	168640	185822
江海区	Jianghai District	148031	150821	56832	62729
新会区	Xinhui District	466986	470181	95667	107601
台山市	Taishan City	531383	531906	66575	76303
开平市	Kaiping City	411988	417749	80871	102983
鹤山市	Heshan City	275288	277870	68065	75767
恩平市	Enping City	195619	202318	30477	32039
阳江市	Yangjiang				
江城区	Jiangcheng District	227214	227375	84598	70017
阳东区	Yangdong District	255434	255990	45086	42355
阳春市	Yangchun City	446977	445153	58937	52942
阳西县	Yangxi County	258308	258741	41725	29191

22-11 续表 2 continued

单位：人 (person)

县(市、区)	County (County-level City and District)	就业人员 Employed Persons 2017	2018	#城镇单位就业人员 Number of Fully Employed Staff and Workers 2017	2018
湛江市	Zhanjiang				
赤坎区	Chikan District	143750	143563	57350	54481
霞山区	Xiashan District	236613	242129	95660	96581
麻章区	Mazhang District	158876	159383	20625	20652
坡头区	Potou District	187467	189712	22923	22519
雷州市	Leizhou City	713803	675895	53470	53213
廉江市	Lianjiang County	597725	580824	82448	107714
吴川市	Wuchuan City	463588	459197	71780	67682
遂溪县	Suixi County	453573	452883	37442	37330
徐闻县	Xuwen County	367228	367516	32928	31307
茂名市	Maoming				
茂南区	Maonan District	457557	460692	140609	147595
电白区	Dianbai District	704549	707099	120742	108620
信宜市	Xinyi City	451795	454360	66164	56300
高州市	Gaozhou City	644850	649110	74919	71971
化州市	Huazhou City	581883	585738	91148	78957
肇庆市	Zhaoqing				
端州区	Tuanzhou District		933774		79464
鼎湖区	Dinghu District		145796		62453
高要区	Gaoyao District		399682		72448
四会市	Sihui City		678179		67481
广宁县	Guangning County		117147		62759
德庆县	Deqing County		126176		66696
封开县	Fengkai County		111672		57990
怀集县	Huaiji County		198739		63572
清远市	Qingyuan				
清城区	Qingcheng District	447284	469306	141210	163525
清新区	Qingxin District	303184	305397	59486	59748
英德市	Yingde City	581351	590652	45557	44538
连州市	Lianzhou City	232263	232966	20670	20998
佛冈县	Fogang County	166206	166166	29159	30621
阳山县	Yangshan County	196193	194603	17506	17168
连山县	Lianshan County	48594	49528	5879	6854
连南县	Liannan County	79122	79466	9519	9373
潮州市	Chaozhou				
湘桥区	Xiangqiao District	234179	228354	77650	73029
潮安区	Chaoan District	551025	551462	87071	74705
饶平县	Raoping County	461882	454451	32125	31417
揭阳市	Jieyang				
榕城区	Rongcheng District	440115	444072	84673	79468
揭东区	Jiedong District	516699	512010	65177	61237
普宁市	Puning City	906713	899230	146310	89305
揭西县	Jiexi County	475724	469741	35408	33629
惠来县	Huilai County	410189	407458	47040	40803
云浮市	Yunfu				
云城区	Yuncheng District	157485	158014	29929	22455
云安区	Yunan District	144549	144567	14033	12562
罗定市	Luoding City	537993	539975	54443	52637
新兴县	Xinxing County	246855	250761	51673	51727
郁南县	Yunan County	234459	234369	23490	21834

注：本表按当年价格计算。
Note: The data in this table are calculated at current prices.

22-12 各县(市、区)城镇单位就业人员工资总额及平均工资
Total Wages and Average Wage of Fully Employed Staff and Workers by County (County-level City and District)

县(市、区)	County (County-level City and District)	工资总额（万元） Total Wages (10000yuan)		平均工资（元） AverageWage (yuan)	
		2017	2018	2017	2018
广州市	Guangzhou				
越秀区	Yuexiu District	5007410	5685226	92964	109165
海珠区	Haizhu District	2799851	3494008	103175	111563
荔湾区	Liwan District	1473714	1628137	96938	96448
天河区	Tianhe District	7861222	9407733	114940	127325
白云区	Baiyun District	3427683	3912904	105155	114836
黄埔区	Huangpu District	5030496	5984352	98916	110644
番禺区	Panyu District	2009542	2625162	80208	93350
花都区	Huadu District	1315382	1533869	77376	87486
南沙区	Nansha District	1537035	1977416	81511	99439
从化区	Conghua District	483992	718265	68814	97819
增城区	Zengcheng District	1037606	1068095	86674	97587
深圳市	Shenzhen				
福田区	Futian District	10382710	12752859	114957	131381
罗湖区	Luohu District	4262460	5158521	114072	128932
盐田区	Yantian District	633398	682005	96534	113414
南山区	Nanshan District	10172822	12301090	128508	138218
宝安区	Baoan District	7857706	7544711	72448	80044
龙岗区	Longgang District	7580532	8395022	103942	113272
龙华区	Longhua District	3787171	4057265	72855	79495
坪山区	Pingshan District	1155326	1405363	74827	83389
光明区	Guangming District				
珠海市	Zhuhai				
香洲区	Xiangzhou District	4134903	4563121	85159	89940
金湾区	Jinwan District	1074467	1185889	73141	80326
斗门区	Doumen District	854959	906283	69801	77497
汕头市	Shantou				
金平区	Jinping District	825027	912413	57923	63920
龙湖区	Longhu District	932610	1105230	65353	76515
澄海区	Chenghai District	584563	615801	65355	71908
濠江区	Haojiang District	320231	335878	77581	77361
潮阳区	Chaoyang District	493772	514498	48767	54215
潮南区	Chaonan District	297228	354609	58852	67760
南澳县	Nanao County	31080	33796	65336	73326
佛山市	Foshan				
禅城区	Chancheng District	1902512	1970586	81254	85471
南海区	Nanhai District	3423925	3744389	71749	77422
顺德区	Shunde District	5015998	5784305	74150	85008
高明区	Gaoming District	696223	841593	61789	63721
三水区	Sanshui District	898197	766612	59736	66467
韶关市	Shaoguan				
浈江区	Zhengjiang District	452325	485391	72713	75874
武江区	Wujiang District	559422	601180	67174	73052
曲江区	Qujiang District	268567	273713	75375	81962
乐昌市	Lechang City	107393	195098	51768	92049
南雄市	Nanxiong City	134852	162760	58068	71436
仁化县	Renhua County	111532	116401	62045	64714
始兴县	Shixing County	115538	132879	51085	60145
翁源县	Wengyuan County	112641	138297	56233	65681
新丰县	Xinfeng County	85274	89693	52628	57484
乳源县	Ruyuan County	106399	101154	63961	75556

22-12 续表 1 continued

县(市、区)	County (County-level City and District)	工资总额（万元） Total Wages (10000yuan)		平均工资（元） AverageWage (yuan)	
		2017	2018	2017	2018
河源市	Heyuan				
源城区	Yuancheng District	883213	989970	62198	69135
东源县	Dongyuan County	146191	232052	58528	66835
和平县	Heping County	158422	162861	58323	62294
龙川县	Longchuan County	237082	267796	61650	68366
紫金县	Zijin County	169104	175593	59855	65371
连平县	Lianping County	87967	134302	57691	69662
梅州市	Meizhou				
梅江区	Meijiang District	624814	644856	79837	85270
梅县区	Meixian District	261985	321022	73282	76906
兴宁市	Xingning City	255959	290216	50332	56004
平远县	Pingyuan County	86458	96045	60851	64948
蕉岭县	Jiaoling County	110219	206192	68480	82682
大埔县	Dabu County	134751	132077	68496	69757
丰顺县	Fengshun County	203576	209279	64607	71106
五华县	Wuhua County	235309	241903	54388	57830
惠州市	Huizhou				
惠城区	Huicheng District	3085041	3376434	72522	80456
惠阳区	Huiyang District	2186280	2457911	71498	76828
惠东县	Huidong County	421727	442455	66876	73058
博罗县	Boluo County	1058969	992246	65505	67756
龙门县	Longmen County	150413	159228	58481	71179
汕尾市	Shanwei				
市城区	Urban District	497238	598908	59052	65246
陆丰市	Lufeng City	356666	294143	55411	59654
海丰县	Haifeng County	243805	274573	57151	65420
陆河县	Luhe County	56634	60418	45483	51604
东莞市	Dongguan	15103237	17467878	61373	69610
中山市	Zhongshan	5304012	5676850	67728	74030
江门市	Jiangmen				
蓬江区	Pengjiang District	1236594	1380566	74357	75975
江海区	Jianghai District	358804	415613	62863	68014
新会区	Xinhui District	649252	801941	67420	74514
台山市	Taishan City	386910	489685	57813	65053
开平市	Kaiping City	461609	643633	58055	66415
鹤山市	Heshan City	403054	484115	58608	64793
恩平市	Enping City	171871	190680	57394	60984
阳江市	Yangjiang				
江城区	Jiangcheng District	505094	481219	63512	70541
阳东区	Yangdong District	257225	268552	57674	64683
阳春市	Yangchun City	327591	326978	56795	63523
阳西县	Yangxi County	229851	172071	52665	58862

22−12 续表 2 continued

县(市、区)	County (County-level City and District)	工资总额（万元） Total Wages (10000yuan)		平均工资（元） AverageWage (yuan)	
		2017	2018	2017	2018
湛江市	Zhanjiang				
赤坎区	Chikan District	433921	476331	75968	87307
霞山区	Xiashan District	664612	714409	69583	75076
麻章区	Mazhang District	127443	136238	63335	66879
坡头区	Potou District	206026	221222	90255	98233
雷州市	Leizhou City	219081	239132	40524	45010
廉江市	Lianjiang County	457396	752779	56147	73296
吴川市	Wuchuan City	329761	327686	51180	54977
遂溪县	Suixi County	191710	219891	52528	59790
徐闻县	Xuwen County	167468	175591	50814	56250
茂名市	Maoming				
茂南区	Maonan District	980684	1120704	70292	76691
电白区	Dianbai District	606883	614517	51337	57346
信宜市	Xinyi City	365482	359637	55698	62096
高州市	Gaozhou City	489353	466938	65542	65586
化州市	Huazhou City	478144	460712	53752	59199
肇庆市	Zhaoqing				
端州区	Tuanzhou District		933774		79464
鼎湖区	Dinghu District		145796		62453
高要区	Gaoyao District		399682		72448
四会市	Sihui City		678179		67481
广宁县	Guangning County		117147		62759
德庆县	Deqing County		126176		66696
封开县	Fengkai County		111672		57990
怀集县	Huaiji County		198739		63572
清远市	Qingyuan				
清城区	Qingcheng District	1015204	1208958	72528	75637
清新区	Qingxin District	392975	419582	65651	69857
英德市	Yingde City	376046	380351	82412	85938
连州市	Lianzhou City	152623	169837	73838	80737
佛冈县	Fogang County	195765	219034	67313	70424
阳山县	Yangshan County	110293	125397	62859	73242
连山县	Lianshan County	43403	52507	74219	77194
连南县	Liannan County	64253	67793	71258	71557
潮州市	Chaozhou				
湘桥区	Xiangqiao District	487243	505559	60691	66136
潮安区	Chaoan District	511363	504907	59340	67899
饶平县	Raoping County	151189	177480	47272	57044
揭阳市	Jieyang				
榕城区	Rongcheng District	505080	542181	59419	70031
揭东区	Jiedong District	319510	322344	49217	51025
普宁市	Puning City	725905	443308	49451	49786
揭西县	Jiexi County	153178	161715	43371	48615
惠来县	Huilai County	202053	195966	42955	48405
云浮市	Yunfu				
云城区	Yuncheng District	168825	138798	55202	63994
云安区	Yunan District	88243	87907	63603	69740
罗定市	Luoding City	305165	324739	57300	61478
新兴县	Xinxing County	333942	369420	65161	73725
郁南县	Yunan County	129970	129321	55000	59586

注：本表按当年价格计算。
Note: The data in this table are calculated at current prices.

22-13 各县(市、区)财政收支

Local Government Budgetary Revenue and Expenditure by County (County-level City and District)

单位：万元 (10000yuan)

县(市、区)	County (County-level City and District)	地方一般公共预算收入 Local Government Gernal Public Budget Revenue		地方一般公共预算支出 Local Government Gernal Public Budget Expenditure	
		2017	2018	2017	2018
广州市	Guangzhou				
越秀区	Yuexiu District	543695	568588	1211130	1258315
海珠区	Haizhu District	510094	540652	1034181	1098035
荔湾区	Liwan District	463309	485984	898646	1005278
天河区	Tianhe District	700381	738049	1380855	1443606
白云区	Baiyun District	560222	582940	1372462	1504404
黄埔区	Huangpu District	1603154	1734013	2305375	2722521
番禺区	Panyu District	800602	848233	1198250	1488961
花都区	Huadu District	975503	1007574	1334467	1493701
南沙区	Nansha District	706608	751900	1500500	1750268
从化区	Conghua District	269187	288692	833980	754619
增城区	Zengcheng District	834038	951599	1473522	1860571
深圳市	Shenzhen				
福田区	Futian District	1637062	1810367	2055398	2422423
罗湖区	Luohu District	976259	999621	2780283	2086359
盐田区	Yantian District	336725	296545	682924	545525
南山区	Nanshan District	2378174	2682160	2806726	3344709
宝安区	Baoan District	2853879	2600271	5637835	4368591
龙岗区	Longgang District	2608966	2799176	4306525	4050363
龙华区	Longhua District	1207981	1333745	2673273	2447267
坪山区	Pingshan District	454656	434494	1380415	1195523
光明区	Guangming District		526702		1209627
珠海市	Zhuhai				
香洲区	Xiangzhou District	368143	382981	583633	636351
金湾区	Jinwan District	235054	271126	510807	519927
斗门区	Doumen District	262401	285381	411926	501322
汕头市	Shantou				
金平区	Jinping District	110022	74769	273370	266283
龙湖区	Longhu District	162318	130773	272257	263548
澄海区	Chenghai District	210510	167575	425452	381594
濠江区	Haojiang District	65850	67212	167511	222882
潮阳区	Chaoyang District	198857	178007	671819	681297
潮南区	Chaonan District	127547	108466	495013	519993
南澳县	Nanao County	23119	26164	141804	126005
佛山市	Foshan				
禅城区	Chancheng District	874484	893024	1142637	1225463
南海区	Nanhai District	2248715	2390289	2278122	2351344
顺德区	Shunde District	2229893	2357813	2246913	2308496
高明区	Gaoming District	363672	404037	413853	497618
三水区	Sanshui District	543813	624410	594717	674342
韶关市	Shaoguan				
浈江区	Zhengjiang District	27318	40879	136931	148149
武江区	Wujiang District	38942	61903	120120	150364
曲江区	Qujiang District	85018	94556	218076	234264
乐昌市	Lechang City	59099	64458	322126	363685
南雄市	Nanxiong City	61168	50962	313861	373926
仁化县	Renhua County	53833	59448	207417	251379
始兴县	Shixing County	40023	43840	200849	225857
翁源县	Wengyuan County	42372	50925	271273	321766
新丰县	Xinfeng County	33030	36617	183464	236306
乳源县	Ruyuan County	56301	62654	268575	279288

22-13 续表 1 continued

单位：万元 (10000yuan)

县(市、区)	County (County-level City and District)	地方一般公共预算收入 Local Government Gernal Public Budget Revenue		地方一般公共预算支出 Local Government Gernal Public Budget Expenditure	
		2017	2018	2017	2018
河源市	Heyuan				
源城区	Yuancheng District	105349	114027	216311	288885
东源县	Dongyuan County	88127	95677	405454	480454
和平县	Heping County	56413	62182	371840	443787
龙川县	Longchuan County	67129	72588	562538	635750
紫金县	Zijin County	69250	74837	406273	437995
连平县	Lianping County	66770	67233	285820	349630
梅州市	Meizhou				
梅江区	Meijiang District	73090	72033	204632	247548
梅县区	Meixian District	197317	101013	515465	620318
兴宁市	Xingning City	114809	163816	620180	659370
平远县	Pingyuan County	81386	75959	238637	341519
蕉岭县	Jiaoling County	87978	83456	239970	314338
大埔县	Dabu County	97028	82790	359029	408800
丰顺县	Fengshun County	92103	82267	411685	556925
五华县	Wuhua County	81618	90168	673818	757768
惠州市	Huizhou				
惠城区	Huicheng District	423893	364139	606330	559621
惠阳区	Huiyang District	483288	516285	607893	626103
惠东县	Huidong County	379443	347431	730992	720478
博罗县	Boluo County	441089	447747	800729	850431
龙门县	Longmen County	93448	108329	302858	350323
汕尾市	Shanwei				
市城区	Urban District	49993	58384	188575	232131
陆丰市	Lufeng City	67399	74253	702914	810092
海丰县	Haifeng County	76864	85598	526133	619228
陆河县	Luhe County	29753	34387	256561	289353
东莞市	Dongguan	5920682	6499110	6676462	7654053
中山市	Zhongshan	3127571	3152269	4552228	4379205
江门市	Jiangmen				
蓬江区	Pengjiang District	260385	284165	338932	405017
江海区	Jianghai District	120163	134220	147833	177639
新会区	Xinhui District	519135	567223	737191	819483
台山市	Taishan City	266888	292425	504934	622878
开平市	Kaiping City	233348	262031	364704	393978
鹤山市	Heshan City	273888	301193	395802	415825
恩平市	Enping City	105083	114041	269555	301876
阳江市	Yangjiang				
江城区	Jiangcheng District	40143	48532	172476	224577
阳东区	Yangdong District	120607	122955	300807	615846
阳春市	Yangchun City	112807	140880	528747	379101
阳西县	Yangxi County	68798	74415	291308	330808

22-13 续表 2 continued

单位：万元 (10000yuan)

县(市、区)	County (County-level City and District)	地方一般公共预算收入 Local Government Gernal Public Budget Revenue		地方一般公共预算支出 Local Government Gernal Public Budget Expenditure	
		2017	2018	2017	2018
湛江市	Zhanjiang				
赤坎区	Chikan District	35292	37173	94370	117616
霞山区	Xiashan District	81069	81634	147843	159423
麻章区	Mazhang District	43323	50061	116433	133855
坡头区	Potou District	47277	48690	140281	159687
雷州市	Leizhou City	44909	55187	658737	714468
廉江市	Lianjiang County	116928	120850	643086	777929
吴川市	Wuchuan City	67454	84482	476564	481301
遂溪县	Suixi County	69316	74075	420123	468263
徐闻县	Xuwen County	44469	49510	371445	395418
茂名市	Maoming				
茂南区	Maonan District	66606	91348	276571	351959
电白区	Dianbai District	232652	107260	780735	632529
信宜市	Xinyi City	101133	175873	582169	727305
高州市	Gaozhou City	173831	120727	720050	696610
化州市	Huazhou City	118650	196997	575744	813815
肇庆市	Zhaoqing				
端州区	Tuanzhou District	90536	104304	210073	201425
鼎湖区	Dinghu District	67071	82796	123328	140428
高要区	Gaoyao District	135275	154903	310376	360313
四会市	Sihui City	138172	150571	337299	381338
广宁县	Guangning County	44527	50218	234987	309363
德庆县	Deqing County	53687	42450	215115	282919
封开县	Fengkai County	42982	49777	223758	287486
怀集县	Huaiji County	52831	58262	390228	477866
清远市	Qingyuan				
清城区	Qingcheng District	154750	163670	386875	401802
清新区	Qingxin District	132887	180859	418757	713982
英德市	Yingde City	164227	67618	625620	395514
连州市	Lianzhou City	62852	95329	260494	293329
佛冈县	Fogang County	90259	142222	255691	499168
阳山县	Yangshan County	44033	10614	216715	134359
连山县	Lianshan County	10010	12945	102201	165724
连南县	Liannan County	12471	46790	162565	295446
潮州市	Chaozhou				
湘桥区	Xiangqiao District	38878	41503	138670	167930
潮安区	Chaoan District	120106	81463	413466	552127
饶平县	Raoping County	76769	127475	452545	528811
揭阳市	Jieyang				
榕城区	Rongcheng District	77802	83315	176806	234570
揭东区	Jiedong District	111284	236496	448605	812630
普宁市	Puning City	212252	115621	807821	463907
揭西县	Jiexi County	46048	52628	403741	482187
惠来县	Huilai County	51290	48205	424844	524780
云浮市	Yunfu				
云城区	Yuncheng District	49993	42017	172468	219358
云安区	Yunan District	30619	125215	147451	606020
罗定市	Luoding City	124961	176070	524824	525684
新兴县	Xinxing County	175233	44616	454609	290649
郁南县	Yunan County	42538	26379	235240	216521

附录

APPENDIX

附 录

简要说明

一、本篇资料包括部分省市社会经济主要指标、中国香港特别行政区、中国澳门特别行政区、中国台湾省主要统计指标及国际主要统计指标。

二、附录 A、附录 B、附录 C 资料来源于国家统计局编辑、中国统计出版社出版的《中国统计年鉴》和《中国统计摘要》。附录 D 资料来源于国家统计局编辑、中国统计出版社出版的《国际统计年鉴——2018》。

三、一些国际组织及其组成成员：

经济合作与发展组织（经合组织，OECD）， 成员国有 35 个：澳大利亚、奥地利、比利时、加拿大、智利、捷克、丹麦、爱沙尼亚、芬兰、法国、德国、希腊、匈牙利、冰岛、爱尔兰、以色列、意大利、日本、韩国、拉脱维亚、卢森堡、墨西哥、荷兰、新西兰、挪威、波兰、葡萄牙、斯洛伐克、斯洛文尼亚、西班牙、瑞典、瑞士、土耳其、英国、美国。

欧洲联盟（欧盟，EU）， 成员国有 28 个：法国、德国、意大利、荷兰、比利时、卢森堡、丹麦、爱尔兰、英国、希腊、西班牙、葡萄牙、奥地利、芬兰、瑞典、塞浦路斯、捷克、爱沙尼亚、匈牙利、拉脱维亚、立陶宛、马耳他、波兰、斯洛伐克、斯洛文尼亚、保加利亚、罗马尼亚和克罗地亚。

欧洲货币联盟（欧元区，Euro Area）， 成员国有 19 个：德国、比利时、奥地利、荷兰、法国、意大利、西班牙、葡萄牙、卢森堡、爱尔兰、芬兰、希腊、斯洛文尼亚、塞浦路斯、马耳他、斯洛伐克、爱沙尼亚、拉脱维亚和立陶宛。

东南亚国家联盟（东盟，ASEAN）， 成员国有 10 个：菲律宾、马来西亚、泰国、新加坡、印度尼西亚、文莱（1984 年）、越南（1995 年）、缅甸（1997 年）、老挝（1997 年）和柬埔寨（1999 年）。

北美自由贸易区（NAFTA）： 成立于 1994 年 1 月 1 日，成员国有 3 个，加拿大、墨西哥和美国。

西方七国（G7）： 包括美国、日本、英国、德国、法国、意大利和加拿大。

四、一些国家(含地区)分类含义：

按收入分组国家：按照世界银行 2017 年分组标准，高收入国家指按图表集法计算的人均国民总收入 12056 美元及以上的国家，中等偏上收入国家指人均国民总收入 3896 美元至 12055 美元的国家，中等偏下收入国家指人均国民总收入 995 美元至 3895 美元的国家，低收入国家指人均国民总收入 995 美元及以下的国家。

发达国家与发展中国家：联合国统计司对“发达国家”及“发展中国家”没有一个明确的划分标准。通常是把亚洲的日本、北美的加拿大和美国、大洋洲的澳大利亚和新西兰、欧洲（除前南斯拉夫、东欧、独联体外）都列入发达国家。在国际贸易统计中，南部非洲关税联盟和以色列被认为是发达地区和国家；前南斯拉夫为发展中国家，东欧国家和在欧洲的独联体国家既不是发达国家，也不是发展中国家。

国际货币基金组织指出“发达经济体”包括 39 个国家或地区：澳大利亚、奥地利、比利时、加拿大、塞浦路斯、捷克、丹麦、爱沙尼亚、芬兰、法国、德国、希腊、中国香港、冰岛、爱尔兰、以色列、意大利、日本、韩国、拉脱维亚、立陶宛、卢森堡、中国澳门、马耳他、荷兰、新西兰、挪威、葡萄牙、波多黎各、圣马力诺、新加坡、斯洛伐克、斯洛文尼亚、西班牙、瑞典、瑞士、中国台湾、英国及美国。其他为新兴市场及发展中经济体。

五、2018 年各省市资料均为快速年报数。

六、本篇资料由广东省统计局综合处负责整理、编辑。

Appendix

Brief Introduction

Ⅰ. The data in this chapter include main social and economic indicators of some provinces and municipalities,main statistical indicators of Hong Kong and Macao Special Administrative Regions and Taiwan Province of the People’s Republic of China, as well as main international statistical indicators.

Ⅱ. Data in Appendices A, B, C come from China Statistical Yearbook and China Statistical Abstract compiled by National Bureau of Statistics and published by China Statistics Press. Data in Appendix D come from International Statistical Yearbook compiled by National Bureau of Statistics and published by China Statistics Press.

Ⅲ. International organizations and their members included are as follows:

Organization for Economic Co-operation and Development (OECD), has 35 members, i.e., Australia，Austria，Belgium，Canada, Chile，Czech，Denmark，Estonia，Finland，France，Germany，Greece，Hungary，Iceland，Ireland，Israel，Italy，Japan，Korea，Latvia，Luxembourg，Mexico，Netherlands，New Zealand，Norway，Poland，Portugal，Slovak，Slovenia，Spain，Sweden，Switzerland，Turkey，United Kingdom，United States.

European Union (EU), it expanded to 28 members, i.e., France, Germany, Italy, Netherlands, Belgium, Luxembourg, Denmark, Ireland, United Kingdom, Greece, Spain, Portugal, Austria, Finland, Sweden, Cyprus, the Czech Republic, Estonia, Hungary, Latvia, Lithuania, Malta, Poland, Slovakia and Slovenia, Bulgaria, Romania and Croatia.

European Monetary Union (Euro Area), it has 19 members and member countries are Germany, Belgium, Austria, Netherlands, France, Italy, Spain, Portugal, Luxembourg, Ireland, Finland, Greece, Slovenia, Cyprus, Malta, Slovak, Estonia, Latvia and Lithuania.

Association of South East Asian Countries (ASEAN), it has 10 members, i.e., the Philippines, Malaysia, Thailand, Singapore, Indonesia, Brunei Darussalam (1984), Viet Nam (1995), Myanmar (1997), Lao People's Democratic Republic (1997) and Cambodia (1999).

North American Free Trade Area(NAFTA), was founded on January 1, 1994, with members unchanged hitherto, i.e., Canada, Mexico and the United States.

Group 7, includes the United States, Japan, the United Kingdom, Germany, France, Italy and Canada.

Ⅳ. Countries (territories) are classified as follows:

Countries by Income Group According to the criteria by the World Bank, countries and territories (referred to as economies) are classified into high income (higher than $12056), higher middle income (between $3896 and $12055), lower middle income (between $995 and $3895) and low income ($995 and below) groups by their per capita GNI (calculated by Atlas method)in the year 2017.

Developed and Developing Countries There is no established convention for the designation of "developed" and "developing" countries or areas in the United Nations system. In common practice, Japan in Asia, Canada and the United States in northern America, Australia and New Zealand in Oceania, and Europe are considered "developed" regions or areas. In international trade statistics, the Southern African Customs Union is also treated as a developed region and Israelas a developed country; countries emerging from the former Yugoslavia are treated as developing countries; and countries of eastern Europe and of the Commonwealth of Independent States in Europe are not included under either developed or developing regions.

Advanced economies in International Monetary Fund (IMF) are composed of 39 countries: Australia, Austria, Belgium, Canada, Cyprus, Czech Republic, Denmark, Estonia, Finland, France, Germany, Greece, Hong Kong SAR, Iceland, Ireland, Israel, Italy, Japan, Korea, Latvia, Lithuania, Luxembourg, Macao, China, Malta, Netherlands, New Zealand, Norway, Portugal,Puerto Rico, San Marino, Singapore, Slovak Republic, Slovenia, Spain, Sweden, Switzerland, Taiwan Province of China, United Kingdom, and United States. Others are emerging market and developing economies.

Ⅴ. The data of various provinces and municipalities in 2018 all come from flash annual reports.

Ⅵ. The data in this chapter are prepared and compiled by the Division of Comprehensive Statistics of Guangdong Provincial Bureau of Statistics.

附录A-1 人口及地区生产总值（2018年）
Population and Gross Domestic Product (2018)

地区	Province or Municipality	年末常住人口(万人) Year-end Permanent Population (10000 persons)	年末城镇人口比重(%) Proportion of Urban Population (%)	地区生产总值(亿元) Gross Domestic Product (100 million yuan)	第一产业 Primary Industry	第二产业 Secondary Industry	第三产业 Tertiary Industry	地区生产总值比上年增长(%) Increase by (%)	人均地区生产总值(元) Per Capita GDP (yuan)	人均地区生产总值比上年增长(%) Increase by(%)
全国	**National Total**	**139538**	**59.58**	**900309.5**	**64734.0**	**366000.9**	**469574.6**	**6.6**	**64644**	**6.1**
北京	Beijing	2154	86.50	30320.0	118.7	5647.7	24553.6	6.6	140211	7.1
天津	Tianjing	1560	83.15	18809.6	172.7	7609.8	11027.1	3.6	120711	3.7
河北	Hebei	7556	56.43	36010.3	3338.0	16040.1	16632.2	6.6	47772	6.0
山西	Shanxi	3718	58.41	16818.1	740.6	7089.2	8988.3	6.7	45328	6.2
内蒙古	Nei Monggol	2534	62.71	17289.2	1753.8	6807.3	8728.1	5.3	68302	5.0
辽宁	Liaoning	4359	68.10	25315.4	2033.3	10025.1	13257.0	5.7	58008	5.9
吉林	Jilin	2704	57.53	15074.6	1160.8	6410.9	7503.0	4.5	55611	5.0
黑龙江	Heilongjiang	3773	60.10	16361.6	3001.0	4030.9	9329.7	4.7	43274	5.0
上海	ShangHai	2424	88.10	32679.9	104.4	9732.5	22843.0	6.6	134982	6.5
江苏	Jiangsu	8051	69.61	92595.4	4141.7	41248.5	47205.2	6.7	115168	6.3
浙江	Zhejiang	5737	68.90	56197.2	1967.0	23505.9	30724.3	7.1	98643	5.7
安徽	Anhui	6324	54.69	30006.8	2638.0	13842.1	13526.7	8.0	47712	6.9
福建	Fujian	3941	65.82	35804.0	2379.8	17232.4	16191.9	8.3	91197	7.4
江西	Jiangxi	4648	56.02	21984.8	1877.3	10250.2	9857.2	8.7	47434	8.1
山东	Shandong	10047	61.18	76469.7	4950.5	33641.7	37877.4	6.4	76267	5.9
河南	Henan	9605	51.71	48055.9	4289.4	22034.8	21731.7	7.6	50152	7.2
湖北	Hubei	5917	60.30	39366.6	3547.5	17089.0	18730.1	7.8	66616	7.5
湖南	Hunan	6899	56.02	36425.8	3083.6	14453.5	18888.7	7.8	52949	7.2
广东	Guangdong	11346	70.70	97277.8	3831.4	40695.2	52751.2	6.8	86412	5.1
广西	Guangxi	4926	50.22	20352.5	3019.4	8072.9	9260.2	6.8	41489	5.8
海南	Hainan	934	59.06	4832.1	1000.1	1095.8	2736.2	5.8	51955	4.8
重庆	Chongqing	3102	65.50	20363.2	1378.3	8328.8	10656.1	6.0	65933	5.1
四川	Sichuan	8341	52.29	40678.1	4426.7	15322.7	20928.7	8.0	48883	7.4
贵州	Guizhou	3600	47.52	14806.5	2159.5	5755.5	6891.4	9.1	41244	8.4
云南	Yunnan	4830	47.81	17881.1	2498.9	6957.4	8424.8	8.9	37136	8.2
西藏	Tibet	344	31.14	1477.6	130.3	628.4	719.0	9.1	43397	7.0
陕西	Shaanxi	3864	58.13	24438.3	1830.2	12157.5	10450.7	8.3	63477	7.5
甘肃	Gansu	2637	47.69	8246.1	921.3	2794.7	4530.1	6.3	31336	5.8
青海	Qinghai	603	54.47	2865.2	268.1	1247.1	1350.1	7.2	47689	6.3
宁夏	Ningxia	688	58.88	3705.2	279.9	1650.3	1775.1	7.0	54094	6.0
新疆	Xinjiang	2487	50.91	12199.1	1692.1	4923.0	5584.0	6.1	49475	4.1

注：地区生产总值为初步核算数。
Note: GDP is the preliminary calculated number.

附录A-2 固定资产投资完成情况（2018年）

Investment in Fixed Assets (2018年)

地 区	Province or Municipality	固定资产投资增速（不含农户）(%) Investment in Fixed Assets (excluding farmers) (%)	房地产开发投资额（亿元）Real Estate Development (100 million yuan)	商品房销售额（亿元）Total Sales of Commercial Housing (100 million yuan)	#住宅 Residential Builidings	房屋竣工面积（万平方米）Completion of Commercial Housing Area (10000 sq.m)	商品房销售面积（万平方米）Floor Sapce of Commercial Buildings Sold (10000 sq.m)
全 国	**National Total**	**5.9**	**120263.5**	**149972.7**	**126392.6**	**93550**	**171654**
北 京	Beijing	-5.5	3873.4	2377.0	1971.1	1558	696
天 津	Tianjing	-5.6	2424.5	2006.6	1816.5	2092	1250
河 北	Hebei	6.0	4476.4	4035.0	3567.3	2390	5252
山 西	Shanxi	5.7	1376.6	1610.6	1473.2	1408	2361
内蒙古	Nei Monggol	-28.3	882.8	1113.9	909.0	1416	2008
辽 宁	Liaoning	3.7	2599.3	2967.3	2615.8	2274	3935
吉 林	Jilin	1.6	1175.9	1452.4	1233.5	1520	2074
黑龙江	Heilongjiang	-4.7	944.4	1320.3	1112.3	1203	1913
上 海	ShangHai	5.2	4033.2	4751.5	3864.0	3116	1767
江 苏	Jiangsu	5.5	10982.3	14527.3	12693.9	8536	13484
浙 江	Zhejiang	7.1	9944.9	14089.8	12096.3	5190	9755
安 徽	Anhui	11.8	5974.1	7077.0	6174.8	4488	10038
福 建	Fujian	11.5	4940.3	6579.5	5074.5	3739	6213
江 西	Jiangxi	11.1	2174.9	4219.9	3524.3	2032	6201
山 东	Shandong	4.1	7553.0	10065.7	8682.8	10513	13455
河 南	Henan	8.1	7015.5	8055.3	6903.8	6655	13990
湖 北	Hubei	11.0	4693.1	7531.4	6591.4	2774	8865
湖 南	Hunan	10.0	3945.9	5354.0	4377.4	4161	9239
广 东	Guangdong	10.7	14412.2	18742.1	15595.3	7615	14336
广 西	Guangxi	10.8	3004.1	3826.5	3330.7	2193	6213
海 南	Hainan	-12.5	1715.0	2083.3	1832.0	1187	1432
重 庆	Chongqing	7.0	4248.8	5272.7	4442.9	4083	6536
四 川	Sichuan	10.2	5697.9	8532.3	6621.2	5635	12211
贵 州	Guizhou	15.8	2349.2	2921.0	2278.1	1280	5182
云 南	Yunnan	11.6	3247.2	3406.8	2690.8	1447	4532
西 藏	Tibet	9.8	92.6	52.8	42.9	50	73
陕 西	Shanxi	10.4	3534.7	3407.4	2808.8	1525	4119
甘 肃	Gansu	-3.9	1116.4	922.3	774.6	752	1596
青 海	Qinghai	7.3	351.8	289.9	224.1	320	448
宁 夏	Ningxia	-18.2	449.6	517.7	420.6	1214	1026
新 疆	Xinjiang	-25.2	1033.4	863.3	648.6	1183	1452

注：各地固定资产投资不含跨省投资。

Note: Trans-provincial investments are not included in the investment in fixed assets of various province.

附录A-3 居民人均收入与支出(2018年)
Per Capita Income and Expenditure (2018)

单位：元 (yuan)

地 区	Province or Municipality	全体居民 All residents		城镇常住居民 Urban resident		农村常住居民 Rural resident	
		人均可支配收入 Per Capita Disposable	人均消费支出 Per Capita Consumption Expenditure	人均可支配收入 Per Capita Disposable Income	人均消费支出 Per Capita Consumption Expenditure	人均可支配收入 Per Capita Disposable Income	人均消费支出 Per Capita Consumption Expenditure
全 国	**National Total**	**28228.0**	**19853.1**	**39250.8**	**26112.3**	**14617.0**	**12124.3**
北 京	Beijing	62361.2	39842.7	67989.9	42925.6	26490.3	20195.3
天 津	Tianjing	39506.1	29902.9	42976.3	32655.1	23065.2	16863.3
河 北	Hebei	23445.7	16722.0	32977.2	22127.4	14030.9	11382.8
山 西	Shanxi	21990.1	14810.1	31034.8	19789.8	11750.0	9172.2
内蒙古	Nei Monggol	28375.7	19665.2	38304.7	24437.1	13802.6	12661.5
辽 宁	Liaoning	29701.4	21398.3	37341.9	26447.9	14656.3	11455.0
吉 林	Jilin	22798.4	17200.4	30171.9	22393.7	13748.2	10826.2
黑龙江	Heilongjiang	22725.8	16994.0	29191.3	21035.5	13803.7	11416.8
上 海	ShangHai	64182.6	43351.3	68033.6	46015.2	30374.7	19964.7
江 苏	Jiangsu	38095.8	25007.4	47200.0	29461.9	20845.1	16567.0
浙 江	Zhejiang	45839.8	29470.7	55574.3	34597.9	27302.4	19706.8
安 徽	Anhui	23983.6	17044.6	34393.1	21522.7	13996.0	12748.1
福 建	Fujian	32643.9	22996.0	42121.3	28145.1	17821.2	14942.8
江 西	Jiangxi	24079.7	15792.0	33819.4	20760.0	14459.9	10885.2
山 东	Shandong	29204.6	18779.8	39549.4	24798.4	16297.0	11270.1
河 南	Henan	21963.5	15168.5	31874.2	20989.2	13830.7	10392.0
湖 北	Hubei	25814.5	19537.8	34454.6	23995.9	14977.8	13946.3
湖 南	Hunan	25240.7	18807.9	36698.3	25064.2	14092.5	12720.5
广 东	Guangdong	35809.9	26054.0	44341.0	30924.3	17167.7	15411.3
广 西	Guangxi	21485.0	14934.8	32436.1	20159.4	12434.8	10617.0
海 南	Hainan	24579.0	17528.4	33348.7	22971.2	13988.9	10955.8
重 庆	Chongqing	26385.8	19248.5	34889.3	24154.2	13781.2	11976.8
四 川	Sichuan	22460.6	17663.6	33215.9	23483.9	13331.4	12723.2
贵 州	Guizhou	18430.2	13798.1	31591.9	20787.9	9716.1	9170.2
云 南	Yunnan	20084.2	14249.9	33487.9	21626.4	10767.9	9122.9
西 藏	Tibet	17286.1	11520.2	33797.4	23029.4	11449.8	7452.1
陕 西	Shaanxi	22528.3	16159.7	33319.3	21966.4	11212.8	10070.8
甘 肃	Gansu	17488.4	14624.0	29957.0	22606.0	8804.1	9064.6
青 海	Qinghai	20757.3	16557.2	31514.5	22997.5	10393.3	10352.4
宁 夏	Ningxia	22400.4	16715.1	31895.2	21976.7	11707.6	10789.6
新 疆	Xinjiang	21500.2	16189.1	32763.5	24191.4	11974.5	9421.3

附录A-4 居民消费价格指数（2018年）

Consumer Price Indices (2018)

上年=100 (Preceding Year=100)

地 区	Province or Municipality	居民消费价格指数 Consumer Price Index	食品烟酒 Foods, Tobacco and Liquor	衣 着 Clothing	居 住 Residence	生活用品及服务 Daily Necessities and Services	交通和通信 Transportation and Communication	教育文化和娱乐 Education, Culture and Recreation	医疗保健 Health Care	其他用品和服务 Other Articles and Services
全 国	**National Total**	**102.1**	**101.9**	**101.2**	**102.4**	**101.6**	**101.7**	**102.2**	**104.3**	**101.2**
北 京	Beijing	102.5	103.1	99.7	103.2	101.3	100.6	103.6	103.0	102.2
天 津	Tianjing	102.0	103.1	101.1	101.3	101.1	101.3	102.4	102.6	101.1
河 北	Hebei	102.4	102.0	101.7	102.5	101.7	100.4	102.4	107.4	102.5
山 西	Shanxi	101.8	101.7	100.5	102.4	100.6	101.2	101.9	103.6	101.3
内蒙古	Nei Monggol	101.8	102.0	101.7	102.3	101.1	101.4	100.8	102.7	100.6
辽 宁	Liaoning	102.5	102.2	100.4	101.5	100.4	101.5	102.1	111.1	100.9
吉 林	Jilin	102.1	101.4	102.5	102.1	102.3	100.8	102.3	105.3	100.7
黑龙江	Heilongjiang	102.0	100.9	100.9	101.1	100.8	101.2	102.9	108.6	99.8
上 海	ShangHai	101.6	102.3	98.3	100.2	101.4	104.0	103.1	102.4	102.4
江 苏	Jiangsu	102.3	102.3	102.2	102.4	103.4	102.5	102.4	101.2	102.2
浙 江	Zhejiang	102.3	102.6	101.1	103.4	101.4	101.0	102.2	102.6	100.2
安 徽	Anhui	102.0	102.1	102.0	102.1	101.7	101.1	102.2	102.8	100.6
福 建	Fujian	101.5	101.7	99.6	101.9	100.9	101.2	102.1	102.1	100.5
江 西	Jiangxi	102.1	101.0	100.2	102.6	101.0	101.6	102.6	108.3	100.8
山 东	Shandong	102.5	102.3	103.2	103.1	101.6	101.8	102.2	103.0	100.8
河 南	Henan	102.3	101.5	101.1	102.2	101.6	102.2	103.0	106.1	101.4
湖 北	Hubei	101.9	101.8	100.8	102.5	101.3	102.2	101.5	103.5	100.6
湖 南	Hunan	102.0	100.8	101.9	103.6	101.3	102.8	101.5	102.5	100.6
广 东	Guangdong	102.2	102.1	101.7	102.1	101.4	101.9	102.3	104.5	101.0
广 西	Guangxi	102.3	101.0	101.5	104.3	101.9	101.6	102.5	104.5	101.3
海 南	Hainan	102.5	101.2	104.1	103.4	102.0	103.3	102.7	103.6	101.8
重 庆	Chongqing	102.0	101.4	101.5	102.8	101.7	100.1	103.0	105.7	100.9
四 川	Sichuan	101.7	101.3	101.1	102.6	101.5	101.2	101.5	102.8	102.4
贵 州	Guizhou	101.8	100.7	100.9	102.9	100.9	102.1	103.4	102.0	100.6
云 南	Yunnan	101.6	100.5	101.4	102.1	101.1	101.7	102.3	104.1	100.8
西 藏	Tibet	101.7	102.3	102.3	101.1	101.7	101.5	100.4	102.1	101.1
陕 西	Shaanxi	102.1	102.0	100.9	102.7	102.3	101.0	101.7	104.0	101.3
甘 肃	Gansu	102.0	100.9	101.1	103.5	100.8	101.2	100.5	108.0	100.8
青 海	Qinghai	102.5	102.7	101.4	102.5	101.1	101.6	104.8	103.4	100.5
宁 夏	Ningxia	102.3	102.5	102.2	102.6	102.3	102.7	101.8	101.9	101.2
新 疆	Xinjiang	102.0	103.1	98.9	97.9	102.3	101.2	101.3	112.5	100.1

附录A-5 农林牧渔业总产值和增速（2018年）
Gross Output Value of Farming,Forestry,Animal Husbandry and Fishery and Growth Rate (2018)

地区	Province or Municipality	农林牧渔业总产值(亿元) Gross Output Value of Farming, Forestry, Animal Husbandry and Fishery (100 million yuan)	#农业 Farming	#林业 Forestry	#畜牧业 Animal Husbandry	#渔业 Fishery	农林牧渔业总产值比上年增长(%) Growth Rate in Gross Output Value of Farming, Forestry ,Animal Husbandry and Fishery (%)
全 国	**National Total**	**113579.5**	**61452.6**	**5432.6**	**28697.4**	**12131.5**	**3.5**
北 京	Beijing	296.8	114.7	95.1	72.0	6.1	-6.0
天 津	Tianjing	390.5	197.2	12.7	95.8	71.1	0.9
河 北	Hebei	5707.0	3085.9	186.6	1813.8	207.5	3.0
山 西	Shanxi	1460.6	894.9	99.9	361.5	6.9	2.2
内蒙古	Nei Monggol	2985.3	1512.5	100.3	1294.3	29.2	3.0
辽 宁	Liaoning	4061.9	1749.4	149.5	1346.2	628.5	2.6
吉 林	Jilin	2184.3	993.0	73.3	1001.6	39.0	2.2
黑龙江	Heilongjiang	5624.3	3635.0	186.4	1542.4	105.7	3.5
上 海	ShangHai	289.6	150.1	15.8	48.3	56.2	-2.3
江 苏	Jiangsu	7192.5	3735.0	147.3	1091.3	1707.9	0.9
浙 江	Zhejiang	3157.3	1518.0	177.0	331.8	1043.3	1.7
安 徽	Anhui	4672.7	2253.7	332.9	1315.8	505.7	2.6
福 建	Fujian	4229.5	1653.4	389.0	718.4	1318.2	3.5
江 西	Jiangxi	3148.6	1549.2	319.6	672.2	473.9	3.5
山 东	Shandong	9397.4	4678.3	181.6	2432.7	1425.9	3.0
河 南	Henan	7757.9	4973.7	129.0	2067.7	122.7	3.9
湖 北	Hubei	6207.8	3033.8	235.2	1386.5	1106.0	3.4
湖 南	Hunan	5361.6	2664.3	387.1	1464.6	417.2	3.6
广 东	Guangdong	6318.1	3089.6	390.6	1184.7	1383.8	4.2
广 西	Guangxi	4909.2	2717.5	379.9	1072.3	504.3	5.6
海 南	Hainan	1535.7	729.5	110.4	245.3	387.4	4.1
重 庆	Chongqing	2052.4	1292.7	101.1	520.1	100.4	2.5
四 川	Sichuan	7195.6	4153.7	358.7	2246.1	247.9	3.9
贵 州	Guizhou	3619.5	2288.7	253.3	846.3	54.8	7.0
云 南	Yunnan	4108.9	2234.7	396.9	1237.1	98.3	6.3
西 藏	Tibet	195.5	88.1	3.2	98.4	0.3	5.5
陕 西	Shaanxi	3240.0	2245.0	104.6	682.8	29.8	3.3
甘 肃	Gansu	1659.4	1166.1	33.1	318.9	2.0	3.7
青 海	Qinghai	405.9	169.2	10.4	216.0	3.6	4.6
宁 夏	Ningxia	575.8	344.6	9.2	176.1	19.7	4.0
新 疆	Xinjiang	3637.8	2541.2	62.7	796.4	28.1	5.1

注：本表绝对数按当年价格计算，增速按可比价格计算。

Note: the figures in this table are calculated at current prices, the growth rate is calculated at comparable prices.

附录A-6 主要农产品产量（2018年）

Output of Major Agricultural Products (2018)

单位：万吨 (10000 tons)

地 区	Province or Municipality	粮食 Grain	油料 Oil-bearing	糖料 Sugarcane	肉类 Meat	蔬菜 Vegetable	水果 Fruits
全 国	**National Total**	**65789.2**	**3433.4**	**11937.4**	**8624.6**	**70346.7**	**25688.4**
北 京	Beijing	34.1	0.4		17.5	130.6	61.5
天 津	Tianjing	209.7	0.6	...	33.9	254.0	62.5
河 北	Hebei	3700.9	121.4	94.1	466.7	5154.5	1347.9
山 西	Shanxi	1380.4	15.5	0.1	93.1	821.9	750.5
内蒙古	Nei Monggol	3553.3	201.5	515.9	267.3	1006.5	264.2
辽 宁	Liaoning	2192.4	78.1	11.8	377.1	1852.3	788.9
吉 林	Jilin	3632.7	87.5	2.5	253.6	438.2	148.1
黑龙江	Heilongjiang	7506.8	11.2	53.0	247.5	634.4	170.8
上 海	ShangHai	103.7	0.7	0.2	13.5	294.5	54.3
江 苏	Jiangsu	3660.3	86.0	5.3	328.5	5625.9	934.1
浙 江	Zhejiang	599.1	29.4	40.6	104.6	1888.4	743.6
安 徽	Anhui	4007.3	158.0	10.1	421.7	2118.2	643.8
福 建	Fujian	498.6	21.2	26.1	256.1	1493.0	683.1
江 西	Jiangxi	2190.7	120.8	64.6	325.7	1537.0	684.4
山 东	Shandong	5319.5	310.9		854.7	8192.0	2788.8
河 南	Henan	6648.9	631.0	15.4	669.4	7260.7	2492.8
湖 北	Hubei	2839.5	302.5	27.8	430.9	3963.9	998.0
湖 南	Hunan	3022.9	234.4	33.8	541.7	3822.0	1016.8
广 东	Guangdong	1193.5	106.3	1412.7	449.9	3330.2	1669.2
广 西	Guangxi	1372.8	66.7	7292.8	426.8	3432.2	2116.6
海 南	Hainan	147.1	8.4	132.5	79.9	566.8	430.4
重 庆	Chongqing	1079.3	63.7	9.1	182.3	1932.7	431.3
四 川	Sichuan	3493.7	362.5	36.4	664.7	4438.0	1080.7
贵 州	Guizhou	1059.7	112.6	62.5	213.7	2613.4	369.5
云 南	Yunnan	1860.5	61.0	1640.1	427.2	2205.7	813.4
西 藏	Tibet	104.4	5.9		28.4	72.6	0.3
陕 西	Shaanxi	1226.0	61.0	0.1	114.5	1808.4	1835.1
甘 肃	Gansu	1151.4	70.4	25.2	101.2	1292.6	609.3
青 海	Qinghai	103.1	28.5	...	36.5	150.3	3.5
宁 夏	Ningxia	392.6	7.3		34.1	550.8	197.2
新 疆	Xinjiang	1504.2	67.8	424.7	162.0	1465.1	1497.8

注：水果产量含瓜果产量。
Note:The output of fruits includes melons in this table.

附录A-7　规模以上工业企业主要经济指标（2018年）

Main Economic Indicators of Industrial Enterprises above Designated Size (2018)

单位：亿元　　　　(100 million yuan)

地 区	Province or Municipality	主营业务收入 Main Business Revenue	主营业务成本 Main Business Cost	利润总额 Total Profit	应收账款 Accounts Receivable	产成品 Finished Goods	资产总计 Total Asstes
全 国	**National Total**	**1022241.1**	**857474.1**	**66351.4**	**143418.2**	**43119.1**	**1134382.2**
北 京	Beijing	21435.7	17812.7	1530.0	4473.1	990.8	48009.5
天 津	Tianjing	17549.7	14743.6	1200.7	2694.0	803.4	20939.6
河 北	Hebei	37835.5	32614.0	2211.7	4308.2	1592.3	44371.8
山 西	Shanxi	19252.1	15243.4	1355.9	2691.3	783.1	37707.0
内蒙古	Nei Monggol	14023.1	10857.1	1409.4	1968.9	621.1	30626.9
辽 宁	Liaoning	26489.9	22092.7	1460.3	3924.5	1476.8	35637.8
吉 林	Jilin	13637.5	11083.0	817.0	1533.4	649.3	17968.0
黑龙江	Heilongjiang	9078.0	7210.5	487.0	1425.7	416.1	14981.6
上 海	ShangHai	38445.7	30916.6	3338.4	7365.6	1650.1	42661.8
江 苏	Jiangsu	128085.6	108782.4	8491.9	22059.9	5534.3	119590.9
浙 江	Zhejiang	68653.8	57544.3	4452.1	12840.7	3665.2	77666.7
安 徽	Anhui	39354.9	33685.7	2448.2	5802.1	1501.0	37599.7
福 建	Fujian	51298.0	44205.3	3537.1	4898.6	1742.8	36232.5
江 西	Jiangxi	32077.4	27781.8	2157.8	2798.0	990.4	24085.5
山 东	Shandong	92703.6	79589.5	4872.2	9914.3	4458.4	102275.6
河 南	Henan	46627.6	39809.6	3053.4	5468.7	1668.4	50431.7
湖 北	Hubei	42358.1	35453.6	2755.4	4734.4	1591.1	39895.1
湖 南	Hunan	34850.5	29000.0	1726.9	3589.3	1012.2	27195.3
广 东	Guangdong	135616.1	113816.8	8309.7	22927.0	5858.8	124284.2
广 西	Guangxi	18707.9	16052.6	1100.1	1764.2	822.0	17158.8
海 南	Hainan	2202.3	1710.0	145.3	220.1	72.4	3090.5
重 庆	Chongqing	19674.7	16751.8	1218.7	2990.7	699.4	19172.5
四 川	Sichuan	40646.7	33829.1	2717.9	5107.4	1429.9	44075.9
贵 州	Guizhou	9390.8	7107.4	879.2	1039.5	338.2	15068.0
云 南	Yunnan	13227.4	10283.7	925.2	1230.3	559.2	20562.1
西 藏	Tibet	257.6	199.4	17.4	42.1	8.1	1570.0
陕 西	Shaanxi	23060.4	18136.6	2436.3	2402.8	947.0	32432.5
甘 肃	Gansu	8888.9	7658.9	270.4	814.3	424.6	12148.6
青 海	Qinghai	2177.9	1763.0	62.7	426.9	123.3	6337.5
宁 夏	Ningxia	4305.6	3592.1	174.2	674.9	217.0	9657.0
新 疆	Xinjiang	10328.2	8146.9	788.8	1287.1	472.4	20947.6

注：本表为快报数。
Note:The data in this table come from flash annual report.

附录A-8　主要工业产品产量（2018年）

Output of Major Industrial Products (2018)

地 区	Province or Municipality	发电量 (亿千瓦小时) Generating Capacity (billion kilowatt hours)	生 铁 (万吨) Pig Iron (ten thousand tons)	钢 材 (万吨) Steels (ten thousand tons)	水 泥 (万吨) Cement (ten thousand tons)	农用化肥 (万吨) Agricultural Chemical Fertilizer (ten thousand tons)	汽 车 (万辆) Car (10000 vehicles)	家 用 电冰箱 (万台) Household Refrigerators (10000 sets)	微型计算机设备 (万台) Micro-computers Equipment (10000 units)
全 国	**National Total**	**71117.7**	**77105.4**	**110551.7**	**220770.7**	**5424.4**	**2781.9**	**7993.2**	**30700.2**
北 京	Beijing	450.5		179.9	397.0		165.3		564.5
天 津	Tianjing	711.5	1649.4	4733.8	619.4	15.0	86.3	49.9	
河 北	Hebei	3133.2	21396.0	26916.9	9554.3	199.7	121.1		
山 西	Shanxi	3180.5	4761.3	4903.3	4415.6	361.3	10.8		
内蒙古	Nei Monggol	5003.0	1744.3	2259.5	3052.3	377.5	0.5		
辽 宁	Liaoning	1982.7	6331.8	6899.1	4155.9	33.1	94.9	132.7	
吉 林	Jilin	838.2	1162.2	1300.9	1480.0	17.4	276.9		
黑龙江	Heilongjiang	1029.2	695.7	561.4	1955.2	38.3	16.3		
上 海	ShangHai	839.7	1476.8	1983.3	414.5	1.0	297.8	46.1	1448.8
江 苏	Jiangsu	5085.1	6796.1	12146.7	14717.8	168.0	121.9	956.3	6215.0
浙 江	Zhejiang	3438.4	873.8	3048.7	12323.5	19.9	119.2	618.3	204.1
安 徽	Anhui	2734.5	2422.0	3195.0	13248.2	217.1	82.4	2631.1	2022.3
福 建	Fujian	2494.2	982.3	2915.9	8831.9	68.2	24.0		1183.6
江 西	Jiangxi	1281.3	2204.2	2571.3	8884.3	5.3	55.0	89.1	96.6
山 东	Shandong	5825.6	6456.8	9427.8	12619.0	387.1	87.9	888.4	0.8
河 南	Henan	3050.1	2511.5	3661.0	11020.0	411.6	58.9	125.6	
湖 北	Hubei	2835.8	2514.6	3649.9	10695.3	644.1	241.9	488.8	1111.5
湖 南	Hunan	1532.7	1963.2	2374.7	10997.4	52.7	52.9		67.1
广 东	Guangdong	4369.6	2016.0	4503.3	16319.9	24.2	323.3	1628.5	5249.0
广 西	Guangxi	1752.0	1447.1	2890.9	11827.1	36.1	215.1		
海 南	Hainan	323.4			2104.2	61.5	2.1		
重 庆	Chongqing	799.5	580.4	1187.7	6583.1	146.9	172.6	139.7	7074.1
四 川	Sichuan	3687.0	1978.6	2896.7	13752.8	370.5	74.7	85.3	5903.6
贵 州	Guizhou	2016.0	342.0	554.3	11121.8	487.1	0.5	143.1	2.0
云 南	Yunnan	3241.0	1572.4	1940.7	12119.8	305.2	15.9		72.4
西 藏	Tibet	66.6			913.0				
陕 西	Shaanxi	1855.6	1157.6	1445.2	6286.6	129.4	62.1		
甘 肃	Gansu	1531.4	614.0	833.5	3883.3	29.5	1.1		
青 海	Qinghai	811.0	124.5	146.6	1354.9	478.6			
宁 夏	Ningxia	1610.0	210.1	266.8	1767.9	39.1			
新 疆	Xinjiang	3283.2	1121.0	1322.7	3592.6	279.1	2.5		

附录A-9 建筑业主要指标（2018年）

Indicators of Construction Industry (2018)

地 区	Province or Municipality	企业个数（个） Number of Enterprises (unit)	从事建筑业活动的从业人员平均人数（万人） Number of Employed Persons of Construciton Enterprises (10000 persons)	建筑业总产值（亿元） Gross Output Value of Construction Enterprises (100 million yuan)	房屋建筑施工面积（万平方米） Construction Area of housing Construction (10000 square meters)	房屋建筑面积竣工面积（万平方米） Completion Area of Housing Construction (10000 square meters)	按建筑业总产值计算的劳动生产率（元/人） Labor Productivity Calculated by Gross Output Value of Construction Industry (yuan/person)
全 国	**National Total**	**95400**	**6299.4**	**235085.5**	**1408920.4**	**413508.8**	**373187**
北 京	Beijing	2621	198.0	10939.8	71969.3	9771.3	552473
天 津	Tianjing	1798	95.9	3791.1	13379.9	2119.6	395345
河 北	Hebei	2523	133.8	5740.3	35665.3	9054.4	429099
山 西	Shanxi	2666	109.4	4071.5	16651.8	3692.6	372041
内蒙古	Nei Monggol	1006	32.8	1040.1	5369.2	1699.8	316812
辽 宁	Liaoning	5134	98.8	3528.4	13659.8	4310.0	357232
吉 林	Jilin	2322	55.2	2183.6	8504.3	3132.4	395705
黑龙江	Heilongjiang	1671	45.3	1194.3	3765.4	1438.5	263940
上 海	ShangHai	2445	121.1	7072.2	47577.4	7960.1	583972
江 苏	Jiangsu	9292	918.6	30846.7	249176.8	74806.3	335803
浙 江	Zhejiang	6769	797.0	28756.2	214499.4	62123.3	360809
安 徽	Anhui	3813	187.0	7888.5	46758.4	15894.5	421813
福 建	Fujian	4865	432.8	11548.8	72626.8	17294.2	266835
江 西	Jiangxi	2632	197.7	6993.4	33274.7	15638.5	353687
山 东	Shandong	6907	351.5	12898.3	81483.6	22255.7	366960
河 南	Henan	6159	304.3	11360.5	63789.7	20623.9	373304
湖 北	Hubei	4196	254.3	15133.9	88238.1	32691.9	595205
湖 南	Hunan	2580	275.2	9581.4	59247.4	19929.3	348223
广 东	Guangdong	6142	292.3	13714.4	73731.3	18536.5	468333
广 西	Guangxi	1385	141.8	4671.7	26494.8	8723.5	329562
海 南	Hainan	194	8.6	339.2	2202.3	594.9	396869
重 庆	Chongqing	2770	238.8	7819.4	35140.0	13780.1	327437
四 川	Sichuan	5230	408.7	12983.8	58007.4	20876.7	317667
贵 州	Guizhou	1202	91.8	3330.0	16660.9	4904.3	362686
云 南	Yunnan	2843	174.8	5458.5	19224.4	7514.7	312250
西 藏	Tibet	280	5.8	172.8	518.5	144.5	297502
陕 西	Shaanxi	2661	173.1	7120.2	29645.2	7071.9	411272
甘 肃	Gansu	1434	56.0	1796.4	9992.4	2648.5	320721
青 海	Qinghai	382	11.5	435.1	990.6	451.6	378017
宁 夏	Ningxia	691	21.1	565.0	2334.5	801.5	267274
新 疆	Xinjiang	1183	66.5	2110.1	8341.1	3023.9	317489

注：本表为具有资质等级的施工总承包、专业承包建筑业企业(不含劳务分包建筑业企业)数据。

Note: Data in this table refer to construction enterprises with qualification grade of main contractor and professional contractors(not including labor subcontracting construction enterprises)

附录A-10 客运量和旅客周转量（2018年）

Passenger Traffic and Passenger-kilometers (2018)

地区	Province or Municipality	客运量（万人）Passenger Traffic (10000 Persons)	铁路 Railways	公路 Highways	水运 Waterways	旅客周转量（亿人公里）Passenger-kilometers (100 million kilometers)	铁路 Railways	公路 Highways	水运 Waterways
全国	**National Total**	**1793820.3**	**337494.7**	**1367170.4**	**27981.5**	**34218.2**	**14146.6**	**9279.7**	**79.6**
北京	Beijing	58934.7	14357.5	44577.2		254.4	154.6	99.9	
天津	Tianjing	17450.3	5075.3	12259.5	115.5	276.5	199.9	76.4	0.2
河北	Hebei	47345.6	12210.6	35132.6	2.5	1289.2	1061.4	227.6	0.2
山西	Shanxi	23837.4	7957.6	15718.9	161.0	393.9	234.2	159.6	0.1
内蒙古	Nei Monggol	13268.3	5445.8	7822.5		337.1	214.7	122.4	
辽宁	Liaoning	71342.9	14421.8	56355.0	566.1	938.8	641.3	291.5	6.0
吉林	Jilin	31956.2	8445.5	23372.0	138.7	427.3	273.3	153.8	0.2
黑龙江	Heilongjiang	31567.8	10521.8	20739.0	306.9	433.8	279.3	154.1	0.4
上海	ShangHai	15844.6	12266.7	3151.0	426.9	218.7	112.1	105.8	0.8
江苏	Jiangsu	120612.0	21203.6	97025.0	2383.4	1539.3	819.2	716.6	3.5
浙江	Zhejiang	98380.2	21870.0	72013.0	4497.2	1103.7	694.6	402.8	6.3
安徽	Anhui	63346.6	12336.9	50769.7	240.0	1163.7	786.4	376.9	0.4
福建	Fujian	48105.1	12095.8	34080.7	1928.6	600.0	385.2	212.0	2.8
江西	Jiangxi	60685.7	11130.7	49302.0	253.0	993.7	732.4	261.0	0.3
山东	Shandong	67443.5	15355.5	50044.0	2043.9	1289.6	783.3	493.6	12.8
河南	Henan	110420.9	16383.4	93707.0	330.5	1775.1	1063.3	711.2	0.6
湖北	Hubei	98350.0	16712.7	80989.5	647.8	1258.9	800.7	453.4	4.7
湖南	Hunan	106679.6	13943.2	91007.1	1729.4	1463.1	979.5	479.9	3.6
广东	Guangdong	154681.7	33745.4	105248.6	2774.9	4502.0	953.7	1120.7	11.1
广西	Guangxi	47930.8	11100.1	36134.0	696.7	816.6	462.3	351.1	3.3
海南	Hainan	14382.9	2958.2	9636.8	1787.9	130.5	52.1	74.4	4.1
重庆	Chongqing	60587.4	7706.8	52150.0	730.6	493.1	227.1	260.4	5.6
四川	Sichuan	98568.8	15115.7	81462.0	1991.1	878.3	410.3	466.1	1.9
贵州	Guizhou	93024.7	6760.7	84053.0	2211.0	798.7	322.8	469.1	6.8
云南	Yunnan	41484.3	5500.3	34642.0	1342.0	431.6	158.9	269.6	3.0
西藏	Tibet	1399.5	352.3	1047.2		46.8	18.9	28.0	
陕西	Shaanxi	71583.0	10953.0	60269.0	361.0	798.0	510.4	287.0	0.6
甘肃	Gansu	42185.5	5473.4	36634.4	77.7	634.7	401.3	233.3	0.1
青海	Qinghai	6442.7	1255.8	5091.7	95.2	141.0	90.1	50.8	0.1
宁夏	Ningxia	6136.9	653.0	5342.0	141.9	88.3	40.8	47.5	0.1
新疆	Xinjiang	21204.2	3810.2	17394.0		405.8	282.6	123.2	
不分地区	Not Classified by Region	61173.8				10712.3			

注：不分地区合计为民航完成数。

Notes: The total passenger-kilometers not classified by rigion refers to that completed by civil aviation.

附录A-11 货运量和货物周转量(2018年)

Freight Traffic and Freight Ton_Kilometers (2018)

地 区	Province or Municipality	货运量 (万吨) Freight volume (10000 tons)	铁路 Railways	公路 Highways	水运 Waterways	货物周转量 (亿吨公里) Turnover of goods (100 million tons)	铁路 Railways	公路 Highways	水运 Waterways
全 国	**National Total**	**5152674.1**	**402573.4**	**3956870.7**	**702684.3**	**204685.8**	**28820.5**	**71249.2**	**99052.8**
北 京	Beijing	20873.3	595.7	20277.6		1034.2	866.8	167.4	
天 津	Tianjing	52220.7	9248.6	34711.1	8260.9	2240.5	509.8	404.1	1326.6
河 北	Hebei	249265.2	19579.8	226333.6	3351.8	13872.6	4831.6	8550.1	490.9
山 西	Shanxi	211496.8	85260.1	126213.6	23.1	4489.4	2581.6	1907.7	0.1
内蒙古	Nei Monggol	232524.8	72506.5	160018.3		5596.0	2610.3	2985.6	
辽 宁	Liaoning	223346.0	19691.3	189737.0	13917.8	10654.5	1184.6	3152.3	6317.6
吉 林	Jilin	52156.3	5614.6	46520.0	21.7	1704.7	515.3	1189.2	0.2
黑龙江	Heilongjiang	55189.8	11357.3	42943.0	889.5	1601.3	784.6	810.7	6.1
上 海	ShangHai	106983.1	482.3	39595.0	66905.9	28299.9	9.8	299.3	27990.8
江 苏	Jiangsu	233157.0	6171.0	139251.0	87735.0	8969.3	303.0	2544.4	6121.9
浙 江	Zhejiang	269082.8	4330.3	166533.0	98219.5	11538.1	221.5	1964.1	9352.5
安 徽	Anhui	406760.5	8066.3	283817.1	114877.1	11803.7	721.2	5451.6	5630.9
福 建	Fujian	136947.3	3517.7	96575.6	36854.0	7646.2	147.3	1289.5	6209.4
江 西	Jiangxi	174285.0	5155.3	157646.0	11483.7	4528.6	530.6	3759.9	238.1
山 东	Shandong	354018.7	23247.1	312807.3	17964.3	10052.2	1357.0	6859.7	1835.5
河 南	Henan	259883.8	10460.6	235183.0	14240.2	8982.1	2066.4	5893.9	1021.8
湖 北	Hubei	204306.9	4729.9	163145.0	36432.0	6675.5	870.0	2955.5	2850.0
湖 南	Hunan	229957.0	4467.7	204388.6	21100.7	4386.6	812.8	3114.8	459.0
广 东	Guangdong	424995.5	7616.6	304743.1	102351.7	28644.8	268.0	3890.3	24177.4
广 西	Guangxi	190652.3	7140.3	153389.0	30123.0	4983.8	710.1	2683.0	1590.6
海 南	Hainan	22040.2	1067.8	12051.7	8920.7	875.8	17.0	84.6	774.3
重 庆	Chongqing	128491.0	1967.5	107064.0	19459.6	3597.9	206.6	1152.8	2238.5
四 川	Sichuan	187385.3	7199.1	173324.0	6862.3	2946.1	861.0	1815.0	270.1
贵 州	Guizhou	102536.7	5512.7	95354.0	1670.0	1797.9	606.3	1146.5	45.1
云 南	Yunnan	140670.0	4661.0	135321.4	687.5	1971.9	465.4	1489.2	17.3
西 藏	Tibet	2432.9	70.2	2362.7		150.1	33.2	116.8	
陕 西	Shaanxi	173245.5	42245.5	130823.0	177.0	4024.9	1723.0	2301.4	0.5
甘 肃	Gansu	70385.7	6086.8	64271.1	27.8	2609.9	1490.9	1119.0	0.0
青 海	Qinghai	18904.9	3220.1	15684.8		551.4	275.6	275.7	
宁 夏	Ningxia	38915.9	7158.9	31757.0		627.7	229.5	398.2	
新 疆	Xinjiang	97498.0	12469.0	85029.0		2483.9	1007.2	1476.7	
不分地区	Not Classified by Region	90671.9			126.3	5650.8			87.6

注：不分地区合计中包括管道运输企业、民航运输企业、中国远洋海运集团有限公司下属海外公司完成量。货运量和货物周转量的全国总计等于分省数与不分地区数据之和。

Notes: The Freight Traffic and freight ton-kilometers not clssifed by region refer to pipelins ,civil aviation and that completed by companies aboroad under the China Ocean Shipping(Group)Company.The Freight Traffic and freight ton-kilometers is equal to the sum of the provinces and the not classified by region .

附录A-12 国内外贸易（2018年）

Retail Trades and Foreign Trades (2018)

地 区	Province or Municipality	社会消费品零售总额（亿元）Total Retail Sales of Social Consumer Goods (100 million yuan)	进出口总额（亿美元）Total Import and Export Volume (100 million dollars)	出口 Export	进口 Import	进出口总额（亿元）Total Import and Export Volume (100 million yuan)	出口 Export	进口 Import
全 国	**National Total**	**380986.9**	**46230.4**	**24874.0**	**21356.4**	**305050.4**	**164176.7**	**140873.7**
北 京	Beijing	11747.7	4124.0	741.7	3382.3	27180.7	4878.5	22302.2
天 津	Tianjing	5533.0	1225.4	488.1	737.2	8078.8	3208.5	4870.3
河 北	Hebei	16537.1	538.8	339.9	198.9	3551.6	2243.0	1308.7
山 西	Shanxi	7338.5	207.7	122.7	85.0	1369.9	810.4	559.5
内蒙古	Nei Monggol	7311.1	156.9	57.5	99.3	1034.4	378.7	655.7
辽 宁	Liaoning	14142.8	1144.3	488.0	656.3	7545.9	3214.9	4331.0
吉 林	Jilin	7520.4	206.7	49.4	157.3	1362.8	325.8	1037.0
黑龙江	Heilongjiang	9317.4	264.1	44.5	219.6	1747.7	294.0	1453.7
上 海	ShangHai	12668.7	5156.4	2071.7	3084.7	34009.4	13666.9	20342.6
江 苏	Jiangsu	33230.4	6640.4	4040.4	2600.0	43802.4	26657.7	17144.7
浙 江	Zhejiang	25007.9	4324.8	3211.5	1113.2	28519.2	21182.1	7337.2
安 徽	Anhui	12100.1	629.7	362.1	267.7	4150.8	2386.6	1764.2
福 建	Fujian	14317.4	1875.4	1155.6	719.7	12354.3	7615.6	4738.7
江 西	Jiangxi	7566.4	482.4	339.6	142.8	3164.9	2224.1	940.8
山 东	Shandong	33605.0	2923.9	1601.4	1322.5	19302.5	10569.6	8732.9
河 南	Henan	20594.7	828.3	537.8	290.5	5512.7	3579.0	1933.7
湖 北	Hubei	18333.6	528.0	340.9	187.1	3487.2	2253.2	1234.0
湖 南	Hunan	15638.3	465.3	305.7	159.6	3079.5	2026.7	1052.8
广 东	Guangdong	39501.1	10851.0	6470.5	4380.6	71645.7	42744.1	28901.7
广 西	Guangxi	8291.6	623.4	328.0	295.4	4106.7	2176.1	1930.6
海 南	Hainan	1717.1	127.4	44.9	82.6	849.0	297.7	551.3
重 庆	Chongqing	7977.0	790.4	513.8	276.6	5222.6	3395.3	1827.3
四 川	Sichuan	18254.5	899.4	504.0	395.4	5947.8	3334.8	2613.0
贵 州	Guizhou	3971.2	76.0	51.2	24.8	500.8	337.4	163.3
云 南	Yunnan	6826.0	298.9	128.1	170.8	1973.0	847.7	1125.3
西 藏	Tibet	597.6	7.2	4.3	2.9	47.5	28.6	18.9
陕 西	Shaanxi	8938.3	533.1	316.0	217.2	3513.8	2078.7	1435.1
甘 肃	Gansu	3428.3	60.0	22.1	37.9	394.7	145.8	248.8
青 海	Qinghai	835.6	7.0	4.7	2.3	46.0	31.1	14.9
宁 夏	Ningxia	935.8	37.8	27.4	10.4	249.2	180.5	68.7
新 疆	Xinjiang	3187.0	200.1	164.2	35.9	1326.2	1089.3	236.8

附录B-1　中国香港特别行政区主要社会经济指标
Main Statistical Indicators of Hong Kong Special Administrative Region

指　　标	Item	2000	2010	2017	2018
本地生产总值	**Gross Domestic Product (GDP)**				
按2016年环比物量计算①	At 2016 Link Ratios①				
本地生产总值年增长率 (%)	Annual Growth Rate (%)	7.7	6.8	3.8	3.0
本地生产总值 (亿港元)	GDP (HKD 100 million)	14143	21080	25862	26644
人均本地生产总值 (港元)	Per Capita GDP (HKD)	212200	300101	349881	357584
按当年价格计算	At Current Prices				
本地生产总值年增长率 (%)	Annual Growth Rate (%)	4.0	7.1	6.9	6.9
本地生产总值 (亿港元)	GDP (HKD 100 million)	13375	17763	26625	28453
人均本地生产总值 (港元)	Per Capita GDP (HKD)	200675	252887	360206	381870
人口及生命统计	**Population and Vital Events**				
年中人口 (万人)	Mid-year Population (10000 persons)	666.5	702.4	739.2	745.1
粗出生率 (‰)	Crude Birth Rate (‰)	8.1	12.6	7.7	7.2@
粗死亡率 (‰)	Crude Death Rate (‰)	5.1	6.0	6.3	6.3@
劳动、就业⑥	**Labor and Employment⑥**				
劳动人口 (万人)	Labor Force (10000 persons)	337.4	363.1	394.7	397.9
劳动人口参与率 (%)		61.4	59.6	61.1	61.2
失业率 (%)	Unemployment Rate (%)	4.9	4.3	3.1	2.8
政府收支、货币、金融（亿港元）	**Public Accounts, Money and Finance(HKD 100 million)**				
政府收入总额②	Total Government Revenue ②	2251	3765	6198	5964
政府支出总额②	Total Government Expenditure ②	2329	3014	4709	5378
货币供应量M3	Money Supply M3	36928	71563	138038	144037
居民消费物价指数 (2014年10月至2015年9月=100)	**Consumer Price Index** (Oct. 2014 to Sep. 2015 = 100)				
综合消费物价指数	Composite Consumer Price Index	78.4	81.8	104.5	107.0
工业生产	**Industrial Production**				
工业生产指数③(2008年=100)	Index of Industrial Production③ (2008=100)		95.0	93.1	94.3
工业电力消费量 (万亿焦耳)	Industrial Electricity Consumption (terajoules)	17769	11080	11196	11081
工业煤气消费量 (万亿焦耳)	Industrial Gas Consumption (terajoules)	982	917	1569	1717
运输、旅游	**Transport and Tourism**				
进出香港的货物					
总卸下 (万吨)		13035	17282	19108	17581
总装上 (万吨)		8692	12882	11772	10958
集装箱吞吐量④ (万标准集装箱单位)	Volume of Containers Handled④ (10000 TEUs)	1810	2370	2077	1960
访港旅客⑤ (万人次)	Visitor Arrivals ⑤ (10000 person-times)	1306	3603	5847	6515
酒店入住率 (%)	Hotel Room Occupancy Rate (%)	83	87	89	91@
对外商品贸易	**External Merchandise Trade**				
港产品出口 (亿港元)	Domestic Exports (HKD 100 million)	1810	695	435	463
转口 (亿港元)	Re-exports (HKD 100 million)	13917	29615	38324	41118
进口 (亿港元)	Imports (HKD 100 million)	16580	33648	43570	47214
教育	**Education**				
小学学生人数⑦ (人)	Student Enrolment in Primary Schools (person)	498175	334415	365732	376310
中学学生人数⑦⑧ (人)	Student Enrolment in Secondary Schools (person)	490039	486817	349086	344564

注：本表数据由香港特别行政区政府统计处提供，国家统计局整理编辑。
@数字将于日后进行修订。
①以环比物量计算的本地生产总值及其组成部分的参照年为2016年。
②财政年度数字。指当年4月1日至第二年3月31日。
③自2005年统计年度开始，所有工业生产指数均按《香港标准行业分类2.0版》编制。
④1998年起，采用一系列新的集装箱吞吐量数字，与1998年以前的数字不可比。
⑤1996年及以后的数字包括澳门访港的非澳门居民旅客人数。
⑥统计数字在编制过程中涉及应用人口数字。数字已就2016年中期人口统计的结果而作出了修订。2016年中期人口统计的结果提供了一个基准，用作修订自2011年人口普查以来编制的人口数字。
⑦数字包括特殊学校的学生人数。
⑧数字亦包括夜校、技工级课程及毅进文凭课程的学生人数。

Notes: Data in this table are provided by the Census and Statistics Department of the Government of Hong Kong Special Administrative Region, and further prepared and edited by the National Bureau of Statistics.
@Figures are subject to revision as more data become available.
①The chain volume measures of GDP and its components have been re-referenced by 2016.
②Figures are as at end of the financial year. Financial year is from 1 April to 31 March of the next year,unless otherwise specified.
③Since 2005, all indices of industrial production are compiled based on the Hong Kong Standard Industrial Classification (HSIC) Version 2.0.
④Since 1998,new figures of container throughput are adopted,and therefore not comparable with the previous years.
⑤Figures of 1996 and after include arrival of non-Macao residents via Macao.
⑥Figures of popultaion are involved in the process of compiling data. The data of mid-year population since 2011 has been adjusted on the basis of the mid-year population in 2016.
⑦Figures include students enrolled in special schools.
⑧Figures include students enrolled in night schools, technician level courses, and Yi Jin diploma courses.

附录B-2 中国澳门特别行政区主要社会经济指标

Main Statistical Indicators of Macao Special Administrative Region

指 标	Item	2000	2010	2017	2018
本地生产总值①	**Gross Domestic Product① (GDP)**				
以2016年环比物量计算	At 2016 Link Ratios				
本地生产总值实际增长率（支出法） (%)	Real Growth Rate of GDP by Expenditure	5.7	25.3	9.1	4.7
本地生产总值 (亿澳门元)	GDP (100 million MOP)	1094.2	3192.3	3975.2	4162.4
人均本地生产总值(万澳门元)	Per Capita GDP (10000 MOP)	25.4	59.5	61.3	63.0
按当年价格计算	At Current Prices				
本地生产总值名义增长率（支出法） (%)	Nominal Growth Rate of GDP by Expenditure	4.0	31.3	12.0	8.5
本地生产总值 (亿澳门元)	GDP (100 million MOP)	539.4	2250.5	4057.9	4403.2
人均本地生产总值(万澳门元)	Per Capita GDP (10000 MOP)	12.5	41.9	62.5	66.7
人口及生命统计	**Population and Vital Events**				
年中人口 (万人)	Mid-year Estimates of Population (10000 persons)	43.1	53.7	64.8	65.9
出生率 (‰)	Crude Birth Rate (‰)	8.9	9.5	10.1	9.0
死亡率 (‰)	Crude Death Rate (‰)	3.1	3.3	3.3	3.1
劳动、就业②	**Labor②**				
劳动人口 (万人)	Labor Force (10000 persons)	20.9	32.4	38.7	39.2
失业率 (%)	Unemployment Rate (%)	6.8	2.8	2.0	1.8
对外商品贸易	**External Trade**				
出口 (亿澳门元)	Exports (100 million MOP)	203.8	69.6	112.8	121.9
本地产品出口 (亿澳门元)	Domestic Exports (100 million MOP)	170.8	23.9	17.9	15.3
转口 (亿澳门元)	Re-exports (100 million MOP)	33.0	45.7	95.0	106.6
进口 (亿澳门元)	Imports (100 million MOP)	181.0	441.2	758.5	901.0
工业生产	**Industrial Production**				
工业电力消耗量 (亿千瓦小时)	Industrial Electricity Consumption (100 million kwh)	1.5	1.5	1.6	1.6
运输、旅游	**Transport and Tourism**				
进出澳门货运车辆数目②(万辆)	Lorries Entering and Departing Macao②(10000 times)	45.4	35.8	34.5	34.8
访澳旅客③ (万人次)	Visitor Arrivals③ (10000 person-times)	916.2	2496.5	3261.1	3580.4
酒店入住率 (%)	Hotel Room Occupancy Rate (%)	58	80	87	91
政府收支、货币、金融	**Government Accounts, Money and Finance**				
政府总收入① (亿澳门元)	Total Government Revenue① (100 million MOP)	153.4	884.9	1263.7	1342.0
政府总开支① (亿澳门元)	Total Government Expenditure① (100 million MOP)	150.2	383.9	813.0	803.3
货币供应（广义货币供应量M2） (亿澳门元)	Money Supply (M2) (100 million MOP)	849.2	2430.5	5914.7	6514.4
消费价格指数	**Consumer Price Index**				
(2013年10月至2014年9月=100)	(Oct.2013 to Sep.2014= 100)				
综合消费价格指数	Composite Consumer Price Index	64.82	80.50	109.56	112.85
教育④	**Education**				
小学生 (人)	Students in Primary Education (person)	45474	23785	30169	32530
中学生 (人)	Students in Secondary Education (person)	38156	37224	26608	26022
高等教育学生 (人)	Students in Higher Education (person)	8358	25539	33098	34279

注：本表数据由澳门特别行政区政府统计暨普查局提供，国家统计局整理编辑。

①数字在日后得到更多资料时会作出修订。

②自2000年开始包括进出关闸及路(氹)城边检站的数字。而自2007年开始亦包括进出跨境工业区边检站的数字。

③自2008年开始，访澳旅客不包括外地雇员及学生等。

④不包括特殊教育学生。第n年的学生人数是指n/n+1学年年底学生人数。2007/2008学年起不包括回归教育学生人数；2010/2011学年起为注册学生人数。

Notes: Data in this table are provided by the Statistics and Census Services of the Government of Macao Special Administrative Region, and further prepared and edited by the National Bureau of Statistics.

① Figures are subject to revision as more data become available.

②Starting from 2000,data include the figures via inspection stations.Starting from 2007,data include those via inspection stations of the cross-border industrial zone.are also included.

③Starting from 2008,foreign employees and students are not included in Macao Visitor arrivals.

④Special education students are not included.The number of students in year n refers to the number of students at the end of the n/n+1 academi year. The number of students returning to education will not be included from the 2007/2008 academic year.Starting from the 2010/201 academic year, statistics only include registered students.

附录C 中国台湾省主要社会经济指标
Main Statistical Indicators of Taiwan Province

指 标	Item	2000	2010	2017	2018
国民经济核算	**National Accounts**				
本地居民生产总值(新台币亿元)	Gross National Product (NT$ 100 million)	104908	145489	179653	180959
本地生产总值 (新台币亿元)	Gross Domestic Product (NT$ 100 million)	103513	141192	175012	177770
经济增长率 (%)	Economic Growth Rate (%)	6.4	10.6	3.1	2.6
人均本地居民总收入	Per Capita Gross National Income				
新台币元	NT$	472889	628706	762681	767555
美元	USD	15142	19864	25055	25456
居民储蓄总额 (新台币亿元)	Gross Deposits (NT$ 100 million)	31055	48218	61611	59558
储蓄率 (%)	Deposit Rate	29.6	33.1	34.3	32.9
人口	**Population**				
户籍登记人口数① (万人)	Year-end Population① (10000 persons)	2228	2316	2357	2359
人口自然增加率 (‰)	Natural Population Growth Rate (‰)	8.08	0.91	0.96	0.37
人口密度 (人/平方公里)	Population Density (persons/sq.km)	616	640	651	652
劳动、就业	**Labor and Employment**				
劳动力人口 (万人)	Labor Force (10000 persons)	978	1107	1180	1187
失业率 (%)	Unemployment Rate (%)	3.0	5.2	3.8	3.7
工业	**Industry**				
工业生产指数 (2016年＝100)	Index of Industrial Production (2016=100)	54.4	87.7	105.0	108.8
制造业生产指数 (2016年=100)	Index of Industrial Production (2016=100)	52.6	87.0	105.3	109.4
对外贸易	**Foreign Trade**				
贸易额 (亿美元)	Total Value of Imports and Exports (USD 100 million)				
出口	Exports	1520	2780	3172	3359
进口	Imports	1407	2563	2593	2863
运输、旅游	**Transportation and Tourism**				
铁路	Railways	4.6	7.8	11.2	11.5
公路	Highways	11.0	11.1	12.4	12.4
航空 (万人)	Airway (10000 persons)	2633	2543	3667	3793
高速公路通行车辆数③(万辆次)	Vehicles for Motorway Transportation③(10000 unit-times)	45381	55506	591902	592668
每百人机动车辆数① (辆)	Vehicles per 100 Persons① (unit)	76.4	93.8	92.1	92.7
港埠货物装卸量 (万收费吨)	Inward and Outward Movements Cargo (10000 tons)	56695	65540	72550	74085
观光 (万人次)	Tourism (10000 person-times)				
出岛旅客	Outbound Tourists	733	942	1565	1664
来台湾旅客	Inbound Tourists	262	557	1074	1107
财政、金融	**Public Accounts and Finance**				
赋税实征净额② (新台币亿元)	Revenue② (NT$ 100 million)	19298	16222	22512	23869
货币供应量M2① (新台币亿元)	Money Supply M2① (NT$ 100 million)	188978	309544	427702	439052
年增长率 (%)	Average Annual Growth Rate (%)	6.5	5.5	3.6	2.7
存款① (新台币亿元)	Deposits① (NT$ 100 million)	193087	310063	420940	431958
物价年涨跌率 (%)	**Price Indices Annual Growth Rate (%)**				
批发	Wholesale Trade Price	1.82	5.46	0.90	3.64
消费者	Consumer Price	1.25	0.96	0.62	1.35

注：①年底数。
②为年度资料。
③从2013年12月30日起，国道高速公路由计次收费改为计程电子收费。

Notes: ① Year-end data.
② Annual data, of which year of 2000 refers to the second half year of 1999 and year of 2000.
③Since 30th December 2013, toll for national highway has been charged for mileage instead of charged by the number of times.

附录D-1 部分国家和地区主要经济指标（2017年）

Main Economic Indicators of Some Countries and Territories (2017)

国家和地区	Country or Territory	国内生产总值（亿美元）Gross Domestic Product (USD 100 million)	人均国民总收入（美元）Per Capita Gross National Income (USD)	国内生产总值增长率(%) Growth Rate of GDP (%)	对GDP增长贡献率(%) Contribution Share in GDP Growth (%)		
					第一产业 Primary Industry	第二产业 Secondary Industry	第三产业 Tertiary Industry
世　界	World	806838	10366	3.2			
高收入国家	High Income Countries	514754	40136	2.2			
中等收入国家	Middle Income Countries	286827	4940	4.9			
中等偏下收入国家	Lower Middle Income Countries	65042	2118	5.3			
中等偏上收入国家	Upper Middle Income Countries	221684	8192	4.8			
中低收入国家	Low and Middle Income Countries	292368	4451	4.9			
低收入国家	Low Income Countries	5497	744	5.7			
最不发达地区	Most Underdeveloped Countries	10626	990	5.3			
中　国	China	122377	8690	6.9	4.4	42.0	53.6
巴　西	Brazil	20555	8580	1.0	78.8	0.5	20.8
加 拿 大	Canada	16530	42870	3.0	0.2	40.7	59.1
法　国	France	25825	37970	1.8	5.4	15.1	79.4
德　国	Germany	36774	43490	2.2	-0.3	35.8	64.6
印　度	India	25975	1820	6.6	7.1	24.2	68.7
印度尼西亚	Indonesia	10155	3540	5.1	10.7	36.1	53.3
意 大 利	Italy	19348	31020	1.5	-6.3	29.5	76.8
日　本	Japan	48721	38550	1.7	-19.0①	82.3①	36.7①
韩　国	Korea, Rep.	15308	28380	3.1	0.2	58.5	41.3
马来西亚	Malaysia	3145	9650	5.9	10.1	32.2	57.7
墨 西 哥	Mexico	11499	8610	2.0	5.7	-10.5	104.8
俄 罗 斯	Russia	15775	9232	1.5	3.5	12.5	84.0
新 加 坡	Singapore	3239	54530	3.6	-0.1	40.1	60
泰　国	Thailand	4552	5960	3.9	13.7	14.6	71.7
英　国	United Kingdom	26224	40530	1.8	-0.2	31.4	68.7
美　国	United States of America	193906	58270	2.3	9.3①	1.7①	89.0①

注：①2016年数据。

Note:①Data refer to 2016.

附录D-1　续表　continued

国家和地区	Country or Territory	GDP产业构成 (%) Structure of GDP by Production Approach (%)			能　源生产量(2014年，万吨标准油) Energy Production (2014, 10000 tons of SOE)	能源最终消费量(2014年，万吨标准油) Total Energy Consumption (2014, 10000 tons of SOE)	货物进出口贸易总额(亿美元) Total Merchandise Imports and Exports (USD 100 million)	货物出口总额(亿美元) Merchandise Exports (USD 100 million)	货物进口总额(亿美元) Merchandise Imports (USD 100 million)
		农业增加值占GDP比重 Agriculture	工业增加值占GDP比重 Industry	服务业增加值占GDP比重 Service Industry					
世　界	World	3.5①	25.4①	65.1①	1371689	933347	357540	177300	180240
高收入国家	High Income Countries	1.3①	22.9①	69.6①					
中等收入国家	Middle Income Countries	8.4	31.7	54.3					
中等偏下收入国家	Lower Middle Income Countries	15.2	28.2	49.6					
中等偏上收入国家	Upper Middle Income Countries	6.4	32.7	55.6					
中低收入国家	Low and Middle Income Countries	8.7	31.6	54.2					
低收入国家	Low Income Countries	26.3①	29.7①	39.2①					
最不发达地区	Most Underdeveloped Countries	23.7	23.6	45.5					
中　国	China	7.9	40.5	51.6	250424	192012	41052	22633	18419
巴　西	Brazil	4.6	18.5	63.1	26529	23225	3752	2178	1575
加拿大	Canada	1.4②	27.5②	64.7②	46923	19613	8626	4209	4417
法　国	France	1.5	17.4	70.2	13785	14809	11599	5352	6247
德　国	Germany	0.6	27.6	61.9	12006	21633	26153	14483	11670
印　度	India	15.5	26.2	48.9	53334	53823	7456	2984	4472
印度尼西亚	Indonesia	13.1	39.4	43.6	44935	16872	3255	1686	1569
意大利	Italy	1.9	21.4	66.3	3669	11632	9589	5062	4526
日　本	Japan	1.2①	29.3①	68.8①	2712	29988	13701	6981	6719
韩　国	Korea, Rep.	2.0	35.9	52.8	4913	16903	10522	5737	4785
马来西亚	Malaysia	8.8	38.8	51.0	9466	5293	4130	2178	1951
墨西哥	Mexico	3.4	29.9	60.9	20831	11872	8416	4095	4322
俄罗斯	Russia	4.0	30.0	56.2	131946	45879	5909	3531	2378
新加坡	Singapore		23.2	70.4	65	1749	7009	3732	3277
泰　国	Thailand	8.7	35.0	56.3	7875	9754	4595	2367	2228
英　国	United Kingdom	0.5	18.6	70.1	10793	12287	10890	4450	6441
美　国	United States of America	1.0①	18.9①	77.0①	201023	151512	39562	15467	24095

注：①2016年数据。②2014年数据。
Note:①Data refer to 2016.②Data refer to 2014.

附录D-2 部分国家和地区国内生产总值

Gross Domestic Product of Some Countries and Territories

单位：亿美元 (USD 100 million)

国家和地区	Country or Territory	2000	2005	2010	2015	2016	2017
世界总计	**World**	**335717**	**474118**	**659567**	**748427**	**759368**	**806838**
低收入国家	Low Income Countries	1410	2055	3848	5301	5018	5497
中等收入国家	Middle Income Countries	55236	93688	198539	260058	261578	286827
中等偏下收入国家	Lower Middle Income Countries	12718	20912	44915	57888	60368	65042
中等偏上收入国家	Upper Middle Income Countries	42518	72776	153624	202108	201089	221684
中、低收入国家	Low and Middle Income Countries	56623	95731	202418	265346	266636	292368
高收入国家	High Income Countries	278990	378289	457193	483224	492819	514754
中 国	China	12113	22860	61006	110647	111910	122377
中国香港	Hong Kong, China	1717	1816	2286	3094	3209	3414
中国澳门	Macao, China	67	121	281	454	453	504
阿 根 廷	Argentina	2842	1987	4236	5947	5549	6376
澳大利亚	Australia	4150	6926	11443	13490	12080	13234
孟加拉国	Bangladesh	534	694	1153	1951	2214	2497
白俄罗斯	Belarus	127	302	572	565	477	544
巴 西	Brazil	6554	8916	22089	18022	17940	20555
保加利亚	Bulgaria	132	296	506	502	532	568
加 拿 大	Canada	7423	11694	16135	15596	15358	16530
捷 克	Czech Republic	616	1363	2075	1868	1953	2157
埃 及	Egypt	998	897	2189	3327	3329	2354
法 国	France	13622	21961	26426	24382	24651	25825
德 国	Germany	19500	28614	34171	33756	34778	36774
印 度	India	4621	8089	16566	21024	22742	25975
印度尼西亚	Indonesia	1650	2859	7551	8609	9323	10155
伊 朗	Iran	1096	2265	4871	3859	4190	4395
以 色 列	Israel	1323	1425	2336	2991	3177	3509
意 大 利	Italy	11418	18527	21251	18329	18594	19348
日 本	Japan	48875	47554	57001	43950	49493	48721
哈萨克斯坦	Kazakhstan	183	571	1480	1844	1373	1594
韩 国	Korea, Rep.	5616	8981	10945	13828	14148	15308
马来西亚	Malaysia	938	1435	2550	2964	2965	3145
墨 西 哥	Mexico	7079	8775	10578	11696	10769	11499
蒙 古	Mongolia	11	25	72	117	112	115
荷 兰	Netherlands	4128	6785	8364	7580	7772	8262
新 西 兰	New Zealand	526	1147	1466	1776	1893	2059
尼日利亚	Nigeria	464	1122	3691	4811	4047	3758
巴基斯坦	Pakistan	740	1095	1774	2706	2787	3050
菲 律 宾	Philippines	810	1031	1996	2928	3049	3136
波 兰	Poland	1719	3061	4793	4774	4714	5245
罗马尼亚	Romania	374	997	1667	1779	1878	2118
俄 罗 斯	Russia	2597	7640	15249	13684	12847	15775
新 加 坡	Singapore	958	1274	2364	3041	3098	3239
南 非	South Africa	1364	2577	3753	3177	2958	3494
西 班 牙	Spain	5954	11573	14316	11978	12373	13113
斯里兰卡	Sri Lanka	166	244	567	806	818	872
泰 国	Thailand	1264	1893	3411	4014	4118	4552
土 耳 其	Turkey	2730	5014	7719	8598	8637	8511
乌 克 兰	Ukraine	313	861	1360	910	933	1122
英 国	United Kingdom	16480	25207	24412	28856	26509	26224
美 国	United States of America	102848	130937	149644	181207	186245	193906
委内瑞拉	Venezuela	1171	1455	3932			
越 南	Viet Nam	312	576	1159	1932	2053	2239

附录D-3 部分国家和地区国内生产总值增长率

Growth Rates of GDP of Some Countries and Territories

单位：%　　(%)

国家和地区	Country or Territory	2000	2005	2010	2015	2016	2017
世　界	**World**	**4.4**	**3.8**	**4.3**	**2.9**	**2.5**	**3.2**
高收入国家	High Income Countries	4.0	2.8	3.0	2.3	1.7	2.2
中等收入国家	Middle Income Countries	5.8	7.0	7.5	3.9	4.2	4.9
中等偏下收入国家	Lower Middle Income Countries	4.4	6.9	7.4	5.7	5.2	5.3
中等偏上收入国家	Upper Middle Income Countries	6.2	7.1	7.5	3.4	3.9	4.8
中低收入国家	Low and Middle Income Countries	5.8	7.0	7.4	3.9	4.2	4.9
低收入国家	Low Income Countries	2.3	6.0	6.7	1.8	2.5	5.7
最不发达地区	Most Underdeveloped Countries	4.3	8.7	5.9	3.8	3.6	5.3
中　国	China	8.5	11.4	10.6	6.9	6.7	6.9
中国香港	Hong Kong, China	7.7	7.4	6.8	2.4	2.2	3.8
阿根廷	Argentina	-0.8	8.9	10.1	2.7	-1.8	2.9
澳大利亚	Australia	3.9	3.2	2.1	2.4	2.8	2.0
孟加拉国	Bangladesh	5.3	6.5	5.6	6.6	7.1	7.3
白俄罗斯	Belarus	5.8	9.4	7.8	-3.8	-2.5	2.4
巴　西	Brazil	4.1	3.2	7.5	-3.5	-3.5	1.0
保加利亚	Bulgaria	4.9	7.1	1.3	3.6	3.9	3.6
加拿大	Canada	5.2	3.2	3.1	1.0	1.4	3.0
捷　克	Czech Republi	4.3	6.5	2.3	5.3	2.6	4.3
埃　及	Egypt	5.4	4.5	5.1	4.4	4.3	4.2
法　国	France	3.9	1.6	2.0	1.1	1.2	1.8
德　国	Germany	3.0	0.7	4.1	1.7	1.9	2.2
印　度	India	3.8	9.3	10.3	8.2	7.1	6.6
印度尼西亚	Indonesia	4.9	5.7	6.2	4.9	5.0	5.1
伊　朗	Iran	5.9	3.2	5.8	-1.3	13.4	4.3
以色列	Israel	8.2	4.1	5.2	3.0	4.1	3.3
意大利	Italy	3.7	1.0	1.7	1.0	0.9	1.5
日　本	Japan	2.8	1.7	4.2	1.4	0.9	1.7
哈萨克斯坦	Kazakhstan	9.8	9.7	7.3	1.2	1.1	4.0
韩　国	Korea，Rep.	8.9	3.9	6.5	2.8	2.9	3.1
马来西亚	Malaysia	8.9	5.3	7.4	5.0	4.2	5.9
墨西哥	Mexico	4.9	2.3	5.1	3.3	2.9	2.0
蒙　古	Mongolia	1.1	7.3	6.4	2.4	1.2	5.9
缅　甸	Myanmar	13.7	13.6	9.6	7.0	5.9	6.4
荷　兰	Netherlands	4.2	2.2	1.4	2.3	2.2	3.2
新西兰	New Zealand	2.3	3.3	1.0	4.4	3.5	3.0
尼日利亚	Nigeria	5.3	3.4	7.8	2.7	-1.6	0.8
巴基斯坦	Pakistan	4.3	7.7	1.6	4.7	5.5	5.7
菲律宾	Philippines	4.4	4.8	7.6	6.1	6.9	6.7
波　兰	Poland	4.6	3.5	3.6	3.8	2.9	4.6
罗马尼亚	Romania	2.4	4.2	-2.8	4.0	4.8	6.9
俄罗斯	Russia	10.0	6.4	4.5	-2.8	-0.2	1.5
新加坡	Singapore	8.9	7.5	15.2	2.2	2.4	3.6
南　非	South Africa	4.2	5.3	3.0	1.3	0.6	1.3
西班牙	Spain	5.3	3.7		3.4	3.3	3.1
斯里兰卡	Sri Lanka	6.0	6.2	8.0	5.0	4.5	3.1
泰　国	Thailand	4.5	4.2	7.5	3.0	3.3	3.9
土耳其	Turkey	6.6	9.0	8.5	6.1	3.2	7.4
乌克兰	Ukraine	5.9	2.7	4.2	-9.8	2.3	2.5
英　国	United Kingdom	3.7	3.1	1.7	2.3	1.9	1.8
美　国	United States of America	4.1	3.3	2.5	2.9	1.5	2.3
委内瑞拉	Venezuela	3.7	10.3	-1.5	-5.7		
越　南	Viet Nam	6.8	7.5	6.4	6.7	6.2	6.8

附录D-4 部分国家和地区人均国民总收入

Per Capita Gross National Income of Some Countries and Territories

单位：美元 (USD)

国家和地区	Country or Territory	2000	2005	2010	2015	2016	2017
世界总计	**World**	**5475**	**7337**	**9380**	**10595**	**10326**	**10366**
高收入国家	High Income Countries	25184	33629	38621	40925	40009	40136
中等收入国家	Middle Income Countries	1167	1825	3585	4958	4860	4940
中等偏下收入国家	Lower Middle Income Countries	537	830	1505	2047	2062	2118
中等偏上收入国家	Upper Middle Income Countries	1801	2874	5870	8272	8063	8192
中低收入国家	Low and Middle Income Countries	1083	1680	3267	4482	4385	4451
低收入国家	Low Income Countries	267	365	611	762	734	744
中 国	China	940	1760	4340	7950	8250	8690
中国香港	Hong Kong, China	26930	28890	33620	41180	42970	46310
阿 根 廷	Argentina	7440	4600	9170	12300	11940	13040
澳大利亚	Australia	21110	30270	46550	60360	54130	51360
孟加拉国	Bangladesh	420	530	780	1190	1330	1470
白俄罗斯	Belarus	1380	2820	6080	6720	5620	5280
巴 西	Brazil	3860	3940	9610	10100	8860	8580
保加利亚	Bulgaria	1650	3770	6980	7480	7580	7760
加拿大	Canada	22610	34120	44370	47460	43880	42870
捷 克	Czech Republic	6310	12390	19210	18250	17630	18160
埃 及	Egypt	1390	1210	2330	3310	3410	3010
法 国	France	25140	35990	43790	40730	38780	37970
德 国	Germany	26210	35880	44790	45790	44020	43490
印 度	India	440	700	1220	1600	1680	1820
印度尼西亚	Indonesia	580	1220	2520	3430	3410	3540
伊 朗	Iran	1740	2930	6140	5340	5470	5400
以 色 列	Israel	19270	21450	29580	36080	36250	37270
意 大 利	Italy	21820	32390	37690	32970	31700	31020
日 本	Japan	36230	40560	43440	38880	38000	38550
哈萨克斯坦	Kazakhstan	1260	2950	7440	11420	8800	7890
韩 国	Korea, Rep.	10740	17790	21260	27250	27690	28380
马来西亚	Malaysia	3460	5280	8290	10450	9860	9650
墨 西 哥	Mexico	5830	7790	8930	9860	9010	8610
蒙 古	Mongolia	470	900	2000	3850	3590	3290
荷 兰	Netherlands	28460	41950	53530	49030	46610	46180
新 西 兰	New Zealand	14020	25380	29770	40270	38560	38970
尼日利亚	Nigeria	270	670	1470	2850	2450	2080
巴基斯坦	Pakistan	490	730	1080	1430	1500	1580
菲 律 宾	Philippines	1220	1430	2470	3520	3580	3660
波 兰	Poland	4660	7350	12770	13340	12680	12710
罗马尼亚	Romania	1720	3930	8640	9530	9520	9970
俄罗斯	Russia	1710	4450	9980	11760	9720	9232
新 加 坡	Singapore	23670	28370	44790	54020	52350	54530
南 非	South Africa	3020	4900	6160	6070	5490	5430
西 班 牙	Spain	15790	25930	32130	28420	27580	27180
斯里兰卡	Sri Lanka	880	1210	2420	3760	3790	3840
泰 国	Thailand	1980	2790	4580	5710	5700	5960
土 耳 其	Turkey	4300	6760	10430	12000	11230	10930
乌 克 兰	Ukraine	700	1540	2990	2650	2310	2388
英 国	United Kingdom	28880	42770	41380	43720	42370	40530
美 国	United States of America	36070	46340	48950	56300	56800	58270
委内瑞拉	Venezuela	4070	4910	11570			
越 南	Viet Nam	410	630	1250	1950	2060	2170

附录D-5 部分国家和地区人均国内生产总值增长率

Growth Rates of Per Capita GDP of Some Countries and Territories

单位：%　　(%)

国家和地区	Country or Territory	2000	2005	2010	2015	2016	2017
世　　界	**World**	**3.0**	**2.6**	**3.1**	**1.7**	**1.3**	**2.0**
高收入国家	High Income Countries	3.4	2.1	2.3	1.7	1.1	1.7
中等收入国家	Middle Income Countries	4.4	5.7	6.2	2.8	3.1	3.8
中等偏下收入国家	Lower Middle Income Countries	2.6	5.1	5.8	4.2	3.7	3.9
中等偏上收入国家	Upper Middle Income Countries	5.3	6.3	6.7	2.6	3.1	4.0
中低收入国家	Low and Middle Income Countries	4.2	5.6	6.0	2.6	2.9	3.6
低收入国家	Low Income Countries	-0.4	3.1	3.9	-0.8	-0.1	3.0
中　　国	China	7.6	10.7	10.1	6.4	6.1	6.3
中国香港	Hong Kong, China	6.7	6.9	6.0	1.5	1.5	3.0
中国澳门	Macao, China	3.4	5.6	22.6	-23.2	-2.7	7.3
阿 根 廷	Argentina	-1.9	7.7	9.0	1.7	-2.8	1.9
澳大利亚	Australia	2.7	1.8	0.5	0.9	1.3	0.4
孟加拉国	Bangladesh	3.3	5.0	4.4	5.4	6.0	6.2
白俄罗斯	Belarus	6.3	10.2	8.0	-4.0	-2.7	2.4
巴　　西	Brazil	2.6	2.0	6.5	-4.4	-4.3	0.2
保加利亚	Bulgaria	5.5	7.9	2.0	4.3	4.7	4.3
加 拿 大	Canada	4.3	2.2	1.9	0.2	0.2	1.8
捷　　克	Czech Republic	4.6	6.4	2.0	5.1	2.4	4.0
埃　　及	Egypt	3.4	2.6	3.1	2.2	2.3	2.2
法　　国	France	3.2	0.9	1.5	0.7	0.8	1.4
德　　国	Germany	2.8	0.8	4.2	0.9	1.1	1.8
印　　度	India	2.0	7.6	8.8	6.9	5.9	5.4
印度尼西亚	Indonesia	3.5	4.3	4.8	3.7	3.9	3.9
伊　　朗	Iran	4.2	2.0	4.6	-2.5	12.1	3.2
以 色 列	Israel	5.4	2.3	3.3	1.0	2.1	1.4
意 大 利	Italy	3.7	0.5	1.4	1.1	1.0	1.6
日　　本	Japan	2.6	1.7	4.2	1.5	1.1	1.9
哈萨克斯坦	Kazakhstan	10.1	8.7	5.8	-0.3	-0.3	2.6
韩　　国	Korea, Rep.	8.0	3.7	6.0	2.3	2.5	2.6
马来西亚	Malaysia	6.4	3.3	5.5	3.3	2.7	4.4
墨 西 哥	Mexico	3.5	0.9	3.5	1.9	1.6	0.8
蒙　　古	Mongolia	0.3	6.0	4.6	0.6	-0.5	4.2
缅　　甸	Myanmar	12.4	12.6	8.9	6.0	4.9	5.4
新 西 兰	New Zealand	1.7	2.2	-0.2	2.5	1.3	0.9
尼日利亚	Nigeria	2.7	0.8	5.0	0.0	-4.2	-1.8
巴基斯坦	Pakistan	1.9	5.5	-0.5	2.6	3.4	3.7
菲 律 宾	Philippines	2.2	2.8	5.9	4.4	5.2	5.1
波　　兰	Poland	5.7	3.5	3.9	3.9	2.9	4.5
罗马尼亚	Romania	2.5	4.8	-2.2	4.5	5.4	7.6
俄罗斯	Russia	10.5	6.8	4.5	-3.0	-0.4	
新 加 坡	Singapore	7.0	5.0	13.2	1.0	1.1	3.5
南　　非	South Africa	2.6	4.0	1.8	-0.1	-0.7	0.1
西 班 牙	Spain	4.8	2.0	-0.4	3.5	3.2	2.9
斯里兰卡	Sri Lanka	5.4	5.4	7.4	4.0	3.3	2.0
泰　　国	Thailand	3.4	3.5	7.0	2.7	3.0	3.6
土 耳 其	Turkey	5.0	7.6	7.0	4.4	1.6	5.8
乌 克 兰	Ukraine	7.0	3.5	4.6	-9.4	2.7	
英　　国	United Kingdom	3.3	2.4	0.9	1.5	1.2	1.1
美　　国	United States of America	2.9	2.4	1.7	2.1	0.7	1.6
委内瑞拉	Venezuela	1.7	8.4	-3.0	-7.0		
越　　南	Viet Nam	5.6	6.6	5.3	5.5	5.1	5.7

主要统计指标解释

国民总收入 国内生产总值减去生产税和进口税净额，减去支付给国外的雇员报酬和财产收入，加来自国外的雇员报酬和财产收入（即国内生产总值减去支付给非常住单位的初次收入，加上收到的非常住单位的初次收入）。按市场价格计算国民总收入的另一种方法是各部门所有初次收入的总和。国民总收入即国民生产总值，国民生产总值是以往国民核算中使用的概念。

按购买力平价计算的人均国民总收入 根据购买力平价计算的人均国民总收入。购买力平价国民总收入是用购买力平价比率、以国际元计算的国民总收入。国民总收入中一国际元的购买力等于美国一美元购买力。

香港居民消费价格指数 《香港统计年刊》中称为“消费物价指数”。香港特别行政区政府统计处编制不同的居民消费价格指数数列，以反映消费价格变动对不同开支范围的住户的影响。甲类、乙类及丙类消费价格指数分别根据较低、中等及较高开支范围的住户消费模式编制而成。而综合消费价格指数是根据上述住户的整体开支模式而编制，反映消费价格转变对全体住户的影响。

Explanatory Notes on Main Statistical Indicators

Gross National Income is gross domestic product (GDP) minus net taxes on production and imports, minus remuneration and property income for employees abroad, plus the corresponding items from employees abroad (in other words, GDP minus primary incomes payable to non- resident units plus primary incomes receivable from non-resident units). An alternative approach to measuring GNI at market prices is the sum of gross primary incomes from all sectors. Gross national income is identical to gross national product (GNP), as previously used in national accounts.

Per Capita GNI in PPP is per capita GNI based on purchasing power parity (PPP). PPP GNI is gross national income (GNI) converted to international dollars using purchasing power parity rates. An international dollar has the same purchasing power over GNI as a U.S. dollar has in the United States of America.

Consumer Price Index by Residents in Hong Kong refers to a series of consumer price indices reflected in Hong Kong Annual Digest of Statistics. The series of consumer price indices (CPIs) are compiled by the Census and Statistics Department of Hong Kong Special Administrative Region to reflect the impact of consumer price changes on households in different expenditure ranges. The CPI(A), CPI(B) and CPI(C) are compiled based on the expenditure patterns of households in the relatively low, medium and relatively high expenditure ranges. By aggregating the expenditure patterns of all households covered by the above three indices, a composite CPI is also compiled to reflect the impact of consumer price changes on the household sector as a whole.

中国统计出版社有限公司最新图书简目

(仅供参考,以实际出版为准)

统计资料

中国统计年鉴 中国统计摘要 中国第三产业统计年鉴
中国第三次全国农业普查综合资料 国际统计年鉴 金砖国家联合统计手册
中国-东盟国家统计手册 中国农村统计年鉴 中国县域统计年鉴
中国农产品价格调查年鉴 中国城市统计年鉴 中国价格统计年鉴
中国贸易外经统计年鉴 中国零售和餐饮连锁企业统计年鉴 中国商品交易市场统计年鉴
大中型批发零售和住宿餐饮企业统计年鉴 中国住户调查年鉴 中国工业统计年鉴
中国环境统计年鉴 中国能源统计年鉴 中国建筑业统计年鉴
中国房地产统计年鉴 中国固定资产投资统计年鉴 中国对外直接投资统计公报
中国人口和就业统计年鉴 中国劳动统计年鉴 中国社会统计年鉴
中国科技统计年鉴 中国高技术产业统计年鉴 全国企业创新调查年鉴
中国文化及相关产业统计年鉴 2018年时间利用调查资料 中国妇女儿童状况统计资料
中国基本单位统计年鉴 中国教育统计年鉴 中国教育经费统计年鉴
中国民族统计年鉴 中国残疾人事业统计年鉴 长江经济带发展统计年鉴

省级综合统计年鉴系列

北京 天津 河北 山西 内蒙古 辽宁 吉林 黑龙江 上海 江苏 浙江 安徽 福建 江西 山东 河南 湖北 湖南
广东 广西 海南 重庆 四川 贵州 云南 西藏 陕西 甘肃 青海 宁夏 新疆 新疆生产建设兵团

市(县)级综合统计年鉴系列

滨海新区 石家庄 唐山 邯郸 保定 沧州 邢台 廊坊 承德 衡水 秦皇岛 张家口 太原 大同 阳泉 长治 晋城
朔州 晋中 运城 忻州 临汾 吕梁 呼和浩特 鄂尔多斯 包头 沈阳 大连 长春 延吉 四平 白山 通化 哈尔滨
齐齐哈尔 黑龙江垦区 上海浦东新区 南京 无锡 徐州 常州 苏州 南通 连云港 淮安 盐城 扬州 镇江 泰州
宿迁 江阴 丹阳 海门 张家港 杭州 宁波 温州 嘉兴 湖州 绍兴 金华 衢州 舟山 台州 丽水 合肥 安庆 福州
厦门 宁德 漳州 龙岩 莆田 泉州 三明 南平 南昌 九江 上饶 新余 抚州 赣州 景德镇 济南 青岛 潍坊 枣庄
潍坊 聊城 郑州 洛阳 平顶山 三门峡 南阳 商丘 信阳 济源 汝州 武汉 十堰 荆州 宜昌 荆门 咸宁 黄冈
长沙 鹰潭 广州 深圳 惠州 东莞 汕尾 湛江 肇庆 南宁 柳州 桂林 贵港 梧州 来宾 河池 防城港 海口 三亚
儋州 成都 内江 贵阳 黔南 毕节 昆明 文山 德宏 西安 延安 安康 铜川 汉中 商洛 银川 兰州 庆阳 乌鲁木齐
昌吉 阿勒泰 兵团一师、二师、三师、四师、六师、七师、八师、十师、十三师、十四师

调查年鉴系列

天津 内蒙古 上海 河南 湖北 湖南 广东 广西 重庆 四川 云南 甘肃 宁夏 南宁 贵港 昆明

统计方法应用/实用手册

Python数据分析基础(第二版) 医用多元统计分析(第三版) 中华生物统计用表
中国国民经济核算体系(2016)基础知识 国民经济核算初级教程 医学统计学手册
全国统计专业技术资格考试系列考试用书:统计业务知识(第四版修订版) 统计业务知识学习指导与习题
全国统计专业技术资格考试系列考试用书:统计相关知识(第四版) 统计相关知识学习指导与习题

统计通俗读物/统计科普图书

领导干部统计知识问答 《防范和惩治统计造假、弄虚作假督察工作规定》辅导读本
统计新媒体运营指南 统计公文知识问答 理解国民账户 中国古代统计史简编

重点图书

新中国70年 第三次全国农业普查农作物面积遥感测量图集 中国第四次经济普查年鉴
新编英汉汉英统计大词典 中国国民经济核算体系2016 国民经济行业分类注释
挑大学选专业2019—考研择校指南 挑大学选专业2019—高考志愿填报指南 中华医学统计百科全书